一桥大学有来自世界53个国家875名（2018年统计）有志领导世界的外国留学生在此深造。

少数精锐主义

将国际化领军教育传授与每一位学生

一桥大学源于1875年设立的商法讲习所，是日本历史最悠久的研究社会科学的综合型大学。迄今为止，一桥大学已涌现出众多领导日本发展的优秀人才。

■ 外国留学生人数
（包含外国留学生的总学生数）
■ 中国留学生

年份	总学生数	中国留学生
2015年	(6252) 732	300
2016年	(6263) 734	317
2017年	(6307) 793	358
2018年	(6367) 875	418

■ 司法考试合格率
全国平均合格率 ― 一桥大学法学研究生院

年份	一桥大学	排名	全国平均
2014年	47.1%	3位	22.6%
2015年	55.6%	1位	23.1%
2016年	49.6%	1位	23.0%
2017年	49.6%	2位	22.5%

■ 科学研究费辅助金获得率

2014年	2015年	2016年	2017年
1位 52.9%	1位 55.6%	1位 51.6%	1位 57.0%

■ 本科毕业生就业率

2015年	2016年	2017年	2018年
97.1%	97.5%	97.7%	97.3%

■ 留学生主要就业单位

埃森哲公司・丰田汽车公司・乐天・富士通・Works Applications Co.,Ltd.

■ 本科
商学系/经济学系/法学系/社会学系

■ 硕博士研究生院
经营管理研究科/经济学研究科/
法学研究科/社会学研究科/
言语社会研究科/国际・公共政策研究生院

一桥大学
HITOTSUBASHI UNIVERSITY

143年历史，社会科学的殿堂
Captains of Industry

【联系方式】

中国
一桥大学中国交流中心
北京市海淀区西三环北路89号
中国外文大厦A座404室
Tel:185-1501-2817
Fax:010-8882-4332
Email: int-ks.g2@dm.hit-u.ac.jp
http://www.hit-u.ac.jp/china/cn/

日本
一桥大学 学务部国际科
〒186-8601 东京国立市中2-1
Tel:+81-42-580-8762
http://international.hit-u.ac.jp/

筑波大学
University of Tsukuba

筑波大学的历史可追溯到1872年，是一所致力于探求文、理、医、工、体、艺等各类学科的学识与真理，以及领域间相互交融的创新式国立综合性大学。主校区地处筑波研究学园都市，距离东京仅需45分钟左右的车程，环境优美且学术氛围浓厚。

另外，作为一所国际化大学，筑波大学亦在本科生院和研究生院的诸多学科领域设有英语课程，并为留学生提供经济实惠的学生宿舍。

▎学群（本科生院）
- 人文·文化学群
- 社会·国际学群
- 人类学群
- 生命环境学群
- 理工学群
- 信息学群
- 医学群
- 体育专业学群
- 艺术专业学群

▎英语课程（本科生院）
- 社会国际学教育课程
- 生命环境跨学科课程
- 国际医疗科学者培养课程
- 地球领域课题学位课程

※英语课程设有学费减免制度

▎留学生特别项目（本科生院）
Japan-Expert Program

▎研究科（研究生院）
- 教育研究科
- 人文社会科学研究科
- 工商科学研究科
- 数理物质科学研究科
- 系统信息工程研究科
- 生命环境科学研究科
- 人类综合科学研究科
- 图书馆信息媒体研究科

▎全球教育学院（研究生院）
- 人类生物学学位课程
- 赋权信息学学位课程
- 生命创新学学位课程

筑波大学

〒305-8577 日本茨城县筑波市天王台1-1-1
联系电话：+81(0)29-853-6007
电子邮件：gm.nyusika@un.tsukuba.ac.jp
http://www.tsukuba.ac.jp（大学官网）
http://www.tsukuba.ac.jp/admission/international/enrollment-guidebook.html（筑波大学留学生入学指南）

全英语授课本科课程
可同时修读日语授课课程

国际招生

申请时间1. 2018年10月1日至10月31日（2019年4月或10月入学）
申请时间2. 2018年12月3日至2019年1月31日（仅限2019年10月入学）

冈山大学
DISCOVERY PROGRAM FOR GLOBAL LEARNERS

〒700-8530　日本冈山市北区津岛中 2-1-1
Tel. +81-86-251-7915　Fax. +81-86-251-7201
Facebook: https://www.facebook.com/discovery.at.ou/
Email: admission_discovery@adm.okayama-u.ac.jp
https://discovery.okayama-u.ac.jp/en/

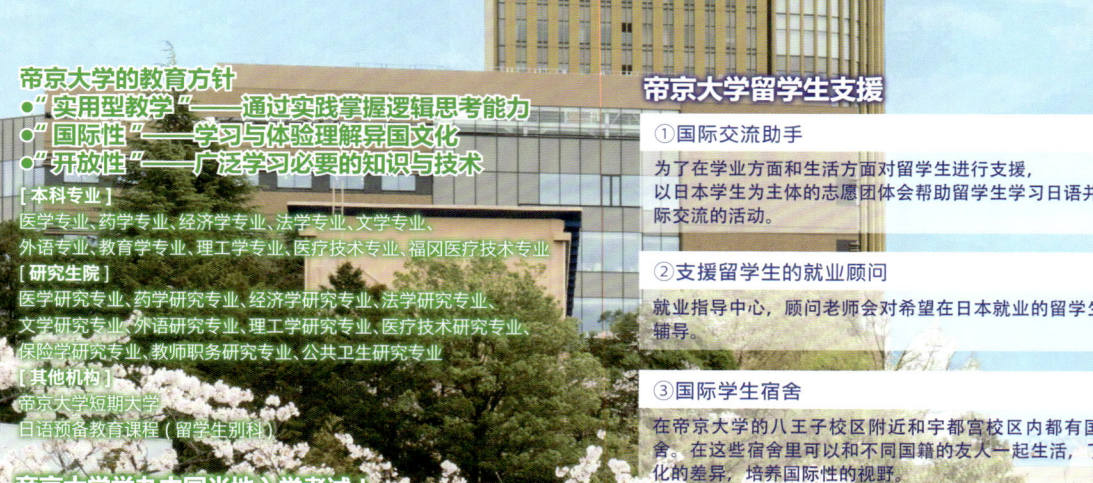

樱美林大学
J. F. Oberlin University

http://www.obirin.ac.jp/

樱花国度的留学之旅，扬起眺望世界的风帆

日本办事处	〒194-0294 东京都町田市常盤町3758 招生考试办公室　　电话：+81-42-797-4201 E-mail：admssn@obirin.ac.jp
中国办事处	100020 北京市朝阳区 朝外大街38号 北京陈经纶中学A1（老实楼）一层 北京办公室 E-mail：pekin@obirin.ac.jp
本　科	文理综合学群 / 国际语言文化学群 商务管理学群 / 健康福祉学群 / 艺术文化学群
研究生院	〈硕士课程〉国际学（国际学、国际合作）/ 经营学 / 语言教育（日语教育、英语教育）/ 心理学（临床心理学、健康心理学）/ 大学行政管理 / 老年学 〈博士课程〉国际学（国际人文社会科学）/ 老年学
本科学费	入　学　费　　　JPY 100,000 授　课　费　　　JPY 457,000～（半学年） 设施设备费　　　JPY 150,000　（半学年） 教育充实费　　　JPY 25,000　（半学年） 委托征收费（毕业诸费）JPY 50,000　（4年级）
奖学金	日语能力测试N1级合格者可以报考"自费留学生奖学生选拔"考试，将享受学费减免50%的优惠
宿　舍	大学的国际宿舍位于车站旁边，交通方便，月租金5万5千日元（单人房/室内洗手间，浴室，家具，家电冷暖设备齐全）
报名资格	根据报考年级，专业,对语言有不同要求。详情请参阅大学招生简章

※有关本科专业、奖学金、宿舍等详情请参阅
大学相关网页：http://www.obirin.ac.jp/

2019年4月计划开设新校区
樱美林大学将于2019年4月在东京都新宿区百人町开设新校区，届时，商务管理学群和研究生院（一部分）将迁至新校区。在商业中心的新宿，我校将与企业携手，强化实践型教育。

樱美林大学 日本语言文化学院（以下简称别科）
别科是日语预科教育机构

鉴于学生日语基础不同，学习目的各异，别科设置了四种课程因材施教。

1. 考研课程
2. 大学本科插班考试课程
3. 大学入学考试课程
4. 日语学习特别课程

在华招生考试

为了方便中国学生赴日留学，樱美林大学每年春秋两季在中国大陆设考场，学生不出国便可完成大学本科及研究生院的入学考试。

春　期：3月中旬报名 4月底考试
秋　期：10月底报名 11月中旬考试
详细咨询：樱美林大学北京事务所（小林先生）
网　页：http://www.obirin.com.cn
邮　件：shangspo@hotmail.co.jp
微　信：xiaolinlin401110
手　机：13501747700

培育展翅翱翔于世界的技术人才！
东京电机大学是拥有超过111年辉煌历史的理工科类综合大学

我们大学有许多充实留学生活的措施！

★国际中心全方位支援留学生的大学生活
面向留学生的日语辅导，奖学金和学费减免的具体实施，留日资格的相关手续，住房租赁相关事宜等

★留学生学生会全面帮助新同学了解适应大学生活
组织留学生与日本学生的交流活动，例如全校体育大会、大学校庆文化节等，通过各种活动使留学生们结识更多的朋友

★具有完善的支援留学生就业的体系
就业咨询服务，具有丰富经验的老师从一年级开始随时对留学生未来就业方向进行切实的指导

东京电机大学
国际中心全方位支援留学生的学习和生活
电话:+81-3-5284-5208　电子邮件:tdu-inter@dendai.ac.jp

系统设计工学院：信息系统工学科、设计工学科

未 来 科 学 院：建筑学科，信息媒体学科，机器人与机电一体化学科

工　　　学　　　院：电气电子工学科，电子系统工学科，应用化学科，机械工学科，尖端机械工学科，信息通信工学科

理　工　学　院：理学系，生命科学系，信息系统设计学系，电子工学系，机械工学系，建筑与城市环境学系

硕士（研究生院）：未来科学研究科，工学研究科，理工学研究科，信息环境学研究科

博士（研究生院）：尖端科学技术研究科

在大阪学习
日本文化的中心地

关西大学的所在地大阪,是连接着日本文化象征——京都、奈良,以及国际都市——神户的中心地。那里为学生能够一边接触日本引以为傲的历史与文化,一边深入学习营造了一个舒适的环境。

奖学金制度
除了关西大学独立的奖学金制度以外,还可以利用各种奖学金团体发放的奖学金制度。2016年度申请奖学金的留学生中,获得奖学金人数比率约占42%。

就业情况
关西大学以高就业率著称,每年为许多知名企业和政府机关培养了众多优秀人才。学校也针对留学生给予了他们卓有成效的职业规划与就业方面的援助,为留学生顺利就业提供了很大帮助。

主要就业去向(2016年)

住友电装、东洋橡胶工业、日产汽车、日本材料、松下公司、阪神高速技研、日立制作所、富士通、堀场制作所、三井住友海上、火灾保险、雅马哈发动机、乐天公司等

设施齐全的学生宿舍
关西大学设置4处宿舍。除了与日本学生共住的男、女生宿舍以外,2012年新增设了2处宿舍。无论哪处宿舍,都不仅仅是居住的场所,学生间还可以互相尽情地交流,加深彼此的了解,所以关西大学的宿舍充满了国际化的氛围。

开设留学生别科
关西大学2012年4月开设了留学生别科,以希望报考关西大学和其他日本大学的本科、研究生院的留学生为对象。课堂内外实践ICT(信息通信技术),旨在加强学生的日语能力,培养学生为了升学而需具备的学术基础能力。
2017年3月有许多学生从留学生别科毕业,除推荐入学关西大学的学生以外,其余学生也考入了日本众多的大学和研究生院。

本科:法学系、文学系、经济学系、商学系、社会学系、政策创造学系、外语学系、人类健康学系、综合信息学系、社会安全学系、系统理工学系、环境城市工学系、化学生命工学系

关西大学

邮编:564-8680　大阪府吹田市山手町3丁目3番35号
Phone +81-6-6368-1121(总机)　※只接受用日语咨询。
URL http://www.kansai-u.ac.jp/gb/index.html (大学)
http://www.kansai-u.ac.jp/ku-jpn/gb/ (留学生别科)
E-mail rgs@ml.kandai.jp (大学入学考试·高大接续)
ku-jpn@ml.kandai.jp (留学生别科入学考试中心)

同志社大学
Doshisha University
Global 30

志同道合
源远流长的历史与传统
与时俱进的教育与研究

ONE PURPOSE
~ Welcome to Doshisha ~

◆优秀的教师，优质的教育 ◆始于1875年，秉承优良传统，本着良心的教育 ◆评价良好的日语教育项目
◆部分课程可用英语修得学位 ◆丰富的奖学金制度 ◆日本罕见的校园美景 ◆成绩突出，可信赖的高就业率

本 科
神学院　文学院　社会学院　法学院
经济学院　商学院　政策学院
文化信息学院　理工学院
生命医科学院　运动健康科学院
心理学院　国际交流学院
国际地区文化学院

研究生院
神学研究科　文学研究科
社会学研究科　法学研究科
经济学研究科　商学研究科
综合政策科学研究科　文化信息学研究科
理工学研究科　生命医科学研究科
运动健康科学研究科　心理学研究科
全球问题研究院　脑科学研究科
司法研究科　商务研究科

全英语授课的课程
本　科
国际教育学院（国际教养课程）

研究生院
全球化MBA课程／全球化经营研究专业硕士课程
国际科学技术课程（理工学研究科・生命医科学研究科）
美国研究学科・全球社会研究学科（全球问题研究院）

学费减免奖学金制度
原则上学费减免奖学金制度适用于约90%的自费外国留学生。减免率视入学考试的成绩而定。
本科生可减免100%、50%、20%；研究生可减免100%、50%、30%。
除此之外还有各种奖学金制度。

【具体联系方式】
同志社大学　国际中心　留学生科
〒602-8580 京都市上京区今出川通乌丸东入

TEL:+81-75-251-3257／FAX:+81-75-251-3123
E-mail：ji-intad@mail.doshisha.ac.jp
URL: http://intad.doshisha.ac.jp/
（中文网站）http://intad.doshisha.ac.jp/zh-cn/

国际贡献学院
2018年4月启航

院系·学科介绍 (面向留学生)	京都外国语大学	京都外国语大学 研究生院
	国际贡献学院　○国际研究专业　○国际观光专业 外国语学院　○日语专业　○留学生别科 日语研修课程	○外国语学研究科

入学金减免制度　对于成绩优秀的外国留学生实施入学金减免制度（入学后退还相当额度的金额）。
仅限于报名时符合本校所规定的条件的学生。详情请参见官方网站。

招生信息网页

京都外国语大学　Kyoto University of Foreign Studies
京都外国语短期大学　Kyoto Junior College of Foreign Languages

[招生中心]　〒615-8558 京都市右京区西院笠目町6
　　　　　　TEL 075-322-6035
[Website]　http://www.kufs.ac.jp
[E-mail]　　nyushi@kufs.ac.jp

上智
连接世界

Sophia-Bringing the World Together

上智大学位于东京的中心，有一百年以上的办学历史，是日本最好的大学之一。上智更是日本教育国际化的先驱，我们与 69 个国家中的 326 所大学签订了合作协议。2017 年我们录取了 1613 名国际学生，并有 1012 名上智学生去海外留学。

本科

日语授课：
- 神学院
- 综合人类科学院
- 经济学院
- 全球研究学院
- 文学院
- 法学院
- 外国语学院
- 理工学院

英语授课：
- Faculty of Liberal Arts
  （国际教养学院）
- Faculty of Science and Technology
  （理工学院）

研究生院

日语授课：
- 神学研究科
- 应用宗教学研究科
- 法学研究科
- 语言科学研究科
- 理工学研究科
- 文学研究科
- 综合人类科学研究科
- 经济学研究科
- 全球研究研究科
- 地球环境学研究科

英语授课：
- TESOL: Teaching English to Speakers of Other Languages
  （对外英语教学课程）
- Graduate School of Global Studies
  （全球研究研究科）
- Graduate School of Science and Technology
  （理工学研究科）
- Graduate School of Global Environmental Studies
  （地球环境学研究科）

上智大学
SOPHIA UNIVERSITY

联系方式 | 上智大学 招生办公室
〒102-8554 东京都千代田区纪尾井町7-1
TEL: +81-3-3238-3167 / FAX: +81-3-3238-3262　URL: http://www.sophia.ac.jp/

**女子美术大学
女子美术大学短期大学部**
JOSHIBI UNIVERSITY OF ART AND DESIGN / JOSHIBI COLLEGE OF ART AND DESIGN

http://www.joshibi.ac.jp

女子美术大学 艺术学院

相模原校区
■ 美术学科
  □ 洋画专业
  □ 日本画专业
  □ 立体艺术专业
  □ 美术教育专业
  □ 艺术文化专业

■ 设计工艺学科
  □ 视觉设计专业
  □ 产品设计专业
  □ 环境设计专业
  □ 工艺设计

杉井校区
■ 艺术设计表现学科
  □ 媒体表现领域
  □ 治愈表现领域
  □ 服装织品表现领域
  □ 艺术监督表现领域

女子美术大学 短期大学院

杉井校区
■ 造形学科
  □ 美术课程
  □ 设计课程
■ 专科

女子美术大学研究生院 美术研究科（男女共学）

相模原校区 / 杉井校区
■ 博士前期课程   ■ 博士后期课程

女子美术大学附属高等学校·中学校
杉井校区

杉井　校区　东京都杉井区和天 1-49-8(女子美 galleria nike/ 历史资料展示室)
相模原校区　神奈川县相模原市南区麻沟台 1900(女子美 Art Museum)
咨询　方式　女子美术大学入学考试中心 TEL 042-778-6123

建校理念：向社会学习，培养为世界做贡献的技术型人才。

芝浦工业大学创立于1927年，创立至今91年里，始终致力于工科教育，培养出了大批活跃于社会的技术型人才。现在，为了培养在世界舞台上发挥作用的人才，我们致力于国际化建设，提出了"向世界学习，培养为世界作贡献的理工科人才"的口号。

向世界学习，培养为世界做贡献的理工科人才

上海、香港、台湾在当地举办日本大学联合学力测试。

JPUE 日本大学联合学力测试 https://jpue.cn/

国际学生宿舍

国际学生宿舍（5层楼高、123个房间）建立于2013年4月，供日本学生和留学生共同居住。宿舍内浴室、床等设施齐全，除了尊重个人隐私的一人一室的私人房间外，宿舍还配备了可加深学生之间交流的公用厨房和公用房间等公共空间。宿舍内有常驻管理人员为入住学生的生活提供便利，同时各层都住有被称为RA的研究生，可以为大家提供日常生活和学习方面的咨询。

全方位的就业支持政策

芝浦工业大学2018年3月毕业生的就业率高达97.7%，在日本经济持续低迷的环境下是相当高的数字。芝浦工业大学制定了丰富的留学生就业支持政策，为留学生提供就业辅导，开展求职问卷调查，提供面谈，为希望留日工作的留学生提供相关就业信息以及有关职业匹配、求职书面资料、面试等方面的建议，为留学生的就业提供全方位的支持。本校有很多毕业留学生现在正活跃于日本社会，芝浦工业大学不仅学生就业率高，而且其毕业生工作能力强，一直获得社会的好评。

〈本科院系、专业、课程〉

□ 工程系
机械工程专业、机械机能工程专业、材料工程专业、应用化学专业、电气工程专业、电子工程专业、信息通信工程专业、信息工程专业、土木工程专业

□ 系统理工系
电子信息系统专业、机械操作系统专业、环境系统专业、生命科学专业（生命科学课程、生命医工学课程）、数理科专业

□ 设计工程系
设计工程专业（生产制造设计课程、机器人信息设计课程）

□ 建筑系
建筑专业（AP课程、SA课程、UA课程）

〈研究生院理工学研究科〉

博士（后期）课程
地域环境系统专业 / 机能制御系统专业

硕士课程
电气电子信息工学专业 / 材料工学专业 / 应用化学专业 / 机械工学专业 / 建设工学专业 / 系统理工学专业 / 国际理工学专业

□ **芝浦工业大学 入学考试科**
〒135-8548 东京都江东区丰洲3-7-5
电话：03-5859-7100
http://global.shibaura-it.ac.jp

 芝浦工业大学

多摩美术大学

研究生院美术研究专业
- [博士前期（硕士）课程]
  - 绘画专业
  - 雕刻专业
  - 工艺专业
  - 设计专业
  - 艺术学专业
- [博士后期课程]
  - 美术专业

美术学院
- 绘画系
  - 日本画专业・油画专业・版画专业
- 雕刻系
- 工艺系
- 平面设计系
- 生产设计系
  - 产品设计专业・纺织设计专业
- 环境设计系
- 信息设计系
- 艺术学系
- 综合设计系
- 戏剧舞蹈设计系

八王子校区
〒192-0394
东京都八王子市鑓水 2-1723

上野毛校区
〒158-8558
东京都世田谷区上野毛 3-15-34

关于参加入学考试或升学的咨询・索取大学资料

多摩美术大学 咨询中心
Tel. +81-42-679-5601
Mail. nyushi@tamabi.ac.jp

www.tamabi.ac.jp

兴起新的潮流
从长野展望世界

长野县立大学 2018年 开学

全球经营管理学院 名额170人
- 全球经营管理系 名额170人
  - 国际商务课程
  - 企业家课程
  - 公共管理课程

健康发展学院 名额70人
- 食品健康系 名额30人
- 儿童发展教育系 名额40人

① **第一年所有学生住宿舍制度：**
与日本学生共享集体生活，增加互相交流机会，还能在生活方面得到帮助！

② **小班制教育：**
配合每一位学生的个性和资质提供适合的教育！

③ **完善的支援体制：**
为了让留学生获得安全、安心的学习生活，特地设置了对应窗口帮助学生解决课程选修、学习和宿舍生活以及社团活动遇到的困难！

④ **第二年海外短期研修：**
为了让所有学生都能更有效率地在外语和专业领域学习，特意准备了前往世界各国进行海外研修的项目！

⑤ **公立大学：**
公立大学是根据省或市等地方自治体的要求开设的教育学府，相比私立大学的学费更加便宜！

长野县立大学
THE UNIVERSITY OF NAGANO

三轮校区： 〒380-8525　长野县长野市三轮8-49-7
后町校区： 〒380-0845　长野县长野市西后町614-1
http://www.u-nagano.ac.jp/

在160年的办学历史中，
庆应义塾大学为社会各界输送了众多领袖人才。
今天我们将承继辉煌，续写培育栋梁之材的全新篇章。

本科	文学院／经济学院／法学院／商学院／医学院／理工学院／综合政策学院／环境信息学院／护理医疗学院／药学院
研究生院	文学研究科／经济学研究科／法学研究科／社会学研究科／商学研究科／医学研究科／理工学研究科／政策·传媒研究科／健康管理研究科／药学研究科／经营管理研究科／系统工程设计与管理研究科／媒体设计研究科／法务研究科

本校设有全英语教学可授予学位的课程。

※别科·日语研修课程：日语研修课程面向留学生教授日语以及与日本研究相关的知识。本校注重培养留学生掌握有助于开展专业领域研究的日语使用能力，并可根据不同留学目的提供多种多样的学习阶段和专业科目。

如有任何问题，敬请垂询：招生处
admissions@info.keio.ac.jp
（仅接受日语或英语咨询）
东京都港区三田 2-15-45

https://www.keio.ac.jp/zh/index.html

东京福祉大学 名古屋校区兼修学校
保育·护理·商务名古屋专门学校

〒460-0002　爱知县名古屋市中区丸之内2-6-4　地铁鹤舞线·樱通线「丸之内」站下车步行5分钟

具体信息请咨询　学校法人立花学园入学科　TEL 0120-159-672　e-mail soudan@nagoya-college.ac.jp
URL https://www.nagoya-college.ac.jp/

提供充实的提升日语能力的相关课程！
奖学金制度每年为全体学生提供续费支援！

■ 学校的特色

经入境管理局认定的留学生管理机构

名古屋入境管理局在2017年11月2日再次认定我校"国际教养学科""国际商务信息学科"为留学生在籍管理优秀机构，这表明我校严格管理留学生的学习和生活状况，拥有全面的课程学习制度，是一所优秀的教育机构。也正因为此，入境管理局允许我校留学生开学入境时不提交部分材料。
※2018年的认定正在审核中。（2018年7月23日现在）

留学生支援室的协助

我们的工作人员会越南语、英语、中文、尼泊尔语，能够设身处地地为留学生提供帮助。此外，能从兼职等日常生活的各个方面为留学生提供咨询，让学生们过上快乐而充实的留学生活。

通往大学及研究生院

日语专业和国际教养专业的学生毕业后，可以通过内部升学进入本专门学校的其他专业深造。此外，也能够通过内部升学进入距离保育、护理、商务名古屋专门学校只有徒步之遥的同一系列的东京福祉大学名古屋校区进一步深造。

■ 特殊待遇

日本留学生生活奖励奖学金制度·特别奖学金制度 ※1

本校设有日本留学生生活奖励奖学金制度和特别奖学金制度，奖学金覆盖全体学生并且无需返还，这将大大减轻学生及其家庭的学费负担。国际商务信息专业首年度的学费※2将相当于国立大学（817,800日元）的同等水准，以此即可取得学士学位。
※1特别奖学金制度仅存在于国际商务信息专业。
※2这里指的是国立大学与我校皆扣除了各种费用之后的入学金和学费的金额。

完全平行志愿制度（以国际商务信息专业申请生为对象）

我们对同时申请其他大学或者应聘企业但已被我校录取的学生仅收取相当于入学金金额的学费，课业费等其他学费可以延后至其他大学或企业的结果公布后再缴纳；如果学生最后选择去别的学校就读或企业就业，我们将全额返还已缴纳的上述学费（不包括手续费）。

■ 留学生专业、课程介绍

日语专业 2年制

入学后每天都会进行针对日语能力考试及日本留学考试的辅导，让学生自然养成自主学习的习惯，并且通过实践型授课让学生能够清晰地表达自己的意见。许多留学生在汉字及演讲方面略显薄弱，本校也会尽全力辅助学生最终克服这些困难，这就是日语专业。

国际修养专业 2年制
以高中毕业或以上的学生为对象

- **商务课程**
学生不仅仅只学习日语，还学习日本文化、经贸等知识。同时，为了能让不同背景的学生能相互交流，获得"真正国际人"的素养。毕业后将全力进行编入机制的支援，帮助学生实现梦想。

- **护理福祉基础课程**
想学习日本先进的护理专业！想要取得护理福祉士资格！但是，对于日语没有自信或是因为担心无法跟上专业课程而感到不安的人们，在这个课程里可以学习到将来在护理福祉学会用到的日语和关于护理的基础知识。

国际商务信息专业 3年次编入学·2年制
以专科学校、短期大学学历及以上的学生为对象

兼修东京福祉大学的课程以及取得大学毕业的资格（学士BA），可以升入同一系列东京福祉大学的研究生院。

- **经营学课程**（东京福祉大学 社会福祉学院 社会福祉学科 与经营福祉专业并修）
学校提供工商管理基础课程，旨在培养掌握经营以及社会福祉基本知识，并在此基础上能发现并解决问题的人才。
此外，学生还将学习商务实务知识和办公软件操作（word、excel 等），掌握在日本就业的能力。

- **日语口译课程**（东京福祉大学 教育学院 教育学科 与国际教育专业日语教育课程）
学生在提高日语能力、日语会话能力的同时，还可以学习教育学基础知识及办公软件的操作（word、excel 等），成为日语教师或者贸易公司、一般企业的翻译、口译人才。

■ 第一年需缴纳费用　※2019年度（预定）

国际修养专业	665,000 日元
国际商务信息专业（3年级编入学）	750,000 日元
日语专业	720,000 日元

※此金额包含各种费用。
※上述金额为早期报名者须在截止日期前一次性缴清首年度的费用。
※详情请咨询本校招生科（Tel.0120-159-672）

实现梦想的专门学校

专门学校YIC组织

- ■ IT・Web
- ■ 设计・漫画
- ■ 医疗事务・商务
- ■ 酒店管理・婚礼设计
- ■ 面点
- ■ 宠物・动物护理
- ■ 美容・护理・化妆
- ■ 护肤・美甲
- ■ 汽车・两轮车
- ■ 康复（理疗）
- ■ 护理・福祉
- ■ 日语教育

● **山口地区**
- ■ YIC商务艺术专门学校
- ■ YIC美容专门学校
- ■ YIC康复大学
- ■ YIC护理福祉专门学校
- ■ YIC职业设计专门学校

【咨询处】
山口县山口市小郡黄金町2番24号
TEL:083-976-8111　E-mail:info@yic.ac.jp

● **京都校区**
- ■ （专科）YIC京都工科自动车大学校
- ■ YIC京都美容专门学校
- ■ YIC京都宠物综合专门学校
- ■ YIC京都日语学院

【咨询处】
京都府京都市下京区油小路通盐小路下西油小路町27号
TEL:075-371-4040　E-mail:info@yic-kyoto.ac.jp

www.yic.ac.jp

留学生 就业，请来

Adachi学园

为了实现留学生的梦想，我们全力以赴！！

TDG 东京设计师学院
Tokyo Designer Gakuin College

平面设计・插画・艺术・映像设计・
漫画・时装设计・化妆艺术・
商品设计・装潢设计・建筑设计

TOKYO VISUAL ARTS 东京视觉艺术学校
Tokyo Visual Arts College

摄影・广播电视・电影・特殊彩妆・
大众传媒・影像・演员・音乐表演・
声乐・舞蹈・声音制作・演唱会运营・出版

TSB 东京商业学校
Tokyo School of Business College

经营・贸易・市场・办公室商业・
IT商业・体育商业・流行服饰商业・
花卉商业・医疗商务・宠物商业

东京观光专门学校
Tokyo Institute of Tourism College

酒店・旅行・航空服务・观光商务・
日式服务・婚庆・铁路・调酒师・
咖啡师・糕点师・口译・
海外留学・殡葬

东京Net Wave学校
Tokyo Net wave College
(2019年更名为东京Cool Japan专门学校)

游戏综合：宣传・企划・程序设计・
插图・3DCG・音响・动画
动画综合 动画・动画角色设计・动画CG・
3DCG・VFC・配音・音效

日语学校 System桐叶外国学校
System Toyo Gaigo Japanese Language School

专门实践课程
(动画・漫画・插画・游戏・观光・
酒店・经营・IT・服装・娱乐)
日语综合课程
就职课程

KAMEDA INSTITUTE OF NURSING AND ADVANCED PRACTICE

学校法人铁蕉馆
龟田医疗技术专门学校

（专题文章"日本的医疗现状与未来"请见第70至73页）

你希望成为日本的护士吗？

龟田医疗技术专门学校（护士专业·助产专业）在长达61年历史中为日本的护理教育做出了巨大贡献。2015年10月开设了日语专科班，至今已有18名学生取得护士资格，11名在龟田综合医院，7名在首都圈医疗机构（千叶县4，东京3）工作。伴随着日本"少子老龄化"的加速，护士严重不足成为一个非常严重的社会问题。比起护士，护理人才的缺失更为严重。通过EPA制度、技能实习制度招收的外籍护理人才，可以在介护福祉士培训基地取得介护福祉士资格并申请"护理"签证，可在日本长期工作的同时还可以与配偶、子女一起生活。本法人预计在2020年4月在专门学校开设以招收外籍人士为主的"护理福祉学科"，在海外护理系大学毕业或是4年级学生，只需有N3及以上日语基础即可被"护理福祉学科"录取（只有N4的学生需前往日语学科），培养成"护理福祉士"，在（公司）太阳会工作。同时也会利用护理技能实习制度积极接收护理人才，培养成有用之才。今后，亚洲各国都将进入老龄化阶段，护理人才将会面临极高的需求，我们会积极配合"亚洲健康构想"的国际需要积极采取措施。

 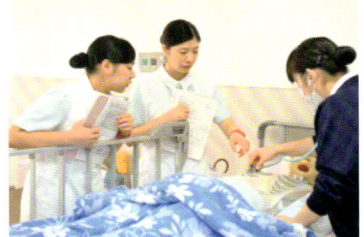 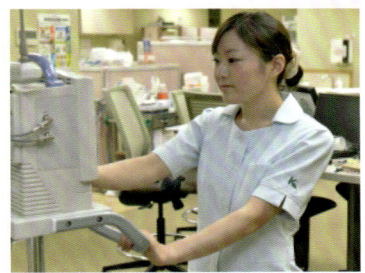

🌸 日语学科：招生事项

专业名称	入学月份	学习年限	每年招生人数	材料提交截止日期	在册数（留学生数）
两年课程	4月	2年	20名	前年8月～11月	8名（8名）
一年半课程	10月	1年6个月	20名	4月～5月	4名（4名）

🌸 护士学科：招生事项

专业名称	入学月份	学习年限	每年招生人数	材料提交截止日期	在册数（留学生数）
三年课程	4月	3年	80名	前年8月～11月	232名（0名）

🌸 护理福祉学科（预定2020年4月开设）

专业名称	入学月份	学习年限	每年招生人数	材料提交截止日期
二年课程	4月	2年	35名	以招收外国人为主

■系统地学习日语，掌握"听说读写"的综合能力。根据日语水平进行分班，因此无论日语水平处于初级还是高级的同学都没有困难，我们的目标是提高日语的综合能力。
■已在其他国家护理大学毕业，并已取得护士资格且同时拥有日语能力（N1或N2）的学生，将以课外授课的形式应对护士资格考试，争取取得双资格，校方也会对就业做支援。
■已在其他国家护理大学毕业或是4年级在校生拥有N4以上日语能力者，在日语学科学到N3以上可以进入护理福祉学科，目标取得护理福祉士资格。

■目标取得护理福祉士资格的外籍日语学科生可在学习日语的同时利用（公司）太阳会的奖学金制度和修学资金贷款制度。
■目标取得护理福祉士资格的外籍护理福祉学科生可申请社会福祉协会的"护理福祉士休学资金等贷款制度"。
■在日语班并以护士专业为升学目标的学生，请确认考试资格。
■已拥有日语能力（N2及以上）的学生直接申请护理专业时，请事先确认考试资格。
■入学除了需要本校许可，还需在入管局申请留学资格认定。关于留日资格的申请请参见招生事项。

【联系方式和交通指南】
龟田医疗技术专门学校 千叶县鸭川市东町1343-4
■离东京羽田国际机场75km，需时1小时25分 ■离东京成田国际机场112.5km，需时1小时50分钟
电话：0081-4-7099-1205 / 传真：0081-4-7093-4399
邮箱：http://www.kameda-i.ac.jp/

慧姿留日

帮您实现完美留学梦想
——日本留学专业辅导学校「慧姿留日」

※ 本校自 2018 年 6 月正式更名为"慧姿留日"。原为"四海留日"。

光荣榜

合格おめでとう！

祝贺"慧姿留日"学员获得日本顶尖大学录取通知！

朱同学①
东京大学 农学院

这里日本老师的指导对我帮助非常大。不仅是学科，更多的是交流和思维的训练。如今获得东大合格，他们功不可没。

高同学②
京都大学 工学院

听取慧姿留日老师的建议，留出一年的时间冲击日本最高等学府。能考入京都大学是我一生的骄傲！

杜同学③
东北大学 工学院

能获得东北大学工学院合格多亏了理科的内村老师的指导。希望更多的后辈们考入一流大学！

李同学
东北大学 文学院

大学自主招生考试的面试指导非常到位，让我从容应对教授提问，对我今后的学习也很有帮助。

夏同学④
庆应义塾大学 经济学院

大学自主招生考试的面试指导非常到位，让我从容应对教授提问，对我今后的学习也很有帮助。

李同学
庆应义塾大学 经济学院

我相信至今的努力都没有白费，我一定会珍惜这个机会，让自己在日本得到更大的成长。

其他学员合格大学一览：
国公立：大阪大学、东京工业大学、横滨国立大学、名古屋大学、信州大学；
私立：帝京大学、法政大学、京都造型艺术大学、京都产业大学、立教大学、立命馆大学、上智大学、同志社大学、武藏野大学、专修大学、早稻田大学、中央大学；

（按拼音首字母排序）

本校"日本留学考试"高分榜

（目前本校参加EJU（日本留学考试）并获得总分650分以上的学员超过总参加人数的80%。）

学员	听读解	读解	合计	记述	综合	物理	生物	化学	数学I	数学II	总计	
何同学	176	198	374	50	194				191		809	H30.I
朱同学①	164	196	360	50			92	95		200	797	H29.II
周同学	165	198	363	45	197				191		796	H30.I
高同学②	172	197	369	40		89		97		200	795	H27.I
杜同学③	158	194	352	45		95		96		199	787	H26.I
夏同学④	156	194	350	50	197				180		777	H26.II
童同学	159	192	351	45	196				182		774	H27.II

※1 标注①②③④⑤⑥⑦分别对应大学合格榜学生。
※2 日本留学考试（EJU）满分850分。各科目满分为听读解200分、读解200分、记述50分、综合200分、物理100分、生物100分、化学100分、数学I200分、数学II200分。
※3 "橙红字格"为当期个别最高分。"总分"后标记表示参加年月。H26.I=2014年6月，H26.II=2014年11月，H27.I=2015年6月，H27.II=2015年11月，H29.II=2017年11月，H30.I=2018年6月。

慧姿留日

日本留学考前辅导专业机构

TEL:021-5204-9715

全面高效的培训课程以及服务

- **日语培训课程**
  从零基础到日本留学考试的全方位日语培训

- **日本留学考试（EJU）对策**
  针对中日的课程差异进行针对性辅导

- **赴日签证申请与办理**
  帮助考生办理日本留学签证的一切相关手续

- **日本留学考试（香港考点）代理申请**
  从考试申请到行程安排的一站式代理服务

- **日本大学独立考试对策**
  根据考生的大学志愿制定个人专属的考试对策

- **日本大学院（研究生院）考试对策**
  《研究计划书》写作方法与技巧培训

- **日本大学排名与分析**
  为考生提供最全面、客观的大学以及学院分析

- **新托福考试（TOEFL iBT）对策**
  除了日语培训，我们还提供 新托福考试（TOEFL iBT）方面的培训

专业日籍讲师团队

"慧姿留日"专门聘请经验丰富的日籍讲师为考生量身定制最合适的备考课程。除课本知识，全日籍讲师团队将为考生提供例如考试面试技巧学习、日本生活方面建议及日本大学排名分析等服务。

大江 慎一
教授科目：日语、数学、小论文、面试、日本留学考试（EJU）日语
出生在北海道
毕业于北见工业大学
无机工业化学专业毕业

时田 理奈
教授科目：日语、小论文、面试
出生在静冈县
毕业于大东文化大学
拥有多年丰富日语任教经验

慧姿留日的全新留学模式

日本大学本科留学 流程

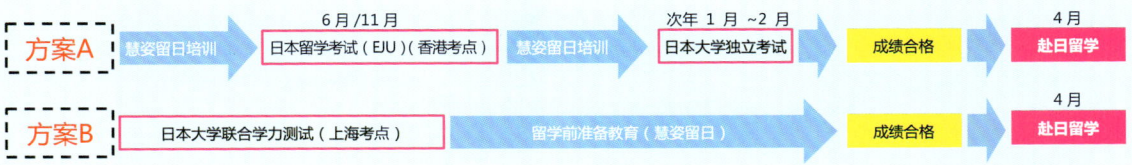

日本研究生院留学 流程

日本留学考前辅导专业机构
TEL:021-5204-9715

慧姿留日课程详解

日语培训课程

从日语零基础到高级日语，再到日本留学考试日语科目对策。

"慧姿留日"的日语指导课程采用独有的"任务型教学法"，让考生能够在短时间内充分有效地学好日语。日语课程包括初级日语、中级日语、高级日语以及日本留学考试日语科目对策等内容，灵活运用独有教学方法让学生在完成学习任务的同时掌握语法和单词。当然，要做到有效率地学习，学生的复习工作也是非常重要的，只要足够努力，6个月达到日语一级水平将不再是梦想。

日本大学独立考试对策

报考日本理想大学除了需要参加"日本留学考试"以外，还必须在各所大学的"大学独立考试"中取得高分。

基本上所有日本大学的"大学独立考试"均由"小论文"和"面试"两部分组成，这也是学校检验学生日语能力最合适的方法。考试中由于需要了解日本人的思维方式以及日本文化，所以针对性地传授相关内容尤为重要。"慧姿留日"配备拥有丰富经验的日本讲师，他们将为考生提供独有的教学课程以帮助他们顺利通过考试。

另外，"慧姿留日"还针对日本一流大学的考试内容进行专门培训。其中包括一流大学的理科考题，并以此来检验考生的学习水平，所以需要考生进行充分的准备。

日本留学考试（EJU）对策

希望进入日本大学深造的学生基本上都需要参加每年6月和11月举办的"日本留学考试"。由于此项考试在中国大陆没有设置考点，因此，考生一般需要去香港参加考试。（我校备有日本留学考试报名申请表，并提供代报名服务）

由于"日本留学考试"的考试中一部分内容是中国高中课程未曾涉及的，因此这部分内容的强化学习是必不可少的。

"慧姿留日"使用日本最大的大学考前辅导机构"河合塾"开发的教材，并由日本讲师为学生进行独有的教学指导。

新托福考试（TOFEL iBT）对策

日本大学在这些年逐渐开始重视留学生的英语水平。除了一部分大学的理科学院以外，基本上所有有接受留学生的大学都非常看重学生的英语水平。学校检验考生英语水平的标准即为"新托福考试"（TOEFL iBT）成绩。

如今，越来越多的日本大学开始要求留学生提供"新托福考试"（TOEFL iBT）的考试成绩，而一流大学和国公立大学对"新托福考试"（TOEFL iBT）成绩的要求则更高。例如，东京大学需要考生提交的"新托福考试"（TOEFL iBT）成绩至少达到100分（满分120分）其他一流的国公立大学也基本上需要考生的英语能力达到这个水平。

日本大学院（研究生院）考试对策

【专业领域相关日语指导】

针对每个学生所研究的专业领域为其配备精通此专业的专业讲师进行学术指导。针对日语中独特的专业术语，我机构也会进行重点指导。"慧姿留日"并不是仅仅进行入学考试对策培训，而是希望通过我们的辅导可以让学生在考入研究生院以后不再为学习研究而烦恼，可谓包含学术研究内容的最高水准的日语辅导授课。

【《研究计划书》指导】

为了帮助学生完成有价值的《研究计划书》，会对学生进行长时间的专业指导。以大学本科的毕业论文内容为研究基础，向学生提供全方位的咨询服务，此外还包括研究方向制定、研究方法指导、以往研究内容的掌握、指导教授指导内容分析等，目的是帮助考生从多角度出发，完成面面俱到的研究计划书。即使遇到与大学本科所学领域有所出入的情况，我们也会提供从专业术语学习到研究计划书完成等一系列完整的学习支援体系，所以请大家一定安心在我校学习。

【小论文指导】

学生在理解"一般作文"与"学术论文"区别的基础上，首先要做的是理解"论文"的概念。然后再传授写论文的思考方式与写作方法。学生自身在深刻理解专业领域与周边知识点的同时，还需要培养论文的写作能力。讲师随时根据学生情况进行细心的指导，在提高学生日语能力的同时改善其论文的学术写作技巧。

【面试对策指导】

"慧姿留日"的面试指导中，首先会传授考生正确地阐述志愿以及解释研究计划书的方法。其次，还会针对研究计划书中的相关问题以及可能遇到的各种情景进行训练。另一方面，讲师还将指导考生如何摒弃平庸的回答，学习具有个人特点的回答技巧。这样，在逼真的模拟面试中反复练习，就不会在正式的面试中感到紧张，反而能非常自信地回答任何问题了。

慧姿留日

日本留学考前辅导专业机构

TEL:021-5204-9715

课程教材——来自日本最大最权威考前辅导机构"河合塾"

完美的课程设计是您成功进入理想学校的保证

"慧姿留日"采用的课程教材由日本最大的考前辅导机构"河合塾"独家开发设计，它将为您开启一扇通向一流大学的大门。

河合塾

"河合塾"创立于1933年，是日本最大的备考补习学校，每年有8万多名学生在此学习。下图列举了该校2015年学生录取情况。国立大学中，东京大学录取1244人，京都大学1134人；私立大学中，早稻田大学6730人，庆应义塾大学3586人。除此之外，还有一大批学生成功考取其他一流大学。

2015年 国公立大学 合格者人数　　　　**2015年 私立大学 合格者人数**

东京大学	京都大学	早稻田大学	庆应义塾大学
1,244名	1,134名	6,730名	3,586名
北海道大学	东北大学	东京工业大学	一桥大学	东京理科大学	上智大学	立教大学	明治大学
644名	628名	219名	339名	4,424名	2,330名	4,424名	8,179名
名古屋大学	大阪大学	广岛大学	九州大学	中央大学	青山学院大学	南山大学	同志社大学
737名	841名	424名	701名	5,008名	3,096名	3,237名	5,357名

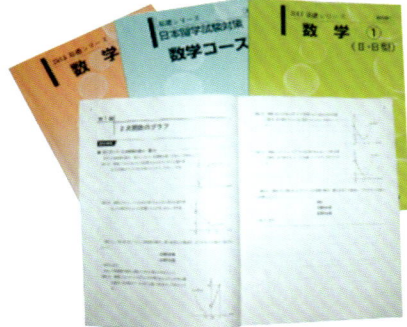

"河合塾"独家研发的完美考前辅导教程

我们采用的教程由"河合塾"开发设计，不仅适用于"日本留学考试"，也完全符合"大学独立考试"的要求。另外，我们计划增设"特定大学对策讲座"，在临近考试时详细解析每所大学的独立考试。"大学独立考试"的成绩好坏很大程度上决定录取结果，而"河合塾"对真题的分析结果显示，各大学"面向日本学生的独立考试出题倾向"和"面向留学生的独立考试出题倾向"几乎相同。为了成功进入日本一流大学，学生需要"透彻研究入学考试题目与反映最新考试动态的教材"，需要获得"能帮助自己在入学考试中取得理想成绩的准确、可靠的信息"。如前所述，拥有众多成功案例的"河合塾"开发设计的教材正是包含此类信息的教材。我们为"慧姿留日"的学生特别提供此套教材，它将成为学生备考的有力工具。

联系方式：
慧姿留日
地　　址：上海市徐汇区漕溪北路88号圣爱大厦1912A
电　　话：021-5204-9715
E - mail：info@huiziliuri.cn
网　　址：http://www.huiziliuri.cn

扫扫二维码

MJI

Musashino University
Japanese Language Program for International Students

为外国留学生打造，专攻顶尖大学的升学别科！

bekka.musashino-u.ac.jp

武藏野大学外国人留学生日语别科

【武藏野大学外国留学生日语别科】（MJI）

【武藏野大学外国留学生日语别科（MJI）】提供留学生升入大学前所必须的所有技能指导，包括升学不可缺少的"日语"和"TOEFL 英语"，绝大多数大学都要求的笔试"日本留学考试"的考试科目"数学""物理""化学""生物""综合科目"，以及大学个别二次考试时的"小论文""面试"等。

由熟知留学生升学体系的专家老师，对您的志愿和将来的梦想进行分析，并提出最适合您的升学计划，这就是我们的留学生升学辅导中心。

〈 武藏野大学别科的特征 〉

■ 严格的升学辅导

精通日本各所大学升学途径的教员对学生进行升学指导、学习管理。《日本留学指南》编辑部团队也会给出升学指导意见。

每所大学学院学科的特色、二次考试的申请条件、出题科目以及今后的就业方向等，熟知日本留学及日本社会的教员会让留学变得更加得心应手。

■ 由日本讲师组成的团队

与某些邀请本地留学生以兼职形式作为讲师的学校不同，武藏野大学别科对教师严格筛选，做到所有科目均采用日本讲师。以及作为来日本留学的学生无法体会的日本人特有的"思考方式"，武藏野大学别科的教学团队也会就其进行训练，不仅是提高考试能力，更注重提高"基础学习能力"。

■ 细致入微的教学大纲

"日本留学考试"的考试范围与中国大陆的"高考"，中国香港的"香港中学文凭考试"，中国台湾的"指考"、马来西亚的"STPM"都各不相同。在本国的高中有着优良成绩，且在升学考试中获得较高分数的学生却不能在日本留学考试中拿到高分的情况不在少数。

我们在过去 10 年中对日本留学考试的出题倾向做了彻底的分析。并且，对亚洲各国的教育指导方式进行对照，特别对于那些"外国留学生不擅长，却常常出现在日本留学考试中的范围"进行彻底的、从基础到应用的教育。

上海办事处
地址　上海市漕溪北路88号圣爱大厦1912A
电话　(86)21-6218-9365

香港办事处
地址　香港九龍觀塘鴻圖道57號南洋廣場 605室
电话　(852) 3153-1433

台湾办事处
地址　臺北市中正區開封街一段2號6樓之2
电话　(886) 2-2331-0110

马来西亚办事处
地址　Level 1, Block D'Aman Ria, No 3, Ara Jaya, Jalan PJU 1a/41, Ara Damansara, 47301 Petaling Jaya, Selangor
电话　(60) 16-643-1077

日本最大销售待客行业的专业人才公司

HITO-com
HITO - Communications Inc.

为留学日本的各位同学提供勤工俭学帮助！

放心的工作成绩
正为约1,200名外国人提供工作！

日本全国42网点
就在你留学地点附近！

提高日语能力
"销售待客"工作为提高日语水平做贡献！

只要事先在人才派遣公司登记好你所希望的工作条件，派遣公司便会从招聘信息中找出适合于你的工作信息方案！

采访前辈
在免税店工作的 张同学（别名）

我所工作的免税店可以与来自世界各国的顾客进行交流对话，能用上日语、英语和中文与顾客直接对话让我感到非常开心，同时也感觉到通过这项工作，我的语言能力有了实实在在的提高。在通过 HITO - Communications 公司介绍工作时，工作人员非常尊重我的心情，在进行各项说明时态度也非常和蔼亲切，这一点也让我感到很高兴。
通过工作，我不仅学习到了日本的商务礼仪和日本文化，也切身学习并做到了对工作认真负责。同时，在工作岗位上我也结识了很多工作伙伴，能够和大家一起愉快地交流工作和生活感受，每天都非常充实。

采访前辈
在服装销售店工作的 金同学（别名）

我是作为一名派遣员工在一家服装店从事翻译工作的。
主要是希望能够发挥以前的工作经验，所以找到了现在这份工作。每当顾客愉快地买到了满意的商品向我表示感谢的时候，我都会感受到一种来自工作的满足和干劲。尤其是当外国顾客遇到困难时，作为一名外国人，我感觉自己比其他日本员工更理解外国顾客的心情，因此通过沟通交流最后使顾客买到满意的商品，这种时候总会在我心中留下很深的印象。当时请 HITO - Com 公司为我介绍工作时，最令我难忘的是工作人员反复倾听我的心声，最终找到了现在的这份工作。因此我对现在这份工作非常满意。

各位希望找工作的同学敬请周知！ ※我公司一概不收注册费用和介绍费

http://www.hitocom.net/

让我们来帮助你！！

工作介绍人
工作介绍人是听取大家所希望的工作条件，按照每个人所希望的不同条件为大家寻找并介绍条件相符的工作。我本人一直以来为很多来自海外的留学生们介绍过各种工作，很期待有机会能够在日本见到大家。

培训负责人
所谓培训负责人，就是在所介绍的工作具体开始之前，将工作内容讲解传授给大家，帮助大家掌握工作。HITO - Com 公司在所介绍工作开始之前，会为大家提供"在日本的工作方式以及商务礼仪"等培训，使大家通过学习、消除了工作上的不安以后才正式开始工作。

株式会社 HITO - Communications Inc.
【总社】东京都丰岛区东池袋 1 - 9 - 6 　【TEL】03-5952-1111

日本大学联合学力测试

JPUE 2020年4月入学

jpue.cn

考试地点 **China**

5年、2673名考生、24591个录取通知（OFFER），每位学生都能有机会获得大学升学机会，这就是"日本大学联合学力测试"（JPUE）。只需一次笔试和一次面试，一人平均可获得9个录取通知（OFFER），再进行日语学习。方便、高效、快捷，无需再前往语言学校也可实现直升日本大学。

无需日语能力
无须赴日考试
直升大学一年级

流程

报名	笔试	面试	初次合格	初次合格者说明会·个别面谈	留学前准备教育（约半年）	最终面试	正式合格	签证申请	大学入学
在官网报名时选择自己希望学系的领域方向，提交报名。选择性地上传额外成绩等材料。请注意志愿申请书是获得面试资格的重要素材。	大学开始选拔面试学生。	经过笔试成绩和志愿申请书的筛选后，各大学开始选拔面试学生。	根据笔试成绩和志愿申请以及额外成绩，可能会获得多个大学的面试机会。	由各大学通过考生的综合情况来判断是否合格。优秀学生可同时获得多所大学的初次合格。	充分探讨考虑好自己的梦想和未来就业方向等因素。选择中意的大学和专业并签订留学前准备教育的入班协议。	确认·判定已掌握的日语能力	授予正式合格证书开始办理入学手续及留日资格。		

参加大学　历届参加大学一览

国立大学 香川大学 千叶大学 山形大学

私立大学 东京工艺大学,东京情报大学,东京福祉大学,福冈女学院大学,广岛经济大学,关东学园大学,杏林大学,宇都宫共和大学,宇部开拓者大学,岐阜圣德学园大学,宫崎国际大学,京都外国语大学,桐荫横滨大学,国际基督教大学(ICU),樱美林大学,札幌学院大学,芝浦工业大学,淑德大学,女子美术大学,昭和女子大学,人间环境大学,成蹊大学,星槎道都大学,千叶商科大学,中京大学,中部学院大学,帝京大学,帝京短期大学,数字好莱坞大学,武藏野大学,福山大学,文星艺术大学,明治学院大学,流通科学大学

※截至2018年8月21日。最新参加大学请参见官方网页（https://jpue.cn）

现已实施本考试的国家及地区

中国大陆 https://jpue.cn/　　马来西亚 https://my.jpue.jp/
中国香港 https://hk.jpue.jp/　　菲律宾 https://ph.jpue.jp/
中国台湾 https://tw.jpue.jp/

"日本大学联合学力测试" 主办方

「一般财团法人　日中亚细亚教育医疗文化交流机构」

日本留学指南

Study in Japan

人生启航，日本留学的指南针

第七版

主编　王智新（早稻田大学教师教育研究所特聘研究员）

策划　一般财团法人　日中亚细亚教育医疗文化交流机构

主编　王智新（早稻田大学教师教育研究所特聘研究员）

策划　一般财团法人　日中亚细亚教育医疗文化交流机构

协助　日本政府　文部科学省
　　　日本政府　经济产业省
　　　日本政府　厚生劳动省
　　　日本政府　驻华大使馆
　　　一般社团法人　国立大学协会
　　　一般社团法人　公立大学协会
　　　日本私立大学团体联合会
　　　独立行政法人　国立高等专门学校机构
　　　全国专修学校各种学校总联合会
　　　一般社团法人　大阪府专修学校各种学校联合会
　　　独立行政法人　日本学生支援机构
　　　特定非营利活动法人　国际教育交流协议会
　　　一般财团法人　国际教育交流论坛
　　　一般社团法人　留学服务审查机构

出版　青岛出版社

序　一

铃木　宽

日本原文部科学副大臣、东京大学教授、庆应义塾大学教授
一般财团法人日中亚细亚教育医疗文化交流机构高级顾问

为了推动日本的国际化进程，日本政府目前正大力实施"30万人留学生"（G30）政策，即计划于2020年前，将在日外国留学生人数扩大到30万人。

为了实现这一计划，政府各部门采取了各项措施，吸引广大留学生赴日深造。

我作为大臣辅佐官所供职的文部科学省，为促进高等教育机构的国际化进程，正在加紧推动完善留学生招收体制的制度健全。经济产业省则主要负责为毕业的留学生开拓在日就业渠道；法务省正积极完善相关入境管理制度以吸引更多的留学生；而厚生劳动省则努力保证留学生在日的生活质量，同时增加留学生在医疗机构的就业机会。都、道、府、县各项留学生招收工作由总务省牵头，外务省则充当直接面向各位留学生咨询窗口的角色，例如从驻外办事处的设置到日本留学相关信息的传达，承担着多项任务。

目前，日本政府各个相关部门正齐心协力，积极推进G30这一全国重点项目的实施。

巧合的是，我执教的东京大学以及庆应义塾大学，都是G30政策中规定的推进教育国际化事业的重点大学。

我的母校东京大学为推动海外留学生的招生工作，早已开始探讨可否施行秋季入学制度；庆应义塾大学的英文授课项目也已准备完毕。不仅是推进教育国际化事业的重点大学，许多普通的日本高等教育机构也实施了多种多样的专门针对留学生的招生制度。

随着日本产业界国际化进程的加快，日本企业传统的雇佣制度也发生了巨大转变。近几年来，有越来越多的优秀国际化人才进入日企，在日本这块土地上发挥他们的聪明才干。其中，留学生占全体职员半数以上的企业也逐渐增多。

去海外留学，是人生的一个重大选择。

我现在正在大力倡导"中日两国恩师事业"。即更多的日本年轻人向中国老师求教；同样地，更多的中国年轻人也可跟随日本老师钻研学问。通过此种形式更好地促进中日两国的交流，加深彼此的友谊。

赴日留学，开拓视野，这是充满勇气的选择。我衷心地祝愿各位今后的人生之路能够因为今天的这一选择而受益无穷。

另外，我们在探讨以往的日本留学渠道时，发现只有语言学校一条道路，不仅狭隘而且复杂，形成千军万马过独木桥的困境，已经很难适应今天21世纪国际交流形势的需要了。为此，"日本大学联合学力测试委员会"，对日本的留学生考试制度进行改革，促成了日本大学联合学力测试（以下简称"联考"）制度的诞生。新的"联考"制度的优势在于，考生可以在自己家乡，使用自己的母语（或英语）参加考试，在获得日方大学的认可后，再进入留学时所必需的日语学习。这样不但扩大了招生面，对大学来说选择的面更宽，对考生来说，学习目标明确、一步到位，省去了很多不必要的繁杂手续。该考试每一届举办3次，本届将于2018年12月、2019年5月以及7月举行，且在中国大陆、中国香港、中国台湾、马来西亚、菲律宾都设有考点。

下面，我想重点地介绍一下这一"联考"制度的三大优势。

第一个优势是省事、简单，参加"联考"的学生不必进行专门的备考。

一般认为，要想去日本留学的话，必须事先学习日语，掌握一定的日语能力。例如参加"日本留学考试"（EJU）或者"日本语能力测试"（JLPT），以向日本的大学证明自己已经有了一定的日语能力，才有可能获得大学的录取通知。

然而，"日本留学考试"（EJU）考卷是按照日本政府颁布的高中教学大纲（学习指导要领）来出题的，因此，没有接受过日本中等教育的外国考生，如不参加有针对性的备考，必然是无法正常发挥。然而，"联考"的出题范围基本都在各地的教学大纲范围内，并且学生还可以选择使用自己的母语或英文来参加考试。更重要的是各大学考官在进行面试时，我们还专门配备了翻译（亦可以使用英语进行答辩）。这样不但考生能正常发挥，而且日本大学的招生老师可以跨越语言的壁垒对考生进行综合的性格和成绩判定。

为了能够弥补因上述两点而带来的日语能力的不足，我们将为获得初次合格的考生开设"留学前准备教育"，强化日语教育，提高日语能力。

第二个优势是独特的"专业报名制度"的报名方式。

在日本招收留学生的大学有650所之多。但是外国的学生真正能熟悉的大学却寥寥无几。为此，留学生来日本留学时最大的一个难题就是择校。"联考"通过学生自己在报名时选择的"希望进入的学科领域"以及"未来的职业规划"为立足点，将各所大学最擅长和最具有特色的学科推荐给学生，为您的择校助一臂之力。

"联考"采用独特的"学科报名制度"的报名方式，学生只需在报名时选择自己希望学习的学科领域，系统就会自动地帮您将材料投档到所有招收这些学科的学校。

而各个大学则会根据笔试成绩以及报名时提交的各种相关材料进行综合考量，对学生进行面试，并在面试之后根据学生在面试时的志愿动机、学习欲望、积极性等方面做出合格与否的判定。

最终学生可能会同时被多所大学合格录取。

在往届的考试中，笔试得到高分的同学被多所大学同时录取的先例不在少数。

第三个优势，"完全渡日前的留学方式"。

一直以来，报考日本大学的留学生至少要参加一次日本各大学的校内第二次考试。而且多数大学都遵从需要参加"日本留学考试"（EJU）的这一传统模式，这个考试的考点很分散，不一定在各位的所在地区就有考点，再加上留学生考试之后还必须前往日本参加第二次考试，对学生和家长都造成了时间和金钱上的负担。

而"联考"将在各地区当地进行笔试,不仅如此,日本各大学的老师还将亲临现场（个别学校采用视频面试）进行面试，考生无需特意前往日本进行考试，不出家门就可以获得日本大学的合格录取。

综合以上三大优势，被称为留学日本大学必经之路的"先到日语学校读语言再升学"的模式已过时，可以在经济上、时间上得到很大的节约。

历届参展大学对能有机会和各地学生有直接交流给予了很高的评价。今后将有更多的认同"联考"的大学参与进来，"联考"也将逐步成为留学日本的新途径，为越来越多的人所认可。

以2020年4月留学日本的大学为目标，期待各位考生的积极参与。

序 二

王 智新

早稻田大学教师教育研究所特聘研究员
中日职业教育联盟理事 事务局长

作为一个来日本30多年的老留学生,我感到本人有义务和责任来接手《日本留学指南》的编写工作。首先简单地自我介绍一下,我是上世纪八十年代中期来日本留学的,我的入学通知书上的日期是昭和60年,转眼平成都快结束了,真是"弹指一挥间"。我本人大学本科是日语专业,来日本后考入教育学研究院,专攻教育行财政管理学,在东京大学期间曾一度负责全校留学生工作。并且以后在大学执教期间,虽然主讲的是师范课程,但是,不论在哪个大学,基本上都没有离开过留学生工作。

在1972年4月进入上海外国语大学(简称上外)日阿语系前,我是在祖国的塞北边疆屯垦戍边,伐木修路的知青。日语学习是从零开始的。虽说刚开始接触日语时,对日本这个国家在感情上还有十万八千里的距离,但是随着学习的深入和对日本的了解,对日语学习产生了浓厚兴趣。从中日邦交正常化、《中日和平友好条约》签订,日本对华贷款,中国经济腾飞到历史教科书问题,钓鱼岛撞船等等,亲身经历了中日邦交正常化后近半个世纪的风风雨雨。

改革开放以来,中国曾有过两次学习日语的热潮。1972年中日两国实现邦交正常化,形成第一次学习日语热潮,许多大学开始进行日语教育。从1999年开始每年递增25%的大学扩招,催生了第二次日语学习高潮,几乎所有的高等院校先后都开设日语专业,日语学习人数飞速增长,一方面促进了留学行业的发展,另一方面也使得人才市场的竞争更加白热化,更给日语教育带来了新课题。无论是师资,课程,教材乃至日语教育资源,日语教育还有很多问题亟待解决和改善。申请赴日留学人员,除了必须提供日语能力或是接受过正规培训机构日语学习的证明外,准备直接进入日本大学本科学习的人,还必须参加"日本留学考试"(EJU),简称"留考"。从2002年度日本留学考试开始实施后,原来的"自费外国留学生统一考试"废除。该考试旨在对希望考入日本大学(本科)等的外国留学生的日语能力以及基础学力进行评估,由独立行政法人日本学生支援机构实施。考试每年6月和11月举行两次,除了日本国内的考点外,在国外的考点有亚洲地区的15个城市。日本98%的国立大学及近一半的私立大学采用该考试录取学生。其程度大有与国内高考齐平的趋势。由于众所周知的原因,这一考试目前未能在中国大陆地区设置相应的考点。如想去日本参加考试,则难以获取"考试签证"。这等于变相地把中国大陆地区的考生都排斥在外,形成了一条留学日本只有通过"语言过渡"这条路,即先进入日本语言学校或预科学习,然后报考日本的大学。而语言学校良莠不齐,中介机构更是鱼龙混杂,令有志留学日本者望而却步。这些都是促使我们下决心对日本的留学生考试制度进行改革的重要原因。

今天我们看中国留学教育,一定是一幅"分裂"的画卷。一半是海水,一半是火焰。如果光看海水,那就是各种教育国际排行榜戴着有色眼镜看中国,看到的是在中国的传统教育和中国的新教育之间存在一个痛苦的泥潭,在一个新教育和旧教育的泥潭中间痛苦地撕扯,升学压力的上升、出国留学欲求的上升。但是你看到中国的另一面,各种改革,新概念、新平台、新模式、新形式办学勃勃生机、欣欣向荣。应该说教育的国际化就是中国教育的出路。我们希望通过对日本外国留学生考试、培养制度的改革,来改变学生的学习方法,教师的教学活动以及教育资源不平衡等的状况,使中国的(日语)教育事业顺利发展。但是学习日语,出国留学,无论是因为自身的兴趣还是从现实考虑,中日两国友好关系的持续发展应该是永恒不变的大前提。

让我们以更大的热情和更专业的精神来做好中国教育的国际化,拓宽中日教育交流的通道。

序　三

盐崎　正晴

文部科学省高等教育局学生与留学生科科长

　　截至 2017 年 5 月，日本各大学和专科学校等高等教育机构以及其他日本教育机构中，共有来自世界 180 多个国家和地区的 27 万名留学生在日学习。

　　为了吸引世界各国的留学生，日本已出台了各项支持政策。

　　2013 年 6 月，日本内阁会议通过了"日本复兴战略"和"第二期教育振兴基本计划"，提出了外国留学生接收工作和赴海外留学生人数翻番的计划目标。2018 年 6 月，日本内阁会议又通过了"第三期教育振兴基本计划"，继续保持在大学的海外留学生数为 12 万人，并通过战略性方针促进外国留学生来日。另外，2017 年正值中日邦交正常化 45 周年、2018 年又迎来中日和平友好条约缔结 40 周年这样值得纪念的年头，日本相关省厅和各个机构正在联手合作，积极着手进一步促进中日交流和留学生交流工作。

　　在日本，根据你想学习的领域可以选择各种各样的学校。对于有志于留学日本的各位同学来说，了解日本的教育制度、生活状况以及入境政策，掌握各有特色的不同学校的信息，从而能够根据自己的愿望来进行专业领域以及未来职业的选择，这才是使留学成功的重要因素。

　　我们希望大家能够通过文部科学省和日本学生支援机构所制作的宣传册、所建立的网站以及这本《日本留学指南》等来搜集与留学相关的各种信息，从而更加了解在日本的学习与生活。

　　此外，为了营造一个更加轻松的留学环境，我们还通过奖学金制度向留学生提供经济支持，并以多种方式对留学生的生活、就业提供各类支持。

　　日本四面环海，拥有美丽的自然风光，同时也拥有丰富的传统文化和世界最尖端的科学技术；日本人民勤劳而热情，我们还将以世界罕见的良好治安环境来欢迎各国留学生。我们期待着更多富有干劲的年轻人赴日留学！

"日本留学"标志的设计

　　文部科学省为了推进"30 万留学生计划"，与相关部门和机构合作，力求向全世界展示一个全面的日本（即包括日本的文化、社会、高等教育在内的所有信息）。

　　为此，作为塑造日本国家形象的一环，"日本留学"标志应运而生。

设计理念

　　该标志将象征日本的太阳、富士山等元素通过画笔展现出来，在让人感受到日本的同时，传递出"年轻""活力""力量"等信息。同时，用充满力量的红色作为基本色，外围橙色与红色融合形成一个圆形漩涡，表现了世界各国学生汇聚于日本与日本精神的发扬两层含义。

序 四

能村 幸辉

经济产业省经济产业政策局产业人才政策室室长

大家是否来过日本呢？日本将于 2020 年举办东京奥运会和残奥会，为此，正倍受世界各国的关心和瞩目。在观光旅游方面，去年的访日旅游人数达到了 2800 万人，创造了以往的最高纪录。为了吸引世界各国游客来访，创造 2020 年以前访日游客数达 4000 万这个目标，日本举国上下正在不断努力。今后来到日本留学的同学们，你们将亲眼看到日本的挑战，看到我们以各种形式向世界宣传日本的文化和魅力，并以此作为成长动力的过程。

日本政府为了将日本建设成一个向世界开放的国家，以面向亚洲和世界扩大与各国之间进行人才、物资、资金以及信息的交流为目的，将 2020 年以前引进 30 万外国留学生为目标，正在不断推进方便留学生们活跃于日本社会的各种举措。

同时，大家留学日本以后，在日本产业界得以发挥能力的机会也将大大增多。在未来经济全球化脚步的不断加快过程中，不仅是大企业，朝气蓬勃的中小型企业也将扩大与海外各国的商务往来，我们预测留学生发挥能力的地方将越来越多。

日本政府去年 6 月通过内阁会议决定的《经济财政运营与改革的基本方针 2018》中，强调了为促进留学生在日本国内就业，将扩大"高度人才评分制度"中的特别加分大学范围，并在了解留学生和产业界各自需求的基础上，促进产业界与人才的匹配，同时还将加强留日资格变更手续简化等一系列措施。

如此，日本不仅能够让留学生们获得更多知识，同时也充满着留学生们活跃于社会的机会。众所周知，日本也是一个面临着人口减少、少子老龄化以及能源和环境制约等各种社会问题的"课题先进国家"。虽然面临着严峻的局面，但日本经济已经在切实地回升，我们也将持续地实施各种解决问题的方法。当今，被誉为"第四次产业革命"的人工智能（AI）、大数据、IoT 等技术革新正在以前所未有的速度发展。日本政府将切实抓住这一技术创新来解决社会课题，为了实现可持续发展的经济社会体系"Society 5.0"，我们正在稳步前进。我们相信，我们将为世界各国提供很好的答案，以解决各国都在面临的迫切问题和全球经济达到可持续发展的课题。

我们相信，来日本留学并进入日本产业界发展，将不仅丰富留学生个人的人生经历，也将使大家成为解决世界规模课题的基础力量。我们衷心期待大家的到来！

序 五

古馆 哲生
厚生劳动省职业安定局外国人雇佣对策科科长

在当前全球化进程中，为了提高日本经济活力和潜在增长力，在最大程度地利用国内人才的基础上，我们还需要重视吸纳包括留学生在内的拥有多样价值观、经历、知识、技术的外国人才。从这个观点出发，让外国优秀人才在日本企业就业，将作为国家战略广泛推进。另外，众多企业的海外业务正处于快速发展中，确保有高度技术能力和语言能力的国际化人才是当前的要务，因此雇用留学生逐渐成为企业的亮点。在前来日本的留学生中有六成左右希望在日本企业就业，但是，实际上真正能够在日本企业就业的留学生数只有三成左右。因此，为了确保留学生能在日企顺利就业，我们需要采取各种措施。

厚生劳动省在东京、名古屋、大阪开设了"外国人雇佣服务中心"，为具有"专业性、技术性专业"的留学生以及外国人提供就业信息（在福冈开设的应届生公共职业安定所也承担了此业务）。

"外国人雇佣服务中心"将以援助外国留学生为主，面向留学生开展关于求职方法、留日资格变更、职业选择、求职礼仪等相关说明会。除此之外，会和大学合作开展"留学生实习活动"，并且举行企业说明会和模拟面试活动，让留学生了解企业特点及工作中如何运用所学的专业知识。

另外，从2014年开始在全国部分应届毕业生职业介绍所内还开设了"留学生就业咨询"的专门窗口（截至2018年4月，北海道、宫城县、埼玉县、千叶县、东京都、神奈川县、石川县、静冈县、爱知县、三重县、京都府、大阪府、兵库县、冈山县、广岛县、福冈县以及长崎县17都道府县设置18窗口），在与外国人雇佣服务中心进行密切协作的基础上，推动对留学生的就业支援活动。

在日本找工作一定会遇到各种困难，厚生劳动省为正在努力的留学生提供各种援助，无论您有什么烦恼和不安，请随时与我们联系。

序 六

川上 文博

日本国驻华大使馆公使衔参赞、新闻文化中心主任

首先，我谨代表日本国驻华大使馆对《日本留学指南》的出版表示热烈的祝贺。

众所周知，今年是日中和平友好条约缔结40周年。40年来，在两国各界有志之士的共同努力下，取得了来之不易的成果。

今年5月份，国务院总理李克强时隔8年对日本进行了正式国事访问。李克强总理亲口说"中日关系重回正常轨道"。安倍首相也表明日中关系正在从"竞争"的时代进入到一个"协调、协作"的时代。总之，日中首脑外交已取得了重大成果。此次李克强总理访日，首脑之间达成了多项协议，两国首脑还一致赞同将两国国民交流再推上一个新的台阶。我认为在这种形势下，两国民众之间的交流，特别是青少年间的交流比什么都重要。通过交流加深彼此间的相互了解，这是两国友好关系面向未来的重要基础。

当今社会的全球化趋势日益显著，人员往来日趋频繁。留学无疑是了解彼此、增进友好的重要途径。日本有诸多世界一流的大学，教学科研水平非常高，日中两国的留学交流历史更是源远流长。日本社会的治安状况良好。对中国年轻人来说，日本是海外留学的理想国家。

日中两国政府之间有很多教育交流项目，其中就包括公费留学。我馆还积极开展与中国各大学的合作，宣讲日本大学的留学信息。我馆新闻文化中心专设留学咨询老师，解答有关留学日本的疑问。此外，我馆还通过微博、微信适时发布日本的留学信息，希望能够助力大家的日本留学。

留学生对日中两国关系的发展起到了非常大的作用。我希望今后能有更多的中国人来日本留学，亲身感受现实生活中的日本。同时热切期望大家都能为日中友好的美好未来架起友谊的桥梁。

我听说大家考虑留学日本的时候，感到最困惑的是留学手续、学校的选择、留学相关信息的获取等。这本《日本留学指南》是基于大家在日本留学上所关心的问题，将具有普遍性的疑问归纳总结，汇编而成的参考资料。希望本书能为更多的优秀学生留学日本提供帮助。

新浪微博二维码　　腾讯微博二维码　　微信公众号二维码

序 七

永田 恭介
一般社团法人国立大学协会国际交流委员会委员长

日本国立大学协会是由全日本86所国立大学和4个作为特别会员的大学共同利用机构所组成的一个组织。本协会旨在致力推进和强化国立大学的职能，促进国际交流就是其中一项重要的工作。通过有计划地推进研究者以及学生的海外派遣，旨在提高教育研究的高度化；通过推进交流和积极接收国外的研究者以及留学生，旨在构筑具有国际人脉和国际智慧的国际化人际网。

最近，"和食"和"和纸"被列为联合国教科文组织非物质文化遗产，除此之外，和服、电影、动漫、武士道等日本文化都受到世界各地的关注。同时，也有一些人则对日本的科学技术和高端研究印象深刻。

日本国立大学的研究机构非常完备。在2016年，东京工业大学大隅良典名誉教授因揭示了"自噬"机制的原理而获得了诺贝尔生理学或医学奖。日本是继欧美之后诺贝尔奖获得者辈出的国家，且全部的诺贝尔奖获得者都是在国立大学从事他们的研究。除了这些研究，国立大学中还会进行各种各样世界最前沿的研究。

从学生分布特征来看，就读于日本国立大学的研究生人数所占比例很高，占总人数的超过60%。来自海外的留学生，约有四万名就读于日本国立大学的各个专业。（参见下表）

表1：日本国立大学不同学科领域留学生人数（本科）（2017年5月1日数据）（单位：人）

人文科学	社会科学	理学	工学	农学	保健
2,428 (20.5%)	1,914 (16.2%)	568 (4.8%)	3,670 (31.0%)	551 (4.7%)	220 (1.9%)
商船	家政	教育	艺术	其他	全体
1 (0.01%)	40 (0.3%)	1,075 (9.1%)	30 (0.3%)	1,331 (11.3%)	11,828 (100%)

表2：日本国立大学不同学科领域留学生人数（研究生院）（2017年5月1日数据）（单位：人）

人文科学	社会科学	理学	工学	农学	保健
2,654 (9.2%)	3,844 (13.3%)	2,069 (7.1%)	9,264 (32.0%)	2,502 (8.6%)	2,626 (9.1%)
商船	家政	教育	艺术	其他	全体
25 (0.1%)	46 (0.2%)	1,022 (3.5%)	292 (1.0%)	4,612 (15.9%)	28,956 (100%)

数据来源：文科学生学校基本调查（2017年度）

日本国立大学除了学费相对低廉外，独立奖学金、学费减免制度、学生宿舍等针对留学生的资助项目也很丰富。另外，各大学还按照自己的特长与特色积极地采取措施：设立全英文授课取得学位的专业，提供与日本学生交流和体验日本文化的机会等等。详情请参阅大学介绍和大学网站。
（国立大学协会网址：http://www.janu.jp/eng/study_abroad/study_abroad_at_japanese_national_universities.html）

日本国立大学欢迎各位来日本留学！衷心期待更多愿意挑战未来的同学们的到来！

序 八

郡 健二郎
一般社团法人公立大学协会会长
名古屋市立大学校长

  公立大学是根据县市等地方自治体的不同需要而设立的大学。

  日本全国共有 92 所公立大学，规模大小不一，有的不足 400 名学生，有的则超过 9000 名。公立大学具有较强的地区性，肩负地区性的教育使命，旨在解决地区性课题和培养当地人才。由地方自治体直接投入税收，建立高水平的教育研究环境；另一方面，公立大学对投资负有责任，需在校长的领导下不断改善和改革。从这个意义上说，公立大学与当地关系最为紧密，也最容易得到当地居民的支持。其中还有许多小规模的公立大学，它们其中的七成为单科大学或者仅有两个院系的大学。公立大学的另一特点就是设立护理专业的大学居多。

  众多公立大学派遣和接收留学生，积极推进国际交流，比如札幌医科大学和中国医科大学，不仅在大学课程上，甚至在临床实习方面也相互派遣学生，在专业方面进行有特色的交流。

  针对公立大学接收学生的模式，重点介绍以下两所大学。

  国际教养大学（位于秋田县秋田市）是一所高举"国际教养"（International Liveral Arts）先进教学理念旗帜的单科大学，全英文授课，并要求学生必须赴海外留学一年。学校今后的目标是，通过以下方式培养国际化领导人才：建立辅导机制，帮助学生提高以英语撰写高水平论文的能力，建立"学业职业支援室"，帮助学生了解国内外研究生院的情况等。

  北九州市立大学（福冈县北九州市），通过促进学生到海外留学和参加国际机构活动，以及与留学生共同上课，开设英语授课科目等一系列举措，将希望在国际舞台活跃的学生们培养成为能够贡献于地区社会的国际化人才，这一名为"Global Education Program"的举措得到了国家的高度肯定。该校在报纸上也曾作为"全日本对留学生最为亲切的大学"而得到介绍。

  公立大学在推进普通教育研究的同时，也运用自己的教育研究成果，着手解决以培养人才、激活产业发展为主旨的地区课题，因此，学习地区性课题的机会正在增多。人们容易误解，认为以地区发展为导向和国际化是背道而驰的，其实近年来局势瞬息万变，解决地区问题的研究成果已经有利于在全世界范围内进行的地区性研究工作的开展，同时，国际化视角也已成为解决地区问题的有效手段。

  少子化和老龄化是全世界普遍存在的社会问题。通过直接接触日本的自然环境、产业技术和文化，同时致力解决地区性问题，我们一定能展望整个世界的辉煌未来。

  如果你想加深留学体验，欢迎来公立大学留学！

序 九

森田 嘉一

日本私立大学团体联合会国际交流委员会委员长

在如今的日本，私立大学占了大学总数的近八成。我们私立大学人一直秉持"重振祖国，必从教育起步"的信念，为国家复兴坚定不移，积极投身于各项活动。如今社会的发展日新月异，对大学的要求也在不断变化。面对社会对我们不断提出的要求，我们私立大学严格执行各自的办学理念，不断致力推进自身的教育、研究，努力为学术、文化的发展做出贡献。为了能同周边邻国一道，构筑和平、富饶的社会，我们私立大学也充分发挥各自学校的特点，努力培养出朝气蓬勃、有强烈个人特色的人才。日本的国土并不广袤，资源也并不丰富。可以毫不夸张地说，支撑日本经济、技术的正是高质量的大学教育。

留学的首要任务是努力提高自己的外语能力，钻研专业知识。并且了解留学国家的文化、风俗，与当地人交流，通过这样真真切切的体验来培养自己全球化的价值观。通过了解不同国家之间的差异来加深相互的理解。这种宝贵的经验也是留学的重要价值。能够自己独立思考，能够站在对方的角度去互相理解，进而接受对方，这种思维方式正是全球化价值观所需要的。我希望各位同学都能够培养这样的思维方式。

另外，除了正规的留学教育课程以外，日本的很多私立大学还设有一些特别教育课程。例如专为大学入学考试做准备的教育课程，为体验异国文化而专设的教育课程等。当然这些同样都是依据学校教育法而设立的正规教育课程。这些教育课程同样有优秀的师资，老师们同样会帮你打下坚实的学术基础。选择这些教育课程的同学们同样能在良好的教育环境下度过自己的学生时代。

如今全球化不仅涉及教育界，也涉及文化、政治、经济。最近我们身边信息量激增，往往是转瞬间身边的信息就会铺天盖地涌出来。能够享有如此之多的信息固然方便，但同时也需要我们具有辨别信息真伪的能力。世界各地发生的纷争、暴力、贫困的新闻，往往令我们不忍目睹，而解决这些问题正需要我们互相理解、互相合作。

欢迎各位同学今后来日本的私立大学留学，不断钻研，精进自己的学问。身处全球化的社会，我们衷心希望大家都能够发挥出自己的实力。

序 十

谷口 功

独立行政法人国立高等专门学校机构理事长

  与日本一般的专门学校不同，高等专门学校"KOSEN"是具有国际视野，培养具有实践性、创造性技术者的高等教育机构。换言之，它招收 15 岁的优秀初中毕业生，先进行五年的统一教育，以培养具有高度专业素养的，可以被称为"社会的财产"的人"财"。在此基础上，它再通过两年的专业课程教育，进行更加高度的专业教育（毕业生可以取得学士学位）。因此，高等专门学校是以日本独有的教育体系为基础的高等教育机构。在日本，它被称为"高专"，是受到初中毕业生青睐的升学选择之一。另外，在日本以外的很多国家，它被称为"KOSEN"，其独自的教育方法得到了非常高的评价。

  自 1962 年第一批 12 所高等专门学校成立以来，高专实现了飞跃式的发展，为日本的产业发展和经济高速增长做出了极大的贡献。现在，它肩负着"培养国际化的极具实践性、创造性的技术者及工程师"的使命，共开设了 51 所国立高专，3 所公立高专和 3 所私立高专。其学生总数约为 6 万人，教职员工达到了约 7 千人。

  高专从感受性较强的低学年开始，在课堂授课的基础上积极引入培养学生创造性和实践性的，由实验、实习、实际操作组成的"生产制造教育"，并由此孕育出一代又一代支撑日本这一"制造业大国"的工程技术人才。我们的学生在完成专科学业时就已经掌握了与四年制大学毕业生同等程度的专业知识和技能，并通过海外实习等，获得了国际通用的实践能力。此外，高专还设有包括机器人大赛、编程大赛、设计大赛、英语演讲比赛等特有的重要的教育计划。它们非常有利于培养具有想象力、创造力、自主创新能力以及国际视野的工程技术人员。

  高专还具有良好的教学环境。各学校都配有设施齐全的学生宿舍，通过集体生活和丰富多彩的课外活动，培养出具有较高修养和良好人际交往能力，兼具创造力和实践力的技术型人才。如此全方位的教育制度，正是高专教育的精髓所在。

  现在第一批高等专门学校已有 50 多年的办学历史，它所取得的成果获得了社会各界的高度评价。但是，在国际社会的影响下，我们的周边环境和社会产业结构正在发生急速变化。随着全球化和学术、产业的无国界化的发展，高专应该谋求更高的发展，为社会做出更大的贡献，在自我变革中不断调整教育体制以适应时代的要求。此外，我们把"培养具有发现问题和解决问题能力，并能在国际舞台上发挥丰富创造力的实践型工程技术人员"作为新的目标，积极开发和提供能让学生和教学人员与海外高等教育机构进行广泛交流的项目，以此确立自己在国际社会的高等教育机构中不可动摇的地位。

  为了让高专在一百年后也能绽放光彩，我们希望与众多海外的留学生和老师一起，努力让高专成为在读生和毕业生的骄傲。尊敬的各位读者，欢迎来高专留学！

序 十 一

福田 益和
全国专修学校各种学校总联合会会长

作为专修学校和各种学校的合作团体，全国专修学校各种学校总联合会负责日本的职业教育，我们的成员学校接收众多海外留学生。

国际上，高等教育制度分为两个流派。一派是素质教育（Liberal Arts），注重基础文化修养。另一派为职业教育（Professional Education），重在培养专业知识和技能。迄今为止，日本一直重视素质教育，但近年来人们对培养各行各业专家的职业教育有了新的认识，国家也正在推行针对专门学校的一系列政策。

日本的专门学校主要提供职业教育。同欧美等国外大学一样，也是面向拥有高中及以上学历的人才设立的高等教育机构，承担着日本职业教育的责任。专门学校不仅招收高中应届毕业生，近些年来的入学者中，拥有大学和短期大学学历的人数约有 1.5 万人。另外，为满足社会人士再教育的需求，专门学校还根据不同职业开设了众多与职业直接相关的高水平教育课程。目前，日本专门学校汇聚了一大批来自亚洲及其他各国的年轻留学生，在日本学习各领域的先进技术和知识，平成 29 年（2017 年）约有 5 万 9 千人的留学生在籍。在 IT、建筑、机器人、机械、生化、医疗、美容、料理、护理福祉、商务、时尚、设计、动画等多个领域学习通用于世界各地的技术。

我们希望专门学校能够通过专业技术人员的培养，为世界各国和各地区的发展做出贡献。为此，一直以来，我们都致力创造良好的环境，保证留学生能够在日本度过有意义的留学生活。1994 年我们还设立了"专门士"称号以证明毕业生已完成短期高等教育课程，2005 年又建立了"高级专门士"制度，承认毕业生拥有高水平技能和知识，和大学毕业生有同等学力，同样可以到研究生院继续深造。

除此之外，1997 年颁布的新政策规定，专门学校留学生留日资格可以变更为"技术""人文知识·国际业务"等就业劳动资格，以满足毕业生希望运用其在专门学校所学知识留日工作的愿望。为支持专门学校毕业生在日本的就业活动，其毕业后的留日期限也从 2009 年 4 月起延长为一年。2016 年时相关法律被修改，在专门学校学习并取得护理福祉士资格的外国留学生可以取得新的留日"护理"资格，以便在日本从事相关工作。从今年 4 月起可以与日本人一同在护理机构里工作。

以上的各种措施，使留学生的学习环境日益改善。我们深信，在日本留学期间，大家不仅可以学到世界通用的知识和技能，还可以通过与日本学生的交流和沟通，促进日中两国之间真正的理解与真诚的沟通。我们衷心期待大家到日本留学！

序 十 二

清水 尚道

一般社团法人大阪府专修学校各种学校联合会理事长

    2012 年日本的外国留学生总数为 16.3 万人，而 2017 年则大幅度增长到了 26.7 万人[1]。其中尤其是专门学校（专修学校的专门课程）的在校外国留学生数在最近 5 年内达到了飞跃式的增长，从过去的 2.4 万人飞跃发展到 2017 年的近 5.9 万人。以往，为了解日本社会而学习日语的汉字文化圈留学生曾为主流，而近年来从东盟（ASEAN）各国来的留学生则出现了剧增，呈现出在广泛领域从事学习和接受高度实践性职业教育的现状。

    一般社团法人大阪府专修学校各种学校联合会（以下简称为"大专各"）为了更好地充实接收外国留学生的环境，我们于 2008 年开始设立了留学生委员会，并在此之前推行了诸多相关工作。2012 年为留学生实施了"职业培训教育"课程化，并制作了《留学生基础能力》教材。2014 年我们受托于日本文部科学省"专修学校留学生就业辅导工作"，进行留学信息和职业教育信息的发布，帮助海外人员留学日本，并作为高等教育机构推动人们对于专门学校从事专门职业教育的理解，召开各种留学生就业交流会、制作留学生录用手册等等。除此之外，我们还于 2016 年将以大阪府为中心的近畿地区二府三县的"专门学校概要"以统一的一览表格形式进行了"留学生信息卡"的登记介绍，并制作了"留学生职业人培养手册"，公开于网站上以供阅览。同时，加盟于"大专各"从事留学生接收工作的各所专门学校，也都以领先于世界水平的职业教育和技术教育得到了来自海外的高度评价。具体来说，包括 IT 信息行业、CG 与游戏技术、汽车与摩托车装配专业、美容美发专业、旅游观光和宾馆以及婚宴行业、动漫与漫画专业等等，除了这些几乎囊括了各领域的具有特色的专业之外，丰富的历史、文化、观光、自然等旅游资源也都集结在以大阪为中心的关西地区。因此这里作为留学选择地的比率之高，也是值得特写的一笔。另外"大专各"还开展"为外国留学生实施课堂快递"，为近畿地区日语学校学生提供专门学校教育，积极开展并实施职业教育的专门课程。

    我们特向《日本留学指南（第七版）》的读者、打算留学日本的各位同学和家长发出积极的邀请，"大专各"的各所学校拥有高质量的学习和生活环境，我们不仅拥有热情，更是充满着所谓"OMOTENASHI（＝款待）MIND"这种日本文化的大阪（OSAKA）式的专门学校，衷心欢迎大家将我们选定为您的留学候选地，我们将不胜感激，敬请您多多关照。

---

1. 日本学生支援机构"2017 年度外国留学生在籍状况调查结果"，2017 年 12 月。

序 十 三

米川 英树
独立行政法人日本学生支援机构理事

根据2017年5月1日的数据，在日本的大学等教育机构学习的外国留学生人数已经高达267,042人。其中，按国家、地区划分，来自中国的留学生人数最多，为107,260人，约占全体人数的40%。另外，从日本的大学等教育机构毕业后希望留日就业的留学生也越来越多。目前，许多在日本留学的中国学生和拥有留学经历的中国人正活跃于日本的大学或公司中。

日本学生支援机构不仅提供面向日本学生的助学金贷款业务，同时也全方位地支援外国留学生在日本的学习，涉及留学前、留学中、留学后的所有环节。留学前阶段，本机构举办日本留学展、说明会，另外还在网站上提供与留学相关的信息；在留学阶段，实施日本公费留学生资格审查业务及奖学金发放等业务，并实施留学生接收促进项目（即以前的文部科学省外国留学生学习奖励费支付制度），还通过大学为留学生提供宿舍，通过日语教育中心（日语语言学校）提供留学生考入大学本科和研究生院前的升学前教育工作。另外，留学结束后阶段，本机构为准备就业的留学生举办研讨会，也为归国留学生设立了再次访问日本的短期研修制度。本机构积极努力为留学生提供从留学开始到结束，甚至是留学结束之后的真诚服务。

接受这些服务的中国留学生人数众多，每年我们都会收到结束留学生活的中国留学生发来的感谢信，我们以此为傲。与此同时，日本也尽可能多地接纳从中国来的优秀学生，让他们在国际舞台上崭露头角，以便为中国和国际社会做贡献，这将会使我们感到欣喜。

对有志于到日本留学的各位来说，留学准备的第一步，就是通过比较选择能够攻读心仪专业的学校以及实现理想生活的地区。日本的大学等教育机构众多，不论文理，都可以从中学到很多知识。因此，收集、整理日本的大学等教育机构的相关准确信息，可以说是非常重要的。

《日本留学指南》一书正是为此目的而编写，收录了日本的大学等教育机构与入学相关的详细信息和日本各地区的信息。

另外，本书也一并刊登了曾留学日本的各位前辈的经验之谈、有关日本的教育制度等非常有用的信息。我们相信，这本书对于有志于赴日留学深造的各位来说有很好的借鉴意义。同时我们也期待以入学日本大学为目标的各位和相关人员能充分利用本书，最终选好合适的学校并且做好充分的留学准备。

最后，衷心祝愿来日留学的各位，在将来为中国和国际社会、人类事业做出巨大贡献的同时，也能成为构建日中友好和平桥梁的活跃分子。

序 十 四

哗道 佳明

特定非营利活动法人 JAFSA（国际教育交流协议会）会长
上智大学校长

感谢各位同学有意到日本的大学、研究生院留学。

也许大家对留学日本抱着各种各样的梦想和希望，但同时对于该如何做准备也充满了疑惑与不安吧！为了实现大家的愿望，满足各位的要求，以日本大学为首的各大教育机构将逐步健全相关体制。

从刚开始萌生赴日留学想法之日起，到留学准备、赴日，在留学期间生活、学习和深造乃至就业，大家需要长期的各方面的支持和服务，这些支持和服务需要覆盖全日本的超越利害关系的合作，而不仅仅依靠一所大学。

JAFSA 是由众多接收、派出留学生的日本大学加盟组成的联合团体。JAFSA 的会员大学超过 220 所，可以覆盖来日留学人数的 90% 以上。其成员中不仅有大学，还包括类似大使馆的驻日公馆、各类学校、日语学校等教育机构，以及与国际交流有关的企业。目前团体会员数近 340 个。自 1968 年成立以来，JAFSA 在接收、派出留学生方面，举办了面向大学职员的研修讲座，促进与海外大学的交流等丰富多彩的活动。

JAFSA 的目标不仅在于加强与大学、日语学校、专门学校以及其他各种学校的通力合作，还在于进一步加强与政府机关、奖学金财团、企业等众多关联机构的合作，为打造全日本一体化的留学生接收、支援体制，持续不懈地努力工作。

留学日本好处多多。高等教育质量一流，大学教育内容丰富多彩、研究生教育世界领先等都是日本引以为豪之处。而且除了上述学习方面以外，安全而高质量的生活水平、各种细致入微的服务、优美的自然环境等等，生活在日本你所能体验到的各种好处不胜枚举。真心希望大家能够体验到留学日本的这些魅力。

我想，日本留学结束之后也会有很多人考虑在日本企业就业或者从事与日本相关的工作。近年来，日本企业正逐渐积极雇用有日本留学经历的外国留学生。在全球一体化进程中，日企对国际人才的需求逐步加大，外国留学生，特别是临近日本的亚洲国家的留学生，更引起企业的重视。对于企业来说，懂日语、理解日本文化和习惯的留学生是宝贵的人才。

来到日本留学，不是终点，而是起点。每个人有自己想学习和研究的领域，但我热切期待大家能在各自的领域不断精益求精，成为国际型人才。让我们为实现梦想共同前进吧！

序 十 五

堀江 学
一般财团法人国际教育交流论坛理事长
一般社团法人留学服务审查机构理事长

在漫长的日中交流史上，两国既曾友好往来过，也曾与友好二字背道而驰。翻开世界历史长卷，不仅日中两国间，其他的邻国间肯定也会发生各种摩擦和波折。但是，与邻为善，最重要的还是思考如何友好和平共处并为之而努力。

有史以来，数量极其众多的中国文物被带到日本，它们成为当今日本文化基础中最重要的一部分。另一方面，近代以来，科学技术和文化等也从日本传入中国。此外，以孙中山为首的众多中国思想家、革命家，也从日本吸纳了新鲜的力量，致力中国的改革和近代化事业。

由此，我们清醒地认识到，日中关系密不可分，我们应该为了两国和周边地区的安定和繁荣，携手共同发展。

要增进未来两国间的相互理解和更加亲密的关系，最重要的是要增进两国青年间的交流。

截至2017年5月1日的数据，日本大学等高等教育机构中有79502名中国留学生在读，日本语言学校中有27758名中国留学生在读，中国是日本最大的留学生来源国。大多数留学生希望留日就业，随着日本企业的全球化发展，留日就业的可能性也在逐步扩大。

另一方面，2016年日本到海外的留学生数60643人中，有4091人前往中国留学。

如此，日中青年间的交流，学习对方的社会文化，毫无疑问会对其人生产生很大影响。更为重要的是，两国年轻人相互交往、熟悉，进而成为亲密朋友，无疑会对今后两国关系产生积极影响。

日本颁布了吸纳30万海外留学生的国策，我们当然非常欢迎来自中国的留学生。国家间的关系有时会经历困难时期，但是，了解日本、与日本人交朋友的中国人以及了解中国、与中国人交朋友的日本人，定会成为今后构建崭新日中关系的强大力量。

这就是各位来日本留学对现代社会的重要意义之一。

各位考虑来日本留学，只要认真参考本书及其相关网站，不用借助他人力量，也能够成功留学日本！

我们衷心期待大家赴日留学！

序 十 六

山田 敬三

一般财团法人日中亚细亚教育医疗文化交流机构理事
慧姿教育集团（WISE EDUCATION GROUP）代表

致希望留学日本的朋友：

当今，国际化不断加速的现代社会越来越需要能够活跃于世界舞台的全球化人才。受这种潮流影响，希望留学海外的年轻人近年来剧增，世界各国到海外留学的学生人数据说去年已经超过了400万。为了提高自己的国际化程度，众多的学生离开了自己的国家来到外国学习。

从接收留学生人数的比较来看，美国为80万人，英国为42万人，澳大利亚为30万人，日本位于第7位已经接收了约20万留学生。

书中也有介绍，日本政府以2020年实现接收30万留学生为目标，为此政府各机构正在推行着各种各样的措施。而我们财团也始终在进行各种接收外国留学生的活动，本书《日本留学指南》的出版便是其中之一。从2012年在中国大陆发行了第一版之后，今年除了在中国大陆发行了第七版以外，还先后在中国香港、台湾，以及马来西亚也进行了出版，目的在于进一步扩大接收来自各地区和国家的留学生。

在本书中我们将留学比作人生的一个投资，在"留学费用＝风险""外国就业机会＝收益"这样的思考下进行了与欧美各国的留学比较，对"日本留学是一个低风险、高收益的留学地区"进行了浅显易懂的说明。

同时，书中记载了日本的大学所具有的各种专业领域，拥有该专业领域的所有大学，以及前往该大学的留学途径，进而说明了希望在日本就业的留学生在大学期间应该如何做等等，有留学生们所希望了解的全部信息。

我们希望愿意留学日本的同学们能够将这本书当作"日本留学综合指南"来解答疑惑、充分活用。

另外，我们财团还在各地实施无需赴日参加考试的"日本大学联合学力测试"。这一考试于2013年在上海首次实施后，目前除了在上海之外，也在中国大陆各地、香港、台湾，以及马来西亚和菲律宾等国家和地区实施。

这一"日本大学联合学力测试"在参加考试时不问考生日语能力，可以用英语或者汉语参加笔试，其后由日本各大学的考官访问当地考场实施面试（面试也可以用英语或者通过翻译用汉语参加），在面试后可以获得大学方面的合格暂定通知。当获得了来自大学方面的合格暂定通知后，应考学生便可接受由我财团提供的6个月日语教育取得高级日语能力，之后直接赴拿到了合格暂定通知的大学留学。这就是"日本大学联合学力测试"的划时代构成方案。

该考试在报名时由于采用的是所谓"专业选择报名方式"，即由学生选择自己希望学习的专业领域来报名，因此笔试得分名列前茅者可以一次性同时得到多所具有该专业大学的面试，从而获得来自多所大学的合格暂定通知。

我们希望大家将这一考试当作留学日本的一个共同平台来加以利用。

我们希望本财团所推进的这些接收海外留学生措施，能够帮助留学日本的朋友们获得一个光辉灿烂的未来。

最后，谨在此向本书出版过程中给予了我们诸多帮助的各位朋友表示深深的感谢。

序 十七

朱 永新

苏州大学新教育研究院教授
中国人民政治协商会议常务委员会委员
中国民主促进会中央委员会副主席

一

翻开中国近代史，我们可以看到近代中国人的日本留学有过两次高潮，第一次是甲午战争后的第二年，清朝政府向日本派出了 13 名官费留学生，打开了中国向日本派遣留学生的大门。在 20 世纪的最初十年中，中国学生前往日本留学的活动形成了迄今为止"世界史上最大规模的学生出洋运动"（费正清）。进入 20 世纪 70 年代后，中国改革开放，又掀起了第二次留日高潮。一百多年来，数以十万计的留日学生在民族危亡的关键时刻，身先士卒，挺身而出，表现出"我以我血荐轩辕"的壮烈爱国情怀。

这两次留日高潮给中国带来的影响是极其重大和深远的：大批留日学生用生命和热血再造民国，为推翻两千多年的封建统治写下了可歌可泣的业绩，同时又通过日本，将马克思主义传入中国，推进了中国新民主主义革命；把现代科学知识传入中国，推进了中国近现代的知识转型。

改革开放后的留学目的更是明确，是为了加快当代中国的国际化进程，学习日本先进的科技文化知识。近代以来，为什么要大规模地派学生去日本而不是别国？对此，张之洞的论述很有代表性："至游学之国，西洋不如东洋：一路近省费，可多遣；一去华近易考察；一东文近于中文，易通晓；一西书甚繁，凡西学不切要者，东人已删节而酌改之，中、东情势风俗相近，易仿行，事半功倍，无过于此。若自欲求精求备，再赴西洋，有何不可？"应该说，张之洞的主张既表达了中国人要学习西方先进文化的迫切感，又考虑到了派遣学生留学日本的诸多具体方便——"同文、同种、省费"。时隔半个世纪后，在中国重新恢复向日本派遣留学生的时候，一位研究中国问题的日本学者曾忧心忡忡地建议："希望中国方面，即使对清末、'五四'时期的留学热情和愿望给予高度评价，也不要拿张之洞的所谓'地近、情通、费省、效速'的观点来看待日本。日本有日本自己的路……因此不要以'情通'，而应以'智通'来看待日本"。（广岛大学小林文男. 重新开始派遣留学生的意图和背景[J]. 世界大学 1979，2：2.）这种说法也许多少点到了问题的要害。

当年日本有识之士也不是没有认识到中国派学生到他们国内留学的重要意义。象上田万年等学者和大鸟圭介等外交家都开始就教育其邻国子弟而出现的机会和责任问题向其同胞们写文章和发表演说，号召大家采取行动，专门为中国学生准备教育计划；设立专门的语言学校，以便使他们在到达后两三年内可以为攻读大学水平的课程做好准备。专门为留日学生设立的专门学校先后诞生，如日华学堂（建于 1898 年）、高等大同（建于 1899 年）、东亚商业（建于 1901 年）和弘文学院（建于 1902 年），而其中同文书院东京分院（也建于 1902 年）的作用尤为重要。例如，弘文学院前后共收 7,192 名中国学生，其中 3,810 人毕业，学生中有周恩来、黄兴、鲁迅和陈独秀等。许多私立学校，特别是早稻田，新开辟了外国学生区，以供应新收学生的伙食。为了培养未来的现代女性，还开办了女子学校。开学典礼常滔滔不绝地提起孟母和华盛顿之母，因而生色不少。而今的立命馆亚洲太平洋大学（建于 2000

年）、日本经济大学（改建于 2010 年）、城西国际大学（建于 1992 年）、平成国际大学（建于 1996 年）以及许多大学的国际学院等都在此列，尤其是各校争相开设和实施的英日双语教学课程，而这样的课程和活动，虽然降低了中国留学生报考和学习的门槛，但是另一方面又令中国学生无法感受到留日的具体好处。

当年的日本教师乐于使留学生们相信，中国面临着日本在明治初期的处境。而 20 世纪 70 年代的日本导师则告诉我们，中国正处在日本战败后经济高度增长期。各专业的代表人物都准备提供保证，使他们相信，这个专业的成果对中兴之治和中华腾飞的成功是必不可少的。

因此，历史学家曾下过这样的结论，"从 1898 年到 1914 年这段时期，人们可以看到日本在中国的历史进程中的重大影响"。（费正清等编：《东亚的近代化改革》，第 631 页。）这并不意味着日本本身影响了中国，留学欧美，远水不解近渴。相比之下，到学习西方颇见成效的日本取经，便成了一条捷径。背负救国使命，"以强敌为师"，东渡日本，留学生在日本吸取了先进文明思想，将日本当作是一条更易被接受的通向西化的道路。20 世纪 70 年代后的留日高潮，也重复和验证了这一结论。

然而，进入 21 世纪后，形势发生了翻天覆地的变化，中国的经济开始腾飞，2010 年中国的 GDP 超过了日本。随着人们生活水平的提高，留学进入寻常百姓家，有调查显示，70.1% 的中国高中生对出国留学感兴趣，近八成（79.9%）中国父母赞成孩子出国留学，并且选择留学目的国主要看重该国的教育水平。统计也表明出国留学的人数越来越多，连续三年来，出国留学人数分别增长了 24.4%、27.5%、24.1%，其中增长最快的是高中毕业出国人数。而恰巧在这个时期，日本经济进入衰退期，昔日跨国大公司上耀眼的光环渐渐地失去了光彩；人文社会科学方面，全球知识系统发生了变化，迅速形成的全球知识库使人们则可直接向西方汲取"真经"，全球化、信息化又为人们提供了这样的手段。在不需要捷径的这一新形势下如何来重新审视对应中国留学生的需求和对策，这不仅仅决定今后中国留学生赴日留学的成败，而且还关系到中日两国关系和民间感情的大问题。

二

一般在统计外国留学生时，人们往往会忘记或忽视日语学校及语言学校，来日本留学的外国留学生中还有不少原来没有准备留学日本的，由于各种原因，选择了日本。但日本教育机构显得有些准备不足。教育制度在接纳外国人方面尚未得到完善之时，却迅速扩大了留学生的接纳，从而形成了一种有些复杂难解的构造。如最早接待中国的 13 名留学生的是嘉纳治五郎创办的"学校"，人们已经无法知道这所学校叫什么名字，因为它本身就没有名字，严格意义上说这不是一所正规的学校，缺乏最起码的教学仪器设备，最初是借用神田地区一所房子作为校舍兼宿舍，理科与体育课，在高等师范学校讲授。可是尽管如此，3 年后 7 名中国留学生却从这里毕业。以后，在中国留日高潮到来之时，诸如此类招收中国留学生的"学校"，更不知凡几。如今日本正规教育机构已经大大降低了对日语的要求，并且在积极地开设以英语授课的学科和研究科。取得正规高等教育机构入学通知，持留学签证赴日，已经成为世界各国赴日本留学的常识，但是其中不少人还以日语学校作为进入大学和研究生院留学或在日本就业的入口，选择先进入日语学校学习。这是因为如今早已经不是留学只是为了出国的年代了，大多赴日留学生还是想获得高等教育的机会，以攻读学历学位为根本目的。为了作为正式学习，或者能够正式进入更好、更理想的学校，第一步先到语言学校试水。所以在日本学校毕业，取得学位的人数虽然在逐年增长，却大大低于在日的华人人数。

另一方面，随着日本的老龄少子化和日本"大学全入时代"（即大学招生人数和实际报考人数持平）的到来，日本高等教育生源匮乏，据日本文部科学省四年前发布的学校基本调查数据显示，2014 年大学入学者（包括非应届高中生）达 60 万 8232 人，升学率达到 51.5%，如果包括短大、高等专门学校等高等教育机构的全部升学率为 80.0%，比去年同期增长了 2.1%，也是历史上首次突破 80% 这一数字。这是由于日本虽然年轻人在减少，但各大学仍普遍扩招所致。文部科学省据统计表明，日本大学升学率从1990年的 24.6% 开始逐年增加，2009 年突破 50% 后维持稳定。

突破50%的主要原因是，1994年至2014年，日本18岁人口数减少了大约136万人，但大学的招生人数和20年前相比，不但没有减少，反而招生总数从49万人扩大到59万人，这样一来，大学升学率也就自然在增长。这二十几年日本大学升学率增长的趋势反过来却反映了日本年轻人口减少的趋势。对于大学为何要扩招，相关人士普遍分析认为是由于日本的大学建校标准降低，许多短期大学也转为4年制大学。由于大学数量增长，许多私立大学面临招生困难的问题，也使日本大学的生存状况面临考验。许多大学为了生存，便扩大招收外国留学生。除了不断有大学倒闭之外，近半数的私立大学招生不足，出现了各大院校争抢"优秀学子"的现象。日本大学为了在海外抢夺"高质量"的留学生，到处设置"据点"。日本文部科学省在2010年时曾发表过一个统计数字，日本61所大学在海外设立了166个办事处招收留学生，其中最多的就是在中国，设立了49个办事处。在北京，东京大学、早稻田大学及一桥大学等名校先后设立了办事处。这样一来就将日本国内语言学校给挤了出去。但是近年来，日本的日语学校也出现了井喷式增长，学校总数达610余所，在数量上已经超过了日本私立大学（604所），而在校生人数也飙升到68,165名学生。日本国内不具备到国际上去"争食"的弱小大学则寻求与日语学校相互合作，设立推荐入学制度，以求得稳定的生源供应渠道。这些活动以三流私立大学为中心，预测今后将越来越活跃。

虽然近期美国出于某种需要限制了中国的留学生。但是总体上来说，美、英等国政府出于经济收益、文化外交、吸引精英人才等方面的考虑，一贯非常支持国际招生，注重从政策、教育、人文、环境等各方面着力吸引国际学生，从而成为亚洲学生选择的主要留学目的国。中国学生争先出国留学的一个主要原因是对国内教育环境和教育水平的不满，从而出国寻求补偿。为此中国学生向往的留学目的国首选美国，其次是英国，加拿大和澳大利亚为第三或第四位的选择。

对中国优秀生源，欧美各国更是虎视眈眈，上到总统下到大学校长纷纷出动来华游说留学生，美国国际教育研究所去年发布的一份有关赴美外国学生的调查显示，2009至2010学年度有近12万8千名中国学生在美国接受高等教育。据该机构负责研究与评估的副主任拉伊卡·班达里说："中国学生2011年的增长率为30%，其中增长最多的是本科生，他们目前占美国所有国际留学生的近30%。"加上美国公立学校基于"文化交流"和"提升学生国际观"的理念下广开中国学生升学之门，近两年美国正规大学皆反映中国学生赴美签证除了极个别的因个人因素被拒签以外，几乎在短时间内毫无悬念地全部通过。

而相比较赴日本的留学签证，日本留学申请者被要求提交极其烦琐、冗长的申请材料，这不仅加重了申请者的精神负担，同时也影响着签证审查机构的审查效率。日本签证审查周期通常在3个月左右，提交的文件种类复杂不说，法务省签证官的任意性很大，日本的留学签证通过率是以低劣而出名的，中国内地签证率一直徘徊在60%左右，有的年份甚至会发生整个学校的申请全部被拒的所谓"滑铁卢"现象。这不但极大地挫伤了中国学生赴日留学的积极性，而且还令人对号称法治国家的日本制度本身产生不信任感。这是日本留学生政策上的痼疾，多年来已有无数有识之士建议改革，但仍是固态依然。

第二是语言能力问题。日语作为小语种，中国学生从小开始习得的第一外语通常是英语。在世界上亦只有日本一个国家将日语作为母语使用，加之日本大学国际化程度普遍偏低，如不突破"日语关"，在日本通常无法正常完成学业。所以，日本对申请者的日语能力极度重视。入境管理局规定，申请者在提交留学申请时，要求提交相关日语能力界定考试证明。特别是一些低学历拥有者，能力证书的提交成为一项硬性规定。但是，在进入大学或研究生院时，中国留学生所遇到的语言却是英语，入学考试时需要参加英语考试或提交英语托福成绩单。要知道，目前中国一般对英语没有什么过敏的人都选择英语，留学都去欧美，剩下学日语或来日本留学的，基本上与英语都没有什么缘分了。更令中国留学生感到困惑的是那些一流院校引以为豪的英语课程或双语课程，殊不知，这些学生如果英语好的话，就不选择留学日本了。但凡选择了留学日本的人都希望能学点真正的日本文化，而不是近百年来留学前辈学的那种"和魂洋才"。这也是日本高等院校课程设置和教学内容对中国留学生缺乏魅力的原因所在。

第三，日本也有一部分大学教学内容陈旧，教学方法过时，课程设置缺乏魅力。许多大学经营者目光短浅，将招生维持大学开支作为首要乃至唯一目标。而至于所谓的学术自由、学术之独立等"大学精神"早已被丢弃于一旁，或者只是嘴上的说辞，用来忽悠学生的广告语。有些大学的改革只停留在课程名称和系科排列上，名目翻新而具体的教学内容则一成不变。再加之很多大学由于背负巨债，为了还债，不得不压缩正常的教育经费，教育质量自然也就大打折扣。中国留学生已经不再满足于到日本留学，而是想要进好的大学，接受一流教育。

我们东亚在过去漫长的历史进程中创造出与欧美不尽相同的理性、理念、智能和价值观、伦理观体系，这就是我们独特的东亚共同文化认知（或者叫共知）。正是因为有了这一文化认知，直到西学东渐的19世纪为止，东亚地区基本上是和平睦邻、繁荣安逸的。所以，在今天要想建立稳定的和平睦邻友好关系，当务之急就是要重新发现、发掘和重建东亚的文化共同认知，培养传承和发扬这一共同认知的人才。而纵观目前在西方教育模式影响下建立起来的亚洲大学，如果不加以改革的话，几乎不堪此重任，从这一意义上来讲，包括留学生交流战略在内的大学改革现在正面临着严峻的挑战，要把教育交流纳入国际关系的大局来考虑。

三

在中日两国恢复邦交正常化45周年之际，我们很欣慰地看到中日两国留学交流所取得的成绩和硕果，同时也非常担忧日本教育界对世界留学大潮的变化视而不见、充耳不闻的现象。日本的大学还有不少人沉浸在到中国去招收"优秀"的留学生的梦幻之中。长此以往，肯定会影响中国学生的赴日留学。迄今为止，无论地动山摇，或是核辐射外泄，近年前往日本的中国留学生数量有增无减，只要日本大学能够适应中国年轻人的变化，把握住中国留学生的需求，与时俱进，必定会迎来更加波澜壮阔的留学交流热潮。

我本人在上个世纪末的赴日留学浪潮中，在日本上智大学做访问学者，当年的情景至今仍时时浮现在眼前。虽比不上鲁迅先生等许多前辈学人留学时的艰辛，但是短暂的留日生活，在我今后的人生中起到了巨大的，难以用语言表达的作用。在日本期间，我也对日本的经济社会、文化教育发展做过许多近距离的观察与研究，主编过《当代日本教育丛书》等著作，为我的学术研究拓宽了视野。

最后衷心地希望老友王智新先生主编的这本《日本留学指南》，能为新的留学日本热潮起到推波助澜的作用，为中国学生更理性地选择理想的学校提供帮助。

序 十 八

李 春生

中国驻大阪总领馆原教育参赞
中国教育国际交流协会常务理事

值此《日本留学指南》出版之际，谨致以衷心的祝贺并期望这本书对有志于前往日本求学的每一位学生及其家庭都有所帮助。

中日两国的留学交流源远流长，在世界上堪称独一无二。1200多年前伴随着遣隋使、遣唐使掀开了日本人留学中国的历史，他们将中国的文字、典籍、律法等带回日本，为日本文化、律章典制等的建立，奠定了基础；100多年前，为了寻求变法图强的"真谛"，大批的中国青年学生义无反顾地踏上了留学日本之路，将"革命""共产党宣言"等带回了中国，他们中的李大钊、陈独秀、周恩来、鲁迅等一大批仁人志士，为民族的自强不息和新中国的建立，做出了重要贡献；40年前，随着我国改革开放的进行，新一轮赴日留学的高潮再次掀起，日本先进的科学技术和管理经验以及安定有序的社会环境，激发了中国留学生为振兴中华而刻苦学习、努力拼搏的意志，许多学成归国的留学生，如今已成为活跃在中日交流各领域的领头人，中日留学交流也已从单向流动迎来双向交流的新时代。

留学，对于国家来说，它是一个培养人才的重要途径；对于个人来说，它则是一个很好的"成才"途径。那么，如何才能通过"留学"这个途径"成才"呢？我想借此机会，与即将赴日留学的同学们交流三点体会。

一是遵纪守法。这是实现平安留学、成功留学的基本保障，也是"成才"的前提。日本是一个法治社会，安定有序的社会环境是靠强有力的法治得以维护的，任何违法行为都要为此付出代价。因此，每一位留学生都不要存有侥幸心理，即使在没有人监督的情况下，仍要养成自觉遵守规章制度的习惯。举个极端的例子，在没有行人和车辆的十字路口，你能否严格遵守红灯停、绿灯行的法律规定？如果你不能严守法律规定，也许就在你闯红灯的一瞬间，一辆快速驶来的汽车会夺走你的生命。你连生命都没有了，又何谈成才呢？

二是入乡随俗。日本虽然是亚洲国家，很多生活习俗与我们相近，但是，日本文化、日本社会在很多方面与我们仍然是不同的，希望同学们一定要注意绝不能因为"相近"而忽略了"不同"。例如，在实验室使用完实验设备后，你是否能够擦拭干净并放回原位、摆放整齐？还是像在国内那样，使用完毕后等着由实验室管理员收拾整齐归位？对于导师布置的作业或者实验，你是一丝不苟地认真完成，还是敷衍了事、应付差事地完成？你是否能够按照约定准时到达指定地点或者稍稍提前几分钟？这些细节，都对你的"成才"之路，产生着非常重要的影响。

三是学会孤独。出国前，在家里有父母、爷爷奶奶等亲人照顾，在学校有老师、同学们的帮助，但是出国留学后，除在学校上课期间外，大部分时间和所有的事情都需要你自己独立去安排去处理，甚至有时候连个搭把手的人都没有。所以，孤独——自立——成才是与留学相伴相随的。在学业上，你若想有所建树，也需要学会孤独，耐得住寂寞。这样，你才能在别人享受美食、沉迷于游戏之时，体会到学术世界的辽阔无边与乐趣，也才能专心致志地读书写论文。学会孤独并享受孤独，也是衡量你是否"成熟"的一个标志，也是走向"成才"的一个过程。因为，在缤纷复杂的各色诱惑中，你能否把握住自己，忍得住孤独，是对你意志力、自控力的一种考验。当然，学会孤独并不是要你自闭，拒绝与他人交往，而是要学会取舍。

此外，我也希望每一位留学生都能积极参与公益活动，它对你的"成才"与价值观的形成会有潜移默化的影响。如果课业允许，我也赞成你在法律许可的范围内开展一些勤工俭学活动，它是你深入了解日本社会，了解日本人的一个很好的平台。

最后，预祝每一位留学生都能度过一段平安、快乐、充实、难忘的留学生活。

序 十 九

修 刚

中国教育部高校日语教学指导委员会主任委员
中国日语教学研究会名誉会长
天津外国语大学原校长
武藏野大学名誉博士

随着中日关系的逐步改善、国际形势的多样性变化、高等教育理念的提升，留学日本正逐步成为中国高等教育在校学生和毕业生的重要选择之一，其魅力将逐步显现出来。主要原因有以下三点：

一、适应中国高等教育的发展与国际形势的新变化。中国的高等教育发展迅速。据 2018 年上半年公布的数据，2017 年普通本专科招生 761.49 万人，在校生 2753.59 万人，毕业生 735.83 万人，比上年增加 31.65 万人，增长 4.49%。中国已经成为名副其实的高等教育大国。中国高等教育的多产，成为在校和毕业学生留学热的契机。因为大量的高校毕业生既是中国社会的潜在发展动力，也给国内就业、创业带来巨大的压力。迄今为止，高校出国留学生的大多数人把欧美、特别是美国作为留学的理想国家。但是最近的中美贸易大战和美国政治策略的转变，为留学欧美带来巨大的变数。首选欧美转变为可选欧美以外的国家留学深造。而日本会成为最佳选择。中国高等教育的另一个变化是教育国际化。发展国际化是世界高等教育发展的时代潮流，国际化成为高等教育发展战略的重要组成部分，是大学服务中国国家战略的使命要求，是衡量大学办学水平的重要指标。留学是最直接、便利的选择。最近中国高等院校均相继推出了鼓励学生在校期间出国留学的政策。与欧美相比，留学日本也是顺应高等教育国际化发展趋势的重要一环。

二、顺应中国日语教育的新走向。中国的日语教育进入了一个新阶段。据日本国际交流基金的统计，中国依然是日语学习人数最多的国家，达到95万人。中国日语教育的特点是日语学习的主力在高等教育，在大学或是学习日语专业，或是第二外语选日语。由于学习人数众多，学习日语的目的已经从简单的学习日语转向通过日语学习先进知识、理念、技术。以专业日语为例，国家最近公布了本科国家质量标准，规定日语专业的学生必须保证语言、知识、素养学习的核心课程，同时提出了要在核心课程基础上复合其他专业，为留学日本，学习语言以外的课程留下余地。通过日语学习，留学日本，通过留学学习日本的先进知识与技术、理念。

三、继承留学日本的优良传统。留学日本具有辉煌的历史、优良的传统。中国最早的日语教育开始于明代，但是到日本留学则开始于清末。清末民初的留学大多是公派，被派出去的学生都是精挑细选，人数极少（相较于整体人口比例），多数留学生出国，学的专业方向是以基础学科以及理工科为主，目的是为了了解西方，"师夷长技以制夷"，大部分出国的人回来都成了专业领域内的权威专家或者有巨大影响力的社会精英。黄兴、宋教仁、邹容、陈天华、秋瑾、廖仲恺、鲁迅、陈独秀等一大批著名的革命家和政治家都是留学日本的。中日两国文字与文化相近，生活相通，中日和平友好条约签订四十年来，经济互补，文化交融，作为第二、第三经济大国合作前景广阔。日本的教育理念先进，获诺贝尔奖的学者众多，是理工、农医、文科领域深造的最佳场所之一。

如上所述，留学日本是适应当前国内外形势、高等教育改革需求，顺应中国日语教育发展、继承中日交流传统的最佳选择之一，会为成就一代年轻人的梦想创造更多机会。

衷心祝愿《日本留学指南》成功发行，祝日本大学联合考试事业日益兴旺发达！

序 二 十

徐 一平

中国日语教学研究会名誉会长
北京外国语大学教授、博士生导师

今年中日两国迎来了中日和平友好条约缔结 40 周年。5 月，李克强作为中国国务院总理时隔 8 年首次正式访问日本，与日本首相安倍晋三举行会谈，达成许多共识，取得了重大成果。中日两国之间的人员往来与日俱增，2017 年中国访日人数超过了 700 万。目前，中国学习日语的人数约为 96 万人，全国 1000 多所四年制大学中，开设日语专业的学校达到 513 所，这些学子们都将成为赴日留学的后备军。

《日本留学指南》可以说是为留学日本的学子们提供建议、指点迷津的一部重要参考书。全书共分八章：披沙沥金——日本留学的魅力何在、薪火相传——广集博采的教育体制、捷径曲折——如何制订留学计划、厉兵秣马——签证手续和留学费用、子入太庙——日本留学所需信息、适才适用——如何在日本就业、百舸争流——形形色色的排行榜、千帆竞渡——五彩缤纷的特色专业。可以说涵盖了日本留学的方方面面，正所谓"一朝此书在手，再无后顾之忧"。

回想当年自己留学日本时，就是因为没有这样一本指南，无论是在学业方面还是在生活方面，自己都遇到了许许多多的困难，也正是因为自己有了这样的经历，在完成学业回国后不久，自己也曾编写了一本《赴日本学习、进修、访问人员必读——留日指南与会话》，在高等教育出版社出版。今天，我们已经迎来了网络信息化时代，较之当年的情况已不可同日而语，但是如何在浩如烟海的信息大潮中迅速地提取出对自己有用的信息，还是需要有这样的一盏指路明灯。

相信在新一版《日本留学指南》的帮助下，会有更多的优秀青年赴日留学，学成之后成长为促进中日两国人民友好关系进一步发展、为亚洲乃至世界和谐发展贡献力量的栋梁之材。

序 二 十 一

谭 晶华

教授、博士生导师

  本书是专为解答赴日留学人员的各种疑问而编辑，书中有关日本留学的信息面面俱到，翔实丰富。只要你有明确的目的、坚定的意志和不懈的努力，相信你一定会在日本留学上取得巨大的成功，因为这本《日本留学指南》中的信息，已经帮你向取得成功迈出了第一步。

  ——谭晶华　男，1951年生。教授、博士生导师。曾任上海外国语大学常务副校长。同时担任教育部高校专业外语教学指导委员会副主任兼日语分委员会主任、国家哲学社会科学基金学科评审组专家、中国日本文学研究会会长、中国中日比较文学研究会副会长、中国翻译协会副会长、上海市翻译家协会会长、上海日本学会副会长、上海辞书学会副会长、2009年版《辞海》外国文学科主编、上海作家协会理事等职。（樱美林大学留学）

序 二 十 二

徐 静波

亚洲通讯社社长

我一直认为，如果有条件有机会的话，年轻人应该努力争取出国留学。并非只是为了一个学历，而是为了一个经历。

中国很大，但世界更大。假如你永远只是在一个国度里生活，那么你就无法知晓外面世界的精彩。

出国旅游与出国留学是两回事。一个是走马观花，一个是扎根生活，体验不一样，自然心得也不同。

年轻是一笔财富，因为你还有时间和梦想，可以静心学习。当你建立家庭、成为父母、每天要照顾孩子、关爱长辈的时候，你会发现连看朋友圈的时间也没有。所以，必须在这之前完成一生中最重要的学业基础。这叫"人生设计"。

"混沌"是一种迷茫，因为你不知道自己接下来的路该怎么走。所以，当混沌来临时，你不妨选择"出国"，去看看外面的世界。

出国有两种选择，一是长期学业，叫"留学"；一种是短期学业，叫"游学"。前者可以获取学位，而后者可以获取经验。但都是一个很好的学习经历。

常常有网友问我：徐老师，我的孩子什么时候去外国留学合适？

我告诉他们：假如是我的孩子，我至少会让孩子高中毕业后出国留学。理由有两个：一是孩子必须夯实自己的母语基础。你初中毕业出国留学，你的中文基础永远只是初中，你会说很流利的中文，但是写不出一片像样的文章。譬如翻译一篇产品说明书，你会发现比坐过山车还难受，因为你的脑袋里找不到适当的词汇，你的母语很贫乏。所以，幼小出国的话，英语或者日语讲得跟当地人一模一样，但是你会失去母语的厚重。所以，一个人只有在自己的国家学完高中的语言课程，你才能有相对丰富的词汇，足够你应付语言的挑战。

母语的量化，只是其中的一个问题，更重要的还在于心智的成熟。

在充满关爱的家庭中成长起来的独生子女，已经习惯于被照顾、被呵护。一旦远离父母，一个人出国留学，面对不一样环境的烦琐与孤独，心智弱的孩子会扛不住，结果往往会变得忧郁厌学。

所以，我很主张，不要把幼小的孩子往国外送，因为结果往往有违期待！

世界这么大，我该去哪里？我欢迎大家来日本留学。

我有一个大学同学的女儿，在班级里是一位"女汉子"。她的妈妈跟我商量，得送孩子出去留学。我说"你来日本吧"。女孩子到日本，进入一所大学读研，半年后回国，一家人发现女儿变了，变成淑女了。我说原因很简单，在日本社会，你得学会轻声细语，你得学会鞠躬问候，你得学会化妆美发，你得学会使用手帕。没人要求你这么做，但是整个社会都在这么做，于是"女汉子"就变成了淑女。

这个例子，只是我欢迎大家，尤其是女孩子来日本留学的一个理由。更大的理由，是日本可以学的东西很多。

日本有全世界门类最为齐全的产业体系和艺术体系，你想学什么，都可以在日本找到。日本有最合理的城市管理与发展的经验，你在全世界，找不到像日本这样发达的综合立体的公共交通系统与城市疏导系统。日本有最为完善的东西方交融的文化，东京是最现代化的大都市，但是，你坐上新干线 3 个小时，却能跨越千年，回到充满唐宋情韵古都——京都与奈良。日本有最令人心醉的产品，工匠们代代相传打造出来的一份精心。

我常常说，日本这一个国家具有卓越的舒适度，因为一年四季的变化，都不是通过冷暖的肌肤感触，而是通过视觉的色彩变幻。粉红的樱花，预示着春天的到来。满天灿烂的烟火，告诉你夏天的美丽。枫叶流丹时，让你感知心中的那一份乡愁。而皑皑白雪，会让你产生拥抱大地的冲动。

对于每一位想来日本留学的孩子来说，选择日本还有一个好处，那就是很近，坐上两三个小时的飞机，就可以回家。

《日本留学指南》这本书，为大家准备了一份精美的留学套餐，告诉大家种种留学的攻略，值得大家好好一读。

期待大家来日本留学！因为徐老师就在东京，与你们相伴，每周还为你们主播喜马拉雅FM的"静说日本"节目。

本书的使用及各章特点

▎本书的特色

以往虽然也有许多书籍涉及到日本留学，但是这些书籍内容大都不够全面，对于即将在异国他乡学习的人来说这些信息不够充分。而本书则不同，本书在调查信息时不仅咨询了各大教育机构，还积极采访了日本政府的相关部门，尽可能地丰富了本书的内容。

本书的宗旨是为即将进入日本高等教育机构学习的各位同学系统地提供最新信息。本书不仅将向学生提供生活所需各类重要信息作为首要任务，还对大学毕业后在日本的就业前景进行了分析。

本书不仅为初学日语阶段的学生提供了如何选择日语学习机构的相关信息，还为已具有良好日语水平的学生提供了如何在高等教育机构选择专业的信息，以便他们将来能够更好地就业。除此之外，本书还网罗了关于在日本就业的相关信息，以及留学时大家非常在意的留日资格、签证和留学费用等相关信息。

▎本书的使用方法

本书共由8章构成，全面而系统地阐述了日本留学的价值（第一章）、如何选择学习领域以及院系与专业（第二章）、日本留学期间的规划制定（第三章）、签证办理以及留学费用（第四章）、赴日后的有关生活信息（第五章）以及将来的就业问题（第六章）等内容，还介绍了迄今为止尚未有资料提及的日本学校的各种排名和日本所有招收留学生的学校的信息。

读者可以根据自身情况选择重要的章节阅读，选定最适合自己的学校。

此外，本书末还附有读者登录卡。只要有了这张卡片，完成注册以后，您便可以根据用户名和密码在日本留学指南读者网站上浏览关于日本留学的最新信息，大家可以根据自身需要登录网站并获取相关信息。需要说明的是，本书中刊载的有关日本留学的具体信息可能会时时更新，建议读者在使用这些信息时，与相关单位进行联系确认，以相关单位确认的实际情况为准。如需帮助，读者可以登录本书读者网站与我们联系。

另外，在本书末附有"日本留学日程表"，其中详细介绍了根据不同的入学时间（春季入学或秋季入学）而必须参加的相关考试内容，避免发生虽然决定了志愿学校，却因来不及参加考试而无法在申请学校时提供所必须的考试成绩这样的情况。因此，请大家仔细参考书中内容以保证自己向志愿学校的申请能够顺利进行。

除了上述的"日本留学日程表"，书末还刊载了"日本留学确认表"。确认表的结构一目了然，其中涉及有关学校的地址、偏差值（第七章涉及）、所获学位与资格（第二章涉及）、招生时所必需的各种考试成绩和材料（第三章涉及），还有入学后所需费用、每月收支（第四章涉及）以及各种留学生支援信息（第八章涉及）等内容。希望大家能够一边参照志愿学校的入学考试要求，一边与本书上述表格进行确认，详细了解与学校申请相关的日程。

以下内容为本书每一章的概述。请大家能够根据本书制定出一份详细的计划,实现自己的日本留学之梦。

各章的特点

第一章　披沙沥金——日本留学的魅力何在

去日本留学有什么好处呢？

第一章从各种角度探讨了"为什么要留学日本"，详细解释了留学日本的益处、在日本可以获得的技能，以及日本和日本高等教育的魅力所在等，详细介绍了日本最先进的科学技术、创新精神、流行文化产业等日本足以在全世界范围内引以为豪的方面。建议大家一边想象自己毕业后的前景，一边阅读此章。

第二章　薪火相传——广集博采的教育体制

在日本学习什么呢？学习什么才可以实现自己的梦想呢？

第二章在介绍日本各大高等教育机构特征的同时，还介绍了各院系和专业的特征与在学期间可以取得的资格证书等内容。希望大家在想清楚毕业后的就业方向后再阅读此章节。

第三章　捷径曲折——如何制订留学计划

想去日本留学的话该怎么做才好呢？

第三章将主要介绍学生如何根据自己的情况确定相应的留学步骤、各类考试课程所需要的学习能力以及日本各大学的独立考试等。

对于日语能力尚未达到能在高等教育机构上课水平的学生，可以通过本章提供的详细的日语教育机构信息来确定自己今后学习日语的途径。而对于日语水平良好的学生，可以通过本章详细介绍的各高等教育机构的入学考试选拔制度和选拔模式等确定自己的志愿大学。

希望各位读者可以根据自身的条件制定最适合自己的留学规划。

《日本留学指南》第一版"大学第二次考试"在《日本留学指南》第二版中变更为"大学独立考试"。

《日本留学指南》第一版以及网站上有可能同时存在着这两种名称。但是，这两种名称都是表示同一种考试。

第四章　厉兵秣马——签证手续和留学费用

签证很难取得吗？留学费用大概是多少呢？

第四章将以一章的篇幅单独地详细说明大家最为关心的"签证"和"费用"问题。本章将按具体类别分别说明，共分为以下两大类：一为直接去高等教育机构留学的；二为经由日语教育机构升入高等教育机构留学的。此外，对于不通过中介机构，自己单独直接与想去的日本学校联系的情况，本章也进行了分析。其中，"申请留日资格"所需的文件等可在日本国入境管理局取得，编者将有关情况整理后做成了一览表。此外，本章还刊登了许多申请资料样本供大家参考。而在留学费用方面，本章不仅提供了各校学费及奖学金情况，还列举了许多有关留学生的实际生活费信息。

第五章 子入太庙——日本留学所需信息

在日本的日常生活是怎样的呢？校园生活又是怎样的呢？

第五章将详细介绍日本的入境手续、2012年7月推出的新的"外国人登陆制度"、日常生活必备资讯与校园生活资讯等对赴日留学非常有价值的内容。

第六章 适才适用——如何在日本就业

日本的就业究竟是怎样的？又该如何参加日本的就业活动呢？

第六章对日本的就业活动进行了详细说明，以此帮助毕业后的留学生成功在日就业。此章除了包括就业活动日程安排、企业的选择方法、自我分析方法、简历的写法与面试技巧、邮件与信件的书写方法，还介绍了在日就业后的留日资格变更以及从录取到正式入职期间的相关注意事项。此章为参加就业活动必读内容。

第七章 百舸争流——形形色色的排行榜

如何选择最适合你的学校呢？哪些学校的就业率高呢？

第七章介绍了迄今为止未曾揭晓的日本大学排名资讯，分别从"入学难易程度""入学合格率""第一年度缴费金额""就业率""外国留学生数"等多个方面进行排名。大家可以根据自己的学习能力、经济能力以及各校的就业率情况、留学生的招收状况等来选择最适合自己的留学院校。

第八章 千帆竞渡——五彩缤纷的特色专业

具体的留学院校是怎样的呢？

第八章中将介绍所有招收留学生的日本大学和短期大学。各所学校每天都会在本书网站资料库中更新学校的相关资讯。另外，从第五版起，书中的学校介绍栏中增加了"二维码"和"检索号码"两项内容，他们可以帮助读者更方便地在本书网站资料库中寻找相应的学校。此外，关于日本全国47个都道府县的资讯、都道府县的留学生支援资讯以及各类奖学金资讯也将详细全面地通过网站呈现给读者。希望各位读者可以通过本书网站充分掌握日本留学相关资讯。

《日本留学指南》官网：http://studyjapan.org.cn/

目　　录

第一章 Chapter 1
披沙沥金——日本留学的魅力何在

1.1 所谓的留学海外 ... 040
　　什么是留学？/040
　　世界各地的留学生 /040

1.2 海外留学的意义与毕业后的就业 ... 041
　　海外留学的意义 /041
　　毕业后的就业——回国就业 /041
　　毕业后的就业——在留学地就业 /041
　　在日本科毕业留学生就业率为41%以上，其中获得就业签证的占90% /042

1.3 日本的留学招生情况 ... 043
　　在日本留学的外国留学生 /043
　　积极招收留学生的日本 /043
　　30万人留学生计划（G30计划）/043
　　"超级国际化大学" /045
　　推进战略性的留学生交流 /047
　　日本宝贵的就业体系：统一录用新毕业生～稳定且高收入 /048
　　从作为留学城市来看日本的魅力——世界第3位/049

1.4 留学日本的优势 ... 049

1.5 称雄世界的实力 ... 049
　　称雄世界的实力之一——日本的科学技术 /050
　　称雄世界的实力之二——制造业精神 /059
　　称雄世界的实力之三——流行文化产业 /064

1.6 留学生在日就业 ... 067
　　100家多样化企业 /067
　　对留学生就业的各种支援 /076

1.7 其他留学日本的优势 ... 080
　　从留学费用看 /080
　　日本是世界上治安最好的法治国家 /080
　　一衣带水 /080
　　日本是汉字文化圈国家 /081
　　留学生是加强中日交往的桥梁——留日前辈寄语 /081
　　在日本如何找半工半读的工作 /082

第二章 Chapter 2
薪火相传——广集博采的教育体制

2.1 日本的教育制度 ... 086
　　日本的教育制度概要 /086
　　日本的高等教育机构 /087

2.2 大学·短期大学 ... 088
　　大学概述 /088
　　短期大学概述 /088
　　大学·短期大学的学习形式 /088
　　大学·短期大学的学系领域考察 /092

2.3 大学院（研究生院） ... 148
　　大学院（研究生院）概述 /148
　　日本与他国研究生院比较 /148
　　补充说明 /149
　　大学院的学科领域 /150

2.4 大学院大学 ... 151

2.5 特辑 国公立大学留学推荐 ... 152
　　国公立大学概念 /152
　　国立大学设置情况 /152
　　国公立大学与私立大学学费比较 /153
　　国立大学分类 /154
　　国立大学改革 /157
　　公立大学设置情况 /160
　　公立大学一览表 /161

2.6 通过产官学合作的国际化推进案例 ... 165
　　JET项目——地区性国际交流 /165
　　不同地区的各种举措及案例介绍 /165

2.7	高等专门学校 — 169

高等专门学校概要 /169
高等专门学校的特色 /169
高等专门学校的学科领域 /173
高等专门学校特有的教学方式 /175
日本高等专门学校一览 /176

2.8	专门学校 — 177

专门学校概述 /177
专门学校学系领域考察 /179

第三章 Chapter 3
捷径曲折——如何制订留学计划

3.1	日本留学的 5 种途经 — 198

JPUE（日本大学联合学力测试）是指？/199
JPUE发展轨迹 /199
JPUE流程 /202
2020年 4 月入学　第一期考试日程表 /202
具体的报名方法 /204
笔试及面试概要 /207
初次合格公布 /208
留学前准备教育 /208
赴日准备——大学入学手续 /210
各大学学费以及留学生政策一览表 /240
各大学院分类表 /241

3.2	日语能力的掌握 — 244

不同的日语学习方法和留学路径 /245
赴日学习日语的留学路径 /245
日语教育机构 /246
在本国学习日语的留学路径 /251
证明日语能力的考试 /254
各种日语能力考试详情 /254

3.3	其他招生制度 — 262

日本留学考试 /262
大学独立考试 /267

3.4	特辑 以高难度大学为目标 — 274

按照参加志愿学校规定考试分类 /274
面向留学生的备考培训班 /274
日本留学的专门指导学校"慧姿留日" /274
报考日本一流大学注意要点 /275

3.5	报考大学院（研究生院） — 284

大学院入学考试概要 /284
寻找研究领域 /284
撰写研究计划 /284
联系指导老师 /284
研究生预科制度 /285
报考大学院（研究生院）需准备的材料 /285
申请不同课程的学历要求 /286
大学院（研究生院）留学申请流程整理 /287
留学大学院（研究生院）的注意点 /290

3.6	自费留学、短期交换留学、公费留学 — 291

自费留学 /291
短期留学・交换留学 /291
公费留学 /291

第四章 Chapter 4
厉兵秣马——签证手续和留学费用

4.1	签证办理 — 296

签证是什么 /296
日本留学与签证 /297
获取日本留学签证的流程 /297
为什么有人说留学签证不易取得？/298
什么情况下不能取得留日资格？/299
日本语言学校留学流程 /301
申请日本语言学校时的必需材料 /302
向日本语言学校提出申请的书写格式（样本）/303
留日资格认定审查阶段语言学校须向入境管理局提交的材料 /307
申请留日资格认定时必须提交的材料 /308
有关留日资格认定的标准 /310

前往不同类型学校申请"留日资格认定证明书"所需时间 /311
留日资格认定申请必需书面材料一览 /312
留学签证申请的具体方法 /313
签证申请书以及提问表 /317

4.2 留学费用 320
报名费和第一年度学费 /320
生活费 /321
奖学金 /322
打工负担生活费 /326
估算在日本的生活费 /328

第五章 Chapter 5
子入太庙——
日本留学所需信息

5.1 了解日本 330
国土特征 /330
气候 /331
政治与法制 /331
治安 /332
语言 /332
货币 /332
假日 /333
年号 /333
电压·频率 /333
平均寿命 /334

5.2 日本生活 334
准备赴日机票 /334
入境审查 /335
外国人登记手续 /335
住宿 /337
交通 /340
健康管理 /342
公共服务 /343
家属事宜 /348

5.3 应急机制篇 351
各种紧急情况的处理 /351
有困难可以利用的网站 /353

5.4 学校生活 356
大学生的一年 /356
大学是怎样的地方 /358

第六章 Chapter 6
适才适用——
如何在日本就业

6.1 就业活动 362

6.2 日本的就业活动 363
A. 什么是就业活动？/363
B. 就业活动该怎样做？/363
C. 外国留学生在日本的就业状况 /364

6.3 在日企就业 365
D. 企业希望招收什么样的留学生？/365
E. 日本企业的雇佣形态 /366
F. 日本企业对个人经历的独特看法是什么？/366
G. 在海外日本分公司工作的利与弊 /367

6.4 就业活动前的准备【分析和研究】 370
H. 自我分析 /370
I. 行业研究 /371
J. 职业研究 /379
K. 企业研究 /395

6.5 就业活动前的准备【与企业的往来】 397
L. 索取资料（报名）和资料收集 /397
M. 实习 /397
N. 企业联合宣讲会、研讨会 /398
O. 公司宣讲会 /399
P. 拜访前辈 /400

6.6 就业活动期间 402
　　Q. 笔试和能力测试 /402
　　R. 报名表的填写 /403
　　S. 简历的写法 /405
　　T. 电话礼仪 /406
　　U. 邮件礼仪 /407
　　V. 写信的方法 /409
　　W. 就业活动的仪容仪表 /411
　　X. 面试的礼仪 /414

6.7 录用到入职 419
　　Y. 从拿到公司录用到入职的流程 /419
　　Z. 毕业后还在日本继续就业活动 /424

第七章 Chapter 7
百舸争流——形形色色的排行榜

7.1 大学各系入学考试难易度排名 426
　　国立、公立大学各系入学考试难易度排名 /428
　　私立大学各系入学考试难易度排名 /431

7.2 私立大学各系学生第一年所需缴纳金额的排名 438
　　国立大学收费概况 /438
　　私立大学各系学生第一年所需缴纳金额的排名 /439

7.3 各大学就业率排名 442

7.4 招收外国留学生人数排名 446
　　国立、公立大学（本科）/447
　　私立大学（本科）/447
　　短期大学 /449
　　专门学校 /450
　　国立、公立大学院（研究生院）/451
　　私立大学院（研究生院）/451

第八章 Chapter 8
千帆竞渡——五彩缤纷的特色专业

8.1 大学・短期大学一览 454
　　大学・短期大学一览的使用方法 /454
　　全国六个区域分类 /454
　　大学・短期大学一览的阅读说明 /455
　　北海道・东北 /457
　　关东 /481
　　中部 /531
　　近畿 /569
　　中国・四国 /597
　　九州・冲绳 /625

8.2 大学院一览 660

8.3 日语教育机构一览 688
　　私立大学留学生别科一览 /688

　　鸣谢 694

第一章 披沙沥金
日本留学的魅力何在

Study in Japan

人生启航，日本留学的指南针

第七版

对于打算前往海外留学的学生而言，
日本与其他国家相比，
具体有哪些优势和长处呢？
我们将从先进的科技、制造业的创新精神和流行文化这三方面出发，
为您介绍留学日本的优势。
《日本留学指南》
是一把为您开启未来辉煌之门的钥匙，
期待您从本书中得到启迪。

披沙沥金
日本留学的魅力何在

CHAPTER 1

1.1 所谓的留学海外

■ 什么是留学？

所谓留学，一般是指一个人去母国以外的国家（地区）接受当地的教育。

无论是东方还是西方，自古以来为了学习深造、拓宽视野，人们常常前往他乡求学。与不同民族、文化背景的人群交流，不仅对其个人的发展，而且对人格的完善也具有重要的意义，同时还会对所在地区和国家的发展做出巨大的贡献。

在全球化浪潮不断推进的背景下，留学进入了一个相互往来的多元化时代。通常人们认为由于各国的文化制度、习惯及常识等各不相同，文化冲突不可避免。因此有必要在留学前事先进行调查并制订计划，为适应环境做好准备。但从另一个角度看，上述准备工作也为留学者提供了一个重新审视母国文化、制度、价值观、常识的好机会。此外，留学还为学好外语、建立丰富的人际网络、自我启迪以及自我锻炼等创造了条件。因此，留学海外逐渐转变为一个世界性趋势。2018 年，随着国际交流的不断深入，全世界的留学生人数已达到 500 万人，"留学热"由此可见一斑。

■ 世界各地的留学生

近年来，到海外留学的学生越来越多。其中最多的就是中国，从 2008 年至 2017 年，每年从中国到世界各地留学的总人数分别为 17.98 万人、22.93 万人、28.47 万人、33.97 万人、39.96 万人、41.39 万人、45.98 万人、52.37 万人、54.45 万人、60.84 万人，同比增幅分别为 24.43%、27.53%、24.16%、19.32%、17.63%、3.58%、11.09%、13.9%、4.0% 和 11.74%。

留学生最为向往的留学地是美国、澳大利亚、英国、加拿大等英语国家。

1.2 海外留学的意义与毕业后的就业

▋ 海外留学的意义

如上所述，2017年赴世界各地留学的中国留学生数量达到了60余万人，他们满怀着对未来的希望，并背负着家人的期待而踏上海外留学的征途。

那么，海外留学的目的究竟是什么呢？

有些学生是想在自己的研究领域登峰造极，撇开深层次原因不谈的话，也有很多学生仅仅是想到国外生活一段时间，体验当地生活。

然而，大部分学生还是背负着家人的期望，以留学后能改善生活质量为目标远赴他乡求学。父母为自己的孩子到海外留学需要准备大量的资金，换言之，这也是一种投资，我们相信这种投资在不久的将来一定能获得巨大的回报。

▋ 毕业后的就业——回国就业

本书中，我们调查了具有留学背景并回国就业的中国学生的数据，据此调查，约70%有海外留学背景的人选择毕业后回国就业。

从回国就业的月收入来看，在5000元以下的占32%，5000元到1万元的占39%，这个区间的人数是最多的，而月收入3万元以上的人数比例不超过3%。海外留学经历已不能明显使就业者今后的收入提高。

如今已不再是单纯拥有海外留学背景就能找到好工作的时代了。留学国家和地区以及大学的排名都是重要的影响因素，因此，如果不是名牌大学毕业，即使留过学，回到国内能找到好工作的概率也是不高的。

▋ 毕业后的就业——在留学地就业

接下来让我们看一下在留学地的就业状况。目前，留学生中最具人气的留学地是美国和英国。我们先看一下这两个国家外国留学毕业生的就业状况。

基本上，美国和英国是有共通点的。英美两国都优先保护国内劳动力，外国劳动者在英美就业有着很高的门槛。这点可以通过签证政策看出，英美的就业签证是非常难以取得的。因此，在英美留学毕业后在当地就业虽说并非没有先例，但却是极其困难的。

○ 在美国的就业情况

从美国高等院校毕业的留学生中仅有极少一部分可以获得一定的留美就业机会，反过来说，大多数留学生在美国的就业机会是零。请注意，这里所说的极少一部分留学生仅限于希望在美国从事"科学""技术""工程师""数学"这四个领域工作的学生。除此之外，其他专业的学生能在美国就业的机会就是零。

但是，对于上述四个领域专业的学生来说，就业门槛依旧相当之高。

首先，想在美国就业的学生需在毕业前申请"OPT"（专业实习）留美资格。

(※申请时，仅上述四个领域专业的学生可以获得"OPT"资格。)

"OPT"的期限为两年半，是可以在企业合法就业的劳动许可证，但主要用于实习期间。在此留美资格的两年半有效期内，必须与任职公司签署正式的雇佣合同才能取得"H-1B"就业签证（特殊专业人员临时工作签证）。

然而，从申请到获得"H-1B"签证，需要花半年甚至1年的时间。"H-1B"签发数量有限，为了保护美国国内劳动者，美国相关机构对之采取总量限定的措施，当发放数达到一定量时，剩余的申请将排到第二年再进行处理。

此外，根据"H-1B"签证规定，雇主支付持有"H-1B"签证员工的工资不得低于同等级其他员工的工资或现行工资。此规定导致企业每年每人要多支付5000美元。因此，多数企业对雇用外籍员工持消极态度。

正是由于以上原因，在美国读书的留学生最终能在美国就业的人数占比不到1%。

○ 在英国的就业情况

从英国高等院校毕业的留学生中仅有极少一部分可以获得一定的留英就业机会。但是，一般以来自欧盟国家的留学生为主，其他国家和地区的留学生想在英国就业非常困难。

2012年4月之前，英国给予欧盟以外的留学毕业生为期两年的留英资格用于找工作。持有此留英资格的留学毕业生可以进行实习等活动，因此能在当地就职的学生数量较为可观。但是从2012年4月起，该制度被废除，欧盟以外的留学毕业生在英国就业变得非常困难。

因此，留学生中具有相当人气的留学国家，实际上外国人可以在那里就业的可能性是受到限制的，这个比率不到1%，就业率是非常低的。

在日本科毕业留学生就业率为41%以上，其中获得就业签证的占90%

下面我们通过独立行政法人日本学生支援机构（JASSO）公布的"外国留学生去向·学位授予情况调查结果"（2016年）来确认在日留学生的毕业后动向。这项调查是按照最终学历来统计的。

其中留学生毕业后在日本的就业比率为：本科41.8%，硕士34.2%，博士19.4%。该结果表明在日本得以就业的留学生比例维持着上述欧美各国无法相比的高水平。这些留学签证向就业签证进行转换的变更许可率为88.7%，达到1.9万人，创造了过去的最高纪录。再加上毕业后的其他去向，比如在日本升学以及回国就业或去其他国家就业、升学等，各种比率合计大约有七成以上在日留学生最终以某种形式找到了职业去向。

另外日本大学也有排名，留学或毕业于名牌大学的留学生就业率要远高出上述平均水平，这一项作为补充说明请予以留意（关于日本大学排名及各大学留学生就业率排名请参阅本书第七章）。例如名校早稻田大学本科生就业率达97.1%（2017年度统计），几乎达到了所有希望就业者都按预期就业的状况。

同时日本近年来本科以上毕业生就业率连续3年上升。对此日本文部科学省指出，这是"经济景气有所改善，刺激企业雇用高涨的结果"。这种状况对于外国留学生也是如此，日本社会"少子化"和人才不足的背景，今后将越发促进劳动力卖方市场增长，企业对优秀人才的需求增加不言而喻。

从海外留学后在国外就业这一角度来看，日本可以说是一个与留学英美无法比较的非常有利的国家。近年来在政府接纳海外优秀学生、保持经济高度发展到未来的"30万人留学生计划"背景下，政府和地方自治体以及各高等教育机构与民间企业都在不断积极地推进留学生就业活动。

留学生决定留学的重要因素就是毕业后的就业情况，本书正是站在这个基点上进行构思编撰的。

日本独特的技术理念是什么？日本企业招聘重点何在？就业前景较好的学校有哪些？考入这样的学校需达到何种水平？留学日本要了解哪些注意事项？如何在求职中脱颖而出？工作签证系统如何运作？对于这些关于日本留学及就业必不可少的信息，本书做到了知无不言，言无不尽。

也许这本书对于刚开始考虑赴日留学的同学来说，存在信息量过大而难以理解的一面。但我们建议大家尽可能详细地了解本书内容，因为其中的信息都是在日本留学生活中所不可或缺的重要知识。

1.3 日本的留学招生情况

在日本留学的外国留学生

日本吸引了众多外国留学生。截至 2017 年，前往日本高等教育机构（参阅第二章"教育体制"）留学的外国人为 185,164 人。此外，以进入高等教育机构学习为目标而在日本语言学校（参阅第三章"留学体系"）学习的留学生超过 81,878 人。两项数字相加，合计超过 26 万人。

在高等教育机构学习的中国大陆学生为 79,502 人，占总数的 42.2%，中国台湾学生为 6,994 人，占总数的 3.7%；马来西亚学生为 2,750 人，占总数的 1.5%。在日语教育机构学习的中国大陆学生为 27,758 人，占总数的 35.3%。中国台湾学生为 1,953 人，占总数的 2.5%。

积极招收留学生的日本

让我们再次把目光投向世界。我们会发现，日本也日益打开了招收留学生的大门。

● 美、英、日等国接收留学生情况（2009 年 5 月 1 日数据）

	美国	英国	德国	法国	澳大利亚	日本
高等教育机构在校生人数（千人）	10,957	1,539	1,941	2,228	1,066	3,498
留学生人数（人）	671,616	415,585	233,606	266,400	355,802	132,720
留学生占高等教育机构在校生人数比率（%）	6.1%	27.0%	12.0%	11.5%	33.4%	3.8%

● 资料来源：日本文部科学省编《2010 年日本留学生制度概要》

上表显示了美、英、日等国家高等教育机构的在校生人数和留学生人数。从表中可以看到，日本高等教育机构的在校生人数为 3,498,000 人，其中外国留学生为 132,720 人，外国留学生所占比率仅为 3.8%。而从其他各国留学生在高等教育机构学生中所占比率来看，澳大利亚为33.4%，英国为27%，在这项数据上日本也远远低于其他国家。

鉴于这种情况，日本政府出台了"30 万人留学生计划"（G30 计划），决定积极地招收外国留学生。

30 万人留学生计划（G30 计划）

2008 年，时任日本首相的福田康夫在施政演说中称，争取在 2020 年将外国留学生人数增加到 30 万人。该方针公布后，日本相关省厅制定了计划的框架，从政策方面为实现目标奠定了基础。2009 年初，日本公布了"30 万人留学生计划"的框架及收支预算。该计划成为国际社会关注的焦点。

政策要点：放宽限制，改善服务，吸引更多的外国留学生

G30 计划的要点是：作为全球化战略的一环，为促进日本与亚洲其他国家和地区及世界之间的人才、物资、资金和信息的互动，争取在 2020 年实现留学生人数达到 30 万人的目标。日本方面认为，要从战略上获得具有优秀素质的留学生，就必须加强大学等教育研究领域的国际竞争力，相关省厅、机构齐心协力，共同行动。具体政策如下：

吸引海外留学生

确立留学日本的正确目标，提高相关服务的质量以吸引海外留学生。为此，日本政府加强工作力度，努力使得留学生在母国就能够收集到留学日本的最新信息，相关机构也积极开展留学信息的传播工作，加强提供留学咨询服务的能力，增设日语教育基地，为希望留学的学生提供一条龙服务。

改进报考、入学、入境等的标准，让去日本留学更加便利

放宽限制，实施积极灵活的招生政策，让学生能够在母国办理入学手续。各个日本大学应相应加强信息发布及更新工作，推进在当地实施自主招生，让考生能够在赴日前办好各种手续。

推动大学的全球化进程，增强大学的吸引力

有 30 所大学将被选为国际化大学，重点培养国际化人才。第一批入选的大学共 13 所，均为日本一流大学。在这 13 所大学中，学生仅参加英语教学课程就能够获得学位。政府将向这些大学提供财政援助。大学方面将增设使用英语授课的课程，积极推动交换留学和短期留学，加强学生的流动性，强化大学的专业组织体制。此外，这些大学还将增加外籍教员的人数，确保教学质量，增强国际性以及学校的魅力。

改善接收留学生的环境，让学生能够安心读书

大学与各机构相互合作，为赴日 1 年以内的留学生提供宿舍，改善国家奖学金制度，向留学生提供生活援助，充实日语教育，促进留学生与地区及企业的交流。

为留学生毕业后就业创造良好环境

为了推动日本的全球化进程，日本政府着力在留学生就业方面加大支援力度。企业与学校、政府携手合作，共同加强对留学生就业提供支援。具体而言，包括调整留学生的留日期限延长等措施，推动社会对留学生的接纳，并在留学生回国后继续提供支援。

● 第一批入选的 13 所大学

国立大学 （7 所）	东北大学	筑波大学	东京大学	名古屋大学	京都大学	大阪大学	九州大学
私立大学 （6 所）	庆应义塾大学	上智大学	明治大学	早稻田大学	同志社大学	立命馆大学	-

"超级国际化大学"

截至 2013 年,日本政府为期 5 年对前述 13 所国际化定点大学实行财政补助的国际化事业告一段落。作为其成果,13 所大学从国际化事业开始的 2009 年到 2013 年之间接收外国留学生总数共增加了 5000 多人,所增加的外籍教员数量超过 700 多人。从日本的高等教育机构整体来看,外国留学生增加人数曾一度高达 9000 多人,增加的外籍教员数曾高达 1100 人。如此,以上述 13 所国际化定点大学为中心,日本高等教育界的国际化有了确确实实的进展。今后这 13 所大学的国际化活动将继续开展,同时,政府为了在整个日本社会进一步推进此潮流,2013 年 6 月,日本政府发表了"日本复兴战略"(即成长战略),其中决定自 2014 年开始实施新的 10 年计划,作为上述 5 年计划事业的延长而开始了一个"超级国际化大学事业"。这一举措的目的在于提高日本大学在世界上的知名度,以强化大学的国际化领军人才培养体制为当务之急,积极支持国公私立大学形成"全球顶尖大学群"。政府还要求不拘泥于现有制度框架,构建先进的国际化教育模式,坚决强化国际竞争力,进行制度改革以及预算总动员。

这一全球顶尖大学群构想将由 30 所大学组成,其中包括 A 型(为 10 所大学组成)和 B 型(为 20 所大学组成)两种大学。A 型大学为顶峰式,即作为"领导世界的大学",具体来说比如以"世界大学排行榜"前 100 名内为目标,政府对具有此种潜力的大学进行支援帮助。B 型大学为国际化牵引型,即作为"开拓新地平线的大学",由于具有推动日本社会全球化能力而将得到政府的支援帮助。这两种类型大学同样要提高学生和教员的外国人比例、扩大英语授课课程、开发实施与外国大学间的双学位制、建立海外分校等,必须在继承前一个 5 年计划中得到明确的课题基础上来进行构想。

●国立千叶大学

与 2011 年开始的"强化大学世界性活动能力事业"并行,彻底推动大学的国际化进程,以期待对外国留学生的接纳工作能够得到全方位的促进。此事业通过加强与亚洲、欧美等大学间的国际教育合作联系,促进日本学生的海外留学和外国留学生的战略性接纳工作,以达到高等教育的高质量化和培养起桥梁纽带作用的人才之目的。比如中日韩三国间,有按政府间共同制定的方针而实行的合作教育计划,名为"亚洲校园",这一计划已经形成了一个有 10 种课程、由 16 所大学共同参加的网络,将具体实施到 2015 年。

2015 年 9 月,共计 104 所申请学校中,A 型校 13 所,B 型校 24 所,共计 37 所学校获得采纳。在此,从各大学今后的构想中总结了各校今后有关实施"赴日前入学考试及入学许可"的相关事项,特此参考。总体来说,各大学都有倾向将在未来予以实施或者有所扩充,这对于海外学生来说,与此前需要赴日参加考试的入学考试制度相比,应该说负担变得格外少。希望这可以成为大家选择志愿学校时的一个参考视角。

●芝浦工业大学

● 各超级国际化大学"赴日前入学考试及入学许可的实施等"构想

A型	国立	北海道大学	2023年度入学考试前，全部专业的研究生院以及本科都将引进"赴日前入学考试"。
		东北大学	国际学士课程将从报名申请到面试全过程都进行通过网络系统的"赴日前入学考试"。
		筑波大学	从2016年度的入学考试开始，将在本科与研究生院各增设三个专业，届时新设专业将实施国外现场招生。同时还将在全部的入学招生考试中实行网络报名。
		东京大学	全面采用入学考试无需赴日的考试制度。同时在全校范围内、从报名申请到入学整个过程，将运用高效率联网系统。
		东京医科齿科大学	继续探讨"赴日前入学考试"的必要性。
		东京工业大学	将进一步充实已经在部分专业实施的"特别推荐型赴日前入学考试"（即日本留学考试成绩达到一定标准时即可进行现地面试）。
		名古屋大学	扩大"赴日前入学考试及其许可"的实施范围，并进一步推动相关的体制构建。
		京都大学	积极采取以研究生院为中心的"赴日前入学考试及其许可"。
		大阪大学	将从2016年度入学考试开始，在全专业进行《海外在住自费外国留学生特别考试制度》的招生，并在总体范围实施"赴日前入学考试及许可"。
		广岛大学	原则上实施秋季入学，并针对英语授课课程实施海外直接入学，日语授课课程实施新的入学考试制度。
		九州大学	在引进了"四学期制度"后的秋季入学考试招生中，将引进并扩大更加灵活的入学考试制度，诸如不必以"赴日"为前提的书面考核以及远距离面试等等。
	私立	庆应义塾大学	将进一步促进各专业各研究生院的"赴日前入学考试及许可"方面的各种研究、探讨和制度构建，以实现对留学生来说"最理想的入学考试方式"。
		早稻田大学	2020年前实行招生制度改革，实现各国大学统考与日语能力考试相组合即可报名申请的"赴日前入学考试"。扩大英语授课范围，增加英语授课招生人数。
B型	国立	千叶大学	以设有升入日本大学的相关课程的高中和第二外语学习日语的高中等为对象，实施当地特别入学考试，并构建"赴日前入学许可制度"。
		东京外国语大学	正在构想中的"国际日语专业"（名称暂定）以及所有专业的研究生院考试，将实施"赴日前考试及入学许可"。
		东京艺术大学	将把在中国大陆、台湾等东亚国家和地区的展览会、讲演会等各种活动时期有机地连动起来，实施当地入学考试。构建包括技能考试在内的"赴日前入学考试制度"。
		长冈技术科学大学	进一步提高已在大多数入学考区实施的"赴日前入学考试"的便利性，探讨引进互联网报名申请及考试。
		金泽大学	引进将考试报名申请、面试以及合格与否通知等进行统一管理的网络在线系统，实施"赴日前入学考试及许可"。同时还将扩大在中国和东盟各国的当地选拔考试。
		丰桥技术科学大学	灵活利用在中国等的海外据点进行当地考试和选拔。并在新设的"全球化技术科学建筑师培训课程"专业实施"赴日前入学考试及许可"。
		京都工艺纤维大学	2015年度研究生院博士后期课程入学考试将全面引进"赴日前入学考试"。
		奈良尖端科学技术大学院大学	将把博士前期课程也作为"留学生特别推荐选拔制度"的对象，对应于五年制"国际先进科学技术课程"。
		冈山大学	不仅限于研究生院，还将把本科也放入考虑范围内，探讨在全校引进"赴日前入学考试"。
		熊本大学	利用中国（上海、大连）及东盟国家现有据点实施"赴日前入学考试"。2016年将设置的"未来创世专业"（半数为留学生）则原则上实行海外选拔。积极促进"赴日前入学考试及许可"。
	公立	国际教养大学	积极促进"赴日前入学考试及许可"。
		会津大学	将扩大"赴日前入学考试"名额。以即将引进的"学士英语课程"为主，进一步充实利用海外据点进行的"赴日前入学考试及许可"。
	私立	国际基督教大学	已经于每年9月实施"赴日前入学选拔考试"，并从2015年正式开始网络在线考试报名。
		芝浦工业大学	进一步探讨面向留学生的本科"赴日前入学考试"的实施方法等。
		上智大学	将在2019年以前变更外国人入学考试制度，以达到外国学生无需赴日即可参加入学考试。同时还将放宽对语言能力（英语·日语）的要求条件，充实外国学生赴日后的入学前辅导。
		东洋大学	将于2019年开设的新专业"全球化革新专业"（名称暂定）的100名招生名额中将设置30名外国学生名额。
		法政大学	增加"赴日前入学考试"专业（2016年度增加5个专业，2017年度增加4个专业），同时将于2017年开始在目前实施外国留学生入学考试的14个本科专业内都将具体设置招生人员。
		明治大学	促进"日本留学考试"实施国以外国家的"赴日前入学考试"，并实施日语教育。全专业引进网络报名申请及面试。
		立教大学	在2014年度入学考试中，10个本科专业都采用了书面材料进行选拔考试的招生方式（从申请报名到办理入学手续都无需赴日）。2015年度外国留学生考试则将新引进网络报名系统。
		创价大学	进一步充实2014年度入学考试中引进的"赴日前入学考试"制度，并将导入网络报名系统。2015年度开始研究生院的4个研究科将引进"赴日前入学考试"制度。
		立命馆大学	2015年度入学考试开始实行报名申请手续以及入学手续的网络在线化。2018年度入学考试开始，将创设"立命馆学院"（名称暂定），届时将彻底扩大外国留学生的接受规模。
		关西学院大学	2017年度入学考试起，将调整在中国以及东盟国家等海外据点的入学考试实施情况。
		立命馆亚洲太平洋大学	以100%实施"赴日前入学考试及入学许可"为前提进一步强化有关内容。通过本校毕业生的协助与海外当地加强信息交流，充实与强化"赴日前入学考试"合格者的相关后续工作。

推进战略性的留学生交流

前述"30万人留学生计划"将持续到2020年,而非常巧合的是东京奥运会和残奥会也将在2020年举行。日本政府提出"我国将在2020年以前,以世界上100个以上的国家和1000万人以上的人口为目标,普及奥林匹克主义,振兴体育运动"。可以认为,在此过程中,外国留学生将会起到积极向海外宣传日本体育和文化等的各种魅力、促进国际交流的重要作用。

在此背景下,2013年12月政府公布了"充分利用世界成长的外国留学生接收战略"。为了实现"30万人留学生计划",接纳优秀的外国留学生,在此抛开以往作为ODA(政府开发援助)项目的公费外国留学生制度概念,强调如何充分地借助各个国家的力量达成日本社会成长这一观点,设定重点领域和地域,总结具体的对应方针。说起来就是提倡以一种"主动"姿态来进行留学生接纳工作。比如,作为从日本角度能够为对方做出贡献、充分达到接纳留学生政策效果的重点领域,设有工程学、医疗、社会科学(法律制度)和农学等四个领域;同时有关资源、能源、环境等领域,在各国政府以及相关机构的倡议下,作为对日本发展有贡献的重点地区,设定了东南亚(东盟)、俄罗斯以及独联体国家(CIS 各国)为首的九个地区。为实现其战略性接纳的具体对策而确定如下5点:

1. 战略性接收外国留学生。

首先,为了向各国宣传日本和日本留学的魅力,提高关心程度,相关单位要与驻外使领馆和政府、大学等海外机构联手,同当地高中等有关机构建立联系,确定收集信息的"留学协调者",以增加赴日前入学许可制度的实质性内容。其次,大学在海外实行当地授课、留学前教育等促进办法;高等专业学校实行可取得大学学位等对传统教育模式进行改革的方法,通过这一系列措施,构建一个有魅力的留学体制。

2. 充实奖学金制度,改善其制度运用。

设定以重点地区为中心的战略框架,充实公费外国留学生制度。同时扩大"文部科学省外国留学生学习奖励金支付制度"的预约录用范围,改善现行制度以实现赴日前即可予以决定。

3. 整合改进日本国内大学的以外语取得学分和学位的环境。

进一步充实以英语等国际通用语言即可取得学分和学位的课程,扩大学习日本文化、日本历史的课程范围,积极聘用外籍教员,与国外大学开展合作,以此建立一套能够消除留学过程中语言障碍的留学体制。

4. 与地区合作,为外国留学生的生活提供支援。

灵活运用地区地域特征,大学、日本学生支援机构、地方公共团体、企业以及各种民间团体等齐心协力,为留学生在校园内或留学生宿舍等居住区提供留学生与当地居民的交流场所和交流机会,以促进外国留学生对日本文化和习惯等有深入的了解。

5. 有关学成后外国留学生的相关待遇。

通过活用SNS(社交网)等网络在线系统,将来自日本的信息持续、派生式发送下去,从而增加外国人对日本的关心,进而持续地增加其留日机会。作为对留学归国者的跟进,可以灵活运用设立校友会等方法。比如,可以通过与外务省等协作掌握重要人才信息,并与相关省厅做到信息共享,并以之作为各相关领域的人力资源运用网络予以活用。另外通过驻外使领馆对当地日资企业进行招待等机会,创造就业机会或商业机会等,以提高留日归国者的存在感及其留日经验的价值。而对于希望在日本就业的留学生,可以有如下支援举措,比如在留学展会上多邀请日本企业和当地日资企业参加,利用大学假期实施日本地方企业实习,推动大学与企业、经济团体及其他民间团体等的相互合作。另外,通过已经活跃于日本企业的已毕业留学生宣传其日本留学经验及其就业经历,以使大家更了解留学日本为就业所带来的好处。进而灵活运用出入境管理上的优待制度,建立促进留学生在日本就业的体制。

日本宝贵的就业体系：统一录用新毕业生～稳定且高收入

比如，大学里的专业是文科却就职于IT企业，理科却就职于出版社，这种情况在日本是屡见不鲜的。

同时，在日本一些并非出名、规模也不庞大，但却持续着数百年历史、在世界上具有较高口碑的企业也存在多数。

如前所述，日本的确由于国际化和少子化的影响，正在积极录用国际化人才。尽管如此，这种"在日本留学生就业机会之多"还是缘于日本特有的、在世界上也罕见的特殊录用制度。

在外国通常所采取的录用制度是将合适人员用于合适岗位，为某一岗位录用具有速战能力的人这样一种"岗位录用"方式。因此，大学刚毕业不可能每个人达到平等就业，而是经过企业实习等各种活动，或者找到自身的赞助者，才能够最终找到合适的工作。

与此相对，日本社会大学毕业生同时并大量录用，每年4月作为新员工同时进入公司的这种录用文化至今仍然健在，"应届毕业生"被称为"新毕业生"。这种录用不是为某一职位，而是采用一种叫作"综合职"的招聘风格。因此理所当然它不要求就业人员有速战能力，反而认为新员工身上潜藏着各种可能性，因而肯花费时间进行培养，提高其对公司的认识了解，最终培养一批高凝聚力的职员乃至团队。这也是日本企业被认为是个"大家庭"的原因所在，这其中有着日本企业"培养人才"的一种意识。

在工资方面，大学新毕业生的平均月收入从20万日元左右开始，通常认为在同一家公司工作到退休，其终身收入包括退休金和奖金在内一般有3亿多日元。当然这其中因工作种类和行业不同金额也会不同，但这与其他国家相比较，应该说会有高出几倍的差异。

无疑，以上这是一种从"新生应聘"到"终身雇用""论资排辈"式的字面意义上的日本企业人事制度而衍生来的普遍情况。而近来，不仅日本国内，包括国际市场的竞争也不断激化，上述传统式人事制度也在不断减少，企业招聘和人力资源系统变得更加多样化，中途变换工作也变得越来越普遍。近年来不仅政府机构，甚至地方行政体和大学里，也有各种帮助留学生就业的支援体系并在年年扩充。也就是说，能够操纵多语

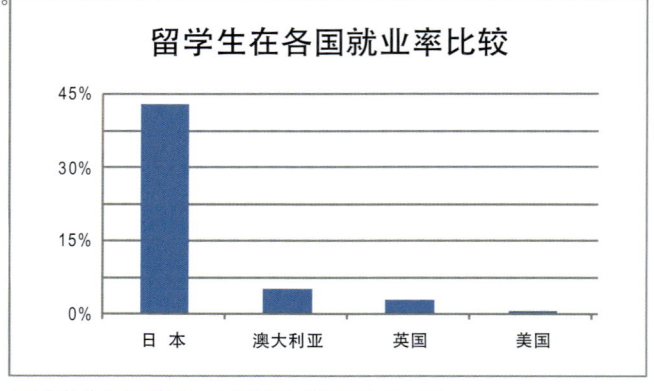

●日本留学毕业后在日本企业的就业率统计在41%左右。

言、对异国文化有深刻理解、具有较高潜力的留学生具有非常有利的就业可能性。

不只拘泥于企业知名度或规模，也无需过多考虑自身学历，你会了解到日本社会是如何需要留学生，只要你自身积极挑战，一定会获得成功。

唯独一点，在世界范围来看，日本式的就业活动方式也同样显得非常特殊。因此，有关实际就业方法的更多信息，我们在本书的第六章刊载了完整的规范化手册，敬请大家参考。

从作为留学城市来看日本的魅力——世界第 3 位

除了在未来职业上的巨大潜力以外，留学日本还具有其他魅力。日本政府自从发表了 2020 年接收 30 万留学生为目标的"30 万人留学生计划"以来，2008 年尚为 12 万的留学生人数到 2015 年已经有倾向突破 20 万大关。与此相呼应，日本作为留学城市的总体评价也在上升。

世界大学评价机构英国 Quacquarelli Symonds（夸夸雷利·西蒙兹公司）（以下简称 QS）发表的"QS 学生城市排行榜 2017（QS Best Student Cities 2017，意为对于学生们来说的优良城市排行榜）"中，东京从 2016 年提高了 4 个名次，终于晋升到第 3 名。其次还有京都、大阪、神户等大城市也都大大提高了排名次序。这一排行榜是根据世界上 50 个城市的学生为对象进行的调查，将国际化视野、家长们的安全感、就业情况、生活成本、毕业生的竞争能力等因素完成了数值化以后进行的排名。日本留学人气上升的理由主要被列举为"签证率高""生活费以及学费较便宜""交通便利""方便半工半读"以及"奖学金制度完善"等。

在此我们再做一个回顾，当决定这次留学之前首先考虑留学城市时，将日本作为一个选择方向的主要原因，参考资料的结果是"距离上和文化上都比较接近""有熟人比较熟悉""对日本文化和日本人感兴趣""喜欢动漫和电子产品"等等，可以看出日本与学生们非常贴近，日本特有的要素也非常显著。

无疑，在决定最终可否留学时家长们的意见非常重要。然而与留学欧美国家相比较，无论从未来的职业优势还是学费、生活费的经济实惠，以及治安良好可以放心让孩子留学等等，这一切都将成为重要的因素。

1.4 留学日本的优势

如前所述，日本政府决定积极吸引留学生，并实施了各种推进政策。与数年前相比，中国各地举办的赴日留学说明会的数量在不断增加，规模也不断扩大；而在日本留学的学生，其生活日益轻松舒适，长期困扰的问题也有大幅度改善……这些都是留学政策带来的良性变化。

但需要强调的是，向各位推荐赴日留学并不仅仅是因为舒适便利的生活（尽管这也是重要原因之一），还有其他更为重要的原因。为帮助留学生慎重做出这一影响人生的决定，我们必须重新回到原点，思考留学的目的。对于留学生来说，如果不能找到留学日本的意义所在，势必难以将留学的目标国家锁定在日本，而是其他国家。接下来本书将着重说明日本的留学经历为何会成就各位今后的人生。

1.5 称雄世界的实力

首先不可否认的是，在科学、金融经济等领域，日本拥有强大的实力立于世界强国之林。

一流的科学技术，身边随处可见的"日本制造"产品，具有号召力的动漫、偶像等流行文化等等，都显示了日本在各个方面的强大实力。

前往日本这样拥有雄厚实力的国家，留学生可以接触到高新技术，学习体验严密的管理体系，同时可以通过对这些技术体系的学习，深化对于"制造业创新精神"的理解，丰富自己的想象力，并将之付诸实践。

本书相信，赴日学习这些文化和科学技术，会给大家今后的人生带来重大的机遇。

称雄世界的实力之一——日本的科学技术

○ AI（人工智能）时代的移动手段"CanguRo"（袋鼠三轮机器人）

机器人、人工智能、云端技术等等高科技正在以日新月异的速度不断发展壮大，在这种背景下，移动交通工具的概念将如何进化？有一个专门以 AI 时代创新式的"人与交通工具间的新型关系"为课题、正在努力开发下一代移动手段的项目小组，它就是千叶工业大学未来机器人技术研究中心 fuRo 的 RidRoid 项目。

马，曾经是人类的重要伙伴，也是一种交通手段。以马为基础理念，将现代最新的机器人技术、人工智能技术融合到其产品设计当中、作为未来的机械生命体而诞生的，就是这个 CanguRo。它全长 75cm，为 3 轮构造，行驶速度最高为 10km/h，可根据情况而变形。

讲求作为机器人的智能和协调性、作为交通工具行驶时的舒适愉快性，同时最关键的要素是自动驾驶。Ride，高度的移动交通工具；Roid，智能机器人伙伴。由 Ride＋Roid 拼合而成 RidRoid，同时袋鼠的印象也融合在其中，故而取名意大利"袋鼠"的语源 CanguRo。它平时作为依偎在主人身边的伙伴机器人来辅助主人，同时又利用智能化（AI）技术陪主人一起奔跑并为主人提供帮助。不仅可以按照指定地点自动配车，还可以在移动时自动变形为交通工具，扩展主人的身体功能从而成为人机一体的移动手段。

具体来说，比如当它在智能机器人伙伴状态下，会有如电影中出现的伙伴机器人那样，时而跟在主人身后精力旺盛地一起买东西，时而可以与朋友和家人一起愉快交流。当主人不在身边时，可以用智能手机或平板电脑进行呼唤，这时它便可以利用 fuRo 独自的 SLAM 技术（是指用雷达或摄像头等对传感器信息进行解析后确定自己的位置同时推定周围地图，相当于自动操作或者机器人的眼睛式的功能的一种核心技术）通过完全自动操作功能来到指定的地点迎接主人，然后开始其作为伴侣式机器人的功能。

而当主人需要移动的时候，它就会自动进行电动变形成为移动工具模式。一旦变成移动工具模式，它将成为主人身体的一部分，对移动功能进行辅助。当需要回旋的时候，它还会自动让自己的躯体变形为倾斜的姿势来回旋。这种时候，通常会实现那样一种人在滑雪时的器械与身体成为一体的感觉。

由于其本体的内部装有管理扬声器，根据不同移动速度下的跳动，乘坐者可以通过坐骑部分的振动全身地感受到移动速度。不仅如此，车把手部分的"力量感觉回馈"功能还可以使乘坐者实时地感受到回旋时的回旋半径。这些体感功能就是为了达成

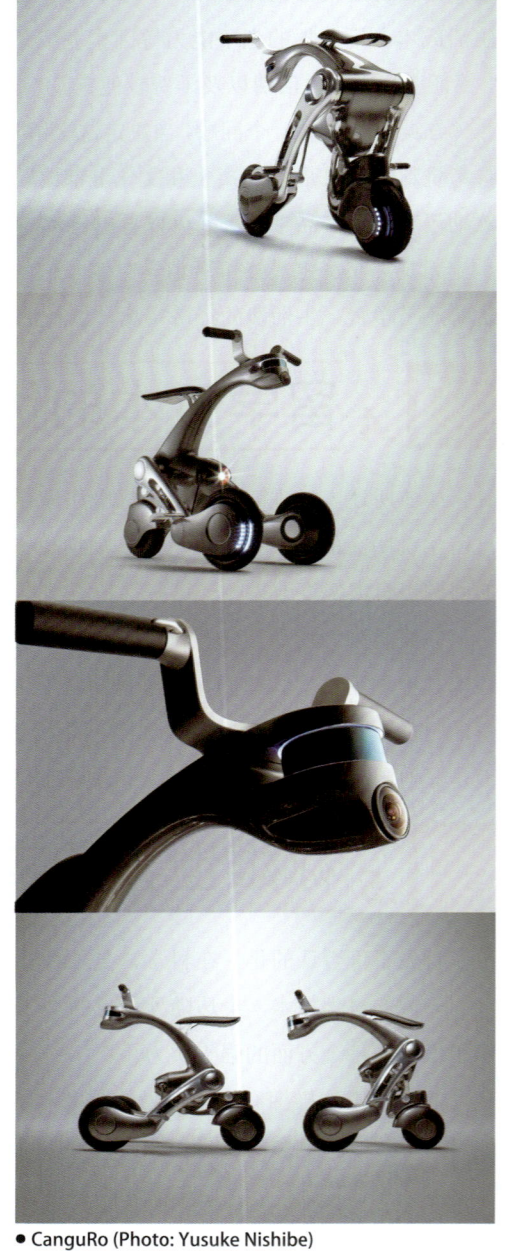

● CanguRo (Photo: Yusuke Nishibe)

"人机一体感"而装载的主要技术。同时，万一事故将要发生，还具有通过智能停止功能来启动自动刹车，从而将碰撞防患于未然。乘坐一次 CanguRo，你就会感觉到似乎移动功能和感觉功能得到了扩张而成为自己身体功能的一部分。

目前，作为机器人和移动工具融合到一起的人工智能的一个载体，今后还要使所装载的画面识别技术进一步发展，要达到一个理解当下状况，同时人正要做什么这样一种程度，也就是说不仅停留在单纯的面容识别认证和物体识别阶段，而是要更上一层楼，达到预先读准人将要要求什么，这才是下一步的目标。

带你远走出行的机器人伙伴，这个曾经的未来蓝图。而现在，它已经近在眼前了。

○ 更加接近人类的儿童型机器人"ibuki"

如今多种多样的机器人已经开始活动在普通家庭等生活场所，在此过程中，不仅是以往的身体功能辅助，而且通过对话等与人之间进行接触，在心理上对人进行帮助的"人与机器人互动技术"的确立变得越来越重要。所谓人型机器人，尤其是在外观上与人酷似的安卓机器人，从其姿态形状来看，必定作为与人类亲密相关的"共生"机器人而得到期待。

然而，在与人对话过程中，人型机器人的动作和话语中所存在的小小的违和感，却使其在与人的亲和性上受到了巨大影响。要与人更近，就要消除这种违和感，不仅在声音认知、话语生成和动作反应等技术方面需要改进，其外观上的"人样"也非常重要。每一个要素技术的精练以及将各要素综合起来的开发研究也就变得越来越重要。

● i b u k i
©ERATO 石黑共生人类机器人互动项目

安卓机器人研究的第一人、活跃于世界的机器人博士石黑浩教授（大阪大学研究生院）所率领的"石黑共生人类机器人互动项目"中，正以实现这种与人类共生的"自律型机器人"为目标。2018 年 7 月，该项目又公布了其最新研究成果。（科学技术振兴机构、大阪大学、株式会社国际电气通信基础技术研究所、京都大学等共同汇报）

那就是可以自由移动的儿童型安卓机器人"ibuki"。它身高大约 120cm，相当于 10 岁左右的儿童。正如你所看到的，它幼稚的面庞里有一种以往似有却无的新鲜感和某种亲近感。是的，这正是开发时所要达到的目标之一。

首先在应用了以往所培养的机器人会话能力和开发了更新的会话系统技术的同时，又增加了移动结构。除了车轮型的移动结构以外，还加上了由偏心车轮和直动结构相组合而达到的全身摇动结构以及驱动上半身的腰关节，从而表现出与人类步行时同样的跳跃感。为了使其表情达到更加自然丰富，不仅装有面部和头部驱动结构，也在可以生成手势的手和手腕上装入了多数的驱动关节，使得其全身持有 47 种自由度。另外，与以往来源于空气压力的安卓机器人不同，其所有的自由度都因其由附带减速器的电子发动机来驱动，因此对于外力也没有极端的反作用力，从而产生一种柔软的动作。同时，还

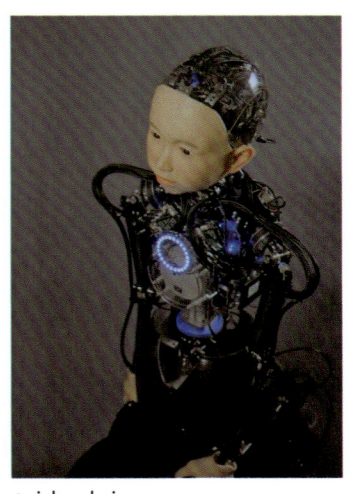
● i b u k i
©ERATO 石黑共生人类机器人互动项目

在独立性硬件基础上，减掉了不适合移动的空压系统用空压机。由此能够在人们生活的空间、办公室等进行向导或者店铺说明等，一边与人们一起移动，一边调整与人之间的位置关系，从而进行身体互动的安卓机器人便成为了可能。

通过与人一起行动和对话，拥有共同的经历，这样才能实现与人之间构建密切关系的对话型机器人。

今后，在更加多样的情况和目的下，实现机器人更加自然的对话，这种研究开发还将不断继续下去。不是单纯开发只完成移动任务的机器人，而是开发利用移动的方法和位置关系与共同移动的人之间保持亲和性互动这样的技术，实现能够在日常生活中得以活跃的"自律对话型"安卓机器人。更通过活用这种开发所带来的知识，来开发以提供信息、支援生活、支援学习为目的的"社会性对话"机器人的应用。可见，宏伟的理想正在持续。

○ 世界首家启动无人驾驶出租车

当今，无人驾驶技术的研究开发可以说在全世界都处于一种激烈竞争氛围，毫无疑问日本的丰田汽车也是其中有代表性的一员，同时以谷歌为首的非汽车产业的 IT 企业对这一领域的挑战也正如火如荼。这其中，有一个在该领域领先同行业迈向实用化的企业，它就是日本的风险投资企业——ZMP 公司。

2018 年 8 月 27 日，该公司的无人驾驶出租车在东京承载了第一位乘客。尽管美国领先进行了公路无人驾驶试验，但实际作为"营运"进行载人驾驶的，这尚属世界首例。

使用专用的应用软件进行预约后，出租车便会到达现场。用智能手机读取车窗上的 QR（快速反应）码后，车门会自动打开。关门则是在公司内部进行触屏操作。也就是说不仅要实现自动驾驶，也包括实现出租车的完全自动化、无人化。当然，由于目前尚处于验证阶段，因此事实上在营运过程中尚跟随一名辅助司机，但该公司决意在 2020 年正式投入实用化。目前该公司已经于 2017 年 6 月与出租车业界巨头"日丸交通社"实现了联手合作。

ZMP 公司是作为世界首家"人类共生型机器人"研发风投企业一路走过来的。其中在无人驾驶领域，该公司尤其以作为眼睛的传感器"立体声照相机"和利用其信息进行判断操作、成为其大脑系统的"ADAS"（高级驾驶辅助系统）两个领域为擅长，无论是软件还是硬件都可以在公司内部进行成套开发为其强项。其"立体声照相机"使用高灵敏度成像器，无论是同步、平行化、失真校正等前期处理，还是到视差距离检测和对象检出等都可以很好完成。同时与环境动作变化相对较小、障碍物较少的高速公路不同，在城市街道中行驶时需要进行更加复杂的信息确认，因此要求高级驾驶辅助系统（ADAS）对于其他交通物以及行人等进行各种认识和预测的精度也就越高。为了在理论的高技术水平上还原现实因素加以应用，该公司还通过"日丸交通社"收集和聆听专业熟练的驾驶人员的驾驶数据及驾驶技巧等，对无人驾驶程序进行了改良，从而实现按照实际交通流量进行更好的行驶，以提高乘客乘坐时的满意程度。

这不仅仅是科学技术力量，还应该说是工匠技巧与机器人技术的一种融合。相信，也正是擅长手工技艺和拥有着服务于人的心，日本企业才可以期待这种超越了"数值"的世界性角逐。

● 无人驾驶出租车
● 智能手机应用软件画面

○ iPS 细胞（诱导多能干细胞）研究据点 "CiRA"

"iPS 细胞"是能够转化成不同组织或器官的细胞，并拥有无限增殖能力，其研究据点——iPS 细胞研究所（CiRA：Center for iPS Cell Research and Application Kyoto University）于 2010 年 4 月在京都大学成立，科学家们在此进行着最尖端的再生医疗研究。

取下一点皮肤细胞，植入特定的 4 种基因，诱导皮肤细胞转化成别的细胞并拥有无限增殖能力。通过这一过程，能够诱导转化出骨头、心脏细胞以及神经、肝脏、血液等细胞。这就是京都大学的山中伸弥教授于 2006 年在世界范围内首次开发出来的诱导性多功能干细胞 —iPS（induced pluripotent stem cell）。

iPS 细胞最大的特征就是可以无限增殖，还可以诱导转化成其他细胞。这与人类的胚胎干细胞相似，能转化成各种各样的细胞和器官，如同人受伤时皮肤与血管的再生。研究出能转化成其他细胞的"干细胞"后，就可以利用其诱导出不同细胞和器官。

同样具有多功能性的干细胞——ES 细胞（胚胎干细胞）虽然已经广为人知，但 ES 细胞需在胚胎中培育而成，在伦理上不能为人们所完全接受。在这点上，从成人细胞中就可以得到的 iPS 细胞就不存在伦理问题，山中教授将体细胞转化为多功能干细胞的技术，既高效又相对简单。目前研究中，移植 iPS 细胞之后存在免疫排斥反应且容易产生肿瘤。一旦解决此类不良反应，并确认其安全，该技术有望广泛应用于临床医学领域。

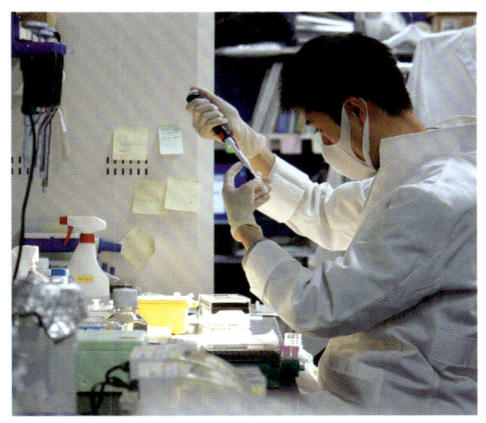

● iPS 细胞研究所 4 楼实验室内景（拍摄于 2010 年 6 月）
● 资料来源：京都大学 iPS 细胞研究所

该技术是最值得期待的再生医疗方面的应用。如果有严重心脏病患者，取下皮肤细胞做成 iPS 细胞，转化成心脏细胞并且增殖，然后移植入体内，这样由自己的细胞分裂出来的器官，排斥反应的概率将大大降低。另外，将 iPS 细胞使用在病人身上进行细胞和器官的再生，可以此研究不治之症的治疗方法并开发新的药物。

作为 iPS 细胞的研究据点，京都大学 iPS 细胞研究所（CiRA）有 4 个研究部门，分别是"初期化机构研究部门""增殖分裂化机构研究部门""临床应用研究部门""规制科学部门"。其中"临床应用研究部门"的江藤浩之研究室研究从 iPS 细胞诱导出各种血液细胞的技术，开发从 iPS 细胞研制大量血小板的技术。

血小板是皮肤血管受伤时凝结伤口的细胞，具有止血的效果。对血小板减少的治疗主要是使用浓缩血小板输血，但是，由于血小板很容易失去活性，以现在的技术只能保存 4 天，有些地方无法达到供需平衡。另外，反复输血容易产生抗血小板，根据免疫学的排斥反应，输入的血小板会产生急速的排斥现象。

如果制成人工血小板，就不需要仅依靠献血来满足对血液的需求。而且，通过自身细胞制成的 iPS 细胞分裂而来的血小板，不存在免疫学的排斥反应的问题。

CiRA 不懈努力，致力各个领域的开放性研究，既包括相当基础的研究，也涵盖近临床的研究，甚至涉及事前医疗用 iPS 细胞的库存准备。

其最近的研究成果包括：用人的 iPS 细胞再现肾脏的一部分构造，用患者的 iPS 细胞阐明老年痴呆症的病态，根据来自患者自身的 iPS 细胞阐明 ALS（肌萎缩侧索硬化）病因，发现相应的治疗药物；确立治疗帕金森病的细胞移植研究的基础评定；对治疗各种疾病发挥了极大的作用。

关于 iPS 细胞的基本技术，欧洲和美国都承认其专利，下一目标是将其向实用化推进。随着 iPS 细胞成功分裂成神经及心脏细胞的消息不断被报道，iPS 细胞的研究将会受到人们越来越多的关注。

○ 进展中的 iPS 细胞实用化

为成功实现再生医疗，2006 年制造出的人工诱导性多功能干细胞（iPS 细胞）目前正在最先进的研究和开发中不断完善与进化。

2018 年 7 月，日本再次公布了一个领先于世界的、史上首次的尝试。

京都大学医学院附属医院与京都大学 iPS 细胞研究所合作，将由 iPS 细胞制成的神经细胞移植到帕金森患者脑内的世界首例临床试验性治疗计划已经得到了认可，将于 8 月 1 日开始正式进入临床试验治疗。

帕金森病是一种失去了能够在脑内分泌神经传达物质多巴酚的神经细胞这样一种难治病症。其主要症状为身体颤抖和肌肉僵硬，当症状进一步发展时则会出现认知功能减退。目前主要以服用缓和症状的药物为主要治疗方法，这一方法因无法达到阻止神经细胞减少，因此帕金森病目前尚属于无法根治状态。而日本国内又具有帕金森病患者年年增加的倾向，据 2014 年厚生劳动省统计，日本国内帕金森病患者大约有 16 万名，而今后预计还将继续呈增加趋势。作为一种神经病变性疾病，帕金森病患者仅次于约有 53 万患者的阿尔兹海默症而高居第二位。同时由于该病症是一种越到老龄期发病率越高的疾病，因此预计随着社会总体老龄化进展，其患者数增加也将更为突显。

● 细胞调制设施（FiT）内存有 iPS 细胞库的储藏器
● 资料来源：京都大学 iPS 细胞研究所

为此，上述计划作为一种新型再生医疗正在倍受期待的同时，其作为治疗方法得以确立过程中的课题也非常之多，有关专家正秉持着准确、安全的方针在积极进行当中。

据有关记者的报道，京都大学医学院附属医院将实行以该医院高桥良辅教授作为临床试验治疗主任医师，以京都大学 iPS 细胞研究所高桥淳教授等人组成的研究小组进行配合这样一种体制。临床试验治疗将招募和选定 7 名参加治疗的患者，年龄在 50 岁以上 70 岁以下。治疗的前提条件为药物治疗没有起到相应的控制效果。

有关具体的治疗方法，是由 iPS 细胞研究所建立的"再生医疗用 iPS 细胞储存库"提供 iPS 细胞，并将其进行多巴酚神经前驱细胞分化，然后用一种特殊的注射器将其移植到临床试验治疗患者的脑线条体中。该细胞移植需要 1 个月左右的住院期间。由于伴随着移植手术过程中引起患者身体不良反应的可能性，届时将使用脏器移植时已经具有临床实际效果的"他克莫司"作为细胞移植时的免疫控制剂。

iPS 从诞生开始已经过了 12 个春秋，今后相关研究将进一步发展，我们期待有朝一日难病治疗能够早日得以实现。

○ "诺贝尔奖得主"大国——日本

上述京都大学 iPS 细胞研究所拥有惊人的研究成果，该研究所所长、京都大学教授山中伸弥先生由于发现了"成熟细胞具有多功能性"于 2012 年 12 月被授予诺贝尔生理学或医学奖。

前年也就是 2015 年，诞生了两位日本人诺贝尔奖获奖者。一位是北里大学荣誉教授大村智博士，因发现了线虫感染症的新疗法而获得了诺贝尔生理学或医学奖。由此每年将有两亿以上人口从该感染症中获救，如此受到称赞的大村博士实际上并非医生而是一位化学研究者。另一位就是东京大学宇宙研究所的梶田隆章教授，因发现了中微子振荡（Neutrino oscillation）获得诺贝尔物理学奖。中微子（Neutrino）也被称为是解开宇宙之谜的钥匙，2002 年梶田隆章教授利用地下观测设施"神冈探测器"(Kamiokande)成功观测到中微子振荡，荣获了诺贝尔物理学奖。梶田教授曾师从于被称为开拓了中微子天文学新学问的小柴昌俊教授。那时，中微子被假定是没有质量的，尽管如此，梶田隆章教授还是发现了中微子振荡和中微子质量的存在。由此，推动了中微子的质量研究以及引进了中微子质量以后的素粒子理论研究，为素粒子物理领域提供了超越标准理论的最初线索，被称为颠覆了这一领域的常识。

其后 2016 年又一位日本人诺贝尔奖获奖者诞生了。他就是获得了诺贝尔生理学或医学奖的东京工业大学大隅良典名誉教授。大隅教授获奖的理由是揭示了"自噬"机制。所谓"自噬"是指身体内为了保持新鲜和健康状态，细胞中会出现一种球型膜将多余或者旧了的物质包住并进行分解的一种机制。由于这种机制的分解目标多为细胞内的蛋白质，因此这一机制又被称为"蛋白质的回收机构"。研究表明"自噬"是一种从细菌到植物、昆虫、鱼类乃至人类几乎所有生物共通的一种体制，当"自噬"机制不再工作，生物也就面临死亡。所谓"自噬"一词是由希腊语"自动"（auto）和"噬菌体"（phagy）组合而成的。

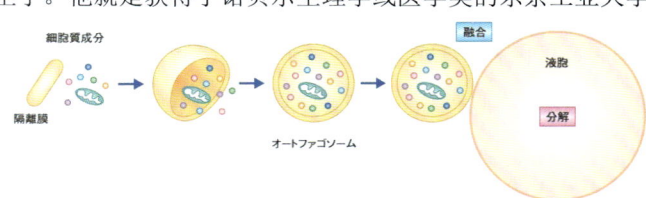

●(C)2012 荒木保弘・大隅良典
Licenced under a Creative Commons 表示 2.1 日本 Licence

大隅教授 28 年以来始终一贯地对于这一现象进行着研究。研究当初并没有受到瞩目，该领域几乎无人问津。然而当大隅教授利用酵母认识到与"自噬"有关的 18 种遗传基因，逐渐揭示了细胞内始于净化作用的过程以后，人们对于这一领域的关心发生了巨大变化。世界各国的研究者纷纷加入，开始了这一领域激烈的研究竞争。大隅教授开始研究"自噬"机制的 28 年前，这一领域的有关论文每年只有几篇而已，而到 2015 年这一领域的论文数据说已经超过了 5000 篇。

近年来这一"自噬"机制与癌症、帕金森等疑难神经症和老化现象等密切相关这一事实也得到了阐明，被逐渐认识到是左右人类健康和疾病的"根源性过程"。大隅教授的成功发现使得人类"自噬"机制的相关知识发生了飞跃性扩展。"自噬"机制发展成为生物学的重要研究领域，这一研究将在各个领域发挥作用。

姓名	毕业大学	获奖年份	获奖领域	获奖原因
汤川秀树	京都大学	1949 年	物理学奖	预言在质子和中子之间起作用的中介子的存在
朝永振一郎	京都大学	1965 年	物理学奖	量子电气力学中的基础研究
江崎玲于奈	东京大学	1973 年	物理学奖	半导体、超电导体隧道研究
福井谦一	京都大学	1981 年	化学奖	化学反应过程的理论性研究
利根川进	京都大学	1987 年	生理学·医学奖	阐明生成多样抗体的遗传的原理
白川英树	东京工业大学	2000 年	化学奖	发现导电性高分子，并发展其学说
野依良治	京都大学	2001 年	化学奖	为"有机化合物的合成"的发展作出贡献
小柴昌俊	东京大学	2002 年	物理学奖	天体物理学研究，为查找宇宙中微子作出贡献
田中耕一	东北大学	2002 年	化学奖	生体高分子的判定及结构解析方法
小林诚	名古屋大学	2008 年	物理学奖	提出解释"CP 对称性破缺"现象的有关理论（小林·益川理论）
益川敏英	名古屋大学	2008 年	物理学奖	提出解释"CP 对称性破缺"现象的有关理论（小林·益川理论）
南部阳一郎	东京大学	2008 年	物理学奖	自发的对称性破缺与量子颜色力学
下村修	长崎医科大学	2008 年	化学奖	发现生命科学研究领域中不可或缺的绿色荧光蛋白（GFP）
铃木章	北海道大学	2010 年	化学奖	"有机合成中的钯催化交叉偶联反应"的研究
根岸英一	东京大学	2010 年	化学奖	"有机合成中的钯催化交叉偶联反应"的研究
山中伸弥	神户大学	2012 年	生理学·医学奖	发现"成熟细胞具有多功能性"
赤崎勇	京都大学	2014 年	物理学奖	发明了蓝色发光二极管使得高亮度节能的白色光源成为可能
天野浩	名古屋大学	2014 年	物理学奖	发明了蓝色发光二极管使得高亮度节能的白色光源成为可能
中村修二	德岛大学	2014 年	物理学奖	先驱于世界发明开发了实用水准的高亮度蓝色发光二极管和蓝紫色半导体激光的制造方法
大村智	山梨大学	2015 年	生理学·医学奖	发现了线虫感染症新的治疗方法
梶田隆章	埼玉大学	2015 年	物理学奖	中微子振荡的发现
大隅良典	东京大学	2016 年	生理学·医学奖	对细胞自噬机制的发现

○ "科学技术振兴机构"(JST)

"独立行政法人——科学技术振兴机构"（简称：JST）是日本科技方面的核心机构,承担着把理论研究成果回馈社会以及维护社会根基的责任,不断推进技术的革新。通常这类独立行政法人不会仅专注于一个国家。但是,为了能够通过日中两国在科学技术领域的交流促进双方相互间的理解,并为两国科学技术发展奠定基础,JST于2006年4月成立了"中国综合研究交流中心"（简称：CRCC）并举办了各种活动。

在此,我们为大家介绍JST的几项具有代表性的工作。

◆ JST 负责推进战略型研发 ◆

独立行政法人科学技术振兴机构（JST）为了推进日本战略型研发,开展了多个项目,其中包括"推进战略型创造研究项目"（CREST）、"创新探索"、"推进创造科学技术项目"（ERATO）、"山中iPS细胞特殊项目"、"发展研究"（SORST）等。

◆ JST 协助山中教授获得诺贝尔奖 ◆

JST自1995年起就将京都大学iPS细胞研究所所长山中伸弥（时任奈良先进科学技术大学副教授）的研究列入"CREST"并为其提供协助。采纳此项研究的CREST研究总负责人岸本忠三（时任大阪大学名誉教授,前校长）认为："当时,山中老师作为奈良先进科学技术大学的副教授,和两位研究生正进行着非常深入的研究。研究的思路非常独特并充满活力,其论文还被著名的生命科学类杂志《Cell》（《细胞》）收录过。他们的确是在非常努力地进行此项研究。经过综合评估,我们决定予以采纳。由于山中老师的研究被CREST录用,其本人也被京都大学聘为教授,从而加速了研究的进度,iPS细胞由此诞生。"（引自《CREST 12周年纪念杂志》,参见《日本让世界为之骄傲的力量——科学技术》一文）

在其他方面,JST还协助了多位曾为诺贝尔奖候选人的著名科学家。例如,东京理科大学校长藤嶋昭（化学—光催化剂）、东京大学教授十仓好纪（物理学—高温超导体,被ERATO采纳）、名古屋大学特聘教授饭岛澄男（物理学—碳纳米管,被SORST采纳）、东北大学教授大野英男（物理学—磁性半导体,被ERATO采纳）、名城大学教授赤崎勇（物理学）、大阪大学教授审良静男（生理学·医学—免疫学,被ERATO采纳）等。此外,JST还在大学和民间企业中挖掘优秀的研究,为中坚人物和年轻有为人士提供研究协助。

◆ 为世界发展做贡献的科学技术 ◆

受到JST协助而获得成功的众多研究中,赤崎教授在世界范围内首次研究出了高亮度蓝色发光二级管。这项成果曾被视为20世纪不可能完成的研究,实在是一项伟大的壮举。但是无论多么伟大的研究成果,如果不能为现实社会做贡献也是徒然。丰田合成公司根据JST在1961年开始的"委托开发"（独创的新技术、材料开发项目）,于1995年成功实现了该项研究的商业化。这也是JST众多项目中生产与教育合作最典型的例子。

JST将大学或公共研究机构开展的"科学技术基础研究"与企业实践型"应用研究开发"相结合,为了让未来的科技创新与社会经济的发展以及国民生活质量的提高有机结合,正在积极推进"生产与教育相结合,技术转移项目"。

◆ JST 的中国综合研究交流中心 ◆

"中国综合研究交流中心"（CRCC）直属于 JST 理事长，该部门旨在借助 JST 的协同研究成果和网络推进日中科学技术交流。CRCC 于 2013 年 4 月 1 日由原中国综合研究中心（CRC）改组而来，是一个以项目研究和交流活动为主要任务的组织。领导 CRCC 的是曾担任东京大学校长、文部大臣、科学技术厅长官、理化学研究所理事长等要职，并以致力日中科学技术交流而闻名的有马朗人委员长。"创造稳固的人际和信息网络，除了为日中两国的科学技术发展奠定基础，还要为"环境问题""能源问题""少子老龄化"等两国需共同面对的课题做出贡献。"有马委员长的话表达了强烈的愿望。

○ 活跃于尖端科学技术界的留学生前辈

叶金花

出生于中国天津的叶金花是 1984 年赴日的公费留学生，毕业于东京大学理学院博士课程，之后任职于大阪大学产业科学研究所，现在已经是"国家材料研究所环境再生材料研究中心"的主任。叶金花是光触媒技术第一人，受全世界瞩目，她的光触媒相关论文被引用次数居世界第二。

以下是对叶金花女士的访谈。

问：能否介绍一下您的研究内容？

答：我从事的是光触媒的研究。具体来说，就是让某种材料在有光照的条件下，促进有机物的合成或降解的技术。光触媒可能能解决目前的环境问题和能源问题。环境问题方面，比如说，二恶英和甲醛等物质对环境及人体有害，利用光触媒技术可以将这些人工造出来的物质分解成为对自然界无害的物质。在我们身边也有类似的例子，如果在玻璃上涂上催化剂，当太阳光照射在上面的时候，这块玻璃会变得非常明亮，这就是光触媒技术，这已经应用在净化空气领域了。能源问题方面，利用光触媒技术，可以从水中提取出绿色能源氢能。光触媒技术能解决环境问题、能源问题的光明前景已令大众所瞩目。

问：今后还想从事什么样的研究呢？

答：我现在在"物质材料研究机构"的环境能源材料部门环境再生材料小组继续从事研究工作。2008 年就职于北海道大学的化学院，不光进行研究，还致力培养人才。另外，以国际人才交流为目的，2012 年环境再生材料小组和中国天津大学合作成立了国际联合中心，我在这个中心长期任职，以促进人才的培养和研究交流，构筑中日间的双赢关系。

问：最后，您有什么想对中国学生说的吗？

答：可能因为历史原因，中国的留学生更加倾向于去欧美留学，希望中国的学生不要"不尝即止"，大家可以亲身来感受一下日本，只要努力，在日本谁都可以拥有无限的可能性。

○ 日本·亚洲青少年科技交流项目"樱花科技计划"

　　JST是指产学研（产业·学术·科研）通过与官方的紧密合作，邀请优秀的亚洲青少年短期访问日本，目的是加深科学技术领域的交流。通过"樱花科技计划"项目的实施，旨在提高亚洲青少年对日本最尖端科学技术的关注度，鼓励日本的大学、研究机构及企业培育来自海外的优秀人才，为亚洲以及日本的科学技术的发展做出贡献。该"樱花科技计划"是从大学以及企业等公选出有意义的项目，对被选中的项目规划等给予政府的预算资助。

●仿真模拟实习（东京大学）

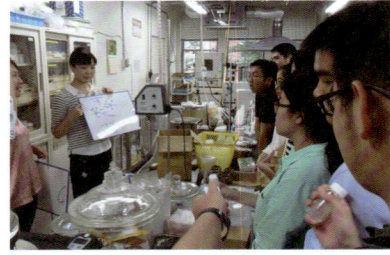
●化学实验（东京大学）

●计测中心视察（早稻田大学）

　　2015年日中亚细亚教育医疗文化交流机构依据该项事业做出了两项规划。从中国上海的国家重点和市重点的5所高中邀请了20多名高中生到日本，从日本赢得世界赞誉的最尖端的科学技术，如机器人科技、内容及日本的独特文化，到企业的留学生录用等，从学术和专业两个方面，向他们提供了接触日本魅力的机会。

　　他们先后访问了东京大学、东京工业大学、早稻田大学等日本著名大学的研究室及检查中心，听取了最尖端的研究内容，也进行了实验以及仿真模拟等学习活动。还参观了SONY以及吉本机器人研究所（开发了世界第一个具有情感认知的个人用机器人「Pepper」）、arara有限责任公司（代表日本的AR（扩张）服务企业）等。还观察了通常不公开的设施，并进行了体验学习。另外，还参观了日本未来科学馆以及国立科学博物馆，体验了日语学习以及手工制作日本的食品等，度过了内容极为丰富的一周。

　　被邀请的这些高中生们，他们每人都把每天的所见所闻以报告的形式记录了下来，最后将这些文字汇总制作成研究计划书，回国后投入到了自己的课题研究之中。

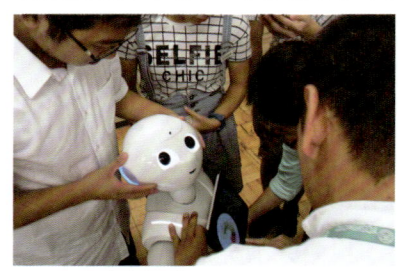
●机器人体验（吉本机器人研究所）

●制作机器人体验（芝浦工业大学）

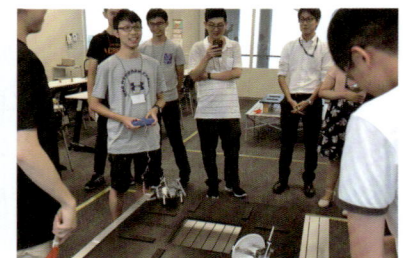
●参加机器人对抗比赛（芝浦工业大学）

　　该交流事业在其后也每年都会实施。2016年和2017年以国立千叶大学为中心进行了交流，2018年则实现了与香港的高中生进行交流活动。10名左右高中生来到了芝浦工业大学等地进行了为期一周的研修活动。在从零组装简单机器人并用各自的机器人进行打斗比赛的项目过程中，学生们有了各种各样不同的发现，产生了很多新的想法，作为引导学生开发新的知识探索欲望的一次颇有效果的学习体验活动，受到了大家的好评。

　　今后，日中亚细亚教育医疗文化交流机构，不止只是上海或香港，将以亚洲各国、各地区的学生为对象开展本项目。有机会的话希望大家积极参加。

称雄世界的实力之二——制造业精神

○ 令人自豪的日本制造、来自灵魂的设计——"Mazda"（马自达）×"玉川堂"

不仅是手工熟练的工匠们精细的手工制作，作为日本看家本事的"产品制造"也根深蒂固地体现着日本工业产品的细微部分。它的实现不仅需要技术能力，更需要可以说是一种根植于心灵的精神，才能够使"产品制造"成为日本人的一项特技。作为表彰这种特技的一个环节，日本政府设有一个"日本制造业大奖"，而这一奖项所讴歌的也正是"表彰与人"。

"日本制造业大奖"是由日本政府经济产业省、国土交通省、厚生劳动省和文部科学省联合举办的，是为了表彰活跃在制造业第一线且表现优异的具有核心价值的中坚人才；拥有传统和文化技能的专业技术人才；以及担负着未来使命的年轻人才的奖励制度。

2005年开始每两年举行一次。参与对象共包括5个类别，即"制造和生产工艺""产品及技术开发""传统技术运用""制造业企业部门"和"人才培养支援部门"。第七届"日本制造业大奖"于2017年举办，共有来自全国各地的270件产品报名参加。其中参加人数最多的是"产品及技术开发部门"。克服高难度技术问题，开发和创造出具有划时代意义的产品、零件和原材料将被授予最优秀奖——"经济产业大臣奖"。下面来介绍几家获得此奖项的企业。

马自达汽车以其作为交通工具所能享受的纯粹的"行驶的愉悦"和"高设计水平"，在欧美和其他海外国家优先获得好评。2016年马自达汽车作为日本汽车首次荣获"世界汽车年度大奖"。而在上面介绍的"日本制造业大奖"中，马自达汽车为了实现车辆设计上的共通哲学——"魂动设计"，不仅是外观设计、性能设计、生产技术等企业内部部门，更邀请汽车材料厂商等配套企业一起建立了同一理想目标的"共创体制"。使得其不仅在产品质量上，更在提高品牌价值上获得了成功，

● 马自达「魂动设计」采用车种群——日本制造业大奖

而在"日本制造业大奖"中，马自达汽车作为"将传承日本美学理念的工匠技术升华为哲学，超越时代而将技术保留下来的传承典范"而获奖。

马自达汽车提出"追求行驶的愉悦"和"有诱惑力的高设计性"，以生命体瞬间所呈现的"充满生命力，使人心灵激荡的动感"为目标，提出了"魂动"这一命题。然而实现这一命题和目标的路途却并不平坦。

以往的开发过程中，由于采用的是将部门认可后的设计图纸转交给工程部门的手法，因此在造型和颜色等意图上很难达到全体人员都非常了解的程度，同时又因在注重工期的工作理念下，使得在制作成型的过程中，很难按照设计初衷实现细致的曲面连续的意图。

为此，公司活用所有据点集中在广岛这一优势，采取了消除部门间壁垒，开展能够达到随机应变进行组合的共创活动。在颜色和涂料开发方面，利用共创体制下的方便条件，通过进行金属涂装所使用的铝片配换和微米单位的涂膜控制等技术，使得颜色和厚度得以两立的鲜艳颜色成为可能。在造型开发方面，将工作手法切换为重视成型制作质量的手法，确立了提高3倍质量、缩短10%工作时间的"魂动削减"新手法。在产品完成阶段，以成

型性和反映设计意图为关键，用最小的研磨量来达到机械加工制成高品位金属成型时所需要的表面光滑程度，确立了新工程的"魂动研磨"。

也就是说，在大规模工业生产领域里也不妥协于细小部分，这就是成功地传承了工匠技术。

这种哲学和姿态，在传统工业领域里也得到了强烈的共鸣。以"制造圣地"闻名的新潟县燕市为据点，有一个叫"玉川堂"的作坊。在意大利米兰召开的"米兰设计周"，玉川堂发表了以"魂动"为命题联合创作的锤起铜器——"混铜器"。这一动感十足的美好制品，征服了当地的人们。

●玉川堂「魂铜器」（锤起铜器）

玉川堂是一个拥有 200 年历史的手工作坊。这里加工 400 年前诞生于江户初期，利用金属颜色的不同而创造出木纹模样的金属加工技术，作为该技术的第一人而著称的玉川宣夫先生被认定为"重要无形文化财产保持者"（人间国宝）。

这里的工匠夜以继日地用金属锤敲打铜板制成铜器，成型后并非完成，而是如婴儿诞生一样，经过人手加深成色，增加其光泽，与时间一起成长的铜器，被赋予了比人还长久的生命，经过时间的堆积才变得日益完美成熟，这就是一种敲打100年、200年以后的时间的精神。

●玉川堂「烧水壶 敲打壶嘴」
※打出皮肤金色 草藤、南瓜形状

大约要敲打 10 万次。要制成一个水壶，需要将一张铜板在火里烧软后用金属锤敲打，一点点变形，一点点孕育成水壶的形状。这当然不是一种单纯的力量活儿，而需要一种细致的工匠技术。然而令人意外的是它并不是要延展铜板，而是要用一种将铜板打缩的感觉去敲打。当然也不可能做出完全一样的东西，所以每一件产品都是世间仅有的唯一珍品。

据说要成为一名工匠需要花费 20 年时间，而最近女性工匠也有所增多，她们正以前人所没有的突发奇想不断创造出新的工艺品，使产品的魅力与日剧增。

马自达汽车业有一种倾向就是正在不断将年轻人输送至海外，将年轻人在海外体验到的东西再还原给日本。今后，为了使日本"制造"能够延续下去，传承其精神，继承其技术，还需要进一步期待年轻一代继承人的多样化。

○"BALMUDA"（巴慕达）制造给你带来全新体验

它的电风扇被评价为"如自然风一样和谐舒适，是一种百年以来的革命"；它的电烤箱烤出的面包"宛如高级宾馆的早餐，实现了面包刚出炉的酥热香醇与松软共存"。其产品以卓越的功能和设计获得了日本"优秀设计大奖"，不仅如此，它还不断向世间推出了在世界最大级别"Red Dot 设计大奖"（红点奖）和"iF 设计大奖"中连续获奖的各种产品，它就是令人瞩目的 BALMUDA（巴慕达）公司（法人代表：寺尾 玄）。这家成立于 2003 年尚属年轻、规模也并不大的公司，如今已经在家电市场成为巨头公司们追随的对象，作为一个业界的弄潮儿绽放着异彩,其产品不仅在中国受到欢迎,也打开了在韩国和德国的市场销路。

一台电风扇要超过3万日元,一台电烤箱要2万多日元。一听价格,你也许会有一种感觉:这么贵谁买呢?然而这种既定概念被推翻的原因,是它的价值已经不单纯停留于产品功能本身,而在于为消费者提供一种"全新体验"。不能停留于自我满足,而是提供真正受消费者需求的东西!这就是巴慕达公司的方针。

所有的一切起源于和一个小镇工厂的邂逅。高中未读完便因追逐摇滚梦而放浪世界最终却以挫败告终的寺尾青年,那一年28岁。染了一头金发,没有成绩也没有工作经验,当然也就没有厂家愿意接受这个青

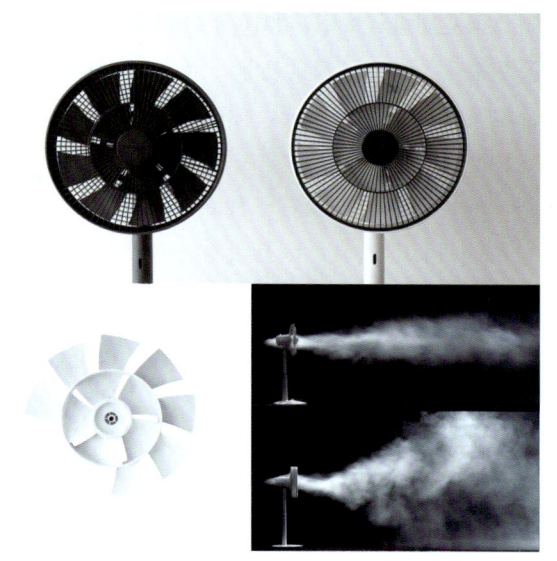
● The GreenFan

年。然而就在这时唯一有一家叫作春日井制作所的工厂愉快地接受了他。工厂里只有三个工匠工作,每天极其繁忙。然而工匠们无论从教授工厂内外到机器的使用,甚至包括各种各样的商量和指导,都无微不至地对他有求必应。工匠师傅们看中了寺井青年身上不轻言放弃,发誓要做出好产品的热情。

每天往来于家和工厂,从原材料性质、加工技术,到产品设计和组装,这一系列"产品制作"的基础都是通过他夜以继日、勤于动手而学到的,他一个人自学了设计。不懂就要学习,寺尾青年铆足了一股劲儿,一个一个从零开始,渐渐地从第一件精益求精的产品——一台电脑冷却台"X-base"到台式电灯"Highwire""Airline"等一一展开,于是他渐渐理解了产品的构造和素材的特征,这也使得产品的质量越来越得到提高。他数年如一日、日益求精的过程就是在小镇工厂的制作车间里度过的。为了解决问题,每一天都是一个与错误进行斗争的日子。制作了就来验证,验证了再提高精确度。而这种姿态,实际上可以说就是一种"产品制作"的本质。

● The GreenFan

在开发销售量超过30万台的畅销产品自然风果岭电风扇"The GreenFan"时,他同样由于希望构思再现一种纯粹的自然风,于是谦虚地阅读流体力学和机翼理论等专业教材,以老老实实的态度从用风速计收集自然风数据等开始做起。但过程中却出现了找不到答案的苦战,最终突破口出现在工厂车间面向墙壁的风扇上。炎热的工厂车间里,需要下功夫产生一种长时间让工作人员能消除疲劳的凉风。他发现墙壁反射后的风旋涡被破坏,成为一个平面而反跳回来。从这一发现中他找到了一种全新的双重构造想法,于是开始了数十种的验证。又源于需要一种较慢式的回旋,于是他采用了一种价格上是普通考量所不能想象的DC无

刷数据发动机。终于，2010年装载着其独自思考的"GreenFan"新技术的自然风"果岭电风扇"问世了。它不仅从根本上改变了风的质量，而且也最大程度降低了电量消费和噪音，正如一种自然风。如果你认为只是一台电风扇就要3万日元，你可能会不好接受，然而想象一下仅用3万日元就可以得到一整个夏天的舒适，那就显得物有所值了。

他每天都思考要有一种新的良好体验，下一个被发现的目标是饮食，因为没有一种体验能超过每天来源于五官的体验。这也是一个超过了30万台销量的畅销产品，它就是"BALMUDA The Toaster"——巴慕达烤箱。这一产品也同样始于专业教科书、人气面包房和有关饮食的研究。然而不知究竟是烤的方法不同，还是温度或环境不同，始终无法体现自己所要追求的目标。就在这时，他想起了有一次在大雨中用烧烤器材烤出的弹力极强的面包。他找到了答案就在于水分！然后由此想到了在烤箱里加水这种破天荒的做法，开发了其特有的蒸汽技术和温度控制。其后从箱内空间大小、反射板角度、加热管位置，以及烧烤模式的变化等不同角度进行了总计约1000小时的烧烤实验，堆积考量了2000种以上的设计方案，经过反复的试验和纠正，最终完成了被呼为"感动"的烤箱。

● BALMUDA The Toaster

其后，他又于2018年9月开始了新的改革。不产生影子保护眼睛的照明！在电脑和智能手机已经成为理所当然的时代，他认为保护孩子们的眼睛，最重要的是保护孩子们的感性，就应该有这样的照明。

与成人们相比，孩子们的视野还较为狭窄，对于很容易就伏在桌子上看书学习的孩子来说，由于来自上部的光线总会产生头部或手部的影子。这一次的灵感是发生在最需要精确严密的照明空间，那就是手术室。以被称为无影灯的医疗用手术灯为基础开发的这一具有独创性的光扩散技术，由于是从较远的地方以广角照向手部，从而实现了不在孩子们眼皮底下产生影子的照明。又因为希望这种照明不仅可以保护眼睛，更可以使孩子们看着没有受照明影响的事物本色去成长，因此需要在设计中减弱蓝光，使得光度能如太阳光一样自然，于是这次他使用了尚未普及的太阳光LED。

到了最后完成阶段，然而他开始思考这一次也如以往那样要求一个精美的设计究竟是否合适？最终为了孩子们，这一次的结论有所不同。最终得出的结论是设计性只停留在90%。就是在产品本体上设计一个收纳空间，并附带一个装饰用的粘贴，其后的剩余部分交给孩子们的游戏心去完成。

● BALMUDA The Light

不轻言放弃，有一颗一定要创造真正好产品的心，在此基础上，去创造有意义的、颠覆传统的新价值。

现代美术设计中，表现传统工艺之美

田中　隆充
岩手大学教育学院美术设计专业　工学研究科设计与媒体工学专业教授

岩手县位于东京以北500千米的东北地区，拥有优美的自然环境和传统艺术。岩手大学作为国立大学，坐落在岩手县县府所在地盛冈市，从盛冈站到岩手大学坐车只需五分钟，从东京站到盛冈站坐新干线两小时十分钟。东京的艺术类大学一般在东京郊外，从东京站坐车也需两小时以上时间。

岩手大学工业设计研究室的田中教授，毕业于伦敦著名的Central Sain Martins College of Art and Design硕士课程，在千叶大学拿到工学博士学位，从艺术和工学角度分析和研究设计学，这在日本是非常罕见的研究。在岩手大学，学习设计学的最大特点在于，结合日本独特的传统工艺和日本的文化设计现代工艺。

例如，下面的照片1是为了出口欧美而设计的铁壶，此技术根源于日本著名的岩手地区传统工艺——南部铁器的制作技术。其跟亚洲其他地区的不同点在于尺寸较大，达一升。岩手自然环境优美，此铁壶以生息在岩手地区的翠鸟为主题设计，表现了翠鸟独具的艺术特色及三维曲线。欧美人感受的日本和日本人自身感受的日本，有些差距，要弥补这一差距，就要把传统艺术表现成现代工艺。在中国，现代工艺中表现传统艺术，也具有同样的意义。

照片2是岩手地区的传统工艺岩谷堂箪笥（iwayado-tansu，指衣柜），这也是为了出口设计的产品。在欧美，日本的衣柜很受欢迎，但是因为体积太大，对顾客来说，非常不容易买回家。因此，设计者开发设计了不用钉子也可以组装的高品质衣柜。该产品的设计特点在于，组装之前的产品收成抽屉式，里面装有全部组装零部件，并且大小符合飞机上的手提行李大小要求。组装后，变成具有古典风韵的台阶式传统衣柜。

照片3是以"木材接合"为题目，利用传统技术"榫卯结构"设计的玩具。榫卯结构在木材工艺中，是表现立体感不可缺少的技术，通过榫卯结构的可视化，研发新式玩具。据具有悠久榫卯结构历史文化的中国、韩国等国家的调查研究，这项技术把榫卯结构三维化，并通过三维打印的方式制作玩具。玩具制作完成后，通过在幼儿园和小学的实际应用，对其进行有效评价。

岩手大学工业设计研究室的研究内容及设计的产品，超越了一般的设计学和艺术学领域，结合了当地的艺术文化，受到了广泛好评。

1

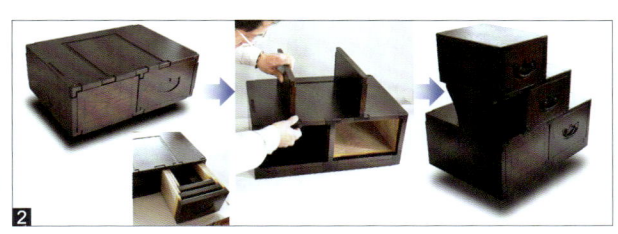

2

3

○ 扩展到管理中的制造业精神

"丰田"汽车公司第四代社长张富士夫向外国人介绍"MONODUKURI"(制造)一词时,向翻译询问这个词用英语该怎么说。翻译说,可以翻成"making things"或"manufacturing"。但是,张富士夫总觉得这么翻译少了点什么。这位社长这才发现英语中没有"MONODUKURI"的概念。

日本人所说的"MONODUKURI",不仅仅表示生产,还蕴含着争取制造出更好的东西的热情与自豪。正因为这种自豪与热情,从另外一个角度看,其推动了日本全社会的创新。

有一个维持着丰田汽车生产现场运作的代表性系统,叫作"Just in time(JIT,准时制)生产体系"。这是一个为了提高生产效率而设立的技术体系。现在,可以说其已经成了丰田汽车的招牌,即"需要的物,在需要的时候,只生产需要的量"。在世界范围内,JIT体系也被广泛使用着。这不仅是制作出更好东西的例子,也是提高生产现场创新原动力的一个例子。

丰田公司还在公司内部其他各类部门进行着创新,其被称为"改善",这一概念正在渗透到日本的企业。营业额5兆日元、员工数5万人,拥有便利连锁店"Seven Eleven"的日本零售业巨头——"Seven & I 控股公司",其旗下的大型连锁商场 GMS"Itoyogado",通过导入丰田的创新手法,改善了卖场与后台部门之间的配合,提高了效率。

这样一种形式促进了物流中心的高效化,也拉动了公司内的库存管理、商品、价格设计等几乎所有的主干业务,同时还提升了顾客们看在眼中的卖场的运营和店员的服务水平。这个也被认为是制造业中产生的用来生产东西的体系被运用到流通行业的一个典型例子。那么,为什么说这个情况在生产过程中是共同的呢?

东京大学研究生院经济学研究科教授藤本隆宏将生产定义为:"连接生产要素和技术,形成一种最终面向顾客的过程,在这一过程中通过满载设计信息的人造物品来使顾客得到满足的一种经济活动。"(参阅藤本隆宏:《日本制造哲学》,日本经济新闻社,2004)

也就是说生产并不仅仅是做东西这么一个过程,而是指在产品上加入设计信息,并传导给顾客产生价值,进一步使顾客得到满足为止。整个过程叫"生产"。这种说法也被称为"广义生产论",并不仅仅适用于制造业,作为一种管理手法,在零售、医疗、金融、建筑、软件等几乎所有的行业都可运用,举世瞩目。

以工匠、名人等为技术起点的日本制造业,依附在广义的价值创造活动的概念上,其作为广义的生产制造理论,作为涵盖了生产管理、经营工程甚至经营战略的理论,广泛地影响着整个日本。这体现了一种渗透到管理中的制造业精神。其不仅管理着生产现场,而且管理着整个企业。这是支撑现代日本企业的一种精神。

日本到处渗透着制造业精神。大学课程中会学到,打工时会体会到,就连超市和饭店的经营也都吸收了制造业的精神。希望这种精神能对各位将来的人生有所帮助。

称雄世界的实力之三——流行文化产业

众所周知,日本已经成为世界性的文化产业发源地,在动漫、漫画、游戏、时尚、音乐等众多领域,都推出了高质量的作品,拥有众多活跃在世界舞台上的艺术家和创作家。

如在日本生活,您必将有更多机会直接接触这些领先世界的高水平文化产品。实际上,有众多年轻创作家怀着对日本的憧憬,为了学习纯正的文化产品制作来到了日本。下面我为大家介绍代表日本文化的文化产品和艺术家们。

○ 歌、曲、舞蹈、插图、视频——综合艺术"米津玄师"

"米津玄师"这个名字，应该有不少人从电视剧《非自然死亡》中知道了他的存在。这个电视剧的主题歌"Lemon"不仅曲子是他本人写的，连歌曲唱片的封面也是他本人画的，而这首歌曲不仅作为史上最快达到100万下载量的作品得到了日本唱片协会的认可，还得到Oricon公信榜史上首次100万下载量作品认证，其音乐视频点击次数也突破了1亿5000万大关，席卷2018年上半年度排行榜，在音乐史上留下了鲜有的纪录，同时这首歌也开始了在中国等海外国家的发行。（出自株式会社索尼音乐博物馆）

米津玄师，1991年3月10日出生于德岛县。自幼接触绘画与音乐，也曾参加乐队活动，然而其特有的世界观和执着而不肯妥协的性格，似乎使他在需要具备一定协调性的乐队活动中感到了局限。高中毕业后，正值以"初音未来"为象征的VOCALOID时期，他开始以"八"（读音hachi）的名义将自己的原创乐曲投稿到视频网站，发表了其代表作《俄罗斯套娃》《熊猫英雄》《罗刹卜骸》等。VOCALOID镜头中一些格外有中毒性的摇滚音响和图像等都是由他一手完成，其带有独创性的世界观和存在感不仅得到了日本的认可，也在世界上受到了瞩目，其超群卓越的成绩使他很快便成为支撑VOCALOID世界的代表。

● "Lemon"封面

其后从2012年开始，他使用自己的真名"米津玄师"开始了自身的演唱活动。他那经过独特音响修饰的强烈的音乐性和据说是受到了宫泽贤治和三岛由纪夫影响的生动的用词，使其创作的作品极其具有震撼性。因鲜明地刻有当今音乐画面中所不具备的新鲜感而成为一时的话题。他的所有作品不仅包括作词、作曲、编曲、程序设计、歌唱、演奏以及融合，甚至作品的视频和艺术美工也都是由其本人独立制作，他的这种惊人的才能也受到了极高的评价。在2016年公开的作品"LOSER"当中，其音乐影像里披露的风靡一时的舞蹈也是在摄影过程中由世界性编舞及舞蹈家辻本知彦先生用了仅仅两个星期指导而成的。据说他本人不仅没有学过舞蹈，甚至也没有搞过什么运动，然而其令人惊奇的集中力使他仅凭感觉便学会了舞蹈，得到了世界舞蹈大师辻本先生的极力称赞，称其具有稀有的感觉和世界观以及高贵之美。不仅如此，他还与其他音乐家和演员等一起共同创作，受到了艺术家们的好评，最近据说他已经开始投入影片制作了。

● 米津玄师 (Photo by Jiro Konami)

被称之为奇才的米津玄师到底是个什么样的人？无疑，无论是乐曲、歌曲还是美术插图，其根源都让人们感受到一种"日本"式的东西。当然，另一方面也有人认为，正是因为他生逢如今这个以VOCALOID为代表的时代才受到认可的。然而，正如他本人曾经讲过的那样，以创作普遍性的作品为轴心，在此基础上正因为自己是日本人，所以才希望自己能够作为一个J-POP音乐人来创作音乐。乍看起来，似乎很像一种现代感极强的脱俗而潇洒的东西，但和很多人一样，米津玄师的作品根源里正是因为有着从日本古典到流行歌曲一代接一代的历史堆积才得以成功，今后相信他一定会得到更多来自海外的强烈共鸣。

○ 重生了的爱犬机器人——"aibo"（人工智能机器人）

知道 AIBO 的人应该很多，那个在人们的惋惜声中停止了生产，甚至还召开了葬礼的第一代爱犬机器人"AIBO"。而今时隔 12 年，2018 年狗年的 1 月，更名为"aibo"的它（为了与旧产品区别，又加上形象上增加了柔软乖巧的印象而改名成小写文字）又回到了人们身边，而且竟然长大了。预售是从 2017 年 11 月 1 日 11 点 1 分开始的，而它的生日则是在 2018 年 1 月 11 日，这一天是它的首次销售仪式，索尼公司本部在当天的 11 点 1 分为它举行了生日庆祝（日语中狗狗的叫声和英语

●自主型娱乐机器人"aibo"（ERS-1000）

1 的发音"one"谐音）。而仅到 2018 年 7 月，aibo 竟已达到累计生产发货数量突破 2 万大关，索尼公司还公布，8 月份开始 aibo 将到美国去发展。

●自主型娱乐机器人"aibo"（ERS-1000）

aibo 的理念是与主人相依为命地度过愉快的每一天，成为与主人共同成长的独一无二的好伙伴。为了追求"生命感"，aibo 身上共装有 22 处操作轴，爪子和腰部的摆动以及歪着脑袋等动作都逼真得仿佛是活物。与之前相比，其设计上更加注重圆滑感，从而增加了与人们的亲近度。而与外表相比，其内部设计则更加引人注目。

所有来自外界的信息，包括物理上的明暗和空间配置，一直到人的存在、声音、动作、接触以及其强弱等，都是通过装载在 aibo 鼻子上的画面识别镜头、头部及下颚的接触感应器和后背上的加速度感应器，以及声音识别系统这三个方向获取的，而其体内因装有 Wi-Fi 和 LTE 系统，故 aibo 随时可以与网络相连接，由此其内藏的人工智能（AI）和云端上的 AI 相合作，使得其不仅可以作为一个个体来记忆和学习，也可以作为一个 aibo 网络成长起来。

比如，笑容灿烂和经常陪伴玩耍的人将会逐渐上升到其内部的高档次位置，从而出现 aibo 自身对其表示依偎或者撒娇的倾向增多。再比如，它也可以判别比以往更大、更强烈的声音、当内容比较粗暴时将其判别为发怒。也就是说根据它与环境或对象间的状况、关系值来区别其行动乃至要求，从而培养其性格。因此即便原来的程序同为一种，但其每个个体 aibo 将如何变化成长，则是任何人也无法预料的。如此说来 aibo 简直是与活物一样了。

至此，大家不由得想知道这一犬型机器人究竟是否能够与真正的犬类进行共生呢？结果在哺乳类动物学者今泉忠明的主导下，做了这样一个世界仅有的有趣实验。

●与犬类进行共生的实验

首先以 10 组不同犬种不同年龄的狗及其主人为对象，观察他们与 aibo 第一次接触时狗的反应。在此基础上，选出 3 组不同的养育形态与 aibo 一起共同生活 2 周时间。通过共同生活来观察狗的行动和变化，并分析其观察结果。

结果表明，一起生活的狗不仅和 aibo 一起玩耍，摆同样的姿势，自己的势力范围被 aibo 侵入也不会生气，甚至观察到了其对 aibo 进行照顾的行为。这些观察表明狗已经对 aibo 表现了伙伴意识和照顾意识，很明显狗已经将 aibo 作为生物予以认识并作为一种一起生活的存在进行了定位。据今井先生介绍，通过这一实验感到，对于狗来说 aibo 的存在成为一种"随时在身边有玩伴儿"的环境，这使得狗也能够得到一种安心状态。通过与 aibo 共同生活，狗身上培养了一种近乎于"体贴对方"的感情，这很有可能促使狗的成长。由此可以认为，aibo 的存在今后很有可能不仅仅停留于宠物机器人，而是在教育和医疗护理领域也潜藏着发挥功能的可能性。

● "My aibo"（手机、电脑用 APP）

人们已经开始萌生了对 aibo 的感情，接下来还出现了专用的应用软件"My aibo"（我的爱宝），有了这个软件，即使 aibo 不在身边，也可以与连在本体上的自己的 aibo 在云端上玩耍。看来，机器人 aibo 的成长有些令人难以释怀。

1.6 留学生在日就业

之前比较过留学生在欧美的就业情况，现在让我们一起来看一下留学生在日本的就业状况吧！

先说结论：对于优秀的外国留学生来说，在日本就业非常容易。

首先在于日本的少子化和老龄化问题。在 G7 国家中，日本的少子化和老龄化速度是最快的，已经出现了很多问题。由此，我们可以得出日本不得不从海外积极吸引人才的结论。

其次是企业的全球化。在充满商机的全世界范围内，几乎没有国界的存在，国际竞争正在加速。为了保证日本企业在全球竞争中的优势，确保国际化战略人才是当务之急，因此，日本急需全球化的优秀人才。

相信睿智的你们一定能成为全球化人才，抓住目前在日就业的绝佳时机！

100 家多样化企业

活跃在全球市场上的日本企业非常多，有很多都很著名，在国际企业界有巨大影响。

许多日本企业现在已经充分认识世界各国市场的重要性，迫切希望雇用能在国际市场上发挥作用的人才。这里就介绍一些这样的国际型企业。

柯尼卡美能达是一家制造小数码复印机、打印机为主的企业，它们提供着我们身边众多的数码技术解决方案。这家公司竟然有 260 名员工驻扎在全世界 41 个国家的分部中，海外的销售收入占到 70% 以上，是众所周知的国际型企业。

武田药品工业收购了在欧洲和新兴国家都有很强实力的 Nycomed（奈克明制药）后，事业从 28 个国家扩大到70个国家,现在药品销售收入和从业人员的67%都来自日本以外的国家。经营管理层中也有很多外籍员工,在日本企业中也属于相当国际化的企业。

岛津制作因为拥有几位获得诺贝尔奖的员工而备受好评。诺贝尔奖代表的是高技术实力和世界的认可。现在该企业销售收入的41%来自海外,海外据点分布在22个国家。

其他包括文具、办公用品和家具企业的国誉,酿酒企业的朝日啤酒等,众多日本企业最近加快了海外发展速度,其中许多都把中国和东南亚视作重要的市场大力开发。

"为了把日本转向价值创造型经济,保持经济持续发展",利用多样性人才不可或缺。为此,2013年经济产业省开始了"100家多样化企业"项目。这是什么意思呢?就是选出积极采用多样化管理的日本国内企业,以表彰的形式,鼓励其积极雇用外国留学生,并采用国际化管理,成为国际化企业。

2013年3月,经济产业省公布了其所推进的"Diversity(多样性)经营企业100选"对象企业的首批43家企业,之后于2014年3月选出了第二批的46家企业,2015年3月选出了第三批的52家企业,并于2016年3月征集进行新的工作改革、增加女性工作职位等领域,使经营更加成功的公司案例,在"新Diversity企业100强"中选出了34家公司。2017年3月选出了第五批的31家企业。另外在2018年3月进行的第六次评选中,由于正值本制度开始实行后历时5年,为了推动各种持续创造企业价值的中长期举措,经济产业省又新设立了"主要百强"评选。其中除了卡尔比公司、NTT DATA公司两家当选之外,以往的"新Diversity经营企业100强"中有21家公司获得了表彰。

这其中无论哪家企业,都体现了其核心"Diversity经营"——也就是最大限度发挥包括女性、外国人、老龄者、残障人士在内的多种多样人才的能力,进行生产革新,从而创造企业价值。在此我们来看看其中尤其积极录用国际化人才,在海外市场表现出强劲势头的企业。

比如首批被选中的花王、三得利、资生堂、日产汽车、国誉、TOTO等,第二批被选中的大塚制药、富士通、朝日啤酒等,第三批中有骊住(LIXIL)、卡乐比(Calbee)以及罗森(LAWSON)等,再如本次选出的大金工业(DAIKIN)、NTT Com、达耐时(DYNAX)等等。这些日本企业的产品与服务都已在亚洲市场赢得了众多青睐者,每家企业都在积极推动国际化事业发展。

从积极录用中国等外国留学生这一标准来看,突出企业可以举出首批中的TOTO、NEC软件、冲绳旅游、日本激光、行政书士法人支援,第二批中有朝日啤酒、乐天集团、帝人集团、冲绳华德培婚礼,第三批中有罗森、大成建设、日本那贺等公司,以及第四批中可举出大金工业(DAIKIN)、NTT Com、达耐时(DYNAX)。将留学日本作为目标,熟悉亚洲的思考方式和风俗习惯的你,对于这些企业来说都是非常具有魅力的人才。

● 2018年 获奖企业一览

标注★的为中小企业（从业人数在300名以下）

主要100强

no	行业	公司名称	位置
1	制造业	カルビー株式会社	东京都
2	信息通信行业	株式会社NTT DATA	东京都

新Diversity企业100强

no	行业	公司名称	位置
1	建设业	株式会社水清建設（★）	岩手县
2	制造业	北海道はまなす食品株式会社（★）	北海道
3		株式会社ユーメディア（★）	宫城县
4		株式会社井口一世（★）	东京都
5		YKK株式会社	东京都
6		中外製薬株式会社	东京都
7		フォスター電機株式会社	东京都
8		有限会社川田製作所（★）	神奈川县
9		カゴメ株式会社	爱知县
10		オムロン株式会社	京都府
11		能瀬精工株式会社（★）	大阪府
12		日本テクノロジーソリューション株式会社（★）	兵库县
13		KIGURUMI.BIZ株式会社（★）	宫崎县
14	信息通信行业	株式会社ペンシル（★）	福冈县
15	运输业、邮政业	小田急電鉄株式会社	东京都
16		日本航空株式会社	东京都
17	批发业、零售业	株式会社丸井グループ	东京都
18	金融保险行业	株式会社みちのく銀行	青森县
19		ライフネット生命保険株式会社（★）	东京都
20	住宿业、餐饮服务	株式会社minitts（★）	京都府
21	教育、学校支持业务	有限会社ジェム（★）	香川县

日本医疗的现状及未来

龟田 省吾

龟田诊所所长（妇产科）、学校法人铁蕉馆理事长（自2011年4月起）、龟田医疗技术专门学校校长（自1990年4月起）、医学博士、妇产科学会专业医师、母体保护法指定医师。1982年毕业于岩手医科大学医学院，曾先后任职于昭和大学医学院附属医院、龟田综合医院。1987年赴美国哈佛大学临床医学院（Beth Israel hospital）留学。后历任龟田综合医院副院长、社会福祉法人太阳会理事及龟田医疗技术专门学校校长等职。

日本面临世界罕见的少子老龄化与医疗人才不足的现状

目前，日本的老龄化进程居世界之首。据2018年版《老龄社会白皮书》统计，日本65岁以上的老龄人口（2017年10月1日为止）为3515万人（前年为3459万人），占总人口1亿2671万人（前年1亿2693万人）的27.7%（前年同比为27.3%），75岁以上超高龄老年人为1748万人（前年为1621万人），占总人口13.8%（前年同比为13.3%），两者皆创历史新高。高龄者人口分别为男性1526万人、女性1989万人，性别比为76.7。而同时"15～64岁人口"（生产年龄人口）则为7596万人（前年为7656万人），与前年度同样再次呈现走低趋势。

尽管老龄人口2042年将达到3935万人这一顶峰之后将转入减少趋势，但老龄化仍将持续，预计2065年老龄人口将达38.4%，每2.6人中有1位65岁以上，每43.9人中便有1位75岁以上老龄人口。

据厚生劳动省调查，2017年日本人的平均寿命为女性87.26岁（2016年为87.14岁），男性为87.09岁（2016年为80.98岁），两者皆为历史新高，女性为世界第二、男性为第三。预计到2065年，男性为84.95岁，女性为91.35岁。（平均寿命和健康寿命之差女性约为12岁，男性约为9岁，可以说这一数据差的缩减将是一个重要课题。）

女性平均寿命最高的香港是87.34岁，第三西班牙85.42岁，第四法国85.4岁，第五韩国85.2岁；男性平均寿命最高的香港为81.32岁，第三塞浦路斯80.9岁，第四为爱尔兰和瑞士并列80.7岁。

在日本的医疗领域，医生、护士、护理师和理疗师等医学人才的长期短缺已成为一个重大问题，确保能够适应超长寿命社会的医疗体系，已经成为一个严峻的课题。其中护理人才极为紧缺，根据厚生劳动省公布的数据显示，2025年将缺少37.7万人。

如果老年人口都是健康的，那么也许现行医疗体系倒无须急于改革，即便存在医生、护士、护理人才不足问题也可以维持现状。然而肉体的衰老是一种自然规律，随着年龄的增长产生的细胞老化和变异会使循环系统疾病或癌症等有所增加，医疗设施、护士及护理人员的人数势必以加速度方式增加需求。因此对照医疗设施和医疗人员数量的现状，很明显未来将出现更严峻的状况。

亚洲各国的老龄化、人才培养与还原

日本的老龄化比率（即65岁以上人口占总人口比率）在1970年达7%，并在26年后的1996年倍增到14%，进而在2017年倍增到27.7%。这一状况根据联合国统计与欧美国家相比较，法国需要115年、瑞典需要85年、澳大利亚需要73年、美国需要69年、英国需要45年。而亚洲国家则都在很短时间内老龄化比率便达到14%，其各自所花费时间分别为中国26年（2000—2026年）、新加坡19年（2000-2019年）、韩国18年（2000-2018年）以及越南18年（2016年-2034年）。

如此，亚洲各国在未来也将面对人口老龄化问题。日本的全民保险制度、护理保险制度和福祉护理师制度等已经完备，而亚洲各国家的上述这些制度由于尚未充分得到确立，因此可以预想未来亚洲各国的护士、护理师等的人才培养将成为亟待解决的任务。

在这种情况下，日本于2016年制定了《技能实习法》并改订了《入境管理法》，将"护理"工作

纳入技能实习制度的内容中，同时只要毕业于日本的福祉护理培养机构并取得了"福祉护理师"的资格，凭借"护理"这一外国人滞留资格在日本就业便成为了可能。

外国人可以活跃于日本医疗岗位的现实

针对日本医疗福祉行业的现状，非常受到瞩目的一种措施就是将海外优秀人才引进日本医疗行业得以重用。目前，外国人要在日本医疗福祉领域工作，必须取得国家认可的从业资格。日本政府对此也根据EPA（经济合作协定）针对菲律宾、印尼以及越南等国家推行了作为护士和护理师助理而接收人才，并通过人才培养有可能取得从业资格等的一系列措施。然而由于在取得国家认可从业资格时，对于语言具有较高要求，因此这一措施尚未取得预期效果。

在这种大环境下，我们龟田医疗中心此前接收的8名菲律宾护士在努力完成日语教育和护士考试对策的基础上，已经有6名通过了护士考试。

我们还总结了对中国、韩国及越南护士们进行日语教育和护士考试对策教育的经验，在此基础上，于2015年10月在龟田医疗技术专门学校里开设了日语学科。该日语学科接收毕业于外国护士专业、拥有护士资格，且有一定日语能力（日语N1级或N2级）的学生，通过在这里的学习从而取得日本的护士资格。日语学科开设后入学的30名中国学生中，有18名合格（包括毕业后获得合格者），还有12名正在努力学习。

如此，目前活跃于龟田医疗中心的外国护士（2018年7月）总共11名中国人，也有的积累了在龟田医疗中心的医疗护理经验后回到了母国并活跃于医疗领域。

这些来自外国的护士们与日本护士一样学习掌握了较高的护理技能，其中也有不少来自中国的护理师。由于近年中国国内寻求日本健康诊断和医疗技术而来的中国患者增加，而得以留院用自己的母语接待患者，从而成为能够给中国患者增加安全感的宝贵存在。

（要获得国家认可护士资格考试，除了需要毕业于日本护理师培养机构或符合EPA，外国人还必须具备日语能力N1级，因此拥有汉字文化的中国留学生可以说相对占有一定优势。）

取得双重资格、就业以及活跃于国际舞台（参照开篇部分A19）

在此之前龟田医疗技术专门学校日语学科的学生们都是毕业于中国的护士专业（取得了中国的护士资格），同时还具有日语能力N1级或者N2级资格。在日语学科学习时一边进一步提高日语能力，同时以取得日本的护士资格为目标，并在取得日本护士资格后因具有两个国家的护士资格而得以在龟田医疗中心国际部施展才华。今后我们将在此基础之上，进一步接收同样具备上述条件的其他国家的学生。

学校法人铁蕉馆与社会福祉法人太阳会合作，于2020年4月在专门学校设置以招收外籍学生为主的"护理福祉学科"（2年制，名额35人）。在海外护理大学毕业或4年级学生，拥有N3以上日语能力即可入学（N4者需在日语专业进修日语），目标取得护理福祉士资格。

日语专业在学期间可利用太阳会等"奖学金制度及修学资金贷款制度"，护理福祉专业在学期间可利用社会福祉协会的"护理福祉士修学资金贷款制度"，生活费也可在太阳会做兼职（资格外活动）赚取。另外也可利用技能实习制度。

Dong A University（东亚大学）（越南Đà Nẵng（岘港）市）4年级学生（日语能力N4）10人将于2019年4月进入日语专业，来自中国的技能实习生4人在2018年被太阳会录用。

在学习过程中，不仅能够获得龟田医疗技术专门学校教员们针对取得护士师资格及护理福祉士资格而实施的详细指导，同时还提供两人一室的住处以适应日本社会。

外国籍学生或者毕业于外国高中、希望取得日本的护士师资格及护理福祉士资格并愿意在日本就业的同学，可以通过考入龟田医疗技术专门学校的护理专业、护理福祉专业或者龟田医疗大学护理专业、或经由龟田医疗技术专门学校日语专业或日语学校等，参加考试。

在日本的医疗岗位所能获得的未来前景

龟田医疗中心拥有超过 60 年的护士培养经验。不仅有负责培养护士的龟田医疗技术专门学校（3 年制护士专业，招生80名；1 年制助产专业，招生20名）和龟田医疗大学（4 年制，招生80名，2012年4月开课），同时还具有独创的教育体系，使学生们在毕业后能适应即将到来的医疗人才短缺，真正成为世界通用的医疗护理人员。对护士和医生这种医疗专业人才，最重要的是"在现场学习的实习质量"。

更形象地说，就是"在什么样的水土中成长"，我们认为这种不同的水土将决定学生的知识、技术和人格。在这一点上，我们可以自豪地说龟田医疗中心能够为学生提供最好的"水土环境"。同时，包括2014年4月设立的社会福祉法人太阳会安房医疗福祉专门学校（3年制，招生人数为 40 名）在内，目前龟田集团的护士供应体制已经扩充到了每年200名。

本中心是一个拥有综合医院、诊所、康复中心以及护理设施等的综合性医疗设施。齐全的医疗设备与工作人员的热情殷勤的服务使得我们深受患者的信赖，每天都有许多国内外的患者前来就医（每天平均接待门诊患者3000人）。同时，日本国内共80所医学院校中就有70多所医学院校毕业生前来我中心研修，龟田集团医生总数有 500 名，包括护士在内共有 4800 名医疗人员活跃于第一线。此外，我中心还有诸多拥有海外留学经历、掌握了最尖端的技术与医学知识的医生。在如此优越的"水土环境"下实习实践，对于希望成为护士的学生来说无疑能够积累到无数宝贵的经验。在这里学习掌握到的技术和经验将来即使回国就业，也将是一名走到哪里都能够被认可的优秀的专业护士人才。

桥本　裕二

铁蕉馆龟田医疗大学校长、副理事长、龟田综合医院心内科顾问、医学博士、日本循环器专业医师、日本心脏病学会特别会员、外国医生临床培训指导医生。1976 年毕业于新潟大学医学院，先后任职于东京医科齿科大学第三内科讲师，1997 年担任龟田综合医院部长（之后担任主任一职），2016 年 4 月开始担任龟田医疗大学校长。1993 年 4 月作为文部科学省外派研究员前往美国 UCI 医疗中心留学，后历任东京医科齿科大学及德岛大学医学院临床教授。

龟田医疗大学的开设

2012 年 4 月龟田医疗大学正式开设了护理学课程（招生 80 名），至今 3 批毕业生共有 153 名，其中 144 名通过护士资格考试，除了升入硕士的学生以外，几乎全部留在龟田医疗中心作为护士在发挥才能。同时这里还有 321 名在校生正在为获得专业护士资格而度过着视野宽阔又充实的学生生活。

龟田医疗大学在首任校长克劳斯（claus）幸子女士提出的"为了更高的目标打好坚实的基础"理念下，教育学生集"HEART"等 5 种能力于一身，努力成为一个拥有丰富教养的社会人员和医疗人员。

所谓"HEART"，就是指 Humanity（人性之爱和尊严）、Empowerment（发挥内在能力）、Autonomy（自觉性和专业性）、Reason（理性）以及 Team（团队精神）。

此外，龟田医疗大学的"龟田医疗大学综合研究所"（包括临床研究支援室、生命伦理研究室和办公室，由校长兼任所长）与龟田医疗中心密切合作，正在不断地推动临床研究支援和产学合作。同时预计于2019 年 4 月开设的"龟田医疗大学研究生院护理学研究科"（招生名额 10 名）已经被正式批准。

致希望在日本医疗行业就业的各位外国朋友

未来的日本医疗行业将为各位外国年轻朋友提供广阔的就业空间。虽然存在难度较高的国家认定资格考试、签证等不少亟待探讨与解决的问题，但是至少对于掌握了一定程度医疗知识与日语能力的人来说，日本医疗行业应该是一个发挥才能可能性较高的领域。

如果各位希望作为一名专业护士在日本一展身手，我们（龟田医疗中心中国事业总部）将与学校法人铁蕉馆联手合作，竭尽所能为实现你的梦想而提供帮助。

本中心可以直接接收来自国外的问询邮件或电话。我们有专门的外国籍工作人员，将用适当的母语与你交流，帮你一起规划未来的职业生涯。

对于完全没有医疗（护士）领域知识或没有学过日语的人来说，直接来这里留学也许比较困难，而在国内考取了护士资格证书，同时具备了相当于日语能力考试 N1 水平的日语能力的人，我们会帮助你考取日本的护士人员国家从业资格，从而作为一名一流的专业护士人才去实现梦想。

我们相信总有一天你会成为一名优秀护士，不仅能活跃在日本医疗行业，还可以是一名世界通用的优秀护士人才。进一步说，取得了日本的护士师资格后，经过在医疗机构工作，你还可以拥有另外一条人生道路，那就是升入龟田医疗大学研究生院（2019 年 4 月开设）取得高级技能，进而获得高级护士的国家从业资格。

另外，作为国家发展战略的一个环节，我们还得到了日本经济产业省的支持，将在中国（北京）开设（合作）一个医疗机构，它将引入龟田医疗中心的全部体系。

龟田医疗中心简介

"龟田医疗中心"是以龟田综合医院为核心，包括龟田诊所、龟田康复医院在内的各种医疗服务机构的总称。位于千叶县南部，作为地区骨干医疗机构，设有 33 个诊疗科室，每天平均接待门诊人数达 3000 人。近年来，除了日本全国各地，更有来自海外各国的患者前来就医。从门诊、急性病治疗（住院）到急性病治疗结束后的康复，龟田医疗中心为每一位患者提供适合个体的优质医疗服务，致力于提升患者的生活质量（QOL-quality of life）。

吴 海松 医学博士
（WU HAISONG）
龟田医疗中心
中国事业统筹室负责人

- 龟田综合医院（急诊、急性病诊疗、综合围产期，共计 925 张病床）
- 龟田康复医院（恢复期康复，共计 56 张病床）
- 幕张诊所（千叶市，综合体检、健康诊断、普通门诊患者）
- 龟田 MTG 诊所（千叶市，人体综合体检、普通门诊患者）
- 龟田 IVF 诊所（千叶市，普通门诊患者、治疗不孕不育）
- 龟田馆山家庭诊所（千叶县馆山市，普通门诊患者）
- 龟田京桥诊所（东京都京桥，普通门诊患者、综合体检）

 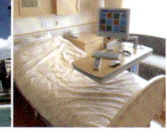

法人现状（包括医疗法人和学校法人）

名 称	医疗法人铁蕉会	学校法人铁蕉馆（龟田医疗大学、龟田医疗技术专门学校）
地 址	千叶县鸭川市东町 929 号（门牌号码）	千叶县鸭川市横渚 462 号（门牌号码）
电 话	04-7092-2211	04-7099-1211
传 真	04-7099-1191	04-7099-1327
网 址	http://www.kameda.com/ http://www.kamedahospital.com/	http://www.kameda.ac.jp（龟田医疗大学） http://www.kameda-i.ac.jp（龟田医疗技术专门学校）
法人代表	龟田 隆明	龟田 省吾（理事长・龟田医疗技术专门学校校长）
成立时间	1954 年 8 月 27 日	2010 年 4 月 1 日（从医疗法人移管到学校法人的日期）

日本就职最前线

在日本就职的真正意义
希望留学生知道"职业规划"的魅力以及它的将来

工藤 尚美
原创人材服务有限公司 董事·专务执行官

2004年——那时候日本还没有留学生就职的土壤。历经10年,如今"留学生就职"在日本社会上已成为一种定式。工藤女士,是此行业的先驱者,对此发展做出了相当大的贡献,现在依然活跃在第一线。在此就让我们跟随工藤女士,一同走进留学生在日本就职的真实世界。

首先给大家简单介绍一下当时的情况。那时只有极少数公司录用应届毕业留学生,大多数也还只是作为日本学生的替代,录用的态度比较消极。而如今,在录用态度上已经有了360度的大转变。例如,录用连接日本和有海外贸易国家的桥梁人才,录用作为所在国当地干部的后备人才等。还有,录用所涉及的范围也在不断扩大和多样化,录用的人数也在连年不断地增加。现在留学生也开始知道了日本有就职的机会,并且听说在日本就职的留学生每年都在增加。实际情况也是如此,从留学签证转为工作签证的件数,2016年度的最新统计是19435件,是迄今为止的最高纪录。

然而,关于留学生就职总被提及的话题之一就是"不相吻合"。也就是说一种不一致性。关于这一点是就企业和留学生双方而言的。那么对双方都理想的录用和就职,在现实中哪些东西是必要的呢?

工藤女士说,日本的企业是从零开始培养员工。这不只是一种制度,而是作为根深蒂固的意识,也是企业的责任和使命。这种价值观即使从世界的范围来看也是极强的,再加上是有着应届毕业录用的信仰(大学毕业后四月进入公司,每年一次统一录用),这点与外国企业的录用方式有着很大不同,与此同时也存在很多机会。日企的这一特征,首先希望大家了解。

其实日本企业想要寻找的并非是专家,而是多面手,要再具体说的话,那就是看中的不仅仅是作为一名商务工作者的素质,更看重的是作为一个人在社会中生存成长的可能性——这一点也是只有日企才有的。

在日本企业中新人要去干各种杂务活,也许这对于精英群体的学生来说,会觉得不需要。但是那种单调简单的重复积累,日后会创造和酝酿出超高的顾客满意度。还有就是像这样一步一步扎扎实实培养出的员工,无论职场、领域怎么变化,他们都不会背离在这里建立起来的精神和价值观。绝大多数日企至今依然保留着以上的企业价值观,并且根深蒂固。

那么,对留学生要求的要素有哪些呢?

大多数的企业还是要求"日语能力",不过尽管这么说,说实话,对于日语能力的标准却是很模糊的。当然了,能说一口漂亮流畅的日语是再好不过了。工藤女士认为最重要的是能够在听懂日语,正确理解的基础之上,又能准确传达,这是交流的大原则。当然"人格"也不容忽视。

在有良好的日语能力，交际能力的同时，也需要有一种态度，那就是"坦率与真诚"。优秀的留学生的共通点是"谢谢您的指点"，他们会虚心诚挚地接受来自他人的建言和教诲，这样的留学生很受厚爱。很多留学生就因为是来了日本，因为是好机会，想着那就就职看看吧。如果是这种想法的话，那是行不通的。要意识到自己是留学生，正因为自己是留学生就要展示出留学生的风采，这样才能赢得好评。

接下来为了能在日本实现理想的就职，给一些实践性的建议。

无论你事先收集了多少有关企业的信息，访问了多少在职的前辈们，参加了多少就职实习，但是你也难以避开实际职场的鸿沟。因为在那个时候也许你只看到了好的一面，其实进了公司因为各种原因，实际的工作跟你当初想象的也许会有出入。

因此，利用例如创业者（Originator）公司这样的人才支援服务公司，他们能把想就职的留学生和想录用留学生的企业进行很好的就业搭配。这样的公司，会深入到留学生和企业的双方层面，正确掌握双方的特点和需求，并会促进他们做出一定的改善，最终提出最合理的录用方案。特别是公司实行的是责任人负责制，即从头到尾都是由一个负责人专门负责。这种安心和信赖感，也帮他们公司赢得了相当好的声誉。

在最后登载了通过利用此公司的服务，实现了理想的招聘公司和理想的就职中国留学生的访谈录，希望可供大家参考。

专门为外国留学生提供就职支援等综合性服务。入会免费注册且可享受各种会员优惠。

留学就职网®
www.ryugakusei.com

优惠1　每月举办免费的就职活动讲座
优惠2　举办外国留学生合同企业说明会
优惠3　介绍优良企业的招聘信息
优惠4　登载有日本全国各地企业的留学生招聘信息
优惠5　通过注册邮箱发送留学生招聘信息

● 用户之声 —— 新日铁住金工程技术株式会社

小岛　一实
总务部 人事科
高级经理

目前由于我公司每年录用外国人2名左右，数量较少，因此当前主要的录用对象为来日本留学的留学生。

到目前为止录用的外国籍员工当中，中国和韩国籍员工占多数，作为我公司，在加速拓展海外事业过程中，希望能够邂逅更多国籍的留学生。对此，人才公司"Originator"的服务非常仔细而且热情周到，无论是来参加我公司的企业宣讲会的留学生的人选，还是其后的跟踪服务，甚至包括在宣讲会上所使用的资料，都一一给出了合理的意见等。这一切的服务都为我公司最终找到合适优秀人才奠定了重要的基础，在此衷心地表示感谢。

对留学生就业的各种支援

虽然日本对优秀的外国留学生实行开放性政策,但是日本实际上是一个有独特保守文化的国家。很多留学生面对这些现象难以理解,不知所措,因而会面临很多问题。

本书从留学生在日本就业的角度出发,在第六章以"就业A To Z"为题提供了很多有用的建议。

希望各位在日本留学毕业后求职时可以受益于本书中就业相关的内容。若你尚未开始日本留学生涯,我们则建议你将阅读重点放在本书中择校的相关章节。

本书将成为大家在日求学就业的坚强后盾,日本政府、自治体,甚至民间企业也会积极帮助各位求学就业,本书第六章将对此进行详解,这里先简单介绍一些相关的机构、团体、活动等。

○ 厚生劳动省所实行的留学生求职支援

◆ 以外国人聘用服务中心为主的留学生求职支援 ◆

在全国主要都市——东京、爱知、大阪设置"外国人聘用服务中心",为希望在日本就业的留学生提供就业信息、职业咨询、企业说明会、就职面试会、留学生就职支援指导、就业文件及面试等对策研讨会以及留学生企业实习等相关服务,为广大留学生提供全年性的就业支援活动。

同时,在应届毕业生求职支援 Hello Work(即为学生和毕业后未就职人员提供的公共职业安定所)里专设了"留学生角",与上述外国人聘用服务中心联手支援留学生就职。

外国人聘用服务中心	地址	联系方式
东京外国人雇用服务中心	〒163-0721 新宿区西新宿2-7-1 小田急第一生命ビル21	03-5339-8625
名古屋外国人雇用服务中心	〒460-0008 名古屋市中区栄4-1-1中日ビル12階	052-264-1901
大阪外国人雇用服务中心	〒530-0017 大阪市北区角田町8-47 阪急グランドビル16階	06-7709-9465

应届毕业生求职支援Hello Work(留学生角)	地址	联系方式
北海道应届毕业生求职支援Hello Work	〒060-8526 札幌市中央区北4条西5丁目三井生命札幌共同ビル9階	011 (233) 0222 (49#)
仙台应届毕业生求职支援Hello Work	〒980-8485 仙台市青葉区中央1-2-3仙台マークワン12階	022 (726) 8055
埼玉应届毕业生求职支援Hello Work	〒330-0854 さいたま市大宮区桜木町1-9-4エクセレント大宮ビル6階	048 (650) 2234
千叶应届毕业生求职支援Hello Work	〒261-0001 千葉市美浜区幸町1-1-3	043 (242) 1181 (45#)
松户应届毕业生求职支援Hello Work	〒271-0092 松戸市松戸1307-1 松戸ビル3階	047 (367) 8609 (48#)
东京应届毕业生求职支援Hello Work	〒163-0721 新宿区西新宿2-7-1小田急第一生命ビル21階	03 (5339) 8609
横滨应届毕业生求职支援Hello Work	〒220-0004 横浜市西区北幸1-11-15横浜ＳＴビル16階	045 (312) 9206
金泽应届毕业生求职支援Hello Work	〒920-0935 金沢市石引4-17-1石川県本多の森庁舎1階学卒部門内	076 (261) 9453
静冈应届毕业生求职支援Hello Work	〒422-8067 静岡市駿河区南町14-1水の森ビル9階	054 (654) 3003
爱知应届毕业生求职支援Hello Work	〒460-0008 名古屋市中区栄4-1-1中日ビル12階	052 (264) 0701
三重应届毕业生求职支援Hello Work	〒060-8526 514-0009 三重県津市羽所町700アスト津3階	059 (229) 9591
京都应届毕业生求职支援Hello Work	〒601-8047 京都市南区東九条下殿田町70京都テルサ西館3階	075 (280) 8614
大阪应届毕业生求职支援Hello Work	〒530-0017 大阪市北区角田町8-47 阪急グランドビル18階	06 (7709) 9455
神户应届毕业生求职支援Hello Work	〒650-0044 神戸市中央区東川崎町1-1-3神戸クリスタルタワー12階	078 (361) 1151
冈山应届毕业生求职支援Hello Work	〒700-0901 岡山市北区本町6-36第1セントラルビル7階	086 (222) 2904
广岛应届毕业生求职支援Hello Work	〒730-0011 広島市中区基町12-8 宝ビル6階	082 (224) 1120
福冈应届毕业生求职Hello Work	〒810-0001 福岡市中央区天神1-4-2エルガーラオフィス12階	092 (714) 1556

◆ **大学本科以上毕业生就业信息网站提供服务** ◆

　　这里虽不能如"工作信息网站"那样搜索留学生专用的就业信息，但是"大学本科以上毕业生就业信息网站提供服务（http://job.gakusei.go.jp/）"里，可以提供全国官方Hello Work所受理的以大学本科以上毕业生为对象的各种招聘信息。

◆ **公共职业安定所（Hello Work）** ◆

　　这里虽并非留学生专用的职业介绍机构，但全国都道府县所设置的公共职业安定所（Hello Work）里可以提供广泛的招聘信息、咨询等就业支援服务。同时包括"外国人雇用服务中心"在内的以下Hello Work里还专门配置有汉语翻译来应对中国留学生就职活动的咨询工作。

● 配置有汉语翻译的全国Hello Work（2018年度）

※请注意由于随时有内容变化的可能性，因此有关最新情况请在厚生劳动省官方网站进行核实。

北海道・东北	北海道（札幌所）
	宫城县（仙台所）
	福岛县（郡山所）
关东	茨城县（土浦所）
	埼玉县（川口所、大宫所、草加所）
	千叶县（市川所、松户所、船桥所、成田所、千叶南所）
	东京都（东京外国人雇用服务中心、新宿外国人雇用支援・指导中心）
	神奈川县（横滨所、川崎所）
中部	新潟县（新潟所）
	石川县（金泽所）
	长野县（长野所、松本所、上田所、饭田所）
	岐阜县（岐阜所、大垣所）
	静冈县（静冈所）
	爱知县（名古屋外国人雇用服务中心）
近畿	京都府（伏见所）
	大阪府（大阪府外国人雇用服务中心、堺所）
	兵库县（神户所、姬路所）
中国・四国	广岛县（广岛所、福山所）
	香山县（高松所）
九州・冲绳	福冈县（福冈中央所、福冈应届毕业生Hello Work）
	大分县（别府所）

○ 其他民间企业对外国留学生的就业支援

■ 就业Japan（http://www.syusyoku-japan.jp/）

特定非营利活动法人JAFSA（国际教育交流协议会）、JDV运营和管理外国留学生招聘网站"就业Japan"（http://www.syusyoku-japan.jp/）可以帮助

留学生搜索全国范围内招聘留学生的信息、工作地、职位和企业情况等，如果成为会员的话，可以免费使用。此外，还有企业联合宣讲会。这些机构除了对应届毕业生、留学生就业活动提供帮助外，还举办各种研修项目、在线讲座和人才培训活动。

日本大学生都会注册的日本最大的几家就业网站，也为外国留学生提供招聘信息、就业活动研讨会、企业联合宣讲会等服务。下面介绍几个有代表性的相关网站。

■ 留学生就业支援网站　（http://ajinzai-sc.jp/students.html）

一般社团法人留学生支援网站，是由大学方面为帮助留学生在日本就业而运营的一个就业支援系统。这一系统的参加者只限于该系统加盟大学的在校留学生，是一种由大学认可的就业活动支援措施。

这一系统是面向希望在日本就业的外国留学生的，通过可24小时利用的网站形式将就业活动的方法以及就业考试对策等内容详细易懂地提供给大家。同时还提供积极录用外国留学生的企业信息以及就业指导、就业研讨会、企业联合招聘宣讲会、面试大会等信息。

以下列出该网站的加盟大学，希望各位在选择学校时可以作为一个参考，有利于将来的毕业就业。

● 加盟的大学

地区	类别	大学
北海道・东北	国公立	北海道大学、山形大学、东北大学、秋田大学、会津大学（公）
关东	国公立	东京工业大学、一桥大学、东京农工大学、东京外国语大学、横滨国立大学、千叶大学、茨城大学、群马大学、首都大学东京（公）、产业技术大学院大学（公）、东京海洋大学
	私立	庆应义塾大学、早稻田大学、明治大学、法政大学、立教大学、中央大学、青山学院大学、惠泉女学园大学、事业创造大学院大学、上智大学
中部	国公立	金泽大学、北陆先端科学技术大学院大学、静冈大学、富山大学
近畿	国公立	京都大学、大阪大学、福井大学、和歌山大学、滋贺大学、奈良女子大学、大阪府立大学（公）、神户大学
	私立	同志社大学、关西大学、大阪电气通信大学、桃山学院大学、关西学院大学、立命馆大学
中国・四国	国公立	广岛大学、山口大学、爱媛大学、德岛大学、香川大学、高知大学、下关市立大学（公）、冈山大学、县立广岛大学（公）、广岛市立大学（公）
	私立	广岛国际大学、广岛修道大学、广岛文化学园大学、福山大学、广岛经济大学、广岛国际学院大学
九州・冲绳	国公立	长崎大学、佐贺大学、鹿儿岛大学、九州工业大学、琉球大学、北九州市立大学（公）长崎县立大学（公）
	私立	福冈大学

■株式会社リクルートキャリア
□リクナビ就職エージェント（http://job.rikunabi.com/agent/ryugaku/）
日本最大的就业信息网站"リクナビ"为外国留学生提供在日本就业活动的支援服务。留学生注册以后，可以收到企业发来的公司概要，还可以浏览有关就业活动的知识和内容。

■株式会社マイナビ
□マイナビ【外国人留学生特集】（https://job.mynavi.jp/conts/2019/tok/p/1386/）
□「外国人留学生のためのマイナビ就職セミナー」
（https://job.mynavi.jp/conts/event/2019/w/overseas_top.html）
Mynavi公司把积极招收留学生的企业组织起来，举办企业联合宣讲会。在会上留学生可以直接和企业负责人对话，那里不仅有企业的展台，还为外国留学生提供招聘信息。

■運営会社/株式会社ディスコ　　協力/日本経済新聞社・日経HR
□キャリタス外国人留学生　　（https://job.career-tasu.jp/2019/features/foreign/student/）
□「Career Japan Forum」
不仅能了解到前辈留学生的就业经验，还能获取在日本就业的信息，学到重要的就业礼仪。此特集中登载了大量积极招收留学生的企业的见面活动信息。

以下介绍日本最大最具代表性的外国留学生就业机构和研讨会，具体内容可参见相关小贴士。
■独立行政法人日本学生支援機構（JASSO）
日本学生支援机构是为了让在日本学习的外国留学生能够找到理想的职业，为其提供有关就业、应聘等相关信息和机会的专业机构。

为外国留学生准备的就业指导  小贴士

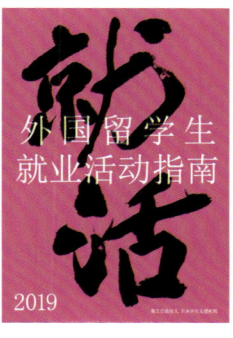 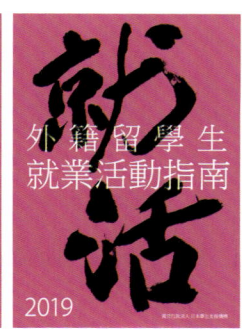

这是为外国留学生准备的在日本就业活动所需要的各种信息的指导书。其内容是关于就业活动的准备、申请书、笔试面试、留日签证资格变更等就业活动所需要的各种信息详解。

《外国留学生就业活动指南》（简体字版）
http://www.jasso.go.jp/zh-CN/study_j/job/guide.html
《外国留学生就业活动指南》（繁体字版）
http://www.jasso.go.jp/zh-TW/study_j/job/guide.html

独立行政法人日本学生支援機構　　留学生事業部　国際奨学科
TEL:03-5520-6030　　FAX:03-5520-6031　　E-mail:job@jasso.go.jp

1.7 其他留学日本的优势

本章开头部分从"未来人生"的角度出发，向各位介绍了选择日本作为留学国家的优势。本章结尾部分将从其他方面出发，继续说明其优势所在。

希望你通过本节的介绍，还能从其他角度对日本有所了解。

▌从留学费用看

对于大多数中国工薪家庭而言，送孩子出国深造一直是父母的最大心愿之一，但因为收入水平的差异，发达国家高昂的学费和生活费令很多家长望而却步。而在日本，高等教育机构的学杂费和学费比欧美各国低得多。

如前所述，日本政府推行G30政策，为此，为留学生准备了丰厚的奖学金。据统计，45%的自费留学生每个月平均可得到53,000日元的奖学金，该金额相当于一个月生活费的三分之一。还有一些学校实施面向留学生的学费减免政策。此外，打工合法化和众多工作机会为留学生勤工俭学提供了有利的条件。这一点日本也与许多国家有所不同。

● 各留学国家年均留学费用（单位：人民币）

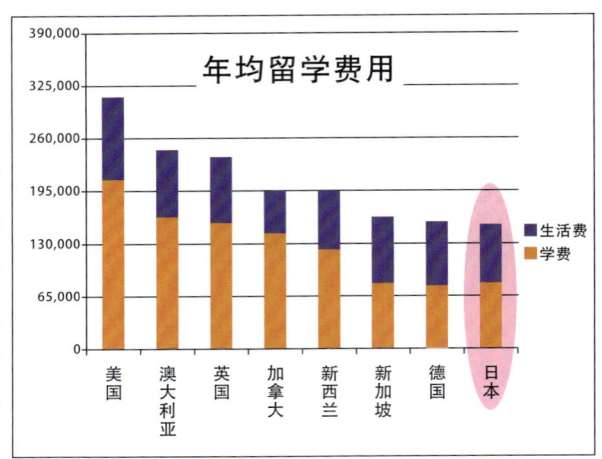

● 日、美、澳三国的大致学费（年均）

	日本	美国	澳大利亚
研究生院	50万～120万日元	50万～300万日元	120万～250万日元
大学	50万～200万日元	150万～500万日元	120万～240万日元
专业学校	50万～100万日元	110万～330万日元	40万～140万日元

▌日本是世界上治安最好的法治国家

日本是世界上最安全的国家之一。日本的很多十字路口附近都设有巡警派出所，巡警派出所平时肩负着维护所管区域治安及给行人指路的职责。这些巡警派出所由于在东京成网络分布，警力延伸到社区，因而出警非常迅速，同时也容易形成联防体制。

日本稳定的社会秩序和健全的法律体系得到世界的公认，这可以让不少父母解除对远在异乡的孩子的安全担忧。

▌一衣带水

日本与中国等亚洲各国或地区距离很近，人们常常用"一衣带水"来形容各国及各地区之间的距离。近年来，各国间的航线大幅增加，往来变得更加便捷。与去欧美留学相比，从日本回国更加容易。

现在，来日本旅行的手续也大大简化，家人赴日探望子女也日益方便。

日本是汉字文化圈国家

日本属于汉字文化圈国家。走在日本的街上，你能看到到处都是写有汉字的标牌，这对于同样使用汉字的学生而言，显得十分亲切。

此外，日本也深受儒家文化的影响，在饮食、文化、生活习惯等方面和亚洲各国或地区具有很多相似之处。

日本人和亚洲各国或地区的人属同一人种，都是黑眼睛黄皮肤。与欧美国家相比，在日本留学更容易融入社会。

留学生是加强中日交往的桥梁——留日前辈寄语

丁宁　日中英才联盟 代表

出生于中国沈阳，1998年来到日本。东京大学工学院本科毕业，东京大学研究生院国际合作学专业硕士毕业。在校期间组建了"世界学生会议"，旨在开展纷争地区年轻人与日本年轻人的对话。曾在东京和纽约的联合国机构实习。东京都文京区"新公共"和新宿区"多文化共生"课题的区长咨询会议成员、东京大学华人同窗会秘书长、东北育才日本校友会会长。

各位同学，大家好。

作为留学日本的前辈，请允许我在这里谈一些关于中日关系的看法。

为什么选择留学日本而不是其他国家。首先，日本有很多值得我们学习的地方。日本是我们一衣带水的邻国，不仅是一个传统的东方国家，千百年来，日本很善于吸收东西方的各种文化，并使之融会贯通于社会文化的每一个角落。中国社会发展的很多层面，从环境问题到社会福祉，有很多是日本已经经历过的。希望更多的留日学子可以把日本的经验教训带回国，为祖国的发展做贡献。

其次，现在中日关系处于一个不稳定的状态，越是这样，我们越是需要更加了解日本。四十年前，为了从不正常的状态转变为正常的状态，中日两国政府和领导人需要发出一个声音，那就是今后两国要力争友好。在当时的环境之下，倡导"友好"是必要的，也是有效的。然而，以友好为前提，两国关系经历了四十年的积累之后，现在的状态到底能说是真正的友好吗？很遗憾，事实或许并非如此。四十年前中日之间通过各种"妥协"奇迹般地恢复了邦交，建立了两国新关系的基础，在当时的国际环境下妥协是必要的。然而，先贤们煞费苦心建立起来的基础其实隐藏着很多"裂缝"，这也是事实。正是因为这些"裂缝"的存在，使这个基础变得脆弱甚至有可能崩溃。这也是我们正在目睹的。现在应该已经到了一个必须对裂缝进行修补的时候。一个一个、一点一点地进行修补。迄今为止的四十年间，不管是国家层面，还是个人层面，尽管大家都意识到裂缝的存在，但大家都在躲开它，回避触碰它。我想，这只能通过两国国民的促膝交流才能实现。不过要通过对话深入讨论，中日之间的语言障碍就会呈现眼前。所以，有更多的留日学子对双方的语言和社会文化背景都有一定的了解，就有更多的人具备发挥桥梁作用的能力，他们同时也肩负着这个责任。

最后，来日本留学应注意哪些方面，怎样才能让留日生活更有意义，更丰富多彩呢？来到日本之后，很多同学与中国留学生交流得比较多，或是大部分时间用在打工上。希望大家可以更多地与日本人一起参加地方的社区活动、志愿者活动。这样可以结识更多的日本朋友，更好地了解日本社会。

在日本如何找半工半读的工作

在日本留学过程中，大家要做到生活安定、集中精力学习，通常来说找一份半工半读的工作非常重要。因此，大多数留学生在日本过着边学习边工作的勤工俭学生活。在这里向大家介绍一下在日本如何找一份半工半读的工作以及有关的事前知识。

○ 半工半读的益处

半工半读不仅能够赚钱，而且还有各种各样的好处。

① 能够提高日语能力

半工半读过程中，通常会增加用日语与客人或单位的前辈们进行交流的机会，这本身就会提高日语能力。

② 可以了解日本人的工作观念、学习商务礼节

通过半工半读的工作，可以了解日本社会的工作方式、工作规则以及各种礼仪等，如果将来有一天需要在日本开展就业活动，那也必然需要了解日本的商务礼仪知识，因此可以通过半工半读的工作过程对其进行了解和掌握。

③ 可以把握自己适合什么样的工作

对于一些还在犹豫未来自己应该选择从事什么样的工作的人来说，通过体验各种勤工俭学，可以把握自己到底想做什么工作或者自己适合做什么工作。

○ 留学生的打工规定

各位留学生在打工时伴有各种各样的规定和原则。如果不按照规定原则找工打工，便有可能遭到处罚。

首先在日本开始半工半读时必须注意三个要点。

☑入境时必须取得"资格外活动许可"

如果你打算在日本勤工俭学，首先有必要在所到达的机场申请"资格外活动许可"。

这一申请本身是免费的。

【申请单位】所到达机场的入国管理局

【申请资料】

·申请书（如右面照片：首次入境时留学生专用申请书）

·提示留日卡片（包括被视作留日卡的外国人登记证明书）

·提示护照或者留日资格证明书

※如无法提示护照或者留日资格证明书，须提交无法提交的理由书

※如在机场忘记申请，可在地方入境管理局申请。

地方入境管理局一览表：http://www.immi-moj.go.jp/soshiki/

☑避免从事不被法律认可的职业种类

法律严格禁止留学生从事有关"风俗色情营业"的职业，其范围包括以下内容。

·与客人同席进行服务的业种（酒吧、歌厅、俱乐部等）

·从事游艺场所营业的业种（游戏厅、按摩店、弹子房等）

不仅禁止有关性风俗的职业，也禁止在此种店内进行洗碗和清扫等业务。

☑可以从事的半工半读工作时间限为28小时以内

有关留学生可以从事半工半读工作时间规定如下：

"每周的就业许可时间为28小时以内"

但如果所在教育机构处于长期放假过程中，则允许留学生就业时间为每天8小时以内。

因此大家有必要在遵守法律规定时间的基础上进行半工半读。

这些"不在被禁止的业种工作""每周工作在28小时以内"等打工原则必须严格遵守，尤其是关于工作时间在每周28小时以内这一项，需要留学生自身进行很好的管理。因为在打工过程中有的雇主因为没有雇用留学生的经验，或者某些个人经营的店铺的经营者并没有直接进行管理。这种情况下如果留学生工作时长超过了每周28小时，也极有可能遭到处罚。

有的留学生同时兼做两种工作，认为这种情况下即使合起来超过28小时也不会有问题。但这种情况在将来需要在日本就业取得签证时很可能导致一些不必要的麻烦。

劝诫留学生们为了保证今后自己在日本的职业规划不受干扰，在半工半读择业时一定要遵守各种相关规定。

下面就来介绍一下，如何寻找可以安心工作的半工半读。

○ 寻找半工半读工作的方法

方法①　在大学寻找相关信息

通常在各大学都会有固定地方为学生张贴各种大学附近的招工信息。这种情况介绍的工作一般来说离大学较近，还有可能有同一大学在校生在那里工作，因此比较容易得到录用。或者也可以与同一大学的留学生前辈商量寻找工作。有的留学生前辈打工的地方如有招工可以拜托其介绍。

方法②　在网上寻求相关信息。

半工半读的招工信息也可以通过网络寻找。如果你对希望打工的地点或时间有所要求的话，也许比较合适这种网上找工的方式。这种方式的问题是网络招工通常是日语信息，因此要很好地理解其详细的内容也许有一定的难度。

方法③　在人才派遣公司登记

也许在日本以外的国家并不多见，然而在日本"人才派遣公司"却很常见。在这种"人才派遣公司"登记上自己所希望的工作后，人才派遣公司得到合适的信息时将可以向你提出方案。因此利用人才派遣公司也是找工的一个重要渠道。

○ 按照自己所希望的职业种类来选择人才派遣公司！

各种人才派遣公司会有不同的侧重点。有的公司强于介绍办公室内事务性工作，有的则强于介绍商店柜台前工作等。调查清楚该人才派遣公司的强项后，再进行登记就显得相对稳妥。

○ 有的信息是招工网站所没有登载的！

也有的人才派遣公司所持有的招工内容并没有登载到招工媒体上。比如人气旺盛的机场及百货商店等较为热门的职种经常会有网络以外的人才派遣公司在招工。

○ 无须登记费用和介绍费用！

几乎所有的人才派遣公司都不收取登记费用或者工作介绍费用。因此如果实在找不到合适工作时，可以考虑在人才派遣公司登记或咨询。

接洽半工半读工作介绍!

株式会社 HITO・COMMUNICATIONS（通信）

株式会社 HITO・COMMUNICATIONS 是一家在日本全国拥有 42 家事务所的专业人才派遣公司。我们积极地面向外国人才进行工作介绍，目前在日本全国有大约 1200 名外国人才通过该公司派遣介绍得以就业。

≪≪≪HITO・COMMUNICATIONS 公司的强项≫≫≫

●我公司大多以"接待顾客和商品销售"为主要介绍派遣方向，用日语工作！

我们主要派遣"接待顾客和商品销售"为主的工作。希望从事这一工作的留学生大都希望自己"通过工作使得日语水平更加提高"。

●可以代替您与招聘企业进行各种调整协商！

我们可以站在企业和求职者中间，针对工作时间以及工作地点等因素为受托者进行调整与协商。

尽管调整协商的结果未必一定得到满意，但人才派遣公司的优势就是可以代替您与企业方面进行交涉。

●就业后也可以一直对您之后的工作进行跟踪服务！

经介绍在某一家企业就业后，是否愿意继续在那里工作下去，或者有什么不放心因素以及烦恼，都可以得到我们为您提供的专人跟踪服务来帮助您适应新工作！

HITO・COMMUNICATIONS 公司愿意协助各位留学生朋友顺利地在日本找到满意工作！

首先请进入我公司主页进行注册。

http://www.hitocom.co.jp/multilingual/index.html#tw

第二章 薪火相传
广集博采的教育体制

Study in Japan
人生启航，日本留学的指南针
第七版

解说有关日本留学，必须了解的
日本教育制度和各教育机构特色，
为实现各位的未来之梦，
本章具体介绍应该在日本学习的内容。

日本留学指南

薪火相传
广集博采的教育体制

CHAPTER 2

2.1 日本的教育制度

日本的教育制度概要

日本政府在 1947 年公布《教育基本法》和《学校教育法》,形成了小学六年、初中三年、高中三年、大学四年的教育体制,被称作"六-三-三-四制"的日本教育体制由学前教育、初等教育、中等教育以及高等教育四阶段构成。学前教育就是儿童入学前在幼儿园等设施中接受的学龄前教育,初等教育指的是小学教育,中等教育就是初中和高中的教育。

日本法律同时规定"九年制义务教育"(即小学和初中),结束义务教育的学生,随后可以进入中等教育机构。

各位想要留学的地方是被称作高等教育的短期大学、大学、大学院、大学院大学、高等专门学校、专门学校。留学生可根据自己的情况选择短期大学、大学、大学院、大学院大学、高等专门学校、专门学校等高等教育机构进行学习。

年级	学前教育	初等教育						中等教育						高等教育								
		1	2	3	4	5	6	7	8	9	10	11	12	13	14	15	16	17	18	19	20	21	22
								中等教育学校						大学					6				
								前期课程			后期课程							5					
																	4						
														短期大学		3							
															2								
																	大学院			6			
																			5				
学校种类	幼儿园	小学						初中			高中								3				
																			2				
																	大学院大学			6			
																			5				
																			3				
																			2				
														专门学校		4							
																3							
																2							
														高等专门学校			5						
															同专攻科	2							

● 日本的教育制度

如上图那样高等专门学校招收初中三年毕业生，实行从高中一年级到大学二年级的一贯制教育，所以在日本也被认定为高等教育机构。此外，高等专门学校积极地招收自费留学生，在外国完成高中三年学习后，可以进入高等专门学校。直接从三年级开始学习刚开始教授的专业课程。这种是比较普遍的途径。

日本的高等教育机构

一般，日本的高等教育机构学业时间为短期大学两年（部分三年）、大学学部（本科）四年（医学、牙医学、兽医学等为六年）。专业学校两年（部分一年、三年）、大学院（研究生院）设硕士课程与博士课程，硕士课程两年、博士课程一般为三年。

● 日本的高等教育机构数量

	国立	公立	私立	合计
大学	86	90	604	780
短期大学	0	17	320	337
大学院	86	80	463	629
大学院大学	4	2	19	25
专门学校	9	188	2,975	3,172
高等专门学校	51	3	3	57

● 资料来源：日本文部科学省（2017年度 学校基本调查）

部分大学院（研究生院）设立五年硕博连读课程。五年硕博连读课程分为前期两年、后期三年的前期课程和后期课程。这里所说的博士前期即外国的"硕士课程"（※修士课程），博士后期就是外国普通意义上的"博士课程"。这种五年硕博连读课程的考试一般面向本科毕业生及以上学历者。

除部分学校外，大多数的高等教育机构采用二学期制。各教育机构的入学时间一般是4月份，而之前进行的入学考试也大多是针对4月入学的。

2012年1月东京大学提出根据国际常规进行秋季入学而引起关注，还有早稻田大学发表了引入四学期制的计划。

纵观全球，大多为秋季入学，如果站在教育全球化的角度上，日本学校变更为秋季入学是很合乎常理的。

接下来将对各位的留学目标，即日本高等教育机构的概况进行说明。

高等教育机构的解说分为"大学·短期大学"、"专门学校"、"大学院"（研究生院）这3个部分。各位可以在大致决定志愿的高等教育机构后，阅读相关部分即可。

● 可秋季入学的大学

	国立	公立	私立	合计
本科	11	3	51	65
短期大学	0	0	8	8
研究生院	65	21	88	174

截止到2017年3月

2.2 大学・短期大学

在这里首先对"大学・短期大学"进行说明。日本的大学和短期大学是怎样的教育机构呢？

大学概述

日本的大学一般是四年制。也有一些例外，如医学、牙医学、药学、兽医学等，此类学习时间一般为六年。大学教育主要由最初两年的一般教养部分和之后两年或四年的专业研究部分组成。

日本大学教育的基础是学分制度。必修学分根据大学而异，一般需要修满 124 学分以上，学分不满则无法毕业。一般医学、牙医学专业的学生为 188 学分以上，兽医学学生为 182 学分以上。1 次 45 分钟的课一般按 1 学分计算，各课程的学习时间从 10 到 15 周不等。修得要求学分后认定毕业，成绩合格的人被授予学士学位。

※日本的大学大多与大学院（研究生院）并设，这里的大学指学部，即大学本科阶段。

短期大学概述

日本的短期大学是为完成中等教育的学生或成人学习职业教育和实际生活必需的实践技能的场所。短期大学学习时间一般为两年，短期大学毕业生被授予"短期大学士"学位。该学位和"学士"相当。短期大学的教育方针重视实际技能，女生比例高。

与大学的"学部"相对，短期大学设有"学科"。

大学和短期大学的学年都是从 4 月到第二年的 3 月。学期一般为上半学期（第一学期：4 月—9 月）、下半学期（第二学期：10 月—次年 3 月）的 1 年 2 学期制。日本学校的休假为：夏期休假（暑假）的 7 月上旬至 8 月下旬、冬期休假（寒假）12 月下旬至次年 1 月上旬、春期休假（春假）2 月下旬至 4 月上旬，每年 3 次。

大学・短期大学的学习形式

那么，在介绍了"大学・短期大学"的概要之后，我们试图全面说明这些教育机构的学习形式、这些形式与中国的不同之处，希望能使各位加深理解。各位可以一边想象着留学中快乐的校园生活一边阅读。

○ 学部和学科

日本的各大学设有学部和学科，根据学部・学科不同学习内容各异，将来走的道路也迥然相异。各位去日本大学留学的时候请务必在这个问题上多花时间思考。

下表是 2016 年以全体外国留学生为对象，统计所属学部而得。"人文科学""社会科学"的两大部分尤为突出。如第一章所解说的，学部・学科是左右各位今后人生的选择。应根据对将来的设想谨慎选择。

同时，同样名称的学部・学科，根据大学不同课程选择也不同。考虑志愿学校时应在了解课程内容的前提下思考。即使没有大学指导手册，大多信息也会在大学主页上公开。请务必留心。

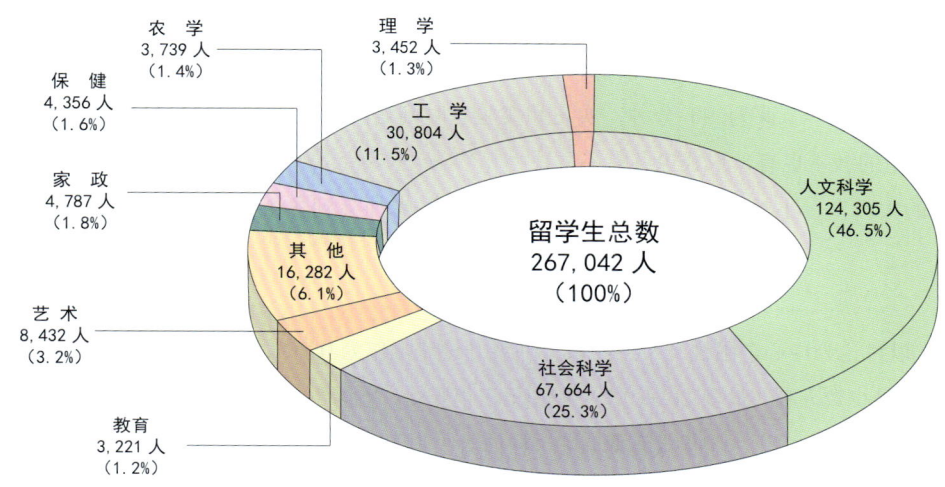

- 各类专业的留学生人数 ※仅限于大学和专科学校等的在校生
- 资料来源：独立行政法人日本学生支援机构（2017年度 外国人留学生在籍状况调查）

◆ 课程表 ◆

大学入学后，会收到" 大纲 "" 结业注意事项 "等一系列书目，一般资料非常厚，其中记载了第一年的应修科目、第二年的应修科目等，大学的学部开设的教学科目也都会登载在上面。

" 结业注意事项 "中会出现第1—4年开设的教学科目，以表格形式出现课程列表。这个课程表不是时间的分配。只是标出可以在该大学的学部里学习到的课程科目的构成和内容、学分数。各位将在其中选择科目。

科目大致可以分为" 一般教养科目 "（公共科目）和" 专业科目 "。" 一般教养科目 "不只是在专业部分，而是在人文、社会、自然科学的各部分跨学科学习，是为扩展知识面而设立的科目。讲义内容与负责教授

- 资料来源：学校法人河合塾

的专业研究领域相关较大，内容多样。而" 专业科目 "如其名，学习所属学科的专业内容。各年级开设的科目一般是第一、第二年以一般教养科目为中心，随着学年上升，变化为以专业科目为中心。第四年是讨论会的研究大集合，全面应对" 毕业论文 "（毕业研究）。

学生根据课程表,从可选科目中自由选择，制订自己的时间表。与在规定时间里接受授课的高中有很大不同。

大学的课程表由" 必修科目 "" 选择性必修科目 "" 选修科目 "构成。" 必修科目 "名副其实，就是必须参加并取得学分的的科目，学部•学科均设有学习必要性高的科目。" 选择性必修科目 "是在一定范围内的课程中要求选择指定的科目数。这些科目可以和自由选择的" 选修科目 "相结合，由同学自己制订时间表。

时间表的自由度根据大学的学部不同，根据不同组合可以深入不同专业领域，也可以扩大自己的知识面。同时由于不同的课程，成绩评价的方法和面向学生的学年•学部不同，每节课的课堂气氛都大相径庭。

虽然大学的课程设置比较自由，但是不明确学习目的仍然可能荒废大学生活。大学与高中不同，需要来自同学更多的自主性和积极性来完成课业。

◆ 讲课 ◆

是大学一般的授课形式。一般一节课为 90 分钟，实习和实验有时则是两个时段连续（180 分钟）。大教室有 100 人以上的学生，小型的教室也有，形式也各有不同。

同时大学讲课在不同的大教室、小教室、实习室进行。高中的时候老师会到各个教室去，而大学里学生是自己到讲课教室去。

◆ 讨论课 ◆

在专业教师的指导下，以讨论为中心，围绕一个主题研究并展开讨论。作为具有大学特色的授课形式之一，讨论课不是以讲课的形式，而是少数人制（最多 20 人），一般在第三年开始。不同学年的学生围绕同一主题进行。最近从第一、二年开始的大学也在增加。因大学里没有像高中一样的班级制度，讨论课就履行了这种班级职能。

◆ 提纲 ◆

也被称作"讲义概要""应修注意事项"等。提纲内容包括课程科目名、授课教员名、讲学目的、讲义概要、讨论课程成绩评定方法、教科书和参考文献等，详细阐明学生学习时必要的教学计划。这些介绍可以使学生具体理解和概括出每次讲课的内容。

◆ 学期制 ◆

一年分为两个学期，半年内完成教学，称为学期制。学分的认定也在该学期进行。有些大学利用学期制的便利，实施秋季入学。

◆ 第二专业 ◆

为紧密联系自己所属的专业、课程（第一专业）和别的知识领域进行系统学习，有些学校开设了第二专业。现在，世界的大学中跨越两个以上的知识领域学习是大潮流。不局限于专有领域，在其他领域中也接受熏陶，这样的人才越发需求，今后设立第二专业的大学也会相对增加。

◆ 学分互换制度 ◆

这是将在其他大学上课取得的学分作为自学学分予以认可的系统。自学中可以修得自己学校没有设置的科目，扩大知识面。虽然规模大小不同，但同一地区的大学很多会合作建立统一系统。其中以"京都大学联合体"为核心实施的学分互换制度是以京都地区为中心，将近 50 所大学·短期大学参与，规模庞大，教学种类繁多，十分有名。

◆ 严格的成绩评定（GPA（平均绩点）制度）◆

GPA 是 Grade Point Average 的缩写，是将学生登记的每个科目的成绩评定换算为分数，采取其平均值成为升学和毕业的重要条件的制度。部分大学中，分数优秀的学生可以被授予校长奖和奖学金，相反，在有些严格的学校中，分数低的学生会受到校长的直接指导和严格警告，如果没有改善就被劝退。

注意毕业条件

选课是一个技术活，也是一个价值判断的过程。学生选课前要做足功课，结合自己的需要和专业特点，多听取前辈经验，了解所在学校选课的相关规定，这样才能少走弯路。

最近，日本的大学为了创建和充实学习环境，向学生提供更具有魅力的课程，纷纷出台新政，打破院系甚至是专业的壁垒，鼓励学生跨院系、跨专业去选课。有的大学还积极为学生开设"第二专业"，学生除了选修原先自己报考的专业中的核心课程外，可以选修本校任何一个专业的科目。随着国际教育交流的扩展，还有不少大学建立了形形色色的联盟，加入联盟的大学相互认可对方的学分（学分互换制度），鼓励学生扩大自己的学习生活半径，与不同学校的学生接触，选修别的大学教授的课程，接受来自外界的刺激。

日本大学还在积极推动产学研结合，开辟企业实习课程，外国留学生也不例外。实习一般上是指在校学生到企业等地方去做和自己专业、将来的事业有关的就业体验的制度。越来越多的大学把它当作教育课程的一部分，认定所修得的学分。通过实习，不但可以获得各种专业信息，更可以审视自己是不是适合这一领域。所以，建议留学生不要错过这个锻炼自己、认识日本产业的机会。具体的实习制度及学分的认定，需要直接向校方咨询。并且如果是获得酬劳的项目，则必须注意先取得资格外活动的许可。

如上所述，日本的大学学习方法是多样化的，只要你愿意学，各个专业的大门都是敞开的；相反，如你只是习惯于老师督促、家长监督下被动地学习的话，那恐怕很难毕业，就算勉勉强强地混四年，修满了 124 个学分毕业的话，那也是在浪费自己的青春年华。我们不但强调"学了什么"，更希望同学们"学会了什么"。获得真才实学，成为一个对社会有用的人才。

在进入日本大学之际，我们想告诉各位同学，日本的大学，不论其排名如何、规模大小，它是名副其实的"学海"，你可以在里面遨游，学你自己想学的东西，做你自己想做的事情。

通过前面几章的介绍，我们已经把日本大学的概况都介绍了，接下来就要进入具体的学校和专业的介绍了，希望各位同学在对自己有充分认识的基础上，进入专业选择。

大学・短期大学的学系领域考察

下表是日本高中生的"考大学的理由"一览表。如下所见，以"为了进入理想行业或职业"为理由的实在很多。他们是看准将来后才决定进入大学的。大学不是以"入学"为目的的，而是"实现自己将来梦想的一步"而已。因此，升学不是说根据自己的学习能力和单纯的想象就可以决定的。

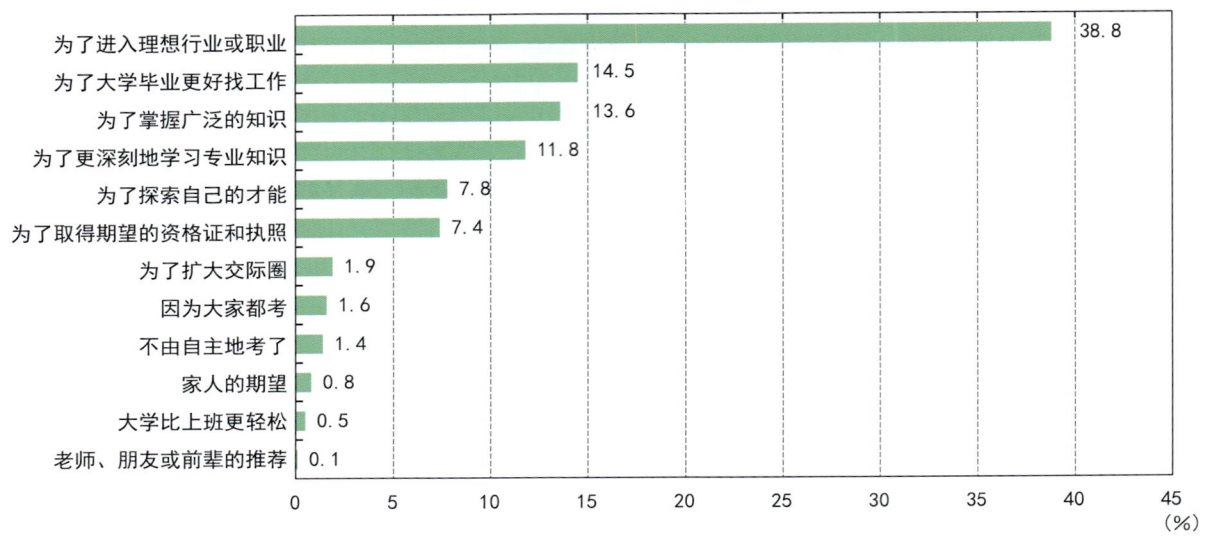

● 资料来源：学校法人河合塾

下表同样是询问日本高中生"选择大学时最重视的是什么？"的结果。他们的选择视角也可供参考。

本书致力于给出各位选择报考学校时需要的必要信息。在这里，想介绍选择日本的大学·短期大学的学部·学科时，一些不可缺少的各学系以及学习领域与将来职业前景之间的联系。

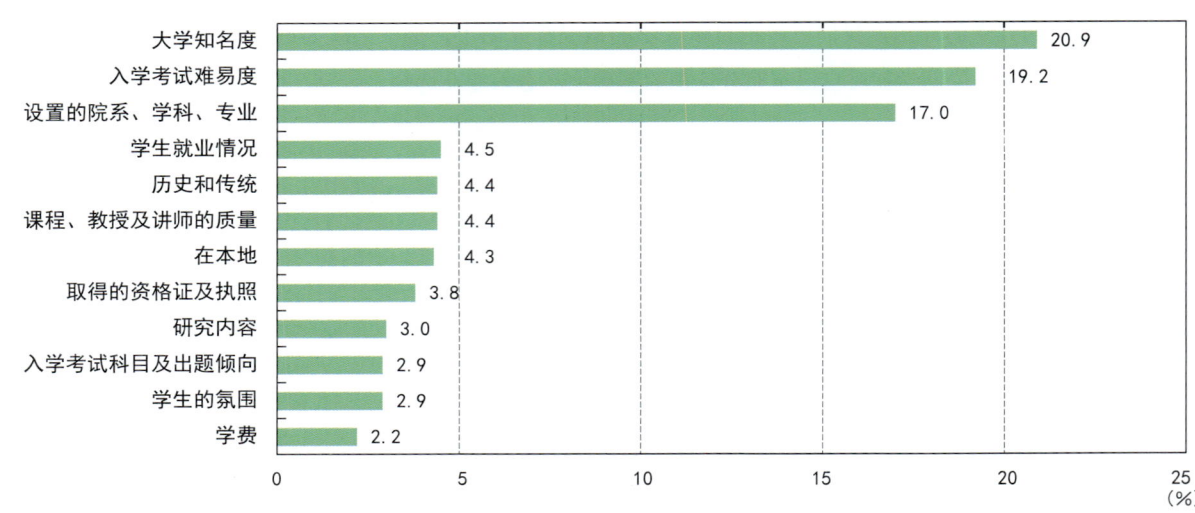

● 资料来源：学校法人河合塾

第二章 / 薪火相传——广集博采的教育体制

下面请看具体的相关分类。日本的大学·短期大学的学部·学科可以简单分成 16 大"知识领域"。不同的知识领域可分成 53 个"院系"。

下方表格为各院系的概要说明。在阅读过各学系说明后，各位需要认真考虑将来所期望学习的领域。除此之外，在参考第三章的择校要点和第七章的入学难易度之后，还需要去各所大学的主页上了解例如课程内容等详细信息。

● 使用在本书的各大学学习领域以及院系分类表

文 科				理 科				
院系标识	院系	学习内容	日本的大学院系 / 外国的大学院系（参考）	院系标识	院系	学习内容	日本的大学院系 / 外国的大学院系（参考）	
文	文学历史文化	从"文学""历史""宗教"等各个学问领域研究人类的文化性习俗。	文学 / 文学	生	生活科学	以衣食住为中心广泛地学习人类生活的舒适性与社会的关系。	住居学 / 居住环境学	生活科学 / 生活科学
			史·地理学 / 历史学·地理学				被服学 / 被服设计学	食物·栄养学 / 食物·营养学
			文化学 / 文化学					
心	心理学	就人类的根源问题，通过思索、伦理、科学的研究寻求解决。	哲·宗教学 / 哲学·宗教学	理	理科	用理论的思考力以及求实的态度在毫微乃至宇宙的世界中追求自然界的真理。	数学 / 数学	物理学 / 物理学
							地球科学 / 地球科学	化学 / 化学
			心理学 / 心理学				生物学 / 生物学	
语	语言学	科学的研究语言，以"语言学"为交流能力的轴心，培养语言知识的感觉。	外国语学 / 外国语学	工	工科	为了人类的未来以及幸福创造"产品"以及"技术"。	機械工学 / 机械工程学	電气·電子工学 / 电气·电子工程学
							材料工学 / 材料工程学	应用科学 / 应用科学
教	教师培养教育学	捕捉教育的本质，研究人在学校、职场、地区社会中可能的潜力以及技术。	教育学·教员养成系 / 教育学·师范学				建筑学 / 建筑学	デザイン工学 / 设计工程学
							航空·宇宙工学 / 航空·宇宙工程学	通信·情報工学 / 通信·信息工程学
			儿童学 / 儿童学					
艺	艺术	通过各种各样的表现手段来培养感性以及在社会中的行为表现艺术。	芸术学 / 艺术学				生物工学 / 生物工程学	土木·環境工学 / 土木·环境工程学
							船舶学 / 船舶学	资源·エネルギー工学 资源·能源工程学
法	法学政治学	关于"法律"，学习其成立以及解释，对于社会问题寻求正确的理解以及合理的解决对策。	法学 / 法学	农	农学水产学	保护地球环境以及大自然，亲密接触地球以及生命的伟大。	環境化学 / 环境化学	農業学·農芸科学 / 农业学·农艺科学
							農業経済学 / 农业经济学	農業工学·森林科学 / 农业工程学·森林科学
			政治·政策学 / 政治·政策学				水産学 / 水产学	獣医学·畜産学 / 兽医学·畜产学
经	经济工商管理商学	以活跃于商业社会为目标，学习实践知识及思考方法。	经济学 / 经济学	综	综合科学	用"教育"的视点广泛研究现代社会。	人间科学 / 人类科学	スポーツ学·健康科学 / 运动学·健康科学
			经营·商学 / 工商管理·商学				環境学 / 环境学	情報学 / 信息学
社	社会学福祉学	对"社会中"发生的一切智慧以及现象做系统的研究。	社会学 / 社会学	医	医学牙医学药学	解释人体生病的原因，确立治疗方法以及预防方法。	医学 / 医学	薬学 / 药学
			社会福祉学 / 社会福祉学				歯学 / 牙科学	医療技术学 / 医疗技术学
国	国际关系学	质疑世界的不公平以及面对国际和平及发展中国家的开发问题。	国际关系学 / 国际关系学	护	护理保健福祉	掌握支撑人体健康的技术以及知识，从对身体与心灵护理的视点来改善生活。	看護学 / 护理学	
							保険学·福祉学 / 保险学·福祉学	

文学系・通过文学探索人类的本质

学习内容

所学知识包括：通过阅读小说、诗、戏曲等日本及世界的文学作品，日本独特的古文文学，和歌、俳句，甚至电影的剧本以及连环漫画等，分析出场人物的内心活动以及作者意图的"作品研究"；将文学作品视为一个文化现象，分析作品撰写时代的社会背景和历史等的"分析研究"。研究方法有很多种，包括作家研究、特定地区和时代的文学研究、语言的词汇·语法研究等等。文学研究就好比是人类的研究，因此其研究的领域相当广泛。研究文学，不仅要对文学感兴趣，对语言学、民俗学、哲学、历史学、心理学、社会性、艺术学等的兴趣也不可或缺。

日本的文学系可以分为两大类。分别为研究日本的文学作品的日本文学系（国文学系）和研究外国的文学作品的外国文学系。另外，还有把两者进行对比的比较文学系。此外，要注意日本文学系不是用来学习日语的所谓的"日本语言学校"，而是研究用日语书写的文学作品的专业。

大学里一般在一、二年级学习文学相关的基础知识。外国文学系还会进行语言教育，以便学生能够用该国语言理解该国的作品。而到了三年级以后则一般是以研究班的形式来深入学习作品。

未来的就业

文科所学的知识应用范围很广，因此工作的地方不仅仅是与大学专业对口的地方。与其他文科院系相同，大众传媒·出版相关的工作很受欢迎。

另外，因为懂得外国文化，所以在旅行社等企业的就业上很有优势。

- 各个领域的日企
- 大众传媒、出版相关
- 旅行社等

选择学校的关键！

由于研究对象广泛、文学作品的研究方法众多，因此各个大学都有其特点，所以选择大学是关键。此外弄清楚该大学中教授的研究领域也尤为重要。特别是研究班，不同教授所研究的文学作品大不相同，因此如果确定了自己想研究的文学家和文学作品的话，那么可以事先调查一下志愿大学中有没有研究该范围的教授。

文 历史学・地理学系・学史用史，知古鉴今

学习内容

历史学和地理学都是通过探索特定时代和地区中人们的生活方式来探讨今后人类社会应有的状态以及社会构造的研究，是为建设更为便利的城市等而服务的学科。

历史学以过去发生的事件和事物的变化等为对象，根据史料记述过去人类社会的面貌。通过历史学我们可以学习先人的智慧，并努力将其运用到现在和未来社会中。历史学一般分为"日本史""东洋史"及"西洋史"等三个领域，而三者又都可以进一步划分为政治史、文化史、宗教史等等。不过，最近历史学不仅试图以国家甚至以地区和国家间的关系等为单位来考察，并试图将政治和文化作为一个整体来考察。另外，由于史料的分析是不可或缺的，所以也要求考察人员具备考察地区的语言功底。

另一方面，地理学是通过分析地理特征给人类生活带来的影响以及由此产生的地区性特征等，来研究与自然和谐相处的方法的一门学科。作为基础我们要学习"地志""地图学""地理学史""系统地理学"等。系统地理学又可以进一步划分为"人文地理"和"自然地理"这两个范畴。人文地理研究人口、村落、政治以及经济、文化等各个领域的特色，而自然地理则是研究地形和气候等给人类生活及产业带来的影响。所学科目中有许多具有浓厚的理科特点，如测量学、制图实习等，也有野外调查等实地调查。

未来的就业

和其他文科院系相同，大众传媒、出版相关的工作很受欢迎。

另外，因为学习了社会构造和地理特征等知识，所以在旅行社和测量公司的就业上很有优势。

- 大众传媒、出版相关、研究人员
- 旅行社、测量公司

选择学校的关键！

将历史学和地理学设置在文学系等文科院系中的大学有很多，然而将自然地理学设置在理科院系中的也有很多。不同大学所擅长的研究领域有所不同，所以请务必事先在大学介绍等资料中确认。

文化学系・从正面捕捉"文化"

学习内容

文化学的研究对象非常广泛，包括语言、思想、宗教、生活、历史、艺术、媒体等。它是一门综合考察人类及人类所创造的文化的科学，可以通过广阔的视野和灵活的思考能力从多种多样的角度进行研究。该学科包括以特定的国家、地区以及文化圈为中心进行研究的地区文化系，以及比较不同地区和文化的比较文化系等。另外，为了适应国际化时代，最近很多大学都开设了国际文化系等各种学科，其中设置了培养跨文化理解和语言能力、交流能力的各种各样的课程。

未来的就业

- 商社
- 服务业
- 制造、通信
- 大众传媒、出版相关
- 银行、保险等、金融类

因为文化学系所涉及的研究领域非常广泛，所以毕业后就业的范围也很广。从用人单位来看，拥有广阔视野和灵活思考能力的文化系毕业生更受欢迎。与其他系相比，文化系在大众传媒、出版相关的就业非常显著，在服务业等销售规划领域就职的人也不少。此外，也有文化系的毕业生选择考研。

选择学校的关键！

由于文化学的研究领域非常广泛，因此可以选择的院系和专业也有很多。各大学的侧重点有所不同，既有以语言系为中心来设置课程的大学，也有以人文、社会科学系为中心来设置课程的大学。因此，大家可以在明确自己想学的方向后再选择合适的大学。

此外，还有很多大学在教师培养系的综合科学课程中设置"国际文化""信息文化""社会文化"等课程，有兴趣的同学可以调查一下。

哲学·宗教学系·系统理论，调整想法

学习内容

哲学系与宗教学系的共同特点是两者都是从学术的角度上探讨"人是什么""自我存在是什么"等普遍的亘古不变的"问题"。今后我们会在各种不同场合碰到需要从哲学视野来解答的不同问题，如人与地球的和谐相处的问题，如何解决频发的宗教矛盾的问题，或者与人类的"起始"及"终结"相关的生殖及脑死亡的问题等等。

哲学研究的是与人类的存在及思考相关的各种问题。其一般按照研究对象的地域可以分为西洋哲学与东洋哲学（即印度哲学、中国哲学）等。一般大学会在大学一、二年级学习哲学概论以及哲学史等基础性理论性的知识，到了大学三年级以后则是一边以研讨班的授课形式阅读原著作品，一边开始着手解决和处理一些更具专业性的问题。此外，由于哲学科目上课时大都使用原著作品，所以通常都会要求学员具备基本的读懂的能力。因此，有时除了常用的英语和德语外，还要求学员学习并且掌握希腊语、拉丁语、梵语等其他一些常用的古典语言。

与哲学紧密相关的是宗教学。宗教学大致可以分为两类，一类是从各个侧面研究宗教和宗教性行为的宗教学，另一类则是研究佛教、基督教、伊斯兰教等个别宗教的宗教学。

未来的就业

由于此专业研究领域的广泛性及深刻性，可以充分发挥这些专业知识的职业类型非常有限。另一方面，有很多毕业生不仅仅把目光放在专业相关的工作上，而在更为广阔的领域发挥自己的才干。与其他文科系相同，此专业就业范围包括大众传媒及出版相关、金融、商社、物流、制造、服务业等。此外，为进一步进行专业研究而读研的人也很多。

- 大众传媒、出版相关
- 金融、商社、物流
- 制造业、服务业

选择学校的关键！

哲学和宗教学可以在文学系及人文学系中学习。此外，除了人文学系和文化学系之外还有许多大学设置独立的专业，另外设置研究室的大学也不少。而个别宗教的宗教学则可以在神学系、佛学系或文学系下属的按宗教划分的各个学科中学习。

心理学系・科学地研究心理变化

学习内容

一提到心理学人们大多想到的是心理实验和心理咨询等，但那只不过是心理学的研究领域之一，称为"临床心理学"。心理学的研究领域非常广泛，包括认知心理学、成长心理学、社会心理学、犯罪心理学、产业心理学等。心理学的科学性之一表现在可以从实验这种实证性的研究方法来解答问题。一般在大学一、二年级是一边学习心理学概论等基础知识，一边通过使用各种调查法和检查法的实验和实习来学习理论形成的经过、意义与实施中的问题等知识。此外，还有通过电脑分析所得数据来进行统计的实习，其具有浓厚的数学和统计学特征。而到了三年级以后则一般是通过各种问卷调查和实验来增加专业知识。

未来的就业

- 心理咨询员
- 社会福祉工作者
- 教育以及福祉相关
- 一般企业

除了在心理系和心理学系中设置心理学课程之外，还会在文学系、人文系、人类学系等中设置此类课程，主要包括心理学科、人类成长学科、交流学科等。

此外，还有很多大学在教育系中设置教育心理、成长心理等各种学科和课程。由于不同大学的研究领域有所不同，所以请大家事先在大学介绍中确认该大学在哪个领域比较优秀。

选择学校的关键！

心理学和行为科学是有关人类的一门学问，它与一切领域都有关联，可以发挥的领域非常广阔。如果想要取得临床心理师的资格证的话，有必要在大学毕业后进入认证协会指定的大学研究院中学习，进而取得考试资格。虽然也有人在取得资格证后成为心理咨询师，但其竞争非常激烈，目前状况是龙门难登。不过近年来产业心理学和社会心理学逐渐受到关注，由此我们可以想象到今后拥有专业知识的该类人才将会大放光彩。

外语学系·外语为基础，成为"真正的国际人"

学习内容

首先我们要注意的是，"外语系"不是一个学习作为交流工具的语言的场所，而是一个专业的讲解语言，并对所学语言的国家、地区的历史文化、政治、经济等进一步加深了解的场所。因此从某种意义上说，外语系可以说是一个社会科学色彩浓厚的学系。该系的特点表现在首先从语言的学习开始，逐渐延伸到对使用该语言的国家和地区的理解，再到跨文化交流等的学习过程上。日本的"外语系"中当然还包括你们的母语。而另一方面，虽然该系称为"外语系"，但是其中却也包括日本人的母语"日语"，他们把日语作为众多语言之一来看待，并设置了全球性地研究日语的"日语系"。此外，随着国际化进程的不断深入，很多大学还开设了培养日语教师的课程。因此，如果希望将来能够成为在日本或外国教授日语的日语老师的话，那么您可以详细地研究一下各大学"日本语学"中的课程。

日本大学的外语系中设置最多的学科还是英语，其次便是中文、法语、德语、西班牙语等。而在外国语大学这类专业性大学中，除了上述的主要语言之外，还设置了研究其他各种各样的语言的学科。

此外，不同大学和院系所侧重的语言领域有所不同，因此请大家事先仔细阅读大学介绍等资料，弄清楚各大学的特征。

未来的就业

- 各领域的日企
- 日语教师
- 翻译家
- 日本研究员
- 口译

选择学校的关键！

掌握了日语技能的中国人可以在许多领域就职。特别是在开展国际化业务的日企中，急需了解中日背景和历史，并能把日语说得像母语一样流利的人才。

另一方面，以口译和笔译为职业的人和在本国或日本担任日语教师的人也很多。

教 教育学・师范学系・学习教育的本质

学习内容

教育学系大致可以分为两大类：教育学和教师培养系。教育学是指从学术的角度来研究"教育"的领域。它不是一个以培养教师为目的的学系，而是通过研究教育的本质和目的、人类的成长与教育的关系等内容，进而从大方向探索教育应有状态的学系。它包含的范围很广，不仅仅有学校教育还有教育行政、社会教育、终身教育等。而且它对人的心理和行动等内心方面也有很深的研究。

教师培养系包括两类课程，分别是作为毕业条件之一的、为取得教师资格证而开设的"教师培养课程"，和非必修的、为培养拥有广泛知识的人才而开设的"综合科学课程"。教师培养课程如字面所述，就是以培养日本的学校教师为目的的课程。在这里我们需要注意的是，在此系中取得的只是日本的教师资格证，原则上并不能适用于外国。该课程的教学计划也是以取得教师资格证所需的科目为中心而编制的。大学的一、二年级一般是学习修养教育科目与基础教育科目，而到了三年级以后则是学习各科的教授方法以及儿童的成长过程等必需的技术及知识。此外，最为关注的教育实习也是在此期间同时进行的。而综合科学课程进行的则是跨学科性研究，其中开设了信息、国际人类科学、环境、地域、艺术、体育等各种专修课程。此外，还有很多大学开展终身教育，不仅培养学校教师还培养各种领域的指导人员。

未来的就业

该学系毕业生活跃在各领域的企业中。其中，就职于终身教育和教育支援相关的企业和部门的人占大多数。此外，就职于大众传媒和服务业的人数也不少。当然考取研究生并取得临床心理师资格证之后，进入福祉和医疗机构、保健机构等机构的人也有，但是需要牢记在心的是，不管是哪种职业都需要具备可以交流的良好的日语能力。

- 教育和学习支援相关
- 大众传媒
- 服务业

选择学校的关键！

教育学大多将学科和专业设置在教育系和文学系中。需要注意的是该学系主要设置在东京大学、京都大学等国立和公立的大学以及国立和公立的师院院校等单科大学中，私立大学很少设有该学系。如果想在日本取得教师资格证的话，那么除了学习原本的课程之外还需要取得足够的学分。而想在日本当老师的各位，则需要在关注各大学在教师方面的就业情况外，还要调查好日本的教师录取考试和录取状况等信息。

儿童学系・科学地分析儿童

学习内容

儿童学是指从幼儿、儿童的成长和发育等多种角度对儿童进行研究的学问。它主要从"儿童心理学和发育心理学""儿童教育学和幼儿教育学、保育学""儿童福祉学""儿童保健学""儿童文化学和儿童环境学"等五个角度，对儿童和儿童成长的环境进行研究。大学一般是在一、二年级学习主要领域的基础知识，到了三、四年级之后则是根据专业学习专业知识。此外，一般还会将亲身与小孩接触的幼儿园和托儿所的实习，以及音乐等的演练也编入课程当中。儿童学系大多设置在女子大学和短期大学中。

未来的就业

- 儿童出版社
- 服务业

在当今这种少子化社会中，儿童教育的工作非常难找，并不是所有的人都可以实现自己的理想。但是，除了教育领域之外，该学系的毕业生还可以在儿童出版社、主题公园或为儿童服务的企业就职。

此外，也有部分人进入研究生院进一步研究儿童学或力争成为临床心理师。

选择学校的关键！

儿童学能在教师培养院系中的幼儿教育等课程和文学、人文学、家政学等系中的儿童学科和带有"儿童"字样的院系中学习。最近将幼儿园和托儿所、小学合并的"幼托一体化"和"幼小一体化"的学校增多，可以取得相应教师资格证的大学也随之增加。但同时取得三种教师资格证是很难的，因此在选择大学时，一定要调查好该校能取得三种教师资格证中的哪一种、实习科目是怎样安排的等各种信息。此外，一般在日本大学取得的上述资格证原则上不能适用于外国。

艺 艺术学系·作为艺术表现者来锻炼自己

学习内容

艺术系是指学习音、形、语言等人类创造的一切艺术表现形式的院系，学习范围主要包括实际技能、理论、历史和文艺评论等。艺术系分为两大类，分别是学习艺术作品的制作和演奏等表现方法的实际技能系，和从学术的角度来研究艺术的本质的理论系。实际技能系可以划分为多个领域，如美术、音乐、设计等。不同的领域所设置的学科课程也有所不同。美术领域主要学习绘画、雕刻工艺的表现手法和理论，最终着手于制作。音乐领域则是以声乐、乐器等的个人练习和集体练习为中心，同时掺杂一些音乐理论的讲解。设计领域则大多开设图案设计、时尚设计、工业产品设计、空间设计等课程。

除此之外，艺术系还包括对戏剧、舞台美术、摄影、影像、建筑等表现技术进行制作的领域。同时最近对利用计算机技术进行艺术创作的研究也很盛行。特别是日本的 CG（用计算机进行视觉设计和生产）技术为世界之最，今后还有很大的发展空间，所以也成了一个热门专业。

理论系则是以美学、美术史、音乐学等一般艺术的理论研究为中心来开设课程。在很多艺术大学中开设的理论系学科中还可以学习到基础的实用技术。

此外，大家还需注意的是，在日本综合大学中也有不少大学设置艺术院系和音乐院系，它们与艺术大学和音乐大学等单科大学一样也会开设艺术系的课程。

未来的就业

- 设计师
- 出版
- 广播和大众传媒
- 建筑和室内装潢

艺术系毕业生虽只有少数能够成为职业的艺术作品创作人或演奏家，但有很多人利用自己所学知识和技术成为管理者或职员等，作为后台人员支撑艺术界。此外也有一部分人从事文化讲师等教育相关工作。大多是进入广告宣传部门或成为插图画家、设计师等制作人员。

与此相对，理论系毕业生则几乎都在一般企业就职，也有一部分人在美术相关出版社等与艺术相关的单位。此外，还有人成为博物馆或美术馆的研究员，但是这种职业非常热门，一般是硕士毕业生挑战的职位。

选择学校的关键！

几乎所有大学的艺术系都会将专业领域详细划分成很多学科和专业，所以首先要调查清楚目标大学是否开设了自己志愿领域的学科和专业。因为很多大学都是在入学阶段按照学科和专业招生，而有些大学还会准备实际技能考试，所以大家事先务必详细调查。由于招生人数少，所以招收的留学生人数也相当有限。另一方面，虽然在工程学系和文学系中也能学到相关艺术学科，但不同的是，工程学是以工业产品为对象，对形状、材质、款式等进行研究。文学系是从学术的角度研究艺术作品。

法学系·法学不仅仅属于法律专家

学习内容

大家首先要明白的是日本大学的法学系只是研究日本法律的学系，原则上并不会学习外国的法律。日本的法律都归纳在一本叫作六法全书的法律书籍当中，在日本，如果您想成为法律方面的专家的话，那么必须要通过司法考试。法学所涉及的研究领域非常广泛，远远超出了一般大家所认为的范畴，而且根据时代的变化，法学也会相应地发生变动。法学系人才辈出，不仅培养了很多法律专家，还培养了知识渊博、可以活跃于社会各领域的人才。

法学可以分为两大类，分别为学习法学为何物的基础法学，和学习法律解释及使用法律的应用法学。基础法学主要学习法律哲学、法律社会学、法律史学等，而应用法学则是以基本六法（宪法、刑法、民法、商法、民事诉讼法、刑事诉讼法）为中心对国际法和经济法进行学习。到了大学二、三年级以后则是按照学科开始分别研究专业性的法律，包括以六法为中心的司法系、研究企业活动与法律关系的经济法学系、研究国际社会与法律的国际系等。

由于各种新的法律问题的产生以及国际化的发展，法律专家活跃的场所也在不断地发生变化。虽然进入司法界和行政界的人只有少数，但是该系毕业生活跃的领域非常广泛，囊括了金融、商社、制造、大众传媒等各个行业。此外，还有不少人考入研究生院。同时，从事跨国公司法务相关工作的人也有很多。近年来，由于法科大学院（法学研究生院）等的开设，法学系也被大家重新认识，成为向司法界和企业法务等输出更具专业性人才的场所。法学系作为培养法律实务专家场所的重要性有所增加。

未来的就业

- 律师　　· 代理人
- 注册税务师
- 司法代笔人或行政文书代书人
- 金融、商社和制造业、大众传媒

法科大学院　小贴士

培养法律执业者的专业研究生院。至 2010 年 5 月，日本全国已开设 74 所法律学院，其中，国立 23 所，公立 2 所，私立 49 所。法律学院的学制为三年，对入学者的本科专业不作限制，即也招收非法学专业的本科毕业生。许多法律学院建有专用大楼、模拟法庭等良好的硬件设备，同时，在其所聘用的教师中，20% 以上为律师等法律执业者。法律学院的学费比其他研究生院要高，国公立大约年均 80 万日元，私立年均约 100 万～ 150 万元。学生可向日本学生支援机构申请奖学金，此外，大学或当地律师协会也设有相应的奖学金项目。

选择学校的关键！

在日本不论是国立、公立还是私立，很多大学都设置法学院系及学科，因此大家可以选择的范围很广。此外，还有很多大学在经济和经营学院系中设置经济法和经营法专业。不过，如果您想要报考日本的司法考试的话，那么您必须进入法科大学院学习。因此，想要成为日本法律专家的各位，那么请您从现在开始就收集各大学的信息，争取以后进入法科大学院。

法 政治・政策学系・发现并解决现代社会的各种问题

学习内容

政治学是一门以"协调社会各种对立关系和利害现象，从而使我们的生活更为美好"为目标的学问。政治学以政治思想和政治哲学等理论范畴为中心，分析和研究各种政治现象，如：政府和地区政策的动向、地方自治、处理纷争以及贸易摩擦等国家和地区间问题的国际政治等。

政策学则是一门"从多种角度考虑现代社会的各种问题和课题，进而探讨出解决政策"的学问。政策学的范围很广，主要包括：学习日本政府和自治体政策的"公共政策"、学习与地区活力化和城市空间制造相关政策的"地区政策"、学习与温室效应以及资源和能源问题相关政策的"环境政策"、还有解决有关国际、经济、信息等超出学问范畴的各种问题的"综合政策学"等。

未来的就业

- 设计师
- 出版
- 博物馆
- 美术馆
- 广播和大众传媒
- 建筑和室内装潢

虽然与其他专业相比，政治学专业的毕业生进入新闻报道机构和报社的相对较多，但是能够进入媒体机构的仍然非常有限。一般进入金融、保险及制造业企业的情况比较多。当然也有人利用在课堂和研讨班学习的国际政治和全球经济等知识，进入民企的国际部门。此外，还有许多人力争进入 NGO（非政府组织）以及 NPO（非营利组织）等公共组织所属的解决国际问题的机关。

选择学校的关键！

政治学可以在法学系和政治经济学系等学习，而政策学则除了可以在政策学系、综合政策学系等学习之外，还可以在政治经济学和地区学等学系中设置的政策系学科中学习。由于各大学擅长的领域有所不同，所以请大家事先调查好自己希望进入的大学和领域。

经济学系·理解经济学理论 分析经济现象

学习内容

大学的经济学课程一般是按照从学习各种经济学理论逐渐延伸到应用的方法来设置的。理论经济学以分析企业和家庭等个别经济主体的微观经济学和将一个整体作为研究对象来综合分析经济活动的宏观经济学为中心。而应用经济学则应用这些理论来分析各个领域的经济现象。经济学涉及的领域非常广泛，包括财政学、经济政策论、国际经济论、公共经济论、城市经济学以及探索经济发展潮流的经济史和分析各国经济的各国经济论等。

此外，经济学中不可或缺的是实证分析。因此，学员必须掌握统计与分析各种数据的方法。同时还有很多大学将利用电脑进行的模拟实验与探索问题的研讨会编入课程中。

未来的就业

该学系毕业生可以在一切行业中工作，其中特别热门的是银行、证券、保险等金融相关行业以及商社和制造业。另外，最近由于希望成为研究人员而进入研究生院学习的人也多了起来。因此，会计专业研究生院、经营管理研究生院、公共政策研究生院等也逐渐多了起来。想必今后希望通过掌握更高技术进而成为经营管理人员和顾问等的人也会多起来吧。

- 银行、证券
- 保险等金融相关行业
- 商社
- 制造业

选择学校的关键！

经济学相关院系不仅包括经济学系还包括经营与商学系等。因此我们要弄清楚经济学和经营与商学系的区别，慎重选择大学、院系和专业，仔细考虑各系研究的是什么、自己希望通过掌握怎样的专业知识进而在社会上从事怎样的工作等问题。

经 工商管理学・商学系・以实际经济现场为学习对象

学习内容

经营学是以企业和非营利团体等"组织"作为研究对象的一门学问，它以探究企业构成的企业论为基础，以战略论（如何构建战略体系以达成企业目标）和组织论（如何建立组织体系）为中心理论。在这之外还会学习商品开发论、人事管理理论、生产管理理论、信息处理理论等各种领域的制度、实际情况以及获得相关信息的方法论。与此相对，从商品流通以及消费层面来分析经济的学问称之为商学。流通论、贸易论和市场论也都属于商学的研究范围。另外，会计学是主要研究如何计算企业的财务状况及利润状况的一门学问。

经营和商学系相比经济系的一大特征是反映实用性倾向的科目比较多。比如说，紧随商业活动的国际化脚步，将"经营英语"设置为必修课程等，致力于在实践过程中培养必不可少的"语言能力"的大学不计其数。

未来的就业

- 百货店、超市等零售业
- 商社、制造业、服务业
- 银行、保险、证券等金融业

在经营和商学系学习到的知识可以在很多工作领域上活学活用，因此具有很大的职业选择余地。并且在最近几年，以系统工程师、软件开发者身份就职于IT行业的人越来越多的同时，接受资格考试成为注册会计师和税务师的人也在增多。在入学后早早明确自己想做的事情和自己适合做的事情，然后进行针对性学习肯定会助你精益求精。

选择学校的关键！

虽说"经济学"和"经营学"都以"经济"为研究对象，但"经济学"倾向对经济的发展方向和法律法规进行研究，而"经营学"更倾向对企业管理及各种行动原理进行探索。经营学不是单纯的分析，而是更深一步追究如何付诸实践。如果把两者比喻成理科，经济学就是探求自然界天然法则的物理学，经营学则是研究如何活用这些法则造福人类的工程学。对求学者而言，先决定将来在哪个领域发展，再选择专业是一种明智做法。

社 社会学系·丰富多彩的研究对象和研究方法

学习内容

正如名字所示，社会学是以社会中一切事物及现象为研究对象的一门学问。涉及家庭、城市、媒体、环境、文化、教育等各个领域，针对各个领域又有多样的研究方法。可以说社会学是一门涉及多种知识领域、跨度很大的学问。一般的大学都会在第一、二学年进行基础科目的理论和方法论的学习，与此同时需决定自己的研究方向；第三学年开始根据各自研究小组或者科目课程决定研究主题并展开具体研究。在社会学研究的各种科目中社会调查实践（Field Work）特别受到重视：走访调查、问卷调查、收集各种文献资料支持自己设立的假说理论。另外为了能够分析得到的调查数据，学习统计论也是不可或缺的。

未来的就业

因为研究内容十分丰富，所以毕业后的就业选择也十分多样。有不少毕业生进入大众传媒、市场营销、咨询领域运用自己在大学中学到的实践调查知识，也有人成为公务员直面各种社会问题的解决。

此外，也有毕业生选择制造业或者零售业，涉足商品开发或销售战略领域。最近几年，选择进入研究生阶段继续深造的人也在增多。

- 大众传媒
- 市场营销
- 公务员
- 金融
- 制造业
- 零售业、酒店服务业

选择学校的关键！

由于社会学涉及领域广泛，因此各大学通常会设置针对各领域的专业与课程。所以很有必要通过大学简介搞清楚各大学究竟是以哪些研究对象为中心、在职教授实际涉足哪些具体领域、设置了哪些具体课程。

与此同时，社会学的学科中存在如"新闻学科"这样针对特定领域设置的学科，所以一定要好好地收集信息找到自己最喜欢的学科。

社会福祉学系・理论、实践双攻

学习内容

一说起与保障相关的工作，大家很容易联想到帮助需要照顾的人的工作，但是这并不是保障工作的全部。保障，作为一种社会制度，是在各种法律、制度、政策的基础之上成立的。因此，除了护理、援助此类技术层面的知识之外，我们还要学习在其背后发挥更深刻作用的相关政策和理论。在理论研究方面，学校会设置有关社会保障初期理论的各种社会保障原理、制度以及机构组成方面的社会保障法制建设以及探讨生活护理意义、构成和运用的扶助论等学习课程。

同时，在技术实践方面，会设置学习具体援助服务方法的社会工作以及咨询实践、护理实践等科目。

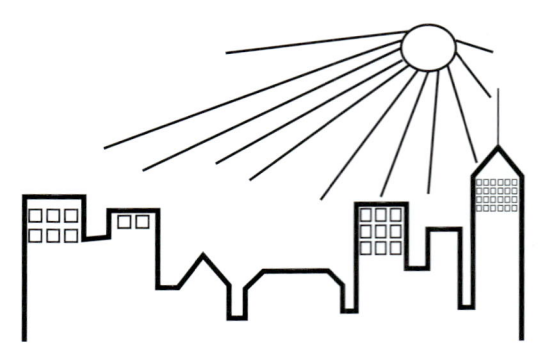

虽然在大多数大学里都会设置社会保障学的相关课程，但是对理论、实践两方面的重视程度各有不同，并且不同大学会呈现出迥然不同的区域特性。所以一定要通过大学简介或者各大学网站详细研究并比较具体科目的具体内容。此外，从事保障工作中有例如"社会保障师""护理保障师""精神保健保障师"等各种资格考试，对于这些信息也有必要事先进行了解。

未来的就业

- 保障事务所、儿童咨询所
- 老年赡养机构、残疾人保障机构
- 各医疗机构

选择学校的关键！

拿到一定的学分就能够得到参加社会保障师考试的机会，或者直接得到护理保障师的资格证书，从而在社会保障机构或各医疗机构一展自己的才能。也有毕业生取得社会保障主管的任用资格，成为在自治社区中工作的社区工作者。另外，也有人成为保障居住环境的协调者，从社会保障视点出发致力于"无障碍""全民适用"社会的建设。除此之外，最近随着老年人市场的扩大，就职于一般企业的毕业生也在增加。

国际关系学系·从各种角度分析国际社会

学习内容

国际关系学是在探求"如何维护国际和平"过程中发展而来的学问。旨在培养能够针对错综复杂的国际问题从多种观点灵活找寻应对方法的国际人才。这门学问的特征在于,具备对于世界各个国家(地区)之间的关系要从政治、经济、社会、文化等各种角度搜寻解决办法的思考方式。另外,其研究对象也包括联合国、欧盟、各非政府机构等组织和联合体。虽然在经济学系、法学系、外国语学系都会设置从国际视点出发的科目,但是国际关系系(科目)不会局限于某一个科目,学科跨度更加宽泛。从可以自由地开展研究这一点来看,可以说国际关系学具有其他学科不具有的独特的灵活性。

未来的就业

- 外资企业
- 旅行社
- 大众传媒
- 金融、制造业、商社的海外部门

有毕业生运用其在大学期间培养的语言能力以及国际化的思考方式,可能成为外交部职员或者国际公务员等与外交、国际机构相关的工作,但是在成功就职之前要有心理准备面对并不简单的各种考试。

另外,也有毕业生获得口译指引师或旅游业务管理师等资格,成为旅游中介师、口译观光导游、酒店职员等。

近年来,还有人加入非政府机构、民间智囊团体,为国际合作、政策建言贡献自己的力量。

选择学校的关键!

国际关系学一般会按照研究对象的不同分为社会科学系和人文科学系两个分支。社会科学系从政治、经济、法律方面寻找解决现实问题的方法;人文科学系则以文化和语言为工具,深入对现状的分析以及不同文化的理解。应该在搞清楚自己到底对哪一方面感兴趣的基础上再决定要进入的院系。

生 居住环境学系・追求优越的居住空间和居住环境

学习内容

家居学从人的角度出发构建舒适优越的居住空间。家居是人们生活的重要据点。家居学就是为了让孩子、让老人，让所有人都能够安全、健康地生活，并且为他们创造出舒适生活空间的学问。例如，无障碍住宅、能让小面积变得舒适惬意的设计技巧都是家居学的研究范围。另外，围绕家居，地区文化、人际关系、城市环境等方面都是家居学的研究对象。大学在让学生学习家居学的各种基础知识的同时，也十分重视设计、制图等实践科目，依照课程或专业不同，学生会各自致力于设计制图、材料试验、实测调查等各种高技能科目。如果想成为室内设计师或调配师，家居学必不可少。

未来的就业

- 住宅业
- 建设行业
- 室内装潢产业

住宅业方面，大部分的毕业生会从事商品的开发、研究，或是设计、施工管理等职位。在这之外，也有不少毕业生会涉足房屋建设的设计领域。另外，还有人进入厨房、卫浴等室内装潢产业相关的住宅设备生产商、设计师事务所等工作领域。也有人成为公务员致力于住宅行政管理行业。

如果想继续深造进入研究生学习阶段的话，除了继续学习家政学系，还有很多人选择学习建设系，另外还可以去社会工程系或城市工程系。

选择学校的关键！

要想学习家居学可以选择家政系或生活科学系中设置的家居学、环境设计学、生活环境学等学科。这些学科基本上会依照各专业领域再进一步细分出各种课程和专业，所以一定要在大学简介中事先确认好是否有自己想学的专业和科目。

生活科学系·广阔的研究领域充满魅力

学习内容

生活科学这门学科旨在提高家庭生活与社会生活的品质。学习的范围很广，除了一般家政专业中的服饰学、食品学、居住学、儿童学等，最近还涉及了心理学、社会学、社会福祉学、政治学、经济学、教育学、信息学等多重领域，成为一门综合性的交叉型学科。具体来说，该学科从社会人、消费者等角度，对"压力感""逃学""老人护理""小家庭""夫妻不同姓""儿童人权"等许多正在成为社会现象的家庭问题、女性问题及消费者问题等进行研究。社会的变化日新月异，人们正在探索自己在社会上的生存之道，而生活科学研究的正是人类生活的状态和形式，因此很有学习的必要。

未来的就业

该学科毕业生就业范围较广，通常有食品公司、成衣业、设计事务所等。还有很多学生选择做咨询工作，帮助人们解决老年人福祉与儿童福祉、家庭与职场中的女性问题、消费者问题等多方面的困惑。此外，学生还能利用生活科学的知识，在各种服务行业中发挥作用，这也正是生活科学学科的优势所在。

- 食品公司
- 成衣行业
- 儿童相关机构
- 设计事务所、住房相关企业
- 房地产公司

选择学校的关键！

这门学科研究的范围非常广泛，因此具体研究哪个课题，每所大学都会有所不同。自己申请的大学是否有自己感兴趣的课题，这点一定要事先通过大学的介绍或主页查清楚。同时，系统地开设生活科学专业或课程的一般多为女子大学，男生学习这门学科会受到限制，一定要注意。

服装设计学系·综合地研究时尚

学习内容

服装学是一门综合研究衣服的学科。研究范围广泛，包括服装的设计与制造，素材的开发以及服饰文化等。

在大学学习服装学，其研究内容除了以服装设计为核心课程的色彩学、纺织设计等，还包括服装的历史文化、市场开发、消费者行为分析等社会人文学科，另外还包含布料的性质与化学构造研究等理科学科。

该学科实习和实验很多，除了实际进行服装设计和制作的实习，还有很多化学方面的实验，譬如衣服污渍的洗涤、衣物漂白与染色、纤维物的识别与制造、染织加工实验等。

另外，目前成衣业内多用计算机技术来提高成衣的设计与生产效率，因此服装学课程中还包含学习电脑基础知识的服装CAD（计算机辅助设计）演练等。

未来的就业

- 服装公司
- 时尚相关公司
- 百货公司等零售业
- 纤维制造商等制造业

服饰学专业的毕业生就业范围广泛，他们可以利用自己掌握的专业知识与技能，成为服装设计师、服装式样设计师等创造性人才，也可从事商品策划管理、质量管理、实验分析、销售与采购、市场、导购等多个领域的工作。另外，也有大学设有服装学研究生院，研究内容多样，可供那些想要继续深造的学生选择。

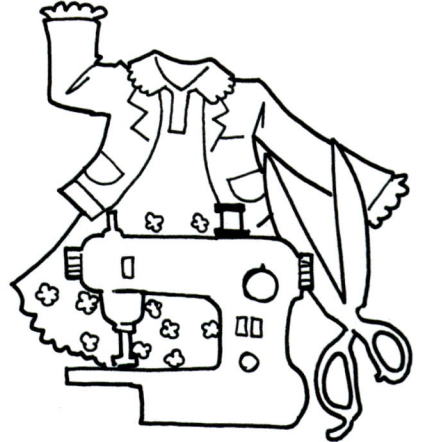

选择学校的关键！

一般的家政或生活科学系中的服装、服饰美术、时尚造型等专业中有开设服装学课程。也有很多大学在生活设计、生活环境等生活学专业中设置了服装学的学习课程。服装学是一门研究范围非常广泛的学科，因此在择校之前需确认好所选大学是否设置了自己想要学习的学科。总而言之，服装学专业很适合将来想要从事服装相关行业的同学。

生 食物·营养学系·成为饮食方面的专家

学习内容

食物是生命和健康的基础。食物·营养学对食品、营养、烹饪三方面进行综合学习与研究。一年级时，学生学习食品学、营养学和烹饪学的基础理论知识，二年级后一般就开始进行专业科目的学习。除了食材的特性、食品的生产加工与储藏安全、烹饪方法等科目，如何预防生活习惯性疾病、肥胖、贫血、骨质疏松等与饮食有关的慢性病、如何增进健康等，都是研究的课题。最近，食品学的研究领域也开始采用化学、物理、生命科学一类的研究方法，对食品的化学结构、食品营养成分分子的机能等进行分析研究。

该学科的一大特点是，大学四年间实习与实验较多。其中包括烹饪学实习、营养学实习，以及食品卫生学实验等多项耗时较长的实践。由于许多相关课程要用到化学知识，所以很多大学非常重视理科的学习。

未来的就业

毕业生可凭借大学所学知识与取得的资格证书，获得多种就业机会。

在保健所、医院、学校、福祉机构、食品制造研究、商品开发等多个行业，食品营养师和管理师都是必不可少的职位。另外，也有人选择考研继续深造。

- 保健所、医院、学校、福利机构
- 饮食业、物流业、销售业
- 传媒、消费者权益中心

选择学校的关键！

毕业生可凭借大学所学知识与取得的资格证书，获得多种就业机会。在保健所、医院、学校、福祉机构、食品制造研究、商品开发等多个行业，食品营养师和管理师都是必不可少的职位。另外，也有人选择考研继续深造。

理 数学系·拥有悠久历史并活跃成长的学问

学习内容

数学是支撑自然科学的理论基础,作为一种能够表达所有科学的"语言",自古以来就与社会的运作密不可分。现代社会不可或缺的计算机也是数学逻辑运算的应用,是各研究开发领域的基础。

大学数学分为高等代数、解析几何和微积分三个专业领域。以上述三者纯理论为研究对象的是"理论数学"和数值解析。与此相对,以统计学、计算理论等社会科学为基础,与工科和计算机相结合发展起来的是"应用数学"和"信息数理学"。由教学计划我们可以看到,第一、第二年需要学习高等代数、解析几何和微积分等必要的基础科目,授课内容大多结合练习,在解决问题的过程中锻炼思考能力。另外,为了解使用计算机解决数学问题的方法,计算机的实际操作和练习等也是必修课程。到了第三年,则需要学习更专业的几何学、微积分等,广泛了解理论数学科目,同时也要掌握以数理统计学为代表的应用数学的科目,以灵活应用于其他领域。

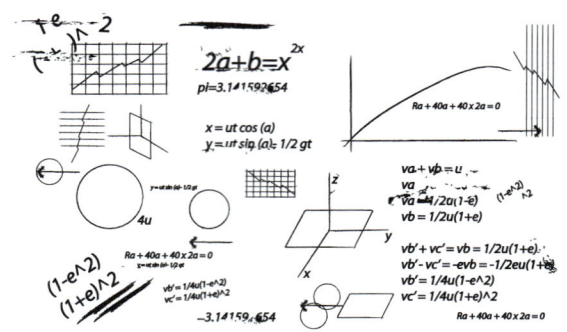

未来的就业

- IT 行业系统工程师、程序员
- 制造和信息通讯的服务业
- 金融相关行业等

能发挥数学的专业知识、灵活的思考能力与逻辑思维能力的工作越来越多。如:作为计算机系统工程师或程序员,在制造业、信息通讯等服务业或金融业就业的人很多。

最近,研究生院的入学率有所提高。硕士课程结束后,多数人会选择去一般公司就业,但也有人立志成为大学里的研究者。

选择学校的关键!

数学系中有理论数学、应用数学专业。理论数学以学习纯理论数学为中心,而应用数学专业在学习了各领域的基础后,再扩展学习应用数学。有很多大学只设置了基础数学专业,其中包含了应用数学课程,需要确认各大学课程安排。信息科学无信息数理学等相关专业,通过计算机基础理论和数理逻辑等相关学科入手学习信息技术。这些专业与工科的信息工程学相比,以软件编程为重点。

理　物理学系·探索自然科学法则

学习内容

物理学是一门以系统地理解自然界发生的各类事物为目的的学问，研究对象大至宇宙这样的无限世界，小至分子、原子、粒子等微观世界，它揭秘自然界发生的各种规律，并以追求基本与普遍规律的姿态去掌握自然。与高中时代牢记各种公式解题不同，大学物理则是以考虑公式、法则本身是否成立为出发点。而且，该学科从理论与实验两方面验证物理学，通过深入研究，培养学生从物理学角度思考的能力。大学物理学中，作为现代物理学的基础，掌握力学、电磁学、量子力学、统计力学、物理数学等学科是很重要的。此外，在物理学中，计算机的知识也是不可或缺的。第一、二年中，需结合实验和练习，踏实地学习这些科目。到了第三年，则学习原子核物理、物性物理、计算物理等物理学的中心领域，而第四年一般都是在教授和研究生的指导下，在研究室认真地进行毕业研究。

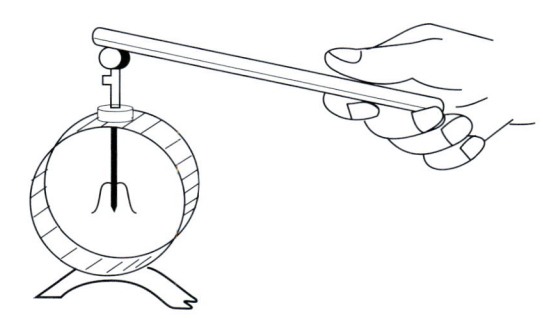

未来的就业

- 制造业
- 信息相关行业
- 银行、证券等金融相关行业
- 研究所

进入一般企业工作的，除了进入电子器件、机械制造厂商外，从信息相关行业到金融业，分布甚广。

但是，和其他理科生一样，近半数学生都会选择读研。多数人读研的目的是期望在研究生课程结束后能进入企业的研究部门工作。此外，以成为研究者为目标，进入大学或国家的研究机构工作，也是一种选择。

选择学校的关键！

物理学科可分为理论物理和应用物理两大专业。应用物理专业是以物性物理和物质科学为重点，将工程学学科作为专业课程授课是其一大特点。

此外，也有将物性物理和化学合为一体的物质科学专业，以及能学到纯理论数学与纯理论物理这种自然科学基础的物理、数理专业等。

理 地球科学系·大规模地研究地球

学习内容

地球科学研究地球本身的物质、构造、环境等各种现象，研究对象也包含气象和海洋。其中，分为地质学、矿物学、地球物理学、古生物学、地震与火山学、海洋学、气象学等分支。地球科学以全球视点，研究从微观到宏观的理论、观察、分析、调查技术，并通过综合的方法进行研究，以将其成果用于减轻自然灾害、环境保护等方面。

此学科也很重视观察或实验实习，除了在野外进行地层观察或采集岩石矿物等实习外，该学科还采用电子显微镜观察或在国外进行实地调查的形式进行各种研究。

未来的就业

发挥数据分析能力，到地质勘查公司工作，或是作为建筑顾问、环境规划顾问大显身手的人越来越多。此外，和其他理工科一样，选择读研的学生也很多。

战后在很多大学中有一半左右的学生都选择去读研，致力于成为研究人员。

- 环境规划、城市规划相关企业
- 土木、建设相关企业
- 计算机相关企业

■ 选择学校的关键！

要注意，设置该学院或专业的大学多为国公立大学，且设为理科，私立大学只有少数几家。正因为研究对象是地球，其范围广泛，而每个大学的侧重点各不相同，学生关键是要对照自己的志愿和各学科的重点内容来决定自己的方向。

化学系·通过实验亲身体验物质的性质

学习内容

所谓化学，就是研究所有物质的学问，研究身边所存在物质的构造、性质、反应和变化的过程，并以此为基础，努力创造出有利于人类生活的新物质。在大学中学习的化学分成有机化学、无机化学、物理化学、分析化学和生物化学这五大类别。一、二年级需要学习各个领域的基础学科以及和化学密切相关的物理学、生物学、数学。此外，除讲义之外，更需通过基础实验以及计算机演练来掌握实验分析技术。

升入三、四年级后，专业选修科目增加，再进入更高层次的实验阶段。在课程编排中，实验占很大一部分，这是这个学科的特征之一。高中时期的化学实验大多是为了让学生掌握实验方法和顺序而设置的，实验结果事先已明确。而在大学中，必须自己订立假设，并以证明其结果为目标而进行实验，所以通常结果不会尽如人意。但相反，从实验的过程和结果中亦有可能发现完全不同的问题。总的来说，这是一门需要坚韧不拔的毅力，又同时充满刺激的学问。

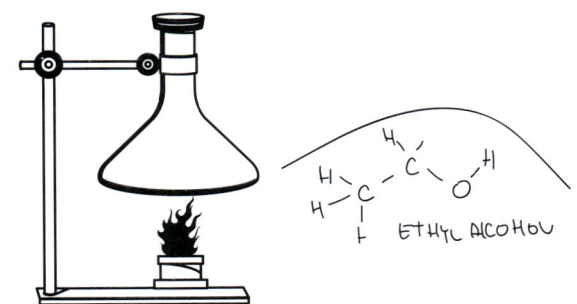

未来的就业

- 化学产业
- 制药、化妆品、食品制造
- 大学以及国立机构的研究部门

毕业后的发展方向非常宽泛，除了一般化学产业之外，还有制药、化妆品生产商，以及进行食品等商品开发的企业也可作为就业方向。

如果希望作为技术人员、研究人员或专家进入社会工作，需要进入研究院深造，毕业后亦可以进入大学或国立机构的研究部门，抑或是民营企业的研究所开展研究工作。

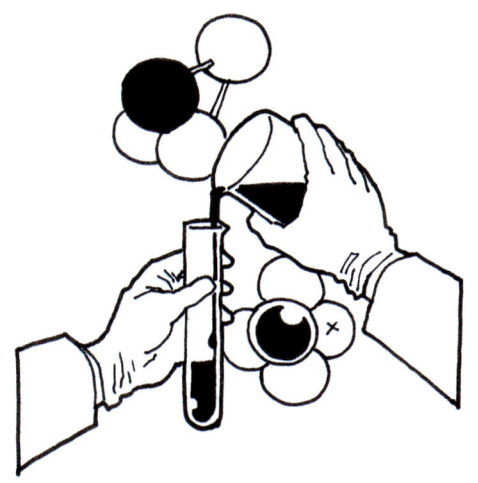

选择学校的关键！

化学系和基础化学系以基础化学为中心展开学习，而笼统学习物质的是物质化学系，还有以高分子为研究对象的机能高分子系。大多数课程都可以在理学院学到，此外也有将化学应用到产业当中的应用化学系和工业化学系等隶属于工学院的学科。切记慎重思考自己想学的东西的重点在哪里之后，再选择期望的大学、学院和专业。

理 生物学系・研究对象小至微生物大到人类

学习内容

所谓生物学，是指以地球上所有生物（从细菌、微生物到植物、动物、甚至人类）为研究对象，以解释所有生命现象为研究目的的学问。除了研究动植物生育和环境关系的生态学、研究生物形态和构造的形态学等原本即存在的学术领域之外，该学科还涵盖借助高速发展的分子生物学方法并试图从分子遗传层面解释生物的遗传学、生理学、分子生物学、生物化学等多个发展中的领域。在大学中，先在一、二年级打好化学生物的基础，再进入自己想要研究的领域。无论在哪个领域学习，不仅仅是理论，观察和实验将成为研究的基本，学习过程中会有很多实验和实习，因此有许多大学在课程中安排了野外调查和临界实习。

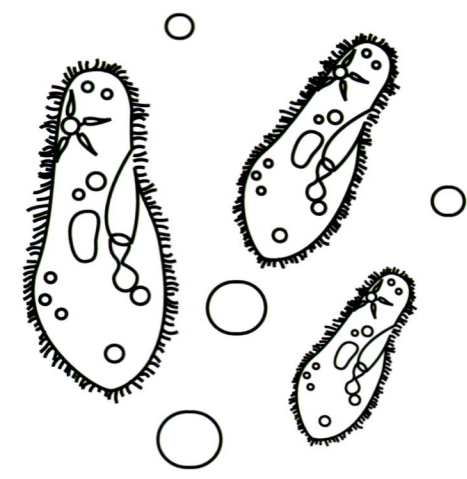

未来的就业

- 医药品生产商
- 传媒
- 批发、零售业
- 计算机相关
- 制药、食品、化学工业研究工作

进入研究院学习的比率很高，很多大学本科毕业生一半以上都考上研究生深造。

主要就业方向为能够运用所学专业知识和实验技术的制药、食品、化学工业相关的研究工作，近年对于MR（医药信息负责人）的需求也逐渐增加。进入批发、零售业、传媒、服务行业、计算机相关企业的人也相对较多。此外，也有人进入政府机关和研究所工作。

选择学校的关键！

该学科多半以理学院中的生物学专业、生物科学专业为主。由于研究课题范围非常广泛，务必在听取大学介绍期间，确认自己想学习的研究对象的有关研究是否正在进行当中，并且由于实验、实习的几率较高，也请确认大学的实验设施是否完备。为了能够学习更高层次的知识而进入研究院学习的比率很高，也是这个学科的特征。请事先注意一下是否设有研究生院以及考入研究生的升学比率。

机械工程学系・工程学的基础

学习内容

机械工程学，是系统概括机械技术原理和方法论的学问。除机械设计外，开发便于运用的高效生产系统、追求自动化、省力化的方法都是机械工程学重要的研究领域。

机械工程学的研究领域主要分为"材料类""热·流体类""机械·振动·控制类""加工类"这四大类。"材料类"以材料的特性与强度、选择适应市场需求的材料的方法以及新材料的开发为研究课题。"热·流体类"则属于汽车、火箭等的引擎、发电厂相关领域，主要研究热量的产生、移动和隔离方法。"机械·振动·控制类"则研究机械的振动与控制技术。"加工类"则主管精密加工、切割加工、焊接技术。除这些传统领域外，机械工程学还包含机器人和医疗相关的研究。

大学中，一、二年级需要花精力学习数学、物理学、力学、制图学等基础科目。其中特别要学习作为机械工程学基础的材料力学、流体力学、热力学、机械力学等四大力学。三年级以后，通过实验、演练继续加深对这四大力学的掌握程度，再通过设计练习学习更专业的知识。

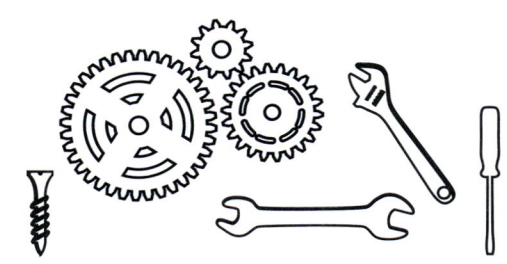

未来的就业

- 建筑　　・运输　　・食品
- 汽车、飞机、造船等机械制造企业
- 家电、计算机等电机制造企业

毕业生主要围绕汽车、家电等电气相关制造企业开展就业工作，但亦有不少毕业生运用生产技术知识，在建筑、运输、食品等制造行业从业。这也是这个专业的一大特征。

就业于企业研究开发部门的大多为研究生毕业，所以有不少人升入研究生院。如期望将来从事研究工作的话，可考虑是否考入研究生院。

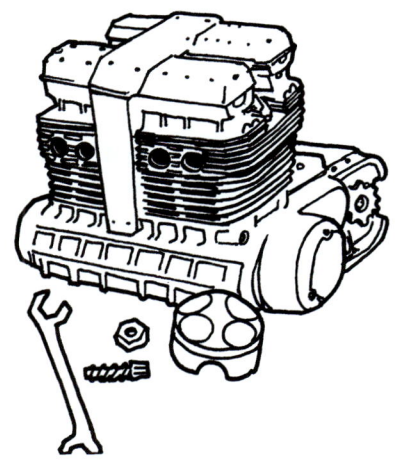

选择学校的关键！

机械类学科主要分为两大分支。一个是系统学习机械工程学所有方面的机械工程专业，另一个系统则将重点放在机械构造和机械系统上。其中，有从机械控制系统的统合、开发和设计的角度学习的"机械控制系统专业"和将焦点放在机械智能化的"智能机械工程学"等。由于专业学习中实验和演练较多，需了解确认大学的设施设备是否完备。另外，也可确认一下是否设有研究生院及其升学率如何。

工 电气・电子工程学系・研究电子的利用方法

学习内容

电气工程学和电子工程学都是研究电气元素——电子的学问，但对于电子的认识方法有所不同。电气工程学将电子的流动，也就是"电流"（电气）视作能量，研究如何高效地发电、传输电力，以及如何控制、运用电动机。具体的例子有大家所熟知的磁悬浮中的超导电和电子影像处理基础、太阳能发电等，多数研究掌控着未来技术的核心。

另一方面，电子工程学也称作"电子学"，将电子视作"传递信息的道具"。其主要研究范围包括LSI（大规模集成电路）等电子仪器有关的新材料的开发、虚拟现实、计算机软硬件的开发以及采用半导体激光和光纤的网络技术等活用电子性质的多种研究，这些研究构成支撑现代先进技术的基础。

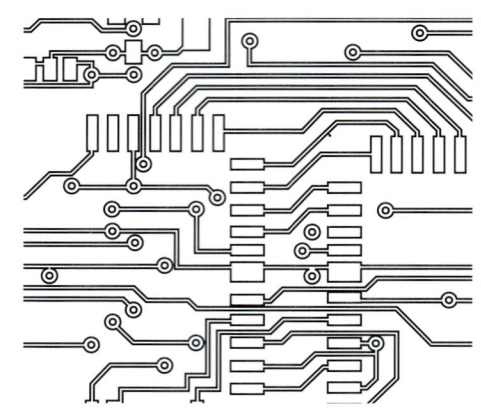

未来的就业

- 电子信息相关产业
- 电气、电子相关产业
- 通信相关产业
- 软件相关产业

由于学习电子能源工程学、计量、控制工程学等各领域的知识，涉及范围广泛，毕业生活跃的领域也相对多元。还有很多大学设立了方便取得高级资格证的课程，如取得电气主任技术师、电气通信主任技术师资格等。

除由于技术开发能力优异从事上述职业的毕业生外，也有许多人为了学习更高层次的知识和技术，选择进入研究生院深造。此外，也有人考上博士课程学习，进入大学研究机构就业。

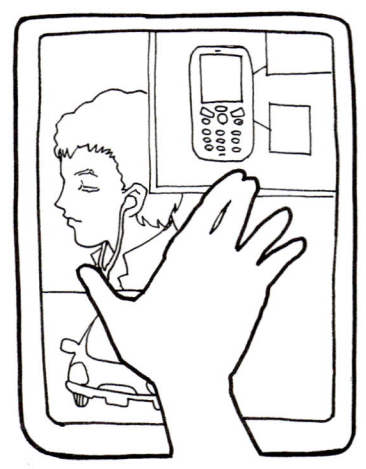

▊ 选择学校的关键！

电气工程学、环境工程学皆属于专业性较高的领域，所以大多数大学都将电气、电子、通信等领域作为学院、课程或专业独立出来。

此外，同一所大学中，电气和电子类专业、机械、信息类学院等设置该学科，切记比较各个专业、学院的课程安排。

航空・宇宙工程学系・工科的骄子

学习内容

宇宙航空学由航空学与宇宙工程学两部分组成，航空学主要进行航天飞船的研究，而宇宙工程学则主要研究火箭、人造卫星和宇宙空间站等。要学习相关的开发、设计、制造、运用等理论，就必须具备机械工学、通信信息学、材料工学、物理学等多方面的知识，因此宇宙航空学是一门多学科知识融会贯通的综合性学科。

宇宙航空学的研究领域大致可分为以下四个方面：研究空气阻力和浮力的"流体力学"、研究机体构造与设计的"构造力学"、研究航天飞机和火箭飞行的"推进工学"、研究飞船操纵性能与飞行稳定性的"航空控制学"。学习内容以这四个方面为主，并拓展到其他多个领域。

另外，近年来，宇宙航空学的技术发展取得了显著进步，学习宇宙航空学，就有机会接触到最尖端的技术。

入学后，学生需要努力学好必需的数学和物理知识，而专业课则是与宇宙和航空直接相关的科目。该学科看起来非常新颖尖端，但实际上最不可或缺的还是勤奋持久的研究，因此更适合愿意勤勤恳恳努力做研究的学生。

未来的就业

- 航空飞机制造、航空公司
- 宇宙航空相关的研究所与机构
- 汽车机电制造厂

和其他工科一样，本专业不少毕业生都选择读研，有些大学读研的学生比率甚至占到了七八成。另外，还有很多学生选择从事研究工作或做大学老师。

如果选择去企业就业的话，还是有不少职位能够用到所学知识的，比如精密机械制造、铁路相关企业、软件开发公司等。另外，也有很多人会去考飞行员或航天飞机检修员资格。

选择学校的关键！

需要注意，在日本，开设航空学和宇宙工程学专业的大学不多，相对于留学生来说，这个专业的考试难度较大。除了必须掌握的物理和化学知识，还要具备一定的英语能力，因为该领域研究经常需要同国外的技术专家进行合作。此外，为了获得更多的专业知识，很多毕业学生都会去读研。有些学校虽然没有航空学或宇宙工程学，但一些机械、通信信息专业会研究飞机和宇宙。这点需要大家通过学校的主页去查询具体内容。

工　通信・信息工程学系・担负IT发展的重任

学习内容

现今网络发展促进了社会的发展，信息通信技术对现代社会来说已经成为不可或缺的存在。而通信工程学就是要研究传递信息的技术手段。

不仅是现有的电话线等有线技术，通过光纤和无线技术的融合，将信息越发快速、高效、安全地传递的研究也在不断进行当中。信息工程学专业将学习有效运用信息和不可或缺的电脑技术，以及包括通信工程学在内的综合信息技术。研究范围从接近硬件到程序理论和数值解析等近软件领域，更有运用于机器人和医疗等方面的领域。

大学中，一、二年级需学习电脑的基本构造、演算处理和回路的设计，以及编程语言。三年级以后多分为硬件系和软件系，分别研究各自的专业领域。

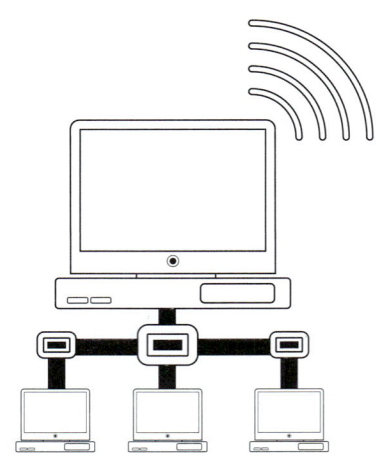

未来的就业

无论是什么行业，都非常重视信息化・通信环境的完备，对于通信・信息工程学科毕业生的期待也高。除了系统工程师和程序员等直接和信息接触的职业外，在无论什么领域的企业都有前景。

此外，进入研究生院的学生亦逐渐增加，根据大学不同，也有考上研究生比率达70%—80%的大学。研究生毕业后则在IT相关企业进行研究和开发。

- IT相关企业、软件开发企业
- 电机、电子仪器、电脑制造商
- 银行、商社、服务相关企业

■ 选择学校的关键！

带有"信息"的学科在工科、理科、经济学・经营学等多数学科中皆有涉及。此外值得注意的是最近在人文・社会学科等人文科学中亦开始设立跨学科。先确立自己想学习信息的哪些方面，想以怎样的态度进行研究，再选择学校。信息类的学科由于其涉及古往今来社会趋势变化，并且和所有企业未来相关，非常热门。对于留学生来说亦是非常抢手的学科，须谨慎选择。

工 材料工程学系·创造引领技术革新的新素材

学习内容

我们身边充斥着许多物质。材料工程学正是要研究这些物质的素材构成。该专业从工程学角度解析材料的构造及其功能,并以开发最适合人造物的最优质材料为使命。材料大致分为金属材料、有机材料、无机材料,以及用这些材料合成的复合材料。"金属材料"以铁、铝、钛为代表,现正在开发研究形状记忆合金以及能够储藏氢而成为绿色能源的储氢合金。"有机材料"是以碳为主要构成部分的物质,典型材料包括蛋白质等天然有机化合物和合成纤维等。在大学中,一、二年级须在学习物理、化学、数学的同时,学习金属、有机、无机材料的基础知识。其后再依据各自学科选择硅材料学、电磁材料学、催化化学、宇宙材料工程学等。演习、实验,以及工厂参观等实践科目也很多,在实验和分析中需要用到的相关计算机信息处理课程亦受到重视。

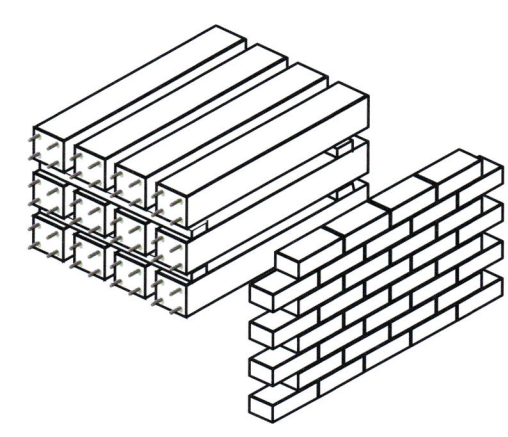

未来的就业

- 制铁企业、非铁金属企业
- 汽车、电机、精密仪器
- 石油、化学、信息通信

材料工程系的学生和其他工科学生一样,考进研究院的几率很高。随着研究开发中所需知识和经验愈发高度集中,为能够从事非常专业性的工作,须进入研究院学习的倾向愈发明显,本科毕业生一半以上都考上研究生的大学并不罕见。

研究生毕业主要进入各种研究机构、企业的研究开发部门工作等,其作为工程师和研究人员的工作受到期待。

■ 选择学校的关键!

能够在理工学院的材料物性工程系、物质工程系等学科学习。此外,还有将重心放在开发高机能材料、改善材料材质、赋予新材料新机能等领域研究的机能材料工程系、机能物质系。并且,根据大学的不同,也有可能在物理工程系和机械工程系的部分课程中学到材料工程系领域知识。

应用化学系・改革产业界的化学技术

学习内容

应用化学是一门利用化学理论和知识来研究和开发改进人类生活的新物质的学问。它涉及的范围很广，包括医疗、农业、食品、电子等。应用化学研究的都是争取能在几年后实际运用的技术。

应用化学研究的一个主题是新素材的开发，包括高分子材料、生物材料、硅酸盐材料等，另外手机所使用的高性能锂电池的电极也是应用化学开发出来的材料之一。此外，由于化学物质中包含有害物质，所以最近环保技术成了重要的研究对象，已经开发出了如具有分解二噁英等有害物质作用的硅酸盐类光催化物质与有机降解塑料等。

大学一、二年级一般学习物理化学、有机和无机化学、分析化学等基础科目。此学系的特点之一就是从一年级开始实验的频率就很高。而到了三年级以后则学习高分子化学、催化化学、反应速度论等科目并进行实验和演练，同时开始着手毕业设计。

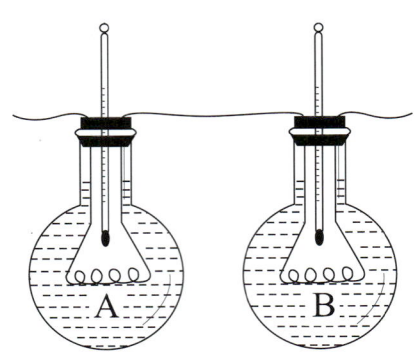

未来的就业

- 化学工业相关（石油化学、化妆品、医药品）
- 高分子相关（塑料加工）
- 硅酸盐工业相关（合成纤维和树脂）
- 环境保护和能源相关

该学系的毕业生一般就业于化学工业、高分子以及硅酸盐工业等相关企业。而最近由于环境问题很受关注，也有一部分人就业于环境保护和能源相关企业。大多数该系毕业生都是在上述研究所和工厂里担任研究人员或技术人员，从事开发新产品和生产技术的工作。

此外，还有人就业于国立研究机构或大学等教育机构。

选择学校的关键！

应用化学可以在工学系和理工学系中设置的应用化学、化学系统工学、工业化学、化学工学等学科中学习。此外，近年来很多大学还设置了以"环境"相关课题为中心进行研究的环境应用化学、生物环境化学，或着眼于"超微技术"的超微科学、超微弱化学等学科。

工 生物工程学系·将生物功能运用在工程上

学习内容

生物工程学的运用范围包含医药、食品、化学、发酵等多个工业领域，也涉及环境保护等领域。

这是一门利用生物学的基础研究，将其得出的生物功能和构造运用在产业、医学以及药学方面的学科。比如，通过利用微生物进行产业废弃物的分解，通过转基因制造对微生物有用的物质等，就是这个领域需要研究的课题。

生物工程学的研究是以遗传工程学、细胞工程学等基础技术为根基的。在"遗传工程学"里，我们运用转基因技术，进行遗传因子的结构分析以及转基因操作。在"细胞工程学"里，我们通过合并细胞来制造杂种细胞，或在细胞内部大量生产有用的物质。我们还将这些技术和工程学的其他技术结合起来，开发实用的生物技术。

未来的就业

有很多同学会进入能够运用生物工程学知识和经验的医药品、食品、化妆品企业。在研究型职位中，由于有很多公司会要求拥有研究生以上学历，专业性较强，所以研究生院的升学率也很高。

另外也有同学会加入到技术工程师、系统工程师以及专家智囊团体等领域中。

- 系统工程师
- 医药品、食品、化妆品企业
- 大学以及国家机构的研究员

▎选择学校的关键！

如今，非常流行利用或参照生命现象并将其运用在产品中的研究。因此，工程学院、理工科院系中的生物工程学、生命工程学、生命科学、生命信息工程学等生物工程学的研究，和自然科学院系生物学等专业的遗传工程学以及细胞工程学的研究在不断融合。因此建议不要拘泥于学院以及专业的名称，在选择时应事先调查好各个专业的重点研究领域。

土木・环境工程学系・创建安全舒适的城市

学习内容

"土木工程"如同其英文"Civil Engineering"的意思一样,是"服务于市民生活的工程学"。以公路、大桥、隧道等交通设施以及发电厂、水坝、公园等建筑物为对象,学习设计、建设、运用和管理。土木工程的使命,就是创建安全舒适的城市。

土木工程的实施对象和环境有着密切的联系,因此,诞生了叫作"环境工程"的领域,包含自然科学,社会学,信息工程等领域,促进城市和地区的基础建设与自然更为和谐。从地球的整体环境,到住宅区周围的生活环境等,涉及的范围很广。

其课程包含多种多样的科目,从水力学、土质力学、构造力学等专业基础科目到城市规划学、地球环境工程学等均有涉及。

未来的就业

- 建筑行业
- 咨询业
- 铁道行业
- 房地产业

土木工程学专业的毕业生在大型综合建筑公司从事大桥、道路、水坝、隧道等大型项目的较多。另外,也可以利用国土、城市规划等专业知识,从事城市开发相关工作。

另一方面,环境工程学毕业生的就业方向主要有:建筑公司、设计事务所、各种制造行业等,活跃于较广泛的领域中。另外,不仅限于环境领域,还可以根据毕业生的综合素养和能力,活跃于各种各样的领域。

选择学校的关键!

土木环境工程学可以在工程学院、理工科学院下的土木工程、环境系统工程、社会开发工程、城市环境等专业中学习。该专业研究领域广,各校专业领域也不同,因此,通过大学简介进行对比是必须的。而且,也有专业将研究范围缩小到特定领域,如重点研究城市工程学的城市工程专业、城市系统工程专业,以及研究海洋的海洋土木工程专业等。除此之外,包括测量学、构造力学、设计以及土木制图等的实习和练习较多,也是专业的特点之一。

建筑学系·科学与艺术的结合

学习内容

建筑学是一门创造供人们"聚会""居住""活动"的建筑物和地点的创造性学科。

它是一门科学的同时，也有着艺术的一面：不仅需要学习建造建筑物的技术，也要结合建筑物周围的环境、文化、福祉、思想等，追求功能美和艺术美，创造出宜居环境和住宅。

建筑学大致分为四个领域。"建筑史、设计"领域不仅涉及建筑的历史和设计，还和自然科学、哲学、美学、社会学等有着密切的关系。"建筑学、材料"领域旨在探讨使建筑物不倒塌的结构和原理。"建筑环境、设备"领域不仅涉及照明、空调以及供水排水，还要学习整个城市、整个地球的能源方面知识。"城市规划、建筑规划"领域将重点放在了城市和建筑物的规划上。近年来，重视环境层面的研究很流行，如无障碍住宅、绿色住宅等，预计以人与自然和谐相处为目标的住宅空间的研究将会更上一层楼。

学生可根据课程系统地学习各个领域，但很多大学将重点放在实验和实习上。关于设计部分，也有大学设置通过实习、研讨会来学习运用CAD（计算机辅助设计）等计算机技术的课程。在大学第四年，学生将进入实验室进行毕业设计。

未来的就业

- 设计事务所、大型综合建筑公司、
- 住宅建筑商等建筑相关行业
- 室内装修设计师

该专业直升研究生的升学率正在提高，很多学生旨在读研后成为建筑师。

另外，也有毕业生成为设计城市的城市设计师、环境设计师等，也有毕业生进入了大型企业的建设部门。

另外，除了建筑相关行业以外，也有毕业生加入了咨询公司、广告行业，更有甚者加入了金融行业以及房地产行业相关企业。

选择学校的关键！

学生可以选择在工程学院、理工科院系、造型学院等艺术院系下的建筑学专业学习。大学不同，其专业特长以及侧重领域也不同，所以学生应根据兴趣择校。

另外，建议调查好学校是否设置了研究生院及其课程设置等情况。有些大学具备融合了地区特色的独一无二的研究课题，学生可以留意一下。

工 设计工程学系・创造便捷环保的产品

学习内容

如今的工业产品，其性能不仅要高，其产品的设计也被人们重视。设计工程学，如同其名字一样，是一门追求工业产品的设计和功能的学问。不单是追求崭新的外形，还要站在使用者的角度，研究和创造更安全更便捷的形状。最近出现了环保材料和产品的开发，相应的设计也成了社会的需求。

由于这门专业追求工业产品与人和环境的和谐关系，所以和生活、社会以及经济等方面也有着深刻的联系。相关大学开设如设计造型、人体工程学、生理学、设计心理学等不同于其他工程院系的课程。

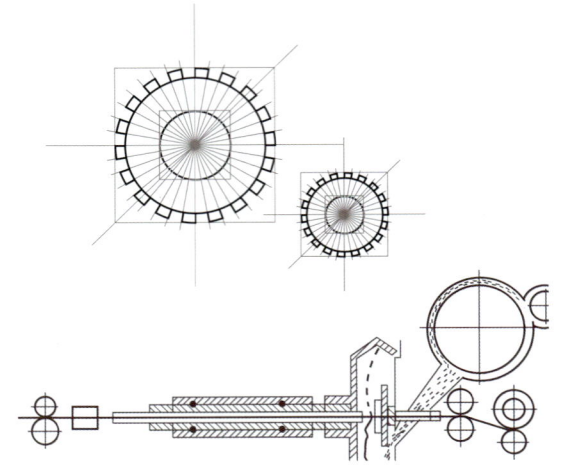

未来的就业

- 电气、化学
- 技术人员、金属领域研究人员
- 银行、保险等金融领域

与其他理工科学院、专业的学生一样，希望进行更高水平研究的学生较多，故进入研究生院深造的毕业生比例较大。

由于该学系具备知识面贯穿自然科学、工程学的特点，运用面广阔，其毕业生的就业出路也很广，如作为研究人员、技术人员活跃于电气和电子仪器行业、通信和计算机相关行业、金属、钢铁、汽车行业等各领域中。也有的毕业生运用其数据分析能力，活跃于金融、保险业等乍一看似乎和设计工程学没什么关联的领域中。

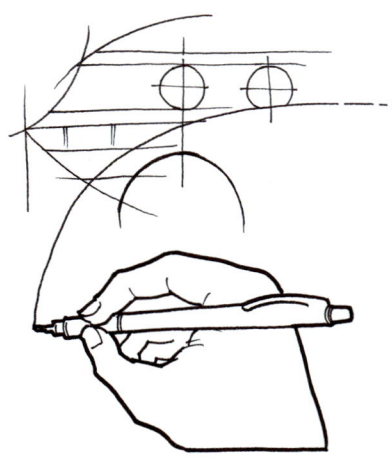

■ 选择学校的关键！

设计工程学可在艺术工艺学院、设计学院等学院下设置的工程设计专业、产品设计专业、工业设计专业学习。但设置这门学科的大学较少，同时需要留意的是，根据所属学院的不同，其课程对工程学和设计学的侧重点也不同。

船舶海洋工程学系·培育海洋工程师

学习内容

船舶海洋工程学的研究领域很广，从船舶等构造物的设计、建造、维修，到船舶的安全航线、运行系统、高效率的海上物流，或是海洋现象的机械研究，到资源采掘等海洋开发手段的构建，甚至是海洋环境的保护，其涉及的领域是全球性规模的。可以说，这是一门培养海洋专家的学科。

该学科大致可分为船舶系、海上海洋系以及环境系三种。

船舶系的学习内容以船舶的设计、建造等造船技术为中心，也包括学习用于海洋开发的各类设备、大型桥脚、大型陆上设备等。船舶需要装备各类机械、电子控制装置，从节能和环保的角度运用动力、设备、机器系统，可以说，这本身已是大型成套设备，故将会综合、系统地学习机械、电气、控制、流体等广阔的工程学领域。

海上海洋系包含海上机场、海洋度假、资源开发等，主要与海洋开发相关的领域，以及海上运输系统、国际物流、后勤相关领域。研究既能保护海洋又能可持续发展的系统、既安全又高效的运输系统。

环境系阐明风、波浪、潮汐等有关海洋的自然现象，以环境保护与人类共存的课题为轴心，从广阔的视角学习海洋环境、资源管理、水域利用等方法和技术。也有的大学研究海难事故导致的原油泄漏的影响以及鱼类、海藻等水产资源。

未来的就业

- 造船、运输机械
- 重机械工业、海洋运输行业
- 建筑行业、钢铁行业
- 智囊团体

这个专业由于拥有综合工程学的一面，故社会的需求量较大。造船、海洋运输行业等船舶制造、海上运输相关领域的就业不用说，也有部分毕业生进入汽车、建筑、钢铁、航空、信息处理、通信、电气机械等领域，活跃在各行各业。

一部分大学有设置船员培养课程，毕业后取得海洋技术师资格证书成为船员的人也不在少数。

选择学校的关键！

船舶海洋工程系的研究对象涵盖船舶、土木、建筑、能源、环境等多个领域，从各类技术领域进行分析，以期得到意义重大的研究成果。因此，学生有必要把目标设为从事高度专业的研究，在选择大学时就考虑到读研。另外，实习、研修时的造船练习情况、相关设施等设备是否完整、研究体制等环境因素也是选择大学时的关键因素。

工　资源工程学系・探索环境问题

学习内容

为了维持和提高人们的日常生活水平，能源是必不可缺的，但如今全球范围内的能源、环境问题越发严重，在我们维持生产和生活中使用和消费石油、天然气等化石资源的同时，第二代能源的开发任务迫在眉睫。因此，"资源、能源工程学"不仅致力于有效利用化工资源，还致力于有效运用风能、太阳能、生化能源等绿色能源，旨在构建能够协调能源消费和自然环境的高效能源系统。

资源工程学在工程学领域中有着长远的历史，其前身是采矿学、冶金学以及矿山学等。资源工程学除了资源的探查、开发、处理以及环境保护等传统的资源工程学所研究的领域之外，还对资源的开发、伴随资源消费引起的环境问题、自然灾害的预测、预防以及资源重复利用等领域，进行全球范围内的、面向未来的综合研究和技术开发。

另一方面，能源工程学着力有关能源生产、利用的基础研究及其运用。如开发安全、有效利用能源的最佳流程和机器，并阐明基础原理，开发高水平能量转换系统的新技术，进行各类实验性研究和分析。

综上所述，资源、能源工程学专业融合广泛学术领域的专业知识，以克服能源、环境问题为目标，研究资源开发、重复利用、节能等问题，从而构建可持续发展型的社会系统。

未来的就业

- 石油、燃气、地质咨询公司
- 能源开发
- 重工业
- 电器等制造行业等

学习资源工程学的毕业生的就业去向有：能够运用地质学、矿物学等知识的石油、燃气、地质咨询公司等。另外，也有运用材料工程学知识进入金属工业、矿业等领域的毕业生。学习能源工程学的毕业生的就业去向主要有：燃气、电力、汽车产业等旨在开发绿色能源的企业，以及重工业、电机等制造业。另外，这两个专业都有毕业生运用其专业知识，活跃于研究机构，或进入研究生院深造。

▌选择学校的关键！

日本能学习资源工程学的大学较少，公立私立学校加起来只有 20 所左右，主要开设在工程学院、理工科学院。前两年学习数学、物理学、化学、地质学等科目的同时，还学习该专业相关的概论。由于该专业和环境问题密切相关，因此也开设环境工程学、环境安全工程学等科目。由于研究课题范围广泛，因此应通过大学介绍等确认以下问题：是否开设自己想学知识领域的课程、课程是否充实、实验设备是否最新等。

环境科学系·从各个角度研究"环境"

农

学习内容

环境科学是研究环境问题的专业。从全球变暖等全球性问题,到垃圾处理以及重复利用等本地化问题,环境问题所涉及的课题跨度很大。

以环境为课题的研究,以往是在生物学、农学等自然科学领域进行的,但最近在人文、社会科学领域中,研究环境问题的学院、专业也在逐渐增加。比如,有的专业学习人类社会与自然的和谐共存所涉及的各类广阔知识,有的专业从广阔的视角研究构成社会的各类要素,并研究法律制度以及环境法。另外,理工科领域也有解释环境相关问题的"环境数理学",利用多媒体研究环境问题的"信息环境学"等新的学术领域,此类新兴的学术领域正在引起社会的关注。

未来的就业

- 研究机构
- 建筑
- 观光、交通
- 媒体

大学毕业后可以选择就业也可以选择继续深造读研。就就业而言,由于环境系的学科涉及理科和文科,所以从制造业到建筑业等,毕业生就业时进入的行业、职位也是多种多样的。

除此之外,也可以加入联合国等国际组织、特殊法人、财团法人等公益法人、环境 NGO(非政府组织)等国内外的民间组织。

选择学校的关键!

环境科学所涉及的领域广阔,因此其研究领域、研究对象也因大学不同而各异。

包含"环境"两字的学院、专业有:环境科学、环境系统、地区环境、人类环境等。不要茫然地说"我想学习环境学",而应该想清楚自己的兴趣点在哪里后,再选择学院和专业。

农 农业・农艺化学系・研究农业生产相关学科

学习内容

农学，是研究提高栽培植物生产能力和质量相关的技术和理论的一门学科。其研究领域广阔，从遗传、育种、栽培、农作物、土壤等基础研究，到生物技术、市场营销，甚至环境问题等，其内容覆盖其他学科领域，跨学科倾向逐渐增强。

农艺化学，是旨在通过化学来解决农业生产相关的各种课题的学科领域，阐明生物拥有的遗传、自我控制、物质代谢等功能，并开发能够将其运用到其他方面的技术。其研究对象多种多样，包括农作物、昆虫、菌菇、微生物等。运用转基因技术生产新型的安全的农作物，也是其研究课题之一。

在大学学习了农学原理、生物学、有机化学、土壤学等基础学科后，会进行专业性较高的研究。其中，实验和实习的比重较大，特别在农学专业，很重视农场的实地考察。

当今社会，由于人口增加而导致的对粮食危机的担忧、地球环境恶化对农作物的影响等各种问题困扰着农业，人们非常期待农学研究取得的成果。

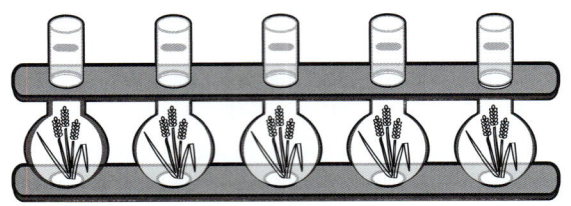

未来的就业

- 农业相关企业
- 食品产业
- 食品加工行业、饮品
- 酒品生产商
- 医药品、化学相关企业

利用在农学领域学到的专业知识，希望在农业试验场以及研究机构就业的毕业生较多。就民间企业而言，可以加入进行开发、生产肥料、农药的企业，食品相关企业等。农艺化学专业毕业生进入食品、化妆品、医药品、化学工业等相关企业从事专业型、研究型工作的较多。无论是哪个专业，进入研究生院的升学率都很高，学习硕士课程甚至是博士课程后，目标成为研究人员的学生也很多。

选择学校的关键！

农学、农艺化学专业除了在农学院以外，还可以在生物生产学院、生物资源学院、园艺等学院下开设的生物生产、应用生物化学、应用生命科学、生物资源、生物环境科学等专业学习。

最近，农学院由于学科改编的缘故，诞生了单看其名称无法揣摩其内容的新专业，这要通过大学介绍确认好。另外，开设此类专业的私立大学较少，应留意。

农业经济学系・为了让全世界人们稳定地享用粮食

学习内容

农业经济学是从社会科学的视角研究农业的学科，包括研究日本、世界粮食的生产、流通和消费系统，以及研究粮食生产人员周边的环境等。其研究结合贯穿农作物流通的市场、农业政策的宏观视角以及个体农业经营的微观视角。

从宏观视角来看，该学科研究日本农业和世界的关系，研究课题有：粮食自给率低下的日本经济结构、农作物贸易、日本农业的问题等国际化的课题。从微观视角来看，该学科以提高农业生产者的收入，实现农业生产者的经济稳定为目标，通过机械设备投资、劳动力投入等途径，研究以有限的资源取得利润最大化的方法。

两者都以日本农业的研究为基础，所以如果想将知识运用于外国的农业经营，则需要对日本和外国进行比较，并理解两国农业的形态。

在大学低年级学习经济学、政治学、社会学等基础学科，另外在学习农村政策论、农业史等科目的同时，学习农业经营分析、农业经营论等专业科目。另外，掌握农业相关的知识和技术所需要的实习、实验也包含在课程内。在农学领域中，这是一门包含社会科学要素较多的专业，但农业实习和实验也是必不可少的。

未来的就业

- 全国农业合作社
- 联合会等农业团体
- 食品公司、服务业
- 商品的制造、流通、销售

利用其同时掌握的农学和综合学科的知识，较多毕业生进入以农业相关机构为首的农业经营领域。另外也有毕业生进入银行、证券等金融领域。

另外，最近可以看到有毕业生加入环境相关企业的案例。此外，也可以进入研究生院深造，抑或在NGO（非政府组织）、国际组织里进一步深入研究大学期间所进行的研究课题。

选择学校的关键！

农业经济学可在农业经济、粮食环境经济等专业学习。另外，也有大学在农学专业中将其设置为选修课。最近，社会对农业有了新的评价，但其研究内容已不仅是单纯的农业，农业与环境的关系、未来农业的经营方向等才是研究的课题，故今后此专业的存在意义会越发重要。

农 农业工程学・森林科学系・探寻自然环境与农林业的融合

学习内容

如今，日本的农业正面临着环境恶化、务农者整体趋于老龄化、农村人口过于稀疏等各种问题。同时，全球范围内人口增加、环境破坏以及随之而来的生态危机等难题也正在浮现。而农业工程学正是一门致力于解决上述问题并研究高效的农作物生产技术的学科。

农业工程学主要分为农业机械与农业土木，近年来，也有不少研究涉及环境相关的领域。农业机械系研究的是用于农业生产的机械与设施，比如省力机器（如插秧机）与高效栽培设施的开发，另外运用了机械电子学的专业研究也在兴起，比如农业机器人等。

农业土木系的研究课题则是农业用地与水资源环境的配置等内容。另外也有不少研究从"建设与自然共存的社会"的角度出发，充分考虑开发对环境的影响，例如农业用地的配置与保全、灌溉设备的配置充足率等。同时，在与环境相关的领域中，还有研究是从有效利用资源与保持生态平衡的角度出发，对农业的运作方式进行考察。

在以自然为研究对象的农业领域中，还有一门学科叫森林科学。森林科学关注的是森林资源与人类的关系，主要学习森林资源的保护、生成、利用与生产管理等等。该学科不仅从森林内外的生态与环境等自然科学角度进行研究，还从经济、经营学、社会学等社会科学的角度对一些林业方面的问题进行探索。而最近，除了这些传统的领域，森林也成为环境保护的研究对象，有大批研究关注的是与森林有关的全球范围的环境问题，例如由全球变暖、沙漠化和酸雨导致的森林破坏等等。

未来的就业

- 建筑公司
- 设计咨询公司
- 制造业
- 环境相关产业

农业工程学专业出身的学生因其专修领域分为土木、机械与环境等，常有毕业后从事不同工作的情况。就职于一般企业的话，则多为建筑公司与设计咨询公司。专修机械领域的，大多从事机械生产等制造业。另一方面，很多林学专业出身的人会选择去造纸公司与住宅建筑公司等。

选择学校的关键！

需提醒的是，开设农业工程学与森林科学课程的大学并不多，私立大学尤其稀少。不过，也有大学是在农学、生产环境、地区环境、绿地环境等一些环境系的学科里开设了相关课程，对此可以查询一下。不同的大学研究领域会有所不同，事先要确认一下该大学的研究领域自己是否感兴趣。另外，还应关注一下学校里用于实习和实地演练的设备与实验林等情况。

水产学系·多角度研究海洋生物资源

农

学习内容

水产学是一门研究如何有效利用海洋、河川、湖泊、池沼中的水产生物资源的学科，大体上可以分为渔业和水产资源学、水产环境学、养殖学以及生产化学和制造学四个方面。

"渔业和水产资源学"主要学习水生生物资源数量的估算与管理方法，研究它们的生理特性和行为特点，掌握水产生物的捕获方法。"水产环境学"是学习如何维持海洋生产力，保护水体环境并修复遭破坏水体的一门学科。"养殖学"主要探索能够在保护环境的同时使水产生物高效地生育繁殖的技术。"生产化学和制造学"则是研究可食用水产生物的加工、保存、利用、开发、制造及管理方法。

最近，水产学领域正广泛开展全球范围内的海洋调查，而有关人与海洋的和谐相处、水产资源的保护与未来趋势预测等研究也在推进之中。

未来的就业

大多学生成为研究与技术人员，活跃于水产公司或食品行业。也有部分人就职于养殖场、海洋环境调查公司、水质检测公司以及渔业合作社等。

另外，去水产试验场等与水产相关的教育研究机构任职也成为一条可选之路。

也有很多人希望从事水产方面的研究，但因对知识以及技术方面的要求较高，所以有一定难度。因此，越来越多的人会选择报考研究生继续深造。

- 水产公司、物流业、化学相关企业
- 养殖场水族馆、海洋水质检测
- 渔业合作社
- 大学以及国立机构的研究人员

选择学校的关键！

设有水产学专业的大学并不是很多，而且不同的大学侧重的领域也不尽相同。所以，通过大学的介绍对比分析不同大学的特色，从中选出与自己兴趣相匹配的大学，这点非常重要。事先还需确认相关的研究设施与实验船的配备情况、实习的具体内容等。

农 兽医学·畜产学系·通过人与动物的关系学习生命科学

学习内容

大学内设置兽医学学科的主要目的是培养具有行医资格的兽医,该学科设在兽医专业或农学专业,主要研究家畜动物疾病的诊断、预防与治疗方法,并学习如何预防一些人类与动物共通的疾病,例如近年来备受关注的口蹄疫、疯牛病、禽流感等人与动物共同感染的病症。另外,该学科领域还包括动物用医药的开发研究、濒危动物的繁殖与保护等。在日本,提到兽医人们大多会觉得是宠物医生,其实兽医应是公共卫生与人兽共同感染病症方面的专家。

须注意,兽医学科的学习期限是六年。低年级的时候会学习解剖学、细胞生物学等基础知识,从三年级开始进入专业研究阶段,还会进行配备有实习专用动物的具体实验操作。六年级将在医院进行实习与毕业研究,并参加相关国家考试。

畜产学是科学分析牛、猪、鸡等家畜动物特性的一门学科,其研究目的是高效地生产安全美味的可供人食用的肉、蛋、牛奶、乳制品、肉制品等。除了对饲料的开发方法以及如何通过饲料的喂养提高家畜品质的研究外,该学科还对家畜的机能、生理代谢、遗传育种、饲养环境的卫生管理与环境整治等方面进行研究,可以说是探究动物生长与繁殖的本质的一门学科。

最近,在畜产学领域,有关野生动物的生态保护、新型实验用动物的开发、不同种类动物交配、遗传基因操作技术的运用等研究正在兴起。该学科还同农艺化学、生命科学等领域密切相关,尤其是生物技术领域的研究,今后也将备受关注。

未来的就业

- 动物医院
- 动物园、畜产和乳畜业
- 食品和制药公司

志愿成为兽医的毕业生大多会选择到动物医院或卫生研究所等处就职,此外还有很多学生成了动物咨询师或动物护理专业人员等。

如果是去民营企业,一般会选择去畜产、乳业、饲料、食品、制药等相关公司就职。而今后,我们也期待有更多的毕业生会运用他们在家畜方面丰富的专业知识与经验,作为专业人士,活跃于生物技术产品研究开发、医药开发、新产品开发等更为广阔的领域。

 选择学校的关键!

开设兽医畜产学的大学不多。另外,兽医学在日本的人气很高,较难通过。而且,兽医的从医资格只能在日本国内使用。在畜产学、乳畜学、动物学、动物资源科学等专业能学到畜产学课程,另外也有大学在生物生产学、生物资源学等专业开设了相关课程。

因兽医与畜产学研究领域广泛,所以不同大学研究的动物种类与侧重点会有所不同。需通过大学介绍对各校进行对比。另外,这两门学科有较多实验与实习,因此还要确认一下学校的设施设备和附属医院或牧场的配备情况。

人类科学系·对人类进行综合研究

学习内容

为了解决现代社会面临的种种问题，必须跳出现有的学术框架，对"人"进行综合、科学地研究，找到解决问题的途径，为此，"人类学"这门学科应运而生。人类学是以"人"为研究对象，因而研究的课题与方法多种多样，以心理学、社会学、教育学为主，还涉及哲学、文化学、生物学、医学等多个领域。虽说人类学是与多种学科有联系的交叉学科，但要求研究者自身对于人类群体有足够的关注，有平衡的知识结构与感性的认识，以及丰富广阔的视野。在大学学习人类学，因学习内容与研究方法各不相同，研究方向和课程讲座内容都会有所不同。通常情况下，一年级学习共同的基础知识科目，升入二年级后就会转入各自的专攻领域。因为人类学是一门交叉学科，许多学校的课程设置较为灵活，学生不管选择哪一研究方向，都要去学习其他研究方向的课程。

未来的就业

- 服务业
- 金融保险业
- 传媒
- 制造业
- 信息产业

许多毕业生会去国际机构、非营利组织等机构任职，或者考取注册护理师、认证心理师的资格，成为心理、护理方面的专家。也有学生因学习过体育学，选择到体育娱乐相关的企业就职。

还有少部分学生会报考研究生继续深造，或从事研究工作。

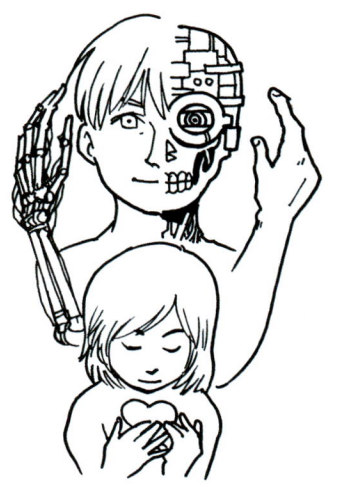

选择学校的关键！

在人类学、人际关系学、人类社会学、人类环境学等专业都能学到人类学课程。人类学是最近10年刚刚诞生的相对新的一门学科，也正因为它是一门崭新的学科，不同的大学研究的课题与研究方法都不尽相同。最好能仔细研读大学的介绍，掌握每所大学的特点。

综 运动学・健康科学系・科学研究体育与健康

学习内容

学习运动健康科学，不仅要研究如何提升身体状态与竞技能力，还要通过科学的研究方法探索人类本身。如今，有越来越多的人开始关注终身学习与身体健康，因而对运动方面的需求也日益高涨。不仅是竞技体育，终身运动、健康运动等丰富的运动形式也备受关注。

该学科的研究领域分为四块。"学校体育专业"主要培养在终身健康与体力增强方面具备必要科学知识的指导与研究人员。"训练科学专业"则致力于科学地分析竞技体育，研究运动方法及有效的运动指导措施。"社会体育专业"把体育作为日常生活的一部分，从社会学的角度加以研究，并旨在培养相关的指导人员。而"健康科学与运动医学专业"则是从医学相关的角度出发，对卫生管理、运动引发的疾病伤害的预防与复健等进行研究。

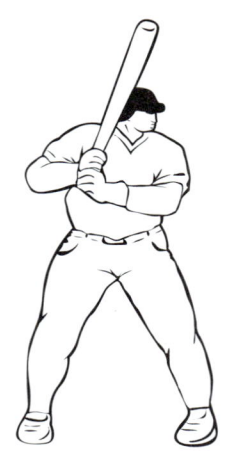

未来的就业

- 传媒
- 医疗卫生行业
- 体育设施的指导员
- 运动用品制造
- 教练训练指导员

毕业生多成为体育设施指导员、教练、民间运动俱乐部的辅导员等，活跃在多个领域。

在运动用品制造商等一般的企业中任职的学生也有所增加，毕业生的就业范围进一步拓宽。

还有不少学生考入研究生院，继续进行专业的研究。

选择学校的关键！

国立大学多将该学科作为一门综合科学课程设置于教育学专业。私立大学则一般设置在体育学与运动科学专业。

该学科的学习较注重实习，因此要事先确认学校的相关设施设备是否配备充足。

环境学·立志成为环境问题的专家

综

学习内容

20世纪的人类社会使自己的生活环境迅速恶化。比如全球气候变暖、臭氧层破坏、酸雨、海洋和大气污染、环境荷尔蒙失衡等不胜枚举。除上述全球性问题外，垃圾处理和回收问题等地区性问题也大范围存在，并与经济法律等相关问题错综复杂地纠缠在一起，使问题变得更加复杂化。

因此涉及环境学的领域自然多种多样。为了培养这方面的专门行家，近年各大学增设了环境系统的专业和学科。有关环境问题，过去主要是由理科的专业和学科来研究，但是近年来人文、社会科学等文科领域也在这方面进行了研究。比如通过考察人与生活环境的相互作用来研究人类社会与自然的调和与共生的学科，也有通过捕捉企业、地方公共团体和国家等社会结构问题来考察法律制度的健全和环境法的学科。

也就是说，随着对环境问题的关心与意识的提高，同时为了研究跨域广泛的环境问题，大学里出现了超越文理科界线的文理融合举动并超过了旧式的学术领域而进行的跨学科研究。

未来的就业

环境这一领域由于跨越文理两科，因此在就职方面也在职种和业种方面具有多样性。比如行政机关、教育机构、联合国等国际机构、特殊法人和财团法人等公益性法人，环境NGO（非政府组织）等国内外的民间组织等都可以成为环境人才活跃的场所。

- 研究机构
- 建筑
- 观光旅游·交通
- 公务员
- 大众媒体

选择学校的关键！

涉及环境的领域，范围广泛，各大学的研究内容和研究对象也各有异彩。即使有的大学专业和学科冠有"环境"二字，其内容也都是各种各样的。因此，不能只是模糊地考虑"我要学习环境"，而是先分析自己的兴趣与关注点究竟在何处，再考虑如何选择，这一点很重要。

信息学・从各种各样的角度来探索信息

学习内容

由于手机、电脑以及互联网的普及，近年来与信息相关的领域得到了迅速发展。信息通信产业竞相开展新服务，其技术也日新月异。然而，同时也呈现了信息处理系统不断出现问题的现象。在这样的时代背景下，不仅是过去的理科专业，在文科专业里也出现了用信息对各个领域进行研究的跨学科范围的文科信息专业，这样的专业正在引起重视。

一方面，理科专业是以数学和物理学的知识及基础理论为根本来学习，工科专业则是以有关电脑研究为基础学习。另一方面，文科专业则是通过分析"信息"的方法来研究各个领域。由此学习以电脑为主的信息技术理论和知识、收集信息进行信息解析等实践性的灵活运用都是不可或缺的，所以这就要求我们超越文科、理科的框架来进行综合学习。

近年来，在信息领域作为关键词，"普适计算机"经常被使用。"普适"是拉丁语"任何地方，普遍存在"的意思。也就是指一种无论何时何地都可以利用电脑的环境。今后我们即将迎来"普适计算机社会"，届时信息学的重要性将变得越来越突出。

未来的就业

- 信息通信・信息服务领域
- 电子器械・电脑等厂商
- 企业的信息相关部门
- 媒体行业

与学问一样，在未来可以就职的范围也非常广泛。社会整体对拥有信息相关知识的人才的需求增高，因此可以就职的行业、岗位也多种多样。电脑相关、信息相关的行业不用说，进入媒体和生物等新兴产业领域的人也有所增加。信息学可以说是一个值得期待的能够活跃在各个领域的新专业。

选择学校的关键！

通常统一称为"信息学"，但其研究内容也因学科、专业而涉及诸多不同的领域，所分析的领域也纵跨文理专业，范围非常广泛。因此，在选择"信息"来进行研究的时候，一定要分析自己到底想重点研究什么领域，下意识地设想一下未来的工作远景，再来选择专业，这很重要。

医学系·学习高水平的知识与高度的伦理学

学习内容

医学是为人类疾病的预防与治疗作出贡献的一门学科。学习医学，不仅需要掌握高水平的技能、学习专业知识，还须拥有高度的伦理观、道德观以及责任感。

医学专业学制六年，施行的是基于"医学教育模块核心课程"的教育模式。一至四年级，学生将学习人体器官构造与机能、医学、医疗与社会、诊疗基础知识等专业基础科目，并在临床实习之前参加全国统一的测试，考试合格，升入五、六年级后课程安排一般会进入临床实习阶段。在大学的附属医院，学生将在各个科室轮岗，参与诊疗小组，进行一些实际的诊疗工作，积累现场体验，并在毕业时参加国家医生资格测试，以取得在日本国内的行医资格。由于该行医资格只在日本国内通用，因而，如果想要去外国当医生的话，还需取得国际医生资格证书，所以与行医资格相关的信息务必要事先准确地确认好。

另外，有三分之二的大学施行的是核心课程模式，剩下的三分之一实施的则是具有各校特色的课程模式。例如鉴于本地区医生资源不足的情况，有的大学侧重于地方医疗学科与地方医疗实习，也有的大学鉴于研究型医生人数不足，从二、三年级开始就将学生分配到研究室。一定要事先查清所申请的大学的具体教育内容。

未来的就业

- 各类医院
- 相关医疗机构
- 医学研究机构

医学专业学生毕业后的出路大致分为临床医生、基础医学研究人员。毕业后如果通过国家医生资格测试，就能取得行医资格证书，有义务在大学附属医院等处作为研修医生进行两年以上的临床实习。研修结束后，很多人走上医疗最前线，也有人在研究生院等处进行基础医学的研究。还有不少学生从事环境医学相关的研究，活跃在社会医学领域。

不过，因为需要向患者说明病症情况，医疗工作对日语能力要求很高，这点要牢记。

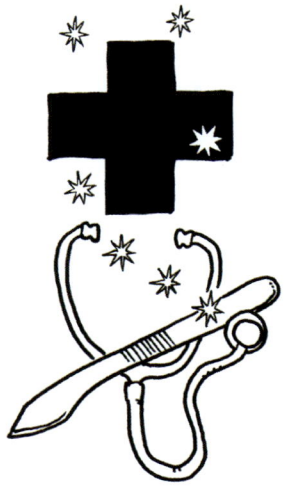

选择学校的关键！

在医学专业学习，并非选择特定的专修领域进行研究，必须掌握全部的医学领域科目，医学专业的课程多采用小范围讨论的问题式学习（PBL）教育形式。虽然一定程度上医学专业的教育内容是统一的，但是在问题式学习（PBL）的实行方式、临床实验是否采用学生参与诊疗的模式等方面，每个大学各有其特色，须事先确认。另外注意的是，国立公立大学与私立大学的医学专业的学费差别很大，而且即使同样是私立大学，学校不同，学费差异也很明显，因而必须通过阅读大学介绍加以确认。

牙科学系・承担日趋重要的口腔医疗工作

学习内容

牙科学是与口腔有关的健康科学。牙齿以及上下颚等口腔部位与人体健康有着重要联系。只有拥有健康的口腔，人才能正常地进食与说话。除了研究如何治疗蛀牙、牙周炎等疾病，基于牙齿健康与人体健康密切相关的理念，口腔学还要对牙齿进行全面而广泛的研究。

牙科学和医学专业一样，是六年制的。前两年学习一般医学常识以及口腔学基础知识，从第三年开始学习专业知识，并且同普通医学专业一样，在统一测试通过后要开始临床实习。因牙科治疗中必须用到器材，因此掌握理工科的知识以及特殊的技术也显得尤为必要。毕业时须参加国家牙医资格测试，以取得在日本国内行医的资格。和一般的医生从业资格一样，牙科医生从业资格只限在日本使用，这点须注意。

要想成为牙科医生，必须通过国家牙医资格考试。且从 2006 年 4 月开始，取得该资格后还必须经过一年以上的临床研修。研修结束后一般有两条出路：大部分的人选择当牙科医生或开私人牙科诊所。也有一部分人选择报考研究生继续从事口腔学的研究。

而非牙科专业的学生也可以参加牙科卫生员和社会福祉员的国家资格考试。毕业后，他们可以利用这个资格在许多领域有所建树。

未来的就业

- 口腔医院
- 口腔研究所
- 保健所
- 医疗相关企业

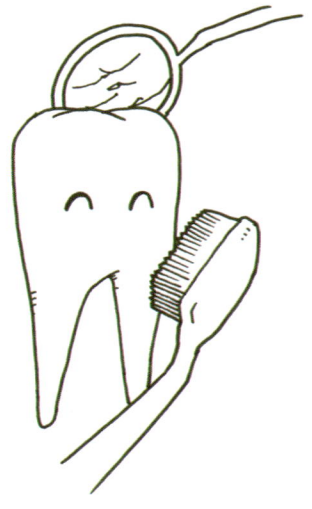

选择学校的关键！

开设牙科专业的大学数量有限。正因如此，事先了解各个大学的特点就很重要。另外牙科学虽是一门专业性很强的学科，但其研究领域正逐渐变广，所以要事先调查好各个大学的专业研究人员的分配情况以及课程设置情况。考察每个大学的国家资格考试合格率也很重要。此外，和医学专业一样，公立与私立大学牙科学的学费相差甚多。即使同样是私立大学，也会因为学校的不同而学费相差很大。这点需通过大学介绍等事先确认。

药学系·培养医药专家

学习内容

药学是研究医药品以及化学物质与人体关系的一门学科。研究领域主要分为"制药学""医疗药学""卫生药学""生物药学"四块。

"制药学"研究的是医药品的合成以及制造等研发和制造技术，同时还要研究药物的安全性。"医疗药学"需要掌握人体与药物的关系，学习药物的调配、使用与管理。"卫生药学"则是学习化学物质对药物安全性与环境的影响，以维持人体健康、增强体能。"生物药学"研究如何将自然界的生物（如微生物等）作为治疗人体的基本药物加以利用。

药学专业有六年与四年两种学制，要注意它们的课业年数的不同。"药科学科""制药科学科"等是四年制，目的是培养研究人员与相关企业内的制药人才。多数学生在毕业后会考取研究生，继续进行研究工作。六年制的"药学科"则是以培养药剂师为目的，可以理解为"药学科"是在四年制教育的基础上，又增加了成为药剂师所必须的临床类科目与实验实习。随着医药品的进一步开发与医药行业的蓬勃发展，药剂师的作用愈发凸显，其工作内容也从以往单纯的配药，转变为更为细致的服药指导、药品档案管理等。在四年学习结束后，学生须参加统一考试，合格后在五、六年级时到医院或药店进行现场实习。

未来的就业

- 药品制造商
- 化学、食品、卫生相关企业
- 药房、药店
- 医疗机构的药剂师

通过六年制的学习，毕业后学生可参加国家药剂师资格测试。合格后，大多数成为医院或医疗相关单位的药剂师，另外还可在药房、药店等多处就职。

而四年制毕业的学生则会去制药公司的研究开发室、化学、食品、卫生相关企业以及SMO（治疗试验设施支援机构）等处就职，除此以外，还有学生成为MR（医药信息专员）、医疗机构药品销售、信息提供专员等。

选择学校的关键！

四年制与六年制两门专业的学生毕业后的出路有很大不同。如果你想在制药集团或大学里从事药品研究，或是想成为企业的MR（医药信息专员），可以报考四年制药学专业。然而六年制的"药学科"专业则是培养药剂师，要参加国家药剂师资格测试，原则是必须是六年制课程的毕业学生。不过，须注意该药剂师资格只限于日本国内使用。不同大学开设的学科种类与学生人数上限会有所不同，须认真查询后再决定报考的学校。

医 医疗技术学系·成为多领域的医疗专家

学习内容

医疗技术专业的主要学习内容是身体检查技术与手段的研究开发，同时培养临床检查技师、诊疗放射技师、理学疗法技师、操作疗法技师等。这些技师是各领域的专家，同医生一样都是医疗团队的成员，必须具备丰富的知识与精湛的技术。医疗技术同疾病的早期发现与病后复健等密切相关，而随着医学的发达，其作用也愈发凸显。医疗技术是医疗工作中不可或缺的一部分。

医疗技术专业可细分为医学检查专业、复健专业以及其他专业三方面。医学检查专业主要检查人体血液、尿液、心电图，用X光诊断人体生理状况等。由于现代人的疾病状况趋于复杂，现代医学的临床检查范围愈加广泛，技术难度加大，因此对医疗技术学习的深度与广度都提出了更高的要求。复健专业可大致分为理学疗法、操作疗法、感觉机能疗法三大类。理学疗法是通过运动或物理疗法使患者的身体机能得以恢复。操作疗法是让患者进行一些实际操作，从而恢复他们的生活能力与社会适应能力。感觉机能疗法则主要治疗人的语言功能障碍与视力障碍。医疗技术领域中还有针灸医学。针灸医学是一门冷僻学科，不过还是有学校开设了此专业。

与医疗技术相关的专业都开设了很多实习演练课程，在实习中学到的知识能在将来的实际工作中发挥很大作用，因而非常有意义。

未来的就业

- 各类型医院
- 医疗和保健机构、福祉机构
- 医疗研究所
- 健康器材制造商

学生毕业并通过国家考试后，就能运用他们掌握的专业知识，走向社会，成为医疗团队专家。医疗技术专业毕业生基本任职于大学附属医院、民营医院、临床检查中心、保健所、老年人保健机构、老年人特别护理所等处，不少学生会在医疗器材制造、假肢制造等民营企业任职。另外还有越来越多的学生选择报考研究生继续深造，这些人多是成为技术人员后想要再次充电，学习知识并进行研修，同时也为了使自身能够适应医疗科学领域日新月异的变化。

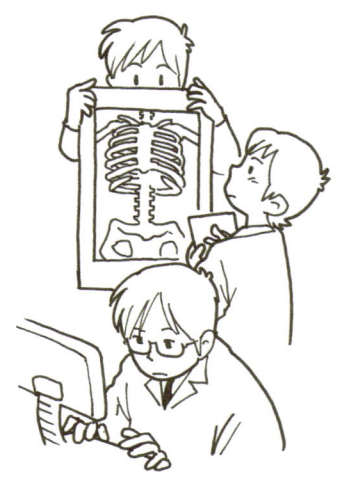

选择学校的关键！

想要学习医疗技术专业，除了选择大学，还有专门学校、短期大学等多种选择。而这门专业通常在入学时就必须确定好自己将来的方向。

比如即使同样是复健专业，理学疗法与操作疗法还是有很大差别的，因此最重要的是想好自己要主攻哪门学科。

护 护理学系・成为病人精神寄托的护理人员

学习内容

护理学分为两大类。一类是学习基础护理技术和基本知识的基础护理学，另一类则是学习如何护理老弱病残的临床应用护理学。

伴随着医学的进步，在医疗救治现场如何让病人平稳度过生命的最后时光，如何让身患慢性病的患者继续生活下去，这些精神层面的工作越来越受重视。因此，对于护理人员来说，不仅要当好专业护理医生的助手，更要掌握丰富的知识，对患者进行精神层面的关怀，与医生协作，独立完成精神层面的护理医疗工作。

在大学学习护理学，年级越高，现场实习就越成为专业科目的核心课程，到医疗现场的实习也渐渐增多。

与患者实际接触的实习可以说是护理学学习中最有意义的阶段。最近，也有很多课程开始注重如何提高护理人员的交流能力及其作为职业护理员的自觉度。

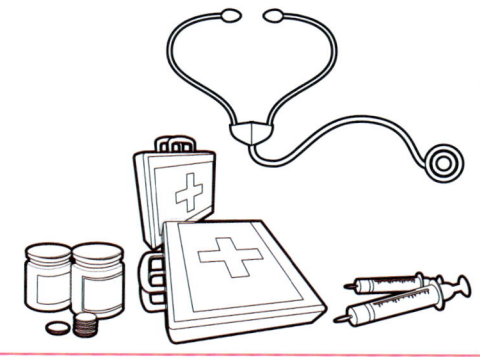

未来的就业

- 医院、妇产科医院
- 敬老院、福利院等
- 福祉机构

提到护理师，很容易想到是在医院或者诊所工作，但实际上并不仅限于此。最近，有越来越多的患者希望在家接受护理，而儿童护理的需求也在增加，由此对护理的需求也开始变得多样化。因此，护理师可以在家庭护理、老年人福祉机构、社会福祉机构等许多地方任职，就业范围越来越广泛。

另外，为了学到更多更专业的知识，也有人选择报考研究生继续深造。也有部分人是先在医院工作，获得一定经验后再继续读书深造。

选择学校的关键！

在大学学习的四年中，可以参加国家资格考试，合格后获得护理员和保健师的资格，可以在日本的医疗机构从事护理员和保健师的工作。但自2009年7月起，国家规定将保健师和助产师的教育年限延长一年，而且由于护理专业数量增多，实习场所配置短缺，因此可预测，今后规定四年学习后全体学生都要参加保健师与助产师的国家资格考试的大学会逐渐减少，相反有越来越多的大学会转而开设选修或研修的专业课程。如果想在日本取得保健师或助产师的资格的话，这点必须要事先确认好。

护 保健学·福祉学·支援一种健康人性化的"生活"

学习内容

在日本社会"少子老龄化"不断深入的过程中，在家医疗的推进和临终期的医疗内容显得越来越重要。医疗领域旧式的治病式医疗正在被重新审视，从而逐渐进化为一种新式广泛医疗。这种新式广泛医疗包括病理的早期发现和预防，它全面考虑人身体上的、社会上的以及心理上等各个方面可能存在的问题。同时，残疾人能够在地区社会自立，与健康者一起进行正常生活的正常思维也渐渐被树立。如此，虽与医疗有着密不可分的关系但在此之前却没有与医疗密切结合起来的保健福祉领域，近来该领域引起了社会的巨大期待，培养具备高度的专业知识和技术的专业人才正成为迫不及待的任务。

保健学是通过对保持身心健康、预防疾病、早期发现疾病、治疗和恢复疾病等全过程的研究来提高社会福祉。医学是以病理为对象，保健学是以包括病理在内的人的健康总体为对象。福祉学是探索对老年人、残障人和儿童等社会弱者及其家属实施援助和支援的方法。具体内容是以培养社会福祉士和福祉方面的社会工作者为重心。

不言而喻，这需要一种面对眼前需要帮助的人有大爱和理解的高尚人格作为前提。在此基础上，无论是保健还是福祉领域，都不仅要有教育学和社会学等相关领域的知识与教养，还需要一种面对各种问题能够及时处理的实践应变能力。

未来的就业

- 医院、各种福祉设施
- 国家和自治体的福祉行政部门、保健所

首先最应当注意的一点是，即使是日本大学毕业的留学生取得了某种上述国家资格，原则上在日本不能提供外国人在该领域的专门职业或技术职业的工作签证。虽然已经由于社会需要，日本法务省发表了打算研究在该领域的外国人专门从业者的签证缓和问题，但是截至2014年3月，仍然没有相应的法律修订。

然而尽管如此，如果学习了该领域的内容，取得了资格的话，虽然不在保健福祉的岗位上，但是可以期待就职于医疗系统企业以此取得综合职称。

选择学校的关键！

伴随着社会对护理和福祉领域的职业需求，保健和福祉方面的资格也在增加。以社会福祉士和护理福祉士等国家资格为主，其他还有"任用资格""正式资格""民间资格"等各种各样专业人士的从业资格。因此在决定自己未来出路的时候，一方面要确认职业资格内容，与此同时还要确认在什么专业的什么学科能够取得该资格。

日本大学联合学力测试

JPUE 2020年4月入学

jpue.cn

考试地点 **China**

5年、2673名考生、24591个OFFER(录取通知)，每位学生都能有机会获得大学升学机会，这就是"日本大学联合学力测试"(JPUE)。只需一次笔试和一次面试，每人平均可获得9个OFFER(录取通知)，再进行日语学习。方便、高效、快捷，无需再前往语言学校也可实现直升日本大学。

无需日语能力
无须赴日考试
直升大学一年级

报名 — 在官网报名时选择自己希望学系的领域方向，提交报名，选择性上传额外成绩等材料。请注意志愿理由书将是获得面试资格的重要素材。

笔试 — 经过笔试成绩和志愿理由书的筛选后，各大学开始选拔面试学生。

面试 — 根据笔试成绩和志愿理由书以及额外成绩，可能会获得多所大学的面试机会。

初次合格 — 由各大学通过考生的综合情况来判断是否合格。优秀学生可同时获得多所大学的初次合格。

初次合格者说明会·个别面谈 — 充分探讨考虑好自己的梦想和未来就业方向等因素。选择中意的大学和专业并签订留学前准备教育的入班协议。

留学前准备教育 (约半年)

最终面试 — 确认、判定已掌握的日语能力

正式合格 — 授予正式合格证书开始办理入学手续及留日资格。

签证申请

大学入学

参加大学　历届参加大学一览

国立大学：香川大学　千叶大学　山形大学

私立大学：东京工艺大学,东京情报大学,东京福祉大学,福冈女学院大学,广岛经济大学,关东学园大学,杏林大学,宇都宫共和大学,宇部开拓者大学,岐阜圣德学园大学,宫崎国际大学,京都外国语大学,桐荫横滨大学,国际基督教大学(ICU),樱美林大学,札幌学院大学,芝浦工业大学,淑德大学,女子美术大学,昭和女子大学,人间环境大学,成蹊大学,星槎道都大学,千叶商科大学,中京大学,中部学院大学,帝京大学,帝京短期大学,数字好莱坞大学,武藏野大学,福山大学,文星艺术大学,明治学院大学,流通科学大学

※截至2018年8月21日。最新参加大学请参见官方网页(https://jpue.cn)

现已实施本考试的国家及地区
中国大陆 https://jpue.cn/　　马来西亚 https://my.jpue.jp/
中国香港 https://hk.jpue.jp/　　菲律宾 https://ph.jpue.jp/
中国台湾 https://tw.jpue.jp/

"日本大学联合学力测试"主办方

「一般财团法人　日中亚细亚教育医疗文化交流机构」

2.3 大学院（研究生院）

大学院通常与大学并设，主要是针对大学或短期大学部分所介绍的专业领域进行更为深入的探讨、学习和研究。

大学院（研究生院）概述

日本的"大学院"（研究生院）相当于是外国的研究生院。设有硕士课程和博士课程。外文中所说的硕士在日本被称作"修士"，硕士课程通常为两年，修满专业课程所需学分（通常为30学分以上），并且通过硕士毕业论文的审核及所有考试后，可被授予硕士学位。成绩突出或者拥有特定课题研究成果的人也可以在一年内取得硕士学位。

在日本，博士课程的学制通常为三年。不过，一般情况下，医学、牙科、兽医学等相关的博士课程为四年制。博士课程分为课程博士和论文博士两种，修满30学分以上（包含硕士课程修得的学分）且通过论文审查及所有考试可被授予博士学位，这就是所谓的"课程博士"。另一方面，论文博士虽然不在校就读，但根据有关规定，以博士论文审查合格为条件，同样可被授予博士学位。

除此之外，根据各个大学的规定，也有设有五年一贯制博士课程的学校。大学本科生毕业后可报考该类课程。五年一贯制博士课程，又分为两年的前期博士课程和三年的后期博士课程。前期博士课程相当于外国的硕士课程，毕业后可被授予硕士学位。后期的博士课程相当于外国的博士课程，毕业后被授予博士学位。

为了弥补一部分大学中存在的社会及经济相关高度专业性人才的空缺，在日本还设有以学习深度专业知识、培养卓越专业能力为目的的专门职业大学院（职业研究生院，硕士学位），其中最具代表性的是培养法律界专业人士的法科研究生院以及培养会计专业人才的会计研究生院。

日本与他国研究生院比较

随着留学人员低年龄化、高学历化的变化，现在有越来越多的外国大学生毕业后选择赴日读研。到底日本读研和外国读研有何不同？日本读研的魅力又在哪里呢？在此以中国为例，将日本的研究科的考试方式及其学习方式和中国的研究生考试方式及其学习方式进行简单的分析比较，希望对大家有所帮助。

研究科考试：

在外国，报考研究生简称为"考研"。大概每年的1月份左右就要参加研究生统考，科目也是规定的政治、数学、英语（英语专业除外），以及专业课。可以说，考研就跟高考一样，一考定结果。而日本研究科的考试是各个学校各个研究科进行自主考核，根据学校和研究科的不同，其选考的时间和考核内容也是不一样的。有的研究科甚至不需要笔试考核，直接通过面试选拔。这就意味着考生有很多选择，很多机会。

研究科学习：

日本研究科和中国研究生院一样，在校期间，需要修满一定学分，并且所写的硕士论文合格，最后在毕业前通过论文答辩，才能获得硕士学位证明。在中国的研究生院学习，课堂上教授讲课，学生听讲、埋头做笔记的现象是很常见的。可以说这是中国从小学、初中、高中、大学、研究生院共有的一道课堂风景。另一方面，日本研究科在学生平时的上课中，就比较重视锻炼学生进行自主研究及发表的能力。在平时的课堂上，只是教授一味讲课的很少见。教授一般都会在课堂上发表一个课题，然后和学生们一起讨论。有时候你会觉得教授只是在课堂上起到总结、引导的作用。在日本的研究科学习期间，可以说上课只是一小部分，绝大部分时间都是用在完成自己的课题和研究论文。关于硕士论文，导师也不会对你的论文进行一一指导，日本研究科的研究生们的论文几乎都是自己完成的。当然，期间还是需要通过参加演习课，和教授以及同学们就自己的论文进行讨论，征求意见，然后修改。如此反复讨论、提议修改，最后完成自己的论文。

希望有打算来日本读研的同学们，在来日本留学之前对日本的研究科制度能有所了解，正所谓知己知彼，事半功倍。

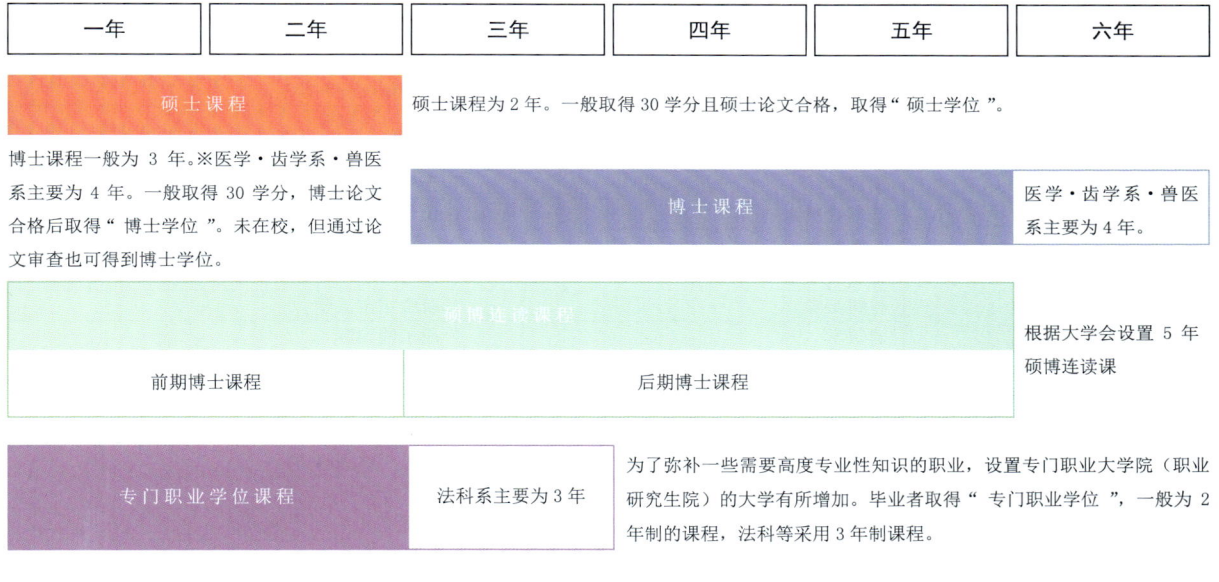

● 大学院（研究生院）系统图

补充说明

在日本，一般情况下，大学都设有本科生院和研究生院。然而也有部分例外的学校仅仅设有研究生院，这样的学校通常被称作大学院（研究生院）。几所大学合作进行教育、研究的情况被称作联合学者或者共同教育课程。

需要特别提醒大家注意的是日本大学研究生院有关"研究生"招生的信息。日语的"研究生"并不是指研究生院在册的硕士和博士，而是相当于在外国所谓的进修生。他们的特征是，不把修得学分作为学习的目的，而仅进行短期的研究活动。根据大学间交流合作的相关规定，日语中所说的"研究生"可以被理解为短期在册的留学生，或是研究生院正式入学前的准备期间。在这种情况下，留学生通常只需要通过材料审核便可被批准入学。

日本现在有 1700 余类的研究科目。在此逐一介绍研究生院的学习领域是十分困难的。在第八章学校介绍中，我们将会列出研究生院的列表。希望同学们在选择留学的时候能够具体单独接触每个研究领域，询问详情。

大学院的学科领域

如前所述,大学院的学习内容主要是进一步深入研究前文所列的大学本科所涉及的专业领域。2012 年 7 月本书发行后,很多读者反映难以选择志愿大学院的研究科。

在此,本书以日本最高学府"东京大学"的研究科体系为例进行介绍。如前所述,在留学前,学生需要自己选择研究领域,再直接联系各专业领域的研究室。

研究科	专业学科等	
人文社会系研究科	基础文化研究	日本文化研究
	亚洲文化研究	欧美文化研究
	社会文化研究	文化资源学研究
	韩国朝鲜文化研究	
教育学研究科	综合教育科学	学校教育高度化
法学政治学研究科	综合政法	法律专家培养
经济学研究科	经济理论	现代经济
	经营	经济史
	金融系统	
综合文化研究科	语言信息科学	超领域文化科学
	地区文化研究	国际社会科学
	区域科学	
理学系研究科	物理学	天文学
	地球行星科学	化学
	生物科学	
工学系研究科	社会基础学	先进跨学科工学
	材料工学	航空宇宙工学
	建筑学	原子能国际
	应用化学	电气工程学
	城市工学	生物工程学
	化学系统工学	物理工学
	机械工学	技术经营战略学
	化学生命工学	系统创建学
	精密机械工学	原子能(专门大学院)
农学生命科学研究科	生产・环境生物学	生物・环境工学
	应用生命化学	生物材料科学
	应用生命工学	农学国际
	森林科学	生态圈系统学
	水域生物科学	应用动物科学
	农业・资源经济学	兽医学
医学系研究科	分子细胞生物学(博士课程)	生殖・发育・衰老医学(博士课程)
	机能生物学(博士课程)	外科学(博士课程)
	病因・病理学(博士课程)	健康科学・护理学
	生体物理医学(博士课程)	国际保健学(修士・博士)
	脑神经医学(博士课程)	医科学(修士)
	社会医学(博士课程)	公共健康医学
	内科学(博士课程)	
药学系研究科	药科学	药学
数理科学研究科	代数	解析
	几何	应用数学
新领域创成科学研究科	物质系	海洋技术环境学
	先进能量工学	环境系统学

新领域创成科学研究科	复杂理工学	人类环境学	
	基础信息学	社会文化环境学	
	先进生命科学	国际合作学	
	医学的染色体组	持续性科学教育课程	
	自然环境学	信息生命科学	
情报理工学系研究科	计算机科学	电子信息学	
	数理信息学	智能机械信息学	
	系统信息学	创造信息学	
情报学环·学际情报学府	社会信息学	综合分析信息学	
	文化·人类信息学	亚洲信息社会学	
	尖端表现信息学		
公共政策研究生院	法政策	经济政策	
	公共管理	国际关系	
	国际公共政策	亚洲校园学科	

2.4 大学院大学

　　大学院大学是指仅设有研究生院而无本科院系的大学，日本共有 4 所国立、2 所公立、16 所私立，共计 22 所大学院大学。（※除了停止招生和远程教育的大学院大学以外）

　　大学院大学设有研究科和专攻科。单科大学院中研究科相当于专攻科，而综合大学院中每个研究科又细分为数个专攻科。

　　以下是各大学院大学接收留学生的情况。

学校类型		所在地区	大学院大学名称	入学条件
国立	社会	东京都	政策研究大学院大学	
	综合	神奈川县	综合研究大学院大学	
	科学技术	石川县	北陆先端科学技术大学院大学	
		奈良县	奈良先端科学技术大学院大学	
公立	科学技术	东京都	产业技术大学院大学	
		岐阜县	情报科学艺术大学院大学	
私立	综合	新潟县	国际大学	
	商务	东京都	事业构想大学院大学	
		东京都	大原大学院大学	
		东京都	Globis 经营大学院大学	※需要工作经验
		东京都	LEC 东京 Legal Mind 大学院大学	
		新潟县	事业创造大学院大学	
	文化	东京都	国际佛教学大学院大学	
		东京都	好莱坞大学院大学	
		东京都	文化时尚大学院大学	
		富山县	桐朋学园大学院大学	
	科学技术	神奈川县	情报安全大学院大学	
		静冈县	光产业创成大学院大学	※以已获得硕士学位的学生为对象
		京都府	京都情报大学院大学	
		兵库县	神户情报大学院大学	
		冲绳县	冲绳科学技术大学院大学	
	医疗	大阪府	滋庆医疗科学大学院大学	※以已获得日本国家资格的学生为对象
	教育	东京都	日本教育大学院大学	※需要教师资格，但从未招收过

2.5 特辑 国公立大学留学推荐

国公立大学概念

国公立大学是和私立大学相对的概念，是国立大学和公立大学的并称。任何一所国立大学、公立大学，都是由国家、国立大学法人、地方公共团体、公立大学法人等机构的公共预算拨款而运营的。但另一方面，从拨款主体的性质来看，公立大学更重视和地区间的关联性，因此它们同辐射全国的国立大学从严格意义上讲是不同的。

特别一提的是，位于城市地区的名校入学审核比私立大学更加严格，不过学费比私立大学便宜，因此可以看到很多高中和入学培训班都将他们的学生的国公立大学的录取率作为宣传点，并推荐学生报考国公立大学。

国立大学设置情况

国立大学曾经是文部科学省下设的一个机构，但自 2004 年 4 月 1 日《国立大学法人法》实施以来，国立大学变为国立大学法人下设的主体。现在，国立大学由国立大学法人运营，截止到 2016 年 4 月，日本全国共有 82 所国立大学（不含大学院大学）。国立大学的学费和学杂费都由国家统一规定。

全国各都道府县至少设有一所国立大学，设有两所以上的都道府县共有 15 个。其中，东京都 11 所，北海道 7 所，爱知县 4 所，茨城县、新潟县、福冈县、京都府各 3 所，宫城县、静冈县、滋贺县、大阪府、兵库县、奈良县、德岛县、鹿儿岛县各有 2 所。

另外，第一章介绍的获得诺贝尔奖的日本人皆毕业于国立大学，其中 13 人毕业于旧帝国大学。而获得菲尔兹奖的日本人则全部毕业于旧帝国大学。这些事实表明，日本 7 所旧帝国大学是日本高等教育机构的典范。

地域	都道府县	国立大学			
北海道·东北	北海道	北海道大学	旭川医科大学	小樽商科大学	带广畜产大学
		北海道教育大学	北见工业大学	室兰工业大学	
	青森县	弘前大学			
	岩手县	岩手大学			
	宫城县	东北大学	宫城教育大学		
	秋田县	秋田大学			
	山形县	山形大学			
	福岛县	福岛大学			
关东	茨城县	茨城大学	筑波大学	筑波技术大学	
	栃木县	宇都宫大学			
	群马县	群马大学			
	埼玉县	埼玉大学			
	千叶县	千叶大学			
	东京都	东京大学	御茶水女子大学	电气通信大学	东京医科齿科大学
		东京海洋大学	东京外国语大学	东京学艺大学	东京艺术大学
		东京工业大学	东京农工大学	一桥大学	
	神奈川县	横滨国立大学			

地区	县/府	大学			
中部	新潟县	新潟大学	上越教育大学	长冈技术科学大学	
	富山县	富山大学			
	石川县	金泽大学			
	福井县	福井大学			
	山梨县	山梨大学			
	长野县	信州大学			
	岐阜县	岐阜大学			
	静冈县	静冈大学	滨松医科大学		
	爱知县	名古屋大学	爱知教育大学	丰桥技术科学大学	名古屋工业大学
	三重县	三重大学			
近畿	滋贺县	滋贺大学	滋贺医科大学		
	京都府	京都大学	京都教育大学	京都工艺纤维大学	
	大阪府	大阪大学	大阪教育大学		
	兵库县	神户大学	兵库教育大学		
	奈良县	奈良女子大学	奈良教育大学		
	和歌山县	和歌山大学			
中国·四国	鸟取县	鸟取大学			
	岛根县	岛根大学			
	冈山县	冈山大学			
	广岛县	广岛大学			
	山口县	山口大学			
	德岛县	德岛大学	鸣门教育大学		
	香川县	香川大学			
	爱媛县	爱媛大学			
	高知县	高知大学			
九州·冲绳	福冈县	九州大学	九州工业大学	福冈教育大学	
	佐贺县	佐贺大学			
	长崎县	长崎大学			
	熊本县	熊本大学			
	大分县	大分大学			
	宫崎县	宫崎大学			
	鹿儿岛县	鹿儿岛大学	鹿屋体育大学		
	冲绳县	琉球大学			

蓝色阴影处为处于城市地区的国立大学，灰色部分学校未招收留学生。

国公立大学与私立大学学费比较

国立大学倍受留学生欢迎，其原因是比起私立大学，国立大学的学费绝对便宜。国立大学的学费全国统一，而非各都道府县自行规定。考试费和学杂费也是按全国统一标准收取。

单位：日元

分类	① 学杂费	② 学费	设施设备费	合计 ①+（②×4年）医齿系×6年※5
国立大学※1	282,000	535,800	※4	2,425,200
公立大学※2	402,720	536,632	※4	2,549,248
私立大学　文科系※3	253,167	743,699	158,540	3,862,123
私立大学　理科系※3	267,869	1,040,472	189,406	5,187,381
私立大学　医齿系※3	1,020,487	2,896,519	884,816	237,084,997

注：
※1 数据来源于文学部科学省令规定的标准额。
※2 数据来源于文部科学省"平成21年度学生缴纳费用调查"中国立大学的平均额，学杂费数据是其他地区的入学者的平均额。
※3 数据来源于文部科学省"平成23年度私立大学入学者第一年平均缴纳费用调查"中私立大学除夜校外的平均额。
※4 有可能收取设施费、实习费、各种会费。
※5 这里仅单纯按四倍计算。但有些大学、院系高年级收取的学费和设施设备费会有所增加。医学院和齿学院有6年制和4年制，这里按照6年制计算。

国立大学分类

对于留学生来说，很难搜集全各个大学的相关信息，因此，选择志愿学校是件非常困难的事情。在此，本部分从以下几个角度进行分类，帮助大家理解国立大学的特点。

○ 旧帝国大学

日本国立大学中有7所根据1886年发布的帝国大学令设立的旧帝国大学，分别为北海道大学、东北大学、东京大学、名古屋大学、京都大学、大阪大学、九州大学。这7所大学因其特殊的创建背景、丰富的研究成果以及培养出的众多优秀人才，至今仍被世人视为日本高等教育机构的顶峰。

国际商业数据提供商——汤森路透公司（总部位于美国纽约市）每年均会统计"日本研究机构论文被引用次数排名"。其2013年4月发布的数据显示，7所旧帝国大学均排名前十。

排名	世界排名	名称	被引用次数	论文数	平均被引用次数
1	17	东京大学	1,190,750	78,420	15.18
2	35	京都大学	829,201	57,581	14.4
3	47	大阪大学	685,095	47,523	14.42
4	59	（独）科学技术振兴机构	601,105	28,424	21.15
5	77	东北大学	543,629	46,469	11.7
6	114	（独）理化学研究所	423,587	21,767	19.46
7	133	名古屋大学	388,409	30,071	12.92
8	146	九州大学	359,697	31,530	11.41
9	150	（独）产业技术综合研究所	347,738	27,699	12.55
10	162	北海道大学	333,882	30,833	10.83

○ 文部科学省对国立大学的分类

文部科学省在 2005 年对国立大学进行了分类，主要从规模、院系构成、有无附属医院等方面进行评估。虽然该分类的目的在于分析各个学校的财务状况，但非常简单易懂，可供大家参考。

分类		大学	定义	大学
未设附属医院的大学	学校数43所	中等规模无医院大学	无医科院系，不属于以理工科为中心大学和以文科为中心大学的国立大学法人	岩手大学、茨城大学、宇都宫大学、埼玉大学、御茶水女子大学、横滨国立大学、富山大学、静冈大学、奈良女子大学、和歌山大学
		以理工科为中心的大学	无医科院系，理工科院系学生定额人数超过文科院系定额人数的两倍以上的国立大学法人	室兰工业大学、带广畜产大学、北见工业大学、东京农工大学、东京工业大学、东京海洋大学、电气通信大学、长冈技术科学大学、名古屋工业大学、丰桥技术科学大学、京都工艺纤维大学、九州工业大学、鹿屋体育大学
		以文科为中心的大学	无医科院系，文科院系学生定额人数超过理工科院系定额人数的两倍以上的国立大学法人	小樽商科大学、福岛大学、东京外国语大学、东京艺术大学、一桥大学、滋贺大学、（大阪外国语大学）
		教育大学	仅由教育系构成的国立大学法人	北海道教育大学、宫城教育大学、东京学艺大学、上越教育大学、爱知教育大学、京都教育大学、大阪教育大学、兵库教育大学、奈良教育大学、鸣门教育大学、福冈教育大学
		短期大学	仅由短期大学构成的国立大学法人	筑波技术短期大学、高冈短期大学
设有附属医院的大学	学校数42所	大规模大学	学生定额人数在1万人以上（学校基本调查）、院系等数量约10个以上（学群、学类制学校仅规定学生定员数）	北海道大学、东北大学、筑波大学、千叶大学、东京大学、新潟大学、名古屋大学、京都大学、大阪大学、神户大学、冈山大学、广岛大学、九州大学
		中等规模设有医院大学	除大规模大学以外，由医科院系和其他院系构成的国立大学法人	弘前大学、秋田大学、山形大学、群马大学、金泽大学、福井大学、山梨大学、信州大学、岐阜大学、三重大学、鸟取大学、岛根大学、山口大学、德岛大学、香川大学、爱媛大学、高知大学、佐贺大学、长崎大学、熊本大学、大分大学、宫崎大学、鹿儿岛大学、琉球大学
		医科大学	仅为医科院系构成的国立大学法人	旭川医科大学、东京医科齿科大学、（富山医科药科大学）、滨松医科大学、滋贺医科大学

※红字是旧帝国大学。
※截至2014年3月，数据显示，国立短期大学以及括号内的大学已经不存在。另外还专门针对视觉、听觉障碍者新设立了国立大学法人筑波技术大学。

○ 日本二三线城市的国立大学

如上文所述，日本的国立大学建立在日本全国各个都道府县。从设立区域来看，位于首都圈、中部圈、关西圈等城市地区的国立大学大多拥有相对较高的偏差值（参照第七章），其录取率都很低。因此，如果想被位于城市区域的国立大学录取，申请者需要在入学考试中取得相对较高的分数。

另一方面，位于二三线城市的国立大学与位于城市圈的国公立大学相比，申请难度有所降低。详情请参考第八章偏差值排名。

下面详细介绍一下二三线城市的国立大学。日本设有 47 个都道府县，其中被视为城市地区的有首都圈、中部圈和关西圈。

"首都圈"以东京23区为中心，包括横滨市、千叶市和埼玉市，"中部圈"指以名古屋为中心的地区，"关西圈"以大阪市为中心，包括京都市和神户市。

二三线城市的国立大学是指位于这三个区域之外的都道府县内的大学。这容易给不太熟悉日本地理的留学生留下一个印象，即二三线城市的国立大学地处偏远乡村，但实际上大多数二三线城市的国立大学皆位于各都道府县的政府机构所在地，这些地方比大家想象的更繁华更城市化。建议大家详细了解一下各大学所处地区特点、民俗风气、交通条件、生活方式等信息。

下面我们一起来看看到二三线城市的国立大学留学的好处。

首先，二三线城市的国立大学在经济方面占有优势。如前所述，国立大学的学费全国统一。但是，经济支出不仅仅学费一项，还有其他的必要支出，如房租、伙食费等生活费。同城市圈生活开销相比，这里更便宜。

其次，我们来考察一下二三线城市的国立大学与所在地区间的联系。比如，位于九州西部的熊本县只有一所国立大学，名为"熊本大学"。熊本大学地处熊本县政府所在地熊本市，作为主角活跃于该地区的文化、经济等领域。它作为熊本县最高学府，得到当地人极高的信赖。

再次，熊本大学的毕业生大多就职于熊本县内的企业，可以说实际上是他们支撑了熊本经济的中心。很多熊本大学的留学生毕业后也就职于熊本县内的企业。因此，如果想毕业后留日就业，熊本大学是个非常好的选择。

另外，同城市圈内的大学相比，二三线城市的国立大学的校园更大、绿化更多。无论从个人的学习空间还是社团活动来看，二三线城市的国立大学的校园生活都是非常充实的。如果志愿攻读理工院系，申请者需要关注志愿学校实验、实习等项目是否丰富、研究设施是否完备。二三线城市的国立大学在专职教师数量以及研究室和学生数量比方面，都是城市圈内学校无法相比的。在此优势下，二三线城市的国立大学的学生升入大学院（研究生院）的比例相对较高，特别是理工科院系，半数以上本科毕业生升入大学院，也有很多私立大学的理工科本科毕业生到二三线城市的国立大学的大学院继续深造。

综上所述，到二三线城市的国立大学留学，不管在经济、学习以及与当地交流等方面，还是毕业之后的就职，都能给留学生带来诸多好处。

国立大学改革

2013年11月，文部科学省公布了"国立大学改革方案"，明确了国立大学改革的方向以及计划。其中，作为强化各大学职能的一个方面，政府提出"国际化"方针，倡导构建可促进自主自律改善与发展的机制，以"开展国际水平的教育研究，积极支援留学生"，从而加速改革使国立大学能成为具有国际竞争力的大学。

○ 开展国际水平的教育研究

文部科学省重点支援实行国际化改革的大学，通过创立"超级国际化大学"等来提高日本在国际上的水平。具体而言，建立引进了海外大学单位的跨领域型共同课程，创建国际性的共同研究生院，积极录用外国教员以及增加英语授课，积极接受来自多种多样国家和地区的留学生，同时促进日本学生的海外留学派遣等。

那么，日本的国立大学在世界上是怎样一个位置呢？请看一下2015年发表的世界大学排行榜情况。

由此指标可以看出，日本排名在前的国立大学其研究内容和教育水平在世界范围也处于较领先的地位，但是从"外国教员比率"和"留学生比率"等评价大学国际化的相关要素来看，则还有较大的提高余地。换言之，各校如果都在此部分予以改善的话，则大学的综合评价可以取得飞跃性进展。就此，文部科学省提出目标，在今后十年里世界大学排行榜的前百名内要使日本大学至少出现十所学校。

● 2017 泰晤士高等教育世界大学评价排名 2015—2016

名次	大学	学生数	教员比率	留学生比率
1	哈佛大学	19,890	8.8	25%
2	麻省理工学院	11,192	8.8	33%
3	斯坦福大学	15,658	7.7	22%
11	东京大学	26,080	7	10%
14	清华大学	41,537	14.1	10%
17	北京大学	42,977	8.8	15%
39	香港大学	20,095	17.8	39%

○ 积极支援留学生

追溯到2013年3月，国立大学协会针对教育的国际化，提出了强化"推进积极主动的国际交流与国际贡献活动"。为了将该目标具体化，在充实国立大学国际化强项与特色的同时，也推进国立大学开展各自的相关活动，从而使得国立大学整体的国际化得以积极推动。作为这一方针的达成目标，协会要求各大学接收留学生数量比率、外国教员比率、用英语授课的实施科目数等各个数值都必须达到目前的两倍左右。

另外，在文部科学省国立大学改革方案中，也按照各大学的特色设定重点领域和地区，来实现战略性接收优秀的外国留学生。为达到此举，通过海外据点现场选拔留学生，促进留日前入学许可体制，与产业界合作进行环境改善以促进留学生就职，以及对留学日本的归国留学生进行追踪培养创建留日人才人脉网络等，可以说是贯穿于日本留学的开始到结束，这一系列的改善以及对其魅力的宣传等都是改革方案中的主要策略。

 **THE UNIVERSITY OF TOKYO**

4-YEAR UNDERGRADUATE DEGREE PROGRAMS IN ENGLISH
- INTERNATIONAL PROGRAM ON JAPAN IN EAST ASIA
- INTERNATIONAL PROGRAM ON ENVIRONMENTAL SCIENCES

PEAK
Programs in English at Komaba

http://peak.c.u-tokyo.ac.jp/

北海道大学
HOKKAIDO UNIVERSITY

北海道大学建校于 1876 年，其前身为札幌农学校，是日本首所授予学士学位的大学。

◆ 开拓精神

◆ 培养国际性

◆ 全方面教育

◆ 重视实学

本科生院

文学院、教育学院、法学院、经济学院、理学院、医学院、口腔学院、药学院、工学院、农学院、兽医学院、水产学院

研究生院

文学研究生院、教育学研究生院、法学研究生院、经济学研究生院、理学研究生院、医学研究生院、口腔学研究生院、工学研究生院、农学研究生院、兽医学研究生院、水产科学研究生院、国际传媒与观光研究生院、保健科学研究生院、信息科学研究生院、环境科学研究生院、生命科学研究生院、综合化学研究生院、公共政策研究生院

学费减免

为了减轻留学生的学习和生活压力，北海道大学设立了学费减免制度，包括全额免除、半额免除、1/4额度免除。2013年获得学费减免的学生数与申请人数比率如下：第一学期98.4%；第二学期98.8%。

留学生宿舍

北海道大学为新入学的留学生提供享受入住宿舍半年至一年的待遇，每年申请者全员获得入住许可。

北海道大学国际教务处

Tel：+81-（0）11-706-8053

E-mail：ryugaku@oia.hokudai.ac.jp

联系地址：札幌市北区北15条西8丁目　〒060-0815

公立大学设置情况

公立大学由地方公共团体设置，截至 2017 年 5 月，日本全国共有 90 所（短期大学除外）公立大学。

不同于国立大学，并非所有都道府县都设有公立大学。栃木县、德岛县、佐贺县、鹿儿岛县就未设公立大学，其他都道府县最少设有一所，设立多所公立大学的都道府县为：北海道 5 所，群马县、长野县、京都府、广岛县、福冈县各 4 所，新潟县、石川县、山梨县、岐阜县、爱知县、兵库县、山口县、冲绳县各 3 所，青森县、秋田县、山形县、福岛县、东京都、神奈川县、福井县、静冈县、大阪府、奈良县、冈山县、高知县、宫崎县各 2 所。

公立大学的学费水平大体上与国立大学相当，但大多数学校针对当地居民设置了较低的学杂费，而对来自其他地区的学生则要求较高的学杂费。另外，公立大学与国立大学和私立大学相比，大部分规模较小。

日本公立大学中虽有积极招收留学生的学校，但也有仅为当地的学生开办大学故不招收留学生的公立大学。

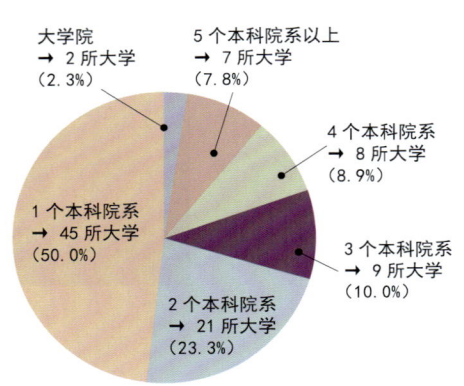

- 一所大学的院系数
- 资料来源：公立大学协会平成 30 年度（2018 年）公立大学概要

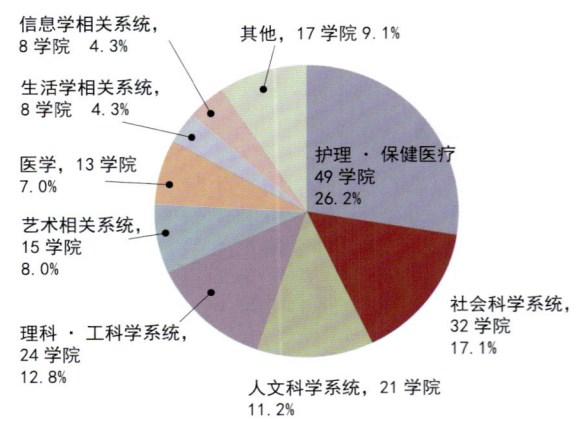

- 学院设置情况
- 资料来源：公立大学协会平成 30 年度（2018 年）公立大学概要

有些公立大学是位于城市地区的综合性大学，也有些则是根据地方需要，以培养特定领域人才为目标的单科大学和小规模大学。从比率来看，单科大学约占所有公立大学的一半。

公立大学一览表

地区	都道府县	大学名称			
北海道·东北	北海道	钏路公立大学	公立函馆未来大学	札幌市立大学	名寄市立大学
		札幌医科大学			
	青森县	青森县立保健大学	青森公立大学		
	岩手县	岩手县立大学			
	宫城县	宫城大学			
	秋田县	秋田县立大学	国际教养大学	秋田公立美术大学	
	山形县	山形县立保健医疗大学	山形县立米泽荣养大学		
	福岛县	会津大学	福岛县立医科大学		
关东	茨城县	茨城县立医疗大学			
	群马县	群马县立民健康科学大学	群马县立女子大学	高崎经济大学	前桥工科大学
	埼玉县	埼玉县立大学			
	千叶县	千叶县立保健医疗大学			
	东京都	首都大学东京	产业技术大学院大学		
	神奈川县	神奈川县立保健福祉大学	横滨市立大学		
中部	新潟县	新潟县立看护大学	新潟县立大学	长冈造形大学	
	富山县	富山县立大学			
	石川县	石川县立大学	石川县立看护大学	金泽美术工艺大学	
	福井县	福井县立大学	敦贺市立看护大学		
	山梨县	山梨县立大学	都留文科大学	公立小松大学	
	长野县	长野县看护大学	长野县立大学	长野大学	公立诹访东京理科大学
	岐阜县	岐阜县立看护大学	岐阜药科大学	情报科学艺术大学院大学	
	静冈县	静冈县立大学	静冈文化艺术大学		
	爱知县	爱知县立大学	爱知县立艺术大学	名古屋市立大学	
	三重县	三重县立看护大学			
近畿	滋贺县	滋贺县立大学			
	京都府	福知山公立大学	京都府立大学	京都府立医科大学	京都市立艺术大学
	大阪府	大阪府立大学	大阪市立大学		
	兵库县	神户市看护大学	神户市外国语大学	兵库县立大学	
	奈良县	奈良县立医科大学	奈良县立大学		
	和歌山县	和歌山县立医科大学			
中国·四国	鸟取县	公立鸟取环境大学			
	岛根县	岛根县立大学			
	冈山县	冈山县立大学	新见公立大学		
	广岛县	尾道市立大学	县立广岛大学	广岛市立大学	福山市立大学
	山口县	下关市立大学	山口县立大学	小野田市立山口东京理科大学	
	香川县	香川县立保健医疗大学			
	爱媛县	爱媛县立医疗技术大学			
	高知县	高知县立大学	高知工科大学		
九州·冲绳	福冈县	北九州市立大学	九州齿科大学	福冈县立大学	福冈女子大学
	长崎县	长崎县立大学			
	熊本县	熊本县立大学			
	大分县	大分县立看护科学大学			
	宫崎县	宫崎公立大学	宫崎县立看护大学		
	冲绳县	冲绳县立艺术大学	冲绳县立看护大学	名樱大学	

注：灰色部分学校未招收留学生。

长野县与长野县立大学

小贴士

长野县立大学是在自然资源富饶的长野县的一所公立大学，成立于 2018 年 4 月。校园所在地长野市距离日本首都东京乘坐新干线仅 80 分钟即可到达，交通便利；同时大学校址四面环山、风景优美，还可以利用大自然条件享受各种不同季节的自然娱乐活动，长野市是一座美丽而具有魅力的城市。不仅如此，1998 年还在该城市举办了世界冬季奥林匹克运动会，迎来了众多海外游客光临，长野县是一座热情而宜居的城市。

● 图片来源：长野县观光机构

大学理念

集结了众多魅力的长野县旨在面向世界兴起新的时代潮流背景下，诞生了长野县立大学。长野县立大学以"辈出领军人物""实施地区创新"和"向世界发出信息"为大学三项使命。通过接触各种不同社会文化的不同价值观来创造新的智慧，并将其成果惠及地区社会，同时面向世界发出信息。长野县立大学的目标，在于培养拥有全球化视野、能够开拓未来的领军性人才。

院系构成

长野县立大学由具有不同特色的两个学院三个专业构成。"全球化管理学院"下设有全球化商务课程、企（创）业家课程和公共经营课程三个专业；另一个"健康发展学院"设有食品健康专业和儿童教育专业，前者可以获得日本的国家"管理营养士"考试资格，后者可以取得日本的国家"保育士"和"幼儿园教师"资格。

大学教育特征

大学教育特征主要有三个部分。第一个特征是"少人制教育"，即针对每个学生的不同个性和资质实行亲切的小型教育。作为全专业一年级的学生，除学习必修课程外，还必须学习"对外发信能力"的科目，每次课以 16 人左右为限的分班教育。全专业一、二年级必修的"英语集中教程"课为每班级 25 名左右，包括三年级以后的专业课程在内，大多数课程也都将以人

● 图片来源：长野县观光机构

数较少的形式进行。第二个特征是"海外学习研修项目",该项目是在校二年级全体学生将参加在世界各国进行的海外学习研修,研修除外语之外还包括专业领域学习的高效率短期培训课程。该培训课程内容充实,包括出国前的精心准备和回国后的培训跟踪(具体是进行在日本国内的事先研修和返回日本后的研修汇报会等),该项目可以对学生进行外语和专业的双向培训锻炼。这一"海外学习研修项目"属于在校全体学生参加的课程,因此参加对象也包括全体留学生。第三个特征就是"一年级全体住宿制"。通过集体的宿舍生活,学生们可以互相学习、互相帮助、共同切磋,培养自己的主体性和社会性。同时还可以进行日本学生和外国留学生之间的跨文化交流,而且还将举行职业教育培训等,为学生提供思考自身生活方式的良好契机。通过与伙伴们一起进行宿舍内共同生活,学生们可以学习到在课堂上无法得到的诸多心得和体会。

校方援助体制

大学方面为了使在校日本学生和各国留学生都能度过有意义并且安全、安心的大学生活,特意为学生们提供了各种制度的援助。大学有"学生援助中心"可以接受各种咨询,包括有关选课方法、学习咨询、宿舍生活以及课外小组活动,和对学生身心健康咨询等在内的与校园生活有关的所有咨询,给每个学生进行细致的援助。特别是在生活方面,有具体负责学生宿舍的工作人员为学生在遇到困难时提供咨询服务。学校宿舍生活原则上为一年级的学生,但在有空房间的前提下也可以申请延长居住四年。

大学校园

最后介绍一下大学校园。长野县立大学拥有两个校区,一个是学习和研究环境的"三轮校区",另一个是作为一年级学生住宿生活的"后町校区象山宿舍"。"三轮校区"的建筑有通天式玄关大厅、玻璃墙式教室,建筑整体充满了开放性。教室之外的走廊以及公用空间里设有可以用于小组讨论或者小组学习的交流场所,校园整体设计呈现一种有利于各种交流的学习环境。而位于长野市中心的"后町校区象山宿舍"距离"三轮校区"大约有2.2km路程,这里除了宿舍之外,还设有与地区进行合作的"社交及创新中心"。该中心通过参加地区活动,来加深大学与当地居民间的交流。

从长野走向世界

长野县四周环绕着日本阿尔卑斯山脉。以这些雄伟山脉为源泉的溪流最终汇成大河奔流入大海,我们希望长野县立大学的学生们也如这些流入大海的河流一样,期待你们以长野县为源头,最终奔向广阔的世界。让我们一起在崭新的校园里,学习着符合新时代发展的最先进知识、理论,并一起卷起新的浪潮,一同奔向通往世界的宽阔海洋!

● 图片来源:长野县观光机构

长野县立大学
理事长　安藤 国威

当今日本，正迎来一个巨大的变革时代。而使这一变革的时代潮流得以加速的，正是全球化的发展和网络信息化的升级时代。也就是说如今，是一个身居在长野县的人便可直通世界的时代。

伴随着这种社会变化，大学所应该起到的作用也就是必须随之变化。现在大学与企业之间的关系也在不断变化之中，身为一名大学生，与企业进行交流，不断磨炼自身，掌握本领，学习体验一种作为企业人的心得，这已经变成一种可能。

长野县拥有众多独特而冠名世界的企业，这些企业的模式也是在日本屈指可数的。我个人长期从事着企业经营，但我认为担负起地方社会的创造、再生这一中枢角色的应该是大学。在著名的硅谷，大学老师们积极援助学生创业，学生们也心怀改变世界的壮志而不断创新创业，因此新的产业也就应运而生。企业与大学以及地方自治体同心同德共同建设起这种社会基础设施，我认为这才是关键。

今后，与地区社会一起共同创造新价值的企业，必将改变世界。在这种时代潮流下，大学作为地区的核心、作为传授知识的根据地，可以举办各种座谈会和研讨会。我相信，开放而拥有创新精神的人将从世界各地汇集至此，正是这种自由的环境才能够孕育出创新、才能培养出在雪白画板上描绘自己独特未来前景的新一代领军人物。

全日空控股株式会社
董事长兼社长　片野坂 真哉先生致辞

贵大学所持有的"作为源流奔流入海连接世界"这一观点，贵大学所持有的"从地方发出信息的全球化教育"这一办学方针，与我们全日空集团"正因是全球化企业才更重视地区社会的创造再生"这一想法完全接轨。当今时代，思考地区性课题需要全球化视角，相反在思考全球化问题时正需要地区性视野。我们期待贵大学通过海外研修教程和航空公共关系教程的运用，能够将这一视角发展培育得更加成熟。

2.6 通过产官学合作的国际化推进案例

选择志愿学校的时候，学校所在的地区是其中重要的因素之一。具体请参考第八章，东京、大阪、名古屋为首都区域、关西区域、中部区域的三大经济区。

首都区域以东京为中心，是政治、经济、文化的聚集地，在这里可以获取各种信息，但物价和生活成本也相当高。构成首都区域的周边城市以及都道府县的其他城市中的自治体、教育机构、产业界，即产官学为一体，积极推广招收留学生的支援制度。在大学毕业的城市就职有很多优势，所以选择志愿学校的时候一定要考虑所在区域。以下是各地积极招收留学生的案例。

JET 项目——地区性国际交流

所谓 JET 是"从事语言指导等外国青年招徕事业"（The Japan Exchange and Teaching Programme）的简称，是地方自治体在总务省、外务省、文部科学省以及一般财团法人自治体国际化协会（CLAIR）的协助下实施的。

JET 项目主要是招徕海外年轻人来日本，在地方自治体、教育委员会以及全国中小学和高中参与各种国际交流业务和从事外语教育活动，以此达到推动当地群众国际交流的目的。不仅在日本国内，作为大规模国际人才交流活动，这一项目受到了世界各国的好评，参与这一项目的日本各地人士与外国参加者之间形成了一个国际交流网络，正在国际社会结出丰硕的果实而受到期待。

该项目于 2017 年迎来第 31 个年头，招徕规模从当初的 4 个国家 848 人发展扩大到 44 个国家 5,163 人。各自治体参加者数达到 67 个国家 6 万 6,000 人以上。

JET 项目的参加人员被安排到日本各地的用人团体中，从大城市到只有数百名居民的小山村，地区各不相同。有的在凉夏严冬的北海道海岸小镇，也有人赶赴冲绳的热带岛屿，他们在日本特有的富于变化的气候中生活并活跃着。

JET 项目的参加人员中许多都有留学日本的经历，如果你想更多地了解日本，请务必考虑参加本项目。它将为你提供一个深入学习异国文化的良机，也将为你提供一个成长和发现自我的机缘。当你受到周围所遇到的人们的影响时，相信你的日本留学生活一定会变得更加丰富多彩。

不同地区的各种举措及案例介绍

○ 充实社交媒体上的多种语言应对

当今社会，企业和大学通过社交媒体的官方帐户进行信息传播已经成为理所当然，但多数官方账号仍是以日语传播为主。目前一部分地方行政自治体已经开始充实运用多种语言进行信息传播和咨询服务。

埼玉县

该县国际交流协会运用日语、英语、西班牙语、葡萄牙语和汉语等五种语言通过脸书（Facebook）、推特（Twitter）和 LINE（连我）等社交媒体在埼玉县内传播国际交流与合作以及多种文化共生等的动向与话题。

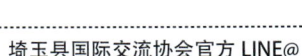
埼玉县国际交流协会官方 LINE@

静冈县

静冈县袋井市为了方便当地中国留学生，特意开设了中国社会广为普及的"WeChat"（微信）官方帐号。这一举措是袋井市自治体工作人员在静冈理工科大学研究生时代发起的。通过该职员开设的"微信"官方帐号，袋井市向中国留学生提供当地旅游、活动、餐饮店等信息以方便中国留学生的学习及半工半读生活。同时也为留学生之间的交流起到了积极作用。

静冈县袋井市官方微信

○ 招徕留学生

推动接收留学生工作，仅靠某一教育机构自身的努力是很难取得效果的。必须是当地行政组织、企业以及学校三位一体共同努力，在生活、教育以及就业等一系列环节进行保障才能发挥最大效果。这种倾向目前已经在日本的校园城市有所行动和体现。

福冈县

发表了在丝岛半岛和九州大学伊都校区周边共同招徕留学生的项目，目的在于搞活区域经济。丝岛市和九州大学与房地产租赁 SETTLE 公司缔结了有关推动地区国际化的协定。协定的合作内容包括留学生住宅和短期居住设施的配备以及留学生生活支援等六项措施。伊都校区位于丝岛半岛，与大学校园比邻的丝岛市居住了较多的九州大学学生。为此该地方自治体提出了构建"丝岛市九州大学国际村构想"，目的在于提高当地的国际化和活跃化。首先由房地产租赁公司 SETTLE 公司在 2020 年 8 月以前提供 200 间招待所和共同住宅。其后在其周边地区引进学校、保育设施、超市以及书店等。进而由西日本 FH 公司和西日本城市银行在当地设置自动取款机以及外币兑换处等，届时还将开发传播地区信息的 App 软件从而支援留学生在当地的学习生活。

图为福冈县丝岛市玄海国定公园内的夫妇岩

京都府

"留学生学习网络"是一个由京都的大学、专门学校、日语学校、企业和京都地区自治体共同合作进行的一个用来招徕留学生、改善留学生接收体制、将留学生的知识和经验运用于京都地区的国际化和活跃化的运作机制，目的在于提高京都作为"大学之都、学生之乡"的魅力。这一网络广泛传播留学生之间和留学生与日本学生之间的各种交流活动信息、富于京都特色的地方活动信息、辅助留学生日常生活的信息，以及包括留学生

就业等诸多重要信息。同时还经常附带有企业实习信息和面向留学生的和服体验等各种活动信息。除此之外还有美食、京都夜生活等信息，内容丰富。如果各位到京都留学，请一定别忘了加以利用。此外网站上的一些细小的生活常识，比如垃圾分类规则等等，也都将为你的京都留学生活起到良好作用。

> **POINT**
>
> 特意向留学生推荐京都还有一个特殊的理由，那就是因为无论从获诺贝尔奖的最尖端研究还是动漫，乃至参禅，京都集中了广泛而又深奥的文化。
>
> 这里也有五十多所大学、日语语言学校、专修学校等，各种学校有着独特的学习内容，同时也有学校间的学分互换制度，可以去听自己兴趣所在的其他学校的功课，并且可以拿到学分，还有用英语可以获得学位的专业等。当然，除此之外，京都的城市文化、历史和建筑物等也都充满了美感，是一个良好的学习环境。

鸟取县

鸟取县居住着许多从外地移居过来的人们。因为这里不仅可以按照生活方式来体验城市和农村两种生活，而且是一个能够让移居来的人们得以发挥能力、充分活跃的地方。

漫画中"咯咯咯鬼太郎"的故乡水木茂大道最近得以翻新，鸟取沙丘柯南机场也作为"空中车站"重新开业，这里无论是鸟取沙丘，还是山阴海岸地质公园，抑或是为数众多的温泉乡，都使人感到无限的魅力。

2018年，这里迎来了日本最古的神山——"大山"开山1300年纪念，许多活动正在计划实施当中。

另外，还有鸟取县的最新观光魅力——"星星"。是的，这里县内所有的市町村都可以在晚上看到绚烂的星河，也经常可以邂逅浪漫的流星，拥有着美丽星空的鸟取县因此也被称为"星取县"。这些新魅力的开发使得各地来访的游客不断增加，观光业正在成为鸟取县的一大重要产业。

居住在鸟取县的人们在富饶的自然环境和温暖的地区社会中，注重工作与生活的平衡，关心培养下一代的大环境，享受着尊重自我的生活，并且充满干劲地工作在富有朝气的企业中。

（1）面向外国留学生的企业实习

在鸟取县内进行的地区合作型"鸟取企业实习"活动中，为了加深外国留学生们对鸟取县内企业的理解，加强希望录用优秀外国人才的企业和留学生之间的密切联系，我们于2018年度开始新增设了企业实习活动中外国留学生的专用名额。

企业实习可以利用暑假或者春假等长期休假时期来进行，我们实施的是从5天起到1个月左右的不同期间类型并且支付薪金的有偿型企业实习。

（2）召开面向留学生的"企业联合就业宣讲会"

我们还在县内组织召开由积极探讨录用留学生的企业组成的"企业联合就业宣讲会"。

同时还将召开吸引留学生参观访问县内企业的企业参观会。

○ 地方自治体与留学生的合作

向世界传播日本的美好、当地的魅力以及留学的意义等等，这一切最具说服力的还是身在日本的留学生。留学生们传给同乡的声音应该是效果极大的。因此各地方自治体聚焦正在日本留学的留学生以及其他外国人，实行各种与留学生合作的措施。

✳ 千叶县

该县引进了"大使制度"，就是请居住在县内的留学生等外国人作为"大使"，通过自己的博客以及Facebook 等社交媒体，用自己的母语传播有关千叶的信息，并根据千叶县吉祥物"奇芭君"（CHI-BA-KUN）的名字为留学生宣传大使起名"奇芭大使"。目前任命了中国、马来西亚等亚洲到美洲的 14 个国家和地区的 20 名大使。通过这一活动，留学生们随时向世界各地传播千叶的魅力，同时还可以参加县内旅游，参加县内旅游观光团体的意见交换会议。这样，通过直接感受千叶的魅力从而能够发挥更好的传播效果。

兵库县

这里的伊丹市为了向世界和外国观光游客宣传本市的清酒、俳句以及长刀等传统文化，特聘曾在神户大学留学的英国女性为该市的特聘职员，安排在伊丹市城市品牌及观光战略科工作。目的是从外国人的视角出发，发掘伊丹的魅力从而加强宣传力度，用外国人的眼光和多种语言向世界宣传在当地人眼中看起来觉得习以为常的伊丹文化，从而达到增加游客的目的。

和歌山县

和歌山县纪美野町正在全力以赴招徕外国游客，用外国人视角来发掘当地的观光资源。该地区于 2017 年 7 月特意招待来自大阪的 10 名外国留学生，请大家体验镇内有名的餐饮店以及其他各种各样的服务，从而宣传当地的各种观光设施和城镇魅力。

纪美野町的特点是能够在富饶的大自然中享受美食和户外活动，县内外观光游客呈增加倾向，不过该地区却曾经自制过一个题为"没有外国留学生的小镇"的视频，可见外国观光客之稀少。

为此，镇上当地经营者们特地请来留学生，向他们展示当地的魅力并热情"款待"，希望从留学生的反应中获得信息，加强居民对当地的问题意识，从而探讨今后改良的方向。据介绍该地区今后仍继续向留学生提供当地设施进行留宿体验，以从体验者的感想中寻求进一步改善当地的"款待"方式。

2.7 高等专门学校

高等专门学校概要

高等专门学校（简称"高专"）是指初中毕业后进行五年一贯制教育的学校，与大学并列为高等教育机构。主要招收初中毕业生，学制为五年（商船学为五年六个月），主要教授工学技术方面的专业课程，培养实践性技术人才。第一学年学习公共课和专业课，从第二年开始增加专业课程，所以通常在高中和大学需要花七年时间达到的工学院教育水平，在高专五年就可以达到。高中入学那年开展五年一贯制教育。

修完高专五年课程者，即获得"准学士"称号，可以编入大学三年级，实际上有很多这样的学生编入科学技术大学。高专还设置了两年的专攻科课程（全国 51 所国立高专），修完专攻科者，通过审查，即可获得学士学位（与大学的学士学位同等）。现在一共有 57 所高等专门学校，其中国立 51 所、公立 3 所、私立 3 所。

高等专门学校的特色

高等专门学校招收在本国修完高中三年的自费留学生，他们可以直接编入高等专门学校三年级。高专的日本学生从第一年就开始学习专业课程，留学生从第三年集中学习的专业课程不逊色于日本学生二年级结束时掌握的程度，之后从第四年开始学习更深层次的内容。高专以此教学模式顺利地培养出各种专业人才。现在有来自 20 多个国家的 450 名外国留学生。

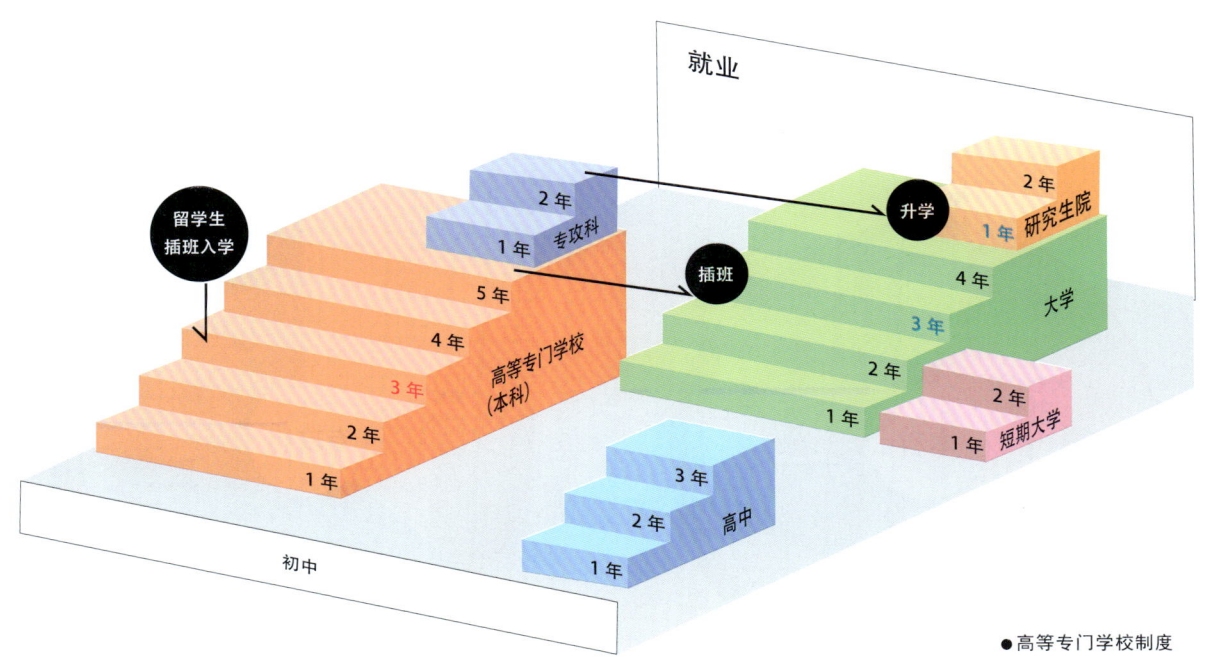

●高等专门学校制度

◯ 深造和就业率

每年约有 9000 名本科生从高等专门学校毕业，其中一半就业、一半继续到大学深造。除此之外，每年还有 1500 名专攻科的学生毕业，60% 就业，剩下的到大学院（研究生院）等继续深造。高等专门学校的毕业生就业率为 100%，这些受了专业教育的学生在产业界也受到了非常好的评价。

这一情况如下，从高等专门学校毕业生的供给职位比率的倍数（相当于 1 个毕业生职位供给为 1 的情况就是 1 倍）来看，其特征更为显著。也就是说，高等专门学校毕业生的供给职位比率倍数竟然为 20 倍左右。这远远超过了大学毕业生的平均 1.2 倍左右的数值。

● 高等专门学校毕业生的去向状况

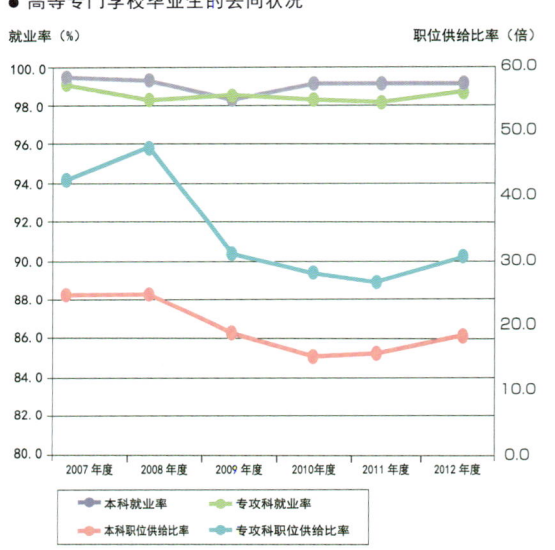

本科

	2007年度	2008年度	2009年度	2010年度	2011年度	2012年度
毕业生人数（人）	8,898	9,213	8,996	9,097	9,093	9,050
就业人数（人）	4,738	4,873	4,564	4,911	5,198	5,167
就业率（%）	99.4	99.2	98.3	99.0	99.0	98.9
职位供给比率（倍）	24.6	24.8	18.6	15.2	15.7	16.1
升学人数（人）	3,910	4,067	4,089	3,891	3,616	3,592

专攻科

	2007年度	2008年度	2009年度	2010年度	2011年度	2012年度
毕业结业人数（人）	1,288	1,337	1,484	1,515	1,627	1,543
就业人数（人）	799	874	948	967	1,088	1,025
就业率（%）	99.0	98.3	98.5	98.3	98.2	98.4
职位供给比率（倍）	42.5	47.4	31.2	28.8	26.4	30.3
升学人数（人）	452	420	492	491	490	481

毕业生去向比率图（2012年度）

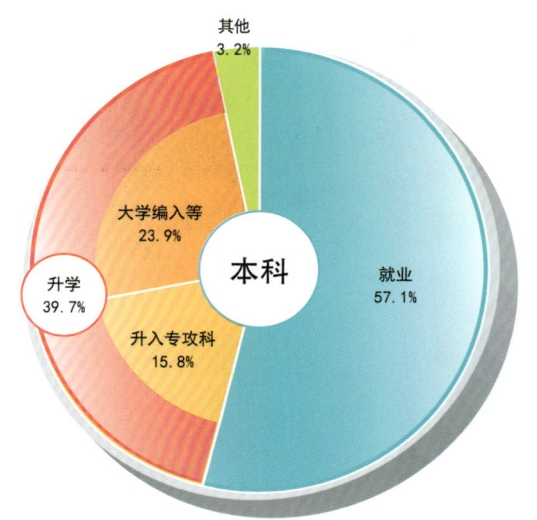

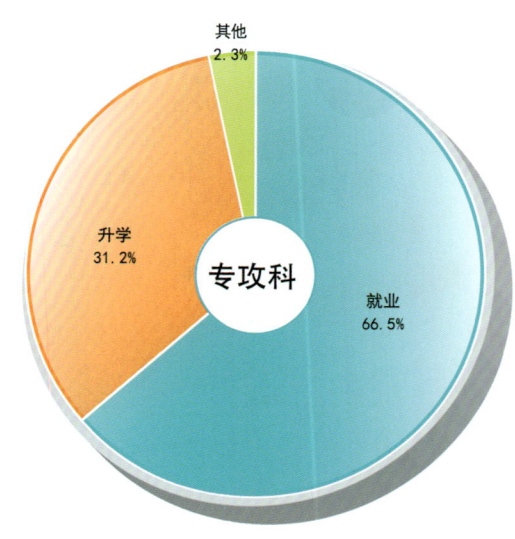

高等专门学校采访

包志虹

铃鹿工业高等专门学校 生物应用化学科 四年级
内蒙古

Q1 "高专"用一句话来说的话应该怎么表达呢？

"比同年龄的大学生有能力！"

高专生是优秀的。而且相对于大学生来说，高专生就业非常顺利。只不过刚刚听到"高专"这个词的时候，我抱有一种与"专科"（比如大专、中专等）相同的印象，我想大多数中国留学生都是这样的。但是中国的专科一般是三年制，学习也比大学轻松，而日本的"高专"则是五年制的一种学校，必须要求好好学习的那种。

Q2 为什么会觉得高专生优秀呢？

这是因为高专生在接受很高水平的专门教育之外，还通过每星期的实验和创造工学的学习等，确确实实地掌握了技能和应用能力。而且与中国的大学和专科相比较，这里是班级制，学生人数很少，老师可以清楚地记住每个学生，有了问题可以马上就得到亲切的指导。特别是留学生因为是中间入学，所以高专一年级、二年级的课程没能上过，有时会有专业知识不明白的地方。这时候老师总是非常仔细地为我们指导。

Q3 请说一下你进入日本高专的过程和理由好吗？

首先在来日本之前，我知道日本的大学有国立、公立、私立还有所谓短期大学。但是高专则是通过日语学校老师的推荐才知道。然后我参加了高专的升学说明会，同时了解到高专的学费非常便宜，并且有众多的高专毕业生编入了国立大学。我将来的目标是国立大学，所以我选择了升入高专。

Q4 在高专生活得怎么样？

大家都特别认真而且优秀，学习氛围非常好。而且宿舍也是一个人的房间，有空调等设备，生活费便宜所以生活起来比较宽裕，是一个特别适合学习的环境。没有课的时候经常和班里的同学一起做炒面和流水凉面来吃。高专校园节活动的时候，帮忙进行准备学科展览以及介绍等也都非常开心。

Q5 你将来的梦想是什么？

小时候我就喜欢动物，中学的时候开始喜欢上了生物课。我希望能够在日本学习生物技术，这方面日本要领先于中国。所以我选择了留学日本。

而且将来我希望能够使用所掌握的日语在中日两国间活动。如果有幸能升到博士课程的话，我希望能做一些保护濒临灭绝的动植物及其育种的工作。或者在食品或化妆品公司工作，那我也打算做为一名义工来参与保护动物的活动。

Q6 能给打算考高专的留学生们说几句话吗？

我自己的情况是，由于日本留学考试和TOEIC（托业）考试的成绩不很理想，所以我在面试对策上下了不少功夫。不仅是希望考入高专的理由，更重要的是能清晰地表达出自己将来的目标和理想。至少"你特别想学的是什么"一定要好好回答。

学习是很艰苦的。但是在专业领域里有自己感兴趣的东西，这很重要。不要放弃，多加油，请保持自信状态来参加考试。

而且，现在的高专里中国留学生还较少，大家可以成为先驱，我想这未尝不是一件好事。

○ 高等专门学校留学考试（以外国人为对象 高专三年级编入考试）

首先，作为报名申请的基本资格，如前面内容所述，要作为留学生进入高等专门学校通常由于要编入三年级（即相当于通常所讲的高中三年级），因此前提条件是接受了十一年学校教育或等同于该水平的人，也就是如果在中国为高中毕业的人即具有报名申请资格。

同时，作为其必要项，还需要本书第三章所介绍的"日本留学考试"和证明英语能力的TOEFL（托福）、TOEIC（托业）或者IELTS（雅思）的成绩。通过上述书面审查和在东京的面试情况来进行是否合格的综合判断。以下为过去的考试日程以及各种统一考试的相关信息，敬请参考。

入学考试相关日程	"日本留学考试"必要科目	各英语考试的必要分数线
·招生简章的公开： 9月上旬	·日语	·TOEFL（托福）PBT：435～470
·应招期间： 12月上旬	·理科	·TOEFL（托福）iBT：45～52
·面试： 1月上旬	（物理、化学及生物中选择两个科目）	·TOEIC（托业）：400～500
·发榜： 2月中旬	·数学2	·IELTS（雅思）：5.0～5.5

※上述内容均属指南，并非绝对。另外各个高等专门学校以及不同专业下也有不同情况，请务必事先准确查清自己所希望报考学校的相关规定。

【入学考试详细规定参见】http://www.kosen-k.go.jp/hennyugaku

高等专门学校的学科领域

各国立高等专门学校有 3—7 学科，以下是主要科目。

学系领域	学系科目	学系介绍	学习内容
机械	机械系学科	机械系学科是所有工学的基础，材料力学、热力学、流体工学、机械设计法等都是与制造和机械设计密切相关的系统学习科目。通过大量的实验和实践，培养想象力丰富、技术过硬的机械技术型人才，为新时代的技术创新打下坚实的基础。	材料力学 热力学 ／ 流体工学 机械力学 ／ 机械加工学 机械设计法·制图 ／ 制自动化工学 ／ 计量工学 ／ 机械材料学 ／ 信息处理 ／ 其他
材料	材料系学科	材料系学科是有关金属材料、有机材料、无机材料，从材料工学的角度学习组成、构造以及制造、加工方法、分析技术等专业科目。通过大量实践和实验，培养基础扎实的材料开发技术型人才。	金属材料、高分子材料／无机材料、材料加工学／材料强度学、材料分析化学／复合材料、材料工学／材料物理化学、信息处理／其他
材料	化学·生物系学科	化学·生物系学科，学习为了顺应时代的需求所开发和生产各种功能性材料，以化学、生物技术为基础，结合环境，利用可循环和环境改善技术创造出一个可持续发展社会。培养掌握化学基础理论和应用技术的实践性化学生物技术人才。	无机化学 ／ 有机化学 ／ 物理化学 分析化学 ／ 环境化学 ／ 化学工学 ／ 生化学 ／ 生物工学 ／ 材料化学 ／ 转基因工程学 ／ 信息处理 ／ 其他
信息、互联网、通信	信息系学科	信息系学科，学习关于现代信息化社会不可缺少的电脑系统、软件、编程、通信、网络技术等，通过实验和实践，在创造性的学习中拓展领域，培养想象力丰富、技术过硬的 IT 技术型人才。	编程 软件工学 ／ 数据库 计算机系统 ／ 信息理论网络工学 ／ 系统工学 算法 ／ 信息通信工学 ／ 其他
电气、电子	电气·电子系学科	电气·电子系学科，学习的是有关现代社会必不可少的电气·电子领域，电磁气学、电气·电子回路、电力、计测·制自动化、电子工学等科目，通过实验和实践，在创造性的学习中拓展领域，培养实践性的电气·电子技术型人才。	电磁气学 电气回路 ／ 电子回路 半导体工学 ／ 计算机工学 ／ 电力电子技术 ／ 计测·制自动化发电、送电工学 ／ 信息处理 其他
建筑、土木	建设系学科	建设系学科，学习的是桥梁、河流地下、铁路、船舶航道等建筑物、城市规划景观设计等空间设计和管理学科，为了人与自然和谐相处，营造一个安全、舒适、方便的生活环境。培养理论实践相结合的建设系技术人才。	构造工学／水理学／土质力学／都市计划／混凝土构造／设计管理／环境计划／景观设计／安全系统／地震防灾／海岸工学／其他
建筑、土木	建筑系学科	建筑系学科，是指学习如何通过分析环境、城市架构、景观、历史以及文化等精髓，营造出与大自然和谐共处、使生活更加舒适便利以满足人们基本生活的住房或街道。培养在安全安心的基础上，更重视建筑美学的建筑技术人才。	测量学／建筑计划／建筑设计／城市设计／建筑设计制图／建筑设备／建筑环境工学／建筑材料／钢构造／其他
商船、多媒体设计、综合	商船系学科	商船系学科包括培养船员、船长的航海课程和培养工程技术员与工程技术师的工程技术课程。两个课程都需要实验和实践来掌握船舶人员应具备的知识和技术。不仅培养基础理论和应用技术的实践性船舶航海技术人才，还强调掌握海运关联产业的相关知识。	海上交通法／海事法规／海洋气象／航海学／操船学／内燃机关学／水利机械学／船舶安全工学／热力学／电气设备／其他
商船、多媒体设计、综合	工学·商船系以外的社会需求对应学科	很多高专还培养了工学系和商船系以外产业和社会需要的技术型人才。还有代表设计系、交流系、商务经营系的交流信息学、国际商务学、经营信息学等。通过五年的系统学习，成为活跃于世界舞台的商务人才。	编程／人类工学／交流论／市场营销论／商务英语／商业环日本海各国语／国际贸易论／雇用关系法／其他

下面是按学习科目分类示意分布在日本各地高等专门学校的图示。

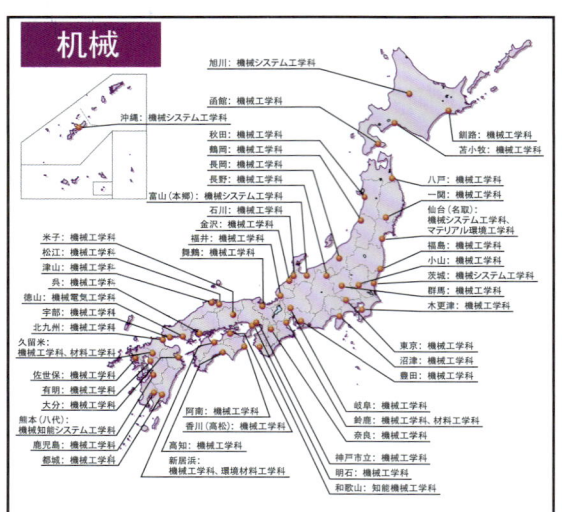

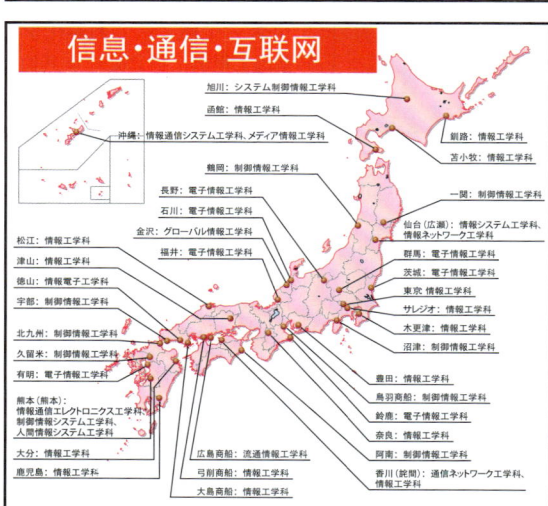

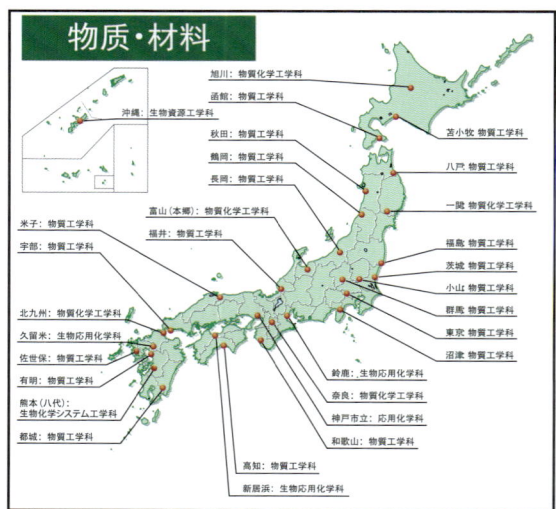

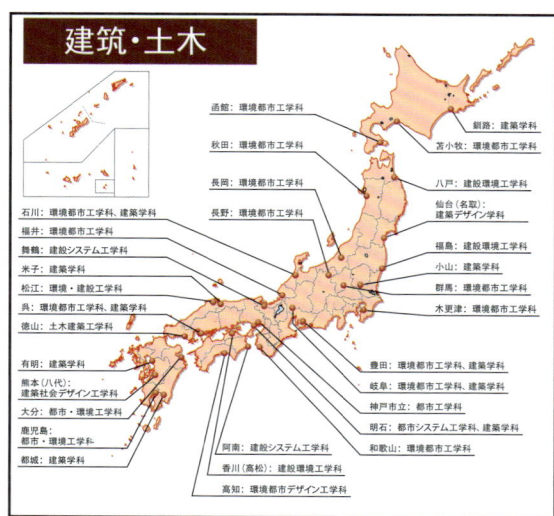

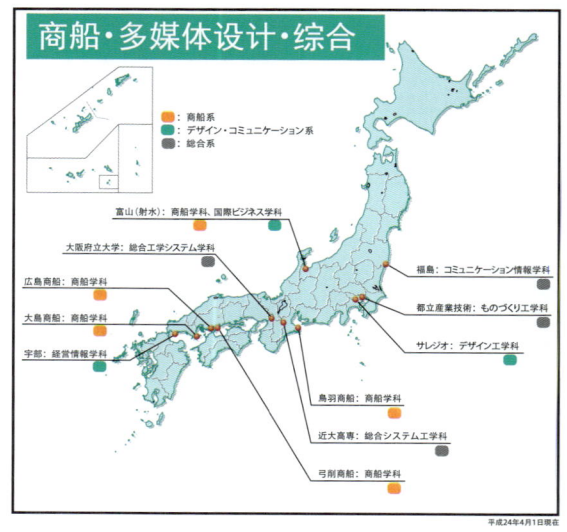

平成24年4月1日现在

高等专门学校特有的教学方式

为了各学科之间的良性竞争，高等专门学校一直开展多种多样的竞赛，其中最负盛名的要算"机器人竞赛"。

○ 机器人大赛

● "创意对决·全国高等专门学校机器人大赛"是让掌握最先进技术的高专学生摆脱现有概念，在重新认识"用自己的想法亲手制作自己的机器人"这个理念后，享受制作乐趣和精髓的竞赛。

● 平成25年，第26届"创意对决·全国高等专门学校机器人大赛"开赛，全国57所（51所国立）学校参加。

● 在全国8个地区举行预选赛，胜出的前26组参加全国大赛。每年全国大赛的盛况会在日本的NHK频道播出，是全国高等专门学校的一大盛事。

○ 编程大赛

● "全国高等专门学校编程大赛"是高专生优秀的创造力和实践力在IT处理领域的竞赛。通过竞赛培养学生发散思维的灵活性和丰富的创造力。NAPROCK国际编程竞赛也于同期举行。

● 平成25年，第24届"全国高等专门学校编程大赛"由旭川高专主办，57所（51所国立）高专参加。

● 此大赛不仅局限于国内，更向着国际化发展。第8届和第10届获得课题部门最优奖的小组分别被派往奥地利林茨大学和韩国，第15届有越南的河内工科大学参加，每年还有中国东软信息学院参加。

○ 英语演讲大赛

● "全国高等专门学校英语演讲大赛"是以高专生英语能力的提高和各学校间交流为基础，培养具有国际视野和丰富技术的多重人才为目的的竞赛。

● 平成26年，第7届"全国高等专门学校英语演讲竞赛"由岐阜高专主办，发言部门由15所（14所国立）高等专门学校组成，演讲部分由10所（10所国立）高等专门学校参加。

○ 设计大赛

● "全国高等专门学校设计大赛"是高专生将平时的训练和学习与实际生活环境相关联后进行设计的竞赛。各高等专门学校也希望通过该竞赛实现培养想象力和实践力丰富的创新型人才。

● 平成25年，第10届"高等专门学校设计大赛"由钏路高专主办，38所（32所国立）高等专门学校参加。

日本高等专门学校一览

no	学校名	邮政编码	所在地	电话号码	留学生数
1	函館工業高等専門学校	042-8501	北海道函館市戸倉町14番1号	0138-59-6312	2
2	苫小牧工業高等専門学校	059-1275	北海道苫小牧市字錦岡443番地	0144-67-8066	3
3	釧路工業高等専門学校	084-0916	北海道釧路市大楽毛西2丁目32番1号	0154-57-7203	2
4	旭川工業高等専門学校	071-8142	北海道旭川市春光台2条2丁目1番6号	0166-55-8103	2
5	八戸工業高等専門学校	039-1192	青森県八戸市田面木字上野平16-1	0178-27-7223	5
6	一関工業高等専門学校	021-8511	岩手県一関市萩荘字高梨	0191-24-4704	1
7	仙台高等専門学校				4
	（広瀬キャンパス）	989-3128	宮城県仙台市青葉区愛子中央4丁目16番1号	022-391-5508（代表）	
	（名取キャンパス）	981-1239	宮城県名取市愛島塩手字野田山48	022-381-0253	
8	秋田工業高等専門学校	011-8511	秋田県秋田市飯島文京町1番1号	018-847-6005	4
9	鶴岡工業高等専門学校	997-8511	山形県鶴岡市大字井岡字沢田104	0235-25-9014	6
10	福島工業高等専門学校	970-8034	福島県いわき市平上荒川字長尾30	0246-46-0704	0
11	茨城工業高等専門学校	312-8508	茨城県ひたちなか市中根866	029-271-2807	7
12	小山工業高等専門学校	323-0806	栃木県小山市大字中久喜771	0285-20-2114	11
13	群馬工業高等専門学校	371-8530	群馬県前橋市鳥羽町580番地	027-254-9005	8
14	木更津工業高等専門学校	292-0041	千葉県木更津市清見台東2丁目11番1号	0438-30-4005	12
15	東京工業高等専門学校	193-0997	東京都八王子市椚田町1220-2	042-668-5114	10
16	長岡工業高等専門学校	940-8532	新潟県長岡市西片貝町888番地	0258-34-9311	17
17	富山高等専門学校				6
	（本郷キャンパス）	939-8630	富山県富山市本郷町13	076-493-5402（代表）	
	（射水キャンパス）	933-0293	富山県射水市海老江練合1-2	0766-86-5112	
18	石川工業高等専門学校	929-0392	石川県河北郡津幡町北中条タ1	076-288-8011	4
19	福井工業高等専門学校	916-8507	福井県鯖江市下司町	0778-62-8201	3
20	長野工業高等専門学校	381-8550	長野県長野市徳間716	026-295-7126	6
21	岐阜工業高等専門学校	501-0495	岐阜県本巣市上真桑2236-2	058-320-1211	3
22	沼津工業高等専門学校	410-8501	静岡県沼津市大岡3600	055-926-5712	7
23	豊田工業高等専門学校	471-8525	愛知県豊田市栄生町2-1	0565-36-5902	3
24	鳥羽商船高等専門学校	517-8501	三重県鳥羽市池上町1-1	0599-25-8013	0
25	鈴鹿工業高等専門学校	510-0294	三重県鈴鹿市白子町	059-368-1711	13
26	舞鶴工業高等専門学校	625-8511	京都府舞鶴市字白屋234番地	0773-62-8861	4
27	明石工業高等専門学校	674-8501	兵庫県明石市魚住町西岡679番地の3	078-946-6017	3
28	奈良工業高等専門学校	639-1080	奈良県大和郡山市矢田町22番地	0743-55-6013	8
29	和歌山工業高等専門学校	644-0023	和歌山県御坊市名田町野島77	0738-29-2301	5
30	米子工業高等専門学校	683-8502	鳥取県米子市彦名町4448	0859-24-5005	6
31	松江工業高等専門学校	690-8518	島根県松江市西生馬町14-4	0852-36-5111	3
32	津山工業高等専門学校	708-8509	岡山県津山市沼624-1	0868-24-8211	17
33	広島商船高等専門学校	725-0231	広島県豊田郡大崎上島町東野4272-1	0846-67-3000	1
34	呉工業高等専門学校	737-8506	広島県呉市阿賀南2-2-11	0823-73-8404	1
35	徳山工業高等専門学校	745-8585	山口県周南市学園台	0834-29-6200	1
36	宇部工業高等専門学校	755-8555	山口県宇部市常盤台2丁目14番1号	0836-35-4963	7
37	大島商船高等専門学校	742-2193	山口県大島郡周防大島町大字小松1091番地1	0820-74-5451	0
38	阿南工業高等専門学校	774-0017	徳島県阿南市見能林町青木265	0884-23-7104	5
39	香川高等専門学校				7
	（高松キャンパス）	761-8058	香川県高松市勅使町355番地	087-869-3811（代表）	
	（詫間キャンパス）	769-1192	香川県三豊市詫間町香田551	0875-83-8506	
40	新居浜工業高等専門学校	792-8580	愛媛県新居浜市八雲町7-1	0897-37-7703	5
41	弓削商船高等専門学校	794-2593	愛媛県越智郡上島町弓削下弓削1000	0897-77-4606	0
42	高知工業高等専門学校	783-8508	高知県南国市物部乙200-1	088-864-5603	0
43	久留米工業高等専門学校	830-8555	福岡県久留米市小森野1-1-1	0942-35-9304	5
44	有明工業高等専門学校	836-8585	福岡県大牟田市東萩尾町150	0944-53-8611	1
45	北九州工業高等専門学校	802-0985	福岡県北九州市小倉南区志井5丁目20番1号	093-964-7200	3
46	佐世保工業高等専門学校	857-1193	長崎県佐世保市沖新町1-1	0956-34-8406	2
47	熊本高等専門学校				0
	（八代キャンパス）	866-8501	熊本県八代市平山新町2627	0965-53-1211（代表）	
	（熊本キャンパス）	861-1102	熊本県合志市須屋2659-2	096-242-6013	
48	大分工業高等専門学校	870-0152	大分県大分市大字牧1666番地	097-552-6075	0
49	都城工業高等専門学校	885-8567	宮崎県都城市吉尾町473-1	0986-47-1106	1
50	鹿児島工業高等専門学校	899-5193	鹿児島県霧島市隼人町真孝1460-1	0995-42-9000	0
51	沖縄工業高等専門学校	905-2192	沖縄県名護市辺野古905番地	0980-55-4003	0

2.8 专门学校

接下来给大家介绍的是"专门学校"。现在，在专门学校就读的外国留学生约有 25000 人。专门学校一般是被认为就业性十分强的教育机构，那么，在这样的学校里实际进行的是怎样的教育呢？

专门学校概述

日本有 3000 多所专门学校，其中绝大部分为私立学校。专门学校的办学目的和课程设置与大学有着很大的不同。

专门学校按教育内容的不同可以分为好几种。接下来，就各位可以选择作为留学学校的、设置面向高中学历的留学生的"专业课程"的专门学校做些说明。根据"全国专修学校各种学校总联合会"2012 年 5 月的规定，目前招收外国留学生的专门学校（约 600 所）请参考第八章内有招收留学生的专门学校一览。

专门学校通常将培养实际生活需要的职业能力作为其办学目的。专门学校的宗旨并不是像大学、大学院（研究生院）那样培养研究型人才，而是培养学生在职业教育和实际生活中所需要的知识、技术和技能。

学习时间通常为两年。在专门学校学习两年以上，且听课总时间达到 1700 小时以上的成绩合格者可以被授予"专门士"称号。在特定的专门学校学习专业课程三～四年，听课总时间达到 3400 小时以上的成绩合格者可以被授予"高度专门士"称号。获得"专门士"或"高度专门士"资格的留学生，满足一定条件就可在日本就业。如果准备去日本读专门学校并且毕业后在日本就业，需要根据自己的兴趣爱好、职业规划，选择设有能够在日本就业的专业领域（后文会再提到）课程的学校。

专门学校的教育主要是培养实际能力，包括各专业领域的实用操作技术。

不过，正因为其专业操作性强的特点，从是否可在日本就业的角度来看，部分职业对外国人而言会受到限制也是不可避免的。

下图是专门学校毕业的日本学生的就业情况。专门学校的毕业生大多从事与自己的专业相关的工作，这一现象是一目了然的。

- 2009 年度就业者中与所学专业领域相关的职业中就业的比率
- 资料来源：东京都专修学校各种学校协会

而下图则是专门学校毕业的日本学生的就业率情况，近年来的平均就业率在 75% 左右，是非常高的。从所学的专业领域实用性强的特点来看，即使对外国留学生而言，专门学校也是很不错的选择。

而且，取得"专门士"资格的学生可以进一步转入大学，"高度专门士"还能获得大学院（研究生院）或研究院的入学考试资格。如取得这两种资格，从专门学校毕业后，就业或升学皆可。

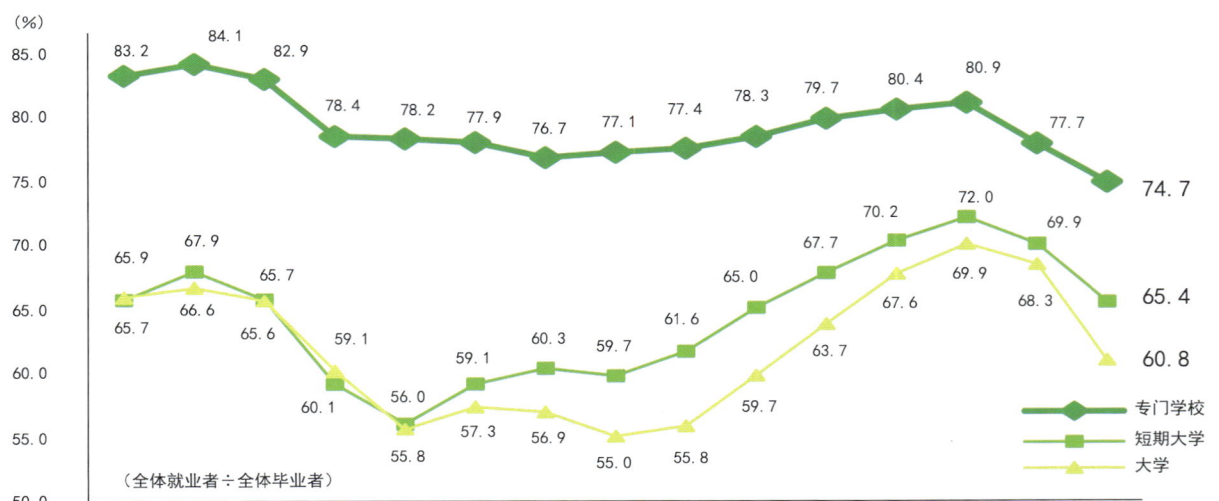

● 历年毕业学生就业率变化情况（每年3月份毕业）
● 资料来源：东京都专修学校各种学校协会

注意留日资格

在本章的"大学·短期大学"部分已经做过说明，各位外国留学生如想要在日本就业，暂且先不论在专门学校学的是哪一专业，首先有一条规定，即"必须通过日本入境管理局取得就业专用的留日资格"。

这一点是各位选择在日本就业时必须特别注意的。

关于就业专用留日资格的审查，对取得"专门士"资格的专门学校毕业生而言，与"学士""短期大学学士""硕士""博士"相比，有关所学专业与实际工作内容相关度方面的审查可能会更趋严格。上述图表显示专门学校毕业的日本学生就业率很稳定，但专门学校毕业的外国留学生想要在日本就业，依然面临着不小的障碍。

另外，如果从事的职业属于专门学校所学专业的延伸领域，根据入境管理法的规定，也可能属于限制外国人从事的工种，需要注意。

※有关外国留学生在日本就业的情况，会在第六章详细叙述，可供参考。

以下是专门学校课程设置的 8 个专业领域，各个领域又进一步细分为共计 34 个学系，请加以确认。

专门学校学系领域考察

接下来，我们来看一看专门学校的学习领域。专门学校的课程基本上是围绕以下 8 个领域进行构建的：(1) 工业领域；(2) 农业领域；(3) 医疗领域；(4) 卫生领域；(5) 教育•社会福祉领域；(6) 商业实务领域；(7) 服饰•家政领域；(8) 文化•教育领域。

	图标	学系领域	学问领域的内容	专门学校学系
1	工	工业领域	电气•电子•机械与机器人相关学科需要学习相关的基础知识与技术，并且在毕业之前掌握达到一定专业水平的知识与技术。计算机学科需要使用最新的计算机实验器材，从基础到运用，专业系统地学习计算机相关知识。建筑•土木学科的学习除了知识与技术的掌握，还包括为相关资格证书考试做准备。汽车装配专业的学习旨在考取二级与一级汽车装配技术人员资格。	计算机•IT 游戏•CG•互联网 电子学 机械工程•汽车配备 建筑•土木•装潢
2	农	农业领域	生物工程学科通过 DNA、再生医疗、食品开发、化妆品开发等相关科目的授课与实习实验，让学生广泛地掌握相关知识的基础与应用。园艺相关学科需要掌握园艺技术、花草培育等相关知识，还要进一步学习花店经营与待客之道等更为广泛的知识。	花卉•园艺 环境•生物工程
3	医	医疗领域	要从事医学领域的工作，必须具备相关的国家行医资格，因此这些学科的授课与实习都与相应的资格考试相关；另外还有专门的课程教授如何与患者及其家属交流沟通。	护理 临床工学 牙科技师 针灸•柔道整骨 理学疗法•职业疗法 医疗事务•医疗秘书
4	卫	卫生领域	理发美容学科除了要学习国家资格考试所要求的技术与知识外，还要学习全身美容、美甲、化妆、服饰搭配等与美容有关的方方面面的知识。烹饪、点心制作、面包制作等学科除了有教授相关知识与技能的授课与实习外，学生还要学习店铺经营方面的知识。营养相关专业学生则要在营养学与食品化学等专业知识的基础上，进行身体调理等内容的实习。	营养学 烹饪法 点心•面包制作 美容•美发 化妆•美容•美甲
5	教	教育•社会福祉领域	幼儿教育与保育相关学科需要学习教育原理与教育心理学的指导方法等，该学科的学习目的是考取幼儿园教师或保育师的资格证书。社会福祉相关学科则以帮助高龄老人与残障人士的日常生活为目的，学习保健、医疗、护理技术、身体调理、营养等多方面的知识与技能。	幼儿教育•保育 社会保障
6	商	商业实务领域	这一领域的特征是针对各个学科有诸多资格鉴定考试，因此为了帮助学生取得相应的资格证书，该领域学科非常重视实践操作。另外还有专门提高学生的交流沟通能力的课程。	管理•会计•经营 贸易•销售•商务 旅游•观光•酒店 交通•运输
7	服	服饰•家政领域	除了缝制技术、色彩、服装式样等专业科目的学习以及 CAD（计算机辅助设计）最新技术的掌握，还要培养学生的沟通能力以及流通方面的专业知识。	时装
8	文	文化•教育培养领域	该领域内的学科极为丰富，其中还包括走在时代前端、符合社会需要的学科。学习内容注重专业性，以便学生毕业后能在各领域有所建树。	设计 摄影•艺术•漫画 出版•广告•传媒 法律•公务员 外语•国际 播映•电影•影像 音乐•话剧•配音演员 体育 动物

工 计算机・IT・全面促进网络社会发展的工程师

学习内容

- **信息处理**
学习计算机基础知识与软件编程等。

- **系统工程**
从软件编程技术到系统设计与构建，涵盖了计算机技术的应用与管理等多个领域内容。

- **Web 系统**
学习网站的开发与运营，掌握网络程序设计技术。

- **IT 互联网**
学习互联网、服务器、安全运行等系统设计、构建、应用与管理方面的知识。

- **系统应用**
学习应用于手机、导航、汽车等多个领域的系统工程知识。

推荐证书与考试

- **基础信息技术人员资格**
该类人员具备成为高端 IT 人才应有的基础知识与技能，能够策划信息技术运用方面的各种方案，并进行项目的设计与开发。

- **应用信息技术人员资格**
级别高于基础信息技术人员，要求具备更高水平的设计、开发与运用能力，能针对企业与组织内部的各种课题，切实执行运用信息技术的战略方案。

- **IT 通行证考试**
该考试测试的是考生作为职场人士对于信息技术领域的通用知识的掌握程度，比如能否对信息系统、互联网、问题处理等信息进行恰当的搜集、使用与分析。

- **信息鉴定考试（J 检）**
该考试由财团法人专修学校教育振兴协会举办。分为信息系统考试（程序员／系统工程师）、信息运用考试（1—3 级）、信息设计考试（初·高级）三种。

未来的就业

- 程序员→编写计算机中运行的各种程序。
- 系统工程师→策划、设计、开发并应用软件等各种系统。
- 网络工程师→负责企业与学校内部的宽带网与网络服务器的构建、应用与管理等工作。
- 访客管理工程师→定点访问系统用户，同时对计算机（硬件为主）进行检查、保养与维修。
- 指导员→指导客户使用计算机及软件。

工 游戏·CG·互联网·用崭新的设想与技术开拓数码世界

学习内容

- **CG（电脑绘图）**
通过学习制作各种影像作品、设计各种游戏角色，全面掌握电脑绘图制作与处理技术。

- **游戏创作**
从基础开始学习游戏制作的各种知识，如脚本、分镜头剧本、编程、声效等。

- **网页设计**
综合学习如何运用电脑绘图软件来设计网页。

- **电子音乐**
学习如何运用计算机、作曲软件等电子器械来完成作曲、改编等一系列音乐制作。

- **动画**
学习动画制作所必需的构想、策划、影像制作、草图、背景美术、CG 等一系列知识。

推荐证书与考试

- **互联网设计师鉴定考试**
该考试测试考生互联网设计的规划、展示、制作、评价运用等能力。

- **多媒体鉴定考试**
测试的是考试"电子信息交流"（如电子信息的搜集、应用与传播等）方面的知识与技能的掌握程度。

- **CG 创作鉴定·CG 工程师鉴定考试**
考察考生数码图像处理基础知识的掌握程度。

未来的就业

- 游戏创作人员→主要有负责游戏结构与脚本的策划人员、创作游戏角色与故事背景的设计人员、制作游戏运行程序的编程人员等。
- CG 设计师→任职于商业广告、电视节目、动画、游戏等制作公司，负责用电脑绘图软件制作影像作品。
- Web 设计→主要工作是用 Dreamweaver 等网页制作软件制作各种网页界面。
- 声效创作人员→主要工作是运用数码机器制作出运用于各种场合的声音效果，如手机彩铃、电视电影和游戏的效果音、背景音乐等。

工 电子学·从家电到宇宙技术，真正地创造时代之梦

学习内容

- **电气工学**
主要学习电气基础技术、控制、半导体回路等。该课程旨在考取电气主管技师资格。
- **电气工程**
主要通过实验的方式，学习电气的基础与应用，旨在考取电气工程师资格。
- **电子信息**
学习范围很广，有电子回路之类的电气基础知识，也有家电、光技术、电子信息通信技术等。
- **电子工学**
学习电子回路、编入系统等多样化的知识，数码器械、机器人开发技术等也是学习内容之一。
- **音响工学**
学习舞台、音乐厅内部音响设备的使用技术（如播放、录音等）、音响设备的设计技术等。
- **播放技术**
主要学习电视的摄影技术，另外还有影像的制作与编辑、直播技术等。

推荐证书与考试

- **电气工程师资格**
如修满国家经济产业省认证的所有相关课程（一般历时 1 年以上），便可免试获得两种电气工程师资格。
- **电气施工负责人资格**
该类人员负责进行通信终端设备的设计、施工与监督工作。修满国家总务省认证的相关科目，可以免试获得该资格。
- **电气主管技师资格**
电气主管技师负责指挥与监督电气施工。根据负责的电气工程所需电压强度，该类人员被分为三个等级。

未来的就业

- 电气工程师→负责建筑物的配线、电气设备维修等。需要取得两种电气工程师资格中的任意一种。
- 音响技师→一般在音响器械公司担任开发与设计工作。此外，也有人在广播电视台担任 PA（扩声系统）工程师。
- 电子技术人员→承担各种电子、电气设备的开发与设计工作，例如家电、航空飞行器、产业用机器人等。
- 电气主管技师→是电气工程施工过程中的监督人员。一般在电气工程公司就职后可以考取该资格。
- 通信技术人员→主要工作有 IT 互联网、手机等通信设备的设计、开发、应用与维修等。

工 机械工程·汽车装配·喜爱机械的你能在制造业中发挥才干

学习内容

- **汽车装配**
学习掌握汽车结构、检查、装配等基本技术，以取得汽车装配技术人员资格。
- **机械设计**
综合学习生产机械相关的工学知识（如通用工作机械）、CAD 技术等。
- **航空配备**
学习掌握航空飞行器的装配、检查与保养的知识与技能，旨在考取二级航空装配技术人员资格。
- **电子机械**
学习计算机或电子回路控制的机械运转的相关知识。
- **机器人开发**
学习程序与微型计算机的基础知识，掌握私人用机器人、最尖端的二足步行机器人等技术。
- **CAD 设计**
2D 与 3D 的 CAD 是进行机械设计必要的制图工具，该课程便是学习 CAD 的实际操作。

推荐证书与考试

- **汽车装配技术人员资格**
相关专业毕业后可参加国家资格考试（无需参加操作技能考试），二级资格需要修满 2 年以上的学习课程，一级则需 4 年以上。不过取得二级资格后，积累 3 年以上的实际工作经验后也可参加一级资格考试。
- **航空装配技术人员资格**
若想从事航空飞行器的装配与检修工作，必须取得该资格。根据处理的飞行器的重量不同，该资格共分为三等。
- **CAD 操作技术人员资格考试**
该考试将判定考生是否能够熟练操作机械与建筑领域必备的设计与制图工具——CAD。

未来的就业

- 汽车装配技术人员→任职于汽车装配厂或汽车经销商，负责汽车的检修、调整与装配，以确保汽车的安全运行。
- 销售工程师→负责将用户的意见完整传达给本公司的工程师。另外，还要向顾客介绍本公司的产品，即需要同时担任营销与技术人员两种角色。
- 航空装配技术人员→多任职于机场等与航空有关的企业，负责机体结构与零部件的性能精度检修与保养工作。
- 机械工程师→主要工作是开发、设计与检修机械，以保证机械运转安全、高效，从大型工业用机器到小型家用机器，都在机械工程师的开发与设计范围内。
- CAD 操作人员→多任职于设计事务所或制造企业的设计部门，以制图工作为主，即用 CAD 软件进行一系列设计与草图制作等。

工 建筑・土木・装潢・充分感受城市建设活力的职业

学习内容

● 建筑·建筑设计
该课程旨在培养建筑师，从基础开始学习建筑师必备的策划、设备、法规、结构、施工、制图等多方面的知识与技能。

● 建筑工学
从建筑结构与材料等建筑工学必备知识，到与日常生活有关的多种技能，不单单以考取资格证书为目的，而是广泛地学习与建筑有关的各种知识。

● 土木·土木建筑
该课程旨在培养土木技术人员，学习测量、土木设计、土木施工等基础知识，同时通过实习，切实掌握测量、水文、土质等处理技术。

● 测量
该课程旨在取得测量人员或测量助理人员的国家资格证书，要学习数学、信息处理等必需的基础知识，掌握各种测量技术。该课程户外实习较多。

● 装潢设计
学习掌握住宅、店铺等装修设计必备的专业知识与技能，并培养学生的艺术感知能力。

推荐证书与考试

● 建筑师资格
分为一级、二级与木造级三种，相关考试有学科测试以及设计与制图测试。从专门学校毕业后可以同时参加二级与木造级两种资格考试。考试通过后，积累四年以上的实际工作经验，可参加一级资格考试。

● 测量助理人员资格
测量助理人员是负责规划与实施土地测量的测量人员的助手，辅助进行土地开发与地图绘制。取得该资格后，拥有两年以上的实际工作经验，可以进一步考取测量人员资格证书。

● 装潢设计师资格
考生通过装潢设计师资格考试后，经过规定的等级审查，可获得"装潢设计师"资格称号。测试科目有学科测试与设计制图，学生需要在五年之内同时通过这两门科目。

未来的就业

● 建筑师→负责摩天大厦、独栋别墅等各种建筑物的设计、施工监理等多项工作。多在建筑公司、房地产公司、设计事务所等处就职。

● 土木施工管理技师→土木施工管理技师是土木施工现场的主管技术人员或监理技术人员，承担着施工规划、工程管理、安全管理等多项技术管理任务。

● 建筑设备技术人员→需掌握电气、给排水、空调等所有与建筑设备有关的知识与技能，还要为建筑师的工作提供合理的建议。

● 测量人员→主要工作是在建筑施工现场确认建筑物的结构位置是否正确。多就职于公共机构的土木部门、土木建筑公司、测量公司等。

● 装潢设计师→承担室内空间装潢设计与规划、装潢工程监理等多项综合性工作。有不少装潢设计师在制造商、设计事务所、创意产业等处积累一定经验后，选择自己创业。

农 花卉・园艺・与点缀生活的花卉植物打交道

学习内容

● 花卉事务
旨在培养全面掌握花卉布置、搭配、花香处理等与花卉有关的知识技能、能在花卉市场领域有所作为的专业人才。

● 花卉设计
学习并掌握花束搭配、布置、结婚典礼、展示会场花卉装饰等多种相关技能。

● 造园环境学
旨在培养能在综合考虑环境因素的基础上，创造出人与自然和谐共处的都市景观的设计师。

● 造园设计
综合学习庭园、公园的设计、施工、计划与管理等技能，以及与植物及其栽种有关的知识。

● 园艺
从基础开始学习蔬菜、果树、花草等植物的栽培技术与应用方法。

推荐证书与考试

● 造园施工管理技师资格
该类人员负责公园绿地的设计与施工。修满专门学校的相关课程，工作两年以上可参加二级考试，五年以上则可参加一级考试。

● 园艺装饰技师资格
该类人员负责观赏植物、观叶植物的保养与管理，并用这些植物进行室内装饰。该资格分为1~3级。

● 花卉装饰技师资格
该资格考试考察考生对花卉有关事务的实践操作能力，比如派对现场的花卉布置、花束的制作等。有1~3级三种。

未来的就业

● 花卉搭配技师→负责宾馆、结婚礼堂、商店等处花卉装饰的设计与搭配。

● 园艺福祉人员→以园艺技术为主要医疗与心理指导手段，帮助残障人士和老年人恢复身心健康。

● 园艺技师→多任职于园艺店、花店，负责指导庭园草木的栽培与修剪方法等。

● 造园施工管理人员→是造园技术方面的专家，多活跃于政府机关的土木部门、庭园、设计事务所、房地产公司等多个领域。

农 环境·生物工程·令人瞩目、面向未来的新兴产业

学习内容

- **生物能技术·生命工学技术**
主要学习如何将基因·DNA等多种生物机能应用于人体健康、食材、环境、能源等多个领域。

- **自然环境学**
该课程谋求的是人与自然的共存，通过真实自然环境下的体验与实践，学习森林、河流等资源的管理与保护技术。

- **环境·生物能**
该课程培养的是掌握环境保护方面的专业知识、能对环境情况进行调查、分析与评估的专家。

- **野生动物保护专业**
学生通过该课程的学习，树立正确的自然环境观念，并在此基础上学习濒临灭绝的珍稀动物的保护、饲养、繁殖与野生放养等知识。

推荐证书与考试

- **生物能技师资格**
该资格考试的参加对象是修完生物工程技术专业所有课程的学生。要取得高级资格需达到大学四年级的水平。

- **防止公害管理员资格**
又可细分为大气污染、水体污染、噪音和震动污染、粉尘污染、二噁英污染等多个具体公害管理领域。

- **环境测量人员资格**
又可分为环境测量人员（浓度相关）、环境测量人员（噪音和震动相关）、一般测量人员三种。

- **生活环境管理人员**
该资格由日本生态系协会认证。分为生活环境规划管理人员、生活环境施工管理人员两种。

未来的就业

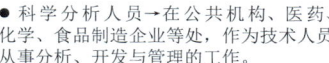

- **科学分析人员**→在公共机构、医药、化学、食品制造企业等处，作为技术人员从事分析、开发与管理的工作。
- **环境咨询人员**→主要工作是运用环保专业知识，为企业和社会组织提供环境保护规划方案、调查分析等方面的咨询服务。
- **器材分析人员**→多在研究机构、制造企业等处担任技术或技术营销职务，负责化学分析专用器材的管理、保养与营销协调工作。
- **食品卫生指导员**→主要工作有营销机构内的食品卫生巡查、预防食物中毒的宣传推广、营业许可证相关咨询业务等。
- **生活环境管理人员**→致力于保护野生生物（BIO）生存的空间（TOP），使自然生态体系维持平衡的状态。

医 护理·从医疗最前线到居家治疗拥有广阔的就业前景

学习内容

- **护理学**
该课程的学习年限为三年（修完准护理学课程则需两年）。学习内容涵盖了人体机能与结构等医学、护理学的知识，以及成年人、老年人、儿童、妇女、精神病人等不同患者的具体护理知识与技巧。学习课程中，医院内的临床实习占了很大一部分，因此要求学生通过积累实际经验，成为一名合格的护理人员。

- **助产学**
该课程学习历时一年，主要学习如何协助妇女分娩、照顾产妇与新生儿、安抚家属等。只有护理专业毕业的学生或是持有护理师资格证的人士才可报名学习该课程。

推荐证书与考试

- **护理师资格**
修完相关专业课程（学制为三年，如持有准护理师资格证学制为两年），可参加国家资格考试。最近有越来越多的男性也有意向成为护理师。

- **认证护理师资格**
认证护理师这一职业由日本护理协会认证，并只针对护理师资格持有者开展认证测试，因而在护理领域比较特殊。分为急救、舒缓治疗、老年痴呆、新生儿等共计17种认证资格。

- **助产士·保健师资格**
修完护理师培训课程后，可以报考助产士和保健师培训课程。学习一年后，可以参加国家资格考试。

未来的就业

- **护理师**→在医院、诊所等处担任医生的诊疗助手，或对前来看病的患者及住院病人进行护理。除此以外，也有人就职于保育所、残障人士福祉机构、养老院或地区上门护理站等处，从事健康管理、生活辅助方面的工作。
- **保健师**→多在市区町村的保健中心与学校等地，对幼儿、高龄老人等多类人群提供健康指导服务。
- **助产士**→多就职于设有妇产科的医院或助产医院，主要负责协助产妇分娩、产妇与新生儿的身体检查等一系列保健工作。

医 临床工学·治疗与检查环节不可或缺的医疗团队主心骨

学习内容

● 诊疗放射线学

课程学习目的是取得诊疗放射性技师资格。基础科目是解剖学和生理学，还要学习X光片、诊疗图像信息器材等专业领域的知识。实习内容则是掌握各种专业技术，包括对患者进行放射性诊疗的实际操作等。

● 临床检查学

临床检查技师是医学检查方面的专家，主要检测诊断与治疗过程中必需的一些数据。该课程以取得临床检查技师资格为培养目的，学习内容广泛，包括病理学、免疫学、血液学等。

● 临床工学

该课程培养的是临床工学技师，负责操作、维护与管理所有代替人体机能自主运作的生命维持装置，例如呼吸机、循环机等。需要从医学与工学两方面来学习此类知识。

推荐证书与考试

● 诊疗放射线技师资格

修完三年培训课程可参加国家资格考试。主要根据医生或牙医的安排，进行X光拍片、CT、MRI、超声波影像检测、放射线治疗等工作。

● 临床检查技师资格

修完三年培训课程可参加国家资格考试。临床检查的内容有血液检查和尿液检查等人体检查、心电图和脑电波等生理检查、病理学检查、微生物学检查等。

● 临床工学技师资格

修完三年培训课程可参加国家资格考试。负责操作、检修与保养生命维持装置（如人工心肺装置、人工呼吸机、人工透析装置等）以及各种用于治疗的ME（医用电子工学）器材等。

未来的就业

● 诊疗放射性技师→多任职于医疗机构，从事X光拍片、CT、MRI、超声波影像检测、放射线治疗等工作。除此以外，还有人选择去放射性器械制造企业、核电站等处担任技术工作。

● 临床工学技师→临床工学技师多就职于医院。当医生在手术室或集中治疗室开展外科治疗时，临床工学技师要根据医生的指示操作生命维持装置。另外，也有人在医疗器械制造企业担任开发与销售职务。

● 临床检查技师→多任职于医院的临床检查科室或独立的临床检查中心，负责人体检查、生理检查等工作。人体检查一般为检测分析人体血液与尿液等病理组织情况，生理检查则解析人体脑电波等生理信息。除了医院，制药公司、医疗器械制造商也在就业选择的范围之内。

医 牙科技师·为各个年龄阶段人群提供放心的牙科诊疗技术

学习内容

● 牙齿卫生技师学

除了要在学习牙科基础科目的基础上掌握所有牙科诊疗手段，还要学习营养学、医疗事务等牙科疾病预防相关的知识，学习内容非常广泛。实习一般以口腔卫生指导、牙科辅助诊疗为主。由于相关法规有所修订，自2010年起，该学科的学习年限由原来的两年制全部改为三年制。

● 牙科技师学

除了学习医学、解剖学等必备的专业基础知识，还要学习假牙、牙冠、牙齿填充物、矫正工具等各种牙科用材料的专业知识及其加工技术。最近，有越来越多的人开始重视牙齿美观，因此该课程也顺应潮流加入了牙齿整形美容的培训，而入学选拔考试也要考察考生相关的操作能力。

推荐证书与考试

● 牙齿卫生技师资格

除了专业的牙科医生，只有牙齿卫生技师能够在诊疗过程中接触患者口腔内部。修完专门学校相关课程的学生能参加国家资格考试。过去只有女性能够获取该资格，但目前法律已默认男性也可报考，因此有越来越多的培训机构也开始招收男性学员。

● 牙科技师资格

在专门学校修完两年以上相关课程可参加国家资格考试。考试分为学科测试（科目有解剖学、牙床假牙安装技术、牙冠修复技术、牙齿矫正学、小儿牙科学、颚口腔机能学、牙科理工学、相关法规政策等），以及现场操作测试（包括牙床上的假牙排列、牙肉形成、牙龈雕刻等）。

未来的就业

● 牙齿卫生技师→多在牙科医院负责牙齿的保健指导与辅助治疗工作，比如牙结石清除、牙齿涂氟等。也有人选择就职于地区的保健中心或牙科相关企业。

● 牙科技师→主要工作是在牙医的安排指导下，制作假牙、镶牙、牙冠等。一般就职于牙科技师所，而现在不少牙科医院设有专门的技师科室，许多牙科技师在此类科室上班。

医 针灸·柔道整骨·扎根地区，将传统东方医学发扬光大

学习内容

● 针灸学
该课程是培养针师与灸师（通常合称"针灸师"），即学习如何通过针灸刺激人体穴位，达到预防与治疗疾病的目的。该课程还能帮助学生加深对人体结构、机能、疾病等知识的理解。特点是临床实习较多。

● 针灸按摩
在掌握针灸知识的基础上，进一步学习按、揉、擦等各种按摩与压指手法。通过该课程的学习，学生可以参加针师、灸师、按摩师三种资格考试。

● 指压
学习掌握日本独有的按摩技法——"指压"，即在揉与敲击的基础上，用手指或手掌对患者身体施加压力。该课程旨在帮助学生考取按摩·指压师资格。

● 柔道整骨
"柔道整骨"技术是运用了柔道运动治疗的相关技巧来治疗患者的外伤。该课程要求学习基础医学知识与实际操作技术，并通过临床实习不断提高专业能力，最后参加国家资格考试。

推荐证书与考试

● 针灸师资格
针灸师是用医用针或艾草施行治疗，帮助患者恢复身体机能。针师与灸师虽是独立的两种行医资格，但因共同的学习科目很多，一般情况下学生都是同时考取这两种资格。

● 按摩·指压师资格
按摩·指压是用手指疏通刺激人体穴位，以缓解人体疲劳的治疗方法。因学习课程中有不少与针灸师的培训内容是相通的，所以有不少人想通过学习同时考取这三种资格证书。

● 柔道整骨技师
柔道整骨技术起源于柔道运动治疗技巧，主治骨折、挫伤、脱臼、跌打损伤等。柔道整骨是一种整形治疗技术手段，一般人们多称之为"接骨"或"整骨"。

未来的就业

● 针师→针师的工作是将针扎入患者穴位，刺激穴位，治疗疾病的同时促进人体的自然愈合能力。有不少针师积累了一定的工作经验后选择自己创业。

● 按摩·指压师→既有人就职于治疗机构，也有不少人自己创业。除了传统的医学行业，最近也有不少按摩·指压师开始活跃于体育训练、美容指导等多个领域。

● 灸师→灸师的工作是将艾草热敷于患者穴位之上，刺激穴位，施行温热疗法。不少灸师在治疗机构等处积累一定工作经验后，自己创业。

● 柔道整骨师→可就职于接骨医院、整形外科医院、体育俱乐部、高龄老人福利机构等多处。还有不少柔道整骨师积累实际工作经验后自己创业。

医 理学疗法·职业疗法·用技术手段使伤病患者痊愈

学习内容

● 理学疗法
以培养理学疗法技师为目的，除了学习解剖学、生理学、康复医学等基础医学知识，还要通过实习掌握理学疗法的技能。

● 职业疗法
以培养职业疗法技师为目的，需学习心理学、社会学、教育学、社会福祉学等多种学科知识，还要在医院或其他机构通过实际操作掌握患者援助的技能。

● 语言听觉疗法
以培养语言听觉疗法技师为目的，在学习医学、心理学、音响学、语言学、社会福祉学、教育学等学科的基础上，掌握专业的理论知识与具体的援助语言听觉障碍者的技能。

● 视觉训练学
以培养视觉训练技师为目的，要学习眼科专业知识，并通过医院实习掌握患者接待、视觉检测、训练等方法。

● 假肢配备
以培养假肢配备人员为目的，要学习医学、保健学、心理学、工学等多方面的理论知识，并掌握专业的假肢安装相关基本知识与应用技术等。

推荐证书与考试

● 理学疗法技师资格
对患者施行治疗体操、电气疗法等一系列物理治疗方法，让患者恢复自身运动机能。

● 职业疗法技师资格
为有身心疾病的患者施行一系列操作疗法，帮助他们具备社会生存能力。

● 语言听觉疗法技师资格
为患者恢复、维持或提高自身听觉、声音感知能力与语言使用机能提供必要的指导。

● 视觉训练技师资格
在医院的眼科进行视觉机能检查、框架与隐形眼镜的配置、斜视的训练治疗等。

● 假肢配备人员资格
制作并提供假肢，还要在医生的安排下对患者进行后期关怀。

未来的就业

● 理学疗法技师→主要就职于医院，对因疾病或外伤导致身体残疾的患者施行旨在恢复身体机能的康复治疗。

● 视觉训练技师→负责与眼睛健康有关的工作，例如视觉障碍人士的康复、眼睛机能检查、视觉训练等。主要在眼科医院工作。

● 语言听觉疗法技师→主要工作是为患者提供语言能力与听觉方面的训练指导，比如对有语言功能障碍的人士、患有语言功能发育障碍的婴幼儿、患有听觉障碍的人士等开展治疗，帮助他们改善语言、声音感知、视觉等多种技能，提高交流能力。

● 职业疗法技师→多任职于医疗、保健、福祉、教育等相关机构，为患有身心障碍的患者施行各种职业疗法，帮助他们独立生存并回归社会。

● 假肢配备人员→是假肢装备制作方面的专业人士，通常会与医生、理学疗法技师等合作。多在假肢制造企业、康复中心、医院等相配合。

医 医疗事务·医疗秘书·医疗机构也需要专业办公技能

学习内容

● 医疗事务学
学习医疗知识、管理技能、接待患者礼仪等各种知识、技术。

● 医疗经营学
学习作为医疗从业者必须掌握的商业礼仪以及其他专业知识，以充分协助医生工作。

● 医疗信息管理学
学习医疗管理专业知识的同时，还需学习如今医疗经营中必不可少的计算机信息管理技术。

推荐证书与考试

● 医疗秘书技能鉴定
该资格旨在鉴定在医疗现场作为医疗秘书必需掌握的专业技术、医学基础知识以及对医疗相关法律法规熟识程度等能力水平（分为一级、准一级、二级、三级）。

● 医疗事务管理师
鉴定是否具备正确计算并申报诊疗报酬能力的一项资格考试。分为医科和齿科两种考试，既有申请保险等业务操作考试，也有法律法规和医学常识等理论考试。

● 诊疗信息管理师
对是否具备正确管理诊疗记录，并对数据进行加工分析能力的一门资格认定。在相关认证学校中修完必修科目后即可获得此资格。

未来的就业

● 医疗事务职员→在医院的业务部门从事发票（诊疗报酬明细单）制作、会计业务、患者的窗口接待等工作。

● 诊疗信息管理师→整理并管理诊疗记录（病例），按照医生、护士的要求提供正确的医疗信息。

● 医疗秘书→从事时间表管理、文件制作等助理工作，从而使医生、护士能够专心于诊断治疗工作。

卫 营养学·民以食为天，营养学如今备受瞩目

学习内容

● 营养师学
需要学习营养学、食品学、食品卫生学、食品加工学、公共卫生学、运动生理学等各种取得营养师资格必备的专业科目。专门学校的相关课程是两年学制，修完所有课程后可以通过考试获取营养师资格。

● 管理营养师学
管理营养师活跃于医疗与护理福祉领域，相较于一般营养师，管理营养师具备更为专业的营养学知识，是能够从食物摄取的角度为人们提供健康指导的专业人士。学生在专门学校修完四年课程后可参加国家资格考试。

推荐证书与考试

● 营养师资格
从专门学校毕业后即可免试获得营养师资格。

● 管理营养师资格
要取得该资格有两种途径，通过专门学校四年制课程的学习参加国家资格考试，或者取得营养师资格后，积累一定的实际工作经验再参加考试。

● 营养指导师资格
营养指导师是适用于中小学校的一种资格证书，分为专修、一级、二级三个级别。二级资格属于营养师资格，而要获取一级资格，则要在管理营养师相关课程的基础上进一步学习与教学有关的科目。

未来的就业

● 营养师→多在医院、学校等处负责配餐的菜谱研制，或者在保健所为当地居民提供营养指导。也有人在食品制造企业从事商品开发与质量管理工作。

● 管理营养师→管理营养师掌握着更为专业精深的营养学知识与技术，一般多为伤病患者的身体疗养提供必要的营养指导。也有人在 1 天提供 750 餐以上规模的配餐机构担任配餐管理工作。

● 营养指导师→在中小学校从事饮食生活相关的指导工作，或者开设专门针对学校配餐的培训课程，并对相关负责老师进行指导与培训。

烹饪法 · 典型的硬功夫，加以磨炼能够成为一生受用的手艺

学习内容

● 厨师学

课程旨在帮助学员取得厨师资格。理论学习内容有烹饪理论与相关卫生法规等。实习内容非常丰富，学生从基础开始学习日式、西式、中式等不同风格菜肴的烹饪方法。白天班有一年与两年两种学制，夜间班则是一年半学制。

● 高级厨师学／烹调技术经营学

课程历时两年，除了学习取得厨师资格必需的科目之外，还会更广泛深入地学习经营管理、服务技能、菜品搭配等多方面知识，对学生今后从事餐馆店铺经营非常有帮助。

推荐证书与考试

● 厨师资格

从专门学校毕业后即可免试获得厨师资格。

● 烹调技术师资格

从专门学校毕业并积累六年以上的实际工作经验，可参加该资格考试。考试由理论与实际操作两方面组成，考生需通过烹调技术审查、技能鉴定等多项测试后方可获得该资格。实际操作测试内容有寿司料理、中国菜、日本料理、西餐、面食、配餐专用料理等，考生可选择其中之一接受测试。

● 专业厨师资格

从专业学校毕业并积累六年以上的实际工作经验，可参加该资格考试。前期测试有寿司料理、中国菜、配餐专用料理等，后期测试则有日本料理、西餐、面食等。

● 菜品搭配师资格

分为三级与二级两种。如要参加三级资格考试，考生持有厨师、营养师、管理营养师、点心制作卫生技师资格证书中的任意一种，即可免于参加科学与文化部分的测试。

未来的就业

● 厨师→厨师就职于各类餐馆、饭店、宾馆、结婚典礼现场的餐饮部门、学校、医院、事务所的配餐部门等各种场所。因为与食品相关的行业种类多样，所以厨师的就业范围非常广泛。

● 烹饪指导师→主要工作是在料理培训班或烹饪学校担任烹饪的基础知识与应用相关的教学工作。

● 菜品搭配师→菜品搭配师的工作包括为电视或杂志的烹饪节目或专栏提供烹饪与菜品布置信息，或者为各类餐馆定制菜谱等。也有不少人积累一定工作经验后选择自己创业。

点心·面包制作 · 展现日本人的细致与执着

学习内容

● 点心制作卫生学·点心制作技术

该课程要求学生掌握制作点心的知识与技术，并通过国家点心制作卫生技师资格考试。该课程还会粗略地学习一下各种日式与西洋点心的做法。

● 糕点师学

该课程从基础开始学习各种日式和西式点心和面包等制作方法，并且致力于提高学员独立制作糕点的实际操作能力。另外，法语也是这门课程的必修科目。

● 日式点心制作

将学习馅料制作、包馅等日式点心所特有的传统食材制作方法。通过实习，学员将进一步磨炼传统点心与工艺点心等多种制作手艺。

● 面包制作学

从基础开始学习面包师傅所必须掌握的各种知识与技能。该课程将学习德国、法国、意大利等欧洲各国的面包制作方法。

推荐证书与考试

● 点心制作卫生技师资格

该资格获得国家认证，点心制作卫生技师是具备食品化学方面的专业知识、能够制作食用安全的点心的专业人士。在培训机构修完指定课程（一般需一年以上），毕业后可以参加国家资格考试。

未来的就业

● 糕点师（西式点心制作）→专业制作西式点心的师傅被称作糕点师，一般任职于西式点心店、宾馆、饭店等多个场所。另外，最近还出现了一种名为"巧克力制作师"的新职业，专门负责制作巧克力。

● 面包师（面包制作）→专业制作面包的一种职业。主要任职于烘焙店、面包制作工厂、宾馆、商店等处。

● 日式点心制作师→专业制作日式点心的一种职业。多就职于日式点心制造企业、商店等处，需跟着从业数十年的师傅实际学习点心制作技巧。据说在这一行业要做到出类拔萃，至少得花十年工夫。

美容·理发 — 从流行发源地的沙龙到密布大街小巷的美容理发店

学习内容

● 美容

该课程旨在培养美容师。课程历时两年，必修科目包括美容行业相关法规制度、卫生管理、美容保健、美容物理学与化学、美容文化等。实习课程占了全部课程的近六成，主要内容有剪发、烫发、洗发等基本技能的学习，以及化妆、美甲、全身美容、服饰搭配技巧等。另外，选修科目有色彩学、美容行业待客方法、咨询业务等。

● 理发

该课程旨在培养理发师。学员需通过实习掌握剪发、洗发、烫发等技巧，以及使用剃刀刮胡须、理短发等理发行业特有的技能。课程历时两年，必修科目有行业相关法规制度、卫生管理、理发保健、理发物理学与化学、理发文化等。另外，还有越来越多的学校开设了选修科目，其中包括美容师必学的化妆与美甲技能等课程。

推荐证书与考试

● 美容师·理发师资格

学员修完专门学校的相关课程，通过学校组织的学科测试与技能测试后，可以免试获得美容师与理发师资格。

● 管理美容师·管理理发师资格

如美容院或理发店拥有两名以上美容师或理发师，则必须有一人以上是管理美容师或管理理发师。学生在取得美容师或理发师资格后，积累三年以上的实际工作经验，可以参加规定的课程学习（卫生学、美容院和理发店卫生管理）并考取该资格。

未来的就业

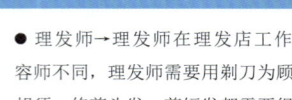

● 美容师→多就职于美容院或美容沙龙。也有人在宾馆的结婚典礼服务部门等处从事和服搭配、日式发型制作、全身美容、化妆、美甲等工作。

● 理发师→理发师在理发店工作。和美容师不同，理发师需要用剃刀为顾客修剪胡须。修剪头发、剪短发都需要很高超的修剪技术。

化妆·美容·美甲 — 具备潜在成长前景的美丽产业

学习内容

● 美发师学科

除了为取得美容师资格证书而必修的几门科目之外，还会学习化妆、美甲、时尚学等与美容相关的所有课程，掌握时尚美容整体知识。

● 美容经营学

在学习美容技术的同时，还会从沙龙经营的角度来学习接待客人、经营、顾客管理等必要的信息处理技术。

● 整合美容学

学习美容、化妆、美甲、足部按摩、香体等所有美容相关技术，同时也会学习化妆品等美容相关产品的专业知识。

推荐证书与考试

● 美甲师技能鉴定考试

日本美甲协会认可的资格考试有一级至三级考试，考试旨在培育国际通用的美甲师、促进技术和知识水平的进一步提高。

● 日本美容协会认定的美容师

除了硬性技术能力，还需具备营养学、皮肤科学等专业知识。通过协会考试之后就能够登记为协会认定的美容师。

未来的就业

● 化妆师→使出现在电视、电影、杂志、时尚秀上的时髦演员、模特们更加美丽的化妆和美发师。考验你的流行敏感度。

● 美容师→灵活进行面部护理、皮肤护理、瘦身、脱毛。在帮助顾客展现最美一面的同时进行身心治愈。

● 美甲师→在美甲沙龙作为美甲专家应对各种美甲过程中的问题。增加指甲韧性、美化指甲形状、装饰美化指甲等等，让纤纤玉指更加美丽，更加健康。

教 幼儿教育·保育·家长们养育子女的有力后盾

学习内容

- **保育科·保育师培养学**
要成为优秀保育师必须掌握成长心理学、保育原理、音乐、美术等各类学科知识。其中，能实际与小朋友们接触的保育实践课程占据学习过程中很重的分量。除了保育师资格，还设置了能够应对幼儿园教师二类认定证书考试的其他课程。

- **幼儿保育科·幼儿园教育培养学**
需要学习成为幼儿园教师必修的教育理论、音乐、体育、美术等实际技能。同时，因为钢琴技能是幼儿园教师入职考试的必考项目，学校会设置一对一课程教学帮助学生学习。另外，教育实践课程的比率也很高。最近，帮助学生取得幼儿园教师二类认定证书以及保育师资格"双学位"的学校也越来越多。

推荐证书与考试

- **保育师·幼儿园教师**
保育师和幼儿园教师是分别由厚生劳动省、文部科学省管辖的国家资格考试。在各教育机构认可的专门学校顺利毕业的话，就可以得到保育师·幼儿园教师的二类认定证书（大学毕业生可以获得一类认定证书）。但是如果想得到正式的工作机会，还必须在毕业之后或即将毕业时参加地方自治区或私立幼儿园和保育院举行的入职考试。各专门学校倾向的就业领域有所不同，所以在日本选择学校的时候要先考虑好自己的就业取向。在日本首都东京，考试通常包括通识知识、教职修养、论文、实际技能、面试等。

未来的就业

- 幼儿园老师→在公私立幼儿园里帮助儿童身心健康地成长、并对他们进行音乐、美术、体育方面的教育。
- 儿童福祉机构指导员→作为养护机构或母子生活支援机构的职员，帮助生活在福祉机构的儿童的成长。
- 保姆→在顾主家中，陪孩子玩耍、接送孩子、收拾家务、照顾孩子。
- 保育师→在保育机构工作，通过日常生活的点滴协助儿童培育工作，确保其身心健康，并提供保育过程中各种问题的咨询服务。
- 儿童保育指导员→在各社区的儿童俱乐部或儿童机构中，和孩子们玩耍，陪孩子们学习。

教 社会保障·奉献热情与微笑——就业环境不断改善

学习内容

- **护理福祉学**
学习老人福祉、残疾人福祉、身体恢复指导等理论知识，通过校内外的实际研修课程学得护理技术，取得护理福祉师的资格证书。

- **社会福祉学**
除了学习与社会福祉相关的知识之外，还要掌握行政手续办理流程等在咨询过程中会用到的专业知识和技术。

- **儿童福祉学**
为了能够在保育院或儿童养护机构代替家长照顾孩子，除了要为取得保育师资格证书而做出努力之外，还要学习如何防止妨碍孩子健康成长的不利因素的出现。

- **精神保健福祉师培养学**
要学习社会福祉学、心理学、精神医学，取得国家认定的资格证书，最终成为能够协助精神障碍者康复并顺利回归社会的福祉师。

推荐证书与考试

- **护理福祉师**
以前只要修完两年制以上的培养课程就可以在毕业的同时获得该资格，但是随着制度改革，平成23年（2011年）之后的入学者在此之外还必须通过国家资格考试。

- **社会福祉师**
完成四年制培养课程的学习，毕业后即可获得考试资格，三年制毕业生经过毕业后一年的实际工作实践（指导员工作）之后亦能获得考试资格。

- **精神保健福祉师**
完成四年制培养课程的学习，毕业后即可获得参加考试资格，三年制毕业生经过毕业后一年的实际工作实践（指导员工作）之后亦能获得考试资格。

未来的就业

- 护理福祉师→就职于提供特别护理的老人院、残疾人保障机构、日托机构，协助老年人、残疾人开展日常生活。
- 精神保健福祉师→作为医院或护理机构的职员，帮助精神障碍者回归社会，实现经济自立，并实现正常独立生活。
- 社会福祉师→也被称为Social Worker（社会工作者），在自治机构或民间机构中，为有身心健康障碍或在日常生活中遇到困难的人们提供咨询服务和指导。
- 家庭辅助师（Home Helper）→帮助需要护理的人们实现生活自理。无论国家机构还是民间组织都很需要这种人才。

商 管理·会计·经营 · 以各种资格证书为武器，在商业社会中步步高升

学习内容

- **会计师学科·税务师学科**
  学习会计学、经营学、经济学、商法、民法、税法、簿记、财务会计论、企业会计论、监察论等与资格考试相对应的科目，使学生尽早通过公认的会计师和税务师考试。

- **簿记学**
  学习簿记会计、财务会计、计算机会计、计算机与计算实践等这些成为企业会计领域专家必修的科目。

- **经营商业学科**
  将学习簿记会计、营销战略、信息管理、计算机、商业礼仪等技术，另外还会学习店铺经营以及企业管理等专业技术和知识。

推荐证书与考试

- **税务师**
  只要通过11门考试中的5门就可以获得税务师资格。不用一次性考完，用几年时间一门一门攻克也可以。

- **会计师**
  考试分为简答题、论述题两部分。通过考试后还要经历三年业务实践，通过毕业考试之后才能得到此资格。

- **中小企业诊断师**
  这是经营咨询师领域唯一得到国家认可的资格考试。具备此资格的人得到极高评价，顺利就职后可以说能在公司里平步青云。

- **簿记鉴定**
  日常商业簿记考试分三级至一级，共三级。如果想就职于专业经营领域需要至少达到此资格二级以上水平。

未来的就业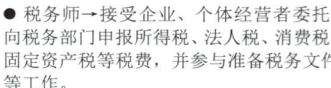

- 税务师→接受企业、个体经营者委托，向税务部门申报所得税、法人税、消费税、固定资产税等税费，并参与准备税务文件等工作。
- 经营·企划职员→从事企业经营、商品开发等工作，也包括通过分析营销数据开拓新事业、推动业务改革等工作。
- 经理会计职员→负责企业收支等全线业务，合理管理经营活动以及业绩、收益情况。
- 会计师→接受企业委托，监察企业决算时会计部门提供的会计记录是否正确。
- 经营咨询师→接受顾主委托，指导并协助强化营业改革、改善生产效率，以及其他与经营相关的专业业务。

商 贸易·销售·商务 · 需要掌握销售过程中有实践意义的知识和技能

学习内容

- **国际商务学**
  除了基础商务能力，还要掌握贸易业务、商务英语等国际交易过程中必需的实践性技能。

- **机场贸易学**
  进行贸易业务、国际经济、贸易英语等各学科学习的同时，还要学习与机场相关的业务知识。

- **贸易商务学**
  通过参加贸易业务鉴定考试来牢固掌握进出口相关的业务知识。为了保证顺利交流还要进行外语学习。

- **店铺商务学**
  既要学习作为社会人士必不可少的商务礼仪，还要学习作为职场专家必须掌握的待客技巧、商品开发技术等实际销售业务过程中必要的技能。

推荐证书与考试

- **商务能力鉴定**
  也叫"B检"，分为评定社会人士基础技能的三级考试，评定实践能力的二级考试，评定管理能力的一级考试。

- **通关师**
  评定办理进出口过程中各种手续的能力的国家资格考试，考试内容涉及通关业务法、关税法、通关业务等。

- **贸易业务鉴定**
  鉴定贸易业务操作能力以及实用英语能力的资格考试。考试分为鉴定基础知识的C级、B级、准A级、和代表最高难度知识水平的A级，共四个等级。

未来的就业

- 销售营业员→除了在店铺接客、销售，还要从事商品陈列、接受订单、发订单、货架管理等工作。
- 通关师→为企业办理各种通关手续。从文件准备、关税计算文件的审查，到对海关的不满申诉都可以为企业代办。
- 贸易业务→从事出口通关准备、文件准备等"出口业务"，以及进口通关准备、关税消费税支付等"进口业务"。
- 经营·企划职员→从事企业经营、商品开发等工作，也包括通过分析营销数据开拓新事业、推动业务改革等工作。

商 旅游·观光·酒店·日本特有的热情好客

学习内容

● 旅游学·国际观光学·旅游商务
学习旅游业法以及各种法规等基础知识，并掌握策划、旅游设计、销售等实际业务。

● 酒店管理
通过各种实践学习纷繁复杂的酒店业务。部分学校提供在校学习的同时还提供现场实践机会。

● 观光商务学
学习观光业务实务、英语会话等观光业必需的各种知识。

推荐证书与考试

● 旅游业务经营管理者
经营旅游业务的各营业所规定必须至少有一名职员拥有该资格认证。分为经营国内旅游业务的"国内"和经营国内外业务的"综合"两种。

● 旅程管理主任（Tour Conductor）
分为可以兼行国内外旅线管理的综合旅游业务旅程管理主任，以及仅限于国内旅线的国内旅行业务旅程管理主任。

● 酒店商务实务鉴定
评定从服务到管理，全方位、多角度的酒店商务运营能力。

● 餐饮服务技能鉴定
以餐厅等餐饮接待部门的职员为评定对象的服务技能审查。分为一至三级，在专门学校毕业后即可获得参加三级考试的资格。

未来的就业

● 旅行社职员→就职于经营国内外旅线服务的旅行社，从事前台业务、旅游项目设计、旅线执行等工作。

● 导游→与旅行团同行，带领游客至观光地点，为保证旅行团活动安全顺利进行，与各交通部门和机构斡旋交涉，管理旅行团。另外，海外旅行中外语能力也将得到考验。

● 酒店职员→前台、行李管理、门卫、管家、客房服务员、餐厅服务员等多样职业。

商 交通·运输·准确、安全闻名的日本运输业

学习内容

● 国际空运学·空中乘务员学·空运学
以英语为首的外语能力是必修课，还有其他如行业知识以及礼仪等针对入职考试设置的科目。

● 机场·货运学
旨在培育与被称为"Cargo"的机场货物打交道的货物处理师和通关师。

● 铁路·交通学
通过乘车实务等科目掌握专业知识，帮助学生未来成功就职于铁路公司。

推荐证书与考试

● 国际航空货物处理师
世界80个国家通用的国际认定证书，分为基础、上机、危险物品课程，考试语言为英语。

● 服务协助师
鉴定对老年人以及残障人士的"服务热情"和"协助技能"的资格考试，分为四级、三级、准二级、二级，共四级。

未来的就业

● 客机乘务员（空中乘务员）→为乘客提供安全舒适的空中之旅服务。

● 机场职员→从事发放登机牌、搭乘手续办理、乘客引导等地面服务的工作人员。

● 铁路职员→就职于日本旅客铁道株式会社或私营地铁公司，成为列车驾驶员、车长、车站服务员或车辆维修师等铁道工作者。

● 新干线事务长→在特等车厢执行车长职责，提供换乘指引、推车服务等。

服 时装・成为吸引世界市场的日本风格的推手

学习内容

- **时装设计专业**
学习服装设计的基础知识与专业技巧，目标成为时装设计师。
- **时装结构设计专业**
使用最新 CAD 系统，学习将设计稿做成立体设计图的打版技巧。
- **时装商务专业**
从市场营销、展示、商业化，到商务礼仪等技巧，学习范围广泛。
- **和服专业**
学习服装构成、和服管理、风格、剪裁、染色、和服穿着等所有与和服相关的知识。
- **纺织专业**
广泛学习从纺织品设计到成为商品、销售战略等相关理论和技术。
- **编织设计专业**
整体学习手工编织、机械编织、设计等所有编织相关知识，获得编织特有的制作技术。

推荐证书与考试

- **打版技术测试**
考试分为一～三级，主要评价、测试对版型（型纸）制作和版型渐变（制作相同样式不同尺寸的版型）的理论理解与实际操作能力。
- **时装销售能力测试**
考试分为二级与三级，三级测试时装销售行业必要的基本知识与技巧。二级相对更难，需要专业知识、策划等综合能力。
- **时装商业能力测试**
二～三级测试必要的商务基本知识与技术，通过一级测试则需要具备管理知识等综合能力。

未来的就业

- 设计师→多就职于企业，根据品牌理念制作服装。纺织品设计师则主要参与线料、布料、染色等素材制作。
- 导购→在销售现场接客的同时，向顾客推荐适合顾客的服装与搭配。
- 造型师→根据策划选购服装、配饰，进行搭配。
- 服装结构设计师→使用 CAD，以设计图稿为蓝本，利用代缝和穿针制作版型纸，将平面的设计做成立体的服装。
- 商品策划→从事商品策划、成本管理、进出货、销售计划，以及宣传、广告等工作。亦称作采购者。

文 设计・打动人心的商品都需要专业的设计技巧

学习内容

- **平面设计专业・视觉设计专业**
学习使用电脑，将照片、文字等组合排版进行广告制作的平面设计。
- **产品设计专业**
学习工业设计、材料学等相关知识，设计家具、杂货等所有生活相关商品。
- **室内设计专业**
整体学习家具、装修知识，锻炼空间利用创意。
- **首饰设计专业**
学习宝石、金属相关的知识和加工技术，制作原创作品。

推荐证书与考试

- **Lettering（烫印）技能测试**
所谓 Lettering 是指设计用于杂志、报纸、广告等媒体的文字和商品名称的 logo（标识）。其中需要字体、色彩、印刷的知识。本测试分为一～四级，设计师需通过二级以上测试。
- **POP（卖点广告）设计技能审查测试**
将用于店铺、服务行业的 POP（卖点广告）视作重要的促销工具，除 Lettering（烫印）技术外，更为宏观地审查 POP（卖点广告）广告制作能力。

未来的就业

- 平面设计师→多就职于设计师事务所以及出版社的设计部门。设计杂志、广告等印刷品，提升其视觉效果。该工作需要具有适应时代的感性细胞。
- 首饰设计师→就职于首饰品牌的设计工作室，进行首饰策划、设计、制作等工作。
- 产品设计师・室内设计师→就职于制造商的策划开发部门或专业的设计师事务所。由于较多参与新商品的开发，故其设计需要简单易用并富有创新性。

文 摄影·艺术·漫画·充分发挥自身创意并需要基础能力的积累

学习内容

- **摄影专业、报道·广告摄影专业、时装设计专业**
在实际使用胶片相机与数码相机的过程中，学习正确的拿持相机的方法、专业器材的构造与使用方法、摄影技巧以及冲洗、印刷技术等使用技巧。此外为养成自身的审美能力与表现力，还需选修艺术、社会、历史等修养类科目。

- **漫画专业**
锻炼绘画能力与创意，获得能够实际创作作品的能力。同时，学习作品创作、编辑、印刷等相关知识。

- **绘画专业·艺术专业**
学习石膏素描、油彩画、水彩画、版画（铜版画、平版印刷·木版画），并学习从市场营销、展示、商业化，到商务礼仪等技巧，学习范围非常广泛。

推荐证书与考试

- 摄影师→或就职于大规模报社、出版社的摄影部门、摄影事务所，或成为自由职业摄影师。由于摄影包括广告、肖像、新闻、舞台、风景等多个方向，所以只要在擅长的领域不断精益求精，便能作为专业摄影师被认可。此外，近期从事该职业还需要具备数码照片加工技术。

- 漫画家→成为职业漫画家的助手，并在不断锻炼的同时，可向各项大赛投稿以期正式出道。亦有人毕业后从事人物设计以及动画相关工作。

- 画家·造型作家→很多人都期望专心进行创作，但实际上很难保证稳定的收入。所以许多人都是在从事插花师、设计师、美术教师等职业的同时，进行自己的作品创作。

文 出版·广告·传媒·信息产业正从纸媒和电视媒体开始高速扩展至网络媒体

学习内容

- **传媒宣传·记者·传媒编辑专业**
主要学习策划、采访、编写、排版、校正等实务，亦有部分课程细分为体育、时尚、旅行等领域。该专业必修传媒学以及时事问题。

- **DTP（动态中继协议）设计专业**
学习从创作原稿到照片加工、排版的一系列DTP（动态中继协议）技术，亦学习其他WEB表象方法以及印刷方面的基础知识。

推荐证书与考试

- DTP（动态中继协议）专家认证测试
主要测试将印刷品视作商品并完成所需的DTP（动态中继协议）必要知识和技术。通过笔记和课题(作品)进行测试。

- DTP（动态中继协议）测试
分为职业DTP（Ⅰ类）、面向编辑与公关的指导型DTP（Ⅱ类）和面向所有商务人士的商务DTP（Ⅲ类）。

未来的就业

- 编辑→就职于出版社或者编辑事务所，进行从出版物的策划、原稿委托、原稿整理与校对，到定稿为止的进程管理。

- DTP（动态中继协议）操作员→将文章、照片、插画等数据做入DTP（动态中继协议）软件。

- 作家·写手→采访各种新闻现场与人物，创作文章，多就职于制造商的策划开发部门或专业的设计师事务所。

文 法律·公务员·守护国民生活、促进国家建设的坚实后盾

学习内容

- **公务员学科**
设置了与国家Ⅰ·Ⅱ·Ⅲ类、地方高级·中级·初级、国税、警察、消防等各种公务员考试对口的课程，并提供透彻易懂的考试对策，帮助学生通过考试。

- **法律行政学·法律商务**
设置与司法文员、行政文员、房地产相关的资格考试等对口的课程，重点学习法律。

- **警察·消防员课程**
针对警察、消防员入职考试，设置了包括面试、论文等环节，覆盖从基础理论到实际应用的多类课程，确保顺利通过考试。

推荐证书与考试

- **司法文员**
历年合格率仅有 3% 的艰难考试。有不少人在具备司法文员事务所实际工作经验之后才开始参加该考试。

- **行政文员**
相比其他法律相关的各类国家资格考试，该考试涉及了较为宽泛的考试范围。这主要因为，随着社会生活的复杂化和高度化，所处理文件的种类也在不断增加。

- **住宅建筑处理主任**
也被称为"宅建"。根据规定，房地产中介商五名职员中至少有一名职员是专职的住宅建筑处理主任。

未来的就业

- 国家公务员→分一般行政事务职位、技术职位、专业职位等。就职于各省厅、各地的行政部门，为提高国民生活质量而贡献自己的力量。
- 行政文员→接受个人或法人代表的委托，制作向政府部门提交的文件，代办手续等。
- 地方公务员→就职于地方公共团体。分为一般事务、学校事务、警察、消防员等，在与社区居民有密切关系的场所工作。
- 司法文员→代表企业或个人办理向裁判厅、检察厅、法院提交法人登记或房地产登记等法律相关手续的办理。
- 住宅建筑处理主任→作为中介参与土地建筑买卖、房屋租赁等交易。房地产相关企业会优先考虑具有相关资格证书的求职者。

文 外语·国际·以商业活动为导向的外语学习是如今就业的必修课

学习内容

- **英语·国际英语·观光英语**
旨在培养学生熟练应对各种商务业务的外语能力，除了外语课程，还会学习贸易和观光产业的专业知识。

- **口译笔译**
进行读解、听解、发音等外语科目学习的同时，还要求掌握口译或笔译工作必需的语言组织能力和国际礼仪等技能。

- **国际交流学**
培养能够在国际化、信息化迅速发展的当今社会中，凭借速战速决能力施展才华的人才。在学习外语的同时还要学习提高交流能力的课程。

推荐证书与考试

- **TOEIC（托业）**
世界通用的评定英语交流能力的考试。10—990 分的分数评级制，要在商务领域就业的话需要至少获得 700 分。

- **实用英语技能鉴定**
从五级到一级共分为七级，鉴定"读、写、说"各项外语能力。要在商务领域就业的话需要达到准一级以上水平。若要取得一级必须具备会议内容记录、参与讨论等无障碍的表达意见能力。

未来的就业

- 口译→帮助语言不通的人士之间相互沟通和理解。在国际会议、广播传媒、商务、观光导游各行业都可以一展才华。
- 外语老师→作为外语学校和文化学校中的讲师开展教学工作。最近随着外语教育的低龄化，幼儿园和民间英语教师行业对此类人才的需求越来越大。
- 外资商务职员→除了在设于日本国内的，贸易、IT、金融、通讯、运输等领域的外资企业中就业之外，此类人才在开拓海外业务的日本企业中也被视为重要的战斗力来源。不仅是口语能力，掌握所在领域的专业知识和技术也很重要。

文 播映·电影·影像·应对数码化潮流下消费需求多样化时代

学习内容

- **播映艺术·播映技术专业**
  使用专业设备，学习从节目制作技巧到 TV 摄影、VTR（录像机）编辑技术等全范围科目。

- **电影艺术专业**
  通过实际制作影像作品，学习电影导演的工作以及剧本创作方法、表演方法。

- **音响专业·音响技术·音响艺术专业**
  学习收录音频、演唱会 PA 工程、广播节目制作等必要的音响知识与技术。

- **照明创意专业**
  学习 TV 演唱会、舞台等照明基础知识与专业技巧。

- **动画专业**
  通过创作作品，整体学习策划、演出、作画、背景美术、色彩、人物设计等所有制作方法。

推荐证书与考试

- **影像音响处理技术人员资格认定测试**
  主要测试在电视电影等影像作品创作过程中，试映（视频编辑·MA）阶段所需要的技术。

- **音响收录技能认定测试**
  按照 A～E 的等级，测定音响收录现场所需的必要知识与技术。

- **舞台设备调整技术人员**
  从事音乐厅、剧场音响设备调整工作所必需的技术类资格。分为一～三级，考入国家指定专门学校即可在在校期间参加三级考试，并且即使无任何实习经验，亦可在毕业时参加二级考试。

- 照明·音响工作人员→操作舞台或演唱会会场照明、音响器材的工作人员。分为策划人员和操作人员。
- 制作人·导演→制作人的工作职责为在节目制作过程中，确定策划内容与预算，管理制作人员，并负责与客户交涉等商务相关工作。导演则需指挥照明、音响、表演方向各个方面，是节目制作现场的责任人。
- 电影导演→电影创作过程中除策划、剧本创作、摄影、照明外，在任何方面都必须承担指挥责任，并完成作品。
- 影像摄影师→隶属于电视台或制作公司，使用电影或电视专用摄影机拍摄的技术人员。
- 动画师→就职于制作公司，根据绘画脚本创作原画，或使用 CG 进行动画创作。

文 音乐·话剧·配音演员·或成为舞台上的演员，或成为后台工作人员

学习内容

- **音乐人专业·主唱专业**
  课程主要以实际技能训练为中心，亦有许多学校通过校内选拔，帮助学生职业性出道。

- **配音演员专业**
  除发声、发音等声音训练以及配音实习外，也需锻炼演技以及舞蹈等表现力。

- **话剧专业**
  学习声音、身体表演方法。通过公开演出锻炼提高作为演员的实力。同时需学习戏曲、舞台美术等科目。

- **舞蹈表演专业**
  学习爵士、HIP—HOP 等所有舞蹈技巧，以成为专业舞蹈演员为目标。

- **演唱会·活动专业**
  通过从模拟策划到正式演出为止的一系列流程，学习音响、照明、导演等所有人员的工作内容。

推荐证书与考试

- **MIDI（乐器数字接口）测试**
  MIDI 是电子音乐数据的世界标准，该资格分为二～四级，主要测试音乐知识和活用能力。

- **日语发音测试**
  主要审查日语正确发音的必要知识与能力，分为一～三级。

- **舞台设备调试技术人员**
  从事音乐厅、剧场音响设备调整工作所必需的技术类资格。分为一～三级，考入国家指定专门学校即可在在校期间参加三级考试，并且即使无任何实习经验，亦可在毕业时参加二级考试。

未来的就业

- 音乐人→开展表演活动的同时，挑战各种试镜选拔，亦可成为音乐教师或就职于乐器店、唱片店。
- 演员→隶属于剧团或者艺人经纪公司。在 TV、电影、舞台等多个平台上，通过自己的表演能力演绎所饰演的角色。
- 作曲人→作曲并向歌手提供作品，或为电视节目创作主题音乐、以及 CM、游戏的背景音乐。亦可选择成为编曲者。
- 舞蹈演员→进行配合音乐或旋律，舞动身体的表演活动。活动范围很广，包括舞台、电视、主题公园等。
- 配音演员→隶属于经纪人事务所，进行动画、欧美电影的配音工作，亦可从事旁白配音以及广播节目主持人工作。
- 演唱会·活动工作人员→在各种活动以及歌手的演唱会期间，作为音响、照明、舞台工作人员负责活动的运营。

体育 · 职业范围广泛，包括运动员和运动管理

学习内容

- **运动指导专业**
学习针对男女老少，以增加体力和维持健康为目的的课程和指导方法。实际技能课程以游泳与健身器械为主。

- **体育训练专业**
以辅助竞技选手为目的，学习拉伤扭伤预防方法、恢复方法、训练方法以及身体状态调整方法。

- **体育商业专业**
学习体育与商业两方面的知识，以及体育用品开发、销售以及企业振兴等体育产业相关科目。

- **海洋运动专业**
学习潜水、冲浪以及救生技巧等以海洋为舞台的体育项目，以取得指导员资格为目标。

- **高尔夫专业**
学习高尔夫理论与技巧，以职业高尔夫选手、高尔夫指导员等高尔夫业界职位为目标。

推荐证书与考试

- **运动项目指导员**
主要在地区体育馆、公共设施、商业运动场，提供有助健康、提升体力的运动项目和活动的指导。需参加日本体育协会（财）的课程才能取得该资格。

- **健康运动实践指导员**
运用医学、运动生理学知识，安全有效地指导各项以保持身体健康为目的的运动项目。要求自身必须有示范项目的实际能力和对多人进行运动指导的技术。

※除此之外，还有心肺复苏法技能测试、娱乐指导员、竞技类项目团体指导员、裁判等认证考试。

未来的就业

- 指导员→在运动会所以及健身房等场所，对器械锻炼、有氧操、游泳等项目进行指导。

- 运动项目指导员→主要在各地区，无论男女老少，作为顾问，对以个人目的进行的体育运动进行指导。

- 培训师→理解人体构造，并具备营养知识，针对客户健康状态给予咨询解答。如果具备按摩和指压技能，亦可成为体育训练员。

- 职业体育选手→在足球J联盟、职业棒球、高尔夫等领域，作为职业选手与球队或企业签约。

动物 · 在稳固成长的宠物行业内成为专业人士

学习内容

- **爱犬美容专业**
通过积累实习经验，学习宠物美容、剪毛技术。同时学习宠物饲养管理技术、病理及其预防等学科。

- **动物护理专业**
学习与动物相处的方法、器材的使用方法以及不同症状的护理方法，亦可进行动物医院的临床实习。

- **动物调教・饲养专业**
学习动物饲养技术、健康管理等专业知识。通过校外实习学习与各种动物的相处方法。

- **动物管理专业**
通过现场实习接触多种动物，学习保障动物健康的专业知识与技术。

推荐证书与考试

- **动物美容师**
由社团法人Japan KENNEL Club（日本养狗人俱乐部）认证。只需从指定培训机构毕业即可获得该资质。

- **爱玩动物饲养管理人员**
由公益社团法人日本爱玩动物协会认证。主要进行爱护动物精神以及合理的饲养管理方法的普及宣传活动。

- **动物卫生护士**
动物护理方面的专家，由日本动物卫生护士协会认证，亦可从事动物训练工作。

- **动物护士**
由一般社团法人日本小动物兽医师协会认证。需从指定培训机构毕业方可参加考试。

未来的就业

- 动物美容师→宠物专业美容师。主要工作包括帮宠物洗澡、修剪毛发、指甲等。

- 饲养人员→在动物园等场所照顾动物的同时，帮助其成长，观察并管理其健康状态。保证其繁殖活动亦是主要工作职责。

- 动物护士→作为兽医的助手，对宠物进行护理、医疗检查、卫生管理以及日常饮食照顾。

- 宠物店工作人员→需要具备与宠物相关的宽泛的知识。亦需要对宠物进行美容、调教、健康管理等。

- 训犬师→进行警犬、导盲犬、听导犬、灾害救助犬的训练和培育以及家犬的教养类训练。

第三章 | **捷径曲折**
如何制订留学计划

Study in Japan
人生启航，日本留学的指南针
第七版

本章主要介绍学生如何根据自身情况确定相应的留学步骤，以及日本各大学的独立考试等。
让各位读者的留学道路更加顺利。

日本留学指南

捷径曲折

如何制订留学计划

CHAPTER 3

3.1 日本留学的 5 种途径

去日本留学的留学生数量和欧美相比少了很多，主要的原因如下：

过去，要去日本留学的话，就如下表所示，一般是选择 A 方法，即通过日本语言学校来实现升学。为什么会这样呢？因为除了要参加留学生考试之外，还需要前往每一个日本大学进行校内考试，其中包括笔试和面试，这样的话没有日语能力就很难考上日本的大学。

于是不仅需要为学日语而去日本语言学校学好几年，还有可能为了面试而去每一个大学参加校内考试。

当然 A 方法也有优点，如果在大学入学前先去上日本语言学校的话，可以一边适应日本的环境，一边学习日语。但是，这很大程度上既浪费时间又浪费金钱。

正因为这个原因，所以很多同学都放弃了去日本留学而选择了欧美。也就是说，从国外前往日本留学的留学生一直没有大幅增加的原因就是不仅要提前学习日语，还需要加强留学考试和校内考试的各种课程。

几乎所有日本大学都采用了"日本留学考试"（EJU）加上校内考试这样的形式选拔留学生。考试以日本高校的考纲来出题。所以，为了学习高级日语，以及应付考试，大多数学生不可避免地要先去日本语言学校。为了大幅增加留学生数量，就很有必要改变考试制度本身。

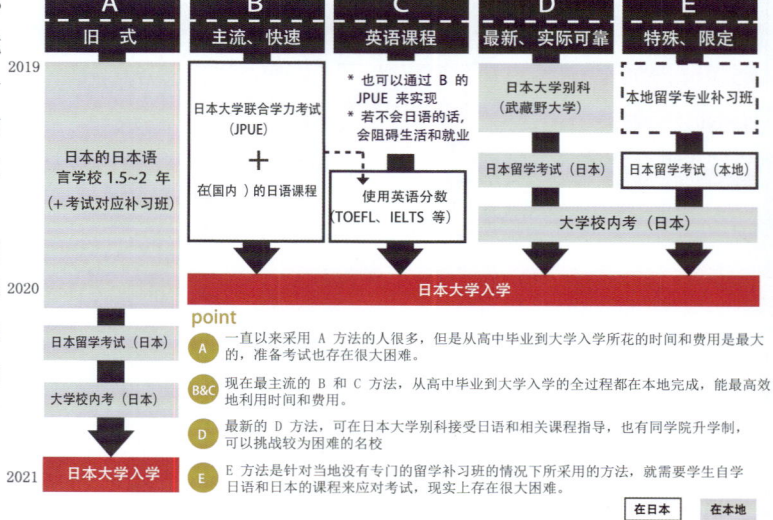

○ JPUE （日本大学联合学历测试）帮你解决问题

为了解决日本留学中的大问题，并将去日本的大学留学变成更加触手可及的东西，而诞生的就是"JPUE"（日本大学联合学力测试）。"日本大学联合学力测试"是由笔试和面试两部分组成，它的主要特色是：

- 所有考试都是在当地举行的。
- 出题范围是以当地的高中课程为基础。
- 不需要任何日语能力。
- 笔试和面试都可以使用擅长的中文或英语来应对。
- 学生不用去日本也可以获得大学的初次合格并在当地培训日语。

JPUE（日本大学联合学力测试）是指？

JPUE 不仅仅是考试制度。

- 在各国及地区宣传日本的大学
- 接受报名
- 学力判定
- 考生和大学之间的配对
- 初次合格后的日语培训
- 取得签证等留学事务

因为报名、笔试、面试、学习日语、赴日手续等全部内容都可以在当地完成，所以这就消除了留学日本的各种各样的障碍，正是 JPUE 考试为大家创造了更容易去日本留学的环境。

考试每年举行 3 次，分别是 12 月、5 月、7 月。在网上报名时，可以在系统中使用本国母语进行报名。

而且，考生可以从文科 9 个专业、理科 7 个专业，合计 16 个专业中选择想学的 3 个大专业方向报名，这样所有拥有该专业的大学都有可能会对该考生进行面试，即采用"志愿院系报名制度"。所以即使你对日本的大学一点都不了解，在一次考试中也可以获得多所大学的面试，同时也有可能获得多所大学的初次合格，这就是本考试的划时代意义。

JPUE 发展轨迹

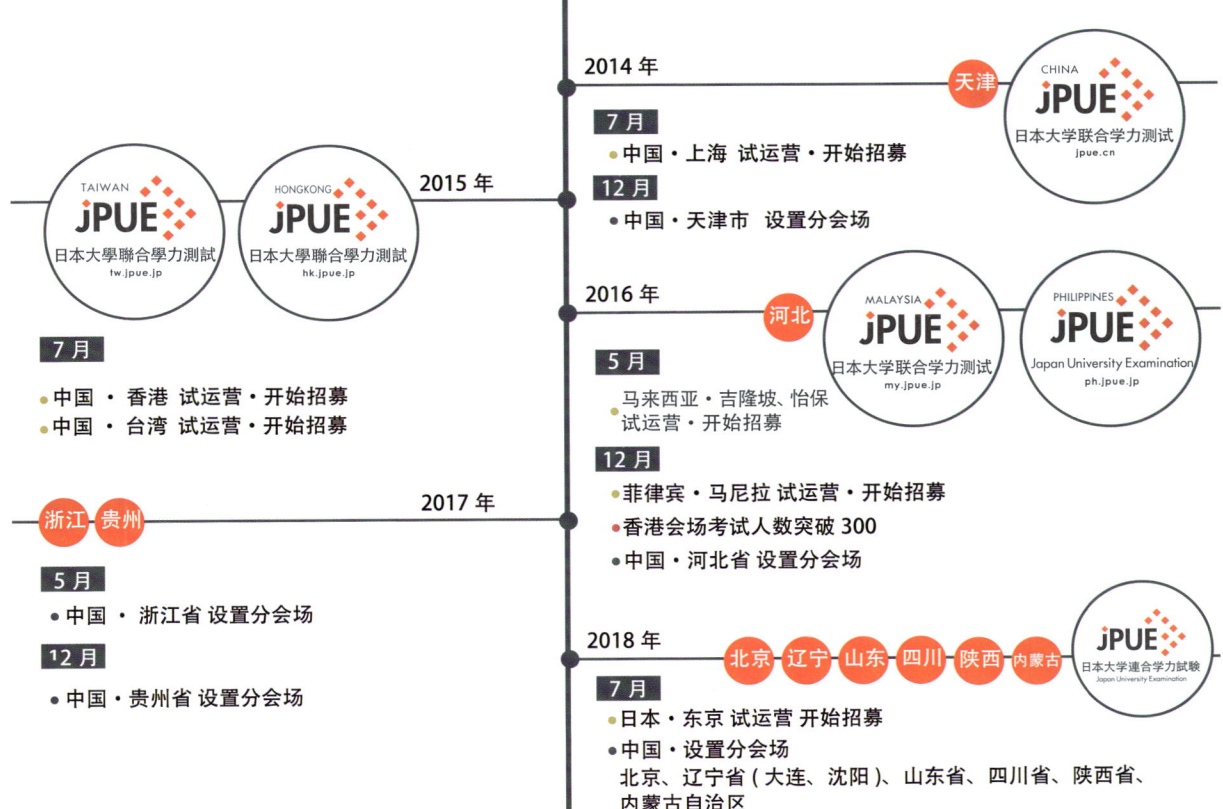

○ 日本大学联合学力测试委员会主要成员

牧野 笃 MAKINO Atsushi　　日本　1960 年生
现任东京大学教育学院／教育学研究生院　教授／副主任

【学历】　1988 年　日本名古屋大学教育学院博士研究生院　毕业
　　　　　1992 年　获得教育学博士学位
【经历】　1991 年　中国中央教育科学研究所 客座研究员
　　　　　1995 年~96 年　加拿大多伦多大学教育学院安大略省教育研究所 客座研究员
　　　　　1996 年　日本名古屋大学国际开发研究生院 教授
　　　　　2007 年　日本东京大学教育学院／教育学研究生院 兼职教授 博导
　　　　　2013 年　日本东京大学老龄社会综合研究中心 副主任 兼职教授 博导
【主要研究方向】
　　　　　中国近现代教育思想　社会教育学　终身学习学　社区教育和社区营造　老龄社会研究等

王 智新 WANG Zhixin
中国　1952 年生
现任早稻田大学教授教育研究所特聘研究员／日本华文文学笔会副会长／中日职业教育联盟理事、事务局长／华东师范大学养老问题研究中心副主任等

【学历】毕业于上海外国语大学
　　　　获东京大学教育学博士
【主要著作】
《中日近代教育思想比较研究》(1995 年)
《登高望远：日本政治家传记》(2008 年)
【主要译著】
《菊与刀》(商务印书馆 1989 年)
《日本侵华殖民地教育史》(全 4 卷，2016 年)

冈田 昭人 OKADA Akito
日本　1967 年生
现任东京外国语大学研究生院综合国际学研究院教授、博士生导师

【学历】日本同志社大学文学士
　　　　纽约大学跨文化交流学硕士
　　　　牛津大学教育学博士
【经历】留学生教育学会副会长
　　　　日本国际教育学会原副会长
　　　　留学生奖金学财团评选委员会
　　　　日本非营利组织 NPO 法人理事长
　　　　培养全球人才育成的公共机构委员
【主要著作】
「教育の機会均等」等 学文社
「教育学入門 30 のテーマで学ぶ」 ミネルヴァ

沈 国威 SHEN Guowei
中国　1954 年生
现任日本关西大学外语学院教授／博士生导师／日本关西大学东西学术研究所所长

毕业于黑龙江大学日语系
大阪大学文学研究科外语教育专业博士
【主要著作】
《东亚与世界》第 1 辑
《汉外词汇教学新探索》
《现代汉语词汇义系》
【主要研究】
中日词汇比较研究、汉语词汇教学法、中日近代词汇交流史

周 玮生 ZHOU Weisheng
中国　1960 年生
现任立命馆大学政策科学院教授、立命馆孔子学院名誉院长

【学历】
浙江大学工学院热物理工程学学士
大连理工大学研究生院动力工程学硕士
京都大学研究生院工学研究科物理工程学专业博士
【经历】
立命馆孔子学院院长、副理事长
东京大学大学国际原子力工学客员研究员
学校法人立命馆评议员
【主要著作】（共著）
「現代政策科学」、「地球温暖化防止の課題と展望」、「政策科学の基礎とアプローチ」等

中国首个日本大学联合办事处成立

　　日本各加盟大学在中国的官方代表机构"日本大学联合办事处"作为连接日本大学和中国的桥梁，主要责任是帮助日本各大学建立并维护与国内伙伴大学之间的交流、合作及沟通工作。

＜主要职能＞

● 支援学生（包括支持遴选招生工作，为中国学生提供赴日本各大学的留学咨询工作，同时为日本各大学的学生提供在中国留学的各项咨询与帮助以及就业指导等）

● 支援教授（为日本各大学的教授及科研人员提供在中国高校的科研及学术交流的咨询帮助。建立国内高校与日本各大学的合作，教授科研资助，学术会议协调，差旅协调等）

● 支援校友（更新在华（日）校友数据，支持协助校友会运营）

日本大学联合学力测试

JPUE 2020 年 4 月入学

jpue.cn

考试地点 **China**

5 年、2673 名考生、24591 个 OFFER（录取通知），每位学生都能有机会获得大学升学机会，这就是"日本大学联合学力测试"（JPUE）。只需一次笔试和一次面试，每人平均可获得 9 个 OFFER（录取通知），再进行日语学习。方便、高效、快捷，无需再前往语言学校也可实现直升日本大学。

无需日语能力
无须赴日考试
直升大学一年级

报名	笔试	面试	初次合格	初次合格者说明会·个别面谈	留学前准备教育（约半年）	最终面试	正式合格	签证申请	大学入学
在官网报名时选择自己希望学系的领域方向，提交报名。选择性上传额外成绩等材料。请注意志愿理由书将是获得面试资格的重要素材。	经过笔试成绩和志愿理由书的筛选后，各大学开始选拔入围试学生。	根据笔试成绩和志愿理由书以及额外成绩，可能会获得多个大学的面试机会。	由各大学通过考生的综合情况来判断是否合格。优秀学生可同时获得多所大学的初次合格。	充分探讨考虑好自己的梦想和未来就业方向等因素。选择中意的大学和专业并签订留学前准备教育的入班协议。		确认·判定已掌握的日语能力。	授予正式合格证书开始办理入学手续及留日资格。		

参加大学　历届参加大学一览

国立大学：香川大学　千叶大学　山形大学

私立大学：东京工艺大学, 东京情报大学, 东京福祉大学, 福冈女学院大学, 广岛经济大学, 关东学园大学, 杏林大学, 宇都宫共和大学, 宇部开拓者大学, 岐阜圣德学园大学, 宫崎国际大学, 京都外国语大学, 桐荫横滨大学, 国际基督教大学(ICU), 樱美林大学, 札幌学院大学, 芝浦工业大学, 淑德大学, 女子美术大学, 昭和女子大学, 人间环境大学, 成蹊大学, 星槎道都大学, 千叶商科大学, 中京大学, 中部学院大学, 帝京大学, 帝京短期大学, 数字好莱坞大学, 武藏野大学, 福山大学, 文星艺术大学, 明治学院大学, 流通科学大学

※截至 2018 年 8 月 21 日。最新参加大学请参见官方网页(https://jpue.cn)

现已实施本考试的国家及地区

中国大陆　https://jpue.cn/　　　马来西亚　https://my.jpue.jp/
中国香港　https://hk.jpue.jp/　　菲律宾　　https://ph.jpue.jp/
中国台湾　https://tw.jpue.jp/

"日本大学联合学力测试"主办方

JCAEMCE

「一般财团法人　日中亚细亚教育医疗文化交流机构」

JPUE 流程

日本大学联合学力测试（JPUE）的流程总结如下：

首先进行网上报名，在报名截止后，将会收到附有准考证以及考试注意事项的邮件。笔试当天前往指定的考场进行考试，学校会根据报名信息和笔试成绩等来安排学生进行面试。在面试中，每个大学都会对你进行20分钟左右的面试，提问内容是有关考生学习的意愿、目的，以及将来的方向等问题。根据学生的报名材料、笔试的结果，以及面试的结果，各大学会综合评定，决定是否给予初次合格。初次合格结果将可在指定日期在指定网站进行查询。

通过各地区考试事务局的老师与学生及家长进行个别面谈之后，将会确定志愿大学以及签署留学前准备教育的相关入班协议。在留学前准备教育中，将会学习从零基础到高级日语以及最终面试对策、日本概况总计360课时的课程。学生花不到半年的时间就会达到在大学上课时所需要的日语能力。最后，各大学将进行最终面试，通过最终面试后大学就会给予正式录取。然后就可以办理留日资格以及签证的手续了。

2020年4月入学　第一期考试日程表

2020年4月大学的入学考试将于2019年12月举办。
以下是2019年12月举办的第一期考试的日程安排。

报名时间	2018年8月20日（周一）至11月30日（周五）	最终面试	2019年10月上旬至12月下旬 ※每个大学自行举行。
笔试	2018年12月8日（周六）、9日（周日）	大学入学手续	2019年12月上旬以后
面试	2018年12月15日（周六）	留日资格办理	2020年1月上旬
初次合格公布	2019年1月17日（周五）	签证办理	2020年2月下旬
初次合格者说明会	2019年1月19日（周六）、20日（周日）	赴日	2020年3月中旬
留学前准备教育	预定2019年2月上旬开讲	大学入学	2020年4月上旬

参加"日本大学联合学力测试"（JPUE）的意义

日本大学联合学力测试（JPUE）一年实施3次，很多学生会担心参加哪次的考试比较好。另外也考虑在国内读大学并且对自己的日语能力没有什么信心，所以考虑去英语国家进行留学。

不如试着来参加日本大学联合学力测试（JPUE）吧。同时，12月份的考试名额很丰富，也不会失去国内升学资格，留学和国内升学两不误。

○无论如何都想去日本留学的你

过去，去日本留学的主流是先去日本语言学校，然后通过留学考试、校内考试升学去大学或专门学校。但是，这个方法会花费大量的时间和精力，会浪费约2年的宝贵时间。而且高中毕业之后，你的学习能力如果不持续提高的话，就会很快呈下降趋势，特别是想要考取名校的话就会变得很困难。

日本大学联合学力测试（JPUE）是高三在读的学生可以参加的考试，如果成绩优秀，就有机会获得多所大学的合格。

从获得初次合格中，选择一所你喜欢的大学，再进行留学前准备教育的培训，这样就可以有充足的时间，并且心里有底地进行留学准备了。

如果在第一期的考试没有获得心仪大学的初次合格的话，还可以参加5月的第二期、7月的第三期考试来争取自己心仪的学校。所以参加第一期考试先获得录取名额，测试一下现有水平是极其重要的。

○考虑在国内读大学的你

日本大学联合学力测试（JPUE）是可以用母语参加考试的。而且出题的范围也是按照国内的高中考纲，所以并不需要特别去准备别的东西。不如就把这次考试想象成为了考你想去的大学的高考模拟考试怎么样？如果你是准备考国内大学的话，凭你的能力一定可以收到很多所学校的录取通知。

从收到初次合格的录取通知的大学中，你可以选一所最想去的大学。你可以想万一高考失利还有一所保底的大学，这样的话你在高考的时候也可以更有底气，更有自信，更能集中精神在考试上了。

所以，在参加国内的高考之前去参加日本大学联合学力测试（JPUE）的第一期考试是很重要的。

○日语能力为零的你

日本大学联合学力测试（JPUE）中，从报名到笔试、面试这些取得初次合格的过程中，都可以用母语来应对。而且，取得初次合格之后，在准备教育中，会配备具有多年教学经验的中国及日本教师来对你进行日语和最终面试对策的培训，所以完全不用担心。

具体的报名方法

日本大学联合学力测试（JPUE）的报名流程是，学生登录官方网站报名页面，使用常用邮箱注册考试账号后，按照网页指导填写相关信息，上传相关文件之后便可顺利完成。

报名的主要流程

- 学生用自己邮箱注册后，收到报名网站发来的确认邮件，确认是报名者本人

  ↓

- 填写基本信息
  - 报名时需要填写的选项

    | 考场 | 出题语言 | 考试科目 | 系统 | 志愿院系 | 考试类型 |

  - 个人信息
  - 学历

  ↓

- 上传必要数据信息：

  | 个人照片 | 志愿理由 | 额外成绩 |

  ↓

- 支付报名费

报名前必须要准备的材料

- 可收到电子邮件的邮箱
- 证明照片
- 志愿理由书（日语、英语皆可）

  请围绕"想到日本留学的理由""想在大学学习什么内容""未来的计划"等主题热情阐述报考理由。

  ※学生用中文登录的情况下事务局会将其翻译成日语。

- 证明额外成绩的材料（具体请参照后方专栏）

Point!
上传额外成绩

报名参加日本大学联合学力测试（JPUE）时，可以结合额外成绩一起提交材料。提交的额外成绩会和笔试成绩一起，作为面试对象选拔的材料供大学参考，所以建议大家积极上传额外成绩。

额外考试等成绩是指高中成绩，毕业考试成绩以及各国国内大学入学选拔考试或同等考试的预测成绩、英语和日语考试的成绩，和其他本人想展现的成绩或证明。

请大家积极提交这些成绩的书面材料。

在联合测试的出题语言中选择英语或中文

报名时需要填写的选项

以下 6 个项目需要正确选择填写

1 考场
选择日本大学联合学力测试（JPUE）考场

2 出题语言

3 考试科目
外语科目选择英语或日语

4 系统
在大学想学的科目中选择文科或理科的其中一个，选择理科，则要从物理、化学、生物中选出一个参加理科考试。

5 志愿院系
希望在日本大学学习，报考的学生可以在专业系统中选择 3 个专业。在系统内选择志愿专业，相当于学生把含有这个专业的大学都作为自己的志愿学校。因为笔试后的面试录取通知与这个选择直接关联，所以请慎重选择。另外，学生尽量多选择自己感兴趣的领域方向（最多 3 个），这样会获取更多大学的录取资格。

6 考试类型
日本大学联合学力测试（JPUE）的笔试有Ⅰ型和Ⅱ型 2 种考试类型。

Ⅰ型是想报考私立大学的学生选择的考试类型，Ⅱ型是想报考国立大学的学生选择的考试类型，选择了Ⅱ型考试的学生，也可获得私立大学录取。

※Ⅰ型的笔试花 1 天时间，而Ⅱ型笔试要 2 天时间，请学生务必注意。

※对报名方法如有不明之处，请参照报名网站的指导手册。

○ 根据学系选择报名多所学校的示意图

例如选择［言语学］的情况下，那么等同于向帝京大学、武藏野大学、福山大学、岐阜圣德大学、京都外国语大学、女子美术大学、札幌学院大学、明治学院大学、国际基督教大学、樱美林大学这10所学校同时提交了报名，并且如果该考生报名信息与大学要求相符，笔试成绩优异的情况下，那么可能获得全部10所大学的面试资格，且很有可能同时获得这10所大学的初次合格。

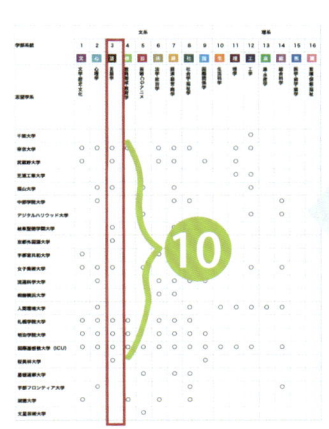

○ 获得多所学校的面试资格

参加2019年4月入学第一期考试的这位学生便拿到了福山、昭和女子、国际基督教、女子美术、岐阜圣德、明治学院、京都外国语、武藏野、成蹊共9所大学的面试录取资格。

正如前文所述，除了笔试成绩外，学生还要积极上传额外成绩，展现想去日本留学的积极性是很重要的。

9 所大学

		福山大学		昭和女子大学		国际基督教大学 (ICU)		女子美术大学		数字好莱坞大学			帝京大学 理系学院	帝京大学 文系学院	岐阜圣德大学	
		Booth 1	Booth 2	Booth 1	Booth 2	Booth 1	Booth 2	Booth 1	Booth 2	Booth 1	Booth 2	Booth 3	Booth 1	Booth 1	Booth 1	Booth 2
1	10:20～10:40															
2	10:45～11:05															
3	11:10～11:30			张 同学												
4	11:35～11:55															
5	12:00～12:20															
6	12:25～12:45		张 同学													
7	12:50～13:10		朱 同学													
8	13:15～13:35															
9	14:20～14:40									朱 同学						
10	14:45～15:05															
11	15:10～15:30												李 同学			
12	15:35～15:55														张 同学	
13	16:00～16:20															
14	16:25～16:45	张 同学														
15	16:50～17:10															
16	17:15～17:35							张 同学							周 同学	
17	17:40～18:00															

		明治学院大学		成蹊大学		札幌学院大学		京都外国语大学		武藏野大学		流通科学大学		宫崎国际大学	
		Booth 1	Booth 2	Booth 1	Booth 2	Booth 1	Booth 2	Booth 1	Booth 2	Booth 1	Booth 2	Booth 1	Booth 2	Booth 1	Booth 2
1	10:20～10:40														
2	10:45～11:05														
3	11:10～11:30														
4	11:35～11:55					李 同学									
5	12:00～12:20														
6	12:25～12:45														
7	12:50～13:10									张 同学					
8	13:15～13:35														
9	14:20～14:40														
10	14:45～15:05	张 同学													
11	15:10～15:30				张 同学			周 同学							
12	15:35～15:55					朱 同学									
13	16:00～16:20		周 同学					张 同学							
14	16:25～16:45														
15	16:50～17:10														
16	17:15～17:35														
17	17:40～18:00														
18	18:05～18:25														
19	18:30～18:50														

○ 志愿院系一览

报名本学力测试时，考生无需向某个特定大学或院系提交申请，而是采用根据以后想要学习的院系领域报考的"志愿学系报名制度"。

各院系如下表所示，分为文科、理科共计16个院系。

先从希望报考的院系中选出三个，并在各个院系下各选择最多三个"志愿院系领域"。

		文 科				理 科	
图标	志愿院系	学习内容	志愿院系领域	图标	志愿院系	学习内容	志愿院系领域
文	文学历史文化	从"文学""历史""宗教"等各个学问领域研究人类的文化习俗。	文学	生	生活科学	以衣食住为中心广泛地学习人类生活的舒适性与社会的关系。	居住环境学 / 生活科学
			历史学·地理学				被服设计学 / 食物·营养学
			文化学				
心	心理学	就人类的根源问题，通过思索、伦理、科学的研究寻求解决。	哲学·宗教学	理	理科	用理论的思考力以及求实的态度在毫微乃至宇宙的世界中追求自然界的真理。	数学 / 物理学
							地球科学 / 化学
			心理学				生物学
语	语言学	科学地研究语言，以"语言学"为交流能力的轴心，培养语言知识的感觉。	外国语学	工	工科	为了人类的未来以及幸福创造"产品"及"技术"。	机械工程学 / 电气·电子工程学
							材料工程学 / 应用科学
教	教师培养教育学	捕捉教育的本质，研究人类在学校、职场、地域社会中可能的潜力以及技术。	教育学·师范学				建筑学 / 设计工程学
							航空·宇宙工程学 / 通信·信息工程学
			儿童学				
艺	艺术	通过各种各样的表现手段来培养感性以及在社会中的行为表现艺术。	艺术学 · 艺术工学				生物工程学 / 土木·环境工程学
							船舶·海洋工程学 / 资源·能源工程学
法	法学政治学	关于"法律"，学习其成立以及解释，对于社会问题寻求正确的理解以及合理的解决对策。	法学	农	农学水产学	保护地球环境以及大自然，亲密接触地球以及生命的伟大。	环境化学 / 农业学·农艺科学
							农业经济学 / 农业工程学·森林科学
			政治·政策学				水产学 / 兽医学·畜产学
经	经济工商管理商学	以活跃于商业社会为目标，学习实践知识及思考方法。	经济学	综	综合科学	用"教育"的视点广泛研究现代社会。	人类科学 / 运动学·健康科学
			工商管理·商学				环境学 / 信息学
社	社会学福祉学	对"社会中"发生的一切智慧以及现象做系统的研究。	社会学	医	医学牙医学药学	解释人体生病的原因，确立治疗方法以及预防方法。	医学 / 药学
			社会福祉学				牙科学 / 医疗技术学
国	国际关系学	质疑世界的不公平以及面对国际和平及发展中国家的开发问题。	国际关系学	护	护理保健福祉	掌握支撑人体健康的技术以及知识，从对身体与心灵护理的视点来改善生活。	护理学
							保险学·福祉学

○ 报名结束～笔试当日

事务局会检查大家的报名内容，一旦发现不合适或错误内容，会立即联系学生本人。准考证会在报名结束后，由事务局将笔试和面试考场等详细信息一起发送到学生的邮箱里。

考试当日，请学生携带邮件中收到的准考证数据信息和身份证（学生证等）。确认是学生本人后，事务局会把正式的准考证发给学生。

笔试及面试概要

日本大学联合学力测试（JPUE）设有笔试和面试两个部分。各个大学会根据学生报名的登记内容来开展笔试成绩评价和面试对象选拔。而各大学在面试中会全面考虑学生的各项情况，综合性地选拔出"初次合格者"。

学生可用我们发送的账号信息登陆指定网站确认初次合格信息。

○ 笔试概要

笔试会根据最初报名时学生选择的出题语言（中文或英文）、文科或理科、考试科目（语言类：日语或英语，理科的学生选考物理、化学、生物）、考试类型（Ⅰ型或Ⅱ型）等进行相应的考试。所以请各位考生在报名时务必注意填写信息的准确性，如果考试科目与报名科目不相符则会失去考试资格。

学科/科目		英语日语	基础文科数学	基础理科数学	基础理科			高级文科数学	高级理科数学	高级理科			满分
					物理	化学	生物			物理	化学	生物	
满分		200	100	100	各100			100	100	各100			
考试时间		90分	90分	90分	1科目60分 2科目120分			90分	90分	2科目120分			
文科	Ⅰ型	○	○										300分
	Ⅱ型	○	○					○					400分
理科	Ⅰ型	○		○	△	△	△						400分
	Ⅱ型	○		○	□	□	□		○	□	□	□	800分

△: 理科Ⅰ型是从3门基础理科里选择1门进行考试
□: 理科Ⅱ型是基础理科与高级理科均需从理科3门里面选考2门，且基础理科和高级理科选取的2门必须相同

○ 面试概要

面试早上9点开始，请大家不要迟到。当天的面试时刻表会事先根据学生被选拔大学的面试对象信息和学生当日的出席情况进行安排决定。

面试由各参加大学的面试官直接进行。根据需要事务局会配备翻译，学生可以用母语进行面试。若学生对自己的日语和英语能力有信心，也可以不通过翻译，直接挑战面试。

面试常问问题

- 想去日本留学的理由是什么？
- 想在日本的大学学习什么？
- 大学毕业后，想往哪个方向努力？
- 高中时期最擅长哪一门课？以及自己有什么拼命努力过的事吗？
- 去日本留学后，除了学习还有什么其他想要努力的事吗？

初次合格公布

日本大学联合学力测试（JPUE）的合格结果公布，是由学生到指定的公布合格结果网站上，输入准考证上记载的登录信息，下载后进行确认。收到面试通知的大学和其他途径推荐入学的大学的信息全都刊登在网站上。我们有过一次获得 10 所以上大学的合格的优秀学生。

○ 合格者说明会 - 个别面谈

事务局会举行一个合格者说明会，以获得初次合格的学生为对象，具体讲解合格后的流程和去日本大学的留学手续。因为这场日本留学说明会关乎到学生的人生重大选择，请学生父母或亲戚务必共同出席。

合格者说明会后，会继续进行个别面谈。大学会在给学生的初次合格通知上写出有关接纳学生的具体正式条件。因为有学生得到多所大学初次合格通知，所以要选择最适合自己，条件最好的大学，再正式地递交留学报名。

若接受留学前准备教育作为初次合格通知条件之一，学生则需要对下文叙述的留学前准备教育提出报名。

※ 个别面谈实行预约制度，学生务必让自己的父母或兄弟陪同参加。

○ 初次合格通知内容

大学的"初次合格通知"有以下 4 个种类。根据初次合格通知内容不同，最终合格获得的条件也会不同，请大家注意。

Offer	给学生的通知名称	单愿，并愿区分
unconditional offer	大学已经判断这位学生的学力和综合素质符合本校，只要修满留学前准备教育，然后在 J-CAT 获得 201 分以上的成绩就能入学	单一志愿
conditional offer with interview	大学已经判断这位学生的学力和综合素质符合本校。只要修满留学前准备教育，然后在 J-CAT 获得 201 分以上，在最后面试下确认日语的学习状态，合格无误。另外是有英语授课的学科时，在以上 2 点合格以外，也会要求学生提交英语成绩或再用英语进行面试一次	单一志愿
conditional offer	大学已经判断这位学生的学力和综合素质符合本校。只要修满留学前准备教育，然后在 J-CAT 达到指定分数以上，还会有另外指定的面试和笔试，最后再根据这个判断是否录取	并愿
JCAEMCE conditional offer	虽然大学没有给初次合格，财团判断这位学生提出报考后合格可能性很高，由财团向该学生发出合格通知。该学生接受留学前准备教育课程，获得 J-CAT201 分以上的成绩，再接受另外指定的面试、笔试，最后再由大学判断是否录取	并愿

初次合格通知（样本）

大学的初次合格通知便是下面的这张表，上面写有根据学生报名的材料、笔试和面试成绩，所对应的学杂费和学费减免条件及奖学金发给条件的信息。

留学前准备教育

在规定截止时间内决定好入学大学后，便可以报名参加接受留学前准备教育。留学前准备教育是为了让学生在前往日本大学学习前就能掌握必要的高级日语能力。

得到初次合格通知后，为了正式合格，请学生参加短期集中的留学前准备教育。

		初级课程			高级课程		
		课程数	单元	总课程数	课程数	单元	总课程数
日语	日语 50 音	8	2	10	-		
	初级	173	10	183	64	4	68
	中级	80	2	82	80	2	82
	高级	40	2	42	80	2	82
	超级	-			83	2	85
	面试	18	2	20	18	2	20
日本相关知识	文化、地理历史、政治	22	1	23	22	1	23
合计				360			360

○ 部分 JPUE 原创教材

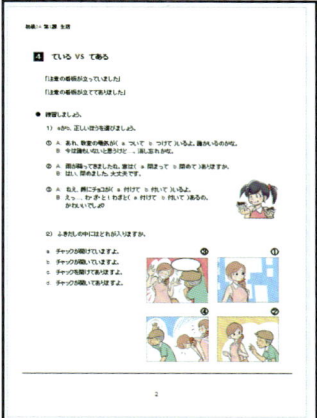
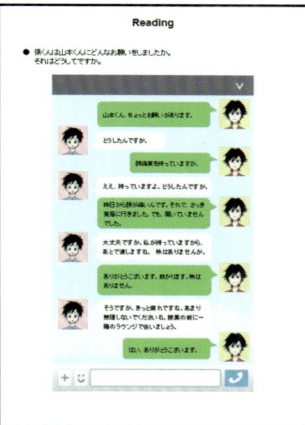

○ 最终面试

除学生获得的是 Unconditonal offer（无条件合格）以外，所有学生在完成留学前准备教育培训后都需要通过入学志愿大学的"最终面试"。该面试为大学用以判定学生是否达到了既定的日语学习标准。当大学判定该学生已具有高级日语能力的情况下将会授予正式的录取通知书。

 **最终面试常问问题**

- 日语理解能力　　：能否理解大学的授课内容
- 日语交流能力　　：日语口语能力的掌握程度
- 说出未来的目标：用日语说出自己的学习方向和将来目标

赴日准备——大学入学手续

获得最终合格后,学生开始填写报名材料,准备必要材料,支付学杂费和手续费。完成所有手续后,学校会发给学生入学许可书,至此所有的入学准备都已完成。

○ 留日资格认定证书的申请

在入学手续提供的材料基础上,申请日本的入境签证(查证)必须办理必要的留日资格认定证明书的申请手续。这个手续通常由大学和财团在日本办理,学生们无需办理,但是报名会花费数月时间,请学生一定要在规定时间内准备好所有必需材料。若提供的材料有虚假伪造成分,学生将来可能会被限制入境日本,所以请大家上交入学材料时务必细心注意。

申请材料没有问题的情况下,日本政府机构会颁发留日资格认定证明书,届时大学或财团会将其寄给各位学生。

○ 查证(签证)申请手续

学生拿到留日资格认证证明书后,到就近的日本大使馆或领事馆办理查证申请手续。

○ 欢送仪式(赴日)

事务局将为参加当年日本大学联合学力考试(JPUE)并成功留学日本的学生,举行欢送仪式。
老师们和一同学习半年的学生分别,欢送仪式后,学生们便会出国去自己的志愿学校。

同学们都已经成功留学日本了哦！

JPUE 历届报考学生 截止2018年7月

过去考生人数	OFFER 数	1人平均获得 OFFER 数	1人最多 OFFER 获得数
1022 人	9231 人	9 个/人	17 个

历届考生母校

ulc剑桥高中	四川省泸州高级中学校	上海市天山中学	石家庄第二十一中学	德清县求是高级中学
Western Mennonite School	市北中学	上海市田园高级中学	石家庄第四中学	东湖中学
安徽省定远吴圩中学	私立诸暨高级中学	上海市南洋中学	石家庄第六中学	临川一中
安徽省六安实验中学	慈湖中学	上海市南汇中学	仙霞高级中学	义乌市第四中学
安徽省马鞍山市红星中学	七宝中学	上海市虹口区第五十二中学	仙游第一中学	乐清市鹤阳中学
位育中学	重庆市第一中学校（校本部）	上海市比乐中学	川沙中学	仪征技师学院
育才高级中学	重庆市实验中学	上海市奉贤区致远高级中学	曹杨中学	华东康桥国际学校
云顶高中	重庆市育才学校	上海市金山中学	太原市外国语学校	华东政法大学附属中学
越州中学	重庆实验外国语学校	上海市民办西南高中	太原市第四十八中学	华东模范中学
延安中学	徐汇中学	上海市民办民远高级中学	大江中学	华东师范大学第二附属中学
延庆一中	少云中学	上海市民办民远高级中学	大连十五中	华东师范大学附属周浦中学
黄冈中学	松江二中	上海市民远高级中学	中国美术学院附属中等美术学校	华东师范大学附属东昌中学
嘉定二中	章丘中学	上海市储能中学	中国美术学院附属中等美术学校	华师大二附中
嘉兴市田园外国语学校	上海医药学校	上海市华东模范中学	中国美术学院附属中等美术学校	华师大二附中国际部
河南油田第一中学	上海浦江高级中学	上海市华东师范大学附属第一中学	定海一中	复旦大学第二附属中学
河北省三河市第二中学	上海音乐学院附属安师实验中学	上海市卢湾高级中学	天津第二中学	复旦大学附属中学
河北唐山玉田第一中学	上海外国语大学附属宏达高级中学	上海市复旦中学	田家炳高中	复旦附中青浦分校
海亮外国语学校	上海健康医学院	上海市师范大学附属第二外国语学校	董恒甫高级中学	复旦附中美中美育
海宁市紫薇高级中学	上海交通大学附属中学	上海市杨浦高级中学	同济大学第二附属中学	宁波万里国际学校
外国语实验高中	上海交通大学附属中学浦东实验高中	上海市现代职业学校国旅校区	同济大学附属七一中学	扬大附中东部分校
吉林毓文中学	上海交通大学附属中学嘉定分校	上海市经济管理学校	南湖实验中学	贯庄镇求知中学
求是高级中学	上海市四中	上海市视觉中学	南昌市洪都中学	盐城市高级实验中学
玉林中学	上海市医药学校	上海市视觉艺术学院附属高级中学	南昌市第十七中学	绍兴越秀外国语学校
金陵中学	上海市浦江高级中学	上海市钟山高级中学	南昌十七中	绍兴市高级中学
金华市曙光学校	上海市延安中学	上海市徐汇中学	南平第八中学	绍兴市艺术学校
金华市曙光中学	上海市甘泉外国语中学	上海商业会计学校	南洋模范中学	绍兴中国轻纺城中学
金华市第一中学	上海市古美高级中学	上海新虹桥中学	南宁市第八中学	苍南县求知中学
金华市第六中学	上海市交通大学附属中学	上海大学市北附属中学	南艺附中	苏州大学附属中学
九州现代艺术职业技术学校	上海市工商外国语学校	上海大学市北附属中学	日照第一中学	荣山中学
建峰职业技术学院附属高中	上海市航空服务学校	上海第五十四中学（儋）	博白中学	荣怀学校
古美高级中学	上海市行知中学	上海中学国际部	番禺区石北中学	莘庄中学国际部
湖州市德清求是高级中学	上海市香山中学	上海宝山职业技术学校	比乐中学	观城高中
五十四中学	上海市高桥中学	上海民一中	武汉市育才高中	贵州省凯里市第一中学
梧州市梧州高级中学	上海市民乐高级中学	上海民办民远高级中学	复旦大学第二付属高校	贵州省凯里市第一中学
交通大学附属中学	上海市市东中学	上海协和双语高级中学	福建省莆田市仙游县山立学校	贵州省实验中学
光明中学	上海市宝山中学	上海大江实验中学	文昌高级中学	贵州省师范大学附属中学
孝丰高级中学	上海市商业学校	上海复旦实验中学	平湖市当湖高级中学	贵州省贵州市南湖实验中学
杭州市育新高级中学	上海师范大学附属学校	上海师范大学附属高级中学	平阳职业教育中心	贵州省贵州市白云区南湖实验中学
杭州市外国语学校	上海市松江二中	上海戏剧学院附属高级中学	宝山中学	贵州省贵阳市兴农中学
杭州市晨山中学	上海市晋元高级中学	上海电力工业学校	北高中学	贵州贵阳南湖实验中学
江阴中学	上海市清袁高级中学	上海财经大学附属中学	民远高级中学	贵阳市第八一中学
江苏省海门市实验高中	上海市西郊学校	新昌县新昌中学	六安中学	贵阳市南湖实验中学
江苏省沙溪高级中学	上海市工程高级中学	新昌县澄潭中学	亳州仲十八中（原一中南校）	贵阳乐湾国际学校
江苏省兴化中学	上海市西南模范中学	深圳市坪山高级中学	广东中元中学	赣州中学
江苏省东坝汇龙中学	上海市静安区上海大学附属中学	深圳市华侨城中学	彭浦中学	辽宁省东北育才外国语学校
江门市棠下中学	上海市仙霞高级中学	深圳实验学校高中部	歙州学校	郑城县第三中学
衡水枫城中学	上海市第五十四中学	瑞安市国际商贸学校	汕头市第一中学	钦州市第二中学
合肥市第六中学	上海市第三女子中学	成都市双流县太平中学	汕头市东厦中学	长征中学
三林中学	上海市第四中学	成都石室都都中学	灌南华侨双语学校	马街中学
山东省青岛市第三中学	上海市贸易旅游学校	政和县第一中学	襄阳区第一中学	龙游高级中学
山东省郯城第一中学	上海市中国中学	西郊学校	嵩厦高中	
四川省内江市第六中学	上海市通河中学	西南高级中学	嵩厦中学	

参加大学 MAP（地图）

参加大学可能每期都会有所变化

第三章 / 捷径曲折——如何制订留学计划

HOKKAIDO 札幌学院大学 [文]
- 经营学院
- 心理学院
- 经济学院
- 法学院
- 人文学院

HOKKAIDO 星槎道都大学 [文理]
- 经营学院
- 社会福祉学院
- 美术学院

TOCHIGI 文星艺术大学 [文]
- 美术学院

TOCHIGI 宇都宫共和大学 [文]
- 城市生活学院

TOKYO 樱美林大学 [文]
- 国际交流课程学群

TOKYO 国际基督教大学（ICU）[文理]
- 教养学院

TOKYO 芝浦工业大学 [理]
- 工学院
- 建筑学院
- 系统理工学院
- 设计工学院

TOKYO 女子美术大学 [文]
- 艺术学院
- 短期大学部

TOKYO 成蹊大学 [文理]
- 经济学院
- 理工学院
- 法学院
- 文学院

TOKYO 帝京大学 [文理]
- 理工学院
- 文学院
- 经济学院
- 教育学院
- 法学院
- 外国语学院

TOKYO 数字好莱坞大学 [文]
- 数字传媒学院

TOKYO 明治学院大学 [文]
- 国际学院

TOKYO 武藏野大学 [文理]
- 全球化国际学院
- 经济学院
- 法律学院
- 工学院
- 文学院
- 人科学院

TOKYO 昭和女子大学 [文]
- 人间文化学院
- 国际商务学院
- 国际学院
- 人间社会学院
- 生活科学院

CHIBA 千叶商科大学 [文]
- 人间社会学院

CHIBA 千叶大学 [理]
- 工学院

CHIBA 淑德大学 [文]
- 综合福祉学院
- 社区政策学院
- 护理营养学院
- 经营学院
- 教育学院
- 人文学院

KANAGAWA 桐荫横滨大学 [文]
- 法学院

GIFU 中部学院大学 [文]
- 人类福祉学院

GIFU 岐阜圣德学园大学 [文]
- 外国语学院
- 经济信息学院

AICHI 人间环境大学 [文理]
- 人类环境学院

AICHI 中京大学 [文]
- 经营学院
- 工学院

HYOGO 流通科学大学 [文]
- 商学院
- 经济学院
- 人间社会学院

KYOTO 京都外国语大学 [文]
- 外国语学院
- 国际贡献学院

YAMAGUCHI 宇部开拓者大学 [文理]
- 人间社会学院

HIROSHIMA 福山大学 [文理]
- 经济学院
- 人间文化学院
- 工学院

MIYAZAKI 宫崎国际大学 [文]
- 国际教养学院

千叶大学

西千叶校区（大学本部）：〒263-8522 千叶市稻毛区弥生町1-33
亥鼻校区：〒260-0856 千叶市中央区亥鼻1丁目8-1
松户校区：〒271-8510 千叶县松户市松户648
柏叶校区：〒277-0882 千叶县柏市柏叶6丁目2-1

[大学的特征]

以生物和环境为关键词的新应用化学。

科学技术迅速发展带给人类不尽的恩惠，提高了人类的福祉，创造未来的化学追求保护环境的同时，有效利用地球环境，为人类真正的福祉做出贡献。为此，开发环境友好型化学工程，创造适合环境的新物质就变得格外重要。此外，对生物的借鉴也十分重要。

生物在漫长的世代更迭中储存信息，以此为基础捕捉外部刺激（信息），加以应对。关键还在于从生命体提取这样的机能进行化学改造，开发出替代物或者超越原物的物质或者工程。人类要和环境友好相处，和其他生物共存，这是化学重要的方向。从这一观点出发，本课程旨在培养能够肩负新化学或化学工程开发的人才。

[JPUE参加学院]　工学院

| 学生数 / 10,702人 | 留学生数 / 194人 |

[首年度学费]　817,800円 ※工学院

[奖　学　金]　有

[留学生学费减免信息]
入学后需进行申请并接受审核。非全员可获得。

[学校内部支援]
校内设有留学生课和国际支援柜台，从留学生学业到生活提供各种支援。

[宿舍信息]
有 / 国际交流会馆作为千叶大学在读外国留学生和研究者的宿舍。JP 稻毛站步行15 分钟，周边配套设施有图书馆、超市、便利店和体育设施等。218 间宿舍供外国留学生住宿。

[一个月大约的生活费（住宿费除外）]　80,000日元

[就业支援]
就业支援课提供支持

[就职单位（领域或企业实际情况）]
建设业、制造业、信息通信业、学术研究等

[毕业去向（留学生）]

升学 70%　｜　日本国内就职 25%　｜　其他 5%

SCU 札幌学院大学

〒069-8555　北海道江別市文京台11番地

[大学的特征]
Walk Together Creating the Future "一起创造未来吧"

拥有5个学院，8个专业，涉及多个领域的一所文科综合大学。充分尊重学生们的学习意愿，具备以体验型学习为代表的，包括各种支援制度、资格证获取辅导、留学等丰富而完善的教育环境。

[JPUE参加学院]　心理学院 / 人文学院 / 经济学院 / 法学院 / 经营学院

学生数 / 2,226人	留学生数 / 25人

[首年度学费]
- 心理学院：1,062,000日元 ~ 1,066,000日元
- 人文学院：1,065,500日元
- 经济学院：1,062,000日元
- 法学院：1,062,000日元
- 经营学院：1,066,000日元

[奖学金]　有

[学校内部支援]
【国际交流中心】
前来本校的留学生大多都已经具备一定的日语基础，但是毕竟是刚开始留学生活，在课堂上学习的日文与在实际生活中使用的日语还是有一定差距的，所以在日常生活和大学课程的接受能力上会略显吃力。对于这些留学生，本校教职员会与学生密切接触，给予无微不至的辅导。如果有较大困难，国际交流中心的工作人员会进行一定的语言辅导。
关于在日本居住的各类手续、办理手机以及其他日常生活事宜，国际交流的工作人员都会给予一定的辅导。

[留学生学费减免信息]
有 / 授课费：30%减免（要申请）
奖学金：月额27,500円（2016年度参考）
1.札幌学院大学自费外国留学生奖学金
2.日本学生支援机构（JASSO）「自费外国留学生学习奖励金」
※不同制度的申请资格和申请材料各不相同。
※发放人数、发放条件、发放额度因制度不同而不尽相同。

[宿舍信息]　有 / 推荐合作宿舍或附近的公寓。

[一个月大约的生活费（住宿费除外）]　60,000 ~ 70,000日元

[就业支援]　有

[就职单位（领域·企业实际情况）]
【信息通信业】软银移动公司
【流通零售业】东急百货店、永旺
【金融、保险、不动产业】北海道银行、野村证券、住友生命
【住宿业、其他服务业】Prince酒店（王子酒店）、JAL、ANA
【公务员】　警视厅

星槎道都大学

〒061-1196　北海道北广岛市中之泽149番

[大学的特征]

【为满足人们的需要开辟新的道路,以实现"共生的人类社会"为目标,并努力使之成功】

本校的使命无外乎就是培养能够活跃于各个专业领域的优秀人才。配合社会所需,为了培养当今日本所需要的人才,我们对课程的设置进行了更新。本校领先于其他大学设置了社会福祉学院,并利用了美术学院的特色创设了设计学科及建筑学科,在学习上着眼未来,不断前进。迄今为止累计超过2万的毕业生现在正活跃于各自的领域。星槎道都大学希望可以建设一个能够让学生们都能从学校的优秀历史中获益的大学,本校正在努力推进就业率达到100%,设置函授课程这类终身教育扶持制度等本校独一无二的措施,并且今后我们也不断为此努力。

[JPUE参加学院]　经营学院 / 美术学院 / 社会福祉学院

学生数 / 807人	留学生数 / 55人

[首年度学费]
经营学院：123万660日元（预计）
美术学院：123万660日元（预计）
社会福祉学院：123万660日元（预计）

[奖　学　金]　有

[一个月大约的生活费（住宿费除外）]　60,000～70,000日元

[宿舍资讯]　有 / 推荐合作宿舍或附近的公寓。

[就业支援]　有

[就职单位（领域・企业实际情况）]

經營學部經營學科
■航空自衛隊 ■北海道旅客鐵道（株式會社）■（株式會社）日立製作所 ■綜合警備保障（株式會社）等
社會福祉學部社會福祉學科
■JA北海道厚生連札幌厚生病院 ■北見赤十字病院 ■（株式會社）ツクイ ■札幌高等養護學校 等
美術學部設計學科
■札幌藝術之森美術館 ■（株式會社）ファーストリティリング ■（株式會社）もりもと ■職人工房（株式會社）等
美術學部建築學科
■（株式會社）日本ハウスホールディングス ■（株式會社）一條工務店 ■日本都市設計（株式會社）■（株）アートクリエイト　等

文星艺术大学

〒320-0058 栃木县宇都宫市上户祭4-8-15

- 设计系（设计／动漫·电影／工艺）
- 漫画系（漫画／数码漫画／漫画插图／人物角色绘制）
- 综合造型系（日本画／西洋画／立体／文化创生）

[大学特征]

文星艺术大学越过专业壁垒，与众多领域合作，是一所"锻炼合作能力"的大学。
"合作能力"是当今社会所需要的能力。

创意能力
表现能力
交流能力
发表能力
坚持能力

所有专业、领域都是以这五角形的五个能力为目标来学习的。

[JPUE参加学院]

美术学院（美术学科）

学生数 / 257人	留学生数 / 10人

首年度学费 1,717,660日元	奖学金 无

[校内支援]

＜职业・学生支援中心＞
不仅会给予学生就业方面的建议，也会对学生的前途选择和进入社会所必需的能力进行培养（职业教育）。并且针对求职礼仪和技巧，学校会外聘教师对学生进行指导培训，除了对学生进行一对一面试指导、自我分析外，本中心还会对学生职业选择和前途发展提供相关咨询建议，支持学生成长。

＜学生心理咨询室＞
为了让学生拥有更好的学生生活，本校实行临床心理医师预约制度。
学生在生活中会遇到各种各样的问题，当不知如何解决，烦恼惆怅时，可以到学生心理咨询室、这里专业的心理咨询师会陪着学生一起，切身地去思考每个人的烦恼和问题，帮助学生自主地去解决心理问题。

淑德大学

千叶校区：千叶县千叶市中央区大严寺町 200
千叶第二校区：千叶县千叶市中央区仁户名町 673
埼玉校区：埼玉县入间郡三芳町藤久保 1150-1
东京校区：东京都板桥区前野町 6-36-4

[大学的特征]

淑德大学的创办者长谷川良信，从用佛教角度来说的"自利利他"的精神出发，对于社会福祉的总结并不是"for him"（为了他），而是"Together with him"（与他同在）。建立在他的教导理念上，本校注重培养具有"共生"意识的人才。

- 综合福祉学院（社会福祉学科、教育福祉学科、实践心理学科）
- 护理营养学院（护理学科、营养学科）
- 教育学院（儿童教育学科）
- 社区政策学院（社区政策学科）
- 经营学院（经营学科、观光经营学科）
- 人文学院（历史学科、表现学科）

学生数 / 4,700人	留学生数 / 25人

首年度学费

【综合福祉学院·社区学院】 1,461,230日元（2018年度 仅供参考）
【护理学院护理学科】 1,964,320日元（2018年度 仅供参考）
【护理营养学院 营养学科】 1,611,230日元（2018年度 仅供参考）
【经营学院·教育学院】 1,460,610日元（2018年度 仅供参考）
【人文学院】 1,261,160日元（2018年度 仅供参考）

奖学金　有

[校内支援]
拥有留学生支援窗口（国际交流中心）。

[日语学习支援]
有

[学生宿舍信息]
在千叶校区附近有学生宿舍（仅限女生）。

[一个月的生活费]
生活费 75,000 日元、书本费 15,000 日元、公寓租金 50,000 ~ 60,000 日元（仅供参考）

[就业支援]
拥有就业支援窗口。

[就业方向（领域or企业实绩）]
研究生院升学、餐饮业

国际基督教大学（ICU）

国际基督教大学 | 东京都三鹰市大沢 3-10-2

[大学的特征]

国际基督教大学（ICU）在日本是一所最早的美国式的人文科学大学。位于从东京新宿只需30分钟就可到达的中心地段，在这占地63万平方米的、被自然环境绿意盎然的校区里日本学生和留学生相互共处共同学习。

在不分文理科广阔的知识海洋中，以丰富的知识为基础，利用创造性思维构建的人文科学教育。以一个教员只针对18个学生的少人数教育为主，强调对话形式较多的讨论式教学。另由于国际性较高，每3名教员中就有一位外籍教员。来自世界各地的留学生都擅长日英双语的交流，60%的毕业生都选择海外深造。在广阔的校园内，与自然一同学习、生活。掌握了高水平语言能力和应变能力的学生，在毕业后深受国际型企业和政府机构的欣赏，从而保持着高水平的就业率。

■ 教养学院 / 31个专业（专修领域）

美术・文化财产研究 / 音乐 / 文学 / 哲学・宗教学 / 经济学 / 工商管理学 / 历史学 / 法学 / 公共政策 / 政治学 / 国际关系学 / 社会学 / 人类学 / 生物学 / 物理学 / 化学 / 数学 / 信息科学 / 语言教育 / 语言学 / 教育学 / 心理学 / 媒体・交流・文化 / 日本研究 / 美国研究 / 亚洲研究 / 环境研究 / 性别・性研究 / 开发研究 / 国际研究 / 和平研究

学生数 / 3,027名（旁听生除外）	留学生数 / 252名

（留学生比例由高到低） 美国 / 韩国 / 中国 / 英国 / 菲律宾 / 法国 / 瑞典 / 尼泊尔 / 越南 / 老挝 / 印度 / 澳大利亚 / 加拿大 / 泰国 / 德国 / 马来西亚 / 冰岛 / 印度尼西亚 / 基里巴斯 / 哥伦比亚 / 新加坡 / 津巴布韦 / 西班牙 / 中国台湾 / 坦桑尼亚 / 孟加拉国 / 巴西 / 南非 / 缅甸 / 墨西哥 / 俄罗斯 / 阿根廷 / 意大利 / 乌干达 / 埃及 / 冈比亚 / 希腊 / 叙利亚 / 斯里兰卡 / 塞内加尔 / 丹麦 / 纳米比亚 / 尼加拉瓜 / 挪威 / 巴布亚新几内亚 / 匈牙利 / 斐济 / 马里 / 立陶宛

第一学年学费	1,077,000日元（首年度学杂费30万日元另付）	奖学金	有

[留学生学费减免信息]

【ICU Peace Bell 奖学金】每年100万日元 × 原则上四年（课程时间）支付。
【ICU Torch Relay High Endeavor 奖学金】免除学杂费以及首年第一学期学费77万3千日元。

[学校内部支援]

大学会对每一位在ICU学习的学习进行支援。
学习计划中心、教员顾问、国际交流室、学习教育中心、学生服务部、就业咨询群、咨询中心、健康管理办公室等，存在着许多支援体系和组织，从学习面到生活面都会给予学生各种各样的帮助。
【教员顾问制度】每一位学生都会有一名特派教员作为顾问。不仅是学习计划，关于成绩、就业、生活等各式各样的问题都可以与顾问商量。另外，在各个专业领域都会有专业顾问，关于本专业的专业知识也可指导。
【Writing Support Desk】ICU本科生所写的论文和报告会有研究生助教进行日英双语的指导。
日语教育项目（JLP：Japanese Language Programs）
日本教育项目（JLP）提供机会掌握在大学内外所需的日语能力以及需要运用日语的学术技能。
根据学生的母语背景和教育背景，将语言学习分为"作为外语的日语教育"和"作为第一语言／第二母语的日语教育"两个领域，并在学期开始时进行摸底考试提供适合的课程。

[宿舍信息]

通过在ICU学生宿舍的集体生活中实现"对话"，增加学生对人权、多种族的尊重，学会分担责任，这就是"教育宿舍"。不仅仅是居住设施，与舍友交流、学习、互相成长的场所。校园内有10幢宿舍楼，共900名以上的不同国籍、不同文化背景和不同学年的异国学生在这里生活。所有的宿舍楼都坐落在自然环境优雅、富有季节感的校园内。可以轻松到达大学主校区、食堂、图书馆等大学设施。

[一个月大约的生活费]

生活费（包含伙食费）：约75,000日元，教科书等：约15,000日元，保险：约8,000 ~ 9,000日元，校外住宿：约45,000 ~ 85,000日元等上述为预估，根据每个学生的生活方式会有一定浮动。

[就业支援]

配备专门的工作人员，每年都会举办就业援助活动以及职业训练支援活动。另外，还会根据每一位学生的素质和需求进行"个别面谈""增加"对话"，以至于许多毕业生都能在世界的舞台实现自我价值。

[毕业生的主要就业方向]

本校对留学生的就业支援主要是根据"个体需求"，如有必要会使用英语为学生提供必要的支援。另外还设置了"以外国人为对象的求职申请单"以及"招收国际型人才"等招聘信息的资料角，在校内移动网络上还有专门"针对外国留学生"的信息提供。

HÖGLIND, Karolina
教养学院4年级，来自瑞典，经济学&媒体交流文化的双专业（专修2个领域）

我在瑞典的哥登堡大学学习一年后进入了东京的语言学校，并在9月份编入了ICU。刚入学时就感觉到无论是这里的学生还是老师，都没有被固定的观念所束缚，以开放的思想给予他人理解。在集结了各种各样背景的众多留学生和归国子女的ICU存在着多种多样的个性，让我深切感受到了缩小人群间观念的差距，增加互相理解和互相尊重的精神。ICU所倡导的"每一个人都不是是理所当然的"让我勇于发挥自己的长处，增加与周围接触的可能性。另外，这里能够学习多样化的知识。运用日语和英语的课程很丰富，在这样的语言环境中可以和异国籍异文化的学生相互交流，互相学习开拓视野。正是因为有了这样的经历，作为一个瑞典人的我，真真切切地体会到了从国际化的视点构筑学习体系。"在这个世界上找到自己的归宿"，在ICU我正迈出这一步。

芝浦工业大学

丰州校区：东京都江东区
大宫校区：埼玉县见沼区
芝浦校区：东京都港区

[大学的特征]
1927年成立的私立理工系大学，共设有4个学院16个学科，几乎网罗所有理工系领域。与企业有着众多共同研究项目，能将在大学期间所学的内容灵活运用于工作中。

[JPUE参加学院]　工学院 / 系统理工学院 / 设计工学院 / 建筑学院

学生数 / 8,383人	留学生数 / 1,423人

[首年度学费]　1,672,080日元

[奖　学　金]　有

[留学生学费减免信息]
自费外国留学生学费援助：以就读正规课程在籍的外国留学生（留日资格：留学）为对象。
根据成绩优劣给予27万至50万不等的学费减免。

[学校内部支援]
发放介绍在日本及大学生活的日本指南书《留学生GUIDEBOOK》。

[宿舍信息]
有 / 国际学生宿舍（大宫校区内、无伙食：每月30,000日元）、东大宫学生宿舍（距离JR东大宫站步行8分钟、含早饭/晚饭：每月59,500日元）

[一个月大约的生活费（住宿费除外）]　　60,000日元

[就业支援]
举办以留学生为对象的说明会（留学生实习制度讲解、留学生升职讲解、留学生履历书制作讲座）、个别面谈、提供就业信息

[毕业去向（留学生）]
日本国内就职 40% ／ 升学 32% ／ 回国 20% ／ 其他 8%

[就职单位（领域或企业实际情况）]
富士通TEN(株)、BOSCH包装科技(株)、JATCO(株)、(株)日立制作所、日产LIGHT TRUCK(株)

2017年4月入学
工学院
田征宇（上海）

jpue（日本大学联合学力测试）的优点网上查查就有，我就不加赘述，就说说个人经历。jpue对上海的学生来说难度和会考春考（除去附加题）差不多水平，可以说是很简单的。当然，jpue整个的重心并不是在考试上，而是考试之后的日语学习。在短短的日子里面想把日语迅速提升上去离不开老师的教导，我这里必须吹一下两位老师，前田老师和杨老师，真的是尽心尽力地去教我们。印象最深刻的就是最后面试的东西，前田老师一遍又一遍地给你改，生怕你通不过，之前有几次杨老师看作业才知道她偶尔备课到临晨第二天一如既往地给我们上课，真的辛苦。jpue的jcat上我从刚开始的120到最后的230，真的不容易，虽然这个成绩也不是很高但是短短的日子最后让我过了还是很有成就感的。

我入学的学校是芝浦工业大学，这是一所在理科方面颇有建树的学校，入学短短两周身边的同学期天才知道不少人当初在东理和这所学校之间纠结，最后选择了这里，可见这所学校的质量是可以的。个人来说刚到日本的两周很烦，因为很多都不习惯因为很多东西和国内学的完全不同，而且不少东西你没学过的，所以很吃力，尽管如此老师对学生尽心尽职，有问题去问一定会悉心解答的，并且不厌其烦地教到你会。学校的风景也是十分地漂亮，知道秒速五厘米嘛，风一吹，樱花如雨雪般飘飘扬扬的场景看得我惊在了原地，每次上学放学路过那条路总能看见铺成地毯的樱花瓣，心情不知为何一下子好了起来。

女子美术大学

相模原校区：（美术学科 / 设计、工艺学科）
杉井校区：（艺术、设计表现学科）

[大学的特征]

女子美术大学创建于明治33年，以"女性自立"为口号，成立了专为女性设立的美术学校。从此以来经过117年，在美术和设计领域培养出众多设计师、作家、教员。校区在东京中心地带，邻接杉井（东京都）和有着许多利于创作场地的相模原（神奈川县）。女子美术大学艺术博物馆、女子美术大学画廊等展览设施也并存其中。无论哪个学科都倡导自主性的实践教育，与平时的课程一样，举办各种企业、政府、学校联动的项目，建立起让学生更好地接触社会的平台。

[JPUE参加学院] 艺术学院

| 学生数 / 2,926人 | 留学生数 / 110人 |

| 首年度学费 | 1,936,360日元 |
| 奖 学 金 | 有 |

[留学生学费减免信息]

「女子美术大学外国留学生奖学金」 授予方式和金额（每年）：400,000日元，授予人数：学部及短期大学合计6名，申请时期：9月

[学校内部支援]

国际中心有可以讲英语、汉语和韩语的老师，负责留学生的支援。

[宿舍信息]

学生宿舍"无"，但是有"宿舍"（相模原：相模大野学生宿舍、杉井：东京女子学生会馆）

申请方法：与入学手续一起寄送的材料中有申请书，填写并提交（同时申请人数过多时采用抽选形式决定）

[就业支援]

在女子大学中的生活、就业、升学等的支援体系非常充实。举办个人面谈、就业讲座、企业宣讲会、就业考试对策讲座等，从一年级开始就会进行各式各样的指导，一直到毕业都会不断地进行支援。

[就职单位（领域或企业实际情况）]

企业种类：学校教育 ※2016年度

[毕业去向（留学生）]

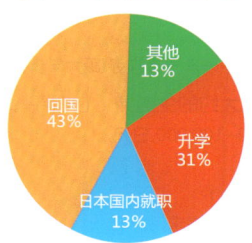

其他 13%
升学 31%
日本国内就职 13%
回国 43%

成蹊大学

东京校区：东京都武藏野市吉祥寺北町3-3-1

[**大学的特征**]

以1912年教育家中村春二设立的成蹊实务学校为基础，1949年正式成立成蹊大学。传统上重视以讨论课、研究室为中心的小班化教育、与地区和企业联动的教育，研究也很繁荣。校区处于东京郊外的吉祥寺地区，文科、理科四个学院均在同一校区学习。

[**JPUE参加学院**]　理工学院 / 文学院 / 经济学院 / 法学院

| 学生数 / 7,688人 | 留学生数 / 20人 |

[**首年度学费**]　文学院、经济学院、法学院：1,235,000日元　　理工学院：1,680,000日元

[**奖　学　金**]　有

[**留学生学费减免信息**]
标准修读年限内学费减免制度（30%~50%）。[截至2017年4月]

[**学校内部支援**]
国际教育中心提供关于外部财团等奖学金相关信息。

[**宿舍信息**]
有 / 宿舍"ドーミー吉祥寺"距大学步行7分钟。

[**一个月大约的生活费（住宿费除外）**]
约70,000~100,000 日元

[**就业支援**]
满足个别商讨需求。

帝京大学

八王子校区　东京都八王子市大塚359
宇都宫校区　栃木县宇都宫市丰乡台1-1

[大学的特征]
「实学」：　通过实践掌握理性的思考方法。
「国际性」：　根据学习、体验理解不同文化。
「开放性」：　广泛地学习必要的知识和技术。
帝京大学根据这些教育方针培养人才。

[JPUE参加学院]　经济学院 / 文学院 / 法学院 / 教育学院 / 理工学院

| 学生数 / 22,727人 | 留学生数 / 386人 |

[首年度学费]（文科学院）1,198,660日元～1,238,660日元（理工学院）1,590,660日元

[奖　学　金]　有

[留学生学费减免信息]
（文科学院）所有人第一年学费减免30%；（经济学院（地区经济学科）、理工学院）所有人第一年学费减免40%
通过JPUE获得录取的所有学员都适用第一年30%至40%的学费减免制度。

[学校内部支援]
国际交流中心（八王子）和学生支援团队（宇都宫）会进行援助。
另外本校还有以帮助留学生为主要目的的，由在校学生组成的"国际交流助理"团体。
除了解决学习、生活上碰到的疑问外，还可以成为留学生的"聊天对象""知音友人"。

[宿舍信息]
有 / 八王子、宇都宫都有新建的学生宿舍。

[一个月大约的生活费（住宿费除外）]
（八王子）80,000日元　（宇都宫）70,000日元

[就业支援]
在各个校区设置的就业支援中心会在留学生入职前持续跟踪，提供帮助。

[毕业去向（留学生）]

| 日本国内就职 40% | 升学 20% | 回国 20% | 其他 20% |

[就职单位（领域・企业实际情况）]
在各种职业的企业中就职。
物流、服务、商社、金融机构、信息通讯、旅游等

2017年4月入学
经济学院
观光经营学系
陈 又祥（台北）

虽然在高中时期学习过日文，但去年8月开始在JPUE上留学前教育后从老师身上学到了许多日语的不同用法及日本文化、生活方式等，以及亲自体验浴衣穿着，（感谢井村老师）让我在去日本之前能够有机会亲自感受到日本文化真的是件很棒的事。　在JPUE时受到老师们和工作人员的诸多照顾，非常感谢JPUE台湾办事处的老师们及工作人员，我会在日本继续努力！
而今年1月完成了JPUE的留学前教育后通过日语认证2级，4月开始进入日本帝京大学经济学院观光经营学系。
进入学校后住进了学生宿舍，开始了日本生活。宿舍为个人套房，所以很舒适。目前虽然尚未完全适应学校的课业及生活环境，但我想我会继续加油。等过一段时间更适应了之后我想我就会开始打工，希望能够更加充实自己的在日生活。

数字好莱坞大学

〒101-0062　东京都千代田区神田骏河台4-6
御茶水SOLA CITY ACADEMIA 3F/4F

[大学的特征]

DHU的6个特点

在1个学院1个学科内，设置可以系统地、阶段性地学习的独有课程。
通过4年的学习，培养具有高度的专业性与国际化的思维方式、丰富广泛的文化知识、社会性，并能创造崭新未来的人才。
1. 创造未来新价值的融合型课程
2. 活跃于数字内容、IT业界的专业在校教师队伍
3. 培育全球性人才的语言教育&留学制度
4. 支援实现梦想的、压倒性业界网络
5. 具有高学习效果与自由度的学季制
6. 创意构思必不可少的知识源泉——文化教育

[JPUE参加学院]　数字传媒学院

学生数 / 1,121人	留学生数 / 362人

[首年度学费]　1,528,000日元

[奖 学 金]　有

[留学生学费减免信息]

自费外国留学生奖学金
①最多可以申请4年授予 ②招收对象为自费外国留学生中品德、成绩优秀的学生
③根据材料审核和面试审核进行选拔（第一年的入学考试以及第二年开始的学习成绩也会作为考量标准）

[学校内部支援]

为了提高在本校的学习和今后的求职所需要的日语基础，我们专门为留学生开设了多门课程。另外，还能在课外体验坐禅、茶道等日本文化。
关于留学生的学习和针对留学生的奖学金制度等，有留学生专用的接待窗口。

[学生宿舍信息]

有/指定学生会館：個室が中心で、ＤＨＵ生に必須のインターネット環境が完備されております。食事についても栄養士が健康に配慮したメニューを朝・夕準備しております。生活面においては館長夫妻が常駐しており、日常の相談はもとより、防犯面でのセキュリティーも万全です。また、費用につきましてもアパート・マンションに比べ節約できます。

[一个月大约的生活费（住宿费除外）]　90,000日元

[就业支援]

企业宣讲会、就业支援讲座、个别职业面谈、校内企业宣讲会、实习等，就业中心的专职教员都会为每一个学生进行辅导。

[就职单位（领域・企业实际情况）]

㈱博报堂PRODUCTS、AVEX 集团HOLDINGS ㈱、㈱BANDAI NAMCO -ENTERTAINMENT、乐天㈱等

[毕业去向（留学生）]

日本国内就职 54%	升学 15%	其他 31%

大家好，我是陈征，去年8月进入JPUE接受留学前教育，是台湾的第一期学生，于今年4月进入了日本数字好莱屋大学。最初完全不会讲日文，进入JPUE之后从50音开始学起，每天准时上课，在去年11月时通过了数字好莱屋大学的日文最终合格面试，其实连自己也不敢相信日文能进步这么多，真的要感谢JPUE。
JPUE的老师们、工作人员，真的非常地谢谢你们！

而关于日本生活 挺自由挺开心的，自己一个人住要注意的事情变多，向政府申请的东西比较麻烦。电车非常方便但是人也很多（虽然台北也差不多），与日本人之间的对话还需要再花些时间适应，其他的都没问题。大学一年还蛮轻松的，目前还没教很难的东西，也有有趣的老师。

2017年4月入学
数字传媒学院
数字资讯学科
陈征（台北）

武藏野大学

有明校区：东京都江东区有明三丁目-3-3
武藏野校区：东京都西东京市新町一丁目1番20号

世界の幸せをカタチにする。
Creating Peace & Happiness for the World

[大学的特征]
武藏野大学享有九十多年的历史和传统。一直站在时代变化的潮头，不断发展壮大。2015年4月设立"工学院"，2016年4月开设"环球学院"，更预计在2018年4月开设"经济学院会计管理专业"和"教育学院儿童发展专业"（策划中），发展成为拥有9个学院18个专业的综合性大学。

最受留学生欢迎的是环球学院环球商务专业和日语交流专业。
环球商务专业以英语授课，可以用英语学习商务知识。提高全球化商务中不可或缺的英语运用能力的同时，用英语学习经营·商务知识（管理、会计管理、贸易等），掌握英语的实用能力。培养能够活跃在全球化的商务社会中的人才。

日语交流专业中，随着全球化的发展，能在工作中使用日语的外国人的需求增加。丰富的科目让学生充分掌握商务日语能力和跨文化交流的能力，培养联系祖国和日本，活跃于世界的日本人才。课堂上日本学生和留学生各占一半，以团队形式开展项目，锻炼策划和团队合作能力。此外，还有完备的培养日语教师的课程。共同学习包含非主流文化在内的日本文化，通过讨论来培养交流能力、发表能力，传达日本的魅力。毕业后，除了从事日语教育，还可能在日本企业或者日本国外的日企中就职。

[JPUE参加学院] 国际学院 / 工学院 / 文学院 / 法学院 / 经济学院 / 人间科学院

学生数 / 约8,000人	留学生数 / 约500人

[首年度学费] 1,120,000日元 ~ 1,420,000日元

[奖 学 金] 有

[学校内部支援]
为了使来自海外的留学生安心学习，提供各种针对留学生的帮助措施，包括提供奖学金申请、留日资格更新、国际宿舍公寓出租等生活支援，还有日语学习顾问的学习帮助。此外，学习生活或日常生活中遇到的疑问或不安也可在轻松的环境下进行交流沟通解决。

[一个月大约的生活费（住宿费除外）] 60,000日元 ~ 100,000日元

[就业支援]
以企业访问、实习为主提供支持，还包含针对日本独特的求职的面试练习，应聘申请表、志愿理由书的修改等。

[就职单位（领域·企业实际情况）]
批发及零售业、信息通信业、金融保险业、服务业、制造业、生活类服务娱乐业、住宿业、餐饮服务业、房地产及物品出租业、教育业、运输邮政业、学术研究、专业技术服务等

[留学生学费减免信息]
经联合学力测试录取的学生也获得过此奖学金。2年级后根据成绩可继续享有。
全球化领导者奖学金：学费免除30%~100% 免除学杂费。

[宿舍信息]
有 / 葛西国际宿舍（男女·86间）留学生每月费用40,000日元，小平男生宿舍（男生·75间，含早晚二餐）每学期381,000日元
※含管理费。

[毕业去向（留学生）]

日本国内就职	升学	其他
91%	4%	6%

※参考资料

2017年4月入学
环球学院 环球商务专业
李 曜仲（马来西亚）

大家好，我叫李曜仲（Elston），马来西亚JPUE第一期的学生。要说JPUE的好处的话我总结出来的只有两点，那就是快还有省钱。在还没参加JPUE之前我也曾经上网找过关于日本留学的资料，但是都是因为觉得太贵了家里人负担不起，所以就放弃了留学的念头。偶然发现JPUE从学习日语到赴日上大学大约只需要10个月。而且在大学入学前不用来日本，在本地学习日语的成本比起在日本语言学校学习低得多。我就知道这就是我想找的赴日留学渠道了。

一个人来到一个语言和文化氛围完全不同的国家难免会感觉不安。但是日本的优美景色和友好的人们渐渐消除了我的不安。很快我也在这里认识了一个非常要好的日本人还有泰国人，我们还一起合作经营我的youtube频道"Elston TV"。我到现在都感觉很不可思议，来自不同文化还有语言背景的我们竟然可以一起制作视频。在武藏野大学的每一天都过得很充实很精彩，加上各种为留学生准备的活动和帮助，任何事情都准备得很顺心。希望来年可以在武藏野大学遇见你们！

明治学院大学

白金校区　东京都港区白金台1-2-37
横滨校区　神奈川县横滨市户塚区上仓田町1518

[大学的特征]

日本历史最古老的保持传统的基督教主义学校。
致力于国际教育，拥有6个学院15个学科。

[JPUE参加学院]　　国际学院

| 学生数 / 12,197人 | 留学生数 / 163人 |

| 首年度学费 | 1,485,400円 |
| 奖　学　金 | 有 |

[留学生学费减免信息]

留学生享有授课费30%减免。根据学院不同还会有各种追加的减免条件（最大可享受授课费100%减免）。
保证人会外国留学生奖学金（上限为每年授课费一半）、外国留学生学业优秀奖（150,000日元)等。

[宿舍信息]

明治学院大学国际学生宿舍 MISH
保证每个学生的私人空间的同时营造家庭般的氛围，会有代替家长的管理人夫妇常驻。无论是防盗、生活，都能安心、放心。在MISH聚集了从世界各地前来的留学生，增加了与他们一起生活、沟通的机会。促进国际教育以及跨文化交流。

[学校内部支援]

- "Peer Support"（同伴支持）制度，学生之间互帮互助的制度。对于寻求帮助的学生来说，如果对方是学生的话更能轻松地进行沟通。而对于施助者来说，可以通过帮助别人来获得成长。学生通过 "Peer Support"（同伴支持）制度获得的经验正式体现本校教育理念 "Do for Others"（为他人做贡献）。
- 明治学院大学外国留学生会
  明治学院大学外国留学生会不问出身国和地域，由明治学院大学的留学生组成、运营。
  它的作用是公开关于授课、奖学金、就业等相关信息，并且保持与校内外人士的交流，以及组织日语课外教学等。
- 明治学院大学留学生寄宿制家庭制度
  明治学院大学为了让从世界各国前来的留学生可以更加深切的感受日本文化，以及对日本人习性的理解，专门安排了在日本普通家庭的寄宿制住宿项目。

[就业支援]

请参照校内志愿。

[就职单位（领域・企业实际情况）]

海内外广泛领域就业成功案例。

岐阜圣德学园大学

外国语学院：羽岛校区（岐阜县岐阜市柳津町高桑西1-1）
经济信息学院：岐阜校区（岐阜县岐阜市中鹑1-38）

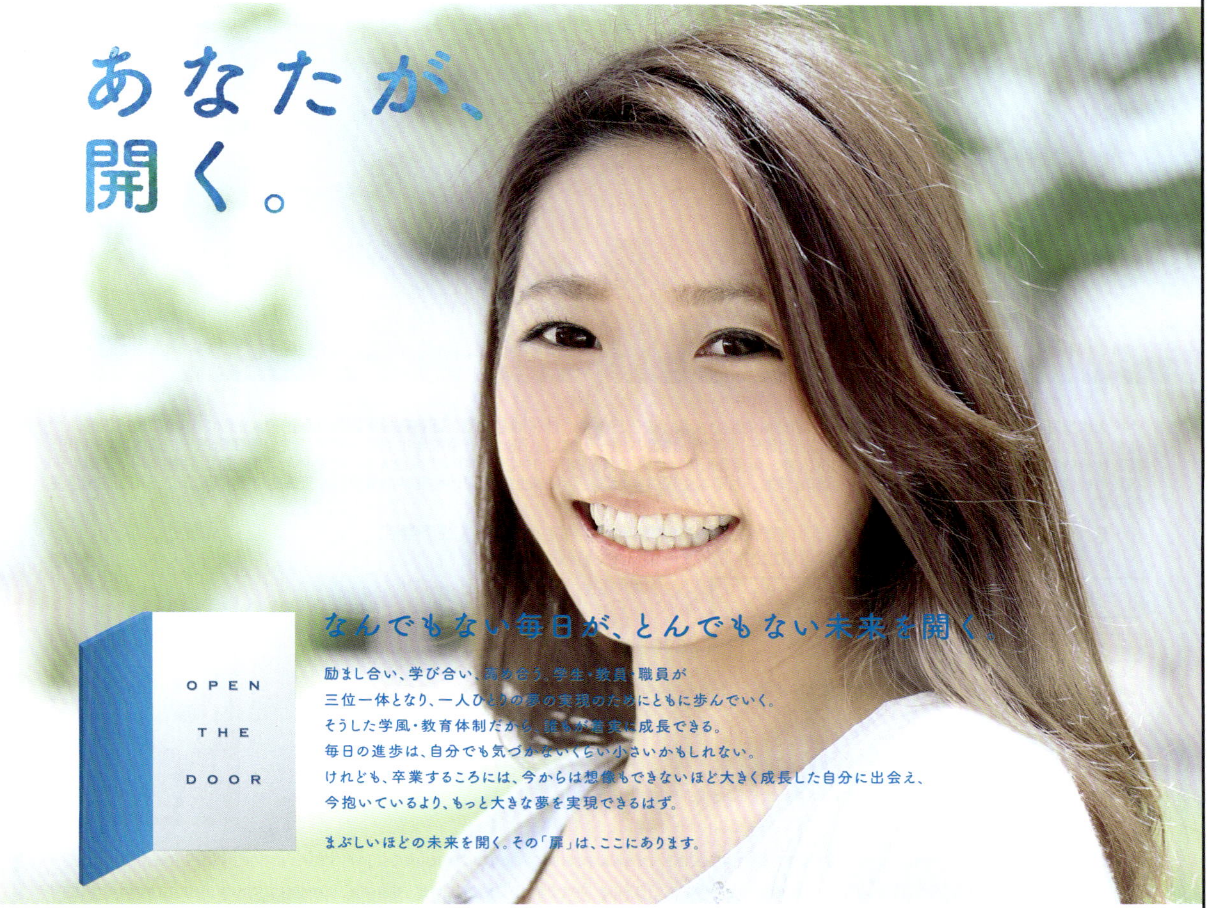

あなたが、開く。

なんでもない毎日が、とんでもない未来を開く。

励まし合い、学び合い、high合う、学生・教員・職員が
三位一体となり、一人ひとりの夢の実現のためにともに歩んでいく。
そうした学風・教育体制だから、誰もが確実に成長できる。
毎日の進歩は、自分でも気づかないくらい小さいかもしれない。
けれども、卒業するころには、今からは想像もできないほど大きく成長した自分に出会え、
今抱いているより、もっと大きな夢を実現できるはず。

まぶしいほどの未来を開く。その「扉」は、ここにあります。

[大学的特征]
岐阜圣德学园大学是以"佛教精神作为基本方针进行学校教育"为目的，在昭和47年4月设立。净土真宗的宗祖，亲鸾圣人将地位相当于日本教主的圣德太子"以和为贵"的圣句作为其象征，希望自己可以形成拥有"平等""宽容""利他"的大乘佛教精神的人格。

[JPUE参加学院] 外语学院 / 经济信息学院

| 学生数 / 2,733人 | 留学生数 / 1人 |

首年度学费 116万日元

奖学金 无

[留学生学费减免信息]
虽然没有大学设置的奖学金制度，但是每年的学费都会比日本学生少20万日元。

[学校内部支援]
国际交流科会解决留学生的问题。

[宿舍信息]
有 / 单间公寓的大学指定宿舍。虽然是针对日本学生的宿舍，但也可以接收留学生。

[一个月大约的生活费（住宿费除外）] 65,000日元

[就业支援]
求职科会进行辅导

中京大学

名古屋校区：爱知县名古屋市昭和区八事本町101-2
丰田校区：爱知县丰田市贝津床立101

[大学的特征]

中京大学是国内少数的拥有11学院18学科11研究科的综合大学，位于日本中心地区的名古屋。拥有在日本国内顶级的充实的学习环境和先进设施。有名古屋校区和丰田校区两大校区，学生社团活动等开展活跃，也是本校一大魅力。深度剖析每位学生的资质和可能性，旨在培养学生成为能够活跃在国际社会的教养好、学识深厚、有实践能力的人才。只有在汇聚了多彩个性的拥有11学院18学科的综合大学，才能体验丰富的国际性的学习，发现新的自我可能性和光辉的未来。本校积极招收外国留学生，为留学生提供学习、生活和毕业去向面谈等各种细致支持，还举办丰富的国际交流和面向留学生的活动。

[JPUE参加学院]

国际英语学院 / 国际教养学院 / 文学院 / 心理学院 / 法学院 / 经济学院
综合政策学院 / 现代社会学院 / 工学院 / 经营学院 / 体育科学院

学生数 / 12,860人	留学生数 / 87人

首年度学费	减免后金额 经营学院：102万1,600日元 工学院：127万2,600日元
奖 学 金	有（外国留学生学费减免：4年学费的30%）

[留学生学费减免信息]

【外国留学生学费减免】：中京大学为了减轻外国留学生的学费负担，鼓励学习，特减免4年内学费的30%。
【外国留学生奖学金】：针对中京大学的外国留学生，为支持其修读，特此发放奖学金。
关于日本学生支援机构和各民间团体的校外奖学金，大学会甄选符合相应条件的学生进行推荐。

[学校内部支援]

本校的国际中心是大学的国际交流业务窗口，也是留学生在留日资格、学习生活等方面遇到困难时提供咨询的窗口。因职员中有会英语和中文的人，留学生们可以安心在舒适环境中享受生活。
【留日资格支援】：提供新留学生（海外居住者、日本国内）的留日资格"留学签证"代理申请，在读留学生留日资格更新申请、变更申请，资格外活动许可申请（希望打工的学生）等留日资格相关的各种申请手续。
【学习（日语支援等）】：国际中心为了提高留日学生的日语能力，建立学习伙伴制度，日本学生将为留学生提供日语学习帮助。
【生活支援】：为申请入住国际留学生会馆相关的手续、生活方面的交流、打工等提供帮助。
【举办国际交流活动】：为留学生提供学习、生活和毕业去向面谈等各种细致支持，举办丰富的国际交流和面向留学生的活动。定期举行面向留 学生的校内外活动。例如：新生指导欢迎会、茶话会、七夕会等。
【其他】此外，大学内学生交流中心还有面谈老师、心理咨询师（临床心理士）、精神科医师为学生提供心理辅导。帮助留学生克服身心烦恼、文化冲击、日常生活等烦恼。

[宿舍信息]

无。本校学生支援科根据留学生希望，提供公寓、公馆、出租公寓的介绍信息。快速、正确地介绍适合学习的环境中最佳条件的住所，关于手续等信息，将为学生提供详尽的说明和建议，令人放心。此外，国际中心处还提供"国际留学生会馆"入住申请的帮助。

[一个月大约的生活费（住宿费除外）]

43,000日元~平均例：光热费（电·气·水）10,000日元、通信费8,000日元、餐费25,000日元

[就业支援]

● 职业生涯支援科提供的就业支援，帮助学生了解自身现状和可能性开展"就业指导""主题求职活动对策讲座""求职活动对策研讨会"等。通过充实的学习环境和有力的职业生涯支援，在日本国内享有高就业率。

● 帮助希望在日本就业的留学生，深度剖析每一位留学生的可能性，从简历书写、面试、自我分析、业界分析到决定去向的全程提供细致的帮助。例如，修正留学生的日语，特别是向企业提交的重要的简历写法（细微到助词使用的指导）、单独面试、团体面试的应对、练习指导、SPI考试对策、PR建议、自我分析、业界分析等。

[就职单位（领域·企业实际情况）]

毕业生每年都能从各种行业中脱颖而出从优良企业获得就业机会，我们的所有学院都保持着高就业率。
2017年3月的就业率为98.4%。 根据希望在日本就业的留学生的要求，我们会基于最大的帮助。留学生在毕业后会选择去日本知名企业就业，或是前往本大学或其他大学的研究生院深造，抑或是归国。

[毕业生的主要就业方向]

【制造、运输、通信业】东日本旅客铁道株式会社、西浓运输株式会社、株式会社加藤制作所、制造·运输·通信业：东日本旅客铁道株式会社、株式会社、株式会社加藤製作所、ID Creat、AVEX 株式会社。
【批发、零售业、饮食店】株式会社YODOBASHI、株式会社TUTUANNA、株式会社IVY、株式会社NEXTAGE、株式会社吉德。
【服务业】株式会社NSD、株式会社BENEFIT ONE、有限会社YLPROPOSAL、INSPUR 浪潮。
【金融、保险业】韩国证交所等。

[毕业去向（留学生）]

日本国内就职 50%	回国 42.5%	升学 7.5%

经营学院3年生
赵 巾莹（中国）
（ZHAO JINYING）

在中京大学每天都过着充实又快乐的日子！
因为憧憬着经营公司的父亲，就想要去日本学习经营学。一边在网上调查着资料，一边高中的老师也在推荐各种学校，最后我选择了拥有经营学院并且有高水平学习环境的中京大学。
中京大学坐落于我最喜欢的名古屋，地铁出入口直通校园，交通非常便利也是吸引我的一点。在中京大学的经营学院里，除了学习经营学的基础知识外，也能学习到商务英语等异文化的知识。上课时使用的专业术语虽然很难，但是老师会尽职尽责，当我提出问题的时候老师会考虑我是留学生，而讲得非常容易理解。
在大一的时候有一次经营学院合宿，在那里认识了很多的日本朋友。从以前我就很喜欢咖啡，将来在中国能经营自己的咖啡店是我的梦想。我将认真学习，灵活运用从中京大学里学到的知识，来实现我的梦想。

京都外国语大学

〒615-8558 京都市右京区西院笠目町6

[大学的特征]
在日本的古都京都的正中间感受日本文化,学习知识的最好位置。
从世界各国接收留学生,感受多样文化和语言,培养能在国际社会做贡献的人才。
不仅是外语的学习,还能学习国际关系和商务,积极参与实习和志愿者活动。

[JPUE参加学院]　国际贡献学院 / 外国语学院

学生数 / 4,246人　　留学生数 / 211人

[首年度学费]　144万日元（2017年度统计）　※国际贡献学院的第一年学费未定

[奖 学 金]　有

[留学生学费减免信息]
详情请至官网
https://www.kufs.ac.jp/en/faculties/scholarship.html参阅。

[学校内部支援]
京都外国语大学有着许多留学生，我们为了留学生设置了专门的
接待窗口，让留学生活更安心。

[宿舍信息]
面向留学生的学生宿舍 / 有
也可以介绍合作的学生宿舍

[一个月大约的生活费（住宿费除外）] 约10万日元

[就业支援]
关于留学生在日本国内就业的指导，与别的大学相比较，有更多
的实例。对于留学生的优势和弱势非常了解，能够起到更有效的
作用。

[毕业去向（留学生）]

日本国内就职 41%　升学 15%　回国 10%　其他 34%

2017年4月入学
外国语学院　国际教养学科
杨 骏灏（香港）

　　完成课程后，有些学校需要进行最终面试，而我的大学是其中一所不需要面试的。尽管如此，JPUE 也为我们提供了面试对策课程，有老师教我们面试技巧。大多的学校都是日语面试，但也有同学用英语面试的。JPUE也没有因为我们是少数便放弃我们，为我们提供了英语的面试课程。在提交入学资料的时候，我们要写1000字左右的入学目标等的文章，老师们逐一为我们修改语法用字，非常细心。

　　我是京都外国语大学国际教养学科的学生。来京都之前，一开始打算自己在外面租房屋，但没有担保人等的问题挺困扰。但大学的职员联络我，说学校有宿舍提供，比自己去找房子更便宜及安全，解决我燃眉之急。学校还特意安排前辈带你去宿舍并介绍校园。除此之外，前辈还会办一些欢迎会，所有外国人都会出席，甚是开心。日本不太好的话，上课会有点困难。但因为我是国际教养科，英语授课较多，而且也有外国老师，上课不用担心。所有学生需要学第二外语，但因为我是外国人，所以可以选修日语课程。

流通科学大学

〒651-2188　神户市西区学园西町3丁目1番

[大学的特征]
流通科学大学是被称为"流通王"的DAIEI创始人中内功氏所创立的。因为有着这方面的关系，所以本校会定期邀请日本一流企业的社长来我校做经营方面的讲座。可以从中获得许多日式经营理念的知识。被世界所影响的海港城市"神户"，在世界上也是一座享有美誉的城市。

[JPUE参加学院]　商学院 / 经济学院 / 人间社会学院

学生数 / 3,416人	留学生数 / 420人

首年度学费	795,140日元
奖　学　金	有

[留学生学费减免信息]
只要修满所规定的学分，一直到四年级为止，每年可以获得231,000日元的授课费减免。对于成绩及修得学分特别出众者，给予至四年级为止每年636,000日元的授课费减免。
除了免除授课费30%以外，还会授予新入生"WELCOME to KOBE"（神户欢迎你）奖学金（相当于学杂费（30万日元））。

[学校内部支援]
"留学生支援科"，作为接待留学生的专门部门，有常驻的工作人员。
无论是怎样的问题都可以一一应对。

[宿舍信息]
无 / 预计2018年春天竣工。

[一个月大约的生活费（住宿费除外）]　60,000日元

[就业支援]
为留学生介绍在日本企业的实习机会。举办针对留学生的指导会。对在日本的求职过程中所需的面试礼仪做说明会，对留学生每一个人进行培训，做出贴合个人的指导。

[就职单位（领域或企业实际情况）]
旅游业（旅游公司、旅馆等）、婚庆业、系统工程、翻译相关企业、创业、商社、超市店长、贸易公司

[毕业去向（留学生）]

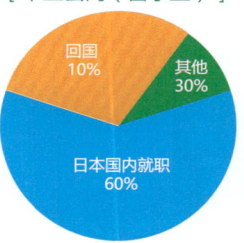

回国 10%
其他 30%
日本国内就职 60%

福山大学

〒729-0292　广岛县福山市学园町1番地三藏

[大学的特征]
在中国地方规模最大的综合私立大学。
就业率每年都接近100%，从大一开始就提供各种各样的就业支援。
另外，在毕业后，学子想要去日本、海外等一流大学的研究生院的话，也能提供各种方面的支援。

[JPUE参加学院]
经济学院 / 人间文化学院 / 工学院 / 生命工学院 / 药学院

学生数 / 3,565人	留学生数 / 115人

首年度学费
学杂费165,000日元、校友会会费5,000日元、经济学院·人间文化学院学费640,000日元、工学院学费848,000日元

奖学金
有

[留学生学费减免信息]
学杂费半额减免，学费20%减免（上述价格均为减免后的价格）/第二年以后成绩优秀者可得到学费全额或半额见面。
有很多种由文部科学省、广岛国际中心以及各种财团法人设置的奖学金。

[学校内部支援]
抵达日本的时候我们会去机场迎接。国际中心和国际交流科会对留学生的学习、生活进行支援。
另外，我们还会组织各种针对留学生的活动，让留学生活更为充实。无论是谁都能马上融入这里的生活，并且交到很多朋友吧。

[宿舍信息]
不论男生女生，大学都会介绍公寓房间（包含家具、家电、日常用品）。入住的手续都会由大学职员陪同完成。

[一个月大约的生活费（住宿费除外）]
平均月额　35,000日元

[就业支援]
就业科、班主任、广岛县留学生支援中心

[就职单位（领域·企业实际情况）]
资生堂贩卖（株）、（株）BIC CAMERA、三菱自动车引擎（株）、瑞穗银行、三菱UFJ银行（广州）、全日空（北京）、IBM国际商业机器公司（中国）、中国的银行及大学等

[毕业去向（留学生）]
日本国内就职	升学	回国	其他
31%	25%	38%	6%

2017年4月入学
经济学院
国际经济专业
黄郁茹

我是黄郁茹，去年参加了JPUE（日本大学联合学力测试），去年8月开始参加JPUE留学前教育，开始学习日语。刚开始完全不会，直到现在已培养出听说读写的能力，也正式合格进入广岛福山大学。
到日本已经快一个月了，也欣赏到了日本最有名的樱花，真的很漂亮。目前大学生活都很顺利，宿舍离商超、巴士站、银行都非常近，生活设施很好。原本担心同学都是日本人会比较无法融入，但是同学们都很好相处，而且意外地有很多留学生，大家一起上日语课，加强日语，感情变得很好。
真的很庆幸有参加这次JPUE考试，才圆了我到日本留学的梦想。

Frontier 宇部开拓者大学

山口县宇部市文京台2-1-1

[大学特征]

福祉心理学科的特征用一句话概括的话，"从研讨小组开始，在研讨小结束"。在升入大学后遇到的不安、在大学生活中遇到的困难、对将来不安定因素的不安、决定今后打算时的无助等，在碰到各种各样类似问题时，研讨小组都会成为解决这些问题的一个突破口。在一年级时是"基础研讨小组"，二年级和三年级的主题是"综合演习"，到四年级是"毕业研究小组"，这就是研讨小组的特色。另一个特色是，"可以从各种不同的视角体验大学生活"。新的教学大纲中除了研讨小组外，不设置必修科目。选择符合自己发展目标的科目，并取得各式各样的资格证书。另外还可以升入心理方面的研究生院（取得临床心理士、公认心理师资格）。如果把申请认定心理士定为目标的话，以教育为中心的学习也成为可能。就像这样，可以选择适合自己的各种学习方式。心理学课程是以培养心理方面专家为目的的，拥有目前日本国内唯一的"精神科、心疗内科文京诊所"（医院），并有3名精神科医生和其他教师在职。由具有丰富经验的教授团队执教，培养出活跃在医疗、福祉、教育、司法、产业等领域的众多人才。

■ 人间社会学院（福祉心理学科）

学生数 / 458人	留学生数 / 6人

首年学费	学费535,660日元	奖学金	有

针对外国留学生学杂费100%免除，授课费·设施设备费·实验实习费50%减免。

有米山奖学金、自费外国留学生学习奖励金等。（存在校内选拔考核。）

[校内支援]
提供寝具、自行车。有留学生支援室。

[辅导员（专属工作人员）制度]
有

[日语学习支援]
介绍合作的学生公寓。
租金约30,000日元/月。

[一个月的生活费（不含住宿费）]
3～5万日元

[就业支援]
有

[就业方向（领域与企业实绩）]
【医疗·福祉机构】社会福祉法人アスワン山荘·社会福祉法人光栄会·社会福祉法人三幸福祉会·社会福祉法人萩市社会福祉事業団·社会福祉法人広島県同胞援護財団·社会福祉法人扶老会·社会福祉法人防府市社会福祉事業団·社会福祉法人大和福祉会など
【一般企業】IBM上海、宇部電子無錫支社、シャープ上海支店、KDDI中国天津事務所、青岛铁道局、UMG ABS株式会社、株式会社CKK、株式会社SIS、太陽家具、安本樹脂、山陽鉄鋼、宇部スチールなど

宇都宫共和大学

〒320-0811 栃木县宇都宫市大道1丁目3番18号

学生数 / 376人　留学生数/ 20人

[大学的特征]
相邻：从栃木县宇都宫市乘坐ＪＲ东北新干线到东京仅需50分钟。宇都宫共和大学宇都宫校区，从ＪＲ宇都宫站步行仅需6分钟。
亲切：以少人数教学拉近学生与老师及其他教员之间的距离，做到耐心指导。

[JPUE参加学院]
城市生活学院

[就业支援]
●在一年级的课程中插入学习面试所必须具备的交流能力。让学生生活得更有意义也会对就业产生重要的影响。在二年级的时候，为了让求职过程变得更加主动，逐渐提供作为社会人需要具备的培养"工作动力"的机会。在正式求职临近的第三年，举办对求职面试有帮助的讲座，通过实践消除对挑战的不安情绪。四年级的时候会进行个别面谈，对取得公司内定进行辅导。

首年度学费 830,000日元　**奖学金** 有

[留学生学费减免信息]
针对外国留学生的奖学金制度：对学业和品德优秀的，有着经济上困难难以独立完成留学的自费外国人进行发放。
钻石奖学金：对于每个学年在指定的科目取得优秀成绩的学生，给予下一个学年授课费全免或半免。
知识力奖学金：英语、信息处理、簿记、税理师、会计师、宅地建筑物销售师、金融计划师等资格考试所需的考试申请费由大学支付。

[宿舍信息]
有 对于一年级申请人，可以免费使用一年（2 人一室）。但是，光热费、水道费、餐饮费等由个人负担，学生宿舍的用品损坏时的修理费也由学生负担。另外，入住时所产生的各种费用共20000日元（火灾保险费5000日元、搬出时的清扫费15000日元）需要缴纳。

千叶商科大学

校区：千叶县市川市国府台1-3-1

学生数 / 5,913人　留学生数/ 86人

[大学的特征]
敢于尝试的学习方式。
于社会有用的学习。

商业思考
联系地区
对人类和社会做出贡献

人间社会学院培养"能够通过商务、工作创造出人类宜居社会的人才"。

[JPUE参加学院]
人间社会学院（人间社会学科）

首年度学费 1,149,860日元（2017年度考生实际情况）
奖学金 有

[留学生学费减免信息]
自费外国留学生学费减免制度

[学校内部支援]
国际中心负责

[就业支援]
●开展针对留学生的就业指导和校内协议企业研讨会

昭和女子大学

世田谷校区：东京都世田谷区太子堂1-7-57

学生数 / 5,500人　留学生数/87人

[大学的特征]
昭和女子大学位于乘坐电车至新宿20分钟，至涩谷仅需5分钟的东京中心地带。校区包含了研究生院、附属中学以及英式学校，保持着多元化元素。在"化为引领世界之光"的办学理念精神引导下，努力培养能在国际社会担当重要职责的女性。

[JPUE参加学院]
人间文化学院 / 人间社会学院 / 生活科学院 / 国际商务学院 / 国际学院

[就业支援]
●在为就业提供帮助的就业支援中心配置了专为留学生辅导的职员。对于希望在日本国内就业的留学生进行学科、就业支援中心、国际交流科三方面的联手支援。

首年度学费 1,350,000日元～1,458,000日元　**奖学金** 有

[留学生学费减免信息]
①授课费减免制度：最多减免一年授课费的30%
②外国留学生支援奖学金：满足一定的成绩要求和出席率标准时，给予每月2万或3万日元

[学校内部支援]
除了正规课程的日语课程以外，还有日语导师（日语教师）提供课外的辅导，日语会话 伙伴（学生）也会帮助增进会话能力。每年都有20次左右与日本学生的交流活动。

[宿舍信息]
有。从大学校区徒步3分钟的"昭和学生会馆""昭和国际公寓"。另外，还有在大学周边经营的学生宿舍。

樱美林大学

町田校区：〒194-0294 东京都町田市常盘町3758

学生数/ 8,787人　留学生数/375人

[大学的特征]
国际化交流学群需求的人才 高超的语言能力，国际社会通用的交流能力，富有创造性的思考力，以及解决问题的策划能力和执行力，超越国界和文化，在全球活跃的领导能力。

[JPUE参加学院]
国际化交流学群

[就业支援]
●以"职业开发中心"（CADAC）为主，对每个学生将来的计划（职业规划）做辅导，对毕业后各种出路提建议。
●三年级秋季开班会为所有学生配备求职导师，对个人的发展进行密切的跟踪。

首年度学费 1,314,000日元　**奖学金** 无

[学校内部支援]
国际中心会在学生的学习和生活方面给予支持。

[宿舍信息]
有 / 留学生和日本学生共同的寝室国际宿舍和第二国际宿舍。

桐荫横滨大学

〒225-8503 神奈川县横滨市青叶区铁町1614

学生数/ 2,257人　　留学生数/ 4人

[大学的特征]
"小班化"和"实践性教育"。老师学生都必须要抱有平等的意识,作为同伴一起追求"专门"的相关知识。重视"对话"和"协作",以深化老师和学生之间感情的交流为基础,向有真正价值的教育而努力。

[JPUE参加学院]
法学院

[就业支援]
● 求职讲座、校企联合讲座、实习、面试、考试、材料准备对应

首年度学费　1,212,260日元　　奖学金　有

[留学生学费减免信息]
①各个学院从一年级下半学期开始到三年纪上半学期（法学院为一年级上半学期到二年级下半学期）为止的两年时间内,对于成绩优秀的学生以学院、学科为单位进行选拔,给予相当于每个学期应支付的授课费相当的奖学金。
※由学院、学科决定。发放的奖学金无需返还。
②日本学生支援机构奖学金：对于经济困难但成绩优秀的学生,给予借贷奖学金制度。奖学金借贷结束后,必须进行偿还。
※奖学金有着不同种类,相对应不同的借贷金额、借贷期限、借贷条件。
③地方公共团体、民间育英团体等的奖学金：如各团体给出相应的条件,会在学生部的公告栏展示。
※借贷条件和审查方法等,都会因团体的不同而不同,请至学生部确认。

[宿舍信息]
无 / 介绍合作的宿舍或附近的公寓。

人间环境大学

爱知县冈崎市本宿町上三本松6-2

学生数/ 468人　　留学生数/ 7人

[大学的特征]
人间环境大学是为了创造生命、心灵、环境的美好未来,创建了学习知识和技能,并且能培养自我主观意识的场所。面对人类的心灵,能在身心健康上给予支撑的"心理学",运用科学和经济的力量让地球生态系统继续维持下去的"环境科学",这就是人间环境大学人类环境学院4年里所学的知识。在本校学习能扩展你自身的可能性,能拥有打开未来大门的力量。

[JPUE参加学院]
人类环境学院

[就业支援]
● 针对留学生的求职讲解每年都会举行。

首年度学费　人间环境学院　心理学科93万日元　环境科学科98万日元

奖学金　有

[留学生学费减免信息]
二年级以后也能享受作为"外国留学生"的授课费50%减免。

[学校内部支援]
为了能对应还不习惯的日语和生活文化方面的问题,我们为留学生提供必要的信息和帮助。另外,我们每年都会组织留学生之间以及与日本留学生的交流。

[宿舍信息]
没有学生宿舍, 但是会介绍一些民间的租房中介。在LEOPALACE 签约的话, 大学会给每月15000日元的租房津贴, 持续4年。在冈崎市可以租到每月2万日元左右的房子, 非常划算。

中部学院大学

关校区：岐阜县关市桐丘2-1
各务原校区：岐阜县各务原市那加绯田町30-1

学生数/ 1,805人　　留学生数/ 44人

[大学的特征]
本学校由在福祉、护理、教育、体育的领域中拥有经验丰富的教授进行授课,并提供安全的生活环境,有利于学习社会福祉、地域贡献等相关知识。学校拥有充实的奖学金能让学生在经济上得到帮助,并且对学完日语后希望在日本就业的学生伸出援助之手。

[JPUE参加学院]
人类福祉学院/ 教育学院/ 运动健康学院/ 短期大学部

[就业支援]
● 就业支援中心内设置留学生角

首年度学费　971,000日元

奖学金　有

[留学生学费减免信息]
奖学金、有减免 / 第二年以后原则上持续。但是,需要申请。
授课费：减免35% / 学习辅助：每月5,000日元～10,000日元 / 住房辅助：8,000日元 / N1合格：10,000日元

[学校内部支援]
设置留学生中心。

[宿舍信息]
介绍优良的公寓房间

宫崎国际大学

宫崎县宫崎市清武町加纳丙1415番地

学生数/ 373人　　留学生数/ 4人

[大学的特征]
全部由英语授课。人文科学综合教育都通过英语教学,一个班级大约20人,少人数授课。是以努力参与学习为宗旨的参与型授课。大二后半学期将会有16周左右的海外研修的必修课程。

[JPUE参加学院]
国际教养学院

[就业支援]
● 就业支援部

首年度学费　1,300,000日元

奖学金　有

[留学生学费减免信息]
外国留学生学杂费免除50% 100,000日元 / 成绩优秀的学生免除学费

[学校内部支援]
指导制度、学生支援部

2020年4月入学　日本大学联合学力测试　年度日程表

考场			中国（大陆）	中国（香港）	中国（台湾）	菲律宾	马来西亚
考试名称			2020年4月入学 日本大学联合学力测试				
报名资格			2020年3月31日年满18岁且完成12年基础教育				2021年3月31日年满18岁 在2019年12月末完成11年基础教育※1
第一期	报名时间	前期	2018年8月20日~2018年10月1日				
		后期	2018年10月6日~2018年11月30日				
	笔试	I型	2018年12月8日				
		II型 ※举行两天	2018年12月8日、9日				
	面试	I型	2018年12月22日	2018年12月15日	2018年12月16日	2018年12月23日	2018年12月23日
		II型	2018年12月22日 2018年12月23日	2018年12月15日	2018年12月16日	2018年12月23日	2018年12月23日
	合格发表		2019年1月17日				
第二期	报名时间	前期	2019年1月1日~2019年2月25日				
		后期	2019年3月1日~2019年4月30日				
	笔试	I型	2019年5月11日				
		II型 ※举行两天	2019年5月11日、12日				
	面试	I型	2019年5月19日	2019年5月18日	2019年5月25日	2019年5月26日	2019年5月26日
		II型 ※举行两天	2019年5月19日	2019年5月18日	2019年5月25日	2019年5月26日	2019年5月26日
	合格发表		2019年5月31日				
第三期	报名时间	前期	2019年5月1日~2019年6月3日				
		后期	2019年6月8日~2019年7月15日				
	笔试	I型	2019年7月20日				
		II型 ※举行两天	2019年7月20日、21日				
	面试	I型	2019年7月26日	2019年7月27日	2019年7月28日	2019年7月29日	2019年7月29日
		II型 ※举行两天	2019年7月26日	2019年7月27日	2019年7月28日	2019年7月29日	2019年7月29日
	合格发表		2019年8月2日				
备考			■无论哪个考场如何报名人数增多的话，【I型】的面试时间会在原有日程前后追加面试天数。 ■根据报名种类考试天数有区别。 ■存在因前期报名名额满，而不进行后期报名的情况。 ※1 马来西亚（第二期、第三期）报名资格如下： 在2021年3月31日之前达到18岁。在2019年12月前完成11年基础教育。但是留学时间为2020年4月。				
参加大学			下列大学为历届参加大学。参加大学会根据每一期有所变更，详情请至官方网站确认。				
	国立		千叶大学、香川大学、山形大学				
	私立		宇都宫共和大学、樱美林大学、关东学院大学、杏林大学、京都外国语大学、岐阜圣德学园大学、国际基督教大学（ICU）、札幌学院大学、芝浦工业大学、昭和女子大学、女子美术大学、成蹊大学、千叶商科大学、中京大学、中部学院大学、帝京大学、帝京短期大学、数字好莱坞大学、东京工艺大学、东京情报大学、东京福祉大学、桐荫横滨大学、武藏野大学、人间环境大学、广岛经济大学、福山大学、福冈女学院大学、宫崎国际大学、明治学院大学、流通科学大学、札幌学院大学、宇部开拓者大学、文星艺术大学、淑德大学、星搓道都大学、				

我们具体地来探讨下在大学能学到什么

"有哪些专业呢？""想从事某种工作该进哪个学院呢？"应该很多人有这样的疑问。这里，我们将从"能学到的知识"和"职业"角度出发来探讨学科吧。这样大家就能渐渐看清适合自己学习的学科专业。

> "在大学能学到的学科专业"非常多。我们在这里把代表性的专业分成 8 大块介绍给大家。请大家去深入查寻自己喜欢、感兴趣的学科专业。

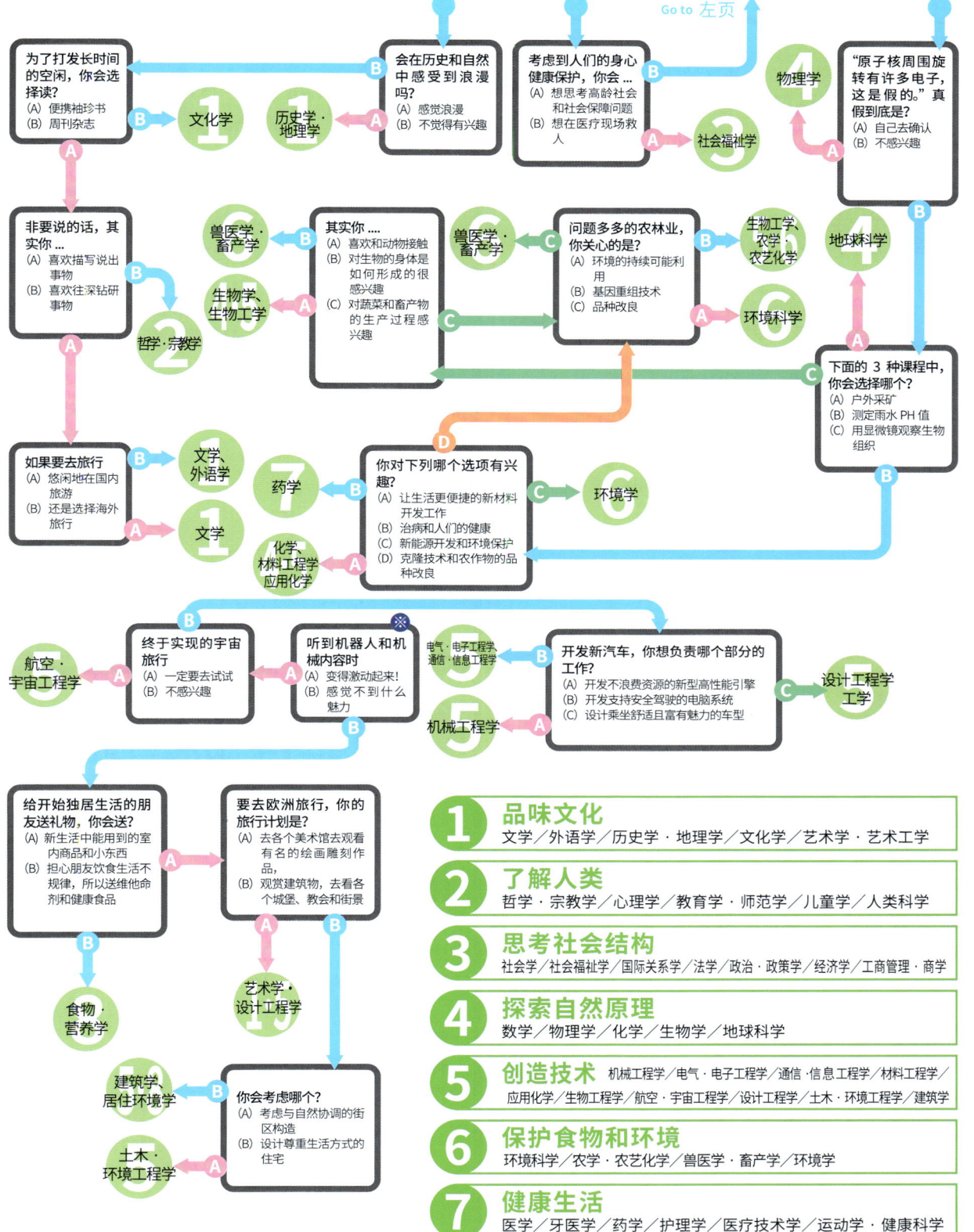

★详情可扫描二维码进行了解！

1 品味 文化

文 语 艺

- **文学** 通过文学探索人类的本质
- **外语学** 以外语能力为基础，力争成为"真正的国际人"
- **历史学 · 地理学** 立体再现当时的社会
- **文化学** 从正面捕捉"文化"
- **艺术学 · 艺术工学** 作为艺术表现者来锻炼自己

2 了解 人类

教 心 综

- **哲学 · 宗教学** 系统学习理论，整合自己的想法
- **心理学** 科学地研究心理变化
- **教育学 · 师范学** 学习教育本质的教育学和以教师为目标的教师培养体系
- **儿童学** 科学地分析儿童
- **人类科学** 对"人"进行综合研究

5 创造 技术

工

- **机械工程学** 支撑工程学基础的机械工程学
- **电气 · 电子工程学** 研究电子的利用方法
- **航空 · 宇宙工程学** 工科的骄子、宇宙工程学
- **通信 · 信息工程学** 担负IT发展的重任
- **应用化学** 改革产业界的化学技术
- **生物工程学** 将生物功能运用在工程上
- **土木 · 环境工程学** 创造安全舒适的城市
- **建筑学** 科学与艺术的结合
- **设计工程学** 为了创造出便捷、环保的产品
- **材料工程学** 创造引领技术革新的新素材

6 保护 食物 和 环境

农 综

- **环境科学** 从各个角度研究"环境"
- **农学 · 农艺化学** 随着生物技术的发展，研究领域趋向多样化
- **兽医学 · 畜产学** 通过人与动物的关系学习生命科学
- **环境学** 立志成为环境问题的专家

3 思考社会结构

社 法 经 国

社会学
丰富多彩的研究对象和研究方法

社会福祉学
理论、实践双攻

法学
法学不仅仅属于法律专家

国际关系学
从各种角度分析国际社会

政治・政策学
发现并解决现代社会的各种问题

经济学
理解经济学理论，分析经济现象

工商管理・商学
以实际经济活动现场为学习对象

4 探索自然原理

理

数学
拥有悠久历史并活跃成长的学问

物理学
探索自然科学法则的物理学

化学
通过实验亲身体验物质的性质

地球科学
大规模地研究地球

生物学
研究对象小至微生物大到人类

7 健康生活

综 医 护

医学
需要高水平的知识与高度的伦理观

牙医学
承担日趋重要的口腔医疗工作

药学
培养医药专家

医疗技术学
成为多领域的医疗专家

护理学
成为能让病人精神有所寄托的护理人员

运动学・健康科学
科学研究体育与健康

8 创造更美好生活

生

居住环境学
追求优越的居住空间和居住环境

生活科学
广阔的研究领域充满魅力

服装设计学
综合地研究时尚

食物・营养学
成为饮食方面的专家

各大学学费以及留学生政策一览表

大学名	主校区位置	学生人数	留学生人数	第一年缴纳金额（最低学院）	第一年缴纳金额（最高学院）	留学生费用减免信息	留学生奖学金	学校内部支援	日语课程	导师制	国际学生就业支持	学生宿舍
中京大学	爱知县	12,860	87	1,021,600	1,272,600	有	有	有	有	有	有	无
千叶大学	千叶县	10,702	194	817,800	-	有	无	有	有	无	有	有
宇都宫共和大学	栃木县	376	20	1,100,000	-	有	无	有	有	无	有	有
成蹊大学	东京都	7,818	2	1,235,000	1,680,000	有	有	有	有	有	有	有
帝京大学	东京都	22,727	386	1,179,000	1,571,000	有	有	有	无	有	有	有
明治学院大学	东京都	12,441	184	1,278,100	1,278,100	有	有	有	有	有	有	有
女子美术大学	东京都	2,926	110	1,034,620	1,735,430	有	有	有	无	无	有	有
数字好莱坞大学	东京都	1,121	362	1,528,000	-	有	有	无	有	有	有	无
武藏野大学	东京都	8,000	500	1,128,600	1,466,600	有	有	有	有	有	有	有
樱美林大学	东京都	8,787	375	1,314,000	1,514,000	有	有	有	有	有	有	有
芝浦工业大学	东京都	8,383	1,423	1,732,160	1,732,160	有	有	有	无	有	有	有
桐荫横滨大学	神奈川县	2,257	4	1,212,260	-	有	无	无	无	无	有	无
人间环境大学	爱知县	468	7	1,321,460	1,371,460	有	有	无	无	无	有	无
岐阜圣德学园大学	岐阜县	2,733	1	1,420,000	1,420,000	有	无	有	有	有	有	有
中部学院大学	岐阜县	1,805	44	1,380,500	1,381,500	有	有	有	有	无	有	无
京都外国语大学	京都府	4,541	89	1,440,000	1,440,000	有（有条件）	有（有条件）	有	有	有	有	有
流通科学大学	兵库县	3,160	274	1,326,140	1,326,140	有	有	有	无	有	有	有
福山大学	广岛县	3,208	105	1,155,000	1,415,000	有	有	有	有	有	有	无
札幌学院大学	北海道	2,226	25	1,062,000	1,066,000	有	有	有	有	有	有	有
国际基督教大学	东京都	3,027	252	1,431,000	1,431,000	有	有	有	有	有	有	有
星槎道都大学	北海道	807	55	1,230,660	1,580,660	有	有	有	有	有	有	无
文星艺术大学	栃木县	257	10	1,717,660	-	无	无	无	无	有	有	无
宇部开拓者大学	山口县	660	6	1,275,660	1,275,660	有	有	有	有	有	有	无
淑德大学	千叶县	4,719	25	1,261,160	1,461,230	有	有	有	无	无	有	有（有条件）
昭和女子大学	东京都	5,558	87	1,351,000	1,458,000	有	有	有	有	有	有	有
宫崎国际大学	宫崎县	373	4	1,300,000	1,300,000	有	有	有	有	无	有	无
千叶商科大学	千叶县	6,236	86	1,149,860	1,349,860	有	有	有	有	有	有	无

各大学院分类表

	文科									理科						
	1	2	3	4	5	6	7	8	9	10	11	12	13	14	15	16
	文	心	语	教	艺	法	经	社	国	生	理	工	农	综	医	护
志愿院系	文学·历史·文化	心理学	语言学	教师培养·教育学	艺术·CG·动画	法学·政治学	经济·工商管理·商学	社会学·福祉学	国际关系学	生活科学	理学	工学	农·水产学	综合科学	医学·牙医学·药学	护理·保健·福祉
中京大学			○				○		○		○			○		
千叶大学											○					
宇都宫共和大学	○					○	○	○								
成蹊大学	○					○	○	○			○			○		
帝京大学	○	○	○	○			○							○		
明治学院大学	○	○	○			○	○	○	○							
女子美术大学					○											
数字好莱坞大学					○									○	○	
武藏野大学	○		○			○	○	○						○		
樱美林大学				○					○							
芝浦工业大学												○	○			
桐荫横滨大学						○	○									
人间环境大学		○						○		○	○	○	○	○		
岐阜圣德学园大学				○			○		○							
中部学院大学			○				○	○						○		
京都外国语大学				○			○	○	○							
流通科学大学			○				○	○	○							
福山大学		○	○	○			○			○						
札幌学院大学	○	○	○	○			○	○								
国际基督教大学	○	○	○	○	○	○	○	○	○							
星槎道都大学					○		○	○						○		
文星艺术大学					○											
宇部开拓者大学		○						○						○		
淑德大学	○			○			○	○								
昭和女子大学										○						
宫崎国际大学	○	○	○	○		○	○	○	○							
千叶商科大学							○	○								

一、「日本大学联合学力测试」

Q1：「日本大学联合学力测试」是怎么样的考试？
A：「日本大学联合学力测试」是为各地希望前往日本留学的学生举办的考试。通过这个考试可以直接取得日本大学的入学资格。

Q2：报名「日本大学联合学力测试」需要什么资格？
A：非日本国籍
2020 年 3 月 31 日前获得 12 年基础教育资格，以及大学入学资格，并且在 2020 年 3 月 31 日前年满 18 岁。
※高中学历＋大学等学历合计 12 年以上也能报名。

Q3：「日本大学联合学力测试」一年举办几次？
A：现在以 4 月留学为基准，将会在前年的 12 月、去年的 5 月和 7 月进行 3 次考试。

Q4：「日本大学联合学力测试」与「日本留学考试（EJU）」的区别？
A：按照以往留学日本的模式，参加「日本留学考试」后还要参加日本大学实施的「大学独立考试」，不仅要事先学好日语，还要接受以日本高中教育大纲为基础的课外辅导，对于在海外的学生来说，要想直接考入日本的大学难度可想而知。而日本大学联合学历测试不需要任何日语基础，仅用各地的母语就可以考试。另外，出题范围也是以各地高中的教育大纲为准，只要把目前所学的知识点掌握就可以获得高分。这是目前所有赴日读本科的途径中最为高效的一条途径。

二、考试科目、大纲

Q1：关于「日本大学联合学力测试」的考试科目
A：「日本大学联合学力测试」分为笔试和面试。笔试根据院系不同分为文科和理科。选择文科类院系时，需要参加英语和文科数学考试。选择理科类院系时，需要参加英语、理科数学、理科综合（物理、化学、生物中选择一科，个别大学需要选择两科）考试。
面试不分文、理科，由日本的大学教授到当地或者通过网络直接面试学生。

Q2：怎样选择「日本大学联合学力测试」的考试科目？
A：前往日本的大学想要学习什么，不同的院系对应文、理科分类，由此决定。注意，有一部分大学会指定考试科目。详情请查询 jpue.cn。

Q3：关于「日本大学联合学力测试」的笔试出题范围
A：基本是以各地高中教育大纲为准。详情请登入 jpue.cn 下载「日本大学联合学力测试」考试大纲进行确认。

Q4：关于「日本大学联合学力测试」的出题语言
A：「日本大学联合学力测试」的出题语言，所有科目均可在母语或英语中选择。不会日语的同学也可以参加考试。

Q5：「文科数学」和「理科数学」的区别
A：「文科数学」是以基础数学为主出题。与此相比，「理科数学」的出题范围更广，难度相对更高。

Q6：如何准备「日本大学联合学力测试」？
A：各考试科目的出题范围是依照各地高中的教育大纲出题的。详情请参照「出题范围」进行确认。只需做到把高中所学的知识进行巩固即可参加本考试。

三、报名

Q1：怎样报名「日本大学联合学力测试」？
A：「日本大学联合学力测试」的报名手续全面使用在线报名系统。请根据在线报名系统提示的步骤进行报名。关于如何使用在线报名系统，可登入 jpue.cn 下载「在线报名指南」进行确认。

Q2：除了在线报名外还有别的办法可以报名么？
A：自「2017 年度第一期」起线下报名一律取消。请从在线报名系统进行报名。

Q3：报名「日本大学联合学力测试」时需要哪些材料？
A：报名时所需要的材料请于 jpue.cn 确认。所有纸质材料均需扫描、上传至在线报名系统。详情可登入 jpue.cn 查询。

Q4：是不是在报名「日本大学联合学力测试」的时候选择将来想要学习的院系？
A：是的。选择将来想要学习的院系才能完成报名，所以在正式报名前请务必研究一下具体想要报考什么专业。关于各院系的详细信息请于想要去的大学主页查阅。

Q5：报名「日本大学联合学力测试」的时候能不能直接申请想要去的大学？
A：不行。不能直接选择想要就读的大学。最多只能选择将来想要学习的专业所在的院系领域。作为辅助材料，有相关的调查问卷供学生填写。

Q6：「准考证」丢失后，应该怎么办？
A：请与各地事务局取得联系。事务局将根据具体情况给予解决。

四、初次合格（Offer）

Q1：什么是「初次合格」？
A：通过笔试和面试，大学将会判定考生是否初步符合入学要求。
※ *根据大学给出的 offer 不同，会出现需要在经过留学前准备教育培训后再进行最终面试或者其他一些追加条件的情况。

Q2：没有拿到最想去大学的合格 offer，是不是一定要去别的大学？
A：不是。为了您自身的将来考虑，请认真考虑做出最佳的选择。

Q3：从多所大学拿到「初次合格（offer）」，应该怎么办？
A：每所大学 offer 发放的条件都会不同。请认真考虑哪一所大学最适合你。公布合格后，可以与本财团指导老师商议关于如何选择大学。如果有不明白或者比较在意的事情，请务必与我们联系，以此决定最佳的升学路线。

五、留学前准备教育

Q1：什么是「留学前准备教育」？
A：获得「日本大学联合学力测试」初次合格的所有学生都必须参加的为期约 6 个月的前期准备课程。主要以学习能够适应在日本的大学听讲的日语能力为主，根据大学要求可能会安排日本高中教育大纲内容作为辅助。

Q2：不参加「留学前准备教育」可以么？
A：作为「日本大学联合学力测试」初次合格，并确定有希望入学大学的考生必须参加「留学前准备教育」。不参加「留学前准备教育」的合格考生将失去通过本考试前往日本的大学留学的机会。

Q3：什么样的学生可以参加「留学前准备教育」？
A：取得「日本大学联合学力测试」初次合格，并确定有希望入学大学的考生可以参加。

Q4：「留学前准备教育」有哪些课程？
A：「留学前准备教育」主要以学习日语为主。作为辅助课程，超出本地教育大纲的，日本高中教育大纲中所包含的文理科各科目的补习也可能需要参加。具体需要参加哪些辅助课程，是根据不同大学不同专业所定，每位考生所需参加的辅助课程都可能不同。

Q5：参加「留学前准备教育」，是否仍会有无法获得最终合格的可能性？
A：日本的大学基本最终都会以是否达到 N2 水平日语能力作为界定。认真参加「留学前准备教育」，要完成这个目标不是问题。历届在「日本大学联合学力测试」中接受初次合格的同学中，只有为数极少因没有拿到最终合格而放弃日本留学的学生。
请必须注意，只用半年时间学习日语也并非想象那样轻松，若学习怠慢可能会产生不良后果。

Q6：「留学前准备教育」结束时的最终合格判定是否因大学不同而不同？
A：是的。具体根据选择的大学进行判断。一般情况下，仅需获得相当于 N2 水平的日语能力，基本上可以取得合格。

Q7：当没有在「留学前准备教育」结束时的最终合格判定中取得合格时，怎么办？
A：不合格的话便无法前往日本留学了。为避免有如此情况发生，同学必须注意自己的学习态度，认真接受留学前准备教育，努力学习日语。

Q8：我想先挑战一下本地的大学。是否能同时考虑日本的大学？
A：当然可以。在参加本地实施的统一考试前，先报名参加「日本大学联合学力测试」确保保底学校，或者在参加本地实施的统一考试后，再参加「日本大学联合学力测试」考取日本的大学，无论哪一条路都是没有问题的。
对在参加「日本大学联合学力测试」的大学中，部分大学认可各地大学入学统一考试的成绩，如果可以将这类成绩上传至在线报名系统，将会对您的初次合格判定有一定的帮助。

Q9：报名时可以提供英语成绩、日语成绩、本地大学入学统一考试成绩等，这些材料会对合格判定起到帮助么？
A：「日本大学联合学力测试」会对学生的能力、资质做综合性的判断。大学并非仅仅根据学力测试的结果做出判断，考生所取得过的成绩、资质等都将对合格判定有一定帮助。如果您持有相关的额外成绩，请积极上传至在线报名系统。

六、关于签证

Q1：通过「日本大学联合学力测试」前往日本留学的情况下，签证申请应该如何办理？
A：通过「日本大学联合学力测试」前往日本的情况下，签证申请由事务局指定的合作单位负责统一申请。
详情请于取得初次合格后咨询事务局。

Q2：何时开始办理签证申请？
A：取得「日本大学联合学力测试」初次合格的同学，根据「留学前准备教育」进程，逐步开展签证申请手续。

七、关于日本留学时的要点

Q1：大学里会有奖学金么？
A：各个大学会给予成绩优秀的学生奖学金制度以及学费减免制度。详细信息请于学力测试官方网站进行确认。确认升学的大学后也可与该大学进行确认。

3.2 日语能力的掌握

请参阅以下表格。

该表将日语学习分为"在日本学习"和"在本国学习"两大类并写明了各自的利弊。

具体情况请参照表格内容。这里将着重介绍需要特别注意的几点。

日语学习方式		简介	利弊
在日本当地学习日语	①在日语学校学习	迄今为止，选择此种方式的学生人数最多。学生在日本当地的日语学校学习一至两年达到日语高级水平之后，升学到大学、大学院或专门学校。 另外，虽然就读日语学校就是为了学习日语，但为了确认学生赴日学习日语的决心，日本入境管理局在审批签证时需要申请者提交N5同等水平初级日语证书。	●因为是在日本当地学习日语，所以学生有更多机会接触日语，因而更容易达到高级水平。 ●与在本国学日语相比，花费较高。 ●若学生的志愿学校为名校，由于大多数日语学校没有专为名校设置的备考课程，学生为了备考不得不同时参加专门的升学补习班。虽然只要有坚定的意志完全可以自学，但大多数学生还是选择同时入读两个学校，因此开销极大。 ※如果志愿学校为名校，则需要参加专门的补习班（每年需额外花费约100万日元）。
	②在私立大学别科学习	有些私立大学针对有意向到本校留学的学生，在其入学前一年，设置了集中进行日语教育的别科，一般称为"留学生别科"。绝大部分大学别科的学生无需参加入学考试即可直接就读该大学。所以，如你的志愿大学设有别科，则去该大学的别科学习日语是最佳选择。另外，同上所述，在申请签证时，为了确认学生学习日语的决心，一般都要求申请者提交N5同等水平或以上的日语证书。	●设有别科的多为偏差值较低的私立大学，因此，请认真考虑大学毕业后的就业问题后，再决定是否通过别科赴日留学。 ●需要注意的是，也有学校要求别科毕业的留学生参加本科入学考试。 ●通常情况下，别科的学习期限为一年，如果学生的学习速度赶不上的话，大学期间的学习将会受到影响。
在本国学习日语	③在日语培训学校学习	外国国内的日语学校数量多。这些学校的学生既有工作上需要使用日语的社会人士，也有打算赴日留学的学生。在本国国内学日语的成本将比在日本学习少得多。	●花费非常少，但因为不是在日本学习，日常使用日语的机会不多。若没有坚定的学习意志，多数人会半途而废。 ●日语学校未设有专为日本留学设计的备考课程，因此，若想申请名校还需要另外参加升学补习班。
	④在日本留学补习班学习	虽然数量极其少，但外国国内还是有一些升学补习班，学生可以在本国国内一边学习日语，一边在补习班学习报考日本名校必需的科目。但是，此类精通日本大学考试的升学补习班只在大城市才有。	●在本国也可以学习日语，备考名校。 ●精通日本大学选拔的、值得信赖的升学补习班非常稀缺。 ●其他城市的学生需要到该城市，因而需支付额外的住宿等费用。
	⑤在初、高中学习	这主要针对初、高中选择日语作为第一外语的学生。他们不需要另外报读校外的日语课程，省钱省时。如果各位就读的初中或高中设有日语课程，而自己又打算以后去日本留学的话，选择这种学习方式最好不过。即使因故无法前往日本留学，也可以在本地的大学统一入学考试选择以日语应考语言科目，将来的发展并不会因选择了日语为第一外语而受影响。	●可以说这是到日本留学最快捷的途径。高中毕业后直接就读日本大学的可能性很高。 ●无明显缺点。
	⑥在大学学习	为了到日本留学，学生可以先在本国的高等院校的日语专业学习日语。特别是那些高考没能考入志愿高校，但考入日语专业的学生，学习日语直至达到较高水平后，可直接退学到日本留学。较多学生采取了这一途径。	●从学习日语的角度来说，这一途径效率较高。但另一方面，如果你一开始就不打算在本国大学读至毕业，这种方式既浪费钱又浪费时间。因此，还不如大学四年认真学好日语，毕业后申请日本研究生院，这才是明智的选择。

不同的日语学习方法和留学路径

以前去日本留学的同学大都是①中记录的" 在日本国内的语言学校学习日语 ",通过学习达到日语高级水平后,再升至大学或者专门学校就读。

现在,虽然日本国内有 550 家左右语言学校,但其中大部分提供的大学备考指导都不是很专业,能就升学考试开设正式的指导课程的语言学校非常少。

就读的语言学校是否有备考指导课程关系今后能否顺利升入大学,所以各位在考虑赴日报读语言学校时请谨慎考虑。

此外,有些外国学生为了备考名校,额外报读专门的升学补习班,这需要支付额外的费用。

下面解释一下方式②。日本约有 500 所私立大学接收外国留学生,其中大约 15% 共计 69 所学校同时设置了留学生别科。其中偏差值(参考第七章)较大的名校也设置了别科。

先在志愿学校的别科课程学习日语,然后再升学读本科,也是一种非常有效的入学路径。

※需要注意的是,也有些学校规定,在留学生别科学习的学生并无入读本科的优先权。这将在第八章中说明。

接下来描述一下在本国国内学习日语的情况。主要途径为:赴日留学之前,在本国国内的日语培训机构、留学专门培训机构、普通中学或大学等学习日语并达到高级(N1)水平之后,直接去日本高等教育机构留学。

目前,在日本当地语言学校学习日语后再升学至高等教育机构的路径是主流,恐怕众多的留学中介也会毫不犹豫地提出这种方案。有很多已经在本国国内学习过日语的学生也会专门跑到日本当地的语言学校继续学习。

这种做法主要是受到日本大学复杂的招生体系的影响,但说实话,这么做完全没有意义,还会浪费大量时间。因此,为了节省大家的时间和金钱,本书为已经达到高级日语水平的同学们提供一条直接去日本高等教育机构留学的路径,供大家参考。

赴日学习日语的留学路径

这里介绍一下赴日学习日语的留学路径。在该路径下,学生先在日本当地语言学校或者私立大学留学生别科学习日语,之后再升至高等教育机构。

有关日语教育机构,特别是日语语言学校将在下文详细说明。除了机构,大部分日语教育机构都没有设置过高的入学门槛,学生只要满足一定要求,一般都可以成功赴日就读。

但关键问题是日语语言学校毕业之后能否顺利升至高等教育机构。如前所述,日语教育机构质量的好坏,比如有无备考指导课程安排等,毫无疑问将极大影响着学生一年后(或者两年之后)的大学入学考试,决定着学生能否通过志愿学校的考试。因此,必须认真选择" 优质的日语教育机构 "。

此外,特别需要注意的是,如果选择去日本当地学习日语,整个留学时间会长达五年以上。

另一方面,大部分" 日语语言学校 "不具备学校法人资格,并非文部科学省认可的学校,而仅仅是为外国人就读日本高等教育机构前开设的日语教育机构。

日语教育机构

日语教育机构可以分为两大类,即"私立大学留学生别科"和"日本语言学校"。

私立大学留学生别科是作为大学教育的一环而开办的正规教育课程,其课程原则上为一年,别科毕业后,在一般情况下可通过推荐直接升入该大学。也有报考其他大学的情况,但并不常见。

日本语言学校的设置者包括学校法人、民法法人、株式会社、任意团体、个人等,学制为半年至两年。

过去,在大学别科就读的学生持"留学签证",日本语言学校学生持"就学签证",为此,在打工时间等方面待遇不同,但从2010年7月1日起,已实现"留学签证"与"就学签证"一体化,语言学校学生的签证也转为"留学签证",语言学校与留学生别科的留日资格差别越来越小。

○ 私立大学留学生别科

私立大学留学生别科是私立大学为希望进入该校学习的学生而进行日语教育的机构,该私立大学为其经营的母体。别科大多都设有向所属大学推荐留学生入学的体制。

别科也有允许留学生升入其他大学就读的情况,但是大多数学生都会进入别科所属大学学习。需要注意,有些学校要求学生在入学时与校方签订合约。另一方面,自己希望报考的学校如果设有别科的话,有必要考虑是否进入该别科学习。截止到2015年3月,日本有69所私立大学设立了留学生别科(参见第八章)。通常4月入学,原则上学习期限为一年。

私立大学留学生别科所属大学的入学难易度(参见第七章)各不相同,入学选考方式也有很大差异。有的学校在学生入学时不设考试,有的学校则规定学生必须参加"日本留学考试"或提交大学统一入学考试等的分数,作为判断学生能否入学的依据,各校选考方式不同,具体情况请通过各校的留学生别科主页进行确认。

○ 日本语言学校

如前所述,"日本语言学校"是学校法人、民法法人、株式会社、任意团体、个人等设立的日语教育机构,其经营母体各有不同。一般而言,是教授外国人日语的学校。

日本全国的日本语言学校超过700所。入学时间各校各有不同,但是通常在4月、7月、10月、1月,一年4次,学习期限从半年至2年不等。根据入境管理法规定,日本语言学校的学习最长期限为2年。出于经营母体的性质等,并非所有的日本语言学校都具有雄厚的办学基础。日本语言学校在课程、教室的人数及素质、学习环境等方面存在很大的差别,并不是所有的日本语言学校都能提供相同的日语教学,这一点需要特别注意。

在选择日本语言学校时一定要注意以下一些要点。

在选择日语学校时,一定要慎重地进行多方面的考虑。那么,在进行选择时应该从哪些方面出发进行甄别呢?选择优良的日语学校是保证留学方式①取得成功的一个关键。下面,我们将向你介绍这些要点。

记住:在选择日语学校的时候,不用依赖留学中介,学生可积极收集信息,并通过严格的标准选择日语学校并作出决定。

◆ 1. 是否开设升学班 ◆

如果你梦想具备语言能力后能顺利就读日本的大学,甚至是名校的话,请仔细确认备选语言学校是否开设备考指导课程。

首先，作为日本留学考试指导课程，除了"日语"，还需设有"综合科目""数学"和"理科"等。

同时，大学独立考试的指导也非常重要。如果语言学校没有整理和分析各学校的考试纲要，并制定各相关科目的教学计划、配备相当资质的教员的话，学生很难达到预期的学习效果。

◆ **2. 入学者的选考方式** ◆

应确认该日本语言学校的入学方式。一般而言，仅通过书面材料审核判断是否录取学生的学校较多，也有的学校在选择入学者时会进行考试或对其日本的身份保证人等进行面试。入学考试设有一定门槛、考试较为严格的学校，通常是管理完善、值得信赖的学校。

选择日本语言学校时要注意的方面

为升入日本的高等教育机构而进入日本语言学校学习，则需要除日语之外，还应当准备"日本留学考试"所要求的"综合科目""数学""理科"等基础科目。

有的报考学校要求考生参加该校自己进行的二次选拔（接受各个大学的个别考试），考生除基础科目以外，还需要准备"英语""小论文""面试"以及报考学校的入学考试会议中所提及的科目等。

因此，在选择日本语言学校的时候，应当充分意识到将来报考的学校有什么要求，看看日本语言学校是否有与此相应的教学。

为了增加被报考学校录取的概率，选择一所能够教授完备的报考对策的语言学校是很有必要的。另外，为保险起见，在修完语言学校的课程后，还可以去参加专门的应试教育学习机构的课程。

◆ **3. 课程时间总数** ◆

日语教育振兴协会规定语言学校的上课时间每天不能低于 4 个小时，一年的授课时间不能低于 760 个小时，可以确认一下申请学校的教学大纲或者年度课程表，以确认是否能保证最低的合法授课时间。

◆ **4. 教员数** ◆

教员人数比例是否充分，每个班的平均人数是多少，是否有班主任，是否有专门负责升学的老师，一般来说，日本语言学校一个班的平均人数在 10—20 个人之间，不应该超过 20 人。

◆ **5. 是否按不同水平分班** ◆

进入学校时要确认是否细分各个阶段，按照不同的日语水平分班。从日语教学的角度来讲，根据学生的日语能力，因此在入学时期应该对各位的日语能力进行详细的检测，设置不同的教学内容是必要的，这可以使所有学生得到适合自己的日语能力的课程。

◆ **6. 日语教育内容** ◆

调查学校设置的课程以什么为重点，是否与自己的目的相符。例如，设普通日语班，还是设升学班。升学班以参加升学考试为前提，设有阅读、解题、小论文、面试等内容，与一般以日语会话为目的的学习不同。

◆ 7. 毕业生的出路 ◆

有必要确认日本语言学校毕业生的出路。例如大学升学率、有无学生考入过自己将来希望报考的学校等都是一些需要确认的事项。高级日语能力考试、日本留学考试的合格率等也需要进行确认。

虽说成功大多要靠自己的努力，但是毕业生的去向及毕业生的成绩等数据反映了一个学校的整体水平，应该值得参考。

◆ 8. 有无生活咨询 ◆

确认有无生活咨询。留学生初次到海外，不习惯海外生活，语言方面也存在障碍，在步入留学生活的时候，会遇到困难，感到不安。考虑到这样的情况，日本语言学校一般都设有负责生活咨询的老师。这些老师还将负责关于留学生活的咨询，帮助学生解决一些存在的问题，对于留学生来讲，起到了不可或缺的引导作用。

◆ 9. 所在城市 ◆

确认学校所在城市。通常选择东京、名古屋、大阪等城市的学生较多，但是最近其他一些地方学校为了吸引留学生，推出不少优惠政策，也可以作为考虑（参见第二章和第八章）。

此外，为了省去考上自己报考的学校时的搬家之苦，可以事先选择与报考学校在同一地区的日本语言学校。或者，也可根据自己的亲戚朋友所在城市来选择日本语言学校，以便一开始有人照料，消除刚开始留学时的一些不安感。

有这么一些说法，如，"某某地区留日资格认定批准率较高，有利于留学""某某地区签证人数已经饱和，不再发留学签证"。这些说法都没有道理，不可相信。

◆ 10. 有无宿舍 ◆

确认该日本语言学校有无宿舍。

如果学校没有宿舍时，请确认学校是否会提供公寓等的租房介绍服务。如果学校没有宿舍，也不提供斡旋工作，则租房会存在很大难度。此外，在日本租房时，需要同时支付礼金、保证金、不动产中介费、火灾保险等费用。

如果学校提供宿舍，则应通过设施的照片以及宿舍的详情等进行确认。学校的住宿费有较大的差异，在费用方面继续确认也非常重要。有的学校要求一次性付清 1 年的住宿费，费用以及支付方法等情况都需要进行确认。

※关于宿舍的有关情况请参见第五章相关内容。

◆ 11. 学校地理位置 ◆

应对语言学校的周边环境进行确认。该日语教育机构所在地的教育环境是否良好，交通是否方便。根据个人的不同，有喜欢选择在闹市中心的，也有喜欢在僻静地区的学校。

无论选择哪里，都不要单纯确认所在地，还要关注学校附近的住宿、打工条件，通常位于闹市中心的学校的住宿费用贵一些或者条件差些，而偏僻地区的勤工俭学的机会少一些或者待遇差一些，总之，要综合考虑。

◆ 12. 学费 ◆

应对升入高等教育机构之前的学费进行确认。依授课时间、教员人数、设备等来计算是否合理，多比较，多了解。需要注意的是，根据学校不同，学费的分配方法也不同，确认一下是否和招生简章上的费用一致。

◆ **13. 学生的国籍比例** ◆

日语学校会对在校学生的国籍或出身地做统计，然后根据比例安排能够讲外语的职员人数。然而，要是校内只有来自单一国家或地区的学生，则对留学生之间的国际交流发展有着负面影响。此做法可说是有利有弊。

◆ **14. 是否为"优良学校"** ◆

日本入境管理局根据各学校留学生非法滞留等数据，定期对各日本语言学校进行评估。"非优良学校"指的是入境管理局认为在学生管理上存在问题的学校。

相比于"优良学校"来说，审批留日资格时入境管理局对"非优良学校"的审核更为严格，认定的留日期限也较短。因此，所选的日语学校与你能否前往日本留学有很大关联，大家务必要注意（留日资格认定请参照第四章）。

选择日本语言学校将对今后的留学产生很大的影响，希望各位能认识到这一点，在考虑到以上这些要点后，进行正确的选择。

在日语教育机构的留学通常仅限两年，两年之内如果没有考入高等教育机构，或是没有更新签证的正当理由，则必须回国，这一点也需要事先注意。

非优良学校

 小贴士

在校生的非法滞留率超过 3% 的话，入境管理局就会把该校划入非优良学校当中，并且在一定时期内该校都属于非优良学校。新开设的学校未满 3 年也会被归为"非优良学校"，但是有时个别学校的名单也会被遗漏。与优良学校相比，去非优良学校留学的人员在申请留日资格时所需提供的资料更多，同时审查也会更为严格，认定的留日期限也较短。

○ 日语学习方法

要在日本接受高等教育，就必须能够理解日本大学的课程内容，因此掌握高水平的日语能力是必须的，这一点毋庸置疑。然而，在日本，有一种专为留学生学习日语并考取大学设立的"日语教育机构"，要进入此类机构学习，首先需要具备基本的日语能力。

入境管理局会将申请者的基本日语能力作为"留日资格认证"的审查标准，以此来证明赴日学习的意图以及学习能力。关于这一点，将在第四章内详细说明。

※在日本高等教育机构毕业的留学生无需日语能力。

如果各位从未学习过日语，应该一般会选择本国国内的学习机构开始日语的学习，从而掌握基础的日语能力吧。国内不少日语培训机构和日本的相关机构有合作关系，可以将学员推荐给日本的语言学校。也有机构的性质就和留学中介一样，直接同日本的语言学校挂钩。不过，正因为这些机构与日方有合作关系，结果导致有不少学员最后就读的学校与自己原来的志向大相径庭。

有许多目前在日本留学的学生都有过这种经历，因此一定要自己选择志愿学校。

送给初学日语的你

如果你想去日本的日语教育机构留学，但尚未开始日语的学习；或者虽然已经开始学习，但只停留在初级阶段，在这里我想告诉你一些有用的信息。

目前各位的日语能力究竟如何？我想正处于第一种类型的第一阶段吧，也就是留学日语教育机构必需的日语能力，即基础中的基础。举个例子，选择方式①去日语教育机构，特别是去日本语言学校学习留学，便需要入境管理局所要求的日语能力，具有最基础的日语水平。即"日语能力考试 N5 水平"。

那么，所谓基础日语能力，究竟是何种程度？ 简单来说就是：

掌握日语基本语法·汉字（ 100 字左右）·词汇（800 个左右）。

能够进行基本的日常对话，有简单的日语理解能力。

修完初级日语课程，课时在 150 小时左右。

对于从小使用汉字的大家而言，掌握 100 个左右汉字究竟是什么程度，应该很容易想象吧？ 一言以蔽之，就是不足畏惧。在这里想要探讨的是各位自主学习日语的方法。我们出生在汉字文化圈内，这点是很值得庆幸的。因此，如果只是日语教育机构留学所必需的日语基础能力，完全可以通过自学掌握。大家都经历过大学统一入学考试，都曾经为了取得高分而拼命地努力学习，和大学统一入学考试的紧张备考相比，基础阶段的日语学习仅是小菜一碟。而且，现在，可以很容易地买到各种日语学习教材，这更是一种优势。估计玩命地学上一个来月就能掌握基本的日语能力了吧。之后只要通过专门鉴定日语能力的考试（如何参加该类考试在本章后半部分将有讲解），自己已经掌握日本语言学校留学必需的日语能力这一点就能得到证明了。

○ 不同的日语能力，不同的日本留学模式

日语能力主要是指以下两方面：一方面就是日本留学之际申请"留学签证"时必需的证书上的日语能力。除了一年两次的"日语能力考试"，外国国内每月还举办各种能证明日语能力的考试。大家一旦决定去日本留学，就应该尽快做好准备参加考试。另一方面，就是指实际的日语能力，是在高等教育机构学习、在日本生活所需要的日语实际使用能力。

日本入境管理局负责留学签证的签发审查，其对语言的要求是就读大学和研究生院需达到 N1 水平，就读专门学校需达到 N2 水平。但是，之后在学校的学习则需要较高的日语实际理解能力。

※日本共有 13 所大学入围"全球 30"项目，这 13 所大学设有全英语课程专业，如果你想去这些学校就读这些专业，则不需要日语能力（具体参照本章第三节）。

在本国学习日语的留学路径

○ 在本国初中、高中学习日语

外国亦有很多的中学及高中开设了日语课程，每年有成百上千达到高级日语水平的学生毕业于这些学校。若学生在中学或高中阶段已考虑日后赴日升学，入读这些学校亦是不错的选择。

○ 在本国大学学习日语

纵观在各地大学学习日语的人数，中国大陆约 466 校 /55 万人，中国香港约 13 校 /7000 人，中国台湾约有 150 校 /12 万人，马来西亚约 47 校 /1.2 万人。比起中等教育阶段倾向差别较显著，因为高等教育阶段有着丰富的日语教育环境。

◆ 外国中等、高等教育机构日语教育情况 ◆

国际交流基金在2012年实施了"海外日语教育机构调查"，根据收回的问卷结果，统计出了外国国内中等、高等教育机构日语教育情况，如下表所示。因版面有限，这里只刊登了中国各地区及马来西亚的学校总数，详细信息请登录本书网站（http://studyjapan.org/extra/）查看。

地区		中等教育机构	高等教育机构	合计	
东北	辽宁省	68	79	147	311
	吉林省	28	66	94	
	黑龙江省	28	42	70	
华北	北京市	5	64	69	215
	天津市	2	33	35	
	河北省	5	46	51	
	山西省	2	26	28	
	内蒙古自治区	18	14	32	
华东	上海市	12	53	65	416
	江苏省	25	98	123	
	浙江省	3	51	54	
	安徽省	1	45	46	
	江西省	26	0	26	
	山东省	21	81	102	

地区		中等教育机构	高等教育机构	合计	
华中	河南省	3	50	53	144
	湖北省	4	46	50	
	湖南省	4	37	41	
华南	福建省	3	41	44	161
	广东省	8	70	78	
	海南省	9	0	9	
	广西壮族自治区	30	0	30	
西南部	重庆市	1	17	18	97
	四川省	2	41	43	
	贵州省	18	0	18	
	云南省	2	15	17	
	西藏自治区	1	0	1	
西北部	陕西省	2	30	32	58
	甘肃省	11	0	11	
	青海省	1	2	3	
	宁夏回族自治区	2	4	6	
	新疆维吾尔自治区	6	0	6	

国、地区	中等教育机构	高等教育机构	合计
中国香港	10	13	23

国、地区	中等教育机构	高等教育机构	合计
中国台湾	281	150	433

国、地区	中等教育机构	高等教育机构	合计
马来西亚	104	47	151

※初级教育机构的全部与中高级教育机构所实施的课外活动部分除外

○ 在本国日语培训学校和日本留学补习班学习日语

接下来我们来了解一下在本国国内日语培训学校和日本留学补习班学习日语的情况。不仅在一些主要大城市，本国各地都有数量众多的日语培训学校。其中有的学校面向工作中使用日语的社会人；有的则面向以留学日本为目的的学生人群，为他们设定教学大纲；还有一些以日本籍教师授课或是以自己开发编写的教学计划为卖点。

另外，在一些主要城市还有以帮助学生进入日本名校留学为卖点的升学培训班。其中有些学校宣称跟日本有名的私立大学和国立大学有合作关系。

另外，必须注意的是，大部分提供日本留学课程的日语语言学校都提供留学中介服务，他们会建议学生去日本当地的语言学校学习，宣称这样更有利于今后的留学生活。

实际上，正如本书所述，在日本当地的语言学校学习既有好处也有弊端。

如果他们忽略这一事实，一味地推荐大家去日本当地的语言学校学习，则需要警惕他们的可信度。

○ 高中生留学的注意事项（有关日本大学的留学生考试报名申请资格）

日本的大学一般来说所要求的外国留学生考试报名资格，是在国外接受过正规课程的 12 年学校教育并得以毕业的学生。但是如果在这 12 年以内或者 12 年教育结束后曾接受过日本的学校教育，则有可能会影响参加留学生考试的报名资格。比如分类到以下情况，被判定为"无报名资格"的话，将不能以留学生资格报名留学生考试，而不得不需要同日本人一样参加普通考试，对此需要注意。以下内容为编辑部调查结果。

1．在外国接受了正规课程的 12 年学校教育，但其后到日本的高中留学并最终学历为日本的高中
（不可的例子：群马大学、名古屋大学）

※因日本高中所发行证书而异，情况会有所不同。一种是正规的高中毕业证书，另一种是类似短期留学课程结业证明书之类的证书，两者情况不同。后者则有可能不被视为最终学历而得以报名留学生考试。

2．12 年学校教育的最终年度是在外国接受的正规教育课程，但在高中二年级等曾一度在日本的高中学习过
（不可的例子：埼玉大学、首都大学东京）

※在外国接受的是正规课程下的一贯式 12 年学校教育，此为必要条件。

3．由于学校间协定或双学位等情况，学生同时毕业于本国和日本的两所高中，按总体报名资格审查的情况而定。

※学籍主要放在本国高中的情况下，报名申请资格得到认可的可能性较高，但如一些旧帝国大学要求"12 年学校教育的最终年度在外国的正规教育课程下结束"，著名的私立大学等也会有类似于"在日本的学习需在一定年数以内"的要求。

4．12 年学校教育的最终年度在日本的高中结束，并只拥有日本的高中毕业证书，总体来说没有留学生考试的报名申请资格。

※即使其中的 11 年是在本国接受了正规的学校教育，但如果只有日本的高中毕业证书的话，则在大学考试时与日本人同等对待。

证明日语能力的考试

因测试体系各不相同，以下提到的各种鉴定考试的认证等级及相关等级只是大致的标准（见下表）。关于入境管理局对日语能力等级的认证情况，将会在第四章详述。

考试名称	对应的水平					
日本語能力試験（JLPT）	N1	N2	N3	N4	N5	
实用日本語検定（J. TEST）	准B级	C级	D级	准D级	E级	F级 准F级
	650分前后（A-D水平）	500分前后（A-D水平）	400分前后（A-D水平）		300分前后（E-F水平）	200分前后（E-F水平）
日本語 NAT-TEST	1级	2级	3级		4级	5级
	各考试部分25%以上综合50%～60%的得分率（※根据等级不同、考试内容、时间分配点都不同）					
BJT ビジネス日本語能力テスト	J1+	J1	J2	J3	J4	J5
	600分以上	530～599分	420～529分	320～419分	200～319分	～199分
STBJ 標準ビジネス日本語テスト	BJ1		BJ2	BJ3	BJ4	BJ5
	800分以上		650～799分	450～649分	250～449分	～249分
TOPJ 実用日本語運用試験	上级B	上级C	中级A	中级B	中级C	初级A	初级B	初级C
	316分以上（上级）	265～315分（上级）	400～500分（初中级）	355～395分（初中级）	310～350分（初中级）	265～305分（初中级）	220～260分（初中级）	175～215分（初中级）
GNK 生活・職能日本語検定試験	高级	准高级	中级	准中级	初级	
	160分以上（课程A）	140分以上（课程A）	120分以上（课程A）	140分以上（课程B）	120分以上（课程B）	

※"TOPJ 実用日语运用能力考试"在中国本地举办时，官方名为"PJPT 実用日语运用能力考试"，但中国的"TOPJ 実用日语运用能力考试"可能不被认可。

另外，前文提到的"日本留学考试・日语科目"的分数也是判定考生日语水平的标准之一。

各种日语能力考试详情

以下则是关于各种日语鉴定考试的认证等级以及相关等级的详细内容介绍，当中包含了考试时间、外国考试相关信息、考试内容、等级构成、考试结果等，希望对有留学志愿的你有所帮助。

○ 日本語能力試驗（ＪＬＰＴ）

名 称		日语能力测试
简 称		JLPT（Japanese Language Proficiency Test）
官方网站	日语	http://www.jlpt.jp/
	中文	http://www.jlpt.jp/tw/index.cgi
主办方		"财团法人日本国际教育援助协会"与"独立行政法人国际交流基金"
概 要		日语能力测试是世界范围内举行的一场重要的日语考试，其特点是世界各地同时开考、考生人数最多。2009年起考试体系有所变更并沿用至今。包括日本在内，全球54个国家或地区、206座城市设有考场，超过77万名日语学习者参加这一考试。（2009年数据）
考试时间		每年2次，分别是7月和12月的第一个星期日
考试举办地区		全世界54个国家、206座城市
是否可在中国参加考试		可以
各地的能力测试相关信息	中国大陆	• 考场：北京、上海、长春、大连、广州、沈阳、天津、哈尔滨、西安、重庆、济南、武汉、厦门、杭州、呼和浩特、洛阳、苏州、青岛、长沙、成都、南京、合肥、深圳、南昌、石家庄、太原、宁波、无锡、贵阳、乌鲁木齐、南宁、潍坊、扬州、昆明、海口、延吉、兰州、保定、南通、西宁、福州等 • 电话：108234-5676 / 传真号：106195-7800 / 电子邮箱：jlpt@mail.neea.edu.cn • 考试报名网站：http://jlpt.etest.net.cn/index.do • 考试费用：N1、N2级450元人民币，N3、N4、N5级350元人民币（自2012年7月起）
	中国香港	• 考场：香港 • 电话：2866-9991 / 传真号：2866-1331 / 电子邮箱：jlpt-info@japanese-edu.org.hk • 报考方式：http://www.japanese-edu.org.hk/zh/ • 考试费用：HK$480
	中国台湾	• 考场：台北,高雄,台中 • 电话：022365-5050 / 传真号：022369-8125 / 电子邮箱：gts@lttc.ntu.edu.tw • 报考方式：https://reg.lttc.org.tw/JLPT/Sign/Sign_List.aspx • 考试费用：NT $1,500
	马来西亚	• 考场：吉隆坡、槟城、怡保、哥打基纳巴卢、新山 • 电话：036259-8180 / 传真号：036259-9180 / 电子邮箱：jlsm.enquiries@gmail.com • 报考方式：http://www.jlsm.org/ • 考试费用：RM 80-120
		• 报考方式：可通过上述网址进行报名。每次考试前4个月左右开始接受报名，报名期限约为1个月。需要注意，如未在上述时间期限内报名便无法参加考试。
考试内容	级 别	N1、N2、N3、N4、N5，一共5个等级
	考试内容	考试基本体系为考生从5个等级中选择一个想要报考的等级。N1、N2考试有"语言知识（文字、词汇、语法）、阅读理解"和"听力"两个科目；N3、N4、N5则有"语言知识（文字、词汇）"、"语言知识（语法）、阅读理解"、"听力"三个科目。
等级构成	N1	掌握各种场合使用的日语。
	N2	除了掌握日常生活所需的日语，在一定程度上进一步掌握多种场合使用的日语。
	N3	一定程度上掌握日常生活中所需的日语。
	N4	掌握基础的日语能力。
	N5	一定程度上掌握基础的日语能力。
考试结果	合格通知	测试的结果将于考试结束两个月后由考试主办方发放。因此除非是在日本国内参加的考试，要拿到考试结果一般要花较长的时间。如果是在日本国内参加的考试，到时就会收到告知合格与否的通知书。考试合格的考生还会收到明信片大小的"日语能力认证证书"。
	相关证明发放	考试后3年之内考生若因递交材料等需要，可向考试主办方索取"日语能力认证结果与成绩证明"。收到合格通知后，支付一定的手续费即可提出申请进行索取。该证明可用作日本入境审查中留学、就读资格认证的审查材料。

○ 实用日本語検定（J.TEST）

名　称		实用日语鉴定考试
简　称		J.TEST（TEST OF PRACTICAL JAPANESE）
官方网站	日　语	http://j-test.jp/
	中　文	http://www.j-test.com/
主办方		日语鉴定协会·J.TEST 事务局
概　要		因实用日语鉴定考试的考试方法较为科学合理，因此不少日资企业在招聘外籍职员、对公司内部职员进行考核时，常以该考试作为评价应聘者或在职员工日语水平的依据。该考试也有"日语托福考试"之称。2007年8月，实用日语鉴定考试获得中国政府劳动与社会保障部的认证。
考试时间		A-D级　1年6次（1月、3月、5月、7月、9月、11月）E-F级　1年3次（3月、7月、11月）
考试举办地区		日本、中国大陆、中国台湾、泰国、蒙古
是否可在中国参加考试		可以
各地的能力测试相关信息	中国大陆	• 考场：上海、杭州、长春、哈尔滨、大连、沈阳、青岛、济南、威海、武汉、广州、珠海、西安、南京、南通、无锡、苏州、常州、天津、福州、北京、合肥、重庆、成都、长沙、呼和浩特、海口、郑州、南昌、南宁、兰州、昆明 • 电话：咨询各个分考场（在上列网址中可以查询到各个分考场的电话） • 电子邮箱：jtest1@j-test.com • 考试报名网站：http://j-test.nvq.net.cn/ （参考下列网站，具体参见各个分考场具体规定。http://j-test.nvq.net.cn/htm/8083/index.html） • 考试费用：340元
	中国台湾	• 考场：台北,高雄,台中 • 电话：2533-8688 / 传真号：2533-7689 / 电子邮箱：service@j-test.org.tw • 报考方式：http://www.j-test.org.tw/ • 考试费用：A-D级：1400元（300元手续费,1100元考试报名费）、E-F级：1200元（300元手续费，900元考试报名费）
		• 报考方式：咨询上述分考场
考试内容	级　别	分为面向中、高级水平考生的A级至D级测试、面向初级水平考生的E级至F级测试两种。
	考试内容	A级至D级测试=1000分满分，根据考试成绩，判定为特A级至不合格等几档。E级至F级测试=500分满分，根据考试成绩，分为E级至不合格等几档。所有等级测试由阅读理解（语法、词汇、阅读、汉字、叙述）、听力（图片题、听力阅读理解、问答题、会话·说明）两部分组成，考试时间100分钟。
等级构成	特A级	930分以上（可从事高级日语翻译工作）
	A级	900分以上（可从事一般难度的日语翻译工作）
	准A级	850分以上（可从事基本的日语翻译工作）
	B级	800分以上（可在日本国内长期工作）
	准B级	700分以上（可去日本出差，在日本国内短期工作）※相当于日语能力测试N1水平。
	C级	600分以上（可去日本出差，从事短期、简单的工作）
	D级	500分以上（可从事简单的日语相关工作）※相当于日语能力测试N2水平。
	准D级	400分以上（掌握了基本的日语能力）※相当于日语能力测试N3水平。
	不合格	未满400分
	E级	350分以上（可以使用简单的日语表达）※相当于日语能力测试N4水平。
	F级	250分以上（基本可以使用简单的日语，但仍存不足之处）
	准F级	200分以上（能够用日语进行自我介绍等简单的表达）※相当于日语能力测试N5水平。
	不合格	未满200分
考试结果	合格通知	考试结束后4周左右邮寄考试结果。如获得等级认证，会同时邮寄等级认证证书。
	相关证明发放	参加考试后3年之内，只有成绩单可以申请再次发放（需手续费）。不能再次发放等级认证证书。

日本語NAT—TEST

名　　称		日语 NAT-TEST
简　　称		日语 NAT 考试（中文名）
官方网站	日　语	http://www.nat-test.com/
	中　文	http://www.nat-test.com/cn/
主办方		专门教育出版社《日语 NAT-TEST》运营委员会
概　　要		在亚洲范围内举行的日语能力鉴定考试，始于 1988 年。其特点是寄给所有考生的成绩单中会详细地记录每个部分、每道问题的得分与评价，可以轻松地判断自己擅长或薄弱的部分。2012 年开始，在原有等级中增加了 3～5 级，现在的等级构成同 JLPT 判定等级一样。
考试时间		1 年 6 次，每 2 个月一次
考试举办地区		日本、中国、越南、尼泊尔、印度尼西亚、缅甸、斯里兰卡
是否可在中国参加考试		可以
各地的能力测试相关信息	中国	• 考场：北京、上海、广州、东莞、福清、宁波、青岛、威海、济南、大连、沈阳、长春、吉林、哈尔滨、呼和浩特、西安、郑州、阜新、长沙、成都、重庆、嘉兴、杭州、苏州 • 电话：022-23678803 • 传真号：022-23678809 • 电子邮箱：office@nat-test.com • 考试报名网站：http://59.151.28.132:8433/SGZJ23reg/Candidate/C_SignIn.aspx • 考试费用：270 元
		• 报考方式：登录上述网址进行报名
考试内容	级　　别	和 JLPT 一样，有 1～5 个等级
	考试内容	通过"文字•词汇""听力""阅读理解"三个部分，综合考察考生的日语能力。
等级构成	1 级	面向具备高级日语水平、想要考取日本的大学或大学院（研究生院）的考生。 ※相当于日语能力测试 N1 水平。
	2 级	面向将来准备考入日本大学或专门学校的考生。 ※相当于日语能力测试 N2 水平。
	3 级	面向将来准备参加日本大学或专门学校入学考试的考生。 ※相当于日本能力测试 N3 水平。
	4 级	面向准备参加日语能力考试 N4 等级测试的日语学习者。 ※相当于日语能力测试 N4 水平。
	5 级	面向准备参加日语能力考试 N5 等级测试的日语学习者。 ※相当于日语能力测试 N5 水平。
考试结果	合格通知	考试后大约 3 周内会将成绩单寄到所有考生处。成绩合格的考生会同时收到合格证书。
	相关证明发放	只有向留学学校提交申请材料时可以要求索取相关证明。考试主办方会与考生申请留学的学校核对考生的准考证号和姓名，此后直接将考试成绩证明寄到学校处。

○ ＢＪＴビジネス日本語能力テスト

名　　称			BJT 商务日语能力考试
简　　称			ＢＪＴ（Business Japanese Proficiency Test）
官方网站		日　语	http://www.kanken.or.jp/bjt/
		中　文	http://www.businessjapanese.org/
主办方			财团法人日本汉字能力鉴定协会
概　　要			该测试主要考察在各种商务场合使用日语交流与沟通的能力。除了口头表达，还要测试考生能否灵活运用已提供的信息，用掌握的日语，合理应对与处理邮件、传真类的文件、图表、照片等商业事务。
考试时间			1年2次（6月、11月）
考试举办地区			日本、中国、泰国、美国
是否可在中国参加考试			可以
各地的能力测试相关信息	中国大陆		• 考场：长春、沈阳、北京、大连、天津、青岛、南京、上海、苏州、杭州、成都、重庆、广州、深圳 • 电话：010-6279 9922 / 传真号：010-8252 0243 / 电子邮箱：bjt@mail.neea.edu.cn • 考试报名网站：http://bjt.etest.net.cn/login.do • 考试费用：630元
	中国香港		• 考场：香港 • 电话：3762-0830 / 传真号：2548-7027 / 电子邮箱：jolang@hkuspace.hku.hk • 报考方式：http://hkuspace.hku.hk/prog/bjt-business-japanese-proficiency-test • 考试费用：HK$650
	中国台湾		• 考场：台北、高雄、台中 • 电话：8789-6995 / 电子邮箱：BJT@marutora.com.tw • 报考方式：http://www.marutora.com.tw • 考试费用：NT$2000
	马来西亚		• 考场：吉隆坡 • 电话：03-7728-4662 / 传真号：03-7728-0662 / 电子邮箱：admin@atozlanguage.com • 报考方式：http://www.jlsm.org/ • 考试费用：
	• 报考方式：登录上述网址进行报名		
考试内容	级　　别		共有6个等级，分别为J1+至J5。
	考试内容		分为三个部分：听力（描述、表达、听力阅读理解）、阅读理解（语法・词汇、表达、短文阅读）、综合（听力＋阅读）。考试时间为120分钟。
等级构成	J1+		600～800分　充分具备能够应对任何商业事务的日语沟通与交流能力。 ※相当于日语能力测试N1以上。
	J1		530～599分　能在多种商务场合使用恰当的日语进行沟通。 ※相当于日语能力测试N1水平。
	J2		420～529分　能在有限的商务场合使用恰当的日语进行沟通。 ※相当于日语能力测试N2水平。
	J3		320～419分　能在有限的商务场合使用一些日语进行沟通。 ※相当于日语能力测试N3(N4)水平。
	J4		200～319分　能在有限的商务场合使用日语进行最基本的沟通。 ※相当于日语能力测试N4(N5)以下水平。
	J5		0～199分　基本不具备在商务场合使用日语的能力。
考试结果	合格通知		考试后3年内都可申请发放BJT成绩证明。
	相关证明发放		该证明可用作日本入境审查中留学・就读资格认证的审查材料。

○ ＳＴＢＪ標準ビジネス日本語テスト

名　　称		STBJ 标准商务日语考试
简　　称		ＳＴＢＪ（Standard Test for Business Japanese）
官方网站	日　语	http://www.ajlea.net/about_stbj/index.html
	中　文	http://www.ajlea.com/
主办方		一般社团法人　应用日语教育协会
概　　要		测试考生的职场日语能力，主要针对日企的外籍职员以及希望在日本就业的外国人。考题的主要内容是各种工作场合中需要用到的日语词汇、表达与运用。
考试时间		1 年 2 次（4 月、10 月）
考试举办地区		中国
是否可在中国参加考试		可以
各地的能力测试相关信息	中国	・考场：中国各地大约 50 座城市 ・电话：0411-8437-1836 ・传真号：0411-8437-1835 ・电子邮箱：office@ajlea.com ・考试报名网站：http://www.ajlea.com/baoming/index.php?c=examinee&a=index ・考试费用：260 元
		・报考方式：登录上述网址进行报名
考试内容	级　　别	有 5 个等级，分别为 BJ1 至 BJ5
	考试内容	有 7 部分测试：2 部分会话能力、听力、3 部分听力阅读理解、词汇。
等级构成	BJ1	800 分以上　可在公司内使用日语处理事务 ※相当于日语能力测试 N1 水平。
	BJ2	799 分以下　基本可在公司内使用日语处理事务 ※相当于日语能力测试 N2 水平。
	BJ3	649 分以下　可在公司内使用日语处理事务，但有时会遇到困难 ※相当于日语能力测试 N3 水平。
	BJ4	449 分以下　要用日语处理事务相当困难 ※相当于日语能力测试 N4 水平。
	BJ5	199 分以下　无法使用日语处理事务 ※相当于日语能力测试 N5 水平。
考试结果	合格通知	可向考生发放成绩通知单（具体成绩记录）以及等级认证证书。
	相关证明发放	

○ ＴＯＰＪ实用日本語運用能力試験

名 称		TOPJ 实用日语运用能力考试
简 称		TOPJ（TOP JAPANESE）
官方网站	日 语	http://www.topj-test.org/index.php
	中 文	http://www.topj-test.org/ch/index.php
主办方		财团法人 亚洲国际交流奖学金财团
概 要		考察考生对日本的社会、企业习惯、文化等方面的理解。高级 A 等级可认定为具备在日资企业内从事翻译等工作的能力。
考试时间		1年4次 4月、5月、9月、11月
考试举办地区		日本、中国大陆、越南、尼泊尔、中国台湾
是否可在中国参加考试		可以
各地的能力测试相关信息	中国大陆	・考场：中国大陆只在北京、大连设有考场 ・电话：北京 010-62605000、大连 86-159-4242-4157 ・传真号：北京 010-62653855 ・电子邮箱：info@topj-test.org｜tongxiaodong@xdf.cn ・考试报名网站：建设中 ・考试费用：270 元
	中国台湾	・考场：台北、高雄、台中 ・电话：02-2312-3760／传真号：02-2521-1312／电子邮箱：hao-segu@biduying.com.tw ・报考方式：http://www.biduying.com.tw/ ・考试费用：***
		・报考方式：登录上述网址进行报名
考试内容	级 别	从基础至高级共分9级
	考试内容	听力（图画·照片题、问答、会话、说明、阅读）、笔试（阅读理解、日本文化、综合）
等级构成	高级 A	可以阅读报纸社论与研究论文并准确理解其中涵义。 ※相当于日语能力测试N1以上水平。
	高级 B	充分了解日本的生活习惯与文化，能完全适应日本的生活。 ※相当于日语能力测试N1水平。
	高级 C	可以阅读日语小说等难度一般的读物。更为专业一些的读物借助词典也可以阅读并理解。 ※相当于日语能力测试N1水平。
	中级 A	可进行日常生活中的翻译工作。能看懂字数不多的漫画或杂志。 ※相当于日语能力测试N2水平。
	中级 B	认识招牌、海报上的单词。和日本朋友交流可以明白对方的意思。 ※相当于日语能力测试N2水平。
	中级 C	能够用一些简单的单词做一些简单的对话。 ※相当于日语能力测试N3水平。
	初级 A	能够阅读针对外国人的一些简单的读物。 ※相当于日语能力测试N3水平。
	初级 B	能够进行简单的看图说话。 ※相当于日语能力测试N4水平。
	初级 C（基础）	可以用单词组句。能进行自我介绍。 ※相当于日语能力测试N4水平。
考试结果	合格通知	考试结束1个月后邮寄考试结果与成绩证明
	相关证明发放	

※"TOPJ 实用日语应用能力考试"在中国国内的正式官方名称为"PJPT 实用日语应用能力考试"。

○ GNK生活・職能日本語検定試験

名　　　称		GNK 生活 • 职能日语鉴定考试
简　　　称		GNK
官方网站	日　语	http://www.nihon-ken.com/
	中　文	http://www.chinagnk.com/
主办方		特定非盈利性活动法人　外国人日语掌握程度鉴定机构
概　　　要		该考试面向母语非日语的外国人，判断他们是否具备在日本留学、研修、在日企就业所需的日语能力。除此以外，该考试还会从日本的习惯、文化、生活、商务、学习等各个方面设计各种场景，广泛考察与评价考生的日语交流能力。
考试时间		1 年 2 次（5 月・11 月）
考试举办地区		日本、中国、越南、缅甸、蒙古
是否可在中国参加考试		可以
各地的能力测试相关信息	中国大陆	• 考场：北京、上海、福建、沈阳、长春、吉林、郑州、杭州、石家庄、武汉，今后预计一共要在 25 个城市设分考场。 • 电话：03-3560-8447　（也可向中国任意分考场咨询） • 传真号：03-3585-8555 • 电子邮箱：office@nihon-ken.com • 考试报名网站：http://www.nihon-ken.com/gnk-fllow.html • 考试费用：熟练级（日本国内　15,000 日元 / 中国考试另付手续费）高级・准高级・中级（日本国内 5,000 日元 / 中国 350 元）准中级・初级（日本国内 4,000 日元 / 中国 350 元）
	中国台湾	• 考场：台北 • 电话：02-3765-1320 / 传真号：02-2765-4217 / 电子邮箱：service@gnk.org.tw • 报名方式：http://www.gnk.org.tw/ • 考试费用：1200 元（A、B 卷检定课程）硕士级费用 2400 元（申请 Master 级别需外支付 1200 元）
		• 报考方式：从上述网址下载考试申请表，填写好后邮寄给事务所。也可向各个分考场提交申请。
考试内容	级　　别	分为 6 个等级：熟练级、高级、准高级、中级、准中级、初级
	考试内容	根据各个部分的回答准确率确定考生的成绩等级。笔试合格后一般还要通过面试与论文考试。成绩优秀的考生将获得表彰、日本方面的招待等一系列特殊优待。（与政界、财政界的名流进行座谈等）
等级构成	熟练级	掌握的日语可以应对各种商务与学术场合，熟知并透彻地理解日本的社会文化，可用日语对日本的现状及未来进行论述。※相当于日语能力测试 N1 以上水平。
	高级	具备日语阅读理解与听力能力，同时基本了解日本社会的规范（社会常识与礼仪等），拥有足够的日语交流与沟通能力，能承担公司职员、参加会议等工作，能恰当地处理多种问题。※相当于日语能力测试 N1 水平。
	准高级	具备基本的日语阅读理解与表达能力，能够完全听懂日本大学的授课，可在公司任职，能够理解社会热点等话题。※相当于日语能力测试 N2 水平。
	中级	能够进行日常生活中的简单会话，能够读懂文章，具备一定的社会生活所需的交流能力。已经拥有在日本就学或就业的基本能力。※相当于日语能力测试 N3 水平。
	准中级	掌握基本的日语会话与词汇使用能力，能理解简单的句子与文章。但在词汇量和表达方面还很欠缺。对日本的生活有大致了解，可以跟邻居进行一些交流。※相当于日语能力测试 N4 水平。
	初级	掌握基本的日语会话与词汇使用能力，能理解简单的句子与文章。但在词汇量和表达方面还很欠缺。对日本的生活有大致了解，可以跟邻居进行一些交流。※相当于日语能力测试 N5 水平。
考试结果	合格通知	四个星期后可向考生发放成绩通知单（具体成绩记录）以及等级认证证书。
	相关证明发放	另发放认定书一份，需 1000 日元。

3.3 其他招生制度

接下来为大家介绍掌握日语之后如何准备志愿学校的考试。如前文所述，去日本高等教育机构留学，主要有两种渠道：①参加众多日本高等教育机构要求的、全世界统一选拔考试，即"日本留学考试"；②参加各个大学单独实施的"大学独立考试"。

接下来让我们一起具体分析这些考试。

日本留学考试

首先介绍一下"日本留学考试"。"日本留学考试"以亚洲各国和地区为中心，一年两次，于每年的6月和11月举行。一般情况下，不同的学校会有不同的具体规定，比如需要参加"某年某月实施的日本留学考试"，因此一定要事先确认好志愿学校的考试要求，准确无误地参加考试。另外，在日本学习日语并已达到高级水平的同学，最好在日本参加考试，而在本国学习日语的同学则最好到中国香港、中国台湾和马来西亚等地参加考试。

※从2013开始"日本留学考试"的香港考点开始接受中国大陆住址的考试申请，预计赴香港考点考试的学生会因此增多。

日本高等教育机构中，有很多学校仅需申请者提供"日本留学考试"的成绩和必需的申请材料。

这类学校统称为"留学生赴日前即可被录取的学校"，如去此类学校就读，不需要在日本参加考试。只要提交申请，如获学校录取，就意味着可以到该学校就读，这对考生来说，入学负担最小。

※"留学生赴日前即可被录取的学校"中，大部分要求申请者提供入学申请前一年第一次考试（即6月考试）（含）为止的成绩，所以请大家务必注意日本留学考试的举办场次。

● 采用日本留学考试的赴日前入学许可校（截至2018年8月）

	国立	公立	私立	合计
大学	29	1	67	97
短期大学	0	0	12	12
大学院	0	0	5	5
高等专门学校	0	0	0	0
专门学校	0	0	63	63
合计	29	1	147	177

● 资料来源：独立行政法人日本学生支援机构（参考）
※该数据可能会有变动

○ 日本留学考试（EJU）概要

日本留学考试（Examination for Japanese University Admission for International Students：EJU）是测试有意去日本高等教育机构的留学者根据日本的大学等所要求的日语能力以及基础学科的学习能力考试。

大部分的日本国公立大学，以及半数私立大学都要求学生在报考时提交留学考试成绩，将考试成绩作为入学是否合格的判断材料之一。日本留学考试中考试成绩优秀的学生，有机会在入学后以此成绩事先申请学习奖励金。（2015年11月参加考试时相关申请详情请参照 http://www.jasso.go.jp/scholarship/yoyakuseido_11.html）

现在采用"日本留学考试"的学校分为两种，一种是在赴日前就可以批准入学的学校，另一种是除此之外的学校。

前一种学校就是之前说明过的，综合考察"日本留学考试"的成绩及在本国的学习能力、学历等之后，再判断是否可以批准入学的学校。后一种指的是除"日本留学考试"之外，该大学还另外自主设置了第二次考试的学校。"日本留学考试"在日本国内、外都可以参加。

名称	日本留学考试 / EJU (Examination for Japanese University Admission for International Students)		
举办	独立行政法人日本学生支援机构		
主页	http://www.jasso.go.jp/eju/	邮箱	eju@jasso.go.jp
对象	希望去日本高等教育机构留学的外国学生		
考试日期	每年举办两次：6月举办第一次，11月举办第二次。 ※请注意：有些大学会指定申请者参加考试的场次。		
申请时间	日本留学考试前约4个月。		
考试地点	日本国内	北海道、宫城县、群马县、琦玉县、千叶县、东京都、神奈川县、石川县、静冈县、爱知县、京都府、大阪府、兵库县、广岛县或冈山县、福冈县或冲绳县	
	日本国外	印度（新德里）、印度尼西亚（雅加达及苏腊巴亚）、韩国（首尔及釜山）、新加坡、斯里兰卡（科伦坡）、泰国（曼谷）、中国台湾（台北）、菲律宾（马尼拉）、越南（河内及胡志明市）、中国香港、马来西亚（吉隆坡）、缅甸（仰光）、蒙古（乌兰巴托）、俄罗斯（符拉迪沃斯托克）	
出题科目	日语、综合科目、数学、理科（物理、化学、生物） 日语满分400分（另外作文满分50分），其他科目满分200分。试题语言为日语和英语，填志愿时可以选择报考学校指定的语言及考试科目。日语考试的试题语言只有日语。		
考试费用	▽在日本参加考试：仅参加一科7560日元（含税）、参加两科及以上14040日元（含税） ▽在中国香港参加考试：仅参加一科450港币、参加两科及以上850港币 ▽在中国台湾参加考试：仅参加一科1200台币、参加两科及以上1600台币 ▽在马来西亚参加考试：60林吉特		
考试结果	考试1～2月后，会将考试结果邮寄到申请卡中所登记的住址。 另外，在填写日本大学申请书时，有可能需要考生提供日本留学考试的准考证或成绩通知书的复印件。大学也会与相关机构确认考生的日本留学考试成绩。		

○ 2018年"日本留学考试"时间安排

2018年 第一场（6月）※申请受理已结束，仅作参考		2018年 第二场（11月）	
申请受理时间	2018年2月13日（星期二）至3月9日（星期五）（以3月9日邮戳为准）	申请受理时间	2018年7月2日（星期一）至7月27日（星期五）（以7月27日邮戳为准）
寄送准考证	2018年5月18日（星期五）	寄送准考证	2018年10月19日（星期五）
考试时间	2018年6月17日（星期日）	考试时间	2018年11月11日（星期日）
成绩通知	2018年7月25日（星期三）	成绩通知	2018年12月21日（星期五）

○"日本留学考试"的倾向和对策

由于"学习指导要领"的变更，入学考试内容也有相应的变化。

日本文部科学省将小学、初中、高中等的有关教育课程的学习指导要领归纳总结成《学校教育法实施规则》，并定期进行修订运用。其中有关高中部分，从2013年度的新生开始实施了新的"学习指导要领"。

这个新的"学习指导要领"给希望到日本留学的外国留学生们也带来了很大影响。具体来说，这一影响将出现在2015年6月以后的"日本留学考试"以及各大学的独立考试当中。

"日本留学考试"的各科目教学大纲改定的概要和详细情况，请参考右方表格。

科目	2016年6月以后改定
日语	
理科（物理）	
理科（化学）	新教学大纲
理科（生物）	
数学（课程1、2共通）	
综合科目	

"日本留学考试"现行教学大纲的变更点以及与学习指导要领的对应一览表

科目	日语	数学I（仅限①）	数学II（①+②）	理科（物理）	理科（化学）	理科（生物）	综合科目		
							政治、经济、社会	地理	历史
新考纲	读解、听解、听读解部分、记述部分	①数字与公式、二次函数、图形与计量、计数与概率、整数的性质、图形的性质 ②各种各样的公式、指数函数、对数函数、三角函数、微分积分思想、数列、矢量、复平面、平面上的曲线、极限、微分法、积分法		力学、热学、波动、电与磁场、原子	物质的构成、物质的状态与变化、无机化学、有机化学	生命现象与物质、生殖与发育、生物的体内环境的维持、生物的环境应答、生态与环境、生物的进化与系统	现代社会、现代经济、现代政治、现代国际社会	现代世界的特点与各种问题的地理考察	近代的成立与世界的一体化、20世纪的世界与日本

在日本高等教育机构的入学资格是什么？

 小贴士

根据规定，要取得日本的大学、短期大学、专门学校的入学资格，须满足以下几点：

● 在本国国内修满12年的学校教育课程（其中必须包括中等学校教育）；

※在本国国内修满全部中等教育课程一般需12年，因此日本的这项规定其实暗含了申请入学者要年满18周岁的条件；

※如果申请学生修满所有课程只用了10—11年，就必须在文部科学省指定的机构学习"预备教育课程"，以补足缺失的年份；

● 参加本国国内与日本"高中毕业鉴定考试"程度相当的考试并合格；

● 具有高中毕业、升入大学的同等学习能力并获得相关能力证明；

● 获得国际学士学位资格或德国高等教育入学资格，并年满18周岁；

● 在获得国际性测评组织（如WASC、ACSI、ECIS）认证的外国学校修满12年教育课程，并年满18周岁；

● 接受大学方面的个人入学资格审核，认定具备高中毕业同等学习能力，并年满18周岁。

如果单凭你的最高学历证明无法使你具备日本大学、短期大学、专门学校的入学资格，那么就必须额外提供如上所述的相关学历证明。

○ 采用日本留学考试、赴日前可获得入学许可的制度

采用日本留学考试、赴日前可获得入学许可的流程如下：

作为主办方的日本学生支援机构按照报考号码管理各位日本留学考试的成绩，如高等教育机构询问时就提供相应的信息。

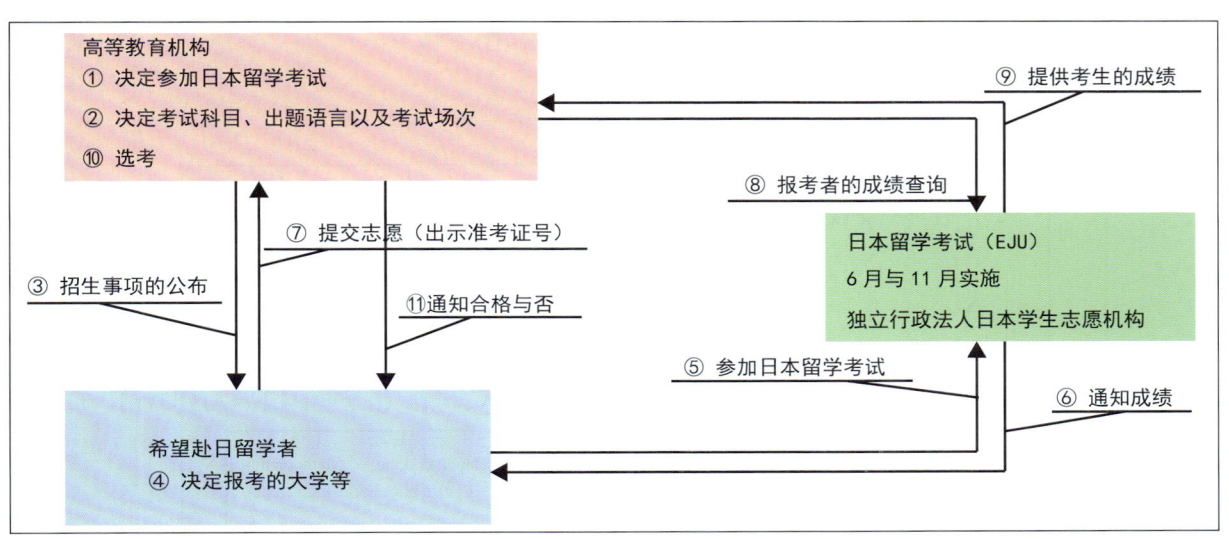

● 赴日前入学许可流程图

○ 从参加"留学生赴日前即可被录取的学校"的指定考试到入学为止的流程

◆ 阅览报考学校的考试指南进行确认 ◆

进入报考学校的网站，获取"自费外国留学生报考"信息（参照第八章），对报考资格进行确认。如果报考资格方面不存在什么问题，则对"日本留学考试"进行详细确认。尤其是对参加"某年某月实施的考试""必须参加的考试科目""该科目的出题语言规定"等进行确认。

◆ "日本留学考试"报名 ◆

日本留学考试的详细情况请通过以下网站进行确认（http://www.jasso.go.jp/eju/）。通过对上图（赴日前入学许可流程图）中①的确认，报名参加指定的"日本留学考试"。（报名材料的记载方法将在后面进行介绍）

※考试科目、出题语言、考试场次如果错误的话，将不能获得报考资格。

◆ 参加"日本留学考试" ◆

前往事先申请的考场参加"日本留学考试"。

◆ 报考学校提出申请 ◆

向报考学校索取入学申请，填写必要事项，在大学规定的期限内缴纳报名费，将毕业证明、成绩证明等报考学校指定的材料提交给校方。参加日本留学考试时需要填写考试编号，请正确填写此栏。

※顺便提醒大家，如果志愿学校不是"留学生赴日前即可被录取的学校"，在参加完"日本留学考试"之后，需要到日本再参加志愿学校举办的独立考试。

◆ 合格判断 ◆

学校受理申请材料后,将对学生进行选考。选考结果,如果合格,校方将通知学生。

◆ 入学手续 ◆

学生应在学校指定的期限内办理入学手续。需要注意的是,学杂费及学费必须在学校规定的期限内缴纳。

○ "日本留学考试"申请表

申请表提交后,填写的内容将不能更改,请大家慎重填写。

大学独立考试

接下来为大家介绍各位的志愿学校单独举办的"大学独立考试"。学校在根据申请者提供的资料和日本留学考试成绩进行第一轮筛选后，举办该考试进行第二轮选拔。

该考试由各大学单独举办，形式多样，除了一般的学力测试，还有诸如面试、小论文、实际技巧测试等各种形式。除了用 skype（网络电话）等工具进行面试以外，大多数考试在日本相应大学内举行。因此，即使申请者是在本国国内学习的日语，也需要去日本参加该考试。虽然很少有欧美大学在确定录取之前要求申请者专程去当地参加考试，但是若想留学日本，则通常需要赴当地参加考试。日本各大学现已认识到这种招生制度增加了申请难度，不久的将来有可能对现有的招生制度进行改革。

另外，最近在日本的大学里以日本学生为对象的普通高考中也开始引进了测试英语能力的 TOEFL 等考试。这种原本在国立大学或者一部分私立大学面向外国留学生招生考试中所必需的英语能力考试，预计今后将在各个大学里越来越普遍。也许有很多人感觉对英语没有自信，但可以换个角度这样想问题，英语能力测试可以多次参加。这种考试不同于大学升学考试，并非一次定江山。只要是认真地实行了英语考试对策就可以逐步地取到高分数。也正因如此，名牌大学的报考者取得高分数可以说并非偶然。希望大家不要因为这种英语能力考试而被拖累，应该切实地订立学习计划研究考试对策。

○ 大学独立考试的一般考试形式

那么让我们一起具体了解一下大学独立考试的内容。

◆ 学习能力测试 ◆

学习能力测试指的是根据你填报学校的院系与专业进行学习能力的考察。考试的科目和难易程度各有不同，所以选择与自己的能力相匹配的学校十分重要。

◆ 面试 ◆

大部分接收留学生的大学会采取面试的形式作为独立考试。据说面试形式的考察可以直接检验学生的日语能力和思维方法，是很重要的一种考察方式。

◆ 小论文 ◆

学习能力测试指的是根据你填报学校的院系与专业进行学习能力的考察。考试的科目和难易程度各有不同，所以选择与自己的能力相匹配的学校十分重要。

◆ 其他 ◆

如果你填报的是艺术系或体育系等专业，一般要接受现场操作演练测试。

○ 大学独立考试的发展趋势与应对方法

这里谈一下日本国内举行的独立考试的发展趋势，旨在为大家实际的学习提供参考。

所谓大学独立考试，是日本各所国立、公立与私立大学单独举行的学习能力考试。社会科学与人文科学类专业的入学测试以日语、英语为主，理工农与医学、牙科、药学等专业则以数学等理科学科为主。

需要注意的是，除了学习能力测试，几乎所有大学与专业都会安排面试。有的大学是所有的专业都考同一内容，也有的大学则是专业与科目不同，考试内容也不同。一定要确认好你填报的学校考哪些科目。

另外，一些大学会设立专门针对留学生的学习能力测试，也有大学的考试内容和日本学生的入学测试内容完全一样。一般而言，大多数学校会针对留学生专门设计考试内容，如果考试内容和日本学生入学测试完全一样，通常对留学生的日语能力要求就更高，难度也要超过前者。不管怎样，最好事先看一下所报考大学过去的考试题目，准确把握考试趋势，然后再制订相应的迎考对策。

○ 各大学学习能力测试科目与概要

下面列举一下各个大学所举行的学习能力测试的考试科目与概要。不同于日本留学考试，学习能力测试是大学不同，考试科目与具体内容都会不同。

因此事先确认报考学校的测试体系，这一点十分重要。

◆ 日语 ◆

学习能力测试中的日语测试，其形式基本都是根据某一命题，当场写作一篇表达自己观点的小论文。也就是说，不会像日本留学考试时那样，只是简单地测试一下日语的基础能力。

小论文写作考试主要有两种出题形式。一种是针对某篇文章，或直接表述自己的观点，或用回答问题的方式写出自己的看法；另一种则是只给一个命题，根据这个命题可以自由地论述观点。无论哪一种形式，都要求考生在掌握基本日语能力的基础上有进一步提升，考生对于用日语表达观点的日常训练与积累是很有必要的。而且，有不少学校会根据填报的院系或专业来出相关的命题。考生可以事先确认一下自己报考的学校有没有过根据学生志愿来出题的先例，如果有的话，就有必要事先准备一些与自己的报考院系或专业相关的命题进行操练，并且通过网络等媒体掌握一些相关领域最新的信息。

◆ 英语 ◆

日本学生参加大学的入学考试也要接受英语学习能力测试，一般来说国立与公立大学以论述考试为主，私立大学则是使用答题纸的客观选择题考试为主。留学生参加的学习能力测试情况同样如此。

不过，凡事总有例外，还是有必要事先了解一下自己的志愿学校会采取论述考试还是选择题考试，在此基础上制订相应的备考方案。

国立与公立大学主要采用论述考试的形式，具体有：日语翻译类——阅读英语文章并翻译成日语，说明类——用日语对英语文章的部分或全部进行说明，英语写作类——将日语句子翻成英语，自由英语写作类——根据某一既定的命题，在规定字数内用英语写出自己的观点等。而且最近，自由英语写作类的题目越来越多，要事先确认一下自己的志愿大学或专业以前有没有出过类似题目，如果有，平时就要加强相关的训练，确保考试时能够顺利地在规定时间与规定字数内表达清楚自己的观点。

而私立大学的考试形式多是客观选择题，不过这些选择题主要都是阅读理解。具体而言，有内容一致类——阅读较长篇幅的文章，选出用英语正确地表达出文章大意的选项，下划线选择类——选出一个与文中下划线部分内容一致的选项，填空类——将正确的语句填写在文中空白处等。有些学校出的英语题目难度要高于本国的大学统一入学考试，要特别注意。除了阅读理解，还有一些语法与词汇题目，一般来说比本国的大学统一入学考试的难度要低一些。

另外，还有一些大学或专业不采用笔试形式，而是听力测试。对此一定要事先确认，并作出相应的备考方案。毋庸置疑的是，今后日本将有越来越多的大学使用英语授课，而毕业后用到英语的就业机会也会越来越多，所以，不管学习能力测试中的英语科目考试形式如何，对留学生而言，加强英语的学习是很有必要的。

◆ 数学 ◆

根据日本现行的学习指导纲要中规定的课程内容，数学学科的学习范围如下所示。请一定要事先确认自己目前已经掌握的内容，明确在报考学校和专业的数学考试范围内有没有自己尚未学过的知识点。

数学 I

（1）方程式与不等式（2）二次函数（3）图形与计算

数学 II

（1）公式与证明·高阶方程式（2）图形与方程式（3）各类函数（4）微分·积分理论

数学 III

（1）极限（2）微分法（3）积分法

数学 A

（1）平面图形（2）集合与逻辑（3）随机数与概率

数学 B

（1）数列（2）矢量（3）统计与计算机（4）数值计算与计算机

数学 C

（1）矩阵与应用（2）公式与曲线（3）概率分布（4）统计处理

如果报考的是文科专业，多数大学或专业考的数学是 I、A、II、B，这和日本留学考试中的 I 卷（文科专业志愿）的出题范围是一样的。数学 I、数学 II、数学 A 的出题范围是以上列举的所有内容，而数学 B 大多从（1）数列和（2）矢量两部分出题。有必要事先确认一下各个大学公布的出题范围。

如果报考的是理科专业，除了 I、A、II、B，基本都还要再加上 III、C，这和日本留学考试 II 卷（理科专业志愿）的出题范围是一样的。而且本国的大学统一入学考试还会考到计算机领域的题目，但日本留学考试和各大学的学习能力测试都不会考这方面的内容。数学 I、A、II、B 的考试范围和文科专业是一样的。数学 III 也是考所有列举的内容。数学 C 则大多会出（1）排列与应用（2）公式与曲线这两部分的问题。这个也需要事先确认一下。

日本留学考试大多是一些考察基础知识的问题，就和本国的大学统一入学考试的前半部分内容一样，而各所大学的学习能力测试则如同本国的大学统一入学考试的后半部分，难度会高一些，或者说有许多学校出的题目难度还要高于本国的大学统一入学考试。如果大学有专门为留学生设立的学习能力测试，那么难度级别同日本留学考试相同或者与本国的大学统一入学考试难度相当，但如果报考大学的学习能力测试就是日本学生也要参加的入学测试，那么题目的难度等同于本国的大学统一入学考试的后半部分内容，甚至可能会更难一些。一定要事先确认好自己报考的学校采用的是哪一种考试。至于题目的类型，国立与公立大学大多为论述题，很多私立大学则是选择题与论述题并用。

有一部分国立、公立大学会为留学生专门设立学习能力测试，但大多数学校的考试和日本学生参加的入学测试完全一样。不同学校考试的难易程度也会有所差异，有可能会碰到不少超过本国的大学统一入学考试难度的问题。为此，最好能做一做报考大学过去的考试真题。而且论述类的题目需要用日语作答，这一方面的应对方案与演练也要下足功夫。特别是理科专业的测试，要针对数学 III 的各项内容，做好充分的复习准备。

有些私立大学的考试形式是用答题纸做选择题，这点要事先确认一下。选择题考试只要写出选项即可，无需用日语作答。虽然有人认为这比论述型的考试要来得容易，但实际上有些大学所出的题目难度相当之高，而且也不像论述考试,答对一部分也能得到一点分数,选择题考试一旦答错扣分就很多。而且,一些私立大学,前半部分是选择题,只写出答案即可,后半部分则是论述题。所以还是有必要看一下各所大学过去的真题,把握一下出题形式与难易程度,尽量使自己能够适应报考大学的考试。

◆ 理科 ◆

理科的考试科目有物理、化学和生物三门。不过,没有大学是这三门科目全考的,一般只考其中的一到两门。如果报考理科大学或理科专业,大学独立考试中大多会有理科科目的考试,早一点决定好自己要考哪一门科目,这点很重要。

1. 物理

物理科目的考试范围涵盖了力学、电磁学、波动、热学等各个领域。物理考试关键的一点是不要出现任何薄弱环节,最好每个领域的基础知识都能透彻地理解。尤其是力学、电气和电磁学,许多大学和专业会出这些方面的试题,因此一定要认真地学习掌握。如果报考大学的学习能力测试是专为留学生设立的,那么物理考试的难度相当于同级别的日本教科书的难度,也就是本国的大学统一入学考试中的基础知识级别,对此要事先掌握好各种基础知识,做好一些基本问题的实际操作演练。另外,专为留学生设置的物理考试中有专门的论述题和绘图题,相关的练习也是必不可少的。而那些学习能力测试即为日本学生入学测试的大学所出的试题难度会高于留学生专用测试,不过不同大学情况也会有所不同。各所大学所出试题偏向于考察哪一领域的知识、难易程度如何等情况都不尽相同,所以最好是做一做以前的真题,实际演练一下。另外,物理考试中有不少试题需要计算,计算错误是硬伤,一定要通过多做习题提高计算能力。

2. 化学

化学科目的考试会从化学理论、有机化学、无机化学等几个领域出题。其中有关化学理论与有机化学的题目出得最多,无机化学相对较少。基本上国立、公立与私立大学的化学考试都采用只在答题卷上写答案的考试形式,不过还是有大学会出论述题,需要注意一下。各所大学所出考题的难度都会有所不同,如果报考的大学有专为留学生设立的测试,那么出的题目大多是同等的日本教科书或本国的大学统一入学考试中的基础问题的难度。化学理论与有机化学部分会重点考察考生对基础知识的掌握情况,所以最好加强这方面的练习。还有些大学组织的学习能力测试就是日本学生也要参加的入学测试,这种情况下试题会偏难一点。除了仔细分析报考大学过去的真题,掌握基本情况,还要做一些和测试难度相当的模拟试题。就具体考试范围而言,化学理论部分会有很多计算题,对考生的演算能力有一定要求。有机化学部分会考脂肪烃、芳香烃的化学反应与构造推理、天然高分子化合物、合成高分子化合物。无机化学则要求掌握气体产生反应、金属离子的沉淀等知识。

3. 生物

生物考试中经常会出填空题,考察考生对一些生物词汇的理解。在专为留学生设立的学习能力测试中,题目常常是教科书中用粗体字标注的重点词汇。记叙与论述型的题目不常有。因此,考生在复习迎考时,可以采取类似于应对本国的大学统一入学考试基础问题的方案,对教科书中的基础知识点进行拓展学习。而那些学习能力测试即为日本学生入学测试的大学所出的试题,难度基本上会高于留学生专用的测试。不同的大学在试题难度与出题形式等方面还是会有很大差异,因此事先了解自己报考的大学是何种情况,这点十分重要。和留学生专用测试一样,有不少题目是考察重点词汇的掌握,不过也有一些记叙与论述型的问题,最好能够事先训练一下如何用日语准确简练地论述一些基本的生物现象。特别是有些大学出的论述题难度很大,就更要做好相应的应对措施。另外,还可能会碰到需要整理与分析图表数据的问题,这方面的练习也不可忽视。

○ 面试的内容和对策

不少大学除了前面所说的学习能力测试，还会组织专门的面试。面试主要从以下几个方面考察学生是否该所大学所需要的人才；是否具备在大学学习的知识与能力；是否具有社会责任感与伦理道德观；日语能力是否足以应对大学的授课；是否具备良好的交流沟通能力以顺利地度过大学生活等。面试使用的当然是日语，所以面试本身也是在考察学生的日语能力。

面试的形式有两种：个人面谈和集体面试。集体面试一般是三人左右的学生为一组，共同面对几位考官。如果面试官有三位，大多一人负责发问，其余两人打分。考官会观察考生是否做出了清晰简洁的回答，回答内容是否妥当，是否具备准确陈述自我观点的口头表达能力，学习的意愿、目的、对相关学科领域的关注程度究竟如何等。最好等到考官提完问题并且自己听清楚了再作答，说得太多可能会扣分。而且考官一般都清楚留学生的日语水平普遍不高，所以如果没有听清问题，大大方方地再询问一遍即可。一般考官都会更清楚明了地把问题再重复一遍。如果提的问题超过了自己所掌握的知识范围，答不上来，那就老老实实地回答"我不知道"吧。就算你不懂装懂勉强作答，也躲不过考官的火眼金睛。不知道就是不知道，对自己有把握的问题好好回答才是最重要的。

在正式提问开始前会确认一下考生的准考证号、姓名、出生年月、来自哪所学校等。这些都是常规问题，面试时经常会被问到。另外，有些院系专业还会问你一些必须掌握的相关领域的专业知识。下面就来举一些例子，面试中容易遇到以下问题。

● 基本例题

选择到日本留学的原因	擅长与不擅长的科目是什么
选择这所大学的原因	评价自己的性格（优点与缺点）
选择这个院系、这门专业的原因	你的朋友认为你是怎样一个人
高中生涯你最专注于哪一件事	最近印象深刻的一则新闻
想在这所大学度过怎样的大学生活	关心的社会问题
有没有打算好毕业后干什么	

● 不同院系专业的面试例题

信息系——网络的优势与劣势是什么？	经济·经营系——面向未来的经营者需要怎样的领导力？
环境系——你的祖国目前面临的最严重的环境问题是什么？	社会系——老龄化社会最亟须解决的课题是什么？
教育系——你认为理想的教师形象应该是怎样的？	医学系——你怎样看待尊严死与安乐死？

要在短暂的面试中向面试官充分展现自我，这需要事先做好充足的准备。首先对于一些常规的问题要准备好一个回答的模式。对于院系提出的专业问题，需要平时多积累知识，了解报考院系与专业的相关情况，通过阅读本国相关的新闻报道和资料，把握专业领域的现状与重点课题。另外，还一定要去浏览一下报考的大学的官方网站，了解一下学校的特色和院系专业的课程内容。

○ 错综复杂的考试大纲

日本名牌大学的入学制度是很复杂的，大学内部不仅学院和学院之间的制度不一样，就连同一所大学的同一个学院也会因为年份的不同而不同，不夸张地说，把握考试大纲是迈向合格的第一步。

虽然不能一一列举所有名牌大学的入学制度，但是可以将它们分门别类。这里我们就拿最著名的东京大学的入学考试来做说明。

◆ 大学考试大纲分类 ◆

大学考试大纲可以分①日本留学考试内容②大学独立考试内容 ③证书三类。①的日本留学考试类型为 1 到 14，大学独立考试为 1 到 33，资料提交分为两大类。可以利用本书关联网站（http://studyjapan.org/extra/）的数据库，搜索这些知名大学的考试大纲。

文理系	TYPE	日本留学考试		数学			理科		TYPE	大学独立考试						TYPE	证书	
		日语	综合	1	1or2	2	1教科	2教科		日语	英语	数学	理科	小论文	面试		通常	英语系
文系型	1	●																
文系型	2	●	●															
文系型	3	●	●	●														
文系型	4	●	●		●													
文系型	5	●			●													
理系型	6	●																
理系型	7	●	●				●											
理系型	8	●																
理系型	9	●			●			●										
理系型	10	●				●	●											
理系型	11	●				●		●										
理系型	12	●						●										
理系型	13							●										
理系型	14	●					●											
赴日前									1									
文系型									2						●			
文系型									3						●			
文系型									4					●	●			
文系型									5	●					●			
文系型									6	●				●				
文系型									7	●					●			
文系型									8		●							
文系型									9		●				●			
文系型									10		●			●	●			
理系型									11		●	●						
文系型									12		●	●						
文系型									13		●	●			●			
文系型									14		●	●		●	●			
理系型									15						●			
理系型									16					●	●			
理系型									17		●		●					
理系型									18		●	●	●					
理系型									19			●						
理系型									20			●		●				
理系型									21			●						
理系型									22			●	●					
理系型									23			●		●				
理系型									24			●	●	●				
理系型									25			●		●				
理系型									26			●		●				
理系型									27			●	●	●	●			
理系型									28			●	●	●	●			
理系型									29			●	●	●	●			
理系型									30	●		●	●	●	●			
理系型									31		●							
理系型									32		●	●						
理系型									33		●		●					
通常																1	●	
英语																2	●	●

由于一部分学院无法明确区分文科・理科，所以此处仅为参考。

◆ 东京大学考试大纲审定 ◆

东京大学是日本高校中最优秀的大学，是聚集了日本优秀学生的最高学府。来日本留学的各位，有没有打算考入东京大学呢？不过要有心理准备，因为想进入东京大学是相当困难的。

我们来看一下东京大学学院的考试大纲吧。

首先，东京大学学院除了面向自费留学生一般选考入学以外，还有入学后全部用英语授课以及文部科学省设立的公费留学生名额的两种特殊选考入学方法。本章后面会对这两种方法加以解说，在此我们先讲一下面向一般自费留学生的选考方法。

◆ 东京大学学院自费留学生招收大纲 ◆

第一次选考

在校成绩、国家统一考试成绩，再加上以下考试，为第一次选考。

① 日本留学考试

独立行政法人日本学生支援机构实施的日本留学考试（上一年度 6 月、11 月实施）参加所指定的考试科目（出题语言分为日语·英语，考生可以选择应考语言）。文科所指定的科目为日语、综合科目、数学（课程 1），即 3 个科目 3 项考试，理科所指定科目为日语、理科（物理、化学、生物任意 2 门）、数学（课程 2），即 3 个科目 4 项考试。

② 英语成绩

TOEFL（iBT，PBT 的其中一项）或者是 IELTS（国际英语能力考试）。提出时必须在两年有效期内。

第二次选考

第一次选考合格者，参加小论文及面试。综上所述，东京大学考试大纲的前期考试大纲分为以下两类。

文科学院的情况 = 日本留学考试 3+ 独立考试 4+ 证书 2

理科学院的情况 = 日本留学考试 11+ 独立考试 16+ 证书 2

3.4 特辑 以高难度大学为目标

日本大学的入学难易度是用偏差值来表示的，每年由指导学生入学的学习机构，即预备学校发布。（本书得到日本最大的补习机构"河合塾"的大力支持，其中第七章就刊载了日本大学最新的偏差值，请在报考学校的时候参考）此入学难易度虽然是针对日本学生的，但也适用于留学申请者。因此，如果你的目标为偏差值 50 以上的大学，甚至 60 以上的超高难度大学，就必须依照留学生入学选拔要求，进行专门的备考准备。

■ 按照参加志愿学校规定考试分类

本书推荐的日语语言学校大多数都提供面向留学生的备考课程。这些备考课程说到底还是为留学生统一的"日本留学考试"而设置的，其大部分又是针对"日本留学考试"中分数占比最高的"日语"考试的指导。与文科相比，可以指导理科学习的学校少之又少，更不用说比较专业的了。这就是日语语言学校之所以叫作"日语语言学校"的原因。

■ 面向留学生的备考培训班

日本有一些备考培训班，它们以在"日语语言学校"学习的留学生为对象，提供备考培训。因为这是一个利益市场，所以多以小规模的个人经营为主，但其中也不乏实力雄厚的培训机构。

有些学生同时就读于备考培训班和"日语语言学校"，因此所需负担的学费非常昂贵。这些培训班市价一年平均 100 万日元左右，不少地方比"日语语言学校"的学费还贵，他们提供的课程是"面向留学生的日本大学备考对策"，在备考指导中属于非常特殊的课程，不是所有的培训班都能提供的。可以说，只有对"日本留学考试"和各大学的第二轮考试彻底研究透彻的培训班才能提供这些特殊的技巧和要领。

■ 日本留学的专门指导学校"慧姿留日"

"慧姿留日"是于 2013 年 7 月在上海市内开设的一所针对留学日本的专门指导学校。它的目的是面向希望进入日本高等学府留学的中国学生，进行确切有效的留学方面的指导，同时帮助学生掌握进入高难度日本学府所需要的知识而进行学习指导的一所专业学校。在该学校里，随时进行免费的日本留学咨询服务。在咨询服务中，该学校将针对学生本人的希望，帮助学生选择最适合其本人的日本大学，同时介绍要进入该大学在日本需要参加怎样的应试体系，进而指导学生了解要达到考试合格应该准备什么样的学习课程等方面，同时对学生及家长给予详细的说明和建设性的建议。

在提供了咨询服务之后，该校将对学生的日语能力以及各学科的成绩水平通过模拟考试进行测定，根据其考试结果，同时按本人希望进入的日本大学所需要的实际成绩水平来分别开展针对考试对策的教学课程。进行学习指导的教师都是日本人，因而在校生从平时的上课过程中既可以接触日语，又可以自然学到不同科目所需要的不同专业日语。

该学校的课程和教科书都是经过日本最大的专业补习学校"河合塾"的严格监督与修订，拥有丰富的突破日本难进大学的各种专业技巧分析。进行学习指导的老师也都是对大学考试的技巧了解得极其透彻的日本教师。

接受日本教师用日语来讲授上课内容，将使学生在日常学习中就接触各科目的专业日语，从而在关键时刻能够发挥巨大的实力优势。

过去，对于到日本的日语学校留学，学生如果想要进入难进大学，一般来说，都要选择到专业补习学校学习这条路径，但是"慧姿留日"的成立，可以说为其开辟了一条新途径。

"慧姿留日"学校概要 小贴士

名称：	慧姿留日
成立：	2013年7月
教育方针：	实现对学生未来人生起积极作用的日本留学 为达此目标而进行的信息提供以及学问教育
教育内容：	向希望留学日本高等学府的中国学生提供专门教育 ● 日语及英语教育 　· 日语教育（从初级到高级） 　· 英语教育（进行TOEFL考试对策指导） ● 面向希望本科留学的学生 　· 进行日本留学考试对策指导（日语·数学·物理·化学·生物·综合科目） 　· 大学独自进行的单独考试对策指导（各科目、小论文和面试指导以及其他） ● 面向希望研究生留学的学生 　· 指导研究计划书的写法
协助运营：	一般财团法人日中亚细亚教育医疗文化交流机构以及学校法人河合塾
联络方式：	电话：021-5204-9715； FAX：021-5228-3712 WEB：www.huiziliuri.cn； E-mail：info@huiziliuri.cn QQ：2492966763

▌报考日本一流大学注意要点

○ 注意要点一：日语学习方法

首先向学习日语的同学们提供一个消息，就是"目标教育"式的日语学习。在此之前，市面上销售的教科书也都是按照这种"目标教育"式来编写的。而将这种方式从初级到高级甚至应用到EJU考试的日语对策中来，则是一种极其高效的学习方法。我们"慧姿留日"就是以这种指导方法，将学习中的常用语法分别按照不同的场景以目标式来展开，进而以独特的方法进行活学活用，达到高效率的学习指导。当然这需要将每天学习的知识通过完成复习作为前提，但是对于以留学日本为目标的需要高效学习的同学们来说，这应该是一个有效的方法。

高效快速的日语学习方法——"慧姿留日"日语指导主任讲师 时田 理奈

在"慧姿留日",我们以独特的日语指导方法实现了"短时间内实现高效率的日语学习"。日语学习指导大致来说通过三个阶段来进行。

第一个阶段是面向日语初中级学习者。

在这个阶段,学习理解日语的语法和词汇是非常重要的。但是单单理解语法和词汇还不够。将这些语言知识在理解的基础上进行日语会话的实践运用是非常有必要的。在上课过程中每次设定目标,比如"向第一次见面的人有礼貌地打招呼"或者"解决旅游时碰到的疑难问题"等。使用学习到的新语法和单词进行日语交流。在每一次都将任务与目标明确规定的前提下,朝着这个目标将"听、说、读、写"四种技能不偏不倚地一边运用一边学习。当结束一堂课后学生们会感觉到自己"用日语能做的事"又增多了,这种现实的成就感就是保持学习日语的巨大动力的一种诀窍,它使学生们增强学习欲望,想尽快地将日语提高到可以留学日本的高级程度,有了这种学习欲望也就在不知不觉中达到了高级日语的水平。

第二个阶段是面向高级日语水平的学生进行"日本留学考试"的对策学习。这一考试中包括数学和理科等学科考试,但是得分内容有一半以上与日语能力有关。内容大多以外国留学生在日本度过大学生活的过程中将会出现的场景为主,比如"和朋友谈一些有关选修科目的话题"或者"一边看资料一边听老师的讲义"等场景为主题,从中出现很多听解和听力阅读的问题等。另外还有令留学生感到棘手的问题就是,类似以科学技术、环境问题、少子老龄化等常识性社会问题为课题写一篇 400 字左右的文章。要想在这样的问题上取得高分,在透彻了解出题倾向的专业日语老师的指导下效果会比较明显。也就是说要想取得高分数就必须不断地掌握其技巧。

最后一个阶段就是"各大学的独立考试"对策练习。这种考试一般有留学生们比较不顺手的两种考试,就是"小论文"和"面试"。在日本留学考试对策学习中所掌握的表述能力问题,到了第二关考试中,则相对来说要求两倍到三倍的文字表述能力。理所当然,文章必须是有逻辑性的,要整理一篇一千字左右的论文,则需要相当高的日语能力。而且在面试过程中学生将会被用日语问到你的想法和你将来的理想等问题,对于这些提问必须用日语确切地进行回答。因此,总而言之需要进行大量的写文章和动口练习会话的训练,单纯通过书本学习是难以获得高难度大学第二阶段考试合格证书的。另外在很多情况下,考生还将会被问及你对日本社会的看法、对文化以及习惯的思考等。要应对这些问题的回答,也还是需要进行包含日本文化和习惯等方面的系统性日语学习。

基于此,通过对日本留学考试的透彻了解,专业化的日本教师将会在这里为你实现自己的报考愿望,日日夜夜、尽心尽力提供最好的学习训练。

○ 注意要点二:日本留学考试

以留学日本为目标的大部分学生需要应考"日本留学考试"。有关这个考试,本书曾进行过说明,即需要在香港考场进行,另外申请报名所需要的资料以及报名资料的提交等,以前也需要与香港事务局交涉。而从 2014 年开始,上述需要在香港办理的内容在"慧姿留日"也成为了可能,这可以说为上海及周边地区的学生们提供了方便。

有关"日本留学考试"的详细内容在本书中也另有记载,在此省略。但对于中国学生来说有一点应该注意。那就是该考试的大纲与中国高中的学习范围有所不同。有关各科目具体的不同点请参考本书"慧姿留日"指导教师的具体建议。另外"慧姿留日"今后还将每年举办两次"日本留学考试•短期集中对策讲座",这一讲座将在"日本留学考试"开始之前三个月正式开讲。

中日理科科目差异分析——"慧姿留日"理科指导讲师

1．总论

时至2018年，世界上还没有一个统一的教育行政管理部门。其结果，必然是各国的统一教育课程、指导方针等存在差异。据来自日本有代表性的高考补习学校"河合塾"的信息，指出在理科方面日本的高考指导要领与中国的高考大纲存在着以下的不同，即物理科目中的"物质和原子"、生物科目中的"植物的发生"、数学科目中的"积分、矩阵（新课程删除）以及整数"等以上内容，在日本的高考指导要领中有所包括，而在中国的高考大纲里却并没有包含。

同时，从在平时的学习指导业务中得到的信息来看，有一点值得注意，即使两者学习范围相同，也有学习重点的不同，或者存在每个学习领域的深度不同等问题。以下，就此问题分科目来简单说明一下。

2．有关理化方面

在物理方面，波，尤其是光波的衍射与干涉方面，日本的内容比较侧重。在有关光波的干涉问题方面，①楔形空气层的干涉②薄膜干涉③衍射光栅④杨氏的干涉实验⑤以牛顿环为基础等诸多考察干涉条件的问题，在日本高考中频繁出现。这一领域几何学是重点，考生习惯了的话将会渐渐觉得妙趣横生。

在化学方面，双方课程的差异没有物理科目那么大，但是在化学词语方面也许会感到一些困惑。由于化学物质的名称将大量出现，因此这将成为一个难关。另外，在有关电池和电解法方面，有较多内容也已被确定是日本的范围。这里有必要练习一下用法拉第法则来考察电解法的量的关系。

3．有关数学

我们已经了解到，中国的学生在高中阶段一般来说没有像日本那样多地学习积分。当然，也许有学校离开大纲独自教授了积分部分，但应该说几乎大多数是只教思路，之后则用函数计算器来解答问题。据说在上海的某所高中已经认可计算器的使用。

然而在日本说起积分，那是一个要求学生有非常强的计算能力的领域。下面我们具体来看几个考试问题。比如下面的问题，也许有的同学对于这种程度的问题能够很简单地就解开了。

（此为早稻田大学的往年试题）

以 a, b 为正常数。

(1) 求 $\displaystyle\int_0^{2\pi} |a\sin x + b\cos x|\, dx$ 的解。

(2) 求 $\displaystyle\lim_{n\to\infty} \sum_{k=n+1}^{2n} \int_{\frac{2(k-1)\pi}{n}}^{\frac{2k\pi}{n}} (\log \frac{k}{n}) |a\sin x + b\cos x|\, dx$ 的解。

将其内容进行合成并画图，着眼于积分区间，即可快捷地完成积分计算，这一点如果掌握了积分的图形意义的话也就能够理解。至于后一问题的区分求积，则从积分的意义来考虑的话将会变得很简单。边考虑积分区间边进行变量转换，思考一下前一问题的答案可否利用，结果便可知晓。

可是，下面这道问题如何呢？

（出自东京大学的往年试题）

> L 为正常数。位于坐标平面 x 轴上正的部分的点 P(t,0)，以原点 O 为中心在经过点 P 的圆周上，从 P 点出发逆时针方向移动 L 距离的点表示为 Q [u(t)，v(t)]。
>
> (1) 求 u(t)，v(t) 的解。
>
> (2) 求当实数 a 在 0<a<1 范围内时，积分
>
> $$f(a) = \int_a^1 \sqrt{\{u'(t)\}^2 + \{v'(t)\}^2}\, dt$$
>
> 的解。
>
> (3) 求极限 $\lim\limits_{a \to +0} \dfrac{f(a)}{\log a}$ 的解。

问题解到最后了么？我想聪明的同学们大多数会想"解题的思路是明白的，但是要计算起来就有点儿……"当然不能使用函数计算器。解这道题，一般的计算能力是解不开的。事实上可以说计算能力才是日本高考时注重的主要能力。经常会遇到有人将计算和思考区别开来而轻视前者，但如果用理论和实践的道理来应对的话，计算可以说就是思考的实践形式。理论固然重要，但实践也是不可忽视的。

要提高计算能力，就必须要有贯穿整体的能力，这一能力是从实践中总结出理论的一种务实态度所培养出来的能力。而这种理论与实践的相统一正是通过积累并演练更多问题才能达到的。

最后的问题如下。
（庆应义塾大学的往年试题）

请在以下文章的空栏里填写适当的数字或者式子，使文章得以完成。同时请回答问题。
c 为正实数，位于 xy 平面的曲线 C 由

$$x = f(y) = c \log \frac{c + \sqrt{c^2 - y^2}}{y} - \sqrt{c^2 - y^2} \quad (0 < y \leq c)$$

而定。

(1) 请描绘曲线 C 的大致形状。

(2) 位于曲线 C 上的点 P（s，t）（s＞0）相关于 C 的切线 l_1 的方程式若为

y＝ax＋b 的话，可将 a 用 t 的式子来表示为 $a = \dfrac{（あ）}{\sqrt{c^2 - t^2}}$。

同时，l_1 与 x 轴相交的点为 A 时，PA＝ （い） 。

(3) 在 0＜h＜C 条件下，由曲线 C 的 h≤ y≤c 部分和 x 轴、y 轴以及
直线 x＝f（h）所构成的图形以 x 轴为中心旋转，所得到的旋转体其体积为 V（h）。

此时 $\lim\limits_{H \to +0}$＝ （う） 。

(4) 曲线 C 上的点 P（s，t）（s＞0）相对于 C 的法线 l_2 的方程式为 y＝ax＋β。
将 a、β 视为 t 的函数时，下式

$$\frac{da}{dt} = \frac{1}{\sqrt{c^2 - t^2}} \times \boxed{（え）}, \quad \frac{d\beta}{dt} = \frac{da}{dt} \times \boxed{（お）}$$

成立。其次，固定 x 范围为 x＞0，视 ax＋β 为 t 的函数置 g(t)。t 在区间（0，c）

范围移动时，g(t) 在 $t = \dfrac{2c}{（か）}$ 的状况下为最大值（き）。

这道题展示着复杂的公式，并从第一问就开始要求画出表示该公式的曲线形状。同时这也是一道用积分来求旋转体体积的典型问题。但这个函数绝非是抛物线或三次函数那样的单纯问题。再难解的函数，其考虑问题的出发点都是一致的。但是，如果没有对微积分的深刻理解和高度的计算能力，要解答这道题应该是很艰难的。一个"样样通、样样松"、不求甚解的人怎么会很好地解答这道题呢？又如何可能了解到该问题的真正意义呢？如果你想接近更深邃的数学世界，希望你来这里"敲门"。2013 年冬天，有很多学生参加了慧姿留日开设的一流大学数学讲座的锻炼，从而获得了对数学的自信。来吧，这里的门是向所有人开放着的！

○ 注意要点三：日本大学独立考试

在日本，考生要进入理想的志愿院校留学，不仅要通过"日本留学考试"，还需要通过各大学独自举行的所谓"大学独立考试"。这一考试，是以被称为难进大学的理科专业为中心，为了检测学生是否具有高度的学习水平而进行的单科考试。另外，包括举行该种考试的大学和专业在内，几乎所有的大学和专业都要进行"小论文考试"和"面试"。这种考试是检查留学生们的日语能力和思考能力的最佳方式，有的学生表现出无法得心应手的倾向。要应对"小论文"和"面试"这两种考试，有必要理解日本人的文化和思考方式，需要特殊的对策训练。在专门学校"慧姿留日"，我们将通过日本教师提供独特的课程内容为你讲解对策。

日本一流大学往年真题解析辅导——"慧姿留日"文科指导讲师
东京大学 2016 年外国学校毕业生特别考试小论文问题（第一种）[文科一类]

A（日本語で解答する問題）

次の意見を論評しなさい。

　意見「ヒトの遺伝子を組み換えることは、人類に許される倫理的限界を超えており、たとえ難病を治療する目的によるものであったとしても、一切禁止すべきである。」

B（日本語で解答する問題）

　2020 年に東京で夏季のオリンピック・パラリンピックが開催されることが予定されている。1940 年にも東京での開催が予定されていたが、実現しなかった。1964 年には東京で実際に開催された。オリンピックの開催が、開催国の人々にとって、どのような意味を持つかについて、自由に論じなさい。

东京大学入学时，一共分为 6 个类别（文科分为一、二、三类，理科分为一、二、三类），前两年将接受教养学院的前期课程。因此，如果想进入本科后期课程或研究生院需要掌握必要的知识技能和专业的辨别能力和思考方式。进入后期课程后，文科一类主要学习法学，文科二类主要学习经济学，文科三类主要学习文学和教育学。

东京大学的留学生入学考试分为 6 类，因此各类试卷会出不同的题目，但是都会包含两道小论文的题目。上面所列举的试题正是 2016 年文科一类的题目。首先请看问题 B："对于主办国的民众来说举办奥林匹克运动会的意义是什么？"东京大学法学专业的特点就是，将法学和政治学结合在一起，从对法学、政治相关的基本问题到现代最前沿的问题的考察等各个方面都进行系统学习。这个范围不仅仅限于对现在日本通用法律的解释。也就是说，对于文科一类的考生来说，问题 B 并不是很难。但是，希望考生多多关注的是问题 A："针对'基因重组和道德底线'相关内容发表意见。"这本来不应该出现在文科三类的试题中。虽然小论文的第一题一般是想检验考生对专业领域知识的掌握，但是有时也会出与本专业完全无关的试题。

东京大学 2016 年外国学校毕业生特别考试小论文问题（第一种）[理科二类]

A（日本語で解答する問題）

　　地球上には、熱帯から極地、沿岸・海洋域から山岳地帯まで、様々な生態系が存在し、これらの生態系に支えられた多様な生物が存在している。世界では既知のものだけで百万種以上が知られており、まだ、知られていない生物も含めると地球上には数千万種ともいわれる生物が存在すると推定されている。

　　一方で現代は「第6の大量絶滅時代」ともいわれている。生命が地球に誕生して以来、これまでに生物が大量に絶滅する、いわゆる体絶滅が5回あったといわれているが、現代の大絶滅は、過去の大絶滅と比べて種の絶滅速度が速く、その主な原因は人間活動の影響と考えられている。

　　こうした状況のなか、「生物多様性」に対する国際的な関心が高まり、その保全にむけた取り組みが進められている。しかしながら、生物多様性の損失は依然として継続している。

　　以上を踏まえ、（1）生物多様性がなぜ必要なのか、（2）生物多様性の損失を食い止めることがなぜ困難なのか、（3）生物多様性の保全を推進するためには何が必要なのか、あなたの考えを述べなさい。

B（日本語で解答する問題）

　　近年、科学と社会の関係のあり方が大きく変化しているといわれる。これは、科学が「客観的真理」を提供し、社会の側がそれに基づいて何らかの対応や意思決定を行うという、科学と社会の分業的な関係がつねに成り立つわけではなく、両者の間の線引きが困難な問題が増加しているためと考えられる。

　　では、こうした問題領域において、科学者は社会とどのような関わりを目指すべきだろうか。具体的な例をあげつつあなたの考えを述べなさい。

　　上面所列举的问题是 2016 年理科二类的试题。理科一类主要学习工学和理学，理科二类主要学习农学和药学，理科三类主要学习医学。上述理科二类的试题中，问题 A 是动物行为学相关的问题，对于参加理科二类考试的考生来说并不难。比较有趣的是问题 B，此问题不能仅仅用理科的专业知识回答，另外要求举出例子这一类型的问题比较难答。

　　通过对以上问题的分析，我们可以看出比起仅仅学习本专业的领域、视野狭小的学生来说，东京大学更想要招收拥有广阔视野和深度的洞察力，且主动探究问题本质的学生。对于小论文来说，不仅仅需要基本的日语能力和专业领域的知识，还必须掌握多个领域的相关知识，以及具备相关的分析、思考能力。这种能力是通过在日常生活中对所有事物都保持好奇心，且善于分析和思考信息而培养出来的。以这两点为标准不断学习，东大也不再是难题！

○ 注意要点四：TOEFL iBT 考试

最后有一件切勿忘记的重要事项，那就是留学日本需要学习英语。日本的大学近年来对于留学日本的学生的英语水平非常重视。除了一部分大学的一部分理科专业外，几乎所有的接收留学生的学校都有重视英语的倾向。作为测试留学生英语水平的考试，最多选用的是"TOEFL iBT"。"TOEFL iBT"考试是完全在网络上进行的英语四技能考试，这是在电脑画面上提出问题，解答也完全用电脑输入来进行的一种新式英语水平考试。

"TOEFL iBT"英语考试，由Reading Section, Listening Section, Speaking Section, Writing Section（阅读、听力、口语和读写）四个部分组成，120分为满分，各部分的题量和时间限制如下：

科目	考试题型	问题数	考试用时
READING（阅读）	3~4 篇文章	12~14 道问题	60 ~ 80 分钟
LISTENING（听力）	4 ~ 6 个讲座	6 道问题	60 ~ 90 分钟
	2 ~ 3 个对话	5 道问题	
休息			10 分钟
SPEAKING（口语）	2 道独立口语任务题	2 道问题	20 分钟
	4 道综合口语任务题	4 道问题	
WRITING（写作）	1 道综合写作题	1 道问题	20 分钟
	1 道独立写作题	1 道问题	30 分钟

日本的大学对留学生要求英语"TOEFL iBT"考试成绩的状况目前比较普遍，预计今后这种倾向会越来越强，而且大学的考取难度越大，所要求的分数也会越高。比如，东京大学要求"TOEFL iBT"在 100 分以上，著名的一流国公立大学大体都要求达到这个分数线以上。这种现状，希望留学生能够做到心中有数。

专业 TOEFL iBT 考试技巧培训辅导——"慧姿留日"英语主任讲师 岛田浩史

各位通过上述是否已经了解了 TOEFL 考试的概况了呢？TOEFL 是测定英语的读、写、听、说四个基本技能水平的平衡状况的、在世界上最受信赖的一种英语考试。当然留学日本的时候，在大多数情况下，大学都会要求提供 TOEFL 考试分数，越是难考的大学，越是要求高分数。如果你抱有"到日本留学，跟英语有什么关系"这样的想法的话，到最后感到为难的一定是自己，所以建议你从现在开始要有意识加强英语学习。

那么我们现在开始进入正题。"到底怎样学习英语，TOEFL 考试的分数才会提高？"听到这个问题，大家心里也许会说："背单词，记语法……还不是和学校的考试、高考的英语对策一样呗。"

但实际上 TOEFL 很特殊，它与高考、TOEIC，当然与高中在学校学的英语学习都是不一样的。所以要了解提高 TOEFL 分数的有效的学习方法，并依据这种方法在学习中予以实践是很有必要的。以下我就在这里简单地说明一下这个方法。首先攻克 TOEFL 考试最重要的是听力。之所以这样说，是因为 TOEFL 考试中有技能综合性问题，无论是读写能力还是会话能力也都要从侧面考核听力的。因而听力上不去的人，TOEFL 的分数总会不理想。那么如何来锻炼听力呢？这个方法说白了就是练习朗读。在训练朗读的过程中也要将各种技能综合在一起训练，这就是 TOEFL 对策的窍门。朗读也是要讲究技巧的。单纯照本宣科的朗读，当然也会有一定的效果，但是使用既可以矫正发音又可以掌握语言节奏的"隐藏式朗读法"最有效。所谓"隐藏式朗读法"，就是跟在发音者的后面照读的一种方法。这样做不仅可以训练听力，也可以提高口语能力，是一种综合性技能训练方法。记单词的时候、阅读文章的时候，就拼命地朗读，最后干脆把 TOEFL 公认指导手册也从头到尾朗读个痛快。

以上是我的一些看法，欢迎你来到"慧姿留日"上课，我们可以进行实战性的讲解。我将在"慧姿留日"的教室里等待你的挑战！

慧姿留日　教学成果  小贴士

● 慧姿留日的"日本留学考试"（EJU）历年高分榜

学生姓名	日语		综合	理科			数学		总计
	听/听读/读	记述		物理	生物	化学	数学1	数学2	
何同学	374	50	194	-	-	-	191	-	809
朱同学	360	50	-	-	92	95	-	200	797
周同学	363	45	197	-	-	-	191	-	796
高同学	369	40	-	89	-	97	-	200	795
杜同学	352	45	-	95	-	96	-	199	787
夏同学	350	50	197	-	-	-	180	-	777
童同学	351	45	196	-	-	-	182	-	774
李同学	355	45	179	-	-	-	174	-	753
李同学	371	50	196	-	-	-	124	-	741
郑同学	353	50	-	82	-	72	-	169	726

● 日本顶尖大学合格者

朱同学
东京大学　农学院

这里的日本老师的指导对我帮助非常大。不仅是学科，更多的是交流和思维的训练。如今获得东大合格，他们功不可没。

高同学
京都大学　工学院
其他合格院校：大阪大学、名古屋大学、东北大学、东京工业大学

听取慧姿留日老师的建议，留出一年时间冲击日本最高学府。能考入京都大学是我一生的骄傲！

● 其他学员合格大学一览

【国立】	大阪大学	东北大学	【私立】	帝京大学	法政大学	京都造型艺术大学	京都产业大学
	东京工业大学	横滨国立大学		立教大学	立命馆大学	庆应义塾大学	上智大学
	名古屋大学	信州大学		同志社大学	武藏野大学	专修大学	早稻田大学　等

3.5 报考大学院（研究生院）

大学院入学考试概要

至此，我们就留学本科的情况进行了说明，接下来我们一起来了解一下就读"大学院"的相关事项。在"获得日语能力"方面，本科和大学院（研究生院）没什么特别大的差异。但是，关于各大学院（研究生院）规定的考试大纲和事先与各个研究室教授进行沟通协商这两部分需要做些补充，本节就此进行解说。

关于大学院（研究生院）留学，有必要事先了解一下要点。如果你准备报考大学院（研究生院）的话，不妨读一读补充的这部分内容。关于大学院（研究生院）的报考规定，各学校有所不同。具体情况请在提交申请书之前，与负责考试的部门取得联系，对考试情况进行确认。一般而言，大学院（研究生院）的报考以书面材料的审查和面试为重心来实施，要求进行笔试的学校也为数不少。

如前所述，如果在一些私立大学设置的留学生别科学习的话，也可以在别科完成日语学习后，报考大学院（研究生院）。

下面，我们将着重就寻找研究领域、撰写研究计划、联系指导老师等进行说明。

寻找研究领域

希望进入大学院（研究生院）留学的话，需要提交研究计划，明确自己希望研究的课题。

研究课题可根据自己之前所学的专业、大学期间所学习的相关的领域来设定，选择范围多种多样。该研究应当是对社会和学术界有所贡献的课题。选择研究课题时，可以参考他人的研究状况和成果，发现存在的问题，并以此确定自己的研究内容。因此，应该参考相关的学术论文，确定研究课题。

在寻找相关专业的论文时，不妨浏览一下这个网站 http://search.cnki.net/。

撰写研究计划

在确定了研究课题后，需撰写研究计划。研究计划应包括研究动机、具体的研究方法、研究的预期成果三点。自己将通过研究，从所学领域发现什么，为什么会决定进行这样的研究，本研究领域目前的研究状况以及今后的研究方针，这项研究将对社会或学术界带来什么样的贡献……研究计划中应当明确写入这些内容。

联系指导老师

研究计划书做好之后，还需搜索研究相同领域的日本大学的研究室。

第八章中附有日本各大学院（研究生院）的名单，大家可以从中选出认为与自己设定的研究课题有很大关联的研究科，再通过该科网站等进一步缩小研究领域。找到理想的研究室之后，再通过导师管理的网站进一步确认其研究内容。

一般研究领域都会有其详细的划分，当你发现自己设定的研究课题与该导师所研究的课题有差距时，那么你要做好心理准备，因为你很有可能不会被该研究室录取。此外，即使被该研究室录取为研究生，你在研究过程中也很有可能会发现两者之间的差距，因此在选择导师时一定要花足够的时间。当找到合适的导师时，你应该用电子邮件或邮寄的方式与该导师联系，表达自己想在该导师的指点下进行研究的愿望。

研究生预科制度

作为进入大学院（研究生院）的一个准备阶段，日本不少大学院（研究生院）都采用研究生预科制度。这里所谓的研究生不是硕士或博士课程的正规生。日本的研究生类似于外国的研修生。研究生通常在 4 月或 10 月入学，入学后，进行 1 年左右的准备学习。研究生在所属研究室作为研修生学习有关内容，并协助指导老师进行相关研究等。指导老师在掌握学生研究能力、人品等的情况下，决定是否将该生接收为硕士或博士生。

要得到"留学"签证，作为研究生在大学学习，每周的听课时间必须在 10 小时以上。无论是研究生的申请，还是硕士、博士课程的申请，指导老师的决定都起着关键性的作用。因此，事先取得指导教师的同意是非常重要的。

提示：如何联系导师

关于导师的联系，有直接同大学院（研究生院）联系，查询大学简介，查询学会期刊，从留学生学长处获取资讯，从本国的相关领域学者处获取资讯等多种方法。另外，还可以通过 Read（研究开发援助综合指南 http://read.jst.go.jp/）等途径，寻找自己要报考专业的导师。

如上所述，在联系导师时，必须认真整理好并提交自己的研究计划书，并具体写明自己选择该导师的理由，再附上自己国内指导老师的推荐信。导师远在日本，对素未谋面的你只能通过书面形式来进行判断，所以一次提交导师就同意指导是很困难的一件事。最重要的是多次联系，表达你的诚意。当你进入大学院（研究生院）正式课程阶段时会发现，有些大学院（研究生院）承认学生直接参加研究生考试的成绩，有些大学则要求学生一定要上过前面所说的"研修生"课程。具体情况如何，可以直接咨询一下学校方面。

报考大学院（研究生院）需准备的材料

报考大学院（研究生院）时，通常需要准备以下材料。其他的具体资料可根据各报考学校的要求提交。具体情况可向报考学校咨询。

○ **大学成绩单**

毕业大学开具的正式成绩单，最好有英文版。没有英文版可以自己翻译成日文。

○ **大学毕业证书（预毕业证书）**

所属院系开具证明本人毕业的证书。一般包括申请人姓名、性别、出生年月日、入学年月、毕业年月、专业名称、主要所学课程名称、取得学位名称等。同时请注意使用院系的文头纸（有院系名称、地址及联系电话）。

○ 毕业论文概要

把自己的毕业论文简单整理一下，缩写成A4大小的一页纸，翻译成日文。一般简单分以下几个部分：目的、方法、结论。艺术类毕业生一定要把自己的作品整理好带到日本来。

○ 研究计划

一般的研究计划书都包括研究动机、国内外先行研究概况及存在的问题点、自己的研究方法、研究特色和意义。研究计划的深度和精度将在很大程度上起到关键作用。

○ 教授推荐信

一般申请硕士、博士课程或研究生都需要教授的推荐信，可以请毕业大学的系主任、指导老师、院长等跟自己专业有关的教授写。很多学校没有固定格式，通常需要包括被推荐人姓名、性别、出生年月日、入学年月、毕业年月、专业名称、主要所学课程名、取得学位名、成绩情况、学习态度、人品、协调能力、将来的发展前景、推荐人姓名、职位、所属单位名称、推荐人签字盖章、院系盖章等。

可能的话，最好使用院系的文头纸（有院系名、地址及联系电话）。一次可多开几份，以备用。

申请不同课程的学历要求

○ 硕士课程

大学毕业生（4年制）或拥有与大学毕业生同等以上学力的人员。

在国外完成了16年学校教育的人员。

在国外完成了15年的学校教育，在大学院（研究生院）中以优异的成绩获得所需学分的人员。

在大学院（研究生院）设立的个别入学资格审查中，被认为拥有与大学毕业生同等以上学力的、年龄在22岁以上的人员。

○ 博士课程（医学、牙科学、药学、兽医学除外）

拥有硕士学位或拥有与硕士毕业生同等以上学力的人员。

在国外获得与硕士学位相当的学位的人员。

在大学院（研究生院）设立的个别入学资格审查中，被认为拥有与硕士毕业生同等以上学力的、年龄在24岁以上的人员。

○ 博士课程（医学、牙科学、药学、兽医学）

修完大学中医学、牙科学、药学、兽医学学士课程（6年）的人员。

修完4年以上的大学课程，在大学院（研究生院）中以优异的成绩获得所需学分的人员。

在国外完成了18年的学校教育，在大学院（研究生院）中以优异的成绩获得所需学分的人员。

如前所述，各位去日本留学前必须持有能够证明自己日语能力的正式证书。能够获得此种证书的考试有几种，其中最为普遍的是"日语能力考试"（JLPT）。但是由于"日语能力考试"每年只有两次，所以大家也可以选择其他能够在中国参加的考试，根据自己的学习情况赴考。我们将在第四章详细说明各留学接收机构对日语的能力要求。

大学院（研究生院）留学申请流程整理

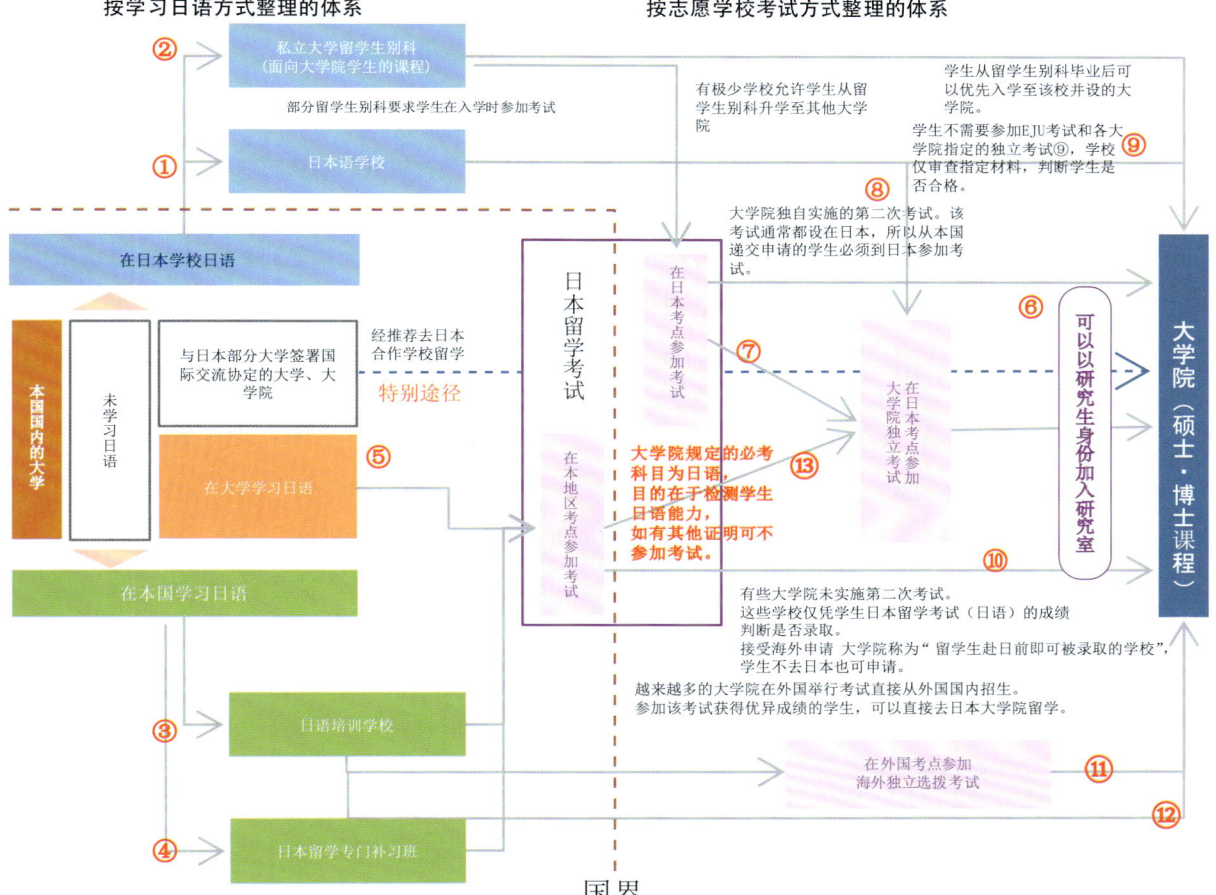

申请大学院（研究生院）留学，达到高级日语水平是必要条件。

同时，招生途径如下：

① 先作为研修生进入研究室，再准备升学至硕士、博士课程；

② 直接升学至硕士课程、博士课程。

学校会在各个时间点安排学生参加笔试、小论文、面试等选拔。

○ 按照学习日语方式分类

⇒在日本学习日语（从日语学习阶段就到日本留学）

① 在日本的日语语言学校学习日语。

② 在日本的私立大学别科学习日语，毕业后可以升学到私立大学院（研究生院）。

⇒在本国学习日语（日语学习阶段不在日本）

③ 在本国的日语语言学校学习日语

④ 在本国的日语留学专门培训班学习日语。

⑤ 在本国的高中学习日语。

⑥ 在本国的大学学习日语。

○ 按照志愿学校考试模式分类

⇒在日本学习日语之后，在日本参加入学考试

⑦ 申请者在日本参加日本留学考试，学校根据考试成绩和所提交材料判断是否录取。

日本留学考试结果仅作为日语能力的证明。因此和下面的⑪合并说明。

⑧ 申请者在日本参加日本留学考试，学校根据其结果以及大学独立考试的结果判断是否录取。

→在这种留学模式中，日本留学考试结果也仅作为日语能力的证明。

→您完全可以在日本以外（如本地区）参加日本留学考试。因此与⑭合并起来说明。

⑨ 申请者不需要参加日本留学考试，学校通过大学独立考试结果判断是否录取。

⑩ 仅通过所提交材料判断是否录取。

→可以用日本留学考试成绩证明申请者日语水平。

⇒不去日本也能获得录取资格。（参加留学生赴日前即可被录取的学校的考试）

⑪ 在日本以外（如本地区）参加日本留学考试，学校根据成绩和所提交材料判断是否录取。

→同⑭中所列大学院，但 EJU 成绩仅证明学生日语水平。

⑫ 申请者不需要参加日本留学考试，但需要在外国等地方参加大学独立举办的考试，学校通过大学成绩和所提交材料判断是否录取。

→称为"留学生赴日前即可被录取的学校"

⑬ 申请者只需要从海外向日本学校提交指定材料，学校凭此材料判断是否录取。

→可以用日本留学考试成绩证明申请者的日语水平。

⑭ 在日本以外（如本地区）参加日本留学考试，赴日后，在日本参加大学独立考试，学校根据成绩判断是否录取。

→不管参加日本留学考试的地点在何处，因之后的招生流程相同，和⑧合并起来介绍。

○ 各种分类下的大学院（研究生院）案例

类别		简介	采取该考试大纲的教育机构		招生对象		提交材料	独立考试			参考网站
			大学名	研究科	研修生	硕士课程 博士课程	指定材料	EJU	基础知识考查	小论文	面试	
赴日后参加考试	⑥	学生在日本参加EJU考试，学校根据结果及指定材料判断是否录取。	※同下文⑩中所列大学，但EJU成绩仅证明学生日语水平。								
	⑦和⑬	学生在日本或其他国家的考点参加EJU考试，再于日本国内参加大学院指定的独立考试。学校根据考试结果及指定材料判断是否录取。自费留学生的选拔多为此类模式。每个大学院的独立考试各不相同，由基础知识考试、小论文、面试等各种形式组合而成，学生可根据自己擅长的形式选择大学。日本留学考试主要测试学生的日语水平。	明治大学 （必须参加EJU（日语））	经营学研究科		●	●	●	●	●	●	http://www.meiji.ac.jp/dai_in/ bosyuyoko-kakomon/6t5h7p00000cck18-att/ 2013keieiken-2yoko.pdf
			同志社大学 （从日本国外申请、必须参加EJU（日语））	商学研究科		●	●	●	–	●	●	http://cjlc.doshisha.ac.jp/ryugaku/img/ studyinkyoto/front_01/03/2013pdf/sin/19f_syou.pdf
			关西学院大学 （可以使用EJU（日语）成绩）	经济学研究科		●	●	△	–	△	●	http://www.kwansei.ac.jp/graduate/attached/ 0000026398.pdf
			埼玉大学 （可以使用EJU（日语）成绩）	经济科学研究科		●	●	△	–	△	●	http://www.eco.saitama-u.ac.jp/grad/content/ bosyuyouko.pdf
			专修大学 （可以使用EJU（日语）成绩）	经济学研究科		●	●	△	–	●	●	http://www.senshu-u.ac.jp/library/00_spdata/ graduate/graduate_top/exam/H25/h25mr_1.pdf
	⑧	不需要参加EJU考试，但需要在日本参加各个大学院指定的独立考试，并提交指定材料。学校根据这些判断是否录用。每个大学院的独立考试各不相同，由基础知识考试、小论文、面试等各种形式组合而成，学生可根据自己擅长的形式选择大学。	神户大学	国际文化学研究科		●	●	–	●	●	●	http://web.cla.kobe-u.ac.jp/data/h25nyushi/ 2013-M-BoshuYoukou.pdf
			上智大学	地球环境学研究科		●	●	–	●	●	●	http://www.sophia.ac.jp/jpn/admissions/in_ad/ ad_gaiyo/innyushi
			京都大学	经济学研究科		●	●	–	●	●	●	http://www.econ.kyoto-u.ac.jp/ examguide/graduate/
			东京大学	人文社会研究科		●	●	–	●	●	●	http://www.l.u-tokyo.ac.jp/assets/files/ applicant/masterh25re.pdf
	⑨	不需要参加EJU考试和各个大学院指定的独立考试，只需要提交指定材料。学校仅凭材料判断是否录用。但学生可以使用EJU的日语科目成绩证明本人日语水平。	庆应义塾大学 （可以使用EJU（日语）成绩）	法学研究科		●	●	△	–	–	–	http://grad.admissions.keio.ac.jp/ryu-hou.html
			北海道大学 （可以使用EJU（日语）成绩）	理学院		●	●	△	–	–	–	http://www.sci.hokudai.ac.jp/graduate/entrance/ pdf/h25dc[1].pdf
赴日前参加考试	⑩	学生在日本以外国家参加EJU考试，学校根据指定材料和考试结果判断是否录用。	※同下文⑬中所列大学，但EJU成绩仅证明学生日语水平。								
	⑪	不需要参加EJU考试，但需要在以外国家参加各个大学院指定的独立考试，并提交指定材料。学校根据指定材料和考试结果判断是否录用。	早稻田大学	法学研究科		●	●	–	–	●	●	http://www.waseda.jp/gradlaw/j/ nyushi_ryugakusei_chart.files/sheet001.pdf
				政治学研究科		●	●	–	–	●	●	http://www.waseda-pse.jp/file/File/seiken/ youkou/2013_9_mas_kokugai/ 20121228_2013_9_mas_kokugai.pdf
			广岛大学	文学研究科		●	●	–	●	●	●	http://www.hiroshima-u.ac.jp/upload/3/ daigakuin/gaikokujin25.pdf
			岛根大学	商务研究科（物理、材料化学课程、物质化学课程、数理科学课程和建筑、生产设计工学课程）		●	●	–	–	●	●	http://www.shimane-u.ac.jp/_files/00059046/ riko_master25haru.pdf
	⑫	不需要参加EJU考试和各个大学院指定的独立考试，只需要从海外向日本大学院提交指定材料。学校仅凭材料判断是否录用。但学生可以使用EJU的日语科目成绩证明本人日语水平。	南山大学 （可以使用EJU（日语）成绩）	亚洲研究科		●	●	△	–	–	–	http://www.nanzan-u.ac.jp/grad/admission/pdf/ 2013_gai_yoko.pdf
			庆应义塾大学 （可以使用EJU（日语）成绩）	法学研究科		●	●	△	–	–	–	http://grad.admissions.keio.ac.jp/ryu-hou.html
			广岛大学 （可以使用EJU（日语）成绩）	综合科学研究科		●	●	△	–	–	–	http://www.hiroshima-u.ac.jp/upload/85/soukain/ jukensei/H25jissi-bosyuyuoukou/2013-10-gaikokujin/ 2013-10-M-gaikokujin-bosyuyuoukou.pdf
			早稻田大学 （可以使用EJU（日语）成绩）	亚洲太平洋研究科		●	●	△	–	–	–	http://www.waseda.jp/gsaps/admission/ma/ ma_screening_jp.html

※虽然有些大学院（研究生院）要求留学申请者参加日本留学考试，但该考试主要用来考查申请者的日语水平。

注："●"表示必须要有EJU；"△"表示EJU可利用；"—"表示不需要EJU

留学大学院（研究生院）的注意点

留学大学院（研究生院）有一些需要注意的事项，下面为大家做个总结。

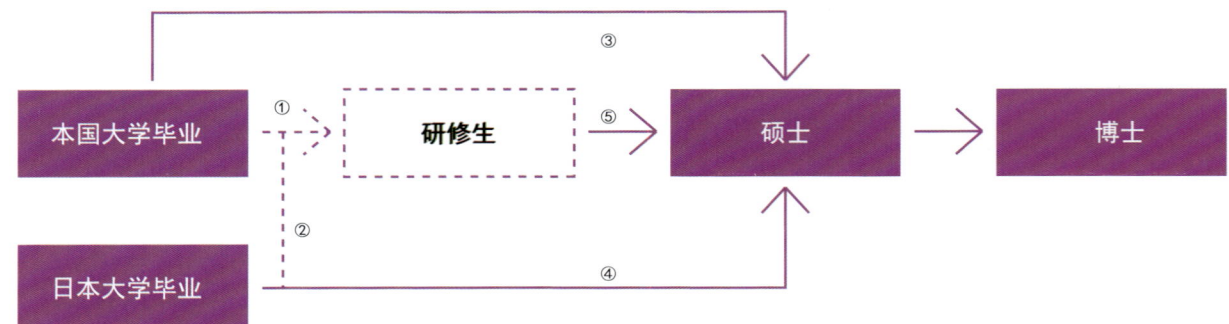

如前所述，大学院（研究生院）的入学途径有数种。下面我们来看看每一种情况下的注意点。

① 从本国大学本科毕业后，作为日本大学院的研修生入学。
② 从日本大学本科毕业后，作为日本大学院的研修生入学。
③ 从本国大学本科毕业后，直接到日本大学院（研究生院）留学。
④ 从日本大学本科毕业后，直接到日本大学院（研究生院）留学。
⑤ 作为日本大学院（研究生院）的研修生入学之后，继续到日本大学院（研究生院）留学。

以上每一种途径都可行，但要注意的是，有几所大学院（研究生院），限制从日本大学本科毕业的留学申请者参加其专门为留学生举办的自费留学生考试，而对他们实施同日本学生完全一样的招生流程。

下面就举例介绍限制从日本大学本科毕业的留学申请者参加自费留学生考试的大学院（研究生院）的情况。

○ 作为研究生预科生留学后升入研究生院正规课程的情形

如前所述，在日本的大学院也即研究生院，大多设有研究生预科研修生制度，即以外国留学生为对象，以升入硕士研究生、博士研究生正规课程为前提而准备的升学预备阶段。实际上，本国的大学毕业生们似乎正在将此作为一条通往日本大学研究生院留学的途径之一，而且人数每年都有所增加。

可是事实上这种情况是要通过所谓留学中介来操作，有很多学生甚至以高额费用请人代笔撰写研究计划书等。的确，如果有幸成为研究生预科生到日本留学的话，在正规课程考试之前的一段时间里，有可能通过教授和学长收集信息、建立人际关系。但是我们希望大家不要操之过急。

尤其是在一流大学，要想成为研究生预科生竞争也是非常激烈的。而且，即使用不正当的手段得以成为研究生预科生或与教授搞好了关系，也存在要面对其后进入正规课程考试中的专业课笔试和小论文等难题，这是临阵磨枪或临时抱佛脚所不能解决的问题。面试官里也未必有你认识的教员。我们想对大家说的还是应该反省这种对待学问的态度。不要只考虑难易度的高低就先选择可以捷足先登的研究生预科，而是要根据各自的学习状况，看清各种留学路径。

在本章所写的"四海留日"专业留学补习学校里，可以此为您提供免费咨询。比如研究计划书的准备，我们也不是代笔，而是指导"写法"。当然也进行专业科目笔试和面试的指导。在我们这里从建校第一年起便有立教大学研究院的优秀研究生等，大家可以听取更多的经验之谈。

3.6 自费留学、短期交换留学、公费留学

至此我们探讨了日本留学路径，这些路径皆是面对"自费留学"的学生。但从严格意义上说，还有另外两种赴日留学方式，即"短期留学、交换留学"和"公费留学"，但因为大部分赴日留学的同学是"自费留学"，之前的分类仍然普遍适用。现在作为补充，简单介绍其他两种留学方式。

本章主要详细介绍面向自费留学生的备考体系和各类考试，现在补充介绍另外两种留学方式。

▍自费留学

"学生自己负担留学费用的方式"叫作"自费留学"，是和"公费留学"相对的概念。大部分在日本留学的外国留学生都是自费留学生，本书的大部分内容也都是面向自费留学生撰写的。

本书将"自费留学"的留学路径大致分为"学习日语阶段"和"参加高等教育机构考试阶段"两大部分，本章已针对每一阶段的具体方法和注意点进行了说明。

不仅日本政府，学校、自治体、企业等都会向自费留学生提供奖学金。如果大家能积极地灵活运用这些奖学金制度，虽然不能像"公费留学"一样拿到全额奖学金，但却可以在一定程度上减轻经济负担。

▍短期留学·交换留学

"短期留学"，主要是指根据校际交流协议，在保留本国大学学籍的前提下，以进行学习、体验不同文化、掌握语言为目的，在日本大学进行为期约一个学年的短期留学。"交换留学"，是指签署校际交流协议的大学互相派遣或接纳留学生。

短期留学和交换留学是根据校际交流协议进行的，所以在交换留学的日本大学取得的学分，通常可换算成学籍所在大学的学分，学生修得的总学分只要达到要求，就能在规定的时间内，从学籍所在大学毕业。

此类留学学费通常是向学籍所在大学缴纳。申请日本短期或者交换留学，前提是必须进入与日本大学签订了国际交流协议的国内大学，然后选择短期留学目标学校，并向学籍所在大学递交留学申请，通过校内选拔后，再同目标学校沟通。如果获得目标学校的认可就可以赴日留学了。

但是，并不是所有签订了校际交流协议的大学间都可以互换学分，具体的信息需要与学校确认。

▍公费留学

公费留学制度旨在积极接收海外优秀留学生。早在1954年，日本就制定了"公费外国留学生制度"，据此日本政府向留学生本人支付相当于留学期间花费（学费和生活费）的全额奖学金。此制度创立以来，已有来自全世界160个国家和地区约10万人到日本留学。

日本的"公费外国留学生"项目共有七类：研究留学生、教员研修留学生、本科留学生、日语日本文化研修留学生、高等专门学校留学生、专修学校留学生、YLP留学生。申请者可以通过大使馆、大学推荐或日本国内选拔录取三种方法报名。

◆ 七类公费外国留学生项目 ◆

1. 研究留学生：未满35岁，大学毕业者（含即将毕业者）或者完成16年学校教育课程者。

2. 教员研修留学生：未满35岁，大学或师范类学校毕业；且在初、中等教育机构担任教师或在本国师范类学校担任教师，且具有5年以上工作经验者。　※现任的大学教师除外。

3. 本科留学生：17岁以上且未满22岁，完成12年学校教育课程或具备高中同等学力者（含即将毕业者）。

4. 日语、日本文化研修留学生：18岁以上且未满30岁，在日本以外国家就读日语、日本文化等本科专业期间来日留学者。　※专业如为日语、日本文化以外者，由于专业需要，需学习日本的各类学科知识（工学、经济、农学、美术等）时，可报名申请"短期留学推进制度"的奖学金。

5. 高等专门学校留学生：17岁以上且未满22岁，具备高中同等学力者（从小学算起总计11年以上的学校课程），含即将毕业者。

6. 专修学校留学生：17岁以上且未满22岁，完成12年学校教育课程或具备高中同等学力者，含即将毕业者。

7. 青年领袖计划（YLP）留学生：以有望成为国家领导人物活跃于亚洲各国未来国家政治舞台上的青年行政官员，具有大学学历并在行政机关或企业有3—5年工作经验者为对象，由对象国相关机构推荐候选人。

※YLP现有5种课程，不同课程的设置机构，要求工作经验的年数、推荐机构都不同。

◆ 公费外国留学生的招生方式 ◆

公费外国留学生的招生方式主要有三种：面向居住在日本国外的申请者的大使馆推荐和大学推荐，以及面向在日自费留学生的日本国内招生方式。

1. 大使馆推荐、选拔：通过日本驻外大使馆（总领事馆）实施的招生为"大使馆推荐"。大使馆推荐的申请方法和申请截止日期因国家而异，详情请向就近的日本大使馆或总领事馆咨询。

日本大使馆、领事馆网站：http://www.mofa.go.jp/mofaj/annai/zaigai/list/index.html

（1）研究留学生、学院（本科）留学生、高等专门学校留学生及专修学校留学生

一般3月—5月开始下一年（4月、10月）赴日留学的报名。6月—8月在当地进行一次选拔（资料审查、笔试、面试），9月上旬各大使馆或总领事馆将候选人名单通过外务省推荐给文部科学省。

（2）教员研修留学生及日语、日本文化研修留学生

一般从前一年的12月开始招收当年10月赴日留学的留学生。大约于2月中旬至3月之间在本国进行一次选拔，4月下旬各大使馆或总领事馆通过外务省将候选人名单推荐给文部科学省。

2. 大学推荐、选拔：根据大学间的校际交流协定派遣公费留学生赴日的交换留学称为"大学推荐"，主要面向研究留学生和日语、日本文化研修留学生，由日本接收大学向文部科学省推荐招生名单。日语、日本文化研修留学生根据大学的计划，原则上为10月赴日。招生名单由各大学于4月中旬之前向文部科学省推荐。

3. 日本国内选拔录取：日本国内大学在籍自费留学生，由在籍大学推荐，被录取为国费外国留学生的方式为"国内选拔录取"。录取对象为日本大学院（研究生院）正式课程在籍或即将升入大学院（研究生院）正式课程的自费留学生，以及即将升入4年级（医学为6年级）的大学正式学生。这些留学生通过选拔后，每年4月份开始成为公费留学生。除短期大学以外，各国立、公立及私立大学均实施此政策。

各大学经过严格选拔，挑选出品学兼优的学生，于每年12月中旬之前向文部科学省推荐。

留学日本－我的经验

吴松涛　　Jack Wu

齿科医师 齿科种植主管
东京医科齿科大学种植与口腔再生医学博士
吉林大学口腔医学院齿科种植中心 硕士
吉林大学外国语学院 学士
早稻田大学商学院短期研修

日本政府文部科学省博士奖学金获得者
国际口腔种植学会（ITI）会员
国际种植牙专科医师学会（ICOI）会员
曾任东京医科齿科大学学友会 会长

一转眼，到日本已经四年半，博士也即将毕业。回头看看，自己或身边留学生发生的一些事情，的确值得介绍给新来日本或要来日本的同学们。

来日本留学前是否需要学日语？

日语能力根据你要入学的学科和你的学历水平不同而各不相同。有的学校招生时明确规定需要 N1 或 N2 合格，一般学科越偏文科、学历越低（想来日本读本科），越需要日语。相反，理工类，来日本读博士，往往在学习和工作中通用英语，当然日本人很多是能读写不能听说的哑巴英语，发音水平各异，如果你想在日本好好生活，更好融入你所在的研究室，处好和导师的关系，交到更多日本朋友，日语交流能力必不可少。

如何学好日语？

身边的很多朋友是在日本上了一年到两年的日语学校才考入这边的大学或大学院（研究生院），这部分人大多是自费生（在日本自费留学生占到中国留学生总量的 90% 以上）。当然想学好日语进入好学校还不够，关键是自己对日语感兴趣，用心学，身边有朋友在日语学校两年出来，还是 N2 都过不了，因为别人上课他睡觉，晚上打夜工。个人的经验是上课学基础，课余多听多说，找不到日本人就自己找材料，喜欢日本动漫或日剧的同学可以把这些作为泛听材料，总之最好能让自己融入日语环境，对培养语感很有帮助。

留学时打工要注意什么？

打工和学习是来日本留学的人生活中不能避免的事情，就像吃饭和睡觉一样重要。但两者的平衡自己应该把握，来日本的目的到底是为了学习到有用的知识，拿到学位，还是借着留学的名义，拼命赚钱养家糊口，每个人的定位不同也不能一概而论。打工也涉及日本的法律，首先以留学签证来日本的人，要打工需要到入境管理局申请资格外活动许可，还要注意打工时间每周不能超过 28 小时。日语能力跟你能做的工作有很大关系，也跟收入（时薪）有关系，一般不需要日语的工作很难找，能找到也往往是体力类劳动，辛苦而且工资很低，在东京地区可能也就是拿 907 日元的最低标准。而且请务必注意，当你刚来日本有人告诉你你日语不好也可以给你介绍一份收入很高又很轻松的职业时，一定小心，被骗钱还是小事，关键是被盗用名义做了违法的事情，就追悔莫及了。

不愁钱还用不用打工？

有同学是有奖学金的，也有同学是家境宽裕的，打工对于他们来说是多余的，但如果想接触日本社会，增长见识，扩大自己的生活圈，有效利用自己的业余时间，打工还是一个很好的途径。日本社会压力很大，学校也是如此，如果自己只封闭在科室里这一个环境内，对心理健康也是不利的。因为这些人不是为了生计，所以可以做一些跟自己专业有关的工作，甚至是志愿活动，比如文化交流或者翻译导游之类的。另外不打工，还可以参加一些兴趣社团，日本大学里有多种多样的爱好协会，比如有日本特色的茶道、花道、剑道等等，同龄人在一起不仅可以学到新东西，而且可以交到很多日本朋友。

我能拿到奖学金吗？

说到奖学金，那是每个在日留学同学都梦想的事情，但现实比较残酷。日本政府最有名的奖学金就是文部科学省奖学金，当然这个从中国申请好像要求拥有硕士学位，起点比较高。中国政府同样有留学基金委提供的各种奖学金，尤其是最近又增加了对在日留学的中国优秀自费留学生奖学金，请有兴趣的同学关注基金委或大使馆教育处的网站。另外一些是日本各个财团或私人的奖学金，金额高低不等，期限多为1-2年，大家都有机会，但奖金越高期限越长，往往竞争就越激烈，需要日语能力越高，而且需要教授推荐。不过目前日本政府和财团都考虑国家平衡，更倾向于把奖学金给不发达的东南亚国家的留学生，分给中国的名额有限。这种奖学金的具体申请方式和要求，请关注各大学主页和校内邮件系统的通知。

如何与教授或带课老师相处？

这个问题是平时同学问我最多的，回答只有两个字，尊重，而且是相互的。日本人最崇拜有能力的人，你的能力得到别人的认可是你获得尊重的最大保障。当然前提是你也要入乡随俗，尊重日本的文化和习惯。举个简单例子，出去旅游，日本人有个习惯会给科室同事和朋友带伴手礼，往往是一些点心，如果你也能做到这个，而不是只在社交媒体上晒你出游的照片，你的人际关系会变得好很多。还有日本人不喜欢太直接，尤其是表达不满或批评的时候，另外日本人不喜欢给别人添麻烦，更接受不了他人求自己办事时理直气壮的态度，这些都要注意。不过导师对中国留学生的态度和他的个人性格与经历很有关系，有的老师对中国学生有偏见，所以避免申请这类教授才是上策。如果教授有过留学背景，国际化程度很深，往往对留学生态度宽容，容易沟通，选择时应走好第一步。比如我的教授，名气很大又为人和善，留日学生中口碑很好，听这边的留学生前辈推荐，然后选择联系这样的教授比较容易相处。

日本的前辈有什么用？

在日本大多以出生时间来排辈分，因为入学时间都一样，同期入学的人往往就是同辈（头一年的4月以后到下一年的3月为止，入学时间相同算一辈）。在大学里，有浪人（复读考生），在大学院（研究生院）里有社会人入学，所以年龄是一方面，入学年份更重要，早入学的人就是前辈。前辈往往对自己的生活学习各个方面都有重大影响，有一个好的前辈，不管是日本人还是留学生前辈，都是一笔巨大的财富。因为导师不是能天天见到，事事能问的，具体遇到困难往往靠的是前辈。在一些专业性较强的科室，前辈还扮演小导师角色，尤其是高年级的前辈，不懂的问题，不会做的事情，请教他们是最便捷的途径。当然前提是不打扰对方生活，注意对方的感受。

申请日本的大学需要什么资料？

本科申请往往需要通过留学生考试，日本有专门机构提供辅导，大家可以自行选择。关于硕士和博士申请，以我的大学为例，需要你国内学位证明（这里提到的资料都需要英文翻译版），成绩证明，个人简历，留日卡复印件，以及研究计划书和接收教授的签名同意。当然大学不同需要的资料也不同，有的大学需要推荐信，语言能力证明（英语或日语）或是收入证明等等，这些都要看你申请的学校具体规定。如果可以在官网上查到一定先按提示准备好，如果英语和日语不是很流利，最好请认识的前辈或专业机构帮助，这样会省很多麻烦。

以上，就是我的一些留学经验，希望能分享给大家，让你们都能少走些弯路，祝你们在日本度过一段美好的留学生活。

第四章 厉兵秣马

签证手续和留学费用

Study in Japan

人生启航，日本留学的指南针

第七版

本章将针对赴日留学最重要的两大事项"签证办理"与"留学费用"进行详细讲解。

厉兵秣马

签证手续和留学费用

CHAPTER 4

前几章，我们对留学日本的意义进行了阐述，同时也对日本的教育制度及报考学校的具体方法等进行了介绍。想必各位留学日本的兴趣也愈发浓厚了吧。

本章将就留学日本时所必需的签证及费用等进行详细说明。在此之前，请记住以下两点：

- 只要清楚了申请流程和具体方法，要获得签证并不困难
- 日本留学的费用相比其他国家并不高

4.1 签证办理

▍签证是什么

签证就是外国人到该国入境时所需要提交的入境许可申请证明。签证与护照的概念比较容易混淆。请记住，护照是"国际国籍及身份证明"，签证是"入境许可申请证明"。

外国人要取得日本签证，必须具有日本政府颁布的"出入境管理及难民认定法"（以下简称"入管法"）所规定的合法入境目的。

需要注意的是，要获得日本签证，需要分两步。第一阶段是接受审核，以判明入境目的；第二阶段是得到了入境目的认定证明书后的手续办理，以获取签证。

第一阶段，即为判明入境目的而进行的审核。

在日本，外国人的入境目的被称之为"留日目的"。入管法规定"外国人在入境时，必须有明确的留日目的，且证明不会从事留日目的以外的活动。"在对申请者提交的客观材料进行审核后，"法务省入境管理局"会向申请人发放"留日资格认定证明书"，对其滞留日本予以许可。

第二阶段是签证发放。

外国人在入境之前必须取得日本签证。为此，签证原则上通过外务省所管辖的驻外使领馆（大使馆及领事馆等，日本领事馆于本章最后记载）发放。外国人申请签证时，需至日本驻外大使馆或领事馆，并附上已取得的"留日资格认定证明书"，进行申请。

对于出国不频繁的人来说，申请签证在印象里可能相当繁琐。但实际并非如此，只要将步骤了解清楚，取得签证会变得非常简单。

那么，接下来让我们看看，该如何办理具体的相关手续吧。

日本留学与签证

在外国，不少人有这么一个印象：日本的留学签证很难取得。其实，正如我们在第一章中所介绍的那样，日本政府已经积极施行了各种相关措施，以吸引海外的大批学生入境留学，向所有希望赴日留学的优秀学生敞开了大门。可以说，"30万人留学生计划"是一项日本各行各业共同实施的政策，在签证方面也不例外。只要了解了日本留学签证的模式，妥善进行应对，要取得签证并不难。

获取日本留学签证的流程

下面，我们将说明申请日本留学签证的具体流程。

正如上文所述，外国人要在日本入境，必须取得日本入境管理局所颁发的客观留日目的证明书——留日资格认定证明书。但当学生在日本并无亲戚或朋友时，又该怎样向日本入境管理局提出申请呢？必须通过外国国内的留学中介吗？答案是否定的。

学生可以通过未来将就读的日本学校来申请留日资格证明。几乎所有招收留学生的日本学校，这个步骤都能够替学生代理。

但是，代办申请必须是在学生确定被学校录取之后才能进行的。

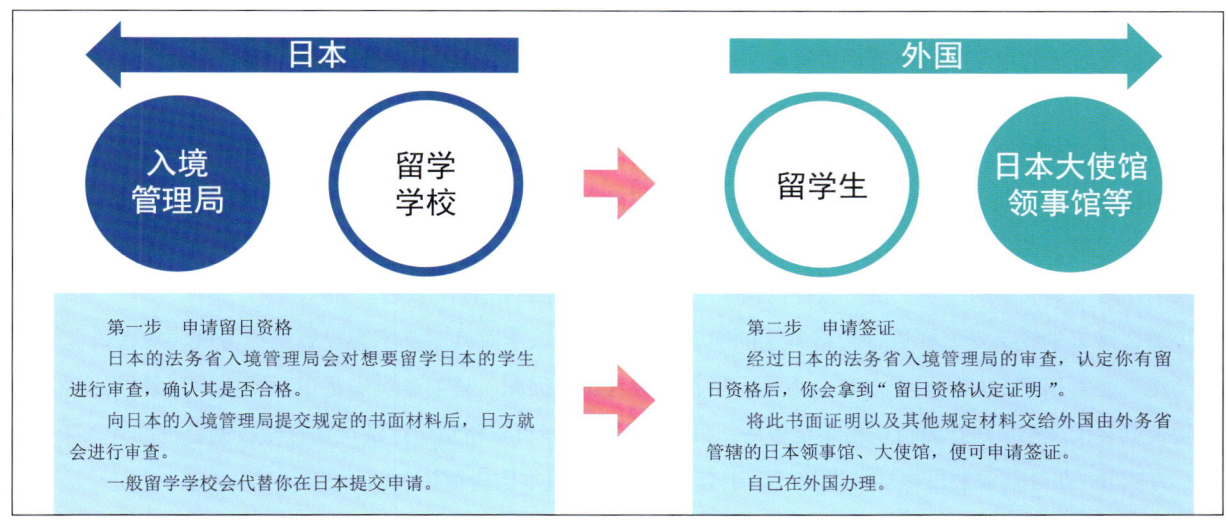

● 签证的体制图

例外情况：如果是90天以内的短期逗留，那么就不需要先向日本国内申请留日资格认定，可以直接向由外务省管辖的日本领事馆、大使馆提交签证申请。

除此之外，想取得留日资格认定，你还需对日本学校的招生条件有所了解。日本学校招生时对学生的评价要点已经在上一章中有所记载，即以下三点：
- 确认学员在日本的学习能力（个人履历和学历等相关条件）
- 确认学员在日本的经费支付能力（经济条件）
- 确定学员是否能够考取申请院校（是否适合在该学校学习）

学校将从这三方面对学生进行综合审核，并决定是否录取。学校在正式录取学生之后，将替学生办理"留日资格认定证明"的申请。只有到学生收到正式的"留日资格认定证明"后，才能凭借它在日本驻外大使馆或领事馆申请签证。

日本驻外大使馆或领事馆将在"留日资格认定书"的基础上，对申请人进行最终审核。尽管的确有终审被拒的情况存在，但一般来说，取得了"留日资格认定"的申请者要通过终审都是没有什么问题的。但需要注意的是，如果伪造申请材料，或提交的日语能力证明与本人的实际情况明显不一致，有可能无法获得签证。

为什么有人说留学签证不易取得？

那么，为什么有人会觉得留学签证不易取得呢？原因在于，在向入境管理局提出留日资格认定申请的学生当中，有相当一部分不符条件，未得到批准。可以说留日资格批准与否是获得日本留学签证的关键。

那他们又是为什么得不到批准呢？本书将把焦点集中在这里，进行详细说明。

在第三章，本书根据日语学习方式以及入学考试进行了留学路径整理。接下来，为了方便说明，本章根据日语能力以及是否需要赴日参加考试，将留学方式划分为以下三种模式：

Ⅰ 在日语教育机构留学，毕业后升学进入高等教育机构。

Ⅱ 在赴日前被日本学校录取（限于有资格招收非日本国内留学生的学校）。

Ⅲ 通过首次选考后，赴日参加二次选考并留学。

将上文所述的留学签证申请体系与这三种留学方式结合起来考虑，可以得出以下几点：

方式Ⅰ：在日语教育机构留学，毕业后升学进入高等教育机构

向申请院校提交入学申请书，同时附带能够证明自己学习能力与经费支付能力的相关文件。如前所述私立大学留学生别科是大学的一部分，因此对于已经获得大学批准入学的学员来说，入境管理局一般不会再次确认其学习能力和经费支付能力。此外，有些难考的私立大学留学生别科还会设置入学考试，选拔合适的学员入学。这与本书中的另一个日语教育机构——语言学校判定合格的方法完全不同。

那么语言学校又是怎样进行合格判定的呢？语言学校在入学时几乎都不会设置选拔考试，有些语言学校甚至连学生都招不满，他们也没有余力再去举行选拔考试。因此，只要学员满足留日资格申请条件的话，语言学校就会代理学员进行留日资格认定申请。只要学员通过留日资格认定申请，语言学校就会批准其入学。

方式Ⅱ：在赴日前被日本学校录取（限于有资格招收非日本国内留学生的学校）

参加"日本留学考试"等考试后，附上学历及经济能力证明资料等向报考学校提交入学申请。学校对提交的资料进行综合判定后决定是否录取。在学校作出录取判断，报考学生缴纳学杂费后，学校将代替学生进行留日资格认定证明的申请。

方式Ⅲ：通过首次选考后，赴日参加二次选考并留学。

方式Ⅲ具体分为两个阶段。首先，和方式Ⅱ一样，接受"日本留学考试"等考试后，向校方提交学历、经济能力证明材料，并提出入学申请。在学校对提交的材料进行综合审查后，作出第一次选考合格与否的判定，并且批准合格者参加二次选考。此时，校方将向报考人员发出准考证。

接下来就是以考试为目的的签证申请。

以考试为目的的签证申请和前面所说的留学签证申请在流程上有所不同。

这时申请的签证"短期滞留签证",是以参加考试为目的,不需要办理上文所说的留日资格认定。为此,该短期签证的申请可以在距离自己所在地最近的日本驻外大使馆或领事馆办理。

申请时,必须附上能证明申请人前往日本接受学校考试的准考证。

在得到短期滞留签证后,申请人将赴日接受学校举行的二次选考。

在二次选考结束后,若顺利通过,则学校会要求考生在一定期限内完成入学手续(通常是缴纳学杂费和学费的一部分或全部)。然后学校会代其申请留日资格认定。留日资格变更后,学生可取得签证,进入学校,开始留学生活。

有关考试签证的注意要点

大家需要记住的是考试签证的期限很短,如果在日本参加完第二次选拔考试后,还没来得及等到成绩公布签证就到期的话,还是必须回国的。因此,大家在申请短期签证时,必须充分考虑考试和成绩公布日期,确保能在规定时间内完成所有事项。此外,如果报考学校有多个,打算多次参加二次选考时,应当申请覆盖多次考试时间的短期签证。短期签证具体有三种,15天、30天和90天。

作为特例,也存在以短期签证入境,在大学合格后,滞留在日本直接将短期签证转换为留学签证的方法。

比如大多数国立大学是在二月下旬或者三月公布成绩,此时距离四月的入学日期所剩的时间已经不多。并且,从合格后的入学手续到大学代办的留日资格认定申请,再到本人在日本拿到留学签证,需要很长的时间。入境时赶不上入学的可能性非常高。这种时候,如果满足以下的条件,可以一边滞留在日本,一边将短期签证转换为留学签证。

- 短期滞留期限内已经完成了入学手续 · 距离入学日(或授课开始日)不到一个月

※由于签证变更条件每个入境管理局都不一样,详细情况需向当地入境管理局咨询。

此时,无论余下的留日期限还有多久,直到申请结果出来前都能够滞留在日本。

并且申请资料方面,尤其是国立大学合格的情况下,只需要以下的相关资料便已足够,可以顺畅地完成整个申请过程。

- 留日资格认定证明书交付申请书 · 护照的复印件 · 个人证件照 · 合格通知书

资料交付后,由大学向入境管理局代办申请流程。实际上许可证会首先抵达大学,学生本人需要从大学处领取许可证,本人持许可证到入境管理局进行留学签证的变更手续,取得留学签证。

只是,需要注意的是,在这一整个申请流程中,如果学生回国了,申请就会失效,在此之后再申请的话,会比平常花费更多时间。总之,在进行这类直接变更时,学生将不得不在日本从入学考试开始滞留相当长的一段时间。

什么情况下不能取得留日资格?

请确认本表。该表是对上述签证申请流程整理后列出的示意图。尤其希望加以确认的是Ⅰ所记载的日本语言学校留学的这种方式。除语言学校之外，其他学校都会对学生进行某一方面或多方面的考核后，才能取得留日资格认定申请。

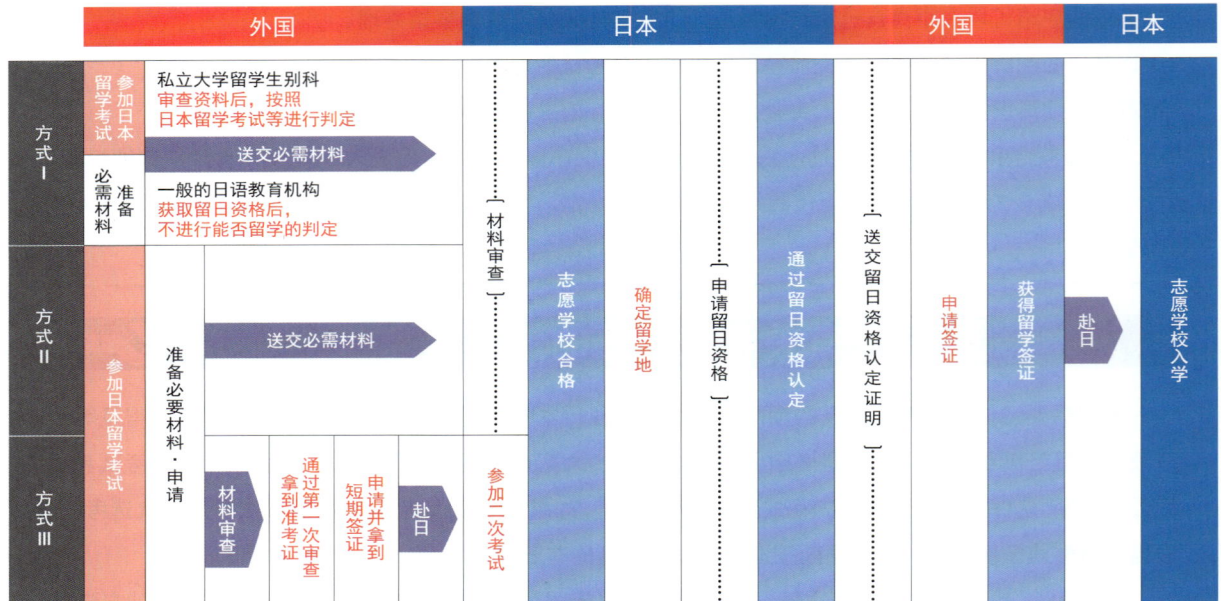

方式Ⅰ中，私立大学留学生别科对申请入学者设有一定难度的门槛。该门槛的高低与该私立大学本身的招生难易度成比例，该私立大学招生越严格，则该留学生别科也就越难进入。与此相对，日本语言学校一般不在学习能力方面对学生设门槛。

方式Ⅱ中，在学生赴日前就有资格批准入学的学校。这些学校大都要求学生参加"日本留学考试"。学生需将该考试成绩与校方要求的其他材料一起提交。校方则将以此判断申请者的学习能力，考察学生是否适合在该校学习，并作出是否录取的判断。

方式Ⅲ中，一般情况下，校方会将"日本留学考试"定为招生初试；或在进行材料审查时，对考生学习水平提出一定的要求。学校在发送申请短期签证所必需的准考证前，会对申请者的学习能力进行评定。然后进一步实施二次选考，以核实学习能力评定情况，并决定是否录取。

以上提到各类学校中，只有语言学校一般不对学生的学习能力进行审核。一般来说，无法取得留日资格认定的学生也多数属于这种情况。

当然，也有例外。语言学校本身的留日资格认定率低也可能是其中一个原因。让我们接着往下看。

入境管理法

入境管理法规定"为了妥善且顺利地实施入境、留日审查，对于未出现非法滞留者或非法劳动者、对留学生进行妥善的在册管理的大学等提出的申请，将大幅简化所提交的材料，原则上仅要求提交申请书。"另一方面，日本语言学校对留日学生的在册管理方法上存在问题，或在招生时几乎不对学生的学习能力设置任何门槛。对于这些学校而言，在签证的申请方面将难于其他高等教育机构。

日本语言学校留学流程

正如前文所述，留日资格认定申请的取得十分有难度。下面是进入日本语言学校进行学习的一般流程。为了能够在所希望的时间段内进入日本语言学校进行学习，之前的准备工作是很重要的。

○ 选择日本语言学校（即在预定入学时期约半年前决定入学学校）

在了解了本书所记载的日本语言学校选择方法后，选择最适合自己的语言学校。

除了本书第八章所记载的语言学校以外，还可以在网上进行搜索。在确定几所学校后，对各校的优缺点进行比较。在选定几所志愿学校后就可以通过邮件或电话直接与对方学校进行联络，在确定详细情况的基础上选定最终志愿学校并直接向该校表明意愿。与此同时，必需的文件也要开展收集工作。

○ 申请、交付申请费用（在预定入学时期 5 至 6 个月前进行申请）

准备入学申请、履历书和经费支付书。之后介绍了一般申请书的格式和填写方法。但是，实际申请时各校一般都会采用指定形式的申请书，请大家务必按照要求填写。与此同时，大家还必须准备好该校指定的材料（后述），与申请书一起邮寄给该校。此外，申请时一般需要同时把考试费汇到该校，一般为 2~3 万日元。

○ 申请留日资格认定（预定入学时期前 4 至 5 个月）

参照寄往志愿学校的文件材料，学校会在"留日资格认定证明书交付申请书"中进行必要事项的填写，并前往入境管理局进行申请。该申请需要 3 个月左右的时间。由于学校将会对同一时段提出入学申请的学生进行同时报批，因此若无法在指定日期前准备好材料，就可能无法准时入学。

○ 提交留日资格认定证明书及学费缴纳（预定入学日期前 1 至 2 个月）

将经过入境管理局审查的每个人的留日资格认定证明书交给志愿学校。收到证明书后志愿学校将会给出交学费的相关通知，依各校规定缴纳学费等必需经费。一般来说是从外国国内将学费直接汇入志愿学校指定的日本银行账户。汇款结束后，便也意味着各位将赴日本留学。（海外汇款相关事宜请询问银行）

○ 领取留日资格认定书及签证申请（预定入学日期前 1 个月左右）

付完学费之后该校将直接寄来留日资格认定证明书以及入学许可证。须凭该证明书前往外国的日本大使馆（领事馆）进行签证申请。（之后详细说明）

○ 赴日、入学

顺利取得签证后，终于可以开始留日之旅。在日本的生活支援等在第五章有所记载，敬请参考。

※如上所述，大家一般要在 6 个月前就开始着手准备所需材料。4 月份入学的学生一般需在上一年 11 月下旬到 12 月中旬期间提交材料，而 10 月份入学的学生则一般需在 5 月下旬到 6 月中旬期间提交。因此，大家在准备去日本留学时一定要做好计划。

申请日本语言学校时的必需材料

一般各校都会有指定的申请表，但是各校所需填写的事项几乎大同小异。在此我们将为大家介绍一般的申请书格式及其填写方法。此外，申请时一般还需准备"入学申请书""简历""学习目的说明书""经费计划书"等四种文件。除此以外，申请时还需准备各校指定的"申请留日资格时所需提供的文件"（后述），并与上述材料一起邮寄给该校。另外，实际申请时还必须使用各语言学校要求的纸张。

下面我们将为大家介绍以下四种材料，并解释其填写要点。

・入学志愿书　　・简历　　・学习目的说明书　　・经费支付书

在此，我们将以语言学校为例向大家介绍申请时所需的材料。不过由于申请私立大学日语别科、大学、短期大学、专门学校及大学院（研究生院）时所需提供的材料也都基本相同，因此大家在申请上述院校时也可以参照以下内容。

此外，由于各校指定的申请书格式各不相同，因此请大家务必在咨询相应学校后再按要求提出申请。

向日本语言学校提出申请的书写格式（样本）

○ 入学申请书（样本）

入学願書（样本）

氏名（漢字）	李	三		写真
氏名（英語）	Li (Family Name)	San (Given Name)	(Middle Name)	（6ヶ月以内撮影） 3cm×4cm
国籍	外国	性別	☑男 □女	
生年月日・年齢	1995 年	1 月	1 日	22 歳

旅券	旅券番号：G××××××××
	発行機関：外国　　有効期限：2020 年 5 月 7 日

本国での現住所	外国○○路○○号○○室
	Tel：012-345-678　Fax：012-345-678　Email：

職業	☑学生・在学中　□会社に勤務中　□日本へ行く準備中　□その他（　　）

最終学歴	最終学歴（学校名） 学部（○○大学）	卒業又は卒業見込み年月日： 2018 年 6 月 30 日
	□大学院（研究生院）（博士）　□大学院（研究生院）（修士）　□大学　□短期大学　□専門学校 □高校　□中等専門学校　□職業技術学校　□中学校　□その他	

留学に関する希望

現在の日本語レベル	□未学習　□初級　☑中級　□上級　□その他
日本語能力証明書	検定の名称：日本語能力試験　　証明書記載レベル：N2 級
希望修学期間	□1年　□1年6ヶ月　☑2年　□その他＿＿＿年
卒業後の予定	□日本に滞在　□帰国 ☑進学　□就職　□その他 進学の場合の進学先 ☑大学院（研究生院）　□大学　□短期大学　□専門学校　□その他（　　）
進学コースの受講	☑希望する　詳細（　）　□希望しない　　　入寮希望　☑有　□無

経費支弁者	李二	関係：父親
身元保証人	李二	関係：父親

上記の通り、間違いありません。

日付：2017 年 5 月 7 日　　　本人署名：李三　㊞

○ 简历（样本）

履歴書（样本）

1 国籍　　外国　　　　2 氏名　　李三
3 生年月日　1995 年 1 月 1 日　　4 性別　☑ 男　☐ 女
5 現住所　　外国市○○路○○号○○室
6 戸籍住所（現住所と異なる場合）
7 出生地　　外国
8 配偶者の有無　☑ 無　　☐ 有
　（　配偶者名：　　　　　　　　　　　　　）
9 家族

続柄	氏名	生年月日	職業	住所	Tel
父	李二	1958.1.1	医者	外国○○路○○号○○室	012-345-678
母	張四	1960.1.1	教師	外国○○路○○号○○室	
兄弟・姉妹					
兄弟・姉妹					
兄弟・姉妹					

10 学歴　（初等教育「小学校」から最終学歴まで）

	学校名	住所	入学年月日～卒業年月日
1	○○小学	外国○○路○○号○○室	2002 年 9 月～2008 年 7 月
2	○○中学	外国○○路○○号○○室	2008 年 9 月～2011 年 7 月
3	○○高中	外国○○路○○号○○室	2011 年 9 月～2014 年 7 月
4	○○大学	外国○○路○○号○○室	2014 年 9 月～2018 年 6 月 30 日
5			

11 職歴　　☑ 無　☐ 有

	勤務先	職業	住所	就職年月日～退職年月日
1				～
2				～
3				～

12 出入国歴　　☑ 無　☐ 有　　パスポート番号（　　　）

	入国年月日～出国年月日	留日資格	入国目的
1	～		
2	～		
3	～		

13 日本語学習歴
　☐ 無　☑ 150 時間以下　☐ 150 時間以上　☐ 日本語能力試験　（　　　）

	日本語学習機関・学習期間	入学年月日～卒業年月日	住所
1	○○学校	2010 年 9 月～2011 年 8 月	外国○○路○○号○○室
2			
3			

私は、日本国査証を申請し、不認可になった事はないことを宣誓します。
履歴書に記入した内容は、すべて真実であり間違いありません。

　　　　日付　　2017 年 5 月 7 日
　　　　　　　　本人署名：　　　　李三　　　㊞

○ 学习目的说明书（样本）

学習の目的（様本）

○○学校　御中

申請者氏名　　李三　　　　　　　国籍　　外国

生年月日　1995 年　1 月　1 日　　性別：☑ 男　□ 女

填写去日本的理由

上記の通り、間違いありません。

日付：2017 年　5 月　7 日　　本人署名：　李三　㊞

○ 経費計画書（様本）

経費支弁書（样本）

日本国法務大臣殿

申請書氏名　李三　　　　　　　　　　国籍　外国

生年月日　1995 年　1 月　1 日　　　性別　☑ 男　　□ 女

私はこの度、上記の者が日本国に留日中または入国した場合の経費支弁者になりましたので、下記の通り経費支弁者の引き受け経緯を説明するとともに、経費支弁について誓約します。また更新申請時には経費支弁状況を証明する銀行通帳コピーなどの書類を提出する事を誓約します。

記

1. 経費支弁の引き受け経緯（申請者の経費支米院を引き受けた経緯及び申請者との関係について具体的に記載してください）

> 私の息子である李三が日本での進学を強く希望し、卒業後日本で就職することを強く望んでいます。私はそれを支持し、経費支弁者としての責任を果たすことを決心しました。

2. 経費支弁方法
   (1) 初年度学費　800,000　円
   (2) 生活費（月額）　100,000　円（1ヶ月）
   (3) 支弁方法
      ①学　費：入管の結果通知後に学校の指示に従い学費を納入します。
      ②生活費：本人の来日時に現金で40万円を持参させます。
      翌月より本人の銀行口座に3ヶ月分をまとめて送金します。

経費支弁者　李二　　　　　　　署名　李二

住所　外国〇〇路〇〇号〇〇室

Tel　012-345-678　　　学生との関係　父親

戸籍住所（現住所と異なる場合）

勤務先会社名　〇〇医院　　　　職業　医者

勤務先住所　外国〇〇路〇〇号〇〇室　Tel　012-345-678

留日资格认定审查阶段语言学校须向入境管理局提交的材料

○ 与学习意向及能力有关的材料

1. 学习日语的理由，及记载了本人履历的入学申请书复印件及其他文案

2. 毕业证书复印件

高中毕业或是能证明其同等学力的证件，能证明进行留学时已从高中毕业的文件

（毕业后必须给出毕业证书）

中国大专以上的毕业生必须提交"全国高等学校学生信息咨询职业指导中心"所颁发的学历认定报告原件。

3. 学习成绩报告单

需提交"教育部学位及研究生教育发展中心"发布的学习成绩报告单原件。

在没有参加高考的情况下，需准备能够证明会考成绩的公证文件。

4. 日语能力测试合格证书

提出能够证明具有"日语能力测试"N5 以上等级的日语水平的文件。

"日语能力测试"合格者需提交合格证书复印件，参加"J.TEST 实用日语鉴定"的学生需提交"J.TEST 实用日语鉴定成绩证明书"（向入境管理局提交用）"。

"日语 NAT-TEST""STBJ 标准商务日语考试""TOPJ（PJPT）实用日语运用能力考试""GNK 生活·职能日语鉴定考试"的成绩也将作为参考材料进行审核。

各类日语能力测试的具体内容请参见第三章。

5. 能够证明申请人身份的材料（户口本复印件等）

○ 与支付能力有关的材料

留日期间所有经费支付能力证明书，若是非学生本人支付的情况下，需提供能证明支付者支付能力的证明及具体支付方法等的文件，具体如下：

◆ 共通 ◆

（1）经费支付书（记载经费具体支付方法等的文件）

（2）支付者与申请人的关系证明书（亲属关系证明等）

（3）存款余额证明

◆ 以下为非优良语言学校必须提交的文件，除此以外优良学校有时也会要求提交此类文件 ◆

（4）能证明条件（3）中资金来源的材料（存款账单复印件等）

（5）在职证明书（支付者在企业工作的情况下）

（6）法人登记簿复印件（支付者为企业雇员的情况下）

（7）营业许可证（支付者为个人经营者的情况下）

◆ 海外支付者 ◆

（8）能够证明支付者家庭情况的文件（支付者家庭的户口簿复印件等）

（9）收入证明书（若支付者在企业工作，过去 3 年）

（10）纳税证明书（记载了收入或所得金额的文件，过去 3 年）

◆ 在日支付者 ◆

（11）居住证或外国人登记证明书（家庭全员）

（12）纳税证明书（记载了收入或所得金额的文件，过去 3 年）

＊除了以上记载资料外，也可能会要求提交与材料有关的相关证明或其他资料。

＊从最终学历毕业后 5 年的情况下，需要提交具体记载日语学习目的以及从日语教育机构毕业后升学就业等情况的文件。

申请留日资格认定时必须提交的材料

在此我们将为大家介绍申请留日资格时所需提交的材料。不过由于有些学校还要求提供其他材料，因此请大家按照各校的规定提交申请。

此外，如前所述申请留日资格时需要注意以下两点：

一是确认学员在日本的学习能力（个人履历及学历等相关条件）

二是确认学员在日本的经费支付能力（经济条件）

上述两点所需的文件如下所示：

○ 确认学员在日本的学习能力（个人履历及学历等相关条件）

学习能力的确认一般可以通过两个方面证明，一为在本国的学历和学习能力，二为日语能力。证明自身日语能力的方法已在第三章中详细介绍过，在此不再赘述。

◆ 在本国的学习能力证明 ◆

本国的最终学历证明指的是由"全国高等学校学生信息咨询与就业指导中心"颁发的证明书，要求提交原件。获取方法请参照以下信息：

获取中国学历证明书的咨询处

全国高等学校学生信息咨询与就业指导中心

北京市海淀区北四环中路 238 号伯彦大厦 1205 室　邮政编码：100191

TEL 010-82338424　FAX 010-82338423

E-mail xuelirenzheng@eyou.com　URL http://www.chsi.com.cn/

◆ 在本国的最终学历证明 ◆

"教育部学位与研究生教育发展中心"发布的证明高考和会考分数的材料，要求提交原件。获取方法请参照以下信息：

获取高考和会考成绩证明书的咨询处

教育部学位与研究生教育发展中心 认证处

北京市海淀区王庄路 1 号清华同方科技广场 B 座 1819　邮政编码：100083

TEL 010-82379480　　　　　FAX 010-82378718

E-mail zxb@cdgdc.edu.cn　　URL http://www.cdgdc.edu.cn/

○ 确认学员在日本的经费支付能力（经济条件）

学员在日本的经费支付能力一般可以通过经费支付计划书、计划书中填写的经费支付人与留学生本人的关系证明、经费支付者的储蓄金额及收入金额等三个方面证明。此外，有些学校还要求学员提交存款证明，一次性将一定金额汇入一个账户并冻结一段时间。

◆ 经费支付书 ◆

经费支付书指的是说明如何支付在日本留学时所需的学费以及每月生活费的材料。书中要求填写经费支付人的姓名与住址，还要求写清楚支付学费和生活费的方法。（本章前半部分以语言学校为例已经介绍过一般的书面格式，请大家参考该内容）

◆ 证明经费支付人与留学生本人之间关系的材料 ◆

该材料指的是证明经费支付书中填写的经费支付人与留学生本人之间关系的文件。一般经费支付人多为学生的父母，那么此时就需提交"亲属关系公证书"。除此以外，当支付人为其他人时，除了提交证明两者之间关系的材料外，还需说清楚具体支付的原因。

◆ 存款证明 ◆

一般学员第一年的学费要求在入学时一次性支付，因此也就要求经费支付人账户中必须存有相应金额的钱款。需要提交能够证明存款金额的"存款证明原件"。

此外根据申请院校的规定，有时还需提交以下文件：

◆ 证明存款过程的材料 ◆

有些学校要求提交证明过去三年内资金往来过程的材料，此时就需要提交银行存款对账单（一般为三年）副本。

◆ 证明经费支付人职务和收入的材料 ◆

有些学校还要求提交证明经费支付人职务和收入的书面材料。这时，有如下几种情况：企业员工等需要提供"在职证明"；企业负责人需要提供"法人登记誊本"；经费支付人为个体户时要求提供"营业许可证的复印件"及"收入证明书"和"纳税证明书"。此外，如果经费支付人在日本居住的话，有时还会要求其提供"住民票"或"外国人登录原票记载事项证明书"。

◆ 其他 ◆

有些学校还会要求学员提交留学生本人与经费支付人及家族各成员间的关系证明，这时需要提交"户口簿复印件"及"居民身份证复印件"。

有关留日资格认定的标准

对海外学生来说一般很难收集到有关留日资格认定的标准的具体信息，这对他们来说可能是个不小的问题。得益于日本的信息公开制度，编者取得了日本入境管理局内部的审查要点文字资料。下面，本书将摘录其中一部分与留学审查相关的内容。

○ 留学教育机构的选择范围

该申请怎样的教育机构进行留学，下文将针对择校的范围进行说明。在日本入境管理局的分类中，语言学校并不属于文部科学省下属的正式教育机构，而是属于留日学的初级阶段进行日语教学、为进入高等教育机构做准备的"日语教育机构"。

本书在第三章中为了更流畅地对留学过程进行解释，把"私立大学留学生别科"归入了"日语教育机构"，但实际上，日本入境管理局将其归于"大学"类。在参考以下资料时希望大家能够注意这一点。

1. 大学

"大学"的类别除了普通的院系专业之外，还包括大学别科、大学专攻科、短期大学、大学院（研究生院）、大学附属的研究机构。

2. 专门学校

针对高中毕业或取得了相当于高中文凭的学生，在高中教育内容的基础上进行教学与职业培训，以及培养生活中必需能力等教育的学校。

3. 日本语言学校

日本法务大臣公告指定的日语教育机构。

在教育设施（学生人数、教师多少等）、教育条件（课时数等）、校长、教师与工作人员（教龄、人数等）等方方面面，各校的设备与配置各有不同。

此外，将学生的"非法留日率"低于3%的学校定为"优良校"。

○ 留学申请人的审查标准——学习意愿、能力判断

申请去日本留学学生的学习意愿及能力有无将以以下为标准进行判断。此外，已从本国高等教育机构毕业后再申请前往日本留学的申请人一般情况下被认为具有学习意愿及能力。

1. 日语能力

在日本进行学习，必须要具有能够生活的日语能力。其判断标准为（符合其中一项即可）：

A 希望在大学接受日语课程或接受研究指导的情况下

- 具有相当于日语能力测试 N2 以上的日语水平
- 在日本留学考试的日语一项中获得 200 分以上
- 在 BJT 商务日语能力测试中获得 400 分以上

B 希望进入专门学校学习的情况下

- 具有相当于日语能力测试 N2 以上的日语水平
- 在 BJT 商务日语能力测试中获得 400 分以上

C 希望进入大学日语别科或日语语言学校学习的情况下
- 具有相当于日语能力测试 N5 以上的日语水平
- 在 BJT 商务日语能力测试中获得 350 分以上

※此外，根据地方入境管理局所发布的资料来看，"J. TEST 实用日语鉴定考试""日语 NAT-TEST""STBJ 标准商务日语考试""TOPJ(PJPT) 实用日语运用能力考试""GNK 生活、职能日语鉴定考试"的成绩也将作为判断材料进行考虑。

2. 在中国的学习能力证明
- 高考（中国大学统一入学考试）成绩

根据该成绩进行学习意愿及能力判断。该成绩通过"全国学位及研究生教育发展中心"认证，一般达到满分的 60% 就被视为合格，但是根据地区差异也有所调整。此外，即使未达到 60% 也并不意味着该学员就没有学习的意愿和能力。

3. 在中国的学历证明

入境法令中并没有明确的入学资格标准，一般承认通过各教育机构进行判断后，进行公平有效的选拔的结果。

在日语教育机构提出申请或在审查过程中需要确认学历的情况下，需要依照要求提出毕业证明书和成绩证明书。

※中国大学的毕业实际情况等请参考"中国高等教育学生信息网"。

○ 留学申请人的审查标准——经费支付能力判断

申请人在日本留学期间具有足够支付生活费用的资产、奖学金或其他手段。也可以由他人支付申请人的生活费用。

此外，根据资格外活动许可预测在日本能够得到的收入或无法确定该收入的申请人不可以将在许可范围内活动所获得的收入作为生活费用来源。

前往不同类型学校申请"留日资格认定证明书"所需时间

学校要求提交的材料是用于申请"留日资格认定"时必需的材料，通常没有太大的差异，一般要求在提交报考申请时提交。

大学、短期大学、专门学校的"留日资格认定证明书"的正式申请与日本语言学校的情况不同，是在各学校决定录取学生、学生办理完指定的手续后（缴纳部分学杂费或全部学费）才开始。

这种情况下"留日资格认定"申请所需时间通常为数周至 1 个月左右。

留日资格认定申请必需书面材料一览

教育机构分类				高等教育机构				日语教育机构		
				大学	短期大学	大学院（研究生院）	高等专门学校	大学日语语言学校	语言学校	
									违法滞留率3%以下	违法滞留率3%以上或新校
基本方针	拥有"留学"留日资格的学校范围			●	●	●	●	●	●	△
	获得"留学"留日资格需要的条件			只要各学校进行符合规定的入学选拔，入关时不再另外设置条件	只要各学校进行符合规定的入学选拔，入关时不再另外设置条件	日本大学院（研究生院）规定研究生的情况下需要保证1周10小时以上的听讲登记	只要各学校进行符合规定的入学选拔，入关时不再另外设置条件	只要各学校进行符合规定的入学选拔，入关时不再另外设置条件	需提交指定的书面材料	需要提交另外指定的额外书面材料，有拒签的可能性。即便发放留日资格，根据选择的学校而变为短期签证的可能性较大。
学习意愿与能力的确认	如尚未从外国教育机构高等毕业	学历·学习能力	基本方针	只要接受院校进行符合规定的选拔，默认允许入学					进行一定的审查后认定	
			毕业证书原件	证明已从外国高等教育机构毕业的书面材料						
			学历认定报告	需要提交从"全国高等学校学生信息咨询与就业指导中心（教育部学历认定中心）"或"教育部学位与研究生教育发展中心"发放的学历认定报告原件。（注）另外，自考、函授（通信教育）、夜间大学、网络电视学校等的毕业生必须有N5以上的日语能力，但是本科毕业又学位·学士证明的学生则没有那个限制。						
		日语能力证明		入关时，如没有确切的证据，则默认学生拥有学习意愿和能力，但在高等教育机构学习时需要中上级以上的日语能力					入关时虽没有规定，但若拥有相当于N5水平的日语能力，建议积极提出并告知	
	未从外国的高等教育机构毕业的情况下	学历·学习能力	基本方针	只要接受院校进行符合规定的选拔，默认允许入学					根据学历证明和学习能力证明进行评价	
			毕业证书原件	拥有相当于高中毕业的学历，或留日学时预计将从高中毕业的同学（需要留日学前确认已毕业的事实）						
			学历认定报告	需要提交从"全国高等学校学生信息咨询与就业指导中心（教育部学历认定中心）"或"教育部学位与研究生教育发展中心"发放的学历认定报告原件。（注）						
			学习能力证明 – 高考成绩标准	入关时虽没有明确规定，但各个学校审核时需要提交	入关时虽没有明确规定，但各个学校审核时需要提交	入关时虽没有明确规定，但各个学校审核时需要提交	入关时虽没有明确规定，但各个学校审核时需要提交	入关时虽没有明确规定，但各个学校审核时需要提交	需要"教育部学位与研究生教育发展中心"发放的认定书原件，成绩以达到满分的60%为判定标准。	
			学习能力证明 – 其他学习成绩表	入关时虽没有明确规定，但各个学校审核时需要提交	入关时虽没有明确规定，但各个学校审核时需要提交	入关时虽没有明确规定，但各个学校审核时需要提交	入关时虽没有明确规定，但各个学校审核时需要提交	入关时虽没有明确规定，但各个学校审核时需要提交	如没有参加高考，最好提交代替高考成绩的学业成绩表（如会考成绩）	
		日语能力证明	基本方针	入关规定N2以上，但在高等教育机构学习则需要N1以上	入关规定N2以上，但在高等教育机构学习则需要N1以上	入关规定N2以上，但在高等教育机构学习则需要N1以上	入关规定N2以上，但在高等教育机构学习则需要N1以上	N5以上	N5以上	N5以上
			日语能力考试的标准	N2以上	N2以上	N2以上	N2以上	N5以上	N5以上	N5以上
			日本留学考试日语科目的标准	200分以上	200分以上	200分以上	200分以上	-	-	-
			BJT商务日语能力考试的标准	400分以上	400分以上	400分以上	400分以上	350分以上	350分以上	350分以上
			J.TEST日语鉴定考试的标准	A-D级 500分以上	A-D级 500分以上	A-D级 500分以上	A-D级 500分以上	E-F级 250分以上	E-F级 250分以上	E-F级 250分以上
			日本语NAT-TEST的标准	2级以上	2级以上	2级以上	2级以上	5级以上	5级以上	5级以上
			STBJ标准商务日语考试的标准	650分以上	650分以上	650分以上	650分以上	350分以上	350分以上	350分以上
			TOPJ实用日语运用能力考试的标准	250分以上	250分以上	250分以上	250分以上	初级A级以上	初级A级以上	初级A级以上
			GNK生活·职业能力日语鉴定考试的标准	准上级以上	准上级以上	准上级以上	准上级以上	准中级以上	准中级以上	准中级以上
费用支付能力的确认	证明在日滞留期间产生的所有费用的支付能力的文件，当留学生本人之外的人支付费用时，除了证明其支付能力之外，还需要另外的文件阐明由此人来支付费用的原因		费用支付能力证明文件	入关时虽没有明确规定，但各个学校审核时需要提交	入关时虽没有明确规定，但各个学校审核时需要提交	入关时虽没有明确规定，但各个学校审核时需要提交	入关时虽没有明确规定，但各个学校审核时需要提交	入关时虽没有明确规定，但各个学校审核时需要提交	需要	需要
			证明费用支付人与申请人的关系的资料	入关时虽没有明确规定，但各个学校审核时需要提交	入关时虽没有明确规定，但各个学校审核时需要提交	入关时虽没有明确规定，但各个学校审核时需要提交	入关时虽没有明确规定，但各个学校审核时需要提交	入关时虽没有明确规定，但各个学校审核时需要提交	需要	需要
			银行存款余额证明	入关时虽没有明确规定，但各个学校审核时需要提交	入关时虽没有明确规定，但各个学校审核时需要提交	入关时虽没有明确规定，但各个学校审核时需要提交	入关时虽没有明确规定，但各个学校审核时需要提交	入关时虽没有明确规定，但各个学校审核时需要提交	需要	需要
			证明银行存款余额的来龙去脉的资料（银行存款存折复印件等）	适当需要	适当需要	适当需要	适当需要	适当需要	适当需要	需要
			在职证明（支付人就业于企业等情况下）	适当需要	适当需要	适当需要	适当需要	适当需要	适当需要	需要
			法人登记簿复印件（支付人是企业等的董事的情况下）	适当需要	适当需要	适当需要	适当需要	适当需要	适当需要	需要
			经营许可证等（支付人是个体营业户情况下）	适当需要	适当需要	适当需要	适当需要	适当需要	适当需要	需要
			证明支付人家庭结构的文件（支付人家庭成员的户口复印件等）	适当需要	适当需要	适当需要	适当需要	适当需要	适当需要	需要
			收入证明（支付人就业于企业等情况下。需要过去三年的收入证明。）	适当需要	适当需要	适当需要	适当需要	适当需要	适当需要	需要
			纳税证明（有记载收入或所得金额的文件）。需要过去三年的纳税证明。	适当需要	适当需要	适当需要	适当需要	适当需要	适当需要	需要

留学签证申请的具体方法

顺利取得"留日资格证明"后，将在外国国内办理签证申请手续。在这里，我们将向你详细介绍其办理流程。

○ 日本驻外使领馆等外交机构的管辖地区（例）

受理签证申请的领事馆因申请者的所在地而异。

下面将为大家介绍日本驻外大使馆及各领事馆等的管辖区域，请大家在相应的领事馆申请签证。

由于办理签证的时间有可能会发生变动，因此请大家通过大使馆及各领事馆等的官网确认。

此外，除个人直接申请外，还可以通过大使馆及各领事馆等指定的代理机构申请。下面是各代理机构的链接，希望能给大家带来帮助。

驻华日本大使馆	
管辖地区	北京市、天津市、山东省、陕西省、山西省、甘肃省、河南省、河北省、湖北省、湖南省、青海省、新疆维吾尔自治区、宁夏回族自治区、西藏自治区、内蒙古自治区
地址	北京市东三环北路2号南银大厦2楼　100027
电话	010-6410-6973（签证专线）
传真	010-6410-6977（签证专线）
受理时间	9:00～11:30（指定代理机构申请） 13:00～17:00（个人申请、节假日除外）
URL	http://www.cn.emb-japan.go.jp/index.htm
指定代理机构	http://www.cn.emb-japan.go.jp/consular/visa_daili.htm
备注	大使馆不接受个人申请，如需申请请通过大使馆指定的代理机构办理。

驻上海日本总领事馆	
管辖地区	上海市、安徽省、浙江省、江苏省、江西省
地址	上海市万山路8号　200336
电话	021-5257-4768（签证专线）
传真	——
受理时间	签证受理时间：9:00～12:00（节假日除外）
URL	http://www.shanghai.cn.emb-japan.go.jp/cn/index_cn.htm
指定代理机构	http://www.shanghai.cn.emb-japan.go.jp/cn/apply/daiko.html
备注	领事馆不接受个人申请，如需申请请通过领事馆指定的代理机构办理。

驻广州日本总领事馆	
管辖地区	广东省、海南省、福建省、广西壮族自治区
地址	广州市环市东路368号花园大厦
电话	020-8334-3090（领事、签证）
传真	020-8388-3583（领事、签证）
受理时间	8:45～12:00、13:45～15:00（节假日除外）
URL	http://www.guangzhou.cn.emb-japan.go.jp/cgjp_cn/index.htm
指定代理机构	http://www.guangzhou.cn.emb-japan.go.jp/cgjp_cn/visa/doc/visa00006.htm
备注	领事馆不接受个人申请，如需申请请通过指定的代理机构办理。 ※仅海南省居民可在驻广州日本总领事馆和指定代理机构的任意一个申请。

驻香港日本總領事館	
管辖地区	香港特别行政區
地址	香港中環康樂廣場8號交易廣場第一座46樓及47樓
电话	(852) 2522-1184
传真	(852) 2868-0156
受理时间	星期一至星期五　接受申請 09:15-11:15、領取結果 13:30-16:45 星期日、六及公眾假期休息。
URL	http://www.hk.emb-japan.go.jp/chi/index.html
指定代理机构	http://www.hongthai.com/tc/templates/BranchListAll.html
备注	可處理單獨簽證申請

（续表）

驻沈阳日本总领事馆	
管辖地区	辽宁省（大连除外）、吉林省、黑龙江省
地址	沈阳市和平区十四纬路50号　110003
电话	024-2322-7490
传真	024-2322-2394
受理时间	
URL	http://www.shenyang.cn.emb-japan.go.jp/cn/
指定代理机构	http://www.shenyang.cn.emb-japan.go.jp/cn/visa/fr_visa_01.htm
备注	申请者可以通过驻沈阳日本总领事馆及指定代理机构的任意一个申请。
驻沈阳日本总领事馆　大连常驻事务所	
管辖地区	大连市
地址	辽宁省大连市西岗区中山路147号森茂大厦3楼
电话	0411-8370-4077
传真	0411-8370-4066
受理时间	受理时间：9：30～11：30（签证申请） 15：00～17：00（签证发放）（节假日除外）
URL	http://www.dalian.cn.emb-japan.go.jp/ch/index.html
指定代理机构	http://www.dalian.cn.emb-japan.go.jp/ch/cardmado.html
备注	领事馆不接受个人申请，如需申请请通过指定的代理机构办理。
驻重庆日本总领事馆	
管辖地区	重庆市、四川省、贵州省、云南省
地址	重庆市渝中区邹容路68号大都会商厦37楼　400010
电话	023-6373-3585
传真	023-6373-3589
受理时间	8：30～11：30（签证申请） 13：30～16：30（签证发放）（节假日除外）
URL	http://www.chongqing.cn.emb-japan.go.jp/index_c.htm
指定代理机构	http://www.chongqing.cn.emb-japan.go.jp/Chinese%20pages/qianzheng/daili_jigou.htm
备注	领事馆不接受个人申请，如需申请请通过指定的代理机构办理。
驻青岛日本总领事馆	
管辖地区	青岛
地址	中国山东省青岛市香港中路59号　青岛国际金融中心45F　266071
电话	0532－8090－0001（代表）
传真	0532－8090－0009
受理时间	9：00～11：30，13：00～17：00
URL	http://www.qingdao.cn.emb-japan.go.jp/cn/index.html
指定代理机构	http://www.qingdao.cn.emb-japan.go.jp/cn/visa/daili.html
备注	领事馆不接受个人申请，如需申请请通过指定的代理机构办理。

交流協會台北事務所	
管辖地区	台北、新北、基隆、桃園、新竹、苗栗、台中、彰化、宜蘭、花蓮、南投、金門、連江
地址	台北市慶城街28號通泰商業大樓1樓
电话	（02）27138000
传真	
受理时间	星期一～星期五、上午9:15～11:30、下午13:45～16:00
URL	https://www.koryu.or.jp/taipei-tw/
指定代理机构	
备注	簽證申請直接於本事務所進行。逢星期五下午不受理簽證申請、只能領取簽證。

交流協會高雄事務所	
管辖地区	雲林、嘉義、嘉義、台南、高雄、屏東、台東、澎湖
地址	高雄市苓雅區和平一路87號9F、10F南和和平大樓
电话	（07）771-4008
传真	（07）771-2734
受理时间	星期一～星期五（星期六、日、例假日不上班）、上午 9:00～12:30、下午13:30～17:30
URL	https://www.koryu.or.jp/kaohsiung-tw/
指定代理机构	
备注	簽證申請直接於本事務所進行。

驻马来西亚日本大使馆	
管辖地区	吉隆坡，雪兰莪，森美兰，马六甲，彭亨，柔佛
地址	No.11, Persiaran Stonor, Off Jalan Tun Razak, 50450 Kuala Lumpur, Malaysia.
电话	（03）2177 2600
传真	（03）2143 1739
受理时间	星期一～星期五、上午 8:30～12:00、下午14:00～16:00
URL	http://www.my.emb-japan.go.jp/
指定代理机构	
备注	签证申请及领取只限申请人本人进行。如申请人需授权他人代为进行，代理人必须出示申请人本人的授权书。

驻槟城日本总领事馆	
管辖地区	槟城，霹雳，吉打，玻璃市，登嘉楼，吉兰丹
地址	Level 28, Menara BHL, 51 Jalan Sultan Ahmad Shah, 10050 Penang.
电话	（04）226-3030
传真	（04）226-1030
受理时间	星期一～星期五、上午 8:30～12:00、下午 14:00～16:00
URL	http://www.penang.my.emb-japan.go.jp/
指定代理机构	
备注	签证申请及领取只限申请人本人进行。如申请人需授权他人代为进行，代理人必须出示申请人本人的授权书。

驻哥打基纳巴卢领事事务所	
管辖地区	沙巴，沙捞越，纳闽联邦直辖区
地址	No18,Jalan Aru, Tanjung Aru, 88100, Kota Kinabalu, Sabah, Malaysia
电话	88-254169
传真	88-236632
受理时间	星期一～星期五、上午 8:30～12:00、下午 13:30～16:00
URL	http://www.kotakinabalu.my.emb-japan.go.jp/en/
指定代理机构	
备注	签证申请及领取只限申请人本人进行。如申请人需授权他人代为进行，代理人必须出示申请人本人的授权书。

○ 签证所需材料

不同地区申请签证所需材料稍有不同，具体情况请向管辖当地的使领馆咨询。以下信息仅供参考。

1. 有效护照
2. 留日资格认定证明书原件及复印件
3. 日本入境签证申请书（领事馆提供样式，参考本章附录）
4. 照片1张（竖 4.5 cm × 横 3.5 ～ 4.5 cm）
5. 户口簿复印件（首页及本人页，申请人超过16岁时）
6. 最高学历毕业证书的公证书
7. 经费支付者的在职证明书（经费支付者自己被雇佣时）
8. 提问表（领馆提供样式，参考本章附录）

○ 签证注意事项

1. 各相关证明材料必须为三个月以内发出的。
2. 所有材料除特别说明以外都需要提交原件。
3. "留日资格认定证明书"的有效期为三个月，申请人需在"留日资格认定证明书"签发后三个月内，同时持"留日资格认定证明书"及签证入境。
4. 户籍在辖区外的申请人需提交暂住证复印件或居住证；户口簿及暂住证上各栏内容必须与申请人现状一致；户口簿及暂住证需出示原件。
5. 日本大使馆或领事馆在审核签证申请的过程中，可能会根据具体情况，要求申请人提供其他相关补充资料或到领事馆面试。

○ 签证被拒原因

在取得留日资格认定证明书后，可以开始申请签证。申请签证时也会进行审查。在申请签证时，审批人员一般会从以下两个方面对申请人进行审核。

一般情况下都能顺利取得签证，但在以下两点被质疑时，也有可能无法取得签证。需要诚实面对。

◆ 学习及语言能力 ◆

学习能力通常通过申请人的最终学历进行判别。如高中生一般需要提供最高学历成绩并进行相应认证。无最高学历成绩或最高学历成绩较低者，日语能力则成为其判断标准条件。在赴日留学申请中，经常会出现申请者所出具的日语能力学时证明与实际能力不符合的现象。这已经引起了日本签证审核机构的充分注意。所以，在面试中一旦发现申请者的日语不具备相应的能力，将会导致拒签的可能性大增。

◆ 经费保证 ◆

赴日留学签证的资金证明（银行存款证明）没有存款时间长短的限制，但在申请"留日资格认定证明书"和申请签证时都要被参考。如果发现学生出具的存款证明属伪造，也会被拒签。有的申请人没有充分的经费证明，使得签证官怀疑其在日本留学的经济能力，也会被拒签。使馆还要对申请人出具的双亲在职证明进行确认和核实。

签证申请被拒绝以后，申请人常常希望知道被拒签的原因。按照规定，个别个案具体拒签的原因一般不予公布。具有以上几种情形或有此嫌疑者，签证申请通常不予批准，仅供申请人参考。签证申请被拒绝后，原则上在被拒签后六个月以内不得以相同目的再次提出申请。

签证申请书以及提问表

日本入境签证申请书（样本）

姓名（中文）（姓）_____（名）_____
（护照上标记的英文）（姓）_____（名）_____
其他曾用名（如有）_____

（照片）
大约 45mm×45mm
2 英寸 ×2 英寸

出生日期及地点　日___ 月___ 年___ / 国名___ 省___ 市（县）___
性别___　婚姻状况　已婚___　独身___
国籍___　从前国籍（如有）___
在日预计停留期间　年___ 月___ 日___ ～ 年___ 月___ 日___（___天）
旅行路线：预定入境日期___
　　　　日本登陆地点___　船名或航空公司名称___
护照（如果是难民或无国籍者请注明其旅行证件的名称）___
护照号码___　外交　公务　普通　签发地___　日期___
签发机关___　有效期限___
访日目的___
职业___
犯罪记录（如有）___
现住址___
　　　　　　　　　　电话号码___　手机号码___
过去主要职位___
申请人工作单位的名称及地址___
（学生填学校名称及地址）___　电话号码___
现在职位___
※配偶的职业或工作（或者父母的职业或工作）___
上次赴日日期及停留期间　年___ 月___ 日___ ～ 年___ 月___ 日___（___天）
申请人在日预定住宿的旅店名称地址或亲友的姓名及地址___

在日保证人情况　公司名称或亲友姓名___
与申请人关系___
地址___　电话号码___
※（注意）特别情况___

本人声明： 上述填写内容真实有效且正确。本人清楚入境身份及在日停留期限将在入境日本时由日本入境管理局授予并决定，如果被发现属于不允许入境情况，签证持有者在登陆口岸入境时也不能进入日本。

申请日期___年___月___日　申请人签名___
标有※的条项不是必须填写的。
（2008.4 修订）

提问表（样本）

留学・就学

该提问表是作为审查您签证的参考资料。填写提问表时，请在符合项目前的□或者是○内打上记号。并且尽可能详细地加以说明。

（注）如果发现填写虚假内容，将会对签证审查带来不利影响。

签证申请人身份事项

国籍：_____ 姓名：_____ 出生年月日：_____年__月__日（ 岁）

住址：_____ 配偶者的有无:（□有 ・ □无）

1．关于前往留学、就学的学校

名称：_____   所在地：_____

学校授课使用语言（例：日文、英文）：_____文

（如果是"留学"）

研究科目：_____ 专攻：_____ 学部：_____ 学科：_____

2．关于到目前为止的个人履历

（1）学历（留日资格为留学的申请人请填写并附上最高学历毕业证书的复印件）

学 校 名 称	所 在 地	入学年月	毕业年月
小学		年 月	年 月
中学		年 月	年 月
高中		年 月	年 月
大学		年 月	年 月
		年 月	年 月

（2）职历 □ 无 □ 有（回答"有"的请填写工作单位名称等）

工作单位名称	所 在 地	电话号码	就业年月	退职年月
			年 月	年 月
			年 月	年 月

3．关于日语学习经历

（1）□ 无 □ 有 学习期间：_____年__月 ～ _____年__月

回答"有"的，请填写学校名称等。

学校名称	所 在 地	电话号码	在册期间	学时
			～	时间
			～	时间

（2）有无参加日语能力考试

　　□ 无 □ 有

　　回答"有"的，无论合格与否，请填写考试结果。（请在符合项目上画○）

　　_____年____级____分　考试结果：及格 ・ 不及格

（续表）

（3）在关于日语掌握能力的符合项目上画○

听力： 很好　　　　一般　　　　不太好　　　　不好

说话： 很好　　　　一般　　　　不太好　　　　不好

阅读： 很好　　　　一般　　　　不太好　　　　不好

书写： 很好　　　　一般　　　　不太好　　　　不好

4．请详细说明赴日留学、就学的目的

_____

_____

5．关于家庭状况

（1）家属（您的在日亲属也请填入表格　）

关系	姓　名	年龄	职　业	住　　　址	电话号码
父					
母					

（2）在日亲属

关系	姓　名	年龄	职　业	住　　　址	电话号码

6．关于经费支付人

（1）经费支付人的身份事项

国籍：_____　姓名：_____　出生年月日：_____年____月____日（　岁）

住处：_____　关系：_____

职业：_____　公司名称：_____　职务：_____

（2）支付内容

学　费：□ 每年　□ 每月　□ 每半年　支付额：_____ 日元

生活费：□ 每年　□ 每月　□ 每半年　支付额：_____ 日元

（3）支付方法

请详细说明支付方法，如直接支付、银行转账等。

_____

以上填写内容与事实相符。

填写日：_____年____月____日　　签　名：_____

4.2 留学费用

下面让我们来了解一下赴日留学过程中另一个需要注意的地方——留学费用。赴日留学所需费用相比欧美留学要便宜许多,并且由于奖学金制度完备,所以经济负担相比前往其他国家留学要轻很多。接下来介绍具体留学费用。

报名费和第一年度学费

首先确认一下留学后首年度需支付的学杂费以及学费。下表为大学、短期大学、专门学校、大学院(研究生院)、日语教育机构的学杂费和学费的明细表。必须注意的是,应在考虑留学所需全部预算后,再选择留学学校(参见第七章的第一年所需缴纳金额的排名)。

大学本科		学费等(日元)	学杂费(日元)	合计(日元)
国立		535,800	282,000	817,800
公立		538,294	394,225	932,519
私立	医	3,809,310	1,286,995	5,096,305
	齿	3,725,836	563,403	4,289,239
	药	1,740,140	341,880	2,082,020
	艺术	1,392,805	258,455	1,651,260
	保健	1,229,008	278,002	1,507,010
	理工	1,185,875	246,519	1,432,394
	农学·兽医	1,109,137	250,909	1,360,046
	体育	1,017,009	259,550	1,276,559
	家政	989,361	260,784	1,250,145
	文·教育	932,436	241,007	1,173,443
	社会福祉	930,200	218,800	1,149,000
	法·商·经济	884,943	237,256	1,122,199
	神·佛教	869,257	229,978	1,099,235
留学生别科	1年半课程		642,000 ~ 1,075,000	

短期大学		学费等(日元)	学杂费(日元)	合计(日元)
私立	艺术	1,092,751	256,250	1,349,001
	工	1,032,333	212,359	1,244,692
	理学·农学	913,367	218,148	1,131,515
	人文	846,906	247,530	1,094,436
	家政	850,396	250,697	1,101,093
	教育·保健	853,519	245,205	1,098,724
	法·商·经济·社会	843,356	237,631	1,080,987
	体育	804,858	238,571	1,043,429

日语教育机构学费合计	学费等(日元)
1年课程	415,000 ~ 997,400
1年半课程	772,000 ~ 1,530,000
2年课程	1,006,000 ~ 2,000,000

大学院(研究生院)		学费等(日元)	学杂费(日元)	合计(日元)
国立		535,800	282,000	817,800
公立		537,937	363,666	901,603
私立	硕士课程 艺术	1,200,295	218,171	1,418,466
	工学系	955,317	223,766	1,179,083
	保健	879,148	248,905	1,128,053
	理学系	856,464	213,222	1,069,686
	农学·兽医系	796,582	220,046	1,016,628
	药学	797,000	229,211	1,026,211
	家政	725,304	238,783	964,087
	修养	731,496	207,671	939,167
	社会科学系	698,280	221,118	919,398
	医学系	671,914	195,769	867,683
	人文科学系	642,888	209,638	852,526
	博士课程 艺术	1,074,679	229,500	1,304,179
	保健	788,637	258,033	1,046,670
	理学系	775,617	215,051	990,668
	工学系	796,354	220,853	1,017,207
	农学·兽医系	788,154	214,354	1,002,508
	家政	720,909	240,309	961,218
	药学	707,962	189,246	897,208
	修养	686,639	214,912	901,551
	牙科系	662,477	232,075	894,552
	社会科学系	608,014	213,134	821,148
	人文科学系	583,339	216,449	799,788
	医学系	521,501	178,124	699,625

专门学校		学费等(日元)	学杂费(日元)	合计(日元)
私立	卫生	1,326,000	161,250	1,487,250
	医疗	1,122,286	249,857	1,372,143
	工业	1,072,667	190,000	1,262,667
	农业	1,041,000	180,000	1,221,000
	教育·社会福祉	1,008,250	151,250	1,159,500
	商业实务	995,750	147,222	1,142,972
	文化·修养	1,016,667	126,000	1,142,667
	服饰·家政	857,000	185,000	1,042,000

*参考汇率(2018年8月)
1日元 ≒ RMB0.06
HKD0.07
TWD0.30
MYR0.04

● 资料来源:独立行政法人日本学生支援机构
 (Student Guide to Japan 2018-2019)

学费和学费减免制度

国立大学、短期大学的学费最为便宜，无论哪个学科都是相同金额。公立大学相比国立大学稍高。而私立大学的学费则会因学科不同而有所不同，法学院、经济学院课程学费为国立大学的 1.4 倍左右，艺术学院为 2.3 倍左右，牙科学院最高，为国立的 6.2 倍。

此外，国立大学设有学费 50% 减免或 100% 减免的制度，但并非所有学生都有学费减免的机会。

而私立大学虽然也有学费减免制度，但减免的比率根据学校不同而不同，比如有的私立大学面向所有留学生实施学费 30% 减免的优惠政策。

生活费

想必大家会非常关心日本留学生活所需生活费用。下表中记载了全国各地每月平均生活费用金额（不包含学费）。

全国平均每月需 82,000 日元，但由于东京地区相比其他地区所需费用整体偏高，所以如果选择去东京留学，最好在经济状况宽裕的前提下制订留学计划。

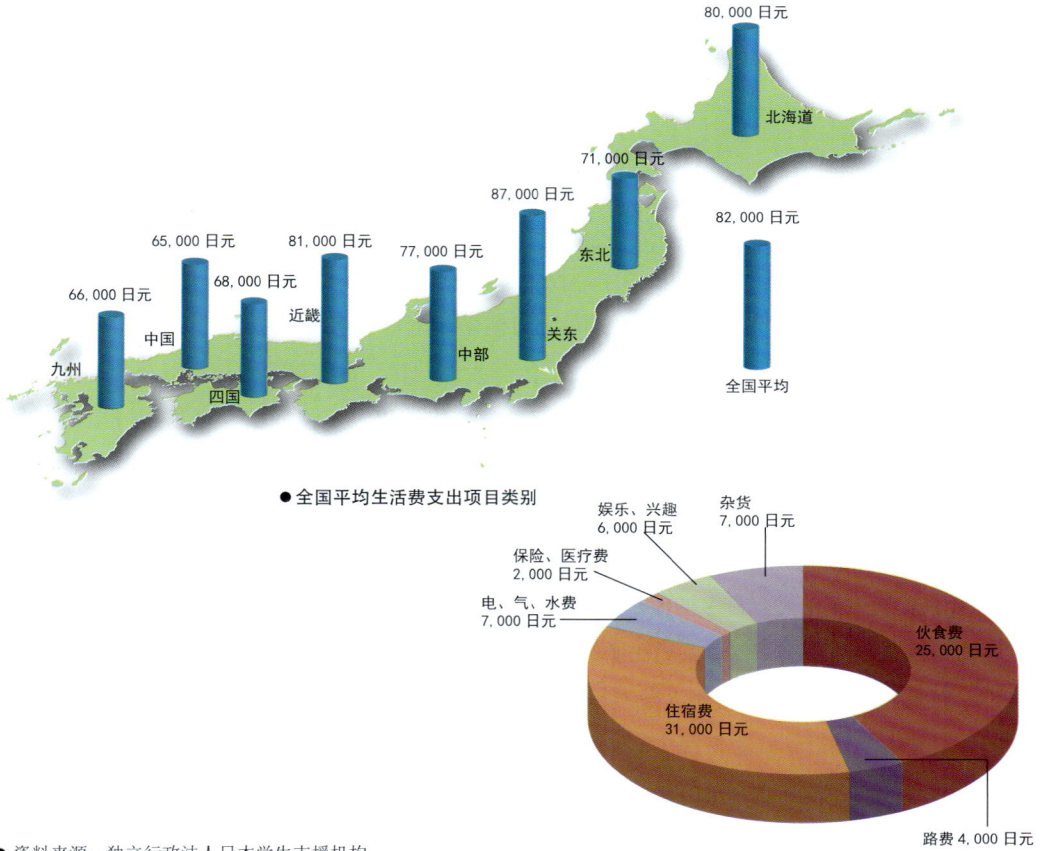

● 全国平均生活费支出项目类别

● 资料来源：独立行政法人日本学生支援机构
(Student Guide to Japan 2018-2019)

东京房租昂贵

外国留学生全国平均每月生活费（包含学费）为 138,000 日元。按区域来看，最便宜的东北地区和四国地区为 110,000 日元，而最昂贵的关东地区为 151,000 日元。关东地区包括东京，所需生活费为 151,000 日元，比东北地区和四国地区每月需多花费 41,000 日元。其原因在于东京地区的房租比其他区域高，并且东京留学所需交通费相对其他区域也更多。此外，以上调查的对象包含住在学生宿舍的学生。由于学生宿舍的房租相对便宜，而租赁公寓的房租较贵，所以留学时若选择住在东京都内公寓的话，需抱有每月花费 16 万日元以上生活费的心理准备。

日语教育机构毕业后升学

在日语教育机构留学（即日本语言学校）后，想再进入大学、短期大学、专门学校、大学院（研究生院）的话，需在毕业后参加申报学校的入学考试。届时，每考一所学校需要三万日元左右的考试费用。并且，当申报学校距离较远时，需准备交通费和住宿费用。当入学考试合格并确定入学后，需支付学杂费和学费等费用，因此这段时间内必将产生一定金额的开销，需在考试前事先制订计划。

奖学金

○ 奖学金制度的概要

目前，日本方面为了吸引更多外国留学生赴日留学，设置了各种奖学金制度。

奖学金按时间大致可以划分为赴日留学前预约申请与赴日留学后再申请两种。还可以按组织方类型分为日本政府发放、都道府县等地方自治体发放、民间团体发放、大学发放四种。按支付形式还可以分为现金支付、学费减免、物资援助三种。另外，按申请形式可分为通过留学学校申请以及直接向奖学金组织方申请两种。第一章中也已提到，自日本实施 G30 政策（30 万人留学生计划）后，日本的奖学金制度愈加丰富。

不过，能够负担留学必需的全部费用的奖学金并不多，多数还是支付部分生活费和学费。因此，留学生要仔细地计算一下留学所需的总费用，切不可完全依赖奖学金，还是需要做出包括自己支付部分在内的具体资金计划。

在针对留学生的奖学金中，获得人数最多的便是独立行政法人日本学生援助机构（JASSO）设立的" 文部科学省外国留学生学习奖励金供给制度 "。对正式在册的外国留学生不论其课程专业，原则是从每年 4 月到翌年 3 月的一年时间里，每月发放奖学金。奖励人数及奖励额度因年度可能会略有变动。2018 年度的奖学金授予人数合计为 7870 人，其中，日语学校的正式在册生是每月 30,000 日元，大学，短期大学，高等专门学校第三年以上（含专业学科），专门学校的专业课程，准备教育课程的正式在册生是每月 48,000 日元，研究生院在册的（含研究生：日本的研究生概念是指在册研究生院但尚未通过考试成为正式研究生的阶段，类似于我们的预备研究生概念吧）也是每月 48,000 日元。授奖学生的选拔是采用依据其留学所在学校通过选考推荐的形式。

申请奖学金一般有各种条件限制，并不是所有留学生都可申请奖学金。尤其是学习成绩、国籍、所在地区、学习的专业课程等因素常决定了学生是否有资格申请。另外，前文提到的由地方自治体发放的奖学金，原则上要求获奖学金学生必须居住于当地。

○ 文部科学省外国留学生学习奖励金供给制度

如前所述，目前日本针对外国留学生设有各项奖学金制度。这里就获得人数最多的"文部科学省外国留学生学习奖励金供给制度"做一些说明。该制度由日本学生支援机构（JASSO）设立，主要分为以下三类。

◆ **文部科学省外国留学生学习奖励金供给制度** ◆

该奖学金制度面向的是在日本的大学、大学院（研究生院）、短期大学、高等专门学校、专门学校的专业课程、设有日本大学入学专用预备教育课程的教育机构或日语教育机构等处注册就读的自费外国留学生。该奖学金需要向所注册学校申请，学校会根据注册留学生的人数决定最终推荐名额，因此有些学校可能无法申请到该奖学金。

以下是有关申请该奖学金的必要条件（学校注册情况），申请学生必须满足①—⑤中的某一项，同时还需要满足⑥—⑨中的学习和经济状况。另外，还需要每月去学校的留学生事务负责部门，在学生注册确认登记簿上签字。

① 日本大学院（研究生院）的正式注册学生，或是拥有大学本科以上学历、作为研修生在校内注册，并从事研究生级别的研究活动。

② 在日本的大学、短期大学、高等专门学校学习四年及以上，或是专门学校专业课程的正式注册学生。

③ 在日本大学、短期大学及高等专门学校设立的专业或留学生别科正式注册的学生。

④ 在设有日本大学入学专用预备教育课程的教育机构正式注册的学生。

⑤ 在日语教育机构注册，并准备报考日本大学、大学院（研究生院）、短期大学、高等专门学校或专门学校专业课程的学生。

⑥ 按照以下的确定方法要求前一年度的成绩评价系数要在 2.30 以上，且在奖学金授予期间也能够预判其评价系数保持在 2.30 以上者。

・日语学校在册者

（计算公式）

【（"优或A的科目数"×3）+（"良或B的科目数"×2）+（"合格或C的科目数"×1）+（"不合格的科目数"×0）】/ 登记的科目总数

（注1）关于成绩评价，优（或A）、良（或B）、可（或C）以外的评价，按照以下所示基准为参考，换算评价系数。"以 100 分为满分，80 分以上为优（或A）、70 分以上为良（或B）、60 分以上为可（或C）"。

（注2）总科目数是指在奖学金申请时，申请者所修的科目总数（如果在不是注册制的机构、学校、单位，是指申请者应该履修的所有科目数），申请之后应履修的科目不包含在内。

＊对依据上述方法无法评价学业成绩者，按由日本教育机构实施的入学选拔考试等的成绩优秀者。

＊对依据上述所有方法还都无法评价学业成绩者，按其在（自己国家）母校的毕业成绩或在自己国家参加的大学统一入学考试成绩的优秀者。

大学、短期大学、高等专门学校第 3 学年以上（含专业学科）、专门学校的专业课程，准备教育课程、研究生院（含研修生）在册者

	成绩评价				
4 段式评价（第 1 种）		优	良	合格	不合格
4 段式评价（第 2 种）		A	B	C	F
4 段式评价（第 3 种）		100~80 分	79~70 分	69~60 分	59 分~
5 段式评价（第 4 种）	100~90 分	89~80 分	79~70 分	69~60 分	59 分~
5 段式评价（第 5 种）	S	A	B	C	F
5 段式评价（第 6 种）	A	B	C	D	F
对应成绩评价分数（GPA）	3	3	2	1	0

（计算公式）

【("GPA 为 3 的学分数"×3)+("GPA 为 2 的学分数"×2)+("GPA 为 1 的学分数"×1)+("GPA 为 0 的学分数"×0)】/ 登记的学分总数

* 如所修科目不采用学分制，则全部换算为科目数进行计算

⑦ 平均每月获得的生活费（不包括学杂费和学费）在 90000 日元以下。

⑧ 每月从其他途径获得的奖学金总额未超过每月获得的学习奖励金总额。

⑨ 如有常住日本的抚养人，其年收入不超过 500 万日元。

⑩ 申请到了学习奖励金者，在领取结束之后，能够且有义务对机构通过在册大学进行的今后发展情况调查给予的合作者。

◆ **文部科学省外国留学生学习奖励金预约制度（针对日本留学考试成绩优秀者）** ◆

该制度只面向在日本留学考试中取得优秀成绩且尚未赴日留学的学生，供此类学生可预约赴日留学后获得文部科学省外国留学生学习奖励金。日本留学考试举行后，组织方会向成绩优秀的学生寄送决定授予奖学金的通知书并请学生确认，未获得该资格的则不发送落选通知。

◆ **文部科学省外国留学生学习奖励金预约制度（大学推荐）** ◆

该制度面向的学生必须已获得日本的大学院（研究生院）、大学本科、短期大学、高等专门学校、专门学校专业课程的赴日留学前入学许可，即将进入上述教育机构学习，成绩与品格皆优，但是因为经济方面的原因，完成学业有困难，同时，必须是自费外国留学生。该制度可让学生正式入学后获得文部科学省外国留学生学习奖励金的预先发放。预约该奖学金需要通过学校方面申请。

以上三类奖学金发放的数额是相同的，每月 48000 日元。不过具体的发放数额每年都会有所更新，具体情况请直接向日本学生支援机构（JASSO）咨询。

独立行政法人 日本学生支援机构	留学生事业部　国际奖学科　学习奖励金主管	
邮编 135-8630　东京都江东区青海 2-2-1	电话：03-5520-6030	FAX：03-5520-6031

＊提交文书时请在信封外用红笔写上"信封内含自费外国留学生学习奖励金申请推荐书等"。请务必选择有记录的邮寄方式（如挂号信或快递等）提交文书。

※关于申请书可从以下地址下载：https://www.jasso.go.jp/ryugaku/study_j/scholarships/shoureihi/index.html

◆ **奖学金的实际发放情况** ◆

根据 2013 年度的调查，在日本高等教育机构以及本书归类为日语教育机构的私立大学留学生别科就读的留学生群体中，大学院（研究生院）博士课程约有六成（52.5%）获得各种名目的奖学金。获得奖学金最多的就读阶段为"大学院（研究生院）博士课程阶段"，其次为"大学院（研究生院）硕士课程阶段""短期大学正规课程阶段"和"大学本科正规课程阶段"。另一方面，对属于日语教育机构的语言学校的留学生而言，虽也能获得奖学金，但实际的获奖比率是非常低的。具体的数字目前还未准确掌握，但估计在 10% 以下。本书的第八章会将编者通过调研掌握到的面向留学生的奖学金做详细陈述，但语言学校的留学生基本都无法申请到这些奖学金。本书第一章有提到，日本为吸引学生赴日留学，正在实施 30 万人留学生计划，但事实上，语言学校的留学生无法充分享受这一优惠政策。尽管目前可以预见到一些改观，但就现状而言，语言学校的留学生还是很少有机会能申请到奖学金的，因此在生活费方面，最好还是能制订好充裕的收支计划。不过，还是有一部分奖学金，语言学校的留学生是可以申请的，如下所示。不过，要想成功申请，除了必须有端正的学习态度和优良的成绩，还要有良好的心态，能对申请的极度困难做好充分的心理准备。

◆ **JASSO 文部科学省外国留学生学习奖励金供给制度（前文已述）** ◆

该奖学金制度已在上文做过叙述，下面再就语言学校的留学生申请该奖学金的情况做一些补充说明。

JASSO 的该奖学金一般都是通过注册的学校统一进行申请。语言学校同样如此。那么，该奖学金究竟是如何确定授予对象的？发放奖学金的 JASSO 会将授予对象以学校为单位进行管理。如果是语言学校，通常是将该校以往的高等教育机构升学率作为是否将该校纳入发放范围的判断标准。因此，如果你就读的语言学校原本就不属于奖学金授予的范围，那么即使成绩再优秀，也很有可能无法成功申请。另外，有关哪些语言学校可以申请该奖学金，本书编者正在进行详细的调研。择日将在读者专用网站上公开调研的结果。

◆ **公益财团法人——高山国际教育财团（http://takayama-foundation.or.jp）** ◆

从来自亚洲各国的自费赴日外国留学生中，甄选出品学兼优、身心健康，并且认定支付学费有困难的学生，授予奖学金援助。奖学金授予对象除高等教育机构在校生之外，也针对以进入大学或大学院（研究生院）为目标的、在该财团指定日语语言学校（http://takayama-foundation.or.jp/scholarship/）学习的学生，且申请该奖学金需经由指定学校推荐。每年奖学金发放人数限 20 人以内，每月 60000 日元，为期一年，每奇数月份以现金方式发放奖学金。因此，即使指定日语语言学校仅限于财团所在的关东地区，一旦被授予过该奖学金，其后进入大学或大学院（研究生院）学习时，即使非指定学校也可以再次申请该奖学金。只要满足条件，可以在从日语语言学校到大学院（研究生院）（博士课程毕业）期间一直收到奖学金资助。除奖学金之外，每两个月，会由奖学金接受者和该财团相关人士聚集，开展讨论会和交流聚会；每年两次进行日本著名景点参观和采摘草莓踏青等研修旅行活动，以此增加文化交流和相互理解的机会。此外，奖学金申请需经由该财团指定学校推荐，经由学校进行申请，所以在选择日语语言学校时务必确认是否为财团指定学校。

◆ 一般财团法人——共立国际交流奖学财团（http://www.kif-org.com）◆

针对拥有亚洲国籍、从亚洲各国赴日学习的品学兼优、意志坚定且身心健康的自费留学生，授予奖学金援助。奖学金授予对象除高等教育机构在校生之外，也针对以进入大学或大学院（研究生院）为目标的、在该财团指定日语语言学校（http://www.kif-org.com/activity/list.html）学习的学生，并且申请该奖学金需经由指定学校推荐。每年奖学金发放人数为6—9名，每月60000日元，为期一年。此外，截至2018年4月1日，日语语言学校的奖学金发放对象指定学校共计56所，但即使期望进入的语言学校现在不是奖学金发放学校，只要能够促进该校申请成为该财团奖学金推荐指定学校，满足财团条件后即可申请该奖学金，所以在选择日语语言学校时可做咨询。并且该财团除发放奖学金外，也面向留学生提供生活和学习相关信息、支援、建议；宿舍的配置和运营；国际交流活动的援助；设置并运营日语教育、取得证书所需的教育设施；支援就业活动，所以该财团留日学前、中、后期间，针对留学生的支援体制都非常完备，可事先详细了解情况。

打工负担生活费

据调查结果显示，大约74%的留学生都在打工。其中，在饮食行业打工的留学生最多，其次为营销、语言教育等。如前所述，入境管理局规定"不管因资格外活动所赚取的收入是多少，我们将按照一般许可范围内能获得的收入金额来计算，并将其视为生活费的来源之一"。因此，此项收入也可以列入经费支付计划书中。

但是，日本国内对于留学生打工方面有一些规定，大家在打工时必须遵守此类规定。

○ 日本打工相关法律规定

日本法务省根据不同的外国人留日资格，对于打工时间和内容有不同的限制。如不遵守法务省的相关规定打工，将被视作"违法就业"，属于刑事犯罪行为。因违法就业被法务省逮捕的外国人一般会被强制遣送回国。特别需要注意的是，留学生禁止进行"色情"和"赌博"相关的打工活动。

外国留学生劳动时间限制为学期期间每周28小时以内，暑假等假期每天8小时以内。此外，院生（研究生）的打工时长为学期期间每天2小时以内，暑假等假期每天8小时以内。

○ 打工前需申请"资格外活动许可"

留日资格为"留学"的留学生在日本开始打工之前，必须向入境管理局申请"资格外活动许可证"。如果没取得"资格外活动许可证"就开始打工是违法的，如果被发现就得接受法律的制裁。

以往办理"资格外活动许可证"时必须经过以下手续：

不过申请对象仅限第一次入境人员（凭再次入境许可而入境的人员除外），并且已取得"留学"留日资格的人员。而且机场也仅限成田、羽田、中部、关西机场等，申请时还必须当场提交留日卡（申请书样本请见第五章）。

除此以外，"资格外活动许可证"的申请程序还和原来一样。

1. "资格外活动许可"申请手续

持护照、学生证、留日卡、学校颁发的许可书（日语语言学校为同意书），至各地的入境管理局窗口办理申请手续。"资格外活动许可"的申请无需手续费。各区域入境管理局窗口情况可参见http://www.immi-moj.go.jp/soshiki/kankatu.html。

※手续详情以及书写格式请见http://www.moj.go.jp/ONLINE/IMMIGRATION/16-8.html。

2. 办理"资格外活动许可"所需时间

从申请日起10—20个工作日即可完成办理。

3. "资格外活动许可"的有效期限

与留学生持有的签证有效期相同。

4. "资格外活动许可"的更新

签证更新或变更后，需要再次申请"资格外活动许可"。

○ 寻找打工职位的方法

打工信息可以通过杂志、报纸、网站以及所在学校的学生生活科、全国Hello Work网站获得。此外，如果有同学或朋友介绍，被录用的可能性会更高。

○ 打工收入

在日本初次打工的话，东京、大阪、京都、名古屋、神户等大中城市的打工收入一般为每小时900—1200日元。打工时间按规定上限28小时来算，每周可获得25200日元—33600日元的收入。

在日本只要有劳动收入就必须缴纳个人所得税和居民税，留学生也不例外。但是对于来自与日本缔结了租税条约的国家的留学生，这些税是可以免除的。具体请参见以下网址。

http://www.nta.go.jp/taxanswer/gensen/2888.htm

申请免税时必须提交相关文件，请大家咨询各校的学生科。

估算在日本的生活费

在此我们将根据前面所有的信息，综合估算在日本所需的生活费用。但是这仅仅是一般情况下所需的费用，大家在计算时还可以根据自己的状况有所增减。

● 一个月的收支设想表

（单位：日元）

支出	
学费	51,000
教材、活动费	9,000
路费	4,000
伙食费	25,000
住宿费	31,000
电、气、水费	7,000
保险、医疗费	2,000
娱乐、兴趣	6,000
杂费	7,000
支出合计	142,000

（单位：日元）

收入	
奖学金	48,000
打工一个月的收入	134,400
收入合计	182,400

● 打工所得＝规定每周 28 小时 *4 周。
每小时 1,200 日元 *112 小时 =134,400 日元

如上所述，每个月的支出金额包括学费在内为 140,000 日元左右。

因为第一年的学费必须在来日本前就一次性付清，因此在这段时间每月的费用仅为生活费，那么只要每月打工所得有 130,000 日元左右的话，即使家里不寄钱来大家也可以撑得下去。此外，如果你的成绩足够优秀，来日本前还可以申请奖学金。如果申请成功的话，你就可以适当调整打工时间了。

不过需要注意的是，并不是所有的人都可以申请到奖学金。而且对于要从语言学校升入高等教育机构，或从大学升入大学院（研究生院）的学生来说，还必须把学习作为留学生活的中心，这一点如果做不到的话，将很难考入理想的院校。此外，如果大家希望日本的留学经历对未来的人生有所帮助的话，那么我们强烈推荐你每天努力学习。不要把大部分的时间浪费在打工上，宁愿每月从国内要点生活费。

从第二年开始，学生就必须每隔一段时间交一次学费，如果国内不汇款帮助的话，在日本的生活将会难以维持。请大家在综合考虑以上事项后再制作经费支付书。

此外，在升学时还必须办理留日资格延长手续。由于升学后的生活将与申请留日资格证时大为不同，因此，如果不仔细填写经费支付书的话，很有可能不会获得延长批准。因此，请大家务必要慎重行事。

第五章 | 子入太庙
日本留学所需信息

Study in Japan

人生启航，日本留学的指南针

第七版

确定考入志愿学校，取得签证后，
即将开始梦寐以求的赴日留学生活。
本章将统一介绍日本入境手续、
日常生活、校园生活等相关信息。

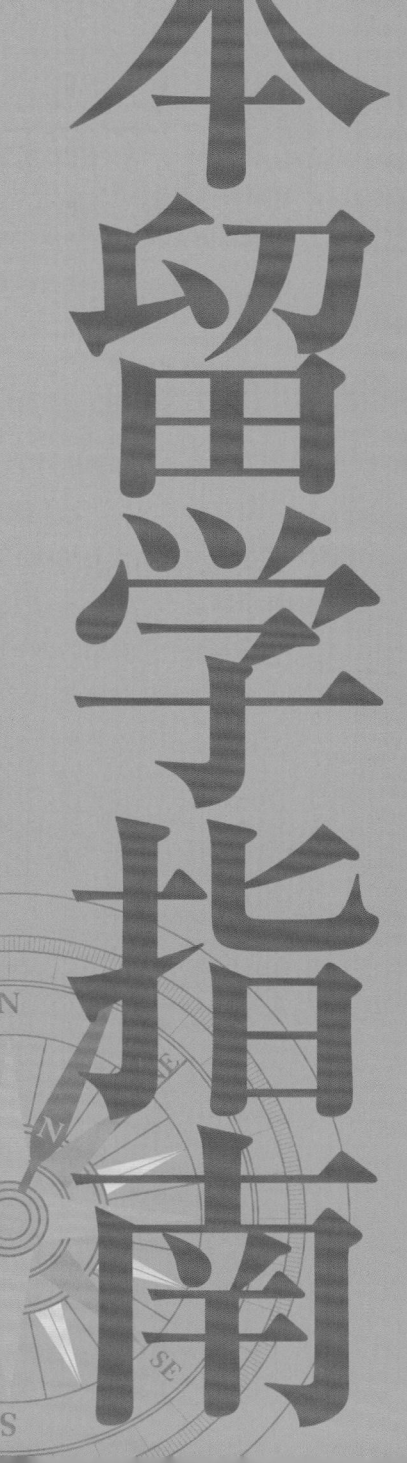

日本留学指南

子入太庙
日本留学所需信息

CHAPTER 5

5.1 了解日本

在日本的留学生活终于快要开始。内心充满期待的同时，每天心中也必定会抱有许多不安和疑虑。穿什么？吃什么？住哪里？生活习惯会有不同吗？下面，我们将介绍一下日本的概要。

国土特征

日本各地方按都道府县（1都1道2府43县）等行政区域划分。

沿海的平原地区城市较为集中，全国九成的人口都住在日本10%的国土上。此外，相比日本海沿岸来说，太平洋沿岸人口更为集中，特别是以东京为中心的南部关东人口超过日本总人口的1/4，形成了世界上最大的城市圈。

日本是一个典型的单一民族国家，人口为1亿2600万人（数据来自2018年日本国势调查）。自1950年起，日本少子老龄化越发严重，截至2018年，65岁人口占到了总人口的27.7%。

日本全国铁路总长为23,577千米，公路总长为1,177,278千米。

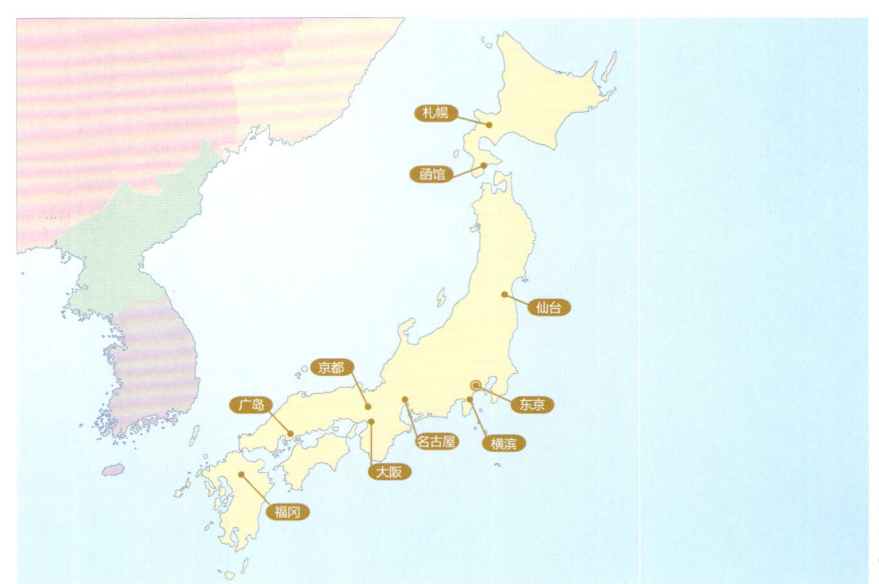

※日本地图（标有都道府县）　大城市圈不含仙台、横滨、名古屋、广岛、函馆
● 日本大城市圈示意图

气候

日本受季风影响,四季的变化较为明显。

整体来说,由于日本四周邻海,为海洋性气候,所以相比大陆,冬天不会很冷。但即使如此,以日本海一侧为中心有着世界屈指可数的暴雪地带,而夏天受太平洋高气压影响,日本列岛各地都持续有高温天气。

6、7月降雨地带停止移动,降水量相对较多,有被称作"梅雨"的降雨期。夏季到秋季之间则会受台风的影响。

● 东京每月气温(Tokyo Temperature)

月份	1月	2月	3月	4月	5月	6月	7月	8月	9月	10月	11月	12月
平均最高气温(℃)	9.8	10	12.9	18.4	22.7	25.2	29	30.8	26.8	21.6	16.7	12.3
平均最低气温(℃)	2.1	2.4	5.1	10.5	15.1	18.9	22.5	24.2	20.7	15	9.5	4.6
降水量(mm)	48.6	60.2	114.5	130.3	128	164.9	161.5	155.1	208.5	163.1	92.5	39.6
降雨天数(天)	4.6	5.8	9.5	10.1	9.6	11.9	10.4	8.2	11.3	9.1	6.2	3.8

● 日本每月平均气温图

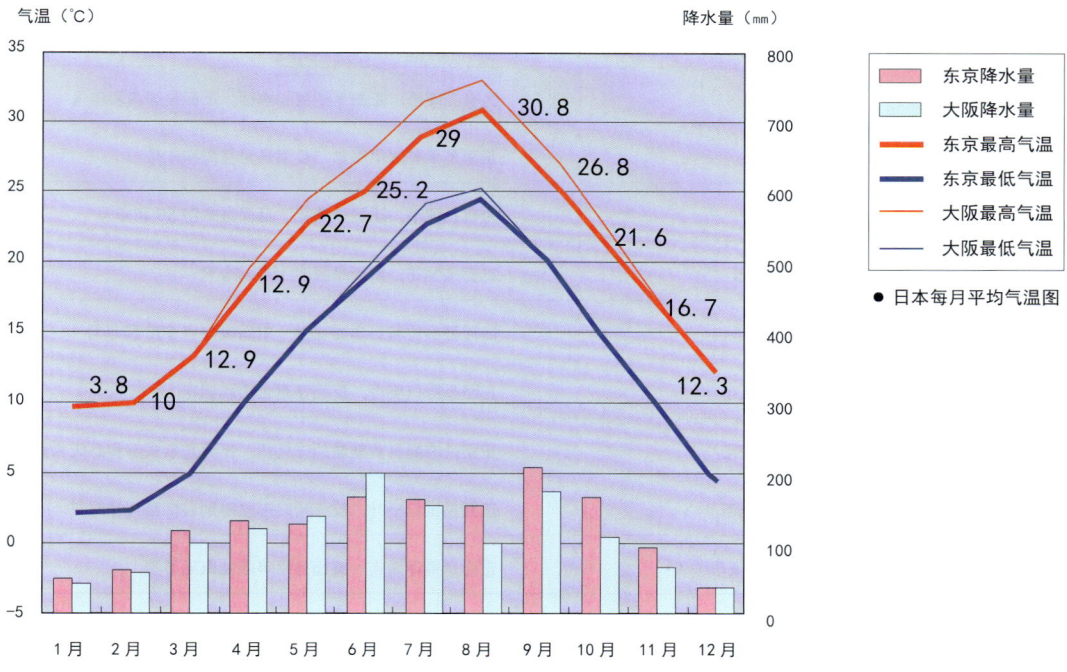

● 日本每月平均气温图

政治与法制

日本的政治工作由国会主持,国会由众议院和参议院两院制议院组成。众议院和参议院都代表全部国民,由国民选出的国会议员组成。内阁是由内阁总理大臣和其他国务大臣组成的合议制机构,是日本最高行政机关。日本法律基础由日本宪法、民法、商法、刑法、刑事诉讼法和民事诉讼法等六大法典组成。

治安

联合国 192 个加盟国中，汇报犯罪、刑事司法统计报告的国家中，日本的杀人、诱拐、强奸、强盗等暴力犯罪发生率明显偏低。虽说平时需稍加注意，但晚上也可以一个人行走在日本街头。

语言

日本法律上并没有规定特定的公用语种。而现实生活中，根据全部国民都能理解的"日语"这一客观情况，日语为实质公用语言。

货币

现在，日本国内流通以下 6 种硬币和 4 种纸币。

并且，2000 年为纪念"冲绳盛典"举办而发行的 2000 日元纸币由于无法在自动贩卖机上使用等理由，市面上几乎没有流通。

硬币	1 日元硬币	正面是小树，反面是数字 1 和年号
	5 日元硬币	为有孔硬币，正面是稻穗和水面，反面是国名和年号
	10 日元硬币	正面是平等院凤凰堂，反面是月桂树和年号
	50 日元硬币	为有孔硬币，正面是菊花，反面是数字 50 和年号
	100 日元硬币	正面是樱花，反面是数字 100 和年号
	500 日元硬币	四周是小竹和日本立花橘，中间是数字 500 和年号
纸币	1000 日元纸币	正面是野口英世，反面是富士山和樱花
	2000 日元纸币	正面是冲绳县首里城的守礼门，反面是紫式部和源氏物语画卷
	5000 日元纸币	正面是樋口一叶，反面是尾形光琳的装饰画《蝴蝶花》
	10000 日元纸币	正面是福泽谕吉，反面是平等院的凤凰雕塑

假日

2016 年以来，国民性的节日有 16 天。为发达国家中节假日最多的国家。

● 国民节假日一览

日期	名称	概要
1月1日	元旦	庆祝新的一年的开始。
1月的第二个星期一	成人节	庆祝青年成年，鼓励青年从此以后独立生活。
政府指定日期	建国纪念日	纪念国家成立，培养民众爱国之心。
春分当天	春分节	歌颂大自然，爱护众生灵。
4月29日	昭和之日	回顾经历动荡之后再迈向复兴的昭和时代，思考国家的将来。
5月3日	宪法纪念日	纪念日本宪法的实施，期待祖国的发展。
5月4日	绿之日	使人们亲近大自然并感谢其恩惠，培养宽阔的心胸。
5月5日	儿童节	尊重儿童，祈祷儿童幸福。同时感谢母亲的养育。
7月的第三个星期一	海之日	感谢来自海洋的恩惠，祈祷岛国日本繁荣昌盛。
8月11日	山之日	获得与大山亲密接触的机会，感谢大山的恩惠。
9月的第三个星期一	敬老日	尊敬并爱护为社会奉献多年青春的老人们，祈祷他们长命百岁。
秋分当天	秋分节	祭拜祖先。
10月的第二个星期一	体育节	进行体育运动，培养健康的身心。
11月3日	文化节	爱自由，爱平等，促进文化发展。
11月23日	勤劳感恩节	提倡勤劳，庆贺生产发展，国民之间相互感谢。
12月23日	天皇诞生日	举国为天皇庆祝生日。

年号

日本使用随着天皇更换与登基而变化的年号。由于这是日本独有的纪年方式，国外不通用，所以对于外国人或许会很难理解。在日本，公元年也通用但大多都会使用年号表示。所以记下近年的年号会比较方便。

● 年号一览表

阳历	年号	读法	在位时间
1868～1912	明治	めいじ	45
1912～1926	大正	たいしょう	15
1926～1989	昭和	しょうわ	64
1989～2019.04.30	平成	へいせい	31

※ 2019 年 5 月以后的新年号未定（2018 年 8 月）

电压・频率

日本使用的电压为 100V，频率东日本为 50Hz、西日本为 60Hz。此外，所用的电线插头都为 A 型。

个别国家的插头和电压是不一样的，因此如果要想要在日本使用本国的电器产品的话，还需配备转换插头和变压器。不过像笔记本电脑等 AC（交流输入电源）接头的额定电压为 100~240V，因此使用时不需要变压器。

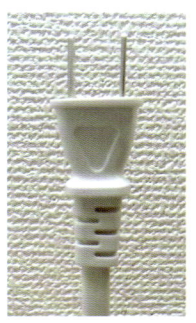

平均寿命

据厚生劳动省的统计，2017年本女性的平均寿命为87.26岁，日本男性的平均寿命为81.09岁，创下历史最高纪录。世界最高的平均寿命为中国香港，分别为女性87.66岁，男性81.70岁。

● 资料来源：
1、日本厚生劳动省"完全生命表""简易生命表"
（日本及其他国家1965～2017年数据）
2、WDI ONLINE"Demographic Yearbook"（网络数据库人口统计年鉴）等

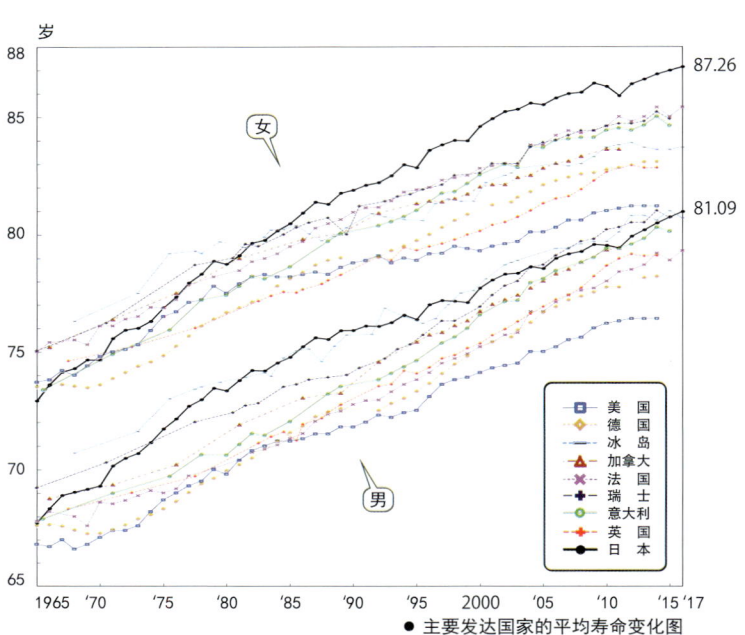

● 主要发达国家的平均寿命变化图

5.2 日本生活

准备赴日机票

确认考入志愿学校，取得签证后，终于开始准备赴日了。

首先需要购买飞往离自己志愿学校最近的机场的飞机票。

此外，留学生只需购买单程飞机票即可。一般的旅行者滞留时间较短，都会购买往返机票。而留学生滞留时间较长，虽然也可以购买往返时间相隔较长的机票，但相比短期内往返的机票要贵上许多。

根据不同的航空公司的规定，有些也会有面向留学生的服务，比如只要出示入学许可证就能买到廉价机票或延长往返相隔时间等。购买时请注意咨询航空公司。

而且，一般来说，上午抵日的航班较贵，下午的航班相对便宜。这是由于上午抵日的话，当天会有更多时间在日本观光。但留学生并非为了观光来日本的，所以推荐选择下午抵日的航班。

入境审查

抵达日本机场后必须接受入境审查。入境审查时需出示贴有签证的护照、留日资格认定证明书、ED卡（出入境登记卡，一般在飞机中分发，也可在到达机场内找到），并提供个人识别信息（指纹和脸部照片）。

入境时将审查以下事项：

1. 护照和签证是否有效。
2. 预定在日本进行的活动是否有虚假、留日资格和申请时是否有所不同、是否符合外务省规定标准。
3. 留日期间是否符合法律规定。
4. 没有入境管制及难民认定法规中拒绝入境的事项。

认可入境后，将在护照上用贴纸或印章，印上入境许可。入境许可印上将记载"留日资格""留日期间"和"留日期限"。

除此以外，进日本时还必须接受检疫检查和海关检查。检疫检查指的是为防止传染病或某些禁止带入日本的动物或植物被带入日本而进行的检查。一般为自我申报制。

海关检查与检疫检查相类似，也是检查是否带有违禁品或需要付关税的物品。申报时需要提交关税申报书（一般在飞机上发放，不过抵达的机场或港口里也有），再根据情况接受行李检查。

外国人登记手续

来到日本的外国人在安全进入日本后，还需进行外国人登记。此外，有关外国人登记的法律条例已于 2012 年 7 月起伴随新法的实施有所变化，以前的外国人登记制度废止，开始实施新的留日管理制度了，需特别留意。

○ 新外国人登记制度

根据 2009 年 7 月 15 日颁布的相关法律，新外国人留日管理制度已经于 2012 年 7 月起开始实施。实施新法后，原有的外国人居住登记制度被废弃，同时并入对日本人也通用的"居民基本登记制度"。

变更后，会和现有制度大有不同，需要特别注意。下面介绍其中的详细变化。

○ 留日卡的办理及其构造

取代原有"外国人登记卡"，发放"留日卡"。以留学生为对象，在日本入境时发放。

留日资格的变更许可、留日期间的更新许可等留日相关变更都可以通过这张卡进行统一管理，所以变得非常方便。此外，留日卡上有防止伪造的 IC（集成电路）芯片，记载着卡面上所记录的信息。

◆ ①留日卡的发放 ◆

在七机场（成田机场、羽田机场、中部机场、关西机场、新千岁机场、广岛机场、福冈机场）入境时，在护照上记录入境许可的同时，当被认定为中长期（留日三个月以上）的留日人士，将当场发放留日卡。

而在其他机场入境的话，在护照上记录入境许可后，需去最近的市区町村的行政窗口出示居住地的登记后，办理留日卡。

● 留日卡正面

②住址登记

新制度中，取得留日卡并定下住址之后，需带着留日卡到最近的市区町村的行政机关进行居民登记（如在郊区机场入境，则需同时进行住址登记和留日卡的申请）。居民登记需在入境2周内进行，切勿忘记。

此外，如果因为特殊情况需要搬家时也要注意。必须在搬家后2周内到距离新住址最近的市区町村机关进行居民登记。

③留日期限

新制度中，在日本滞留时间与原有规定有所变更。当以"留学"获得留日资格认定进入日本时，设有从3个月到4年3个月的10种不同期间，将根据留学目的不同而不同。也就是说，原有最长2年3个月的留日资格，将变更为4年3个月。这是专门为大学留学所设立的。这也表明了日本政府希望接收外国留学生的积极态度。此外，当"留学"资格为3个月的期限时，并不会发放上述留日卡。

④资格外活动许可申请

第四章中解说的打工时所需申请的资格外活动许可申请也有所变更。各位初次以留学目的入境时，在所有的机场都可以申请"资格外活动许可"。然而，再次入境时，只可以去过去去过的入境管理局申请。

⑤再入境许可

变更为新制度后，原有繁琐的再入境许可申请流程将被简化。只需持有护照和留日卡，便不再需要再入境许可申请。这被称作"视同再入境许可"，留学生在留日期间内便可随时回国。但是，必须注意，1年以上长期回国时将不能再直接入境。

如上所述，新制度开始实施后，对于居住在日本的外国人来说生活将变得更加方便。但相对的，如发生不进行居民登记或进行虚假申请等违规行为，将有可能受到比现行规定更严厉的处罚，需特加注意。

此外，请注意，下列情况仍需在原规定的入境管理局进行申请：

◆ 留日期限的更新 ◆

超过入境时所规定的留日期限，需继续滞留时。

◆ 留日资格的变更 ◆

留学生毕业后就业需要变更留日资格时。

◆ 连带家人 ◆

留学生将配偶或孩子带到日本时。

请参考全国入境管理局窗口一览：

http://www.immi-moj.go.jp/soshiki/kankatu.html

住宿

○ 确保在日本的短期住宿

即使志愿学校有学生宿舍或已经确定入住民间宿舍，也必须事先确认是否到达日本即可入住。

如果自己到达的时间和宿舍开始入住的时间不一致，或者考虑到日本之后再寻找正式住宿的地方的话，必须先解决短期的住宿问题。

在日本除酒店外，有青年旅舍、周租公寓、宾馆等便宜的住宿设施可利用。

○ 日本的主要住宿选择

◆ **大学宿舍或留学生会馆** ◆

价格便宜，但多数学校房间有限，且有入住时间限制（如只能住1或2年等）。建议确定入学后尽早和指导教师或学校留学生支援部门（如厚生科，留学生科）联系咨询。

◆ **民间公寓** ◆

优点是可以选择自己喜欢的地点、房屋结构，缺点是价格较贵（和宿舍相比）。各地区房租差别很大。另外一般需要礼金、押金、手续费等（约2-4个月的房租）。礼金、手续费不返还，押金原则上在扣除房屋维修保养费用后部分返还。租住民间公寓需自己和不动产公司联系。多数需要日本担保人，但是有些学校可以为学生提供担保（具体可咨询本校留学生支援部门）。

谈到留学生的住宿问题，如果能找到学校、公益法人等的留学生宿舍或一般学生宿舍的话，那么不仅价格便宜，还能令人更加放心。不过仅有不到23%的人能住到这些宿舍里，大部分的赴日留学生都住在民间宿舍（如下图所示）。寻找民间宿舍时，除可以咨询学校留学生相关机构外，一般可以去自己想居住区域的房产公司寻找房源。

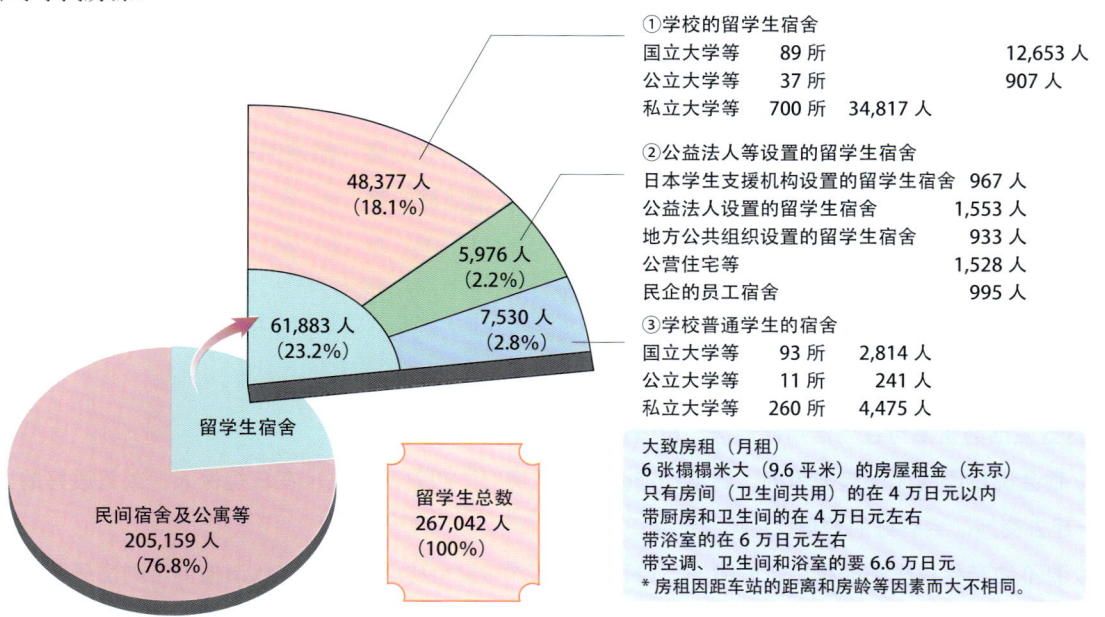

● 宿舍状况（截至2017年5月1日）
● 资料来源：独立行政法人日本学生支援机构

○ 选择宿舍时的注意点

一般来说，朝南或者窗口朝东的房间会更暖和、更明亮，所以房租也相对更高。

准确计算每月应付多少房租。公寓的房租，因地区、建造年代、设备、面积的不同而各不一样。还有，民间宿舍的租赁合同非常严格，根本不允许拖延。

押金和礼金制度根据区域不同也会有所变化，大多情况下签订合同时需要支付房租、几个月的押金和礼金。并且需要注意的是，大多房间都不会配备家具。

如果要租住私人公寓，必须和房东好好商量。在日本因地区不同生活上的习惯也不一样。例如每天的垃圾不能随便乱扔。对于那些在生活上的应注意事项不能用日语交流的人，房东一般不愿意把房子租给他。

如果想步行去学校，或是想住在不远能骑自行车到学校的地方，就要做好思想准备，因为一般来讲学校是不可能位于大城市的商业区的。

日本租房指南

日本的房间布局图和不动产广告一般用数字和英文字母来表示房间大小。比如"2LDK"。"L"表示起居室(Living Room)；"D"表示饭厅(Dining Room)；"K"表示厨房(Kitchen)；"2"则表示除LDK之外的房间数量。通常情况下浴室和洗手间各自独立，但一般公寓中也有浴室和洗手间在一起，广告上用"UB"(Unit Bath)来表示。房间大小用塌塌米的贴数表示。一贴为1.8m x 0.9m。例如，6贴的房间面积大约比10平方米稍小。

委托不动产介绍所找房时，要了解下列事情：

①一般而言，所租房子不带家具。多数情况下虽有厨房、水池，但没有煮菜用的煤气灶，照明器具、被褥、窗帘等也都要自己准备。签合同时，要准备押金、礼金、介绍费、房租等共计相当于3—6个月房租的钱。签合同时，要有日本的担保人。这和日本人租房时一样。

房间内必有的设备：

厨房的水槽、浴缸、洗手间、洗脸用水槽、厨房柜子（架子）、壁橱、清洁完毕的房间和固定物品、煤气和自来水的接口、电线、电线接口、墙壁上的插座、电话线插座等。

有时附带的设备：

冷暖空调、停车场、热水器、冰箱等。

通常需自己购置的物品：

冷暖设备、煤气炉、冰箱、洗衣机、窗帘、厨房用具、卧具、电话等。

（这些生活必需品可在生活用品商店、电器商店、二手商店等内买到）

②跟会说日语的人一起去为好。到不动产介绍所找房时，跟日本朋友、在日担保人、或日语好的前辈一起去交涉，会有好的效果。

③到不动产寻找房子的程序。先讲一下自己的条件，如果有称心的房子可以请他们带到房子所在地亲自看。看后如不称心可以拒绝，这种情况不收介绍费。看后比较称心，但又想再考虑一两天，或想和朋友商量一下时，可以把自己的想法告诉不动产介绍所。这种情况下，有时房东会说"希望交

(续)

定金"。如果交了定金,就可获得租这个房子的优先权。一旦租此房时,定金可充当押金或礼金的一部分;但是不租时,定金一般不退还。所以要问清楚以后再付。

④要仔细观察住房的交通便利情况,离车站远近,近处有无商业街,朝向情况,消防通道如何等后再决定。再确认一下可以使用的取暖器具。为了防止火灾,有的公寓禁止使用煤气取暖炉和石油取暖炉等。还有在住所附近噪音严重的情况下,如能听一下居住在附近的人的意见,就更有参考价值了。

到了日本住哪里?

即使无法使用学校宿舍,也不能单纯考虑到达日本后暂时住在朋友家里。日本的学生宿舍以及公寓的租赁条约中一般写明除承租方之外禁止其他人入住。如果在不事先通知宿舍管理者或房东的情况下擅自住进去,不仅你自己,连你的朋友都有可能会被赶出去。

日本有青年旅舍、周租公寓、宾馆等便宜的住宿设施可供选择。青年旅舍一天需 4000 日元左右,而周租公寓中则配有床、家具以及厨房用具。如果位于东京中心地区及地铁周边的话,一个月需要十几万日元。但在郊外也可以找到每月 7 万日元左右的地方。房租是以天为单位计算的,所以住几天就支付多少天的房租。宾馆是那种一个大房间内放有许多双层床,十几个人一起住的地方,在市中心也就一个月 3～4 万日元左右,房租也是以天为单位计算的,所以宾馆也是住几天就支付多少天房租的。除上述设施之外,便宜的商务酒店单人房每晚 5500 日元左右,双人床则在 7600 日元左右。这个价格的话,部分酒店还会带上早餐。

出国之前务必要预约住宿的地方。此外,如果是因短期滞留日本而需要预定旅馆的话,那么推荐您使用便捷的乐天旅游网(http://travel.rakuten.co.jp/)。您只需在检索处输入想要预定的日期和地区,就会出现空房信息,接着就可以预约宾馆了。

○ 寻找学生公寓请看这里

作为留学生宿舍,"学生公寓"也是一个很好的选择。与一般的住所相比,聚集了众多生活习惯相似的学生的公寓与其他种类的住宅区相比,发生邻里矛盾的概率要小得多。

职工宿舍向留学生开放的项目。为促进日本与世界各国的相互理解与交流,目前,财团法人留学生援助企业合作推进协会(http://www.ryugakuseishien.com)正在推进一项名为"职工宿舍向留学生开放"的项目,即鼓励日本各企业将自己的职工宿舍提供给留学生居住。为使项目顺利推进,主办方采取了各项措施,旨在让留学生顺利入住职工宿舍,度过一段充实的留学生活。想要参加这一项目,必须获得所在大学的推荐,并经由大学的学生管理部门申请。

◆ 有助于寻找住宿的制度——留学生住宅综合保障 ◆

留学生住宅综合保障制度由日本国际教育支援协会运营,是针对火灾等突发事件以免除对担保人产生麻烦的制度。补偿期限分为 1 年期（需支付保险费等 4000 日元）和 2 年期（需支付保险费等 8000 日元）。

该制度只有合作学校（参考下面链接）在校留学生可使用,需向所属学校相关机构申请进行。详情请咨询所在学校或预定入学的学校。

详情请在以下"留学生住宅综合保障"官方主页确认,可参考合作学校一览 http://www.jees.or.jp/crifs/index.htm。

类别	赔偿对象	赔偿内容	赔偿期限为 1 年的	赔偿期限为 2 年的
担保人赔偿基金	担保人	①赔偿担保人	最高 30 万日元	最高 30 万日元
海外旅行保险	留学生	②赔偿留学生	最高 5,000 万日元	最高 5,000 万日元
		③后遗症	最高 240 万日元	最高 240 万日元
保险费等需承担的费用			4,000 日元	8,000 日元
（为加入担保人赔偿基金的费用和海外旅行的保险费的总和）			（加入费用 1,500 日元 + 保险费 2,500 日元）	（加入费用 3,000 日元 + 保险费 5,000 日元）

交通

日本的交通网络四通八达。初到日本的大家必然会对它的交通网络瞠目结舌,如此严密的交通系统,让大家每天外出活动都变得十分便利。因此日本便捷的公共交通系统也成为了大部分人的选择。

简单介绍一下日本的交通系统大致分为以下几种。

○ 航空

日本几乎所有城市都有机场,机场密度比亚洲其他国家或地区大很多。而且每天都有往返的国际航班。

机票一般提前 2 个月预定。既可以通过航空公司或旅行社预定,也可以直接在网上预定,非常方便。

○ 铁道

日本铁路分为三类:JR、私营、国营。常称的 JR（Japan Railways）的前身是日本国营铁路,之后在 1987 年民营化,分成了 6 家区域性的客运铁路公司。闻名遐迩的新干线就是 JR 的系统之一,连接日本主要城市,是连接日本各地的最快的列车。JR 的另一个系统是原有铁路线,原有铁路线相对新干线来说,速度上可能稍慢一些,但是价格也比新干线便宜。因此如果不是特别急的事情,很多人更愿意选择原有铁路线。日本的铁路网非常密集,交通便利。车票可以现场购买,也可以提前一个月购买,有特急票、座位指定票、卧铺票等,价格各异。利用大学发放的学生证打折券可以购买打折车票。另外,还有很多旅行用的优惠券可以使用。具体请查看网站: http://www.jr.cyberstation.ne.jp/。

○ 电车、地铁和公共汽车

大城市的周边电车、地铁和巴士都非常发达，很多人都是利用这些交通工具上班和上学。

正式学生凭大学发放的证明书可以购买优惠的定期票（1、3、6个月等）。研修生、听讲生等非正式学生只能使用定期上学票，不需要证明书。

日本的地铁与中国一样，都是市内的主要交通工具。在日本的各大城市东京、大阪、京都等都有。日本的地铁也都设有一日票等，一天内你可以随便上下车，不用买票。需要注意的是，日本东京或者大阪这样的地方，地铁线路比较复杂，乘坐时要看清指示标志。

日本公共汽车也主要分为长途汽车和市区公共汽车两种。需要特别注意的是日本的公共汽车站台较少，有些是统一票价，有些则是根据里程来计算票价的。计算里程收费的公共汽车上车时需取一张"整理券"，到下车时按下车铃通知司机，而后从前门将"整理券"和零钱一起投入司机旁边的投币箱内即可下车。

○ 出租车

在日本，经常打车可以被看作一种奢侈的消费。与亚洲其他国家或地区相比，日本的出租车费很贵。当然出租车费用根据城市而不同。如东京城市圈，2公里起步价为710日元，以后根据行驶距离和时间加价。晚上11点到早上5点间增加30%的加班费。还有值得一提的是，日本的出租车门是司机控制，不需要你亲自开关。

○ 自驾汽车

日本的驾驶执照根据车种不同而不同（轿车、卡车、大型摩托车、普通摩托车、小型限定摩托车等）。如没有外国颁发的驾驶执照，须通过学科、技能、适应性考试才能取得日本的驾驶执照。一般可在汽车学校学习汽车的驾驶（用日语指导）。费用方面一般需要30万日元左右。

◆ （1）住所变更和驾驶执照的更新 ◆

日本的驾驶执照须定期办理更新手续。驾驶执照的更新日期由持照人生日决定。驾驶执照的有效期从取得驾驶执照后第一个生日算起3年。可以在生日前1个月到汽车驾驶执照考场办理更新手续。搬家时要更改驾驶执照上的住址。请持最新的外国人登记证到新住址管辖区的警察局办理。

◆ （2）外国的汽车驾驶执照换成日本的驾驶执照 ◆

外国的汽车驾驶执照可以换成日本的驾驶执照。在国外取得驾驶执照后，如在该国滞留的时间超过3个月，该执照可被认为有效，并可接受视力、色弱、笔试、实际技能的考试。实际技能考试分可免试国和不免试国，请事先进行确认。可以用英语、汉语、西班牙语、葡萄牙语、韩语、波斯语接受笔试。国际驾驶执照不能更换成日本的驾驶执照。一般在地方汽车驾驶执照中心办理，需要交纳手续费。

◆ （3）国际驾驶执照 ◆

国际驾驶执照有效期为自发放日起1年。1年后如想在日本驾驶，必须有日本的驾驶执照。万一丢失了国际驾驶执照，在日本不能重新发放。

健康管理

○ 医疗保险概述

在日本滞留一年以上的外国人必须投保"国民健康保险"（国保）。投保时，需在附近的政府机关办理手续。投保后需每月支付保险费。保险费根据市区町村、个人所得的不同而有所不同，大多情况下，年费为 2 万日元左右。投保国民健康保险后，医疗费只需负担 30% 即可。接受伤痛、病症治疗时，需向医院窗口出示保险证。但非保险诊疗范围内的医疗费需由自己全额负担。

国民健康保险

参保人医疗费用总额 100%		保险外诊疗
国民健康保险负担 70%	一部分负担金额 30%（患者负担）	全额自己负担

〈不能使用保险的项目〉

① 健康诊断、预防注射
② 正常分娩、因经济方面原因的人工流产
③ 美容整形
④ 斗殴、酗酒、不道德恶行所致伤病
⑤ 工作所致伤病
⑥ 住院中的床位费

〈遇到交通事故等时〉

原则上，因交通事故、伤害事件等以第三者（加害者）行为而造成伤害时的医疗费则由加害者负担。但是，在不得已的情况下用国保接受治疗时，请一定向国保科提交"第三者行为所致伤病报告"。国保可临时垫付后，向加害者提出付款要求。

○ 个人健康管理：

很多学校设有校医院或保健中心，为学生提供日常保健及常见病诊治。另外，学校和地方政府提供的定期体检也应充分利用。

○ 其他任意保险：

商业保险会在意外情况发生时给予经济补偿。各种保险名目繁多，购买前应注意需交纳的保险金数额，补偿额度，补偿范围等事项。

○ 在诊所、医院接受诊治：

首先请向挂号处出示健康保险证，并告知对方自己的姓名、症状、是否初诊。即使是同一种病症，如诊察时间相隔 1 个月以上，也被当作初诊处理。第二次接受诊治时，请出示"诊察券"。挂完号后，请到候诊室等待，直到叫到您的名字。诊察后，请到会计窗口付款。取药时，请到医院内的药房，或者指定的药店，先出示处方，再交钱取药。

○ 急救医院，诊所：

各地区急救医疗信息中心提供在夜间、星期日和假日可进行诊治的诊所和医院的信息。并向您介绍离您最近的急救医院或医生。前去诊治时，请带上健康保险证。

○ 救护车：

用家中电话呼叫救护车时，请拨打 119 。如果用公共电话，则先按红色紧急按钮，然后再拨 119。电话接通后，请按下述方法通知对方。

a)"请叫救护车"。

b) 讲明自己的姓名和当时所在地方（住址,或者当时的位置）。还有年龄、性别、当时所在地的标记、伤势。为了避免对方误听，说话时请尽量清晰和放慢速度，有需要的话，请加上单词的拼法。如有可能，请用日语。

公共服务

○ 电话

留学生在日本需使用手机时，主要有以下 3 种方法：

①出国时持有可以在海外漫游的手机入境

②在日本购买既定"手机终端"和"使用时间"的预付费卡

③在日本签约购买普通手机

此外，通过①使用手机时，在日本每次使用手机都将视作来自本国的国际电话,将产生非常高额的通信费用。但是在刚到日本还没办好日本手机合同之前，还可以使用开通了国际漫游的手机，如此一来，生活将会非常便利。②为"预付款手机"，这种手机在便利店等地都可以买到。但是这种手机设有诸多限制，例如不能连网等，因此在日常生活中使用起来还是有些不方便。如果考虑要在日本长期留学的话，那么我们还是推荐您购买③。

◆ 在日本办理手机合同的方法 ◆

在日本办理手机合同时，一般会去最近的手机运营商专卖店办理相关手续。

办理合同时一定要带上能证明身份的"留日卡"。

日本有很多家手机运营商，其中代表性的有 3 家，分别是 NTT docomo、软银、au 等。各个运营商都准备了各种套餐，其中有许多针对学生的折扣服务。有关信息可以详询该专卖店的店员。

NTT docomo 外语咨询窗口	http://www.nttdocomo.co.jp/support/inquiry/
软银咨询窗口	http://www.softbank.jp/mobile/support/contact/
au 咨询窗口	http://www.au.kddi.com/support/inquiry/mobile

◆ 向海外打电话的方法 ◆

从日本向外国打电话时,需按照"通信公司代码—010—国际区号—电话号码(去掉开头的0)"拨打。

亚洲各国及地区的国际区号如下:

- 中国大陆:86
- 中国香港:852
- 中国台湾:886
- 马来西亚:60

比如,当你使用KDDI(001)拨打电话012-345-678,方法如下:

- 拨往中国大陆时:001-86-12-345-678
- 拨往中国香港时:001-852-12-345-678
- 拨往中国台湾时:001-886-12-345-678
- 拨往马来西亚时:001-60-12-345-678

○ 网络服务商申请

现今,PC(个人计算机)和网络已成为生活的必需品。只要有这两样,在世界上任何地方都将非常方便。而在日本的留学生活中,网络当然也已成为必需品。

那么,想要使用网络服务的话,必须选择网络服务商(网络接入行业)和通信运营商(通信行业)。

网络接入服务商中较有名的有OCN(http://www.ocn.ne.jp/)、nifty(http://www.nifty.com/)、BIGLOBE(http://www.biglobe.ne.jp/)等。只需和服务商签订合约,即可使用邮箱等各种网络服务。

而通信运营商则指的是NTT(http://www.ntt.co.jp/)和USEN(http://www.usen.com/index.html)等网络线路运营商。一般情况下,选择服务商后,能够选择的通信运营商也将确定。并且在公寓等地方,根据居住地的不同,也会有通信运营商既定的情况,所以需确认自己所选择的住所是否可以选择自己所中意的服务商。

日本现在几乎所有的网络服务都已变成宽带线路(高速通信线路)。宽带也分为FTTH(光纤)、CATV、ADSL等有限通信技术和无线宽带。

FTTH(光纤)是将光缆直接接入用户家中的光通信联网的架构方式。

CATV则是使用有线电视线路的高速网络接入服务。

ADSL是使用电话线的高速数据传输技术,但相比FTTH(光纤),速度要慢上许多。

网络使用频率较高、希望无忧无虑使用网络的人,推荐使用速度和稳定性兼具的FTTH(光纤)。

○ 邮政服务和快递

◆ 邮政

一般来说，明信片所需邮费为 50 日元，信件为 80 日元。只需贴上规定的邮票，即可通过各地邮筒投递。并且，根据信件重量的不同，所需邮票的金额也会有所变化。

除此之外，还有寄送现金的"现金挂号信"、寄送大型邮件的"包裹"等，根据业务不同，有许多不同的邮寄方法。

使用 EMS（全球特快专递），也可以向国外寄送邮件。

注意事先在邮局的官网（http://www.post.japanpost.jp）或邮局窗口确认使用方法。

◆ 快递

这是向各城市寄送较小物品的服务。贴上规定的寄送标签，即可在各便利店和街头的代理店进行寄送。

此外，还有打电话上门取件的服务。还可以通过网络查询自己发出的邮件的投递状态。

使用国际快递，便可以向海外寄送邮件。但必须注意的是，食品和动植物、危险品等禁止寄送。

代表性的有大和运输（http://www.kuronekoyamato.co.jp/top.html）、佐川急件（http://www.sagawa-exp.co.jp/）、日本通运（http://www.nittsu.co.jp/）等。

○ 银行

◆ 银行账户

为支付房租和公共设施费用，在银行开设账户会非常方便。但是，原则上，无日本国籍的外国人在入境未满 6 个月的情况下，只能开设非居民账户。非居民账户无法使用自动扣款服务和国内汇款服务，所以在使用上有很大的限制。但在一定条件下，部分银行可开设居民账户。办理手续前请务必向欲开账户的银行进行咨询确认。

此外，邮局也具备金融机构的功能，可以开设账户进行汇款。

开设账户时，需要出示护照、留日卡和印章。印章在中国也广泛使用，而在日本几乎所到之处都需要使用印章，所以注意需事先准备好个人印章。

◆ 接收来自海外的汇款

当需要接收来自海外父母的生活费时，如有开设日元普通储蓄账户或外币普通储蓄账户的话，可以指定其一账户接收汇款。

并且，接收汇款时，需要花费 4000 日元左右的手续费。手续费金额根据银行以及汇款方式不同而不同，注意在汇款前向银行进行确认。

◆ 接收汇款时所需要的信息

接收汇款时需要提供以下信息，故注意提前将下列信息通知汇款方。并且从海外接收汇款时，必须选择持有 SWIFT 代码（一种金融机构识别代码）的银行。

1. 收款人收款银行名（SWIFT 码）、分行名、分行地址（例：使用三井住友银行的情况下）

收款人收款银行名：SUMITOMO MITSUI BANKING CORPORATION

SWIFT 码：SMBC JP JT

收款人收款分行名：○○○○ BRANCH

收款人收款分行地址

例：东京营业部：1-3-2 MARUNOUCHI CHIYODA-KU TOKYO JAPAN 100-0005

※从海外金融机构向日本国内汇款时，并不需要 AWB 号码、Routing 号码、ABA、IBAN、SORT 等信息。

2. 收款人姓名、分行号码、账号、地址、电话号码

收款人账户名：名（First Name）姓（Family Name）

例：若草 太郎 =TARO WAKAKUSA

分行号码 - 账号号码

标识：ACCOUNT NO.○○○-○○○○○○

地址：参考上述收款银行地址

电话号码：汇款到帐时联络收款人需要使用该号码。注意必须通知汇款人电话号码。

此外，日本最近到处都可以使用"银联卡"了。特别是在大型家电超市购买高价家电产品时，一般都可以刷卡支付，大家可以尝试一下。而且不仅是刷卡，甚至还可以在日本取现金，虽然这得视汇率而定。

◆ 提款卡服务 ◆

可使用提款卡的机器分两种，一种是 CD（现金自动支付机），只能提取现金。另一种是 ATM（现金自动存款、提款机），可以存款、提款和记账。目前在便利店内设置的 24 小时可利用的 CD 机和 ATM 机的数量很多。不同的金融机构和自动存取款机在夜间、周末、节假日的利用时间也不同，平时最好能记下经常使用的 CD 机和 ATM 机的可使用时间。各个自动存取款机的使用方法和显示位置并不完全相同，使用时请注意。

◆ 兑换外币 ◆

在外币兑换所和大多数的银行里可兑换外币。如需要兑换大金额外币或国际上流通量较少的外币时，请向附近的金融机构确认。

○ 用电

◆ 开始使用时 ◆

在放置在屋内等处的"用电申请书"上填写住址、姓名、开始使用日期后，将其寄送到就近的电力（株）公司，办理申请使用手续。

◆ 停止使用时 ◆

确定搬家的日期后，请立即与相关电力公司的营业所联系。联系时请告知对方自己的住址、姓名、搬家日期、新的联系地址、顾客号码。电力公司的工作人员会来家里进行必要的处置。

◆ 账单和支付 ◆

〈查电表和电费〉
工作人员每月来查一次电表，之后将记有使用度数和费用的"电费通知单"放入信箱内。

〈电费支付方法〉
从银行账户转账（自动转账），或者在银行、邮局、便利商店等支付。

○ 用水

◆ 开始和停止使用时 ◆

因搬家等原因，在开始或者停止使用自来水时，要与自来水服务公司的顾客中心联系，并告知对方自己的地址、姓名、搬家日期、费用的支付方法等。一般房东或不动产公司会提供联系方式。

◆ 水费支付 ◆

一般每两个月查一次水表和交纳水费。记有使用量和费用的"水费通知单"会被放入信箱内。同时通知单上还记载下水道的使用费用。

◆ 水费的支付方法 ◆

从银行账户转账（自动转账），或者持付款通知单到银行、邮局、便利商店等支付。

◆ 因没交水费而被停止供水时 ◆

到规定期限没有交纳水费而被停止供水时，首先请付清未交水费，之后联系"通水中心"，要求恢复水的供应。

◆ 冬季水管保养 ◆

冬季有时会发生水管冻裂。发现水管破裂时，请关闭水表前的阀门，并联系自来水服务公司。

◆ 下水道 ◆

在自来水开始、停止使用的同时，开始、停止下水道的服务。下水道的使用费根据所使用水量或者户口人数算出，与水费一同交纳。

○ 煤气

一般来讲日本使用的煤气分城市煤气和液化石油气两种。因不同种类的煤气所使用的器具不同，在购买前或搬家时请确认清楚。在搬家一个星期前，请和煤气公司或液化石油气的商店联系。一般房东或不动产公司会提供联系方式。

◆ 煤气 ◆

① 开始使用时

确定搬入的日期后，请立即与煤气公司的分店联系，并告知对方自己的住址、姓名、搬家日期、电话号码。在搬入当天，煤气公司的工作人员到家里确认煤气器具是否安装正确，以及打开煤气开关。

② 停止使用时

确定搬出的日期后，请立即与煤气公司的分店联系，并告知对方自己的住址、姓名、搬家日期、新的联系地址、顾客号码。搬出之日，煤气公司的工作人员来家里关上煤气开关。同时清算到搬出之日为止的煤气使用费。

③ 账单和支付

＜查煤气表和煤气费＞

工作人员每月来查一次煤气表，之后将记有使用量和费用的"煤气费通知单"放入信箱内。

＜煤气费支付方法＞

从银行账户转账（自动转账），或者在煤气公司的接待窗口、银行、邮局、便利店等支付。

◆ 液化石油气 ◆

因各液化石油气公司的使用步骤各有不同，请事先进行确认。但大致与煤气公司的相同。

◆ 煤气泄漏时 ◆

每个煤气表上都带有红色显示灯。当红灯闪烁时，表示出现煤气故障。另外可向来打开煤气开关的煤气公司的工作人员购买煤气泄漏警报器。

① 关上煤气总开关。

② 打开门和窗户，使空气流通。

③ 禁止使用火柴、打火机以及打开电器的开关。

④ 罐装煤气泄漏时，因罐装煤气比空气重，容易滞留在较低的空间位置。须打开门把煤气扫出门外，并拨打煤气公司提供的紧急电话。

家属事宜

○ 家属探亲、滞留手续

首先，外国人赴日需要根据本国或地区的签证制度办理手续。有时即使是短期滞留也需要办理签证，接下来将详细介绍相关手续的办理。

家属探亲如果超过 90 天，可以先向日本入境管理局申请"家属滞留"资格证明书，然后把此证明书寄回国内，家属可以凭此在日本大使馆或领事馆，或通过代理机构取得赴日签证。

如果探亲时间不超过 90 日，家属可直接在日本大使馆或领事馆，或通过代理机构申请"短期滞留"签证。

○ 必要的资料

留日资格认定证明书交付申请，家属一人一份。

家属相片两张（4cm×3cm、免冠、无背景）。

亲属关系证明书

留学生本人护照与复印件

留学生本人的外国人登记证明书及复印件

留学生本人的在册证明书

抚养能力证明书

生活保证的其他证明书，如存款证明等

其他认为必要的文件

文明守则

1. 禁止走路吸烟

边走路边吸烟或者边骑自行车边吸烟，不仅对周围的人非常危险，还会因香烟发出的烟雾引起别人的不快。

2. 禁止随处丢弃空罐等

对空罐、空瓶、塑料瓶等，不仅禁止随处丢弃，还要求进行资源回收。丢弃时，不能随便丢在路上，而要丢到规定的垃圾箱。另外，还要尽量按照规定的区分方法回收。

3. 禁止在公共场所大声说话、喧哗

这是最基本的公民道德和素养。

4. 禁止随处停放自行车

在自行车禁止停放区域以及公共场所（道路、站前广场、公园等），禁止停放自行车。停放在禁止停放区域内的自行车会被移送到规定场所，去领取时，还需交纳一定的费用。

5. 严格坚持安全驾驶

车辆以及摩托车要靠左侧行驶。驾驶车辆时，要遵守交通法规，注意周围情况，并且要互相礼让，坚持安全驾驶。骑自行车时也要注意安全，避免碰伤他人。

6. 禁止随处停车

随处停车不仅影响步行者以及其他车辆的通行，还是引起交通事故、堵车的原因。不要抱有"只停一下"的侥幸心理，而要把车停靠到就近的停车场。

日本生活注意事项

日本是一个生活礼仪十分严谨的国家，在日本生活，很多国人都会忽视一些基本的礼仪。这样，你会给别人留下十分不好的印象。为了适应在日本的留学生活，简单掌握一些生活注意事项吧。

简单吃饭礼仪：日本人在用餐开始前都会先说"いただきます"（我要吃了），然后先喝汤再吃菜，吃菜时尽量不要先吃完一样再吃一样，最好从各个碟子中逐个夹一点。吃饭饭碗不宜端起来。吃饭可

（续）

以发出声音，以表示对菜品的喜爱，这样厨师们会很开心。聚餐活动的话，聚餐开始会有主导人寒暄几句后大家举杯，在用餐过程中日本人通常会一个人拿着好几瓶东西，比如清酒、啤酒、茶等走到想搭话的人面前，人家杯子里是酒，就给人家续酒，人家杯子里是茶，就给人家倒茶。

电车上的礼仪：乘坐电车时，乘客应在乘车口处按秩序排队，待车停后乘客在车门两侧分成两行，等下车乘客下完后再上车。每逢电车到站，电车上的乘客要注意不要站在车门口处，以免妨碍其他乘客上下车。在日本的电车上是不可以接电话的，因此在电车上手机必须调整为静音或者关机。因为电话的信号可能会干扰电车的运行或者影响老人们装有的心脏起搏器。另外就是日本电车上年轻人不会给老年人让座。这是因为他们会担心让座会指出对方是老人反而不礼貌。

关于公共厕所：日本的公共厕所都是极其干净的。他们的厕所会免费提供卫生纸，而且卫生纸是可以冲掉的。除了卫生巾外，卫生纸之类请直接丢入马桶冲掉。

垃圾处理：日本对于垃圾的分类处理是有严格规定的，没有按照规范来做是违反法律的事情。例如不把垃圾扔在指定地点就是违反法律。自行车或冰箱扔在河岸边或山里，把含水分的垃圾或塑料瓶扔到马路上或附近的空地等都要被罚款。因此，到达日本之后如果自己住，你首先要学会的就是关于垃圾的处理。

骑自行车：很多留学生在日本稍微熟悉了地形之后，相比较高的交通费用大多都会选择以自行车为代步工具。在日本骑自行车也是有一定规范约束的。例如在东京，骑自行车时打电话，打伞都成了违法行为，最高会被处以 5 万日元的罚款。最严重的是喝酒后骑车，会被判处 5 年以下徒刑或 100 万日元以下的罚款。

在日本生活注意事项还有很多，有些需要亲自去了体验到才会明白日本人严谨的生活态度。如果长期生活，你会慢慢习惯他们的生活模式，并且体会到这样带给你的好处的。

5.3 应急机制篇

各种紧急情况的处理

○ 安全意识

日本虽然是治安较好的国家,但即便如此,在日常生活中还需注意安全。大门和窗户一定要关上、锁好,以防强盗入侵。即使人在家中也不能疏忽大意。走在路上要提防抢劫。自行车不要忘记上锁。另外,还要警惕跟踪狂(指对某个特定的人采取纠缠和跟踪的人)、骚扰电话和性骚扰。女性外出时,在僻静地方以及独自在夜晚行走时,要特别注意安全。经常一个人外出时请带上个人用报警器(一般便利店等有售)。

※报警电话:110

○ 派出所(交番)

城市各处都设有派出所。派出所的建筑物上装有红灯,并且 24 小时受理强盗、暴力事件的举报、失物查询和失踪者搜索,以及巷内巡逻等的申请。迷路时,或者希望警察帮助时,可以到派出所求助。

○ 警察安全咨询中心

一般城市设有警察安全咨询中心,这里受理有关警察业务的咨询和收集意见。业务内容包括受理青少年犯罪、吸毒、驾驶执照、交通事故证明和驾驶经历证明,还举办参观警察局等活动。

○ 失物招领

物品遗失时请到就近的派出所登记。因遗失物品有可能捡到后被送到附近的派出所,因此最好向认为物品遗失地方附近的派出所查询。丢失信用卡或银行取款卡时,请立即打电话联系信用卡公司或银行。印章丢失时,请制作新的印章,并办理银行存折等的登记更改手续。

○ 交通事故

发生交通事故或事件时,请立即拨打 110 或者向就近的派出所报告。即使是轻微的事故或事件,也必须向警察报告。如果您是交通事故的当事者,要记下事故有关人员的姓名、住址、电话号码、年龄、驾驶执照号码、车牌号、保险公司名、车辆保险证书号。如果有目击者,也要记下目击者的姓名、住址和电话号码。如果受伤,即使是轻伤,也要到医院就诊,并且请医生开诊断书。

○ 防灾对策

为了预防万一,平时要注意以下几点:

① 预先确认避难场所以及危险场所

※各区都有规定的避难场所(如小学、中学、公民馆、公园、市民中心等)。

② 准备和检查在发生紧急情况时要带出的物品。

③ 在家具上安装防止倒下的固定器具。

④ 根据正确的信息行动。

⑤ 互相帮助进行紧急救护。

⑥ 申请和登记防灾电子邮件服务。

⑦ 参加当地的防灾训练。

很多城市的市民防灾中心是提供有关灾害及其对策知识的场所。在这里，您可以亲身体验到强风和不同震级的地震，了解和学习到有关消防、人工呼吸、避难方法等知识。另外，该中心还销售防灾器具、紧急食品、紧急携带品等灾害发生时防灾必需品，以及有关防灾内容的书籍。

◆ （1）火灾 ◆

发生火灾时，要大声喊"着火了"来通知左邻右舍。如果附近有电话，请立即拨打119报警。如果没有灭火器，请想办法装水来灭火，尽量使火不要蔓延开来。但是，对因油引发的火灾，绝对不能使用液态物体来灭火。这时要用粉状物，或者用弄湿后的床单或毛巾覆盖到火上。从家中冒出的烟雾里含有有害物质时，要用湿毛巾捂住口鼻，并尽可能放低身体来避难。地震中和地震后容易引发火灾。地震后发现煤气开关损坏，或者嗅到泄漏的煤气时，要立即离开原地，到安全的地方避难。

◆ （2）台风 ◆

台风时，因强风刮起瓦片、砖块、树枝、广告牌等，容易造成危险，因此请尽量进到屋内躲避。另外，强风有可能刮破房屋玻璃，因此请不要待在没有采取保护措施的窗户附近。而且在强风到来前，要尽快把门窗关好。下倾盆大雨时，如果家在低洼地或者河流边，要注意洪水。如果雨水溢出马路，请尽量避免使用地铁、进入地下商业街以及大楼的地下层部分。

◆ （3）地震 ◆

平时请留意家中什么地方安全或危险，以便在地震发生时能够迅速避难。另外，有些地区指定某个公园或校园等为紧急避难处，请事先确认。

〈地震时的注意事项〉

① 保持镇静，保护自身安全，躲到结实的写字台或桌子下，特别要注意保护头部。把坐垫或枕头顶在头上来保护头部。

② 找到紧急出口。感到地震晃动时，要立即打开门，以免被封死在屋内。

③ 不要慌慌张张地跑出门外。通常地震的晃动持续1分钟左右，待晃动平静后再跑出门外。

④ 迅速地把火关上。迅速关上使用中的煤气炉、火炉等。关上煤气总开关，拔出电器用品的连线。

⑤ 远离小巷、围墙、山崖和河畔。为了避免被落下的瓦片、砖块、玻璃和水泥块等砸中，不要站在房檐下或者楼房旁边，要到牢固的建筑物或避难所避难。因地震容易造成山崖和河畔的坍塌，请不要靠近这些地方。

⑥ 立即停下驾驶着的车辆。把车停靠在路旁，关上引擎。把车钥匙留在车上，徒步避难。如果开车避难，容易引起交通堵塞，防碍救护车、消防车、警车的通过。

⑦ 注意海啸。连续发生地震时，不管震级大小，都容易引起海啸，因此绝对不能靠近海岸。如地震发生时在海岸附近，要往高处避难。

◆ （4）放射线（核辐射）◆

如果有核辐射等消息时建议大家不要恐慌，冷静面对。尽可能不要外出，可以通过网络等媒介收集信息，同时要密切关注本国或地区大使馆的官网信息。如果外出请注意不要裸露皮肤，穿上长袖衣裤，戴上口罩、手套、眼镜，回到室内应将外罩衣物卷起单独放置，并充分清洗可能暴露过的身体部位。准备好手机和充电器、收音机、瓶装水（或在自家浴缸装满水）、雨衣、雨伞、防寒衣服、口罩、塑料袋、现钞等。

有困难可以利用的网站

在这里我们还为大家预备了应对突发事件时可供参考的网站。在还未适应日本新生活的留学期间，如果生病了或碰到了什么难以预料的问题时，可以查阅以下网址。以下网站还有外文版（一部分除外），希望在大家有困难时可以提供帮助。

○ 多语种生活信息

此网站网罗了包括从留日资格的申请及外国人登记方法开始，到劳动、医疗、日语教育、交通规则、日常生活、灾害时的应对方法等的各种各样的生活信息。该网站有日语、中文、英语等13种语言。

http://www.clair.or.jp/tagengo/

○ 外国居民灾害支援信息

此网站记载了灾害发生时的信息及其应对方法，还有灾害发生时必不可少的"表达方式"等。此网站除中文和英语外，还有以亚洲圈为中心的9种语言。

http://www.clair.or.jp/tabunka/shinsai/index.html

○ 多文化共生门户网站

这是一个为了让生活在日本的外国人能够更加舒适的生活网站，站内网罗了从生活、工作到育儿等按人的生命周期来排序的各种信息。此网站仅能用日语浏览。

http://www.clair.or.jp/tabunka/portal/index.html

○ 多语言医疗问诊表

医疗问诊表网站中既有日语也有外语页面，只要用母语填写就可以向医生说明自身症状，使用起来非常方便。

眼科、外科、妇科、牙科、耳鼻喉科、小儿科、整形外科、内科、脑神经外科、皮肤科等本网站上有15种对应语言，外部链接的有4种对应语言。

http://www.k-i-a.or.jp/medical/

○ 青年海外互助协会

在本网站可以浏览到各种志愿者活动信息，包括支援发展中国家及灾后重建等国际活动。

http://www.joca.or.jp/

驻日支援机构联系方式

中国驻日本大使馆、领事馆	
● 中国驻日本大使馆领事部 地址：106-0046 　　　东京都港区元麻布 3-4-33 电话：03-3403-3064（领侨保护） 　　　03-5785-6868（证件咨询） 　　　03-3403-3388（总机） 传真：03-3403-5447 网址：http://www.china-embassy.or.jp/chn/ Email：sb@china-embassy.or.jp · 中国驻日本大使馆教育处 地址：135-0023 　　　东京都江东区平野 2-2-9 电话：03-3643-0305 传真：03-3643-0296 网址：http://www.jiaoyuchu.org/ Email：ydjp07@gmail.com	● 中国驻大阪总领馆领侨室 地址：550-0004 　　　大阪市西区靭本町 3-9-2 电话：06-6445-9482（证件咨询） 　　　06-6445-9481（总机） 传真：06-6445-9475 网址：http://osaka.china-consulate.org/chn/ Email：chinaconsul_osa_jp@mfa.gov.cn · 中国驻大阪总领馆教育组 地址：564-0063 　　　大阪府吹田市江坂町 5-4-4 电话：06-6821-2306 传真：06-6821-2303 网址：http://www.eduosaka.org/ Email：jyz@eduosaka.org
● 中国驻札幌总领馆领侨室 地址：064-0913 　　　札幌市中央区南十三条 23-5-1 电话：011-563-6191/011-563-5563（总机） 传真：011-563-1818 Email：jyoffice-sap@chn-consulate-sapporo.or.jp · 教育室 电话：011-563-8991 传真：011-563-7314	● 中国驻福冈总领馆领侨室 地址：810-0065 　　　福冈市中央区地行浜 1-3-3 电话：092-781-8870/092-713-1121（总机） 传真：092-781-8906 Email：jyoffice@ray.ocn.ne.jp.cn · 教育室 电话：092-771-5635 传真：092-771-5637
● 中国驻新潟总领馆领侨室 地址：951-8104 　　　新潟县新潟市中央区西大田町 5220-18 电话：025-228-8887（总机） 传真：025-228-8901 Email：chinaconsul_nii_jp@mfa.gov.cn · 教育组 电话：025-228-8878 传真：025-228-8901	● 中国驻名古屋总领馆 地址：461-0005 　　　名古屋市东区东樱 2-8-37 电话：052-932-1098（总机） 传真：052-932-1169 Email：chinaconsul_nag_jp@mfa.gov.cn ● 中国驻长崎总领馆 地址：852-8114 　　　长崎县长崎市桥口町 10-35 电话：095-849-3311（总机） 传真：095-849-3312 Email：chinaconsul_nag_jp@mfa.gov.cn

中国台湾代表机构	
● 台北驻日经济文化代表处 地址： 108-0071 　　　东京都港区白金台 5-20-2 电话： 03-3280-7803（证件咨询 ） 　　　03-3280-7800（总机 ） 传真： 03-3280-7923 网址： http://web.roc-taiwan.org/jp/ Email： vipass@mofa.gov.tw ・教育组 电话： 03-3280-7830~2、7834~8 传真： 03-3280-7925 Email： japan@mail.moe.gov.tw	● 台北驻日经济文化代表处横浜分处 地址： 231-0021 　　　横浜市中区日本大通り 60-2F 电话： 045-641-7736~8 传真： 045-641-6870 网址： http://web.roc-taiwan.org/jpyok_ja/ Email： yok@mofa.gov.tw
● 台北驻日经济文化代表处那霸分处 地址： 900-0015 　　　冲绳县那霸市久茂地 3-15-9-6F 电话： 098-862-7008 传真： 098-862-7016 网址： http://www.roc-taiwan.org/JP/NA/ Email： teco-oka@ryukyu.ne.jp	● 台北驻日经济文化代表处札幌分处 地址： 060-0004 　　　札幌市中央区北 4 条西 4-1-5F 电话： 011-222-2930 传真： 011-222-9908 网址： http://www.roc-taiwan.org/JP/OKD/ Email： roc-twn@phoenix-c.or.jp
● 台北驻大阪经济文化办事处 地址： 550-0001 　　　大阪市西区土佐堀1-4-8-4F 电话： 06-6443-8481~7 传真： 06-6443-8577 网址： http://www.roc-taiwan.org/JP/OSA Email： teco-osa@juno.ocn.ne.jp	● 台北驻大阪经济文化办事处福冈分处 地址： 810-0024 　　　福冈市中央区樱坂3-12-42 电话： 092-734-2810 传真： 092-734-2819 网址： http://www.roc-taiwan.org/JP/FUK Email： teco.fkk@gmail.com

马来西亚驻日本大使馆、领事馆	
● 马来西亚驻日本大使馆 地址： 150-0036 　　　东京都涩谷区南平台町 20-16 电话： 03-3476-3840（总机 ） 网址： http://www.kln.gov.my/web/jpn_tokyo/ Email： mwtokyo.kln@1govuc.gov.my	● 马来西亚驻福冈荣誉总领馆 地址： 815-0041 　　　福冈市南区野间 1-10-13-401 电话： 092-554-3620 Email： s-otsuka@ta2.so-net.ne.jp

5.4 学校生活

大学生的一年

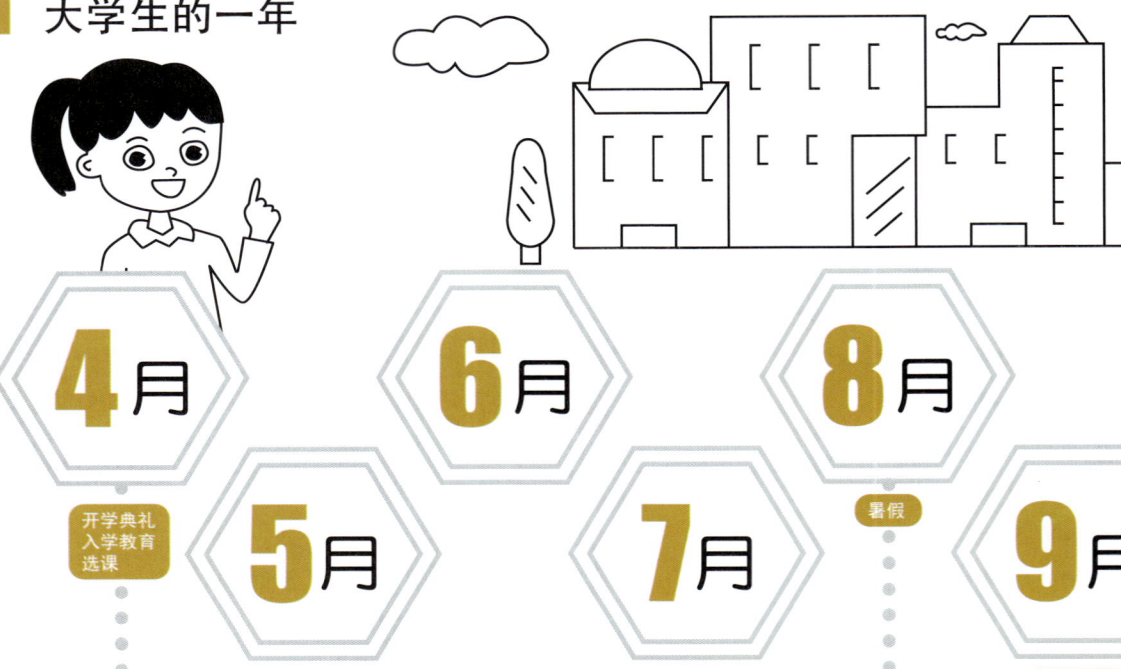

4月 开学典礼 入学教育 选课

5月

6月

7月 上学期期末考试

8月 暑假

9月 下学期开始

憧憬已久的大学生活开始啦！

历经千辛万苦，大家终于考进了大学。开学典礼那天大家第一次穿着西服，对未来的大学生活充满了期待。除了开学典礼之外，大家想必对各个社团的抢人战略也会非常佩服。有些学生甚至因抵挡不住各社团的热情邀请，在开学典礼当天就确定了社团。不过大多数人还是比较理智的，会在参考几个感兴趣的社团之后再做决定。

好好利用这一长假！

大学的暑假时间比高中要长，大约有两个月。大家过暑假的方式各不相同，有些学生会去旅游或打工，有些独自生活的学生则利用这段时间回家探亲。此外，还有些学生利用这段时间去国外学习外语。

课程表的制作和选课

大学与高中不同，课程表是由学生自己决定的（参考学校发的课程介绍）。我们把学生自己选定课程和上课时间，再将结果提交给大学这一过程称为选课。学生一般会在参考入学指导、入学教育或教学大纲等内容之后再确定自己的课程表。

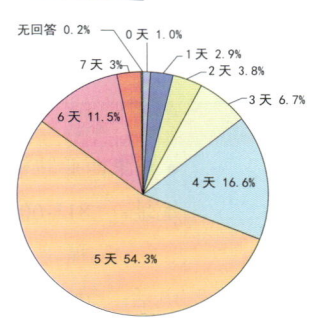

无回答 0.2%
0天 1.0%
1天 2.9%
2天 3.8%
3天 6.7%
4天 16.6%
5天 54.3%
6天 11.5%
7天 3%

● 一周内到校的天数
● 资料来源：学校法人河合塾根据全国大学生协联发行 Campus Life Data 2009 制作而成

大学生活是什么样的呢?
它和高中生活有哪些不同呢?
想必大家都很憧憬大学生活,但是同时也对它有许多疑问。
下面让我们首先来看看大学生的一年是怎么过的吧!

10月

11月 学园祭

12月 寒假

1月 下学期期末考试

2月 春假

3月 毕业典礼

大学里最大的活动?
各大学的学园祭策划方案各不相同,有请名人演讲的,也有请艺术家开演唱会的。甚至还有由社团摆摊或举行研讨班进行比赛的学园祭。

2月春假
大学的春假时间与暑假时间差不多,大约有两个月,马上要毕业的大四学生会利用这段时间进行毕业旅行。

大三下学期开始找工作
毕业后想进企业工作的学生一般都会在三年级下学期正式开始找工作。大学的就业办也会从这个时候开始举办就业讲座,给学生们一些指导。

公布升级结果
下学期期末考试评分结束后,学校会公布各位学生修得的学分,看其能否升入高年级。

大学一年考两次试,还有些课没有考试!
大学的一年一般都分为上、下学期,考试也是一年两次,分别在各学期末举行。上学期的期末考试一般在7月末或暑假刚结束后的9月举行。大学的考试内容也与高中的不同,有些课采取论述形式,让学生就某个课题提出自己的观点,还有些课则是以提交报告的方式代替考试。

大学是怎样的地方

每天平均上几节课？

大学生平均每周到校 4.6 天，但是每天平均只有 2.6 节课（大学一节课一般为 90 分钟，一般上午有两节课，下午有两到三节课）。与高中时代相比，大学可以自由利用的时间要多很多。

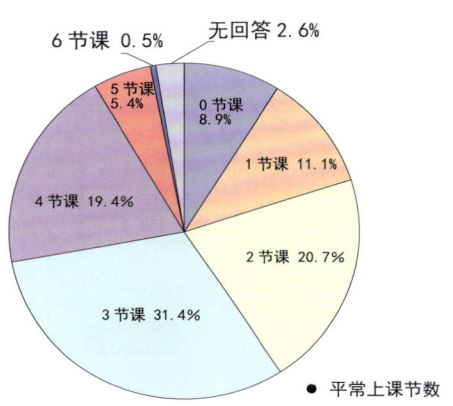

● 平常上课节数

大学的一天

- 起床
- 上课
- 吃午饭
- 上课
- 社团活动
- 吃晚饭
- 打工
- 睡觉

到校的时间各不相同

由于课表因人而异，学生到校的时间也各不相同。有 10 点多到校上课的，也有午后才到校上课的。

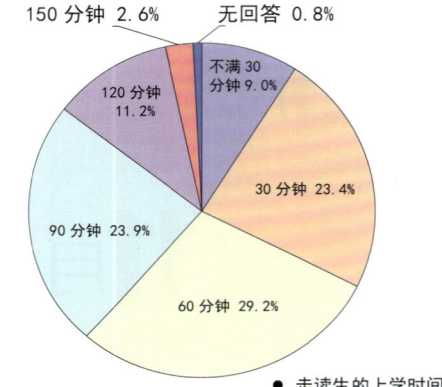

● 走读生的上学时间

午饭在食堂解决

午饭时每个食堂都几乎人满为患。最近很多食堂都开始关注学生们的健康问题，或提供计算好热量的套餐，或挂出显示套餐营养成分的卡片。而且，食堂的饭菜还很便宜。

空余时间怎么度过呢？

大学生大都会利用空余时间去图书馆学习，或者去计算机室写报告、查看邮件。

放学后

大学生的课后生活丰富多彩，有些人会去研究室专心研究项目，有些人会去参加社团活动，还有些人会利用这段时间去打工。

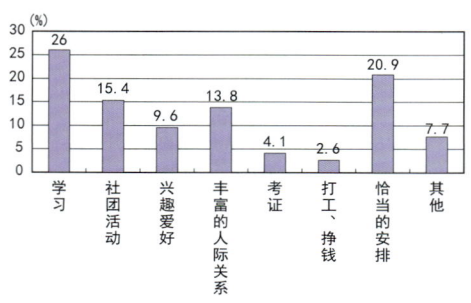

● 大学时间安排注重的方面
● 资料来源：学校法人河合塾根据全国大学生协联发布

○ 校园如同一个小城市

大学校园根据其规模和周边环境不同，其校园氛围也会有所不同。也有部分大学将设在市中心、拥有最新设备的大楼当作校舍。

大学内一般有图书馆、食堂、计算机室、健身房、社团活动室、礼堂等设施。也有大学设有快餐店、便利店、银行ATM自动取款机等设施，俨然是一个小城市。

特别是有许多大学将图书馆和学校食堂设施的完备程度视作大学的优缺点。选择大学时，注意根据自己每天所使用的设施情况做好确认。此外，也有许多大学设有学生可自由使用的计算机室，并向学生发放电子邮箱地址。校园内通过LAN（局域网）连接网络，在校园内各个地点都可以确认、收发邮件或制作报告。也可以在学校内使用各种个人无法购买的软件，以锻炼自己的技能。

○ 俱乐部还是社团，选择哪一种？

充实大学生活的方法之一就是俱乐部活动和社团活动。从需要高强度练习和学习的俱乐部活动，到以"乐趣"为重点的共同爱好协会，根据学校不同，部分学校校内有着数量惊人的社团。

活动内容和形式多种多样。有体育类、轻音乐、话剧、单口相声研究会等文化类，还有志同道合的成员共同探讨资格考试攻略的学习会等学术类活动。

俱乐部和社团的魅力之一便是可以在活动中，打破学科、学院等框架，和各方同学交流接触。也有一些社团经常和其他大学或社会交流频繁。只要自身积极参加活动，也可以成为广泛积累人脉的大好机会。

○ 日本大学生的考研状况

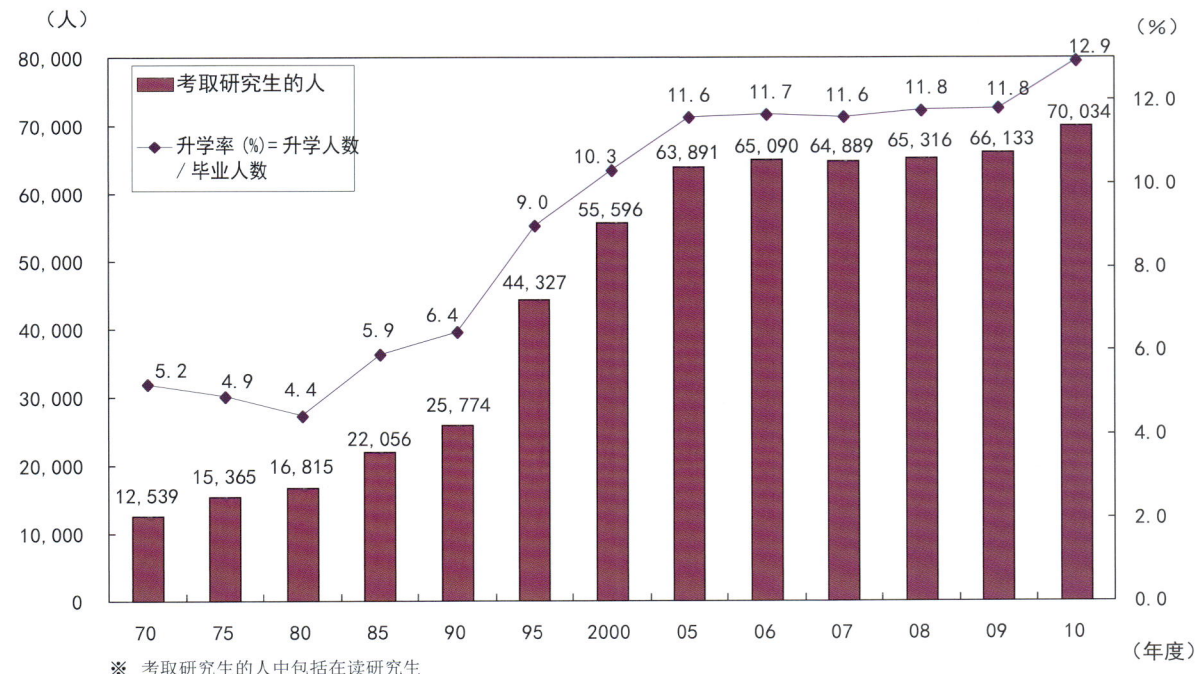

※ 考取研究生的人中包括在读研究生
※ 1985年之前的"升学者"中除考取研究生的人之外，还包括大学本科、短期大学本科、专科及别科的人。

● 考入研究生院的人数与升学率的变化
● 资料来源：学校法人河合塾根据日本文部科学省（学校基本调查）制作而成

日本留学生作品集

作者：shin
大学：京都造型艺术大学
专业：漫画学院故事漫画学科

第六章 | **适才适用**
如何在日本就业

日本留学指南

Study in Japan
人生启航，日本留学的指南针
第七版

本章将详细介绍从就业活动的准备阶段，到获得企业录用后的留日资格变更等留学尾声阶段重要的在日就业相关信息，是留学生打算在日本就业的必读内容。

适才适用

如何在日本就业

CHAPTER 6

6.1 就业活动

就业活动从第三年开始。如果打算留在日本就业，就要考虑一下将来自己要从事的行业是否可以运用大学时所学的知识。如果不是的话，可以考虑在上大学的同时再去专门学校进修，还可以考一些对将来就业有帮助的资格认证。学校的就业辅导课和就业中心都会作为学生坚实的后盾帮助其应对就业活动。还有讲解就业活动流程、就业活动应对方法的"就业指导"和企业人事负责人举办的招聘宣讲会等，都会给学生提供帮助。另外，支援机构还设立了各种讲座，为每个学生提供面试指导，给出意见和建议。但大学不是为了你将来就业和资格取得而创办的，学校的就业辅导课只是一定意义上的帮助，学生的将来还是要靠学生自己。

本书从A到Z，详细记载了留学生在日本就业所需要了解的信息，右边是每部分的摘要，请参考一下。

就业活动	A to Z	内容
日本的就业活动	A	什么是就业活动
	B	就业活动该怎样做
	C	外国留学生在日本的就业状况
在日企就业	D	企业希望招收什么样的留学生
	E	日本企业的雇佣形态
	F	日本企业对个人经历的独特看法是什么
	G	在海外日本分公司工作的利与弊
就业活动前的准备【分析和研究】	H	自我分析
	I	行业研究
	J	职业研究
	K	企业研究
就业活动前的准备【与企业的往来】	L	索取资料（报名）和资料收集
	M	实习
	N	企业联合宣讲会、研讨会
	O	公司宣讲会
	P	拜访前辈
就业活动期间	Q	笔试和能力测试
	R	报名表的写法
	S	简历的写法
	T	电话礼仪
	U	邮件礼仪
	V	写信的方法
	W	就业活动的仪容仪表
	X	面试的礼仪
录用到入职	Y	从拿到公司录用通知到入职的流程
	Z	毕业后还在日本继续就业活动

6.2 日本的就业活动

A. 什么是就业活动？

近几年，很多日本企业提出向海外发展，提出招收各国优秀人才的"全球战略"。为此，聘用外国留学生的企业越来越多，同时希望在日本就业的留学生人数也日渐增长。日本企业招收毕业生时有相应的时间段和招收方法，所以留学生也需要跟日本学生一样，参加相应的就业活动。预先对日本特有的就业活动深入理解，通过自己留学时所积累的经验和独到的视角，在日本实现就业的梦想吧。

就业活动，也简称"就活"，是指进企业工作前一系列要准备和要参加的活动，主要分为下列三个阶段。
① 参加企业应聘前的准备：自我分析，行业研究・企业研究，笔试考试的对策，向企业索取资料等。
② 应聘：向企业提交申请表，参加笔试、能力倾向测验、面试等正式的考核。
③ 录用：通过一系列的考核之后，最终综合成绩合格的将被企业录用。

B. 就业活动该怎样做？

往年日本的应届毕业生招聘日程是由日本经济团体联合会发表大致方针，然后以参加的企业为中心展开。2018年开始，"招聘信息公布"调整到了大学三年级(硕士一年级、专门学校一年级)学期结束前的3月以后，而"招聘选拔"调整到了毕业年度的8月以后。这么做是政府为了能够给予学生更多的时间专注于学业。但事实上这些仅仅是指导方针，并不具备法律约束力。很多IT企业和外资企业以及其他一部分企业并不以此为准，如果想要进入自己理想的领域和企业，一定要提前确认好相关信息。

● 求职日程表（2019年度预测）

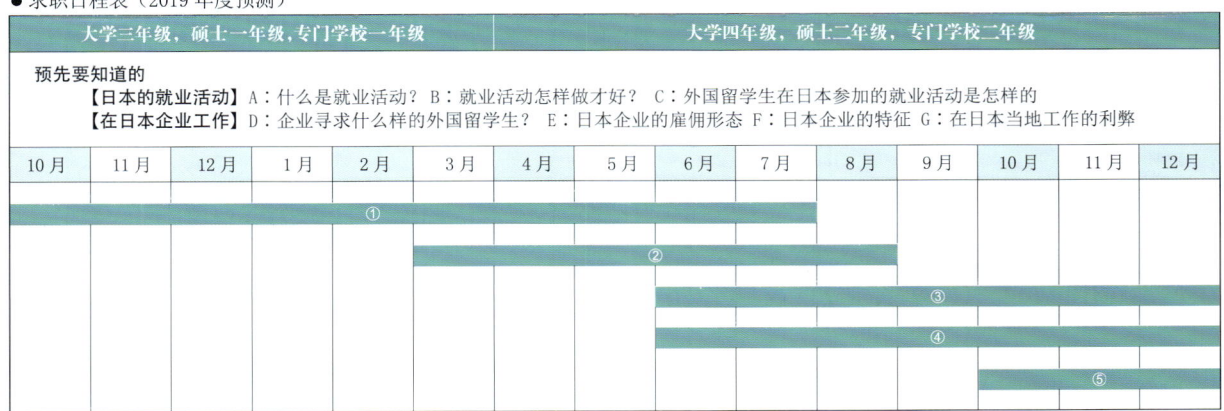

① 就业活动前的准备（分析和研究）】
H：自我分析的做法
I：行业研究
J：职业研究
K：企业研究

②【就业活动前的准备（面向企业）】
L：资料请求（事先申请）和信息收集
M：实习
N：联合企业宣讲会和开放研讨会
O：公司宣讲会
P：拜访前辈

③【就业活动中①文件的写法】
Q：笔试和能力考试
R：申请表的写法
S：简历

④【求职正式表演②礼仪集】
T：电话礼仪
U：邮件礼仪
V：写信的方法
W：就业的仪容仪表
X：面试的礼仪

⑤【考核通过～进公司】
Y：留日资格的变更【毕业后的就业活动】
Z：毕业后在日本继续就职活动

C. 外国留学生在日本的就业状况

这 10 年来，随着留学人数倍增，到平成 29 年（公元 2017 年）5 月 1 日，日本已有 267,042 留学生 [独立行政法人日本学生支援机构（JASSO）调查]。

另一方面，平成 28 年（公元 2016 年），持有"留学"资格的外国人（留学生等）中，以"进入日企工作"变更留日资格申请的 21,898 人中，就有 19,435 人被批准（下图）。这个数字在平成 20 年（公元 2008 年）达到顶峰后又滑落下来，不过从平成 23 年（公元 2011 年）又有所回升。

留学生能在日本就业不是一件简单的事情。近 60% 的留学生想留在日本工作，其中只有不到 40% 的人可以留下来。各种原因导致了这种状况，比如"企业的需求和留学生的期望不能达成一致""不重视就业活动""没能理解日本式的就业活动"等。如果想要留在日本工作，就要尽早收集就业活动信息，尽早学习这方面的相关知识，积极行动起来。

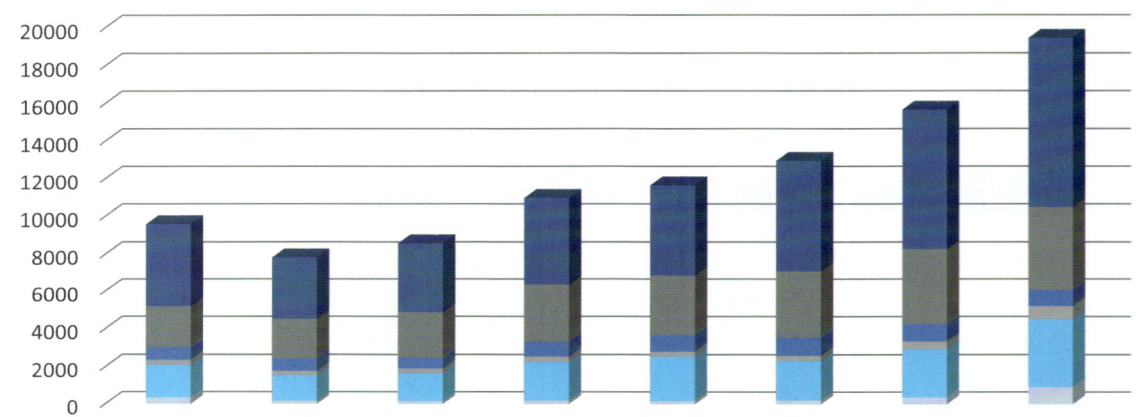

	2009 年	2010 年	2011 年	2012 年	2013 年	2014 年	2015 年	2016 年
总数	9584	7831	8586	10969	11647	12958	15657	19435
大学生	4396	3313	3701	4620	4799	5872	7383	8944
研究生	2148	2051	2387	3027	3165	3518	4018	4418
博士生	666	683	583	778	867	965	913	874
短期大学生	267	215	239	279	255	266	394	666
专门学校学生	1768	1391	1515	2072	2390	2130	2582	3617
其他	339	178	161	193	171	207	367	916

● 图 1 留学生就业申请情况

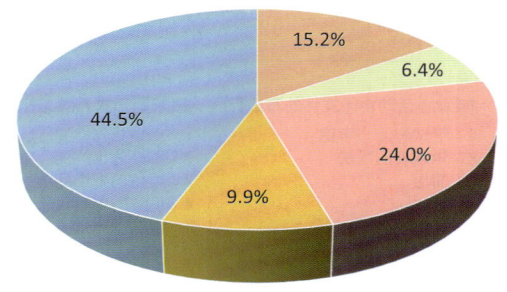

销售营销 4759 人	翻译口译 7515 人	技术开发·信息处理 1990 人	海外业务 3103 人	其他 13898 人

● 图 2 在公司担任的工作

● 资料来源：法务省入境管理局《关于平成 28 年留学生在日本企业就业状况》

6.3 在日企就业

D. 企业希望招收什么样的留学生？

刚刚开始准备就业活动的时候，一定要了解日本企业到底需要什么样的人才。在理解这个问题的基础上，还要抱着绝不输给日本人的信念来积极应对就业活动。特别是在日语能力方面，日本的企业很看重这一点，所以在校学习时就要努力把日语学好。

○ 日企录用留学生的理由

● 日企录用留学生理由的百分比

不论国籍，确保优秀人才	65.3（%）
有助于事业的国际化	37.1（%）
业务上需要使用外语	36.4（%）
学习外国的技术和想法	9.4（%）
日本缺乏人才	3.8（%）
外国劳动力的费用相对便宜	0.7（%）
其他	5.7（%）
没有特别的理由	5.5（%）

从录用留学生企业那里听到最多的理由是"招收各国优秀人才"，其次是"有助于公司事业的国际化"，还有"业务上需要使用外语"等，这些都是公司想事业向国际化发展的原因。

○ 对留学生将来发展的期望

● 对留学生将来发展的期望的百分比

跟一般的日本员工一样	48.9（%）
负责海外业务的专门人才	19.3（%）
掌握高技能、高技术的人才	15.5（%）
海外当地法人经营骨干	9.8（%）
负责公司、公司小组全体经营的经营骨干	3.0（%）
其他	1.1（%）
无回答	2.3（%）

除注重外国人优势的企业和海外业务开展程度较高的企业外，其他约一半公司对外国员工和日本员工一视同仁。

○ 对日语能力的要求

● 对日语能力的要求的百分比

写报告和商务信函的能力	68.8（%）
承担业务的工作能力	26.2（%）
会简单的日常会话	3.1（%）
不要求日语能力	0.1（%）
无回答	1.7（%）

注重"掌握写报告和商务信函的能力"的企业占68.8%，注重"承担业务的工作能力"占26.2%。总之95.0%的企业都要求日语能力超过日常会话水平。

○ 企业对在职留学生的印象

● 有雇用留学生经历的企业实际与预想的偏差

	有偏差的企业（A）	无偏差的企业（B）	（A）－（B）
忠诚心	15.7（%）	4.8（%）	10.9（%）
协调性	26.0（%）	5.2（%）	20.8（%）
扩展国际视野	38.8（%）	30.2（%）	8.6（%）
工作热情	54.2（%）	27.1（%）	27.1（%）
能力高	36.5（%）	10.6（%）	25.9（%）
经验意识明确	42.0（%）	27.0（%）	15.0（%）
自我主张强	50.0（%）	42.0（%）	8.0（%）
日语能力不足	30.8（%）	39.4（%）	-8.6（%）
落实率低	26.3（%）	35.4（%）	-9.1（%）
不习惯日本雇用习惯	12.8（%）	29.8（%）	-17.0（%）
条件要求高	24.4（%）	30.6（%）	-6.2（%）

企业对留学生的协调能力、忠诚度、日语能力、工作落实度等方面不是很满意，但在工作热情、能力、扩展国际视野方面有着很好的印象。

● 出自独立行政法人劳动政策研究・进修机构《有关外国人留学生的采用的调查》（2008 年 4 月）

E. 日本企业的雇佣形态

在日本企业就业，主要有以下三种雇用形态。读者可以结合自己将来的发展计划来了解一下。

○ 正式员工
不限定工作年限，到退休年龄（60～65 岁）为止长期的雇佣方式。如果以"正式职员"作为目标，要做好在日本长期工作的心理准备。

○ 合同制员工
限定工作年限，到期之后也可根据雇佣双方意愿续约。

○ 派遣员工
在人才派遣公司注册以后，就可以被派遣到各个公司上班。

F. 日本企业对个人经历的独特看法是什么？

日本企业对个人的经历有独特的想法，这个想法跟欧美企业不一样。大家找工作的时候掌握这一点对就业会很有帮助。

○ 日本企业的特征＝终身雇用

日本企业为了让员工安心在公司工作，多数采用终身雇用制度，在"人才培养"方面有很强意识，所以很重视对新人的招收和对新人日后的培养。

为了充分了解员工的资质和能力，进公司后，有些企业还花数个月甚至数年让员工去公司的各个部门各个岗位进行多方位培训。

"论资排辈"的想法根深蒂固，"工龄＋职位"的工资体系是主导。

然而在日本的欧美外资企业，为了让个人在工作中充分发挥其能力，招聘的重点主要放在个人专业知识和技能方面，工资薪酬也是以"绩效"为主导。

最好还要研究一下自己想就业的企业在培养人才方面的方式和考核制度。

○ 留学生与日本人在人才培养方面的差别

虽然在录用留学生的时候和日本人的步骤一致，但进公司后的分配却跟日本人不同。参加招聘的时候需要确认好（如下表所示）。

● 日本与本国就业的差异

	岗位	工作内容	工资・雇用条件
日本公司录用	日本任职	与日本人一样，经过一定的培训后分配到各个岗位，从事留日资格范围内的基本工作，短期不会委任很专业的工作。	待遇基本跟日本人一样。
	在日本公司积累经验之后被派到海外或回国以后换工作。	作为派到海外工作的候选人员，在日本公司积累经验，之后被公司派到海外或回国以后换工作的案例有很多。	在日本工作的时候，福祉待遇跟日本人差不多，但到海外以后，一般都是按照当地的人事制度定薪酬。
	在海外分公司就业	待遇跟当地就业人员一样，主要发挥日语能力起到连接日本母公司与分公司之间的桥梁作用。	当地录用时，待遇和当地就业人员一样，发挥日语能力和专长，会比当地同等级人员的待遇好。

G. 在海外日本分公司工作的利与弊

留学生都可以选择回自己国家的"当地法人"（在国外的日本分公司）工作。

最近许多日本企业都积极地实施全球人才雇用计划，招聘在日本留学的留学生。但是如果希望在本国的日本公司工作的话，就要向面试官问一声："如果要在本国的日本分公司工作，需要怎么做？"。

此外，如果有机会短期回国的话，要记得查询日企在中国分公司的招聘计划。寻找符合自己将来发展路线，适合自己的工作方式。

在"当地法人"就业的优势：
- 大多遵循当地的人事制度，能够获得更快的晋升。
- 多数被作为骨干直接参与项目，入职后不久就被赋予重任参与业务。
- 由于日语熟练并且熟悉日本文化，经常作为与日本母公司或者与其他日本企业的沟通桥梁活跃于团队中。
- 可以留在家人身边。

在"当地法人"就业也有如下的劣势：
- 待遇与薪酬多数采用"当地法人"的当地水平。
- 由于日本与中国大学毕业时间不同，留学生毕业时间可能与中国当地日本公司的招聘日程不一致。

日本国际化企业介绍

柯尼卡美能达株式会社
KONICA MINOLTA, INC.

公司介绍

我公司在"创造新价值"这一经营理念下,以照相机和胶卷厂家所培育积累起来的"光学""精密加工""图像"和"材料"等四大技术领域为核心,在全世界开展着信息设备、光学器材、尖端技术医疗以及测量仪器等各种各样内容的业务。在"产品销售"向"服务解决方案"的快速转型过程中,我们尤其致力于开发新型要素技术以加强"服务解决方案"的基础。

同时,在公司内部,为了使每个员工能够站在改革前列,我们驱使各种教育制度促进员工不断成长,从而实现以非柯尼卡美能达不可的技术革新为社会创造并提供"最新价值",并旨在将其价值与社会共享,从而实现一个更高质量的社会。

企业概要

总 部 地 址:	东京都千代田区丸之内二丁目7番2号JP-tower
成 立 时 间:	1936年12月22日
注 册 资 本:	37,519亿日元
员 工 人 数:	集团 约43,299人(2018年3月末)
合 并 子 公 司:	164个
销售/服务体系:	约达150个国
U R L:	https://www.konicaminolta.com.cn/cn-zh-cn/index.html

招聘概要

- **招聘专业**
  技术类:电气、电子、信息、机械、物理、化学、工程管理等
  行政类:经济、经营、商务、法律、文秘、综合政策等

- **招聘职位**
  技术类:研究、开发、设计、产品评估、生产技术等
  行政类:运营、策划管理、知识产权、IT策划、经理、法务、人事等

- **起薪**
  硕士毕业:286,350日元; 大学本科毕业:255,550日元; 大学专科毕业:228,550日元

- **补贴**
  交通补贴、生育补贴、业绩补贴、出差补贴等

- **提薪/奖金**
  每年一次(4月)/每年两次(6月、12月)

- **休假**
  每周公休两天、每年年初年末以及夏季带薪休假(15—20天)、婚假、产假、病假、志愿者假

招聘人数(人)

2016年
技术系统 77 文书事务 18 计 100
外国国籍比率 8%

2017年
技术系统 67 文书事务 11 计 82
外国国籍比率 15%

2018年
技术系统 67 文书事务 21 计 93
外国国籍比率 14%

来自前辈的寄语

由于我本人是中国国籍，因此考虑在日本就业时就想要找一个不仅局限于日本社会，而更能活跃于世界舞台的这样一个工作。我最终希望进入柯尼卡美能达这家公司，我认为主要是因为它是一家世界性的全球化企业，而它提出"创造新价值"理念的这种企业姿态也给了我一种感动。

目前，我在新事业开发部门从事相机控制软件的制作，这种软件主要应用于一种利用光学、图像处理技术将工厂设备中的气体进行可视化的相机。

由于我所在的部门个人负责的范围和裁量内容较宽，因此每个项目都是由较少的人员一起进行。虽然这也意味着附带一定责任，但同时也是一个可以自由发挥能力的良好环境，我们可以与各个领域的负责人员一边沟通交流，一边加深知识从而进行共同开发。每当所定目标得以完成时，都会充分感受到一种充实感和满足感，也可以切实感受自己的不断成长。

产业光学系统事业本部
状态监督解决方案事业部
第一事业推进部
张 笑辰

柯尼卡美能达设有进入公司后的OJT（在职训练）和各种可以自主参加的研修制度。

事实上我原本的专业并非软件设计，但通过上述公司内的研修制度，我在进入公司后也得以学习到之前业务上没有接触过的技术。如今我已经成长到可以一个人负责一个机种的软件开发工作了。

另外，外国员工可以在公司内得到很好的活跃也是这里的一个很大的特征。公司里有各种各样国籍的外国员工，我所在部门还有一个德国员工。拥有各种不同价值观和经验的人互相尊重，彼此大胆讨论，不断创造出新价值。我们就是在这样的一种环境中工作。

我希望不久的将来，自己可以作为一名掌握了成套技术的技术人员，利用自己的文化背景去挑战向海外客户提供问题解决方案的工作。

要说向希望在日本就业的留学生们提一点建议，那就是日本企业需要能够冷静思考、能够不慌不忙切切实实地付诸行动的人。同时在这里，只要你是努力的，就一定会得到周围人的帮助，从而得到自己最后的成功。

欢迎大家挑战在日本企业就职。

人事负责人采访

柯尼卡美能达以发挥人力资源的多样化、不断创造新价值为目标。为此我们认为，多国籍、多人种，有不同思想、文化、语言和不同性别的各种各样的人才在企业中得以活跃，这正是柯尼卡美能达作为国际化企业的一个强项，我们正努力致力于尊重这种多样性，并积极推动一体化。

在有关留学生录用方面，最近五年我们发生了巨大的变化。我们将"国际化人力资源"定义为在日本的留学生、在海外居住的外国学生以及拥有海外留学经历的日本学生，以强化能够在国际社会活跃的优秀人才为目的，通过积极录用这样的人才，来提高国际化人才资源在公司内的录用比率。仅就外国国籍的员工录用而言，我们正在推动一项外国员工录用数占录用者总数15%以上为目标的录用活动。

人事部　人力资源录用组 组长
小林　义德

不仅如此，我们也加强录用后的员工教育，尤其是理科人才，第一年几乎工作时间的一半都用于研修，每一个员工都会有一个前辈进行一对一专门辅导。

同时，我们还倾力为年轻人提供可以活跃的机会，企业内部已经不断出现录用后一年半到两年即到海外赴任或者30岁前后即被录用为管理人员的情况。

柯尼卡美能达所要求的人力资源的特征主要是"立足于变革的前列，能够不断进行世界性挑战的人才"，"谦虚好学，独立思考，不断付诸行动的人才"。无论国籍，只要能以全球化视角思考问题，不受现存框架束缚，构思新颖，并能为实现新构思付诸行动，不断进行创新的人才，就是我们需要的人力资源。

6.4 就业活动前的准备【分析和研究】

H. 自我分析

找工作首先从自我分析开始。

自我分析是重新审视自己的长处和短处、自己的喜好、专业和能力、兴趣、价值观、人生观、将来的规划和梦想等，然后整理出来。

通过回忆过去，重新审视现在的自己，描绘将来的理想和将来的自己，更深入地去了解一个到现在为止没有意识到的自己。

○ 自我分析的目的

①选择一份适合自己的工作。

②能够在就业申请书、简历、面试中更顺利地表现自己。

○ 什么时候需要自我分析

为了能更有效地找工作，在找工作初期就应该做全面的自我分析，当然在中后期也需要经常审视自己。

○ 自我分析的方法

首先从各个角度审视自己，包括：

- 了解过去、现在、将来的自己。
- 分别从自己和别人的角度出发来分析自己。
- 作为一个个体，自己在家庭、学校、社会活动、打工等活动中的表现。
- 重新思考自己的长处和擅长的领域、短处和不擅长的领域、喜好、兴趣、价值观等。

"进入公司以后发觉工作不适合自己的话，换工作就好了"这样的想法看似简单，实际会耗费非常多的劳动力、时间和金钱。事实上在日本大约三成的人进公司后三年以内都会换工作。

I. 行业研究

找工作之前明确自己想在什么行业、从事什么工作非常重要。目的不明确就去找工作的话无法向企业传达你的积极性。首先从自己感兴趣的行业入手，从行业→职业类型→企业这样的顺序研究，会发现自己到底想要什么样的工作。同时也渐渐了解哪些是新兴产业、哪些是走下坡路的行业。

发现自己感兴趣的行业以后，试着去查一下相关行业到底是怎样的。这样会清楚此相关行业在社会中是如何运行的。下一页介绍的是日本的主要行业与企业实力图。

就这样将自己对产业的研究作为搜寻适合自己的企业的标准，想象一下今后自己在这个行业会怎么样发展。

另外，面试官也会通过面试者对行业的熟知程度来判断他对这个行业的热爱程度。如果对行业不熟悉会被认为没有兴趣。研究自己想去的企业和入职动机也非常有用。请在找工作最初好好地准备一下。

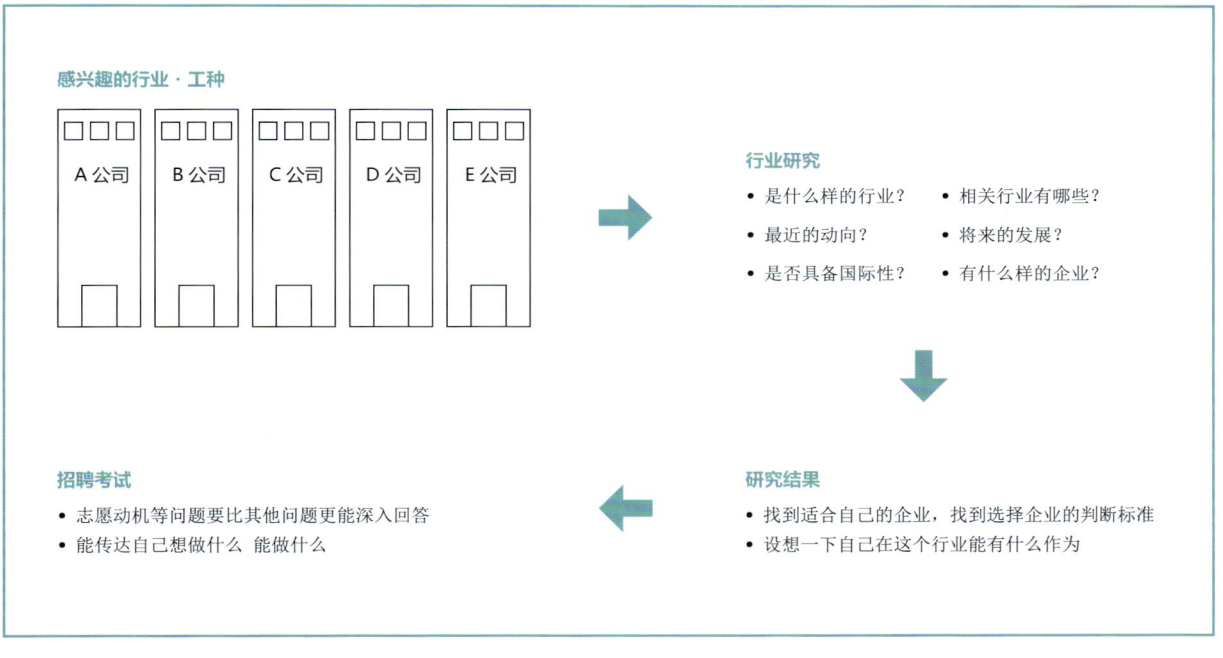

创造所有商品、洞悉时代的开发能力是关键！

生产商

主要行业	主要岗位
● 食品	● 总务·人事·劳务
● 农林·水产	● 出纳·会计·财务
● 建设	● 法务·审查·专利
● 住宅·室内装修	● 一般事务·秘书·接待
● 纤维·造纸	● 宣传·广告
● 化学·石油	● 调查研究·市场营销
● 药品·化妆品	● 策划·商品开发
● 钢铁·矿业	● 经营策划
● 金属·非铁金属	● 营业
● 橡胶·玻璃·水泥·硅	● 营业推进·销售促进
● 机械·工厂工程	● 基础研究
● 电子·电气机器（家电·个人计算机等）	● 应用研究·技术开发
● 汽车·交通器械	● 生产·制造技术
● 精密·医疗用器械	● 品质·生产管理·维护
● 印刷·办公器材相关	● 建筑土木设计·测量·计算
● 其他制造商	● 施工管理

"制造大国日本"的根本、支撑着日本经济的就是生产商。但即使统称为生产商，其中根据产品不同分为多个行业。制造汽车的是"汽车生产商"；生产电视、电脑、手机等的是"电器生产商"；而生产方便面、糖果、果汁等的是"食品生产商"。除我们身边的东西之外，还有生产半导体、电子部件、制造住宅和汽车的木材、钢铁等，用于制造产品零部件的生产商。

随着社会进步，经济增长，商品逐渐变得充裕后，消费者逐渐开始追求更方便、更高品质、更新的产品。现在；"高附加值"已成为竞争力的关键，对于生产商来说，其"开发能力"开始显得越发重要。

家电行业实力分析图

三洋电机
数控系统消费电子产品销售额
5227 亿日元

2011 年收购三洋电机成为其子公司。完全一体化

第1名 Panasonic（松下）
数字 AVC（高级视频编码）网络、家电、电子工程·PanaHome（松下住宅公司）销售额
6 兆 3149 亿日元

第2名 SONY（索尼）
一般产品·专业产品销售额
3 兆 5727 亿日元

第3名 东芝
电子产品、家用电器销售额
2 兆 9284 亿日元

第4名 SHARP（夏普）
AV 通信机器、健康·环境机器销售额
1 兆 6960 亿日元

日立制作所
数字媒体民生机械销售额
9515 亿日元

三菱电机
家用电器销售额
9244 亿日元

截至 2011 年 3 月（年销售额）：
排列顺序根据各公司提供的家电·AV 器材部门销售额而定

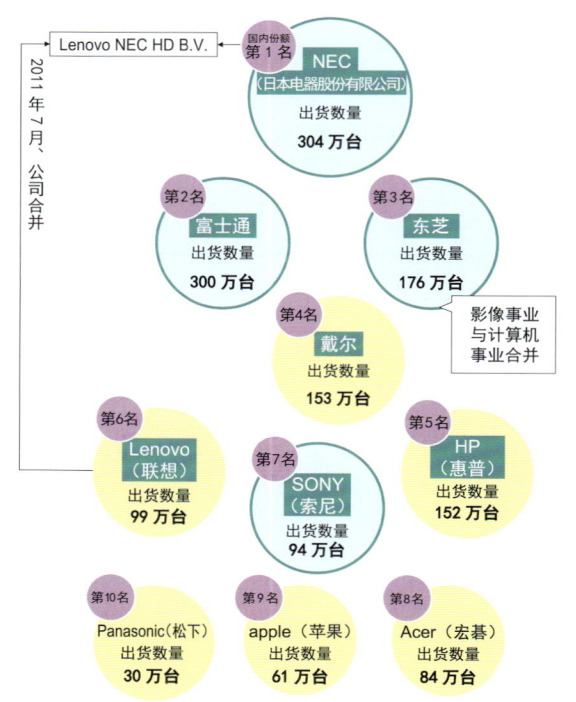

计算机（日本市场）实力分析图

Lenovo NEC HD B.V. 国内份额
2011 年 7 月，公司合并

第1名 NEC（日本电器股份有限公司） 出货数量 304 万台

第2名 富士通 出货数量 300 万台

第3名 东芝 出货数量 176 万台

影像事业与计算机事业合并

第4名 戴尔 出货数量 153 万台

第5名 HP（惠普） 出货数量 152 万台

第6名 Lenovo（联想） 出货数量 99 万台

第7名 SONY（索尼） 出货数量 94 万台

第8名 Acer（宏碁） 出货数量 84 万台

第9名 apple（苹果） 出货数量 61 万台

第10名 Panasonic（松下） 出货数量 30 万台

IDC Japan（日本互联网数据中心）新闻公告《2010 年国内客户个人电脑市场实际业绩》2011 年 2 月

第六章／适才适用——如何在日本就业

连接消费者和企业、企业和企业间商务往来的专家

主要行业	主要岗位
● 综合商社 ● 专业商社（农林·水产） ● 专业商社（食品） ● 专业商社（住宅） ● 专业商社（纤维·纺织） ● 专业商社（纸·阀门） ● 专业商社（化学·药品·石油） ● 专业商社（橡胶·玻璃·水泥） ● 专业商社（钢铁·金属） ● 专业商社（机械） ● 专业商社（电子·电气机械·通信及其游戏产品） ● 专业商社（精密·医疗用机器） ● 专业商社（印刷·文具·事务机器） ● 专业商社（运动·日用品） ● 专业商社（教育） ● 通信销售·网上销售	● 总务·人事·劳务 ● 出纳·会计·财务 ● 法务·审查·专利 ● 贸易实务·海外事务 ● 一般事务·秘书·接待 ● 调查研究·市场营销 ● 策划·商品开发 ● 经营策划 ● 营业 ● 营业推进·销售促进

商社

从商店内的商品买卖，到石油、天然气等能源购买等交易，在企业和消费者、企业和企业之间担当中介角色的就是"商社"。商社中，分为2类，一类是"从拉面到飞机"，业务范围非常广泛，经营诸多领域商品的"综合商社"；还有一类是只经营食品、纤维、燃料等特定商品的"专业商社"。这2种类型的商社分别具有"综合能力""专业性"的特征，在商务全球化进程中，以自身独有的商业知识为武器。此外，由于客户及供应商中有许多在海外开展业务，所以商社中有许多具有国际视野的人才。近年来除进行商业交易的中介之外，更开始涉足市场开拓和事业经营等各种不同领域。

综合商社实力分析图

第1名 三菱商事　销售额 19兆2334亿日元
　优势：钢铁用煤炭的权益，重工化学

第2名 伊藤忠商事　销售额 11兆3925亿日元
　非财阀。优势：纤维

第3名 三井物产　销售额 9兆9424亿日元
　优势：铁矿石·原油的权益

第4名 丸红　销售额 9兆205亿日元

第5名 住友商事　销售额 8兆3504亿日元

截至2011年3月（年销售额）：顺序根据销售额而定

各领域顶级专门商社

领域	公司	销售额
医疗药品	MEDIPAL HD（日本Medipal控股公司）	2兆6628亿日元
钢铁	Metal One（美达王）	2兆5234亿日元
食品	菱食	1兆8383亿日元※
能源	伊藤忠ENEX	1兆1857亿日元
科学	长濑产业	6602亿日元
半导体	日立-hitec	6534亿日元

截至2011年3月（年销售额）
※2010年1月—2011年3月（15个月）的销售额

金融

从资金剩余的地方到缺少资金的地方，支撑日本的"经济润滑油"

主要行业	主要岗位
• 银行 • 证券·投资信托委托 • 信用卡·信用销售·贷款 • 生命保险 • 损害保险 • 信用金库 • 劳动金库 • 信用工会 • 金融风险投资 • 金融业务 • 消费者金融 • 金融互助 • 商品交易	• 总务·人事·劳务 • 出纳·会计·财务 • 法务·审查·专利 • 一般事务·秘书·接待 • 策划·商品开发 • 经营策划 • 营业 • 营业推进·销售促进 • 财务顾问 • 外汇交易员·操盘手 • 融资·资产运作经理 • 证券分析师 • 核算师

　　为使由生产消费循环所形成的经济社会正常运作，其过程中需要"资金"。所谓"资金"便指金钱的流通，从资金剩余的地方向缺少资金的地方流通，暂时调整市场资金盈缺。

　　日本的金融机构中，有以经济发展和国民生活安定为目标的政府类金融机构，以及募集资金向企业发放贷款的"间接金融"、中介买卖股票和国债的"直接金融"等民间金融机构。除此之外，还有"信用卡·信用销售"和租赁店铺和设备的"租赁"等分类。

　　金融行业中总是在进行着多次各种各样的整合。比如有金融集团会将不同行业纳入自己的集团业务内。近10年来金融行业活动较为频繁。

大型银行集团实力分析图

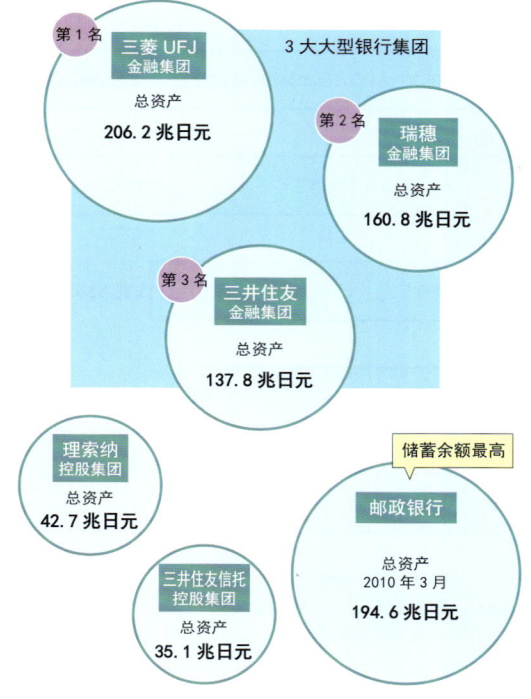

除邮政银行外，其他所有金融集团年度结算日期均为2011年3月。顺序根据总资产而定

证券业实力分析图

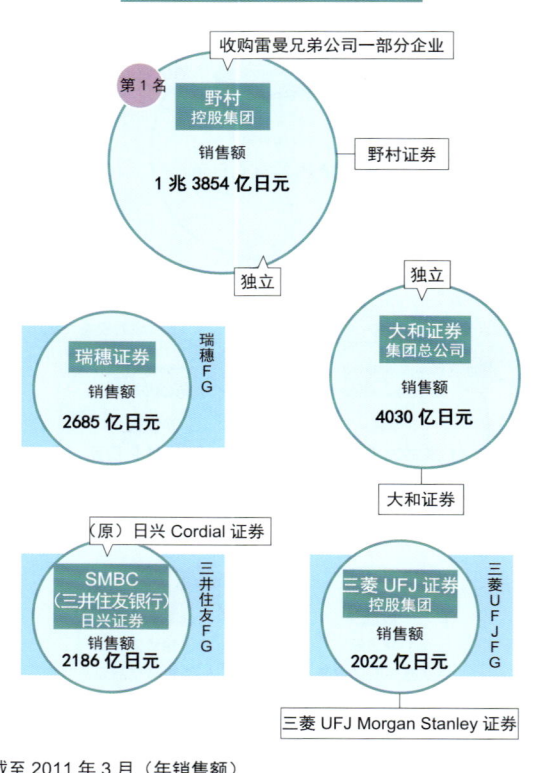

截至2011年3月（年销售额）

第六章／适才适用——如何在日本就业

服务业

提供无形的产品，创造美好生活

主要行业	主要岗位
• 大楼管理·维护 • 安保服务 • 婚礼、葬礼、成人礼等仪式运营 • 美体·美容·整容 • 农业合作社（包括JA金融机构） • 公益·特殊·独立行政法人 • 其他服务	• 医疗技师·护士 • 营养师 • 福祉师·护士·家庭护理师 • 保育师 • 讲师·指导员 • 经营咨询师 • IT咨询师 • 专业咨询师 • 财务顾问 • 翻译 • 口译 • 销售人员·客户接待 • 采购 • 美体师

"服务"为经济用语，指"买卖后不留实物，只消费其效用、满足度的无形财产"，我们将这些行业统称为服务业。

世界上有许多服务业。比如，去哪里玩时，需要使用电车和飞机等"交通运输服务"和游乐场或电影院等"休闲服务"。想吃美味料理时需利用饭店或咖啡馆等"餐饮服务"来满足需求。此外，受伤生病需要住院时，需要接受"医疗服务"。服务业是追求消费者方便性和满足度，丰富我们日常生活的创造者。

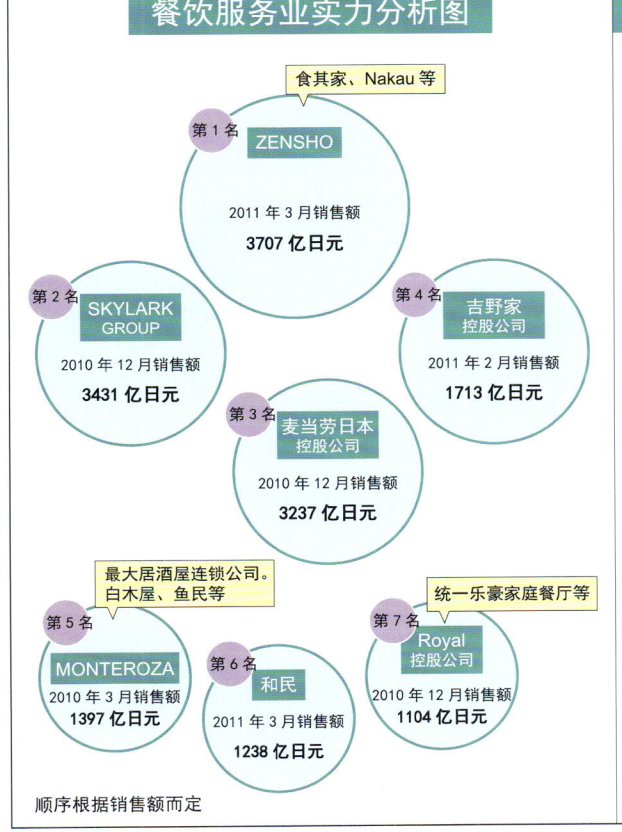

餐饮服务业实力分析图

第1名 ZENSHO（食其家、Nakau等）2011年3月销售额 3707亿日元
第2名 SKYLARK GROUP 2010年12月销售额 3431亿日元
第3名 麦当劳日本控股公司 2010年12月销售额 3237亿日元
第4名 吉野家控股公司 2011年2月销售额 1713亿日元
第5名 MONTEROZA（最大居酒屋连锁公司。白木屋、鱼民等）2010年3月销售额 1397亿日元
第6名 和民 2011年3月销售额 1238亿日元
第7名 Royal控股公司（统一乐豪家庭餐厅等）2010年12月销售额 1104亿日元

顺序根据销售额而定

娱乐服务业（主题公园·游乐场）实力分析图

千叶县 东京迪士尼乐园 入园人数：2536万人（2011年3月期）东方乐园2011年3月期主题公园销售额 2904亿日元
东京都 南梦宫·NAMJATOWN 万代南梦宫HD娱乐设施事业 2011年3月期销售额 623亿日元
东京都 YOMIURI LAND（读卖乐园）综合娱乐事业 2011年3月期销售额 132亿日元
东京都 东京Dome City Attraction（巨蛋城景点）东京Dome娱乐事业 2011年1月期销售额 693亿日元
山梨县 富士急high land 富士急行娱乐·服务事业 2011年3月期销售额 213亿日元
三重县 长岛度假村 长岛观光开发 2008年度销售额 252亿日元
大阪府 USJ（日本环球影城）U·S·J 2009年3月期销售额 685亿日元

连接生产者和消费者的消费社会推动力

流通・零售

主要行业	主要岗位
● 百货店 ● 超市 ● 便利店 ● 流通・连锁店 ● 家庭中心 ● 生活合作联盟 ● 药妆店 ● 专卖店（综合） ● 专卖店（相机・办公自动化相关） ● 专卖店（眼镜・贵金属） ● 专卖店（食品相关） ● 专卖店（电气器械相关） ● 专卖店（时尚・服饰相关） ● 专卖店（汽车相关） ● 专卖店（书籍・音乐相关） ● 专卖店（室内装饰相关） ● 专卖店（其他零售） ● 通信销售	● 总务・人事・劳务 ● 出纳・会计・财务 ● 法务・审查・专利 ● 一般事务・秘书・接待 ● 宣传・广告 ● 策划・商品开发 ● 经营策划 ● 营业 ● 营业推进・销售促进 ● 药剂师 ● 销售人员・接待 ● 店长 ● 顾问 ● 采购

　　商品从生产到消费为止的流程称作"流通"，而将商品销售给消费者的工作称为"零售业"。

　　零售业的重点在于快速把握并切实应对日新月异的消费者需求。其中有具备专业商品知识和可供选择的丰富商品种类的家电量贩店等"专卖店"、以24小时营业为特征并高速成长的新零售模式"便利店"和通过网络买卖的"通信销售"。另一方面，从经济高速增长期起支撑着日本消费的"超市""百货商店"则应时代变化不断改变营业形态、销售方式，被迫不断尝试开发新业态和开拓新市场。

超市行业实力分析图

第1名 SEVEN&I 控股公司 销售额 5兆1197亿日元 — 出资 — 三井物产

- 伊藤洋华堂
- 7-11便利店
- York Benimaru

第2名 永旺 销售额 5兆965亿日元
- 丸红 相互出资
- 资本合作 三菱商事

- Daiei（大荣）
- Maruetsu
- MYCAL
- MINI STOP（迷你岛）

第3名 UNY 销售额 1兆1127亿日元 — 出资 — 伊藤忠商事

截至2011年2月（年销售额）：
顺序根据销售额而定

便利店行业实力分析图

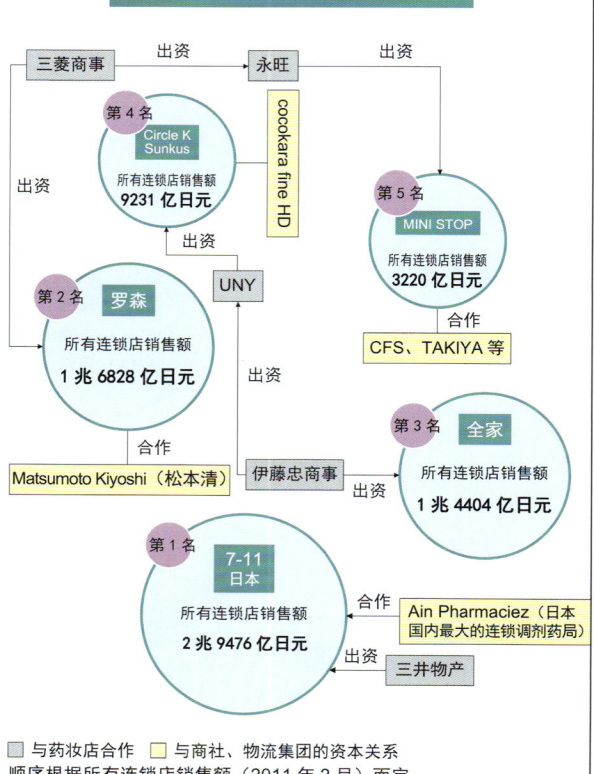

■ 与药妆店合作　□ 与商社、物流集团的资本关系
顺序根据所有连锁店销售额（2011年2月）而定

信息·通信

技术进步使社会飞跃进化，新商业机会的可能性非常大

主要行业	主要岗位
● 软件·信息处理 ● 通信 ● 网络相关技术 ● 通信行业服务 ● 数据通信 ● 游戏软件	● 总务·人事·劳务 ● 出纳·会计·财务 ● 法务·审查·专利 ● 一般事务·秘书·接待 ● 策划·商品开发 ● 经营策划 ● 营业推进·销售促进 ● 程序员 ● SE（系统工程师） ● 网络工程师 ● 客户工程师 ● 系统运行维护 ● 系统咨询师 ● 销售工程师 ● 客户服务 ● 游戏制作人

　　随着手机、网络等交流工具登场及其高速发展,我们的生活变得史无前例地方便。有什么想要的东西只需在网络商店购买,有什么想知道的只需使用搜索引擎便可以得到各种所需信息。这些都是因为信息通信技术（IT）的革新而实现的。

　　通信行业,企业分为拥有自身通信线路的"第一种通信企业"和租借这些线路提供服务的"第2种通信企业"。

　　软件行业最近不单单开发软件,也开始涉足面向顾客的咨询业。信息通信行业中产生新的商业机会并扩张的可能性很大,是一个非常有发展前景的行业。

通信行业实力分析图

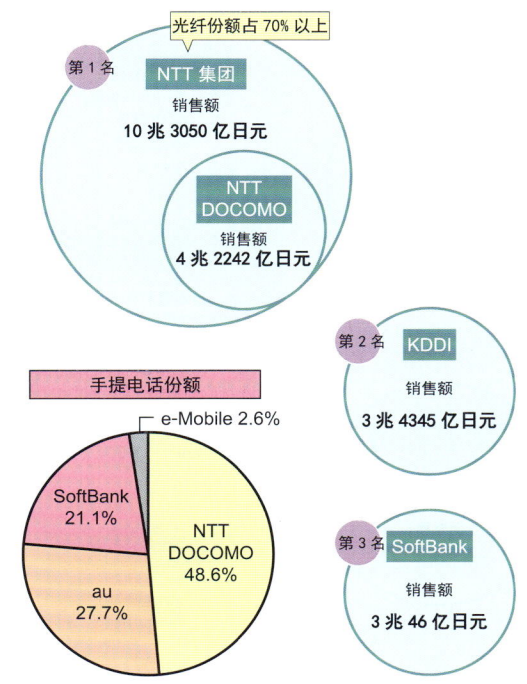

截至2011年3月（年销售额）。顺序根据销售额而定
2011年2月末。电气通信事业者协会发表。

日本门户网站实力分析图

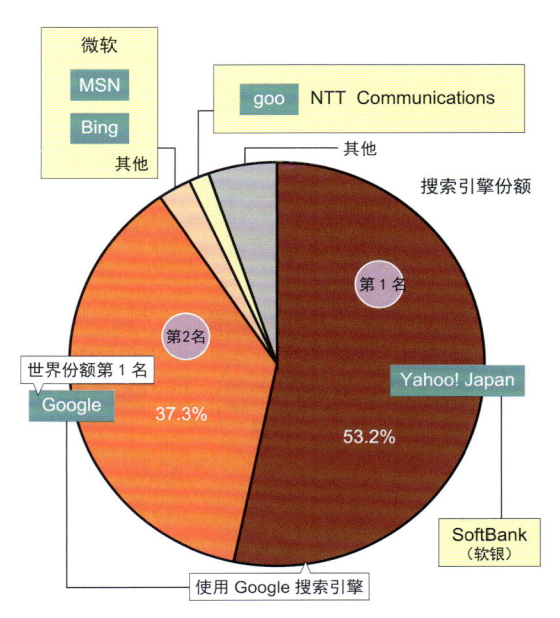

Netratings 公布资料（2010年5月27日）

传媒

向读者传达信息的"诉说者",不断变化的信息化社会的旗手

主要行业	主要岗位
• 报纸 • 出版 • 广播 • 广告 • 通信企业 • 唱片公司·演出公司	• 总务·人事·劳务 • 出纳·会计·财务 • 法务·审查·专利 • 一般事务·秘书·接待 • 策划·商品开发 • 经营策划 • 营业 • 营业推进·销售促进 • 播音员 • 编辑·制作 • 记者·作家 • 设计师 • 游戏制作人 • 摄影师

报社、通信企业、出版社、广播电视台、广告代理商、唱片公司、制作公司、自由记者等统称为"传媒"。

面向许多人传达大量的信息,因其性质,会对社会舆论产生很大的影响。由于上门投递制度,报纸的普及率仍然很高。作为新闻报道的代表,承担着日本意见领袖的角色。电视台主要分为 NHK 和民间电视台两种。

近年来,由于消费者开始将电子书籍下载到自己的设备上,网上也开始播放节目,网上出现横幅广告,游戏内出现广告内容等现象表明电子化浪潮已开始影响整个业界。其商业模式也将产生巨大变化。

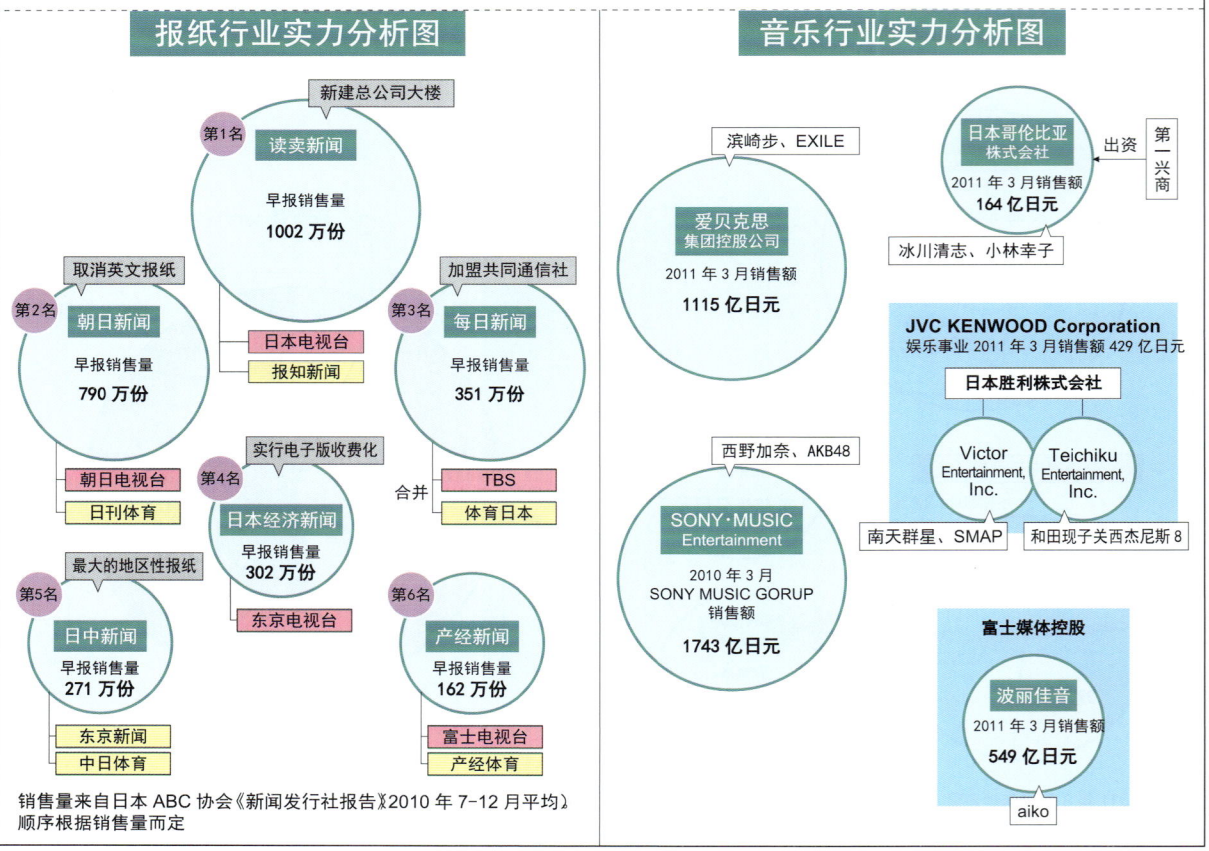

销售量来自日本 ABC 协会《新闻发行社报告》2010 年 7-12 月平均。
顺序根据销售量而定

J. 职业研究

行业研究后，接下来就要进行"工作内容"的职业研究调查。首先对于各种职业实际业务以及其所需要的技术要有大概的了解，这对今后研究想去哪个企业会有很大的帮助。主要的职业类别有以下几大类。

IT 类

该工作需要根据样本制作电脑程序。主要负责从制作程序处理流程表到程序具体编码，以及程序运行确认等工作。

程序员	该工作需要根据样本制作电脑程序。主要负责从制作程序处理流程表到程序具体编码，以及程序运行确认等工作。
SE（系统工程师）	把握客户的目的和需求，设计系统。该工作需要有聆听能力、提案能力等沟通能力。
网络工程师	在电脑系统领域中，网络工程师是特别擅长网络领域的系统开发技术人员。现今由于企业内外、企业与消费者之间的网络活动已成为企业战略的一大主题，所以 IT 类职业也备受瞩目。
客户工程师	为了让顾客能够熟练使用电脑系统，开办课程教授系统和硬件的使用方法。此外，还需要进行定期检查，处理问题。
系统运行维护	该工作主要对电脑系统进行定期检查，以及在周边机器更换时做系统调试。所谓系统运维是指让系统运转的操作员。
系统咨询师	企业在导入计算机业务系统时，作为专家做出建议和策划。与客户交涉听取其要求并整理问题，提出解决方案。
销售工程师	与同事或单独访问顾客，针对本公司产品或系统进行技术方面的说明，帮助公司获得合同。销售工程师是营业类工作的一种，其工作也需要同时将重点放在获得顾客信任上。
客户服务	该工作主要负责应对来自客户的针对公司产品、服务的咨询问题。服务内容根据行业不同而有所不同。
学生时代应做的准备	要求对 IT 技术和电脑网络系统的深度理解以及相关专业技能。在校期间可以培养提出最适合对方的解决方案的提案能力以及按一定顺序正确管理的能力。

事务・管理类

和几乎所有董事会成员、公司员工有联系的职业。以提升业务效率、改善职场环境为目的，支援企业组织结构、录用等企业重要决定。

总务・人事・劳务	担当支撑公司内所有部门的职责。总务主要负责职场环境的完善、公司内部行政运营、传达各种联络事项。人事则负责支援新员工招聘和培训等人才相关事务。劳务主要负责员工的财务状况管理、员工福祉、社会保障相关手续。
出纳・会计・财务	企业活动中与"金钱"相关的工作。出纳・会计主要进行每天出入资金的管理并制作提交给公司内部、股东、相关政府部门的各种报表。财务除执行预算和结算业务之外，也会被委派经营战略相关实际业务工作。
法务・审查・专利	法务主要负责所有企业活动中法律方面的实际业务，并和法律顾问进行联络、商议。审查的工作职责在于确认业务中发生的各种合同的法律有效性。专利主要进行新商品和技术的专利申请以及专利被侵害时的诉讼业务。
物流・库存管理	使用信息系统综合管理接受的订单、外包订单和材料采购、产品配送。
贸易实务・海外事务	为使企业能够顺利进行进出口业务，负责通关手续、关税申报、运输和仓库准备、费用的支付以及回收等业务。
一般事务・秘书・接待	一般业务包括电话接待到数据输入业务、物品采购和福祉相关行政业务等，负责的范围较大。秘书需主要处理上司的日程表安排和日常事务。接待则负责来访客人的应对和介绍。
学生时代应做的准备	这类工作主要负责为顺利推进公司业务做出支援，是一个需要协调人和物、资金和信息流动的职业。大学期间可在研究会或社团承担组织、负责运营团队的任务，培养自身预防和解决问题的能力以及管理能力。

技术·研究类

按照既定日程表，与营业和生产部门合作的同时，研究新技术、创造新产品。

基础研究	该工作专注于展望未来利益,开发新领域。大多会和大学以及公立机构共同研究。而在医药品领域，更盛行与海外共同开展研究。需要注意的是，对于自己的研究主题在哪个行业能够有所发展必须有一定的未来展望。
应用研究·技术开发	应用研究是在基础研究成果的基础上，进行针对产品开发具体研究的工作。技术开发则重在开发并提高本公司产品和服务的生产与供应效率的技术。
生产·制造技术	主要负责策划、设计生产线、选定各种装置、决定产品样式等从装置的设置到维护的工作。在团队中，各自负责电气、机械、控制等部分，共同开展工作。在当今多品类生产成为主流的时代，制造技术工程的比重逐渐增大。
品质·生产管理·维护	品质管理主要指为防止制造过程中的失误而进行的检查抽样和现场检查。生产管理则主要针对业务策划和营业的要求，管理产品的生产。维护则负责生产线的检修和完善。
建筑土木设计·测量·积算	建筑土木设计分为：针对个人住宅和公寓所设计的"住宅"、针对办公楼和大型店铺所设计的"其他建筑"、设计公园·道路·隧道的"土木"等3个大类。测量工作主要以测量现场地形为主。估价则主要进行工程预算的计算和管理。
施工管理	遵循工程计划，管理土木工程建设进度，负责现场监督。工作内容根据工程的内容和规模有所不同，主要有施工人员管理、品质管理和日程管理。在大型建筑物和土木工程中，也有工程承包方进行管理的情况。
机械·电子机器设计	负责电子机器生产商和机械生产商在生产机械和电子机器产品过程中的核心部分。要求达到高品质且功能稳定的同时，拥有优美易用的设计，因而经常使用CAD（计算机辅助设计）软件。
学生时代应做的准备	在这类工作中，拥有正确且高效的工作能力以及和产品开发、实用化相关的专业知识非常重要。所以对于自己感兴趣的东西，必须要有深入探求的态度。考取专业资格和证书会有所帮助。此外，可以通过做一些以资料和数据为基础的报告作为练习，学习并确立需求主导型的研究态度。

营业类

向企业和个人销售或推荐本公司产品或服务,倾听并回答顾客的要求,赢得顾客信赖,以此获取营业额。同时,主导制定提高利润的系统架构。

营业（开发新客户）	分为挨家挨户上门访问推荐、销售本公司产品的个人营业,和拜访企业获得合约的法人营业。开发新客户时需要逐个访问负责领域相关的企业和个人。
营业（维护现有客户）	这是针对已有合同的固定客户和企业客户的营业。无论是个人营业还是法人营业,与客户建立信赖关系是最基础的职责。并且,要以信赖为前提进一步提案时,需要积极做好收集信息等工作。
营业推进·促销	营业推进主要针对部门、事务所,或营业负责人,设定目标,开发工具,提供数据等支援服务。促销则需要在各销售渠道传达商品特征等信息,为创造良好销售结果提供帮助。
学生时代应做的准备	营业类工作的成果直接与公司的营业额相关。要开发新客户,与现有客户保持良好关系的话,关键在于建立信赖关系。可以适当训练聆听他人的能力,提高交流能力和抓住对方要求的能力。此外,建立广泛的人脉也会有所帮助。

策划类

任何企业中所必需的职位,开展商品策划·开发、拟定销售战略等工作。

宣传·广告	该工作职责在于以促进产品和服务的销售以及提升企业形象为目标,通过企业结算报表、企业活动的发布,将公司信息传达给社会。实际工作过程中,需要和广告代理商合作制作宣传内容。
调查研究·市场营销	研究市场动向,以其结果为基础制定产品和服务的销售战略,并延展到新产品的开发中。不仅商品本身,还需要综合分析商品、广告、销售策略、销售渠道等信息。

（续表）

策划·产品开发	该工作职责为确认顾客的需求，制作能够带动销售的商品。需不断重复产品试验和样本调查的过程，打开销售渠道，制定销售战略。不仅需要设定价格目标，还要为了将产品实际做成商品推向市场与研究部门和生产部门紧密合作。
经营策划	用企业经营方面的专业知识来协助总经理和董事等高层管理人员。较多接触经营者，所以该职位上所做的重要决策将左右公司的未来。
学生时代应做的准备	培养自身收集、整理和分析信息的能力、觉察流行方向的能力和将想法实现的执行力。通过校内外的活动,尽力培养交流能力和提案能力。还有,用活动策划、报告、毕业研究等来培养思考能力也非常重要。

创意类

与创作、制作商品相关的职业，需要具备向客户说明创意的沟通能力。除在一般企业的制作部门及工作室任职外，也有许多设计师以个人名义活动。

编辑·制作	制作杂志和书籍等纸面媒体和网络内容。从策划到人员调配、预约采访，与营业负责人商讨策划内容等，需要同时进行诸多工作。这是一个需要有成本意识和营销意识的工作。
记者·作家	新闻记者作为报社的员工，学习采访方法和新闻的写法并以书写新闻为工作。作家则针对音乐、商业等不同领域，在杂志、书籍、广告中刊载文章。
游戏创作者	游戏制作过程中需要有编写故事的编剧、设计人物的人物设计师、架构系统的程序员、音乐负责人和统筹整体工作的导演和制作人。而游戏创作者是这些工作的统称。
学生时代应做的准备	由于职业需求，需要向社会广泛推广策划、商品和服务，所以需要培养让对方理解策划内容和自己创意的展示能力、沟通能力、传达信息的日语能力。可以尝试体验传媒类的兼职，制作学生报纸和信息杂志等。

专业类

只有在特定行业中才有的工作，分别需要有各领域高度专业的知识和技能。并且，大多情况下需要特定的资格才可以从事该类职业。

MR	这是Medical Representative(医药代表)的简称。主要工作职责是代表制药公司，向医生和医疗从业者介绍本公司的医药品功效和特点。
药剂师	该职业除遵循医生处方调配药剂外，也需要面向患者和顾客解释说明药物的副作用、过敏可能性等服药指导、建议，所以带有类似客户接待服务的一面。此外，还需进行医药品的库存管理、订购等工作。
医疗技师·护士	医疗技师分为："检查患者的"临床检查技师"、利用放射线进行诊断和治疗的"诊疗放射线技师"、操作和完善人工内脏的"临床工学技师"等几个不同种类。护士的工作职责是针对病患、老年人进行健康和卫生管理、疾病治疗。
营养师	该工作职责包括对厨师进行指导、对食堂设施进行卫生管理、热量计算和食谱制作等改善和指导顾客饮食生活的工作。此外，比营养师高一级的还有管理营养师。管理营养师受厚生劳动大臣认可，指导特别养护机构的营养饮食。
福祉工作者·护士·家庭护理师	福祉工作者主要向身体有残疾、日常生活不便的人提供社会福祉方面的咨询和援助。护士则主要向老年人和残疾人士提供帮助和照顾方法的建议。家庭护理师则提供直接上门照顾老年人和残疾人的服务。
保育师	该工作主要在保育园、幼儿园等儿童福祉机构内代替父母，根据儿童的不同年龄，对他们的生活全部进行照顾和指导。到现在，这一工作已扩展到公寓休闲设施中所设立的托儿所和企业内托儿所等领域。
讲师·指导员	该工作的工作内容种类繁多。补习班主要以提高学生成绩并提供申报学校的考试指导为主；而针对社会人的教育，既有开班授课的形式，也会上门到企业向员工进行教育。除此之外，还有在健身房进行指导的"运动指导员"。
经营咨询师	作为企业经营者的顾问，对企业经营上的问题提供客观建议。整理业务、人事、系统等方面的问题点，制订改善计划，并针对执行步骤做出建议。
IT咨询师	该工作既需要在企业导入电脑运行系统后充当顾问角色，也要制定IT战略，进行效果分析，处理构建系统和运营的外包业务。咨询内容和经营直接相关联。

（续表）

专业咨询师	近年来，随着咨询领域的扩大，针对金融、流通、医疗等各领域提供建议和业务改善指导的专业咨询师开始逐渐登场。其中也有针对企业特定业务，如销售、专利、税务等的咨询师。
财务顾问	对于存款、保险、股票、房地产等个人客户的资产利用、土地利用、继承问题等一系列相关财务问题提供咨询和建议。
翻译	在日本的翻译工作主要是将外语原文，用正确的表现形式翻译成日语。其中包括翻译小说和儿童图册等出版物的文艺型翻译、做电影和海外电视剧字幕的影像翻译。其他还有IT类、医疗相关的技术领域报告、企业合同、报告的实务型翻译。
口译	该工作主要通过同声传译或交替传译，帮助日本人和外国人交流与沟通。同声传译需要与在说话者说话的同时将意思翻译出来，而交替传译则是在听了一段话之后再整段翻译。其中还分为企业间交易等商务相关的商务口译、负责国际会议的会场口译以及电视台节目中使用两种国家语言播放时的播放型口译。
播音员	这是使用声音和语言，向大众传达信息的工作。除电视台工作外，还可担任广播的主播或活动的主持人。
学生时代应做的准备	由于这类工作需要特定行业的高度专业知识和技能，所以对于自己感兴趣的东西要时刻保持积极学习的态度。另外，也可以考出一些有助于提高专业性的资格和证书，并注意锻炼聆听他人说话和交流的技巧。

销售・服务类

在百货公司、专卖店或量贩店、本公司店铺等零售店中，提供商品销售或服务的职业。并且，该职业需要把握消费者需求，当场提出建议，并根据当今社会流行趋势，制定销售战略。

销售人员・接客	该工作主要负责在百货公司、超市、量贩店、各种专卖店等零售店中，接待来店的顾客，向他们介绍合适的商品。此外还需要制作DM（设计手册）或传单，努力邀请顾客进店消费。
店长	从店铺架构，到人才、库存、销售额的管理，需要整体掌控店铺运营。一方面需要对打工者和销售人员进行教育和指导，另一方面也需要为提高店内的结算盈利能力做各种努力。

（续表）

主管	该工作主要对超市、量贩店、便利店、饭店、快餐店等各行业的连锁店铺进行管理。在盈利和管理方面关注店铺运营，需要的时候进行指导。
采购	该工作需要分析流行趋势和消费者喜好，采购店内所需的商品或原材料。寻找出符合企业理念的东西以及和其他竞争企业具有差异化特征的东西，化为自身商品。
美体师	聆听顾客希望的美容状态和烦恼，提供美容方法的建议，并实际进行美体、美甲、瘦身服务。除了需要技术并负责接客外，根据工作经验也会需要经营美容沙龙。
学生时代应做的准备	在面向个人、企业的商品、服务的销售工作中，最重要的就是与顾客建立信赖关系。注意培养切实抓住对方要求的能力、提出解决方案和策略的能力。可以从平时开始注意训练倾听的能力，并在大学内外注重人脉的培养。

金融类

该类职业在金融行业内，需要运用经济导向、股票市场、金融商品相关的高度专业知识，针对个人与企业客户，运用他们的资产或资金获得利益。

外汇交易员·操盘手	外汇交易员负责代替客户，买卖日元、外币，利用外汇的差价获得利益。操盘手则需要把握债券和股票价格的动向，向客户提供信息，并从客户那里接受买卖订单，向交易员传达指令。
融资·资产运作经理	作为运作资金的专家，利用被委托的资金获取利益。融资经理负责在银行等金融机构针对本公司资金需求进行融资。而资产运作经理则需要通过将资产投资于股票和债券，以差价获取利益。
证券分析师	通过经济、产业、社会等多方面的知识和信息，分析行业和每个公司的成长性和股价的动向。除了在保险公司、一般企业的资产运作部门任职外，也有以个人名义活动的证券分析师。
核算师	保险核算师。以高深的统计学知识为基础，维持保险公司的健全经营，向投保的客户计算合适的保险费和保险金额，并用数学证明其合理性。
学生时代应做的准备	由于需要金融相关的专业知识以及对其深刻的理解，所以平时应注意关心经济新闻。可以通过需要团队合作的社团或研究室活动，快速获取收集、整理、分析信息的能力，快速读懂新的动向。

如果自己想要学习的科目和将来想从事的职业是相互关联的当然是最好的。但是毕竟不全是这样。如果能够先确定好未来的就业方向并以此来决定在留学期间学习的科目，这对未来就业也是很有优势的。

这里就介绍一下在大学・短期大学毕业后毕业生会选择的比较有代表性的职业。如果能够在里面找到感兴趣的职业，对于学习专业的选择会有建设性的帮助。

○ 职业资格概述

首先，在日本选择就业时，部分的工作是需要考取"资格证明"才可能从事的。如果没有考取相关的证明，那么就没有办法从事相关的行业。这里就简单地介绍一下"资格证明"。

◆ 资格证明是什么 ◆

资格证明的话可以大致分为"国家资格证""民间资格证"两大类。

"国家资格证"是以日本法律为基础、国家举办的考试。像医生和律师所需要考取的资格证就属于"国家资格证"。另外，像教师资格也属于"国家资格证"的范畴，同时，它还必须满足在大学期间接受过教师课程的要求。

"民间资格证"是指民间的各类团体独立举办的、拥有审查制度的资格证。而审查规则都是由各团体自己制定的，像托业便是在社会上被广泛认可的资格证。当然并没有受到广泛认可的民间资格证也是存在的。

◆ 如何获取资格证明 ◆

相关的资格证明可以分为以下五种。
①大学毕业无需考试便能获得的资格证。
②大学毕业后马上参加考试便能够获得的资格证。
③大学毕业后需要一定实践经验获得的资格证。
④大学毕业后需要一定实践经验并通过考试才能够获得的资格证。
⑤与大学毕业与否没有直接关联的资格证。

第一类是在毕业的同时便能够获得的资格证，像教师资格证、营养师资格证等就是这①类。第②类像医生资格证、社工上岗证等是必须在就业后通过考试才能够获得的资格证。第③类的资格证书要在大学、短期大学、专门学校等毕业后的几年中通过实际经验才能获得证书，但不需要考试，比如测量师。第④类则是指像建筑师等必须在毕业后经过一定的实践后才能够考取的资格证。第⑤类则是对考生没有硬性要求和限制。

在选择专业时，必须考虑与想从事的工作的关联性，并且了解此类职业所需要的资格证以及获取资格证的方法。

○ 具体的资格与职业

那么，接下来让我们看一下具体的职业与资格情况。本书主要详细说明以下五个领域中职业与资格的相关内容。

● 资格证的分类表

教育、福祉相关职业	正规教师（※）/ 保育师 / 社会福祉师 / 心理咨询师
法律、行政相关职业	司法代书人 / 律师
经济、经营相关职业	注册会计师 / 税理师 / 理财顾问
技术、研究相关职业	建筑师 / 程序设计师 / 研究员 / 兽医
医疗、健康相关职业	医生 / 药剂师 / 牙科医生 / 护士、保健医生、助产师、理疗师、职业疗法技师 / 临床检查师 / 诊疗放射线技师、营养师、管理营养师

有关外国留学生在日本就业 小贴士

各位外国留学生想要在日本就业，暂且先不论要取得各种职业资格证书，首先有一条规定，即"必须通过日本入境管理局取得就业专用的留日资格"。这一点是各位选择在日本就业时必须特别注意的。

过去，在进行在读留学生的就业专用留日资格许可的审查时，对于从事的职业内容与所学专业的相关度方面要求非常严苛，不过在 G30 政策（30 万人留学生计划）实施后，对修完大学、短期大学、大学院（研究生院）课程的普通学士、短期大学学士、硕士以及博士的资格审查开始变得宽松，一般不会有太大的问题。不过，有部分职业会因受到入境管理法的限制而无法取得资格，需要注意。

上述表格中用红字标注的即为目前尚未获得认证可由外国人从事的职业，这很难获得就业专用的留日资格。不过，如果各位的日语能力够强，即使从事这些职业，也有可能通过审查。比如，如果是"在外国人聚集区内的医院同时从事翻译与社会福祉工作"，也可能会通过审查。

同时，留日资格的审查是根据每个申请单独进行的，所以建议最好在选择志愿学校时，询问一下校方的意见，再决定自己毕业后要从事的职业。

另外，上述表格中标注"※"的为正规教师，在招聘时虽没有明确的法律规定必须有日本国籍，但不同的都道府县与市町村可能会存在"积极录用外籍职员""不同工种会有不同限制"或"一律不录用外国人"等各种情况。如果要选择该类职业，一定要详细地分析相关信息。

有关外国留学生在日本就业的情况，将在第五章详细叙述，可作为参考。

◆ 教育·社会福祉领域的职业 ◆

正规教师——热心关怀儿童·学生

正规教师只是一个统称，如果细细分类的话，从幼儿园、小学、初中、高中等各种教师到特别支援学校的教师、保健室医生的保健教师等正规教师的类别有很多。如果在大学期间修满规定的学分毕业后便能够获得教师资格证书，想在公立学校就业的话，那么必须通过相关地区的教师录用考试。

相关专业：师范类专业、教育学等

除了师范类大学以外，一般的学科专业也可以获取教师资格证。需要注意的是并非所有大学·学院都能够获取教师资格证。

※注意

如前文所提到的，如果非日本国籍留学生想要成为日本教师的话，必须认清以拥有日本国籍为条件的地区也是存在的。因此与其他职业相比，就业难度较大。

保育师——保育信息的提供以及咨询

在保育所等照顾幼儿·儿童的人员被称为保育师。保育所是为了那些父母工作或者生病等原因无法照顾幼儿而建立的专门性保育所。保育所很容易同幼儿园搞混淆，幼儿园实质是教育性质的公共设施，而保育所则是儿童福祉性质的公共设施。保育师不单单是照看儿童，还要提供保育信息咨询等的指导。其工作是地区的育儿事业很重要的一环。随着日本职业女性的增加，托儿所等设施在各地建立起来，而保育师的就业途径也因此更为宽广。近年来，幼儿园和保育所开展了越来越多的合作。2006 年 10 月开始拥有幼儿园和保育所共同特质的称为"认定儿童院"的公共设施在日本建立。拥有此类资格证的人才在日本的需求率还是很高的。对从事此类工作有兴趣的人可以查询一下同时拥有能够获取保育师以及幼儿园教师资格证的大学·短期大学。

相关专业：幼儿学等

通过在家政类学院或者是人文学院的幼儿学科等的学习都可以获得成为保育师所需要的知识。保育师资格证可以在完成培养课程后获得，但是根据自身专业的不同不能够顺利获得资格证的可能性也是存在的。另外，除了通过大学·短期大学的培养课程以外，大学毕业后通过各地区保育师资格考试后也能够获得资格证。

社会福祉师——给予特殊人员看护以及援助

社会福祉师是为需要护理援助的老年人、残疾人提供必要帮助的一类人群。作为社会工作人员，他们是属于社会福祉设施的重要部分。在老龄化越来越严重的现在，这一类工作受到了越来越多的重视。

相关专业：社会福祉学、社会学

在福祉类大学修得社会福祉指定的课程后，通过国家社会福祉师考试合格后便能够获得资格证。要注意的是不同的社会福祉领域可被分为不同的学科与不同的专业，因此要根据教学计划的不同选择合适的专业。

※注意

目前，医院、学校等处的社会福祉工作不属于外国人可以从事的工种。不过，如果同时担任口译或笔译，便属于外国人可以从事的工作范围。

心理咨询师——为有心理忧虑的人群提供帮助

为那些由于压力或者苦恼而不得缓解的人群，通过心理学的知识和技能进行心理咨询，提供缓解苦闷不安的意见和解决方案。可以在相关医院、学校、儿童咨询所等公共机构就业。

由于日本尚未有国家级别的心理咨询师资格证，"临床心理师"是现阶段认知度最高的资格证。如果能够获得"临床心理师"的资格证，那么就职像校内辅导员等工作时，会有很大的优势。但是要获得日本临床心理师资格证，必须要在协会指定的大学・研究院完成研究课程的学生才有资格。

除此以外，"认定心理师"等作为颁给拥有成为专业心理咨询师所需要的能力以及技能的资格证也有一定认知度。此资格证可以在完成心理学相关的大学・研究院的学业后，向相关学会进行申请而获得。但是就现状来说获得此资格证无法直接拥有从事心理咨询师工作的资格。

相关专业：心理学、教育学、社会福祉学、文学系或者教育学系、福祉类学院的心理学科临床心理学等。

同样是心理学科，但也可以分为以学习临床心理学为主的以及非此类的两大类，大学不同能够获得的资格证明也不相同，因此选择时必须了解清楚学校的教学计划后再决定。

◆ 法律・政府领域的职业 ◆

司法代书人——在我们身边的法律顾问

司法代书人主要帮助代理人代办各类与司法相关的书面手续。举身边的例子来说，像不动产、商业登记手续等，他们主要办理对于一般市民来说有一定困难的书面手续。对于一般市民来说，他们就是自己身边的法律顾问。2003年4月起被认定过的司法代书人还能够作为代理人出席简易仲裁庭，并且在法庭外作为调解的代理人帮助委托人处理与法律相关的手续。这使得业务内容上有了很大的扩展。

相关专业：法学

想要成为司法代书人，必须通过国家举行的司法代书人考试。而此考试历年的通过率只有3%，是在日本各类考试中难度极高的考试。虽然对于参加考试的人没有学历要求，但是由于考试的内容难度极高，对于法律知识的要求很高，因此我们仍旧认为想要成为司法代书人在大学期间还是选择法学作为专业会比较妥当。

律师——代表委托人在法庭上维护其权益

在法庭上，为了维护委托人在法律上应有的权利和利益，为委托人争取诉讼的正当性是律师的重要职责。另外为客户提供法律建议、制作法律文书、作为代理人为委托人进行调解、处理法律事务等也是律师的重要工作。随着在日本长期居住的外国人不断增多，对于会说两种语言的律师的需求正不断地增多。

行政代书人——办理行政资料的专家

代理个人或企业法人同政府部门打交道，处理登记、报批、办理执照、项目审批等业务的职业，从事此工作的法律工作者必须通过日本国家资格考试，方可得到从业资格，未获得资格并想从事此行业的人员可成为行政代书人助理，可辅助行政代书人处理材料和搜集资料。

◆ 经济・经营领域的职业 ◆

注册会计师——专业会计・审计人员

对企业公开的财务报表是否符合相关要求进行审核、证明的第三方称为注册会计师。这个审计的工作是只有注册会计师才能够做的一项工作。除此以外，注册会计师还可以进行像企业经营顾问、企业税务相关的业务。一般来说注册会计师属于监察法人旗下，近年来担任企业内部财务经理职位的会计师也不断增加。要成为注册会计师，必要条件便是通过注册会计师考试。近年来由于外资企业不断增加，日本企业的海外投资进程也不断加快，在全球化的背景下非日本国籍的外国注册会计师的需求也不断增加。

相关专业：法学、经济学、经营学、商学

注册会计师考试对于报名考生的专业背景没有明确的限制，但是从考试内容来看,想要考注册会计师的话，建议留学生在选择专业时选择能够学习到相关专业知识的专业。另外如果完成在会计专业研究所的课程后，一部分的相关学科考试可以免除，因此以成为注册会计师为目标的学生可以考虑继续在研究院进行深造再参加注册会计师的考试。

税理师——税务专家

税理师是作为个人或者企业的代理人为其处理所得税或法人税，完成税务相关的书面文件、为客户的税务问题提供建议的税务专家。除此以外，税理师还可以提供经营、财务方面的建议，业务领域广泛。由于与税务相关的法律时常被修订，使得相关法律变得越发复杂，因此对税理师的需求一直是很高的。在全球化的背景下，对于会说两国语言的税理师的需求也不断地增加。

相关专业：法学、经济学、经营学、商学

要成为税理师，首先要通过的是税理师国家考试。并且需要拥有两年以上的相关工作经验（相关工作经验可以是通过税理师考试之前也可以是之后的）。由于参加考试的考生必须是法学或者经济学院的毕业生且在校期间修满相应的学分，因此想成为税理师必须选择相关专业学习。

理财顾问——为客户提供理财建议

为客户的资产在储蓄、投资、税务、保险等方面进行科学分析并做出合适的理财计划。为客户提供资产保值、增值的理财建议是理财顾问的工作与职责。由于理财顾问在日本发展的历史仍很短，因此独立开设理财公司的个人很少，但是在银行或者保险公司作为专业理财顾问的专业人士却很多。而另一方面由于在日本的外国居住者属富裕阶层的人群众多，对于在日本的外国理财顾问的需求也在不断增加。虽然日本还没有专门的理财顾问资格证书，但是有一个称为FP的国际技能鉴定测试，如果能够通过测试那么便能够获取日本"FP技能师"的资格证

相关专业：法学、经济学、经营学、商学

作为理财顾问，在工作中对于法律以及经济的知识是必不可少的。在大学期间选择法律、经济、经营、商学有关的专业会有利于未来的发展。

◆ 技术·研究领域的职业 ◆

建筑师——实现城市规划与建设

建筑师主要是对住宅、学校、高楼等建筑物进行设计并对施工进行管理监控的职业。也可以对建筑用地实施调查，根据法规获取建筑许可等。根据建设的建筑物不同可以分为：一级建筑师、二级建筑师、木造建筑师。要想在大型综合建筑公司、住宅开发公司、土木工程承包公司工作的话，必须获取相应的建筑师资格证。

相关专业：建筑学、土木工程

一般可以选择工科·理工科的建筑学专业或者土木工程专业。另外一部分艺术大学也有建筑系专业。而想要获得一级建筑师资格证，必须在毕业后拥有一定的工作经验才有资格参加考试，而考试内容难度极高，是日本每年合格率极低的考试之一。

程序设计师——提供有效的系统构建提案

程序设计师是为了迎合电脑使用者而设计电脑程序的设计师。实际维护设计的内容包括从小型的公司内部工资管理系统到大型的社会公共系统，范围很广。因此不单单是了解电脑知识，也必须了解电子化的业务内容。另外，正确把握用户的需求是很重要的，因此作为程序设计师也应该具备沟通能力、调查分析的能力。随着信息时代的到来，程序设计师的业务范围会不断扩大。

相关专业：信息工程学专业、电子工程专业等

想要对相关知识掌握得更加熟练透彻，在大学期间最好选择攻读与信息处理相关的专业。但是由于最终更为看重的是程序设计师本身的能力，因此是否被公司采用在一定程度来说与学历无关。近年来文科专业出身的程序设计师也有增加的趋势。

研究员（理科）——承担着发展未来科学技术的重要职责

研究员对于技术研究开发、探求世界寻求真理是不可缺少的。研究的领域包括生物、生命、化学机械、能量等各个方面。要称为研究员必须拥有扎实的专业知识、技能和不断的努力。

相关专业：与各研究领域相关的学科

进入与各个领域相关的学院进行学习，学习与研究领域相关的基础专业知识。想在民间企业就业的话，获得硕士学位的人才有一定的优先权。

兽医——动物的医生

兽医的工作内容有很多方面。比如从事医治猫、狗等宠物，治疗牛、马等家畜的工作。又或者可以在制药公司进行实验研究。

相关专业：兽医学

想要成为兽医，必须攻读大学的兽医学院。由于在全日本只有16所学校拥有兽医学院，因此很难考上兽医学。兽医学和医学牙医学一样是六年的学制。毕业后，通过兽医国家考试合格以后，到农林水产省登记注册后便能够获得兽医师资格了。

◆ **医疗、健康领域的职业** ◆

医生——医疗领域的向导角色

医生大致可分为研究基础医学的研究医生，以及从事疾病预防、疾病治疗的临床医生。临床医生置身于医疗现场，掌握着病人的生命，因此他们需要能够正确且迅速地做出诊断及治疗。此外，他们也必须拥有与其他医疗人员相互协作的合作精神，以及全心全意为患者及其家属服务的奉献精神。

相关专业：医学

在修完医学院的医学课程（六年制）后，可以获得参加医师国家考试的资格。只有通过了该项考试后，才能获得医师的资格。此外，在通过考试获得医师资格后，必须在内科、外科、儿科等基础科室进行为期两年的临床实习。

药剂师——药物调剂研究开发的专家

药剂师是从事药物调剂、管理、研究开发等的专家。医院药剂师作为医疗队的一员，在医院、诊所担任药品调剂和管理的工作。药店药剂师不仅仅需要销售药品，还要根据医生开出的处方配药，在病历卡上记录处方情况以及指导病人用药。除此之外，也有在制药公司从事药品研究和开发的研究人员、营业销售人员，与医疗机构保持密切关系为医生们提供医药品信息的工作人员。

相关专业：药学

药学专业本科分为四年制与六年制两种。要想成为药剂师就必须通过国家药剂师资格考试。然而只有六年制课程毕业生才能获得该项考试的资格，因此，立志成为药剂师的学生必须学习六年制本科课程。此外，如果你想在制药公司工作或是在大学从事新药的开发与研究，那么药剂师资格并不是必要条件。四年制本科毕业后，进入大学院（研究生院）继续攻读硕士及博士课程可能会是捷径。

牙医——预防及治疗牙齿疾病的专业人员

几乎所有的人都去看过牙医吧。他们不仅仅解决蛀牙及牙龈问题，还帮助治疗咬合等口腔问题。除此之外，预防指导也是牙医的重要职能。牙科医生除了去医院和诊所工作以外，还可以进入大学院（研究生院）从事研究工作，以及进入保健所和行政机构从事公共卫生的普及工作等。

相关专业：牙科学

修完口腔学系牙科学（六年制）的课程并通过国家考试后，便可获得牙医执照。此后，必须在大学或者指定的进修机构进行为期一年以上的临床实习。

护士、保健医生、助产师——最贴近生活的医务支持者

护士协助医生护理病人和伤者，帮助他们早日康复。此外，少数企业也雇用了护士帮助他们的员工进行健康管理。随着医疗事业的发达，护理领域也变得更为具体更为复杂。除了专门研究癌症患者、老人、小孩等特殊人群的护理以外，也有很多人选择进入大学院（研究生院）深造，进一步学习研究护理的相关内容。同时取得保健师及助产师资格的人很多。助产师是以女性的怀孕、生子、育儿等相关健康问题为核心，给予女性关怀和指导的专业人士。新生儿的保健指导也是他们的工作。除了在医院、诊所等机构工作以外，也有助产师经营助产医院。

相关专业：护理学

大学或短大等在校三年以上并修满相关专业学分的人，可以获得参加国家考试的资格。虽然在短大、专门学校等设有三年制护理学专业课程，但是如果你是想更全面更系统地学习相关护理知识的学生，那么推荐你去大学攻读护理学专业。需要补充说明的是，在此之前大部分的大学毕业生可以同时获得护士和保健医生的国家考试资格，然而，对于2011年度入学的学生，有部分大学并不设有保健医生的相关课程或者改设为可选课程。因此入学申请者必须提前做好相关调查。

理疗师、职业疗法技师——康复疗法的中心职责

理疗师通过运动疗法和物理疗法等来帮助因生病、受伤、衰老等身体上有障碍的病人恢复身体机能。与此相对的，职业疗法技师主要是为有身心障碍的病人提供康复治疗，帮助他们恢复正常生活。

理疗的目的在于基本动作能力（如立、坐、走等）的维持和恢复，而职业疗法的重心在于应用动作和社

会适应力（如吃饭、换衣等）的恢复和增强。两者都大多就职于综合医院、康复中心、残障儿童康复中心等。

相关专业：理疗学、职业疗法学

要想成为理疗师或职业疗法技师，一般必须就读理疗学、职业疗法学这类指定学科，并在毕业后通过国家统一的考试。尽管每年国家考试的通过比率高达 80%—90%，然而要想进入这类指定的教育机构学习却是要求非常高的。这是因为四年制大学每年招生人数少，而且这类专业非常热门并且很难学成。

临床检查技师——医学检查的专家

临床检查技师是在医生指导监督下，对患者的生理机能等数据进行检查、测定、分析的专业人员。他们的主要工作是分析检验患者的血液、尿液，测量患者的心电图、脑电波等。对于现代医疗来说，为了能够科学判断病人病情并给予准确诊断治疗，临床检查是不可缺少的环节。此外，由于医学检查技术在现代社会中的很多地方都是必需的，因而临床检查技师除了在医疗机构以外，也可在研究所、大学研究室等就业，选择道路颇为多样。

相关专业：检查技术科学、卫生技术学等

要想成为临床检查技师，必须要通过临床检查技师国家考试。修得保健卫生学系的指定科目以后便可以获得考试资格。考虑到临床检查技师的工作内容，预先修完生物和化学的相关课程会对今后的工作有所帮助。

诊疗放射线技师——医疗现场放射线的处理人员

诊疗放射线技师是依照医生的指示，处理医疗现场放射线的专业人员。除了使用 X 射线的 X 光、CT 摄影以及放射性同位素检查、放射治疗以外，也有很多医疗仪器使用 MRI、超声波等进行医学检查。由于放射线处理不当可能会带来巨大的危险，因此放射线的安全管理也是一项极其重要的工作。放射线医疗是现代医疗中进步十分显著的领域之一，也必将继续保持其在医疗中的重要地位。

相关专业：放射线技术科学

要想成为诊疗放射线技师，必须要在指定的教育机构修得相关课程，并在毕业后，通过诊疗放射线技师国家考试。

营养师、管理营养师——理想饮食生活的提案者

营养师是根据营养学的专业知识和技能，建立合理膳食计划的饮食专家。他们在学校、医院等集体就餐的单位提供菜单指导。管理营养师是较为高级的营养师，他们需要更为专业的营养学知识。管理营养师除了为医院、相关餐饮供应企业提供营养指导外，指导营养师也是他们的一般工作，营养师们活跃于饮食、健康相关的各个领域，例如配餐营养师、体育营养师、企业商品开发者等。

相关专业：食品、营养学

在大学或短大内修满营养学专业相关课程的学生便可获得营养师资格。不过想要成为管理营养师必须通过国家考试。只有毕业于管理营养师课程（四年制）的学生才能获得国家考试的考试资格。其他营养学系的大学、短期大学毕业生等，必须积累一定年数的实际经验后才可获得考试资格。想要进入大学学习的同学必须在申请时确认好自己申请的是否为管理营养师课程。

K. 企业研究

在理解了行业和职业内容以后，就要彻底调查想去的企业。

- 招不招海外留学生？
- 能否发挥自己的专业知识？
- 工作环境是否适合自己？
- 有没有给留学生发挥作用的地方？

从以上角度调查研究企业的话，在填志愿书和面试的时候能做出更有说服力的回答。

具体回答的一个例子

企业出的问题：为什么会选择我们企业？

失败的答案①：贵企业在我们国家也非常有名。

　　　　　　→为什么有名？要回答哪些地方有名？哪些地方有魅力？

失败的答案②：技术研发实力强。

　　　　　　→具体要回答哪个产品什么样的技术很优秀。

○ 如何做好企业调查研究

①将志愿企业的要点凝缩成几点

　是否录用外国人、在中国有没有分公司、能否运用自己的专业。

②获得企业的信息

　咨询前辈或者日本员工、参加企业的宣讲会。

③整理研究内容

　依据产业＞职业＞企业名的顺序来整理。

　和其他企业做比较，将比较结果和分析内容整理出来。

④写下志愿动机

　记录下简洁并且有说服力的志愿动机。

　写好志愿动机以后一定要请日本朋友确认修改一下。

○ 企业研究的要点

通过就业网站、企业年报等信息获得企业最新状况。特别要注意以下要点：

◆ 经营状况信息 ◆

经营理念、视野、经营方针、注册资金、员工总数、经营内容（产品和服务）、业绩、办公地址、关联企业、海外业务、主打商品等

※特别一定要仔细调研企业的主打商品或服务。不知道主打商品和服务肯定不会被录用。

- 招聘工作类型、岗位、待遇、职业类型、职业内容、所属部门、工资、节假日、休假、社会福利、再教育体制等

◆ 录用程序 ◆

录用方针、选取方法、企业宣讲会日程和地点、选考日期和地点、需要提交的文件、笔试种类等。
此外，要格外珍惜实习和拜访已入职学长的机会，因为可以直接接触到公司的文化氛围。

○ 大企业和小企业

在日本，注册资金在10亿日元以上的大企业大约有11000家，占全日本企业总数的0.3%。然而，中小企业或者创业企业总数约有380.9万家，占企业总数的99.7%。从企业规模来看留学生的就业状况如下图所示。

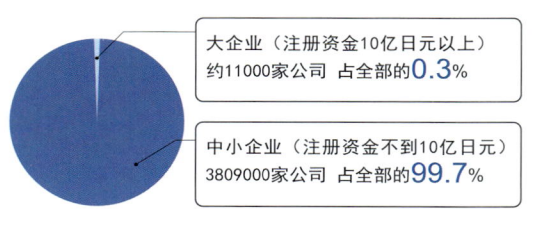

● 资料来源：总务省（平成29年经济调查·基础调查）数据

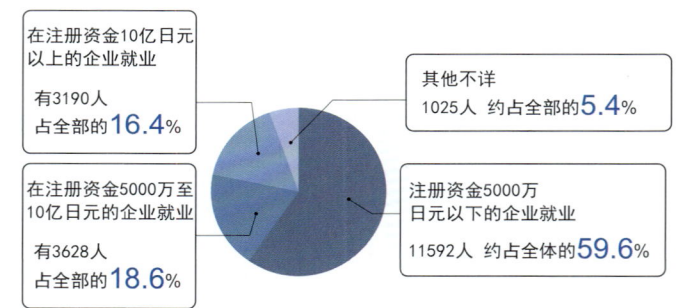

● 资料来源：法务省（平成28年有关留学生在日本就业的情况）数据

◆ 在大企业就业的优势 ◆

- 大企业里有很多部门和业务，通过一定时间的努力可以获得很多基本能力。
- 有机会参加规模较大的项目。
- 公司内部有明确的制度和规则，能够快速学会如何做一个合格的公司员工。
- 外国人和日本人一样有职业发展规划。

◆ 在中小企业就业的优势 ◆

对于中小企业或者创业企业来说，根据个人能力不同，在年轻时就能获得承担重要职责的机会。

- 进公司以后不久就有可能会被委任重要工作。
- 随着工作的进展，需要面对和应对许多突发情况。
- 作为日本公司的外籍员工，如果有机会，公司会把你派遣到海外工作。

6.5 就业活动前的准备【与企业的往来】

L. 索取资料（报名）和资料收集

参加公司的招聘考试，首先需要提前报名。这个叫"报名参加"。之后公司会给你寄报名资料或公司简介。"报名参加"也有向公司表达"对贵公司感兴趣"的意向。通过网站索取资料，企业会将招聘考核方式等信息连同公司简介一起寄给你。

通过网站索取资料主要有以下两种方法。

①从公司官网索取资料

登录公司官网，在"招聘信息"注册后可以索取公司资料。

②从就业信息网站索取资料

登录介绍招聘信息的就业信息网站，可以统一索取感兴趣公司的资料。

为了能有机会接触到更多适合自己的公司，采取第二种方法比较好。有点儿兴趣的公司最好也索取资料，建议起码收集50家公司。

"索取资料"不是"报名应聘考试"。但是不进行"索取资料"的步骤就不能得到应聘考试的相关资料和报名表格。

正式的应聘考试报名方法是？

一般情况下，参加公司的"一面"，就算正式报名了。

一面的考试方法各个公司都不同，具体要看具体招聘内容，总的来说以下情况居多。

①在期限内提交"报名表"。

②笔试（或网上考试）。

※有些公司会在自己召开的宣讲会上举行"笔试"，这也算作"一面"，大家参加之前要好好准备。

M. 实习

实习就是短期在公司体验工作，简单说就是试着在公司工作。

在很多时间段举行，但大多在暑假（或寒假）举行。期间多数伴有相应的考试，请大家在平时多积累自己感兴趣公司的信息。

○ 参加实习的好处

- 能亲身感受到日本式的工作方式。
- 提升步入社会后的交流能力。
- 可以学习商务用语、电话礼仪等。
- 对找工作有利，一般参加过企业见习的话，都会被优先考虑录用。
- 更明确自己要在学校学什么、怎么努力。
- 实习时候的种种经历会对面试有很大帮助。

○ 实习的形式

根据企业不同实习体验也不一样，主要有以下四种：

体验类型		体验时间
参观学习型	到公司（工厂）参观学习或举办联欢会。	1日—1周（短期）
研讨会型	采用讲课的形式，召开行业·企业·工作宣讲会。	1日—数日（短期）
项目型	学生之间组成小组一起讨论同一项目的解决方案。	1周—2周
体验型	体验一部分工作。被委任一些正式工作，有时要求做出一些成绩。	1个月—2个月（也会有长期的情况）

○ 从哪里获得实习的信息？

实习信息主要通过以下几点获得。

・企业的官网・就业网站・大学就业辅导课程・外国人就业服务中心・自治体・商会・工会议所

○ 实习报名方法

如果报名参加实习的人较多，企业事先会进行一次选考。

选考时会要求提交报名表和参加面试，所以要提前用言简意赅的日语准备对自我分析的"通过自己努力完成的事情""自我介绍""志愿动机"。

①向志愿企业提交选考用的报名表　　②选考面试　　③通过者可以参加实习

● 报名面试流程

| ①向目标企业提交选考用的报名表 | 合格 → | ②参加面试 | 合格 → | ③合格者可以参加实习 |

■ N. 企业联合宣讲会、研讨会

○ 企业联合宣讲会

"企业联合宣讲会"是指很多企业联合在一起，在大学校园或在会场亮相举行宣讲会。

学生可以自由参加，从中获得企业的资料。最近也开展了很多面向留学生的企业联合宣讲会。

○ 开放式研讨会

"开放式研讨会"是指像就业活动展、行业研究研讨会等有主题、有具体选考形式的研讨会。

为了让大家能够理解行业和了解要从事的工作，在会上，可以从企业在职员工和就业顾问那里咨询就业建议，投简历之前先积极了解、接触各个企业。

开展时间大概都是在公司宣讲会前期，或者延期到第二年的2月份举行。

◆ **开放式研讨会的形式** ◆

- 就业活动支援型

通过"自我分析""企业研究"让自己在就业活动中提升能力。举办时间一般在年初。

- 企业研究型

让大家能够理解主办企业的业务内容、各部门之间的职能和作用。企业事务宣讲后,还可以对自己喜欢的职业进行咨询。其中还有更深层次,对理解工作内容和性质有帮助的研讨会。

- 业界研究型

以了解主办企业所属行业为目的的研讨会。介绍企业在行业中的职能、企业的商品、服务等,提高企业的知名度和影响力。

- 少数人型

为了提供一个良好的洽谈环境,会场会选择在环境比较安静高雅的咖啡厅等场所召开,轻声交谈中可以感受到整个会场的气氛,不过参加人数有限。

○ 参加企业联合宣讲会、开放式研讨会的方法

研讨会的日程和内容会在各企业的网站及就业网站上公开。

如果已经报名,研讨会的信息会通过邮件发送给你。从中得知报名方法来申请参加。因信息经常更新,所以要不厌其烦地确认。

O. 公司宣讲会

从报名到选拔过程中的各种"公司宣讲会""企业研讨会""参观工厂会"等。参加公司宣讲会可以直接聆听到负责招聘人员的发言,亲身感受到会场的气氛,还可以面对面直接跟老板、员工交流,得到一手信息。最近,越来越多公司也采用"实况转播""现场实况"等网上公司宣讲会。

○ 报名参加方法

一般情况下,如果已向参展的公司报名,公司会用邮件的形式告知宣讲的日程和联络方式。如果没得到回应的话,可以在公司网站或者就业网站上确认。参加的话要事先登记,确认申请方法。

○ 去了要做什么

- 积极提问,解决研究方面所碰到的问题。
- 感受会场和企业员工的氛围。

○ 注意点

- 不能迟到→这是常识!
- 手机要调到静音→不能打扰到别人。
- 打招呼,很多人常常忽视这一点。
- 提问前先报自己的名字。

- 不用过分拘谨，但要注意礼节和礼仪。

○ 随身物品
- 记录用品
- 笔记本
- 会场地图
- 宣讲会引导书
- 公司资料
- 印章
- 简历
- 报名表复印件

宣讲会之后还有面试、能力测验和笔试等，所以要提前准备应考。最好事先调查参展企业的信息，做好企业分析。

P. 拜访前辈

OB（Old Boy）是指男性前辈员工、OG（Old Girl）是指女性前辈员工。只看公司简介或浏览公司网站是远远不够的，从前辈员工那里才是得到企业信息的最好方式。

○ 拜访前辈过程

预约		事先准备
得到前辈的联系方式后，打电话或写邮件都要注意礼节。或者找企业的人事部门帮忙介绍。		面谈的日期和时间定好以后，要整理"想问什么""把咨询重点放在哪里"，千万别闲聊！	

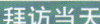

拜访当天		拜访结束后
即使是很熟悉的前辈也要西装革履，在穿着上不能失礼，更不用说第一次见面的前辈了。千万不要迟到，还要注意语言表达方式和态度。		在笔记本上归纳面谈的内容和感想，然后考虑一下这个公司适不适合自己，不论考虑的结果如何，都要给前辈回邮件或写信表示感谢。

第六章 / 适才适用——如何在日本就业

○ **向前辈咨询的问题**
- 有关具体的工作内容
- 在工作中犯的错误或辛苦的经历等
- 想进这个公司的理由
- 选考过程（考试和面试）等
- 哪里不足，现在开始下功夫准备
- 职场的氛围
- 工作岗位和人才培养
- 跟同行比较有什么特点
- 待遇和福利等

只看公司简历或浏览公司网站是远远不够的，要在深层次下工夫。

○ **找前辈员工的方法**
- 从大学就业课上寻求介绍
- 从社团或兴趣小组的前辈那里寻求介绍
- 从大学的研讨小组或研究室的老师那里寻求介绍
- 从企业的人事部那里寻求介绍
- 从亲戚、朋友、熟人那里寻求介绍
- 从外国人交流会那里寻求介绍

○ **取得拜访前辈的方法（案例）**

- 学生："您好！我是○○大学的◇◇。请麻烦找一下____部的____。"
- 前辈："你好，我就是。"
- 学生："您好，初次给您打电话，我是○○大学的◇◇。现在正在参加就业活动，想跟您咨询贵公司的一些情况，您现在方便吗？"
- 前辈："请问吧。"
- 学生："我想从事●●行业，对贵公司也非常感兴趣，所以给您这边打电话咨询。"

我是从＿＿＿老师那里知道了您的联系方式。"
- □ 前辈："你也是＿＿＿老师的学生吗？"
- ■ 学生："是的，我在网上查询了很多有关贵公司的资料，我对贵公司的企业文化和工作内容很感兴趣，如果可以的话，想去您那儿拜访一下。"
- □ 前辈："知道了，那你下周一下午5点过来吧。"
- ■ 学生："谢谢您，那我下周一下午5点去贵公司拜访您。"
- □ 前辈："到了以后在一楼的接待处报我的名字就可以了。"
- ■ 学生："好的，非常谢谢您，很期待跟您见面。"

◆ 要领 ◆

拜访时要充分考虑对方的立场。

避开早上、晚上、工作时间和午休时间。打电话的时候，到信号好的地方小声打。

要谨慎使用"真不好意思""百忙之中打扰您了""十分抱歉"等。

不要一上来就问自己的问题，要先聊一下对方的情况。

反复确认时间和地点，做好笔记。在时间上，1点、7点等容易混淆，所以最好说13点或19点。

最后要感谢对方。挂电话的时候，先确认对方已挂自己再挂。

6.6 就业活动期间

Q. 笔试和能力测试

对于外国留学生来说，选考最难的要算"笔试"了。哪怕是留学生也要跟日本人一样参加考试，所以一定要好好备考。

笔试都以日语出题，测试日语阅读能力。

参考《就业四季报》（也有Web版）、《公司四季报》等，收集自己想去的公司的信息，着手准备考试。

○ 笔试的种类和对策

◆ ①能力测试 ◆

凭直觉回答SPI2、CAB、GAB等问卷调查类的问题，测试职务的匹配度和压力承受能力。

→为了适应出题形式，需要事先大量做题。

◆ ②一般常识测试 ◆

从社会、日语、英语、文化、数学、理科、时事等方面出题。

→大量阅读新闻报纸，平时积累。日语和社会方面的问题，对外国人来说不占优势，所以更要下功夫准备才行。

◆ ③作文・小论文 ◆

根据所出题目和限定字数,在规定时间内作答。
→选定主题以后,要想一下文章的结构,表述要言简意赅。

◆ ④网络考试 ◆

从网上的考试中心和考试题库中测试自己的能力。
→练习在短时间内大量答题的技巧。

◆ ⑤其他 ◆

也有ENG(电子新闻采集)、GFT(人才思维模型分类)、クレペリン(性格测试)、IMAGES(印象)、SCOA(校校通学生管理系统)出题形式。

R. 报名表的填写

所谓申请表,是提交给企业的应聘表格。要让企业看过之后有想见你的愿望。从"志愿动机""自我介绍""自己是一个什么样的人",自己的专长和特长等来介绍自己。这些内容会用在第一次选考和面试的话题里,请参考以下写法来提高自己的个人魅力。

○ 申请表的含义

提交申请表就意味着报名参加应聘考试了。一般我们称为"エントリーする"(报名参加)。
• 提交申请表也相当于第一次选考了,合格者将继续下面的考核。

○ 填写报名表的方法

企业不同填表的方法也不同。一定要提前在就业网站或公司网站上预习填写表格的方法和招聘流程。

○ 怎样拿到申请表格

①从报名的企业邮寄过来
②从企业的网页上打印(或填写)
③企业宣讲会上派发

○ 报名表的问题

申请表中常出现的题目大致分以下两种。

◆ 志愿动机 ◆

• 在我们公司里怎样发挥你的能力。
• 进公司后想从事什么工作。
• 今后的职业规划。

在充分了解行业、职业和企业的基础上明确自己和公司之间的结合点,不了解想要去的公司是写不好志愿动机的,一定要深入了解,把你想进公司的决心表达出来。

◆ 自我介绍 ◆

• 学生时代曾努力做过什么事情。

- 到现在为止为了做某事最艰难的经历和为了做成某事所做的努力。
- 你的人生格言是什么。

为了写自我介绍一定要对自己做一番分析。客观评价自己的魅力、能力和价值观。

○ 报名表基本填写方法

◆ ①围绕问题进行回答 ◆

不论多好的回答，偏离问题是没有意义的。要考虑一下企业通过问题想了解到什么再回答。

◆ ②传达自己的个性 ◆

人事专员读过上千份报名表，照着范本或模仿他人肯定会被识别，突出自己的特点是最重要的。

◆ ③写明具体的经历和具体的数字 ◆

具体的经历，具体数字和时间是最有说服力的，把这些写进去会很容易让审阅的人员印象深刻。

◆ ④简洁明了 ◆

冗长的文章会给对方留下不好的印象，简洁明了，从结论入手分析是最有效的。文章的开头一定要让阅读此表的人事专员感兴趣。

◆ ⑤要有写商务信函的意识 ◆

报名表实际也是商务信函的一种形式。跟给朋友写的私人信函不一样，一定要注意语言的表达方式。

◆ ⑥不要伪造 ◆

表现自己固然重要，但不要太离谱，介绍真实的自己。

◆ ⑦写面试中想被问到的相关内容 ◆

很多企业在面试的时候都是以报名表所填内容为依据进行提问的，所以填写面试中想被问到的相关内容。

◆ ⑧把志愿动机和自我介绍结合起来 ◆

为了避免所选职业和自己不相称，一定要清楚自己想做什么、能做什么、看中什么，把自己的特点和企业联系起来才能写出有说服力的文章。

报名表填写需注意

① 多复印几份备用，不要使用涂改液，打好草稿再填写
② 仔细填写。错字漏字的问题就不说了，不论字写得漂不漂亮都要慢慢认真填写
③ 不要留空。尽量不要空着，有效利用纸张的空白处
④ 填好以后复印留底。去参加面试前，确认自己之前填写的内容
⑤ 照片背面写上学校名、学院名和姓名，避免企业在整理资料时，照片掉下来对不上人名
⑥ 让日语好的人检查。让日语好的人帮忙检查语法、错别字和表达方法
⑦ 尽量早提交，避免在截止之际提交
※：• 有些企业是按照收到材料的先后顺序选考的。
　　• 很多人都赶在截止前提交，大量表格让审阅的人没有时间好好阅读。
　　• 截止前集中在网上提交，也会影响提交速度。
　　• 有很多因为没有提交上而失去了考试资格。

S. 简历的写法

简历是介绍自己最重要的资料，内容都是手写上去，填写时要注意字迹清楚工整。

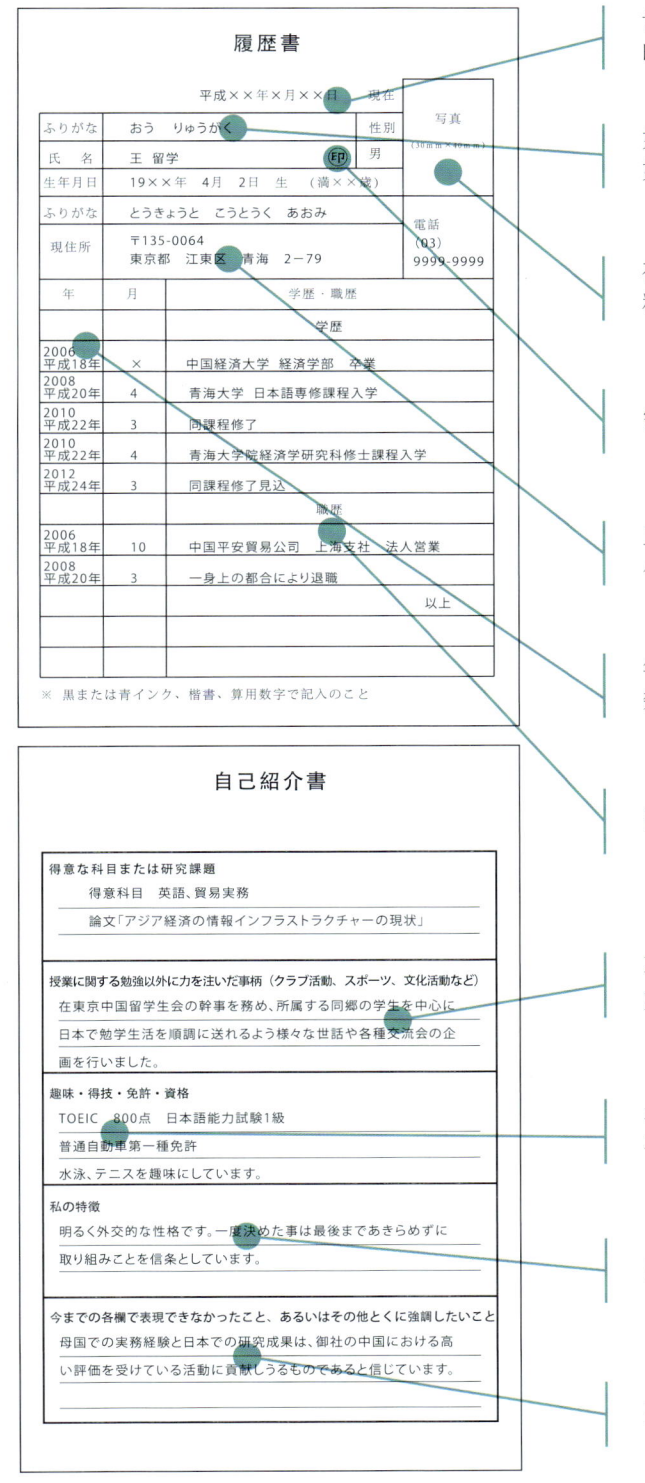

记录提交日期。
邮寄的话，记下投信日期。

如果"ふりがな"（标注假名）是平假名，就用平假名填写。
如果"フリガナ"（标注假名）是片假名，就用片假名填写。

在摄影棚拍摄的穿衬衫的证件照。
粘贴照片，照片背面写上学校名，学院和姓名。

需要盖章的时候，章要盖清楚。

正确填写地址。
小区或公寓名，门牌号也要写清楚。

年份用日本的年号填写。
数字用阿拉伯数字填写。

留学前如果有就业经历，也写在学历栏下面。

不要写到格子外面，也不能写得太短，要写均匀，如果没有把握的话，可以先打草稿。

填写正确的证书名和资格名称。
在自己本国取得的资格证书也要写上。

阐明你的性格和优点，并加以说明。

要让公司感受到你的诚意和想进公司的意愿。

T. 电话礼仪

打电话很简单，但是在就业活动中打电话就不像朋友之间通话这么简单了。正因为不是面对面，所以更要注意说话的方式跟说话的语气。

○ 打电话的方法

◆ ①打电话 ◆

- 提前确认好对方的公司名、电话号码、所属部门和职务。
- 避开早上、晚上、上班时间、午休时间。
- 打电话的时候，尽量在信号好的地方打。
- 打电话前准备做笔记。

◆ ②自报姓名 ◆

- 介绍自己的姓名，包括怎么写、怎么读。
- 做自我介绍、简短的寒暄。
- 确认对方有没有通话的时间。

（例）

人事："你好，这里是○○公司人事部的△△。"

学生："百忙之中打扰您了，我是○○大学△△学院的○○，我想咨询一下索取资料的事情，现在您有时间吗？"

◆ ③咨询要点 ◆

- 用清晰的声音简洁地表达出来。

（例）

人事："有关索取资料的事情，对吧？"

学生："是的，我现在正在○○行业中参加就业活动，我对贵公司很感兴趣。如果您这边有时间的话，能不能寄给我贵公司的资料呢？"

◆ ④表示感谢后挂电话 ◆

- 表示感谢以后，先确认对方已挂电话自己再挂。

（例）

学生："真的太感谢了，那有劳您了。"

○ 接电话

◆ ①接电话以后自报姓名 ◆

- "喂，您好，我是○○。"

◆ ②寒暄 ◆

- 确认公司名、负责人姓名后再进行寒暄。

（例）

学生："您好，您是〇〇公司的△△吧。很高兴接到您的电话。"

◆ ③咨询要点 ◆

- 因为看不到，所以要回应对方说的话，还要做笔记。
- 对方说的信息一定要在电话中确认并做笔记。
- 不懂不确定的事情一定要问。

（例）

学生："我再跟您确认一下，贵公司的研讨会是在〇月△日东京本部举办，那如果要参加的话应该准备些什么呢？"

◆ ④致谢以后挂电话 ◆

- "非常感谢您联系我！"

○ 通话要点

- 电话中听不清的时候，不要着急，稳下心来慢慢确认。
- 因为会听错，所以要再确认对方说的话。
- 如果不方便接电话，要设置好电话录音。
- 千万不要因为没充话费而停机。

U. 邮件礼仪

就业活动中与企业之间往来的电子邮件也多起来。邮件的收发速度和邮件内容很重要，在向公司索取资料和咨询时注意措词和格式。

○ 就业活动中的邮件

- 公司简介等资料的索求邮件
- 公司宣讲会、拜访公司的预约邮件
- 实习、公司宣讲会、有关录取考试等合格之后办理入职手续的咨询邮件
- 公司简介收到后和实习完毕以后，对前辈感谢的邮件

○ 发邮件时的要点

- 文章分段落写方便对方阅读。
- 邮件一旦发出去就不能收回，所以在发送之前一定要确认。
- 不要随便把对方的邮箱地址告知他人。
- 不要用表情符号。
- 文字字体选择日语。
- 如果选用免费邮箱，请认真为邮箱起名。
- 发邮件时要注意"发件人姓名"的设定。
- 需要第一时间传达的事，或表示道歉时，最好打电话，不要写邮件。

- 紧急情况除外，不要打电话。
- 收到邮件以后马上回复。

○ 下面是向人事部门索取资料的邮件

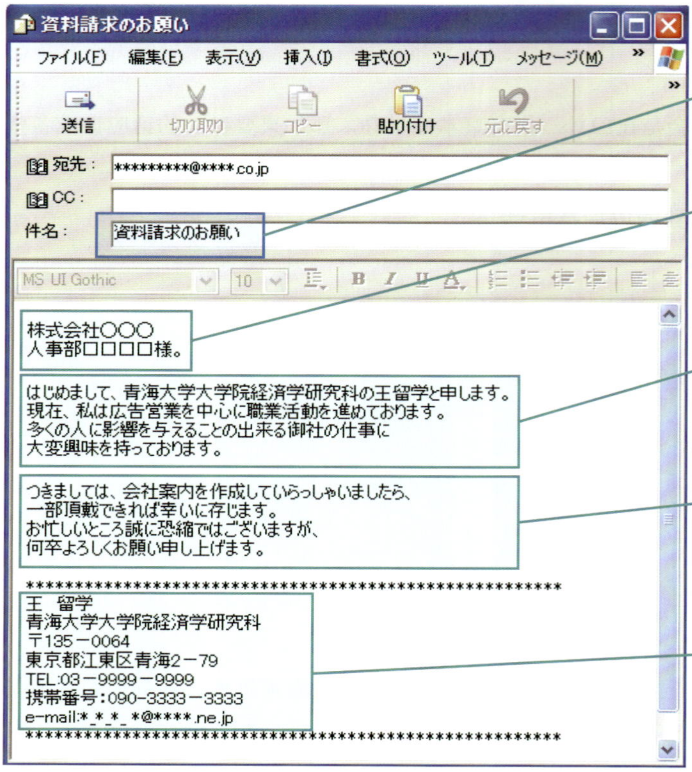

①邮件名
写明邮件用意。

②称呼
像文章开头一样写明部门和姓名。

③自我介绍
先不要写邮件用意，先自我介绍。

④正文
简洁明了写明用意。

⑤署名（签名）
邮件最后署名部分，写明校名、姓名、邮箱地址、电话号码等。

V. 写信的方法

想表示对实习的感谢，写信要比写邮件更能让人印象深刻。

如果有要寄给企业的文件，一定用正确的写法和格式。

○ 寄给企业简历时的例文

信和信封都有格式的讲究，请参考以下格式。

● 例：简历（给企业的邮寄资料）的邮寄信函

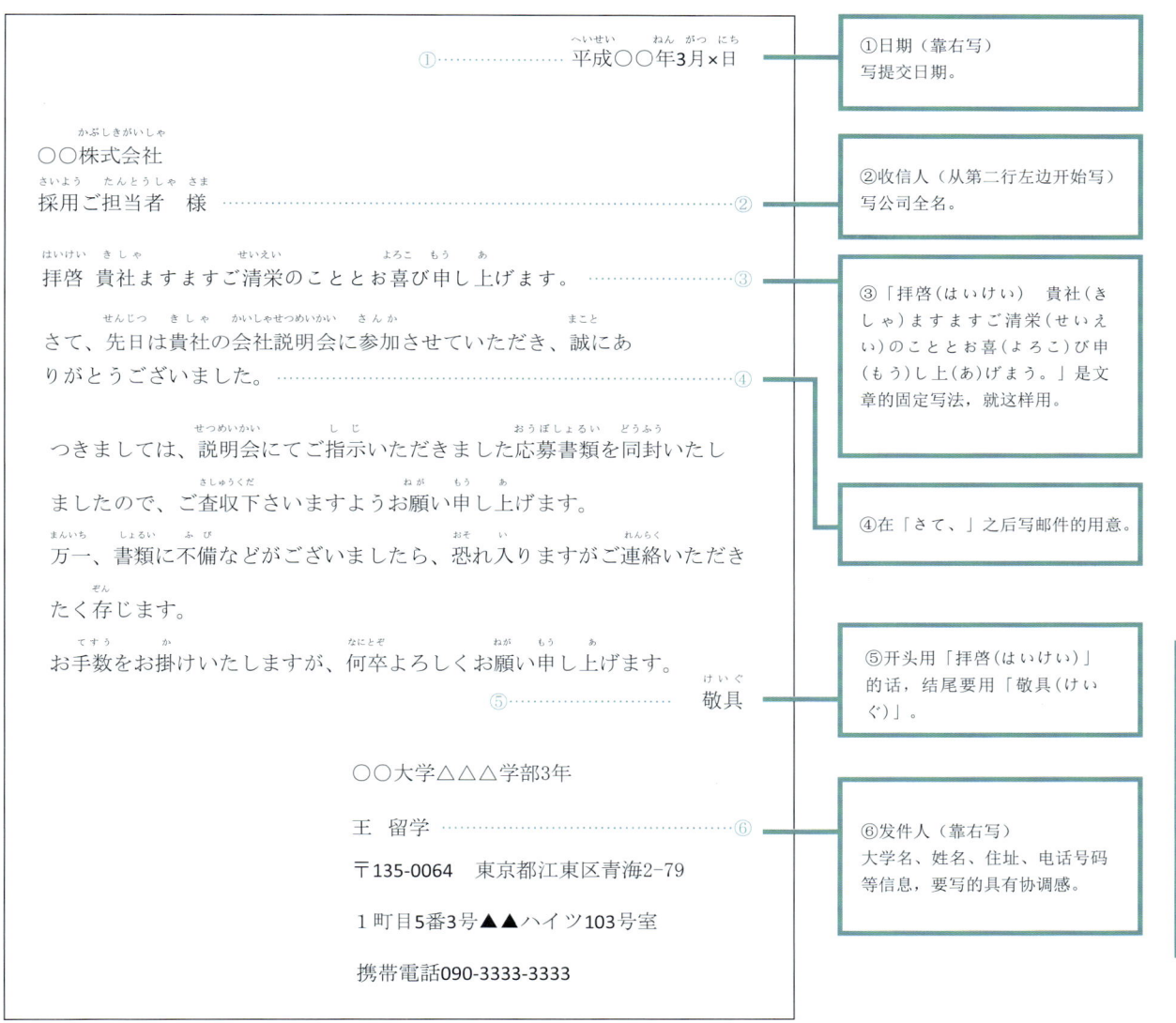

○ 信封的写法

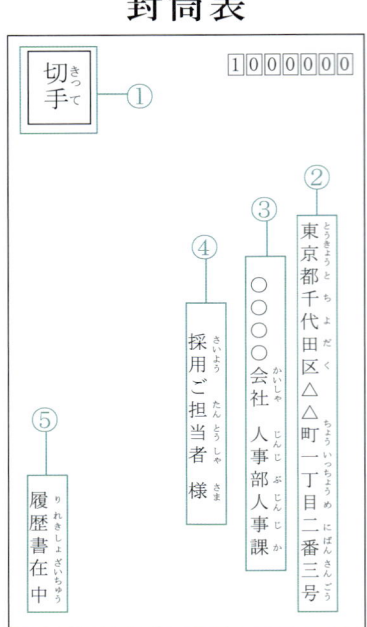
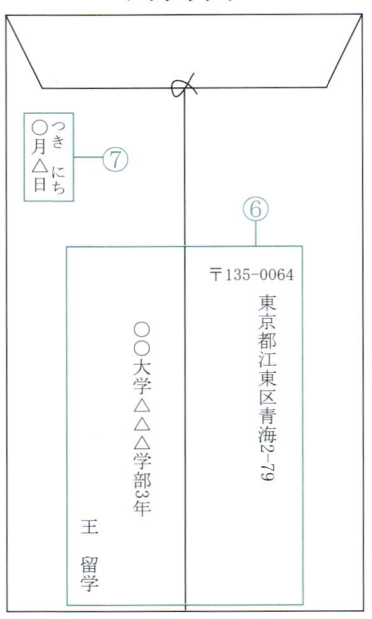

①邮票
重量不同金额也就不同，在邮局称好重量以后，贴上相应的邮票寄出去。

②地址，门牌号的写法
从都道府县写起。
门牌号不要省略为「〇—△—□」的形式，按照「〇丁目（ちょうめ）△番（ばん）□号（ごう）」的格式来写。

③公司名（部门名）
不要省略写成[ooo（株）]，要写成[ooo株式会社]。

④收件人名
如果知道负责人的姓名，要按照「姓名＋様」来写。
如果不知道对方姓名的话，要写[採用（さいよう）ご担当者（たんとうしゃ）様（さま）]。

⑤写在名字旁边
信封里的具体物品名称用红笔写在名字的左下方。
如果是简历的话，写「履歴書（りれきしょ）在中（ざいちゅう）」。

⑥寄件人
地址写在信封中线靠右，大学名、姓名写在中心线靠左。
如果有其他信息，一律都写在中心线左侧。

⑦寄信日
把寄信日期写在左上角。

W. 就业活动的仪容仪表

企业不是光看外表招收学生，但也要看这个学生是不是注意仪容，具不具备走向社会之前该具备的常识。不需要很高级的着装，只要干净整洁、注意仪容仪表。

○ 男生参加就业活动的仪表

- 发型

没有特别的要求，头发不要乱糟糟，不要有头皮屑。

- 面容

剃胡子，眉毛不要刮得太细。

注意牙齿的清洁和口气清新。

- 眼镜

避免颜色鲜艳的镜框，镜片上不要有污迹。

- 香水

最好不要喷香水。

- 指甲

指甲剪短，保持清洁。

- 衬衫

一般为白色，领子的宽窄和袖子的长短要合适。

不要穿颜色太鲜艳的衣服，还要注意深色的内衣是否会透出来。

注意领口和袖口的污渍。

- 饰品

不要带饰品。

- 领带

避开太显眼的。

- 西装

基本颜色为深藏青色、灰色、黑色。

选择素色或者细条纹。

不要穿双排扣西装。

- 西裤

合身就好。

不要挽着裤腿。

裤线清晰。

腰带的颜色要与鞋子一致。

- 鞋子

黑色舒适的皮鞋。

不要穿跟部磨损太严重的皮鞋。

・袜子

不要穿白色或运动袜。

穿和西裤同一颜色的黑色或深藏青色。

・手表

不要戴太显眼的手表。

面试和考试当中不要用手机看时间。

・包

黑色或茶色，可以放下A4大小纸张的书包。

不要背休闲包。

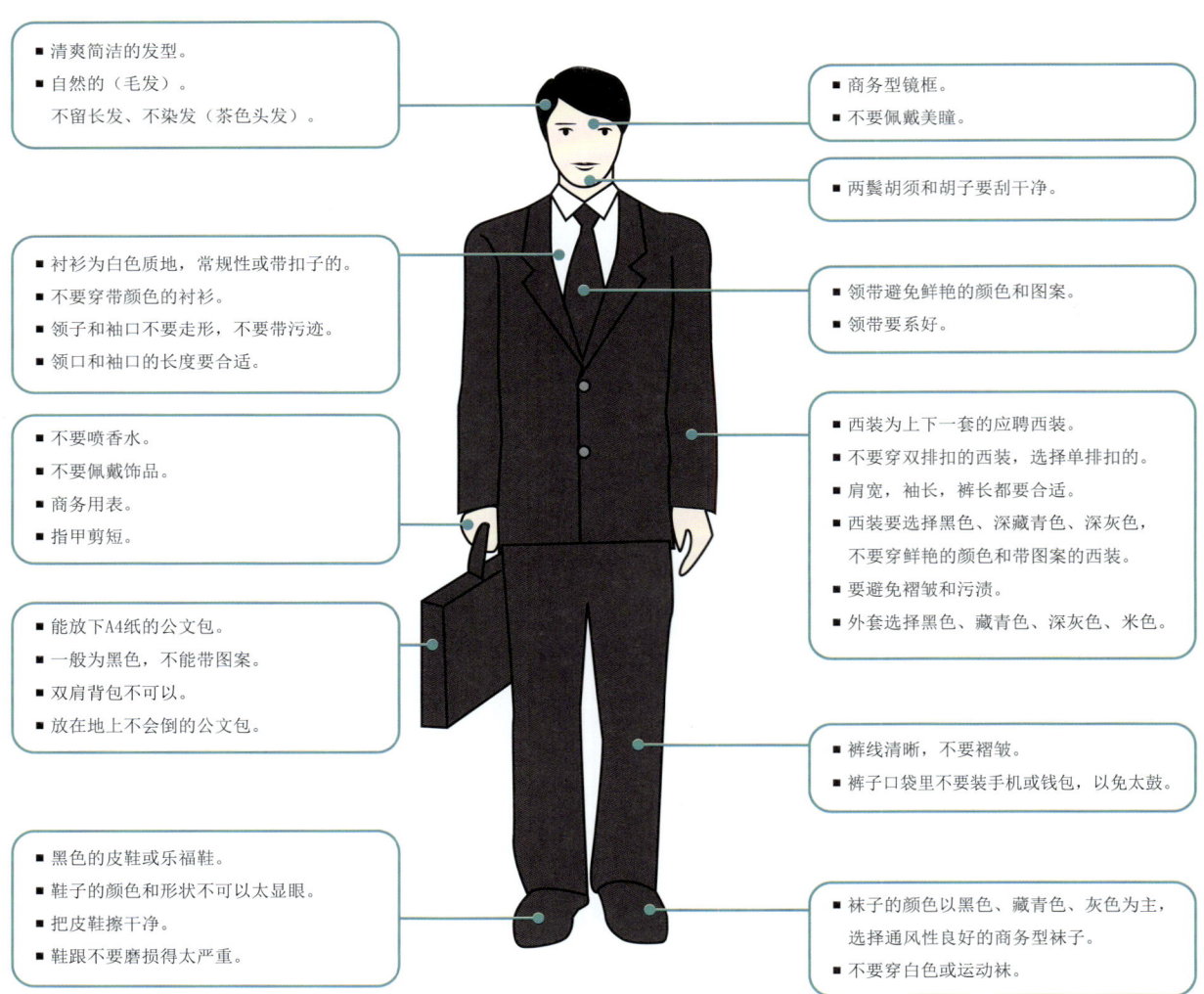

- 清爽简洁的发型。
- 自然的（毛发）。
  不留长发、不染发（茶色头发）。

- 衬衫为白色质地，常规性或带扣子的。
- 不要穿带颜色的衬衫。
- 领子和袖口不要走形，不要带污迹。
- 领口和袖口的长度要合适。

- 不要喷香水。
- 不要佩戴饰品。
- 商务用表。
- 指甲剪短。

- 能放下A4纸的公文包。
- 一般为黑色，不能带图案。
- 双肩背包不可以。
- 放在地上不会倒的公文包。

- 黑色的皮鞋或乐福鞋。
- 鞋子的颜色和形状不可以太显眼。
- 把皮鞋擦干净。
- 鞋跟不要磨损得太严重。

- 商务型镜框。
- 不要佩戴美瞳。

- 两鬓胡须和胡子要刮干净。

- 领带避免鲜艳的颜色和图案。
- 领带要系好。

- 西装为上下一套的应聘西装。
- 不要穿双排扣的西装，选择单排扣的。
- 肩宽、袖长，裤长都要合适。
- 西装要选择黑色、深藏青色、深灰色，不要穿鲜艳的颜色和带图案的西装。
- 要避免褶皱和污渍。
- 外套选择黑色、藏青色、深灰色、米色。

- 裤线清晰，不要褶皱。
- 裤子口袋里不要装手机或钱包，以免太鼓。

- 袜子的颜色以黑色、藏青色、灰色为主，选择通风性良好的商务型袜子。
- 不要穿白色或运动袜。

●男生参加就业活动的样子

○ 女生参加就业活动的要求

- 发型

长发扎起来，不要乱蓬蓬的。

- 面容

不要化浓妆。

注意牙齿清洁、口气清新。

- 眼镜

避免颜色鲜艳的镜框，镜片上不要有污迹。

- 香水

不要喷太浓的香水。

- 指甲

不要太长，不要涂显眼的指甲油或指甲彩绘。

- 衬衫

白色或浅颜色的衣服。

避免鲜艳的颜色或带图案的衬衫，胸口不要敞得太开。

要整洁干净。

- 饰品

简单的耳环还是可以的。

不能戴戒指。

- 裤子

基本颜色为深藏青色、灰色、黑色。

不要穿双排扣西服，基本上2—3颗扣子的西服。

- 裙子/西裤

站着时候，裙长遮住膝盖，单下摆为主。

西裤不要太老气，裤线清晰。

- 鞋子

全黑舒适干净的皮鞋，鞋跟最好在3cm—5cm。

- 丝袜

选择接近皮肤颜色的丝袜，不要带颜色和图案。

- 袜子

穿和西裤同一颜色的黑色或深藏青色。

- 手表

不要戴太显眼的手表。

面试和考试当中不要用手机看时间。

- 包

黑色或茶色，可以放下A4大小纸张的书包。
不要背休闲包。

- 整洁的发型
- 刘海不要挡住眼睛
- 自然的（毛发）。
  不要留长发、不染发（茶色头发）。

- 自然妆。
- 眉形和眉色要自然。
- 假睫毛、太浓的睫毛膏、浓眼影不可以。
- 不要抹过浓的腮红。
- 口红可选玫瑰色系，亮而薄的颜色。

- 商务型镜框。
- 不要佩戴美瞳。

- 衬衫为白色质地。
- 不要穿带颜色的衬衫。
- 领子和袖口不要走形，不要带污迹。
- 不要饰边或丝带等多余的装饰。

- 能放下A4纸的公文包。
- 一般为黑色，不能带图案。
- 放在地上不会倒的公文包。

- 不要喷太浓的香水。
- 不要佩戴饰品。
- 戴商务用表。
- 指甲剪短，
  不要涂指甲油或彩绘等（透明指甲油可以）。

- 西装为上下一套的应聘西装。
- 肩宽，袖长，裤长都要合适。
- 裙子不要太短。
- 西装和外套要选择黑色、深藏青色、深灰色，不要穿鲜艳的颜色和带图案的西装。
- 避免褶皱和污渍。

- 黑色皮鞋。
- 商务用中跟浅口无扣无带皮鞋。
- 不要穿穆勒鞋、靴子。
- 把皮鞋擦干净。

- 肉色的丝袜，不可光脚。
- 检查一下丝袜有没有被勾破。

●女生参加就业活动的样子

X. 面试的礼仪

选考过程中最重要的要数"面试"了。结合"自我分析""企业研究"，好好想一下自己的志向和强项，把最好的状态呈现给考官。

○ 面试的种类

个人面试①：学生一名、面试官一名

有时候第一次面试相当于走个形式，面试的人可能是人事部门以外的人，但也不要掉以轻心，认真做自我介绍。

个人面试②：学生一名、面试官多名

这是最常见的形式。第二次面试，第三次面试……随着选考的进行，考官的人数增加，考官的职位也会越来越高。这时更不能紧张，要全力以赴。

多人面试：学生多名、面试官多名

大家回答同一个问题，重点是如何能给考官留下深刻的印象。要阐述自己的意见，还要聆听其他人的想法。

集体讨论：5—8人左右的小组主题讨论

要注意在小组讨论中扮演什么样的角色、是否完全理解别人的意见、能否发表自己的意见，能不能归纳总结、是否会察言观色等。

演讲型面试

就预先给到的主题做演讲。主题是事先给到的，可以充分准备一下，有时主题还是无命题自由发挥的。

通常到选定为止一般都要参加2—4回面试。职员级别→科长级别→部长级别→董事级别，面试官的等级一级一级攀升。

○ 面试前注意事项

◆ ①分析自己 ◆

面试的时候充分表达自己的长处。

◆ ②行业研究有没有做好 ◆

对行业好好做了研究，会了解目标公司的水平，将来的发展，和其公司的优劣势。

◆ ③企业研究有没有做好 ◆

要表达想进这个公司工作的决心，一定要做好企业研究的工作。

◆ ④有没有做自我介绍 ◆

向对方介绍自己，让对方知道自己的魅力。

◆ ⑤志愿动机要明确 ◆

想做什么，如何对公司做出贡献，要做好将来的发展和规划。

◆ ⑥有没有具备面试的礼仪 ◆

第一印象是非常重要的，礼仪、言行和外表的整洁都要注意到。

○ 面试的流程和礼节

面试是认识自身价值的一个机会，从面试开始到结束，礼节很重要。

到达会场		签到		休息室
绝对不要迟到。以平静的心情待考起码要提前15分钟到达会场。		面试是从签到就开始了，学校名、姓名、前来面试等信息要清楚地告诉给前台。对前台引导人员也要彬彬有礼，如果遇到了公司的员工，可以轻轻地打声招呼。		关掉电话，静静等待。不要把包放在桌子上，放在脚边就好。即使等待时间超长一点，也不要跟旁边的人闲聊或是频繁进进出出。

进考场		面试时		离开
敲三下门，里面说"请进"，回答"谢谢"再进入，进去时门要轻开轻关。进去以后先向面试官鞠个躬，然后走到椅子旁，精神饱满地报上自己的学校、学院和姓名。面试官说请坐下时，回答"谢谢"再坐下。		包放在脚边，坐直，背不要倚靠在坐椅上。直视面试官，用简洁明了无误的日语回答问题。集体面试时，被问到问题或他人发表意见的时候不要打断别人的讲话。		面试结束以后，从座位上起身，说声"今天谢谢在座的考官"，关门走以前再说声"告辞了"以后轻轻关门离开。

○ 面试时可能会被问到的问题

面试时会从你提交的报名表、简历中的各个角度提出问题，一定要明确对方提问的目的，事先好好想一下自己应该怎么回答。

◆ **从应聘者自我介绍的特长和特点中提问** ◆

自己的强项在哪里，从回答的内容和方式上来讲，试图抓住个性和性格来表现自己是一个国际化人才。

☐ 请介绍一下自己。
☐ 学生时代努力做过的事情。
☐ 在公司里怎么发挥这种特长？
☐ 10年后自己想变成什么样？
☐ 说说自己的长处和短处。
☐ 你的语言学习能力如何？
☐ 如果你是一种颜色，你觉得自己会是什么颜色？

◆ **想进本公司的理由** ◆

为了确认是不是真的想进本公司而问的问题，多会问到公司的事业、商品等，事先一定要收集整理这些信息。

☐ 想进我们公司的理由。
☐ 有没有使用过我们的商品？
☐ 觉得商品怎么样？
☐ 觉得我们公司的网站怎么样？
☐ 第一志愿是不是我们公司？
☐ 现在有没有被别的公司录取？
☐ 有什么要问我们的吗？

◆ 确认有没有实力 ◆

企业不同，对能力的要求也不同。要了解企业需要什么样的人才，说服企业自己就是他们要找的人才。

☐ 你怎么看我们公司的人事制度？
☐ 上班和休假时间都不规律，没关系吗？
☐ 你对公司和工作的期望是什么？
☐ 一直以来在研究什么？
☐ 入职以后想从事什么样的工作？
☐ 被任命的岗位如果不是自己期望的会怎么办？
☐ 你怎么看我们公司的企业理念？

◆ 提问外国留学生的问题 ◆

公司在雇用外国留学生时候，一般都会担心是否对企业忠诚，是否安心工作，日语是不是过关等问题，为了打消考官的这些顾虑，要提前想好怎样应答。

☐ 为什么来日本留学？
☐ 为什么想在日企就业？
☐ 想不想回自己国家的日企工作？
☐ 将来的打算和目标是什么？
☐ 打算在日本工作多长时间？
☐ 能不能适应在日本的就业环境和就业习惯？
☐ 能否和日本人一起工作？

○ 面试时需要注意的问题

①腿不要抖。有抖腿毛病的人要克制一下。

②不要说得太多。话说得太多会给人一种找不到要领、抓不住重点的感觉，保持谈话的流畅，回答一个问题最好保持在30秒左右。

③不要说别的公司不好。与其说别的公司不好，不如说比别的公司好的地方。

④不要受别人发言的影响。多人面试的时候，不要一味赞同别人的意见，要说出自己的想法和观点。

⑤不要找借口。对自己不利的问题也不要找借口或是极力辩解，简单回答清楚就好。

⑥做面试笔记。面试以后，为了下面的面试，一定要做好笔记，分析刚刚面试时候的问题、回答和表现，客观反省自己，耐心听取别人的意见。

○ 小组讨论对策

①高质量的发言

发言要看质量，不是次数越多越好。结合自己的经验和实例来给对方一些建议，不要否定对方。

②让对方把话讲完

聆听他人的讲话是很重要的，一定要让人家把话说完，千万不要打断别人的讲话或不问事由上来就否定。注意观察说话时的氛围。

③小组中的其他成员不是敌人

同一小组中的成员互相不一定合适，但考官看的是团体的合作能力和协调能力，不是突出你自己一个人，最终的目的是大家一起通过。

④担任适合自己的角色

没必要承担自己做不到的事情，工作也是如此，大家各尽其责、各显其优。找出适合自己并能承担的工作才最关键，要跟大家协调配合。

⑤在限定的时间内得出结论

在实际的工作中，守时也是很重要的。为了在限定的时间内得出结论，谈论的内容千万不要跑题。要有时间意识，充分利用每分每秒。

⑥积极参与

别人发言的时候要仔细听，偶尔还要用眼神或表情加以回应，一直低头记笔记会给人消极的印象。

以下是前辈总结的讨论题目和论文题目

- 如果有梦的旅行，你是选择去"想象的世界"还是"未来世界"？
- 想住在城市还是乡村？
- 大家都喜欢的企业是一个什么样的企业？
- 怎样策划一次让所有员工都满意的旅行？
- 怎么看待陪审员制度？
- 国有化变为私有化后，好的产物是什么？
- 一天可以花100万日元的话，你打算做什么？
- 只有一个人旅行才能感受到的是什么，列举三个。
- 奥林匹克由我们公司承办的话，你会出什么样的策划？
- 20世纪的发明是？
- 做一个新商品的提案，此商品在夏天发售的以家庭为目标群体的巧克力点心。
- 你愿意当"第一"还是"唯一"？
- 请按照重视程度，排列一下恋人、友人、家庭、工作、金钱、名誉的顺序。
- 在地铁里最看不过去的行为是什么？
- 如果日本首都要换一个城市，你觉得哪个城市合适？
- 在工作上自己最重视什么？
- 参考你手上的资料，你打算把新店开在哪里？
- 你觉得领导人应该具备哪些素质？
- 如果你是面试官的话，适合这个行业的人选你会选择：①原日本足球队员②餐饮店员③搞笑艺人等。
- 3年后日本能否成为环境先进国家？
- 给出新商品的策划和提案。
- 在书店推出新的服务项目。
- 在国外生活的必要能力有哪些，应该具备怎样的人格？
- 阐述一下自己喜欢的运动。

- 手机、电视、恋爱，如果其中一个没有的话，你会选择哪一个？
- 企业发展必备的三个条件是什么？
- 假哭和装笑哪一个不好？
- 你怎么看网吧难民？
- 日本有什么是引以为傲的？
- 为自己筹划一个被录取的录取仪式？

6.7 录用到入职

Y. 从拿到公司录用到入职的流程

一直到获得目标企业的内定之前请不要松懈，要持续地积极找工作。把握以下从获得公司录用到入职的流程，制作更好的计划。

◆ ①录用通知 ◆

最终选拔结束后，企业会给合格的应聘者发送叫作内定通知的招聘意向书。通常最初的通知方式会是电话通知，之后会寄送书面的录用通知书。如果已经获得其他公司的录用或者无意加入此公司的话，请尽早诚恳地拒绝。

◆ ②誓约书的提交 ◆

"录用通知"收到后会要求你提交想加入公司的确认意向书。这个叫作"誓约书"。有给录用者举办的与现有员工见面会的情况，在会上可能会要求在誓约书上签字盖章。如果是邮寄誓约书，请注意期限，过期以后录用会自动取消。

※这个誓约书因为没有法律效力，提交以后可以继续找别的工作。但是请不要毫无意义地重复回绝这些录用，一开始就做好目标公司的面试安排日程。

◆ ③决定入职 ◆

将想要入职的公司筛选到最后一家。如果得到许多公司的录用，请找学校的就业中心、老师或者亲戚商量，尽早做出是否入职的决定。如果保留回绝录用不提交，不仅会影响到同届其他学生的招聘，对你们大学今后几届的面试招聘也可能会有不利的影响。

◆ ④变更留日资格 ◆

在日本企业工作时必须将"留学"资格换成可以工作的资格。为了能赶上入职，请尽早提交留日资格变更申请。

◆ ⑤入职 ◆

对于企业来说，在入职日期之前会有诸如录用仪式、员工见面会、入职前培训等活动。请尽早确认你的日程。

○ 留日资格变更

外国留学生在日本就业工作时，要将"留学"资格变换成与你的工作相对应的留日资格。

● 日本入境管理法规定的28种留日资格

序号	留日资格	举例	留日期限
1	外交	外国政府大使、公使、总领事、代表团成员及其家属	外交活动期间
2	公务	国际机构等公务派遣来日的外国政府大使馆与领事馆工作人员	5年、3年、1年、3个月、30天或者15天
3	教授	大学教授等	5年、3年、1年或者3个月
4	艺术	作曲家、画家、作家	5年、3年、1年或者3个月
5	宗教	外国宗教团体的传教士	5年、3年、1年或者3个月
6	新闻报道	外国新闻媒体的记者、摄影记者	5年、3年、1年或者3个月
7	专家	采用积分制吸引高级人才	1号为5年，2号为无期限
8	投资・经营	外资企业的经营・管理人员	5年、3年、1年、4个月或者3个月
9	法律・会计事务	律师、注册会计师等	5年、3年、1年或者3个月
10	医疗	医生、牙医、护士	5年、3年、1年或者3个月
11	研究	政府相关机构或民营企业的研究人员	5年、3年、1年或者3个月
12	教育	中学、高中的语言教师	5年、3年、1年或者3个月
13	技术・人文知识・国际事务	机械工业类技术人员 翻译、设计师、民营企业的语言教师	5年、3年、1年或者3个月
14	企业内部工作调动	从国外事务所调至日本工作的人员	5年、3年、1年或者3个月
15	（介護）看护	（介護福祉士）护理师	5年、3年、1年或者3个月
16	表演	演员、歌手、舞蹈演员、职业运动员等	3年、1年、6个月、3个月或者15天
17	技能	外国菜厨师、体育教练、飞机等航空机械操作人员、贵重金属加工技术人员等	5年、3年、1年或者3个月
18	技能实习	技能实习生	法务大臣规定的期限（1号为不超过1年、2号和3号为不超过2年）
19	文化活动	日本文化方面的研究人员等	3年、1年、6个月或者3个月
20	短期逗留	观光游客、会议参加人员等	90天、30天、15天
21	留学	大学、短期大学、高等专门学校或高中学生	4年3个月、4年、3年3个月、3年、2年3个月、2年、1年3个月、1年、6个月或者3个月
22	研修	研修生	1年、6个月或者3个月
23	在日逗留家属	在日逗留的外国人的配偶・子女	5年、4年3个月、3年3个月、3年、2年3个月、1年3个月、1年、6个月或者3个月
24	特别活动	高级研究学者、外交官等人士的陪同家政人员、假日打工旅游人士、属于经济合作协定规定工种的外国护理师、候补护理福利人员等	5年、4年、3年、2年、1年、6个月、3个月、法务大臣规定的期限（不超过5年）
25	永久居留	由法务大臣处获得永久居留许可的人士（入境管理特例法规定的"特别永久居留人士"除外）	无期限
26	日本人的配偶等	日本人的配偶、亲生子女、特别养子	5年、3年、1年或者6个月
27	永久居留的配偶等	永久居留人士、特别永久居留人士的配偶和在日本出生并有户籍的亲生子女	5年、3年、1年或者6个月
28	定居人员	印度地区难民、第三代移民、中国境内遗留日本人等	5年、3年、1年、6个月、法务大臣规定的期限（不超过5年）

注：红色部分为2017年9月1日起生效的留日管理制度

○ 选择职业类别时需要注意的地方

日本有"不同意外国人在日本从事简单劳动"这样的规定，所以在日本工作之前必须要通过日本的高等教育学校的学习，工作中也必须从事能够发挥所学知识和技术的职位。

好不容易获得公司的录用，为了不在申请留日资格变更时候被入境管理局拒绝，请务必注意以下两点。

① 从事能够发挥在日本所学的知识和技术的职位。

② 从事能够利用你作为外国人的特殊身份的工作。

○ 留学生就职时的主要留日资格，新"技术／人文知识／国际业务"

留学生在日本就职时，其留日资格需要从"留学"变更为与就职相匹配的留日资格。迄今为止，就职留日资格主要有"人文知识/国际业务"（约七成）和"技术"（约两成），这两项就占到了全部的九成。为应对现如今引进人才的需要，从2015年4月1日起，将原来的"技术/人文知识/国际业务"留日资格一条龙化了。

依据一条龙化了的"新留日资格"，适合旧资格的那些标准，可用以下的一揽子的解释赋予新的解读。

作为与"技术/人文知识/国际业务"留日资格相符合的活动被认可的典型事例	
符合就职资格的活动	规定基于和本国的公私机构签约的从事理学、工学以及自然科学的其他领域或是法律学、经济学、社会学以及属于其他人文科学领域的技术，或是需要知识的业务要么是对外国文化有基本思考或是从事把感受性作为必要的业务。下面列举的是典型事例，但作为前提条件，背景是须具有学术素养和相当的专业技术水平或是需要必要知识的活动或者是对于外国文化有基本思考或是必须是基于感受性的具有相当水平的把专业能力作为必要的活动。
典型事例	○ 经营学专业在本国的大学毕业，和本国的航空公司签约，月收入25万日元左右，作为国际线的客舱乘务员应对紧急事态/安保业务之外，对乘客使用母语，英语，日语翻译以及说明接待等，还有从事在员工研修等进行语言指导等业务。 ○ 国际关系学专业在本国的研究生院毕业，和本国的航空公司签约，月收入20万日元左右，发挥语言优势从事机场旅客业务以及换乘外国航空公司的交涉/合作业务等。 ○ 电子信息学专业在本国的研究生院博士毕业，和本国的电气通讯事业公司签约，月收入25万日元左右，在该公司研究所从事和信息安全策划有关业务等。 ○ 建筑工程学专业在本国的大学毕业，和本国的建筑公司签约，月收入40万日元左右，从事建筑技术的基础以及应用研究，国内外的建筑建设情况调查等业务。 ○ 社会基础工学专业在本国的研究生院博士毕业，在该大学的生产技术研究工作之后，和本国的土木建筑规划设计公司签约，月收入30万日元左右，从事土木以及建筑研究开发/解析/构造设计相关的业务。

○ 留日资格变更申请手续、所需材料准备

从"留学"资格转变到可以工作的留日资格时，原则上需到本人所居住地方的入境管理局、其分局（成田、中部、关西机场的分局除外）或者地方办公室提出申请。为了能赶上毕业生4月就业，原则上从当年的1月开始接受申请（东京入境管理局和大阪入境管理局从前一年的12月开始）。留日资格申请的审查通常需要1个月到3个月，所以在获得内定以后就请向当地的地方入境管理局咨询留日资格变更手续的申请问题。此时请确认需要提交的资料，提早准备。此外，如果可以提早申请，可能在毕业之前很早就获得留日资格变更许可，但会以毕业后提交毕业证证明书作为条件。

◆ "技术／人文知识／国际业务"类资格变更时所需材料 ◆

①留日资格认定证明书交付申请书

②照片

③其他材料

详细内容请参考入境管理局官网。

http://www.moj.go.jp/nyuukokukanri/kouhou/nyuukokukanri07_00089.html

除了要提交自己填写的材料以外，所就业公司、就读学校等有关机构也需要为你准备很多材料，请提前做好准备，保证时间充裕。

◆ 审查的要点 ◆

① 是否拥有与本人的学历（专业课程、科研内容等）相关的经验技术以及技术知识。

② 想要从事的职业内容是否能发挥本人的技术知识。

③ 申请人的待遇（报酬等）是否合适。

④ 考察雇用方的规模、业绩、持续性。另外还要考虑公司是否会给申请人发挥专长的机会。

◆ 再申请 ◆

如果审查没有获得通过，但现持有的留日期限未到的情况下，可以提交"再申请"。但是，不能修改不合格理由，所以再申请可能被再次否定。请确认以上的审查要点都满足并且将所需材料搜集齐以后提交"再申请"。

留日资格变更手续介绍网站

入境管理局　http://www.immi-moj.go.jp/tetuduki/

○ "专业人员"资格获得后申请留日资格的注意点

属于日本大学教育机构中一类的专门学校毕业后可以获得"专业人员"资格。"专业人员"资格所有人即便获得了企业的内定资格，但在申请留日资格变更时也经常会被拒签。主要是以下两大理由。

◆ ① 所获得的专门资格自身不被入境管理局认可 ◆

下表中的领域范围内，即便从专门学校毕业获得"专业人员"资格，根据职业不同，入境管理法上规定"外国人不能从事的工作"申请留日资格变更时被拒绝的例子也很常见。

如果希望在日本工作而考专门学校的话，请事先确认该学校所学的技能相对应的职业是否可以获得留日资格后再做学校的选择。

从专门学校毕业后获得的"专业人员"资格在找工作时，与普通的本科、研究生和博士生学历相比，入境管理局会更看重专业是否被很好地应用。当然，留日资格变更许可申请都是针对一个一个申请单独审查，除了下表中的内容外，例外总是存在。请在选择职业时充分注意。

但是作为日本的国策，比如到目前为止受到限制的外国人从事护理工作必须得到广泛的认可。可以预见到创设新的"护理"留日资格等各种动向，以及今后在日本外国人的劳动环境会越来越缓和，条件会更充实。

● 能否通过审查的专业领域表

能否通过申请审查	假定留日资格	专业领域	专业内容
可能通过留日资格变更许可申请审查的专业	技术 人文知识·国际事务	工业领域	测量、土木、建筑、电气·电子、机械、无线·通信、汽车配置、电子计算机、信息处理、CAD（计算机辅助设计）、网页设计等专业
		农业领域	生物能技术、农业等专业
		医疗领域	护理、准护理、牙齿卫生、牙科技术、临床检查、诊疗放射线、理学疗法、职业疗法等专业
		商业事务相关领域	商业、财务·记账、会计、经营、秘书、医疗事务、办公自动化、综合商务等专业
		服饰领域	服饰设计顾问、成衣制作、时尚设计、时尚商务、设计等专业
		文化·文娱领域	媒体、摄影、广播电视、音响、照明、音乐等专业
	医疗	医疗领域	按摩、针灸、柔道整骨等专业
无法通过留日资格变更许可申请审查可能性较大的专业	很可能不属于上述领域	卫生领域	理发、美容、烹饪、点心制作、面包制作等专业
		教育·社会福祉领域	保育、幼教、社会福祉、医疗福祉、护理福祉等专业
		服饰领域	西式剪裁、日式剪裁、和服学等专业
		文化·文娱领域	宠物美容、动物等专业

◆ ② 所学的知识和就业职业的业务不贴切 ◆

从专门学校毕业获得"专业人员"资格后在日本工作的情况下，与"本科""短期大学""硕士""博士"资格相比，入境管理局对就业工作与所学专业贴切度要求更高。

所以即便获得录用后，入境所学知识和工作业务不是很贴切的话，也可能在申请留日资格变更时被拒绝。

雇用方的企业可能对留日资格的适用性把握不是很准确的情况下经常发生这样的失误，请在决定工作之前和相关负责人商谈。

"学士""短期大学""硕士""博士"等资格一般情况下可以从事"翻译""口译"等业务。而根据有关规定"专业人员"必须要有一定年限的实际工作经验才可以申请此类工作的留日资格。企业方面提交的材料中如只写入诸如"翻译""口译"等文字的话可能留日资格申请会被拒绝。

就业企业如果是不经常雇用外国人的中小企业或者首次雇用"专业人员"的企业，请在就业前与雇用方负责人确认关于留日资格变更许可申请手续。

Z. 毕业后还在日本继续就业活动

毕业前如果没有定下工作的，可以从"留学"资格变更为"（继续找工作为理由）特定活动"资格，通过申请此资格毕业后留日时间可以延长1年继续找工作。

（此留日资格期限为6个月，仅可以更新一次，所以最大期限为1年。）

对象

大学（包含短期大学）、大学院（研究生院）等正规课程毕业生

专门学校毕业后获得专业人员资格的毕业生

申请所需材料

① 留日资格变更许可申请书

② 出示护照以及留日卡（过去的外国人登记证）

③ 留日期间的经费支付能力证明（汇款单或者存折复印件等）

④ 之前学籍所在大学的毕业证明书（专门学校学生除了提交成绩证明书外，还需要专业人员称号的所有证书）

⑤ 之前所在大学的推荐书

⑥ 可证明继续就业活动的材料（就业活动记录、笔试面试通知书等）

以"特定活动"资格留在日本找到工作后，需要申请将留日资格变成"人文知识国际业务"或者"技术"留日资格。

毕业后继续就业活动的注意事项

许多企业的雇用计划都是以应届毕业生为中心组成，也有针对往届生（第二年4—9月）的应聘，但是机会有限。

即便往届生获得了职位，也会有等到下一年入职的情况。

通常与应届生应聘日程不同，招聘信息比较难搜集。由于时期不同，应聘者很难向企业传达工作愿望。

另外，获得录用后第二年4月入职的话，到实际入职之前可以以"（内定为目的的）特定活动"留日资格留在日本。但是与就业活动内容不一样，所以在入职后请不要提交留日资格变更手续。

"（录用为目的的）特定活动"留日资格申请所需材料如下：

① 留日期间所有经费支付能力说明书

② "人文知识国际业务""技术"等劳动工作留日资格申请时必需的材料

③ 录用企业的录用通知书等可以确认录用事实和录用日期的材料

④ 遵守保持联络等义务的誓约书

⑤ 就业活动中关于获得录用企业的研究材料和就业活动说明材料

第七章 百舸争流
形形色色的排行榜

Study in Japan

人生启航，日本留学的指南针

第七版

本章分别介绍了大学各系入学考试难易度排名、私立大学各系学生第一年所需缴纳金额的排名、各大学就业率排名、招收外国留学生人数排名，希望能对大家选择学校有所帮助。

日本留学指南

百舸争流

形形色色的排行榜

CHAPTER 7

7.1 大学各系入学考试难易度排名

如同外国的大学一样，日本各大学的入学难易程度也各不相同。日本一般用数值偏差值来表示此难易程度。

我们在专门从事日本大学入学指导的权威教育机构"学校法人河合塾"的大力协助下，对全日本各大学的入学难易程度做了排名，希望能给大家带来参考。

河合塾每年都会举行"全国统一模拟考试"，每年都有300万以上想要进入日本大学学习的日本学生参加此考试。此排名表就是根据参加"全国统一模拟考试"的学生填报的志愿学校以及考试合格率得出的数据，深受广大日本考生的信赖。

由于此排名表针对的是日本学生，所以并不能直接通用于中国学生。但它对大家选择学校还是具有一定的参考价值的。

大学各系入学考试难易度排名的阅读方法具体如下。

- 等级中，Ⓜ的偏差值最高，为70%，表示入学难度最高。本节中各排名表的偏差等级按Ⓜ⑨⑫……⑬排序，入学考试难度依次递减，表中没有的数字等级表示该等级偏差值的学校不存在。表中也有个别偏差值大于Ⓜ的，用Ⓜ表示，为72.5%。
- 该表按学院系统分类显示，说明了各大学主要院系（学科）的入学考试难易程度（border rank）。数据均截止到2018年4月。数据可作为2018年升学的参考。
- 所谓的border rank指的是合格率为50%的偏差值一带。
- border free(BF)的大学及院系未列出。
- 此表按国立、公立大学及私立大学分类，按系分类显示。
- 同一系中如果有多个专业时，按照各个学系的平均等级偏差值来排列。
- 国立及公立大学显示的是个别学系考试的难易程度，私立大学显示的是一般入学考试的难易程度。
- 以学科考试形式之外（小论文、综合问题及实际技能等）来选拔的系未列出。
- 各大学名中"大学"两字已省略。

※ 所谓的border free指的是在2017年度的入学考试结果调查数据中，不能设置border rank的大学（由于未合格人员很少，所以合格率为50%的border rank不存在于任何偏差值带）。

※ 本节表中所说的border rank表示的是各大学入学考试的难易程度，不能表示日本各大学的教育内容及社会地位。

※ 本排名表根据"学校法人河合塾"提供的偏差值数据制作而成。

※ 这些数值并不能代表外国留学生参加入学考试的偏差值。

※ 排名表中记载的各大学院系（学科）是否招收留学生一事，请向各大学确认。

● 各系分类

下面是河合塾各系统入学考试难易程度排名及本书采用的各院系分类标签的对照表。

※ 此外，本章中"第一年缴纳金额排名"也采用了同样的分类方法。

河合塾排名系统	对应的院系标签
人文科学系	文 心 语 教
社会科学系	经 社 国 法
生活科学、艺术、体育科学、其他	生 艺 综
理、工、农学系	理 工 农
医、齿、药、保健学系	医 护

国立、公立大学各系入学考试难易度排名

文 心 语 教

等级 偏差值	大学名（学院名）
⓪ 67.5	東京（文科三類） 京都（文） 京都（教育）
① 65.0	大阪（総合入試文系） 北海道（文） 筑波（人文・文化） 東京外国語（言語文化） 名古屋（文） 神戸（国際人間科学） 九州（文）
② 62.5	北海道（教育） 東北（文） 東北（教育） 筑波（人間） 千葉（文） お茶の水女子（文教育） 横浜市立（国際教養）公 金沢（文系一括） 名古屋（教育） 京都府立（文）公 大阪（外国語） 奈良女子（文） 広島（文） 九州（教育）
③ 60.0	
④ 57.5	埼玉（教養） 神戸市外国語（外国語）公 岡山（文） 東京学芸（教育） 横浜国立（教育） 新潟（人文） 富山（人文）
⑤ 55.0	都留文科（文）公 信州（人文） 愛知県立（外国語）公 愛知県立（日本文化）公 愛知県立（教育福祉）公 三重（人文） 神戸市外国語（外国語（第2部））公 岡山（教育） 広島（教育） 熊本（文）
⑥ 52.5	岩手（人文社会科学） 山形（人文社会科学） 茨城（人文社会科学） 宇都宮（教育） 埼玉（教育） 千葉（教育） 都留文科（教養）公 岐阜（教育） 静岡（教育） 静岡文化芸術（文化政策）公 愛知教育（教育） 三重（教育） 滋賀県立（人間文化）公 大阪教育（教育） 奈良教育（教育） 山口（人文） 香川（教育） 愛媛（法文（昼間主）） 北九州市立（文）公 北九州市立（外国語）公 長崎（多文化社会）
⑦ 50.0	北海道教育（教育札幌校） 北海道教育（教育函館校） 弘前（人文社会科学） 岩手（教育） 宮城教育（教育） 秋田（教育文化） 山形（地域教育文化） 福島（人文社会（昼間主）） 茨城（教育） 群馬（教育） 群馬県立女子（文）公 上越教育（学校教育） 新潟（教育）

等級 偏差値	大学名（学院名）
	富山（人間発達科学） 福井（教育） 山梨（教育） 信州（教育） 京都教育（教育） 大阪教育（教育（夜間主）） 兵庫教育（学校教育） 和歌山（教育） 鳥取（地域） 尾道市立（芸術文化）公 福山市立（教育）公 愛媛（教育） 愛媛（法文（夜間主）） 高知（教育） 高知県立（文化）公 福岡教育（教育） 佐賀（教育） 長崎（教育） 熊本（教育） 熊本県立（文）公 宮崎（教育）
⑦ 50.0	
⑧ 47.5	北海道教育（教育旭川校） 北海道教育（教育釧路校） 弘前（教育） 島根（教育） 島根県立（人間文化）公 鳴門教育（学校教育） 大分（教育） 鹿児島（教育） 琉球（教育）
⑨ 45.0	北海道教育（教育岩見沢校）

经 社 国 法

等級 偏差値	大学名（学院名）
Ⓜ 70.0	東京（文科一類） 東京（文科二類）
⓪ 67.5	一橋（社会） 一橋（法） 一橋（経済） 京都（法）
① 65.0	一橋（商） 京都（経済） 大阪（法） 神戸（法）
② 62.5	東北（法） 国際教養（国際教養）公 筑波（社会・国際） 東京外国語（国際社会） 横浜国立（経済） 名古屋（経済） 大阪（経済） 北海道（経済） 九州（法）
③ 60.0	北海道（法） 北海道（経済） 東北（経済） 千葉（国際教養） 千葉（法政経） 首都大学東京（人文社会）公 首都大学東京（国際）公 首都大学東京（経済経営）公 横浜国立（経営） 横浜市立（国際商）公 大阪市立（法）公 神戸（経済） 九州（共創） 九州（経済）
④ 57.5	金沢（人間社会） 名古屋市立（人文社会）公 名古屋市立（経済）公 京都府立（公共政策）公 大阪市立（経済）公 大阪市立（商）公 岡山（法（昼間）） 岡山（経済（昼間）） 広島（法（昼間）） 広島（経済（昼間））
⑤ 55.0	埼玉（経済（昼間）） 新潟（法） 新潟（経済） 信州（経済） 静岡（人文社会科学（昼間）） 滋賀（経済（昼間主）） 兵庫県立（経済）公 兵庫県立（経営）公 和歌山（観光） 香川（法） 熊本（法）
⑥ 52.5	小樽商科（商（昼間）） 宇都宮（国際） 高崎経済（地域政策）公 高崎経済（経済）公 新潟県立（国際地域）公 富山（経済（夜間主）） 福井（国際地域） 静岡（地域創造学環（教育プログラム）） 静岡県立（国際関係）公 滋賀（経済（夜間主）） 奈良県立（地域創造）公 和歌山（経済） 島根（法文） 岡山（法（夜間）） 県立広島（人間文化）公 県立広島（経営情報）公 広島（法（夜間）） 広島市立（国際）公 山口（国際総合科学） 山口（経済） 香川（経済） 長崎（経済） 鹿児島（法文）
⑦ 50.0	小樽商科（商（夜間主）） 岩手県立（社会福祉）公 群馬県立女子（国際コミュニケーション）公 富山（経済（夜間主）） 公立小松（国際文化交流）公 福井県立（経済）公 山梨県立（国際政策）公 長野（環境ツーリズム）公 長野（社会福祉）公 長野（企業情報）公 静岡県立（経営情報）公 岡山（経済（夜間主）） 広島（経済（夜間主）） 下関市立（経済）公 山口県立（国際文化）公 愛媛（社会共創） 高知（人文社会科学） 高知工科（経済・マネジメント）公 北九州市立（法）公 北九州市立（経済）公 長崎県立（国際社会）公 大分（経済）
⑧ 47.5	釧路公立（経済）公 宮城（事業構想）公 山梨県立（人間福祉）公 長野県立（グローバルマネジメント）公 福知山公立（地域経営）公 公立鳥取環境（経営）公 尾道市立（経済情報）公 福山市立（都市経営）公 山口県立（社会福祉）公 高知（地域協働） 高知県立（社会福祉）公 北九州市立（地域創生（通常枠））公 北九州市立（地域創生（夜間特別枠））公 福岡県立（人間社会）公 佐賀（経済） 長崎県立（経営）公 琉球（国際地域創造（昼間主））
⑨ 45.0	青森公立（経営経済）公 長崎県立（地域創造）公 宮崎（地域資源創成） 宮崎公立（人文）公 名桜（国際）公 琉球（人文社会） 琉球（国際地域創造（夜間主））

生 艺 综

等级 偏差値	大学名（学院名）
⓪67.5	京都（総合人間）
①65.0	大阪（人間科学）
②62.5	お茶の水女子（生活科学）
③60.0	名古屋（情報）
④ 57.5	筑波（体育） 横浜市立（データサイエンス）公 大阪市立（生活科学）公 奈良女子（生活環境） 広島（総合科学）
⑤ 55.0	筑波（芸術） 東京芸術（美術） 新潟（創生） 岐阜（地域科学） 静岡（情報） 大阪府立（現代システム科学）公 島根（人間科学） 広島（情報科学）
⑥ 52.5	群馬（社会情報） 新潟県立（人間生活）公 静岡県立（食品栄養科学）公 滋賀（データサイエンス） 京都市立芸術（美術） 兵庫県立（環境人間）公 徳島（総合科学） 福岡女子（国際文理）公
⑦ 50.0	岩手県立（総合政策） 東京芸術（音楽） 長岡造形（造形）公 富山（芸術文化） 金沢美術工芸（美術工芸）公 長野県立（健康発達）公 愛知県立（情報科学）公 愛知県立芸術（美術） 滋賀県立（環境科学）公 島根県立（総合政策）公 高知県立（健康栄養）公 長崎（環境科学）
⑧ 47.5	札幌市立（デザイン）公 山形県立米沢栄養（健康栄養）公 静岡文化芸術（デザイン）公 京都市立芸術（音楽） 公立鳥取環境（環境）公 岡山県立（デザイン）公 広島市立（芸術）公 高知工科（情報）公 佐賀（芸術地域デザイン） 長崎県立（情報システム）公 熊本県立（総合管理）公 鹿屋体育（体育）
⑨45.0	熊本県立（環境共生）公
⑩ 42.5	秋田公立美術（美術）公 愛知県立芸術（音楽）
⑪40.0	沖縄県立芸術（美術工芸）公
⑫37.5	沖縄県立芸術（音楽）公

 理 工 農

等级 偏差値	大学名（学院名）
⓪ 67.5	東京（理科一類） 東京（理科二類）
① 65.0	北海道（獣医） 東京工業（理） 東京工業（工） 東京工業（生命理工） 東京工業（物質理工） 東京工業（環境・社会理工） 東京工業（情報理工） 京都（理） 京都（工） 京都（農）
② 62.5	北海道（理） 北海道（工） 北海道（農） 東北（理） 大阪（理） 大阪（工） 大阪（基礎工） 大阪府立（工）公 山口（共同獣医） 鹿児島（共同獣医）
③ 60.0	北海道（総合入試理系） 東北（工） 東北（農） 筑波（情報） お茶の水女子（理） 東京農工（農） 横浜国立（都市科学） 横浜国立（理工） 金沢（理系一括） 名古屋（理） 名古屋（工） 名古屋（農） 大阪市立（工）公 神戸（理） 神戸（工） 神戸（農） 九州（工） 九州（農）
④ 57.5	帯広畜産（畜産） 北海道（水産） 筑波（理工） 筑波（生命環境） 千葉（理） 千葉（工） 首都大学東京（理）公 首都大学東京（都市環境）公 首都大学東京（システムデザイン）公 電気通信（情報理工（昼間）） 東京海洋（海洋生命科学） 東京海洋（海洋資源環境） 岐阜（応用生物科学） 名古屋工業（工） 京都工芸繊維（工芸科学） 大阪市立（理）公 大阪府立（生命環境科学）公 神戸（海事科学） 九州（理） 九州（芸術工）
⑤ 55.0	埼玉（理） 千葉（園芸） 東京農工（工） 横浜市立（理）公 金沢（理工） 静岡（農） 名古屋市立（総合生命理学）公 三重（生物資源） 京都府立（生命環境）公 兵庫県立（理）公 奈良女子（理） 鳥取（農） 岡山（工） 岡山（農） 広島（理） 広島（工）

等级 偏差値	大学名（学院名）
⑤ 55.0	広島（生物生産） 長崎（水産） 岩手（農） 埼玉（工） 東京海洋（海洋工） 新潟（理） 新潟（農） 信州（理） 信州（工） 信州（繊維） 信州（農） 岐阜（工） 静岡（理） 静岡（工） 名古屋市立（芸術工）公 三重（工） 和歌山（システム工） 岡山（理） 岡山（環境理工） 九州工業（工） 九州工業（情報工） 熊本（工） 宮崎（農）
⑦ 50.0	弘前（農学生命科学） 山形（農） 茨城（工） 茨城（農） 宇都宮（地域デザイン科学） 宇都宮（工） 宇都宮（農） 群馬（理工（昼間）） 新潟（工） 富山（理） 富山（工） 富山（都市デザイン） 石川県立（生物資源環境）公 福井（工）

理 工 农

等级偏差值	大学名（学院名）
⑦ 50.0	福井県立（生物資源） 福井県立（海洋生物資源） 山梨（生命環境） 公立諏訪東京理科（工） 豊橋技術科学（工） 名古屋工業（工（第二部）） 滋賀県立（工） 兵庫県立（工） 島根（総合理工） 岡山県立（情報工） 県立広島（生命環境） 山陽小野田市立山口東京理科（工） 山口（理） 山口（農） 香川（農） 高知（理工） 佐賀（理工） 佐賀（農） 熊本（理工） 鹿児島（理）
⑧ 47.5	弘前（理工） 岩手（理工） 宮城（食産業） 秋田（国際資源） 秋田（理工） 秋田県立（生物資源科学） 山形（理） 山形（工（昼間）） 山形（工（フレックス）） 福島（理工） 茨城（工（昼間）） 群馬（理工（フレックス）） 前橋工科（工（昼間）） 長岡技術科学（工） 富山県立（工） 山梨（工） 鳥取（工） 島根（生物資源科学） 広島市立（情報科学） 山口（工） 徳島（理工（昼間）） 徳島（生物資源産業） 香川（創造工） 愛媛（理） 愛媛（工） 愛媛（農） 高知（農林海洋科学） 高知工科（システム工） 高知工科（環境理工） 北九州市立（国際環境工） 長崎（工） 宮崎（工） 鹿児島（工） 鹿児島（農） 鹿児島（水産） 琉球（農）
⑨ 45.0	北見工業（工） 公立はこだて未来（システム情報科学） 室蘭工業（工（昼間）） 室蘭工業（工（夜間主）） 岩手県立（ソフトウェア情報） 秋田県立（システム科学技術） 会津（コンピュータ理工） 公立小松（生産システム科学） 徳島（理工（夜間主）） 大分（理工） 琉球（工）
⑩ 42.5	茨城（工（フレックス）） 前橋工科（工（夜間主））
⑪ 35.0	筑波技術（産業技術）

医 护

等级偏差值	大学名（学院名）
Ⓜ 72.5	東京（理科三類）
Ⓜ 70.0	東京医科歯科（医-医） 京都（医-医） 大阪（医-医） 奈良県立医科（医-医）
ⓞ 67.5	北海道（医-医） 東北（医-医） 千葉（医-医） 横浜市立（医-医） 金沢（医薬保健-医） 山梨（医-医） 岐阜（医-医） 名古屋（医-医） 名古屋市立（医-医） 三重（医-医） 京都府立医科（医-医） 大阪市立（医-医） 神戸（医-医） 岡山（医-医） 広島（医-医） 香川（医-医） 九州（医-医） 長崎（医-医）
① 65.0	旭川医科（医-医） 札幌医科（医-医） 北海道（薬） 秋田（医-医） 山形（医-医） 福島県立医科（医-医） 筑波（医-医） 群馬（医-医） 千葉（薬） 新潟（医-医） 富山（医-医） 福井（医-医） 信州（医-医） 浜松医科（医-医） 名古屋市立（薬） 滋賀医科（医-医） 京都（薬） 大阪（薬） 和歌山県立医科（医-医） 鳥取（医-医） 島根（医-医） 山口（医-医） 愛媛（医-医） 高知（医-医） 佐賀（医-医） 熊本（医-医） 大分（医-医） 宮崎（医-医） 鹿児島（医-医） 琉球（医-医）
② 62.5	北海道（歯） 弘前（医-医） 東北（薬） 京都（医-人間健康科学） 岡山（薬） 広島（薬） 徳島（医-医） 九州（歯） 九州（薬） 東北（歯） 東京医科歯科（医-保健衛生） 岐阜薬科（薬） 大阪（医-保健） 広島（歯） 神戸（医-保健） 岡山（歯） 山陽小野田市立山口東京理科（薬） 鹿児島（歯）
③ 60.0	北海道（医-保健） 筑波（医-医以外） 富山（薬） 静岡県立（薬） 名古屋（医-保健） 大阪市立（医-看護） 徳島（歯） 徳島（薬） 九州（医-医以外） 長崎（歯） 熊本（薬）
④ 57.5	東北（医-保健） 千葉（看護） 首都大学東京（健康福祉） 東京医科歯科（歯）
⑤ 55.0	新潟（歯） 金沢（医薬保健-医以外） 名古屋市立（看護） 京都府立医科（医-看護） 大阪府立（地域保健） 岡山（医-保健） 広島（医-保健） 広島（歯） 長崎（薬） 札幌医科（保健医療） 札幌市立（看護） 群馬（医-保健） 横浜市立（医-看護） 新潟（医-保健） 信州（医-保健） 岐阜（医-看護） 静岡県立（看護） 浜松医科（医-看護） 愛知県立（看護） 三重（医-看護）
⑥ 52.5	滋賀県立（人間看護） 神戸市看護（看護） 兵庫県立（看護） 山口（医-医以外） 徳島（医-医以外） 香川（医-医以外） 九州歯科（歯） 熊本（医-保健）
⑦ 50.0	旭川医科（医-看護） 弘前（医-保健） 秋田（医-保健） 山形（医-看護） 茨城県立医療（保健医療） 群馬県立県民健康科学（診療放射線） 埼玉県立（保健医療） 千葉県立保健医療（健康科学） 神奈川県立保健福祉（保健福祉） 富山（医-看護） 石川県立看護（看護） 公立小松（保健医療） 敦賀市立看護（看護） 福井（医-看護） 福井県立（看護福祉） 山梨県立（看護） 岐阜県立看護（看護） 三重県立看護（看護） 滋賀県立（医-看護） 奈良県立医科（医-看護） 和歌山県立医科（保健看護） 鳥取（医-医以外） 島根（医-看護） 島根県立（看護栄養） 岡山県立（保健福祉） 新見公立（健康科学） 県立広島（保健福祉） 山口県立（看護栄養） 香川県立保健医療（保健医療） 愛媛（医-看護） 愛媛県立医療技術（保健科学） 高知（医-看護） 高知県立（看護） 福岡県立（看護） 佐賀（医-看護） 長崎（医-看護） 長崎県立（看護栄養） 大分（福祉健康科学） 宮崎（医-看護） 鹿児島（医-保健） 琉球（医-保健）
⑧ 47.5	青森県立保健（健康科学） 宮城（看護） 山形県立保健医療（保健医療） 福島県立医科（看護） 群馬県立県民健康科学（看護） 山梨（医-看護） 長野県看護（看護） 大分（医-看護） 大分県立看護科学（看護）
⑨ 45.0	名寄市立（保健福祉） 岩手県立（看護） 宮崎県立看護（看護） 沖縄県立看護（看護） 名桜（人間健康）
⑪ 35.0	筑波技術（保健科学）

私立大学各系入学考试难易度排名

文 心 语 教

等级偏差值	大学名（学院名）
① 65.0	立教（異文化コミュニケーション） 早稲田（文、文化構想）
② 62.5	慶應義塾（文） 上智（文、外国語） 早稲田（教育） 同志社（グローバル・コミュニケーション）
③ 60.0	青山学院（教育人間科学、総合文化政策） 明治（文） 立教（文、現代心理） 同志社（文、心理）
④ 57.5	青山学院（文） 学習院（文） 中央（文） 法政（文） 同志社（神） 立命館（文、総合心理） 関西（外国語） 関西学院（文）
⑤ 55.0	國學院（文） 上智（神） 成蹊（文） 武蔵（人文） 明治学院（心理） 南山（外国語、人文） 関西（文） 関西学院（教育）
⑥ 52.5	獨協（国際教養） 文教（教育） 駒澤（文） 成城（文芸） 専修（人間科学） 玉川（文、教育） 東京女子（現代教養） 東洋（文） 日本女子（文） 明治学院（文） 中京（文） 関西外国語（英語キャリア） ノートルダム清心女子（文） 西南学院（文）
⑦ 50.0	獨協（外国語） 國學院（人間開発、神道文化（フレックスB／昼間主）） 昭和女子（人間社会） 専修（文） 日本（文理） 日本女子（人間社会） 武蔵野（教育） 愛知（文） 愛知淑徳（グローバル・コミュニケーション） 中京（心理） 名古屋外国語（外国語） 名城（外国語） 京都女子（文、発達教育） 同志社女子（表象文化） 佛教（教育、歴史） 関西外国語（外国語） 近畿（文芸、国際） 関西学院（神） 甲南（文） 西南学院（人間科学） 福岡（人文）
⑧ 47.5	北星学園（文） 東北学院（文） 東北福祉（教育） 文教（文、人間科学） 神田外語（外国語） 大妻女子（文、比較文化） 国士舘（文） 昭和女子（人間文化） 聖心女子（文） 創価（教育） 大東文化（文） 東海（文、文化社会） 二松學舍（文） 明星（教育） 立正（心理） 神奈川（外国語） 金沢星稜（文） 岐阜聖徳学園（教育） 愛知（現代中国） 愛知淑徳（文、心理） 椙山女学園（教育、国際コミュニケーション） 名古屋学芸（ヒューマンケア） 皇學館（教育） 大谷（教育）

等级偏差值	大学名（学院名）
⑧ 47.5	京都産業（外国語、文化） 龍谷（文） 関西外国語（英語国際） 四天王寺（教育） 大和（教育） 神戸女学院（文） 武庫川女子（文） 畿央（教育） 就実（教育） 広島修道（人文） 安田女子（心理） 松山（人文） 西南学院（神） 中村学園（教育）
⑨ 45.0	北海学園（人文） 共立女子（文芸） 國學院（神道文化（フレックスA／夜間主）） 駒澤（仏教） 実践女子（文） 白百合女子（文、人間総合） 清泉女子（文） 創価（文） 大正（文、心理社会、表現） 大東文化（外国語） 東京家政（人文） 日本体育（児童スポーツ教育） 武蔵野（文） 明星（心理） 立正（文） フェリス女学院（文） 常葉（教育） 愛知学院（文） 中部（現代教育） 京都外国語（外国語） 京都橘（文、発達教育、国際英語） 佛教（文） 追手門学院（心理） 摂南（外国語） 神戸学院（心理） 神戸女学院（人間科学） 就実（人文科学） 安田女子（教育）
⑩ 42.5	茨城キリスト教（文） 白鷗（教育） 淑徳（人文） 麗澤（外国語） 跡見学園女子（心理） 杏林（外国語） 大正（仏教、人間） 拓殖（外国語） 帝京（文、教育、外国語） 東京未来（モチベーション行動科学） 東洋（文（第2部）） 明星（人文） 鎌倉女子（教育） 関東学院（教育） 金城学院（文、人間科学） 椙山女学園（人間関係） 中部（人文） 名古屋学院（外国語） 佛教（仏教） 追手門学院（国際教養） 大阪大谷（教育） 大阪体育（教育） 梅花女子（文化表現） 甲南女子（文、人間科学） 神戸学院（グローバル・コミュニケーション） 神戸女子（文） 久留米（文） 福岡女学院（国際キャリア） 九州ルーテル学院（人文）
⑪ 40.0	藤女子（文） 宮城学院女子（教育） 育英（教育） 共栄（教育） 秀明（学校教師） 淑徳（教育、総合福祉） 跡見学園女子（文） 桜美林（グローバル・コミュニケーション、リベラルアーツ） 白梅学園（子ども） 玉川（リベラルアーツ） 東京成徳（応用心理） 東京未来（こども心理） 目白（外国語） 関東学院（国際文化）

等级 偏差值	大学名（学院名）
⑪ 40.0	鶴見（文）
	富山国際（子ども育成）
	山梨学院（国際リベラルアーツ）
	常葉（外国語）
	東海学園（心理）
	日本福祉（子ども発達）
	大谷（文）
	花園（発達教育）
	大阪大谷（文）
	大阪学院（外国語）
	大阪成蹊（教育）
	四天王寺（人文社会）
	阪南（国際コミュニケーション）
	東大阪（こども）
	桃山学院（国際教養）
	関西国際（教育）
	神戸学院（人文）
	神戸常盤（教育）
	帝塚山（心理）
	天理（人間）
	奈良（文）
	安田女子（文）
	山口学芸（教育）
	熊本学園（外国語）
	沖縄キリスト教学院（人文）
	沖縄国際（総合文化）
⑫ 37.5	北海学園（人文（2部））
	盛岡（文）
	宮城学院女子（学芸）
	東北文教（人間科学）
	常磐（人間科学）
	高崎健康福祉（人間発達）
	駿河台（心理、現代文化）
	東京国際（言語コミュニケーション）
	開智国際（教育、国際教養）
	明海（外国語）
	恵泉女学園（人文）
	駒沢女子（人間総合）
	帝京科学（教育人間科学）
	東京家政（子ども）
	東京福祉（教育、心理）
	文化学園（現代文化）
	文京学院（外国語）
	目白（人間）
	田園調布学園（子ども未来）
	金沢学院（文）
	清泉女学院（人間）
	松本（教育）
	東海学園（教育、人文）
	名古屋女子（文）
	皇學館（文）
	びわこ学院（教育福祉）
	京都学園（人文）
	京都光華女子（こども教育）
	京都ノートルダム女子（国際言語文化、現代人間）
	京都文教（臨床心理）
	大阪産業（国際）
	大阪女学院（国際・英語）
	関西福祉科学（教育）
	帝塚山学院（リベラルアーツ）
	梅花女子（心理こども）
	桃山学院教育（教育）
	大手前（総合文化）
	甲子園（心理）
	神戸親和女子（文、発達教育）
	天理（文）
	岡山理科（教育）
	環太平洋（次世代教育）
	吉備国際（外国語）
	くらしき作陽（子ども教育）
	徳島文理（文）
	高松（発達科学）
	九州産業（人間科学）
	筑紫女学園（人間科学）
	福岡女学院（人文）
	活水女子（国際文化）
	長崎外国語（外国語）
	尚絅（現代文化）
⑬ 35.0	札幌（地域共創）
	札幌学院（心理）
	札幌国際（人文）
	北海道医療（心理科学）
	弘前学院（文）
	石巻専修（人間）
	作新学院（人間文化）

等级 偏差值	大学名（学院名）
	武蔵野学院（国際コミュニケーション）
	川村学園女子（文、教育）
	秀明（英語情報マネジメント）
	聖徳（文、心理・福祉）
	和洋女子（人文）
	東京純心（現代文化）
	東京福祉（保育児童）
	文京学院（人間）
	立正（仏教）
	和光（現代人間）
	相模女子（学芸）
	松蔭（コミュニケーション文化）
	横浜創英（こども教育）
	北陸（国際コミュニケーション）
	仁愛（人間）
	岐阜聖徳学園（外国語）
	中部学院（教育）
	東海学院（人間関係）
	愛知東邦（教育）
	桜花学園（学芸）
	同朋（文）
	名古屋芸術（人間発達）
	名古屋商科（国際）
	鈴鹿（こども教育）
⑬ 35.0	京都精華（人文）
	花園（文）
	大阪観光（国際交流）
	大阪人間科学（人間科学）
	関西福祉科学（心理科学）
	相愛（人文）
	太成学院（人間）
	芦屋（臨床教育、経営教育）
	関西国際（国際コミュニケーション、人間科学）
	関西福祉（教育）
	神戸松蔭女子学院（文）
	帝塚山（教育）
	奈良学園（人間教育）
	高野山（文）
	山陽学園（総合人間）
	比治山（現代文化）
	広島文教（人間科学）
	梅光学院（文）
	四国（文）
	四国学院（社会）
	九州女子（人間科学）
	福岡女学院（人間関係）
	西九州（子ども）
	長崎純心（人文）
	宮崎国際（教育）
	沖縄（人文）

等级偏差值	大学名（学院名）
⓪ 67.5	慶應義塾（法） 早稲田（法、政治経済）
① 65.0	慶應義塾（経済、商） 早稲田（国際教養、社会科学、商）
② 62.5	青山学院（国際政治経済） 上智（総合人間科学、総合グローバル、法、経済） 明治（政治経済） 立教（経営）
③ 60.0	青山学院（法、経済、経営） 中央（法） 法政（グローバル教養） 明治（国際日本、法、経営、商、情報コミュニケーション） 立教（社会、法、経済） 同志社（グローバル地域文化、社会、法、経済、商） 立命館（国際関係） 関西学院（国際）
④ 57.5	青山学院（地球社会共生） 学習院（国際社会科学、法、経済） 中央（経済、商、フレックス）） 東京理科（経営） 法政（社会、国際文化、法、経済、経営） 立教（観光、コミュニティ福祉） 立命館（法、経済） 関西学院（経済）
⑤ 55.0	成蹊（法、経済） 成城（経済） 津田塾（学芸） 法政（現代福祉） 明治学院（社会、国際） 南山（国際教養、法、経済、経営） 立命館（産業社会、経済） 関西（社会、法、政策創造、経済、商） 関西学院（社会、法、商）
⑥ 52.5	國學院（法、経済） 昭和女子（グローバルビジネス） 成城（社会イノベーション、法） 専修（法） 創価（国際教養） 東洋（社会、国際観光、国際（昼間）、法、経営） 日本（法） 武蔵（社会、経済） 明治学院（法、経済） 愛知（国際コミュニケーション） 中京（国際教養） 立命館（食マネジメント） 関西学院（人間福祉） 西南学院（商、法、経済） 立命館アジア太平洋（アジア太平洋、国際経営）
⑦ 50.0	獨協（経済） 学習院女子（国際文化交流） 駒澤（グローバル・メディア・スタディーズ、法（フレックスA）、経済、経営） 実践女子（人間社会） 昭和女子（国際） 専修（経済、経営、商） 東京経済（経営） 東洋（経済） 日本（経済、商、危機管理） 愛知（法、経済、経営） 愛知淑徳（福祉貢献） 中京（国際英語、経済、経営） 名古屋外国語（世界教養、世界共生、現代国際） 名城（経営） 京都外国語（国際貢献） 京都産業（現代社会） 京都女子（現代社会、法） 同志社女子（現代社会） 龍谷（国際、法、経済） 近畿（総合社会、法、経済、経営） 甲南（経済、経営） 西南学院（商）
⑧ 47.5	獨協（法） 千葉商科（サービス創造） 亜細亜（国際関係） 桜美林（ビジネスマネジメント） 共立女子（国際） 国士舘（政経、経営） 産業能率（経営） 順天堂（国際教養） 大東文化（社会） 東海（観光） 東京経済（コミュニケーション、現代法） 日本（国際関係（静岡）） 武蔵野（グローバル、経済） 立正（法、経済、経営） 神奈川（法、経済）

等级偏差值	大学名（学院名）
⑧ 47.5	愛知（地域政策） 愛知学院（経済） 愛知淑徳（ビジネス） 中京（現代社会、法） 名城（経済） 京都産業（国際関係、法、経済、経営） 龍谷（政策、経営） 大和（政治経済） 甲南（法、マネジメント創造） 就実（経営） 安田女子（現代ビジネス） 福岡（法、経済、商）
⑨ 45.0	北海学園（法、経済、経営） 東北学院（法、経済、経営） 茨城キリスト教（経営） 文教（国際（神奈川）、経営（神奈川）） 亜細亜（経済、経営） 大妻女子（人間関係） 国士舘（法） 駒澤（法（フレックスB）） 専修（法（二部）、経済（二部）、商（二部）） 創価（法、経済、経営） 大東文化（法、経済） 拓殖（国際、政経、商） 玉川（観光） 東海（法、政治経済） 東京都市（都市生活） 東洋（社会（第2部）、国際（イブニング）） 日本（法（第二部）） 武蔵野（経営） 神奈川（経営） フェリス女学院（国際交流） 愛知学院（法、経営、商） 愛知淑徳（交流文化） 金城学院（国際情報） 中部（国際関係） 名城（法） 大谷（社会） 京都橘（現代ビジネス） 佛教（社会） 龍谷（社会） 大阪経済（経済、経営） 摂南（法、経済、経営） 神戸学院（法） 広島修道（法、経済科学、商） 松山（法、経済） 中村学園（流通科学）
⑩ 42.5	北星学園（経済） 東北福祉（総合福祉） 共愛学園前橋国際（国際社会） 千葉商科（商経） 亜細亜（法） 桜美林（健康福祉） 国士舘（２１世紀アジア） 産業能率（情報マネジメント） 大東文化（国際関係、経営） 玉川（経営） 帝京（法） 東海（経営（熊本）） 東洋（法（第2部）、経済（第2部）、経営（第2部）） 二松學舎（国際政治経済） 日本社会事業（社会福祉） 明星（経済、経営） 関東学院（法） 東洋英和女学院（国際社会） 新潟国際情報（国際、経営情報） 新潟青陵（福祉心理） 金沢星稜（経済） 愛知工業（経営） 椙山女学園（現代マネジメント） 中部（経営情報） 名古屋学院（経済、商） 佛教（社会福祉） 追手門学院（社会、地域創造、経済、経営） 大阪経済（情報社会、経営（第２部）） 大阪経済法科（国際、法、経済、経営） 大阪工業（知的財産） 大阪国際（国際教養、経営経済） 神戸学院（現代社会、経済、経営） 神戸女子（健康福祉） 岡山理科（経営） 広島修道（国際コミュニティ） 松山（経営） 九州産業（国際文化） 福岡（商（第二部））

等級偏差値	大学名（学院名）
⑪ 40.0	東北福祉（総合マネジメント）
	宮城学院女子（現代ビジネス）
	流通経済（法）
	白鷗（法）
	群馬医療福祉（社会福祉）
	東京国際（国際関係）
	千葉工業（社会システム科学）
	千葉商科（国際教養）
	亜細亜（都市創造）
	跡見学園女子（観光コミュニティ、マネジメント）
	大正（地域創生）
	帝京（経済）
	東海（国際文化（北海道）、健康）
	文京学院（経営）
	目白（社会）
	ルーテル学院（総合人間）
	関東学院（社会、経済、経営）
	山梨学院（現代ビジネス）
	松本（総合経営）
	常葉（法）
	名古屋学院（現代社会、国際文化、法）
	皇學館（現代日本社会）
	大阪大谷（人間社会）
	大阪産業（経済）
	大阪成蹊（マネジメント）
	四天王寺（経営）
	阪南（国際観光、経済、経営情報）
	桃山学院（社会、経済、経営）
	久留米（経済、商）
	沖縄国際（法、産業情報）
⑫ 37.5	北星学園（社会福祉）
	北海学園（経済（2部）、経営（2部））
	青森（社会、総合経営）
	青森中央学院（経営法）
	流通経済（社会、経済）
	白鷗（経営）
	上武（ビジネス情報）
	高崎健康福祉（健康福祉）
	共栄（国際経営）
	城西（現代政策、経済、経営）
	東京経済（経済、商）
	城西国際（国際人文、福祉総合）
	千葉経済（経済）
	千葉商科（人間社会）
	中央学院（法、商）
	明海（ホスピタリティ・ツーリズム）
	麗澤（経済）
	恵泉女学園（人間社会）
	高千穂（商）
	多摩（グローバルスタディーズ、経営情報）
	帝京平成（現代ライフ）
	東京成徳（国際、経営）
	東京福祉（社会福祉）
	東洋学園（グローバル・コミュニケーション、現代経営）
	目白（経営）
	立正（社会福祉）
	桐蔭横浜（法）
	横浜商科（商）
	新潟医療福祉（社会福祉、医療経営管理）
	金城（社会）
	北陸（経済経営）
	山梨学院（法）
	常葉（経営）
	東海学園
	日本福祉（社会福祉）
	京都学園（経済経営）
	京都文教（総合社会）
	大阪学院（国際、法、経営）
	大阪観光（観光）
	大阪産業（経済）
	大阪商業（総合経営）
	太成学院（経営）
	羽衣国際（現代社会）
	阪南（流通）
	桃山学院（法）
	関西福祉（社会福祉）
	神戸国際（経済）
	姫路獨協（人間社会）
	兵庫（現代ビジネス、生涯福祉）
	流通科学（人間社会、経済）
	帝塚山（経済経営）
	天理（国際）
	広島経済（経済）
	九州産業（地域共創、経済、商）
	久留米（法）

等級偏差値	大学名（学院名）
⑫ 37.5	熊本学園（経済）
	沖縄国際（経済）
	札幌学院（経営）
	石巻専修（経営）
	仙台白百合女子（人間）
	ノースアジア（法）
	福島学院（福祉）
	常磐（総合政策）
	流通経済（流通情報）
	国際医療福祉（医療福祉）
	作新学院（経営）
	埼玉学園（経済経営）
	駿河台（法、経済経営）
	江戸川（社会）
	敬愛（国際）
	秀明（観光ビジネス、総合経営）
	淑徳（コミュニティ政策、経営）
	城西国際（経営情報）
	清和（法）
	明海（経済、不動産）
	嘉悦（経営経済）
	高千穂（経営）
	東京富士（経営）
	日本文化（法）
	和光（経済経営）
	相模女子（人間社会）
	松蔭（観光メディア文化）
	田園調布学園（人間福祉）
	新潟経営（経営情報、観光経営）
	北陸学院（人間総合）
	朝日（法、経営）
	岐阜協立（経済、経営）
	岐阜聖徳学園（経済情報）
	中京学院（経営）
	静岡英和学院（人間社会）
	静岡産業
	聖隷クリストファー（社会福祉）
	愛知東邦（経営）
	星城（経営）
	豊橋創造（経営）
⑬ 35.0	名古屋商科（経済、経営、商）
	日本福祉（経済、国際福祉開発）
	花園（社会福祉）
	大阪学院
	大阪商業（公共、経済）
	大手前（現代社会）
	関西国際（経営）
	神戸医療福祉（社会福祉）
	神戸山手（現代社会）
	流通科学（商）
	奈良（社会）
	岡山商科（経営）
	環太平洋（経営）
	吉備国際（社会科学）
	福山（経済）
	九州国際（現代ビジネス）
	西南女学院（保健福祉）
	日本経済（経営（福岡）、経営（東京））
	長崎ウエスレヤン（現代社会）
	熊本学園（社会福祉、商）
	九州保健福祉（社会福祉）
	宮崎国際（国際教養）
	宮崎産業経営（経営）
	鹿児島国際（福祉社会）

第七章 / 百舸争流——形形色色的排行榜

 生 艺 综

等级偏差值	大学名（学院名）
① 65.0	慶應義塾（総合政策） 国際基督教（教養）
② 62.5	慶應義塾（環境情報） 早稲田（人間科学）
③ 60.0	早稲田（スポーツ科学） 同志社（政策）
④ 57.5	青山学院（社会情報） 中央（総合政策） 津田塾（総合政策） 法政（キャリアデザイン） 同志社（文化情報）
⑤ 55.0	日本女子（家政） 法政（スポーツ健康、人間環境） 同志社（スポーツ健康科学） 立命館（政策科学） 関西学院（総合政策）
⑥ 52.5	南山（総合政策） 立命館（映像、スポーツ健康科学） 関西（社会安全、人間健康、総合情報）
⑦ 50.0	順天堂（スポーツ健康科学） 昭和女子（生活科学） 日本（芸術） 武蔵野美術（造形構想） 中京（スポーツ科学） 京都女子（家政） 同志社女子（生活科学） ノートルダム清心女子（人間生活）
⑧ 47.5	女子栄養（栄養） 大妻女子（社会情報、家政） 共立女子（家政） 専修（ネットワーク情報） 東京都市（メディア情報） 日本（スポーツ科学） 武蔵野（人間科学） 神奈川（人間科学） 椙山女学園（生活科学） 中京（総合政策） 名古屋学芸（管理栄養、メディア造形） 名城（人間） 同志社女子（学芸） 武庫川女子（生活環境）
⑨ 45.0	東北学院（教養） 東北芸術工科（芸術） 千葉工業（情報科学） 駒沢女子（人間健康） 東海（教養、体育） 東京家政（家政） 東京経済（キャリアデザインプログラム） 東京都市（環境、人間科学） 東洋（ライフデザイン、総合情報、情報連携） 日本体育（体育） 武蔵野美術（造形） 鎌倉女子（家政） 愛知学院（総合政策） 愛知工業（情報科学） 愛知淑徳（創造表現） 金城学院（生活環境） 椙山女学園（文化情報） 日本福祉（スポーツ科学） 名城（都市情報） 大阪経済（人間科学） 神戸女子（家政） 武庫川女子（健康・スポーツ科学） 中村学園（栄養科学） 福岡（スポーツ科学）
⑩ 42.5	文教（健康栄養（神奈川）、情報（神奈川）） 千葉商科（政策情報） 杏林（総合政策） 国士舘（体育） 実践女子（生活科学） 大東文化（スポーツ・健康科学） 多摩美術（美術） 東京家政学院（人間栄養） 東京工科（デザイン、メディア） 東洋（食環境科学） 日本体育（スポーツマネジメント） 鎌倉女子（児童） 関東学院（栄養） フェリス女学院（音楽） 新潟医療福祉（健康科学） 金沢星稜（人間科学） 福井工業（スポーツ健康科学） 愛知淑徳（人間情報） 桜花学園（保育） 至学館（健康科学）

等級偏差値	大学名（学院名）
⑩ 42.5	京都造形芸術（芸術） 大阪樟蔭女子（健康栄養） 大阪総合保育（児童保育） 大阪体育（体育） 甲南女子（医療栄養） 神戸学院（栄養） 天理（体育） 広島修道（健康科学） 福岡工業（社会環境）
⑪ 40.0	宮城学院女子（生活科学） 茨城キリスト教（生活科学） 城西国際（メディア） 桜美林（芸術文化） 玉川（芸術） 東京成徳（子ども） 日本体育（体育） 目白（メディア） 麻布（生命・環境科学） 相模女子（栄養科学） 金沢工業（情報フロンティア） 福井工業（環境情報） 山梨学院（健康栄養、スポーツ科学） 常葉（保育、社会環境） 大同（情報） 東海学園（健康栄養） 京都精華（デザイン、マンガ） 京都美術工芸（工芸） 大阪国際（人間科学） 大阪産業（スポーツ健康） 大手前（健康栄養） 園田学園女子（人間健康） 帝塚山（現代生活） 美作（生活科学） 広島工業（生命、環境） 広島修道（人間環境） 安田女子（家政） 久留米（人間健康） 尚絅（家政） 藤女子（人間生活） 仙台（体育） 国際武道（体育） 和洋女子（家政） 女子美術（芸術） デジタルハリウッド（デジタルコミュニケーション） 東京造形（造形） 東洋学園（人間科学） 日本体育（スポーツ文化） 文化学園（服装、造形） 武蔵野音楽（音楽） 明星（デザイン、情報） 関東学院（人間共生） 桐蔭横浜（スポーツ健康政策） 東洋英和女学院（人間科学） 日本映画（映画） 横浜美術（美術） 松本（人間健康） 常葉（造形、健康プロデュース） 東海学園（スポーツ健康科学）
⑫ 37.5	名古屋学院（スポーツ健康） 名古屋女子（家政） 名古屋文理（健康生活、情報メディア） 成安造形（芸術） 嵯峨美術（芸術） 大阪芸術（芸術） 大阪成蹊（芸術） 関西福祉科学（健康福祉） 相愛（音楽） 帝塚山学院（人間科学） 梅花女子（食文化） 羽衣国際（人間生活） 神戸芸術工科（芸術工） 神戸情報（音楽） 宝塚（東京メディア芸術） 武庫川女子（音楽） 岡山理科（総合情報） 環太平洋（体育） 倉敷芸術科学（芸術） 中国学園（現代生活） 西日本工業（デザイン） 崇城（情報） 南九州（健康栄養）
⑬ 35.0	札幌大谷（芸術） 北翔（生涯スポーツ） 稚内北星学園（情報メディア） 盛岡（栄養科学）

等級偏差値	大学名（学院名）
⑬ 35.0	尚絅学院（総合人間科学） 東北工業（ライフデザイン） 郡山女子（家政） 日本ウェルネススポーツ（スポーツプロモーション） 流通経済（スポーツ健康科学） 文星芸術（美術） 十文字学園女子（人間生活） 尚美学園（総合政策、芸術情報） 駿河台（メディア情報） 東京国際（人間社会） 東邦音楽（音楽） 人間総合科学（人間科学） 川村学園女子（生活創造） 聖徳（児童（昼間主）、人間栄養、音楽、児童（夜間主）） 千葉科学（危機管理） 高千穂（人間科学） 東京音楽（音楽） 東京家政学院（現代生活） 東京工芸（芸術） 東京女子体育（体育） 東京聖栄（健康栄養） 金沢学院（人間健康） 仁愛（人間生活） 岐阜女子（家政） 中部学院（スポーツ健康科学） 東海学院（健康福祉） 愛知学泉（家政） 愛知産業（造形） 愛知東邦（人間健康） 名古屋芸術（芸術） 名古屋造形（造形） 四日市（総合政策） びわこ成蹊スポーツ（スポーツ） 京都華頂（現代家政） 京都精華（芸術、ポピュラーカルチャー） 大阪音楽（音楽） 大阪学院（情報） 大阪樟蔭女子（学芸、児童教育） 千里金蘭（生活科学） 大手前（メディア・芸術） 甲子園（栄養） 神戸松蔭女子学院（人間科学） くらしき作陽（食文化） 中国短期（子ども） エリザベト音楽（音楽） 比治山（健康栄養） 広島国際（医療栄養） 広島女学院（人間生活） 四国（生活科学） 九州栄養福祉（食物栄養） 九州産業（芸術） 九州女子（家政） 活水女子（音楽、健康生活） 長崎国際（健康管理） 長崎総合科学（総合情報） 別府（食物栄養科学）

理 工 农

等级偏差值	大学名（学院名）
① 65.0	慶應義塾（理工）
	早稲田（基幹理工、創造理工、先進理工）
③ 60.0	上智（理工）
	東京理科（工）
	同志社（理工）
④ 57.5	青山学院（理工）
	東京理科（理、基礎工、理工）
	明治（理工、農）
	立教（理）
	豊田工業（工）
	同志社（生命医科学）
⑤ 55.0	芝浦工業（建築）
	中央（理工）
	日本獣医生命科学（獣医）
	法政（デザイン工、生命科学）
	明治（総合数理）
	立命館（理工）
⑥ 52.5	学習院（理）
	工学院（建築）
	芝浦工業（工）
	東京農業（応用生物科学）
	法政（理工、情報科学）
	麻布（獣医）
	立命館（情報理工、生命科学）
	関西（環境都市工、化学生命工、システム理工）
	近畿（建築）
	関西学院（理工）
⑦ 50.0	酪農学園（獣医）
	北里（理）
	工学院（先進工、情報）
	芝浦工業（システム理工、デザイン工）
	成蹊（理工）
	東京電機（システムデザイン工）
	東京農業（生命科学）
	日本（理工）
	日本女子（理）
	名城（理工、農）
	京都産業（情報理工、生命科学）
	近畿（農）
	岡山理科（獣医）
⑧ 47.5	北里（獣医、海洋生命科学）
	工学院（工）
	東京電機（未来科学、工）
	東京都市（工、知識工）
	東京農業（農、地域環境科学、国際食料情報）
	東京薬科（生命科学）
	日本（生物資源科学）
	中京（工）
	南山（理工）
	京都産業（理）
	近畿（理工）
	甲南（理工）
	福岡（工）
⑨ 45.0	東北芸術工科（デザイン工）
	千葉工業（創造工）
	創価（理工）
	玉川（農）
	東海（情報理工、生物（北海道）、海洋（静岡））
	東京電機（理工）
	東京理科（理（第二部））
	東邦（理）
	東洋（理工、生命科学）
	日本（生産工）
	神奈川（工）
	愛知工業（工）
	中部（工）
	龍谷（理工、農）
	大阪工業（工、ロボティクス＆デザイン工、情報科学）
	近畿（工（広島）、生物理工（和歌山））
	甲南（フロンティアサイエンス、知能情報）
	福岡（工）
⑩ 42.5	東北学院（工）
	千葉工業（工、先進工）
	国士舘（理工）
	東海（理、工、情報通信）
	東京工科（コンピュータサイエンス、応用生物）
	東京農業（生物産業（北海道））
	日本獣医生命科学（応用生命科学）
	武蔵野（工）
	神奈川（工）
	関東学院（建築・環境）
	金沢工業（建築、バイオ・化学）
	中部（応用生物）
	近畿（産業理工（福岡））
	摂南（理工）

等級偏差値	大学名（学院名）
⑩ 42.5	岡山理科（生物地球）
	広島工業（情報）
	福岡工業（工、情報工）
	千歳科学技術（理工）
	城西（理）
	日本工業（建築）
	拓殖（工）
	玉川（工）
	東海（農（熊本））
	東京工科（工）
	東京電機（工（第二部））
	日本（工（福島））
⑪ 40.0	立正（地球環境科学）
	神奈川工科（情報、応用バイオ科学）
	新潟食料農業（食料産業）
	金沢工業（工）
	福井工業（工）
	大同（工）
	長浜バイオ（バイオサイエンス）
	大阪産業（デザイン工）
	大阪電気通信（総合情報）
	岡山理科（理、工）
	広島工業（工）
	九州産業（建築都市工）
	北海学園（工）
	酪農学園（農食環境）
	東北工業（工）
	帝京（理工（栃木））
	東海（基盤工（熊本））
	明星（工）
	神奈川工科（工、創造工）
⑫ 37.5	関東学院（理工）
	桐蔭横浜（医用工）
	鈴鹿医療科学（医用工）
	京都学園（バイオ環境）
	大阪産業（工）
	大阪電気通信（工、情報通信工、医療福祉工）
	福山（工）
	九州産業（生命科学）
	崇城（工）
	北海道科学（工）
	石巻専修（理工）
	東北文化学園（科学技術）
	日本工業（基幹工、先進工）
	帝京科学（生命環境）
	東京工芸（工）
	湘南工科（工）
	新潟工科（工）
⑬ 35.0	新潟薬科（応用生命科学（工））
	静岡理工（理工）
	吉備国際（農（兵庫））
	倉敷芸術科学（生命科学）
	福山（工）
	九州産業（理工）
	長崎総合科学（工）
	崇城（生物生命）
	第一工業（工）

医 护

等级偏差值	大学名（学院名）
Ⓜ 72.5	慶應義塾（医－医）
Ⓜ 70.0	東京慈恵会医科（医－医）
	自治医科（医－医）
	順天堂（医－医）
	昭和（医－医）
Ⓞ 67.5	東京医科（医－医）
	日本（医－医）
	日本医科（医－医）
	大阪医科（医－医）
	関西医科（医－医）
	近畿（医－医）
	産業医科（医－医）
	岩手医科（医－医）
	東北医科薬科（医－医）
	国際医療福祉（医（千葉）－医）
	獨協医科（医－医）
	埼玉医科（医－医）
	北里（医－医）
	杏林（医－医）
	慶應義塾（薬）
① 65.0	帝京（医－医）
	東海（医－医）
	東京女子医科（医－医）
	東邦（医－医）
	聖マリアンナ医科（医－医）
	金沢医科（医－医）
	愛知医科（医－医）
	藤田医科（医－医）
	兵庫医科（医－医）
	久留米（医－医）
	福岡（医－医）
② 62.5	東京理科（薬）
	川崎医科（医－医）
④ 57.5	北里（薬）
	慶應義塾（看護医療）
	聖路加国際（看護）
	東京歯科（歯）
	東京薬科（薬（女子部））
	日本赤十字看護（看護）
	星薬科（薬）
⑤ 55.0	武蔵野（薬）
	京都薬科（薬）
	近畿（薬）
	福岡（薬）
	北里（看護）
	順天堂（医療看護）
	昭和（歯、薬）
	東海（医－看護）
	東京慈恵会医科（医－看護）
	東京薬科（薬（男子部））
	東邦（薬）
⑥ 52.5	日本（歯、松戸歯）
	日本歯科（生命歯）
	明治薬科（薬）
	名古屋学芸（看護）
	名城（薬）
	同志社女子（看護）
	大阪医科（看護）
	大阪薬科（薬）
	神戸薬科（薬）
	自治医科（看護）
	駒澤（医療健康科学）
	東京医科（医－看護）
	日本（薬）
⑦ 50.0	武蔵野（看護）
	愛知医科（看護）
	京都橘（看護）
	同志社女子（薬）
	大阪歯科（歯）
	兵庫医療（薬）
	福岡（医－看護）
	天使（看護栄養）
	国際医療福祉（成田看護）
	北里（医療衛生）
	杏林（保健）
	順天堂（保健看護（静岡））
	帝京（薬）
⑧ 47.5	東京医療保健（和歌山看護）
	東邦（看護、健康科学）
	愛知学院（薬）
	金城学院（薬）
	椙山女学園（看護）
	日本赤十字豊田看護（看護）

医 护

等級偏差値	大学名（学院名）
⑧ 47.5	藤田医科（医療科学） 佛教（保健医療技術） 関西医科（看護） 関西医療（保健看護） 摂南（薬、看護） 千里金蘭（看護） 神戸女子（看護） 兵庫医療（リハビリテーション） 武庫川女子（看護） 畿央（健康科学） 産業医科（産業保健） 崇城（薬）
⑨ 45.0	東北医科薬科（薬） 国際医療福祉（薬、福岡看護） 獨協医科（看護） 高崎健康福祉（保健医療） 城西国際（看護） 明海（歯（埼玉）） 共立女子（看護） 昭和（保健医療） 創価（看護） 帝京平成（薬） 東京医療保健（東が丘・立川看護） 東京工科（医療保健） 東京女子医科（看護） 関東学院（看護） 横浜薬科（薬） 新潟青陵（看護） 金沢医科（看護） 北陸（医療保健） 聖隷クリストファー（看護） 愛知学院（歯） 愛知淑徳（健康医療科学） 中部（生命健康科学） 日本福祉（看護） 四日市看護医療（看護） 京都橘（健康科学） 大和（保健医療） 関西福祉（看護） 甲南女子（看護リハビリテーション） 神戸学院（薬） 神戸常盤（保健科学） 兵庫（看護） 武庫川女子（薬） 日本赤十字広島看護（看護） 久留米（医一看護）
⑩ 42.5	日本赤十字北海道看護（看護） 北海道医療（薬、リハビリテーション科学） 北海道科学（薬） 岩手医科（看護） 東北福祉（健康科学） 日本赤十字秋田看護（看護） 国際医療福祉（保健医療、成田保健医療、小田原保健医療） 群馬医療福祉（リハビリテーション、看護） 群馬パース（保健科学） 高崎健康福祉（薬） 埼玉医科（保健医療） 秀明（看護） 駒沢女子（看護） 帝京（医療技術） 帝京平成（ヒューマンケア、健康メディカル） 東京医療保健（千葉看護、医療保健） 文京学院（保健医療技術） 目白（看護） 新潟医療福祉（医療技術、看護） 松本歯科（歯） 岐阜医療科学（保健科学、看護） 常葉（健康科学） 愛知学院（心身科学） 豊橋創造（保健医療） 名古屋学院（リハビリテーション） 人間環境（看護） 鈴鹿医療科学（薬、看護） 京都医療科学（医療科学） 京都看護（看護） 明治国際医療（看護） 大阪大谷（薬） 関西医療（看護） 四條畷学園（看護） 梅花女子（看護保健） 森ノ宮医療（健康医療） 関西国際（保健医療） 神戸学院（総合リハビリテーション） 兵庫医療（薬） 天理医療（医療）

等級偏差値	大学名（学院名）
⑩ 42.5	奈良学園（保健医療） 川崎医療福祉（医療技術） 広島国際（保健医療、看護） 安田女子（看護） 活水女子（看護） 熊本保健科学（保健科学） 鹿児島純心女子（看護栄養） 北海道医療（看護福祉） 北海道科学（保健医療） 茨城キリスト教（看護） 国際医療福祉（赤坂心理・医療政策マネジメント、福岡保健医療） 城西（薬） 東都医療（ヒューマンケア） 淑徳（看護栄養） 聖徳（看護） 了徳寺（健康科学） 帝京（福岡医療技術） 帝京平成（健康医療スポーツ） 東京有明医療（看護） 日本歯科（新潟生命歯） 神奈川工科（看護） 神奈川歯科（看護） 湘南医療（看護） 金城（看護） 福井医療（保健医療） 朝日（歯、保健医療）
⑪ 40.0	聖隷クリストファー（リハビリテーション） 修文（看護） 星城（リハビリテーション） 日本福祉（健康科学） 鈴鹿医療科学（保健衛生） 藍野（医療保健） 四條畷学園（リハビリテーション） 太成学院（看護） 宝塚（看護） 姫路（看護） 川崎医療福祉（医療福祉） 就実（薬） 広島国際（総合リハビリテーション） 安田女子（薬） 四国（看護） 徳島文理（薬） 純真学園（保健看護） 日本赤十字九州国際看護（看護） 福岡看護（看護） 福岡女学院看護（看護） 長崎国際（薬）
⑫ 37.5	日本医療（歯） 北海道文教（人間科学） 岩手医科（歯、薬） 日本医療創生（薬） 常磐（看護） 足利（看護） 桐生（保健医療） 上武（看護） 西武文理（看護） 日本医療科学（保健医療） 日本薬科（薬） 人間総合科学（保健医療） 城西国際（薬） 東京情報（看護） 帝京科学（医療科学） 東京医療学院（看護） 東京家政（健康科学） 目白（保健医療） 鶴見（歯） 横浜創英（看護） 新潟医療福祉（リハビリテーション） 新潟薬科（薬） 金城（医療健康） 北陸（薬） 佐久（看護） 長野保健医療（保健医療） 岐阜聖徳学園（看護） 中部学院（看護リハビリテーション） 常葉（一宮研伸（看護）） 聖泉（看護） 京都学園（健康医療） 京都光華女子（健康科学） 明治国際医療（鍼灸） 大阪青山（健康科学） 大阪歯科（医療保健）

等級偏差値	大学名（学院名）
⑫ 37.5	関西福祉科学（保健医療） 関西看護医療（保健医療） 神戸国際（リハビリテーション） 姫路獨協（薬） 鳥取看護（看護） 山陽学園（看護） 広島国際（薬） 福山（薬） 徳島文理（香川薬、保健福祉（香川）） 聖マリア学院（看護） 第一薬科（薬） 福岡歯科（口腔歯） 西九州（看護）
⑬ 35.0	旭川（保健福祉） 札幌保健医療（保健医療） 北海道千歳リハビリテーション（健康科学） 青森中央学院（看護） 弘前学院（看護） 岩手保健医療（看護） 東北文化学園（医療福祉） 秋田看護福祉（看護福祉） 奥羽（歯、看護） 日本医療創生（看護） つくば国際（医療保健） 日本保健医療（保健医療） 植草学園（保健医療） 亀田医療（看護） 三育学院（看護） 千葉科学（薬） 和洋女子（看護） 東京有明医療（看護） 東京純心（看護） 松蔭（看護） 人間環境（松山看護） 明治国際医療（保健医療） 大阪河崎リハビリテーション（リハビリテーション） 大阪物療（医療技術） 大阪保健医療（保健医療） 大阪行岡医療（医療） 宝塚医療（保健医療） 姫路獨協（医療保健、看護） 川崎医療福祉（医療福祉マネジメント） 吉備国際（保健医療福祉） 広島国際（医療福祉） 広島文化学園（看護） 福山平成（看護） 徳島文理（保健福祉（徳島）） 松山（薬） 九州栄養福祉（リハビリテーション） 西九州（リハビリテーション） 九州看護福祉（看護福祉） 九州保健福祉（生命医学、薬）

7.2 私立大学各系学生第一年所需缴纳金额的排名

本节将对比介绍大学各系学生第一年所需缴纳金额的情况。

如前所述，与其他国家相比日本大学的学杂费和学费都相对便宜许多。特别是国立大学，由于报考费、学杂费、学费等都有其固定的标准，费用比私立大学要低得多。此外，公立大学虽然比国立大学要贵一些，但是一般都比私立大学便宜。

在此我们将系统地介绍各私立大学主要院系（学科）第一年所需缴纳的金额（从低到高），希望能对大家选择学校有所帮助。

大学各系第一年所需缴纳金额排名表的阅读方法具体如下。

- 按系对私立大学进行分类，由低到高分别介绍第一年所需缴纳的金额。
- 本表以各校 2018 年度招生简章中规定的金额为基准（一部分包含 2017 年度的数据）。
- 第一年所需缴纳的金额为学杂费、学费（一年的标准）、设施与教育提升费、研究资料费、实习费、各种会费等金额的合计。
- 夜大及短期大学、大学院（研究生院）等不包含在内。

※ 上述第一年所需缴纳的金额针对的是日本学生。一般对留学生来说情况大致相同，但是也有金额不同的时候，所以需要大家向各学校确认。

※ 本排名根据"学校法人河合塾"提供的数据制作而成。

※ 排名表中记载的各大学院系（学科）是否招收留学生一事，请向各大学确认。

国立大学收费概况

有关国立大学学费的情况，日本文部科学省于 2010 年曾对 86 所国立大学法人进行调查，结果如下。

报考费	标准金额——大学学部（本科）（全日制）：17,000 日元；学院（研究生院）：30,000 日元 86 所国立大学全部都与标准金额相同
学杂费	标准金额——大学学部（本科）（全日制）及大学院（研究生院）：282,000 日元 86 所国立大学全部都与标准金额相同
学费	标准金额——大学学部（本科）（全日制）及大学院（研究生院）：535,800 日元 81 所国立大学全部都与标准金额相同

私立大学各系学生第一年所需缴纳金额的排名

文 心 语 教

排名	大学名	学院名（学科名）	第一年支付总费用（日元）
1	沖縄大学	人文	962,300
2	沖縄国際大学	総合文化	971,160
3	沖縄キリスト教学院大学	人文	974,660
4	松山大学	人文	980,000
5	梅光学院大学	文	998,500
5	梅光学院大学	子ども	998,500
7	九州産業大学	国際文化	1,038,900
8	九州ルーテル学院大学	人文	1,046,000
9	久留米大学	文（国際文化）	1,047,000
10	熊本学園大学	外国語	1,047,500
11	天理大学	文（歴史文化）	1,048,000
12	龍谷大学	文	1,054,000
13	福岡大学	人文	1,056,710
14	天理大学	文（国文学国語）	1,058,000
15	尚絅大学	現代文化	1,060,000
16	鹿児島国際大学	国際文化（国際文化）	1,061,660
17	札幌学院大学	心理	1,062,000
18	札幌学院大学	人文	1,065,500
19	久留米大学	文（情報社会）	1,067,000
20	東京神学大学	神	1,070,000
20	龍谷大学	国際（国際文化）	1,070,000
22	藤女子大学	文（英語文化、文化総合）	1,083,160
23	藤女子大学	文（日本語・日本文）	1,085,160
24	京都先端科学大学	人文	1,096,500
25	久留米大学	文（心理、社会福祉）	1,097,000
26	筑紫女学園大学	文	1,097,160
27	種智院大学	人文	1,120,000
27	別府大学	文	1,120,000
29	武蔵野大学	文	1,128,600
30	長崎純心大学	人文（文化コミュニケーション、地域包括支援）	1,130,000
31	関西大学	文	1,137,000
32	創価大学	文	1,139,000
32	創価大学	教育	1,139,000
34	身延山大学	仏教	1,140,000
35	愛国学園大学	人間文化	1,146,000
36	西九州大学	子ども	1,148,300
37	北陸大学	経済経営	1,150,000
37	奈良大学	文（国文、史）	1,150,000
37	中国学園大学	子ども	1,150,000
37	長崎純心大学	人文（こども教育保育）	1,150,000
41	駒澤大学	文（国文、英米文、社会〈社会福祉学〉）	1,157,000
41	駒澤大学	仏教	1,157,000
43	就実大学	教育	1,160,000
43	就実大学	人文科学	1,160,000
43	松山東雲女子大学	人文科学	1,160,000
46	大正大学	文	1,162,500
46	大正大学	心理社会（臨床心理）	1,162,500
46	大正大学	仏教（仏教〈国際教養〉以外）	1,162,500
49	苫小牧駒澤大学	国際文化	1,163,000
50	早稲田大学	教育（教育、英語英文、複合文化、理、数学 以外）	1,165,620

经 社 国 法

排名	大学名	学院名（学科名）	第一年支付总费用（日元）
1	近畿大学	国際	906,500
2	山陽学園大学	地域マネジメント	908,000
3	神戸医療福祉大学	社会福祉	930,000
4	沖縄大学	法経	963,300
5	九州情報大学	経営情報	966,000
6	沖縄国際大学	法	971,160
6	沖縄国際大学	経済	971,160
6	沖縄国際大学	産業情報	971,160
9	松山大学	法	980,000
9	松山大学	経済	980,000
9	松山大学	経営	980,000
12	日本経済大学	経済（福岡）	985,000
12	日本経済大学	経営（福岡）	985,000
14	日本経済大学	経済（神戸）	990,000
15	日本社会事業大学	社会福祉	1,034,800
16	九州国際大学	法	1,038,800
16	九州国際大学	現代ビジネス	1,038,800
18	九州産業大学	地域共創	1,038,900
18	九州産業大学	経済	1,038,900
18	九州産業大学	商	1,038,900
21	名城大学	法	1,045,000
21	名城大学	経済	1,045,000
21	名城大学	経営	1,045,000
24	久留米大学	法	1,047,000
24	久留米大学	経済	1,047,000
24	久留米大学	商	1,047,000
27	熊本学園大学	社会福祉	1,047,500
27	熊本学園大学	経済	1,047,500
27	熊本学園大学	商	1,047,500
30	天理大学	国際	1,048,000
31	旭川大学	経済	1,049,500
32	志學館大学	法	1,049,660
33	龍谷大学	経済	1,054,000
33	龍谷大学	経営	1,054,000
35	龍谷大学	法	1,055,000
36	福岡大学	法	1,056,710
36	福岡大学	経済	1,056,710
36	福岡大学	商	1,056,710
39	鹿児島国際大学	経済	1,061,660
40	札幌学院大学	法	1,062,000
40	札幌学院大学	経済	1,062,000
42	札幌学院大学	経営	1,066,000
43	龍谷大学	政策	1,070,000
44	鹿児島国際大学	福祉社会	1,071,660
45	宮崎産業経営大学	法	1,087,660
45	宮崎産業経営大学	経営	1,087,660
47	龍谷大学	社会	1,088,900
48	京都産業大学	法	1,092,500
48	京都産業大学	経済	1,092,500
48	京都産業大学	経営	1,092,500

生 艺 综

排名	大学名	学院名（学科名）	第一年支付总费用（日元）
1	平成音楽大学	音楽（こども）	930,000
2	天理大学	人間（人間関係）	1,048,000
3	志學館大学	人間関係	1,049,660
4	天理大学	人間（宗教）	1,058,000
5	九州産業大学	人間科学（臨床心理）	1,058,900
6	筑紫女学園大学	人間科学（人間科学<心理・社会福祉>）	1,097,160
7	東亜大学	人間科学（国際交流）	1,101,300
8	名城大学	人間	1,105,000
9	札幌大学	地域共創	1,107,500
10	稚内北星学園大学	情報メディア	1,114,000
11	天理大学	体育	1,118,000
12	八戸工業大学	感性デザイン	1,121,000
13	武蔵野大学	人間科学	1,128,600
14	福岡工業大学	社会環境	1,130,300
15	藤女子大学	人間生活（人間生活）	1,134,360
16	筑紫女学園大学	人間科学（人間科学<初等教育・保育>）	1,147,160
17	西九州大学	健康福祉	1,148,300
18	福山大学	人間文化	1,155,000
19	藤女子大学	人間生活（保育）	1,155,660
20	大正大学	人間（教育人間、社会福祉）	1,162,500
21	西南学院大学	人間科学	1,172,050
22	大阪経済大学	人間科学	1,173,000
23	高千穂大学	人間科学	1,175,000
24	久留米大学	人間健康（総合子ども）	1,177,000
25	広島国際学院大学	情報文化（現代社会）	1,182,900
26	藤女子大学	人間生活（食物栄養）	1,185,560
27	九州産業大学	人間科学（子ども教育）	1,188,900
28	東亜大学	人間科学（心理臨床・子ども）	1,191,300
29	成安造形大学	芸術（芸術<地域実践領域>）	1,191,660
30	大正大学	人間（人間環境）	1,192,500
31	仙台白百合女子大学	人間	1,200,000
31	日本ウェルネススポーツ大学	スポーツプロモーション	1,200,000
31	和光大学	表現（総合文化）	1,200,000
31	和光大学	現代人間（心理教育<保育>以外）	1,200,000
35	福岡女学院大学	人間関係	1,201,000
36	東北女子大学	家政（児童）	1,204,000
37	札幌国際大学	スポーツ人間	1,204,500
38	神奈川大学	人間科学	1,206,300
39	山陽学園大学	総合人間	1,208,000
40	帝塚山大学	現代生活（居住空間デザイン）	1,210,000
41	北陸学院大学	人間総合	1,213,000
42	至誠館大学	ライフデザイン	1,216,000
43	仁愛大学	人間生活（子ども教育）	1,220,000
43	仁愛大学	人間	1,220,000
43	美作大学	生活科学（児童、社会福祉）	1,220,000
46	東京経済大学	キャリアデザインプログラム	1,220,800
47	ノートルダム清心女子大学	人間生活（食品栄養 以外）	1,223,410
48	活水女子大学	健康生活（生活デザイン）	1,227,000
49	ノートルダム清心女子大学	人間生活（食品栄養）	1,229,010
50	日本大学	文理（哲、英文、ドイツ文）	1,230,000

理 工 农

排名	大学名	学院名（学科名）	第一年支付总费用（日元）
1	豊田工業大学	工	984,300
2	近畿大学	産業理工（福岡）（経営ビジネス）	1,143,500
3	東北工業大学	ライフデザイン（経営コミュニケーション）	1,197,300
4	鈴鹿医療科学大学	医用工（医用情報工）	1,200,000
5	第一工業大学		1,255,000
6	北海道情報大学	情報メディア	1,260,000
7	龍谷大学	農（食料農業システム）	1,267,900
8	東北工業大学	ライフデザイン（安全安心生活デザイン）	1,327,300
9	東亜大学	医療（健康栄養）	1,341,300
10	酪農学園大学	農食環境	1,344,000
10	酪農学園大学	獣医（獣医保健看護）	1,344,000
12	北里大学	獣医（動物資源科学、生物環境科学）	1,350,000
12	北里大学	海洋生命科学	1,350,000
14	新潟薬科大学	応用生命科学（生命産業創造）	1,350,410
15	第一工業大学		1,355,000
16	崇城大学	工（宇宙航空システム工<航空整備学、航空操縦学>以外）	1,360,000
17	日本大学	生物資源科学（食品ビジネス、国際地域開発）	1,380,000
18	西日本工業大学	工	1,396,100
18	西日本工業大学	デザイン	1,396,100
20	東京農業大学	生物産業（北海道）（自然資源経営）	1,396,400
21	東京農業大学	国際食料情報（国際食農科学、国際農業開発 以外）	1,413,400
22	福山大学	工	1,415,000
23	武蔵野大学	工（環境システム、数理工）	1,416,600
24	長崎総合科学大学	工	1,420,000
25	久留米工業大学	工	1,428,800
26	日本文理大学	工	1,443,660
27	名城大学	理工	1,445,000
28	九州産業大学	建築都市工	1,448,900
29	大阪産業大学	工	1,449,400
29	大阪産業大学	デザイン工	1,449,400
31	京都産業大学	理（数理科学）	1,453,500
32	南九州大学	環境園芸	1,457,000
33	福山大学	生命工	1,465,000
34	青森大学	ソフトウェア情報	1,465,500
35	武蔵野大学	工（建築デザイン）	1,466,600
36	九州産業大学	理工	1,468,900
37	崇城大学	生物生命	1,470,000
38	日本女子大学	理	1,473,860
39	酪農学園大学	獣医（獣医）	1,474,000
40	福岡工業大学	工	1,478,300
40	福岡工業大学	情報工	1,478,300
42	帝京科学大学	生命環境（生命科学<生命、生命・健康>、自然環境）	1,484,660
43	名城大学	農	1,485,000
44	帝京科学大学	生命環境（生命科学<臨床工学>）	1,485,370
45	帝京科学大学	生命環境（アニマルサイエンス）	1,486,910
46	九州産業大学	生命科学	1,488,900
47	東海大学	基盤工（熊本）	1,493,200
47	東海大学	農（熊本）	1,493,200
47	東海大学	生物（北海道）（生物）	1,493,200
50	東京農業大学	地域環境科学	1,493,400

医 护

排名	大学名	学院名（学科名）	第一年支付总费用（日元）
1	鈴鹿医療科学大学	保健衛生（医療福祉）	1,100,000
2	国際医療福祉大学	医療福祉	1,110,000
2	国際医療福祉大学	赤坂心理・医療福祉マネジメント	1,110,000
4	九州看護福祉大学	看護福祉（社会福祉〈介護福祉〉以外）	1,120,770
5	九州看護福祉大学	看護福祉（社会福祉〈介護福祉〉）	1,121,110
5	九州看護福祉大学	看護福祉（口腔保健）	1,121,110
7	健康科学大学	健康科学（福祉心理）	1,146,300
8	福井医療大学	保健医療（看護）	1,150,000
9	東北福祉大学	健康科学（医療経営管理）	1,168,200
10	関西大学	人間健康	1,197,000
11	鈴鹿医療科学大学	保健衛生（医療栄養〈管理栄養〉）	1,200,000
12	京都橘大学	健康科学（心理）	1,214,000
13	福山平成大学	福祉健康	1,215,000
14	北海道医療大学	看護福祉（臨床福祉）	1,245,000
15	旭川大学	保健福祉（コミュニティ福祉）	1,249,500
16	西南女学院大学	保健福祉（栄養）	1,260,000
17	西九州大学	健康栄養	1,268,300
18	九州栄養福祉大学	食物栄養	1,270,000
19	広島修道大学	健康科学（心理）	1,271,000
20	帝京平成大学	健康医療スポーツ（医療スポーツ〈トレーナー・スポーツ・アスリート〉）	1,276,300
21	北海道情報大学	医療情報（医療情報〈診療情報管理〉）	1,280,000
22	大阪歯科大学	医療保健	1,290,000
23	帝京科学大学	医療科学（医療福祉）	1,292,370
24	関西福祉科学大学	健康福祉（健康科学）	1,300,000
24	盛岡大学	栄養科学	1,300,000
24	鈴鹿医療科学大学	保健衛生（鍼灸サイエンス）	1,300,000
27	帝京大学	医療技術（スポーツ医療〈トップアスリート〉）	1,310,300
28	日本福祉大学	国際福祉開発	1,319,660
29	朝日大学	保健医療（健康スポーツ科学）	1,328,500
30	広島国際大学	医療福祉	1,330,000
31	帝京平成大学	健康メディカル（臨床心理）	1,336,300
32	京都先端科学大学	健康医療（健康スポーツ）	1,349,500
33	新潟リハビリテーション大学	医療（リハビリテーション〈リハビリテーション心理学〉）	1,350,000
34	広島修道大学	健康科学（健康栄養）	1,351,000
35	姫路獨協大学	医療保健（こども保健）	1,353,300
36	高崎健康福祉大学	健康福祉（医療情報、社会福祉）	1,359,730
37	川崎医療福祉大学	医療福祉（医療福祉）	1,360,000
38	京都橘大学	健康科学（救急救命）	1,364,000
38	西南女学院大学	保健福祉（福祉）	1,364,000
40	秋田看護福祉大学	看護福祉（福祉）	1,366,500
41	札幌保健医療大学	保健医療（栄養）	1,373,730
42	畿央大学	健康科学（人間環境デザイン）	1,380,000
43	愛知淑徳大学	健康医療科学（スポーツ・健康医科学）	1,385,000
44	京都光華女子大学	健康科学（医療福祉〈社会福祉〉、心理）	1,393,100
45	鹿児島純心女子大学	看護栄養（健康栄養）	1,395,000
46	熊本保健科学大学	保健科学（看護）	1,400,000
46	青森中央学院大学	看護	1,400,000
48	広島国際大学	医療栄養	1,410,000
48	川崎医療福祉大学	医療福祉（臨床心理、子ども医療福祉）	1,410,000
48	川崎医療福祉大学	医療福祉マネジメント（医療福祉経営、医療秘書）	1,410,000

【我的日本体验记】 求职阶段

日本的义务教育年限同我们一样，也是 9 年。大家普遍读到高中，之后就会根据自己意愿，可以升学或就业。不过为了寻求更好的出路，近年来选择读大学的人多了起来。

日本大学生从大三的 12 月开始找工作，我们都要在寒冷的冬季抵挡着寒风，穿起单薄的西装去找工作。找工作在日本称之为就职活动，大三的学生到这个阶段都非常有干劲儿，努力寻求一份好的工作。真正参加到这项活动，是非常有趣的，可以结交很多志同道合的朋友，从学校老师，前辈那里得到很多宝贵的意见，并且可以在长长的求职过程中磨炼自己的意志，体验社会中为人处世的方法。就职活动主要分为五大阶段，第一是自我分析，摸索适合的职业。第二是研究企业，选择有兴趣的企业，第三是向企业自荐，提交自己的资料。第四是参加企业的笔试和面试。第五是等待录用通知，当然很有可能等不到。每个学生通常会同时进行大约 50 个企业的应聘，应聘方式根据每个企业有所出入。由于日本社会非常讲究礼仪，就职活动稍显烦琐，比如面试时将脱下的外衣要放于何处。在就职活动阶段，我们不要去考虑能否被录取，尽自己的努力不断地尝试和挑战。只有这样，才能在就职活动中获得成功。

——梁宇晨

【我的日本体验记】 求职者的四季安排

虽然日本的大学是四年制，大学院是两年制，但是对于想在日本就业的学生来讲，可不要以为找工作是最后一年的事儿而掉以轻心。一般日企一年有两次统一的招聘，春招和秋招两次，但入职时间均为来年 4 月份。这也就意味着大学三年级或者研究生一年级起就要开始做求职的准备。拿研究生的例子来讲，尽量利用研一的暑假得到一份或多份企业的实习，据一位拿到博报堂 offer 的学姐透露，她的成功与有该公司的实习经历大有关系。步入秋季学期，开始着手做行业分析与自我分析。而这方面日本的出版社做得相当到位，每年 11 月份书店里摆满了各种求职用书，其中《四季报》这本以行业分析为主的书最为权威，是求职大军的必备宝典之一。一旦进入 12 月份，企业的宣讲会如潮水般袭来，这时候对于一个雄心壮志的求职者来说，除了必备的行头之外，最重要的是要有一个安排时间记录的笔记本。另外，对于网投个数的估算，平均三四十家是很正常的，但据我个人的经验来说还是先有明确的行业目标对症下药比较有效果。因此 11 月份的行业分析与自我分析的结合就显得尤为重要。按季走好每一步，才能赢在春天！

——毛毛小悠

7.3 各大学就业率排名

就业率是择校的一个重要因素，本书中我们收集到大学课程分类和留学生限定就业率的数据，并进行了排名。此数据非常重要，请在择校时参考。

各大学就业率排名的阅读方法具体如下。

● 各大学外国留学生在日本就业的构成比率分别按照国公私立大学毕业生、大学院毕业生（硕士课程、博士课程）记载。

● 这里的构成比例是指各大学正规课程毕业后，留在日本工作的外国留学生，并不包括日本人。

● 计算方法

2016 年度（2016 年 4 月 1 日至 2017 年 3 月 31 日）从各大学正规课程毕业时明确在日本国内成功就业的外国留学生数，除以各大学正规课程毕业的总外国留学生数（不包括在日本继续升学和回国就业的人数），计算比率、排名。并且此处作为分母的总外国留学生数必须符合以下数值条件。

【本科】
- 国公立大学：　　　5 人以上
- 私立大学：　　　　30 人以上

【研究生】
- 国公立大学：　　　15 人以上
- 私立大学：　　　　15 人以上

※ 分母包括回国继续深造和到其他国家就业、留学人数。

※《日本留学指南》办事处参考独立行政法人日本学生支援机构《留学生调查（平成 28 年度各学校外国留学生升学就职情况）》制作而成。

第七章 / 百舸争流——形形色色的排行榜

全国本科生排名			
排名	类别	大学	就业率(%)
1	国	福島大学	100.0
1	国	琉球大学	100.0
1	公	宮城大学	100.0
4	公	福岡女子大学	91.7
5	私	神戸山手大学	91.2
6	国	一橋大学	88.9
7	私	龍谷大学	86.0
8	国	佐賀大学	85.7
9	私	大阪経済法科大学	84.6
10	公	横浜市立大学	83.3
10	公	都留文科大学	83.3
12	国	電気通信大学	80.0
12	公	神奈川県立保健福祉大学	80.0
12	公	福井県立大学	80.0
15	国	信州大学	78.9
16	公	高崎経済大学	76.2
17	国	横浜国立大学	74.1
18	国	千葉大学	73.3
18	私	東京理科大学	73.3
20	私	帝塚山大学	73.2
21	私	四日市大学	73.2
22	国	小樽商科大学	71.4
22	国	北海道大学	71.4
22	国	静岡大学	71.4
22	国	山口大学	71.4
26	私	名城大学	71.1
27	私	専修大学	71.0
28	私	第一工業大学	70.9
29	国	東京外国語大学	69.6
30	国	山梨大学	69.2
31	私	駒澤大学	68.8
32	国	愛媛大学	68.4
33	私	拓殖大学	67.4
34	国	神戸大学	66.7
34	国	鹿児島大学	66.7
34	私	東京国際大学	66.7
34	私	法政大学	66.7
38	私	愛知大学	65.9
39	私	九州情報大学	65.8
40	私	学習院大学、大阪成蹊大学	65.6

全国研究生院排名			
排名	类别	大学	就业率(%)
1	国	電気通信大学	100.0
2	私	龍谷大学	87.1
3	私	流通経済大学	71.4
4	私	東京電機大学	68.8
5	私	事業創造大学院大学	68.0
6	公	兵庫県立大学	67.6
7	私	名城大学	65.7
8	国	一橋大学	65.1
9	国	福井大学	64.7
10	私	東京国際大学	62.5
11	私	東京福祉大学	60.0
11	私	広島修道大学	60.0
13	国	愛媛大学	59.5
14	国	九州工業大学	59.2
15	私	日本経済大学	58.8
15	私	東京理科大学	58.8
17	国	滋賀大学	58.6
18	国	名古屋工業大学	57.8
19	国	豊橋技術科学大学	57.7
20	国	山梨大学	57.1
21	私	法政大学	56.8
22	国	群馬大学	56.5
23	国	大分大学	56.3
24	公	横浜市立大学	55.0
24	国	信州大学	55.0
26	公	産業技術大学院大学	54.2
27	私	立命館大学	53.8
28	国	室蘭工業大学	52.6
28	国	富山大学	52.6
30	私	東海大学	52.3
31	国	大阪大学	51.3
31	国	長岡技術科学大学	51.3
33	国	奈良先端科学技術大学院大学	51.2
34	国	静岡大学	51.2
35	私	関西学院大学	51.1
35	私	中央大学	51.1
37	私	東洋大学	51.0
38	私	近畿大学	50.0
38	私	国士舘大学	50.0
40	私	亜細亜大学、明海大学	48.1

国立、公立本科生排名			
排名	类别	大学	就业率(%)
1		福島大学	100.0
1		琉球大学	100.0
1	公	宮城大学	100.0
4	公	福岡女子大学	91.7
5		一橋大学	88.9
6		佐賀大学	85.7
7	公	横浜市立大学	83.3
7	公	都留文科大学	83.3
9		電気通信大学	80.0
9	公	神奈川県立保健福祉大学	80.0
9	公	福井県立大学	80.0
12		信州大学	78.9
13	公	高崎経済大学	76.2
14		横浜国立大学	74.1
15		千葉大学	73.3
16		小樽商科大学	71.4
16		北海道大学	71.4
16		静岡大学	71.4
16		山口大学	71.4
20		東京外国語大学	69.6
21		山梨大学	69.2
22		愛媛大学	68.4
23		神戸大学	66.7
23		鹿児島大学	66.7
25		長崎大学	64.3
26	公	兵庫県立大学	62.5
27	公	下関市立大学	61.5
27	公	北九州市立大学	61.5
29	公	静岡県立大学	60.0
29	公	長崎県立大学	60.0
31		長岡技術科学大学	56.3
32		滋賀大学	55.6
32	公	大阪市立大学	55.6
34		豊橋技術科学大学	54.5
35		宇都宮大学	52.6
36		京都大学	52.0
37		東京工業大学	50.3
38		北見工業大学	50.0
38		茨城大学	50.0
38		東京工業大学、名古屋大学	50.0

私立本科生排名		
排名	大学	就业率(%)
1	神戸山手大学	91.2
2	龍谷大学	86.0
3	大阪経済法科大学	84.6
4	東京理科大学	73.3
5	帝塚山大学	73.2
6	四日市大学	73.2
7	名城大学	71.1
8	専修大学	71.0
9	第一工業大学	70.9
10	駒澤大学	68.8
11	拓殖大学	67.4
12	東京国際大学	66.7
12	法政大学	66.7
14	愛知大学	65.9
15	九州情報大学	65.8
16	学習院大学	65.6
16	大阪成蹊大学	65.6
18	神戸医療福祉大学	63.3
19	敬愛大学	63.2
20	中央大学	63.1
21	流通経済大学	63.0
22	長崎国際大学	61.9
23	青山学院大学	61.5
24	桜美林大学	61.3
24	鈴鹿大学	61.3
26	東京富士大学	60.4
27	千葉商科大学	60.0
27	立教大学	60.0
29	近畿大学	58.3
30	関西学院大学	58.2
31	日本経済大学	58.0
32	日本大学	57.8
33	早稲田大学	57.3
34	九州共立大学	57.1
35	九州産業大学	56.8
36	大阪観光大学	56.3
37	慶應義塾大学	54.8
38	明海大学	54.4
39	嘉悦大学	53.3
40	流通科学大学、西武文理大学	52.8

第七章／百舸争流——形形色色的排行榜

国立、公立研究生院排名			
排名	类别	大学	就业率(%)
1		電気通信大学	100.0
2	公	兵庫県立大学	67.6
3		一橋大学	65.1
4		福井大学	64.7
5		愛媛大学	59.5
6		九州工業大学	59.2
7		滋賀大学	58.6
8		名古屋工業大学	57.8
9		豊橋技術科学大学	57.7
10		山梨大学	57.1
11		群馬大学	56.5
12		大分大学	56.3
13	公	横浜市立大学	55.0
13		信州大学	55.0
15	公	産業技術大学院大学	54.2
16		室蘭工業大学	52.6
16		富山大学	52.6
18		大阪大学	51.3
18		長岡技術科学大学	51.3
20		奈良先端科学技術大学院大学	51.2
21		静岡大学	51.2
22	公	大阪府立大学	45.9
23		横浜国立大学	45.6
24		千葉大学	45.5
25		東京学芸大学	45.2
26		香川大学	44.1
27	公	首都大学東京	43.8
28		山口大学	41.9
29		和歌山大学	41.4
30		埼玉大学	41.2
31		岡山大学	40.3
32		宇都宮大学	40.0
32		広島大学	40.0
34		京都工芸繊維大学	39.3
35		神戸大学	39.1
36		東京大学	38.9
37		京都大学	38.5
38		琉球大学	38.1
39		九州大学	36.7
40	公	長野大学	36.4

私立研究生院排名		
排名	大学	就业率(%)
1	龍谷大学	87.1
2	流通経済大学	71.4
3	東京電機大学	68.8
4	事業創造大学院大学	68.0
5	名城大学	65.7
6	東京国際大学	62.5
7	東京福祉大学	60.0
7	広島修道大学	60.0
9	日本経済大学	58.8
9	東京理科大学	58.8
11	法政大学	56.8
12	立命館大学	53.8
13	東海大学	52.3
14	関西学院大学	51.1
14	中央大学	51.1
16	東洋大学	51.0
17	近畿大学	50.0
17	国士舘大学	50.0
19	亜細亜大学	48.1
19	明海大学	48.1
21	九州産業大学	47.1
22	上智大学	46.7
23	福岡大学	46.7
24	城西大学	45.8
25	愛知工業大学	44.4
25	神奈川大学	44.4
27	同志社大学	43.7
28	拓殖大学	43.4
29	早稲田大学	41.3
30	青山学院大学	40.7
31	芝浦工業大学	40.0
32	国際大学	39.0
33	日本大学	38.9
34	慶應義塾大学	38.1
35	関西大学	37.1
36	東京工科大学	36.4
37	桜美林大学	35.7
38	南山大学	33.3
39	立教大学	32.3
40	杏林大学	30.8

7.4 招收外国留学生人数排名

如同本书所述,近年来日本的高等教育机构大力吸收外国留学生。在此我们将各学校招收的外国留学生人数做了一个排名,希望能对大家择校有所帮助。

外国留学生招收人数排名的阅读方法具体如下。

- 本书将外国留学生人数多的学校按大学本科、短期大学、专门学校、大学院(研究生院)等,分类介绍。
- 本排名表记载了截止到2017年5月1日各学校正规课程在读的自费外国留学生总数。

※《日本留学指南》办事处参考独立行政法人日本学生支援机构《平成29年外国留学生在籍情况调查》制作而成。

国立、公立大学（本科）

排名	类别	学校名	留学生总数
1		大阪大学	516
2		筑波大学	475
3		東北大学	445
4		名古屋大学	412
5		九州大学	384
6		北海道大学	353
7		東京外国語大学	345
8		横浜国立大学	328
9		東京大学	317
10		京都大学	255
11		長崎大学	252
12		千葉大学	247
13		東京工業大学	227
14		埼玉大学	222
15		一橋大学	220
16		新潟大学	209
16		神戸大学	209
18	公	国際教養大学	193
19		岡山大学	185
20		山口大学	174
21		静岡大学	171
21		熊本大学	171
23		金沢大学	170
24		信州大学	167
25		茨城大学	151
26		琉球大学	143
27		愛媛大学	142
28		名古屋工業大学	141
29		三重大学	138
30		広島大学	136
31	公	首都大学東京	129
32		秋田大学	122
33		山形大学	121
34		宇都宮大学	118
35		東京学芸大学	116
36		富山大学	113
36		鹿児島大学	113
38		福井大学	111
39	公	福岡女子大学	110
40		群馬大学	105
40		長岡技術科学大学	105
40		大阪教育大学	105
43	公	高崎経済大学	103
44	公	北九州市立大学	97
45		佐賀大学	96
46		滋賀大学	94
47		岩手大学	90
48		電気通信大学	86
49		弘前大学	84
49		香川大学	84
51		大分大学	82
52		岐阜大学	81
53		山梨大学	80
54		室蘭工業大学	78
54		島根大学	78
56		高知大学	74

私立大学（本科）

排名	学校名	留学生总数
1	東京福祉大学	3,609
2	日本経済大学	2,947
3	早稲田大学	2,714
4	立命館アジア太平洋大学	2,628
5	立命館大学	1,341
6	日本ウェルネススポーツ大学	1,275
7	城西国際大学	1,124
8	日本大学	1,008
9	明治大学	985
10	大阪産業大学	926
11	慶應義塾大学	909
12	同志社大学	905
13	拓殖大学	869
14	上智大学	835
15	至誠館大学	811
16	東海大学	799
17	東京国際大学	794
18	東洋大学	772
19	中央大学	650
20	明海大学	627
21	法政大学	594
22	桜美林大学	576
23	関西学院大学	562
24	帝京大学	547
25	大阪経済法科大学	542
25	九州産業大学	542
27	関西大学	529
28	神戸国際大学	516
29	立教大学	511
30	流通科学大学	474
31	秀明大学	456
32	創価大学	450
33	関西外国語大学	440
33	神戸医療福祉大学	440
35	北陸大学	434
36	名古屋経済大学	433
37	第一工業大学	429
38	岡山商科大学	421
39	東京工芸大学	406
40	デジタルハリウッド大学	403
41	国士舘大学	389
42	武蔵野大学	386
43	流通経済大学	384
44	大阪観光大学	367
45	青山学院大学	362
46	聖学院大学	358
47	麗澤大学	357
48	専修大学	355
49	神奈川大学	345
50	文化学園大学	343
51	愛国学園大学	331
52	近畿大学	322
53	城西大学	312
54	龍谷大学	310
55	亜細亜大学	301
56	長崎外国語大学	296

（续表）

排名	学校名	留学生总数	排名	学校名	留学生总数
57	山梨学院大学	286	113	東京農業大学	139
58	嘉悦大学	284	113	久留米大学	139
59	武蔵野美術大学	262	115	神奈川歯科大学	138
60	尚美学園大学	260	115	十文字学園女子大学	138
61	西武文理大学	258	115	東京工科大学	138
62	徳山大学	256	115	名古屋外国語大学	138
63	環太平洋大学	255	119	敬愛大学	135
64	別府大学	252	120	広島国際学院大学	134
65	長崎国際大学	251	121	桃山学院大学	132
66	大阪国際大学	239	121	大阪成蹊大学	132
67	東京富士大学	238	121	九州共立大学	132
68	明治学院大学	236	124	国際基督教大学	130
69	西日本工業大学	234	124	星城大学	130
70	東日本国際大学	227	126	駿河台大学	127
71	東京理科大学	222	126	梅光学院大学	127
72	日本文理大学	221	128	九州国際大学	126
73	大東文化大学	218	129	文教大学	124
73	京都精華大学	218	129	京都学園大学	124
75	多摩美術大学	217	131	大阪学院大学	122
76	四日市大学	211	132	千葉科学大学	120
77	上武大学	209	133	天理大学	114
77	京都造形芸術大学	209	134	青森中央学院大学	113
79	京都外国語大学	206	135	横浜商科大学	112
80	駒澤大学	203	136	山梨英和大学	110
80	羽衣国際大学	203	137	福井工業大学	109
82	愛知文教大学	197	138	福山大学	107
82	東亜大学	197	139	札幌大学	106
84	南山大学	192	139	倉敷芸術科学大学	106
84	京都産業大学	192	141	作新学院大学	104
86	鈴鹿大学	188	142	関西国際大学	103
87	吉備国際大学	187	143	日本工業大学	102
88	神田外語大学	182	143	埼玉工業大学	102
89	相愛大学	181	145	名城大学	101
90	芝浦工業大学	180	146	追手門学院大学	100
91	長崎ウエスレヤン大学	177	147	江戸川大学	96
92	目白大学	175	147	静岡産業大学	96
93	神戸山手大学	173	149	東京経済大学	94
94	愛知大学	170	150	愛知学院大学	89
95	帝塚山大学	169	151	千葉商科大学	88
95	岡山理科大学	169	152	共栄大学	87
97	広島文化学園大学	168	153	立正大学	86
98	中央学院大学	167	154	岐阜経済大学	83
99	新潟産業大学	166	155	東京都市大学	81
99	筑波学院大学	166	155	神戸学院大学	81
99	九州情報大学	166	155	山陽学園大学	81
102	中京学院大学	163	158	静岡英和学院大学	80
103	東京電機大学	162	159	崇城大学	77
104	女子美術大学	161	159	活水女子大学	77
105	松本歯科大学	159	161	国際医療福祉大学	76
106	福岡大学	158	161	長岡大学	76
107	学習院大学	155	163	中京大学	74
107	朝日大学	155	163	西南学院大学	74
109	足利工業大学	153	165	獨協大学	71
109	開智国際大学	153	165	東京情報大学	71
111	湘南工科大学	145	167	日本映画大学	70
112	愛知産業大学	141	168	沖縄国際大学	69

短期大学

排名	类别	学校名	留学生总数
1	私	山野美容芸術短期大学	221
2	私	京都西山短期大学	145
3	私	折尾愛真短期大学	138
4	私	中日本自動車短期大学	136
5	私	東京経営短期大学	116
6	私	西日本短期大学	113
7	私	別府溝部学園短期大学	81
8	私	白鳳短期大学	68
9	私	城西短期大学	66
10	私	長崎短期大学	65
11	私	佐野短期大学	64
12	私	今治明徳短期大学	60
13	私	山口短期大学	46
14	私	静岡英和学院大学短期大学部	42
15	私	広島国際学院大学自動車短期大学部	41
16	私	中京学院大学中京短期大学部	31
17	私	国際短期大学	27
18	私	拓殖大学北海道短期大学	25
19	私	高田短期大学	22
19	私	四国大学短期大学部	22
21	私	富山福祉短期大学	21
22	私	香蘭女子短期大学	18
23	私	佐賀女子短期大学	17
24	私	大阪女学院短期大学	16
25	私	東京立正短期大学	15
25	私	奈良佐保短期大学	15
27	私	中国短期大学	14
27	私	九州造形短期大学	14
29	私	徳島工業短期大学	13
30	私	産業技術短期大学	12
30	私	中九州短期大学	12
32	私	京都経済短期大学	11
33	私	信州豊南短期大学	10
33	私	金城大学短期大学部	10
33	私	鹿児島女子短期大学	10
36	私	女子美術大学短期大学部	9
37	私	大阪成蹊短期大学	8
38	私	新潟工業短期大学	7
38	私	西九州大学短期大学部	7
40	公	岐阜市立女子短期大学	6
40	私	東北文教大学短期大学部	6
40	私	文化学園大学短期大学部	6
40	私	愛知学泉短期大学	6
44	公	大分県立芸術文化短期大学	5
44	私	愛知工科大学自動車短期大学	5
44	私	池坊短期大学	5
44	私	東海大学福岡短期大学	5
48	公	鹿児島県立短期大学	4
48	私	青山学院女子短期大学	4
48	私	日本大学短期大学部	4
48	私	滋賀文教短期大学	4
48	私	香川短期大学	4
48	私	福岡工業大学短期大学部	4
48	私	精華女子短期大学	4
55	私	仙台青葉学院短期大学	3
55	私	松本短期大学	3
55	私	淑徳大学短期大学部	3
55	私	大手前短期大学	3
55	私	大阪芸術大学短期大学部	3
55	私	京都嵯峨芸術大学短期大学部	3
55	私	鳥取短期大学	3
55	私	九州龍谷短期大学	3
63	私	國學院大學栃木短期大学	2
63	私	茨城女子短期大学	2
63	私	上田女子短期大学	2
63	私	上智大学短期大学部	2
63	私	清泉女学院短期大学	2
63	私	宇都宮文星短期大学	2
63	私	杉野服飾大学短期大学部	2
63	私	戸板女子短期大学	2
63	私	東邦音楽短期大学	2
63	私	帝京大学短期大学	2
63	私	名古屋文化短期大学	2
63	私	東大阪大学短期大学部	2
63	私	川崎医療短期大学	2
63	私	高知学園短期大学	2
77	公	静岡県立大学　短期大学部	1
77	私	光塩学園女子短期大学	1
77	私	札幌大学女子短期大学	1
77	私	日本赤十字秋田短期大学	1
77	私	松本大学松商短期大学部	1
77	私	佐久大学信州短期大学部	1
77	私	明倫短期大学	1
77	私	共立女子短期大学	1
77	私	白梅学園短期大学	1
77	私	新渡戸文化短期大学	1
77	私	鶴川女子短期大学	1
77	私	東海大学短期大学部	1
77	私	正眼短期大学	1
77	私	修文大学短期大学部	1
77	私	中部学院大学短期大学部	1
77	私	愛知江南短期大学	1
77	私	大阪音楽大学短期大学部	1
77	私	大阪学院大学短期大学部	1
77	私	大阪青山短期大学	1
77	私	滋賀短期大学	1
77	私	びわこ学院大学短期大学部	1
77	私	比治山大学短期大学部	1
77	私	聖カタリナ大学短期大学部	1

専門学校

排名	学校名	留学生総数
1	ＣＡＤ製図専門学校	1,264
2	エール学園	1,245
3	東京福祉保育専門学校	1,209
4	専門学校　中野スクール・オブ・ビジネス	1,079
5	明生情報ビジネス専門学校	910
6	保育・介護・ビジネス名古屋専門学校	755
7	文化服装学院	747
8	専門学校東京国際ビジネスカレッジ	740
9	ヤマトファッションビジネス専門学校	672
10	ＥＣＣ国際外語専門学校	668
11	専門学校　国際貢献専門大学校	578
12	日本電子専門学校	562
13	ＨＡＬ東京	553
14	日中文化芸術専門学校	540
15	日本工学院専門学校	525
16	愛甲学院専門学校	521
17	専門学校インターナショナル・スクール　オブ　ビジネス	517
18	専門学校広島国際ビジネスカレッジ	512
19	米山ファッション・ビジネス専門学校	509
20	関西外語専門学校	505
21	千葉モードビジネス専門学校	492
21	東亜経理専門学校　神戸駅前校	492
23	ＮＩＰＰＯＮおもてなし専門学校	476
24	テクノビジネス横浜保育専門学校	475
25	国際アニメーション専門学校	474
26	東京外語専門学校	437
27	東京モード学園	433
28	早稲田文理専門学校	414
29	東京コミュニケーションアート専門学校	404
30	中央情報専門学校	394
31	上野法科ビジネス専門学校	393
32	東京デザイナー学院	390
33	東京マルチメディア専門学校	384
34	外語ビジネス専門学校	383
35	駿台観光アンド外語ビジネス専門学校	379
36	専門学校アートカレッジ神戸	375
37	グレッグ外語専門学校新宿校	367
38	専門学校コンピュータ教育学院大橋校	363
39	東京商科・法科学院専門学校	343
40	大阪ＹＭＣＡ国際専門学校	329
41	プロスペラ学院ビジネス専門学校	324
42	横浜システム工学院専門学校	321
42	駿台外語＆ビジネス専門学校	321
44	東京国際学園外語専門学校	320
44	専門学校コンピュータ教育学院	320
46	福岡国際コミュニケーション専門学校	312
47	横浜デザイン学院	311
48	駿台トラベル＆ホテル専門学校	308
49	鶴見ファッション・ビジネス専門学校	304
50	駿台電子情報＆ビジネス専門学校	302
50	日本医療ビジネス大学校	302
52	専門学校　長野外語カレッジ	301
52	日本健康医療専門学校	301
54	東京観光専門学校	300
55	浦和専門学校	298
56	東北電子専門学校	289
56	国際外語・観光・エアライン専門学校	289
58	専門学校ニホン国際ＩＴカレッジ	282
59	九州英数学舘	276
60	国際トラベル・ホテル・ブライダル専門学校	275
61	柏木実業専門学校	272
62	徳山総合ビジネス専門学校	266
63	秀林外語専門学校	265
64	大原昴自動車・スポーツ専門学校	263
65	製菓・医療　九州ビジネス専門学校	262
66	専門学校アリス学園	261
67	清風情報工科学院	259
68	横浜経理専門学校	256
69	名古屋経営会計専門学校	255
70	専門学校　東京ビジネス外語カレッジ	253
71	中央法律専門学校	249
72	専門学校早稲田国際ビジネスカレッジ	241
73	東京日建工科専門学校	239
74	中央工学校	237
75	日本外国語専門学校	234
76	国際デュアルビジネス専門学校	233
76	日本工学院八王子専門学校	233
76	東京心理音楽療法福祉専門学校	233
79	福岡国土建設専門学校	231
79	長崎情報ビジネス専門学校	231
81	大原外語観光＆ブライダルビューティー専門学校	228
82	グレッグ外語専門学校	225
83	中央情報経理専門学校高崎校	217
84	宮崎情報ビジネス専門学校	212
85	グレッグ外語専門学校横浜校	211
86	東京デザインテクノロジーセンター専門学校	210
86	渋谷外国語専門学校	210
88	国際情報ビジネス専門学校	204
89	専門学校　東京国際ビジネスカレッジ福岡校	203
90	千葉日建工科専門学校	201
91	奈良コンピュータ専門学校	200
92	文化外国語専門学校	198
93	日本理工情報専門学校	197
93	専門学校東京国際ビジネスカレッジ神戸校	197
95	アーツカレッジヨコハマ	196
95	王子経理専門学校	196
97	コロンビア・ファッション・カレッジ	191
98	東京デザイン専門学校	186
99	岡山科学技術専門学校	184
100	ＴｏＢｕＣｏ専門学校	182
101	富士国際ビジネス専門学校	177
102	国際テクニカルデザイン・自動車専門学校	175
102	専門学校東京ネットウエイブ	175
102	専修学校　広島ＹＭＣＡ専門学校	175
105	東海学院文化教養専門学校	174
106	専修学校久留米ゼミナール	173
107	国際ことば学院外国語専門学校	171
108	専門学校岡山ビジネスカレッジ	169
109	早稲田外語専門学校	168
110	学校法人誠和学院　日本工科大学校	166
111	国際情報経済専門学校	164
112	専門学校さくら国際言語学院	161

第七章／百舸争流——形形色色的排行榜

■ 国立、公立大学院（研究生院）

排名	类别	学校名	留学生总数
1		東京大学	2,524
2		筑波大学	1,575
3		九州大学	1,442
4		京都大学	1,311
5		東北大学	1,207
6		大阪大学	1,140
7		北海道大学	1,123
8		広島大学	1,107
9		名古屋大学	1,035
10		神戸大学	838
11		東京工業大学	755
12		横浜国立大学	477
13		北陸先端科学技術大学院大学	466
14		千葉大学	455
15		一橋大学	438
16		岡山大学	380
17	公	首都大学東京	328
18		埼玉大学	281
18		金沢大学	281
20		熊本大学	260
21		長崎大学	221
22		新潟大学	210
23		東京藝術大学	209
24		東京農工大学	199
25		山口大学	190
26		岐阜大学	186
27		九州工業大学	185
27	公	大阪市立大学	185
29		静岡大学	184
30		富山大学	181
31		徳島大学	180
32		東京外国語大学	177
33	公	大阪府立大学	176
34		東京海洋大学	155
35		東京医科歯科大学	147
36		電気通信大学	146
37		政策研究大学院大学	139
38	公	兵庫県立大学	133
39		鹿児島大学	132
40		お茶の水女子大学	131
41		茨城大学	123
41		長岡技術科学大学	123
41	公	北九州市立大学	123
44		信州大学	120
45		愛媛大学	119
46		名古屋工業大学	113
47		三重大学	112
48		岩手大学	111
49		京都工芸繊維大学	110
50		宮崎大学	107
51		奈良先端科学技術大学院大学	104
52		群馬大学	98
53		宇都宮大学	92
54		島根大学	87
55		香川大学	85
56		琉球大学	84

■ 私立大学院（研究生院）

排名	学校名	留学生总数
1	早稲田大学	2,093
2	立命館大学	697
3	慶應義塾大学	636
4	京都情報大学院大学	530
5	明治大学	448
6	上智大学	413
7	関西大学	401
8	同志社大学	398
9	国際大学	331
10	立教大学	329
11	法政大学	324
12	城西国際大学	312
13	日本大学	204
14	東洋大学	190
15	青山学院大学	185
16	拓殖大学	183
17	関西学院大学	155
18	立命館アジア太平洋大学	154
19	武蔵野大学	145
20	中央大学	144
21	文化ファッション大学院大学	138
22	東京福祉大学	124
23	桜美林大学	119
24	芝浦工業大学	118
25	多摩美術大学	113
26	沖縄科学技術大学院大学	111
27	龍谷大学	109
27	神戸情報大学院大学	109
29	武蔵野美術大学	108
30	国士舘大学	102
31	東京工科大学	95
32	東海大学	93
33	創価大学	92
34	神奈川大学	90
35	事業創造大学院大学	88
36	大東文化大学	86
37	名城大学	80
38	亜細亜大学	78
39	名古屋商科大学	77
40	目白大学	74
41	城西大学	73
41	東京理科大学	73
43	京都造形芸術大学	70
44	大阪産業大学	69
45	国際基督教大学	68
45	帝京大学	68
47	東京造形大学	67
48	東京農業大学	66
49	デジタルハリウッド大学	65
50	麗澤大学	58
51	ハリウッド大学院大学	57
52	杏林大学	56
52	福岡大学	56
54	京都精華大学	54
55	福岡工業大学	52
56	東京国際大学	51

日本留学生作品集

作者：shin
大学：京都造型艺术大学
专业：漫画学院故事漫画学科

第八章 千帆竞渡
五彩缤纷的特色专业

Study in Japan
人生启航，日本留学的指南针
第七版

日本留学指南

为了帮助各位顺利地选择自己想要报考的学校，
在此将向各位介绍
日本所有可接收外国留学生的
大学、短期大学、大学院（研究生院）、专门学校、
日语教育机构的信息，
以及所有对择校有用的资料和数据。

千帆竞渡
五彩缤纷的特色专业

CHAPTER 8

8.1 大学・短期大学一览

根据截至 2018 年 9 月底的最新调查数据，本书编者整理出日本所有可接收留学生的大学与短期大学一览。这些学校按日本全国六个区域、都道府县、大学和短期大学以及国立、公立、私立分类，按拼音顺序排列。以下对大学与短期大学的介绍有基本固定的格式，并将对有关留学生接收方面的制度做统一说明。

另外在本书第五版修订时，我们一改以往的统一格式，增加了 QR（快速反应）码和搜索号码。由此来链接与本书联动的 WEB 网站上的"学校数据库"，并且上网搜索志愿学校的便利性将大幅度提高，从而可以更加高效地确认了解各校更加详细的信息。

大学・短期大学一览的使用方法

刊载的信息根据编者对日本全国的大学与短期大学进行的调查搜集而成，更新至 2017 年 8 月底。

由于刊载的信息必须事先征得学校方面负责人的同意与确认，所以可能因为校方未确认等原因，部分能够接收留学生的大学和短期大学的信息未刊登入内。

有部分学校没有图片类信息，这是因为校方未提供或未同意刊载学校的校徽或照片。

关于调查数据的准确性，我们已事先要求各所学校进行核实，有部分信息未收到确认回复，因此刊登的信息可能与实际情况有所不同。请在申请学校时直接向校方确认。

有部分学校校名中含有片假名或平假名，在刊登时一律按罗马字发音的字母顺序排列。

在国立、公立、私立分类中，有部分学校被标注为"外"，表示其为国外大学在日本设立的分校。

全国六个区域分类

本书将日本全国分为"北海道・东北"、"关东"、"中部"、"近畿"、"中国・四国"、"九州・冲绳"六个区域。各都道府县所属区域情况如下：

北海道・东北	北海道、青森县、岩手县、宫城县、秋田县、山形县、福岛县
关东	茨城县、栃木县、群马县、埼玉县、千叶县、东京都、神奈川县
中部	新潟县、富山县、石川县、福井县、山梨县、长野县、岐阜县、静冈县、爱知县、三重县
近畿	滋贺县、京都府、大阪府、兵库县、奈良县、和歌山县
中国・四国	鸟取县、岛根县、冈山县、广岛县、山口县、德岛县、香川县、爱媛县、高知县
九州・冲绳	福冈县、佐贺县、长崎县、熊本县、大分县、宫崎县、鹿儿岛县、冲绳县

大学·短期大学一览的阅读说明

❶校徽、学校名以及主校区所在地。注意：不同的专业所在校区可能不同。

❷以标签分别标出各校所属的类别，包括国立、公立、私立三种。此外，如果是外国大学在日本所设的分校的话则标为"外"。

❸以标签分别标出了各校留学生所能报考的专业体系。需要注意的是有时该体系的名称与院系名及学科名并不相同，详细情况还请大家查看该校相关网站。此外，有时即使该校设立了相关专业体系，但是该体系并不一定招收留学生，此时本书以黑白标签显示。此外，有些专业即使标为黑白标签，但是有时可以通过统考入学，这一点请大家单独确认。

❹记录了各校的联系方式，包括实际招生部门的名称。

❺记录了各校的联系方式，包括实际招生部门的电子邮箱。

❻记录了各校的联系方式，包括实际招生部门的电话号码。

❼报考该校时是否有可利用"赴日前"入学制度申请的学院。

❽当上述第7条成立时，申请符合条件的学科可使用的考试类型，如EJU、JPUE、日语成绩、英语成绩。

❾表明各校本科的学生数。

❿表明各校本科的外国留学生数。

⓫记录了各校在第八章中各都道府县地图上的号码，如"东京都 B 123"。

⓬与本书联动的网站上"学校数据库"的检索号码。

⓭链接至与本书联动网站上该校的详细信息页面的二维码。

范例（大学）：

范例（短期大学）：

日本留学指南专用网站

- 仅向《日本留学指南》购买者随时发送日本留学信息！
- 包罗众多不可忽视的、本书出版后新搜集的各类信息！

- ◆ 大学·短期大学、研究生院、专门学校的最新信息
- ◆ 私立大学留学生别科、日语语言学校的最新信息
- ◆ 最新奖学金信息
- ◆ 最新入境管理法相关信息
- ◆ 针对日语自学者的日语能力考试N5合格攻略
- ◆ 日本留学考试倾向与对策
- ◆ 各大学名校独立考试真题题库与解说
- ◆ 积极聘用留学生的日本企业信息

还设置有在日本留学的留学生与在中国希望去日本留学的学生之间的交流平台！

http://www.studyjapan.org.cn/

大学·短期大学介绍

[北海道·东北]

北海道／青森县／岩手县／宫城县／秋田县／
山形县／福岛县

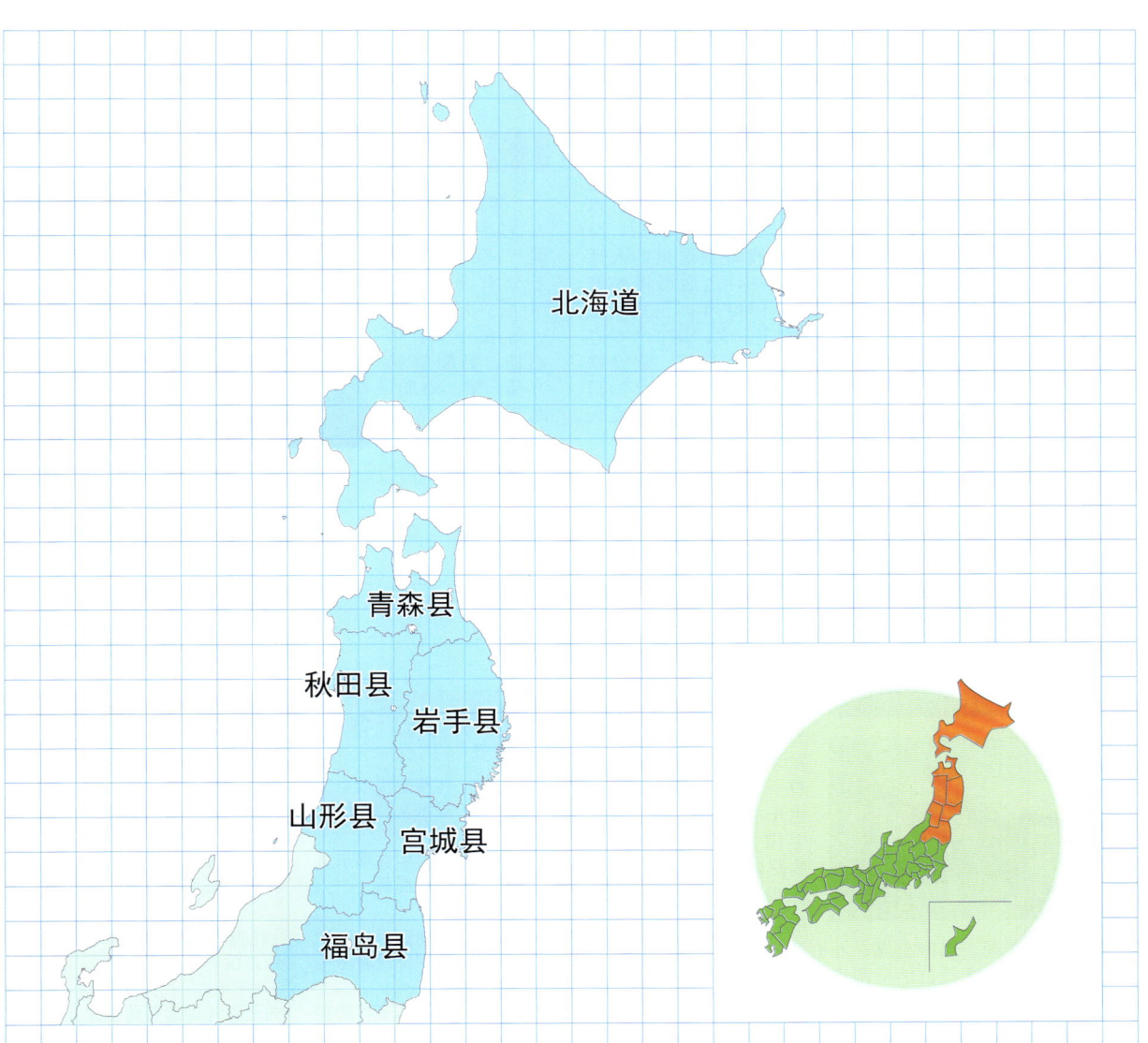

北海道·东北 简介

北海道·东北地区，位于日本的最北边，由一个道六个县构成。

北海道是电影《非诚勿扰》的拍摄地。札幌与中国长春纬度一致，全年凉爽，夏季最高温度为30度左右；冬季比较寒冷，白雪皑皑。北海道的雪全世界都有名，吸引了众多的滑雪运动爱好者。在北海道大学就读的中国留学生很多，北海道大学是很受欢迎的国立大学。

东北地区约占本州面积的30%，在气象学、历史学、地理学上与北海道共称作北日本。那里自然资源丰富，到处是海鲜野味。

北海道·东北地区最大的城市是仙台市，有150万人口，有7所旧帝国大学之一的东北大学，以经济、学术、文化闻名。

打工参考（麦当劳时薪）

札幌（北海道）：719日元/小时

仙台（宫城县）：750日元/小时

房租参考（单间价格）

札幌（北海道）：33000日元/月

仙台（宫城县）：43000日元/月

北海道
HOKKAI-DO

HOKKAI-DO DATA	
面　　　积	83456.87km² (1位)
人　　　口	550万人 (8位)
人 口 密 度	70人/km² (47位)
大 学 设 置 数	51 (6位)
中 国 留 学 生 数	1679人 (12位)
市 町 村 数	35市129町15村

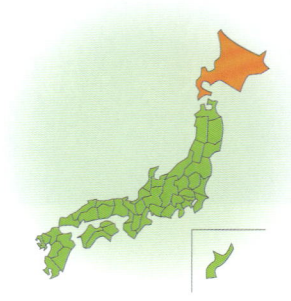

历史

北海道以前鲜有人烟，室町时代以后，从本州渡海到这里的人逐渐增加，之后慢慢被开发。1869 年，正式设置北海道。以 1972 年举办奥运会为契机，建设铁路机场，一举跃升为日本闻名遐迩的观光地区。冬天是雪乡旅行的好去处，夏天是避暑胜地，吸引了众多游客。

名物・名产

羊肉烧烤"成吉思汗""石狩锅"等传统料理十分有名。夕张甜瓜、玉米、土豆等农作物，牛奶糖、奶酪等奶产品，蟹、海胆、海蜇、鱿鱼等海产品也很有名。

观光地

北海道每年在 2 月份举办的"札幌冰雪节"是日本最知名的节日活动之一。在活动期间展示超过 250 座冰雕雪雕，将有超过 200 万人的游客造访此地。另外，作为味噌拉面的发源地，拉面店一家挨着一家的"拉面胡同"也十分有名。同时由于中国电影《非诚勿扰》的热映也使这里一下子备受瞩目。而 2008 年举办峰会的洞爷湖以及阿寒湖、摩周湖、知床五湖，还有宗谷岬、十胜平野、北鄂霍次克海等，这些自然资源也吸引了许多海外观光客来北海道游览。

文化・特征

除了沿海地区，全北海道冬季最冷月份平均气温基本都在 -8 摄氏度以下，最北面的稚内和内陆的旭川甚至会出现 -30 摄氏度以下的情况。传说把开水倒入杯中，刚准备喝的时候开水立即就会出现被冻住的现象。北海道在开拓时期引进了美国的新巴洛克式砖瓦并且将它用于建造各种美丽的建筑物，这些建筑物也使得北海道成为日本闻名中外的优美港口，小樽和函馆分外美丽。1986 年北海道和中国黑龙江省成为友好城市，双方一直进行着经济、文化方面的交流。

各类咨询信息

医疗	在医院提供中文提示及翻译服务	外语工作人员→① 其他请咨询市政府
法律	提供中文提示及翻译服务	外语工作人员→① 其他请咨询市政府
住宅	面向留学生们的住宅支援服务	<札幌市>提供39间单人房作为留学生用宿舍→②
奖学金	自治体主导的奖学金制度	关于对外国自费留学生（大学院生・研究生)援助→③
就业	就业说明、实习信息、面试技巧	无

联系方式

①札幌市呼叫中心	011-222-4894
②札幌留学生交流中心	011-817-3615
③北海道国际交流合作综合中心	011-221-7820

第八章 / 千帆竞渡——五彩缤纷的特色专业

各大学分布情况

① 北海道大学
② 北海道教育大学
③ 北海道科学大学
④ 北海道情报大学
⑤ 北海道文教大学
⑥ 北海学园大学
⑦ 北见工业大学
⑧ 北星学园大学
⑨ 旭川医科大学
⑩ 带广畜产大学
⑪ 星槎道都大学
⑫ 酪农学园大学
⑬ 苫小牧驹泽大学
⑭ 室兰工业大学
⑮ 小樽商科大学
⑯ 旭川大学
⑰ 札幌大谷大学
⑱ 札幌大学
⑲ 札幌国际大学
⑳ 札幌市立大学
㉑ 札幌学院大学
㉒ 札幌医科大学
㉓ 稚内北星学园大学
㊺ 北海道科学大学短期大学部
㊻ 北星学园大学短期大学部
㊼ 钏路短期大学
㊽ 带广大谷短期大学
㊾ 拓殖大学北海道短期大学
⑥⓪ 旭川大学短期大学部
⑥① 札幌大谷大学短期大学部
⑥② 札幌大学女子短期大学部
⑥③ 札幌国际大学短期大学部

青森县
AOMORI-KEN

AOMORI-KEN DATA	
面　　　积	9644.54km²（8位）
人　　　口	137万人（31位）
人 口 密 度	142人/km²（41位）
大学设置数	15（20位）
中国留学生数	277（34位）
市 町 村 数	10市22町8村

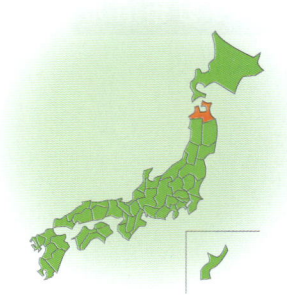

历　史

青森以前被称作"陆奥国"，这里发现了许多4世纪大和王朝时代的古墓。从出土的古代中国的陶瓷器等可以了解到此地很早就和中国有着交流。1988年连接青森和北海道的海底隧道"青函隧道"建成，加强了和北海道的交流。

名物·名产

在日本产量第一的青森的苹果、山药、大蒜都很有名。水产品中大间的天然金枪鱼已经是世界级品牌。鲭鱼、鱿鱼的捕获量也是日本第一。放入海胆和鲍鱼的高汤"いちご煮"也很有名。

观光地

"睡魔祭"是青森有代表性的节日。在睡魔祭上，会有打扮成武者等模样的人，拉着画有武者的扇型灯笼花车在街上游行，每年会有300万人前来观摩。此外还有像雪乡般美丽的自然宝库，有湿地、沼泽、奇岩海岸、悬崖、溪流、湖泊、原始森林、温泉等许多观光景点。

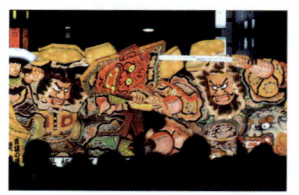

文化·特征

青森是日本几个以农业和工艺著称的地方之一。津轻地方的米和苹果、县南的蔬菜栽培和畜牧业都很有名。青森的苹果是世界有名的，但苹果这一特产是从1875年政府发下来的青森县栽种的仅仅三棵树苗开始的。此外，有受国家指定的传统工艺品"津轻漆"、精心编织而成的"あけび藤编"，还有算得上日本三驹之一的"八幡马"，更有小芥子人偶、津轻风筝等众多的传统物品。

各类咨询信息

医疗	在医院提供中文提示及翻译服务	外国人咨询窗口→①
法律	提供中文提示及翻译服务	外国人咨询窗口→①
住宅	面向留学生们的住宅支援服务	无
奖学金	自治体主导的奖学金制度	无
就业	就业说明、实习信息、面试技巧	无

联系方式

①青森县国际经济科	017-722-1111

第八章／千帆竞渡——五彩缤纷的特色专业

各大学分布情况

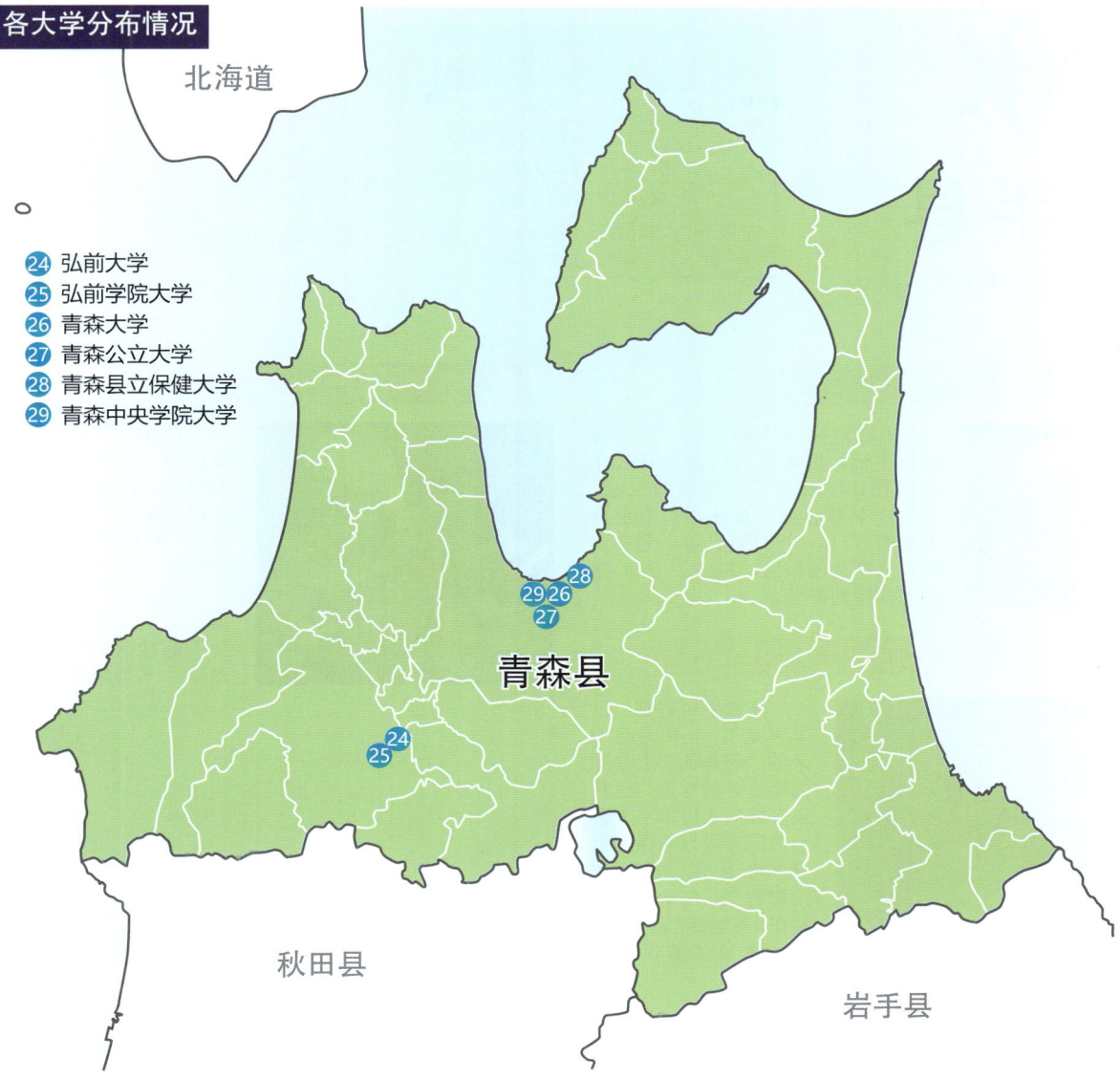

24 弘前大学
25 弘前学院大学
26 青森大学
27 青森公立大学
28 青森县立保健大学
29 青森中央学院大学

【我的日本体验记】 弘前游记

　　2012 年 3 月，我有幸受日本友人之邀，来到青森县弘前市参加二日游。搭新干线从东京出发，列车一路向北飞驰，窗外的景色渐渐变化起来。刚出东京还是风和日丽，到了东北地区后就成了茫茫一片白雪。
　　3 个多小时的旅途结束后，我到达了弘前市。这里的温度比东京至少低上十来度，街头堆着半米厚的积雪，一派雪乡景色，真是生活在中国南方的我从未见过的奇景。弘前是个旅游城市，也是文化古城，虽然面积也就东京的一个区那么大，却号称有三宝：苹果、樱花和古城。这里的青苹果驰名全国，产量占日本总产量的 20%，游客们到此一游时肯定都会捎点回去。据友人说，这里还有日本第一漂亮的樱花绝景。只可惜我们来得早了一个月，要到 4 月樱花节时才能一睹风采。古城，指的是这里市中心公园的鹰冈城，据说是全日本保存最完整的一座战国古城，源自 400 年前的战国时代。我还抽空特意去逛了一下，一个字：小。不管是楼层还是房间，都比现代建筑小上好几圈，我还真纳闷了：莫非那个时代的日本人身高只有 1.3 米左右吗？
　　晚上，友人请我在酒吧喝酒。这里还有洋溢着外国情调的酒吧街，各种金发碧眼的洋面孔多如过江之鲫。虽然还不到旅游旺季，仍旧宾客满堂，可见"樱花和苹果之城"的魅力相当大。大家来日本东北地区旅游时，别忘了来弘前市逛逛，给亲友们带点清甜爽口的青森苹果吧！

——肖荣

岩手县
IWATE-KEN

IWATE-KEN DATA	
面　　　积	15278.89km²（2位）
人　　　口	133万人（32位）
人 口 密 度	87人/km²（46位）
大 学 设 置 数	10（30位）
中国留学生数	185人（40位）
市 町 村 数	13市15町5村

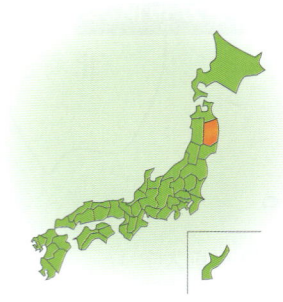

历　史

旧时被称作"陆中国"。据遗迹发掘考证，旧石器时代起就有人在此居住，过着狩猎、捕鱼的生活。地方产业是林业，森林面积占全县土地的77％，不过近几年，随着高新技术产业的振兴，形成了2.5兆日元规模的产业。

观光地

来岩手可以在"日本百景"、全长为两千米的"猊鼻溪"上享受划船泛舟的乐趣。而且还有被列入日本三大溶洞的国家级自然保护景观"龙泉洞"和"龙泉新洞"。常坚寺有被称作"河童渊"的池子，传说这里住着很多河童。

名物・名产

名特产有丝织品的捻线绸，藩政时期因用于染色、药物等而受重视的"紫根"，以及被称为"一见钟情"的大米品种等。此外，前泽牛和三陆的海胆、牡蛎、扇贝以及不论吃几碗都会不断续碗的"一口荞麦面"等皆闻名日本。

文化・特征

2011年成为世界遗产的"平泉"是当地的名胜。此处与12世纪显赫东北地方的奥州藤原氏有关。战乱后，初代藤原清衡怀着让平泉成为"亡灵居住的极乐净土"的愿景，建立了"中尊寺"，寺内有著名的金色堂。

各类咨询信息

医疗	在医院提供中文提示及翻译服务	外国人咨询窗口→①
法律	提供中文提示及翻译服务	外国人咨询窗口→①
住宅	面向留学生们的住宅支援服务	无
奖学金	自治体主导的奖学金制度	一年10名（每月4万日元）申请须经过大学→①
就业	就业说明、实习信息、面试技巧	无

联系方式

①(公财)岩手县国际交流协会	019-654-8900

各大学分布情况

- ③⓪ 富士大学
- ③① 盛冈大学
- ③② 岩手大学
- ③③ 岩手县立大学
- ⑥④ 岩手县立大学宫古短期大学部
- ⑥⑤ 岩手县立大学盛冈短期大学部

【我的日本体验记】

　　青森因苹果产量卓著而为"苹果胜地"，但很少有人知道，近邻岩手县的苹果在品质上为全日本第一，岩手市民购买苹果的人数也是全日本第一。去年，在盛冈的拍卖会上，来自岩手县奥州江刺区产的"江刺苹果"，竟然以100万日元一箱的天价被成功拍卖，可见岩手人对苹果的确有着不同寻常的爱。但为何岩手苹果默默无闻呢？皆因岩手人的特质使然。

　　在盛冈，有一尊戴着风帽，穿着大衣，双手背后，低头沉思，看不清面容的男人的雕像。他就是原盛冈高等农林学校（岩手大学前身）的学生、著名作家宫泽贤治。"没有全人类的幸福，就不可能有个人的幸福。"他这样说的，也这样做的。他在世时，传授农学，启蒙农民科学知识，留给自己的是默默无闻的人生。他去世后，遗留下的文字已震惊世界。

　　最让岩手人自豪的人还有诗人石川啄木、教育家新渡户稻造、语言学家金田一京助……岩手大学校长这样评价自己的学生："岩手的学生不善言辞，但坚韧不屈。"岩手人，就是凭着对这片土地朴实无华的爱，凭着大巧不工的大智慧，默默耕耘，默默收获幸福之果。山青水绿，恬静，温馨，远离喧嚣和浮躁，充分地享受生活，安静地学习和工作，思考并创造对世界的价值，收获属于自己的智慧之果。这就是岩手的魅力。

——岩手大学人文社会科学院 二年级 蒲钰

宫城县
MIYAGI-KEN

MIYAGI-KEN DATA	
面　　　积	7285.76km²（16位）
人　　　口	234万人（15位）
人 口 密 度	322人/km²（19位）
大 学 设 置 数	18（17位）
中国留学生数	1218人（15位）
市 町 村 数	13市21町1村

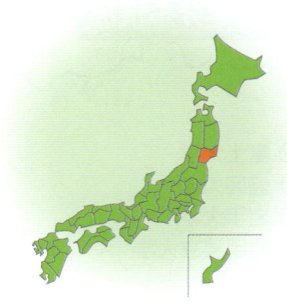

历史

宫城过去被称为"陆前国"地区。这片土地一直以来都是由众多氏族所统治的，伊达政宗为现代的仙台奠定了基础。论及近代政治，仙台是作为东北的政治据点发展起来的。这片土地拥有丰富的资源。在这里，有着堪称日本三景之一的"松岛"。

名物・名产

仙台是牛舌的发源地。当地出产的牛舌分量足，肉质柔软且肉汁鲜美。说起当地的特产，不得不提到的是小竹鱼糕 的代表性名牌糕点"萩之月"。

观光地

作为日本三景之一的"松岛"和国宝"瑞岩寺本堂"很有名。这个县内到处都是温泉，兼有滑雪娱乐项目的温泉疗养地非常有名。其中"藏王温泉"尤其著名。每年8月6日在仙台有为期三天的仙台七夕节。市内各个地方都有节日的装饰，整个街道都充满着七夕的气息。该节堪称东北三大节日之一，每年都会有200万以上的人造访此地。

文化・特征

宫城有日本著名的重点栽培大米"笠锦"和"一见钟情"等品牌的米仓。此外，由于该地距离世界三大渔场中的三陆冲渔场很近，且拥有气仙沼渔港，所以该地有着日本首屈一指的渔业产量。该县圆头圆身的小木偶人的木纹玩具享有盛名，而制造这些小木偶人的工人人数更堪称日本第一。

各类咨询信息

医疗	在医院提供中文提示及翻译服务	提供医疗机构列表及配套服务→①②
法律	提供中文提示及翻译服务	外国人咨询窗口及配套服务→①②
住宅	面向留学生们的住宅支援服务	签约时的翻译服务→①
奖学金	自治体主导的奖学金制度	无
就业	就业说明、实习信息、面试技巧	与留学生接收组织合作开设本地企业讲座→②

联系方式

①（财）宫城县国际化协会	022-275-3796
②（财）仙台国际交流协会	022-265-2471

各大学分布情况

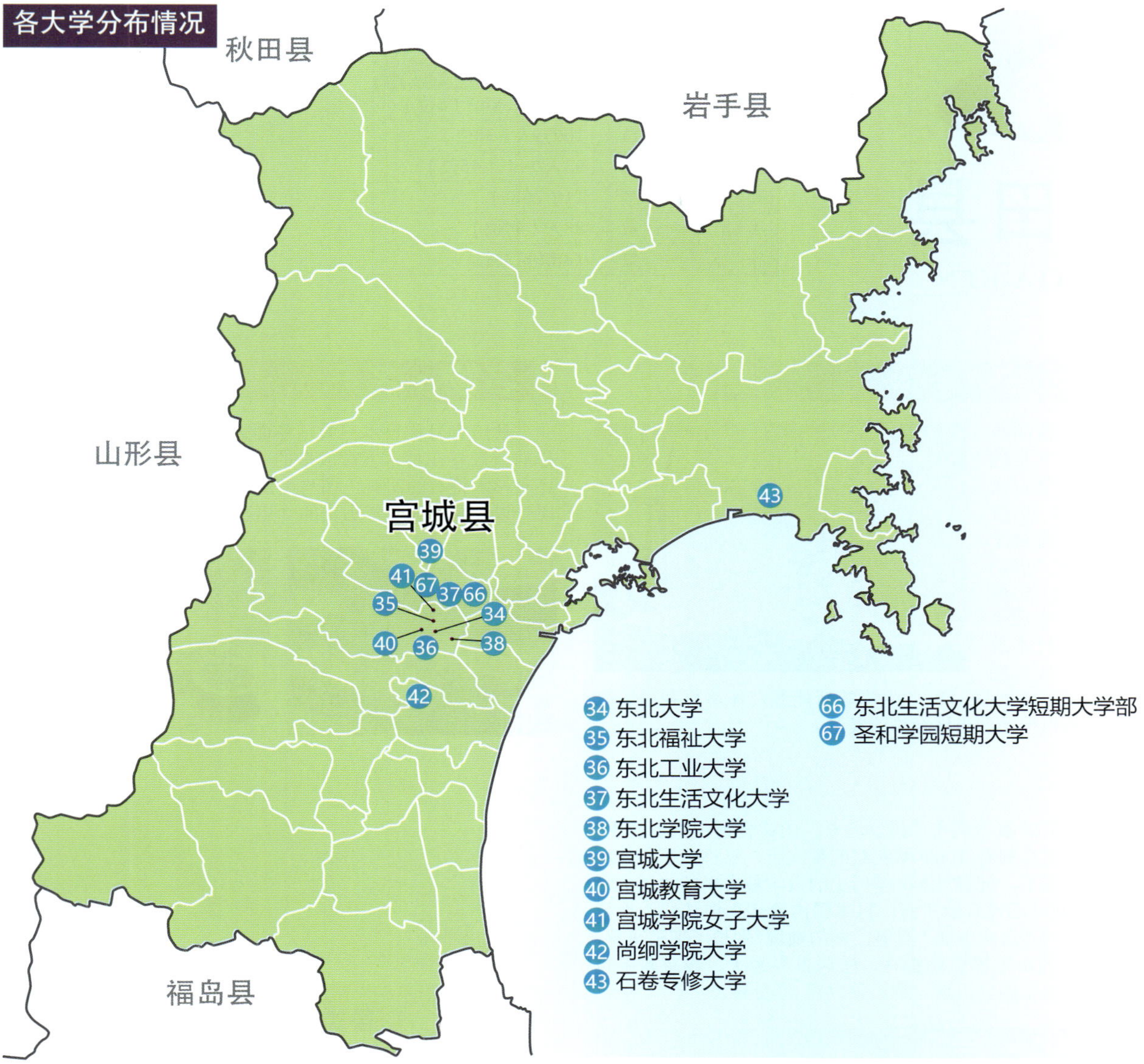
秋田县
岩手县
山形县
宫城县
福岛县
43
39
41
67
37
66
35
34
40
36
38
42
34 东北大学
35 东北福祉大学
36 东北工业大学
37 东北生活文化大学
38 东北学院大学
39 宫城大学
40 宫城教育大学
41 宫城学院女子大学
42 尚䌹学院大学
43 石卷专修大学
66 东北生活文化大学短期大学部
67 圣和学园短期大学

【我的日本体验记】 仙台见闻

暑假里，我曾与同学结伴，一起到宫城县的仙台市旅游。说到仙台，中国人一般都会想到鲁迅，毕竟他的文章《藤野先生》是小学语文课本的保留篇目，不过中国人的文章中罕有提到仙台这个日本地名的。

仙台是个旅游城市，旅游业发达，尤其有特色的是市立的旅游巡回巴士，穿梭于各大景点之间，随时上下车，一天通票才用 600 日元，真是便宜到家。全市最主要的景点莫过于位于青叶山下的仙台城遗址。仙台城利用青叶山的天然屏障而建，高达 132 米，又有青叶城之称。可惜如今的仙台城已不复当年英姿，剩下的就只有一些断壁残垣以及部分的城门。这些遗迹加上重建的城楼，或许可以让人凭吊当年仙台城的光辉岁月。城中最引人注目的要算伊达政宗的骑马铜像。喜欢日本动漫和电玩的同学脑里估计会马上蹦出“独眼龙”的大名吧。这位曾经风云一时的战国豪杰，原来正是发家于此。

我们到达时正值此地著名的七夕祭，据说已有700多年历史。虽然没有别的地方祭典时车水马龙般的热闹，却能看见街道上悬挂着数不胜数、五颜六色的大型彩纸饰品（差不多有一人多高）。不知道当地人把这个叫什么来着，真是别有一番风雅韵味。

——肖荣

秋田县
AKITA-KEN

AKITA-KEN DATA	
面　　　积	11636.25km²（6位）
人　　　口	109万人（38位）
人　口　密　度	93人/km²（45位）
大 学 设 置 数	11（26位）
中 国 留 学 生 数	88人（44位）
市　町　村　数	13市9町3村

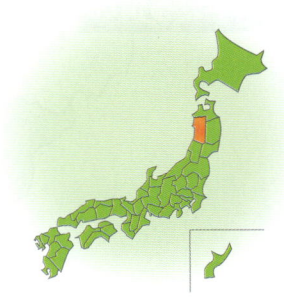

历史

秋田县的位置同中国北京的纬度差不多，大约在北纬40度附近。以前这个地区叫作"出羽国"，1871年废藩置县后变成了秋田县。日本首次火箭实验成功后，秋田县的太阳、风、生物等新能源及环境再利用等产业的成长也推动着当地经济的发展。

观光地

秋田县的本帮菜在"川反通り"的饮食街中大展身手。狭窄的街道排列着1000家左右的餐饮店，堪称是东北最大级别的规模了。拥有1200年历史的日本最古老的"尾去泽矿山"，同时还设有游乐园。日本国内第一个申请成为世界自然遗产的"白神山地"有着广阔的地域，生长了郁郁葱葱、青翠茂密的山毛榉原始森林，傲居世界最大，设有新手也不用担心安全的登山道，到山顶只需60分钟。

文化・特征

在秋田不只是米，日本酒的消费量也非常大。除夕夜还有到各家去拜访的传统民间仪式的"なまはげ"，这在全日本都是很有名的。男子会带着鬼的面具，穿着斗笠和草鞋，还拿着厚刃的尖菜刀到访各家，并用粗暴的声音喊着"有没有坏小孩啊"，"有没有爱哭鬼啊"，找到懒汉、小孩、新出嫁的媳妇就会捣乱。男主人便会一边哄着光头鬼一边郑重地款待他。此外秋田县还和中国的甘肃省在文化、经济、医疗、体育等方面建立友好关系。

名物・名产

秋田有号称日本三大乌冬面之一的"稻庭乌冬"，将捣好的新米卷在杉木上做成串的"きりたんぽ"也十分有名。还有杉木特有的明亮色调与美丽的木纹相结合的"曲げわっぱ"以及超过800年历史的"川连漆器"等工艺品。

各类咨询信息

医疗	在医院提供中文提示及翻译服务	外国人咨询窗口（医疗机构列表等）→②
法律	提供中文提示及翻译服务	外国人咨询窗口→②
住宅	面向留学生们的住宅支援服务	每人每月可得到约15000日元的援助→①
奖学金	自治体主导的奖学金制度	无
就业	就业说明、实习信息、面试技巧	无

联系方式

① 秋田县策划振兴部　国际科	018-860-1218
②（财）秋田县国际交流协会(AIA)	018-893-5499

各大学分布情况

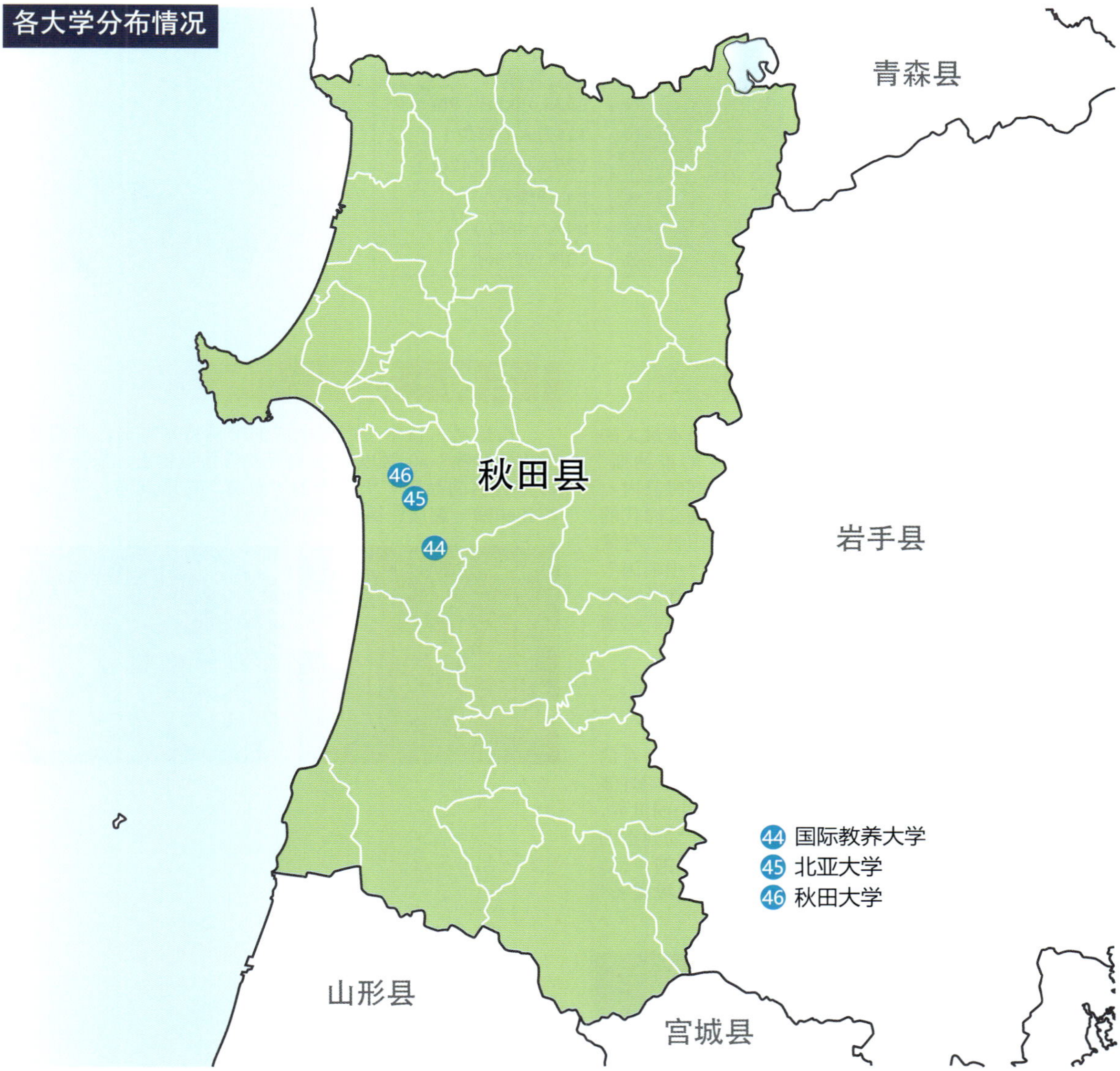
青森县
秋田县
岩手县
山形县
宫城县
46
45
44
44 国际教养大学
45 北亚大学
46 秋田大学

【我的日本体验记】 我眼中的秋田

秋田县位于日本东北部，物产富饶。甘甜清澈的泉水，严寒的冬季天气，加上闻名日本的美味小町米共同酿造了日本前三名的秋田酒。由小町米做成的切米糕，糯软可口。此外，秋田特有的动植物繁多，在这里生活的人们饱受大自然的恩赐。

但是秋田天气瞬息万变，一会儿晴空万里，一会儿雨雪就不期而至，冬季常出现暴雨和暴风雪天气，并有长期的积雪。为防止成为落汤鸡，必须随身携带雨伞或雨衣。人们通过一层又一层地套厚衣服和减少外出防寒。

到秋田之后，最好通过 AIA 联系秋田家庭。AIA 是秋田县国际交流公益性组织，为促进外国人更好地适应秋田生活和增进与当地人的交流，提供各种帮助并举办聚餐、演讲比赛等活动。通过其介绍的志愿者家庭，会免费带留学生吃美食，到家里做客，去动物园、美术馆，还会去打保龄球、泡温泉、旅游等，使留学生更好地体验原生态的日本生活和文化，提高日语水平，增进双方的了解和友谊。这和帮助留学生的学习生活并按小时从学校拿工资的日本学生有很大区别。

秋田物产富饶，民风淳朴，静谧祥和，生活成本较低，是学习和养生的好去处。晴朗天气，可以遥望远山和蓝天白云，回归原始的灵魂，静享美妙人生。

——张璐

山形县
YAMAGATA-KEN

YAMAGATA-KEN DATA	
面　　　积	9323.46km²（9位）
人　　　口	116万人（35位）
人 口 密 度	125人/km²（42位）
大 学 设 置 数	8（38位）
中 国 留 学 生 数	84人（46位）
市 町 村 数	13市19町3村

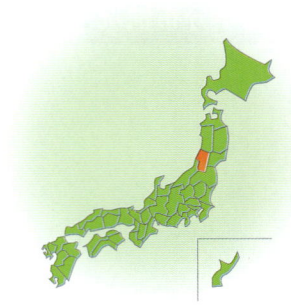

历　史

　　山形是日本最大的陶俑"绳文的维纳斯"的出土地，同时县内一带也散布着绳文时代的遗迹，和秋田县古时候一起被叫作"出羽国"，到近代为止，都是在最上氏、上杉氏等有名诸侯的统治下。1876年成为现在的山形县。

观光地

　　值得向全世界夸耀的是在迎来"藏王树冰"最好看的季节时举行的"藏王树冰祭"，会挂上大约300座雪明灯笼和3000个雪纸罩蜡灯，周围就宛如被包围在幻想中的世界，"上杉雪明灯笼祭"的冬季庙会非常有名。二百年前建造的排列着武士住宅的武士住宅街可以让人感受武士的生活。在"日本的瀑布百选"中，高度为124米的"白线瀑布"很有名。

文化・特征

　　江户时代，俳圣松尾芭蕉将"奥之细道"全程156日中约三分之一的时间在山形县度过。那次旅行可谓是以出羽三山为目标的"心的旅程"。亘古以来，山形县受上天恩惠，拥有着丰富的精神文化，并且有河流"最上川"经过，是一个自然风光秀丽的地方。

名物・名产

　　山形县占日本生产量七成的樱桃特别有名，高档品种的"佐藤锦"30颗以5万日元的价格被售出。米泽牛也是日本有名的品牌。土特产的"煮薯"是用鸡肉、芋、萝卜等和味噌一起放在锅中煮熟而成的。

各类咨询信息

医疗	在医院提供中文提示及翻译服务	外国人咨询窗口→②
法律	提供中文提示及翻译服务	外国人咨询窗口→②
住宅	面向留学生们的住宅支援服务	无
奖学金	自治体主导的奖学金制度	无
就业	就业说明、实习信息、面试技巧	山形大学针对县内的留学生开设合作说明会。

联系方式

① 山形县　经济交流科国际室	023-630-2366
②（财）山形县国际交流协会	023-646-8861

各大学分布情况

- ㊼ 东北公益文科大学
- ㊽ 东北文教大学
- ㊾ 东北艺术工科大学
- ㊿ 山形大学

- 68 东北文教大学短期大学部
- 69 山形县立米泽女子短期大学

【我的日本体验记】

　　山形县是个怎样的地方？在地图上看它，你会发现山形县犹如人的侧脸一样，它的实际相貌就由我来告诉大家吧！

　　迄今为止，我去过山形县两次了。一次是冲着山形的樱桃去的。山形的樱桃产量占日本总产量的70%。差不多2000日元就可以进入园中随便采摘了，颗颗饱满，可以放开肚子吃。虽然不能免费带回家，不过，一般都是便宜销售的。将自己采摘的带回去赠送给亲友也是不错的选择。

　　第二次去山形县，是冲着山形县的滑雪胜地——藏王滑雪场去的。据说很多世界滑雪爱好者都喜欢来这里滑雪。不仅雪质好，而且设有各种各样的滑雪道以及雪上项目，无论是初学者还是高手，都可以玩得尽兴。当然，我想很多人来这个滑雪场不单单只是滑雪，还有一个重要的目的就是观赏藏王滑雪场罕见的自然景观——藏王树冰。在有藏王山麓站乘坐缆车就可以观赏到这一大自然的艺术品。

　　另外，在有温泉王国之称的日本，山形县的温泉是出了名得多。几乎每个市町村都有温泉，共计大约100处以上。玩累了，不用走多远就可以享受热腾腾的温泉，泡泡温泉可以解除一天的疲劳。

——樱桃小丸子

福岛县
FUKUSHIMA-KEN

FUKUSHIMA-KEN DATA	
面积	13782.76km²（3位）
人口	202万人（18位）
人口密度	147人/km²（39位）
大学设置数	13（24位）
中国留学生数	277人（34位）
市町村数	13市31町15村

历 史

福岛是日本成长为现代国家过程中铭刻了重要历史的地方。在电视剧和小说中频繁登场的"直江兼续"（上杉景胜）"、"白虎队"、"新选组"、"野口英世"等都与福岛有缘。福岛的街道现在依然洋溢着那个时代的气息，向人们展现着他们的足迹。另外，福岛温泉资源丰富，更有滑雪度假村与之配套，在观光客中人气很高。

名物·名产

"日本酒"的酒窟很多，在日本闻名遐迩的酒窟也很多。喜多方市有120家拉面馆,而"喜多方拉面"则与札幌拉面、博多拉面一道被誉为日本三大拉面。品尝各家面馆的拉面，体验不同的味道也是一种乐趣。顺便提一下，在福岛，人们总是在拉面中加很多醋。另外，福岛还有鲑鱼卵饭、桃子、西红柿等著名特产。

观光地

"大内宿"是日本国家级重点保护区，四百年前繁荣一时的50间宿驿首尾相连，让人们能充分领略江户时代的风情。从猪苗代到磐梯高原，星罗棋布的湖泊和滑雪场构成了一个巨型度假村。滑雪后体温下降的您可以在室内温泉设施"夏威夷温泉度假村"尽情享受温馨暖流。

文化·特征

会津若松市是保存众多重要历史遗迹和古迹的地区。各个时代遗留下来的文化遗产数不胜数，而在1160年建造的国宝"白水阿弥陀堂"则是众多遗迹中的典型代表。在幕府末期成为历史舞台的"会津若松城"，既是一座巨城也是当今极为热闹的观光胜地，每天都在向游客展示其雄伟的英姿。

各类咨询信息

医疗	在医院提供中文提示及翻译服务	外国人咨询窗口（医疗机构列表）→①
法律	提供中文提示及翻译服务	外国人咨询窗口→①
住宅	面向留学生们的住宅支援服务	无
奖学金	自治体主导的奖学金制度	无
就业	就业说明、实习信息、面试技巧	无

联系方式

①（公财）福岛县国际交流协会	024-524-1316

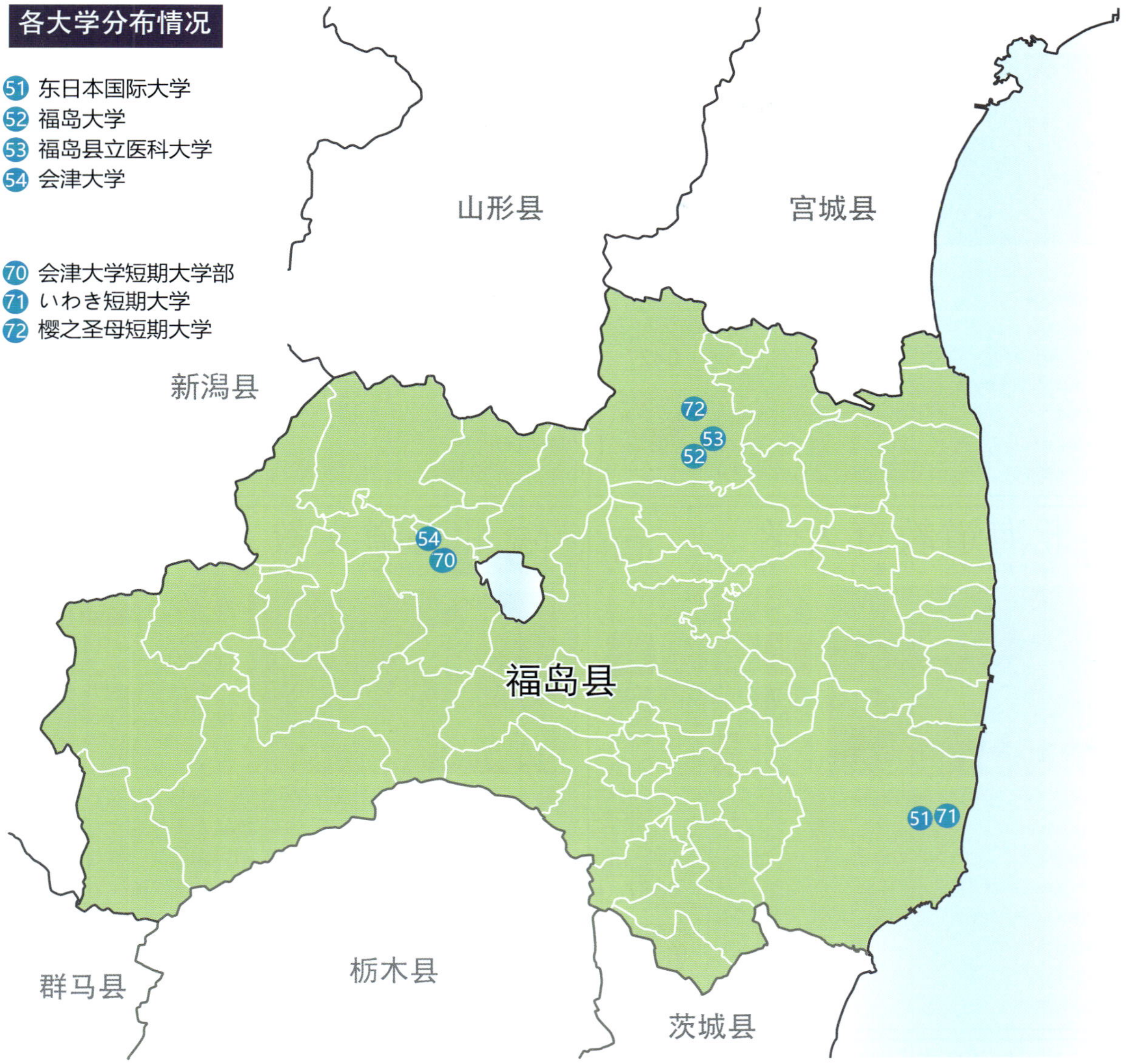
各大学分布情况
51 东日本国际大学
52 福岛大学
53 福岛县立医科大学
54 会津大学
70 会津大学短期大学部
71 いわき短期大学
72 樱之圣母短期大学
山形县
宫城县
新潟县
福岛县
群马县
栃木县
茨城县
72
53
52
54
70
51
71

【我的日本体验记】 福岛县的气候

福岛县是东北地方的一个县，一面临太平洋，三面与茨城、栃木、群马、新潟、山形、宫城等多个县相邻。其独特的地形特质将福岛全县分为三大地区：中通地区、滨通地区、会津地区。

郡山市、本宫市、须贺川市等位于县中部中通地区，受到阿武隈高地和奥羽山脉的影响，夏季非常闷热，用日语“蒸暑”来形容都不为过，是日本有名的酷暑之地。不过，还好日本的电车里都配置有空调。出门就坐电车，不是总在屋外待的话，也不会感受到这种酷暑。相反，气候宜人适合居住的应该属于相马市、岩城市等靠近太平洋一侧的滨通地区了。那里常年受到海风影响，夏季凉爽，冬季暖和。另外，积雪程度严重的喜多方市、会津若松市等所在的西部会津地区，是日本为数不多的有名的暴雪地区，部分地方积雪可达到4米左右。来这里还是需要做好十分专业的准备才行。有一次去福岛雪游，顶着暴风雪，和同伴踏着深浅不一的积雪，着实令人害怕。如果没有长筒靴的话，估计我们都无法继续前行。

福岛县，是一个没有大城市喧哗的地方，一个富有优美的自然景观的地方，一个充满淳朴民风的地方。

——丫哟丫哟

北海道大学

北海道札幌市北区北8条西5丁目 国

招生部门	学務部入試課
招生部门电子邮箱	exam2@academic.hokudai.ac.jp
招生部门电话号码	011-706-7484
"赴日前"入学许可制度	无
适用于"赴日前"制度的考试	—
本科总学生数	11,436人
本科外国留学生数	131人
都道府县、地图编号	北海道 1

0427

北海道情报大学

北海道江別市西野幌59番2 私

招生部门	入試課
招生部门电子邮箱	nyusi@do-johodai.ac.jp
招生部门电话号码	011-385-4425
"赴日前"入学许可制度	无
适用于"赴日前"制度的考试	—
本科总学生数	1,500人
本科外国留学生数	21人
都道府县、地图编号	北海道 4

0142

北海道教育大学

北海道札幌市北区あいの里五条3丁目1-5(事務局所在地) 国

招生部门	学務部入試課
招生部门电子邮箱	—
招生部门电话号码	011-778-0274
"赴日前"入学许可制度	无
适用于"赴日前"制度的考试	—
本科总学生数	5,142人
本科外国留学生数	6人
都道府县、地图编号	北海道 2

0387

北海道文教大学

北海道惠庭市黄金中央5丁目196番地の1 私

招生部门	国際課
招生部门电子邮箱	intexctr@do-bunkyodai.ac.jp
招生部门电话号码	0123-34-0146
"赴日前"入学许可制度	无
适用于"赴日前"制度的考试	—
本科总学生数	2,141人
本科外国留学生数	48人
都道府县、地图编号	北海道 5

0337

北海道科学大学

北海道札幌市手稲区前田7条15丁目4-1 私

招生部门	入試課
招生部门电子邮箱	nyushi@hus.ac.jp
招生部门电话号码	0120-248-059
"赴日前"入学许可制度	无
适用于"赴日前"制度的考试	—
本科总学生数	4,557人
本科外国留学生数	7人
都道府县、地图编号	北海道 3

0558

北海学园大学

北海道札幌市豊平区旭町4-1-40 私

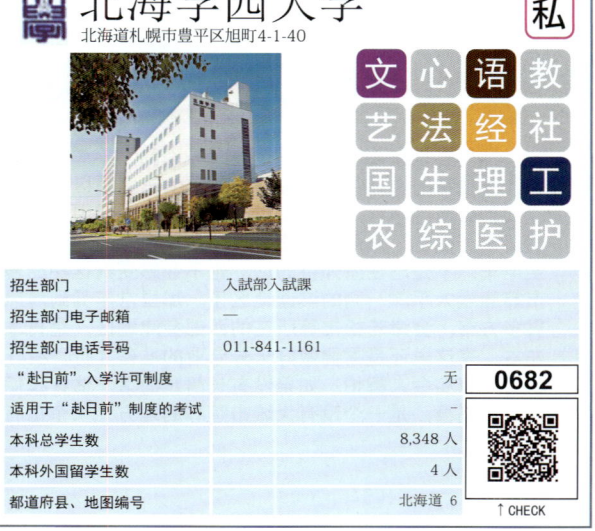

招生部门	入試部入試課
招生部门电子邮箱	—
招生部门电话号码	011-841-1161
"赴日前"入学许可制度	无
适用于"赴日前"制度的考试	—
本科总学生数	8,348人
本科外国留学生数	4人
都道府县、地图编号	北海道 6

0682

第八章／千帆竞渡——五彩缤纷的特色专业 473

北见工业大学 国
北海道北見市公園町１６５番地

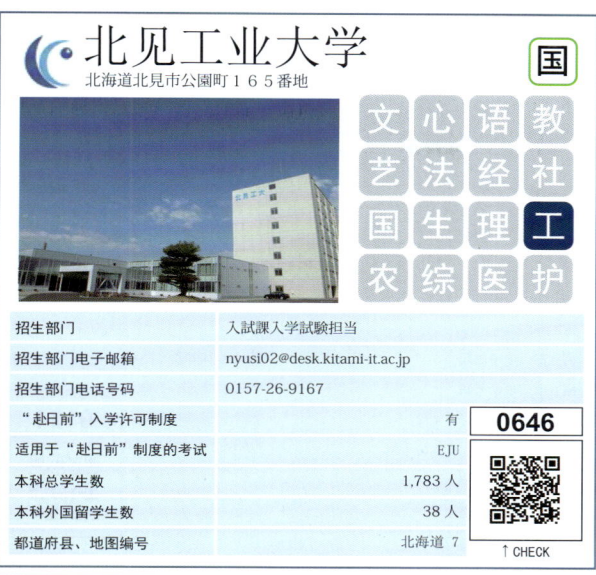

招生部门	入試課入学試験担当
招生部门电子邮箱	nyusi02@desk.kitami-it.ac.jp
招生部门电话号码	0157-26-9167
"赴日前"入学许可制度	有
适用于"赴日前"制度的考试	EJU
本科总学生数	1,783人
本科外国留学生数	38人
都道府县、地图编号	北海道 7

0646 ↑CHECK

带广畜产大学 国
北海道帯広市稲田町西2線11番地

招生部门	入試・教務課入学試験係
招生部门电子邮箱	nyushi@obihiro.ac.jp
招生部门电话号码	0155-49-5321
"赴日前"入学许可制度	无
适用于"赴日前"制度的考试	—
本科总学生数	1,170人
本科外国留学生数	10人
都道府县、地图编号	北海道 10

0466 ↑CHECK

北星学园大学 私
北海道札幌市厚別区大谷地西2-3-1

招生部门	入試課
招生部门电子邮箱	—
招生部门电话号码	011-891-2731
"赴日前"入学许可制度	无
适用于"赴日前"制度的考试	—
本科总学生数	3,872人
本科外国留学生数	—
都道府县、地图编号	北海道 8

0266 ↑CHECK

星槎道都大学 私
北海道北広島市中の沢149

招生部门	国際交流センター
招生部门电子邮箱	kokusai@dohto.ac.jp
招生部门电话号码	+81(0)11-372-8044
"赴日前"入学许可制度	有
适用于"赴日前"制度的考试	JPUE
本科总学生数	799人
本科外国留学生数	55人
都道府县、地图编号	北海道 11

0396 ↑CHECK

旭川医科大学 国
北海道旭川市緑が丘東2条1丁目1番1号

招生部门	教務部入試課入学試験係
招生部门电子邮箱	—
招生部门电话号码	0166-68-2214
"赴日前"入学许可制度	无
适用于"赴日前"制度的考试	—
本科总学生数	998人
本科外国留学生数	—
都道府县、地图编号	北海道 9

0548 ↑CHECK

酪农学园大学 私
北海道江別市文京台緑町582番地

招生部门	入試部入試課
招生部门电子邮箱	rg-nyusi@rakuno.ac.jp
招生部门电话号码	011-388-4138
"赴日前"入学许可制度	无
适用于"赴日前"制度的考试	—
本科总学生数	3,537人
本科外国留学生数	3人
都道府县、地图编号	北海道 12

0254 ↑CHECK

苫小牧駒澤大学
北海道苫小牧市錦岡521-293

分類：文 语 教 国

招生部门	学生サポートセンター国際交流グループ
招生部门电子邮箱	komamail@e.t-komazawa.ac.jp
招生部门电话号码	0144-61-3117
"赴日前"入学许可制度	有
适用于"赴日前"制度的考试	EJU 日语成绩
本科总学生数	199人
本科外国留学生数	43人
都道府县、地图编号	北海道 13

编号 0393

旭川大学
北海道旭川市永山3条23丁目1番9号

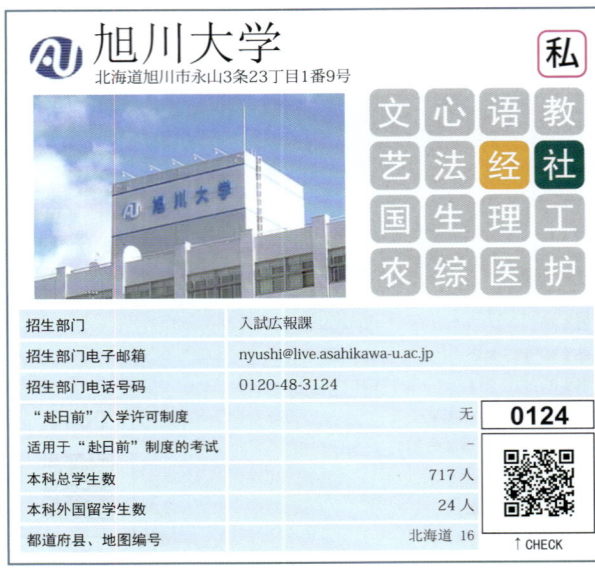

分類：经 社

招生部门	入試広報課
招生部门电子邮箱	nyushi@live.asahikawa-u.ac.jp
招生部门电话号码	0120-48-3124
"赴日前"入学许可制度	无
适用于"赴日前"制度的考试	—
本科总学生数	717人
本科外国留学生数	24人
都道府县、地图编号	北海道 16

编号 0124

室兰工业大学
北海道室蘭市水元町 27-1

分類：工

招生部门	入試課入学試験係
招生部门电子邮箱	nyushi@mmm.muroran-it.ac.jp
招生部门电话号码	0143-46-5162
"赴日前"入学许可制度	有
适用于"赴日前"制度的考试	EJU 英语成绩
本科总学生数	2,809人
本科外国留学生数	59人
都道府县、地图编号	北海道 14

编号 0463

札幌大谷大学
北海道札幌市東区北16条東9丁目1番1号

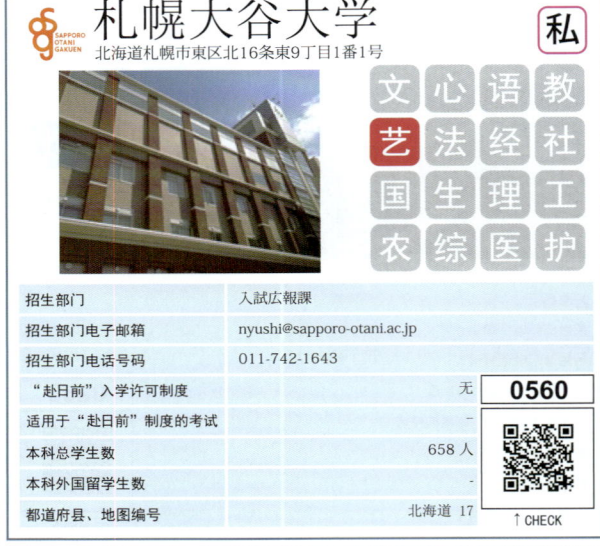

分類：艺

招生部门	入試広報課
招生部门电子邮箱	nyushi@sapporo-otani.ac.jp
招生部门电话号码	011-742-1643
"赴日前"入学许可制度	无
适用于"赴日前"制度的考试	—
本科总学生数	658人
本科外国留学生数	—
都道府县、地图编号	北海道 17

编号 0560

小樽商科大学
北海道小樽市緑3丁目5番21号

分類：经

招生部门	教務課入試室入学試験係
招生部门电子邮箱	nyushi@office.otaru-uc.ac.jp
招生部门电话号码	0134-27-5254
"赴日前"入学许可制度	无
适用于"赴日前"制度的考试	—
本科总学生数	2,280人
本科外国留学生数	29人
都道府县、地图编号	北海道 15

编号 0713

札幌大学
北海道札幌市豊平区西岡3条7丁目3番1号

分類：文 法 经 综

招生部门	インターコミュニケーションセンター（ＳＵＩＣＣ）
招生部门电子邮箱	suicc@ofc.sapporo-u.ac.jp
招生部门电话号码	011-852-9138
"赴日前"入学许可制度	无
适用于"赴日前"制度的考试	—
本科总学生数	2,778人
本科外国留学生数	112人
都道府县、地图编号	北海道 18

编号 0399

第八章／千帆竞渡——五彩缤纷的特色专业

札幌国际大学 【私】
北海道札幌市清田区清田4条1丁目4番1号

招生部门	入学センター
招生部门电子邮箱	nkoho@ad.siu.ac.jp
招生部门电话号码	011-881-8861
"赴日前"入学许可制度	无
适用于"赴日前"制度的考试	—
本科总学生数	1,176人
本科外国留学生数	8人
都道府县、地图编号	北海道 19

0688

札幌医科大学 【公】
北海道札幌市中央区南1条西17丁目

招生部门	学務課入試係
招生部门电子邮箱	—
招生部门电话号码	011-611-2111
"赴日前"入学许可制度	无
适用于"赴日前"制度的考试	—
本科总学生数	1,029人
本科外国留学生数	—
都道府县、地图编号	北海道 22

0594

札幌市立大学 【公】
北海道札幌市南区芸術の森1

招生部门	学生課入試担当
招生部门电子邮箱	—
招生部门电话号码	011-592-2371
"赴日前"入学许可制度	无
适用于"赴日前"制度的考试	—
本科总学生数	721人
本科外国留学生数	6人
都道府县、地图编号	北海道 20

0085

稚内北星学园大学 【私】
北海道稚内市若葉台1-2290-28

招生部门	学生支援課
招生部门电子邮箱	info@wakhok.ac.jp
招生部门电话号码	0162-32-7511
"赴日前"入学许可制度	无
适用于"赴日前"制度的考试	—
本科总学生数	124人
本科外国留学生数	3人
都道府县、地图编号	北海道 23

0667

札幌学院大学 【私】
北海道江別市文京台11番地

招生部门	入試課
招生部门电子邮箱	nyusi@ims.sgu.ac.jp
招生部门电话号码	011-386-8111
"赴日前"入学许可制度	有
适用于"赴日前"制度的考试	JPUE
本科总学生数	2,350人
本科外国留学生数	18人
都道府县、地图编号	北海道 21

0677

弘前大学 【国】
青森県弘前市文京町1番地

招生部门	学務部入試課
招生部门电子邮箱	nyushi@hirosaki-u.ac.jp
招生部门电话号码	0172-39-3122
"赴日前"入学许可制度	无
适用于"赴日前"制度的考试	—
本科总学生数	5,931人
本科外国留学生数	39人
都道府县、地图编号	青森県 24

0018

弘前学院大学

青森県弘前市稔町13-1 　私

分类: 文 心 语 教 艺 法 经 社 国 生 理 工 农 综 医 护

招生部门	入試広報センター
招生部门电子邮箱	nyushi@hirogaku-u.ac.jp
招生部门电话号码	0172-34-5211
"赴日前"入学许可制度	无
适用于"赴日前"制度的考试	-
本科总学生数	705人
本科外国留学生数	2人
都道府县、地图编号	青森县 25

编号 0542

青森県立保健大学

青森県青森市浜館字間瀬58-1 　公

分类: 文 心 语 教 艺 法 经 社 国 生 理 工 农 综 医 护

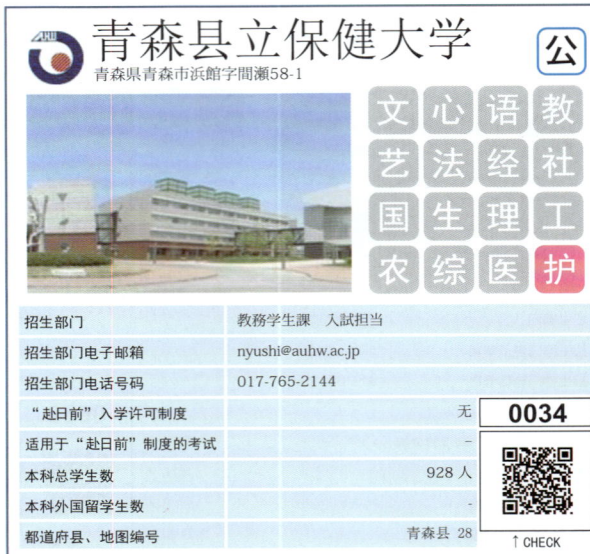

招生部门	教務学生課 入試担当
招生部门电子邮箱	nyushi@auhw.ac.jp
招生部门电话号码	017-765-2144
"赴日前"入学许可制度	无
适用于"赴日前"制度的考试	-
本科总学生数	928人
本科外国留学生数	-
都道府县、地图编号	青森县 28

编号 0034

青森大学

青森県青森市幸畑2-3-1 　私

分类: 文 心 语 教 艺 法 经 社 国 生 理 工 农 综 医 护

招生部门	留学生支援課
招生部门电子邮箱	nyusi@aomori-u.ac.jp
招生部门电话号码	017-738-2001
"赴日前"入学许可制度	有
适用于"赴日前"制度的考试	EJU 日语成绩
本科总学生数	996人
本科外国留学生数	-
都道府县、地图编号	青森县 26

编号 0035

青森中央学院大学

青森県青森市横内字神田12番地 　私

分类: 文 心 语 教 艺 法 经 社 国 生 理 工 农 综 医 护

招生部门	国際交流課
招生部门电子邮箱	international@aomoricgu.ac.jp
招生部门电话号码	017-728-0131
"赴日前"入学许可制度	有
适用于"赴日前"制度的考试	EJU 日语成绩
本科总学生数	1,094人
本科外国留学生数	104人
都道府县、地图编号	青森县 29

编号 0038

青森公立大学

青森県青森市大字合子沢字山崎153番地4 　公

分类: 文 心 语 教 艺 法 经 社 国 生 理 工 农 综 医 护

招生部门	入試・就職チーム
招生部门电子邮箱	nyuusi-t@bb.nebuta.ac.jp
招生部门电话号码	017-764-1601
"赴日前"入学许可制度	无
适用于"赴日前"制度的考试	-
本科总学生数	1,281人
本科外国留学生数	5人
都道府县、地图编号	青森县 27

编号 0033

富士大学

岩手県花巻市下根子450-3 　私

分类: 文 心 语 教 艺 法 经 社 国 生 理 工 农 综 医 护

招生部门	異文化交流センター
招生部门电子邮箱	kokusai@fuji-u.ac.jp
招生部门电话号码	0198-23-6221
"赴日前"入学许可制度	无
适用于"赴日前"制度的考试	-
本科总学生数	609人
本科外国留学生数	10人
都道府县、地图编号	岩手县 30

编号 0573

盛岡大学
岩手県滝沢市砂込808

私

招生部门	入試・広報センター
招生部门电子邮箱	mcnyushi@morioka-u.ac.jp
招生部门电话号码	019-688-5560
"赴日前"入学许可制度	无
适用于"赴日前"制度的考试	—
本科总学生数	1,802人
本科外国留学生数	1人
都道府县、地图编号	岩手県 31

0541

东北大学
宫城県仙台市青葉区川内4 1

国

招生部门	教育・学生支援部 留学生課
招生部门电子邮箱	ryugaku@grp.tohoku.ac.jp
招生部门电话号码	022-795-7776
"赴日前"入学许可制度	无
适用于"赴日前"制度的考试	—
本科总学生数	10,881人
本科外国留学生数	205人
都道府县、地图编号	宫城県 34

0048

岩手大学
岩手県盛岡市上田三丁目18番8号

国

招生部门	国際課
招生部门电子邮箱	gryugaku@iwate-u.ac.jp
招生部门电话号码	019-621-6076
"赴日前"入学许可制度	有
适用于"赴日前"制度的考试	EJU
本科总学生数	4,653人
本科外国留学生数	53人
都道府县、地图编号	岩手県 32

0040

东北福祉大学
宫城県仙台市青葉区国見1丁目8番1号

私

招生部门	入学センター
招生部门电子邮箱	nyushi@tfu-mail.tfu.ac.jp
招生部门电话号码	022-717-3312
"赴日前"入学许可制度	无
适用于"赴日前"制度的考试	—
本科总学生数	5,905人
本科外国留学生数	8人
都道府县、地图编号	宫城県 35

0079

岩手県立大学
岩手県滝沢市巣子152-52

公

招生部门	教育支援室入試グループ
招生部门电子邮箱	ipu-nyushi@ml.iwate-pu.ac.jp
招生部门电话号码	019-694-2014
"赴日前"入学许可制度	无
适用于"赴日前"制度的考试	—
本科总学生数	1,963人
本科外国留学生数	—
都道府县、地图编号	岩手県 33

0041

东北工业大学
宫城県仙台市太白区八木山香澄町35番1号

私

招生部门	入試広報課
招生部门电子邮箱	nyushi@tohtech.ac.jp
招生部门电话号码	022-305-3111
"赴日前"入学许可制度	无
适用于"赴日前"制度的考试	—
本科总学生数	3,161人
本科外国留学生数	8人
都道府县、地图编号	宫城県 36

0089

东北生活文化大学 [私]

宫城県仙台市泉区虹の丘1－18－2

文 心 语 教
艺 法 经 社
国 生 理 工
农 综 医 护

招生部门	入試課
招生部门电子邮箱	dnyushi@mishima.ac.jp
招生部门电话号码	022-272-7521
"赴日前"入学许可制度	无
适用于"赴日前"制度的考试	-
本科总学生数	325 人
本科外国留学生数	-
都道府县、地图编号	宫城県 37

0099

宫城教育大学 [国]

宫城県仙台市青葉区荒巻字青葉149

文 心 语 教
艺 法 经 社
国 生 理 工
农 综 医 护

招生部门	入試課入試係
招生部门电子邮箱	ryugaku@adm.miyakyo-u.ac.jp
招生部门电话号码	022-214-3334
"赴日前"入学许可制度	无
适用于"赴日前"制度的考试	-
本科总学生数	1,484 人
本科外国留学生数	-
都道府县、地图编号	宫城県 40

0071

东北学院大学 [私]

宫城県仙台市青葉区土樋一丁目3-1

文 心 语 教
艺 法 经 社
国 生 理 工
农 综 医 护

招生部门	東北学院大学　入試課
招生部门电子邮箱	nyushi@mail.tohoku-gakuin.ac.jp
招生部门电话号码	022-264-6455
"赴日前"入学许可制度	无
适用于"赴日前"制度的考试	-
本科总学生数	11,475 人
本科外国留学生数	6 人
都道府县、地图编号	宫城県 38

0407

宫城学院女子大学 [私]

宫城県仙台市青葉区桜ヶ丘9-1-1

文 心 语 教
艺 法 经 社
国 生 理 工
农 综 医 护

招生部门	教育研究支援グループ入試広報担当
招生部门电子邮箱	nyushi@mgu.ac.jp
招生部门电话号码	022-279-5837
"赴日前"入学许可制度	无
适用于"赴日前"制度的考试	-
本科总学生数	2,826 人
本科外国留学生数	1 人
都道府县、地图编号	宫城県 41

0116

宫城大学 [公]

宫城県黑川郡大和町学苑1番地1

文 心 语 教
艺 法 经 社
国 生 理 工
农 综 医 护

招生部门	事務部学務課入試グループ
招生部门电子邮箱	nyushi@myu.ac.jp
招生部门电话号码	022-377-8333
"赴日前"入学许可制度	无
适用于"赴日前"制度的考试	-
本科总学生数	1,801 人
本科外国留学生数	-
都道府县、地图编号	宫城県 39

0002

尚絅学院大学 [私]

宫城県名取市ゆりが丘4丁目10-1

文 心 语 教
艺 法 经 社
国 生 理 工
农 综 医 护

招生部门	入試広報課
招生部门电子邮箱	koho@shokei.ac.jp
招生部门电话号码	022-381-3311
"赴日前"入学许可制度	无
适用于"赴日前"制度的考试	-
本科总学生数	2,007 人
本科外国留学生数	12 人
都道府县、地图编号	宫城県 42

0133

石卷专修大学 　私
宫城県石巻市南境新水戸1番地

文 心 语 教
艺 法 经 社
国 生 理 工
农 综 医 护

招生部门	事務課　入学試験担当
招生部门电子邮箱	nyushi@isenshu-u.ac.jp
招生部门电话号码	0225-22-7717
"赴日前"入学许可制度	无
适用于"赴日前"制度的考试	—
本科总学生数	1,234 人
本科外国留学生数	5 人
都道府县、地图编号	宫城県 43

0196

秋田大学 　国
秋田県秋田市手形学園町1－1

文 心 语 教
艺 法 经 社
国 生 理 工
农 综 医 护

招生部门	入試課
招生部门电子邮箱	nyushi@jimu.akita-u.ac.jp
招生部门电话号码	018-889-2256
"赴日前"入学许可制度	有
适用于"赴日前"制度的考试	EJU
本科总学生数	4,384 人
本科外国留学生数	92 人
都道府县、地图编号	秋田県 46

0174

国际教养大学 　公
秋田県秋田市雄和椿川字奥椿岱

文 心 语 教
艺 法 经 社
国 生 理 工
农 综 医 护

招生部门	アドミッションズ・オフィス
招生部门电子邮箱	info@aiu.ac.jp
招生部门电话号码	018-886-5931
"赴日前"入学许可制度	有
适用于"赴日前"制度的考试	英语成绩
本科总学生数	884 人
本科外国留学生数	178 人
都道府县、地图编号	秋田県 44

0288

东北公益文科大学 　私
山形県酒田市飯森山3-5-1

文 心 语 教
艺 法 经 社
国 生 理 工
农 综 医 护

招生部门	入試事務室
招生部门电子邮箱	ao@koeki-u.ac.jp
招生部门电话号码	0120-41-0207
"赴日前"入学许可制度	无
适用于"赴日前"制度的考试	—
本科总学生数	746 人
本科外国留学生数	1 人
都道府县、地图编号	山形県 47

0228

北亚大学 　私
秋田県秋田市下北手桜守沢46-1

文 心 语 教
艺 法 经 社
国 生 理 工
农 综 医 护

招生部门	国際センター留学生別科
招生部门电子邮箱	kokusaic@nau.ac.jp
招生部门电话号码	018-836-1981
"赴日前"入学许可制度	无
适用于"赴日前"制度的考试	—
本科总学生数	820 人
本科外国留学生数	—
都道府县、地图编号	秋田県 45

0148

东北文教大学 　私
山形県山形市片谷地515

文 心 语 教
艺 法 经 社
国 生 理 工
农 综 医 护

招生部门	入試広報センター
招生部门电子邮箱	GO@t-bunkyo.ac.jp
招生部门电话号码	023-688-2296
"赴日前"入学许可制度	无
适用于"赴日前"制度的考试	—
本科总学生数	327 人
本科外国留学生数	—
都道府县、地图编号	山形県 48

0310

东北艺术工科大学 （私）
山形县山形市上樱田3-4-5

招生部门	入試課
招生部门电子邮箱	nyushi@aga.tuad.ac.jp
招生部门电话号码	023-627-2011
"赴日前"入学许可制度	无
适用于"赴日前"制度的考试	—
本科总学生数	2,301人
本科外国留学生数	13人
都道府县、地图编号	山形县 49

0308

福岛大学 （国）
福岛县福岛市金谷川1番地

招生部门	入試課
招生部门电子邮箱	nyushi@adb.fukushima-u.ac.jp
招生部门电话号码	024-548-8064
"赴日前"入学许可制度	无
适用于"赴日前"制度的考试	—
本科总学生数	4,173人
本科外国留学生数	49人
都道府县、地图编号	福岛县 52

0211

山形大学 （国）
山形县山形市小白川町1丁目4-12

招生部门	エンロールメント・マネジメント部入試課
招生部门电子邮箱	nyujishi@jm.kj.yamagata-u.ac.jp
招生部门电话号码	023-628-4141
"赴日前"入学许可制度	有
适用于"赴日前"制度的考试	EJU 英语成绩
本科总学生数	7,532人
本科外国留学生数	43人
都道府县、地图编号	山形县 50

0305

福岛县立医科大学 （公）
福岛县福岛市光が丘1

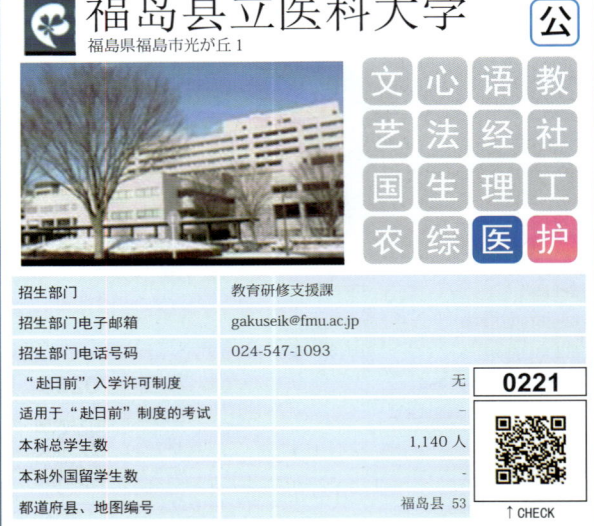

招生部门	教育研修支援課
招生部门电子邮箱	gakuseik@fmu.ac.jp
招生部门电话号码	024-547-1093
"赴日前"入学许可制度	无
适用于"赴日前"制度的考试	—
本科总学生数	1,140人
本科外国留学生数	—
都道府县、地图编号	福岛县 53

0221

东日本国际大学 （私）
福岛县いわき市平鎌田字寿金沢37

招生部门	国際センター
招生部门电子邮箱	kokucen@tonichi-kokusai-u.ac.jp
招生部门电话号码	0246-35-0410
"赴日前"入学许可制度	无
适用于"赴日前"制度的考试	—
本科总学生数	546人
本科外国留学生数	97人
都道府县、地图编号	福岛县 51

0220

会津大学 （公）
福岛县会津若松市一箕町鹤贺

招生部门	グローバル推進本部・スーパーグローバル大学推進室
招生部门电子邮箱	sgu-admission@u-aizu.ac.jp
招生部门电话号码	81-242-37-2701
"赴日前"入学许可制度	有
适用于"赴日前"制度的考试	EJU 英语成绩
本科总学生数	1,040人
本科外国留学生数	11人
都道府县、地图编号	福岛县 54

0430

第八章／千帆竞渡——五彩缤纷的特色专业

大学·短期大学介绍

[关　东]

茨城县／栃木县／群马县／埼玉县／千叶县／
东京都／神奈川县

关东 简介

关东地区位于本州的东部，除了东京都还有茨城县、栃木县、群马县、埼玉县、千叶县、神奈川县，共一个都六个县。首都东京是日本的政治、经济中心，人口占日本总人口的三分之一。

在日本留学的外国人约30%都住在东京，东京有东京大学、早稻田大学、庆应义塾大学等日本一流大学。神奈川的横滨港是日本古往今来与国外联系的重要港口。

打工参考(麦当劳时薪)

东京：1000日元/小时

横滨(神奈川)：900日元/小时

房租参考(单间价格)

东京：76000日元/月

横滨(神奈川)：61500日元/月

茨城县
IBARAKI-KEN

IBRAKI-KEN DATA	
面 积	6095.72km²（24位）
人 口	296万人（11位）
人 口 密 度	487人/km²（12位）
大 学 设 置 数	12（25位）
中 国 留 学 生 数	1626（14位）
市 町 村 数	32市10町2村

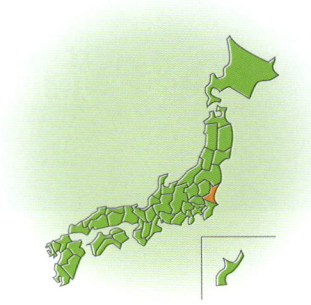

历 史

昔日被称之为"常陆国"，到近代设"茨城县"，当时人口仅次于东京。过去是农村的"筑波市"，自上世纪60年代起被开发为研究学园城市，现已成长为日本国内最大的学术城市，已有多达300家研究机构和企业进驻，约1.3万名研究人员在此工作。

从四百年前开始就陆续开设很多当时稀少的平民教育学校（即现在的大学），也正是这一传统的体现。

名物·名产

茨城县的大半是平地，多数是农用地。其生菜和菠菜等多种农作物产量丰盈，并作为"东京的厨房"支撑着东京的农作物供应。此外，其纳豆产量日本最高，"水户纳豆"的知名度则超出想象，虽其黏稠的口感不合部分日本人的口味，但也请一定品尝一下。

观光地

全高约120米的"牛久大佛"是世界最大的青铜像，并已被载入吉尼斯世界纪录。在筑波市的筑波宇宙中心能参观到H-II火箭和尺寸等同实物的人造卫星模型等。在主题公园里，能亲身感受江户风情的"江户历史公园"，观赏在历史电视剧中也经常用到的道具，感受"侍"的气氛。

文化·特征

茨城县内有国家级指定文化遗产110件，县级指定文化遗产663件及已注册的有形文化遗产203件（含建造物等），保存于鹿岛神宫的重要文化遗产"直刀"是其中的代表，并被视为国宝。茨城具有重视文化与教养的传统，

各类咨询信息

医疗	在医院提供中文提示及翻译服务	外国人咨询窗口→①
法律	提供中文提示及翻译服务	外国人咨询窗口→①
住宅	面向留学生们的住宅支援服务	无
奖学金	自治体主导的奖学金制度	无
就业	就业说明、实习信息、面试技巧	无

联系方式

①（财）茨城县国际交流协会	029-244-3811

第八章／千帆竞渡——五彩缤纷的特色专业

各大学分布情况

① 常磐大学
② 茨城キリスト教大学
③ 茨城大学
④ 流通经济大学
⑤ 筑波大学
⑥ 筑波学院大学

179 つくば国际短期大学

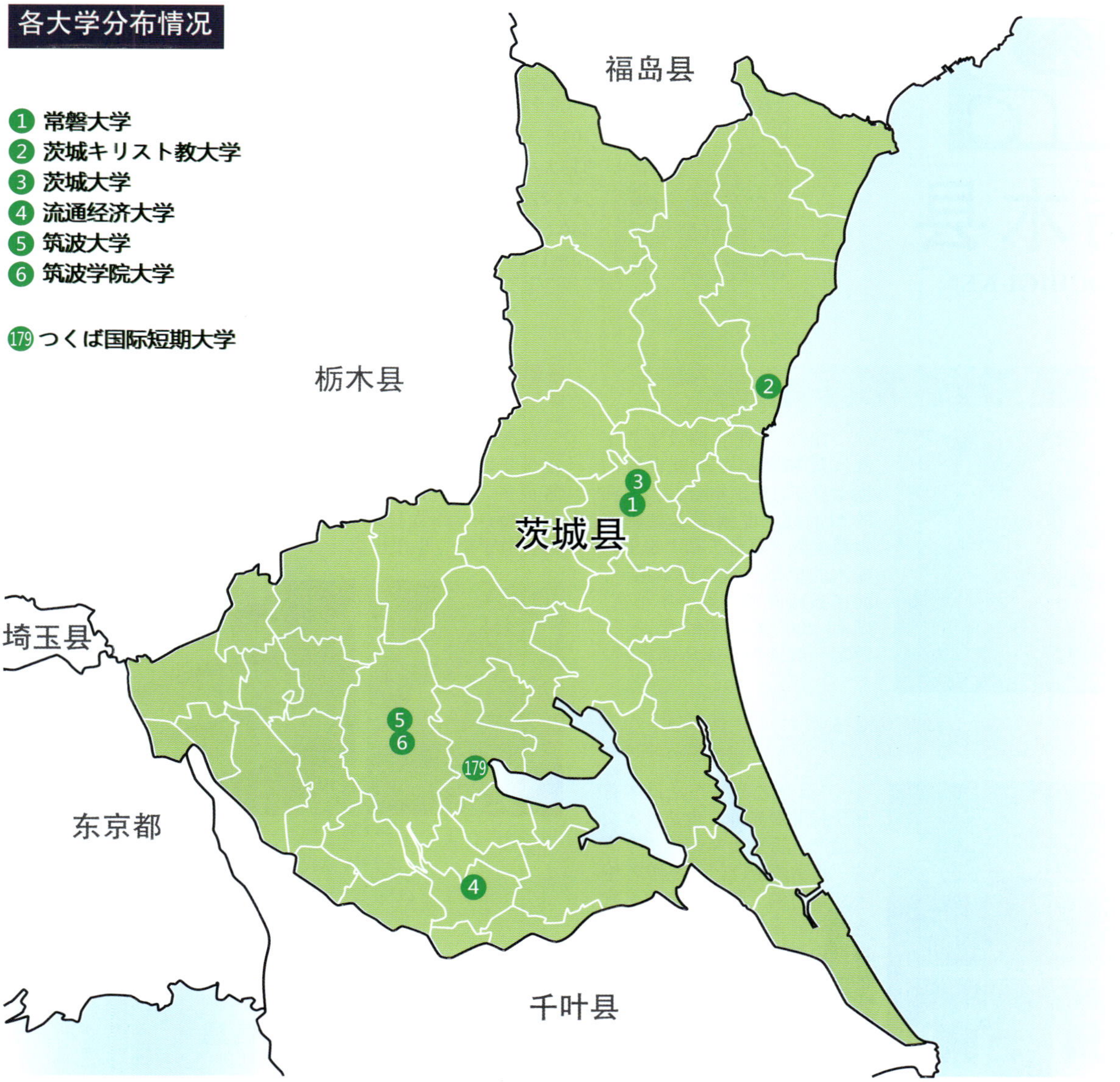

【我的日本体验记】 说说茨城县

20世纪60年代起，茨城县的经济由农业向工业发展。过去以农业为主的茨城县，自20世纪60年代起，逐渐成为以重化工业为中心的重要工业基地，并且茨城县的筑波市还被开发成研究学园城市，成为日本国内最大的学术城市。日本有名的国立大学筑波大学就建在这里。经济的持续稳定发展，也为我们留学生打工提供了很好的保障。我刚来这里的时候，找的工作时薪也有900日元。如果日语好的话，完全可以找到时薪1000日元以上的工作。

另外，即使是在东京都内找到工作的话，乘坐常盘线来回也是很方便的。在茨城县通行着三条JR路线。其中，常盘线是连接东京和水户等该县的主要城市，到达上野车站大概20～30分钟。常盘线直达日暮里车站换乘前往成田机场的快速列车，回国也是很方便的。

还有一点重要的是，这里的房租很便宜。如果想自己一个人住的话，在茨城县可以找到6万日元左右、条件比较好的单身公寓。日本很多上班族就是住在茨城，工作在东京。比起东京都内的房价，茨城县内的房租或房价都是便宜很多的。

——竹帛大学留学生

栃木县
TOCHIGI-KEN

TOCHIGI-KEN DATA	
面积	6408.28km²（20位）
人口	201万人（20位）
人口密度	313人/km²（22位）
大学设置数	14（22位）
中国留学生数	540（27位）
市町村数	14市12町

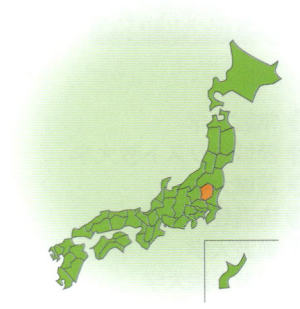

历史

1871年在北部设置的宇都宫县和同年在南部设置的栃木县于1873年合并为现在的栃木县。说到栃木县则必定要提到"草莓"和"饺子"。栃木的草莓产量全日本第一，而在县政府所在地"宇都宫"则有200家店铺经营饺子，游客一般会到多家店铺尝鲜。

观光地

"日光之社寺"是日本首屈一指的观光地，也是世界文化遗产。特别是祭祀德川家康的"日光东照宫"，是游客绝不应错过的。县内还有很多富含娱乐元素的设施，如在广阔园区内真实再现江户时代街景的主题公园"日光江户村"、提供世界稀有的猿猴集体表演的"日光猿猴军团"等。另外，附近还有著名的"鬼怒川温泉"。

文化·特征

栃木自古以来就是通往东北和北陆的基地，建有"小山宿"等宿驿，并作为交通要站而发展起来。作为利用河川丰富的水资源的产业地带，拥有发达的稻米种植业和饮料工业。乳品业也很繁荣，生乳产量仅次于北海道。栃木县已和浙江省（中国）建立了友好关系。

名物·名产

栃木是日本名牌产品草莓的故乡，在中国也多有销售。在采集旺季，参加能当场品尝草莓的"摘草莓"活动的游客很多。还有葫芦干、豆腐皮、山菜、佐野拉面、香鱼等著名特产。作为传统工艺品的丝绸织物"结城茧绸"和陶器"益子烧"也很出名。

各类咨询信息

医疗	在医院提供中文提示及翻译服务	外国人咨询窗口（医疗机构列表等）→①
法律	提供中文提示及翻译服务	外国人咨询窗口→①
住宅	面向留学生们的住宅支援服务	无
奖学金	自治体主导的奖学金制度	无
就业	就业说明、实习信息、面试技巧	针对县内希望就业的外国留学生的讲座→②

联系方式

①（公财）栃木县国际交流协会	028-627-3399
②栃木劳动局	http://tochigi-roudoukyoku.jsite.mhlw.go.jp/

第八章／千帆竞渡——五彩缤纷的特色专业

各大学分布情况

- ⑦ 白鸥大学
- ⑧ 国际医疗福祉大学
- ⑨ 文星艺术大学
- ⑩ 宇都宫大学
- ⑪ 宇都宫共和大学
- ⑫ 足利工业大学
- ⑬ 作新学院大学
- ⑱⁰ 宇都宫文星短期大学
- ⑱¹ 佐野日本大学短期大学

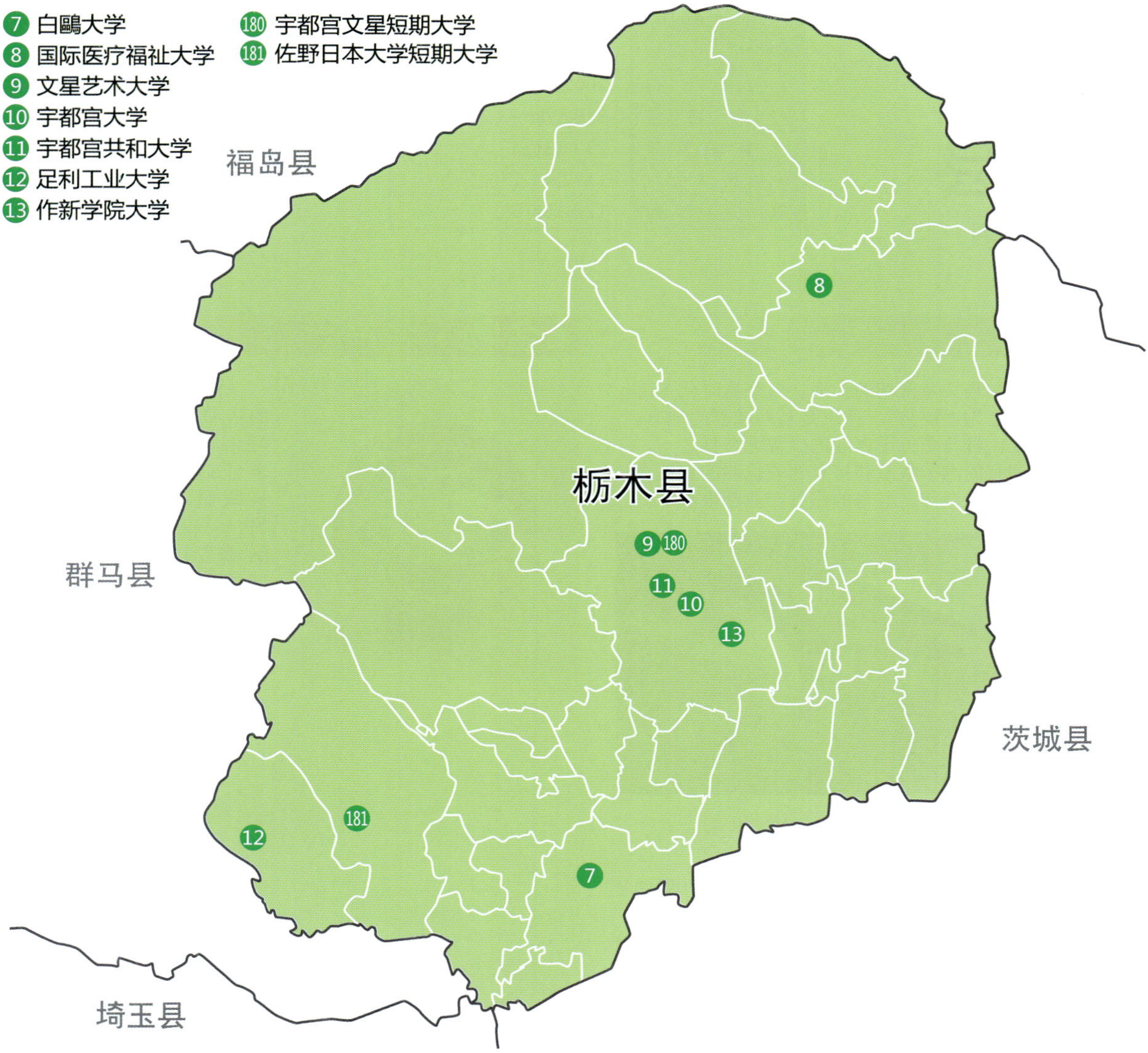

福岛县

群马县

栃木县

茨城县

埼玉县

【我的日本体验记】　享受栃木县的自然生活

　　距离东京很近却又偏偏完全没沾染上都市气息的栃木县是我个人在短途假期中最爱去的旅游胜地。栃木县要说所谓的特色也不过是好风景、好温泉，没有特别，却魅力十足。

　　先是说交通。

　　通往栃木县通常会有新干线。虽然可以在就读大学索要些学生折扣券，可所谓的折扣券也少得可怜，折后价格依旧不会特别的便宜。所以万能的JR换乘或者夜行巴士还是比较值得推荐的。但若是选择换乘比较多的路线切记事先在网上查找好车次的时间表。和大城市不同，栃木县的车很有可能一个多小时才会有一班。网络上会根据列车时间表给你最合理的安排。

　　还有就是关于住宿。

　　因为栃木县是休闲、自然类的旅游地，所以住宿推荐温泉旅馆而不是宾馆。温泉旅馆未必会像豪华宾馆一样有着现代化设施，有软床、电视，可以高层眺望，但是温泉旅馆的榻榻米屋、浴衣和旅馆里的自然温泉绝对是比现代化设施更值得体验的享受。和式的装修和旅馆的老奶奶，还有泡温泉后的和式简餐，温泉旅馆的一切来得更加平和、美丽、质朴，让你更易亲近自然。

——王桑

群马县
GUNMA-KEN

GUNMA-KEN DATA	
面　　　　积	6362.33km² （21位）
人　　　　口	200万人（19位）
人 口 密 度	316人/km²（21位）
大 学 设 置 数	23（13位）
中 国 留 学 生 数	1172人（17位）
市 町 村 数	12市15町8村

历 史

自古以来就是和马关系密切的土地，自奈良时代（8世纪）初期开始被称之为"群马"，意思是马匹成群的地方。在四面环海的日本，群马是位于内陆的少数无海县之一。平均每户家庭所拥有的汽车数量和持有驾驶执照的女性数量都是日本第一，无论今昔，群马的座驾产业都很兴旺。

名物·名产

日本有一种历史悠久的人偶叫"不倒翁"。按习俗，每逢开始一项新事业时，会涂黑其中一只眼睛，成功后再涂黑另一只。群马年产"不倒翁"170万个，并以城市高崎命名为"高崎不倒翁"。作为地方料理闻名的则有"豆酱馒头"和"水泽面条"等。

观光地

"横川"的名为"巅峰锅饭"的盒饭人气很高，甚至有人特意从东京来品尝。过去攀登陡峭的臼冰峰的列车在等待连接牵引车辆时会销售这种盒饭，新干线开通后该路线虽已停运，但人气依旧。另外，群马还有伊香保、水上、草津等众多温泉胜地，请一定来泡泡。

文化·特征

群马是以"桐生织物"为主的丝绸织物的产地，过去即使女性也能获得高收入，因此群马成为"夫人天下"（指妻子比丈夫强）一词的发源地。由于县内到处是喷涌的温泉，对于从东京出发享受轻松旅行的人来说，群马是非常有吸引力的。农业也很兴旺，收获的农作物主要供给东京，卷心菜、葱、菠菜等产品的品牌影响力很大。

各类咨询信息

医疗	在医院提供中文提示及翻译服务	有志愿者派遣制度（不仅限于留学生）→① 外国人咨询窗口→②
法律	提供中文提示及翻译服务	外国人咨询窗口 法律咨询会（每年四次）举办→②
住宅	面向留学生们的住宅支援服务	无
奖学金	自治体主导的奖学金制度	无
就业	就业说明、实习信息、面试技巧	无

联系方式

① 群马县　生活文化部	027-226-2290
②（财）群马县观光物产国际协会	027-243-7271

第八章／千帆竞渡——五彩缤纷的特色专业

各大学分布情况

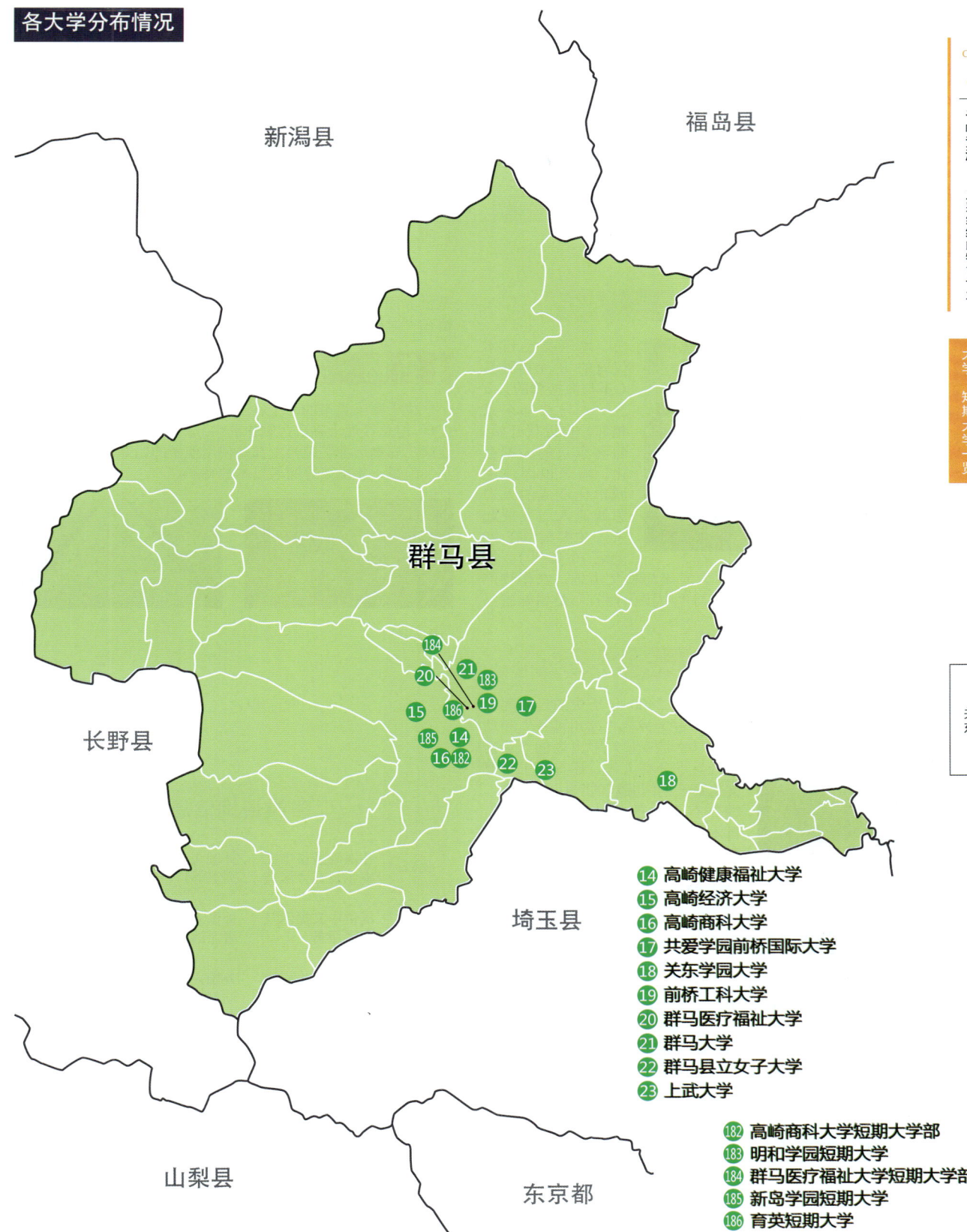

- ⑭ 高崎健康福祉大学
- ⑮ 高崎经济大学
- ⑯ 高崎商科大学
- ⑰ 共爱学园前桥国际大学
- ⑱ 关东学园大学
- ⑲ 前桥工科大学
- ⑳ 群马医疗福祉大学
- ㉑ 群马大学
- ㉒ 群马县立女子大学
- ㉓ 上武大学

- ⑱² 高崎商科大学短期大学部
- ⑱³ 明和学园短期大学
- ⑱⁴ 群马医疗福祉大学短期大学部
- ⑱⁵ 新岛学园短期大学
- ⑱⁶ 育英短期大学

埼玉县
SAITAMA-KEN

SAITAMA-KEN DATA	
面　　　积	3798.13km²(39位)
人　　　口	719万人（5位）
人 口 密 度	1894人/km²（4位）
大 学 设 置 数	40（9位）
中国留学生数	4428人（5位）
市　町　村　数	39市23町1村

历史

埼玉县是日本仅有的8个内陆县（不与海接壤的县）之一，与首都东京相邻。自近代开始，随着东京的大都会化，埼玉也因住宅城市化造成的人口急遽流入而发展起来（主要集中在20世纪70年代）。拥有"利根川"和"荒川"两大河流与秩父山地，农作物产量在日本国内排名第六位。与"中国山西省"是姐妹省县关系。

观光地

拥有2400年历史的日本闻名遐迩的古老神社"冰川神社"和动画片《幸运☆星》中出场的"鹫宫神社"十分有人气，还有属于重要文化遗产的"川越"的"耐火建筑街"。饲养有白虎的"东武动物公园"、日本铁道史资料丰富的"铁道博物馆"等也很受欢迎。

文化・特征

每逢日本的历法中作为两个不同时节分界线的"节日"，各个家庭都要在家里摆设偶人作为装饰。在"岩桂"，制造"雏偶人"和"5月偶人"的产业很繁荣。其绵密而细腻的造型是世界闻名的，据说是负责建造日光东照宫的工匠们最终留在"岩桂"之后才开始有的。

名物・名产

位于富士见市的"十谷工业"虽是一家小型家庭式乡镇工厂，但总经理十谷政久制作的"铅球"可以抛出很远的距离。连续三届奥运会奖牌得主都是使用他做的铅球。还有深谷葱、草加脆饼、狭山茶等闻名日本的特产。

各类咨询信息

医疗	在医院提供中文提示及翻译服务	外国人咨询窗口（医疗机构列表等）→②
法律	提供中文提示及翻译服务	外国人咨询窗口（口译志愿者派遣制度等）→②
住宅	面向留学生们的住宅支援服务	外国人居住支援（与县内不动产合作）实施→②
奖学金	自治体主导的奖学金制度	无
就业	就业说明、实习信息、面试技巧	留学生就业支援交流会/面向国际型人才的企业宣讲会→①

联系方式

① 埼玉县　国际科	048-824-2111
②（财）埼玉县国际交流协会	048-833-3296

第八章 / 千帆竞渡——五彩缤纷的特色专业　489

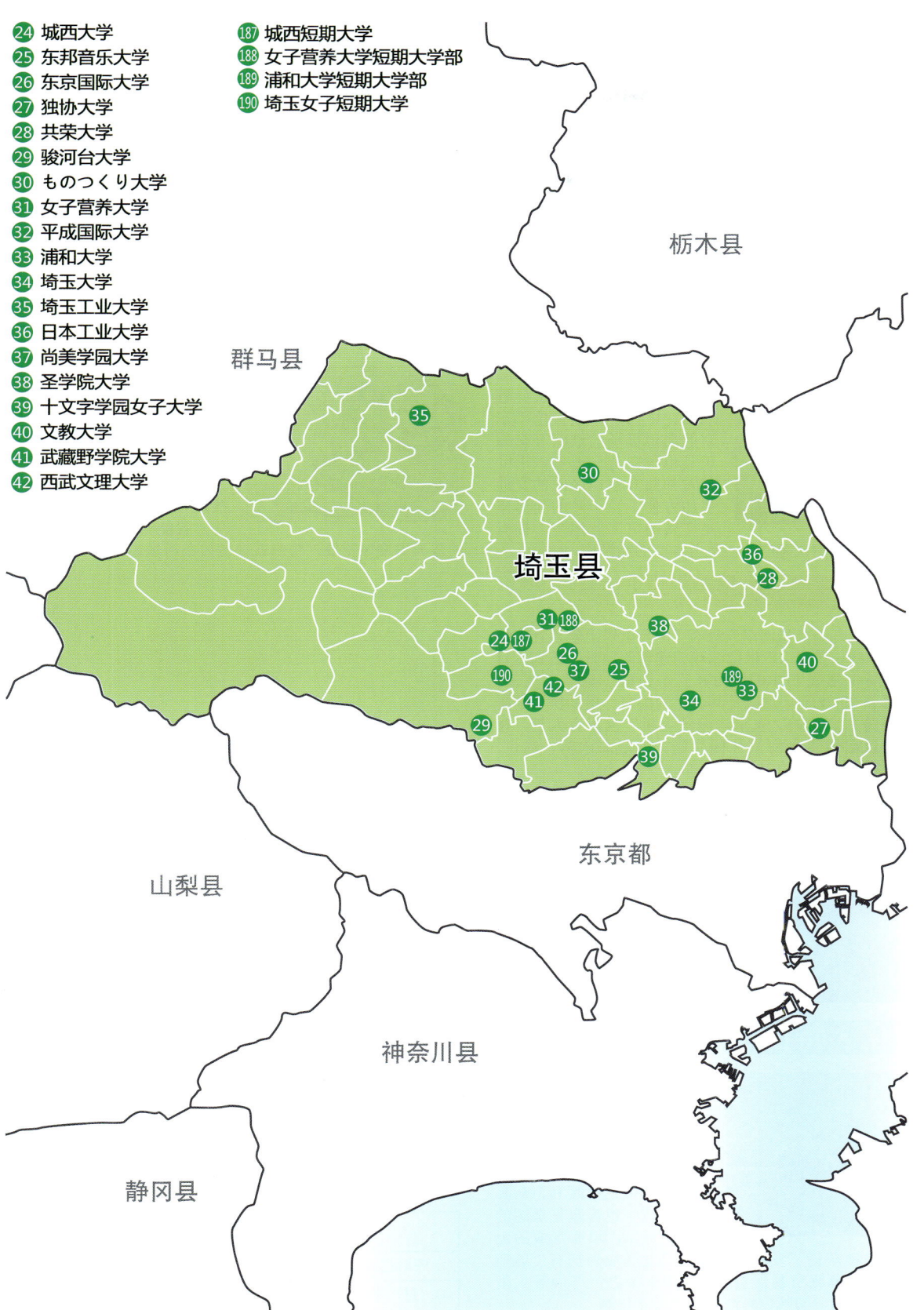

- ㉔ 城西大学
- ㉕ 东邦音乐大学
- ㉖ 东京国际大学
- ㉗ 独协大学
- ㉘ 共荣大学
- ㉙ 骏河台大学
- ㉚ ものつくり大学
- ㉛ 女子营养大学
- ㉜ 平成国际大学
- ㉝ 浦和大学
- ㉞ 埼玉大学
- ㉟ 埼玉工业大学
- ㊱ 日本工业大学
- ㊲ 尚美学园大学
- ㊳ 圣学院大学
- ㊴ 十文字学园女子大学
- ㊵ 文教大学
- ㊶ 武藏野学院大学
- ㊷ 西武文理大学
- ⑱⑦ 城西短期大学
- ⑱⑧ 女子营养大学短期大学部
- ⑱⑨ 浦和大学短期大学部
- ⑲⓪ 埼玉女子短期大学

千叶县
CHIBA-KEN

CHIBA-KEN DATA	
面　　　积	5156.60km²（28位）
人　　　口	621万人（6位）
人　口　密　度	1206人/km²（6位）
大 学 设 置 数	39（10位）
中 国 留 学 生 数	3604（7位）
市　町　村　数	36市17町1村

历史

千叶县内的"成田国际机场"是连接东京和世界各地的空中门户。连接位于东京的羽田机场的铁路等交通工具也很完善。近年，千叶与首都圈其他地区间的交通更加方便了。千叶的西海岸是广阔的重工业地带，拥有石油、天然气、钢铁等产业，是首都圈的能源库。

名物・名产

落花生、梨、栗子、草莓、西瓜、甘薯、猪肉、沙丁鱼、蛤蜊及鸭料理等有名。另外，著名特产还有"上总鲤鱼旗"。自古以来，日本就有在端午节通过悬挂鲤鱼旗来祈祷男孩成才的风俗。因此每逢端午，就能看到鲤鱼旗在晴朗的蓝天里迎风招展，仿佛就像鲤鱼在河里遨游一般。

观光地

著名的"九十九里海滨"拥有60公里以上笔直且连绵不断的海岸线。传说12世纪源赖朝建设此地时，在到达目的地前每隔1里（日本的里约等于4公里）就插1支箭，最后共插了99支箭。这就是其名字的由来。借助桥墩和海底隧道横跨东京湾的"东京湾海萤大桥"也很有人气。在千叶，可以尽情享受海滨休闲生活，如泡海水浴、钓鱼，品尝以丰富的海产为原料的佳肴等。

文化・特征

沿日本列岛北上的暖流（即"黑潮"）在到达千叶后流离日本列岛，就是说千叶位于日本国内黑潮流经地区的最北端。因此千叶比同纬度的其他地区暖和，从其风土人情中也可窥见黑潮的影响。近年，填海形成的土地作为新城镇获得了发展，千叶业已发展成为拥有"迪斯尼乐园"和"幕张贸易展览馆"（用于举办汽车展等大型展览）等设施的、国际色彩浓厚的生活文化圈。

各类咨询信息

医疗	在医院提供中文提示及翻译服务	外国人咨询窗口（医疗机构列表等）→②
法律	提供中文提示及翻译服务	「针对外国人的免费法律咨询」→① 外国人咨询窗口→②
住宅	面向留学生们的住宅支援服务	甄选县内不动产商为"居住顾问"提供关于居住的信息→①
奖学金	自治体主导的奖学金制度	无
就业	就业说明、实习信息、面试技巧	无

联系方式

① 千叶国际交流中心	043-297-2966
②（财）千叶市国际交流协会	043-202-3000

第八章／千帆竞渡——五彩缤纷的特色专业

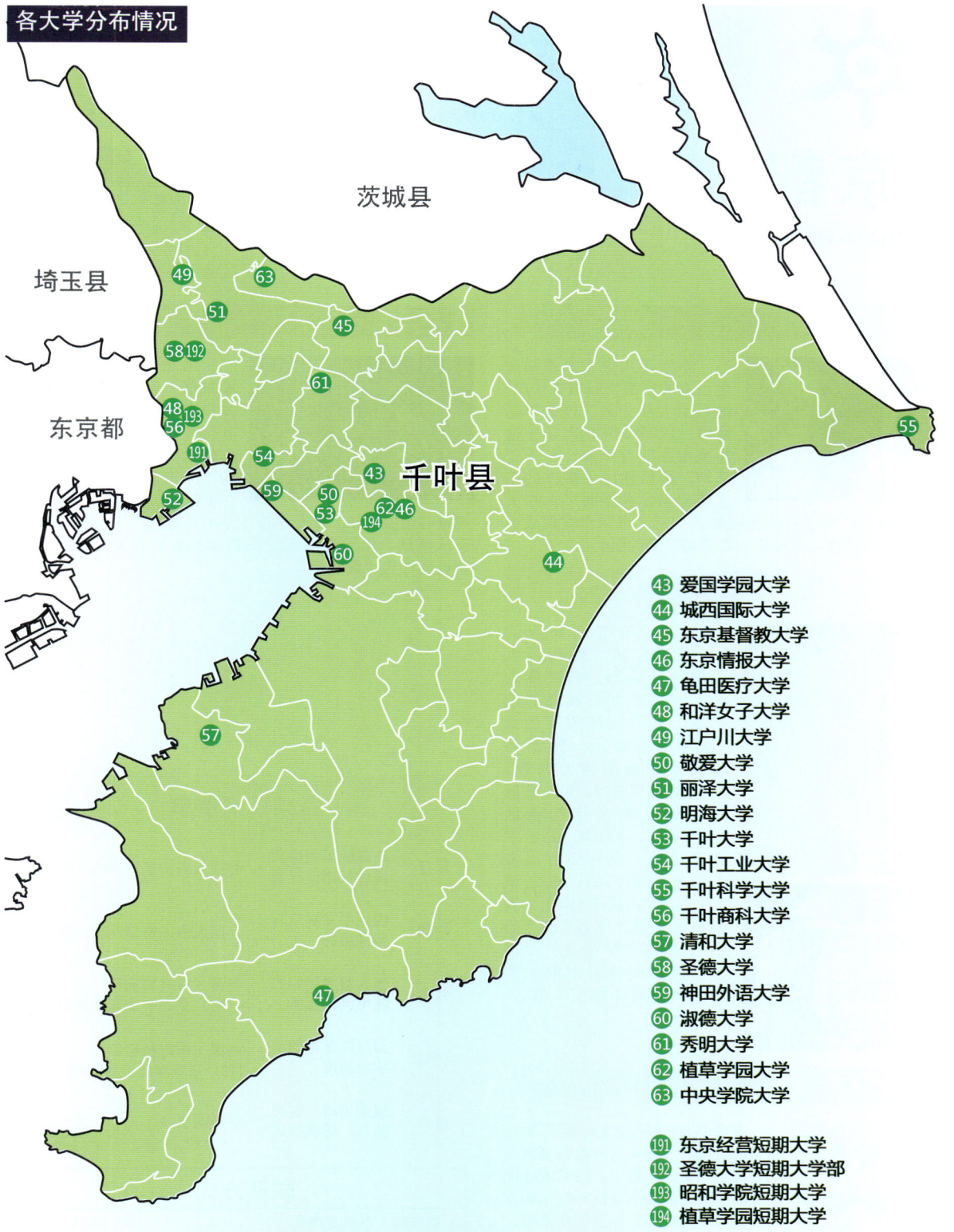

东京都
TOKYO-TO

TOKYO-TO DATA	
面　　　积	2187.5km²（45位）
人　　　口	1315万人（1位）
人口密度	6016人/km²（1位）
大学设置数	161（1位）
中国留学生数	23847（1位）
市町村数	23区26市5町8村

历　史

东京不用说大家都知道是日本的首都。旧名"江户"的东京大部分地区过去都是海洋。17世纪的时代霸王德川家康在四百年前命令人工填海，最后建成了现在的东京的原型。在克服了关东大地震等灾害并经历了经济急速增长期后，东京已发展成世界第一大经济都市，其城市GDP达到了85兆日元。

名物・名产

虽然作为先进城市在不断发展，但东京还是保留了浓厚的江户传统文化色彩，其传统文化还是得到了很好的传承。"江户三大节"之一的"深川节"是由抬着神舆（共有50座神舆）的人和由观众等组成的50万人齐心协力共同走完约10公里路程的节庆活动。由于观众无论泼多少水到抬舆人身上都可以，所以也称为"泼水节"。

观光地

2012年刚刚开业的"东京天空树"现在是大家热谈的话题。其高度为634米，是世界最高的广播塔。其离传统的观光点"浅草"也很近，预计将成为东京新的游览名胜。在外国游客中人气也很高的是御宅族文化的圣地"秋叶原"，AKB48的名字就源于此。另外还有很多人气观光点，如：夜之城"六本木"、属于年轻人的最新潮街区"涩谷"和"原宿"、高档名牌商品街"银座"以及饲养着中国大熊猫的"上野动物园"等。

文化・特征

世界各国的所有文化都汇聚在东京，甚至有"在东京能吃到全世界的料理"的说法。近年，随着国际化的逐渐升级，源自东京的亚文化和以江户前寿司等构成的和食文化正引人注目地进入世界各地。另外，据说东京还是世界上吸引最多国际化企业的总公司进驻的城市。近年，曾经思维闭塞的大企业也开始积极吸引海外优秀人才，企业的全球化程度也在不断加深。

各类咨询信息

医疗	在医院提供中文提示及翻译服务	外国人咨询窗口→①、②、③
法律	提供中文提示及翻译服务	外国人咨询窗口→①、②、③
住宅	面向留学生们的住宅支援服务	各区・市町村窗口 （财）亚洲学生文化协会
奖学金	自治体主导的奖学金制度	各区・市町村窗口 （独）日本学生支援机构
就业	就业说明、实习信息、面试技巧	更多信息→①、②、③

联系方式

①东京都　市民之声科	03-5321-1111
②东京都国际交流委员会	03-5294-6542
③面向外国人的生活指南	http://www.tokyo-icc.jp/guide_chi/index.html

各大学分布情况

埼玉县

东京都C
23区以外

东京都B
23区北部

东京都A
23区南部

山梨县

神奈川县

关东

关于东京都的补充

由于东京都有许多大学和短期大学，所以东京都被分为3个大区域分别刊载。以下是这3个区域的详情。

① 东京都A：23区南部
港区、涩谷区、杉并区、世田谷区、目黑区、千代田区、大田区、中央区、品川区

② 东京都B：23区北部
丰岛区、北区、荒川区、板桥区、练马区、足立区、葛饰区、江户川区、新宿区、文京区、台东区、墨田区、江东区、中野区

③ 东京都C：23区以外
除了以上所述的东京都区以外的市町村

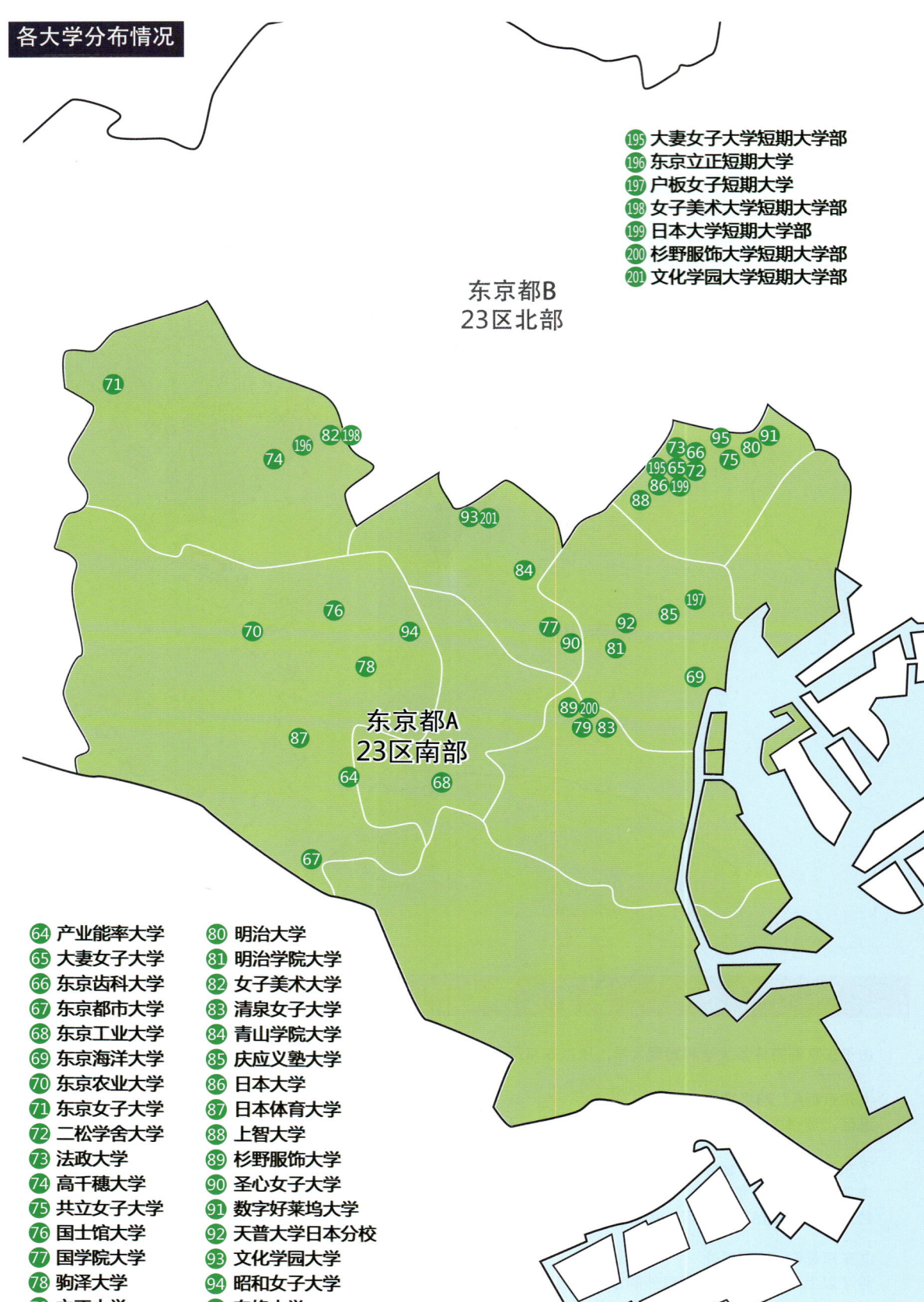

第八章／千帆竞渡——五彩缤纷的特色专业

各大学分布情况

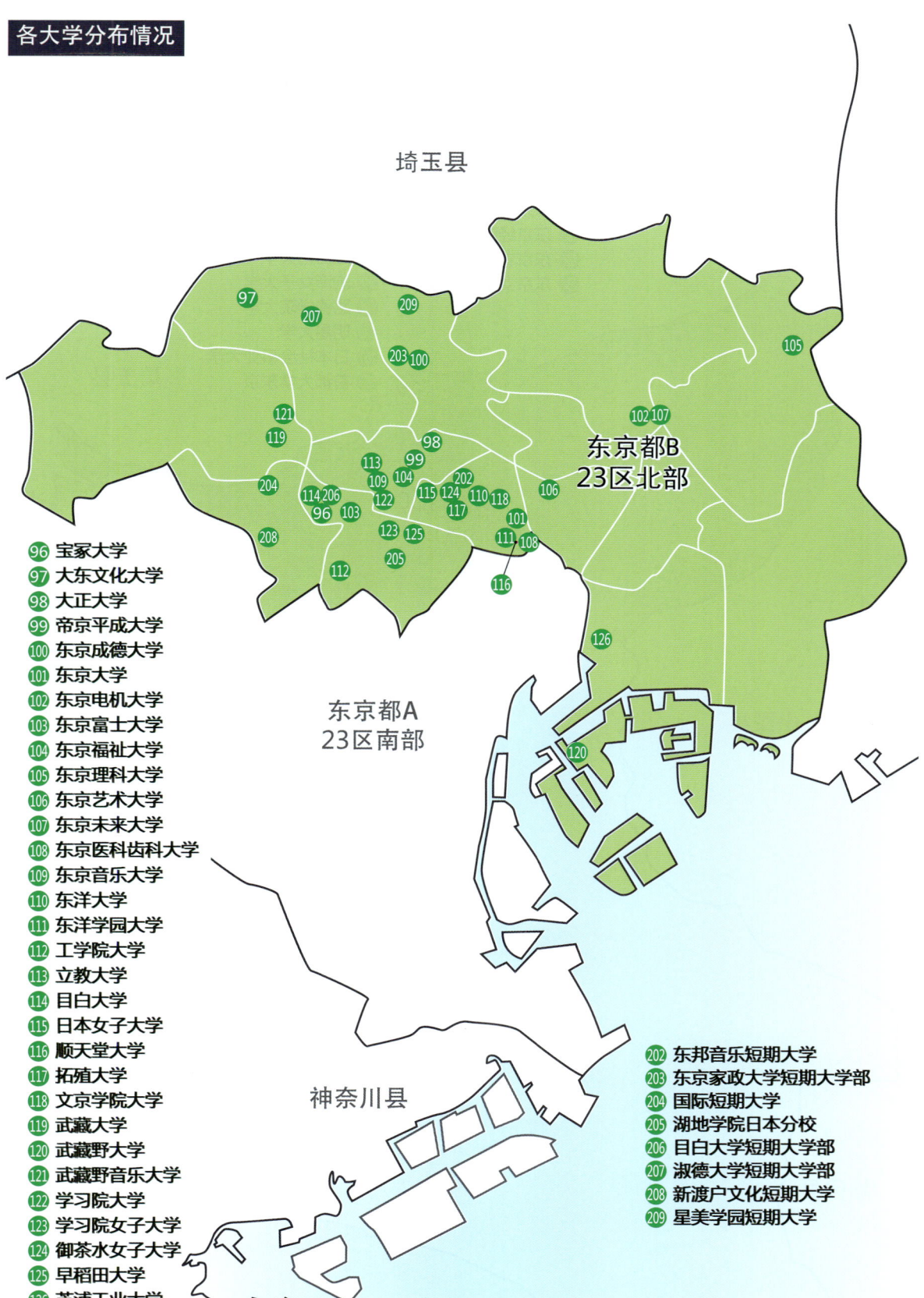

- ⑨⑥ 宝冢大学
- ⑨⑦ 大东文化大学
- ⑨⑧ 大正大学
- ⑨⑨ 帝京平成大学
- ⑩⓪ 东京成德大学
- ⑩① 东京大学
- ⑩② 东京电机大学
- ⑩③ 东京富士大学
- ⑩④ 东京福祉大学
- ⑩⑤ 东京理科大学
- ⑩⑥ 东京艺术大学
- ⑩⑦ 东京未来大学
- ⑩⑧ 东京医科齿科大学
- ⑩⑨ 东京音乐大学
- ⑪⓪ 东洋大学
- ⑪① 东洋学园大学
- ⑪② 工学院大学
- ⑪③ 立教大学
- ⑪④ 目白大学
- ⑪⑤ 日本女子大学
- ⑪⑥ 顺天堂大学
- ⑪⑦ 拓殖大学
- ⑪⑧ 文京学院大学
- ⑪⑨ 武藏大学
- ⑫⓪ 武藏野大学
- ⑫① 武藏野音乐大学
- ⑫② 学习院大学
- ⑫③ 学习院女子大学
- ⑫④ 御茶水女子大学
- ⑫⑤ 早稻田大学
- ⑫⑥ 芝浦工业大学

- ②⓪② 东邦音乐短期大学
- ②⓪③ 东京家政大学短期大学部
- ②⓪④ 国际短期大学
- ②⓪⑤ 湖地学院日本分校
- ②⓪⑥ 目白大学短期大学部
- ②⓪⑦ 淑德大学短期大学部
- ②⓪⑧ 新渡户文化短期大学
- ②⓪⑨ 星美学园短期大学

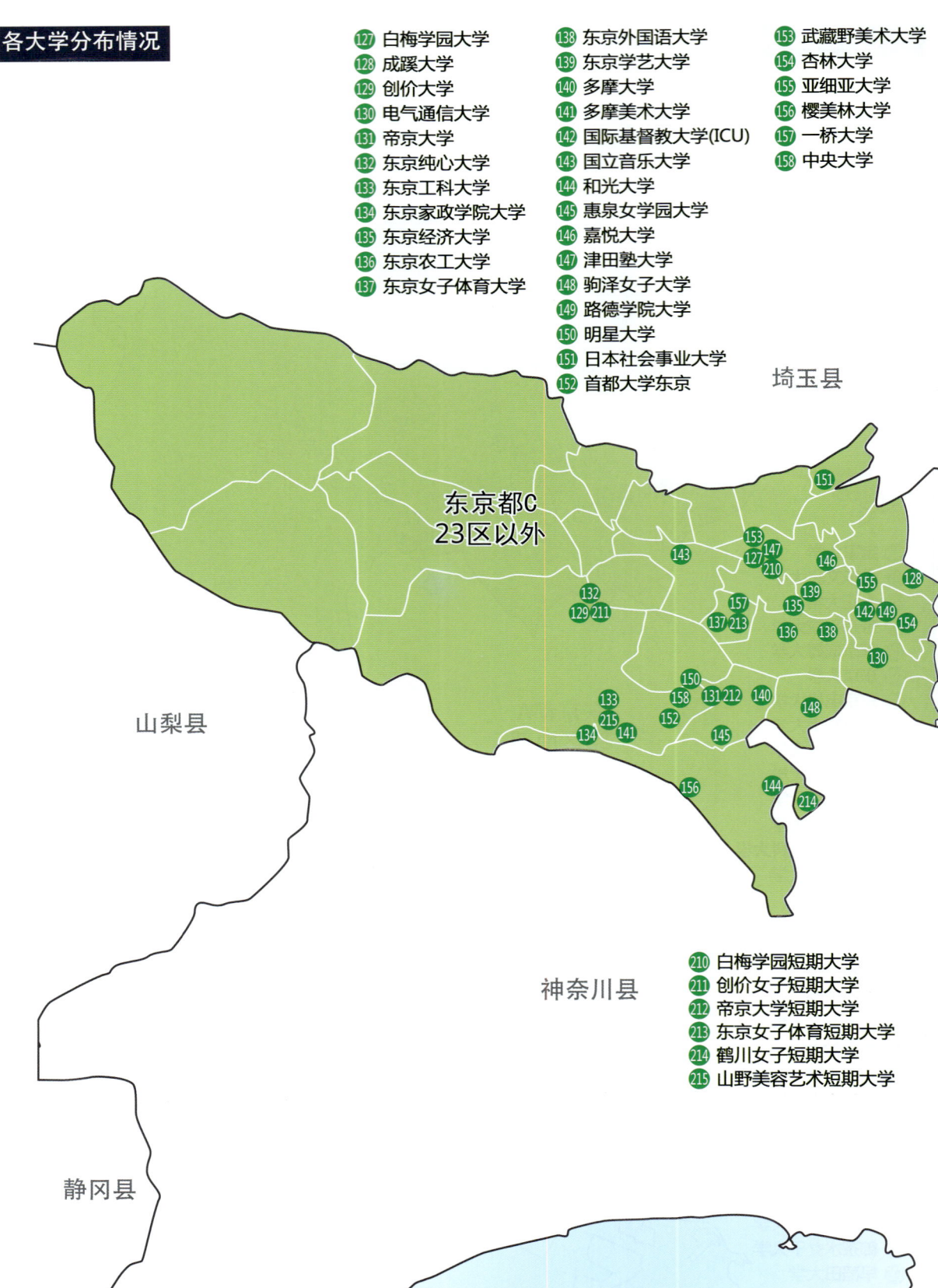

【我的日本体验记】 东京迪士尼之旅

每个孩子都有一个迪士尼梦,我也不例外。带着儿时的梦想,驱车 6 个小时,从京都来到了这个不仅让小朋友蠢蠢欲动,也让童心未泯的大人非常向往的地方——东京迪士尼度假村。

度假村分两个乐园:传统的迪士尼乐园和全球仅在东京建造的迪士尼海洋乐园。和其他迪士尼乐园一样,这里是孩子们的天地。很多夫妇都推着婴儿车来游玩。这里有探险乐园、西部乐园、世界市集、动物天地、明日乐园、卡通城及梦幻乐园 7 个主题区域。每个游乐设施都建造得惟妙惟肖,给人身临其境的感觉。

相对于孩子,大人们更喜欢迪士尼海洋乐园。这里以海洋为主题,分为七大海港。游乐设施主要以过山车为主。一进门就能看到大海中那座不时冒出浓烟的火山,没过几秒就有一艘载着游客的矿车从山顶俯冲下来。还有古堡历险——最恐怖的跳楼机,经过一系列故事情节的包装,让人玩得更刺激,更有感觉。由于来玩的游客中成年人较多,这里的餐饮店除了提供主题套餐以外,还特别提供酒类饮料。

最后是我的一点点建议:乐园很大,如果想玩完所有设施,购买两天的通票比较合算;乐园设有 Fastpass(快速通道),合理运用的话不用排队就能乘坐哦。

——冯佳

【我的日本体验记】 台场

来东京旅行。最近最热门的恐怕是迪尼斯乐园和台场了吧。来东京已近四年,最近总算了了夙愿——去台场逛逛。

我和朋友在新桥站换乘海欧线,在台场站下车。那天风很大又冷,所以我们直奔富士电视台大楼。那里是去台场必去的地方之一,从车站步行要 3 分钟左右。

我们首先在一楼购买入场券(成人 500 日元、儿童 300 日元),然后乘坐电梯到二十五楼的球形瞭望室。由于是阴天,富士山和远处的山脉很模糊,但东京都内的建筑都看得很清楚。东京塔(旧的电视塔)和天空树(新的电视塔)遥相呼应,各有各的风景。飞架海上的彩虹大桥和背后的摩天大楼辉映成趣,构成一幅绝美的图画。以前从东京塔和东京都政府办公大楼也俯瞰过东京的全貌,但这里的风景别具一格。从我个人的观点来说,这里的风景是最值得推荐的。

我们还在七楼看了富士电视台录制的主要节目的展示,在一楼购买了在这里才能买到的特别产品。就这样,记忆中又多了一份美丽和感动。

最后补充一笔,海欧线和富士电视台的网站都有中文网页。

神奈川县
KANAGAWA-KEN

KANAGAWA-KEN DATA	
面积	2415.86km²（43位）
人口	904万人（2位）
人口密度	3745人/km²（3位）
大学设置数	49（7位）
中国留学生数	3048（9位）
市町村数	19市13町1村

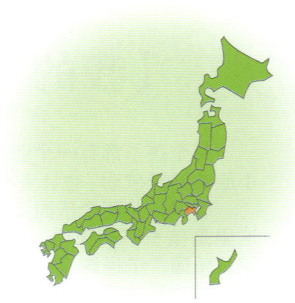

历史

1853年，美国舰队司令佩里为打开美日通商关系而率舰队到达日本。之前一直拒绝与外国交往及贸易的日本被本国文明与他国文明间的差距所震撼，意外地迈出了全球化的步伐。也就是说，神奈川县是日本"国际化"的发源地。其后，日本男子放弃了"旧式发髻"，和服变成了西装，日本政体随之向现代政体转变，日本也随之逐渐成长为现代国家。

观光地

横滨是神奈川县排名第一的观光地。"横滨地标塔"则是日本最高的摩天楼，附近有横滨中华街，街内有500家以上的中华料理店。"横滨八景岛海洋乐园"是由水族馆和游乐园构成的"水博物馆"。在其附近有"新横滨拉面博物馆"，在这里能一次尝遍日本有名的拉面。吃完拉面后，您还可以到横须贺去尝尝源自美国海军料理的"海军咖喱饭"。

名物・名产

横滨市的"烧卖"作为馈赠亲友的佳品是游客必买的特产。离海不远的小田原市的"鱼糕"和镰仓市的火腿及啤酒也是神奈川县的招牌产品。口感清脆且被很多人喜爱的"鸽子甜点"也很有名。另外，温泉疗养地箱根的人气也很高。

各类咨询信息

医疗	在医院提供中文提示及翻译服务	外国人咨询窗口→①、③、④、⑤ 具备医疗翻译派遣的医疗机构在神奈川县内有35家
法律	提供中文提示及翻译服务	外国人咨询窗口→①、③、④、⑤
住宅	面向留学生们的住宅支援服务	外国人居住支援（与县内不动产合作）→②
奖学金	自治体主导的奖学金制度	在川崎市有奖学金制度（每月1万日元・共一年）→④
就业	就业说明、实习信息、面试技巧	开设讲座→⑥

文化・特征

在日本历史上，由"武士"统治的时期自1180年起持续了约700年。其中1180年起至1333年被称为"镰仓时代"，其文化基础都是在神奈川县镰仓市建立的。那时，镰仓与西部的京都一起成了日本政治的中枢。依据法理和证据进行审判这一传承至今的思想就是那时形成的。

联系方式

① 神奈川县 市民生活文化部国际科	045-210-1111
②（财）神奈川国际交流财团	045-620-0011
③（财）横滨市国际交流协会	045-222-1209
④（财）川崎市国际交流协会	044-435-7000
⑤ 相模原国际交流社交室	042-750-4150
⑥ 神奈川国际爱好者俱乐部	045-620-5940

第八章／千帆竞渡——五彩缤纷的特色专业　499

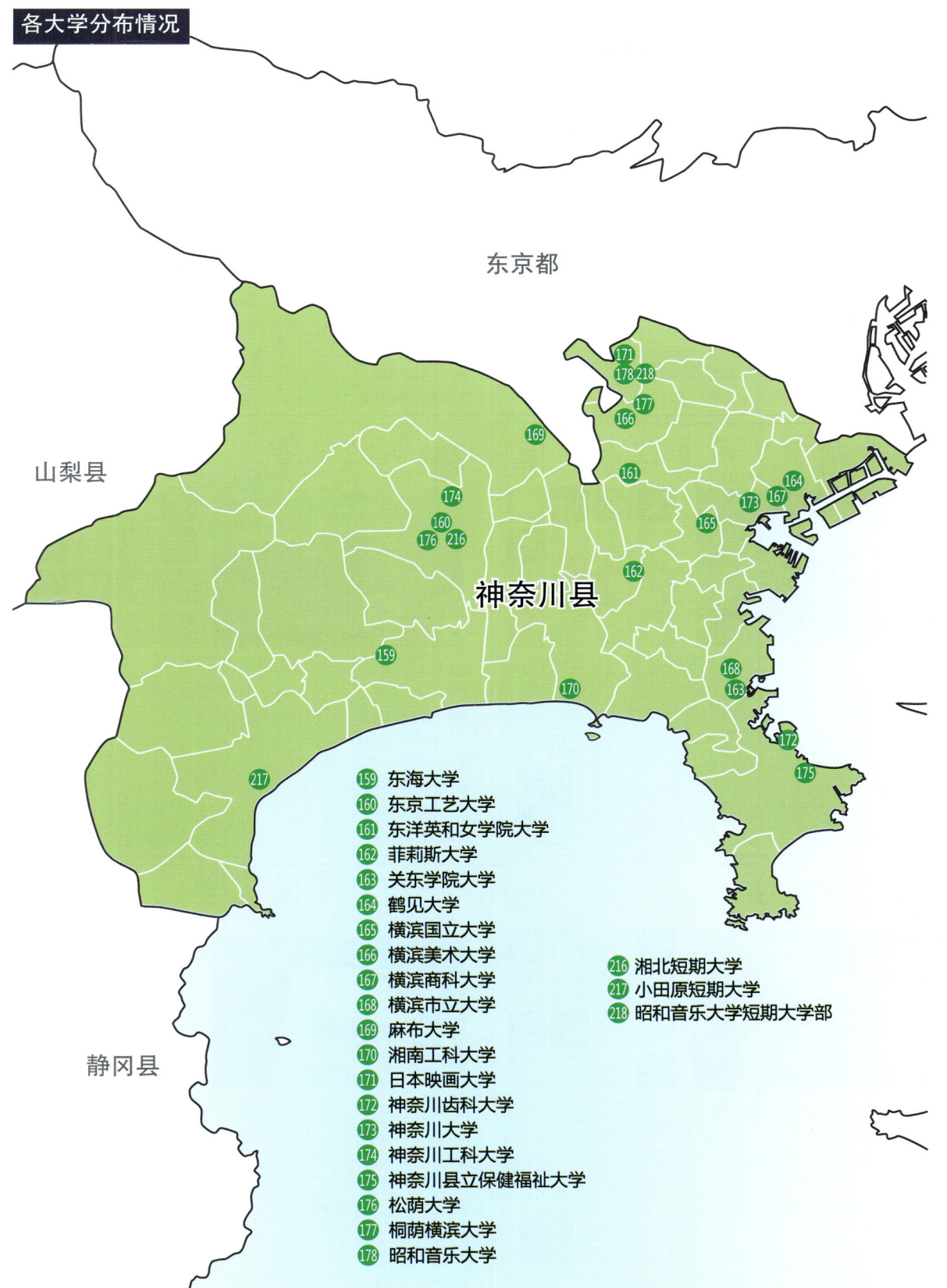

各大学分布情况

- 159 东海大学
- 160 东京工艺大学
- 161 东洋英和女学院大学
- 162 菲莉斯大学
- 163 关东学院大学
- 164 鹤见大学
- 165 横滨国立大学
- 166 横滨美术大学
- 167 横滨商科大学
- 168 横滨市立大学
- 169 麻布大学
- 170 湘南工科大学
- 171 日本映画大学
- 172 神奈川齿科大学
- 173 神奈川大学
- 174 神奈川工科大学
- 175 神奈川县立保健福祉大学
- 176 松荫大学
- 177 桐荫横滨大学
- 178 昭和音乐大学
- 216 湘北短期大学
- 217 小田原短期大学
- 218 昭和音乐大学短期大学部

常磐大学 【私】
茨城県水戸市見和1-430-1

招生部门	アドミッションセンター
招生部门电子邮箱	nyushi@tokiwa.ac.jp
招生部门电话号码	029-232-0007
"赴日前"入学许可制度	无
适用于"赴日前"制度的考试	—
本科总学生数	2,226 人
本科外国留学生数	—
都道府县、地图编号	茨城县 1

0249

流通経済大学 【私】
茨城県龍ケ崎市120

招生部门	入試センター
招生部门电子邮箱	ess@rku.ac.jp
招生部门电话号码	0120-297-141
"赴日前"入学许可制度	无
适用于"赴日前"制度的考试	—
本科总学生数	5,278 人
本科外国留学生数	249 人
都道府县、地图编号	茨城县 4

0328

茨城キリスト教大学 【私】
茨城県日立市大みか町6-11-1

招生部门	入試広報部
招生部门电子邮箱	nyushi@icc.ac.jp
招生部门电话号码	0294-54-3212
"赴日前"入学许可制度	无
适用于"赴日前"制度的考试	—
本科总学生数	2,573 人
本科外国留学生数	—
都道府县、地图编号	茨城县 2

0330

筑波大学 【国】
茨城県つくば市天王台1-1-1

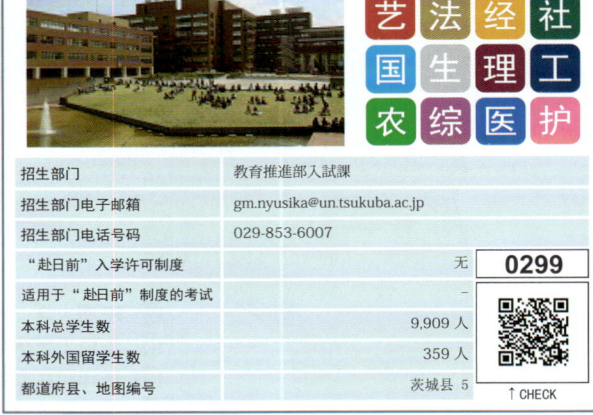

招生部门	教育推進部入試課
招生部门电子邮箱	gm.nyusika@un.tsukuba.ac.jp
招生部门电话号码	029-853-6007
"赴日前"入学许可制度	无
适用于"赴日前"制度的考试	—
本科总学生数	9,909 人
本科外国留学生数	359 人
都道府县、地图编号	茨城县 5

0299

茨城大学 【国】
茨城県水戸市文京2-1-1

招生部门	入学試験係
招生部门电子邮箱	—
招生部门电话号码	029-228-8066
"赴日前"入学许可制度	无
适用于"赴日前"制度的考试	—
本科总学生数	6,895 人
本科外国留学生数	108 人
都道府县、地图编号	茨城县 3

0296

筑波学院大学 【私】
茨城県つくば市吾妻3-1

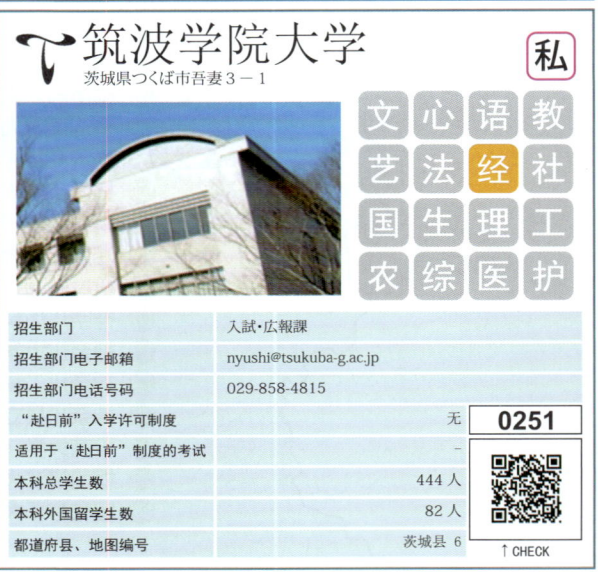

招生部门	入試・広報課
招生部门电子邮箱	nyushi@tsukuba-g.ac.jp
招生部门电话号码	029-858-4815
"赴日前"入学许可制度	无
适用于"赴日前"制度的考试	—
本科总学生数	444 人
本科外国留学生数	82 人
都道府县、地图编号	茨城县 6

0251

白鷗大学
栃木県小山市駅東通り２-２-２ 私

招生部门	入試部
招生部门电子邮箱	nyushi@ad.hakuoh.ac.jp
招生部门电话号码	0285-20-8160
"赴日前"入学许可制度	无
适用于"赴日前"制度的考试	-
本科总学生数	5,070人
本科外国留学生数	15人
都道府县、地图编号	栃木县 7

0319

宇都宮大学
栃木県宇都宮市峰町３５０ 国

招生部门	入試課
招生部门电子邮箱	gaknyuu1@miya.jm.utsunomiya-u.ac.jp
招生部门电话号码	028-649-5112
"赴日前"入学许可制度	有
适用于"赴日前"制度的考试	EJU 英语成绩
本科总学生数	4,071人
本科外国留学生数	54人
都道府县、地图编号	栃木县 10

0499

国际医疗福祉大学
栃木県大田原市北金丸２６００-１ 私

招生部门	入試事務統括センター
招生部门电子邮箱	admission@iuhw.ac.jp
招生部门电话号码	0476-20-7810
"赴日前"入学许可制度	无
适用于"赴日前"制度的考试	-
本科总学生数	7,545人
本科外国留学生数	104人
都道府县、地图编号	栃木县 8

0324

宇都宮共和大学
栃木県宇都宮市大通り１丁目３番１８号 私

招生部门	国際交流センター
招生部门电子邮箱	kokusai@kyowa-u.ac.jp
招生部门电话号码	028-650-6611
"赴日前"入学许可制度	有
适用于"赴日前"制度的考试	JPUE EJU 日语成绩
本科总学生数	171人
本科外国留学生数	34人
都道府县、地图编号	栃木县 11

0344

文星艺术大学
栃木県宇都宮市上戸祭4-8-15 私

招生部门	広報入試課
招生部门电子邮箱	kouhou@art.bunsei.ac.jp
招生部门电话号码	028-625-6888
"赴日前"入学许可制度	有
适用于"赴日前"制度的考试	JPUE
本科总学生数	246人
本科外国留学生数	15人
都道府县、地图编号	栃木县 9

0340

足利工业大学
栃木県足利市大前町268-1 私

招生部门	留学生相談室
招生部门电子邮箱	sasaki.takashi@v90.ashitech.ac.jp
招生部门电话号码	0284-22-5705
"赴日前"入学许可制度	无
适用于"赴日前"制度的考试	-
本科总学生数	1,246人
本科外国留学生数	119人
都道府县、地图编号	栃木县 12

0345

作新学院大学 　私
栃木県宇都宮市竹下町９０８

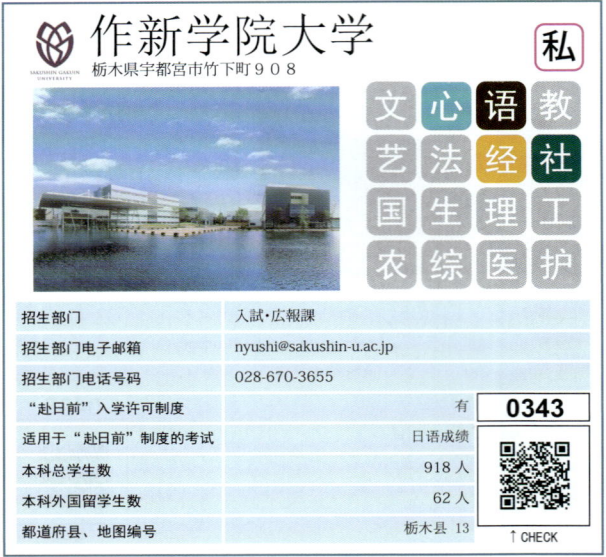

文 心 语 教
艺 法 经 社
国 生 理 工
农 综 医 护

招生部门	入試・広報課
招生部门电子邮箱	nyushi@sakushin-u.ac.jp
招生部门电话号码	028-670-3655
"赴日前"入学许可制度	有
适用于"赴日前"制度的考试	日语成绩
本科总学生数	918人
本科外国留学生数	62人
都道府县、地图编号	栃木县 13

0343

高崎商科大学 　私
群马県高崎市根小屋町７４１

文 心 语 教
艺 法 经 社
国 生 理 工
农 综 医 护

招生部门	広報・入試室
招生部门电子邮箱	nyusi@uv.tuc.ac.jp
招生部门电话号码	027-347-3379
"赴日前"入学许可制度	无
适用于"赴日前"制度的考试	—
本科总学生数	685人
本科外国留学生数	24人
都道府县、地图编号	群马县 16

0352

高崎健康福祉大学 　私
群马県高崎市中大類町３７－１

文 心 语 教
艺 法 经 社
国 生 理 工
农 综 医 护

招生部门	国際交流センター
招生部门电子邮箱	uhw-kokusai@takasaki-u.ac.jp
招生部门电话号码	027-352-7006
"赴日前"入学许可制度	无
适用于"赴日前"制度的考试	—
本科总学生数	2,460人
本科外国留学生数	1人
都道府县、地图编号	群马县 14

0354

共爱学园前桥国际大学 　私
群马県前橋市小屋原町1154-4

文 心 语 教
艺 法 经 社
国 生 理 工
农 综 医 护

招生部门	入試広報センター
招生部门电子邮箱	mkc@c.kyoai.ac.jp
招生部门电话号码	027-266-7575
"赴日前"入学许可制度	无
适用于"赴日前"制度的考试	—
本科总学生数	1,024人
本科外国留学生数	20人
都道府县、地图编号	群马县 17

0252

高崎经济大学 　公
群马県高崎市上並榎町１３００

文 心 语 教
艺 法 经 社
国 生 理 工
农 综 医 护

招生部门	企画調整室　入試チーム
招生部门电子邮箱	nyushi@tcue.ac.jp
招生部门电话号码	027-344-6265
"赴日前"入学许可制度	无
适用于"赴日前"制度的考试	—
本科总学生数	4,149人
本科外国留学生数	106人
都道府县、地图编号	群马县 15

0321

关东学园大学 　私
群马県太田市藤阿久町２００

文 心 语 教
艺 法 经 社
国 生 理 工
农 综 医 护

招生部门	広報室
招生部门电子邮箱	—
招生部门电话号码	0276-32-7915
"赴日前"入学许可制度	无
适用于"赴日前"制度的考试	—
本科总学生数	761人
本科外国留学生数	61人
都道府县、地图编号	群马县 18

0351

前桥工科大学 [公]

群馬県前橋市上佐鳥町460-1

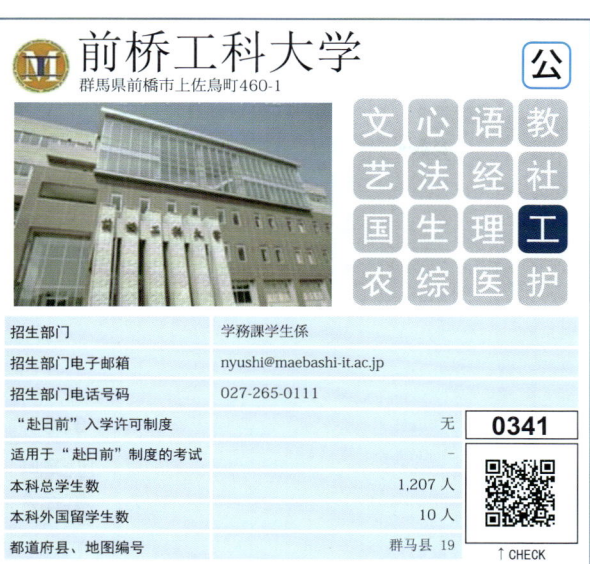

文	心	语	教
艺	法	经	社
国	生	理	**工**
农	综	医	护

招生部门	学務課学生係
招生部门电子邮箱	nyushi@maebashi-it.ac.jp
招生部门电话号码	027-265-0111
"赴日前"入学许可制度	无
适用于"赴日前"制度的考试	—
本科总学生数	1,207人
本科外国留学生数	10人
都道府县、地图编号	群馬县 19

0341 ↑CHECK

群马县立女子大学 [公]

群馬県佐波郡玉村町上之手1395-1

文	心	**语**	教
艺	法	**经**	社
国	生	理	工
农	**综**	医	护

招生部门	大学事務局教務係
招生部门电子邮箱	daigaku@gpwu.ac.jp
招生部门电话号码	0270-65-8511
"赴日前"入学许可制度	无
适用于"赴日前"制度的考试	—
本科总学生数	1,003人
本科外国留学生数	
都道府县、地图编号	群馬县 22

0346 ↑CHECK

群马医疗福祉大学 [私]

群馬県前橋市川曲町191-1

文	心	语	**教**
艺	法	经	**社**
国	生	理	工
农	综	**医**	护

招生部门	入試広報課
招生部门电子邮箱	nyushi@shoken-gakuen.ac.jp
招生部门电话号码	0120-870-294
"赴日前"入学许可制度	无
适用于"赴日前"制度的考试	—
本科总学生数	968人
本科外国留学生数	
都道府县、地图编号	群馬县 20

0718 ↑CHECK

上武大学 [私]

群馬県伊勢崎市戸谷塚町634-1/高崎市新町270-1

文	心	语	教
艺	法	**经**	**社**
国	生	理	工
农	**综**	医	护

招生部门	入学センター
招生部门电子邮箱	nyushi@jobu.ac.jp
招生部门电话号码	0270-32-1010
"赴日前"入学许可制度	无
适用于"赴日前"制度的考试	—
本科总学生数	1,550人
本科外国留学生数	196人
都道府县、地图编号	群馬县 23

0349 ↑CHECK

群马大学 [国]

群馬県前橋市荒牧町4丁目2番地

文	**心**	**语**	**教**
艺	**法**	**经**	**社**
国	**生**	**理**	**工**
农	综	**医**	**护**

招生部门	学務部学生受入課
招生部门电子邮箱	g-admission@jimu.gunma-u.ac.jp
招生部门电话号码	027-220-7150
"赴日前"入学许可制度	无
适用于"赴日前"制度的考试	—
本科总学生数	5,133人
本科外国留学生数	63人
都道府县、地图编号	群馬县 21

0342 ↑CHECK

城西大学 [私]

埼玉県坂戸市けやき台1-1

文	心	语	教
艺	法	**经**	**社**
国	生	**理**	工
农	综	**医**	护

招生部门	入試部　入試課
招生部门电子邮箱	nyushika@stf.josai.ac.jp
招生部门电话号码	049-271-7711
"赴日前"入学许可制度	无
适用于"赴日前"制度的考试	—
本科总学生数	7,984人
本科外国留学生数	
都道府县、地图编号	埼玉县 24

0122 ↑CHECK

东邦音乐大学 私
埼玉县川越市今泉84

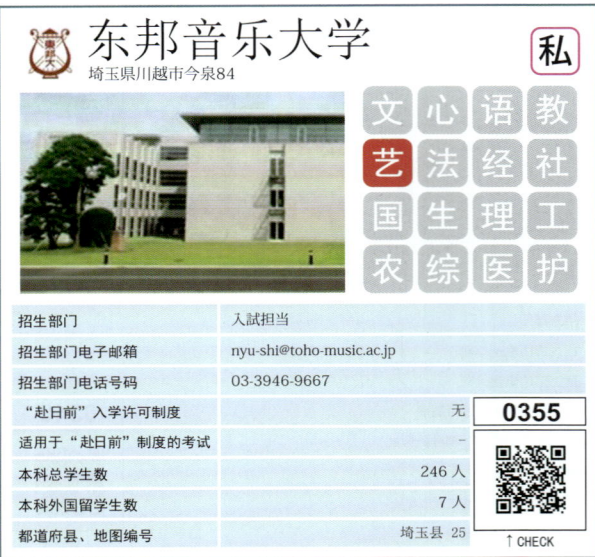

文 心 语 教
艺 法 经 社
国 生 理 工
农 综 医 护

招生部门	入試担当
招生部门电子邮箱	nyu-shi@toho-music.ac.jp
招生部门电话号码	03-3946-9667
"赴日前"入学许可制度	无
适用于"赴日前"制度的考试	—
本科总学生数	246人
本科外国留学生数	7人
都道府县、地图编号	埼玉县 25

0355

共荣大学 私
埼玉县春日部市内牧4158

文 心 语 教
艺 法 经 社
国 生 理 工
农 综 医 护

招生部门	学務部入試担当
招生部门电子邮箱	nyushi@kyoei.ac.jp
招生部门电话号码	048-755-2490
"赴日前"入学许可制度	无
适用于"赴日前"制度的考试	—
本科总学生数	777人
本科外国留学生数	102人
都道府县、地图编号	埼玉县 28

0361

东京国际大学 私
埼玉县川越市的场北1-13-1

文 心 语 教
艺 法 经 社
国 生 理 工
农 综 医 护

招生部门	入学センター
招生部门电子邮箱	nyushi@tiu.ac.jp
招生部门电话号码	049-232-1116
"赴日前"入学许可制度	无
适用于"赴日前"制度的考试	—
本科总学生数	6,413人
本科外国留学生数	856人
都道府县、地图编号	埼玉县 26

0287

骏河台大学 私
埼玉县饭能市阿须698

文 心 语 教
艺 法 经 社
国 生 理 工
农 综 医 护

招生部门	入試広報部
招生部门电子邮箱	nyushi@surugadai.ac.jp
招生部门电话号码	042-972-1124
"赴日前"入学许可制度	无
适用于"赴日前"制度的考试	—
本科总学生数	3,591人
本科外国留学生数	233人
都道府县、地图编号	埼玉县 29

0360

独协大学 私
埼玉县草加市学园町1-1

文 心 语 教
艺 法 经 社
国 生 理 工
农 综 医 护

招生部门	入試部入試課
招生部门电子邮箱	admission@stf.dokkyo.ac.jp
招生部门电话号码	048-946-1900
"赴日前"入学许可制度	有
适用于"赴日前"制度的考试	英语成绩
本科总学生数	8,987人
本科外国留学生数	41人
都道府县、地图编号	埼玉县 27

0362

ものつくり大学 私
埼玉县行田市前谷333

文 心 语 教
艺 法 经 社
国 生 理 工
农 综 医 护

招生部门	入試課
招生部门电子邮箱	exam@iot.ac.jp
招生部门电话号码	048-564-3816
"赴日前"入学许可制度	无
适用于"赴日前"制度的考试	—
本科总学生数	1,151人
本科外国留学生数	91人
都道府县、地图编号	埼玉县 30

0359

女子营养大学

埼玉県坂戸市千代田3-9-21 【私】

文 心 语 教
艺 法 经 社
国 **生** 理 工
农 综 医 护

招生部门	入試広報センター
招生部门电子邮箱	—
招生部门电话号码	049-282-7331
"赴日前"入学许可制度	无
适用于"赴日前"制度的考试	—
本科总学生数	2,074 人
本科外国留学生数	1 人
都道府县、地图编号	埼玉县 31

0358 ↑CHECK

埼玉大学

埼玉県さいたま市桜区下大久保２５５ 【国】

文 心 语 **教**
艺 法 **经** 社
国 生 **理** **工**
农 综 医 护

招生部门	国際室
招生部门电子邮箱	ryugaku@gr.saitama-u.ac.jp
招生部门电话号码	048-858-3028
"赴日前"入学许可制度	无
适用于"赴日前"制度的考试	—
本科总学生数	6,897 人
本科外国留学生数	145 人
都道府县、地图编号	埼玉县 34

0363 ↑CHECK

平成国际大学

埼玉県加須市水深大立野2000番地 【私】

文 心 语 教
艺 **法** 经 社
国 生 理 工
农 **综** 医 护

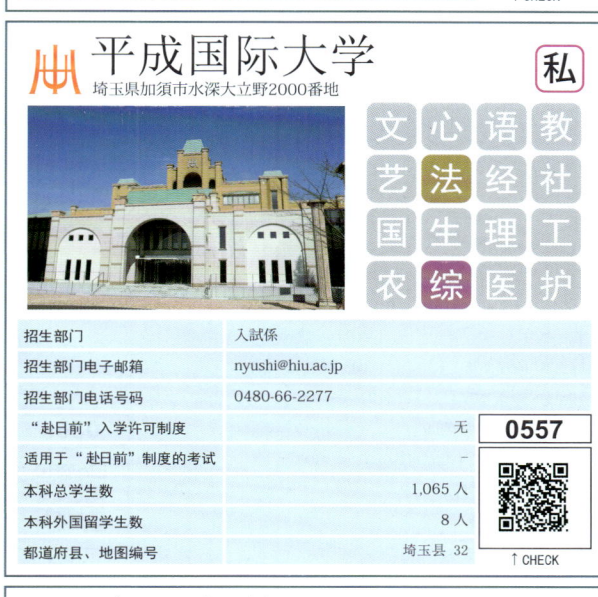

招生部门	入試係
招生部门电子邮箱	nyushi@hiu.ac.jp
招生部门电话号码	0480-66-2277
"赴日前"入学许可制度	无
适用于"赴日前"制度的考试	—
本科总学生数	1,065 人
本科外国留学生数	8 人
都道府县、地图编号	埼玉县 32

0557 ↑CHECK

埼玉工业大学

埼玉県深谷市普済寺１６９０ 【私】

文 **心** 语 教
艺 法 **经** 社
国 生 理 **工**
农 综 医 护

招生部门	法人本部　入試課
招生部门电子邮箱	nyushi2@sit.ac.jp
招生部门电话号码	048-585-6814
"赴日前"入学许可制度	无
适用于"赴日前"制度的考试	—
本科总学生数	2,171 人
本科外国留学生数	63 人
都道府县、地图编号	埼玉县 35

0356 ↑CHECK

浦和大学

埼玉県さいたま市緑区大崎３５５１ 【私】

文 心 语 **教**
艺 法 经 **社**
国 生 理 工
农 综 医 护

招生部门	入試広報課
招生部门电子邮箱	nyushi@urawa.ac.jp
招生部门电话号码	048-878-5536
"赴日前"入学许可制度	无
适用于"赴日前"制度的考试	—
本科总学生数	633 人
本科外国留学生数	2 人
都道府县、地图编号	埼玉县 33

0357 ↑CHECK

日本工业大学

埼玉県南埼玉郡宮代町学園台4-1 【私】

文 心 语 教
艺 法 经 社
国 生 理 **工**
农 综 医 护

招生部门	教務部入試室/留学生別科
招生部门电子邮箱	nyu-shi@nit.ac.jp
招生部门电话号码	0480-33-7676
"赴日前"入学许可制度	无
适用于"赴日前"制度的考试	—
本科总学生数	4,444 人
本科外国留学生数	58 人
都道府县、地图编号	埼玉县 36

0392 ↑CHECK

尚美学园大学
埼玉県川越市豊田町1-1-1

私 | 文 心 语 教 / 艺 法 经 社 / 国 生 理 工 / 农 综 医 护

招生部门	国際交流センター
招生部门电子邮箱	iec@s.shobi-u.ac.jp
招生部门电话号码	049-246-3709
"赴日前"入学许可制度	无 0376
适用于"赴日前"制度的考试	—
本科总学生数	2,845人
本科外国留学生数	295人
都道府県、地图编号	埼玉県 37

文教大学
埼玉県越谷市南荻島3337

私 | 文 心 语 教 / 艺 法 经 社 / 国 生 理 工 / 农 综 医 护

招生部门	入学センター
招生部门电子邮箱	nyushi@bunkyo.ac.jp
招生部门电话号码	0467-54-4300
"赴日前"入学许可制度	无 0604
适用于"赴日前"制度的考试	—
本科总学生数	8,777人
本科外国留学生数	58人
都道府県、地图编号	埼玉県 40

圣学院大学
埼玉県上尾市戸崎1番1号

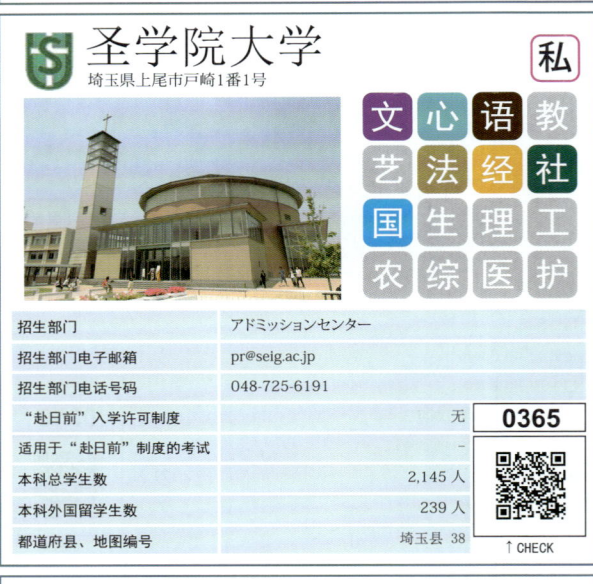

私 | 文 心 语 教 / 艺 法 经 社 / 国 生 理 工 / 农 综 医 护

招生部门	アドミッションセンター
招生部门电子邮箱	pr@seig.ac.jp
招生部门电话号码	048-725-6191
"赴日前"入学许可制度	无 0365
适用于"赴日前"制度的考试	—
本科总学生数	2,145人
本科外国留学生数	239人
都道府県、地图编号	埼玉県 38

武藏野学院大学
埼玉県狭山市広瀬台3-26-1

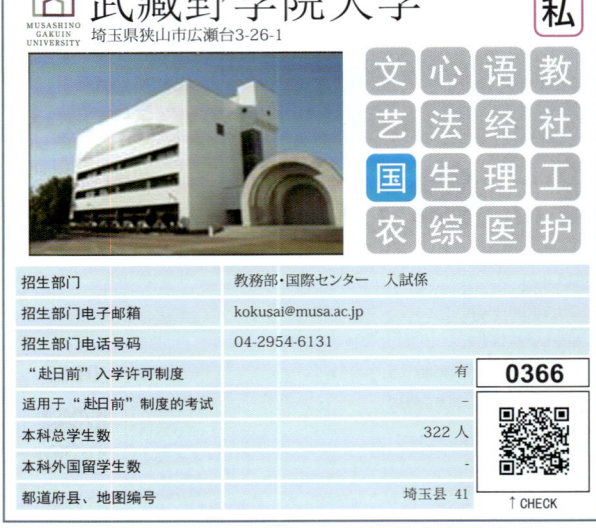

私 | 文 心 语 教 / 艺 法 经 社 / 国 生 理 工 / 农 综 医 护

招生部门	教務部・国際センター 入試係
招生部门电子邮箱	kokusai@musa.ac.jp
招生部门电话号码	04-2954-6131
"赴日前"入学许可制度	有 0366
适用于"赴日前"制度的考试	—
本科总学生数	322人
本科外国留学生数	—
都道府県、地图编号	埼玉県 41

十文字学园女子大学
埼玉県新座市菅沢2丁目1-28

私 | 文 心 语 教 / 艺 法 经 社 / 国 生 理 工 / 农 综 医 护

招生部门	募集入試部
招生部门电子邮箱	boshuu@jumonji-u.ac.jp
招生部门电话号码	048-477-0924
"赴日前"入学许可制度	无 0364
适用于"赴日前"制度的考试	—
本科总学生数	3,375人
本科外国留学生数	76人
都道府県、地图编号	埼玉県 39

西武文理大学
埼玉県狭山市柏原新田311-1

私 | 文 心 语 教 / 艺 法 经 社 / 国 生 理 工 / 农 综 医 护

招生部门	入試広報課
招生部门电子邮箱	koho@bunri-c.ac.jp
招生部门电话号码	04-2954-7575
"赴日前"入学许可制度	无 0397
适用于"赴日前"制度的考试	—
本科总学生数	936人
本科外国留学生数	259人
都道府県、地图编号	埼玉県 42

第八章／千帆竞渡——五彩缤纷的特色专业

爱国学园大学
千葉県四街道市四街道1532

私

文 心 语 教
艺 法 经 社
国 生 理 工
农 综 医 护

招生部门	学務課
招生部门电子邮箱	gakumu@aikoku-u.ac.jp
招生部门电话号码	043-424-4410
"赴日前"入学许可制度	无
适用于"赴日前"制度的考试	—
本科总学生数	—
本科外国留学生数	—
都道府县、地图编号	千叶县 43

0388

东京情报大学
千葉県千葉市若葉区御成台4-1

私

文 心 语 教
艺 法 经 社
国 生 理 工
农 综 医 护

招生部门	入試・広報課
招生部门电子邮箱	tju@affrs.tuis.ac.jp
招生部门电话号码	043-236-1408
"赴日前"入学许可制度	无
适用于"赴日前"制度的考试	—
本科总学生数	1,961人
本科外国留学生数	70人
都道府县、地图编号	千叶县 46

0373

城西国际大学
千葉県東金市求名（ぐみょう）1番地

私

文 心 语 教
艺 法 经 社
国 生 理 工
农 综 医 护

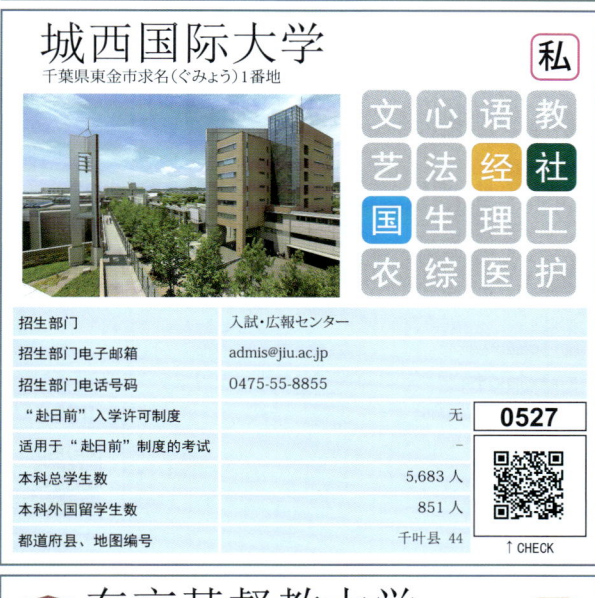

招生部门	入試・広報センター
招生部门电子邮箱	admis@jiu.ac.jp
招生部门电话号码	0475-55-8855
"赴日前"入学许可制度	无
适用于"赴日前"制度的考试	—
本科总学生数	5,683人
本科外国留学生数	851人
都道府县、地图编号	千叶县 44

0527

龟田医疗大学
千葉県鴨川市横渚462番地

私

文 心 语 教
艺 法 经 社
国 生 理 工
农 综 医 护

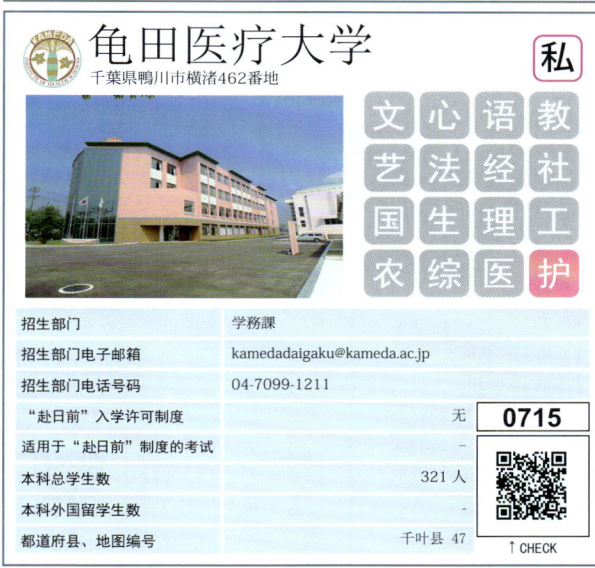

招生部门	学務課
招生部门电子邮箱	kamedadaigaku@kameda.ac.jp
招生部门电话号码	04-7099-1211
"赴日前"入学许可制度	无
适用于"赴日前"制度的考试	—
本科总学生数	321人
本科外国留学生数	—
都道府县、地图编号	千叶县 47

0715

东京基督教大学
千葉県印西市内野3-301-5-1

私

文 心 语 教
艺 法 经 社
国 生 理 工
农 综 医 护

招生部门	教務課入試担当
招生部门电子邮箱	tcu@tci.ac.jp
招生部门电话号码	0476-46-1131
"赴日前"入学许可制度	无
适用于"赴日前"制度的考试	—
本科总学生数	146人
本科外国留学生数	25人
都道府县、地图编号	千叶县 45

0383

和洋女子大学
千葉県市川市国府台2-3-1

私

文 心 语 教
艺 法 经 社
国 生 理 工
农 综 医 护

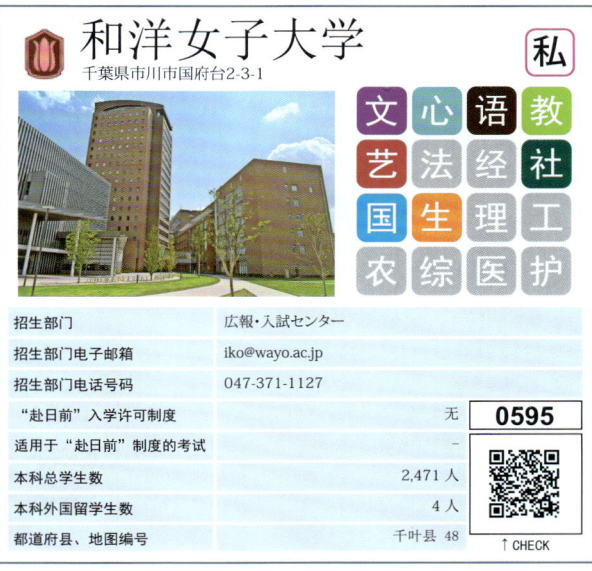

招生部门	広報・入試センター
招生部门电子邮箱	iko@wayo.ac.jp
招生部门电话号码	047-371-1127
"赴日前"入学许可制度	无
适用于"赴日前"制度的考试	—
本科总学生数	2,471人
本科外国留学生数	4人
都道府县、地图编号	千叶县 48

0595

江戸川大学
千葉県流山市駒木474

分类：文 心 语 教 艺 法 经 社 国 生 理 工 农 综 医 护（语、经、国 高亮）

招生部门	入学課
招生部门电子邮箱	nyushi@edogawa-u.ac.jp
招生部门电话号码	04-7152-9871
"赴日前"入学许可制度	无
适用于"赴日前"制度的考试	—
本科总学生数	2,202 人
本科外国留学生数	97 人
都道府県、地图编号	千叶县 49

编号：0371

明海大学
千葉県浦安市明海1

分类：文 心 语 教 艺 法 经 社 国 生 理 工 农 综 医 护（文、语、教、国、生 高亮）

招生部门	企画広報課
招生部门电子邮箱	koho999@meikai.ac.jp
招生部门电话号码	047-355-1101
"赴日前"入学许可制度	有
适用于"赴日前"制度的考试	EJU
本科总学生数	3,950 人
本科外国留学生数	532 人
都道府県、地图编号	千叶县 52

编号：0385

敬爱大学
千葉県千葉市稲毛区穴川1－5－21

分类：文 心 语 教 艺 法 经 社 国 生 理 工 农 综 医 护（经、国 高亮）

招生部门	アドミッションセンター
招生部门电子邮箱	nyushi@u-keiai.ac.jp
招生部门电话号码	043-284-2486
"赴日前"入学许可制度	无
适用于"赴日前"制度的考试	—
本科总学生数	1,502 人
本科外国留学生数	133 人
都道府県、地图编号	千叶县 50

编号：0374

千叶大学
千葉県千葉市稲毛区弥生町1－33

分类：文 心 语 教 艺 法 经 社 国 生 理 工 农 综 医 护（全部高亮）

招生部门	学務部入試課
招生部门电子邮箱	dfd2182@office.chiba-u.jp
招生部门电话号码	043-290-2182
"赴日前"入学许可制度	有
适用于"赴日前"制度的考试	JPUE
本科总学生数	10,648 人
本科外国留学生数	131 人
都道府県、地图编号	千叶县 53

编号：0386

丽泽大学
千葉県柏市光ヶ丘2－1－1

分类：文 心 语 教 艺 法 经 社 国 生 理 工 农 综 医 护（语、经 高亮）

招生部门	入試広報グループ
招生部门电子邮箱	siryo@reitaku-u.ac.jp
招生部门电话号码	04-7173-3500
"赴日前"入学许可制度	有
适用于"赴日前"制度的考试	EJU 日语成绩
本科总学生数	2,712 人
本科外国留学生数	269 人
都道府県、地图编号	千叶县 51

编号：0384

千叶工业大学
千葉県習志野市津田沼2丁目17番1号

分类：文 心 语 教 艺 法 经 社 国 生 理 工 农 综 医 护（经、理、工 高亮）

招生部门	入試広報課
招生部门电子邮箱	cit@it-chiba.ac.jp
招生部门电话号码	047-478-0222
"赴日前"入学许可制度	无
适用于"赴日前"制度的考试	—
本科总学生数	9,389 人
本科外国留学生数	33 人
都道府県、地图编号	千叶县 54

编号：0379

第八章／千帆竞渡——五彩缤纷的特色专业　509

千叶科学大学
千葉県銚子市潮見町3番地

私

文 心 语 教
艺 法 经 社
国 生 理 **工**
农 **综** **医** 护

招生部门	入試広報室
招生部门电子邮箱	koho@cis.ac.jp
招生部门电话号码	0479-30-4500
"赴日前"入学许可制度	有
适用于"赴日前"制度的考试	—
本科总学生数	1,927人
本科外国留学生数	91人
都道府县、地图编号	千叶县 55

0378

圣德大学
千葉県松戸市岩瀬550

私

文 **心** 语 **教**
艺 **法** **经** **社**
国 **生** 理 工
农 综 医 护

招生部门	入学センター
招生部门电子邮箱	FORM(http://www.seitoku.jp/univ/kokusai/contact/)
招生部门电话号码	047-366-5551
"赴日前"入学许可制度	无
适用于"赴日前"制度的考试	—
本科总学生数	3,644人
本科外国留学生数	3人
都道府县、地图编号	千叶县 58

0390

千叶商科大学
千葉県市川市国府台(こうのだい)1-3-1

私

文 心 语 **教**
艺 **法** **经** **社**
国 生 理 工
农 综 医 护

招生部门	入学センター
招生部门电子邮箱	info@cuc.ac.jp
招生部门电话号码	047-373-9701
"赴日前"入学许可制度	无
适用于"赴日前"制度的考试	—
本科总学生数	6,236人
本科外国留学生数	72人
都道府县、地图编号	千叶县 56

0381

神田外语大学
千葉県千葉市美浜区若葉1-4-1

私

文 心 **语** **教**
艺 法 经 社
国 生 理 工
农 综 医 护

招生部门	広報部
招生部门电子邮箱	prdept@kanda.kuis.ac.jp
招生部门电话号码	043-273-2826
"赴日前"入学许可制度	无
适用于"赴日前"制度的考试	—
本科总学生数	4,064人
本科外国留学生数	73人
都道府县、地图编号	千叶县 59

0382

清和大学
千葉県木更津市東太田3-4-5

私

文 心 语 教
艺 **法** 经 社
国 生 理 工
农 综 医 护

招生部门	教学課　入試係
招生部门电子邮箱	nyushi@seiwa-univ.ac.jp
招生部门电话号码	0438-30-5566
"赴日前"入学许可制度	无
适用于"赴日前"制度的考试	—
本科总学生数	678人
本科外国留学生数	—
都道府县、地图编号	千叶县 57

0380

淑德大学
千葉県千葉市中央区大巌寺町200

私

文 **心** **语** **教**
艺 **法** **经** **社**
国 **生** 理 工
农 综 医 **护**

招生部门	アドミッションセンター 千葉オフィス
招生部门电子邮箱	—
招生部门电话号码	043-265-6881
"赴日前"入学许可制度	有
适用于"赴日前"制度的考试	JPUE
本科总学生数	4,719人
本科外国留学生数	25人
都道府县、地图编号	千叶县 60

0536

关东

秀明大学 【私】
千葉県八千代市大学町1-1

分类：文 心 语 教 / 艺 法 **经** **社** / **国** 生 理 工 / 农 综 医 护

招生部门	入試係
招生部门电子邮箱	nyushi@adm.shumei-u.ac.jp
招生部门电话号码	047-488-2331
"赴日前"入学许可制度	无
适用于"赴日前"制度的考试	—
本科总学生数	1,633 人
本科外国留学生数	—
都道府县、地图编号	千叶县 61

0394 ↑CHECK

产业能率大学 【私】
東京都世田谷区等々力6-39-15

分类：文 心 语 教 / 艺 法 **经** **社** / 国 生 理 工 / 农 综 医 护

招生部门	入試センター
招生部门电子邮箱	nyushi@mi.sanno.ac.jp
招生部门电话号码	03-3704-1110
"赴日前"入学许可制度	无
适用于"赴日前"制度的考试	—
本科总学生数	3,874 人
本科外国留学生数	54 人
都道府县、地图编号	东京都A 64

0525 ↑CHECK

植草学园大学 【私】
千葉県千葉市若葉区小倉町1639番3

分类：文 心 语 **教** / 艺 法 经 社 / 国 生 理 工 / 农 综 医 护

招生部门	入試・広報課
招生部门电子邮箱	nyuusi@uekusa.ac.jp
招生部门电话号码	043-239-2600
"赴日前"入学许可制度	无
适用于"赴日前"制度的考试	—
本科总学生数	535 人
本科外国留学生数	—
都道府县、地图编号	千叶县 62

0538 ↑CHECK

大妻女子大学 【私】
東京都千代田区三番町12番地

分类：**文** 心 **语** 教 / 艺 法 经 社 / **国** **生** **理** 工 / 农 综 医 护

招生部门	広報・入試センター
招生部门电子邮箱	nyushi@ml.otsuma.ac.jp
招生部门电话号码	03-5275-0404
"赴日前"入学许可制度	无
适用于"赴日前"制度的考试	—
本科总学生数	6,782 人
本科外国留学生数	6 人
都道府县、地图编号	东京都A 65

0535 ↑CHECK

中央学院大学 【私】
千葉県我孫子市久寺家451

分类：文 心 语 教 / 艺 **法** **经** **社** / **国** 生 理 工 / 农 综 医 护

招生部门	入試広報課
招生部门电子邮箱	koho@cgu.ac.jp
招生部门电话号码	04-7183-6516
"赴日前"入学许可制度	有
适用于"赴日前"制度的考试	日语成绩
本科总学生数	2,782 人
本科外国留学生数	176 人
都道府县、地图编号	千叶县 63

0391 ↑CHECK

东京齿科大学 【私】
東京都千代田区神田三崎町2-9-18

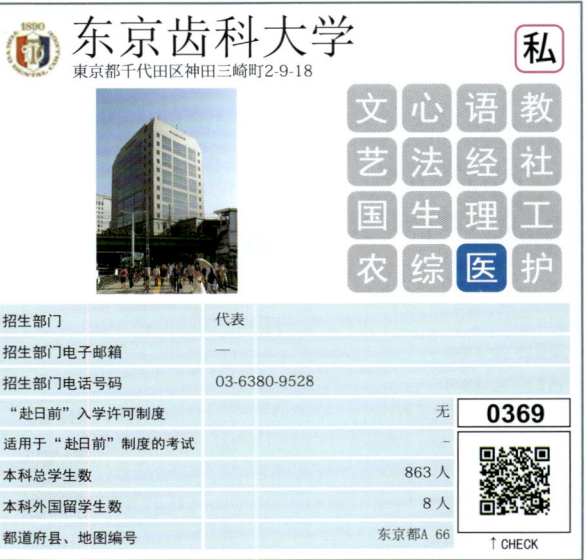

分类：文 心 语 教 / 艺 法 经 社 / 国 生 理 工 / 农 综 **医** 护

招生部门	代表
招生部门电子邮箱	—
招生部门电话号码	03-6380-9528
"赴日前"入学许可制度	无
适用于"赴日前"制度的考试	—
本科总学生数	863 人
本科外国留学生数	8 人
都道府县、地图编号	东京都A 66

0369 ↑CHECK

东京都市大学
東京都世田谷区玉堤１丁目２８-１

招生部门	入試センター
招生部门电子邮箱	nyushi@tcu.ac.jp
招生部门电话号码	03-5707-0104
"赴日前"入学许可制度	无
适用于"赴日前"制度的考试	–
本科总学生数	6,856人
本科外国留学生数	81人
都道府县、地图编号	东京都A 67

0400

东京农业大学
東京都世田谷区桜丘１-１-１

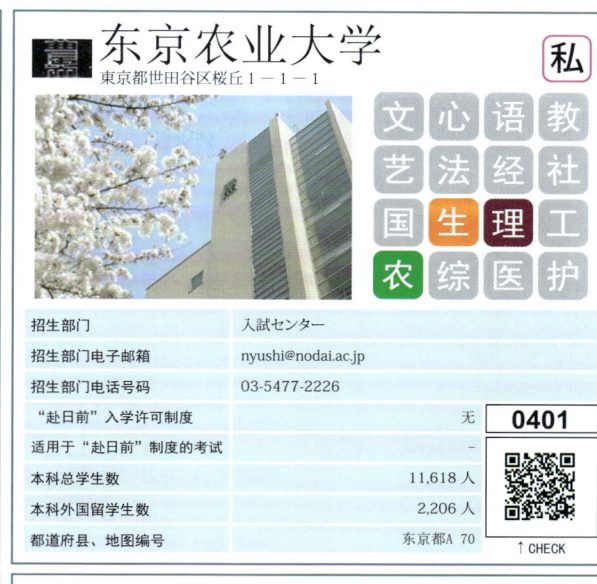

招生部门	入試センター
招生部门电子邮箱	nyushi@nodai.ac.jp
招生部门电话号码	03-5477-2226
"赴日前"入学许可制度	无
适用于"赴日前"制度的考试	–
本科总学生数	11,618人
本科外国留学生数	2,206人
都道府县、地图编号	东京都A 70

0401

东京工业大学
東京都目黒区大岡山２-１２-１

招生部门	学務部入試課
招生部门电子邮箱	ryugakusei@jim.titech.ac.jp
招生部门电话号码	03-5734-3990
"赴日前"入学许可制度	有
适用于"赴日前"制度的考试	EJU
本科总学生数	4,734人
本科外国留学生数	186人
都道府县、地图编号	东京都A 68

0395

东京女子大学
東京都杉並区善福寺2-6-1

招生部门	入学課
招生部门电子邮箱	admission@office.twcu.ac.jp
招生部门电话号码	03-5382-6854
"赴日前"入学许可制度	无
适用于"赴日前"制度的考试	–
本科总学生数	3,958人
本科外国留学生数	13人
都道府县、地图编号	东京都A 71

0402

东京海洋大学
東京都港区港南4-5-7

招生部门	入試課
招生部门电子邮箱	n-nyusi1@o.kaiyodai.ac.jp
招生部门电话号码	03-5463-0510
"赴日前"入学许可制度	无
适用于"赴日前"制度的考试	–
本科总学生数	1,947人
本科外国留学生数	22人
都道府县、地图编号	东京都A 69

0377

二松学舍大学
東京都千代田区三番町6-16

招生部门	入試課
招生部门电子邮箱	nyushik@nishogakusha-u.ac.jp
招生部门电话号码	03-3261-7423
"赴日前"入学许可制度	无
适用于"赴日前"制度的考试	–
本科总学生数	2,866人
本科外国留学生数	31人
都道府县、地图编号	东京都A 72

0403

法政大学
東京都千代田区富士見2丁目17-1 私

文 心 语 教
艺 法 经 社
国 生 理 工
农 综 医 护

招生部门	法政大学入学センター国際入試課
招生部门电子邮箱	kokusain@hosei.ac.jp
招生部门电话号码	+81-3-3264-5776
"赴日前"入学许可制度	有
适用于"赴日前"制度的考试	EJU 英语成绩
本科总学生数	29,034 人
本科外国留学生数	558 人
都道府县、地图编号	东京都A 73

0406

国士馆大学
東京都世田谷区世田谷4-28-1 私

文 心 语 教
艺 法 经 社
国 生 理 工
农 综 医 护

招生部门	入試部
招生部门电子邮箱	ad1@kokushikan.ac.jp
招生部门电话号码	03-5481-3211
"赴日前"入学许可制度	有
适用于"赴日前"制度的考试	EJU
本科总学生数	12,920 人
本科外国留学生数	406 人
都道府县、地图编号	东京都A 76

0411

高千穂大学
東京都杉並区大宮2-19-1 私

文 心 语 教
艺 法 经 社
国 生 理 工
农 综 医 护

招生部门	入試課
招生部门电子邮箱	nyushi@takachiho.ac.jp
招生部门电话号码	0120-012-816
"赴日前"入学许可制度	无
适用于"赴日前"制度的考试	—
本科总学生数	2,107 人
本科外国留学生数	38 人
都道府县、地图编号	东京都A 74

0415

国学院大学
東京都渋谷区東4丁目10-28 私

文 心 语 教
艺 法 经 社
国 生 理 工
农 综 医 护

招生部门	総合企画部入学課
招生部门电子邮箱	exam@kokugakuin.ac.jp
招生部门电话号码	03-5466-0141
"赴日前"入学许可制度	无
适用于"赴日前"制度的考试	—
本科总学生数	10,336 人
本科外国留学生数	40 人
都道府县、地图编号	东京都A 77

0413

共立女子大学
東京都千代田区一ツ橋2-2-1 私

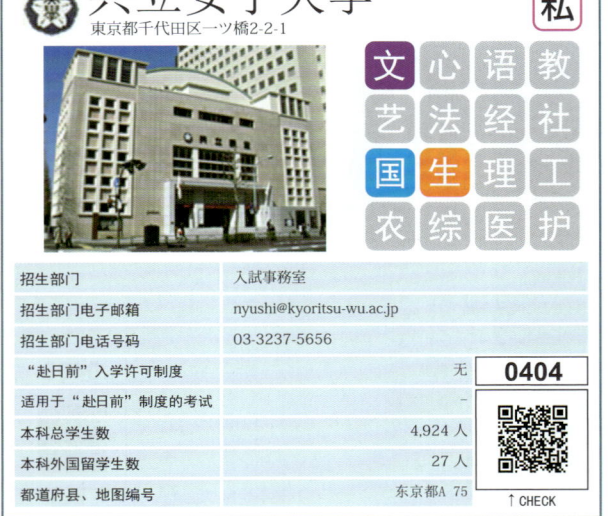

文 心 语 教
艺 法 经 社
国 生 理 工
农 综 医 护

招生部门	入試事務室
招生部门电子邮箱	nyushi@kyoritsu-wu.ac.jp
招生部门电话号码	03-3237-5656
"赴日前"入学许可制度	无
适用于"赴日前"制度的考试	—
本科总学生数	4,924 人
本科外国留学生数	27 人
都道府县、地图编号	东京都A 75

0404

驹泽大学
東京都世田谷区駒沢1-23-1 私

文 心 语 教
艺 法 经 社
国 生 理 工
农 综 医 护

招生部门	入学センター
招生部门电子邮箱	ku-nyugaku@komazawa-u.ac.jp
招生部门电话号码	03-3418-9048
"赴日前"入学许可制度	无
适用于"赴日前"制度的考试	—
本科总学生数	15,288 人
本科外国留学生数	216 人
都道府县、地图编号	东京都A 78

0412

立正大学
東京都品川区大崎4-2-16 私

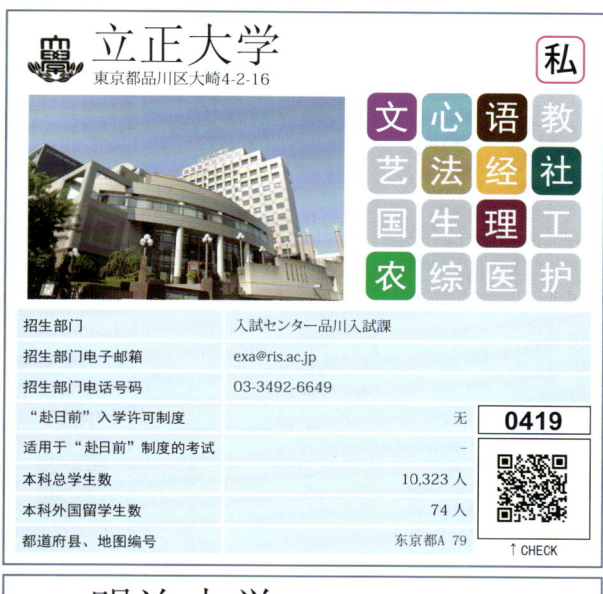

文 心 语 教
艺 法 经 社
国 生 理 工
农 综 医 护

招生部门	入試センター品川入試課
招生部门电子邮箱	exa@ris.ac.jp
招生部门电话号码	03-3492-6649
"赴日前"入学许可制度	无
适用于"赴日前"制度的考试	—
本科总学生数	10,323 人
本科外国留学生数	74 人
都道府县、地图编号	东京都 A 79

0419

女子美术大学
東京都杉並区和田1-49-8 私

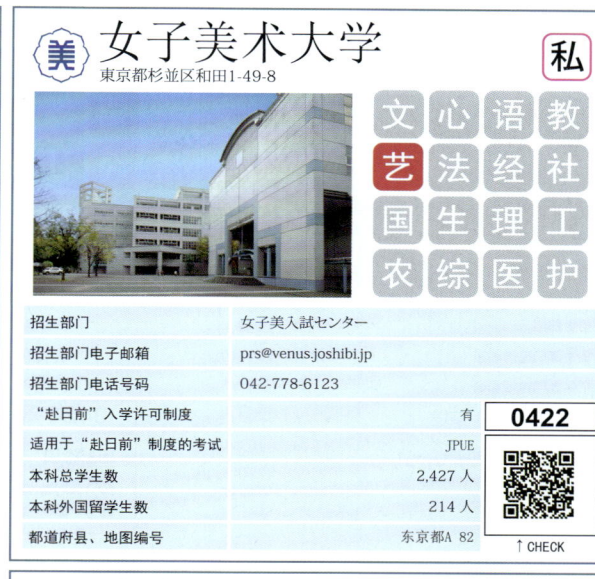

文 心 语 教
艺 法 经 社
国 生 理 工
农 综 医 护

招生部门	女子美入試センター
招生部门电子邮箱	prs@venus.joshibi.jp
招生部门电话号码	042-778-6123
"赴日前"入学许可制度	有
适用于"赴日前"制度的考试	JPUE
本科总学生数	2,427 人
本科外国留学生数	214 人
都道府县、地图编号	东京都 A 82

0422

明治大学
東京都千代田区神田駿河台1-1 私

文 心 语 教
艺 法 经 社
国 生 理 工
农 综 医 护

招生部门	国際教育事務室
招生部门电子邮箱	intadmi@meiji.ac.jp
招生部门电话号码	03-3296-4144
"赴日前"入学许可制度	有
适用于"赴日前"制度的考试	EJU 英语成绩
本科总学生数	31,004 人
本科外国留学生数	1,041 人
都道府县、地图编号	东京都 A 80

0410

清泉女子大学
東京都品川区東五反田3-16-21 私

文 心 语 教
艺 法 经 社
国 生 理 工
农 综 医 护

招生部门	入試課
招生部门电子邮箱	nyushi@seisen-u.ac.jp
招生部门电话号码	03-5421-3231
"赴日前"入学许可制度	无
适用于"赴日前"制度的考试	—
本科总学生数	1,909 人
本科外国留学生数	—
都道府县、地图编号	东京都 A 83

0423

明治学院大学
東京都港区白金台1-2-37 私

文 心 语 教
艺 法 经 社
国 生 理 工
农 综 医 护

招生部门	入学インフォメーション
招生部门电子邮箱	mginfo@mguad.meijigakuin.ac.jp
招生部门电话号码	03-5421-5151
"赴日前"入学许可制度	有
适用于"赴日前"制度的考试	JPUE EJU
本科总学生数	12,171 人
本科外国留学生数	184 人
都道府县、地图编号	东京都 A 81

0421

青山学院大学
東京都渋谷区渋谷4-4-25 私

文 心 语 教
艺 法 经 社
国 生 理 工
农 综 医 护

招生部门	入学広報部入試課
招生部门电子邮箱	—
招生部门电话号码	03-3409-8627
"赴日前"入学许可制度	无
适用于"赴日前"制度的考试	—
本科总学生数	17,907 人
本科外国留学生数	398 人
都道府县、地图编号	东京都 A 84

0250

关东

庆应义塾大学
東京都港区三田2-15-45

招生部门	入学センター
招生部门电子邮箱	admissions@info.keio.ac.jp
招生部门电话号码	03-5427-1611
"赴日前"入学许可制度	有
适用于"赴日前"制度的考试	EJU 英语成绩
本科总学生数	28,712 人
本科外国留学生数	685 人
都道府县、地图编号	东京都 A 85

0424

上智大学
東京都千代田区紀尾井町7-1

招生部门	学事局入学センター
招生部门电子邮箱	admission-u@cl.sophia.ac.jp
招生部门电话号码	03-3238-3167
"赴日前"入学许可制度	无
适用于"赴日前"制度的考试	—
本科总学生数	12,568 人
本科外国留学生数	1,151 人
都道府县、地图编号	东京都 A 88

0691

日本大学
東京都千代田区九段南4-8-24

招生部门	学務部 入学課
招生部门电子邮箱	int.adm@nihon-u.ac.jp
招生部门电话号码	03-5275-8311
"赴日前"入学许可制度	有
适用于"赴日前"制度的考试	EJU
本科总学生数	68,069 人
本科外国留学生数	960 人
都道府县、地图编号	东京都 A 86

0425

杉野服饰大学
東京都品川区上大崎4-6-19

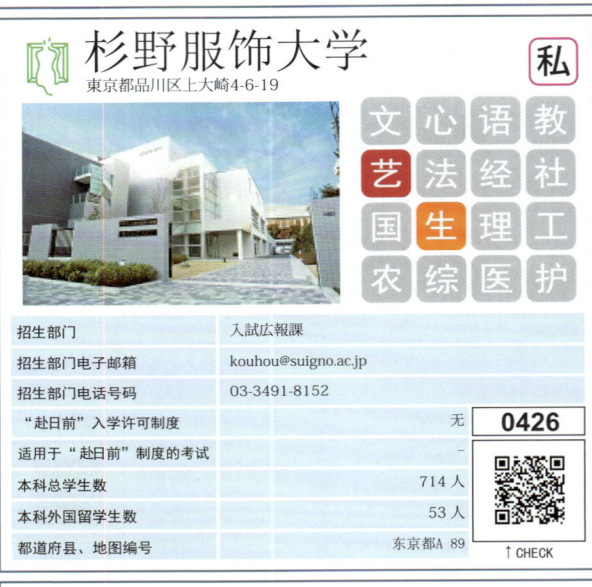

招生部门	入試広報課
招生部门电子邮箱	kouhou@suigno.ac.jp
招生部门电话号码	03-3491-8152
"赴日前"入学许可制度	无
适用于"赴日前"制度的考试	—
本科总学生数	714 人
本科外国留学生数	53 人
都道府县、地图编号	东京都 A 89

0426

日本体育大学
東京都世田谷区深沢7-1-1

招生部门	アドミッションセンター
招生部门电子邮箱	—
招生部门电话号码	045-963-7955
"赴日前"入学许可制度	无
适用于"赴日前"制度的考试	—
本科总学生数	7,054 人
本科外国留学生数	11 人
都道府县、地图编号	东京都 A 87

0486

圣心女子大学
東京都渋谷区広尾4-3-1

招生部门	入学広報課
招生部门电子邮箱	goukaku@u-sacred-heart.ac.jp
招生部门电话号码	03-3407-5076
"赴日前"入学许可制度	无
适用于"赴日前"制度的考试	—
本科总学生数	2,241 人
本科外国留学生数	24 人
都道府县、地图编号	东京都 A 90

0690

数字好莱坞大学 私
東京都千代田区神田駿河台4-6 御茶ノ水ソラシティアカデミア3/4階

文 心 语 教
艺 法 经 社
国 生 理 工
农 综 医 护

招生部门	大学入試広報事務局
招生部门电子邮箱	daigaku@dhw.ac.jp
招生部门电话号码	03-3526-5785
"赴日前"入学许可制度	有
适用于"赴日前"制度的考试	JPUE
本科总学生数	1,148人
本科外国留学生数	409人
都道府县、地图编号	东京都A 91

0398 ↑CHECK

昭和女子大学 私
東京都世田谷区太子堂1-7-57

文 心 语 教
艺 法 经 社
国 生 理 工
农 综 医 护

招生部门	国際交流課(CIE)
招生部门电子邮箱	ciestaff@swu.ac.jp
招生部门电话号码	03-3411-5249
"赴日前"入学许可制度	无
适用于"赴日前"制度的考试	—
本科总学生数	5,558人
本科外国留学生数	33人
都道府县、地图编号	东京都A 94

0686 ↑CHECK

天普大学日本分校 外
東京都港区南麻布2-8-12

文 心 语 教
艺 法 经 社
国 生 理 工
农 综 医 护

招生部门	アドミッション・カウンセリング
招生部门电子邮箱	ac@tuj.temple.edu
招生部门电话号码	03-5441-9800
"赴日前"入学许可制度	有
适用于"赴日前"制度的考试	英语成绩
本科总学生数	1,227人
本科外国留学生数	779人
都道府县、地图编号	东京都A 92

0685 ↑CHECK

专修大学 私
東京都千代田区神田神保町3-8

文 心 语 教
艺 法 经 社
国 生 理 工
农 综 医 护

招生部门	入学センターインフォメーション
招生部门电子邮箱	admiss@acc.senshu-u.ac.jp
招生部门电话号码	03-3265-6677
"赴日前"入学许可制度	有
适用于"赴日前"制度的考试	EJU
本科总学生数	18,559人
本科外国留学生数	387人
都道府县、地图编号	东京都A 95

0687 ↑CHECK

文化学园大学 私
東京都渋谷区代々木3-22-1

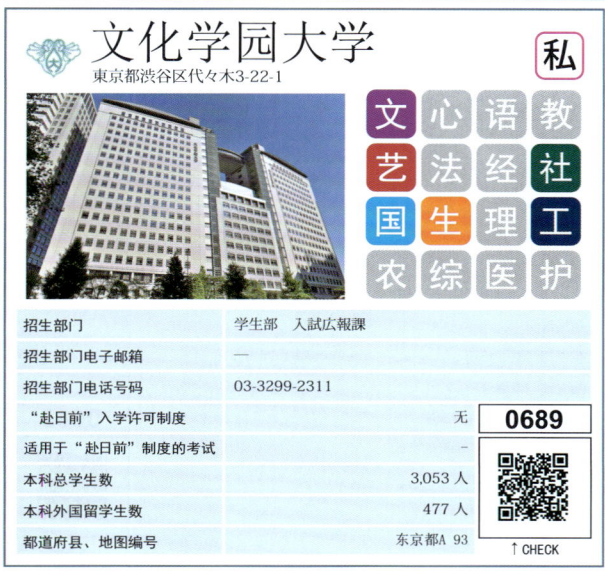

文 心 语 教
艺 法 经 社
国 生 理 工
农 综 医 护

招生部门	学生部　入試広報課
招生部门电子邮箱	—
招生部门电话号码	03-3299-2311
"赴日前"入学许可制度	无
适用于"赴日前"制度的考试	—
本科总学生数	3,053人
本科外国留学生数	477人
都道府县、地图编号	东京都A 93

0689 ↑CHECK

宝冢大学 私
東京都新宿区西新宿7丁目11番1号

文 心 语 教
艺 法 经 社
国 生 理 工
农 综 医 护

招生部门	入試課
招生部门电子邮箱	tokyo-nyushi@takara-univ.ac.jp
招生部门电话号码	0120-627-837
"赴日前"入学许可制度	无
适用于"赴日前"制度的考试	—
本科总学生数	321人
本科外国留学生数	99人
都道府县、地图编号	东京都B 96

0729 ↑CHECK

大东文化大学
东京都板桥区高岛平1-9-1 私

文 心 语 教 艺 法 经 社 国 生 理 工 农 综 医 护

招生部门	国際交流センター
招生部门电子邮箱	dbuinter@jm.daito.ac.jp
招生部门电话号码	03-5399-7323
"赴日前"入学许可制度	有
适用于"赴日前"制度的考试	EJU 日语成绩
本科总学生数	11,679 人
本科外国留学生数	241 人
都道府县、地图编号	东京都B 97

0368 ↑CHECK

东京成德大学
东京都北区十条台1-7-13 私

文 心 语 教 艺 法 经 社 国 生 理 工 农 综 医 护

招生部门	入試・広報課
招生部门电子邮箱	nyusi@tsu.ac.jp
招生部门电话号码	03-3908-4566
"赴日前"入学许可制度	无
适用于"赴日前"制度的考试	—
本科总学生数	1,938 人
本科外国留学生数	36 人
都道府县、地图编号	东京都B 100

0370 ↑CHECK

大正大学
东京都豊岛区西巣鸭3-20-1 私

文 心 语 教 艺 法 经 社 国 生 理 工 农 综 医 护

招生部门	アドミッションセンター
招生部门电子邮箱	nyushi@mail.tais.ac.jp
招生部门电话号码	03-3918-7311
"赴日前"入学许可制度	无
适用于"赴日前"制度的考试	—
本科总学生数	4,827 人
本科外国留学生数	4 人
都道府县、地图编号	东京都B 98

0678 ↑CHECK

东京大学
东京都文京区本郷7-3-1 国

文 心 语 教 艺 法 经 社 国 生 理 工 农 综 医 护

招生部门	入試事務室
招生部门电子邮箱	nyuusi2.adm@gs.mail.u-tokyo.ac.jp
招生部门电话号码	03-5841-2366
"赴日前"入学许可制度	有
适用于"赴日前"制度的考试	大学入学统考 英语成绩
本科总学生数	14,024 人
本科外国留学生数	452 人
都道府县、地图编号	东京都B 101

0584 ↑CHECK

帝京平成大学
东京都豊岛区东池袋2-51-4 私

文 心 语 教 艺 法 经 社 国 生 理 工 农 综 医 护

招生部门	入試課
招生部门电子邮箱	—
招生部门电话号码	03-5843-3200
"赴日前"入学许可制度	无
适用于"赴日前"制度的考试	—
本科总学生数	10,086 人
本科外国留学生数	24 人
都道府县、地图编号	东京都B 99

0372 ↑CHECK

东京电机大学
东京都足立区千住旭町5番 私

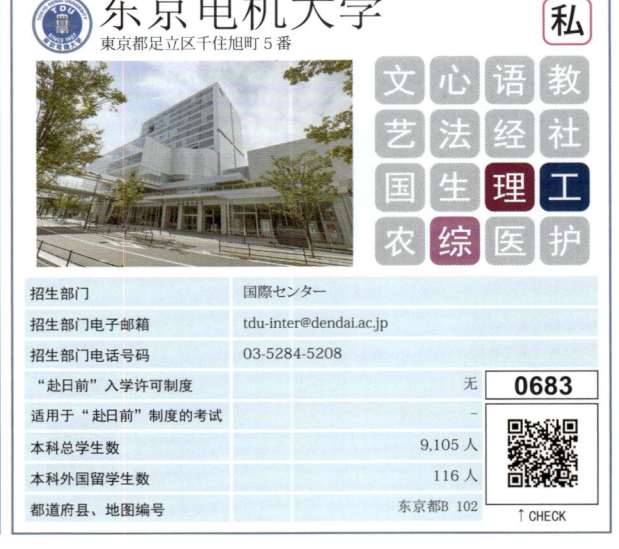

文 心 语 教 艺 法 经 社 国 生 理 工 农 综 医 护

招生部门	国際センター
招生部门电子邮箱	tdu-inter@dendai.ac.jp
招生部门电话号码	03-5284-5208
"赴日前"入学许可制度	无
适用于"赴日前"制度的考试	—
本科总学生数	9,105 人
本科外国留学生数	116 人
都道府县、地图编号	东京都B 102

0683 ↑CHECK

东京富士大学
東京都新宿区下落合1-7-7 【私】

分类：文 心 语 教 / 艺 法 **经** 社 / 国 生 理 工 / 农 综 医 护

招生部门	入試広報課
招生部门电子邮箱	kouhou@fuji.ac.jp
招生部门电话号码	03-3368-0351
"赴日前"入学许可制度	无
适用于"赴日前"制度的考试	—
本科总学生数	690人
本科外国留学生数	239人
都道府县、地图编号	东京都B 103

0367

东京艺术大学
東京都台東区上野公園12-8 【国】

分类：文 心 语 教 / **艺** 法 经 社 / 国 生 理 工 / 农 综 医 护

招生部门	学生課入試係
招生部门电子邮箱	nyuusi-k@ml.geidai.ac.jp
招生部门电话号码	050-5525-2075
"赴日前"入学许可制度	无
适用于"赴日前"制度的考试	—
本科总学生数	2,020人
本科外国留学生数	6人
都道府县、地图编号	东京都B 106

0680

东京福祉大学
東京都豊島区東池袋4-23-1 【私】

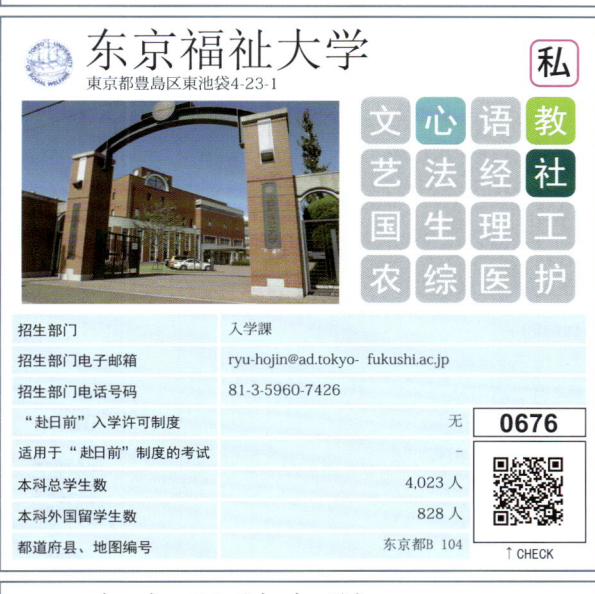

分类：文 **心** 语 **教** / 艺 法 经 **社** / 国 生 理 工 / 农 综 医 护

招生部门	入学課
招生部门电子邮箱	ryu-hojin@ad.tokyo-fukushi.ac.jp
招生部门电话号码	81-3-5960-7426
"赴日前"入学许可制度	无
适用于"赴日前"制度的考试	—
本科总学生数	4,023人
本科外国留学生数	828人
都道府县、地图编号	东京都B 104

0676

东京未来大学
東京都足立区千住曙町34-12 【私】

分类：文 心 语 **教** / 艺 法 **经** 社 / 国 生 理 工 / 农 综 医 护

招生部门	入試係
招生部门电子邮箱	info@tokyomirai.ac.jp
招生部门电话号码	03-5813-2525
"赴日前"入学许可制度	无
适用于"赴日前"制度的考试	—
本科总学生数	1,194人
本科外国留学生数	—
都道府县、地图编号	东京都B 107

0675

东京理科大学
東京都新宿区神楽坂1-3 【私】

分类：文 心 语 教 / 艺 法 **经** 社 / 国 生 **理** **工** / 农 综 **医** 护

招生部门	広報課
招生部门电子邮箱	nyugaku@admin.tus.ac.jp
招生部门电话号码	0120-188-139
"赴日前"入学许可制度	无
适用于"赴日前"制度的考试	—
本科总学生数	16,367人
本科外国留学生数	241人
都道府县、地图编号	东京都B 105

0674

东京医科齿科大学
東京都文京区湯島1-5-45 【国】

分类：文 心 语 教 / 艺 法 经 社 / 国 生 理 工 / 农 综 **医** **护**

招生部门	統合教育機構入試課
招生部门电子邮箱	nyu-gakubu-02.adm@tmd.ac.jp
招生部门电话号码	—
"赴日前"入学许可制度	无
适用于"赴日前"制度的考试	—
本科总学生数	1,487人
本科外国留学生数	14人
都道府县、地图编号	东京都B 108

0681

东京音乐大学
东京都豊島区南池袋3-4-5　私

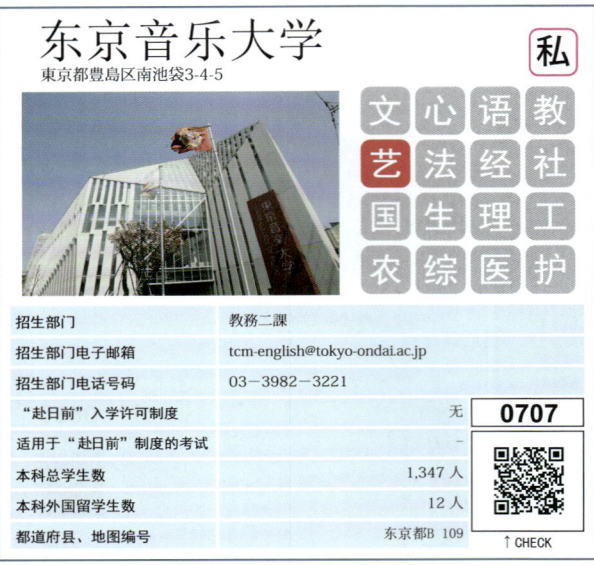

文 心 语 教 艺 法 经 社 国 生 理 工 农 综 医 护

招生部门	教務二課
招生部门电子邮箱	tcm-english@tokyo-ondai.ac.jp
招生部门电话号码	03-3982-3221
"赴日前"入学许可制度	无
适用于"赴日前"制度的考试	—
本科总学生数	1,347 人
本科外国留学生数	12 人
都道府县、地图编号	东京都B 109

0707 ↑CHECK

工学院大学
東京都新宿区西新宿1-24-2　私

文 心 语 教 艺 法 经 社 国 生 理 工 农 综 医 护

招生部门	アドミッションセンター
招生部门电子邮箱	nyushi@kogakuin.ac.jp
招生部门电话号码	03-3340-0130
"赴日前"入学许可制度	无
适用于"赴日前"制度的考试	—
本科总学生数	5,725 人
本科外国留学生数	32 人
都道府县、地图编号	东京都B 112

0578 ↑CHECK

东洋大学
東京都文京区白山5-28-20　私

文 心 语 教 艺 法 经 社 国 生 理 工 农 综 医 护

招生部门	入試課
招生部门电子邮箱	nyushi@toyo.jp
招生部门电话号码	03-3945-7272
"赴日前"入学许可制度	有
适用于"赴日前"制度的考试	EJU 日语成绩 英语成绩
本科总学生数	29,852 人
本科外国留学生数	407 人
都道府县、地图编号	东京都B 110

0673 ↑CHECK

立教大学
東京都豊島区西池袋3-34-1　私

文 心 语 教 艺 法 经 社 国 生 理 工 农 综 医 护

招生部门	入学中心
招生部门电子邮箱	—
招生部门电话号码	03-3985-2208
"赴日前"入学许可制度	有
适用于"赴日前"制度的考试	EJU 日语成绩 英语成绩
本科总学生数	19,446 人
本科外国留学生数	335 人
都道府县、地图编号	东京都B 113

0671 ↑CHECK

东洋学园大学
東京都文京区本郷1-26-3　私

文 心 语 教 艺 法 经 社 国 生 理 工 农 综 医 护

招生部门	入試室
招生部门电子邮箱	nyushi@of.tyg.jp
招生部门电话号码	0120-104-108
"赴日前"入学许可制度	无
适用于"赴日前"制度的考试	—
本科总学生数	2,106 人
本科外国留学生数	27 人
都道府县、地图编号	东京都B 111

0672 ↑CHECK

目白大学
東京都新宿区中落合4-31-1　私

文 心 语 教 艺 法 经 社 国 生 理 工 农 综 医 护

招生部门	入学センター
招生部门电子邮箱	colkoho@mejiro.ac.jp
招生部门电话号码	03-3952-5115
"赴日前"入学许可制度	无
适用于"赴日前"制度的考试	—
本科总学生数	5,616 人
本科外国留学生数	110 人
都道府县、地图编号	东京都B 114

0670 ↑CHECK

日本女子大学
東京都文京区目白台2-8-1 【私】

招生部门	学務部入学課
招生部门电子邮箱	—
招生部门电话号码	03-5981-3786
"赴日前"入学许可制度	无
适用于"赴日前"制度的考试	—
本科总学生数	6,214人
本科外国留学生数	13人
都道府县、地图编号	东京都B 115

0669

文京学院大学
東京都文京区向丘1-19-1 【私】

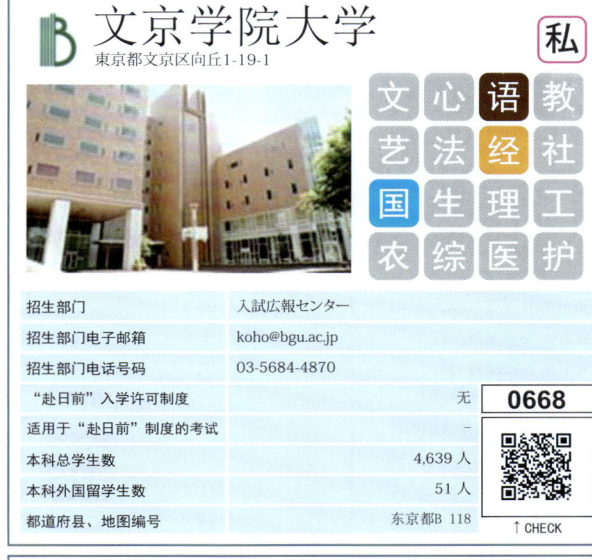

招生部门	入試広報センター
招生部门电子邮箱	koho@bgu.ac.jp
招生部门电话号码	03-5684-4870
"赴日前"入学许可制度	无
适用于"赴日前"制度的考试	—
本科总学生数	4,639人
本科外国留学生数	51人
都道府县、地图编号	东京都B 118

0668

顺天堂大学
東京都文京区本郷2丁目1番1号 【私】

招生部门	本郷・お茶の水キャンパス事務室
招生部门电子邮箱	(国際教養)fila_office@juntendo.ac.jp
招生部门电话号码	(国際教養)03-5802-1729(医学)03-5802-1021
"赴日前"入学许可制度	无
适用于"赴日前"制度的考试	—
本科总学生数	3,819人
本科外国留学生数	11人
都道府县、地图编号	东京都B 116

0533

武藏大学
東京都練馬区豊玉上1丁目26-1 【私】

招生部门	入試課
招生部门电子邮箱	—
招生部门电话号码	03-5984-3715
"赴日前"入学许可制度	有
适用于"赴日前"制度的考试	EJU
本科总学生数	4,880人
本科外国留学生数	15人
都道府县、地图编号	东京都B 119

0666

拓殖大学
東京都文京区小日向3-4-14 【私】

招生部门	入学支援センター事務部入学課
招生部门电子邮箱	web_adm@ofc.takushoku-u.ac.jp
招生部门电话号码	03-3947-7159
"赴日前"入学许可制度	无
适用于"赴日前"制度的考试	—
本科总学生数	9,252人
本科外国留学生数	764人
都道府县、地图编号	东京都B 117

0279

武藏野大学
東京都江東区有明3-3-3 【私】

招生部门	入試センター事務課
招生部门电子邮箱	hello_mu@musashino-u.ac.jp
招生部门电话号码	03-5530-7300
"赴日前"入学许可制度	有
适用于"赴日前"制度的考试	JPUE
本科总学生数	9,100人
本科外国留学生数	410人
都道府县、地图编号	东京都B 120

0665

武藏野音乐大学
東京都練馬区羽沢1丁目13-1 　私

招生部门	入学試験事務室
招生部门电子邮箱	gakumu@musashino-music.ac.jp
招生部门电话号码	03-3992-1128
"赴日前"入学许可制度	无
适用于"赴日前"制度的考试	—
本科总学生数	935 人
本科外国留学生数	13 人
都道府县、地图编号	东京都B 121

0664

御茶水女子大学
東京都文京区大塚2-1-1 　国

招生部门	入試課
招生部门电子邮箱	nyushi@cc.ocha.ac.jp
招生部门电话号码	03-5978-5151
"赴日前"入学许可制度	有
适用于"赴日前"制度的考试	EJU 英语成绩
本科总学生数	2,053 人
本科外国留学生数	14 人
都道府县、地图编号	东京都B 124

0428

学习院大学
東京都豊島区目白1-5-1 　私

招生部门	アドミッションセンター
招生部门电子邮箱	adms-enq@gakushuin.ac.jp
招生部门电话号码	03-5992-1083
"赴日前"入学许可制度	无
适用于"赴日前"制度的考试	—
本科总学生数	8,558 人
本科外国留学生数	123 人
都道府县、地图编号	东京都B 122

0661

早稻田大学
東京都新宿区西早稲田1-6-1 　私

招生部门	入学センター 国際アドミッションズ・オフィス
招生部门电子邮箱	admission@list.waseda.jp
招生部门电话号码	03-3204-9073
"赴日前"入学许可制度	有
适用于"赴日前"制度的考试	EJU 日语成绩 英语成绩
本科总学生数	42,860 人
本科外国留学生数	2,274 人
都道府县、地图编号	东京都B 125

0656

学习院女子大学
東京都新宿区戸山3-20-1 　私

招生部门	事務統括部(入試係)
招生部门电子邮箱	gwc-off@gakushuin.ac.jp
招生部门电话号码	03-3203-1906
"赴日前"入学许可制度	有
适用于"赴日前"制度的考试	EJU
本科总学生数	1,772 人
本科外国留学生数	39 人
都道府县、地图编号	东京都B 123

0657

芝浦工业大学
東京都江東区豊洲3-7-5 　私

招生部门	入試部入試課
招生部门电子邮箱	nyushi@ow.shibaura-it.ac.jp
招生部门电话号码	03-5859-7100
"赴日前"入学许可制度	有
适用于"赴日前"制度的考试	JPUE
本科总学生数	7,628 人
本科外国留学生数	169 人
都道府县、地图编号	东京都B 126

0655

第八章／千帆竞渡——五彩缤纷的特色专业　521

白梅学园大学 　私
東京都小平市小川町1-830

招生部门	入学センター
招生部门电子邮箱	koho2@shiraume.ac.jp
招生部门电话号码	042-346-5618
"赴日前"入学许可制度	无
适用于"赴日前"制度的考试	—
本科总学生数	1,004 人
本科外国留学生数	—
都道府县、地图编号	东京都C 127

0660

电气通信大学 　国
東京都調布市調布ヶ丘１−５−１

招生部门	入試課
招生部门电子邮箱	nyushi-k@office.uec.ac.jp
招生部门电话号码	042-443-5103
"赴日前"入学许可制度	无
适用于"赴日前"制度的考试	—
本科总学生数	3,577 人
本科外国留学生数	98 人
都道府县、地图编号	东京都C 130

0650

成蹊大学 　私
東京都武蔵野市吉祥寺北町3-3-1

招生部门	入試センター
招生部门电子邮箱	nyushi@jim.seikei.ac.jp
招生部门电话号码	0422-37-3533
"赴日前"入学许可制度	有
适用于"赴日前"制度的考试	JPUE
本科总学生数	7,499 人
本科外国留学生数	4 人
都道府县、地图编号	东京都C 128

0662

帝京大学 　私
東京都八王子市大塚359番地(八王子キャンパス)／栃木県宇都宮市豊郷台1-1(宇都宮キャンパス)

招生部门	総務グループ入試チーム(八王子キャンパス)／学生支援グループ学生サポートチーム(宇都宮キャンパス)
招生部门电子邮箱	
招生部门电话号码	042-678-3317(八王子)／028-627-7123(宇都宮)
"赴日前"入学许可制度	有
适用于"赴日前"制度的考试	JPUE
本科总学生数	22,480 人
本科外国留学生数	827 人
都道府县、地图编号	东京都C 131

0648

创价大学 　私
東京都八王子市丹木町1-236

招生部门	創価大学国際部国際課
招生部门电子邮箱	intloff@soka.ac.jp
招生部门电话号码	042-691-8200
"赴日前"入学许可制度	有
适用于"赴日前"制度的考试	英语成绩
本科总学生数	7,502 人
本科外国留学生数	—
都道府县、地图编号	东京都C 129

0629

东京纯心大学 　私
東京都八王子市滝山町2丁目600番地

招生部门	企画調整課　入学・広報係
招生部门电子邮箱	nyushi@t-junshin.ac.jp
招生部门电话号码	042-692-0326
"赴日前"入学许可制度	无
适用于"赴日前"制度的考试	—
本科总学生数	110 人
本科外国留学生数	—
都道府县、地图编号	东京都C 132

0526

东京工科大学

東京都八王子市片倉町1404-1 私

招生部门	広報課
招生部门电子邮箱	pr@stf.teu.ac.jp
招生部门电话号码	0120-444-903
"赴日前"入学许可制度	无
适用于"赴日前"制度的考试	—
本科总学生数	7,575人
本科外国留学生数	130人
都道府县、地图编号	东京都C 133

0637

东京农工大学

東京都府中市晴見町3-8-1 国

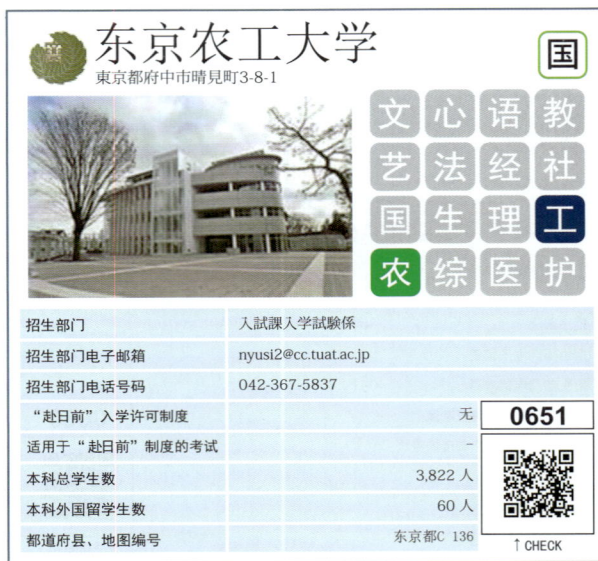

招生部门	入試課入学試験係
招生部门电子邮箱	nyusi2@cc.tuat.ac.jp
招生部门电话号码	042-367-5837
"赴日前"入学许可制度	无
适用于"赴日前"制度的考试	—
本科总学生数	3,822人
本科外国留学生数	60人
都道府县、地图编号	东京都C 136

0651

东京家政学院大学

東京都町田市相原町2600番地 私

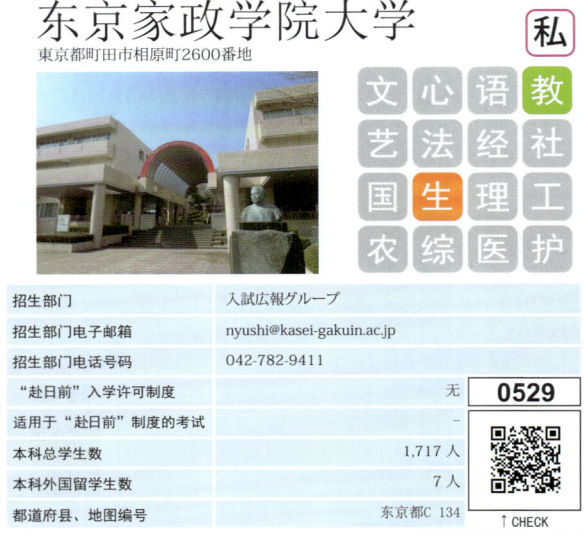

招生部门	入試広報グループ
招生部门电子邮箱	nyushi@kasei-gakuin.ac.jp
招生部门电话号码	042-782-9411
"赴日前"入学许可制度	无
适用于"赴日前"制度的考试	—
本科总学生数	1,717人
本科外国留学生数	7人
都道府县、地图编号	东京都C 134

0529

东京女子体育大学

東京都国立市富士見台四丁目30番地の1 私

招生部门	入試課
招生部门电子邮箱	nyushi@twcpe.ac.jp
招生部门电话号码	042-505-7334
"赴日前"入学许可制度	无
适用于"赴日前"制度的考试	—
本科总学生数	1,528人
本科外国留学生数	—
都道府县、地图编号	东京都C 137

0635

东京经济大学

東京都国分寺市南町1-7-34 私

招生部门	入試課
招生部门电子邮箱	nyushi@s.tku.ac.jp
招生部门电话号码	042-328-7747
"赴日前"入学许可制度	无
适用于"赴日前"制度的考试	—
本科总学生数	6,743人
本科外国留学生数	76人
都道府县、地图编号	东京都C 135

0599

东京外国语大学

東京都府中市朝日町3-11-1 国

招生部门	入試課入学試験係
招生部门电子邮箱	—
招生部门电话号码	042-330-5179
"赴日前"入学许可制度	有
适用于"赴日前"制度的考试	英语成绩
本科总学生数	3,907人
本科外国留学生数	180人
都道府县、地图编号	东京都C 138

0121

东京学艺大学
東京都小金井市貫井北町4-1-1 国

招生部门	学務部入試課
招生部门电子邮箱	—
招生部门电话号码	042-329-7204
"赴日前"入学许可制度	无
适用于"赴日前"制度的考试	—
本科总学生数	4,538人
本科外国留学生数	22人
都道府县、地图编号	东京都C 139

0585

国际基督教大学（ICU）
東京都三鷹市大沢3-10-2 私

招生部门	Admissions Center
招生部门电子邮箱	icu-admissions@icu.ac.jp
招生部门电话号码	0422-33-3700
"赴日前"入学许可制度	有
适用于"赴日前"制度的考试	EJU 英语成绩
本科总学生数	3,034人
本科外国留学生数	162人
都道府县、地图编号	东京都C 142

0643

多摩大学
東京都多摩市聖ヶ丘4-1-1 私

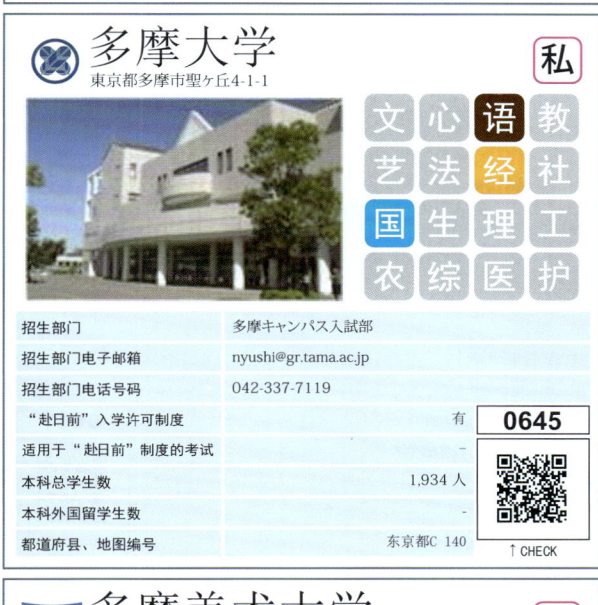

招生部门	多摩キャンパス入試部
招生部门电子邮箱	nyushi@gr.tama.ac.jp
招生部门电话号码	042-337-7119
"赴日前"入学许可制度	有
适用于"赴日前"制度的考试	—
本科总学生数	1,934人
本科外国留学生数	—
都道府县、地图编号	东京都C 140

0645

国立音乐大学
東京都立川市柏町5-5-1 私

招生部门	入試センター（教務課）
招生部门电子邮箱	nyugaku@kunitachi.ac.jp
招生部门电话号码	042-535-9536
"赴日前"入学许可制度	无
适用于"赴日前"制度的考试	—
本科总学生数	1,400人
本科外国留学生数	9人
都道府县、地图编号	东京都C 143

0642

多摩美术大学
東京都八王子市鑓水2丁目1723 私

招生部门	入学センター
招生部门电子邮箱	nyushi@tamabi.ac.jp
招生部门电话号码	042-679-5601
"赴日前"入学许可制度	无
适用于"赴日前"制度的考试	—
本科总学生数	4,381人
本科外国留学生数	249人
都道府县、地图编号	东京都C 141

0644

和光大学
東京都町田市金井町2160 私

招生部门	入試広報室
招生部门电子邮箱	go@wako.ac.jp
招生部门电话号码	044-988-1434
"赴日前"入学许可制度	无
适用于"赴日前"制度的考试	—
本科总学生数	2,704人
本科外国留学生数	23人
都道府县、地图编号	东京都C 144

0641

惠泉女学园大学
东京都多摩市南野2-10-1 　私

招生部门	入試広報室
招生部门电子邮箱	nyushi@keisen.ac.jp
招生部门电话号码	042-376-8217
"赴日前"入学许可制度	无
适用于"赴日前"制度的考试	—
本科总学生数	881人
本科外国留学生数	23人
都道府县、地图编号	东京都C 145

0640 ↑CHECK

驹泽女子大学
东京都稲城市坂浜238 　私

招生部门	入試センター
招生部门电子邮箱	kouhou@komajo.ac.jp
招生部门电话号码	042-350-7110
"赴日前"入学许可制度	无
适用于"赴日前"制度的考试	—
本科总学生数	1,832人
本科外国留学生数	23人
都道府县、地图编号	东京都C 148

0632 ↑CHECK

嘉悦大学
东京都小平市花小金井南町2-8-4 　私

招生部门	アドミッションセンター
招生部门电子邮箱	kikitai@kaetsu.ac.jp
招生部门电话号码	042-466-7591
"赴日前"入学许可制度	无
适用于"赴日前"制度的考试	—
本科总学生数	1,345人
本科外国留学生数	155人
都道府县、地图编号	东京都C 146

0638 ↑CHECK

路德学院大学
东京都三鹰市大沢3-10-20 　私

招生部门	入試事務局
招生部门电子邮箱	koho@luther.ac.jp
招生部门电话号码	0422-31-4611
"赴日前"入学许可制度	无
适用于"赴日前"制度的考试	—
本科总学生数	460人
本科外国留学生数	4人
都道府县、地图编号	东京都C 149

0631 ↑CHECK

津田塾大学
东京都小平市津田町2-1-1 　私

招生部门	企画広報課入試室
招生部门电子邮箱	nyushi@tsuda.ac.jp
招生部门电话号码	042-342-5120
"赴日前"入学许可制度	无
适用于"赴日前"制度的考试	—
本科总学生数	2,930人
本科外国留学生数	7人
都道府县、地图编号	东京都C 147

0636 ↑CHECK

明星大学
东京都日野市程久保2-1-1 　私

招生部门	外国人留学生特別選抜入学試験担当宛
招生部门电子邮箱	nyushi@gad.meisei-u.ac.jp
招生部门电话号码	042-591-5793
"赴日前"入学许可制度	无
适用于"赴日前"制度的考试	—
本科总学生数	8,628人
本科外国留学生数	9人
都道府县、地图编号	东京都C 150

0630 ↑CHECK

日本社会事业大学
東京都清瀬市竹丘3-1-30 私

文 心 语 教
艺 法 经 社
国 生 理 工
农 综 医 护

招生部门	入試広報課
招生部门电子邮箱	—
招生部门电话号码	042-496-3080
"赴日前"入学许可制度	无
适用于"赴日前"制度的考试	—
本科总学生数	867 人
本科外国留学生数	3 人
都道府县、地图编号	东京都C 151

0627

杏林大学
東京都三鷹市下連雀5-4-1 私

文 心 语 教
艺 法 经 社
国 生 理 工
农 综 医 护

招生部门	入学センター
招生部门电子邮箱	nyushi@ks.kyorin-u.ac.jp
招生部门电话号码	0422-47-0077
"赴日前"入学许可制度	无
适用于"赴日前"制度的考试	—
本科总学生数	4,673 人
本科外国留学生数	53 人
都道府县、地图编号	东京都C 154

0622

首都大学东京
東京都八王子市南大沢1-1 公

文 心 语 教
艺 法 经 社
国 生 理 工
农 综 医 护

招生部门	入試課
招生部门电子邮箱	info@jmj.tmu.ac.jp
招生部门电话号码	042-677-1111
"赴日前"入学许可制度	有
适用于"赴日前"制度的考试	英语成绩
本科总学生数	6,883 人
本科外国留学生数	83 人
都道府县、地图编号	东京都C 152

0659

亚细亚大学
東京都武蔵野市境5-24-10 私

文 心 语 教
艺 法 经 社
国 生 理 工
农 综 医 护

招生部门	入試・広報センター　入試課
招生部门电子邮箱	nyushi@asia-u.ac.jp
招生部门电话号码	0422-36-3273
"赴日前"入学许可制度	有
适用于"赴日前"制度的考试	EJU 日语成绩 英语成绩
本科总学生数	6,773 人
本科外国留学生数	272 人
都道府县、地图编号	东京都C 155

0621

武藏野美术大学
東京都小平市小川町1-736 私

文 心 语 教
艺 法 经 社
国 生 理 工
农 综 医 护

招生部门	広報入学センター
招生部门电子邮箱	nyushi@musabi.ac.jp
招生部门电话号码	042-342-6995
"赴日前"入学许可制度	无
适用于"赴日前"制度的考试	—
本科总学生数	4,318 人
本科外国留学生数	315 人
都道府县、地图编号	东京都C 153

0623

樱美林大学
東京都町田市常盤町3758 私

文 心 语 教
艺 法 经 社
国 生 理 工
农 综 医 护

招生部门	入学部
招生部门电子邮箱	admssn@obirin.ac.jp
招生部门电话号码	042-797-4201
"赴日前"入学许可制度	有
适用于"赴日前"制度的考试	日语成绩
本科总学生数	9,234 人
本科外国留学生数	376 人
都道府县、地图编号	东京都C 156

0620

一桥大学
東京都国立市中2−1 国

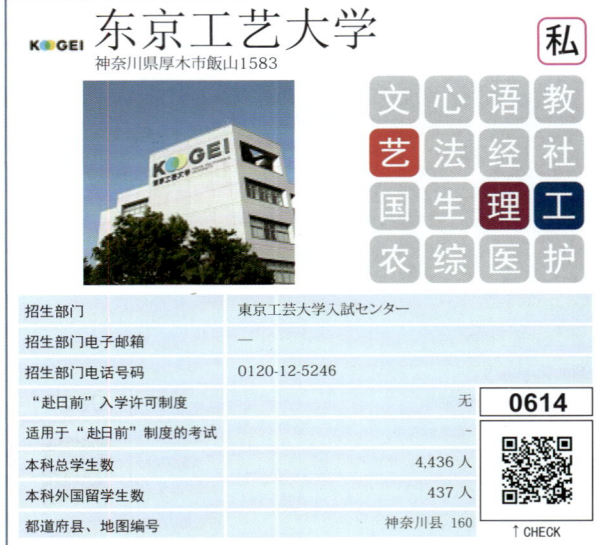

招生部门	学務部入試課
招生部门电子邮箱	admission1284@dm.hit-u.ac.jp
招生部门电话号码	042-580-8150
"赴日前"入学许可制度	无
适用于"赴日前"制度的考试	—
本科总学生数	4,431人
本科外国留学生数	193人
都道府県、地図编号	東京都C 157

0658

东京工艺大学
神奈川県厚木市飯山1583 私

招生部门	東京工芸大学入試センター
招生部门电子邮箱	—
招生部门电话号码	0120-12-5246
"赴日前"入学许可制度	无
适用于"赴日前"制度的考试	—
本科总学生数	4,436人
本科外国留学生数	437人
都道府県、地図编号	神奈川県 160

0614

中央大学
東京都八王子市東中野742−1 私

招生部门	国際センター
招生部门电子邮箱	ic@tamajs.chuo-u.ac.jp
招生部门电话号码	042-674-2212
"赴日前"入学许可制度	有
适用于"赴日前"制度的考试	EJU 英语成绩
本科总学生数	24,880人
本科外国留学生数	806人
都道府県、地図编号	東京都C 158

0619

东洋英和女学院大学
神奈川県横浜市緑区三保町32 私

招生部门	入試広報課
招生部门电子邮箱	nyushi@toyoeiwa.ac.jp
招生部门电话号码	045-922-5512
"赴日前"入学许可制度	无
适用于"赴日前"制度的考试	—
本科总学生数	2,422人
本科外国留学生数	1人
都道府県、地図编号	神奈川県 161

0611

东海大学
神奈川県平塚市北金目四丁目1番1号 私

招生部门	国際教育センター事務室 留学生入試係
招生部门电子邮箱	oasis@tsc.u-tokai.ac.jp
招生部门电话号码	0463-58-1211
"赴日前"入学许可制度	有
适用于"赴日前"制度的考试	EJU 日语成绩
本科总学生数	28,209人
本科外国留学生数	742人
都道府県、地図编号	神奈川県 159

0127

菲莉斯大学
神奈川県横浜市泉区緑園4-5-3 私

招生部门	入試課
招生部门电子邮箱	univ-nys@ferris.ac.jp
招生部门电话号码	045-812-9183
"赴日前"入学许可制度	无
适用于"赴日前"制度的考试	—
本科总学生数	2,586人
本科外国留学生数	28人
都道府県、地図编号	神奈川県 162

0612

关东学院大学 私
神奈川県横浜市金沢区六浦東1-50-1

文 心 语 教
艺 法 经 社
国 生 理 工
农 综 医 护

招生部门	入試センター
招生部门电子邮箱	nyushi@kanto-gakuin.ac.jp
招生部门电话号码	045-786-7019
"赴日前"入学许可制度	无
适用于"赴日前"制度的考试	—
本科总学生数	10,797人
本科外国留学生数	71人
都道府县、地图编号	神奈川県 163

0610

横滨美术大学 私
神奈川県横浜市青葉区鴨志田町1204

文 心 语 教
艺 法 经 社
国 生 理 工
农 综 医 护

招生部门	学務課 入試係
招生部门电子邮箱	juken@yokohama-art.ac.jp
招生部门电话号码	045-963-4070
"赴日前"入学许可制度	无
适用于"赴日前"制度的考试	—
本科总学生数	642人
本科外国留学生数	36人
都道府县、地图编号	神奈川県 166

0587

鹤见大学 私
神奈川県横浜市鶴見区鶴見2-1-3

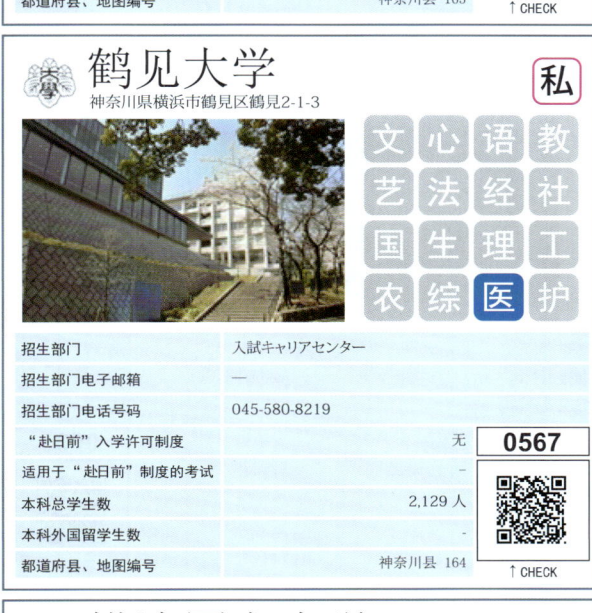

文 心 语 教
艺 法 经 社
国 生 理 工
农 综 医 护

招生部门	入試キャリアセンター
招生部门电子邮箱	—
招生部门电话号码	045-580-8219
"赴日前"入学许可制度	无
适用于"赴日前"制度的考试	—
本科总学生数	2,129人
本科外国留学生数	—
都道府县、地图编号	神奈川県 164

0567

横滨商科大学 私
神奈川県横浜市鶴見区東寺尾4-11-1

文 心 语 教
艺 法 经 社
国 生 理 工
农 综 医 护

招生部门	アドミッション・広報部
招生部门电子邮箱	—
招生部门电话号码	045-571-3901
"赴日前"入学许可制度	无
适用于"赴日前"制度的考试	—
本科总学生数	1,298人
本科外国留学生数	82人
都道府县、地图编号	神奈川県 167

0609

横滨国立大学 国
神奈川県横浜市保土ケ谷区常盤台79−1

文 心 语 教
艺 法 经 社
国 生 理 工
农 综 医 护

招生部门	学務部 入試課
招生部门电子邮箱	nyushi1@ynu.ac.jp
招生部门电话号码	045-339-3121
"赴日前"入学许可制度	有
适用于"赴日前"制度的考试	EJU 英语成绩
本科总学生数	7,438人
本科外国留学生数	307人
都道府县、地图编号	神奈川県 165

0647

横滨市立大学 公
神奈川県横浜市金沢区瀬戸２２−２

文 心 语 教
艺 法 经 社
国 生 理 工
农 综 医 护

招生部门	アドミッションズセンター
招生部门电子邮箱	—
招生部门电话号码	045-787-2055
"赴日前"入学许可制度	无
适用于"赴日前"制度的考试	—
本科总学生数	4,161人
本科外国留学生数	16人
都道府县、地图编号	神奈川県 168

0616

麻布大学
神奈川県相模原市中央区淵野辺1-17-71 　私

招生部门	広報・ＩＲ室
招生部门电子邮箱	koho@azabu-u.ac.jp
招生部门电话号码	042-769-2032
"赴日前"入学许可制度	无
适用于"赴日前"制度的考试	－
本科总学生数	2,587人
本科外国留学生数	－
都道府县、地图编号	神奈川県 169

0608

神奈川齿科大学
神奈川県横須賀市稲岡町８２番地 　私

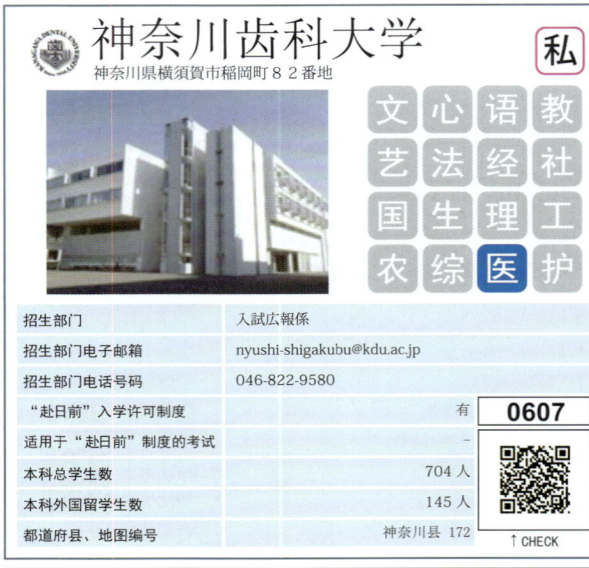

招生部门	入試広報係
招生部门电子邮箱	nyushi-shigakubu@kdu.ac.jp
招生部门电话号码	046-822-9580
"赴日前"入学许可制度	有
适用于"赴日前"制度的考试	－
本科总学生数	704人
本科外国留学生数	145人
都道府县、地图编号	神奈川県 172

0607

湘南工科大学
神奈川県藤沢市辻堂西海岸1-1-25 　私

招生部门	入試課
招生部门电子邮箱	nyushika@center.shonan-it.ac.jp
招生部门电话号码	0466-30-0200
"赴日前"入学许可制度	无
适用于"赴日前"制度的考试	－
本科总学生数	2,159人
本科外国留学生数	194人
都道府县、地图编号	神奈川県 170

0248

神奈川大学
神奈川県横浜市神奈川区六角橋3-27-1(横浜キャンパス)／平塚市土屋2946(湘南ひらつかキャンパス) 　私

招生部门	入試センター
招生部门电子邮箱	admissioncenter@kanagawa-u.ac.jp
招生部门电话号码	045-481-5857
"赴日前"入学许可制度	无
适用于"赴日前"制度的考试	－
本科总学生数	18,429人
本科外国留学生数	313人
都道府县、地图编号	神奈川県 173

0605

日本映画大学
神奈川県川崎市麻生区万福寺1-16-30 　私

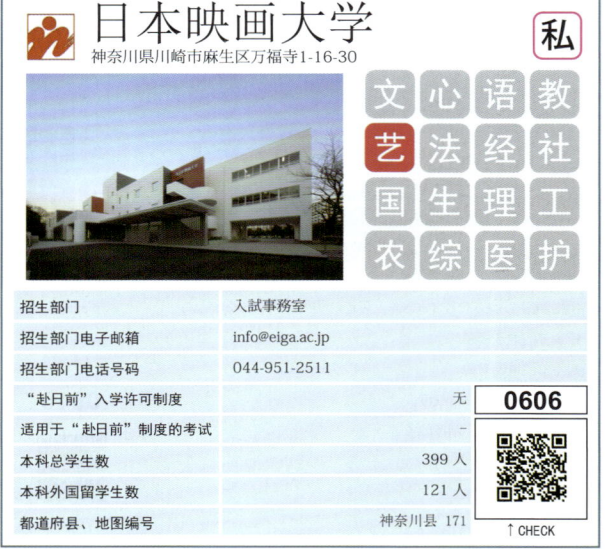

招生部门	入試事務室
招生部门电子邮箱	info@eiga.ac.jp
招生部门电话号码	044-951-2511
"赴日前"入学许可制度	无
适用于"赴日前"制度的考试	－
本科总学生数	399人
本科外国留学生数	121人
都道府县、地图编号	神奈川県 171

0606

神奈川工科大学
神奈川県厚木市下荻野1030 　私

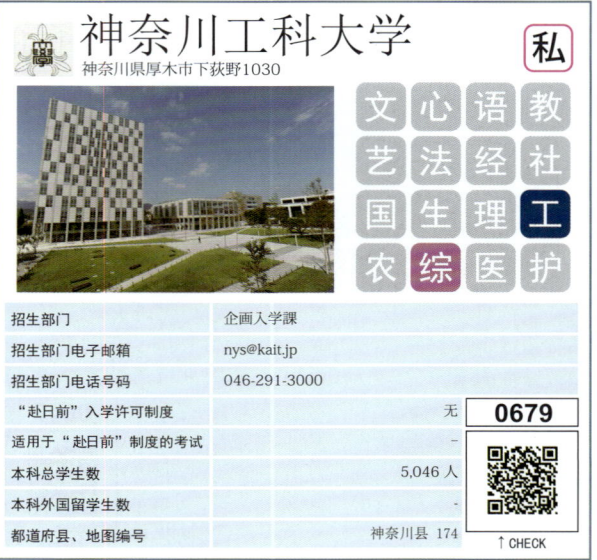

招生部门	企画入学課
招生部门电子邮箱	nys@kait.jp
招生部门电话号码	046-291-3000
"赴日前"入学许可制度	无
适用于"赴日前"制度的考试	－
本科总学生数	5,046人
本科外国留学生数	－
都道府县、地图编号	神奈川県 174

0679

神奈川县立保健福祉大学 【公】

神奈川県横須賀市平成町1丁目10-1

文 心 语 教
艺 法 经 社
国 生 理 工
农 综 医 护

招生部门	企画課
招生部门电子邮箱	admission@kuhs.ac.jp
招生部门电话号码	046-828-2530
"赴日前"入学许可制度	无
适用于"赴日前"制度的考试	—
本科总学生数	970人
本科外国留学生数	1人
都道府县、地图编号	神奈川县 175

0615

昭和音乐大学 【私】

神奈川県川崎市麻生区上麻生1-11-1

文 心 语 教
艺 法 经 社
国 生 理 工
农 综 医 护

招生部门	入試広報室
招生部门电子邮箱	nyushi@tosei-showa-music.ac.jp
招生部门电话号码	044-953-6606
"赴日前"入学许可制度	无
适用于"赴日前"制度的考试	—
本科总学生数	1,117人
本科外国留学生数	48人
都道府县、地图编号	神奈川县 178

0603

松荫大学 【私】

神奈川県厚木市森の里若宮9番1号

文 心 语 教
艺 法 经 社
国 生 理 工
农 综 医 护

招生部门	広報部
招生部门电子邮箱	shoin_koho@shoin-u.ac.jp
招生部门电话号码	046-247-1511
"赴日前"入学许可制度	无
适用于"赴日前"制度的考试	—
本科总学生数	621人
本科外国留学生数	—
都道府县、地图编号	神奈川县 176

0591

桐荫横滨大学 【私】

神奈川県横浜市青葉区鉄町1614番地

文 心 语 教
艺 法 经 社
国 生 理 工
农 综 医 护

招生部门	アドミッションオフィス
招生部门电子邮箱	Admission@cc.toin.ac.jp
招生部门电话号码	045-974-5423
"赴日前"入学许可制度	有
适用于"赴日前"制度的考试	JPUE
本科总学生数	590人
本科外国留学生数	—
都道府县、地图编号	神奈川县 177

0703

日本留学生作品集

作者：shin
大学：京都造型艺术大学
专业：漫画学院故事漫画学科

第八章 / 千帆竞渡——五彩缤纷的特色专业

大学·短期大学介绍

[中　部]

新潟县／富山县／石川县／福井县／山梨县／
长野县／岐阜县／静冈县／爱知县／三重县

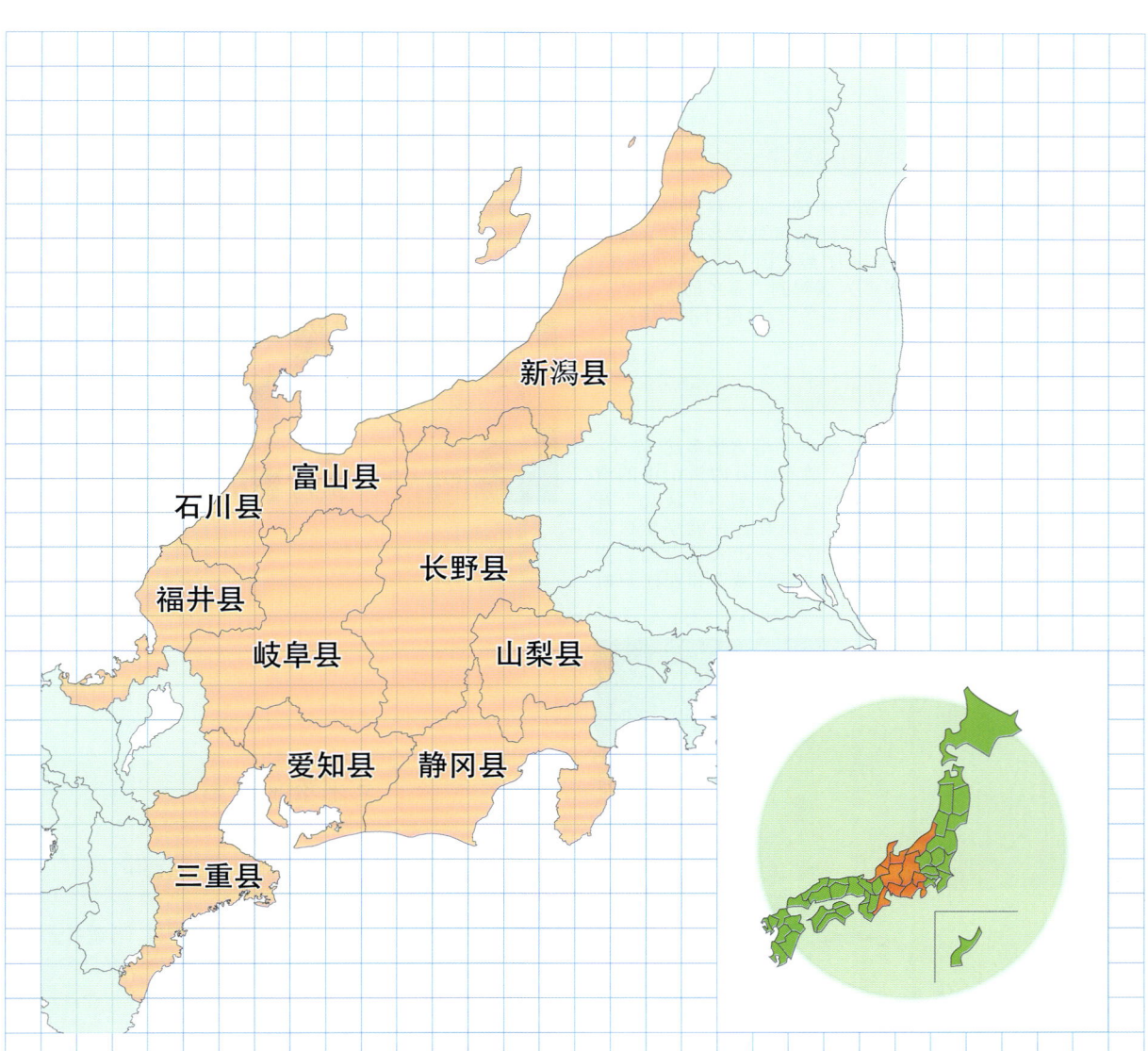

中部 简介

　　中部地区位于本州的中央位置，由面朝太平洋的爱知县、三重县、静冈县的东海地区和面朝日本海的新潟县、富山县、石川县、福井县的北陆地区，还有内陆的山梨县、长野县、岐阜县的中央高地组成。

　　中部地区最大的城市是名古屋，在名古屋有旧帝国大学之一的名古屋大学。

　　那里还有全球著名企业丰田汽车，这个地方自古以来就是机械工业发展的摇篮。

打工参考(麦当劳时薪)

名古屋(爱知县)：850日元/小时

静冈(静冈县)：850日元/小时

房租参考(单间价格)

名古屋(爱知县)：48400/月

静冈(静冈县)：48400/月

新潟县
NIIGATA-KEN

NIIGATA-KEN DATA	
面　　　积	12583.81km²（5位）
人　　　口	233万人（14位）
人　口　密　度	185.1人/km²（34位）
大 学 设 置 数	23（15位）
中 国 留 学 生 数	588（15位）
市　町　村　数	20市6町4村

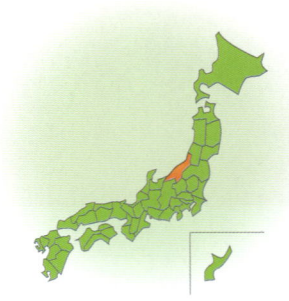

历史

新潟是日本首屈一指的暴雪地带。地方料理中具有暖身功效的汤汁料理很多。在这里随处可见雪乡特有且根深蒂固的生活文化。这里过去被称为"越后国"，即使到了现在，听到"越后"两字也会有很多人联想到"雪乡的大自然"。新潟县内曾是黄金挖掘地的"佐渡岛"，使得日本一度被海外各国称为"黄金之国"。

观光地

由于拥有丰富的积雪资源，新潟的滑雪场多达77个。每逢冬季，众多观光客便会涌入散布于县内雪山中的滑雪度假村。到了夏季，可以渡过日本海到"佐渡岛"开展海滨式娱乐活动。此外，新潟县还有各种能享受自然恩惠的环境。另外，新潟县还保存很多让人感受到历史痕迹的设施，如著名樱花观赏地"高田城"和在江户时代也能挖掘到黄金的"佐渡金山"等。

名物・名产

新潟县是稻米的一大产地。其中鱼沼出产的"越光"作为日本第一稻米品牌在海外也很有名。另外，用稻米制作的稻米点心"煎饼"和"碎块年糕"及清酒也都是著名特产，作为酒的知名产地，新潟所出产的酒在日本拥有众多粉丝。

文化・特征

新潟县拥有日本代表性的暴雪地带，甚至有屋顶积雪太重压塌住宅的情况。因此，降雪后几乎所有地区的居民都会爬上屋顶将积雪刮落，这项工作叫刮雪。因为有时一楼的大门会被埋在积雪下面，所以在暴雪地带，住宅的一楼和二楼都安装有门并不是什么新鲜事。

各类咨询信息

医疗	在医院提供中文提示及翻译服务	外国人咨询窗口→①
法律	提供中文提示及翻译服务	外国人咨询窗口（行政书士咨询会等）→①、②
住宅	面向留学生们的住宅支援服务	无
奖学金	自治体主导的奖学金制度	无
就业	就业说明、实习信息、面试技巧	留学生就业支援讲座→①

联系方式

①新潟县国际交流协会	025-241-1881
②新潟市国际交流协会	025-225-2727

第八章／千帆竞渡——五彩缤纷的特色专业

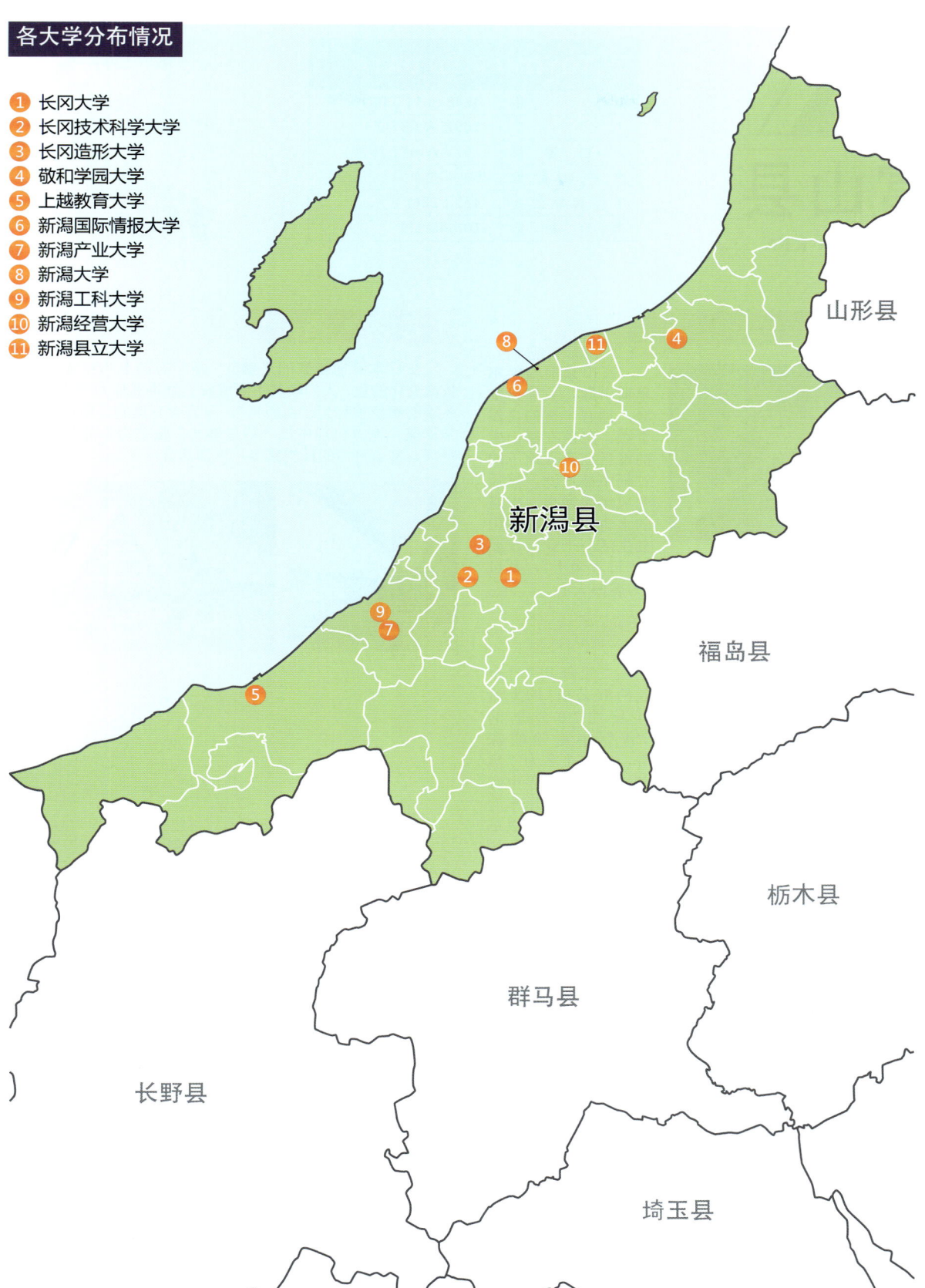

各大学分布情况

1. 长冈大学
2. 长冈技术科学大学
3. 长冈造形大学
4. 敬和学园大学
5. 上越教育大学
6. 新潟国际情报大学
7. 新潟产业大学
8. 新潟大学
9. 新潟工科大学
10. 新潟经营大学
11. 新潟县立大学

富山县
TOYAMA-KEN

TOYOMA-KEN DATA	
面　　　积	4248km²（33位）
人　　　口	109万人（37位）
人 口 密 度	257人/km²（25位）
大学设置数	6（40位）
中国留学生数	433（28位）
市 町 村 数	10市4町1村

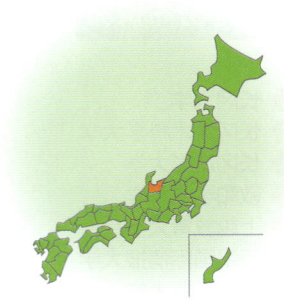

历史

富山县前临阿尔卑斯山脉，后靠日本海，拥有丰富的自然资源。降落在群山中的雨雪在渗入地下的过程中被过滤，然后变成清泉涌出。丰富的水资源是支撑富山县生活与产业的重要资源。富山县到处是绝世佳景，堪称"日本瑞士"，其风光既充满魅力又令人感动，同时又极为震撼人心。

观光地

"黑部川"（全长约86公里）的上流有长约70公里的"V"字形险峻深谷，在这个名为"黑部峡谷"的深谷中有"开窗式观光电车"在悠然行进。从电车车窗往外眺望时，能欣赏到壮观的风景。在从高冈市的"雨晴海岸"到冰见市的"冰见海岸"一带，能越过大海欣赏到由海拔3000米的山峦连接而成的"立山连峰"的全景。

文化・特征

虽然"富山药贩"近年因连锁店的兴起而不多见了，但过去"富山药贩"曾携药外出销售。方法是先将药品无偿地放在各个家庭里作为常备品，然后隔一段时间去收取已用掉的药的药钱。靠这种方法，拥有300年历史的"富山药贩"被推广至全日本。药业的繁荣也使得富山与日本海对面的各国的贸易随之繁荣起来了。近年，生物技术领域的新研究一直在蓬勃进行。

名物・名产

在日本海捕捞到的"鰤鱼"是罕有的名称按成长时期依次变化的鱼，人们取其不断成长之意将其称为"荣升鱼"。冬季的鰤鱼被称为"寒鰤鱼"，因为含有脂肪，所以味道非常鲜美。地方料理中的"鳟鱼寿司"是被用作礼品的著名料理。富山寿司的种类繁多，请都品尝一下。

各类咨询信息

医疗	在医院提供中文提示及翻译服务	外国人咨询窗口→②
法律	提供中文提示及翻译服务	外国人咨询窗口→②
住宅	面向留学生们的住宅支援服务	符合条件情况下，富山国际中心可成为连带保证人→②
奖学金	自治体主导的奖学金制度	富山县国际焦炉奖学金→②
就业	就业说明、实习信息、面试技巧	为外国留学生准备的就业活动手册（英文、中文）留学生和企业的交流会→①

联系方式

① 富山县　综合政策局 国际科	076-444-3156
②（公财）富山国际中心	076-441-5654

各大学分布情况

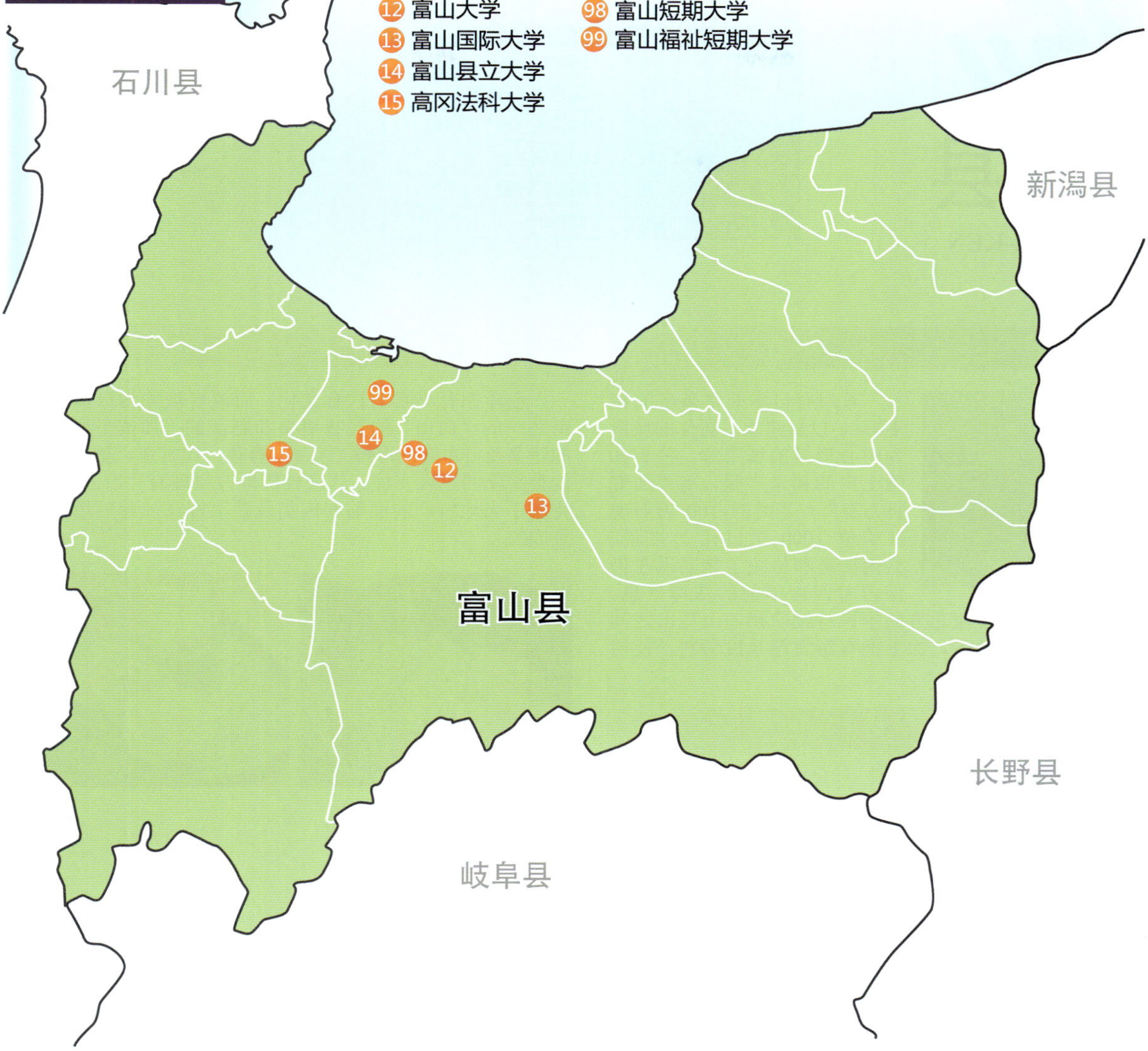
12 富山大学
13 富山国际大学
14 富山县立大学
15 高冈法科大学
98 富山短期大学
99 富山福祉短期大学
石川县
新潟县
富山县
长野县
岐阜县
99
14
15
98
12
13

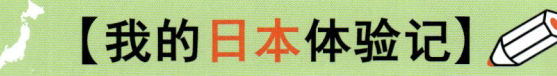

【我的日本体验记】

富山的气候

日本的富山、石川以及福井三县被称为北陆地区，一年之中除了降雨，降雪也非常频繁。我来日本的第一年去的正是日本富山县，出行的时候都是骑自行车。因为车行道比较危险，此外由于路窄的缘故，为了避免给后面汽车造成通行障碍，一般选择步行道。但步行道也很窄，雨天的时候，一只手撑伞，另一只手控制着自行车，在和对面的自行车交错或是避让行人的时候，不经意间经常摔倒。有时天气看似良好，突然间下起大雨也不算稀奇。虽然自行车上总是备着雨伞，但好几次还是被浇得措手不及。冬天经常连日下雪，而且堆积不化，自行车是寸步难行，即使是火车也有停滞不前的时候。有一次我坐火车到县外去参加某大学的入学考试，归途中由于大雪的缘故，通往富山的铁路被掩埋，途中虽然多次改道换乘列车也不能当日返回，最后只好在火车停泊的当地宾馆入住了一晚。

虽然雨雪造成诸多不便，但是富山的立山却以雪成名。通往立山的两旁隧道被积雪覆盖，形成 10 至 20 米的雪墙，景色壮观，是日本著名的景点，每年吸引着来自各地的观光客。

——笨笨

Study in Japan

石川县 ISHIKAWA-KEN

ISHIKAWA-KEN DATA	
面　　　积	4185.66km²（35位）
人　　　口	116万人（34位）
人 口 密 度	279.5人/km²（23位）
大 学 设 置 数	16（19位）
中国留学生数	1191（16位）
市 町 村 数	11市8町

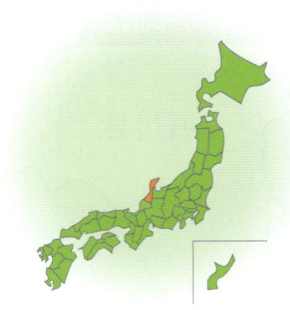

历　史

石川有日本非常著名的城下町（以封建领主居住的城堡为中心形成的城市）。关于其领土内的稻米产量，有"加贺百万石"（当时的100万石现在价值1000亿日元）之说。县内街道和传统工艺品现在仍保留着四百年前的浓厚气息。另外，冬季由于来自西北方的季风持续吹拂，山与山之间的地区会变成暴雪地带，加上拥有滑雪温泉度假村，使得石川县成为一大观光地。

观光地

石川有号称日本三大庭园之一的"兼六园"。这是花费了整整170年建造的著名庭园，请千万不要错过。另外，能在点心师的指导下体验一下制作"金泽"名牌糕点"和生点心"的乐趣。充分感受了日本的历史气息后，请乘坐游船游览日本海，去看看生活在"能登岛"的野生海豚一家。

文化・特征

由于在以城下町"金泽"为中心的地区对学术和文艺的发展采取了奖励政策，所以传统文化在石川县被发扬光大并传承至今。石川县内有很多设施能让人体验到这些传统文化，其中包括：粘贴着名特产"金泽箔"的金箔，使用转盘制作"轮岛漆器"和"九谷烧陶瓷"，制盐，制作荞麦面等。另外，得到继承发扬的还有很多艺术性高的传统技术，其中包括：织物染色技术"加贺友禅"、经过"莳绘"工艺处理的"金泽漆器"、用于茶具制造的"大樋烧"等。

名物・名产

金泽拥有丰富的饮食文化，而源自被称为日本三大名山之一的"白山"的美味清泉和肥沃的"加贺平原"出产的蔬菜及日本海的海鲜（乌贼、鲥鱼、比目鱼、蟹等）是该饮食文化的三大支柱。代表性的地方料理有"治部煮"，是将属于当地特产的面筋和肉类及蔬菜混在一起用甜辣汁煮成的。

各类咨询信息

医疗	在医院提供中文提示及翻译服务	外国人咨询窗口（医疗机构列表等）→②
法律	提供中文提示及翻译服务	外国人咨询窗口→②
住宅	面向留学生们的住宅支援服务	开设石川县留学生交流会馆，向留学生提供便宜、舒适的宿舍→②
奖学金	自治体主导的奖学金制度	石川县自费外国留学生奖学金（附条件）→①
就业	就业说明、实习信息、面试技巧	无

联系方式

① 石川县　国际交流科	076-225-1381
②（财）石川县国际交流协会	076-262-5931

各大学分布情况

- ⑯ 北陆大学
- ⑰ 金城大学
- ⑱ 金泽大学
- ⑲ 金泽星稜大学
- ⑳ 石川县立大学

- ⑩⓪ 金城大学短期大学部

富山县

石川县

岐阜县

福井县

中部

石川县的妙立寺

　　石川县的金泽市有一个寺庙叫"妙立寺",别称叫"忍者寺",在江户时代的1643年由当时的藩主(相当于中国的诸侯)前田利常公下令建造。它的外观跟一般的日本寺庙差不多,但是其实不是简单的寺庙,是一个拥有像城堡一样防守功能的寺庙。从外观看是个并无出奇之处的二层楼的建筑物,但进入其中,里面是共由7个夹层四层楼、23个房间及27级楼梯构成的非常复杂的构造。为了蒙蔽敌人,设置了暗间、秘密楼梯、反转门、逃脱洞穴和陷坑等一共29个巧妙机关。门票要800日元,不是很便宜,但是里边有一个解说员会跟你解释这个寺庙的结构和巧妙的机关,这个非常有意思。我自己去的时候,因为刚到日本,当时日语不是很好,所以解说员说的话听不懂。但是她有的时候用英文特意给我解释,真让人感动。虽然妙立寺不是很有名,但是其实很多人会去参观。我建议你们去石川的时候,去看看妙立寺。即使不懂日文也会觉得很好玩。

——芳芳

福井县
FUKUI-KEN

FUKUI-KEN DATA	
面　　　积	4189.83km²（34位）
人　　　口	80万人（43位）
人　口　密　度	192人/km²（32位）
大 学 设 置 数	6（40位）
中 国 留 学 生 数	198（39位）
市　町　村　数	9市8町

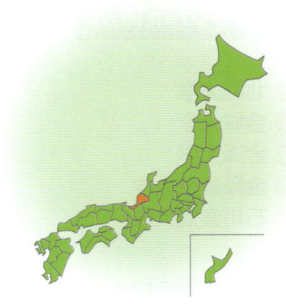

历史

福井县是作为以日本海一侧的内陆地区为中心的暴雪地带而出名的。另一方面，由于受到"对马"暖流的影响，沿海地区即使在冬季也比较暖和，与其说降雪天多还不如说降雨天多。以至于当地有"宁忘带盒饭别忘带雨伞"的说法。"朝仓家族"曾统治福井一百年以上，福井的街景现在依然鲜明地保留着那个时代的痕迹。福井县与中国浙江省是友好省县关系。

观光地

福井县内曾发现过很多恐龙化石。其中胜山市是恐龙之城，市内有胜山恐龙森林、恐龙溪谷福井胜山地质公园、福井县立恐龙博物馆等。福井县立恐龙博物馆与加拿大的皇家蒂勒尔古生物学博物馆、中国的自贡恐龙博物馆被称为世界三大恐龙博物馆，馆内展示着化石与立体模型等，能让参观者感受到化石挖掘调查的丰硕成果。

名物・名产

由于与日本海相连，海鲜资源丰富，有越前蟹、若狭比目鱼、若狭牡蛎等著名水产品。另外，眼镜业也很繁荣。以鲭江市为中心地区的眼镜架等产品的产量占日本产量的90%以上。说不定您佩戴的眼镜也许就是福井制造的。

文化・特征

750年前，曾在福井居住的僧人道远前往中国学习了"坐禅"。"坐禅"是在以正确坐姿坐着的状态下使自己的精神归一的修行方法。归国后，其建造了永平寺并在日本普及了"坐禅"。"坐禅"要求修行者本人心如止水般积极地直面疑问，直至心中烦恼如浮云般飘散殆尽。在这里能够进行体验修行，有心事的人可来体验一下，看看能否冲出人生旅途的迷雾。

各类咨询信息

医疗	在医院提供中文提示及翻译服务	外国人咨询窗口→②
法律	提供中文提示及翻译服务	外国人咨询窗口→②
住宅	面向留学生们的住宅支援服务	无
奖学金	自治体主导的奖学金制度	无
就业	就业说明、实习信息、面试技巧	在福井登记居住的留学生可在获得企业内定前获得一定补助（附条件）。

联系方式

①	福井县　产业劳动部国际经济科	0776-20-0752
②	（财）福井县国际交流协会	0776-28-8800

各大学分布情况

- ㉑ 福井大学
- ㉒ 福井工业大学
- ㉓ 福井县立大学
- ㉔ 仁爱大学

- ⑩¹ 仁爱女子短期大学

【我的日本体验记】　福井的雨雪天

　　福井是靠日本海一侧的，属于海洋性气候。这里四季分明，而且气候宜人，很适合居住。这里的冬天虽然会下很大的雪但不是很冷，另外夏天也不是很闷热，温度保持在30度左右。

　　在这里，给我印象最深的就是福井的冬天。由于我是来自中国南方的城市，来这里留学之前，在国内还从未出过省，也就没有见过真正的雪。在福井的第一个冬季，我看到了有生以来第一场雪，很是兴奋。福井的雪很白，很大，时间很长。不一会儿的工夫，外面就是白茫茫的世界了。但是这里即使是下雪天，其气温有时也是在零度以上，根本不会觉得很寒冷。因此，我也特别喜欢下雪的福井。

　　但是，我却很讨厌下雨天的福井。本来我就不喜欢下雨天，而福井县可以算是日本降雨较多的地方。有时候早上还是大晴天，下午就会突然下起大雨来。当地的居民都有"宁忘带盒饭也别忘带雨伞"的说法。所以，随时在包里放着一把折叠伞是比较保险的。

　　来到福井留学已经很多年了，马上就要离开这个地方了。在这里的留学生活可以说充满了很多美好的回忆。即将来福井县留学的同学们，希望你们也可以喜欢上这里。

——喜欢雪天的南方人

山梨县
YAMANASHI-KEN

YAMANASHI-KEN DATA	
面　　　积	4465.37km²（32位）
人　　　口	86万人（41位）
人 口 密 度	193.3人/km²（31位）
大 学 设 置 数	10（30位）
中国留学生数	698（25位）
市 町 村 数	13市8町6村

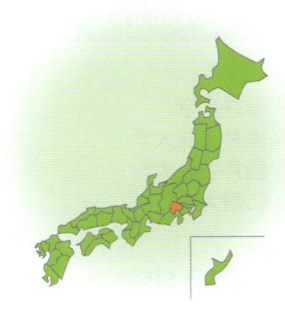

历史

山梨县的产业发展虽在 20 世纪 60 年代日本经济高速增长期里落在了其他县的后面，但山梨县后来改变了作为其基础产业的农业的形态，通过增加葡萄、桃、樱桃和梨等果树的栽培建立起了一大产业。另外，它还充分发挥其与首都圈和中京圈较近的地理优势和所拥有的水果优势来吸引游客，努力推动观光产业的发展。

观光地

山梨县的葡萄产量日本第一。这片四周被富士山、南阿尔卑斯山脉、八岳山等险峻的高山环绕的土地拥有天赐的优质水源，这些水源同样也是静冈县、神奈川县、东京都等地区的水源。依靠这些葡萄和纯水，山梨县的葡萄酒产量毫无疑问成了日本第一。能观赏广袤的葡萄园并到酿酒厂试饮葡萄酒的山梨葡萄酒之旅是很有人气的。

名人

说到山梨县的名人，必定要提及 16 世纪的武将武田信玄。在各地武将群雄割据的时代，山梨被称为"甲斐国"。当时"武田家族"被认为最具有统一日本的实力，但信玄在刚刚开始旨在吞并七国的行动时就突然死去了，失去了信玄的武田家族也随之走向了衰弱。如果当时信玄不死而得天下，则现在的首都也许是山梨县了。

文化・特征

"童谣"是山梨县有名的地方艺术。歌词中有"被茶壶追赶……"的内容，唱的是四百年前敬献给将军的名茶被装在茶壶里从著名产地京都的宇治运往江户（现在的东京都）的途中经过山梨县的"甲州"街道的情景。过去日本的孩子都是手牵着手唱着这首童谣长大的，而现在唱的人少了。

名物・名产

在高速公路的服务区和特产店一定有售卖山梨代表性的地方料理"馎饦"和"桔梗屋"的和式点心"信玄饼"，这都是日本无人不知的佳品。信玄饼工厂每天生产 12 万个信玄饼。这种口感柔软而有嚼劲的饼是要蘸上甜味黑蜜吃的，其味道堪称绝品。

各类咨询信息

医疗	在医院提供中文提示及翻译服务	外国人咨询窗口→①
法律	提供中文提示及翻译服务	外国人咨询窗口→①
住宅	面向留学生们的住宅支援服务	无
奖学金	自治体主导的奖学金制度	无
就业	就业说明、实习信息、面试技巧	无

联系方式

①（财）山梨县国际交流协会	055-228-5419

各大学分布情况

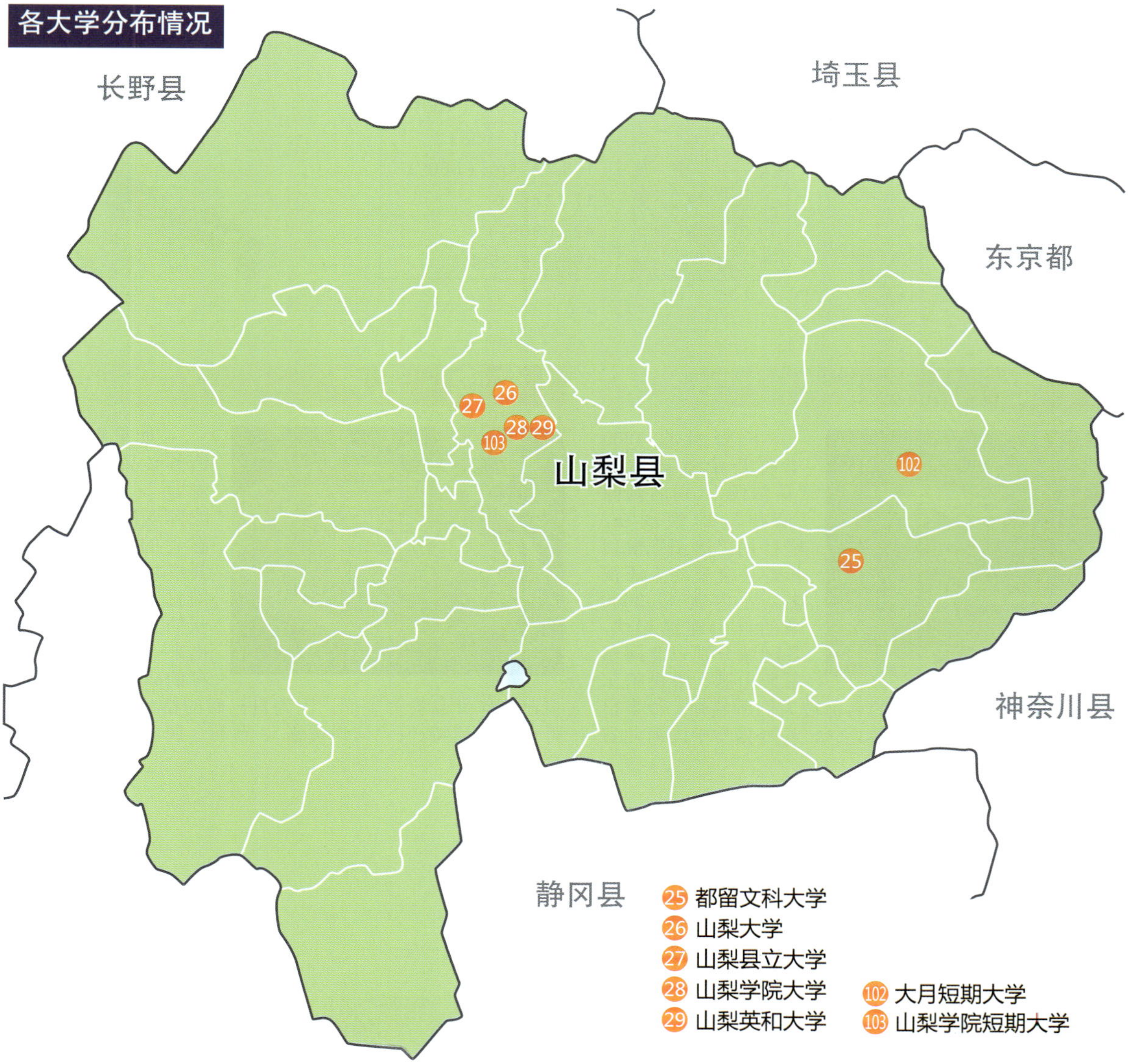
长野县
埼玉县
东京都
山梨县
神奈川县
静冈县
26
27
28
29
103
102
25
25 都留文科大学
26 山梨大学
27 山梨县立大学
28 山梨学院大学
29 山梨英和大学
102 大月短期大学
103 山梨学院短期大学

【我的日本体验记】 现代的自然美人——山梨县

山梨县，我喜欢称她为现代的自然美人。在两年前，我以留学生身份来到了日本山梨县。在这里留学期间，偶尔有时候会坐电车去繁华的东京玩。但是，比起东京我还是更喜欢自然美的山梨县。

山梨县是岛国日本为数不多的内陆县之一。周围被富士山、南阿尔卑斯等山岳和连峰围绕，其山地占全县总面积的五分之四以上。别以为这里被山地包围，这里的经济、交通就很落后。山梨县也算是位于东京圈内，并和东京相邻，坐电车到东京新宿站只需大约90分钟时间。而且这里有富士山、富士五湖、南阿尔卑斯等国立公园、石和温泉乡等。可以说从自然美景到人造艺术，从传统古典到现代时尚，都可以在山梨县体验到。这些地方，我自己趁着留学期间，都有去过，那里的景色真的是美不胜收，让人流连忘返。

另外，要是喜欢吃水果的同学来到这里，可是有口福了。山梨县由于具有独特的日照时间长、昼夜温差大、降水量丰富的特点，这里的水果非常美味可口，特别是葡萄、桃子、樱桃、李子等都是全日本有名的。而且也不是很贵，绝对物美价廉。

——自然美人儿

长野县
NAGANO-KEN

NAGANO-KEN DATA	
面积	13562.23km²（4位）
人口	215万人（16位）
人口密度	158.7人/km²（38位）
大学设置数	17（18位）
中国留学生数	425（30位）
市町村数	19市23町35村

历史

长野县自1300年前开始就被称为"信浓国"，别名则叫"信州"。即使现在，坚持用"信州"指代长野县全境的人还很多。县内海拔3000米的群山连绵起伏，各区域分别以北阿尔卑斯山脉、中央阿尔卑斯山脉和南阿尔卑斯山脉的名称被人们所熟知。很多日本人对其雄伟的景色抱有憧憬之念。长野县与中国河北省是友好省县关系。

名物·名产

如果到访长野，请务必品尝一下"荞麦面"，其中的"雾隐荞麦面"是以著名忍者的名字命名的。其形状就像荞麦面如同忍者一样从做成雾状的大量萝卜泥中钻出来一样，故得其名。有的店铺还能让顾客自己制作并品尝荞麦面，因为自己做的格外香。另外，长野还有下述特产："信州黄酱"、蓝莓、属于蘑菇类的金针菇和香菇等。

观光地

"轻井泽"和"上高地"等地区是有名的避暑胜地和别墅区。在这里拥有别墅是成功人士的一种身份象征。另外，县内各地还有很多很受欢迎的享受自然型的休闲活动，如荡舟赏湖和利用山坡进行的悬挂式滑翔机体验运动等。县内美丽而祥和的高原与星罗棋布的湖泊，能让人全身心、全方位地感受大自然。

文化·特征

长野有国宝"松本城"。由于16世纪建造的塔楼被完整地保留了下来，使其成为日本仅存的四座保存有塔楼的古城之一。每当走入城内，人们总会感受到约五百年前的生活气息，那感觉就恍如穿越了时空。该城是绝不应错过的观光景点。松本城附近的"善光寺"是日本第三大木造建筑，1998年长野冬季奥运会就是在该寺钟楼内的钟敲响后即时开幕的。

各类咨询信息

医疗	在医院提供中文提示及翻译服务	外国人咨询窗口→②
法律	提供中文提示及翻译服务	外国人咨询窗口→②
住宅	面向留学生们的住宅支援服务	无
奖学金	自治体主导的奖学金制度	无
就业	就业说明、实习信息、面试技巧	给当地企业发送「中国大学生实习」信息→①

联系方式

① 长野县　国际科	026-235-7165
②（财）长野县国际化协会	026-235-7186

第八章／千帆竞渡——五彩缤纷的特色专业 543

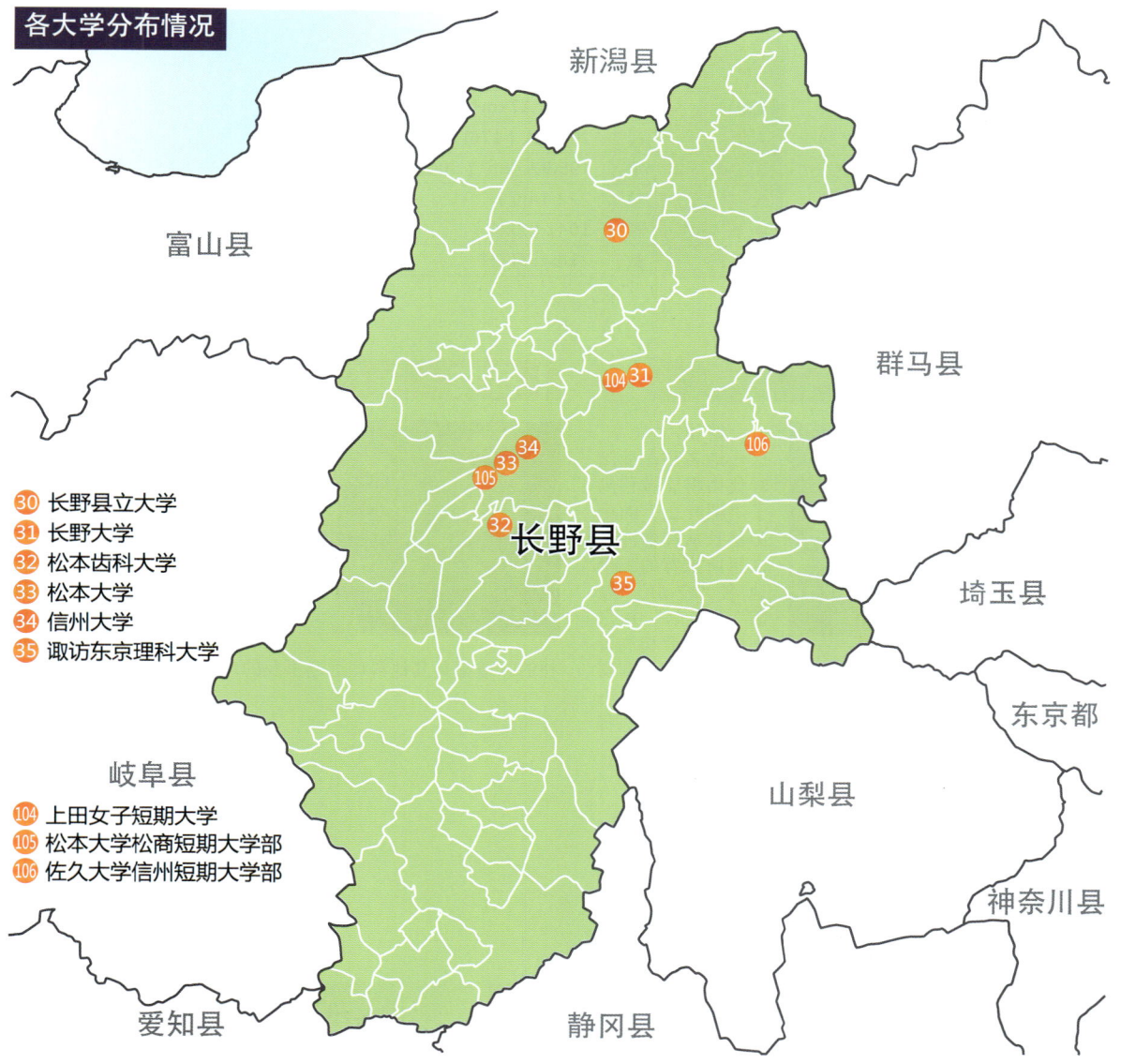

各大学分布情况

- ㉚ 长野县立大学
- ㉛ 长野大学
- ㉜ 松本齿科大学
- ㉝ 松本大学
- ㉞ 信州大学
- ㉟ 诹访东京理科大学

- ⑭ 上田女子短期大学
- ⑮ 松本大学松商短期大学部
- ⑯ 佐久大学信州短期大学部

【我的日本体验记】 滑雪者的天堂——长野县

要说离东京最近的滑雪去处，首推长野。比起北海道，长野离东京近。而且，长野县也是日本知名的滑雪胜地之一，1998 年曾在长野举办了冬奥会。由于长野县位于素有"日本屋脊"之称的中央高地上，使得全县地势较高，所以平均气温也偏低。大概从 11 月晚秋开始下雪，直到第二年 4 月初旬左右。据说，在冬季即使平地也都会有 3 米以上的积雪。长野的滑雪场数量很多。比较著名的有白马滑雪场。我唯一去过一次的长野滑雪场也是白马滑雪场。由于是滑雪初学者，也感觉不到雪场的好坏。但是，还是玩得很高兴。我觉得这里的各种设施足以满足从初学者到滑雪高手的各种要求。白马滑雪场无论对于滑雪新手还是滑雪高手，都是一个很好的滑雪去处。

去长野还有另外一样是一定要体验的，那就是温泉。在长野，温泉和滑雪场一样遍地都是。有的人家，在家里都可以泡温泉。长野的旅馆酒店几乎都有温泉设施。当时，我所住的小旅馆也有温泉。滑完一天雪之后再去泡温泉，真是一件很享受的事情。

——玉

岐阜县
GIFU-KEN

GIFU-KEN DATA	
面　　　积	10621.17km²（7位）
人　　　口	208万人（17位）
人 口 密 度	195.9人/km²（30位）
大 学 设 置 数	22（14位）
中国留学生数	1041（22位）
市 町 村 数	21市19町2村

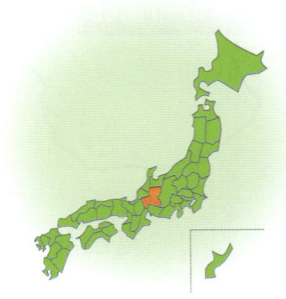

历史

据说，"岐阜"这一地名是在战国时代由将居城移到了"稻叶山"的织田信长从禅僧泽彦宗恩所推荐的三个地名"岐山""岐阳""岐阜"中选中的。泽彦和尚说他是根据中国周文王起于岐山并最终平定天下的故事和曲阜为孔子故乡这一事实想出这些地名的，而有着一统天下之志的信长则选择了岐阜。日本都道府县中只有岐阜的地名源自中国。

名物・名产

如果您在"高山"和"下吕"地区旅行，请务必尝一下"飞弹牛"的"朴叶烧烤"。这是岐阜特有的地方料理，制作方法是将能一口吃下的牛肉块和黄酱放在朴叶上，然后直接用火烤。那香味和质朴的味道都是其他料理远远不及的。

观光地

岐阜保存有能充分领略日本战国时代历史的遗迹，如离天下一统的目标只差一步时遭遇梦碎的织田信长的"岐阜城"、继承了织田的伟业而一统天下的丰臣秀吉的"墨俣城"、在秀吉死后各占日本半壁的德川家康和石田三成进行"关原"决战的古战场。去年，为纪念岐阜市诞生120周年，人们在岐阜站北面建造了金色的织田信长塑像。

文化・特征

耸立在金华山山顶，至今仍向人们讲述着战国传奇的"岐阜城"，是岐阜县的标志性建筑。在入选名水百佳的清澈河流"长良川"上常有渔民进行"长良川喂鹚鹚"作业。"喂鹚鹚"是指由渔民指挥鹚鹚捕鱼的传统捕鱼法，已有约1300年的历史。喂鹚鹚时，只见在漆黑的夜里，熊熊燃烧的赤红色篝火倒映在河面，渔民和鹚鹚的动作配合得恰到好处，如同心有灵犀，让旁观者恍如被引入幽玄的世界。查理・卓别林也曾两度前来观赏并留下了绝赞之语："真棒！"

各类咨询信息

医疗	在医院提供中文提示及翻译服务	外国人咨询窗口→②
法律	提供中文提示及翻译服务	外国人咨询窗口→②
住宅	面向留学生们的住宅支援服务	无
奖学金	自治体主导的奖学金制度	须通过大学申请的奖学金制度（每年4名／每月3万日元／有额外条件）→②
就业	就业说明、实习信息、面试技巧	理解日本企业文化的讲座→①

联系方式

①岐阜县　国际科	058-272-1111
②岐阜县国际交流中心	058-263-8066

第八章／千帆竞渡——五彩缤纷的特色专业　545

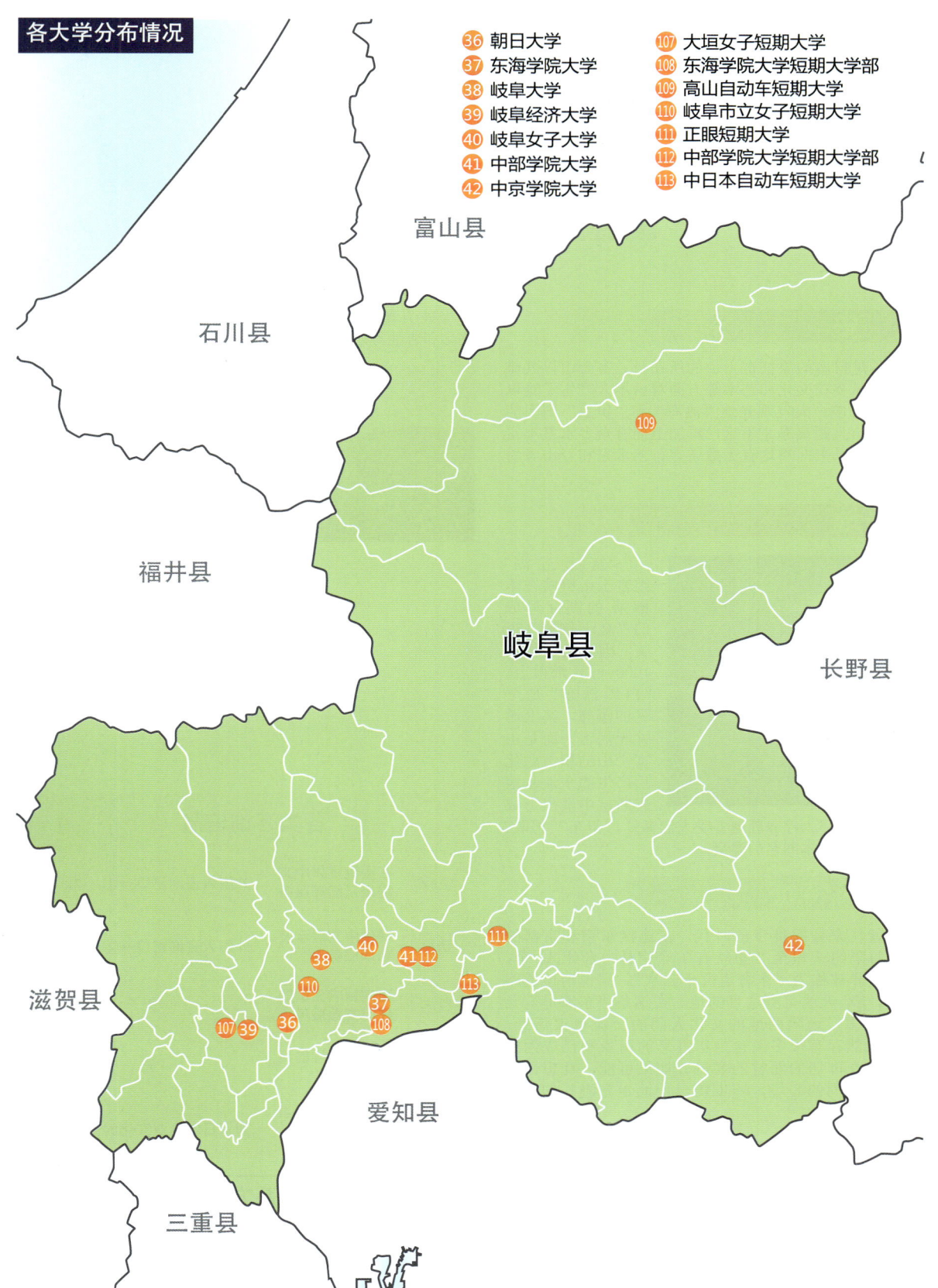

各大学分布情况

- ㊱ 朝日大学
- ㊲ 东海学院大学
- ㊳ 岐阜大学
- ㊴ 岐阜经济大学
- ㊵ 岐阜女子大学
- ㊶ 中部学院大学
- ㊷ 中京学院大学
- ⑩⑦ 大垣女子短期大学
- ⑩⑧ 东海学院大学短期大学部
- ⑩⑨ 高山自动车短期大学
- ⑪⑩ 岐阜市立女子短期大学
- ⑪⑪ 正眼短期大学
- ⑪⑫ 中部学院大学短期大学部
- ⑪⑬ 中日本自动车短期大学

静冈县
SHIZUOKA-KEN

SHIZUOKA-KEN DATA	
面　　　积	7780.42km²（13位）
人　　　口	376万人（10位）
人　口　密　度	483.9人/km²（13位）
大　学　设　置　数	19（16位）
中　国　留　学　生　数	1080（21位）
市　町　村　数	23市12町

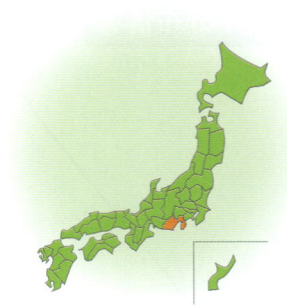

历　史

　　静冈县是日本的象征富士山的所在县。富士山以其雄伟而优美的风姿在文化和艺术等方面对日本人产生了难以衡量的巨大影响。人气观光地"热海"和"伊豆"则因能眺望到富士山且距离东京不远，再加上拥有众多水量丰富的温泉，自古以来四季均有无数游客、艺术家和登山者纷至沓来。

观光地

　　"富士五湖"因富士山倒映在本栖湖的湖面形成的"富士倒影"很美，因此被印刷在1000日元纸币上。"白纱瀑布"是罕见的瀑布，其上游并无河流，而是由富士山的积雪融化后产生的水流从溶岩断层中涌出形成的。热海温泉，作为疗养胜地备受人们喜爱。"伊东""稻取"和"下田"也是日本闻名的温泉。

文化·特征

　　在交通往来依靠徒步的时代，在连接东京和京都的道路上，每隔约2里至3里就有1个宿驿，合计53个。这53个宿驿被称为"东海道五十三次"。据说沿该道路按序前进，53天就可到达目的地。在这条"东海道"上往来的人很多，远隔两地的文化人间的交流也很活跃。现在沿途依然存有很多蕴含当年气息的街景和已成为浮世绘、和歌及俳句的题材的名胜。如果可能，真想怀着与当年旅人相同的心境，一步接一步地走完漫长的"东海道"。

名物·名产

　　几乎所有的日本人只要说到静冈，必定要提到富士山和茶。中国是茶的故乡，而茶可大致分为三类，即：不发酵茶（如日本人爱喝的绿茶）、半发酵茶（如在亚洲高人气的乌龙茶）及发酵茶（在欧美很受欢迎的红茶）。其实这三类茶的原料是相同的，只是制作过程不同。滨名湖的鳗鱼和平民美食大王的"富士宫炒荞麦面"等也是著名特产。钢琴和吉他等乐器的制造业也很繁荣。

各类咨询信息

医疗	在医院提供中文提示及翻译服务	外国人咨询窗口→①、②、③
法律	提供中文提示及翻译服务	外国人咨询窗口→②
住宅	面向留学生们的住宅支援服务	无
奖学金	自治体主导的奖学金制度	无
就业	就业说明、实习信息、面试技巧	理解日本企业文化的讲座→①

联系方式

①静冈县　多文化共生科	054-221-2455
②（财）静冈县国际交流协会	054-202-3411
③静冈市国际交流协会	054-273-5931

第八章／千帆竞渡——五彩缤纷的特色专业 547

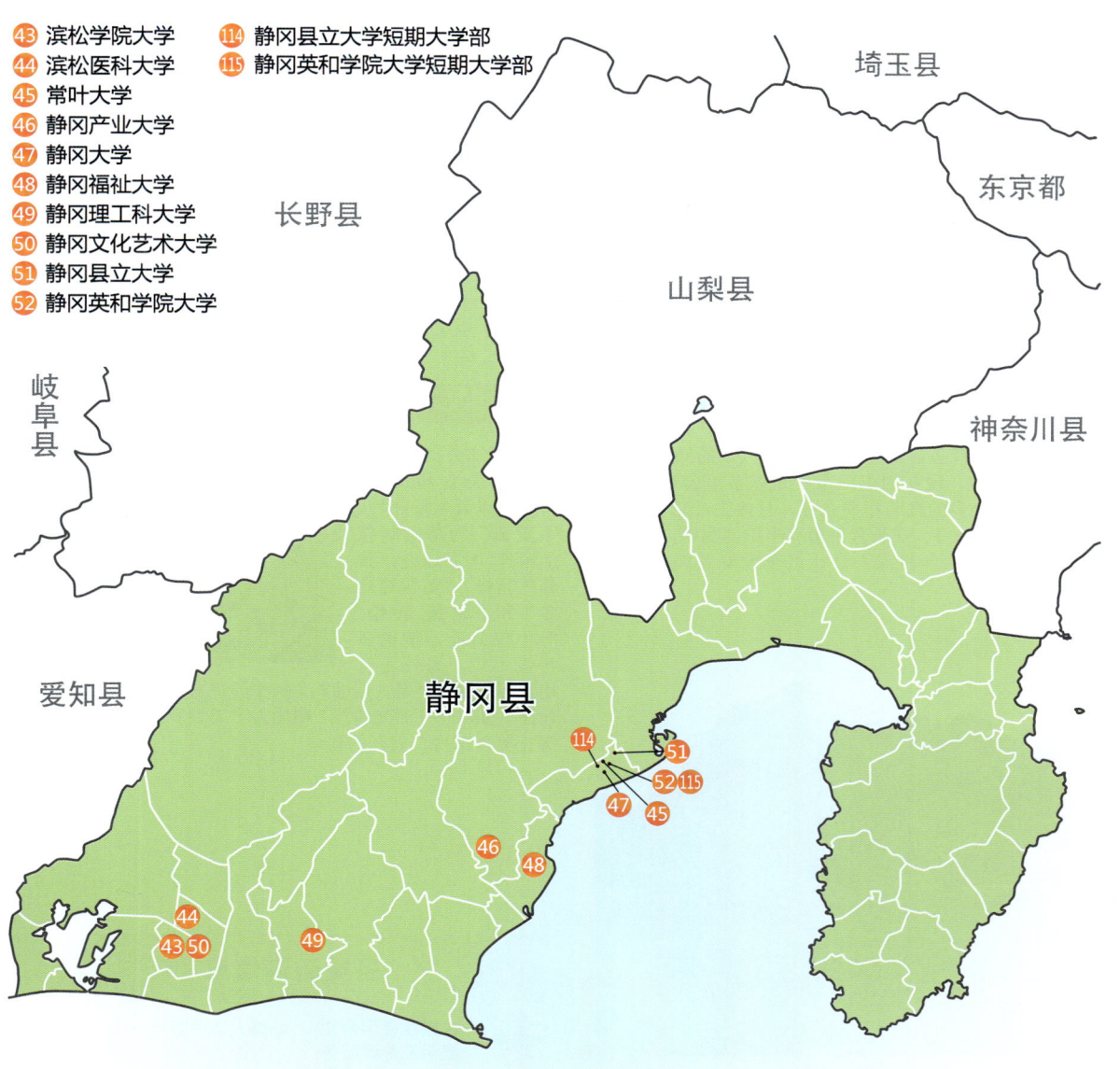

- ㊸ 滨松学院大学
- ㊹ 滨松医科大学
- ㊺ 常叶大学
- ㊻ 静冈产业大学
- ㊼ 静冈大学
- ㊽ 静冈福祉大学
- ㊾ 静冈理工科大学
- ㊿ 静冈文化艺术大学
- 51 静冈县立大学
- 52 静冈英和学院大学
- 114 静冈县立大学短期大学部
- 115 静冈英和学院大学短期大学部

【我的日本体验记】　　静冈县的茶叶

　　静冈县是日本的象征"富士山"的所在县。几乎所有的日本人，只要说到静冈县，必定会提到富士山。但是，你可别忘了，日本的茶道可是传统文化。而在这样一个拥有浓厚气息的茶道文化的国家，"静冈茶"可是日本的著名商标。据说，日本的茶还是从中国引进的，之后经过品种改良，现在，静冈县很盛行种茶。静冈县的茶叶产量可是全日本第一，其中绿茶产量占全日本的45%。乘坐东海道新干线的话，通过静冈县内的茶产地，一眼望去的茶园，令人心旷神怡。

　　静冈茶不仅产量多，质量也是屈指可数的。静冈县冷暖温差大，又是富士山这座火山的所在地，土地矿物质丰富，产出的茶总是带有浓郁的茶香和醇厚的茶味。并且，静冈茶含有丰富的维生素，是健康美容的必备品。

　　在这里，像采摘草莓活动一样，还不定期举行游客们采摘茶叶等活动。大家如果有机会来这里，爬爬富士山，喝一杯自己刚刚采摘的静冈茶，不仅健康运动，还美容了。

——采茶女

爱知县
AICHI-KEN

AICHI-KEN DATA	
面　　　积	5165.04km²（27位）
人　　　口	741万人（4位）
人 口 密 度	1434.8人/km²（5位）
大 学 设 置 数	70（3位）
中 国 留 学 生 数	4563（4位）
市 町 村 数	38市14町2村

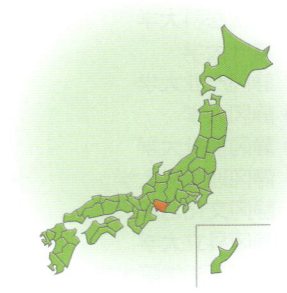

历史

提到爱知县，就必定要提到它和丰田汽车的渊源，即：它是丰田的根据地。现在的丰田市就是以丰田公司的名称命名的。县内有众多的汽车相关企业，县内生产总值为32兆日元（全日本第三）。在长久手市有丰田博物馆，馆内展示着日本汽车史的百年沧桑，是让汽车爱好者如痴如醉、激动不已的地方。

名物・名产

爱知县拥有数不胜数的美食和特产。特别是以著名特产"八丁黄酱"为基础制作的料理，闻名遐迩。"黄酱炸猪排"、"黄酱炖乌冬"和"黄酱杂烩"等不仅好吃，量也多得没话说。另外还有用世界闻名的"名古屋油鸡"制作的鸡料理、味感独特的"鸡丝面"、甜味"外郎米粉糕"和加入了天妇罗的饭团"天むす"等让美食家胃口大开的佳肴。

观光地

爱知县第一大城市名古屋与南京、洛杉矶、墨西哥城、悉尼及托里诺建立了姐妹城市关系。所以，名古屋市内有洛杉矶广场、墨西哥广场、南京广场等公园。另外，每逢姐妹城市关系建立协议签订纪念月，名古屋市会制作该姐妹城市的地方料理来庆祝。此外，AKB48的姐妹组合"SKE48"的SKE就是根据名古屋市内的繁华街道"荣"（Sakae）的名称命名的。

文化・特征

爱知县是战国时代三英杰织田信长、丰臣秀吉和德川家康的故乡。在他们大显身手的战国时代，爱知县被分为"三河国"和"尾张国"两个地区。即使现在已经统称为爱知县，"尾张"地区和"三河"地区在方言、文化、风俗方面也是不同的。现在，这三位武将各自居住过的城邑都已获得了重建，游客从中可领略到各不相同的个性。

各类咨询信息

医疗	在医院提供中文提示及翻译服务	外国人咨询窗口→②
法律	提供中文提示及翻译服务	外国人咨询窗口→①、②、③
住宅	面向留学生们的住宅支援服务	运营国际留学生会馆，接收留学生体制完整。最多可以同时入住100人→③
奖学金	自治体主导的奖学金制度	针对升入县内研究生院的亚洲留学生给予奖学金（赴日旅费・生活费・学费）→①
就业	就业说明、实习信息、面试技巧	为了帮助留学生达成在本地就业，设置留学生专属的实习→①　就业展览→④

联系方式

① 爱知县　国际科	052-961-2111
②（公财）爱知县国际交流协会	052-961-7902
③（公财）名古屋国际中心	052-581-0100
④ 留学生门户网站・爱知	http://www.nic-nagoya.or.jp

第八章／千帆竞渡——五彩缤纷的特色专业

各大学分布情况

- 53 爱知产业大学
- 54 爱知大学
- 55 爱知东邦大学
- 56 爱知工科大学
- 57 爱知工业大学
- 58 爱知教育大学
- 59 爱知淑德大学
- 60 爱知文教大学
- 61 爱知县立大学
- 62 爱知县立艺术大学
- 63 爱知学泉大学
- 64 爱知学院大学
- 65 椙山女学园大学
- 66 大同大学
- 67 东海学园大学
- 68 丰桥创造大学
- 69 丰桥技术科学大学
- 70 金城学院大学
- 71 名城大学
- 72 名古屋产业大学
- 73 名古屋大学
- 74 名古屋工业大学
- 75 名古屋经济大学
- 76 名古屋女子大学
- 77 名古屋商科大学
- 78 名古屋市立大学
- 79 名古屋外国语大学
- 80 名古屋文理大学
- 81 名古屋学院大学
- 82 名古屋音乐大学
- 83 名古屋艺术大学
- 84 名古屋造形大学
- 85 南山大学
- 86 人间环境大学
- 87 日本福祉大学
- 88 同朋大学
- 89 星城大学
- 90 修文大学
- 91 至学馆大学
- 92 中部大学
- 93 中京大学
- 116 爱知大学短期大学部
- 117 爱知工科大学自动车短期大学
- 118 爱知江南短期大学
- 119 爱知文教女子短期大学
- 120 爱知学泉短期大学
- 121 爱知学院大学短期大学部
- 122 丰桥创造大学短期大学部
- 123 名古屋经营短期大学
- 124 名古屋柳城短期大学
- 125 名古屋女子大学短期大学部
- 126 名古屋文理大学短期大学部
- 127 修文大学短期大学部
- 128 至学馆大学短期大学部

三重县
MIE-KEN

MIE-KEN DATA	
面　　　积	5777.27km² （25位）
人　　　口	185万人（22位）
人 口 密 度	321人/km²（20位）
大 学 设 置 数	10（30位）
中国留学生数	754（24位）
市 町 村 数	14市15町

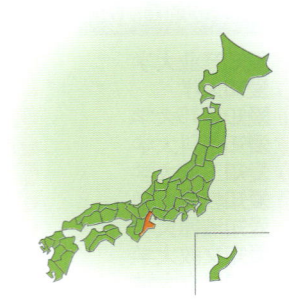

历史

县内有自古就被尊为日本神社本宗的"伊势神宫"。即使是在交通不发达的时代，日本各地的参拜者都不畏长达数月的跋涉来到这一圣地参拜。现在的三重很好地从传统中吸取了营养，使得其观光产业繁荣兴盛。最近，举办过"日本一级方程式汽车大奖赛"的铃鹿赛车场等的人气在攀升，这使三重县成为了与京都府和奈良县并驾齐驱的人气观光胜地。

观光地

密探术的两大流派过去曾在三重风光一时。这两大流派分别是以三重的伊贺上野为根据地的"伊贺派"和以现在的滋贺县为根据地的"甲贺派"。两大流派互为竞争对手，双方的根据地之间只隔着一座山。"甲贺忍者"只对一位君主尽忠，而"伊贺忍者"只对雇主履行金钱契约内的义务。每当人们在脑海里想象这些忍者们以世界遗产"熊野古道"为舞台切磋奋进的情景，那缀满传奇的历史画卷就会在人们心里缓缓展开。现在在"伊贺上野"仍有忍者村。

文化・特征

三重县位于近畿地区和中部地区之间，是日本东西部文化交汇的地方。市场上销售的"杯装乌冬面"也是分为浓味（东日本用）和淡味（西日本用）的。另外，虽然文部科学省将三重县划入近畿地区，但国土交通省却将其划入中部地区。三重县与滋贺县、福井县及岐阜县 这四个县共同设立有"日本中部共和国"，并不时举办知事峰会和文化交流活动等。

名物・名产

在龟山市有根据三重县高科技企业招商政策建设的夏普龟山工厂，在世界上备受青睐的液晶相关产品就是在这里生产的。龟山市的蜡烛产量也占据着压倒性的市场份额。另外，三重县还是著名的"宇治茶"产地。由于"宇治"是京都的地名，因此很多人认为"宇治茶"是京都出产的茶，实际上三重县也生产"宇治茶"。

各类咨询信息

医疗	在医院提供中文提示及翻译服务	外国人咨询窗口→②
法律	提供中文提示及翻译服务	外国人咨询窗口→②
住宅	面向留学生们的住宅支援服务	无
奖学金	自治体主导的奖学金制度	给予在三重县内的大学学习的优秀学生上限为120万日元的奖学金（附条件）→②
就业	就业说明、实习信息、面试技巧	无

联系方式

①三重县　环境生活部多文化共生科	059-222-5974
②三重县国际交流财团	059-223-5006

第八章／千帆竞渡——五彩缤纷的特色专业

各大学分布情况

- ⑨⁴ 皇学馆大学
- ⑨⁵ 铃鹿大学
- ⑨⁶ 三重大学
- ⑨⁷ 四日市大学

- ⑫⁹ 高田短期大学
- ⑬⁰ 铃鹿大学短期大学院

【我的日本体验记】 三重县针对外国人的生活服务

说起三重县，可能很多人不是很了解。给你一个提示，"四日市"，应该有很多人知道了吧。20世纪60年代，四日市因大气污染导致的哮喘疾病"四日市哮喘"成为日本四大公害病之一。但是，后来经过政府的强化治理，四日市的空气环境得到很好的改善。四日市也成为各国各地区大气污染环境治理学习的榜样。

如今，随着到来的外国居民以及外国留学生的增多，为了让我们外国人快速适应当地生活，熟悉当地环境制度，三重县政府的环境生活部门还专门设立了包括中文、英语、泰语、葡萄牙语等面向外国居民的多语言生活咨询窗口。对于我们这些刚来日本、语言不是很好而且又不熟悉这里的制度的外国人来说，这真是一大帮助。

另外，为了解决外国患者因语言不通而导致就医难的问题，近几年来三重县政府积极培养医科类的留学生。还特别设立医科留学生的奖学金制度。该制度主要面向中文、葡萄牙语、西班牙语为母语的留学生。

我想在拥有这种环境、这种医疗制度的三重县不论是学习还是生活，都是感到很舒心的。

——二重唱

长冈大学
新潟県長岡市御山町80-8

文 心 语 教 艺 法 **经** 社 国 生 理 工 农 综 医 护

私

招生部门	入学室(留学生入試担当)
招生部门电子邮箱	nyushi@nagaokauniv.ac.jp
招生部门电话号码	0120-248-556
"赴日前"入学许可制度	无
适用于"赴日前"制度的考试	—
本科总学生数	359人
本科外国留学生数	69人
都道府县、地图编号	新潟県 1

0593

敬和学园大学
新潟県新発田市富塚1270

文 心 **语** **教** 艺 法 经 社 **国** 生 理 工 农 综 医 护

私

招生部门	広報入試課
招生部门电子邮箱	nyushi@keiwa-c.ac.jp
招生部门电话号码	0120-26-3637
"赴日前"入学许可制度	无
适用于"赴日前"制度的考试	—
本科总学生数	638人
本科外国留学生数	34人
都道府县、地图编号	新潟県 4

0697

长冈技术科学大学
新潟県長岡市上富岡町1603-1

文 心 语 教 艺 法 经 社 国 生 理 **工** 农 综 医 护

国

招生部门	学務部 入試課
招生部门电子邮箱	nyushigroup@jcom.nagaokaut.ac.jp
招生部门电话号码	0258-47-9271
"赴日前"入学许可制度	有
适用于"赴日前"制度的考试	EJU 英语成绩
本科总学生数	1,160人
本科外国留学生数	89人
都道府县、地图编号	新潟県 2

0575

上越教育大学
新潟県上越市山屋敷町1番地

文 心 语 **教** 艺 法 经 社 国 生 理 工 农 综 医 护

国

招生部门	入試課入試チーム
招生部门电子邮箱	nyushi@juen.ac.jp
招生部门电话号码	025-521-3294
"赴日前"入学许可制度	无
适用于"赴日前"制度的考试	—
本科总学生数	677人
本科外国留学生数	—
都道府县、地图编号	新潟県 5

0600

长冈造形大学
新潟県長岡市千秋4丁目197番地

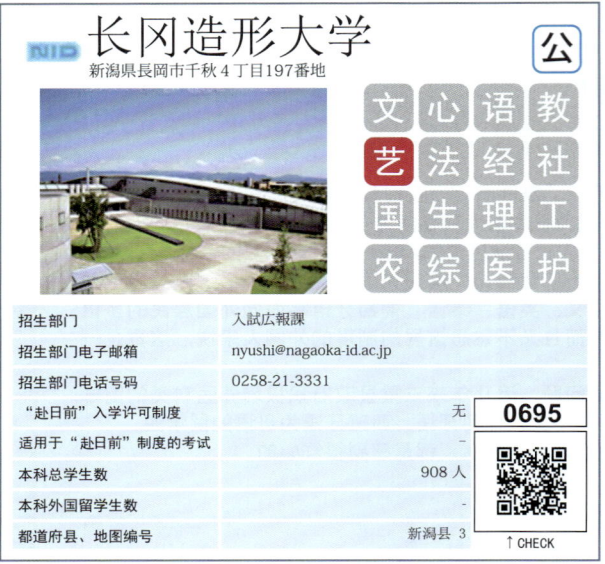

文 心 语 教 **艺** 法 经 社 国 生 理 工 农 综 医 护

公

招生部门	入試広報課
招生部门电子邮箱	nyushi@nagaoka-id.ac.jp
招生部门电话号码	0258-21-3331
"赴日前"入学许可制度	无
适用于"赴日前"制度的考试	—
本科总学生数	908人
本科外国留学生数	—
都道府县、地图编号	新潟県 3

0695

新潟国际情报大学
新潟県新潟市西区みずき野3丁目1番1号

文 心 语 教 艺 法 **经** 社 **国** 生 理 工 农 **综** 医 护

私

招生部门	入試・広報課
招生部门电子邮箱	nyushiweb@nuis.ac.jp
招生部门电话号码	025-239-3251
"赴日前"入学许可制度	无
适用于"赴日前"制度的考试	—
本科总学生数	1,261人
本科外国留学生数	1人
都道府县、地图编号	新潟県 6

0563

第八章 / 千帆竞渡——五彩缤纷的特色专业

新潟产业大学
新潟県柏崎市軽井川4730番地 私

招生部门	入試課
招生部门电子邮箱	nyushi@ada.nsu.ac.jp
招生部门电话号码	0257-24-4901
"赴日前"入学许可制度	有
适用于"赴日前"制度的考试	EJU 日语成绩
本科总学生数	468人
本科外国留学生数	172人
都道府県、地图编号	新潟県 7

0700 ↑CHECK

新潟経営大学
新潟県加茂市希望ヶ丘2909-2 私

招生部门	入試広報課
招生部门电子邮箱	nyushi@duck.niigataum.ac.jp
招生部门电话号码	0256-53-4311
"赴日前"入学许可制度	无
适用于"赴日前"制度的考试	—
本科总学生数	670人
本科外国留学生数	40人
都道府県、地图编号	新潟県 10

0078 ↑CHECK

新潟大学
新潟県新潟市西区五十嵐2の町8050番地 国

招生部门	学務部入試課
招生部门电子邮箱	nyushika@adm.niigata-u.ac.jp
招生部门电话号码	025-262-6079
"赴日前"入学许可制度	无
适用于"赴日前"制度的考试	—
本科总学生数	10,317人
本科外国留学生数	55人
都道府県、地图编号	新潟県 8

0590 ↑CHECK

新潟県立大学
新潟県新潟市東区海老ケ瀬471番地 公

招生部门	入試広報課
招生部门电子邮箱	nyushi@unii.ac.jp
招生部门电话号码	025-270-1311
"赴日前"入学许可制度	无
适用于"赴日前"制度的考试	—
本科总学生数	1,150人
本科外国留学生数	3人
都道府県、地图编号	新潟県 11

0589 ↑CHECK

新潟工科大学
新潟県柏崎市藤橋1719番地 私

招生部门	入試広報課
招生部门电子邮箱	nyuushi@adm.niit.ac.jp
招生部门电话号码	0257-22-8188
"赴日前"入学许可制度	无
适用于"赴日前"制度的考试	—
本科总学生数	530人
本科外国留学生数	6人
都道府県、地图编号	新潟県 9

0694 ↑CHECK

富山大学
富山県富山市五福3190 国

招生部门	学務部入試課
招生部门电子邮箱	nyusi-2t@adm.u-toyama.ac.jp
招生部门电话号码	076-445-6100
"赴日前"入学许可制度	无
适用于"赴日前"制度的考试	—
本科总学生数	8,071人
本科外国留学生数	66人
都道府県、地图编号	富山県 12

0556 ↑CHECK

富山国际大学
富山県富山市東黒牧65-1 〔私〕

分类：文 心 语 教 艺 法 经 **社** 国 生 理 工 农 综 医 护

招生部门	入試広報課 入試係
招生部门电子邮箱	nyushi@tuins.ac.jp
招生部门电话号码	076-483-8000
"赴日前"入学许可制度	无
适用于"赴日前"制度的考试	—
本科总学生数	854人
本科外国留学生数	46人
都道府县、地图编号	富山県 13

编号：0175

北陆大学
石川県金沢市太陽が丘1-1 〔私〕

分类：文 心 语 教 艺 **法** **经** 社 **国** 生 理 工 农 综 医 护

招生部门	国際交流センター
招生部门电子邮箱	iec@hokuriku-u.ac.jp
招生部门电话号码	076-229-2626
"赴日前"入学许可制度	无
适用于"赴日前"制度的考试	—
本科总学生数	1,941人
本科外国留学生数	393人
都道府县、地图编号	石川県 16

编号：0303

富山県立大学
富山県射水市黒河5180 〔公〕

分类：文 心 语 教 艺 法 经 社 国 生 理 **工** 农 综 医 护

招生部门	教務課
招生部门电子邮箱	admission@pu-toyama.ac.jp
招生部门电话号码	0766-56-7500
"赴日前"入学许可制度	无
适用于"赴日前"制度的考试	—
本科总学生数	1,163人
本科外国留学生数	1人
都道府县、地图编号	富山県 14

编号：0177

金城大学
石川県白山市笠間町1200番地 〔私〕

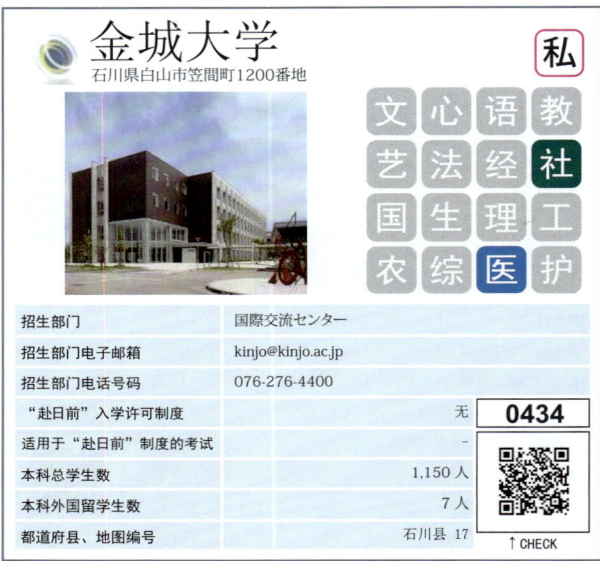

分类：文 心 语 教 艺 法 经 **社** 国 生 理 工 农 综 **医** 护

招生部门	国際交流センター
招生部门电子邮箱	kinjo@kinjo.ac.jp
招生部门电话号码	076-276-4400
"赴日前"入学许可制度	无
适用于"赴日前"制度的考试	—
本科总学生数	1,150人
本科外国留学生数	7人
都道府县、地图编号	石川県 17

编号：0434

高冈法科大学
富山県高岡市戸出石代307番地3 〔私〕

分类：文 心 语 教 艺 **法** 经 社 国 生 理 工 农 综 医 护

招生部门	入試課
招生部门电子邮箱	nyushi@takaoka.ac.jp
招生部门电话号码	0766-63-3388
"赴日前"入学许可制度	无
适用于"赴日前"制度的考试	—
本科总学生数	198人
本科外国留学生数	12人
都道府县、地图编号	富山県 15

编号：0022

金泽大学
石川県金沢市角間町 〔国〕

分类：**文** **心** **语** **教** 艺 **法** **经** **社** **国** **生** **理** **工** 农 **综** **医** **护**

招生部门	国際部留学企画課留学支援係
招生部门电子邮箱	ryukou@adm.kanazawa-u.ac.jp
招生部门电话号码	076-264-5193
"赴日前"入学许可制度	无
适用于"赴日前"制度的考试	—
本科总学生数	7,862人
本科外国留学生数	79人
都道府县、地图编号	石川県 18

编号：0004

金泽星稜大学

石川县金沢市御所町丑10番地1

私

文	心	语	教
艺	法	**经**	社
国	生	理	工
农	综	医	护

招生部门	入学課
招生部门电子邮箱	nyusi@seiryo-u.ac.jp
招生部门电话号码	076-253-3922
"赴日前"入学许可制度	无
适用于"赴日前"制度的考试	—
本科总学生数	2,514 人
本科外国留学生数	3 人
都道府县、地图编号	石川县 19

0120

福井工业大学

福井県福井市学園3丁目6番1号

私

文	心	语	教
艺	法	**经**	社
国	生	**理**	**工**
农	**综**	医	护

招生部门	入学センター 入試広報課
招生部门电子邮箱	kouhou@fukui-ut.ac.jp
招生部门电话号码	0120-291-780
"赴日前"入学许可制度	无
适用于"赴日前"制度的考试	—
本科总学生数	2,299 人
本科外国留学生数	101 人
都道府县、地图编号	福井县 22

0161

石川县立大学

石川県野々市市末松1-308

公

文	心	语	教
艺	法	经	社
国	**生**	理	工
农	综	医	护

招生部门	教務学生課
招生部门电子邮箱	kyoumu@ishikawa-pu.ac.jp
招生部门电话号码	076-227-7408
"赴日前"入学许可制度	无
适用于"赴日前"制度的考试	—
本科总学生数	546 人
本科外国留学生数	—
都道府县、地图编号	石川县 20

0108

福井县立大学

福井県永平寺町松岡兼定島4-1-1

公

文	心	语	教
艺	法	**经**	**社**
国	生	理	工
农	综	医	**护**

招生部门	教育推進課
招生部门电子邮箱	nyusi@fpu.ac.jp
招生部门电话号码	0776-61-6000
"赴日前"入学许可制度	无
适用于"赴日前"制度的考试	—
本科总学生数	1,681 人
本科外国留学生数	16 人
都道府县、地图编号	福井县 23

0309

福井大学

福井県福井市文京3丁目9番1号

国

文	心	语	教
艺	法	经	社
国	生	理	**工**
农	综	医	护

招生部门	学務部入試課
招生部门电子邮箱	g-nyusi@ad.u-fukui.ac.jp
招生部门电话号码	0776-27-9927
"赴日前"入学许可制度	有
适用于"赴日前"制度的考试	EJU 日语成绩 英语成绩
本科总学生数	4,064 人
本科外国留学生数	48 人
都道府县、地图编号	福井县 21

0158

仁爱大学

福井県越前市大手町3-1-1

私

文	**心**	语	教
艺	法	经	社
国	**生**	理	工
农	综	医	护

招生部门	入学・広報センター
招生部门电子邮箱	nyusi@jindai.ac.jp
招生部门电话号码	0778-27-2010
"赴日前"入学许可制度	无
适用于"赴日前"制度的考试	—
本科总学生数	1,153 人
本科外国留学生数	—
都道府县、地图编号	福井县 24

0069

都留文科大学 【公】
山梨県都留市田原3-8-1

招生部门	経営企画課　入試担当
招生部门电子邮箱	nyushist@tsuru.ac.jp
招生部门电话号码	0554-43-4341
"赴日前"入学许可制度	无
适用于"赴日前"制度的考试	—
本科总学生数	3,423人
本科外国留学生数	57人
都道府县、地图编号	山梨县 25

0227 ↑CHECK

山梨学院大学 【私】
山梨県甲府市酒折2丁目4-5

招生部门	入試センター
招生部门电子邮箱	admission@ygu.ac.jp
招生部门电话号码	81-55-224-1234
"赴日前"入学许可制度	无
适用于"赴日前"制度的考试	—
本科总学生数	3,474人
本科外国留学生数	206人
都道府县、地图编号	山梨县 28

0053 ↑CHECK

山梨大学 【国】
山梨県甲府市武田4-4-37

招生部门	国際部　国際企画課
招生部门电子邮箱	yu-study-abroad@ml.yamanashi.ac.jp
招生部门电话号码	055-220-8047
"赴日前"入学许可制度	无
适用于"赴日前"制度的考试	—
本科总学生数	3,852人
本科外国留学生数	62人
都道府县、地图编号	山梨县 26

0055 ↑CHECK

山梨英和大学 【私】
山梨県甲府市横根町888

招生部门	入試・広報部
招生部门电子邮箱	admission-office@yamanashi-eiwa.ac.jp
招生部门电话号码	055-223-6022
"赴日前"入学许可制度	无
适用于"赴日前"制度的考试	—
本科总学生数	578人
本科外国留学生数	90人
都道府县、地图编号	山梨县 29

0052 ↑CHECK

山梨县立大学 【公】
山梨県甲府市飯田5-11-1

招生部门	学務課
招生部门电子邮箱	gakumu@yamanashi-ken.ac.jp
招生部门电话号码	055-224-5260
"赴日前"入学许可制度	无
适用于"赴日前"制度的考试	—
本科总学生数	1,195人
本科外国留学生数	5人
都道府县、地图编号	山梨县 27

0054 ↑CHECK

长野县立大学 【公】
長野県長野市三輪8丁目49番7号

招生部门	学務課　入試・広報係
招生部门电子邮箱	admission@u-nagano.ac.jp
招生部门电话号码	026-217-2241
"赴日前"入学许可制度	无
适用于"赴日前"制度的考试	—
本科总学生数	247人
本科外国留学生数	—
都道府县、地图编号	长野县 30

0716 ↑CHECK

长野大学
長野県上田市下之郷658-1 〔公〕

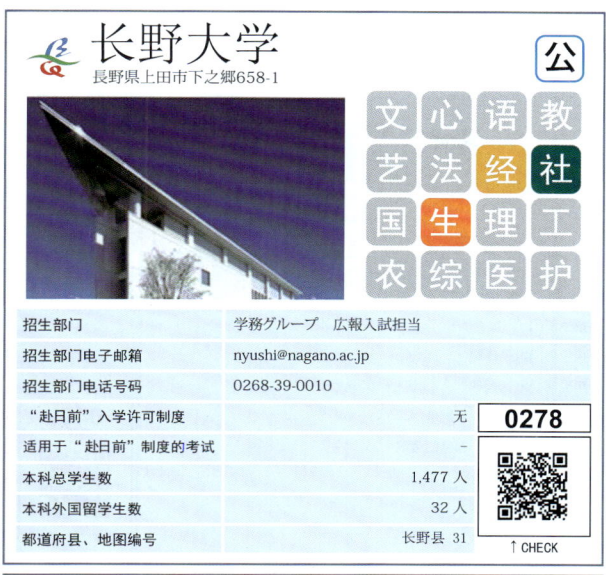

招生部门	学務グループ　広報入試担当
招生部门电子邮箱	nyushi@nagano.ac.jp
招生部门电话号码	0268-39-0010
"赴日前"入学许可制度	无
适用于"赴日前"制度的考试	—
本科总学生数	1,477人
本科外国留学生数	32人
都道府县、地图编号	长野县 31

0278

信州大学
長野県松本市旭3-1-1 〔国〕

招生部门	学務部入試課
招生部门电子邮箱	—
招生部门电话号码	0263-37-3450
"赴日前"入学许可制度	无
适用于"赴日前"制度的考试	—
本科总学生数	9,077人
本科外国留学生数	132人
都道府县、地图编号	长野县 34

0323

松本齿科大学
長野県塩尻市広丘郷原１７８０ 〔私〕

招生部门	入試広報室（留学生部門）
招生部门电子邮箱	info_ryugaku@mdu.ac.jp
招生部门电话号码	0263-51-2161
"赴日前"入学许可制度	有
适用于"赴日前"制度的考试	EJU
本科总学生数	576人
本科外国留学生数	182人
都道府县、地图编号	长野县 32

0076

诹访东京理科大学
長野県茅野市豊平5000-1 〔私〕

招生部门	事務部
招生部门电子邮箱	koho-suwa@admin.tus.ac.jp
招生部门电话号码	0266-73-1201
"赴日前"入学许可制度	无
适用于"赴日前"制度的考试	—
本科总学生数	993人
本科外国留学生数	4人
都道府县、地图编号	长野县 35

0092

松本大学
長野県松本市新村2095-1 〔私〕

招生部门	入試広報室
招生部门电子邮箱	www@matsumoto-u.ac.jp
招生部门电话号码	0263-48-7201
"赴日前"入学许可制度	无
适用于"赴日前"制度的考试	—
本科总学生数	1,483人
本科外国留学生数	—
都道府县、地图编号	长野县 33

0294

朝日大学
岐阜県瑞穂市穂積１８５１ 〔私〕

招生部门	入試広報課
招生部门电子邮箱	nyuusi@alice.asahi-u.ac.jp
招生部门电话号码	058-329-1088
"赴日前"入学许可制度	无
适用于"赴日前"制度的考试	—
本科总学生数	2,477人
本科外国留学生数	107人
都道府县、地图编号	岐阜县 36

0176

东海学院大学

岐阜県各務原市那加桐野町5-68 私

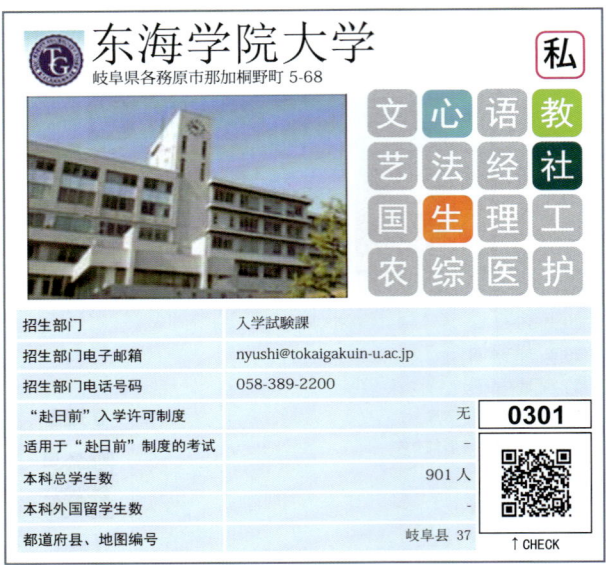

招生部门	入学試験課
招生部门电子邮箱	nyushi@tokaigakuin-u.ac.jp
招生部门电话号码	058-389-2200
"赴日前"入学许可制度	无
适用于"赴日前"制度的考试	—
本科总学生数	901人
本科外国留学生数	—
都道府县、地图编号	岐阜县 37

0301

岐阜女子大学

岐阜県岐阜市太郎丸80 私

招生部门	入試広報室
招生部门电子邮箱	koho@gijodai.ac.jp
招生部门电话号码	058-229-2211
"赴日前"入学许可制度	无
适用于"赴日前"制度的考试	—
本科总学生数	905人
本科外国留学生数	—
都道府县、地图编号	岐阜县 40

0459

岐阜大学

岐阜県岐阜市柳戸1番1 国

招生部门	学務部入試課
招生部门电子邮箱	—
招生部门电话号码	058-293-2156・2157
"赴日前"入学许可制度	有
适用于"赴日前"制度的考试	EJU 英语成绩
本科总学生数	5,642人
本科外国留学生数	49人
都道府县、地图编号	岐阜县 38

0456

中部学院大学

岐阜県関市桐ヶ丘二丁目1番地 私

招生部门	入試広報課
招生部门电子邮箱	nyushi@chubu-gu.ac.jp
招生部门电话号码	0575-24-2231
"赴日前"入学许可制度	有
适用于"赴日前"制度的考试	日语成绩
本科总学生数	1,490人
本科外国留学生数	46人
都道府县、地图编号	岐阜县 41

0275

岐阜经济大学

岐阜県大垣市北方町5-50 私

招生部门	入試広報課
招生部门电子邮箱	nyuushi@gifu-keizai.ac.jp
招生部门电话号码	0584-77-3510
"赴日前"入学许可制度	无
适用于"赴日前"制度的考试	—
本科总学生数	1,315人
本科外国留学生数	92人
都道府县、地图编号	岐阜县 39

0468

中京学院大学

岐阜県中津川市千旦林1-104 私

招生部门	留学生支援課
招生部门电子邮箱	koho@chukyogakuin-u.ac.jp
招生部门电话号码	0573-66-3121
"赴日前"入学许可制度	无
适用于"赴日前"制度的考试	—
本科总学生数	953人
本科外国留学生数	199人
都道府县、地图编号	岐阜县 42

0201

滨松学院大学

静冈县滨松市中区布桥3丁目2番3号 私

招生部门	総務・入試グループ
招生部门电子邮箱	nyushi@hamagaku.ac.jp
招生部门电话号码	053-450-7117
"赴日前"入学许可制度	无
适用于"赴日前"制度的考试	—
本科总学生数	429 人
本科外国留学生数	
都道府县、地图编号	静冈县 43

0179

静冈产业大学

静冈县藤枝市驹河台4-1-1 私

招生部门	入試課
招生部门电子邮箱	koho@ssu.ac.jp
招生部门电话号码	054-647-0362
"赴日前"入学许可制度	无
适用于"赴日前"制度的考试	—
本科总学生数	1,719 人
本科外国留学生数	84 人
都道府县、地图编号	静冈县 46

0106

滨松医科大学

静冈县滨松市東区半田山一丁目20番1号 国

招生部门	入試課入学試験係
招生部门电子邮箱	nyushi@hama-med.ac.jp
招生部门电话号码	053-435-2205
"赴日前"入学许可制度	无
适用于"赴日前"制度的考试	—
本科总学生数	988 人
本科外国留学生数	
都道府县、地图编号	静冈县 44

0193

静冈大学

静冈县静冈市驹河区大谷836 国

招生部门	入試課
招生部门电子邮箱	onyushi@ipc.shizuoka.ac.jp
招生部门电话号码	054-238-4464
"赴日前"入学许可制度	无
适用于"赴日前"制度的考试	—
本科总学生数	8,657 人
本科外国留学生数	
都道府县、地图编号	静冈县 47

0109

常叶大学

静冈县静冈市驹河区弥生町6-1 私

招生部门	入学センター
招生部门电子邮箱	nyushi@tokoha-u.ac.jp
招生部门电话号码	054-263-1126
"赴日前"入学许可制度	无
适用于"赴日前"制度的考试	—
本科总学生数	7,432 人
本科外国留学生数	26 人
都道府县、地图编号	静冈县 45

0633

静冈福祉大学

静冈县烧津市本中根549-1 私

招生部门	入試・広報課
招生部门电子邮箱	siryo@suw.ac.jp
招生部门电话号码	054-623-7451
"赴日前"入学许可制度	无
适用于"赴日前"制度的考试	—
本科总学生数	730 人
本科外国留学生数	1 人
都道府县、地图编号	静冈县 48

0112

静冈理工科大学 【私】

静冈県袋井市豊沢2200-2

文・艺・国・农・心・法・生・综・语・经・理・医・教・社・工・护

招生部门	入試広報推進課
招生部门电子邮箱	nyushi@ob.sist.ac.jp
招生部门电话号码	0538-45-0115
"赴日前"入学许可制度	无
适用于"赴日前"制度的考试	—
本科总学生数	1,402人
本科外国留学生数	8人
都道府县、地图编号	静冈县 49

0110

静冈英和学院大学 【私】

静冈県静冈市駿河区池田1769

文・艺・国・农・心・法・生・综・语・经・理・医・教・社・工・护

招生部门	入試センター
招生部门电子邮箱	nyushi@shizuoka-eiwa.ac.jp
招生部门电话号码	054-261-9322
"赴日前"入学许可制度	无
适用于"赴日前"制度的考试	—
本科总学生数	640人
本科外国留学生数	73人
都道府县、地图编号	静冈县 52

0104

静冈文化艺术大学 【公】

静冈県浜松市中区中央二丁目1番1号

文・艺・国・农・心・法・生・综・语・经・理・医・教・社・工・护

招生部门	入試室
招生部门电子邮箱	nyushi@suac.ac.jp
招生部门电话号码	053-457-6401
"赴日前"入学许可制度	无
适用于"赴日前"制度的考试	—
本科总学生数	1,425人
本科外国留学生数	6人
都道府县、地图编号	静冈县 50

0327

爱知产业大学 【私】

爱知県岡崎市岡町原山12-5

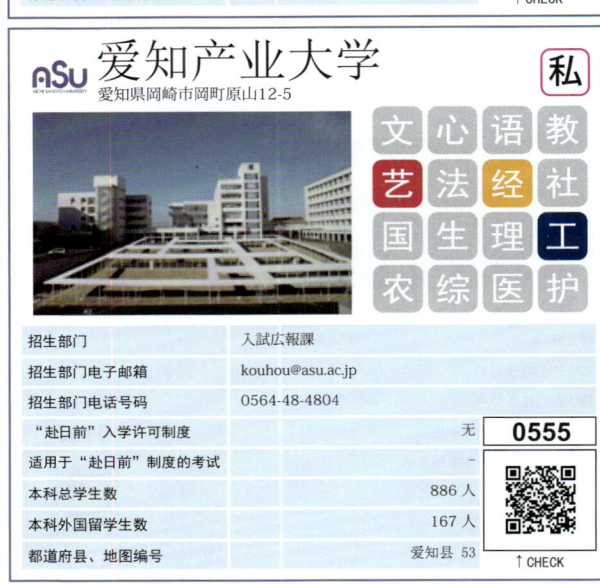

文・艺・国・农・心・法・生・综・语・经・理・医・教・社・工・护

招生部门	入試広報課
招生部门电子邮箱	kouhou@asu.ac.jp
招生部门电话号码	0564-48-4804
"赴日前"入学许可制度	无
适用于"赴日前"制度的考试	—
本科总学生数	886人
本科外国留学生数	167人
都道府县、地图编号	爱知县 53

0555

静冈县立大学 【公】

静冈県静冈市駿河区谷田52-1

文・艺・国・农・心・法・生・综・语・经・理・医・教・社・工・护

招生部门	学生部入試室
招生部门电子邮箱	nyus@u-shizuoka-ken.ac.jp
招生部门电话号码	054-264-5007
"赴日前"入学许可制度	无
适用于"赴日前"制度的考试	—
本科总学生数	2,788人
本科外国留学生数	48人
都道府县、地图编号	静冈县 51

0105

爱知大学 【私】

爱知県名古屋市中村区平池町4-60-6

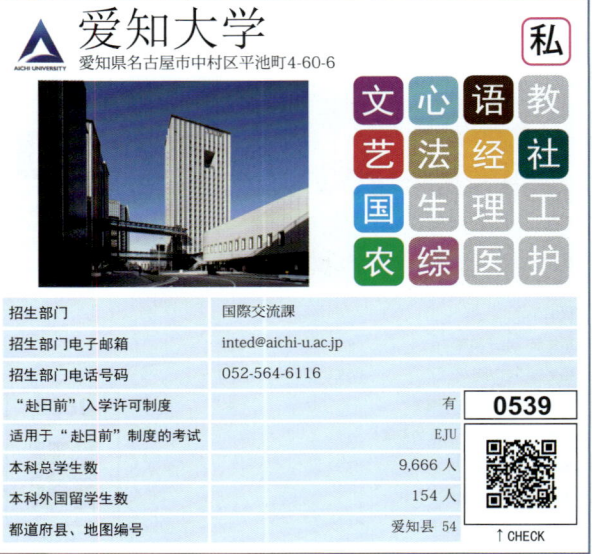

文・艺・国・农・心・法・生・综・语・经・理・医・教・社・工・护

招生部门	国際交流課
招生部门电子邮箱	inted@aichi-u.ac.jp
招生部门电话号码	052-564-6116
"赴日前"入学许可制度	有
适用于"赴日前"制度的考试	EJU
本科总学生数	9,666人
本科外国留学生数	154人
都道府县、地图编号	爱知县 54

0539

第八章／千帆竞渡——五彩缤纷的特色专业　561

爱知东邦大学 〔私〕

爱知县名古屋市名东区平和が丘3-11

文 心 语 教
艺 法 经 社
国 生 理 工
农 综 医 护

招生部门	入試広報課
招生部门电子邮箱	nyushi@aichi-toho.ac.jp
招生部门电话号码	052-782-1600
"赴日前"入学许可制度	无
适用于"赴日前"制度的考试	—
本科总学生数	1,258人
本科外国留学生数	12人
都道府县、地图编号	爱知县 55

0530 ↑CHECK

爱知教育大学 〔国〕

爱知县刈谷市井ケ谷町广沢1

文 心 语 教
艺 法 经 社
国 生 理 工
农 综 医 护

招生部门	入試課
招生部门电子邮箱	—
招生部门电话号码	0566-26-2202
"赴日前"入学许可制度	无
适用于"赴日前"制度的考试	—
本科总学生数	3,901人
本科外国留学生数	—
都道府县、地图编号	爱知县 58

0408 ↑CHECK

爱知工科大学 〔私〕

爱知县蒲郡市西迫町馬乗50-2

文 心 语 教
艺 法 经 社
国 生 理 工
农 综 医 护

招生部门	入試広報センター
招生部门电子邮箱	nyushi@aut.ac.jp
招生部门电话号码	0533-68-1135
"赴日前"入学许可制度	有
适用于"赴日前"制度的考试	—
本科总学生数	708人
本科外国留学生数	30人
都道府县、地图编号	爱知县 56

0574 ↑CHECK

爱知淑德大学 〔私〕

爱知县長久手市片平二丁目9

文 心 语 教
艺 法 经 社
国 生 理 工
农 综 医 护

招生部门	アドミッションセンター
招生部门电子邮箱	—
招生部门电话号码	052-781-7084
"赴日前"入学许可制度	无
适用于"赴日前"制度的考试	—
本科总学生数	9,288人
本科外国留学生数	11人
都道府县、地图编号	爱知县 59

0549 ↑CHECK

爱知工业大学 〔私〕

爱知县豊田市八草町八千草1247

文 心 语 教
艺 法 经 社
国 生 理 工
农 综 医 护

招生部门	入試センター 入試広報課
招生部门电子邮箱	nyushi@aitech.ac.jp
招生部门电话号码	0120-188-651
"赴日前"入学许可制度	无
适用于"赴日前"制度的考试	—
本科总学生数	5,752人
本科外国留学生数	3人
都道府县、地图编号	爱知县 57

0334 ↑CHECK

爱知文教大学 〔私〕

爱知县小牧市大字大草5969-3

文 心 语 教
艺 法 经 社
国 生 理 工
农 综 医 护

招生部门	留学生入試課
招生部门电子邮箱	kikaku@abu.ac.jp
招生部门电话号码	0568-78-2211
"赴日前"入学许可制度	无
适用于"赴日前"制度的考试	—
本科总学生数	271人
本科外国留学生数	113人
都道府县、地图编号	爱知县 60

0517 ↑CHECK

爱知县立大学 〔公〕
爱知県長久手市茨ケ廻間1522番3

招生部门	入試課
招生部门电子邮箱	nyusi@bur.aichi-pu.ac.jp
招生部门电话号码	0561-76-8813
"赴日前"入学许可制度	无
适用于"赴日前"制度的考试	—
本科总学生数	3,289人
本科外国留学生数	20人
都道府县、地图编号	爱知县 61

0566

爱知学院大学 〔私〕
爱知県日進市岩崎町阿良池１２

招生部门	入試センター
招生部门电子邮箱	nyushi@dpc.agu.ac.jp
招生部门电话号码	0561-73-1111
"赴日前"入学许可制度	无
适用于"赴日前"制度的考试	—
本科总学生数	11,241人
本科外国留学生数	75人
都道府县、地图编号	爱知县 64

0577

爱知县立艺术大学 〔公〕
爱知県長久手市岩作三ケ峯1-114

招生部门	入試課
招生部门电子邮箱	—
招生部门电话号码	0561-76-2603
"赴日前"入学许可制度	无
适用于"赴日前"制度的考试	—
本科总学生数	810人
本科外国留学生数	—
都道府县、地图编号	爱知县 62

0547

椙山女学园大学 〔私〕
爱知県名古屋市千種区星が丘元町17番3号

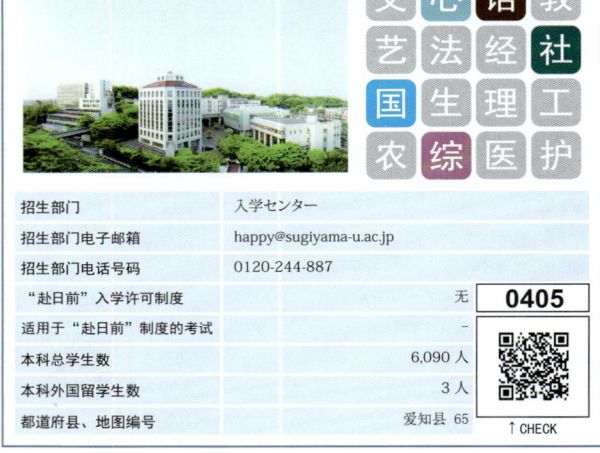

招生部门	入学センター
招生部门电子邮箱	happy@sugiyama-u.ac.jp
招生部门电话号码	0120-244-887
"赴日前"入学许可制度	无
适用于"赴日前"制度的考试	—
本科总学生数	6,090人
本科外国留学生数	3人
都道府县、地图编号	爱知县 65

0405

爱知学泉大学 〔私〕
爱知県岡崎市舳越町上川成28

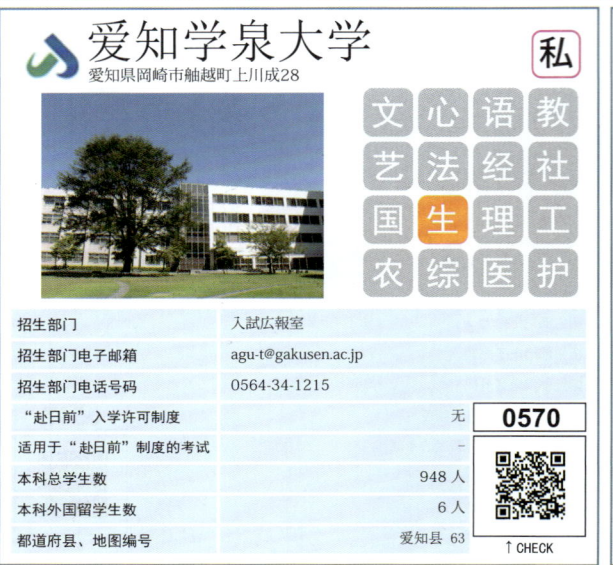

招生部门	入試広報室
招生部门电子邮箱	agu-t@gakusen.ac.jp
招生部门电话号码	0564-34-1215
"赴日前"入学许可制度	无
适用于"赴日前"制度的考试	—
本科总学生数	948人
本科外国留学生数	6人
都道府县、地图编号	爱知县 63

0570

大同大学 〔私〕
爱知県名古屋市南区滝春町10-3

招生部门	入試・広報室
招生部门电子邮箱	nyushi@daido-it.ac.jp
招生部门电话号码	0120-461-115
"赴日前"入学许可制度	无
适用于"赴日前"制度的考试	—
本科总学生数	3,484人
本科外国留学生数	—
都道府县、地图编号	爱知县 66

0596

第八章／千帆竞渡——五彩缤纷的特色专业 563

东海学园大学
爱知县みよし市福谷町西ノ洞21番地233　私

招生部门	入試広報課
招生部门电子邮箱	koho@tokaigakuen-u.ac.jp
招生部门电话号码	052-801-1204
"赴日前"入学许可制度	无
适用于"赴日前"制度的考试	—
本科总学生数	4,142人
本科外国留学生数	-
都道府县、地图编号	爱知县 67

0302

金城学院大学
爱知县名古屋市守山区大森二丁目1723番地　私

招生部门	入試広報部
招生部门电子邮箱	nyushi@kinjo-u.ac.jp
招生部门电话号码	0120-331791
"赴日前"入学许可制度	无
适用于"赴日前"制度的考试	—
本科总学生数	5,300人
本科外国留学生数	1人
都道府县、地图编号	爱知县 70

0523

丰桥创造大学
爱知县豊橋市牛川町松下20-1　私

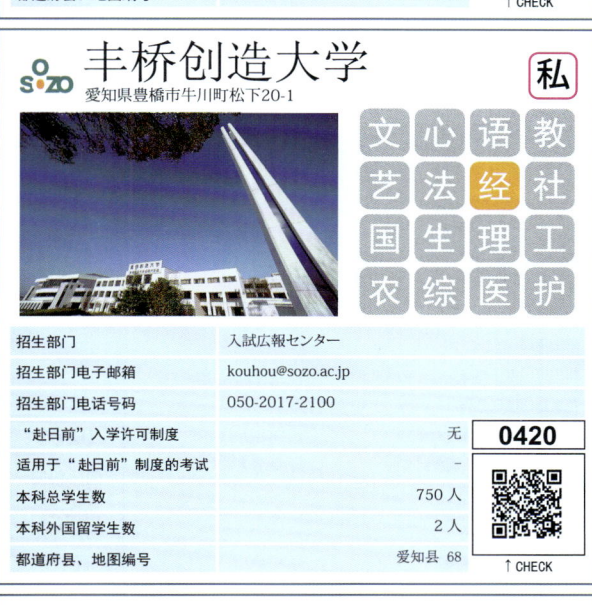

招生部门	入試広報センター
招生部门电子邮箱	kouhou@sozo.ac.jp
招生部门电话号码	050-2017-2100
"赴日前"入学许可制度	无
适用于"赴日前"制度的考试	—
本科总学生数	750人
本科外国留学生数	2人
都道府县、地图编号	爱知县 68

0420

名城大学
爱知县名古屋市天白区塩釜口1-501　私

招生部门	国際化推進センター
招生部门电子邮箱	oejimu2@ccmails.meijo-u.ac.jp
招生部门电话号码	052-838-2043
"赴日前"入学许可制度	无
适用于"赴日前"制度的考试	—
本科总学生数	14,793人
本科外国留学生数	114人
都道府县、地图编号	爱知县 71

0315

丰桥技术科学大学
爱知县豊橋町天伯町雲雀ヶ丘1-1　国

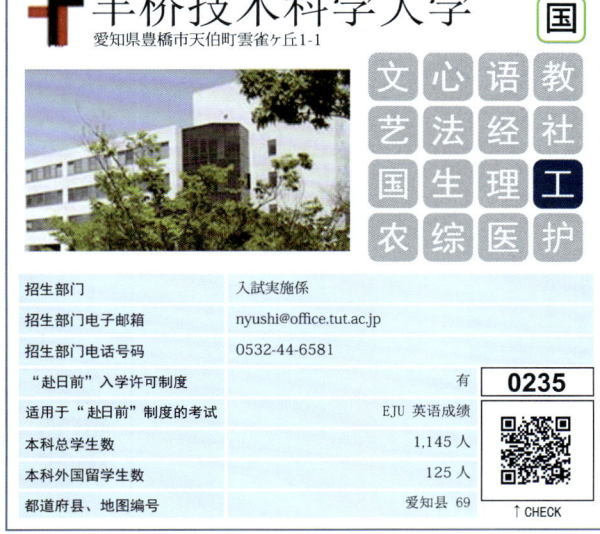

招生部门	入試実施係
招生部门电子邮箱	nyushi@office.tut.ac.jp
招生部门电话号码	0532-44-6581
"赴日前"入学许可制度	有
适用于"赴日前"制度的考试	EJU 英语成绩
本科总学生数	1,145人
本科外国留学生数	125人
都道府县、地图编号	爱知县 69

0235

名古屋产业大学
爱知县尾張旭市新居町山の田３２５５－５　私

招生部门	入試広報室
招生部门电子邮箱	4info@nagoya-su.ac.jp
招生部门电话号码	0120-546-160
"赴日前"入学许可制度	无
适用于"赴日前"制度的考试	—
本科总学生数	—
本科外国留学生数	—
都道府县、地图编号	爱知县 72

0181

名古屋大学 〔国〕
愛知県名古屋市千種区不老町

招生部门	教育推進部学生交流課
招生部门电子邮箱	ised@adm.nagoya-u.ac.jp
招生部门电话号码	052-789-2194
"赴日前"入学许可制度	有
适用于"赴日前"制度的考试	英语成绩
本科总学生数	9,724 人
本科外国留学生数	261 人
都道府县、地图编号	爱知县 73

0297

名古屋女子大学 〔私〕
愛知県名古屋市瑞穂区汐路町3-40

招生部门	入試広報課
招生部门电子邮箱	nyusi@nagoya-wu.ac.jp
招生部门电话号码	052-852-9772
"赴日前"入学许可制度	无
适用于"赴日前"制度的考试	—
本科总学生数	2,117 人
本科外国留学生数	1 人
都道府县、地图编号	爱知县 76

0169

名古屋工业大学 〔国〕
愛知県名古屋市昭和区御器所町

招生部门	入試課
招生部门电子邮箱	nit.nyushi@adm.nitech.ac.jp
招生部门电话号码	052-735-5083
"赴日前"入学许可制度	无
适用于"赴日前"制度的考试	—
本科总学生数	4,091 人
本科外国留学生数	118 人
都道府县、地图编号	爱知县 74

0229

名古屋商科大学 〔私〕
愛知県日進市米野木町三ヶ峯4-4

招生部门	入試広報担当
招生部门电子邮箱	nyushi@nucba.ac.jp
招生部门电话号码	0120-41-3006
"赴日前"入学许可制度	有
适用于"赴日前"制度的考试	EJU 日语成绩
本科总学生数	2,429 人
本科外国留学生数	14 人
都道府县、地图编号	爱知县 77

0285

名古屋经济大学 〔私〕
愛知県犬山市内久保61-1

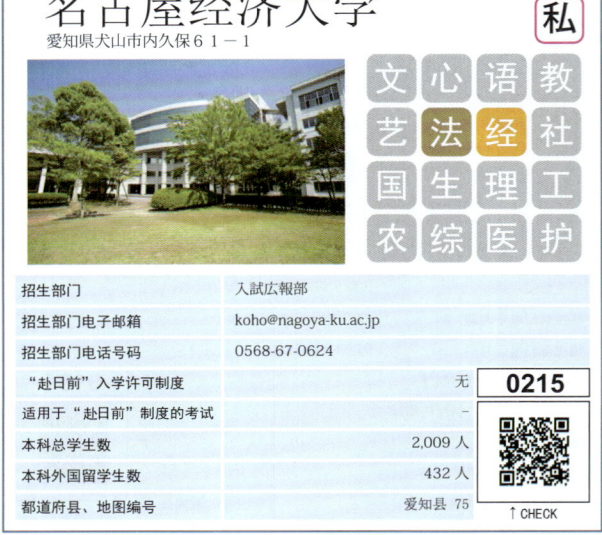

招生部门	入試広報部
招生部门电子邮箱	koho@nagoya-ku.ac.jp
招生部门电话号码	0568-67-0624
"赴日前"入学许可制度	无
适用于"赴日前"制度的考试	—
本科总学生数	2,009 人
本科外国留学生数	432 人
都道府县、地图编号	爱知县 75

0215

名古屋市立大学 〔公〕
愛知県名古屋市瑞穂区瑞穂町字川澄1

招生部门	事務局学生課入試係
招生部门电子邮箱	shingaku@adm.nagoya-cu.ac.jp
招生部门电话号码	052-853-8020
"赴日前"入学许可制度	无
适用于"赴日前"制度的考试	—
本科总学生数	3,831 人
本科外国留学生数	31 人
都道府县、地图编号	爱知县 78

0225

名古屋外国语大学
愛知県日進市岩崎町竹ノ山５７

招生部门	入試課
招生部门电子邮箱	—
招生部门电话号码	0561-75-1748
"赴日前"入学许可制度	无
适用于"赴日前"制度的考试	—
本科总学生数	3,919人
本科外国留学生数	-
都道府県、地图编号	爱知县 79

0138

名古屋音乐大学
愛知県名古屋市中村区稲葉地町7-1

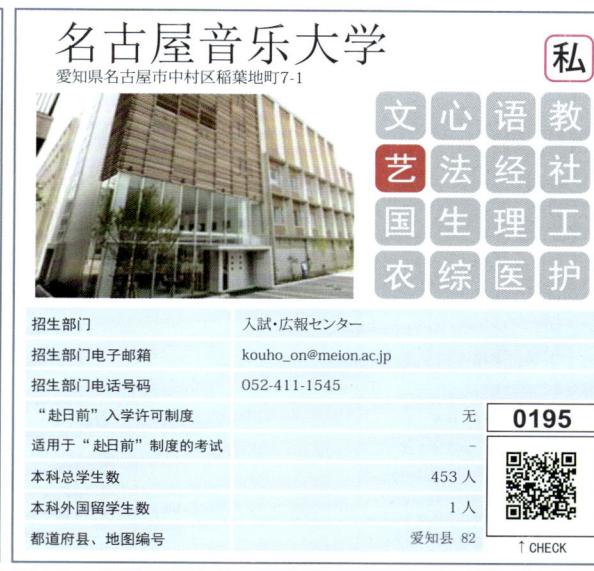

招生部门	入試・広報センター
招生部门电子邮箱	kouho_on@meion.ac.jp
招生部门电话号码	052-411-1545
"赴日前"入学许可制度	无
适用于"赴日前"制度的考试	—
本科总学生数	453人
本科外国留学生数	1人
都道府県、地图编号	爱知县 82

0195

名古屋文理大学
愛知県稲沢市稲沢町前田365

招生部门	入試広報課
招生部门电子邮箱	kouhouka@nagoya-bunri.ac.jp
招生部门电话号码	0587-23-2400
"赴日前"入学许可制度	无
适用于"赴日前"制度的考试	—
本科总学生数	963人
本科外国留学生数	-
都道府県、地图编号	爱知县 80

0283

名古屋艺术大学
愛知県北名古屋市熊之庄古井281

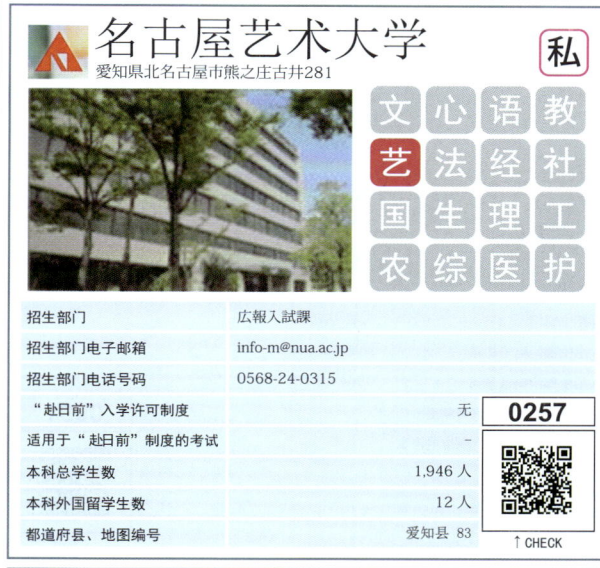

招生部门	広報入試課
招生部门电子邮箱	info-m@nua.ac.jp
招生部门电话号码	0568-24-0315
"赴日前"入学许可制度	无
适用于"赴日前"制度的考试	—
本科总学生数	1,946人
本科外国留学生数	12人
都道府県、地图编号	爱知县 83

0257

名古屋学院大学
愛知県名古屋市熱田区熱田西町1番25号

招生部门	入学センター
招生部门电子邮箱	nyugaku@ngu.ac.jp
招生部门电话号码	052-678-4088
"赴日前"入学许可制度	无
适用于"赴日前"制度的考试	—
本科总学生数	6,103人
本科外国留学生数	22人
都道府県、地图编号	爱知县 81

0231

名古屋造形大学
愛知県小牧市大草年上坂6004

招生部门	入試広報課
招生部门电子邮箱	koho@nzu.ac.jp
招生部门电话号码	0568-79-1059
"赴日前"入学许可制度	无
适用于"赴日前"制度的考试	—
本科总学生数	773人
本科外国留学生数	-
都道府県、地图编号	爱知县 84

0139

南山大学
愛知県名古屋市昭和区山里町18

私

招生部门	入試課・学部入試係
招生部门电子邮箱	nyushi-ka@nanzan-u.ac.jp
招生部门电话号码	052-832-3119
"赴日前"入学许可制度	无
适用于"赴日前"制度的考试	—
本科总学生数	9,794人
本科外国留学生数	94人
都道府县、地图编号	爱知县 85

0613

同朋大学
愛知県名古屋市中村区稲葉地町7-1

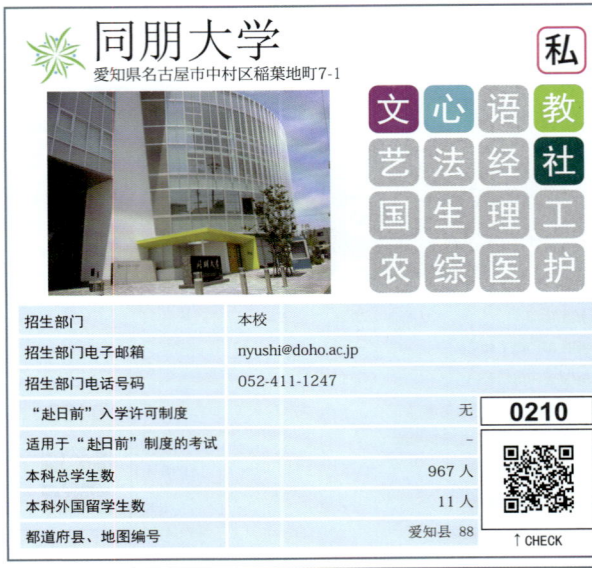

私

招生部门	本校
招生部门电子邮箱	nyushi@doho.ac.jp
招生部门电话号码	052-411-1247
"赴日前"入学许可制度	无
适用于"赴日前"制度的考试	—
本科总学生数	967人
本科外国留学生数	11人
都道府县、地图编号	爱知县 88

0210

人间环境大学
愛知県岡崎市本宿町上三本松6-2

私

招生部门	入試・広報課
招生部门电子邮箱	koho@uhe.ac.jp
招生部门电话号码	0564-48-7811
"赴日前"入学许可制度	有
适用于"赴日前"制度的考试	JPUE
本科总学生数	629人
本科外国留学生数	12人
都道府县、地图编号	爱知县 86

0091

星城大学
愛知県東海市富貴ノ台2-172

私

招生部门	入試広報課
招生部门电子邮箱	nyushi@seijoh-u.ac.jp
招生部门电话号码	052-601-6000
"赴日前"入学许可制度	无
适用于"赴日前"制度的考试	—
本科总学生数	812人
本科外国留学生数	152人
都道府县、地图编号	爱知县 89

0095

日本福祉大学
愛知県知多郡美浜町奥田

私

招生部门	入学広報課
招生部门电子邮箱	nfu-ad@ml.n-fukushi.ac.jp
招生部门电话号码	0569-87-2212
"赴日前"入学许可制度	无
适用于"赴日前"制度的考试	—
本科总学生数	5,136人
本科外国留学生数	6人
都道府县、地图编号	爱知县 87

0307

修文大学
愛知県一宮市日光町6

私

招生部门	広報課
招生部门电子邮箱	kouhou@ichinomiya.ac.jp
招生部门电话号码	0120-138158
"赴日前"入学许可制度	无
适用于"赴日前"制度的考试	—
本科总学生数	301人
本科外国留学生数	
都道府县、地图编号	爱知县 90

0065

至学馆大学

愛知県大府市横根町名高山55

私

招生部门	入試・広報課
招生部门电子邮箱	info-inv@sgk.ac.jp
招生部门电话号码	0562-46-8861
"赴日前"入学许可制度	无
适用于"赴日前"制度的考试	—
本科总学生数	1,338人
本科外国留学生数	1人
都道府県、地図編号	愛知県 91

0059 ↑CHECK

皇学馆大学

三重県伊勢市神田久志本町1704

私

招生部门	入試担当
招生部门电子邮箱	nyusi@kogakkan-u.ac.jp
招生部门电话号码	0596-22-6316
"赴日前"入学许可制度	无
适用于"赴日前"制度的考试	—
本科总学生数	3,071人
本科外国留学生数	16人
都道府県、地図編号	三重県 94

0569 ↑CHECK

中部大学

愛知県春日井市松本町1200

私

招生部门	広報部入試課
招生部门电子邮箱	koho@chubu.ac.jp
招生部门电话号码	0568-51-4715
"赴日前"入学许可制度	无
适用于"赴日前"制度的考试	—
本科总学生数	10,984人
本科外国留学生数	47人
都道府県、地図編号	愛知県 92

0155 ↑CHECK

铃鹿大学

三重県鈴鹿市郡山町663-222

私

招生部门	入試広報キャリア課
招生部门电子邮箱	nyushi.u@m.suzuka-iu.ac.jp
招生部门电话号码	059-372-3999
"赴日前"入学许可制度	无
适用于"赴日前"制度的考试	—
本科总学生数	421人
本科外国留学生数	230人
都道府県、地図編号	三重県 95

0125 ↑CHECK

中京大学

愛知県名古屋市昭和区八事本町101-2

私

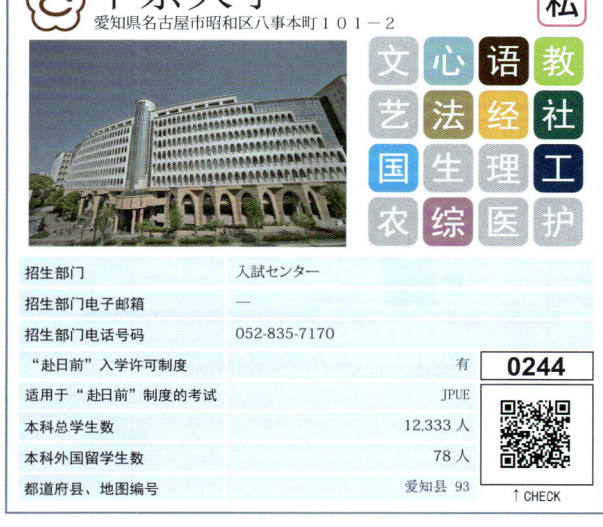

招生部门	入試センター
招生部门电子邮箱	—
招生部门电话号码	052-835-7170
"赴日前"入学许可制度	有
适用于"赴日前"制度的考试	JPUE
本科总学生数	12,333人
本科外国留学生数	78人
都道府県、地図編号	愛知県 93

0244 ↑CHECK

三重大学

三重県津市栗真町屋町1577

国

招生部门	入試チーム
招生部门电子邮箱	—
招生部门电话号码	059-232-1211
"赴日前"入学许可制度	无
适用于"赴日前"制度的考试	—
本科总学生数	6,055人
本科外国留学生数	45人
都道府県、地図編号	三重県 96

0598 ↑CHECK

在本书联动网站上进行详细的信息阅览

 用QR码进行链接时

① 读取QR（快速反应）码。
② 即可显示相关学校的网站首页。

输入！ 或 读取！

 用搜索号码进行查询时

① 请访问官方网站。
② 输入所查询学校的搜索号码。
③ 即可显示所查询学校的网站首页。

*image

大学·短期大学介绍

[近 畿]

滋贺县／京都府／大阪府／兵库县／奈良县／和歌山县

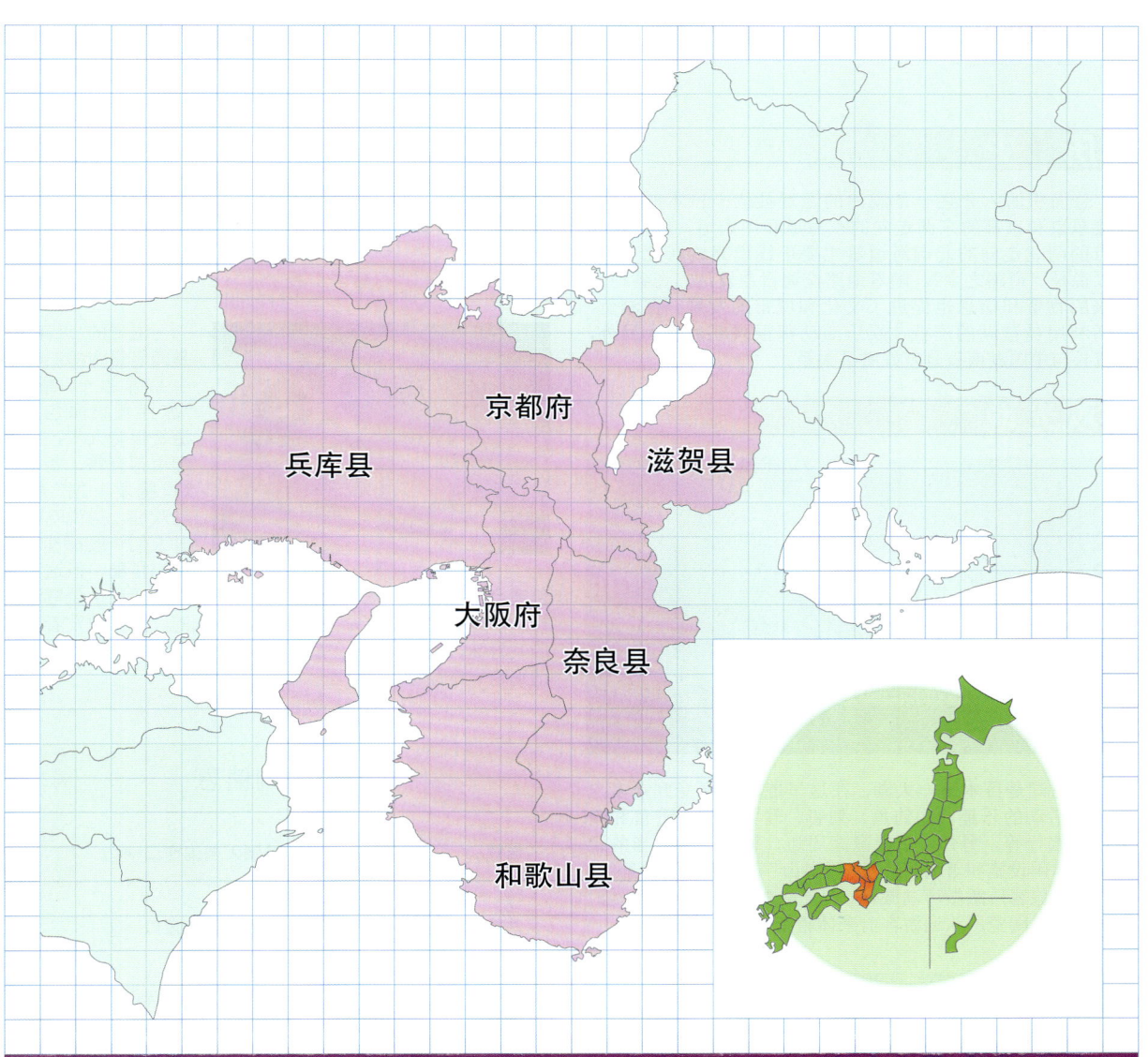

近畿 简介

近畿地区由京都府、大阪府、兵库县、滋贺县、奈良县，和歌山县、三重县两个府五个县组成，这个地区的语言是很独特的"关西方言"。

近畿地区的最大城市——大阪有天下厨房的美誉。仅次于东京的神户和京都，也形成了大的经济圈。京都和奈良曾一度是日本的首都，故有很多历史建筑，是外国人喜爱的观光胜地。

特别值得一提的是，国立大学"和歌山大学"自从设立了观光学院以后，留学生的数量倍增，这也是发展和发挥了和歌山地区特色的结果。

打工参考（麦当劳时薪）

大阪（大阪府）：870日元/小时

神户（兵库县）：830日元/小时

房租参考（单间价格）

大阪（大阪府）：52700日元/月

神户（兵库县）：51000日元/月

滋贺县
SHIGA-KEN

SHIGA-KEN DATA	
面积	4017.36km²（38位）
人口	141万人（28位）
人口密度	351.2人/km²（15位）
大学设置数	11（26位）
中国留学生数	378（31位）
市町村数	13市6町

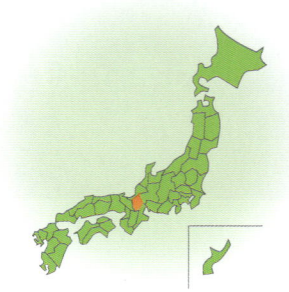

历史

总面积的六分之一是湖泊的滋贺县位于日本的正中。连接东京和京都的东西走向的东海道和中山道、以新潟为起点的南北走向的北国海道等主要干线道路均在此交汇，可以说是"道路之乡"。随着道路交通日益发达，在各地间往来的物资和信息也促进了文化和城市的发展。在滋贺，灵活利用琵琶湖的产业、娱乐活动都很兴旺盛行。另外，滋贺县与中国湖南省是友好省县关系。

观光地

琵琶湖是日本第一大湖，在这里能充分享受到众多户外休闲活动的乐趣，如钓鱼、划艇、驾驶帆船、野营和骑自行车旅行等。另外，在琵琶湖周边，每隔一段适当的距离就有休闲设施和著名古迹及"比睿山"等风光明媚的景点，因此很多旅客乐意做环湖旅行。历史悠久的陶瓷器"信乐烧"也很有名，陶瓷厂欢迎游客前来体验亲手制作的乐趣。

文化·特征

滋贺县保存有自中世纪起陆续建造的城墙遗迹约1300处。滋贺所遭受的战争灾害和战后的乱开发破坏较少，现在仍拥有神社、寺院、城墙等丰富的历史元素观光资源。特别是保留了四百年前战国时代的文化色彩。国宝"彦根城"是日本国内仅存的四座有塔楼的城堡之一。而世界遗产"比睿山""延历寺"和继承了"甲贺"忍者文化的"甲贺密探术大院"等会让游客觉得仿佛遨游在日本文化的海洋里。

名物·名产

滋贺的"近江牛"是闻名日本的三大和牛品牌之一。最近，"凉拌蔬菜面包"在滋贺很有人气，县内超市都有售，其中有"咸腌萝卜馅"特别受欢迎。虽说吃面包时人们一般都喜欢喝牛奶搭配，但这种面包适合与茶搭配。著名特产"鲫鱼寿司"是通过从琵琶湖捕捞到的鲫鱼黏上大米后发酵的方法做成的。由于散发着浓烈的发酵味，因此食客都会清楚地知道自己是喜欢还是不喜欢，请您也一定品尝一次。

各类咨询信息

医疗	在医院提供中文提示及翻译服务	外国人咨询窗口→②
法律	提供中文提示及翻译服务	外国人咨询窗口→②
住宅	面向留学生们的住宅支援服务	可利用滋贺国际中级→①
奖学金	自治体主导的奖学金制度	琵琶湖奖学金（每年10名／每月2万日元）经大学申请→②
就业	就业说明、实习信息、面试技巧	针对留学生的工作介绍展→②

联系方式

①滋贺县政府	077-528-3046
②（公财）滋贺县国际协会	077-526-0931

各大学分布情况

1. 长滨バイオ大学
2. 成安造形大学
3. 琵琶湖成蹊体育运动大学
4. 琵琶湖学院大学
5. 圣泉大学
6. 滋贺大学
7. 滋贺县立大学

90. 琵琶湖学院大学短期大学部
91. 滋贺短期大学

【我的日本体验记】 淡水国——滋贺县

中国自古就有徽商、晋商之称，徽、晋都是地名，指那一个地方出来的商人。日本也有类似的商帮，最有名的三大商帮是近江商人、大阪商人、伊势商人。近江就是滋贺县的古称，紧邻京都府，深受京都文化的影响。现在日本很多鼎鼎有名的公司都是由近江商人创立的，像伊藤忠商社是日本十大商社之一，是在前两年的问卷调查中，日本大学毕业生最想去的企业中排名第二，第一是全日空 ANA。还有大型百货公司西武、高岛屋的创始人都是近江商人出身。难怪江户人即现在的东京人出于妒忌，编了一句话来讽刺他们，"近江的小偷，伊势的乞丐"。

滋贺县内一半以上的面积都是山地和湖泊，自古就是连接奈良、京都、大阪的交通要塞。滋贺在日本的战国时代是兵家的必争之地，"得近江者得天下"，可见其地理位置的重要性。滋贺县境内的琵琶湖是日本最大的淡水湖，形状似中国的古代乐器琵琶，因而得名。大约形成于四百万年前，自古文人墨客在湖边山石上留下的碑记也不少，还选出来琵琶湖八景：晓雾、凉风、烟雨、夕阳、新雪、深绿、月明、春色。这八景出现在不同的季节、不同的天气、不同的时辰，要想了解琵琶湖的美就只能移步于此了。

——二胡弦

京都府
KYOTO-FU

KYOTO-FU DATA	
面积	4613.21km²（31位）
人口	263.6万人（13位）
人口密度	571.4人/km²（10位）
大学设置数	44（8位）
中国留学生数	3209（8位）
市町村数	15市10町1村

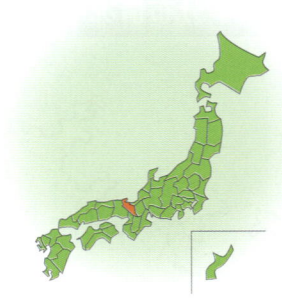

历史

公元794年，根据桓武天皇的命令，日本的首都从平城京（现在的奈良县）迁到了京都的平安京。在其后的约1000年里，京都都是日本的首都。因此，京都拥有众多的神社和寺院，一年四季都有访客接踵而来。这也使京都成了日本，不，应该说是世界闻名遐迩的观光地，每年到访游客的数量比肩纽约。京都还拥有被指定为重要港口的"舞鹤港"，该港开通有连接中国、韩国和俄罗斯的定期集装箱船航线，使得京都的贸易非常繁荣。

京都还是在一次又一次的复兴努力中保留了众多的传统文化。现在，只要您在京都漫步，就总能看到那些曾改变历史进程的重大事件的遗址。但自从日本首都随着近代政治的起步而迁至东京之后，曾经辉煌的京都也终于归于宁静。即便如此，京都人的心里还是有着一份"千年古都"的自豪。

名物·名产

因四面环山而形成了独特的土壤与气候的京都，自古就享受着当地特有的农作物的恩惠。京都的蔬菜被称之为"京野菜"，现在已成为受全日本欢迎的品牌。"西阵织"是京都染色织物的总称，是有名的和服布料。虽然是日本织物中质量最好的高档品，但日用品中使用"西阵织"较多的是神社和寺院销售的"护身符"。

观光地

历史悠久的京都值得一看的地方数不胜数，但还请充分领略众多世界文化遗产（共有17座寺院和城堡等被列入世界文化遗产）的风姿。宏伟的"清水寺"、以金箔披满身的华美得让人惊奇到瞪大眼睛的"金阁寺"、被镌刻在10日元硬币上的"平等院"、将军进京时下榻的官邸"二条城"等只不过是京都文化瑰宝中很小的一部分。另外不能不提到的是作为京都象征的传统文化元素："舞姬"，她们宛如日本偶人那样漫步于古都，在"祇园"一带您能与她们邂逅。

各类咨询信息

医疗	在医院提供中文提示及翻译服务	外国人咨询窗口（医疗机构列表等）→②、③
法律	提供中文提示及翻译服务	外国人咨询窗口→②、③
住宅	面向留学生们的住宅支援服务	Kyoto Housing Seach→④
奖学金	自治体主导的奖学金制度	张凤俊奖学基金→③
就业	就业说明、实习信息、面试技巧	开设英语的职业讲座→③ 针对留学生有报酬的实习→④

文化·特征

在1869年日本首都迁至东京前，京都一直都是日本的首都。在大约1000年的岁月里，京都作为日本政治的中心多次成为统治者们的权力角斗场乃至战场。但

联系方式

① 京都府 国际科	075-451-8111
②（财）京都府国际中心	075-342-0088
③（财）京都市国际交流协会	075-752-3010
④ 京都留学网站	https://www.studykyoto.jp/ja/

各大学分布情况

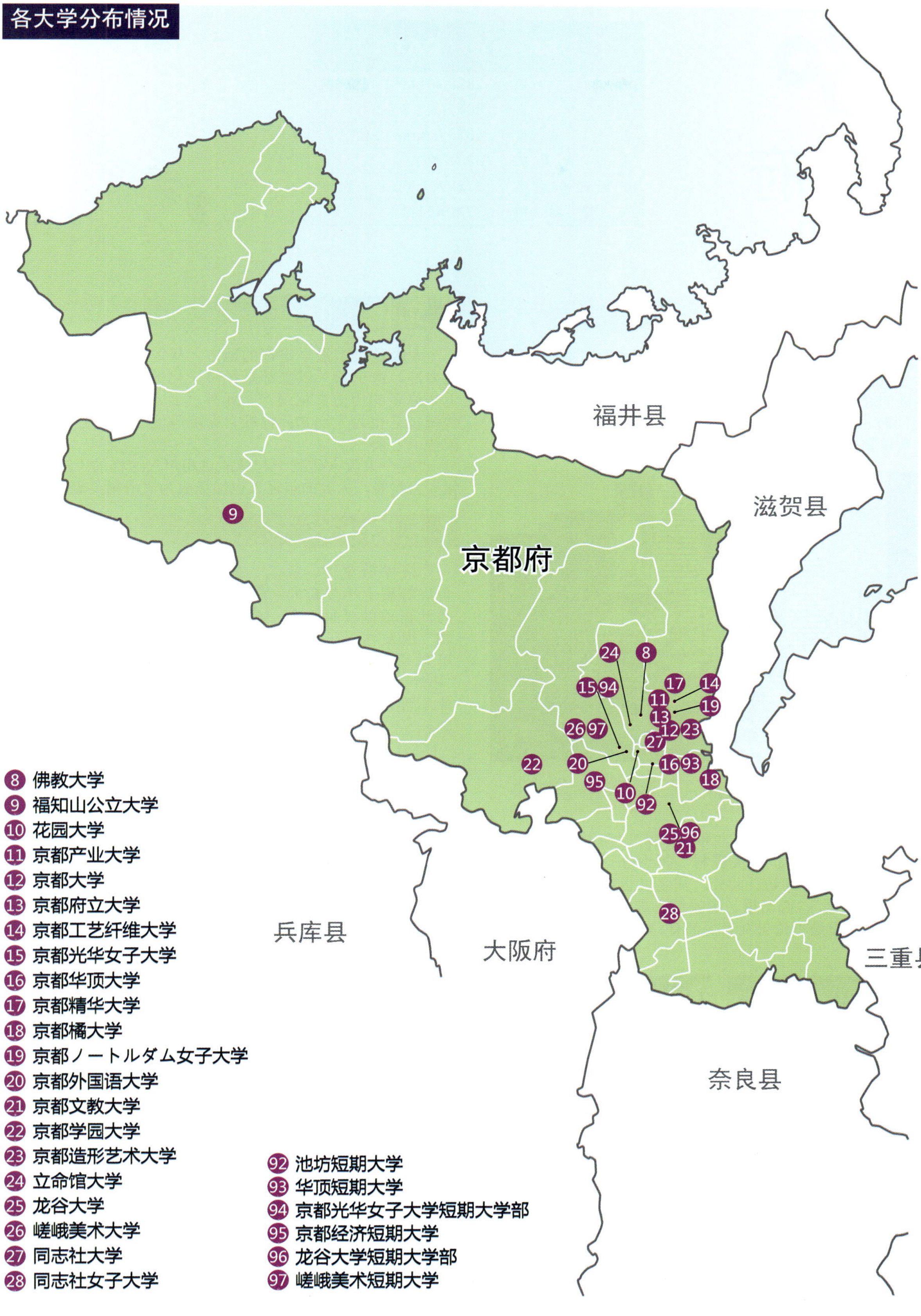

- 8 佛教大学
- 9 福知山公立大学
- 10 花园大学
- 11 京都产业大学
- 12 京都大学
- 13 京都府立大学
- 14 京都工艺纤维大学
- 15 京都光华女子大学
- 16 京都华顶大学
- 17 京都精华大学
- 18 京都橘大学
- 19 京都ノートルダム女子大学
- 20 京都外国语大学
- 21 京都文教大学
- 22 京都学园大学
- 23 京都造形艺术大学
- 24 立命馆大学
- 25 龙谷大学
- 26 嵯峨美术大学
- 27 同志社大学
- 28 同志社女子大学
- (92) 池坊短期大学
- (93) 华顶短期大学
- (94) 京都光华女子大学短期大学部
- (95) 京都经济短期大学
- (96) 龙谷大学短期大学部
- (97) 嵯峨美术短期大学

大阪府
OSAKA-FU

OSAKA-FU DATA	
面积	1898.47km²（46位）
人口	886万人（3位）
人口密度	4670人/km²（2位）
大学设置数	82（2位）
中国留学生数	6722人（3位）
市町村数	33市9町1村

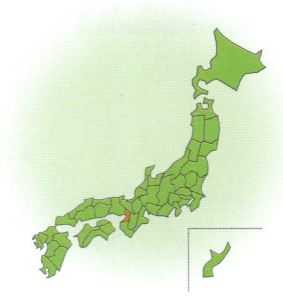

历史

天正十一年（1583年），丰臣秀吉在"石山本愿寺"的遗址上建立"大阪城"以来，大阪大力发展商业，成为关西地区的经济、文化中心。乍一看，虽说商业气息十分强烈，然而同时也是"百济寺"和"住吉大社"等特别史迹以及国宝数量繁多的地方。

文化・特征

大阪是日本最早定都的地方。从古至今都是海上的交通要冲，由于长久以来都是经济文化的中心地，因此遗留下来许多的历史文化遗产。此外"上方文化"这一优秀的传统技艺也为人熟知，神社、寺院等地方的庙会等也大多流传了下来。

"两个大阪人碰到一起就能讲相声"这样的"滑稽"文化大力发展，大阪的年轻人也憧憬成为"滑稽英雄"。

名物・名产

杂样煎菜饼、章鱼烧等裹上小麦粉的汤汁再煎的"面粉食物"很发达。在街上可以看到站着吃的"串炸"小吃摊，有酱汁不可以蘸两次的规则。

观光地

如今作为观光地的"日本环球影城""海游馆・空中庭院""难波大花月剧场""美国村"等十分受欢迎，每年都会有大量的观光客到访。此外，知名度也相当高，以梅田为中心的"北区"、心斋桥、道顿堀、难波、以日本桥为中心的"南区"，更是不论男女老少都有，是个非常热闹的地方。

各类咨询信息

医疗	在医院提供中文提示及翻译服务	大阪府医疗机构信息系统→① 外国人咨询窗口→②、③、④
法律	提供中文提示及翻译服务	外国人咨询窗口→问③ 大阪府外国人信息角→④
住宅	面向留学生们的住宅支援服务	留学生会馆、公立住宅介绍→②③
奖学金	自治体主导的奖学金制度	外国人奖学金、其他团体的奖学金→③
就业	就业说明、实习信息、面试技巧	以外国留学生为对象的有报酬的实习面谈会→①

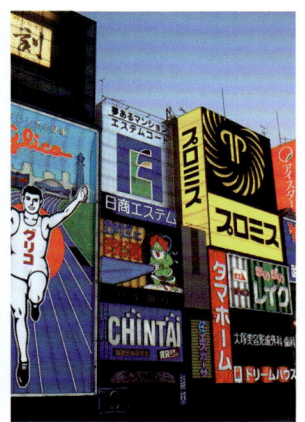

联系方式

① 大阪府　国际交流・观光科	06-6941-0351
②（财）大阪府国际交流财团（OFIX）	06-6966-2400
③（财）大阪国际交流中心	06-6773-8989
④ 大阪府外国人信息角（咨询窗口）	06-6941-2297

各大学分布情况

㉙ 阪南大学
㉚ 大阪产业大学
㉛ 大阪成蹊大学
㉜ 大阪齿科大学
㉝ 大阪大谷大学
㉞ 大阪大学
㉟ 大阪电气通信大学
㊱ 大阪府立大学
㊲ 大阪工业大学
㊳ 大阪观光大学
㊴ 大阪国际大学
㊵ 大阪教育大学
㊶ 大阪经济大学
㊷ 大阪经济法科大学
㊸ 大阪商业大学
㊹ 大阪市立大学
㊺ 大阪体育大学
㊻ 大阪学院大学
㊼ 大阪音乐大学
㊽ 大阪艺术大学
㊾ 大阪樟荫女子大学
㊿ 东大阪大学
(51) 关西大学
(52) 近畿大学
(53) 梅花女子大学
(54) 摄南大学
(55) 神户医疗福祉大学
(56) 四天王寺大学
(57) 太成学院大学
(58) 桃山学院大学
(59) 相爱大学
(60) 羽衣国际大学
(61) 追手门学院大学

(98) 大阪成蹊短期大学
(99) 大阪女学院短期大学
(100) 大阪千代田短期大学
(101) 大阪青山大学短期大学部
(102) 大阪信爱学院短期大学
(103) 大阪夕阳丘学园短期大学
(104) 大阪学院大学短期大学部
(105) 大阪音乐大学短期大学部
(106) 大阪艺术大学短期大学部
(107) 东大阪大学短期大学部
(108) 四天王寺大学短期大学部
(109) 四條畷学园短期大学
(110) プール学院大学短期大学部

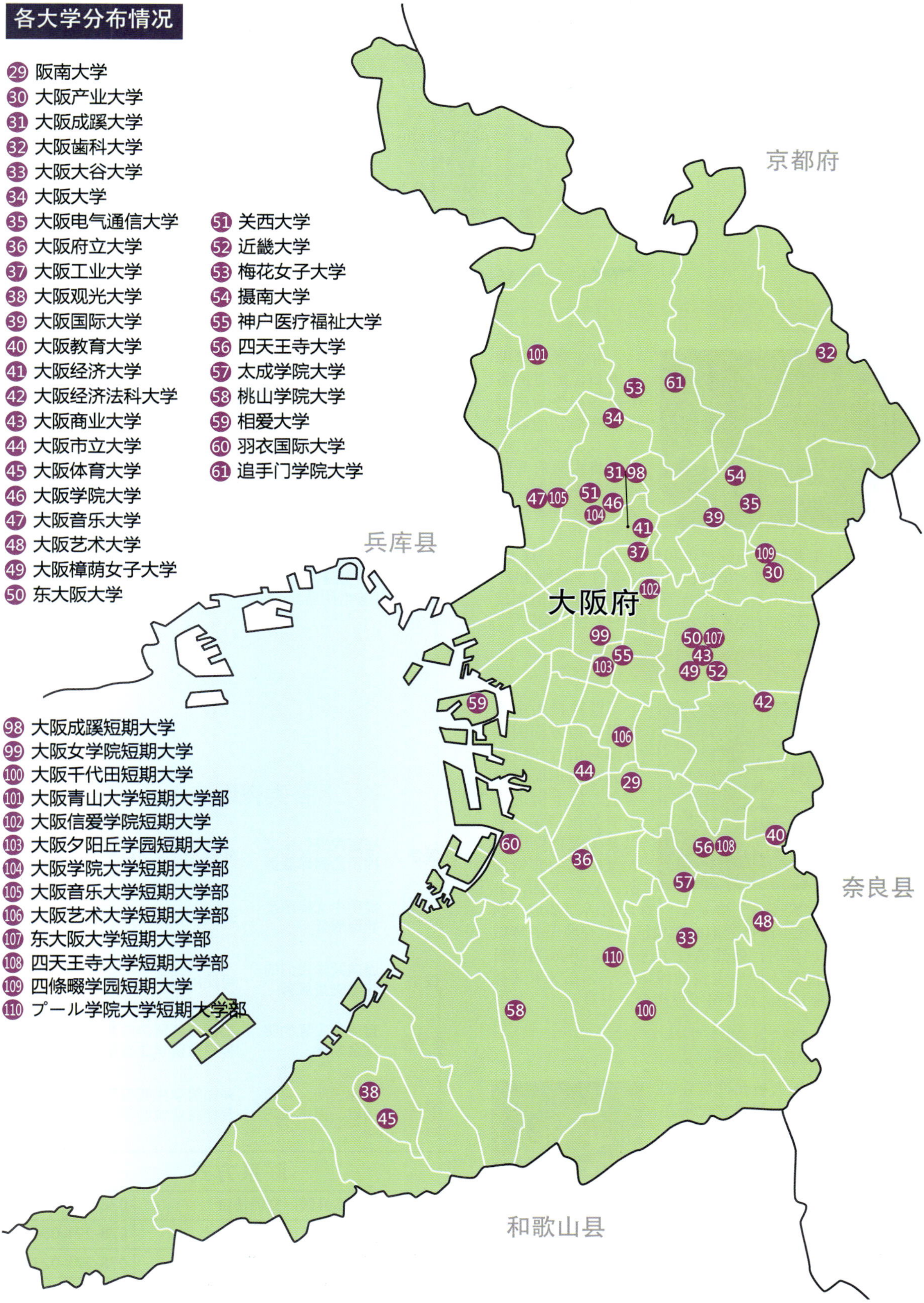

兵库县
HYOGO-KEN

HYOGO-KEN DATA	
面　　　积	8396.13km²（12位）
人　　　口	558.8万人（7位）
人　口　密　度	665.6人/km²（8位）
大 学 设 置 数	53（4位）
中 国 留 学 生 数	3736（6位）
市　町　村　数	29市12町

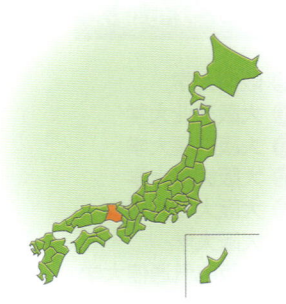

历 史

自古就是繁荣的港口，街道的各个角落和生活中的点点滴滴都能看到欧美文化的影响。如果将大阪府看作西部的东京都，那么兵库县就是西部的神奈川县。特别是分别作为两县主要城市的神户市和横滨市，两者的饮食、文化和街道等都非常相似。虽然在1995年的"阪神淡路"大地震中蒙受了巨大损失，但兵库县还是熠熠生辉地实现了复兴。另外，兵库这一地名原来的意思是指"兵器库"。

名物·名产

神户牛肉世界闻名。世界级影视明星和音乐家等在访日记者招待会等活动中经常都会说"想吃神户牛肉"。将"烤章鱼丸"蘸上汤汁吃的"明石烧烤"也是人气食品。不过，在明石本地，人们称其为"烤鸡蛋"，可千万别弄混哦！"手延素面"中的"揖保乃丝"也是著名特产，亦是贵重的送礼佳品。

观光地

以神户为中心的很多地方都因拥有海与山近在眼前的独特地形而风景秀丽，加上街道弥漫着异国情调，所以是"关西"地区人气很高的恋爱场所。另一方面，县西部的世界遗产"姬路城"曾是丰臣秀吉的活动基地。约150年前，根据旨在拆除作为旧时代象征的所有城堡的废城令拆除国内所有城堡时，偶然逃过了这一劫，并成为原封不动地保存下来的日本四座宝贵的城堡之一。在《米其林指南》（观光地编）中，其获得了最高分的三星。

文化·特征

150年前，外国人被允许居住的地区是有限的。当时的居民文化现在依然存在，这使得这些地区弥漫着异国情调。蕴含"武士"文化的城堡及环绕其形成的城市、蕴含欧美文化的街区和巨大的唐人街"南京町"等共存于此。其独特的氛围令人们为之倾倒，这让兵库县一直位居"希望居住的县"排行榜的前列。

各类咨询信息

医疗	在医院提供中文提示及翻译服务	外国人咨询窗口→①、②
法律	提供中文提示及翻译服务	外国人咨询窗口→①、②
住宅	面向留学生们的住宅支援服务	可使用留学生会馆→②
奖学金	自治体主导的奖学金制度	提供自费留学生奖学金→① 神户市留学生奖学金→②
就业	就业说明、实习信息、面试技巧	外国留学生实习项目以及合作企业说明会→③

联系方式

①（公财）兵库县国际交流协会	078-230-3260
②（公财）神户国际协力交流中心	078-291-0641
③ 大学国际财团兵库·神户	078-271-0233

第八章／千帆竞渡——五彩缤纷的特色专业

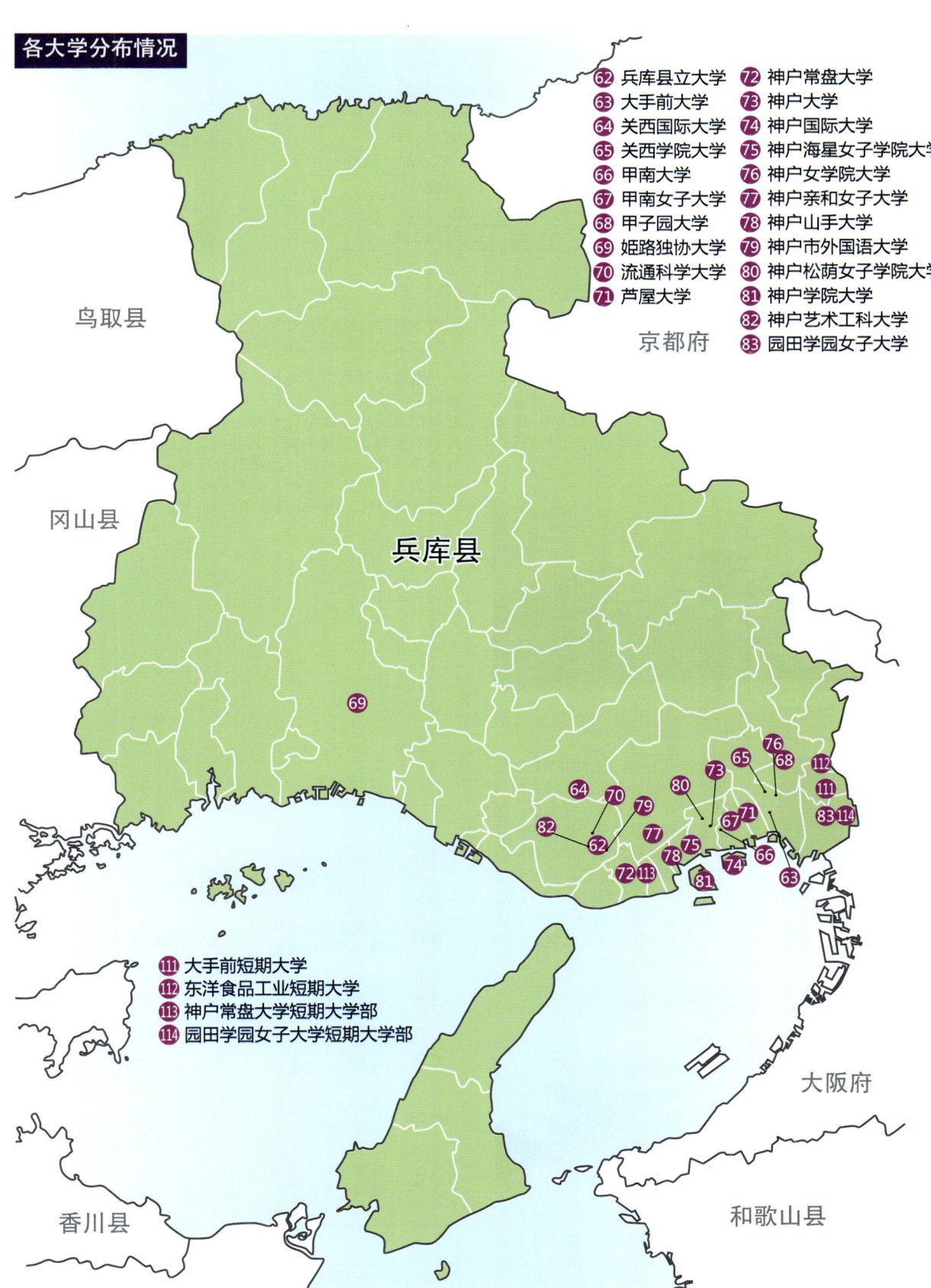

各大学分布情况

- 62 兵库县立大学
- 63 大手前大学
- 64 关西国际大学
- 65 关西学院大学
- 66 甲南大学
- 67 甲南女子大学
- 68 甲子园大学
- 69 姬路独协大学
- 70 流通科学大学
- 71 芦屋大学
- 72 神户常盘大学
- 73 神户大学
- 74 神户国际大学
- 75 神户海星女子学院大学
- 76 神户女学院大学
- 77 神户亲和女子大学
- 78 神户山手大学
- 79 神户市外国语大学
- 80 神户松荫女子学院大学
- 81 神户学院大学
- 82 神户艺术工科大学
- 83 园田学园女子大学

- 111 大手前短期大学
- 112 东洋食品工业短期大学
- 113 神户常盘大学短期大学部
- 114 园田学园女子大学短期大学部

奈良县
NARA-KEN

NARA-KEN DATA	
面积	3691.09km²（40位）
人口	140万人（29位）
人口密度	379.5人/km²（14位）
大学设置数	14（22位）
中国留学生数	1131（19位）
市町村数	12市15町12村

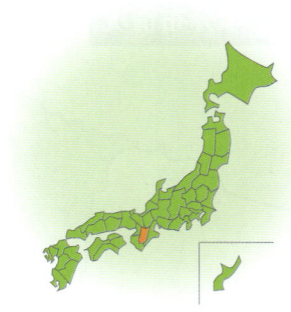

历史

约1500年前，势力得到强化的奈良豪族开始了对日本大半地区的统治，因而被称为"大和"王权。由于自古代以来多次成为首都，奈良因此被视为"日本的故乡"，历史上亦曾繁华一时。2010年在奈良县全境举办的平城京迁都纪念活动成为人们热议的话题。

名物·名产

毛笔和墨是由空海从中国带回日本的，现在毛笔制造和制墨都成了奈良的传统产业。奈良还是著名的金鱼产地。近年在奈良举办的全日本捞金鱼锦标赛非常热闹，来自全日本的参赛者都聚集到了奈良。奈良的金鱼供应量也是全日本第一的。通过用"酒糟"腌盐腌蔬菜制成的"奈良盐腌蔬菜"也是著名特产，但是吃得过多后开车的话会被警察判定为酒驾，请一定注意哦！

观光地

观光产业发达，日本初中的学校旅行等活动一定会来奈良。特别出名的是"东大寺"的大佛、日本最古老的木造建筑和世界遗产"法隆寺"及作为神的使者而被放至人间的奈良公园的鹿。奈良知名度很高，甚至到了言及古都则必称京都和奈良的程度。每年包括外国人在内约有4000万游客到访。奈良现作为世界闻名的日本观光城市而繁荣兴盛。

文化·特征

"东大寺"和"法隆寺"等自古以来都拥有众多信徒，并对日本文化产生了巨大的影响。"东大寺"的大佛殿是世界最大的木造建筑，如果站在它的面前，一定会被其恢宏的气势所压倒。有时人们

也会在大佛殿前搭建舞台来举办户外演唱会。"法隆寺"据说是日本佛教的鼻祖圣德太子创建的寺院，也是日本最古老的寺院。县内的五重塔美轮美奂，其所使用的木造技术出类拔萃，让人无法相信这是一千多年前的建筑。

各类咨询信息

医疗	在医院提供中文提示及翻译服务	外国人咨询窗口→①
法律	提供中文提示及翻译服务	无
住宅	面向留学生们的住宅支援服务	无
奖学金	自治体主导的奖学金制度	无
就业	就业说明、实习信息、面试技巧	无

联系方式

①奈良县 外国人支援中心	0742-81-3320

第八章／千帆竞渡——五彩缤纷的特色专业 579

各大学分布情况

- ⑧④ 帝冢山大学
- ⑧⑤ 奈良教育大学
- ⑧⑥ 奈良女子大学
- ⑧⑦ 天理大学
- ⑪⑤ 白凤短期大学
- ⑪⑥ 奈良佐保短期大学

【我的日本体验记】 奈良的鹿君

　　去年夏天，顶着暴晒的烈日，到日本有名的古都奈良玩了一天。这次的目的不是看佛教古刹，而是冲着号称"神的使者"的奈良鹿去的。

　　据说在创建奈良的春日神社时，神官是骑鹿而来的，于是鹿也就被当地人视为神物，可以逍遥自在地在城市中活动，备受保护。鹿，渐渐也成为奈良的特色与标志，还被日本认定为"天然国宝"。

　　我只能感叹什么叫作名不虚传，从出奈良站短短几分钟内，就仿佛看到一幅关于鹿苑的画卷在面前缓缓展开。先是在路上碰到三三两两的鹿君，到了奈良公园，秀美的草坪上，鹿君或俯或站，成群结伙。鹿君果然是神物，面对我等兴奋不已。看着各国各地的游客们，鹿君们一方面温和有礼，不会抵触拍照和抚摸，另一方面又清高傲慢，表情流露出对世人的不屑。然而，神鹿们也有弱点，就是对当地贩卖的鹿食"鹿仙贝"毫无免疫力，你一买到手，神鹿们马上现出动物原形，涌过来用鹿角轻戳，用湿漉漉的鼻子顶，生怕你看不到它。还有性急的张嘴就咬，我同学的腰不幸被轻咬了一口，手中的"鹿仙贝"撒了一地，霎时被哄抢一空。

　　有机会请去奈良吧，去和有趣的鹿君们做一次零距离的互动吧。

——小代

和歌山县
WAKAYAMA-KEN

WAKAYAMA-KEN DATA	
面　　　积	4726.29km²（30位）
人　　　口	100.2万人（39位）
人 口 密 度	212人/km²（29位）
大 学 设 置 数	4（45位）
中国留学生数	232（37位）
市 町 村 数	9市20町1村

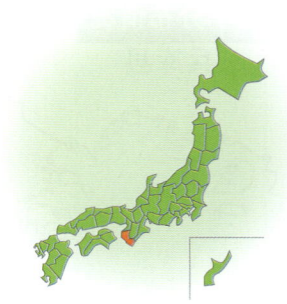

历　史

　　和歌山县的山地是曾经从中国流传而来的佛教诸位佛祖镇守的特殊地区，"吉野""大峰""熊野"三山及"高野山"等的山岳圣地以及通往这些山地的参拜道闻名遐迩，2004年被列入世界文化遗产名录。以修行和观光旅游作为特色，吸引许多游客从日本各地纷至沓来，对日本文化的发展和交流产生了重大的影响。

观光地

　　请您一定要拜访一下被列入世界文化遗产名录的"纪伊"山地的圣地和参拜道。作为日本三大传统名汤和三大温泉地之一的"白浜"十分有名，还有游乐园、水族馆、动物园等都是非常好玩的地方。那里还有从事中日共同繁殖大熊猫的研究基地，饲育只数绝对位居日本第一。

文化・特征

　　和歌山县位于本州的最南端，气候温暖，依山傍水，自然条件得天独厚，渔业、林业和农业发达。其中，梅子、橘子、柿子产量位居日本第一，逐渐形成了自有品牌。另外，还有在吃拉面时可以一起品尝能保存长达50年之久的"鱼饭寿司"这一独特的饮食。

名物・名产

　　具有果树王国之称的和歌山原产的水果屡次产出最优质的品种，"南高梅"和"有田"橘子在日本闻名遐迩。另外，猪骨中添加酱油的独有配方的"和歌山拉面"也具有很高的人气。

各类咨询信息

医疗	在医院提供中文提示及翻译服务	外国人咨询窗口→①
法律	提供中文提示及翻译服务	外国人咨询窗口→①
住宅	面向留学生们的住宅支援服务	无
奖学金	自治体主导的奖学金制度	无
就业	就业说明、实习信息、面试技巧	无

联系方式

①（财）和歌山县国际交流协会	073-435-5240

各大学分布情况

大阪府
奈良县
和歌山县
三重县

- ⑧ 高野山大学
- ⑨ 和歌山大学

【我的日本体验记】

蜜柑之乡和歌山

说起位于日本本州最南端的和歌山县，离不开三大关键词：森林、大海、蜜柑。全县 3/4 的区域都被森林覆盖，1/2 的区域沿海，也因此自古以来有"树木与洋流环抱的福地"之称。因为常年气候温暖潮湿，水土丰沃，这里还是全日本最大的蜜柑产地，产量占全日本的 70%。要是大家在收获季节时来玩，会闻到空气中都散布蜜柑独特的酸甜气味哦。

至于旅游，一般集中在首府和歌山市。这里是个海滨城市，面积不大，电车站少得可怜，交通一般靠巴士，一张一千日元的一日通票可以玩遍全市。至于旅游特色，就是遍布全市的大大小小数十间寺庙了，以纪三井寺最为出名。纪三井寺的历史超过 1000 年，就算在日本全国也是排得上号的名寺，常年游客络绎不绝，据说在这里许愿特别灵验。虽说供奉的神仙是不是真的靠谱，这个不好考证，不过大家来玩时也别忘了拜拜，心诚则灵！

除了参拜寺庙，市里的另外两大玩点就是片男波海水浴场和游乐场。这个海水浴场据说入选日本百佳优质海滩，对游客开放的海岸线长达 3 公里，夏天时据说游人会多到站不下脚的地步。而游乐场嘛，因为太小，非要拿它同富士急那些名所比的话，那自然没啥好说的。但好处是不收门票，在市里玩了一整天，来这里坐坐摩天轮，看看晚霞和落日也挺惬意嘛！

一言以蔽之，麻雀虽小五脏俱全。和歌山市地方不大，也请游客们不要错过哦！

——肖荣

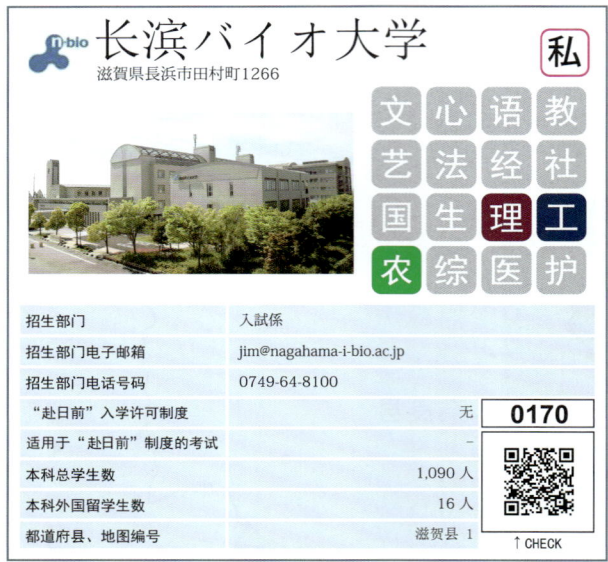

長浜バイオ大学
滋賀県長浜市田村町1266

私 / 理 工 農

招生部门	入試係
招生部门电子邮箱	jim@nagahama-i-bio.ac.jp
招生部门电话号码	0749-64-8100
"赴日前"入学许可制度	无
适用于"赴日前"制度的考试	–
本科总学生数	1,090人
本科外国留学生数	16人
都道府县、地图编号	滋贺县 1

0170

琵琶湖学院大学
滋賀県東近江市布施町29

私 / 教 社

招生部门	入学センター
招生部门电子邮箱	cl-admin@newton.ac.jp
招生部门电话号码	0748-22-3388
"赴日前"入学许可制度	无
适用于"赴日前"制度的考试	–
本科总学生数	416人
本科外国留学生数	–
都道府县、地图编号	滋贺县 4

0581

成安造形大学
滋賀県大津市仰木の里東4-3-1

私 / 艺

招生部门	入学センター
招生部门电子邮箱	nyushi@seian.ac.jp
招生部门电话号码	077-574-2119
"赴日前"入学许可制度	无
适用于"赴日前"制度的考试	–
本科总学生数	809人
本科外国留学生数	16人
都道府县、地图编号	滋贺县 2

0094

圣泉大学
滋賀県彦根市肥田町720

私 / 心 经

招生部门	学生課(入試広報)
招生部门电子邮箱	nyuushi@seisen.ac.jp
招生部门电话号码	0749-43-7511
"赴日前"入学许可制度	无
适用于"赴日前"制度的考试	–
本科总学生数	592人
本科外国留学生数	49人
都道府县、地图编号	滋贺县 5

0100

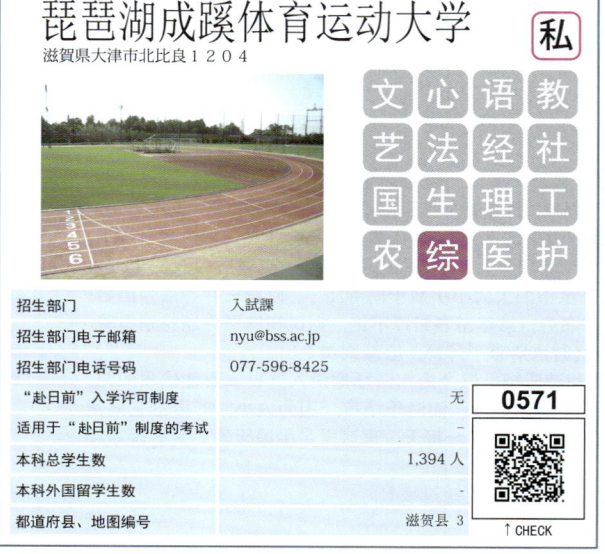

琵琶湖成蹊体育运动大学
滋賀県大津市北比良1204

私 / 综

招生部门	入試課
招生部门电子邮箱	nyu@bss.ac.jp
招生部门电话号码	077-596-8425
"赴日前"入学许可制度	无
适用于"赴日前"制度的考试	–
本科总学生数	1,394人
本科外国留学生数	–
都道府县、地图编号	滋贺县 3

0571

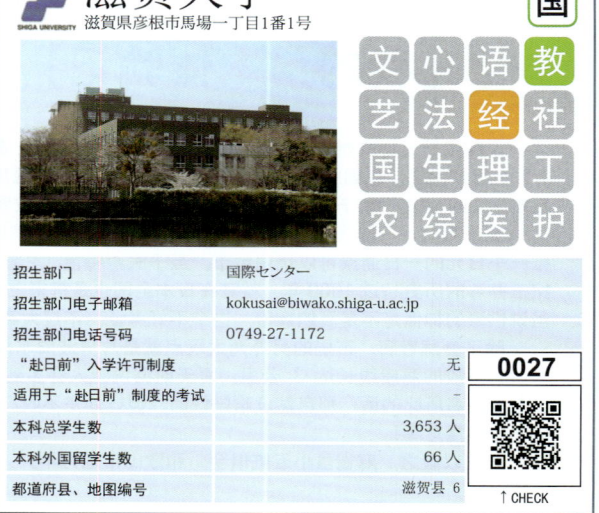

滋贺大学
滋賀県彦根市馬場一丁目1番1号

国 / 教 经

招生部门	国際センター
招生部门电子邮箱	kokusai@biwako.shiga-u.ac.jp
招生部门电话号码	0749-27-1172
"赴日前"入学许可制度	无
适用于"赴日前"制度的考试	–
本科总学生数	3,653人
本科外国留学生数	66人
都道府县、地图编号	滋贺县 6

0027

第八章／千帆竞渡——五彩缤纷的特色专业

滋贺县立大学 【公】
滋贺县彦根市八坂町2500

文 心 语 教 艺 法 经 社 国 生 理 工 农 综 医 护

招生部门	教務グループ入試担当
招生部门电子邮箱	nyushi@office.usp.ac.jp
招生部门电话号码	0749-28-8217
"赴日前"入学许可制度	无
适用于"赴日前"制度的考试	—
本科总学生数	2,320人
本科外国留学生数	28人
都道府县、地图编号	滋贺县 7

0060

花园大学 【私】
京都府京都市中京区西ノ京壺ノ内町8-1

文 心 语 教 艺 法 经 社 国 生 理 工 农 综 医 护

招生部门	入試課
招生部门电子邮箱	nyushi@hanazono.ac.jp
招生部门电话号码	075-277-1331
"赴日前"入学许可制度	无
适用于"赴日前"制度的考试	—
本科总学生数	1,607人
本科外国留学生数	23人
都道府县、地图编号	京都府 10

0473

佛教大学 【私】
京都府京都市北区紫野北花ノ坊町96

文 心 语 教 艺 法 经 社 国 生 理 工 农 综 医 护

招生部门	入学部
招生部门电子邮箱	butsu-dai@bukkyo-u.ac.jp
招生部门电话号码	075-491-2141
"赴日前"入学许可制度	无
适用于"赴日前"制度的考试	—
本科总学生数	6,650人
本科外国留学生数	26人
都道府县、地图编号	京都府 8

0187

京都产业大学 【私】
京都府京都市北区上贺茂本山

文 心 语 教 艺 法 经 社 国 生 理 工 农 综 医 护

招生部门	入学センター
招生部门电子邮箱	info-adm@star.kyoto-su.ac.jp
招生部门电话号码	075-705-1437
"赴日前"入学许可制度	无
适用于"赴日前"制度的考试	—
本科总学生数	13,157人
本科外国留学生数	167人
都道府县、地图编号	京都府 11

0441

福知山公立大学 【公】
京都府福知山市字堀3370

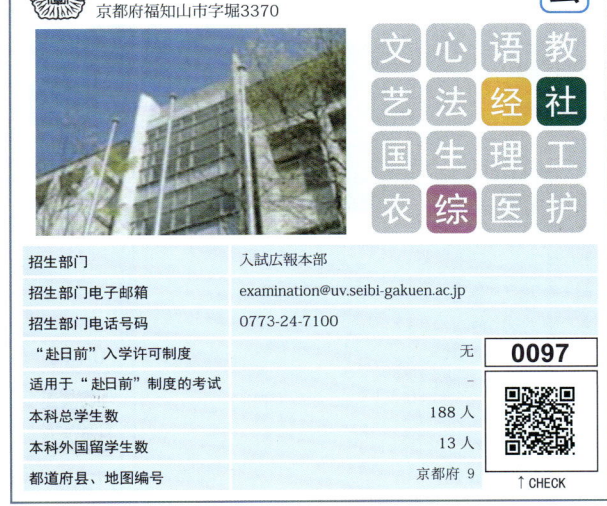

文 心 语 教 艺 法 经 社 国 生 理 工 农 综 医 护

招生部门	入試広報本部
招生部门电子邮箱	examination@uv.seibi-gakuen.ac.jp
招生部门电话号码	0773-24-7100
"赴日前"入学许可制度	无
适用于"赴日前"制度的考试	—
本科总学生数	188人
本科外国留学生数	13人
都道府县、地图编号	京都府 9

0097

京都大学 【国】
京都府京都市左京区吉田本町

文 心 语 教 艺 法 经 社 国 生 理 工 农 综 医 护

招生部门	京都大学教育推進・学生支援部国際教育交流課
招生部门电子邮箱	studyku@mail2.adm.kyoto-u.ac.jp
招生部门电话号码	075-753-2482
"赴日前"入学许可制度	有
适用于"赴日前"制度的考试	EJU 英语成绩
本科总学生数	13,117人
本科外国留学生数	240人
都道府县、地图编号	京都府 12

0437

京都府立大学 公

京都府市左京区下鴨半木町1-5

文 心 语 教
艺 法 经 社
国 生 理 工
农 综 医 护

招生部门	学務課入試担当
招生部门电子邮箱	nyushi@kpu.ac.jp
招生部门电话号码	075-703-5144
"赴日前"入学许可制度	无
适用于"赴日前"制度的考试	—
本科总学生数	1,815人
本科外国留学生数	9人
都道府县、地图编号	京都府 13

0546

京都华顶大学 私

京都府京都市東山区林下町3-456

文 心 语 教
艺 法 经 社
国 生 理 工
农 综 医 护

招生部门	入学広報室
招生部门电子邮箱	nyugaku@kyotokacho-u.ac.jp
招生部门电话号码	075-551-1211
"赴日前"入学许可制度	无
适用于"赴日前"制度的考试	—
本科总学生数	429人
本科外国留学生数	—
都道府县、地图编号	京都府 16

0182

京都工艺纤维大学 国

京都府京都市左京区松ヶ崎橋上町

文 心 语 教
艺 法 经 社
国 生 理 工
农 综 医 护

招生部门	入試課
招生部门电子邮箱	nyushi@kit.ac.jp
招生部门电话号码	075-724-7164
"赴日前"入学许可制度	无
适用于"赴日前"制度的考试	—
本科总学生数	2,669人
本科外国留学生数	68人
都道府县、地图编号	京都府 14

0443

京都精华大学 私

京都府京都市左京区岩倉木野町137

文 心 语 教
艺 法 经 社
国 生 理 工
农 综 医 护

招生部门	広報グループ
招生部门电子邮箱	shingaku@kyoto-seika.ac.jp
招生部门电话号码	0120-075-017
"赴日前"入学许可制度	无
适用于"赴日前"制度的考试	—
本科总学生数	2,992人
本科外国留学生数	312人
都道府县、地图编号	京都府 17

0440

京都光华女子大学 私

京都府京都市右京区西京極葛野町38

文 心 语 教
艺 法 经 社
国 生 理 工
农 综 医 护

招生部门	入試広報部
招生部门电子邮箱	jk2@mail.koka.ac.jp
招生部门电话号码	075-312-1899
"赴日前"入学许可制度	无
适用于"赴日前"制度的考试	—
本科总学生数	1,499人
本科外国留学生数	5人
都道府县、地图编号	京都府 15

0444

京都橘大学 私

京都府京都市山科区大宅山田町34

文 心 语 教
艺 法 经 社
国 生 理 工
农 综 医 护

招生部门	入学課
招生部门电子邮箱	admis@tachibana-u.ac.jp
招生部门电话号码	075-574-4116
"赴日前"入学许可制度	无
适用于"赴日前"制度的考试	—
本科总学生数	4,489人
本科外国留学生数	8人
都道府县、地图编号	京都府 18

0446

第八章／千帆竞渡——五彩缤纷的特色专业　585

京都ノートルダム女子大学 【私】
京都府京都市左京区下鴨南野々神町1

文 心 语 教
艺 法 经 社
国 生 理 工
农 综 医 护

招生部门	国際教育課
招生部门电子邮箱	international@notredame.ac.jp
招生部门电话号码	075-706-3746
"赴日前"入学许可制度	有　0449
适用于"赴日前"制度的考试	EJU 日语成绩
本科总学生数	1,170 人
本科外国留学生数	40 人
都道府县、地图编号	京都府 19

京都学園大学 【私】
京都府亀岡市曽我部町南条大谷1-1/京都市右京区山ノ内五反田町18

文 心 语 教
艺 法 经 社
国 生 理 工
农 综 医 护

招生部门	入学中心
招生部门电子邮箱	nyushi@kyotogakuen.ac.jp
招生部门电话号码	0771-29-2222
"赴日前"入学许可制度	无　0447
适用于"赴日前"制度的考试	—
本科总学生数	2,880 人
本科外国留学生数	163 人
都道府县、地图编号	京都府 22

京都外国語大学 【私】
京都府京都市右京区西院笠目町6

文 心 语 教
艺 法 经 社
国 生 理 工
农 综 医 护

招生部门	入試センター
招生部门电子邮箱	nyushi@kufs.ac.jp
招生部门电话号码	075-322-6035
"赴日前"入学许可制度	有　0338
适用于"赴日前"制度的考试	JPUE EJU 日语成绩 英语成绩
本科总学生数	4,298 人
本科外国留学生数	87 人
都道府县、地图编号	京都府 20

京都造形芸術大学 【私】
京都府京都市左京区北白川瓜生山2-116

文 心 语 教
艺 法 经 社
国 生 理 工
农 综 医 护

招生部门	入学課
招生部门电子邮箱	nyugaku@office.kyoto-art.ac.jp
招生部门电话号码	0120-591-200
"赴日前"入学许可制度	无　0438
适用于"赴日前"制度的考试	—
本科总学生数	3,362 人
本科外国留学生数	262 人
都道府县、地图编号	京都府 23

京都文教大学 【私】
京都府宇治市槇島町千足80

文 心 语 教
艺 法 经 社
国 生 理 工
农 综 医 护

招生部门	入試センター
招生部门电子邮箱	nyushi@po.kbu.ac.jp
招生部门电话号码	0774-25-2488
"赴日前"入学许可制度	无　0521
适用于"赴日前"制度的考试	—
本科总学生数	1,888 人
本科外国留学生数	7 人
都道府县、地图编号	京都府 21

立命館大学 【私】
京都府京都市北区等持院北町56-1

文 心 语 教
艺 法 经 社
国 生 理 工
农 综 医 护

招生部门	立命館大学入学センター
招生部门电子邮箱	r-yokoso@st.ritsumei.ac.jp
招生部门电话号码	075-465-8351
"赴日前"入学许可制度	有　0271
适用于"赴日前"制度的考试	EJU 英语成绩
本科总学生数	32,301 人
本科外国留学生数	1,281 人
都道府县、地图编号	京都府 24

龙谷大学

京都府京都市伏见区深草塚本町67

私

招生部门	グローバル教育推進センター事務部
招生部门电子邮箱	r-globe@ad.ryukoku.ac.jp
招生部门电话号码	075-645-7898
"赴日前"入学许可制度	无
适用于"赴日前"制度的考试	—
本科总学生数	19,233 人
本科外国留学生数	295 人
都道府县、地图编号	京都府 25

0230

同志社女子大学

京都府京田辺市興戸

私

招生部门	広報部入学課
招生部门电子邮箱	examstaff@dwc.doshisha.ac.jp
招生部门电话号码	0774-65-8811
"赴日前"入学许可制度	无
适用于"赴日前"制度的考试	—
本科总学生数	6,368 人
本科外国留学生数	—
都道府县、地图编号	京都府 28

0165

嵯峨美术大学

京都府京都市右京区嵯峨五島町一番地

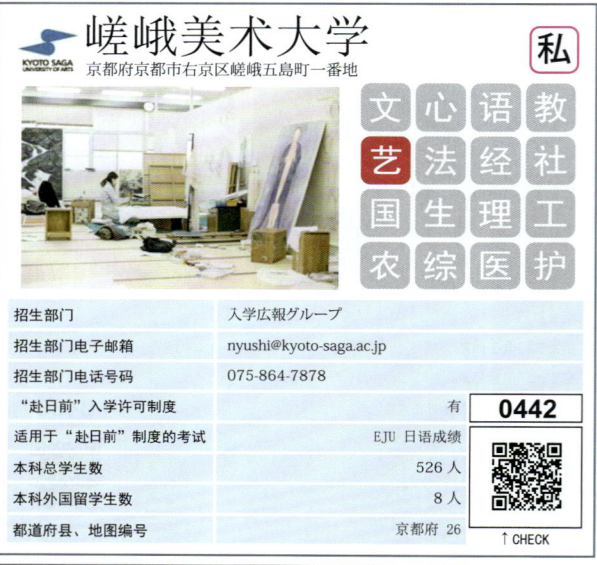

私

招生部门	入学広報グループ
招生部门电子邮箱	nyushi@kyoto-saga.ac.jp
招生部门电话号码	075-864-7878
"赴日前"入学许可制度	有
适用于"赴日前"制度的考试	EJU 日语成绩
本科总学生数	526 人
本科外国留学生数	8 人
都道府县、地图编号	京都府 26

0442

阪南大学

大阪府松原市天美東5-4-33

私

招生部门	入試広報課
招生部门电子邮箱	nyushi@office.hannan-u.ac.jp
招生部门电话号码	072-332-1224
"赴日前"入学许可制度	无
适用于"赴日前"制度的考试	—
本科总学生数	4,954 人
本科外国留学生数	49 人
都道府县、地图编号	大阪府 29

0045

同志社大学

京都府京都市上京区今出川通烏丸東入

私

招生部门	国際センター留学生課国際入学係
招生部门电子邮箱	ji-intad@mail.doshisha.ac.jp
招生部门电话号码	075-251-3257
"赴日前"入学许可制度	有
适用于"赴日前"制度的考试	EJU 英语成绩
本科总学生数	27,024 人
本科外国留学生数	666 人
都道府县、地图编号	京都府 27

0164

大阪产业大学

大阪府大東市中垣内3-1-1

私

招生部门	入試センター
招生部门电子邮箱	boku@cnt.osaka-sandai.ac.jp
招生部门电话号码	072-875-3001
"赴日前"入学许可制度	有
适用于"赴日前"制度的考试	EJU
本科总学生数	8,135 人
本科外国留学生数	1,012 人
都道府县、地图编号	大阪府 30

0150

第八章／千帆竞渡——五彩缤纷的特色专业

大阪成蹊大学 私
大阪府大阪市東淀川区相川3-10-62

文	心	语	教
艺	法	经	社
国	生	理	工
农	综	医	护

招生部门	入試広報部
招生部门电子邮箱	nyu@osaka-seieki.ac.jp
招生部门电话号码	06-6829-2554
"赴日前"入学许可制度	无
适用于"赴日前"制度的考试	—
本科总学生数	1,609人
本科外国留学生数	—
都道府县、地图编号	大阪府 31

0114

大阪大学 国
大阪府吹田市山田丘1－1

文	心	语	教
艺	法	经	社
国	生	理	工
农	综	医	护

招生部门	教育・学生支援部入試課
招生部门电子邮箱	gakusei-nyusi-dai1@office.osaka-u.ac.jp
招生部门电话号码	06-6879-7097
"赴日前"入学许可制度	无
适用于"赴日前"制度的考试	—
本科总学生数	15,251人
本科外国留学生数	365人
都道府县、地图编号	大阪府 34

0202

大阪齿科大学 私
大阪府枚方市楠葉花園町8番1号

文	心	语	教
艺	法	经	社
国	生	理	工
农	综	医	护

招生部门	アドミッションセンター
招生部门电子邮箱	—
招生部门电话号码	072-864-5511
"赴日前"入学许可制度	无
适用于"赴日前"制度的考试	—
本科总学生数	839人
本科外国留学生数	—
都道府县、地图编号	大阪府 32

0515

大阪电气通信大学 私
大阪府寝屋川市初町１８－８

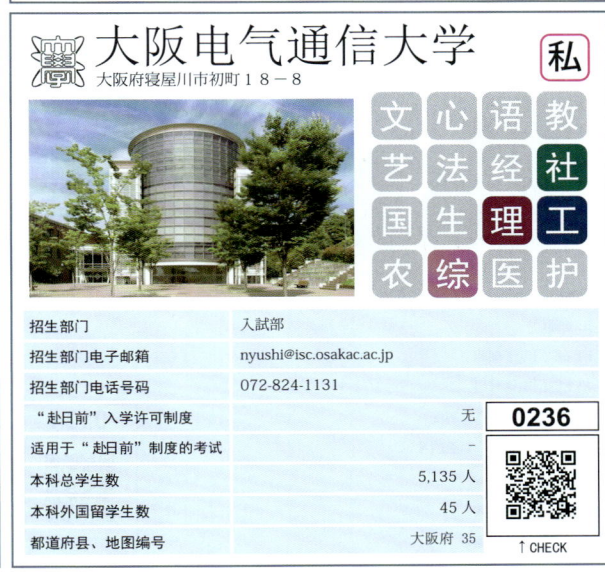

文	心	语	教
艺	法	经	社
国	生	理	工
农	综	医	护

招生部门	入試部
招生部门电子邮箱	nyushi@isc.osakac.ac.jp
招生部门电话号码	072-824-1131
"赴日前"入学许可制度	无
适用于"赴日前"制度的考试	—
本科总学生数	5,135人
本科外国留学生数	45人
都道府县、地图编号	大阪府 35

0236

大阪大谷大学 私
大阪府富田林市錦織北３丁目１１番１号

文	心	语	教
艺	法	经	社
国	生	理	工
农	综	医	护

招生部门	入試広報係
招生部门电子邮箱	nyushi@osaka-ohtani.ac.jp
招生部门电话号码	0721-24-1031
"赴日前"入学许可制度	无
适用于"赴日前"制度的考试	—
本科总学生数	3,102人
本科外国留学生数	11人
都道府县、地图编号	大阪府 33

0232

大阪府立大学 公
大阪府堺市中区学園町１－１

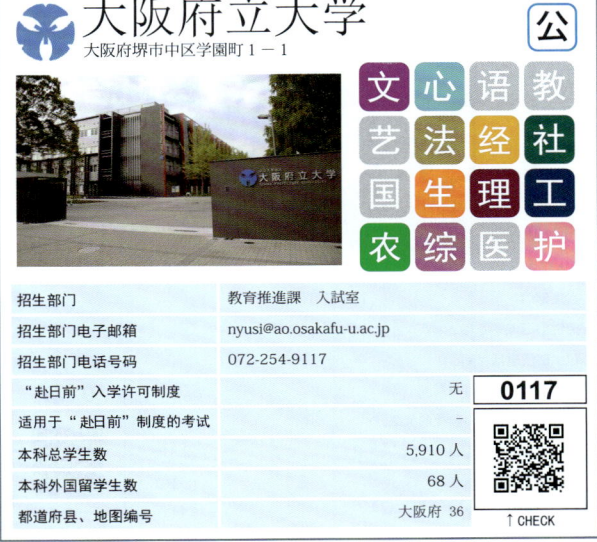

文	心	语	教
艺	法	经	社
国	生	理	工
农	综	医	护

招生部门	教育推進課 入試室
招生部门电子邮箱	nyusi@ao.osakafu-u.ac.jp
招生部门电话号码	072-254-9117
"赴日前"入学许可制度	无
适用于"赴日前"制度的考试	—
本科总学生数	5,910人
本科外国留学生数	68人
都道府县、地图编号	大阪府 36

0117

大阪工业大学

大阪府大阪市旭区大宫5丁目16-1　私

文 心 语 教
艺 法 经 社
国 生 理 工
农 综 医 护

招生部门	入試部
招生部门电子邮箱	OIT.Nyushi@josho.ac.jp
招生部门电话号码	06-6954-4086
"赴日前"入学许可制度	无
适用于"赴日前"制度的考试	—
本科总学生数	6,753 人
本科外国留学生数	51 人
都道府县、地图编号	大阪府 37

0331 ↑CHECK

大阪教育大学

大阪府柏原市旭ケ丘4-698-1　国

文 心 语 教
艺 法 经 社
国 生 理 工
农 综 医 护

招生部门	学務部入試課
招生部门电子邮箱	nyushika@bur.osaka-kyoiku.ac.jp
招生部门电话号码	072-978-3324
"赴日前"入学许可制度	无
适用于"赴日前"制度的考试	—
本科总学生数	4,119 人
本科外国留学生数	97 人
都道府县、地图编号	大阪府 40

0111 ↑CHECK

大阪观光大学

大阪府泉南郡熊取町大久保南5-3-1　私

文 心 语 教
艺 法 经 社
国 生 理 工
农 综 医 护

招生部门	入試広報課
招生部门电子邮箱	nyushikoho@tourism.ac.jp
招生部门电话号码	072-453-8222
"赴日前"入学许可制度	无
适用于"赴日前"制度的考试	—
本科总学生数	772 人
本科外国留学生数	451 人
都道府县、地图编号	大阪府 38

0134 ↑CHECK

大阪经济大学

大阪府大阪市東淀川区大隅2-2-8　私

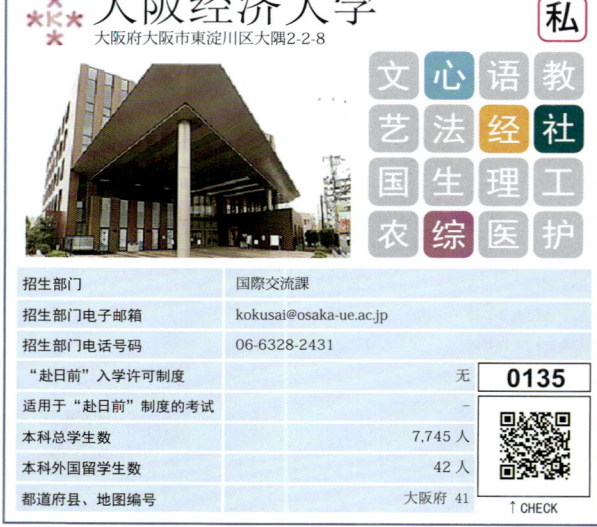

文 心 语 教
艺 法 经 社
国 生 理 工
农 综 医 护

招生部门	国際交流課
招生部门电子邮箱	kokusai@osaka-ue.ac.jp
招生部门电话号码	06-6328-2431
"赴日前"入学许可制度	无
适用于"赴日前"制度的考试	—
本科总学生数	7,745 人
本科外国留学生数	42 人
都道府县、地图编号	大阪府 41

0135 ↑CHECK

大阪国际大学

大阪府守口市藤田町6-21-57　私

文 心 语 教
艺 法 经 社
国 生 理 工
农 综 医 护

招生部门	国際交流課
招生部门电子邮箱	adkokusai@oiu.jp
招生部门电话号码	06-6907-4306
"赴日前"入学许可制度	有
适用于"赴日前"制度的考试	EJU
本科总学生数	2,319 人
本科外国留学生数	161 人
都道府县、地图编号	大阪府 39

0137 ↑CHECK

大阪经济法科大学

大阪府八尾市楽音寺6-10　私

文 心 语 教
艺 法 经 社
国 生 理 工
农 综 医 护

招生部门	入試課
招生部门电子邮箱	nyuushi@keiho-u.ac.jp
招生部门电话号码	072-943-7760
"赴日前"入学许可制度	有
适用于"赴日前"制度的考试	EJU 日语成绩
本科总学生数	2,156 人
本科外国留学生数	272 人
都道府县、地图编号	大阪府 42

0136 ↑CHECK

大阪商业大学

大阪府东大阪市御厨荣町4-1-10 私

招生部门	広報入試課
招生部门电子邮箱	nyugaku@oucow.daishodai.ac.jp
招生部门电话号码	06-6787-2424
"赴日前"入学许可制度	无
适用于"赴日前"制度的考试	—
本科总学生数	4,465人
本科外国留学生数	22人
都道府县、地图编号	大阪府 43

0115 ↑CHECK

大阪学院大学

大阪府吹田市岸部南二丁目36番1号 私

招生部门	入試事務室
招生部门电子邮箱	adoffice@ogu.ac.jp
招生部门电话号码	06-6381-8434
"赴日前"入学许可制度	无
适用于"赴日前"制度的考试	—
本科总学生数	5,381人
本科外国留学生数	98人
都道府县、地图编号	大阪府 46

0709 ↑CHECK

大阪市立大学

大阪府大阪市住吉区杉本3-3-138 公

招生部门	国際センター
招生部门电子邮箱	goto.ocu@ado.osaka-cu.ac.jp
招生部门电话号码	06-6605-3558
"赴日前"入学许可制度	无
适用于"赴日前"制度的考试	—
本科总学生数	6,595人
本科外国留学生数	62人
都道府县、地图编号	大阪府 44

0151 ↑CHECK

大阪音乐大学

大阪府豊中市庄内幸町1-1-8 私

招生部门	入試センター
招生部门电子邮箱	info-nyushi@daion.ac.jp
招生部门电话号码	06-6334-2507
"赴日前"入学许可制度	无
适用于"赴日前"制度的考试	—
本科总学生数	757人
本科外国留学生数	5人
都道府县、地图编号	大阪府 47

0132 ↑CHECK

大阪体育大学

大阪府泉南郡熊取町朝代台1-1 私

招生部门	入試・広報部
招生部门电子邮箱	—
招生部门电话号码	072-453-7070
"赴日前"入学许可制度	无
适用于"赴日前"制度的考试	—
本科总学生数	2,761人
本科外国留学生数	3人
都道府县、地图编号	大阪府 45

0514 ↑CHECK

大阪艺术大学

大阪府南河内郡河南町東山469 私

招生部门	入試部入試課
招生部门电子邮箱	nyusi@osaka-geidai.ac.jp
招生部门电话号码	0721-93-6583
"赴日前"入学许可制度	无
适用于"赴日前"制度的考试	—
本科总学生数	5,579人
本科外国留学生数	49人
都道府县、地图编号	大阪府 48

0213 ↑CHECK

大阪樟蔭女子大学 （私）

大阪府東大阪市菱屋西4-2-26

招生部门	学園入試広報課
招生部门电子邮箱	koho@osaka-shoin.ac.jp
招生部门电话号码	06-6723-8274
"赴日前"入学许可制度	无
适用于"赴日前"制度的考试	—
本科总学生数	2,364人
本科外国留学生数	2人
都道府県、地图编号	大阪府 49

0199

近畿大学 （私）

大阪府東大阪市小若江3-4-1

招生部门	インターナショナルセンター
招生部门电子邮箱	isc@itp.kindai.ac.jp
招生部门电话号码	06-4307-3081
"赴日前"入学许可制度	有
适用于"赴日前"制度的考试	EJU 英语成绩
本科总学生数	33,125人
本科外国留学生数	284人
都道府県、地图编号	大阪府 52

0435

东大阪大学 （私）

大阪府東大阪市西堤学園町3-1-1

招生部门	入試広報部
招生部门电子邮箱	koho@higashiosaka.ac.jp
招生部门电话号码	06-6782-2884
"赴日前"入学许可制度	无
适用于"赴日前"制度的考试	—
本科总学生数	256人
本科外国留学生数	—
都道府県、地图编号	大阪府 50

0304

梅花女子大学 （私）

大阪府茨木市宿久庄2-19-5

招生部门	入試センター
招生部门电子邮箱	nyushikun@baika.ac.jp
招生部门电话号码	072-643-6566
"赴日前"入学许可制度	无
适用于"赴日前"制度的考试	—
本科总学生数	2,022人
本科外国留学生数	5人
都道府県、地图编号	大阪府 53

0198

关西大学 （私）

大阪府吹田市山手町3丁目3番35号

招生部门	入試・高大接続グループ(学部)
招生部门电子邮箱	rgs@ml.kandai.jp
招生部门电话号码	81-6-6368-1121
"赴日前"入学许可制度	有
适用于"赴日前"制度的考试	EJU
本科总学生数	28,872人
本科外国留学生数	376人
都道府県、地图编号	大阪府 51

0469

摂南大学 （私）

大阪府寝屋川市池田中町17-8

招生部门	入試部
招生部门电子邮箱	nyushika@ofc.setsunan.ac.jp
招生部门电话号码	072-839-9104
"赴日前"入学许可制度	无
适用于"赴日前"制度的考试	—
本科总学生数	8,189人
本科外国留学生数	21人
都道府県、地图编号	大阪府 54

0597

神户医疗福祉大学
大阪府大阪市天王寺区烏ヶ辻2-1-4 私

招生部门	大阪天王寺キャンパス
招生部门电子邮箱	osaka@sw.kinwu.ac.jp
招生部门电话号码	06-6776-8171
"赴日前"入学许可制度	无
适用于"赴日前"制度的考试	—
本科总学生数	980人
本科外国留学生数	395人
都道府県、地图编号	大阪府 55

0436

桃山学院大学
大阪府和泉市まなび野1-1 私

招生部门	入試課
招生部门电子邮箱	nyushi@andrew.ac.jp
招生部门电话号码	0725-54-3245
"赴日前"入学许可制度	无
适用于"赴日前"制度的考试	—
本科总学生数	6,441人
本科外国留学生数	93人
都道府県、地图编号	大阪府 58

0166

四天王寺大学
大阪府羽曳野市学園前3丁目2-1 私

招生部门	入試・広報課
招生部门电子邮箱	nyushi@shitennoji.ac.jp
招生部门电话号码	072-956-3183
"赴日前"入学许可制度	无
适用于"赴日前"制度的考试	—
本科总学生数	3,511人
本科外国留学生数	—
都道府県、地图编号	大阪府 56

0057

相爱大学
大阪府大阪市住之江区南港中4丁目4-1 私

招生部门	入試課
招生部门电子邮箱	webmas@soai.ac.jp
招生部门电话号码	06-6612-5905
"赴日前"入学许可制度	无
适用于"赴日前"制度的考试	—
本科总学生数	1,195人
本科外国留学生数	197人
都道府県、地图编号	大阪府 59

0129

太成学院大学
大阪府堺市美原区平尾1060-1 私

招生部门	入試課
招生部门电子邮箱	nyushi@tgu.ac.jp
招生部门电话号码	0120-623-732
"赴日前"入学许可制度	无
适用于"赴日前"制度的考试	—
本科总学生数	1,099人
本科外国留学生数	24人
都道府県、地图编号	大阪府 57

0130

羽衣国际大学
大阪府堺市西区浜寺南町1-89-1 私

招生部门	入試センター
招生部门电子邮箱	nyuushi@hagoromo.ac.jp
招生部门电话号码	072-265-7200
"赴日前"入学许可制度	无
适用于"赴日前"制度的考试	—
本科总学生数	1,038人
本科外国留学生数	199人
都道府県、地图编号	大阪府 60

0433

追手门学院大学

大阪府茨木市西安威2丁目1番15号

文 心 语 教 艺 法 经 社 国 生 理 工 农 综 医 护

招生部门	入試課
招生部门电子邮箱	—
招生部门电话号码	072-641-9644
"赴日前"入学许可制度	无
适用于"赴日前"制度的考试	—
本科总学生数	6,958人
本科外国留学生数	130人
都道府县、地图编号	大阪府 61

0216

关西国际大学

兵库县三木市志染町青山1丁目18番

文 心 语 教 艺 法 经 社 国 生 理 工 农 综 医 护

招生部门	入試・広報課
招生部门电子邮箱	exam@kuins.ac.jp
招生部门电话号码	06-6496-4120
"赴日前"入学许可制度	无
适用于"赴日前"制度的考试	—
本科总学生数	2,051人
本科外国留学生数	87人
都道府县、地图编号	兵库县 64

0470

兵库县立大学

兵库县神户市西区学园西町8-2-1

文 心 语 教 艺 法 经 社 国 生 理 工 农 综 医 护

招生部门	各学部均有不同，详请请参照官方主页。
招生部门电子邮箱	—
招生部门电话号码	各学部均有不同，详请请参照官方主页。
"赴日前"入学许可制度	无
适用于"赴日前"制度的考试	—
本科总学生数	5,426人
本科外国留学生数	43人
都道府县、地图编号	兵库县 62

0545

关西学院大学

兵库县西宫市上ケ原一番町1－155

文 心 语 教 艺 法 经 社 国 生 理 工 农 综 医 护

招生部门	国际教育・协力センター
招生部门电子邮箱	liuxue@kwansei.ac.jp
招生部门电话号码	0798-51-0952
"赴日前"入学许可制度	有
适用于"赴日前"制度的考试	EJU 英语成绩
本科总学生数	24,421人
本科外国留学生数	623人
都道府县、地图编号	兵库县 65

0471

大手前大学

兵库县西宫市御茶家所町6-42

文 心 语 教 艺 法 经 社 国 生 理 工 农 综 医 护

招生部门	アドミッションズ オフィス
招生部门电子邮箱	—
招生部门电话号码	0798-32-7541
"赴日前"入学许可制度	无
适用于"赴日前"制度的考试	—
本科总学生数	2,470人
本科外国留学生数	65人
都道府县、地图编号	兵库县 63

0240

甲南大学

兵库县神户市东滩区冈本8-9-1

文 心 语 教 艺 法 经 社 国 生 理 工 农 综 医 护

招生部门	アドミッションセンター
招生部门电子邮箱	ao@adm.konan-u.ac.jp
招生部门电话号码	078-435-2319
"赴日前"入学许可制度	无
适用于"赴日前"制度的考试	—
本科总学生数	9,108人
本科外国留学生数	4人
都道府县、地图编号	兵库县 66

0710

第八章／千帆竞渡——五彩缤纷的特色专业　593

甲南女子大学
兵庫県神戸市東灘区森北町6-2-23

文 心 语 教
艺 法 经 社
国 生 理 工
农 综 医 护

招生部门	入試課
招生部门电子邮箱	nyushi@konan-wu.ac.jp
招生部门电话号码	078-431-0499
"赴日前"入学许可制度	无
适用于"赴日前"制度的考试	—
本科总学生数	4,180人
本科外国留学生数	3人
都道府县、地图编号	兵庫県 67

0507

流通科学大学
兵庫県神戸市西区学園西町3丁目1番

文 心 语 教
艺 法 经 社
国 生 理 工
农 综 医 护

招生部门	入試部
招生部门电子邮箱	nyushi@red.umds.ac.jp
招生部门电话号码	078-794-2231
"赴日前"入学许可制度	有
适用于"赴日前"制度的考试	JPUE
本科总学生数	3,682人
本科外国留学生数	489人
都道府县、地图编号	兵庫県 70

0212

甲子园大学
兵庫県宝塚市紅葉ガ丘10-1

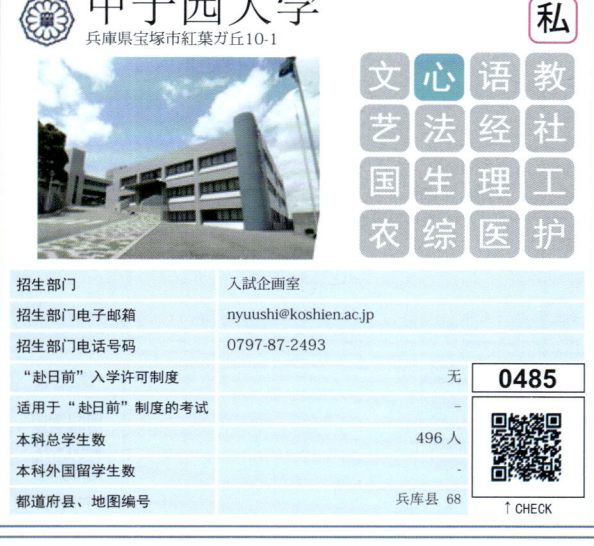

文 心 语 教
艺 法 经 社
国 生 理 工
农 综 医 护

招生部门	入試企画室
招生部门电子邮箱	nyuushi@koshien.ac.jp
招生部门电话号码	0797-87-2493
"赴日前"入学许可制度	无
适用于"赴日前"制度的考试	—
本科总学生数	496人
本科外国留学生数	—
都道府县、地图编号	兵庫県 68

0485

芦屋大学
兵庫県芦屋市六麓荘町13-22

文 心 语 教
艺 法 经 社
国 生 理 工
农 综 医 护

招生部门	芦屋大学入学事務室
招生部门电子邮箱	nyushi@ashiya-u.ac.jp
招生部门电话号码	0120-898-046
"赴日前"入学许可制度	无
适用于"赴日前"制度的考试	—
本科总学生数	798人
本科外国留学生数	49人
都道府县、地图编号	兵庫県 71

0335

姫路独协大学
兵庫県姫路市上大野7－2－1

文 心 语 教
艺 法 经 社
国 生 理 工
农 综 医 护

招生部门	入試センター
招生部门电子邮箱	nyushi@gm.himeji-du.ac.jp
招生部门电话号码	079-223-6515
"赴日前"入学许可制度	无
适用于"赴日前"制度的考试	—
本科总学生数	1,926人
本科外国留学生数	26人
都道府县、地图编号	兵庫県 69

0162

神戸常盘大学
兵庫県神戸市長田区大谷町２－６－２

文 心 语 教
艺 法 经 社
国 生 理 工
农 综 医 护

招生部门	入試広報課
招生部门电子邮箱	nyushi@kobe-tokiwa.ac.jp
招生部门电话号码	078-611-1833
"赴日前"入学许可制度	无
适用于"赴日前"制度的考试	—
本科总学生数	1,041人
本科外国留学生数	2人
都道府县、地图编号	兵庫県 72

0088

神户大学

兵库县神户市滩区六甲台町1-1

招生部门	神户大学中国事务所
招生部门电子邮箱	opie-chinaoffice@office.kobe-u.ac.jp
招生部门电话号码	+86-13910321268
"赴日前"入学许可制度	无
适用于"赴日前"制度的考试	—
本科总学生数	11,596人
本科外国留学生数	111人
都道府县、地图编号	兵库县 73

0090

神户女学院大学

兵库县西宫市冈田山4-1

招生部门	入学センター
招生部门电子邮箱	e-exam@mail.kobe-c.ac.jp
招生部门电话号码	0798-51-8543
"赴日前"入学许可制度	无
适用于"赴日前"制度的考试	—
本科总学生数	2,563人
本科外国留学生数	6人
都道府县、地图编号	兵库县 76

0086

神户国际大学

兵库县神户市东滩区向洋町中9-1-6

招生部门	入試広報センター
招生部门电子邮箱	nyushi@kobe-kiu.ac.jp
招生部门电话号码	078-845-3131
"赴日前"入学许可制度	有
适用于"赴日前"制度的考试	日语成绩
本科总学生数	1,718人
本科外国留学生数	504人
都道府县、地图编号	兵库县 74

0068

神户亲和女子大学

兵库县神户市北区铃兰台北町7丁目13-1

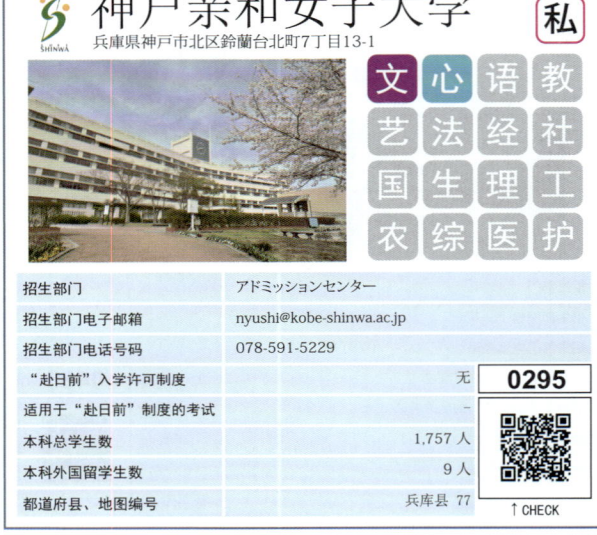

招生部门	アドミッションセンター
招生部门电子邮箱	nyushi@kobe-shinwa.ac.jp
招生部门电话号码	078-591-5229
"赴日前"入学许可制度	无
适用于"赴日前"制度的考试	—
本科总学生数	1,757人
本科外国留学生数	9人
都道府县、地图编号	兵库县 77

0295

神户海星女子学院大学

兵库县神户市滩区青谷町2-7-1

招生部门	アドミッションセンター
招生部门电子邮箱	nyuushi@kaisei.ac.jp
招生部门电话号码	078-801-4117
"赴日前"入学许可制度	无
适用于"赴日前"制度的考试	—
本科总学生数	350人
本科外国留学生数	—
都道府县、地图编号	兵库县 75

0081

神户山手大学

兵库县神户市中央区诹访山町3-1

招生部门	入学センター
招生部门电子邮箱	sky@kobe-yamate.ac.jp
招生部门电话号码	078-341-1615
"赴日前"入学许可制度	无
适用于"赴日前"制度的考试	—
本科总学生数	539人
本科外国留学生数	173人
都道府县、地图编号	兵库县 78

0084

神户市外国语大学
兵库县神户市西区学园东町9－1 公

文 心 **语** 教
艺 法 经 社
国 生 理 工
农 综 医 护

招生部门	学生支援・教育グループ 教務入試班
招生部门电子邮箱	nyushi@office.kobe-cufs.ac.jp
招生部门电话号码	078-794-8134
"赴日前"入学许可制度	无
适用于"赴日前"制度的考试	－
本科总学生数	2,148人
本科外国留学生数	4人
都道府县、地图编号	兵库县 79

0080

神户艺术工科大学
兵库县神户市西区学园西町8-1-1 私

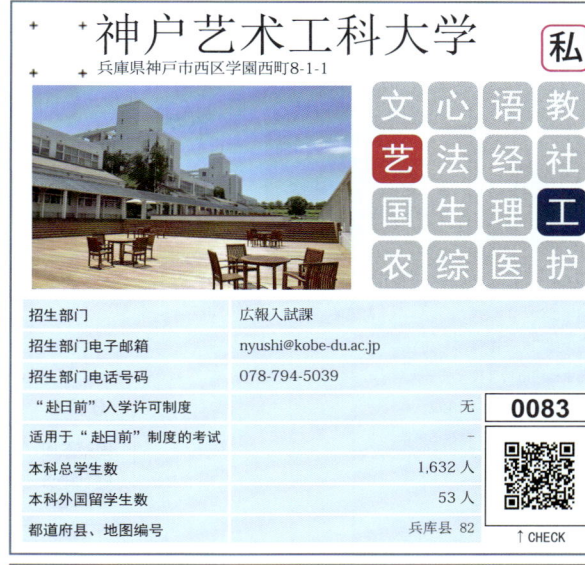

文 心 语 教
艺 法 经 社
国 生 理 **工**
农 综 医 护

招生部门	広報入試課
招生部门电子邮箱	nyushi@kobe-du.ac.jp
招生部门电话号码	078-794-5039
"赴日前"入学许可制度	无
适用于"赴日前"制度的考试	－
本科总学生数	1,632人
本科外国留学生数	53人
都道府县、地图编号	兵库县 82

0083

神户松荫女子学院大学
兵库县神户市滩区筱原伯母野山町1－2－1 私

文 心 **语** 教
艺 法 经 社
国 **生** 理 工
农 综 医 护

招生部门	入試・広報課
招生部门电子邮箱	nyusi@shoin.ac.jp
招生部门电话号码	078-882-6122
"赴日前"入学许可制度	无
适用于"赴日前"制度的考试	－
本科总学生数	1,842人
本科外国留学生数	2人
都道府县、地图编号	兵库县 80

0087

园田学园女子大学
兵库县尼崎市南塚口町7－29－1 私

文 心 语 **教**
艺 法 经 社
国 **生** 理 工
农 **综** 医 **护**

招生部门	入試広報部
招生部门电子邮箱	kouhou@sonoda-u.ac.jp
招生部门电话号码	06-6429-9903
"赴日前"入学许可制度	无
适用于"赴日前"制度的考试	－
本科总学生数	1,382人
本科外国留学生数	－
都道府县、地图编号	兵库县 83

0481

神户学院大学
兵库县神户市中央区港岛1-1-3 私

文 **心** **语** **教**
艺 **法** **经** **社**
国 **生** 理 工
农 综 **医** 护

招生部门	入学事務室
招生部门电子邮箱	nyushi@j.kobegakuin.ac.jp
招生部门电话号码	078-974-1972
"赴日前"入学许可制度	无
适用于"赴日前"制度的考试	－
本科总学生数	11,424人
本科外国留学生数	109人
都道府县、地图编号	兵库县 81

0699

帝冢山大学
奈良县奈良市帝塚山7丁目1－1 私

文 **心** **语** **教**
艺 **法** **经** **社**
国 **生** 理 工
农 综 医 护

招生部门	学生生活課(国際交流担当)
招生部门电子邮箱	kokusai-u@jimu.tezukayama-u.ac.jp
招生部门电话号码	0742-48-9358
"赴日前"入学许可制度	无
适用于"赴日前"制度的考试	－
本科总学生数	3,484人
本科外国留学生数	163人
都道府县、地图编号	奈良县 84

0205

奈良教育大学

奈良県奈良市高畑町 　国

招生部门	入試課
招生部门电子邮箱	nyuusi@nara-edu.ac.jp
招生部门电话号码	0742-27-9126
"赴日前"入学许可制度	无
适用于"赴日前"制度的考试	－
本科总学生数	1,100人
本科外国留学生数	3人
都道府县、地图编号	奈良县 85

0178

高野山大学

和歌山県伊都郡高野町高野山385 　私

招生部门	本校
招生部门电子邮箱	support_faq@koyasan-u.ac.jp
招生部门电话号码	0736-56-2921
"赴日前"入学许可制度	无
适用于"赴日前"制度的考试	－
本科总学生数	163人
本科外国留学生数	16人
都道府县、地图编号	和歌山县 88

0722

奈良女子大学

奈良県奈良市北魚屋東町 　国

招生部门	入試課
招生部门电子邮箱	nyusika@jimu.nara-wu.ac.jp
招生部门电话号码	0742-20-3018
"赴日前"入学许可制度	无
适用于"赴日前"制度的考试	－
本科总学生数	2,152人
本科外国留学生数	29人
都道府县、地图编号	奈良县 86

0188

和歌山大学

和歌山県和歌山市栄谷９３０ 　国

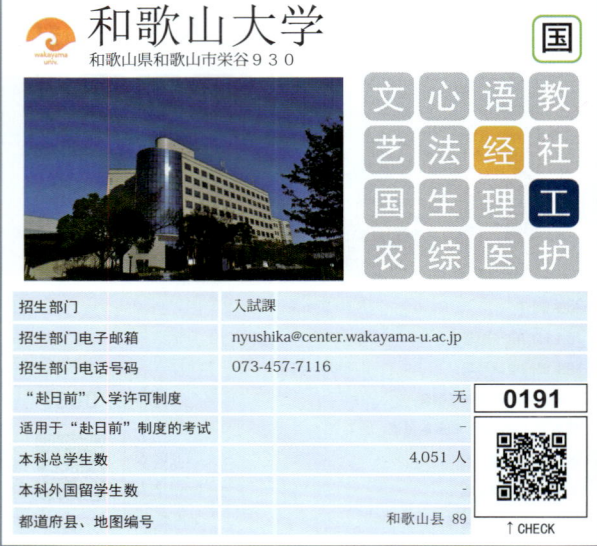

招生部门	入試課
招生部门电子邮箱	nyushika@center.wakayama-u.ac.jp
招生部门电话号码	073-457-7116
"赴日前"入学许可制度	无
适用于"赴日前"制度的考试	－
本科总学生数	4,051人
本科外国留学生数	
都道府县、地图编号	和歌山县 89

0191

天理大学

奈良県天理市杣之内町１０５０ 　私

招生部门	入試課
招生部门电子邮箱	nyushi@sta.tenri-u.ac.jp
招生部门电话号码	0743-62-2164
"赴日前"入学许可制度	有
适用于"赴日前"制度的考试	－
本科总学生数	3,103人
本科外国留学生数	84人
都道府县、地图编号	奈良县 87

0189

大学・短期大学介绍

[中国・四国]

鸟取县／岛根县／冈山县／广岛县／山口县／
德岛县／香川县／爱媛县／高知县

中国・四国 简介

中国・四国地区由本州西部的鸟取县、岛根县、冈山县、广岛县、山口县和四国的德岛县、爱媛县、高知县、香川县构成，共计9个县。

本地区最大的城市广岛市是文化、经济中心，面向濑户内海，气候温暖。

这个地区连接近畿和九州的交通网十分完善，是一大经济区域。

打工参考(麦当劳时薪)

冈山(冈山县)：800日元／小时

松山(爱媛县)：800日元／小时

房租参考(单间价格)

冈山(冈山县)：41800日元／月

松山(爱媛县)：38000日元／月

鸟取县
TOTTORI-KEN

TOTTORI-KEN DATA	
面积	3507.13km²（41位）
人口	57万人（47位）
人口密度	161人/km²（37位）
大学设置数	3（43位）
中国留学生数	87（45位）
市町村数	4市14町1村

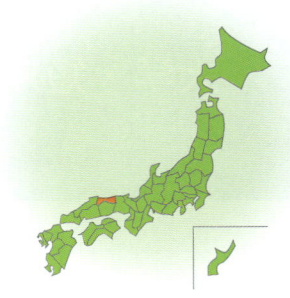

历史

太古时期，有靠捕捉聚集在水边的鸟类等为生的狩猎民族在此地生活。"大和朝廷"建立后，该民族作为"鸟取部"受"大和朝廷"的统治。据说，"大和朝廷"命令他们捕捉鸟类并以此缴纳税金。因此，此地后来就被称为"鸟取县"。

观光地

首先要提到的当然是"鸟取沙丘"。其特征是拥有广阔的面积和连绵起伏的雄伟沙丘峦。沙粒的故乡是广阔的中国山地（日本的一个地区），据说是中国山地中已风化的岩石变作沙粒流入日本海，然后沙粒又被风拍打并随之飘落在海岸上，经过漫长的岁月后终于积聚成了鸟取沙丘。

由于从日本海吹来的风是平稳的，鸟取县成为"滑翔伞运动"和"悬挂式滑翔机运动"日本国内著名的飞行基地。另外，鸟取还作为日本的三项全能运动发源地而闻名。

文化·特征

自古以来就与亚洲大陆和朝鲜半岛有着频繁的交流，是块非常富裕的土地。传统艺术"麒麟狮子舞"吸收了部分中国传统文化想象中的灵兽"麒麟"的文化元素。鸟取县是日本海一侧地区首个被指定为进口促进地区的县，有连接中国上海的定期集装箱船。鸟取现已和中国河北省和吉林省建立了友好合作关系。

名物·名产

鸟取县著名的特产有"松叶蟹"（据说是日本最为美味的冬季料理食品）。而境内的境渔港是蟹类（含松叶蟹）捕捞量日本第一的渔港。另外还有已打入海外市场的"二十世纪梨"和全日本闻名的特产"沙丘青葱"。

最近的话题

在鸟取县，无论从哪个市町村都可以看见星河，即使不是流星群的多发时期也可以经常看到流星。夜晚，仰望天空，你会发现星星似乎触手可及。为了让大家也能够享受鸟取县的这种美好，我们新取雅号"星取县"，等待着你的到来，等你来采摘大把的星星。

大约有1000名中国人住在鸟取县，它是作为处于亚洲东北部连接通道的备受瞩目的一个县。

各类咨询信息

医疗	在医院提供中文提示及翻译服务	根据请求内容派遣当地的外国医疗翻译→①
法律	提供中文提示及翻译服务	「在留手续咨询」（本部）→① 英语·中文的日常咨询→①
住宅	面向留学生们的住宅支援服务	无
奖学金	自治体主导的奖学金制度	自费留学生奖学金（附条件）→①
就业	就业说明、实习信息、面试技巧	无

联系方式

①（公财）鸟取县国际交流财团	0857-31-5951

各大学分布情况

① 公立鸟取环境大学
② 鸟取大学
㊽ 鸟取短期大学

岛根县
鸟取县
冈山县
兵库县
广岛县

【我的日本体验记】 名侦探柯南的故乡——鸟取县

　　日本的动漫可是世界闻名。我想来日本留学的同学们中，有很多是日本的动漫迷，受到日本动漫的影响才选择来日本的吧。但是，你们知道鸟取县这个地方吗？

　　作为一名合格的动漫迷，如果不知道这个地方,可就失职了。在日本,鸟取县可是被称为"漫画王国"的，先后培养了近 50 多位著名的职业漫画家。鸟取县可是《名侦探柯南》作者青山刚昌、《鬼太郎》作者水木茂等日本著名漫画家的故乡，难怪被称为"漫画王国"。

　　刚来到鸟取县的时候，我做的第一件事情就是去青山刚昌纪念馆。据说这里是柯南迷的朝圣地。在青山刚昌纪念馆不仅可以更深入地了解这位大侦探的奇妙人生，最重要的是还能亲手解密"密室杀人"的玄机。在这里都想大声说出"真相永远只有一个"这句话。另外，柯南不单单在纪念馆里，这里的街道上到处都有柯南的影子，从井盖、浮雕、铜像等，让人感觉柯南似乎是真实存在的人物。

　　如果来到日本志在学习动漫知识和技术，成为一名真正的漫画家是你的梦想，那就到鸟取县来吧，来彻底感受一下日本的动漫文化。

——福尔摩斯

岛根县
SHIMANE-KEN

SHIMANE-KEN DATA	
面积	6707.8km²（19位）
人口	72万人（46位）
人口密度	108/km²（44位）
大学设置数	3（46位）
中国留学生数	137（42位）
市町村数	8市10町1村

历史

　　岛根县，人称"出云之国"。岛根县在日本神话中屡屡登场，是被视为日本诞生地的神秘的地方。岛根县拥有被评定为世界遗产的"石见银山"等矿山，岛根县的历代统治者们都以银业、制铁业、木炭业为后盾，从这些资源中获取了强大的财力。同时也有很多"石见银"被出口到了海外，在与中国等亚洲国家和葡萄牙、西班牙等国的贸易中发挥了相应的作用。根据调查显示日本的银产量约占世界银产量的三分之一，这是相当惊人的出产量。

名物·名产

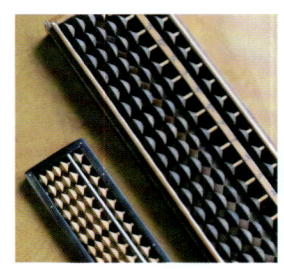

　　"云州算盘"是以当地的橡树、梅花树、烟熏竹为材料，由著名工匠依靠敏锐的直觉和高超的技能制作的精美传统工艺品。其他著名特产还有穴道湖的大和蚬和色泽、香味、甜味三大要素均为上品的"西条柿"及传统料理"出云荞麦面"。岛根县还是罐装咖啡的发源地。

观光地

　　凡是到访松江市的人一定会被穴道湖日落前30分钟的景象（落日绝景）而感动。在《出云国风土记》中所出场的玉造温泉的"长乐园"内，有约360平方米的日本最大的庭园式露天浴池。另外还有斗牛场"隐歧牟牟圆顶屋"以及可观赏到100种鸟类的"松江沃格尔公园"等观光胜地。

文化·特征

　　作为神话舞台的岛根县拥有著名的国宝"出云大社""神魂神社本殿"（位于松江市）等众多仿佛能听到太古时代众神所唱的歌的古老神社。宝贵的传统文化即使在现在依然口口相传,传承不息,为观光产业增添了色彩。

各类咨询信息

医疗	在医院提供中文提示及翻译服务	如有需求可派遣社区翻译→②
法律	提供中文提示及翻译服务	行政书士免费咨询会等→②
住宅	面向留学生们的住宅支援服务	向刚来不久还没有住处的留学生提供短期宿舍→②
奖学金	自治体主导的奖学金制度	向县内的大学（院）在籍，并未获得其他奖学金的自费留学生颁发每月2万日元的奖学金
就业	就业说明、实习信息、面试技巧	无

联系方式

①（财）岛根国际中心	0852-31-5056

各大学分布情况

- ③ 岛根大学
- ④ 岛根县立大学
- ㊾ 岛根县立大学短期大学部

【我的日本体验记】 神秘的日本诞生地——岛根县

　　岛根县是日本比较偏远的山区县份。在这里的外国人不像东京、大阪那样多，每10个人中就有1个是外国人。当初从东京来到岛根，周围的同学都问我为什么要放弃大城市，而选择这样的地方上大学？其实，那是因为岛根吸引了我最终选择来日本留学。在来日本之前，由于自己的父母曾经在岛根生活过，经常可以从父母那里听说很多关于岛根的故事。所以，我一直就向往着能来这个宁静的、古老的、富有神秘色彩的岛根。在东京学习了两年日语，终于如愿以偿考入了岛根的大学。

　　岛根被视为日本诞生地，在日本的神话传说中屡屡登场。这里著名的景点之一出云大社，就有很多美好的神话传说。岛根县内的景点有别于大城市东京的人工景点，这里更多的是传统的风景，是大自然赐予岛根的独特美景。在岛根留学期间，我最喜欢的就是去观赏松江市的穴道湖夕阳。每每看着一轮红日缓缓滑落，将西边的天空染得通红，慢慢地将这座城市带入宁静的夜晚，这样的感觉特别美！

　　如果你想真正体验日本风情的话，那就请来岛根县吧！因为这才是你体验真正日本风情的最明智的选择。

——岛鸟不分

冈山县
OKAYAMA-KEN

OKAYAMA-KEN DATA	
面　　　积	7113.21km²（17位）
人　　　口	194万人（21位）
人　口　密　度	274人/km²（24位）
大 学 设 置 数	27（11位）
中国留学生数	2102（10位）
市　町　村　数	15市10町2村

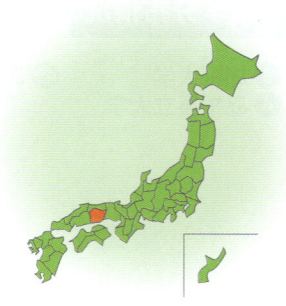

历史

由于濑户内海的调节，冈山县气候温暖，自古以来就形成了其独特的文化圈，并发展成了连接中国（日本的一个地区）和四国地区的交通要塞。此外，冈山县还是水果生产的胜地，县内的葡萄和桃子等各种水果品质优良，深受好评。冈山县北部为中国山地，南部面向濑户内海，县内沿海地区还分布着约90座大小不一的岛屿。而且，近年来由于交通网的完善，冈山县还发展成了以濑户内海工业区为中心的工业大县。冈山县与中国江西省为友好省份。

观光地

冈山县有许多著名景点，"汤原温泉"就是其中之一。汤原温泉是日本有名的露天温泉，该温泉喷出的泉水中夹杂着沙子，以"砂泉"而闻名。泡温泉时游客可以一边欣赏美丽的自然风光，一边悠闲得自得地享受"美人浴""宝宝浴"或"长寿浴"。此外，"冈山后乐园"也是冈山县的著名景点，它是日本三大名园之一，周边坐落着许多美术馆和博物馆，因此游客可以一边散步一边欣赏艺术。

文化・特征

冈山县是日本最为有名的童话"桃太郎"的发源地，该童话大致讲述的是：很久以前一只巨大的桃子从河里漂了下来，不久从那只桃子中生出了一个小男孩，那就是桃太郎，桃太郎长大后消灭了鬼。故事中桃太郎给随行的动物们吃的糯米团子是冈山县的特产之一，每年要卖掉2000万个以上。此外，供奉着桃太郎原型"吉备津彦命"的吉备津神社也很有名，是日本国宝级的神社。除此之外，冈山站前还立有"桃太郎一行人"的铜像。

名物・名产

冈山县是日本晴天最多的县，被称为晴朗之国。不知道是否是因为日照太多，该县日本三大奇祭之一的"西大寺会阳"裸体祭典被安排在每年的二月，在寒冷的冬天举行。这一天，数千名男子在冷水中洗净身体之后汇聚到本堂。当节日到达高潮时所有的灯火将被熄灭，宝木从御福窗中被投进来，之后宝木争夺大战拉开帷幕，最终抢到宝木的人被称为福男，据说将会得到一年的好运。

各类咨询信息

医疗	在医院提供中文提示及翻译服务	根据医院派遣翻译志愿者→② 外国人咨询窗口→②、③
法律	提供中文提示及翻译服务	由外国人对应多种语言→② 外国人咨询窗口→③
住宅	面向留学生们的住宅支援服务	无
奖学金	自治体主导的奖学金制度	无
就业	就业说明、实习信息、面试技巧	无

联系方式

① 冈山县　国际科	086-224-2111
②（财）冈山县国际交流协会	086-256-2914
③ 仓敷市国际交流协会	086-426-3030

第八章／千帆竞渡——五彩缤纷的特色专业

各大学分布情况

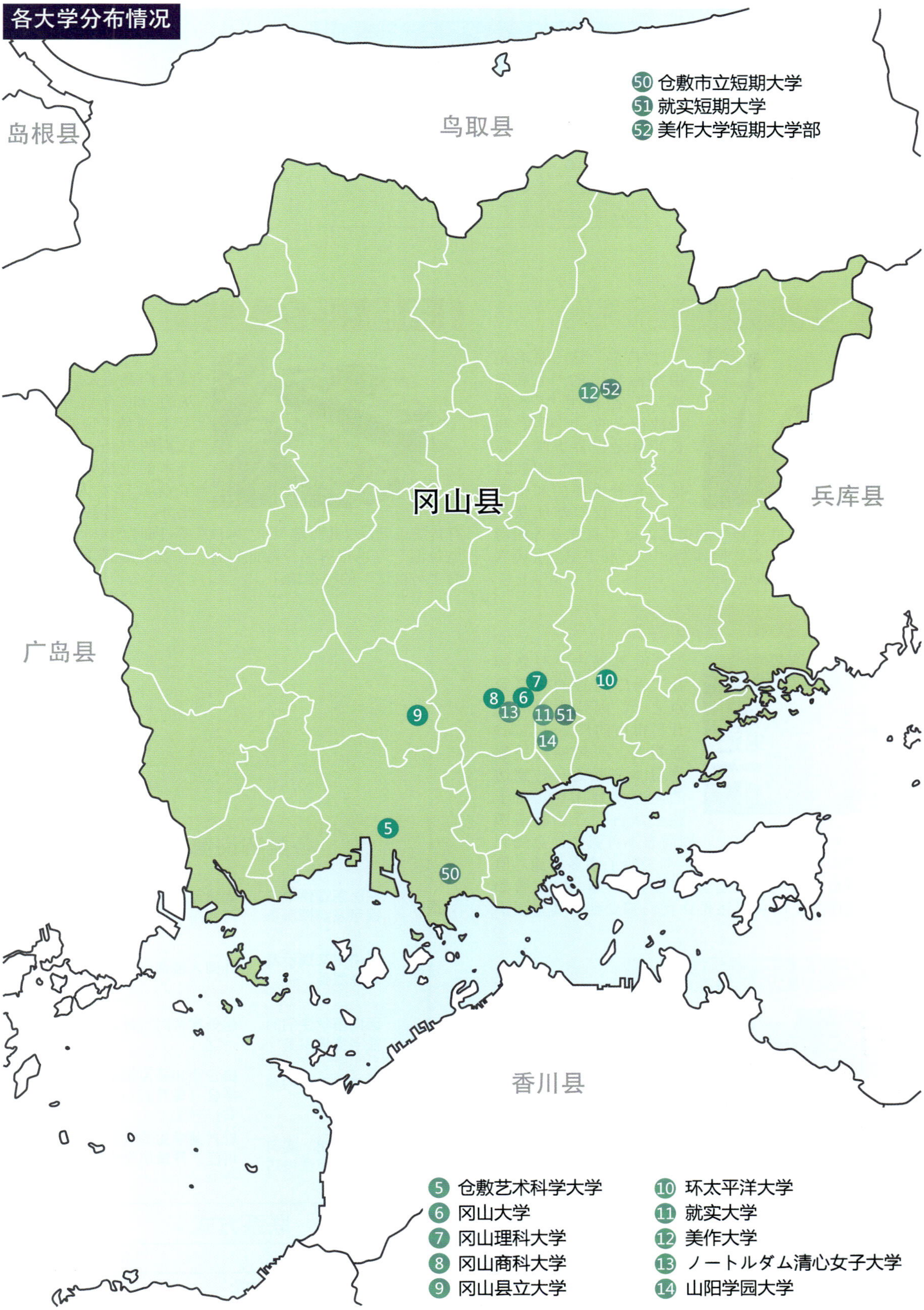

- ㊿ 仓敷市立短期大学
- ㉛ 就实短期大学
- ㉜ 美作大学短期大学部

- ⑤ 仓敷艺术科学大学
- ⑥ 冈山大学
- ⑦ 冈山理科大学
- ⑧ 冈山商科大学
- ⑨ 冈山县立大学
- ⑩ 环太平洋大学
- ⑪ 就实大学
- ⑫ 美作大学
- ⑬ ノートルダム清心女子大学
- ⑭ 山阳学园大学

广岛县
HIROSHIMA-KEN

HIROSHIMA-KEN DATA	
面积	8479.58km² (11位)
人口	286万人 (12位)
人口密度	337人/km² (18位)
大学设置数	26 (12位)
中国留学生数	1931 (11位)
市町村数	14市9町

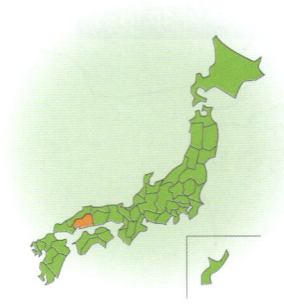

历史

"广岛"这一县名是由统治当地的"毛利家族"取名多用"广"的缘故得来的。广岛县与长崎县是世界上唯一发生过原子弹爆炸的城市，他们有着重要的和平意义，每年我们都能从广岛和长崎接收到向往世界和平的信息。每年有许多外国游客游览世界遗产"原子弹爆炸圆顶"和"广岛和平纪念公园"。广岛县与中国四川省为姊妹省份。

名物·名产

广岛县的代表水产品是广岛牡蛎，据说它从约450年前开始就被人工养殖。现在，广岛牡蛎的市场占有率为全日本的七成左右，获得了众多日本人的亲睐。此外，广岛县的特产还有传统工艺品"熊野笔"和"木屐"等，同时"枫叶馒头""尾道拉面"等也很有名。除此以外，广岛还是著名汽车制造商"马自达"的根据地。

观光地

世界遗产"严岛神社"为广岛县的著名景点之一，因位于广岛县廿日市市的严岛（宫岛）而得名。严岛神社被称为日本三景之一，到访的游客络绎不绝。由于该县从古代开始就信奉岛自身为神并将神社建于海上，因而它不可避免地会受到台风和海浪的影响与侵蚀。虽然至今采取了诸多措施，但是当受到大型台风侵袭时还是会发生坍塌等事故。尽管如此，它那耸立在海上的身影还是让我们感受到了其坚强不屈的精神。

文化·特征

说到广岛县我们不得不提的就是"什锦煎饼"。它是由面粉调制而成的面饼与肉或蔬菜等各种食材煎制而成，最后浇上酱料食用。广岛的什锦煎饼与大阪的不同，广岛的一般是在面饼煎好之后夹入肉或蔬菜，而大阪的则是将各种食材混到面饼中一起煎制。因此，如果在日本看到"什锦煎饼"的话，那么你一定要事先确认到底它是广岛风的还是大阪风的。吃什锦煎饼时广岛流行的是不用筷子而用刀直接送入口中的吃法，这真的很有意思，大家有机会的话一定要尝试一下！

各类咨询信息

医疗	在医院提供中文提示及翻译服务	大量可对应中文的医疗机构，可利用电话进行翻译→①
法律	提供中文提示及翻译服务	外国人咨询窗口→①
住宅	面向留学生们的住宅支援服务	租借宿舍时可成为连带保证人→②
奖学金	自治体主导的奖学金制度	由企业和县民捐赠而设立的奖学金（每月3万日元，60人左右）→①
就业	就业说明、实习信息、面试技巧	针对留学生的实习及就业支援讲座、开设留学生就业说明会→②

联系方式

①（财）广岛国际中心	0120-783-806
② 广岛县留学生活跃支援中心	082-541-3781

第八章／千帆竞渡——五彩缤纷的特色专业

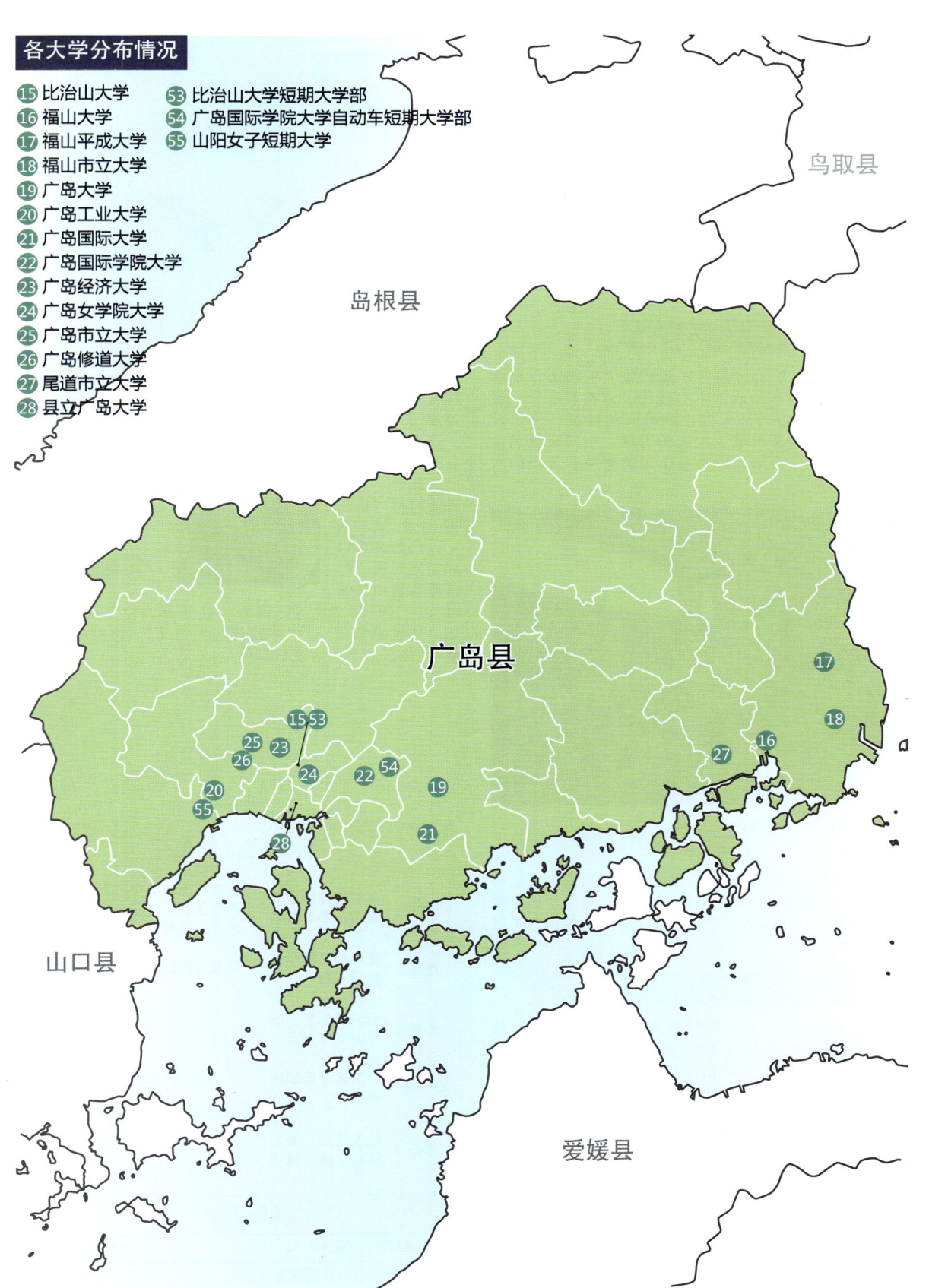

山口县
YAMAGUCHI-KEN

YAMAGUCHI-KEN DATA	
面积	6113.95km²（23位）
人口	145万人（25位）
人口密度	237.4人/km²（28位）
大学设置数	15（20位）
中国留学生数	1088（20位）
市町村数	13市6町

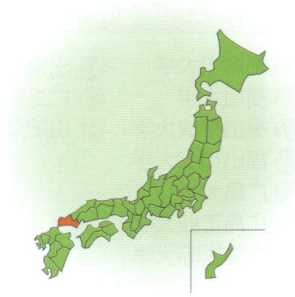

历史

山口县在很久以前曾是日本规模最大的城市，别称为"西京"，后来日本的政治中心迁往了京都和江户（现在的东京），但是山口县人为推翻幕府的独裁统治以及拉开近代政治的帷幕贡献了巨大的力量。山口县县名由阿武郡的山之入口得来。该县与中国的青岛和苏州的太仓通航。

名物·名产

下关市的高级鱼类河豚是山口县的特产之一，它的市场占有率为全日本第一。此外，山口县还推行"山口慢游之旅"活动，使游客可以和当地居民一起慢慢欣赏山口的时间、空间和文化等。该活动具体分为以下几个板块，如"体验农林渔业""体验传统工艺品""体验乡村的味道""住在乡下悠闲度日"等。

观光地

传说中国唐代时期安史之乱发生之时，三大美女之一的杨贵妃与阿倍仲麻吕曾经一起逃离中国，来到了日本现在山口县内的长门市油谷。在现在的同町我们甚至还可以看到杨贵妃的坟墓。

文化·特征

德川幕府统治时期，统治这片土地的是长洲藩，长洲藩是推进明治维新的中坚力量。长洲藩第一个提出了废藩置县的想法，挑起了与幕府之间的战争。山口县高水平的教育与众多社会底层民众的存在使其人才辈出，涌现出了吉田松阴、高杉晋作等众多知名人士，其中高杉领导的"奇兵队"击退了德川军。从此明治政府建立，亚洲最初的君主立宪制和议会制国家诞生了。

各类咨询信息

医疗	在医院提供中文提示及翻译服务	可查找出能够进行粤语、国语、闽南语对应的医疗机构→① 外国人咨询窗口→①、②
法律	提供中文提示及翻译服务	外国人咨询窗口→②
住宅	面向留学生们的住宅支援服务	无
奖学金	自治体主导的奖学金制度	无
就业	就业说明、实习信息、面试技巧	无

联系方式

① 山口县　国际科	083-933-2340
②（公财）山口县国际交流协会	083-925-7353

第八章／千帆竞渡——五彩缤纷的特色专业

各大学分布情况

- ㉙ 德山大学
- ㉚ 东亚大学
- ㉛ 梅光学院大学
- ㉜ 山口大学
- ㉝ 山口县立大学
- ㉞ 山阳小野田市立山口东京理科大学
- ㉟ 下关市立大学
- ㊱ 宇部开拓者大学
- ㊲ 至诚馆大学
- ㊻ 宇部开拓者大学短期大学部

【我的日本体验记】 我的留学地——山口县

山口县因拥有日本最大的喀斯特高原、著名的钟乳石岩洞以及原始森林的国家自然公园等，被人们亲切地称为"小京都"；同时因出了日本多位首相，被视为"政治家的摇篮"。这里也是我体验日本文化的留学之地。在山口县留学期间是很愉快的。我就跟大家简单介绍一下我所认识的山口县吧。

山口县是一座三面环海一面靠山的城市。海产资源非常丰富，其中下关市的高级河豚就是山口县的特产之一，在日本的海产市场占有率可是第一哦。不过，我到现在为止还没有机会品尝过。下次一定要亲口尝一下这个美味河豚！

在以前，山口县也曾是日本规模最大的城市之一，曾被称为"西京"。但是，现在山口县的经济只能算是中等水平。虽然工作机会不像东京、大阪等大城市那么多，不过只要你愿意找的话，还是能找到一份让你满意的工作的。我刚来到山口留学的时候，最开始并没有着急找工作，而是想先锻炼自己的日语。后来因为就读的学校有外国留学生支援制度，再加上自己的日语在学校的帮助下有了很大的进步，便开始尝试找工作，很快就找到了自己满意的工作。相信你如果来到这里，也会找到让你满意的生活和工作的！

——河豚男

德岛县
TOKUSHIMA-KEN

TOKUSHIMA-KEN DATA	
面　　　　积	4146.67km²（36位）
人　　　　口	78万人（44位）
人　口　密　度	189人/km²（33位）
大　学　设　置　数	7（39位）
中　国　留　学　生　数	176（41位）
市　町　村　数	8市15町1村

历史

德岛县古称"阿波国"，在大约三百年前的江户时代，通过垄断蓼蓝、盐、砂糖以及烟叶等创造了巨大的财富。德岛县保存了许多传统历史与文化遗产，比如有记录着蓝染商人盛极一时的辉煌历史的卯建古街、阿波人形净琉璃、四国八十八所灵场等。此外，自古以来德岛与关西联系紧密，并且在世界最长的吊桥明石海峡大桥与大鸣门桥连通后，德岛成为了四国与关西之间的要冲。

名物・名产

德岛县依山傍水，物产丰饶，是一座不折不扣的食材宝库。不仅有著名的"鸣门金时"红薯、莲藕、酸橘等农产品，"阿波牛"等禽畜产品以及鲷鱼、鲍鱼等海产品也非常丰富。此外，因享有"日本之蓝"美誉而备受瞩目的蓝染以及传统陶器工艺品的"大谷烧"也非常有名。

观光地

德岛县有日本西部第二高峰剑山、悬崖峭壁连绵不断的峡谷"大步危・小步危"以及世界三大潮流之一"鸣门漩涡"等著名观光景点，此外，县南部美丽且富于变化的海崖被定为国家公园，这里也是知名的海龟产卵地。

文化・特征

谈到德岛县的夏天，人们首先想到的就是"阿波舞"。每年的8月中旬，享誉世界的阿波舞盛典，吸引海内外超过100万人的游客来参加，德岛县热闹欢腾，完全化为一片阿波舞的海洋。此外，在德岛市内的"阿波舞会馆"全年都可以欣赏与体验阿波舞。

各类咨询信息

医疗	在医院提供中文提示及翻译服务	外国人咨询窗口→①
法律	提供中文提示及翻译服务	外国人咨询窗口→①
住宅	面向留学生们的住宅支援服务	无
奖学金	自治体主导的奖学金制度	无
就业	就业说明、实习信息、面试技巧	无

联系方式

①（财）德岛县国际交流协会	088-656-3303

各大学分布情况

38 德岛大学
39 四国大学

57 德岛工业短期大学
58 四国大学短期大学部

【我的日本体验记】 自然与人文对待乐土——德岛县

　　德岛县旧称阿波国，位于日本四国地方的东部，三面环山一面临海。这是一片同时拥有自然秘境与人文艺术的乐土。

　　自然秘境，这里有将德岛县南北一分为二的剑山，日本三大河流之一的吉野川，还有世界有名的大漩涡——鸣门漩涡。除了德岛县北部的德岛平原，其余的几乎都是山地地形。特别是在西日本也算是少数险峻山岳地带的四国山地，不少登山爱好者都会特意前来挑战呢。

　　人文艺术，最有名的就是有 400 年历史的热情奔放的阿波舞。每年的 8 月 12 日到 15 日的 4 天内，整个德岛县热情洋溢。每年都有 130 万的游客前来参加。对了，阿波舞甚至被拍摄成了电影，就是 2007 年上映的荣仓奈奈主演的电影《阿波舞》。

　　我在德岛县留学、工作了多年，觉得这里是适合居住生活的。全年平均气候都很温暖。夏天经常下雨所以不是很热，而冬天很少下雨或下雪，所以不是很冷。另外，最关键的是这里有热情善良的阿波人。我想只有热情善良的人们，才能跳出热情奔放的阿波舞。

　　也许德岛县比不上繁华的东京都，但是我还是很喜欢这座城市。

——阿波舞舞者

香川县
KAGAWA-KEN

KAGAWA-KEN DATA	
面　　　积	1877km²（47位）
人　　　口	99.58万人（40位）
人　口　密　度	531人/km²（11位）
大 学 设 置 数	6（40位）
中国留学生数	269（36位）
市　町　村　数	8市9町

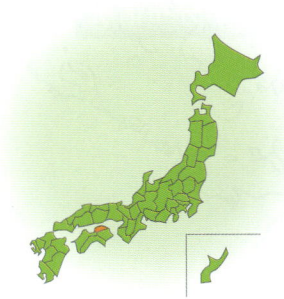

历史

香川县古称"赞岐国"。现在的县名"香川"是由"很久以前桦树将香味传给流经该地的河水"这一传说所得。香川县是全日本面积最小的县，县内平原和山地大约各占一半。香川县北临濑户内海，与冈山县相望，之间由濑户大桥相连，是四国中唯一一个铁路通往本州的县。此外，香川县与中国陕西省结为姊妹省份。

名物・名产

香川县少雨，因而从古代开始就是盐的重要产地。而古代制盐土器的出土等就更加证实了这一点，我们从沿岸各地的遗迹上就可以看出香川县几千年的制盐历史。此外，香川县的特产还有砂糖和木棉，它们与盐一起被誉为"赞岐三白"。

观光地

香川县最为有名的是"赞岐乌冬面"，甚至达到了提乌冬面就不得不提赞岐的程度。"赞岐乌冬面"味道鲜美，很有嚼劲，而且一碗才300日元左右，因此日本有很多游客为了吃一碗乌冬面而特地到香川来。县内乌冬面店大约有700家，好的店一个月甚至有4万多人光临。到了冬季，加了芋头、萝卜等几种浇头的卤面卖得非常好。

文化・特征

大约从三百年前开始，民间流行起了朝圣活动，其中巡回朝拜四国的四县八十八处名刹活动被称为"遍路"。从20世纪后半期开始，相比信仰而言，更多的朝圣者或修行观光者是为了自我探索及自我抚慰而参加的。地方上的人们将这些朝圣者称为"遍路人"，香川县为四县中最后巡回朝拜的县。朝拜路程全长为1200千米~1400千米，徒步的话要花40天左右才能完成，而乘坐观光巴士或汽车的话则只需10天左右。

各类咨询信息

医疗	在医院提供中文提示及翻译服务	外国人咨询窗口→①、②
法律	提供中文提示及翻译服务	提供多语种生活相关信息，开设外国人人权法律相关咨询→①
住宅	面向留学生们的住宅支援服务	留学生租房时提供连带担保→①
奖学金	自治体主导的奖学金制度	向高松市内居住的外国自费留学生补助国民健康保险金→②
就业	就业说明、实习信息、面试技巧	无

联系方式

①（财）香川县国际交流协会（I·PAL）	087-837-5908
②（公财）高松市国际交流协会	087-837-6003

各大学分布情况

- ㊵ 高松大学
- ㊶ 香川大学
- ㊾ 高松短期大学
- ㊿ 香川短期大学

【我的日本体验记】 让外国人安心居住的香川县

众所周知，日本是自然灾害多发的国家。特别是地震和台风，很难掌握它何时会发生。所以，日本人平时在家里都会备好防灾用品、食物等。日本的各个地方政府，也都会对居民进行防灾知识宣传或防灾训练。

我现在所居住的香川县，位于欧亚板块四国岛的东北部。也是经常发生地震的一个地方。据说香川县南海地震的发生率为30年之内50%，50年之内80%。由于近年来到香川县长期居住或短暂旅游的外国人越来越多，但是地震对于外国人来说特别是我们中国人来说，算是比较陌生的，都比较缺乏灾害自我保护知识。香川县政府部门就制作了多语言的灾害向导手册。其中，当然也有中文版。这个对于日语并不是很好的我来说，真是太有帮助了。上面有地震篇、台风大雨篇以及紧急时刻的救助篇。有讲解如何进行灾害前防备、灾害发生时的保护以及灾害后的行动等。真不愧是漫画大国，防灾向导手册是图文并茂，很容易理解，我想即使是小孩子也看得懂。

大家如果来到香川，也不要担心地震台风灾害。香川县政府为了让外国居民能够安心地居住生活，特别是针对外国人的语言障碍，采取了很多应对措施。

——中国女孩

爱媛县
 EHIME-KEN

EHIME-KEN DATA	
面　　　　积	5678.18km²（26位）
人　　　　口	143万人（26位）
人　口　密　度	252人/km²（26位）
大 学 设 置 数	10（30位）
中 国 留 学 生 数	293（33位）
市　町　村　数	11市9町

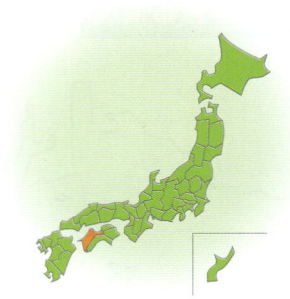

历　史

　　爱媛县气候稳定、灾害很少，是一个适宜居住的地方。爱媛县在濑户内海和宇和海周边有200多座岛屿，在宇和海南部甚至可以看到珊瑚礁。爱媛县有很多古老的城市如松山城，还有很多闻名于耳的自然资源如"道后温泉"等。此外，爱媛县还被称为"俳句之国"，培养出正冈子规等众多俳人。它与中国大连市是友好城市。

名物・名产

　　爱媛县温暖的气候使其很适宜柑橘类的生产，伊予橘与甜橘的产量为全日本第一。此外，奇异果与栗子的产量也居全日本首位。爱媛县柑橘的产量直至2003年还是高居日本首位，但是2004年被和歌山县夺去了魁首的位置。此外爱媛县的毛巾与手帕产品也非常有名，产量高居全日本首位。

观光地

　　爱媛县境内有日本最古老的温泉"道后温泉"，它拥有3000年的悠久历史，获得了法国《米其林旅游指南》中最高的评级：三星。传说在很久以前有一只脚受伤的白鹭在爱媛泡了从岩石间流出来的温泉之后，伤就奇迹般痊愈了。看到白鹭的腿伤好了并飞走的村民对此感到十分惊奇，他们也把受伤的手放进了温泉中，并最终确认了此温泉拥有治愈疗伤的效果。此后白鹭就成了"道后温泉"的象征。

文化・特征

　　由于在四百多年前，爱媛县分裂成了8个区域，所以各地区间有着微妙的文化差异。比如说假如有100万日元的话，大家的使用方法会各不相同。东部地区的人会用其做生意，然后赚两倍三倍的钱；中央地区的人则会将其存起来，然后靠利息过着舒适的生活；而南部地区的人则会在一晚上就将其花光（特别是办酒宴）。爱媛县的人，性格很保守，据说这是由于该县气候温暖的缘故。

各类咨询信息

医疗	在医院提供中文提示及翻译服务	外国人咨询窗口（须事先询问）→①
法律	提供中文提示及翻译服务	外国人咨询窗口（固定日期限定预约制）→①
住宅	面向留学生们的住宅支援服务	无
奖学金	自治体主导的奖学金制度	无
就业	就业说明、实习信息、面试技巧	无

联系方式

① （财）爱媛县国际交流协会　　089-917-5678

第八章／千帆竞渡——五彩缤纷的特色专业

各大学分布情况

㊷ 爱媛县立医疗技术大学
㊸ 爱媛大学
㊹ 圣カタリナ大学
㊺ 松山大学

㊿ 今治明德短期大学
㊽ 圣カタリナ大学短期大学部

【我的日本体验记】 道后温泉物语——爱媛县

　　日本的温泉闻名于世。据统计，从北到南约有 2600 座温泉，7.5 万家温泉旅馆，每年约有 1.1 亿人次使用温泉，相当于日本的总人口数。在这么多温泉当中，我隆重向大家推荐的是爱媛县的一个温泉——道后温泉。

　　道后温泉，是日本温泉中最古老的一个温泉。始建于 1894 年，迄今为止拥有 3000 多年的历史了，如今已被指定为国家级重要文物，可以说它是爱媛县的一个代表性的建筑物。据说，著名的动画大师宫崎骏先生的著名动画《千与千寻》中的公共浴场——"油屋"的原型就是这座道后温泉馆。

　　作为宫崎骏动画的追随者的我，为了体验一次动画中的场景，也曾经去过这座道后温泉馆。从东京羽田国际机场出发，只需要 75 分钟就到达爱媛县。到达目的地后，纵观三层木造结构的道后温泉馆，游人如织，还真有点《千与千寻》里的感觉。在这里，泡完温泉后，可以穿上浴衣在大休息厅或单间中休息，也可以吃饭喝酒。如果约上几个好友一起去的话，休息时大家还可以打扑克、玩游戏等娱乐心情，真是惬意。另外，在这里你还可以参观日本唯一的皇室专用温泉浴池"又新殿"。

　　如果你也是宫崎骏动画迷，有机会的话，一定要来爱媛县的道后温泉一趟，否则会后悔哦。

——千与千寻

高知县
KOCHI-KEN

KOCHI-KEN DATA	
面　　　　积	7105.16km²（18位）
人　　　　口	76万人（45位）
人　口　密　度	108人/km²（43位）
大 学 设 置 数	5（43位）
中国留学生数	104（43位）
市　町　村　数	11市17町6村

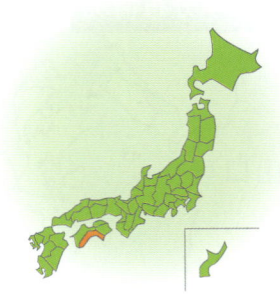

历史

高知县古称"土佐国"。该县西部地形复杂，多为岬角和海湾，而东部多为延绵不绝的沙丘海岸，而且平原稀少，森林覆盖率高达84%，居日本第一位。高知县拥有美丽的自然风光，丰富的山珍海味。最近划艇、斯库巴潜水以及观鲸等活动也在该县流行起来。

观光地

高知县有许多著名景点，其中有"面包超人博物馆"，这是为了纪念出生于高知县的著名漫画家柳濑嵩而建造的。《面包超人》为柳濑嵩的著名作品，深受日本儿童喜爱。这是一个坐落于美丽自然中的博物馆，洋溢着欢乐的气氛，是一个不可思议的博物馆。此外，高知县的"夜来节"也非常有名，每年有100万以上的人参加。节日当中，150个以上的小组聚集舞场，约1.5万人同时展示热情欢快的舞蹈。

名物・名产

高知县是个水产大县，捕鱼量高居全日本首位。其中鲣鱼等非常有名，常被制为鱼肉松或鲣鱼干等，是一道深受欢迎的菜。此外，"土佐和纸"也非常有名，它至今拥有1000多年的历史，是一张一张手工制作而成的传统工艺品。除此之外，高知县的茄子、韭菜、生姜等蔬菜的产量也居日本第一。

文化・特征

160年前，许多身份低下的有志人士走出高知县，在当时的首都京都大放光彩。这种不屈的精神号召了许多人士，最终打倒了德川幕府的统治，揭开了近代政治与经济发展的帷幕。"坂本龙马"为此运动的代表人物之一，至今还深受好评，常被作为大家的模范出现在各种教材、小说或电影等当中。

各类咨询信息

医疗	在医院提供中文提示及翻译服务	外国人咨询窗口（完全预约制）→②
法律	提供中文提示及翻译服务	外国人咨询窗口（完全预约制）→②
住宅	面向留学生们的住宅支援服务	无
奖学金	自治体主导的奖学金制度	无
就业	就业说明、实习信息、面试技巧	无

联系方式

① 高知县　国际交流科	088-823-1111
②（公财）高知县国际交流协会	088-875-0022

各大学分布情况

- ㊻ 高知大学
- ㊼ 高知县立大学
- ㊿ 高知学园短期大学

【我的日本体验记】 日本最后的清流——高知县

　　朋友娘家是高知县的，父母经常会给她寄一些家乡的小吃过来，其实就是平常超市都能买到的东西，可味道就是不一样。后来由于工作关系去了一趟高知，多少有一点明白那里东西好吃的原因，可能与水质有关。就像喝茶一样，同样的茶叶，不一样的水泡出来的味道相差千里。所以《红楼梦》中妙玉用雪水泡出的茶才是人间极品。

　　从高知县穿过的四万十川可能是日本最后一条没有被污染的河流了。全长 196 公里的河道上，没有建设一座大坝。划着一叶小舟顺流而下，波光粼粼，两岸清翠。沿途没有看到一家工厂。日本管这样没有被钢筋水泥污染的河川叫 "清流"。迄今日本全国能称得上清流的河川已仅剩三条。这条河也滋养了许多推动日本历史的大人物，坂本龙马就是其中之一。他对日本明治维新的成功起到了不可磨灭的作用，也为后来日本海军的建设奠定了坚实的基础。2010 年日本的大型历史电视连续剧《龙马传》就是描写他的一生，使日本的新一代青年们重新认识了他对日本近代明治维新进程所起的作用，成为时代的偶像。

　　高知县的经济在日本 47 个都道府县中排名靠后，没有知名的大型工业，以农业和渔业为主。这也使得它没有被过度开发，保持了日本最后一方净土。社会经济的发展从某种程度上来说，一定是以环境的破坏为代

——子路

公立鸟取环境大学 公
鸟取县鸟取市若叶台北一丁目1番1号

文 心 语 教
艺 法 经 社
国 生 理 工
农 综 医 护

招生部门	事務局企画広報課入試室
招生部门电子邮箱	nyushi@kankyo-u.ac.jp
招生部门电话号码	0857-38-6720
"赴日前"入学许可制度	无
适用于"赴日前"制度的考试	—
本科总学生数	1,230 人
本科外国留学生数	16 人
都道府县、地图编号	鸟取县 1

0194

岛根县立大学 公
岛根县浜田市野原町2433-2

文 心 语 教
艺 法 经 社
国 生 理 工
农 综 医 护

招生部门	事務局アドミッション室
招生部门电子邮箱	h-ac@u-shimane.ac.jp
招生部门电话号码	0855-24-2203
"赴日前"入学许可制度	无
适用于"赴日前"制度的考试	—
本科总学生数	1,468 人
本科外国留学生数	9 人
都道府县、地图编号	岛根县 4

0160

鸟取大学 国
鸟取县鸟取市湖山町南4丁目101

文 心 语 教
艺 法 经 社
国 生 理 工
农 综 医 护

招生部门	学生部入試課
招生部门电子邮箱	st-nyushiken@adm.tottori-u.ac.jp
招生部门电话号码	0857-31-5061
"赴日前"入学许可制度	无
适用于"赴日前"制度的考试	—
本科总学生数	5,258 人
本科外国留学生数	16 人
都道府县、地图编号	鸟取县 2

0267

仓敷艺术科学大学 私
冈山县仓敷市连岛町西之浦2640番地

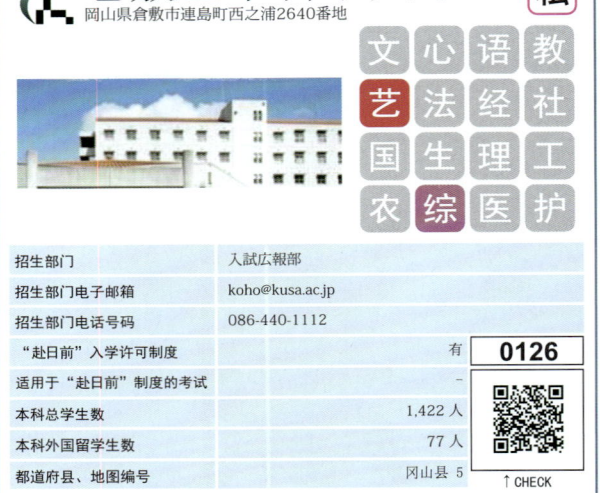

文 心 语 教
艺 法 经 社
国 生 理 工
农 综 医 护

招生部门	入試広報部
招生部门电子邮箱	koho@kusa.ac.jp
招生部门电话号码	086-440-1112
"赴日前"入学许可制度	有
适用于"赴日前"制度的考试	—
本科总学生数	1,422 人
本科外国留学生数	77 人
都道府县、地图编号	冈山县 5

0126

岛根大学 国
岛根县松江市西川津町１０６０

文 心 语 教
艺 法 经 社
国 生 理 工
农 综 医 护

招生部门	教育・学生支援部教育・入試企画課
招生部门电子邮箱	epd-nnyushi@office.shimane-u.ac.jp
招生部门电话号码	0852-32-6073
"赴日前"入学许可制度	有
适用于"赴日前"制度的考试	EJU 英语成绩
本科总学生数	5,301 人
本科外国留学生数	47 人
都道府县、地图编号	岛根县 3

0300

冈山大学 国
冈山县冈山市北区津岛中1丁目1番1号

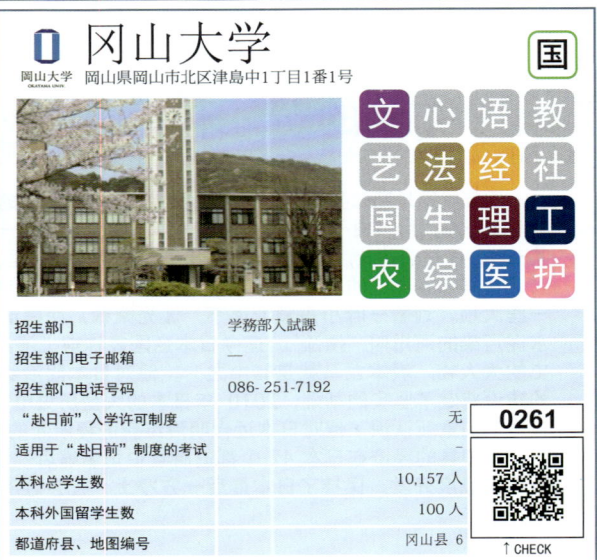

文 心 语 教
艺 法 经 社
国 生 理 工
农 综 医 护

招生部门	学務部入試課
招生部门电子邮箱	—
招生部门电话号码	086-251-7192
"赴日前"入学许可制度	无
适用于"赴日前"制度的考试	—
本科总学生数	10,157 人
本科外国留学生数	100 人
都道府县、地图编号	冈山县 6

0261

第八章／千帆竞渡——五彩缤纷的特色专业

冈山理科大学 私
冈山县冈山市北区理大町1-1

文 心 语 教 艺 法 经 社 国 生 理 工 农 综 医 护

招生部门	入試広報部
招生部门电子邮箱	kouhou@ous.ac.jp
招生部门电话号码	086-256-9679
"赴日前"入学许可制度	有
适用于"赴日前"制度的考试	EJU 日语成绩
本科总学生数	6,011人
本科外国留学生数	139人
都道府县、地图编号	冈山县 7

0479 ↑CHECK

环太平洋大学 私
冈山县冈山市东区濑户町观音寺721番地

文 心 语 教 艺 法 经 社 国 生 理 工 农 综 医 护

招生部门	入試広報課
招生部门电子邮箱	nk@ipu-japan.ac.jp
招生部门电话号码	086-908-0200
"赴日前"入学许可制度	无
适用于"赴日前"制度的考试	—
本科总学生数	2,100人
本科外国留学生数	200人
都道府县、地图编号	冈山县 10

0634 ↑CHECK

冈山商科大学 私
冈山县冈山市北区津岛京町2丁目10-1

文 心 语 教 艺 法 经 社 国 生 理 工 农 综 医 护

招生部门	入試課
招生部门电子邮箱	nyusi@po.osu.ac.jp
招生部门电话号码	086-256-6652
"赴日前"入学许可制度	无
适用于"赴日前"制度的考试	—
本科总学生数	1,627人
本科外国留学生数	320人
都道府县、地图编号	冈山县 8

0218 ↑CHECK

就实大学 私
冈山县冈山市中区西川原1-6-1

文 心 语 教 艺 法 经 社 国 生 理 工 农 综 医 护

招生部门	入試課
招生部门电子邮箱	nyushi@shujitsu.ac.jp
招生部门电话号码	086-271-8118
"赴日前"入学许可制度	无
适用于"赴日前"制度的考试	—
本科总学生数	2,636人
本科外国留学生数	10人
都道府县、地图编号	冈山县 11

0067 ↑CHECK

冈山县立大学 公
冈山县总社市窪木111

文 心 语 教 艺 法 经 社 国 生 理 工 农 综 医 护

招生部门	事务局教学课
招生部门电子邮箱	nyushi@ad.oka-pu.ac.jp
招生部门电话号码	0866-94-9163
"赴日前"入学许可制度	无
适用于"赴日前"制度的考试	—
本科总学生数	1,634人
本科外国留学生数	—
都道府县、地图编号	冈山县 9

0480 ↑CHECK

美作大学 私
冈山县津山市北园町50

文 心 语 教 艺 法 经 社 国 生 理 工 农 综 医 护

招生部门	外国人留学生 入試係
招生部门电子邮箱	kouhou@mimasaka.ac.jp
招生部门电话号码	0868-22-5570
"赴日前"入学许可制度	无
适用于"赴日前"制度的考试	—
本科总学生数	894人
本科外国留学生数	1人
都道府县、地图编号	冈山县 12

0118 ↑CHECK

ノートルダム清心女子大学 （私）

岡山県岡山市北区伊福町2-16-9

分类：文・心・语・教・艺・法・经・社・国・生・理・工・农・综・医・护（标亮：文、心、语、教、社、生）

招生部门	入試広報部
招生部门电子邮箱	apoffice@pluto.ndsu.ac.jp
招生部门电话号码	086-255-5585
"赴日前"入学许可制度	无
适用于"赴日前"制度的考试	—
本科总学生数	2,316人
本科外国留学生数	-
都道府县、地图编号	冈山县 13

代码：0339

福山大学 （私）

広島県福山市学園町1番地三蔵

分类标亮：文、语、教、经、社、理、工

招生部门	学務部国際交流課
招生部门电子邮箱	kokusaikouryuuka@fuss.fukuyama-u.ac.jp
招生部门电话号码	084-936-2111
"赴日前"入学许可制度	有
适用于"赴日前"制度的考试	JPUE
本科总学生数	3,777人
本科外国留学生数	131人
都道府县、地图编号	广岛县 16

代码：0663

山阳学园大学 （私）

岡山県岡山市中区平井1-14-1

分类标亮：文、语、生

招生部门	入試広報部
招生部门电子邮箱	nyushi@sguc.ac.jp
招生部门电话号码	086-272-4024
"赴日前"入学许可制度	无
适用于"赴日前"制度的考试	—
本科总学生数	615人
本科外国留学生数	79人
都道府县、地图编号	冈山县 14

代码：0050

福山平成大学 （私）

広島県福山市御幸町上岩成正戸117-1

分类标亮：经

招生部门	外国人留学生入学試験係(庶務課)
招生部门电子邮箱	—
招生部门电话号码	084-972-5001
"赴日前"入学许可制度	无
适用于"赴日前"制度的考试	—
本科总学生数	128人
本科外国留学生数	7人
都道府县、地图编号	广岛县 17

代码：0508

比治山大学 （私）

広島県広島市東区牛田新町4丁目1-1

分类标亮：文、语、教、生

招生部门	入試広報室
招生部门电子邮箱	nyushid@hijiyama-u.ac.jp
招生部门电话号码	082-229-0150
"赴日前"入学许可制度	无
适用于"赴日前"制度的考试	—
本科总学生数	1,615人
本科外国留学生数	8人
都道府县、地图编号	广岛县 15

代码：0156

福山市立大学 （公）

広島県福山市港町二丁目19番1号

分类标亮：教、经、社、国、综

招生部门	事務局 学務課
招生部门电子邮箱	gakumu@fcu.ac.jp
招生部门电话号码	084-999-1113
"赴日前"入学许可制度	无
适用于"赴日前"制度的考试	—
本科总学生数	1,058人
本科外国留学生数	2人
都道府县、地图编号	广岛县 18

代码：0265

广岛大学 〔国〕
広島県東広島市鏡山1-3-2

招生部门	入学センター入試グループ
招生部门电子邮箱	nyusi-group@office.hiroshima-u.ac.jp
招生部门电话号码	082-424-6174
"赴日前"入学许可制度	有
适用于"赴日前"制度的考试	英语成绩
本科总学生数	10,810人
本科外国留学生数	75人
都道府县、地图编号	广岛县 19

0023

广岛国际学院大学 〔私〕
広島県広島市安芸区中野六丁目20-1

招生部门	入試課
招生部门电子邮箱	nyuushi@office.hkg.ac.jp
招生部门电话号码	082-820-2524
"赴日前"入学许可制度	无
适用于"赴日前"制度的考试	—
本科总学生数	708人
本科外国留学生数	165人
都道府县、地图编号	广岛县 22

0698

广岛工业大学 〔私〕
広島県広島市佐伯区三宅2-1-1

招生部门	入試広報部
招生部门电子邮箱	nyushi@it-hiroshima.ac.jp
招生部门电话号码	082-921-3128
"赴日前"入学许可制度	无
适用于"赴日前"制度的考试	—
本科总学生数	4,557人
本科外国留学生数	2人
都道府县、地图编号	广岛县 20

0019

广岛经济大学 〔私〕
広島県広島市安佐南区祇園5-37-1

招生部门	国際交流室
招生部门电子邮箱	int-sc@hue.ac.jp
招生部门电话号码	082-871-1002
"赴日前"入学许可制度	有
适用于"赴日前"制度的考试	日语成绩
本科总学生数	2,813人
本科外国留学生数	56人
都道府县、地图编号	广岛县 23

0017

广岛国际大学 〔私〕
広島県東広島市黒瀬学園台555-36

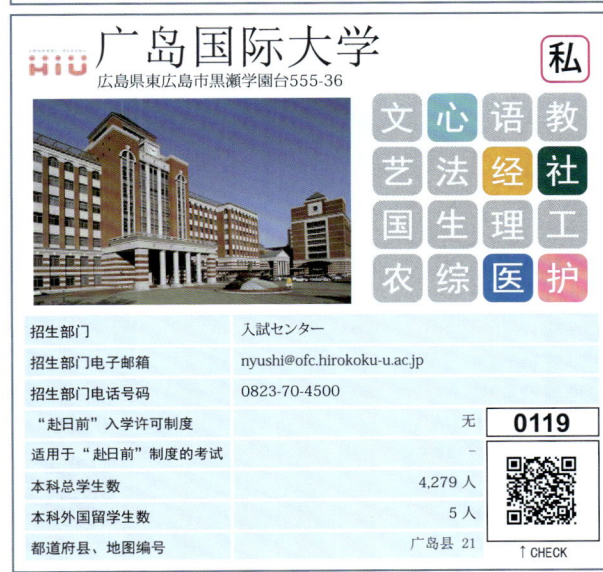

招生部门	入試センター
招生部门电子邮箱	nyushi@ofc.hirokoku-u.ac.jp
招生部门电话号码	0823-70-4500
"赴日前"入学许可制度	无
适用于"赴日前"制度的考试	—
本科总学生数	4,279人
本科外国留学生数	5人
都道府县、地图编号	广岛县 21

0119

广岛女学院大学 〔私〕
広島県広島市東区牛田東4-13-1

招生部门	入試課
招生部门电子邮箱	nyushi@gaines.hju.ac.jp
招生部门电话号码	082-228-0386
"赴日前"入学许可制度	无
适用于"赴日前"制度的考试	—
本科总学生数	1,411人
本科外国留学生数	9人
都道府县、地图编号	广岛县 24

0021

广岛市立大学 【公】
広島県広島市安佐南区大塚東三丁目4番1号

文 心 语 教
艺 法 经 社
国 生 理 工
农 综 医 护

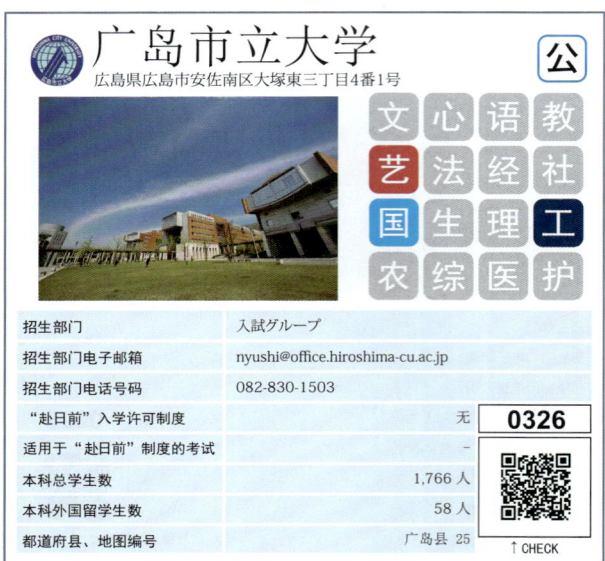

招生部门	入試グループ
招生部门电子邮箱	nyushi@office.hiroshima-cu.ac.jp
招生部门电话号码	082-830-1503
"赴日前"入学许可制度	无
适用于"赴日前"制度的考试	—
本科总学生数	1,766人
本科外国留学生数	58人
都道府县、地图编号	广岛县 25

0326 ↑CHECK

县立广岛大学 【公】
広島県広島市南区宇品東1-1-71

文 心 语 教
艺 法 经 社
国 生 理 工
农 综 医 护

招生部门	本部教学課入試担当
招生部门电子邮箱	puhnyusi@pu-hiroshima.ac.jp
招生部门电话号码	082-251-9540
"赴日前"入学许可制度	无
适用于"赴日前"制度的考试	—
本科总学生数	2,469人
本科外国留学生数	29人
都道府县、地图编号	广岛县 28

0016 ↑CHECK

广岛修道大学 【私】
広島県広島市安佐南区大塚東一丁目1-1

文 心 语 教
艺 法 经 社
国 生 理 工
农 综 医 护

招生部门	入学センター
招生部门电子邮箱	nyugaku@js.shudo-u.ac.jp
招生部门电话号码	082-830-1100
"赴日前"入学许可制度	无
适用于"赴日前"制度的考试	—
本科总学生数	6,276人
本科外国留学生数	23人
都道府县、地图编号	广岛县 26

0020 ↑CHECK

德山大学 【私】
山口県周南市学園台843-4-2

文 心 语 教
艺 法 经 社
国 生 理 工
农 综 医 护

招生部门	留学生支援室
招生部门电子邮箱	kokusai@tokuyama-u.ac.jp
招生部门电话号码	0834-28-0411
"赴日前"入学许可制度	有
适用于"赴日前"制度的考试	—
本科总学生数	957人
本科外国留学生数	251人
都道府县、地图编号	山口县 29

0192 ↑CHECK

尾道市立大学 【公】
広島県尾道市久山田町1600番地2

文 心 语 教
艺 法 经 社
国 生 理 工
农 综 医 护

招生部门	学務課教務係
招生部门电子邮箱	kyomu@onomichi-u.ac.jp
招生部门电话号码	0848-22-8381
"赴日前"入学许可制度	无
适用于"赴日前"制度的考试	—
本科总学生数	1,431人
本科外国留学生数	18人
都道府县、地图编号	广岛县 27

0147 ↑CHECK

东亚大学 【私】
山口県下関市一の宮学園町2-1

文 心 语 教
艺 法 经 社
国 生 理 工
农 综 医 护

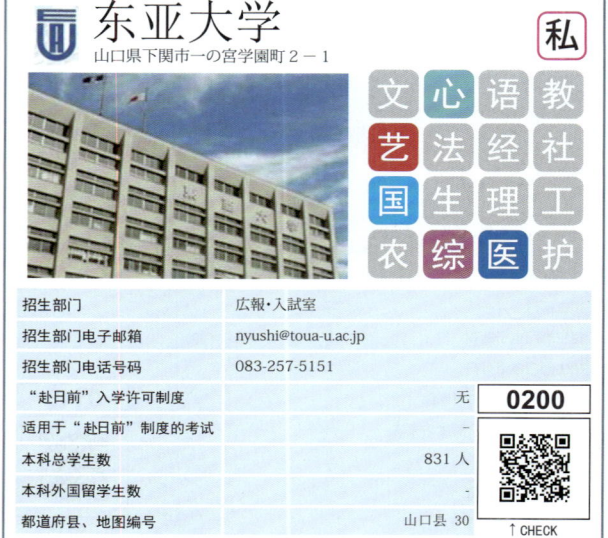

招生部门	広報・入試室
招生部门电子邮箱	nyushi@toua-u.ac.jp
招生部门电话号码	083-257-5151
"赴日前"入学许可制度	无
适用于"赴日前"制度的考试	—
本科总学生数	831人
本科外国留学生数	
都道府县、地图编号	山口县 30

0200 ↑CHECK

梅光学院大学 〔私〕
山口県下関市向洋町1-1-1

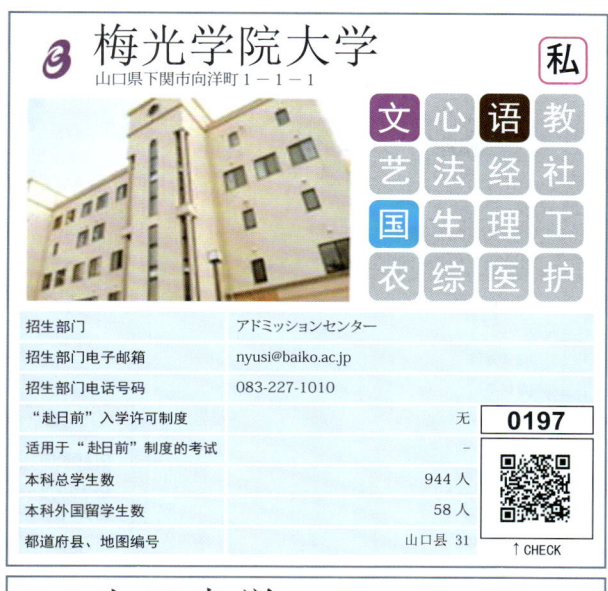

分类：文・语・教・国

招生部门	アドミッションセンター
招生部门电子邮箱	nyusi@baiko.ac.jp
招生部门电话号码	083-227-1010
"赴日前"入学许可制度	无
适用于"赴日前"制度的考试	—
本科总学生数	944人
本科外国留学生数	58人
都道府县、地图编号	山口县 31

编号：0197

山阳小野田市立山口东京理科大学 〔公〕
山口県山陽小野田市大学通1-1-1

分类：理・工

招生部门	教務課　入試係
招生部门电子邮箱	kyoumu@admin.tusy.ac.jp
招生部门电话号码	0836-88-4505
"赴日前"入学许可制度	无
适用于"赴日前"制度的考试	—
本科总学生数	1,098人
本科外国留学生数	10人
都道府县、地图编号	山口县 34

编号：0414

山口大学 〔国〕
山口県山口市吉田1677-1

分类：文・心・语・教・艺・法・经・社・国・生・理・工・农・综・医・护

招生部门	学生支援部入試課
招生部门电子邮箱	nyushi@yamaguchi-u.ac.jp
招生部门电话号码	083-933-5153
"赴日前"入学许可制度	有
适用于"赴日前"制度的考试	EJU 英语成绩
本科总学生数	8,702人
本科外国留学生数	33人
都道府县、地图编号	山口县 32

编号：0047

下关市立大学 〔公〕
山口県下関市大学町二丁目1番1号

分类：经

招生部门	学務グループ　入試班
招生部门电子邮箱	nyugaku@shimonoseki-cu.ac.jp
招生部门电话号码	083-254-8611
"赴日前"入学许可制度	无
适用于"赴日前"制度的考试	—
本科总学生数	2,219人
本科外国留学生数	42人
都道府县、地图编号	山口县 35

编号：0431

山口县立大学 〔公〕
山口県山口市桜畠6-2-1

分类：文・语・国・生

招生部门	教務入試グループ
招生部门电子邮箱	nyushi@ypu.jp
招生部门电话号码	083-929-6506
"赴日前"入学许可制度	无
适用于"赴日前"制度的考试	—
本科总学生数	1,340人
本科外国留学生数	9人
都道府县、地图编号	山口县 33

编号：0263

宇部开拓者大学 〔私〕
山口県宇部市文京台2丁目1番1号

分类：心・社

招生部门	国際交流課
招生部门电子邮箱	gakusei@frontier-u.jp
招生部门电话号码	0836-38-0513
"赴日前"入学许可制度	有
适用于"赴日前"制度的考试	JPUE
本科总学生数	157人
本科外国留学生数	6人
都道府县、地图编号	山口县 36

编号：0488

至诚馆大学 〔私〕
山口县萩市大字椿东浦田5000

分类：文・心・语・教・艺・法・经・社（经高亮）・国・生・理・工・农・综・医・护

招生部门	学務課
招生部门电子邮箱	gakumu@hagi.ac.jp
招生部门电话号码	0838-24-4012
"赴日前"入学许可制度	无
适用于"赴日前"制度的考试	—
本科总学生数	827人
本科外国留学生数	645人
都道府县、地图编号	山口县 37

0049

高松大学 〔私〕
香川县高松市春日町960番地

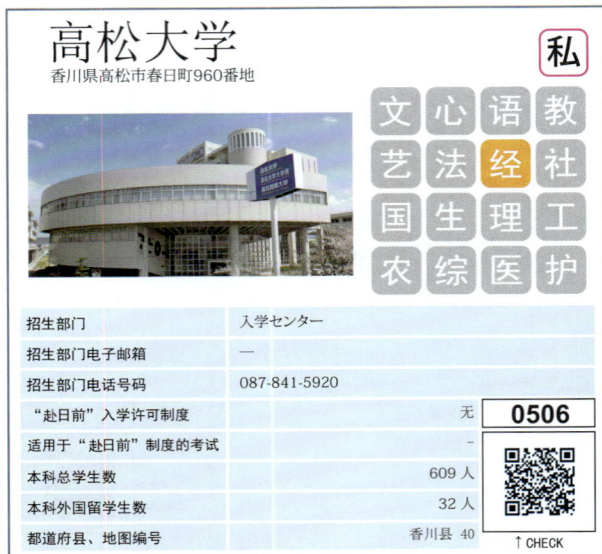

分类：文・心・语・教・艺・法・经（高亮）・社・国・生・理・工・农・综・医・护

招生部门	入学センター
招生部门电子邮箱	—
招生部门电话号码	087-841-5920
"赴日前"入学许可制度	无
适用于"赴日前"制度的考试	—
本科总学生数	609人
本科外国留学生数	32人
都道府县、地图编号	香川县 40

0506

德岛大学 〔国〕
德岛县德岛市新藏町2丁目24番地

分类：文・心・语（高亮）・教・艺・法・经・社・国・生・理・工・农・综・医・护

招生部门	入試課
招生部门电子邮箱	nyuinfo@tokushima-u.ac.jp
招生部门电话号码	088-656-7091
"赴日前"入学许可制度	无
适用于"赴日前"制度的考试	—
本科总学生数	5,932人
本科外国留学生数	16人
都道府县、地图编号	德岛县 38

0203

香川大学 〔国〕
香川县高松市幸町1-1

分类：文・心・语・教（高亮）・艺・法・经・社・国・生・理・工・农・综・医・护

招生部门	入試グループ
招生部门电子邮箱	sonyusi@jim.ao.kagawa-u.ac.jp
招生部门电话号码	087-832-1182
"赴日前"入学许可制度	无
适用于"赴日前"制度的考试	—
本科总学生数	5,655人
本科外国留学生数	39人
都道府县、地图编号	香川县 41

0030

四国大学 〔私〕
德岛县德岛市应神町古川戎子野123-1

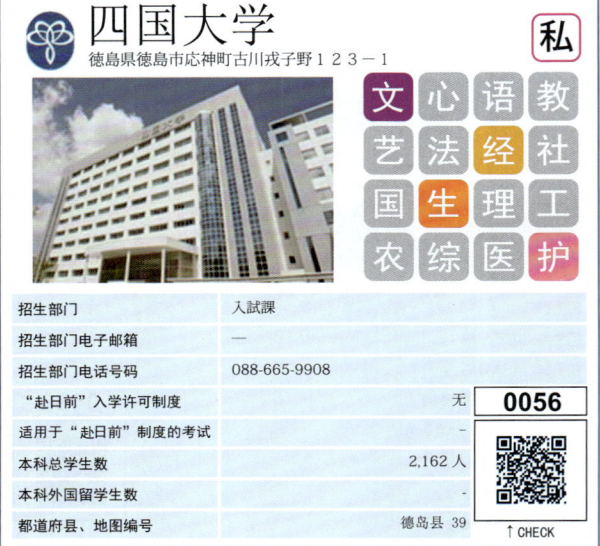

分类：文・心・语・教・艺・法・经・社・国・生（高亮）・理・工・农・综・医・护

招生部门	入試課
招生部门电子邮箱	—
招生部门电话号码	088-665-9908
"赴日前"入学许可制度	无
适用于"赴日前"制度的考试	—
本科总学生数	2,162人
本科外国留学生数	—
都道府县、地图编号	德岛县 39

0056

爱媛县立医疗技术大学 〔公〕
爱媛县伊予郡砥部町高尾田543番地

分类：文・心・语・教・艺・法・经・社・国・生・理・工・农・综・医（高亮）・护

招生部门	教務学生グループ
招生部门电子邮箱	—
招生部门电话号码	089-958-2111
"赴日前"入学许可制度	无
适用于"赴日前"制度的考试	—
本科总学生数	406人
本科外国留学生数	—
都道府县、地图编号	爱媛县 42

0544

第八章 / 千帆竞渡——五彩缤纷的特色专业

爱媛大学 [国]
爱媛县松山市道後樋又10－13

文 心 语 教
艺 法 经 社
国 生 理 工
农 综 医 护

招生部门	国際連携課
招生部门电子邮箱	kokuryu@stu.ehime-u.ac.jp
招生部门电话号码	089-927-9157
"赴日前"入学许可制度	有
适用于"赴日前"制度的考试	EJU
本科总学生数	8,196人
本科外国留学生数	88人
都道府县、地图编号	爱媛县 43

0509 ↑CHECK

高知大学 [国]
高知县高知市曙町二丁目5番1号

文 心 语 教
艺 法 经 社
国 生 理 工
农 综 医 护

招生部门	入試課入試実施係
招生部门电子邮箱	gn04@kochi-u.ac.jp
招生部门电话号码	088-844-8153
"赴日前"入学许可制度	有
适用于"赴日前"制度的考试	EJU 英语成绩
本科总学生数	4,949人
本科外国留学生数	39人
都道府县、地图编号	高知县 46

0039 ↑CHECK

圣カタリナ大学 [私]
爱媛县松山市北条660

文 心 语 教
艺 法 经 社
国 生 理 工
农 综 医 护

招生部门	入試課
招生部门电子邮箱	nyuushi@catherine.ac.jp
招生部门电话号码	089-993-0757
"赴日前"入学许可制度	无
适用于"赴日前"制度的考试	—
本科总学生数	768人
本科外国留学生数	39人
都道府县、地图编号	爱媛县 44

0504 ↑CHECK

高知县立大学 [公]
高知县高知市池2751-1

文 心 语 教
艺 法 经 社
国 生 理 工
农 综 医 护

招生部门	入試課
招生部门电子邮箱	nyushi@cc.u-kochi.ac.jp
招生部门电话号码	088-847-8789
"赴日前"入学许可制度	无
适用于"赴日前"制度的考试	—
本科总学生数	1,433人
本科外国留学生数	9人
都道府县、地图编号	高知县 47

0259 ↑CHECK

松山大学 [私]
爱媛县松山市文京町4-2

文 心 语 教
艺 法 经 社
国 生 理 工
农 综 医 护

招生部门	国際センター事務部
招生部门电子邮箱	mu-kokusai@matsuyama-u.jp
招生部门电话号码	089-926-7148
"赴日前"入学许可制度	有
适用于"赴日前"制度的考试	EJU 日语成绩 英语成绩
本科总学生数	5,902人
本科外国留学生数	15人
都道府县、地图编号	爱媛县 45

0075 ↑CHECK

日本留学生作品集

作者：shin
大学：京都造型艺术大学
专业：漫画学院故事漫画学科

大学・短期大学介绍

[九州・冲绳]

福冈县／佐贺县／长崎县／熊本县／大分县／宫崎县／鹿儿岛县／冲绳县

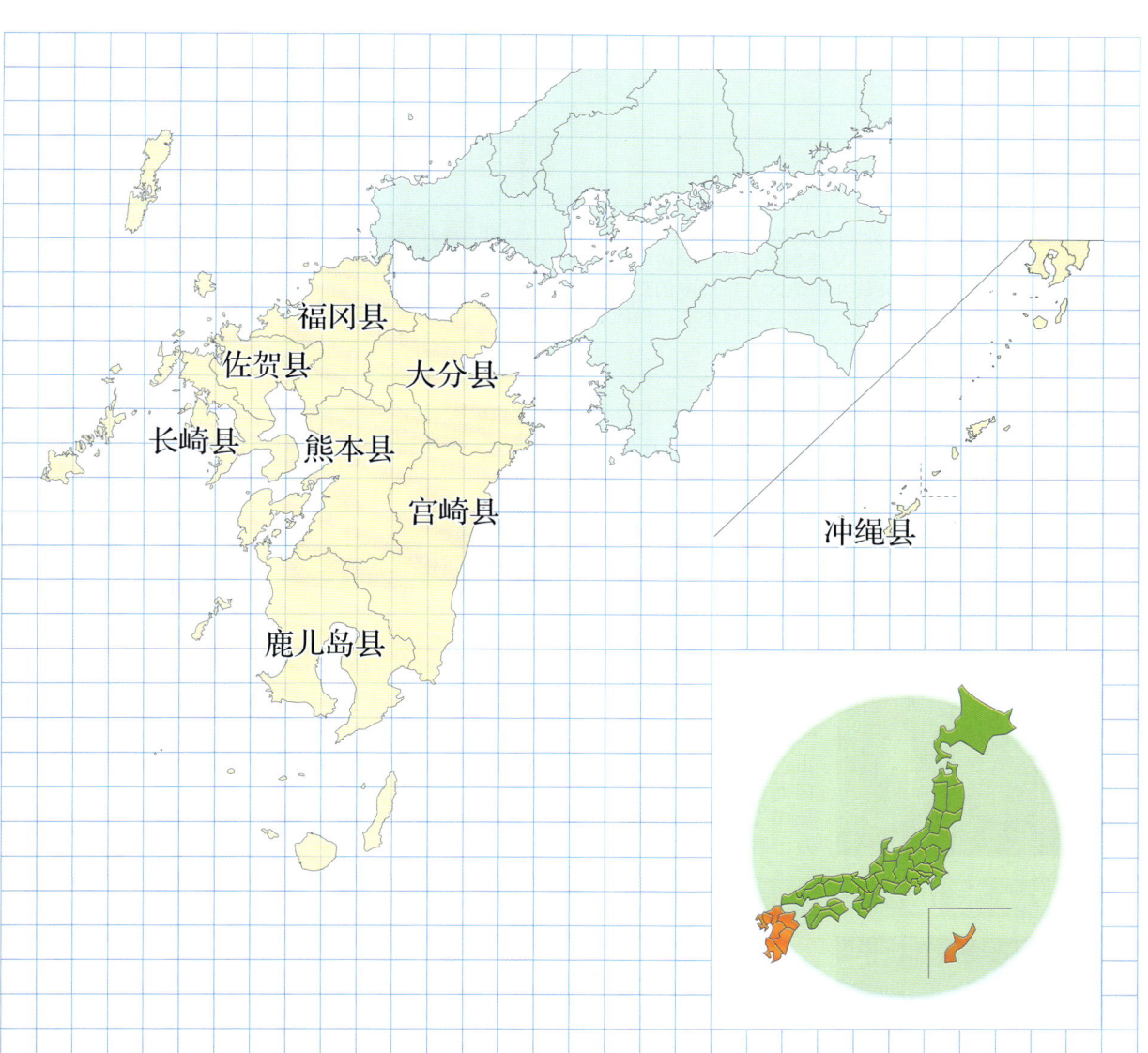

九州・冲绳 简介

九州・冲绳地区由福冈、佐贺、长崎、熊本、大分、宫崎、鹿儿岛、冲绳共八个县构成。本区域最大的城市福冈市是九州・冲绳地区的经济、文化中心。其区域的水产大多都出口到中国。

福冈县、大分县、熊本县积极招收海外留学生。

冲绳县位于日本最南端，属于亚热带地区，动植物资源丰富，栖息和生长着珍稀的南国动植物。

打工参考（麦当劳时薪）

福冈（福冈县）：800日元／小时

长崎（长崎县）：900日元／小时

那霸（冲绳县）：653日元／小时

房租参考（单间价格）

福冈（福冈县）：37000日元／月

长崎（长崎县）：48000日元／月

那霸（冲绳县）：47000日元／月

福冈县
FUKUOKA-KEN

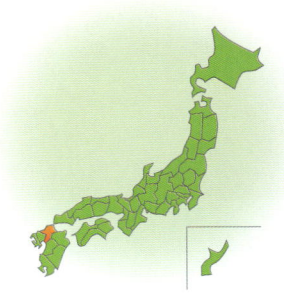

FUKUOKA-KEN DATA	
面　　　　积	4977.24km²（29位）
人　　　　口	507万人（9位）
人　口　密　度	1019人/km²（7位）
大 学 设 置 数	53（4位）
中 国 留 学 生 数	8208（2位）
市　町　村　数	28市30町2村

历史

福冈县是距离中国最近的县，因此它最早接触大陆文化，培养出了许多活跃于亚洲或其他地区的海外商人。1901年八幡村成立了炼铁厂，从此钢铁与煤一起成了支撑日本产业的原动力。福冈县是九州地区人口最多的县，被称为亚洲的门户，是九州交通、经济与行政中心。福冈县与中国江苏省为友好合作省份。

观光地

福冈县有许多著名景点，其中之一为"南藏院"的涅槃像，这是世界第一大青铜制佛像，全长41米，高11米，重300吨。不知是不是此菩萨显灵，该院的方丈竟然中了1.5亿日元的彩票。此外，福冈县还有许多传统节日，如"博多节""博多祇园山笠"等，这些是福冈最热闹的节日，每年节日时都有200多万游客参观。

文化·特征

福冈县最有名的是"博多拉面"。与其他许多日本拉面一样，博多拉面也是以"猪骨汤"为底料，但是它有其独特的吃法。比如从面的硬度来看，从硬到软博多拉面依次可以分为非常硬、很硬、硬、一般硬、软等多个级别，一般选择硬的人居多。此外，它的汤底也不可喝掉太多，因为吃完一碗想再添拉面时，您还可以继续要点"替玉"（煮好的拉面），把面加在剩下的汤底里，一样很美味哦！

名物·名产

福冈县的著名特产是辣味明太子，这是人们去福冈必定会买的。此外草莓也是其著名特产，代表品牌有"博多"与"Amaou"（"甜圆大香"之意）等，其产量为全日本第二。其中"Amaou"牌草莓不仅个大，含糖量也高，味道非常鲜美。除此之外，福冈县的牛杂火锅也非常有名，由牛内脏、卷心菜等加汤熬制而成，对健康非常有益，据说还有美容效果。因此，它深受日本女性欢迎。牛杂火锅在东京等地区也很受欢

各类咨询信息

医疗	在医院提供中文提示及翻译服务	提供"外国患者咨询""医疗翻译派遣等服务→②、③
法律	提供中文提示及翻译服务	外国人咨询窗口→①、③、④、⑤
住宅	面向留学生们的住宅支援服务	通过"福冈地区留学生交流推进协议会"的"留学生住宅保证制度"可以找到保证人→①
奖学金	自治体主导的奖学金制度	地方自治体以及相关国际交流团体的奖学金→④「久留米留学生奖学金」→⑤
就业	就业说明、实习信息、面试技巧	实习制度→⑥留学生与企业的配对网站→⑦

联系方式

①	福冈县　国际局国际政策科	092-643-3200
②	福冈亚洲医疗支援中心	092-734-3035
③	（财）福冈县国际交流中心	092-725-9204
④	（财）北九州国际交流协会	093-643-6464
⑤	（财）久留米观光大会国际交流协会	0942-31-1717
⑥	九州岛实习制度推进协议会	092-451-8610

第八章／千帆竞渡——五彩缤纷的特色专业

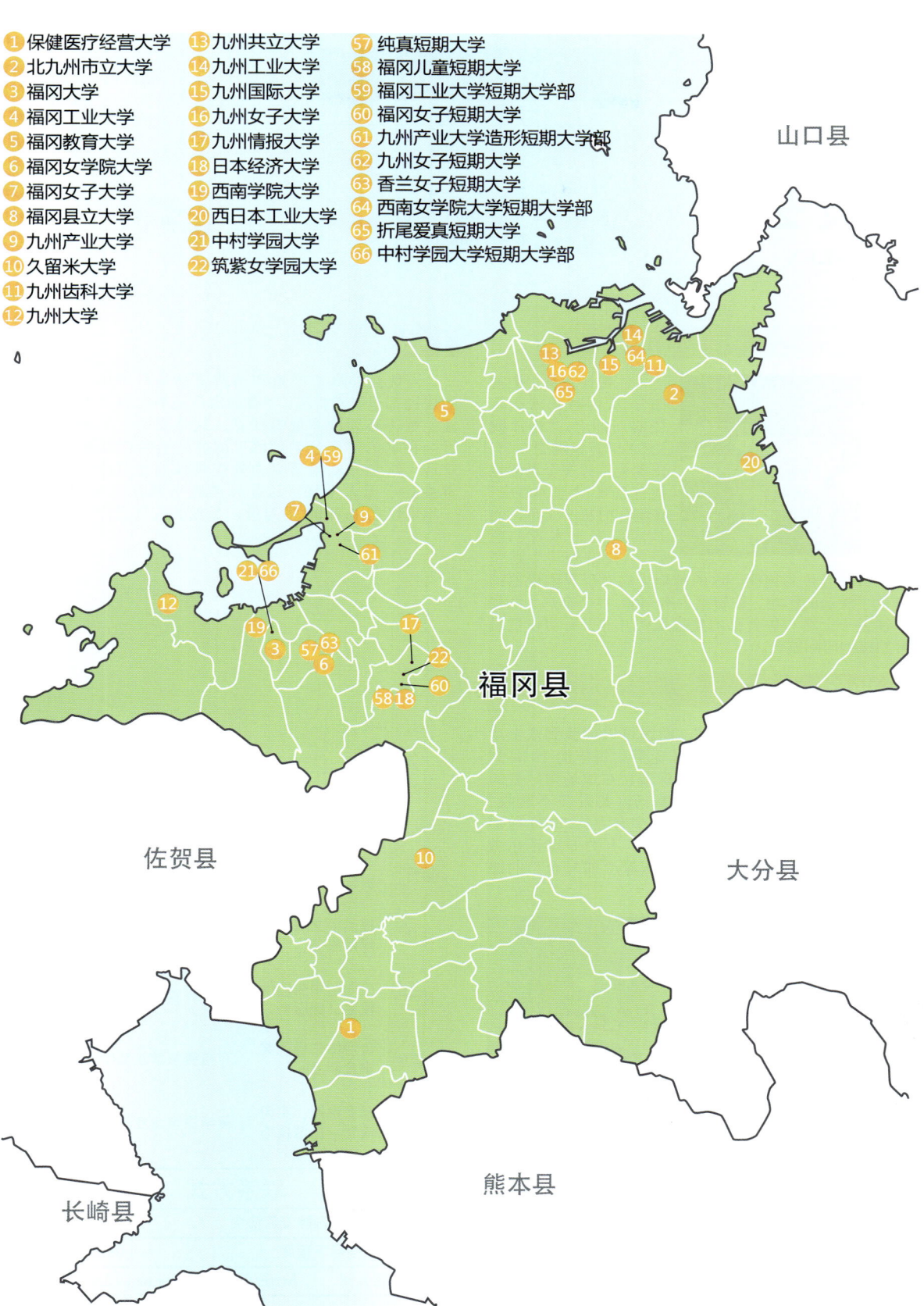

① 保健医疗经营大学
② 北九州市立大学
③ 福冈大学
④ 福冈工业大学
⑤ 福冈教育大学
⑥ 福冈女学院大学
⑦ 福冈女子大学
⑧ 福冈县立大学
⑨ 九州产业大学
⑩ 久留米大学
⑪ 九州齿科大学
⑫ 九州大学
⑬ 九州共立大学
⑭ 九州工业大学
⑮ 九州国际大学
⑯ 九州女子大学
⑰ 九州情报大学
⑱ 日本经济大学
⑲ 西南学院大学
⑳ 西日本工业大学
㉑ 中村学园大学
㉒ 筑紫女学园大学
㊼ 纯真短期大学
㊽ 福冈儿童短期大学
㊾ 福冈工业大学短期大学部
㊿ 福冈女子短期大学
61 九州产业大学造形短期大学部
62 九州女子短期大学
63 香兰女子短期大学
64 西南女学院大学短期大学部
65 折尾爱真短期大学
66 中村学园大学短期大学部

佐贺县 SAGA-KEN

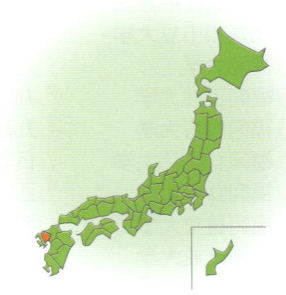

SAGA-KEN DATA	
面积	2439.65km²（42位）
人口	84万人（42位）
人口密度	348.3人/km²（16位）
大学设置数	5（43位）
中国留学生数	208（38位）
市町村数	10市10町

历史

佐贺县古称"肥前国"，从古时起就因陶瓷器而闻名，"唐津陶瓷""伊万里陶瓷""有田陶瓷"等在全世界也很有名气。"唐津陶瓷"在制作时极少上色，而是活用泥土本身的色彩。"有田陶瓷"则坚固不易摔碎，且色彩艳丽。这两种陶瓷均对世界陶瓷器的发展产生了深远的影响。佐贺县内有400多个窑户。2012年起，往返于上海和佐贺县的航线正式开通，有明佐贺机场也开始接纳国际航班。

名物·名产

佐贺县的海苔产量和消费量都是日本第一。佐贺县的居民都很喜欢海苔。"有名海"还有大量的海苔养殖设施。海苔必须冷冻低温保存，这是海苔生产的常识。最近一种名为"黑色勃朗峰"的佐贺县特产冰激凌也很受欢迎。这是一款用巧克力外壳包裹的香草冰激凌，在佐贺县几乎无人不知。这款冰激凌主要在九州地区销售，一年可以卖出2000多万份，足见其人气之高。

观光地

在佐贺的"肥前自然学堂"，游客可以体验到水上皮划艇运动。这项运动易学，且其乐无穷。每年的10月到11月上旬，佐贺县会举办国际气球节。在这场国际型的盛会上，色彩缤纷的气球在空中飘扬，其景美不胜收。另外，佐贺的"吉野之里"历史公园中有大约5000前形成的日本最大规模的村落遗址。目前，有关专家正在考察此遗址是否有可能是日本最早的国家"邪马台"的遗址所在。

各类咨询信息

医疗	在医院提供中文提示及翻译服务	除了培养医疗翻译志愿者，还实施免费健康咨询→①
法律	提供中文提示及翻译服务	外国人咨询窗口→①
住宅	面向留学生们的住宅支援服务	宿舍介绍→②
奖学金	自治体主导的奖学金制度	有自费留学生奖学金→②
就业	就业说明、实习信息、面试技巧	留学生与企业的配对网站→③

文化·特征

佐贺的男性有着很强的"叶隐"武士道精神，常被评价为"重视上下关系""一丝不苟""认真"等。所谓"叶隐"是指隐没于草木叶间不被发现，引申开去便是强调幕后服务。不在人前追究部下的失败、不在人前打哈欠等类似的现代商务礼仪自古便深深地植根于佐贺的风俗文化中。

联系方式

①（财）佐贺县国际交流协会	0952-25-7921
②（NPO）国际下宿屋	0952-22-8727
③ 工作在九州	http://blog.kghrpc.org/candidate/

各大学分布情况

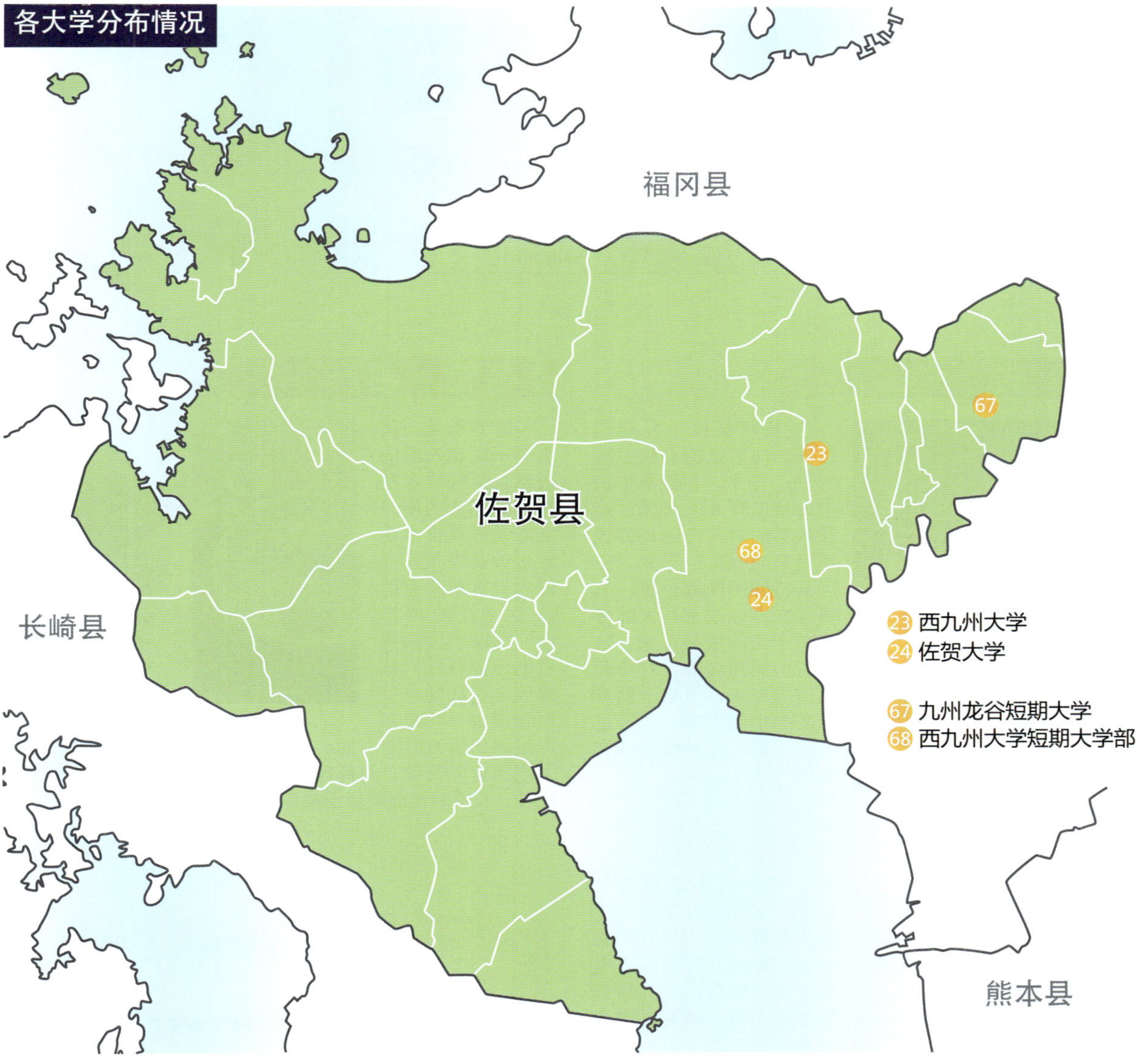
福冈县
佐贺县
长崎县
熊本县
67
23
68
24
23 西九州大学
24 佐贺大学
67 九州龙谷短期大学
68 西九州大学短期大学部

【我的日本体验记】 佐贺县的虹之松原

为了更好地进行学习研究，到寒暑假教授们都会带我们去各地，进行当地调查研究。在日本，我们叫这个为合宿。在我们研究科，合宿是可以拿到学分的。2010 年 7 月份，我们学生跟随着教授们一起来到了佐贺县，进行为期 5 天的当地调查。

佐贺是九州七个县中最小的县，不是一个很繁华的城市。但是这里自然资源丰富，名胜古迹也很多，是一个旅游胜地。虽然我们的主要任务是研究当地的自然环境，但也可以当作是一次小小的旅游了。

这次的合宿行程满满，去了很多地方，其中印象最深的要数虹之松原了。刚到达虹之松原，白沙、蔚蓝的海岸、黑松树在眼前形成了一幅美丽的画卷。听教授解释说，这里的松树是 17 世纪初期的唐津藩藩主为了防止风潮灾害而开始种植的，至今历经数百年，总共长达 5 公里。现在是国家特别风景区，和静冈县的三保原之松原、福井县的气比之松原并列为日本三大松原。

我觉得夏季很适合去虹之松原游玩。既可以享受到海水浴，又可以观赏到美丽的景观，大饱眼福。

——土著人

长崎县
NAGASAKI-KEN

NAGASAKI-KEN DATA	
面　　　　积	4105.33km²（37位）
人　　　　口	142万人（27位）
人　口　密　度	347.5人/km²（17位）
大　学　设　置　数	10（30位）
中　国　留　学　生　数	1169（18位）
市　町　村　数	13市8町

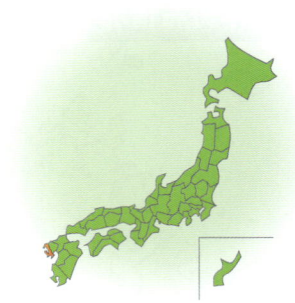

历　史

　　长崎县位于九州西北部，与东京的直线距离为 967 千米，但距离中国上海却仅有 850 千米。而长崎县的对马岛距离韩国更是只有 49.5 千米。正因其特殊的地理位置，长崎县自古以来都与大陆保持着密切的贸易往来，航海者们经由壹岐、对马和五岛等岛屿，往来于朝鲜半岛和中国大陆。长崎县内到处都可以感受外国文化的气息。

观光地

　　作为有名的旅游景点之一，"豪斯登堡"主题公园再现了古代欧洲的场景。公园内有与富士电视台联合创办的世界最大的恐怖小镇。游客还能欣赏到各种乐趣十足的余兴节目和演出，比如"地平线大冒险"能让游客体验到遭遇大洪水时的情景，到时可是有货真价实的洪水向观众席涌来哦。

文化・特征

　　1550 年，葡萄牙船只航行到了平户市 。此后平户市逐渐发展成为贸易型城市，同时基督教也渐渐传播开来。到了 17 世纪，荷兰和英国也相继来到平户市开展商业活动。而到了德川幕府掌权时代，日本开始闭关锁国，大部分地区都断绝了与外国的交流和来往，只有长崎和平户得到政府的特别许可，能够进行海外贸易。因为自古以来与国外交流密切，长崎县的街道布置、饮食习惯等都一定程度受到国外文化的影响，这也是如今长崎旅游业的一大特点。

名物・名产

　　提到长崎，就不得不说说长崎的蛋糕。蛋糕原本是来自葡萄牙的南洋点心，传入日本后经过改良发展，已成为日本所特有的点心。"长崎鸡汤面"是以中国福建省的一种料理为蓝本改良而成的一种面食料理。其起源可追溯到明治时期中期，为了能让当时留学日本的中国学生吃到营养又便宜的料理，当时一些中国餐馆发明了这种面食。长崎鸡汤面类似于福建的"烂糊面"一类。

各类咨询信息

医疗	在医院提供中文提示及翻译服务	外国人咨询窗口→②
法律	提供中文提示及翻译服务	针对长崎的外国人留学生的免费咨询窗口→ Legal Navi行政书士事务所
住宅	面向留学生们的住宅支援服务	无
奖学金	自治体主导的奖学金制度	通过长崎县国际交流协会向县内大学学籍的自费留学生颁发奖学金（附条件）→①、②
就业	就业说明、实习信息、面试技巧	实习及兼职的介绍→③ 留学生与企业的配对网站→④

联系方式

① 长崎县　国际科	095-824-1111
②（财）长崎县国际交流协会	095-823-3931
③ 长崎留学生支援中心	http://nagasaki-issc.org/
④ 工作在九州	http://blog.kghrpc.org/candidate/

第八章／千帆竞渡——五彩缤纷的特色专业

各大学分布情况

- ㉕ 长崎纯心大学
- ㉖ 长崎大学
- ㉗ 长崎国际大学
- ㉘ 长崎外国语大学
- ㉙ 长崎县立大学
- ㉚ 长崎综合科学大学

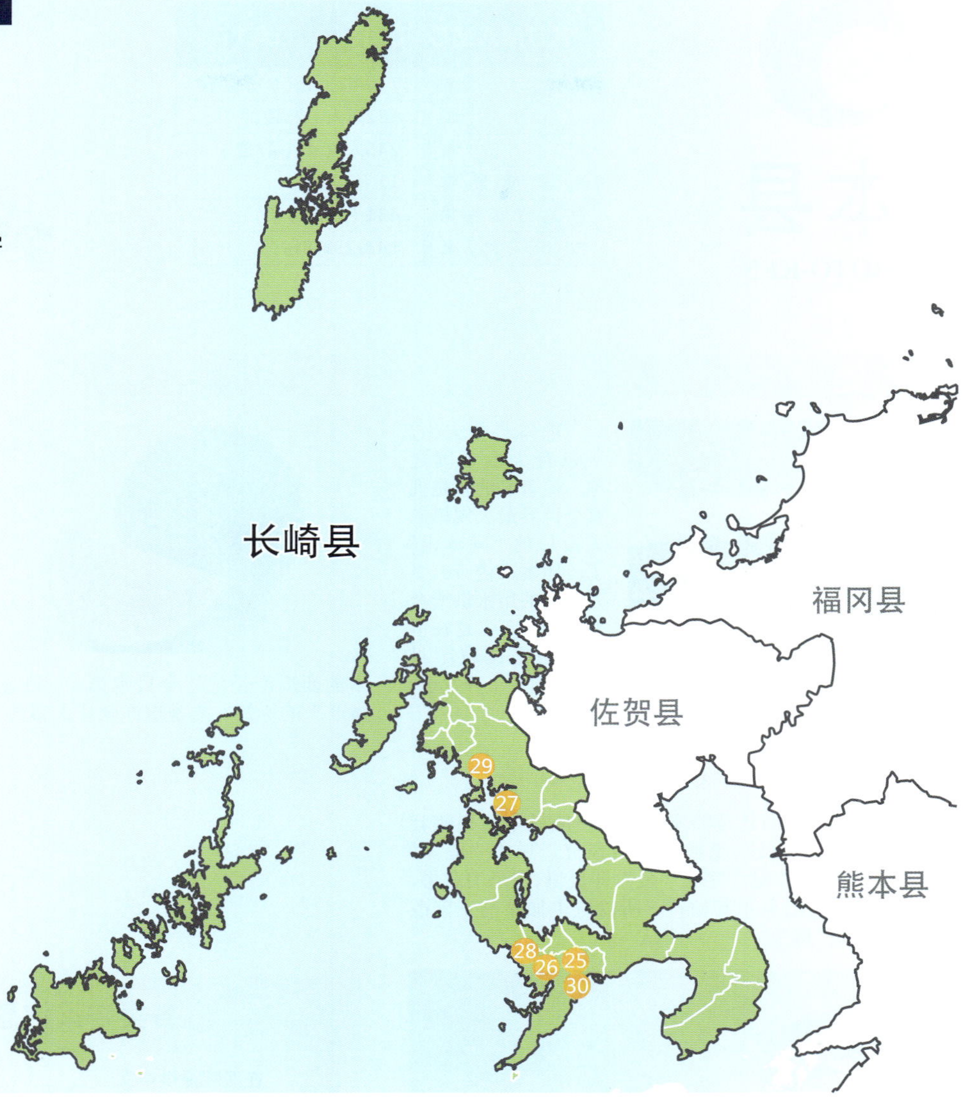

长崎县　福冈县　佐贺县　熊本县

 【我的日本体验记】 追寻孙中山先生的日本足迹

　　曾经是一个小小渔村的长崎，因为1571年葡萄牙人的到来，成为当时日本唯一对外开放的港口，现在长崎港已经发展成国际贸易最兴盛的港口之一。

　　作为日本最早开放的港口，入住长崎的葡萄牙、英国等西方人越来越多。现在，长崎坡道上欧洲情调的房屋还是随处可见。之后，与中国的贸易往来也越来越频繁，中国人大量涌入，甚至在长崎县内建造了有名的唐人街，还有福建会馆。三访长崎的孙中山先生在1913年的长崎行程中，在福建会馆参加了午餐会，并在这个会馆前与长崎华侨和革命支持者合影留念。现在，为了纪念孙中山先生，在会馆内的院子里放着一尊孙中山铜像。

　　不仅福建会馆，现在在长崎县内很多地方可以追寻到孙中山先生的足迹。这里有孙中山先生和长崎医专的中国留学生一起晚餐的精洋亭迹，报道孙中山活动的、放着刻有"孙中山先生故缘之地"石碑的东洋日出新闻遗迹，以及孙中山先生发表《世界的和平与基督教》演讲的青年会馆遗迹等。长崎历史文化博物馆还特别举办了"孙文·梅屋庄吉和长崎"的特别展览。

——虎纠人

熊本县
KUMAMOTO-KEN

KUMAMOTO-KEN DATA	
面　　　积	7404.73km²（15位）
人　　　口	182万人（23位）
人 口 密 度	245人/km²（27位）
大 学 设 置 数	11（26位）
中 国 留 学 生 数	431（29位）
市 町 村 数	14市23町8村

历史

熊本县多火山，所以有火山之国之称，最著名的就是拥有全世界最大规模破火山口的"阿苏山"了。熊本市内70多万市民的用水供给全部来自地下，这在世界上也是比较罕见的。熊本县是日本为数不多的农业大县，对虾养殖业十分发达。熊本和中国广西壮族自治区是友好省份。

名物·名产

"熊本拉面"非常有名。麻油（用大蒜炸过后炼出来的油）很香，令人食欲大开，还可根据个人喜好，放入切成细条状的炸过的大蒜，那滋味真是美妙。另外，熊本的西瓜产量位居全日本第一。在圆圆的西瓜上贴上"熊本产"的标签，光是这样就让人感觉很美味。

观光地

熊本县内最有名的就是熊本城了。整座熊本城巍峨壮观，登上天守阁，可以一览熊本市内风光。原本"熊本"是叫"隈本"，但"隈"这个字是"畏"，即畏惧、惶恐的意思，因为与武将住所的形象不甚相符，所以城主加藤清正就改成了威风凛凛的"熊"字。

文化·特征

熊本县被称为"火之国"，因为县内有关火的祭祀特别多，比如"火文字烧""野烧"等。另一方面，四百多年前，加藤清正积极推行治水、水路开通、海岸开垦、水田耕作等一系列政策，在"水"这一方面也颇下功夫。当年的工程如今成为县内的产业基础，熊本县在饮用水生产、半导体与加工产业方面的发展可圈可点。所以如今也有人盛赞其为"水之国"。

各类咨询信息

医疗	在医院提供中文提示及翻译服务	外国人咨询窗口→②
法律	提供中文提示及翻译服务	外国人咨询窗口→②
住宅	面向留学生们的住宅支援服务	无
奖学金	自治体主导的奖学金制度	无
就业	就业说明、实习信息、面试技巧	为外国留学生设置的就业联合说明会→① 留学生与企业的配对网站→③

联系方式

① 熊本县　国际科	096-383-1111
② 熊本县国际协会	096-385-4488
③ 工作在九州	http://blog.kghrpc.org/candidate/

各大学分布情况

佐贺县　福冈县　大分县
长崎县
熊本县
宫崎县
鹿儿岛县

- ㉛ 崇城大学
- ㉜ 九州ルーテル学院大学
- ㉝ 尚絅大学
- ㉞ 熊本大学
- ㉟ 熊本县立大学
- ㊱ 熊本学园大学
- ㊻ 尚絅大学短期大学部

【我的日本体验记】　我的熊本留学生活记

　　熊本，是我体验异国文化的第一站，是我学习和生活的地方。
　　虽然熊本也属于日本南方地区，但是由于熊本特殊的地理位置，你会在这里感受到一些不一样的南方气息。日本 35 摄氏度以上闷热的夏天、零度以下寒冷的冬天你都可以感受得到。但是，奇怪的是冬天气温很低，这里却很少下雪或者积雪。一直以来也没考虑明白这些问题，不过气候对于来自南方的我，夏天还挺适应的，一到冬天的零下几度，怕冷的我就 HOLD 不住了。庆幸的是，在熊本县零下度数的寒冷冬天并不是很长。
　　另外，熊本应该算是日本并不发达的城市之一吧。在这里打工的时薪（一个小时的工资。日本的打工基本都是按小时算的）没有国际大城市东京高，大概平均每小时 700～1000 日元。当然，这也会因个人的日语水平而定啦。我刚来这里留学的时候，虽然在国内学过日语了，但是由于口语不大好，所以刚开始工作的时薪都只有 700 日元或 750 日元。后来，利用学校的学习以及平时多练日语，自己的口语进步很快。日语流利些了，终于找到一份 1000 日元左右的兼职。其实，只要自己有能力，到哪个城市都是一样的。
　　现在的我还在熊本生活着，感受着异国文化。没有特别不适，融入当地的生活让我觉得生活有很多面，需要慢慢体会啊！

——大熊

大分县 OITA-KEN

OITA-KEN DATA	
面积	6339.71km² (22位)
人口	119万人 (33位)
人口密度	189人/km² (34位)
大学设置数	10 (30位)
中国留学生数	1649 (13位)
市町村数	14市3町1村

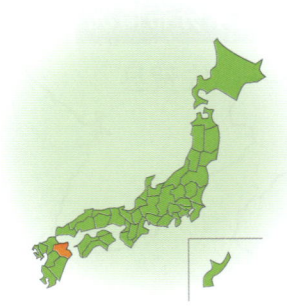

历史

大分县是堪称日本第一的温泉之乡。温泉泉眼数与喷涌量都是日本第一的。其中，别府市拥有2593处温泉，在世界上也是数一数二的。大分县内有不少公寓会附带露天温泉，温泉观光业正成为大分县的一大支柱产业。古时候，由于当地的统治者与外国交流频繁，因此大分县至今还保留着不少中国清朝与葡萄牙的文化痕迹。

观光地

当您到达大分机场后，请一定要看一下行李领取处的天花板，那里展示的是2009年获得"最佳设计奖"的鱼拓本艺术。大分县的人气观光景点是"稻积钟乳石洞"，游客可以在那里度过宁静闲适的时光。您能透过大约有30万年历史的钟乳石的缝隙，窥探到散发着祖母绿色彩的泉水，那神秘的泉水给无数参观者带来了由衷的感动。

文化・特征

温泉之乡大分县拥有1200年以上的历史，从古至今就是有名的"温泉疗养地"。特别是面朝别府湾的别府温泉和位于县中的由布院温泉都是全日本闻名的。其中，"别府地狱区"温泉根据每个温泉的特点，将其比作不同的地狱，是当地的风景名胜，也是乘坐旅游班车去别府温泉游玩的必到之地。里面有"海地狱""血池地狱""白池地狱""龙卷地狱"等许多充满个性的温泉浴场，非常值得一玩。

名物・名产

"关竹荚"和"关鲐"是全日本闻名的大分县特产，但只有在丰予海峡靠渔民一条条钓上来的才能叫作关竹荚和关鲐。如果用渔网捕鱼，鱼的表面会留下伤痕，鱼肉的鲜美度就会大打折扣，因此亲手垂钓上来的鱼，一公斤能卖到5000日元左右，是不折不扣的高级食材。因在发货时鱼已被活杀，所以没有腥味，肉质结实，非常美味。此外，水果"欧橘"农家土菜"手拉团子汤"也是大分县有名的特产。

各类咨询信息

医疗	在医院提供中文提示及翻译服务	大分医疗信息热网上可检索→① 外国人咨询窗口→②
法律	提供中文提示及翻译服务	外国人咨询窗口→②
住宅	面向留学生们的住宅支援服务	住宅保证人制度→③
奖学金	自治体主导的奖学金制度	向县内大学在籍留学生颁发每月3万日元奖学金→① 生活资金贷款制度→③
就业	就业说明、实习信息、面试技巧	开设企业与留学生的交流活动以及商务礼仪讲座→③ 留学生与企业的配对网站→④

联系方式

① 大分县　国际政策科	097-536-1111
② 大分国际交流广场	097-533-4021
③ 大学国际财团・大分	097-578-7400
④ 工作在九州	http://blog.kghrpc.org/candidate/

各大学分布情况

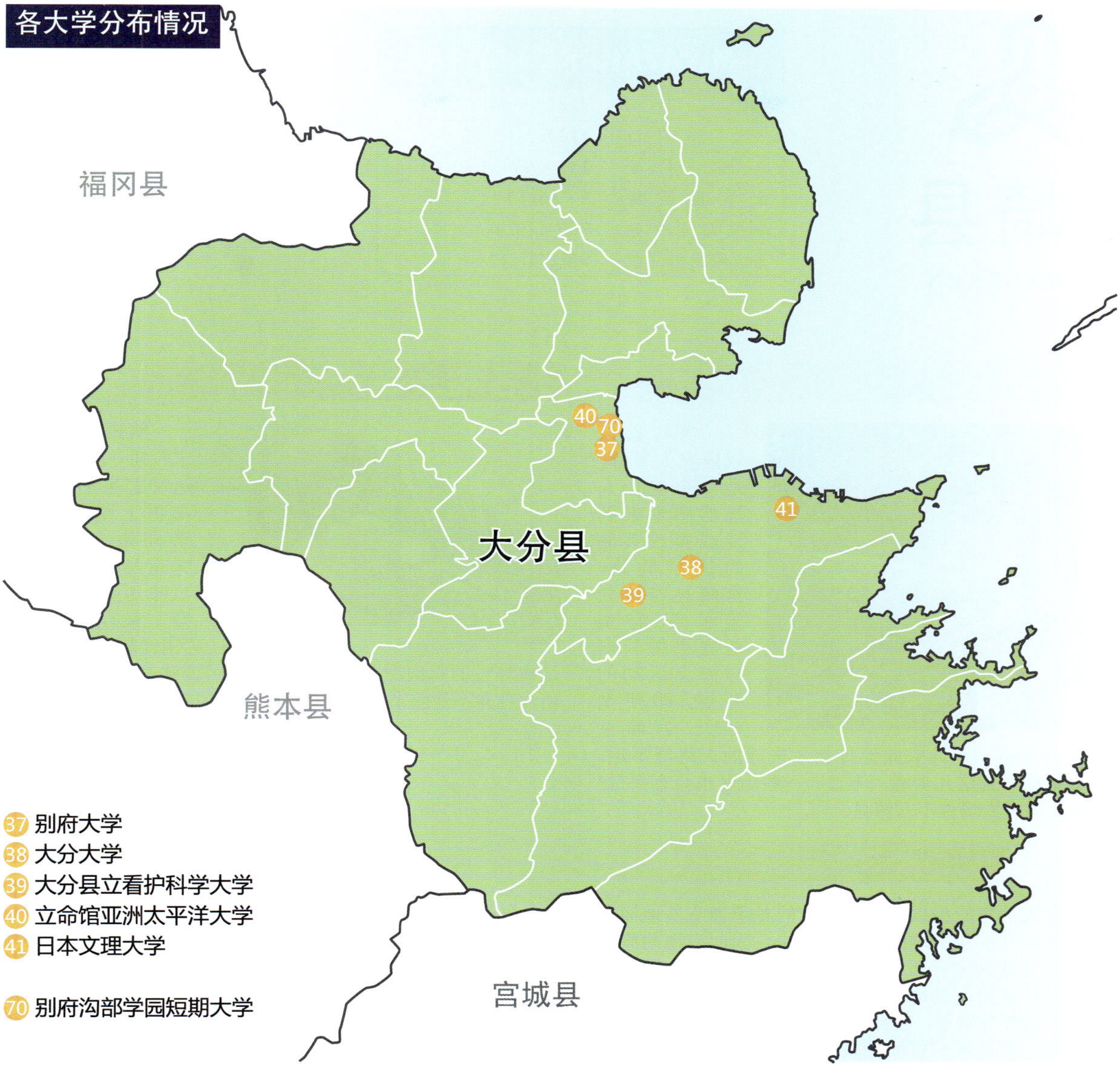
福冈县
大分县
熊本县
宫城县
40
70
37
41
38
39
37 别府大学
38 大分大学
39 大分县立看护科学大学
40 立命馆亚洲太平洋大学
41 日本文理大学
70 别府沟部学园短期大学

【我的日本体验记】 温泉之乡——别府

提起日本的温泉圣地，大多数人会想到箱根抑或伊豆。其实日本真正的温泉圣地是一座坐落在大分县的小城市——别府，日本的温泉之乡，各类温泉应有尽有。

来日本 4 年，终于有机会去一睹温泉之乡的风采，从东京出发大概 7 个小时的车程之后，我在傍晚时分来到了这个宁静的小城市。值得一提的是，别府虽然是旅游城市，住宿却不贵，海滨的温泉旅馆 1 晚只要 5000 日元，这在东京是不可想象的。

我是奔着温泉来的，所以来之前我已知别府温泉众多，可来了之后依然让我大吃一惊，这里几乎家家户户都有温泉，当地人竟然可以每天在家里用温泉洗澡，做饭。就跟我们用自来水似的。

在别府，温泉又叫作“地狱”，所以有一处闻名遐迩的景点叫作“九大地狱”，顾名思义，是由 9 种不同的温泉组成的景点，恐怕这在别处是很难见到的。游遍了“地狱”，当然要品尝别府名产“地狱蒸”，用温泉的蒸汽蒸出的佳肴，食材大多是海鲜，不同于之前我在其他地方品尝过的海鲜，“地狱蒸”的味道比较独特，尤其是梭子蟹，鲜味十足，口感相当好。如果有机会品尝，必定回味无穷。

——王珏

宫崎县
MIYAZAKI-KEN

MIYAZAKI-KEN DATA	
面积	7735.99km²（14位）
人口	113万人（36位）
人口密度	147人/km²（40位）
大学设置数	9（36位）
中国留学生数	76（47位）
市町村数	9市14町3村

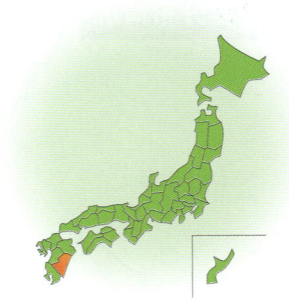

历史

宫崎县以气候宜人著称，是一个能让人恍然感觉来到夏威夷或关岛的风景胜地。宫崎县当地气候温暖，特别适宜果树栽培与海上运动的开展。即使是冬天，宫崎县也依然温暖如春，因此来此地打高尔夫球的人络绎不绝，还有很多运动队到这儿训练。不过，一些山区也会有积雪，日本最南部的滑雪场位于宫崎县。

观光地

气候宜人的宫崎县以棒球、足球的冬季训练基地而著称，到这儿来打高尔夫球的游客也不少，因此当地的旅游线路中常常设计有体育训练基地的参观或者高尔夫球娱乐项目。参观体育训练基地，您有机会与平时很难亲眼见到的体育选手近距离接触，因此该参观项目很受欢迎。此外，在当地旅游，还可以在外浦港乘坐潜水式观光船，或者体验水下呼吸式潜水与水下散步的乐趣。

文化·特征

2007年1月，搞笑艺人出身的东国原英夫当选了宫崎县知事。2007年1月至2011年1月就任期间，东国原英夫在全日本刮起了一股"宫崎旋风"。东国原原本就是北野武的首位弟子，当选县知事后，他也积极在电视媒体上宣传宫崎县，还同汉堡连锁店合作，推出的5000日元1个的"熟透的芒果"一时间风靡全日本。县民对他的支持率是压倒性的86.7%，不支持率仅为1.1%。

名物·名产

熟透的芒果的丰收期一般在6月。这种芒果的特点是在树上结果成熟，果肉嫩，汁水足，味道醇厚。无论是口味还是芳香都称得上最佳。当地的"南洋鸡"也很有名，是将炸过的鸡肉用南洋醋和蛋黄沙司调味制作而成。这道南洋鸡并不是舶来物，而是宫崎县延冈市一家餐厅发明的。

各类咨询信息

医疗	在医院提供中文提示及翻译服务	中文版的医疗手册在医疗机构及大学发放→②
法律	提供中文提示及翻译服务	外国人咨询窗口→②
住宅	面向留学生们的住宅支援服务	放宽一部分大学具有县营住宅连带担保人条件制度→各大学
奖学金	自治体主导的奖学金制度	无
就业	就业说明、实习信息、面试技巧	宫崎县外国留学生就业咨询窗口→① 留学生与企业的配对网站→③

联系方式

① 商工观光劳动部观光经济交流局	0985-44-2623
②（财）宫崎县国际交流协会	0985-32-8457
③ 工作在九州	http://blog.kghrpc.org/candidate/

各大学分布情况

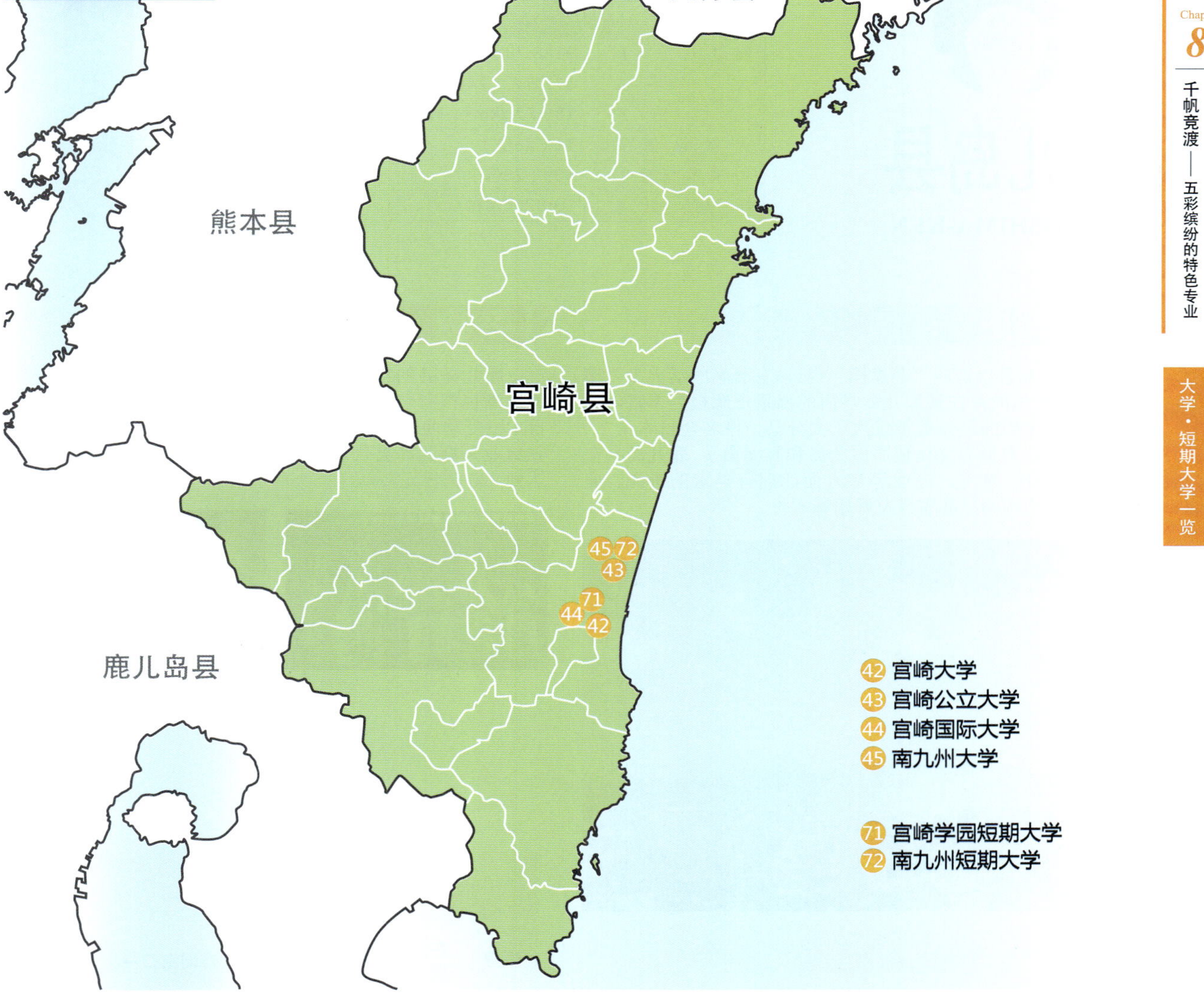
大分县
熊本县
宫崎县
鹿儿岛县
45
72
43
71
44
42
42 宫崎大学
43 宫崎公立大学
44 宫崎国际大学
45 南九州大学
71 宫崎学园短期大学
72 南九州短期大学

【我的日本体验记】日本最南端的天然滑雪场

日向国？阳光和绿色的土地？日本最南端的雪场？你知道这些地方分别是哪里吗？其实，这几个地方有一个共同的名称，就是宫崎县。

因为其全年气候温暖，日照时间长，所以被称为“日向国”。又因为其 76% 的森林覆盖率，所以称之为“阳光和绿色的土地”。宫崎县内地处海拔 1600 多米的五濑高地雪场，被誉为日本最南端的天然滑雪场。

来自北方喜欢滑雪的我，起初以为来到南方的宫崎县留学，就无缘再滑雪了，起码留学期间是不大可能有机会滑雪了。后来，听到日本朋友的介绍才知道原来即使在日本的南方，即使在气候暖和的宫崎县，也可以享受滑雪运动。日本 1 月 1 日是新年，所以学校在 12 月底就开始放寒假。每年，我都会趁着十几天的寒假约上几位日本朋友和中国朋友，一起去五濑高地雪场。在雪场，脚下的积雪都会发出沙沙的响声。我们每次都很期待寒假的雪场之旅。

所以说，喜欢滑雪的朋友们，即使来到宫崎县也不用担心没有滑雪场啦，这里可是有日本最南端的天然滑雪场等着你哦。

——滑雪爱好者

鹿儿岛县
KAGOSHIMA-KEN

KAGOSHIMA-KEN DATA	
面　　　积	9188.78km²（10位）
人　　　口	171万人（24位）
人 口 密 度	185.7人/km²（36位）
大 学 设 置 数	11（26位）
中国留学生数	609（26位）
市 町 村 数	19市20町4村

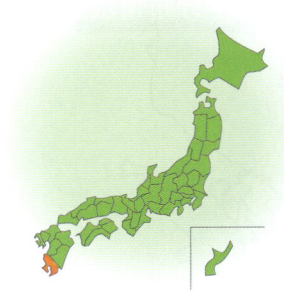

历史

鹿儿岛县以前叫"萨摩国"。县内有著名的活火山"樱岛"。活火山的存在使鹿儿岛县内的温泉资源极为丰富，大约2730多处的温泉数量仅次于大分县，排名全日本第二。该县的周边有世界文化遗产屋久岛和雾岛山。鹿儿岛县在自然、文化、观光、产业等多方面都拥有丰富的资源。鹿儿岛县与中国的江苏省是友好姐妹省份。

名物・名产

鹿儿岛县的特产有"萨摩芋"（甘薯），用甘薯做的甘薯烧酒也很有名。借着这几年烧酒的风行，甘薯烧酒在全日本很受欢迎。顺便一说，"萨摩"男子的酒量都很好。另外，养猪业是鹿儿岛县代表性的支柱产业，每年的收益据说能达到820亿日元。

观光地

世界文化遗产"屋久岛"平均每两天就要降一次雨，你能在一座岛上同时看到亚热带与亚寒带的两种气候，很不可思议。岛上有据说树龄已达7200年的"绳文杉"、面积占全岛90%的神秘森林以及奇特的生态体系，因而屋久岛也有东方的"加拉帕戈斯"之称。岛上著名的景点还有日本宇宙开拓事业的重要基地"种子岛"、指宿市"沙蒸温泉"等。

各类咨询信息

医疗	在医院提供中文提示及翻译服务	外国人咨询窗口→②
法律	提供中文提示及翻译服务	外国人咨询窗口→②
住宅	面向留学生们的住宅支援服务	留学生住宅确保支援对策事业（连带保证人）→②
奖学金	自治体主导的奖学金制度	自费外国留学生奖学金→① 留学生支援资金借贷制度、留学生研究活动援助金制度→②
就业	就业说明、实习信息、面试技巧	留学生与企业的配对网站→③

文化・特征

在战国末年的"关原之战"中，鹿儿岛县一霸岛津家率领的西军败给了德川家的东军。随后德川家掌权。250年后，德川幕府政权开始面临崩溃，同长洲藩（今山口县）和土佐藩（今高知县）一起进行倒幕运动，掀起日本近代政治革命浪潮的，恰恰就是岛津的后代"萨摩藩"（鹿儿岛县）。

联系方式

① 鹿儿岛县　国际交流科	099-286-2303
②（财）鹿儿岛县国际交流协会	099-221-6620
③ 工作在九州	http://blog.kghrpc.org/candidate/

第八章／千帆竞渡——五彩缤纷的特色专业　639

各大学分布情况

熊本县
宫崎县
鹿儿岛县

㊻ 第一工业大学
㊼ 鹿儿岛大学
㊽ 鹿儿岛国际大学
㊾ 鹿屋体育大学
㊿ 志学馆大学

73 鹿儿岛女子短期大学
74 鹿儿岛纯心女子短期大学
75 鹿儿岛县立短期大学

【我的日本体验记】　　鹿儿岛的"美人涌泉"

　　鹿儿岛县位于九州地区的西南部，冬天很暖和，夏天属于多雨季节，可以说充满了典型的南国风情特色吧。但是，其三面临海的地理特征使其很容易受到来自内陆的寒流影响，所以有时候也能感觉到冬天的寒冷。
　　但是，因为其全年平均气候都很暖和，最高气温30摄氏度左右，最低气温4摄氏度左右，夏天不会很炎热，冬天也不会很寒冷，可以说很适合全年旅游。现在，鹿儿岛在日本还算是很有名的旅游胜地。去鹿儿岛旅游，泡温泉和看火山喷烟是必修的功课。这里我向大家推荐另一个好玩的地方，就是一个名叫志布志的地方。
　　鹿儿岛产的"志布志"矿泉水，就是来自志布志市。我们都知道日本属于多火山国家，而看火山喷烟是鹿儿岛旅游的一项特色，可见鹿儿岛的火山喷发是有多频繁。而火山喷发带来的大量火山灰形成火山堆积层，那里的地表水进入地下，经过火山堆积层的长年透析，然后在山脚处成为涌泉流出地表。据说，"志布志"矿泉水的水源就是来自这些涌泉。
　　所以说，去鹿儿岛志布志玩的话，顺便可以喝那里的水，说不定大家回来后皮肤就变得水汪汪了。

——泡温泉的猴子

冲绳县
OKINAWA-KEN

OKINAWA-KEN DATA	
面　　　积	2276.15km²（44位）
人　　　口	139万人（30位）
人 口 密 度	611.9人/km²（9位）
大 学 设 置 数	9（36位）
中国留学生数	333（32位）
市 町 村 数	11市11町19村

历史

冲绳的地名由来是"海上的渔场"。冲绳观光业非常发达。此外，冲绳还是全日本有名的长寿地区，当地人们的饮食生活一直都备受关注。因为冲绳长期被美军占领，所以美国文化（尤其是美国的饮食文化）的气息也很浓厚。

名物・名产

冲绳县是日本唯一一个处于热带、亚热带气候的地区，因此盛产芒果等热带水果，甘蔗、烟草、荔枝等农作物也是当地特产。除此以外，还有充满和风之趣的乌冬面与拉面的结合体"冲绳荞麦面"、产于琉球各岛屿的蒸馏酒"泡盛酒"、猪蹄料理等，冲绳拥有其独特的饮食文化，颇受追捧。

观光地

令人目眩的清澈的蓝天和碧绿的海水，还有拍打着美丽的白色沙滩的清澈波浪，一切在阳光的照射下泛着耀眼的光芒。日本国民对冲绳的印象便是如此。您一定要亲自去看看冲绳的海。除了海，冲绳还有"首里城""玉陵"等众多历史名胜。而冲绳"美之海洋水族馆"也很值得一去，那里有一个巨大的水池，两条"甚平鲨"在里面悠闲地游来游去。

文化・特征

琉球的古典音乐中会用到三味线等传统琉球乐器，拥有独特的音色和音阶。当今的日本乐坛依然能够经常听到独特的冲绳风味的民谣，冲绳的音乐和冲绳出身的歌手也常常占据各种音乐排行榜。冲绳独特的气候蕴育的是珍奇的生态体系，有不少只能在当地见到的稀有生物。冲绳由49个有人岛和100多个无人岛组成，其中，久米岛、宫古岛、石垣岛等离岛也是不可错过的绝佳观光地。

各类咨询信息

医疗	在医院提供中文提示及翻译服务	多语种服务医院一览表"冲绳medical information"→①
法律	提供中文提示及翻译服务	外国人咨询窗口→①
住宅	面向留学生们的住宅支援服务	无
奖学金	自治体主导的奖学金制度	有自费留学生奖学金→①
就业	就业说明、实习信息、面试技巧	无

联系方式

① 冲绳县国际交流・人才育成财团	098-942-9214

各大学分布情况

冲绳县

- 51 冲绳キリスト教学院大学
- 52 冲绳大学
- 53 冲绳国际大学
- 54 冲绳县立艺术大学
- 55 琉球大学
- 56 名樱大学

- 76 冲绳キリスト教短期大学
- 77 冲绳女子短期大学

 【我的日本体验记】   日本的夏威夷——冲绳

冲绳——位于中国台湾和日本九州之间的群岛。既有夏威夷的迷人海景，又有悠久的历史文化足迹；既有琉球特色料理，又有美国大兵带来的异国情趣。由于每年4月至6月是雨季，7月至9月天气炎热，8月至10月则多为台风天气，所以除了这几个月之外，到冲绳旅游都是很好的选择。

关于交通工具，如果您有国际驾照，建议去租一辆汽车（价格约在5000～8000日元／24H，含保险）。需要注意的是日本是靠左行驶。还有提车的时候是满油，记得还车时也要加满油。办理时需要的材料为：护照、国际驾照、信用卡或日币现金以及填写的租赁资料等。

在这里，既可以到首里城体味古老琉球文化，也可以去和水天一色的大海做一次亲密接触，欣赏迷人的海景，感受惬意的海风；既可以去美军基地亲身感受飞机从头顶呼啸而过的震撼，也可以纵身于碧蓝的海水中享受与鱼儿共舞的乐趣（潜水推荐恩纳村的清洞和真荣田岬）。当然这里更有与众不同的琉球风味，比较有名的是ゴーヤーチャンブル（当地种植苦瓜，用豆腐和肉丝炒制而成）、ソーキ汁（海带萝卜炖排骨）等。

可以说冲绳具有日本其他地方都没有的独特风情。要体验不一样的日本特色的话，可以来冲绳哦！

——冯佳

保健医疗经营大学 【私】

福冈县みやま市瀬高町高柳960-4

文 心 语 教
艺 法 经 社
国 生 理 工
农 综 医 护

招生部门	学務課
招生部门电子邮箱	gakumu@healthcare-m.ac.jp
招生部门电话号码	0944-67-7007
"赴日前"入学许可制度	无
适用于"赴日前"制度的考试	—
本科总学生数	147人
本科外国留学生数	—
都道府县、地图编号	福冈县 1

0255

FIT 福冈工业大学 【私】

福冈县福冈市东区和白东3丁目30-1

文 心 语 教
艺 法 经 社
国 生 理 工
农 综 医 护

招生部门	入試課
招生部门电子邮箱	nyushi@fit.ac.jp
招生部门电话号码	092-606-0634
"赴日前"入学许可制度	无
适用于"赴日前"制度的考试	—
本科总学生数	4,293人
本科外国留学生数	20人
都道府县、地图编号	福冈县 4

0186

北九州市立大学 【公】

福冈县北九州市小仓南区北方4丁目2番1号

文 心 语 教
艺 法 经 社
国 生 理 工
农 综 医 护

招生部门	広報入試課入試係 ※请注意,咨询仅限日语对应。
招生部门电子邮箱	nyushi2@kitakyu-u.ac.jp
招生部门电话号码	093-964-4022
"赴日前"入学许可制度	无
适用于"赴日前"制度的考试	—
本科总学生数	6,181人
本科外国留学生数	68人
都道府县、地图编号	福冈县 2

0168

福冈教育大学 【国】

福冈县宗像市赤間文教町1-1

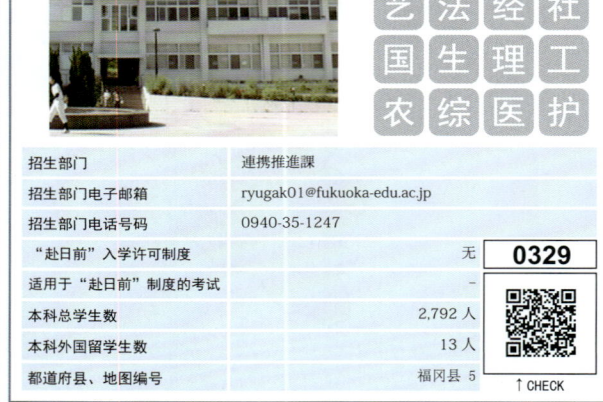

文 心 语 教
艺 法 经 社
国 生 理 工
农 综 医 护

招生部门	連携推進課
招生部门电子邮箱	ryugak01@fukuoka-edu.ac.jp
招生部门电话号码	0940-35-1247
"赴日前"入学许可制度	无
适用于"赴日前"制度的考试	—
本科总学生数	2,792人
本科外国留学生数	13人
都道府县、地图编号	福冈县 5

0329

福冈大学 【私】

福冈县福冈市城南区七隈八丁目19-1

文 心 语 教
艺 法 经 社
国 生 理 工
农 综 医 护

招生部门	国際センター事務室
招生部门电子邮箱	kokusai@adm.fukuoka-u.ac.jp
招生部门电话号码	092-871-6431
"赴日前"入学许可制度	无
适用于"赴日前"制度的考试	—
本科总学生数	19,221人
本科外国留学生数	66人
都道府县、地图编号	福冈县 3

0318

福冈女学院大学 【私】

福冈县福冈市南区曰佐3-42-1

文 心 语 教
艺 法 经 社
国 生 理 工
农 综 医 护

招生部门	入試広報課
招生部门电子邮箱	nyushi@fukujo.ac.jp
招生部门电话号码	092-575-2970
"赴日前"入学许可制度	无
适用于"赴日前"制度的考试	—
本科总学生数	2,384人
本科外国留学生数	27人
都道府县、地图编号	福冈县 6

0322

第八章／千帆竞渡——五彩缤纷的特色专业　643

福冈女子大学 【公】
福冈县福冈市東区香住ヶ丘1-1-1

文 心 语 教
艺 法 经 社
国 生 理 工
农 综 医 护

招生部门	入試・広報・キャリア支援センター 入試・広報部門
招生部门电子邮箱	nyushi-qa@fwu.ac.jp
招生部门电话号码	092-692-3100
"赴日前"入学许可制度	无
适用于"赴日前"制度的考试	—
本科总学生数	1,035人
本科外国留学生数	83人
都道府县、地图编号	福冈县 7

0185 ↑CHECK

久留米大学 【私】
福冈县久留米市御井町1635

文 心 语 教
艺 法 经 社
国 生 理 工
农 综 医 护

招生部门	入試課
招生部门电子邮箱	nyushi@kurume-u.ac.jp
招生部门电话号码	0942-44-2160
"赴日前"入学许可制度	无
适用于"赴日前"制度的考试	—
本科总学生数	5,532人
本科外国留学生数	109人
都道府县、地图编号	福冈县 10

0454 ↑CHECK

福冈县立大学 【公】
福冈县田川市伊田4395

文 心 语 教
艺 法 经 社
国 生 理 工
农 综 医 护

招生部门	教務入試班
招生部门电子邮箱	kyomu@fukuoka-pu.ac.jp
招生部门电话号码	0947-42-2118
"赴日前"入学许可制度	无
适用于"赴日前"制度的考试	—
本科总学生数	1,068人
本科外国留学生数	13人
都道府县、地图编号	福冈县 8

0298 ↑CHECK

九州齿科大学 【公】
福冈县北九州市小倉北区真鶴2-6-1

文 心 语 教
艺 法 经 社
国 生 理 工
农 综 医 护

招生部门	学務部教務企画班
招生部门电子邮箱	kyoumu@kyu-dent.ac.jp
招生部门电话号码	093-582-1131
"赴日前"入学许可制度	无
适用于"赴日前"制度的考试	—
本科总学生数	681人
本科外国留学生数	1人
都道府县、地图编号	福冈县 11

0316 ↑CHECK

九州产业大学 【私】
福冈县福冈市東区松香台2-3-1

文 心 语 教
艺 法 经 社
国 生 理 工
农 综 医 护

招生部门	入試部入試課
招生部门电子邮箱	nyushi@ip.kyusan-u.jp
招生部门电话号码	092-673-5550
"赴日前"入学许可制度	无
适用于"赴日前"制度的考试	—
本科总学生数	10,578人
本科外国留学生数	517人
都道府县、地图编号	福冈县 9

0010 ↑CHECK

九州大学 【国】
福冈县福冈市西区元町744

文 心 语 教
艺 法 经 社
国 生 理 工
农 综 医 护

招生部门	学務部入試課入試第二係
招生部门电子邮箱	nyushiken2@jimu.kyushu-u.ac.jp
招生部门电话号码	092-802-2005
"赴日前"入学许可制度	有
适用于"赴日前"制度的考试	EJU 英语成绩
本科总学生数	11,679人
本科外国留学生数	289人
都道府县、地图编号	福冈县 12

0012 ↑CHECK

九州共立大学 【私】

福冈県北九州市八幡西区自由ケ丘1－8

文 心 语 教
艺 法 **经** 社
国 生 理 工
农 综 医 护

招生部门	入試広報課
招生部门电子邮箱	nyushi@kyukyo-u.ac.jp
招生部门电话号码	093-693-3305
"赴日前"入学许可制度	无
适用于"赴日前"制度的考试	－
本科总学生数	2,431 人
本科外国留学生数	129 人
都道府県、地图编号	福冈県 13

0006 ↑CHECK

九州女子大学 【私】

福冈県北九州市八幡西区自由ケ丘1番1号

文 **心** 语 **教**
艺 法 经 社
国 **生** 理 工
农 **综** 医 护

招生部门	教務・入試課
招生部门电子邮箱	nyushi@kwuc.ac.jp
招生部门电话号码	093-693-3349
"赴日前"入学许可制度	无
适用于"赴日前"制度的考试	－
本科总学生数	1,229 人
本科外国留学生数	14 人
都道府県、地图编号	福冈県 16

0008 ↑CHECK

九州工业大学 【国】

福冈県北九州市戸畑区仙水町1-1

文 心 语 教
艺 法 经 社
国 生 理 **工**
农 综 医 护

招生部门	入試課
招生部门电子邮箱	nyu-jisshi@jimu.kyutech.ac.jp
招生部门电话号码	093-884-3056
"赴日前"入学许可制度	无
适用于"赴日前"制度的考试	－
本科总学生数	4,117 人
本科外国留学生数	27 人
都道府県、地图编号	福冈県 14

0696 ↑CHECK

九州情报大学 【私】

福冈県太宰府市宰府6-3-1

文 心 语 教
艺 法 **经** 社
国 生 理 工
农 **综** 医 护

招生部门	入試広報課
招生部门电子邮箱	nyushi@kiis.ac.jp
招生部门电话号码	092-928-4000
"赴日前"入学许可制度	无
适用于"赴日前"制度的考试	－
本科总学生数	419 人
本科外国留学生数	135 人
都道府県、地图编号	福冈県 17

0260 ↑CHECK

九州国际大学 【私】

福冈県北九州市八幡東区平野1－6－1

文 心 语 教
艺 **法** **经** 社
国 生 理 工
农 综 医 护

招生部门	入試・広報室
招生部门电子邮箱	admission@kiu.ac.jp
招生部门电话号码	093-671-8916
"赴日前"入学许可制度	无
适用于"赴日前"制度的考试	－
本科总学生数	2,010 人
本科外国留学生数	142 人
都道府県、地图编号	福冈県 15

0007 ↑CHECK

日本经济大学 【私】

福冈県太宰府市五条3－11－25

文 心 语 教
艺 法 **经** 社
国 生 理 工
农 综 医 护

招生部门	国際交流センター
招生部门电子邮箱	—
招生部门电话号码	092-921-9827
"赴日前"入学许可制度	无
适用于"赴日前"制度的考试	－
本科总学生数	4,390 人
本科外国留学生数	2,388 人
都道府県、地图编号	福冈県 18

0233 ↑CHECK

第八章／千帆竞渡——五彩缤纷的特色专业　645

西南学院大学 私
福冈県福冈市早良区西新6－2－92

招生部门	入試センター　入試課
招生部门电子邮箱	nyuushi@seinan-gu.ac.jp
招生部门电话号码	092-823-3366
"赴日前"入学许可制度	无
适用于"赴日前"制度的考试	—
本科总学生数	8,150人
本科外国留学生数	12人
都道府县、地图编号	福冈县 19

0063

筑紫女学园大学 私
福冈県太宰府市石坂2丁目12-1

招生部门	入試課
招生部门电子邮箱	exam@chikushi-u.ac.jp
招生部门电话号码	092-925-3591
"赴日前"入学许可制度	无
适用于"赴日前"制度的考试	—
本科总学生数	2,527人
本科外国留学生数	13人
都道府县、地图编号	福冈县 22

0336

西日本工业大学 私
福冈県苅田町新津1-11

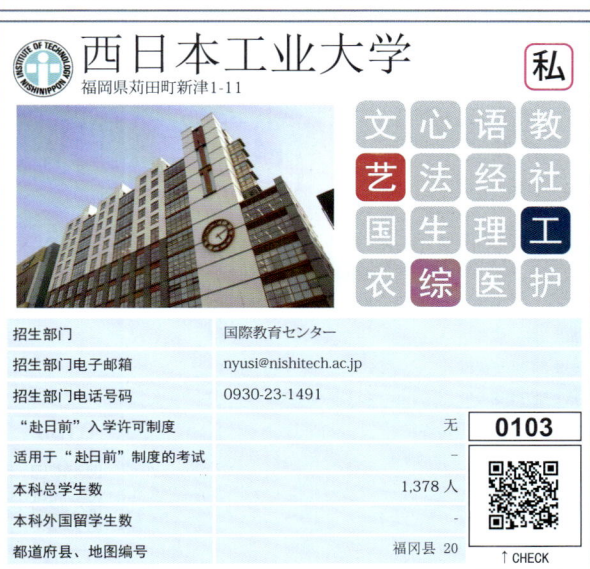

招生部门	国際教育センター
招生部门电子邮箱	nyusi@nishitech.ac.jp
招生部门电话号码	0930-23-1491
"赴日前"入学许可制度	无
适用于"赴日前"制度的考试	—
本科总学生数	1,378人
本科外国留学生数	-
都道府县、地图编号	福冈县 20

0103

西九州大学 私
佐賀県神埼市神埼町尾崎4490－9

招生部门	入試広報課
招生部门电子邮箱	—
招生部门电话号码	0952-52-4191
"赴日前"入学许可制度	无
适用于"赴日前"制度的考试	—
本科总学生数	1,714人
本科外国留学生数	-
都道府县、地图编号	佐賀县 23

0101

中村学园大学 私
福冈県福冈市城南区別府5丁目7番1号

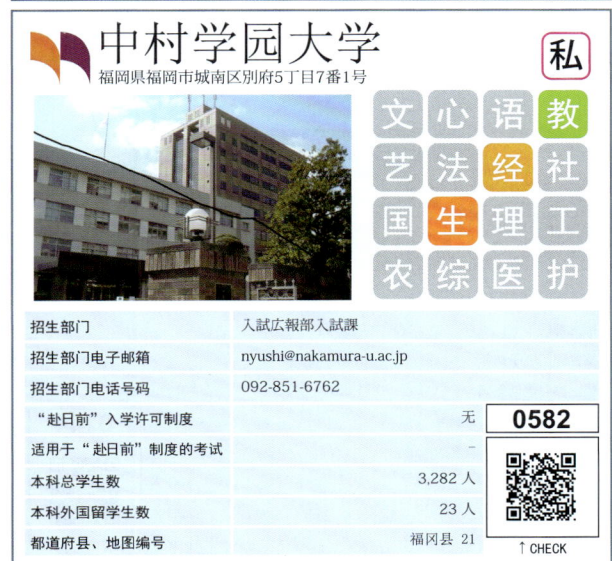

招生部门	入試広報部入試課
招生部门电子邮箱	nyushi@nakamura-u.ac.jp
招生部门电话号码	092-851-6762
"赴日前"入学许可制度	无
适用于"赴日前"制度的考试	—
本科总学生数	3,282人
本科外国留学生数	23人
都道府县、地图编号	福冈县 21

0582

佐賀大学 国
佐賀県佐賀市本庄町1番地

招生部门	学務部入試課
招生部门电子邮箱	contact@mail.admin.saga-u.ac.jp
招生部门电话号码	0952-28-8178
"赴日前"入学许可制度	无
适用于"赴日前"制度的考试	—
本科总学生数	5,952人
本科外国留学生数	44人
都道府县、地图编号	佐賀县 24

0025

长崎纯心大学 私

長崎県長崎市三ッ山町２３５番地

招生部门	入試広報課
招生部门电子邮箱	nyushikoho@n-junshin.ac.jp
招生部门电话号码	0958-46-0084
"赴日前"入学许可制度	无
适用于"赴日前"制度的考试	—
本科总学生数	1,075 人
本科外国留学生数	-
都道府县、地图编号	长崎县 25

0145

长崎外国语大学 私

長崎県長崎市横尾3丁目15番1号

招生部门	国際交流センター事務室
招生部门电子邮箱	ic@tc.nagasaki-gaigo.ac.jp
招生部门电话号码	095-840-2002
"赴日前"入学许可制度	有
适用于"赴日前"制度的考试	EJU 日语成绩
本科总学生数	734 人
本科外国留学生数	169 人
都道府县、地图编号	长崎县 28

0149

长崎大学 国

長崎県長崎市文教町１－１４

招生部门	学生支援部入試課
招生部门电子邮箱	nyushi@ml.nagasaki-u.ac.jp
招生部门电话号码	095-819-2111
"赴日前"入学许可制度	无
适用于"赴日前"制度的考试	—
本科总学生数	7,502 人
本科外国留学生数	96 人
都道府县、地图编号	长崎县 26

0172

长崎县立大学 公

長崎県佐世保市川下町１２３

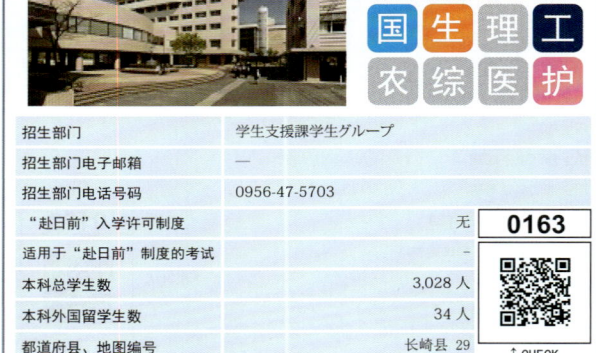

招生部门	学生支援課学生グループ
招生部门电子邮箱	—
招生部门电话号码	0956-47-5703
"赴日前"入学许可制度	无
适用于"赴日前"制度的考试	—
本科总学生数	3,028 人
本科外国留学生数	34 人
都道府县、地图编号	长崎县 29

0163

长崎国际大学 私

長崎県佐世保市ハウステンボス町２８２５－７

招生部门	国際交流・留学生支援センター
招生部门电子邮箱	kokusai@niu.ac.jp
招生部门电话号码	0956-20-5677
"赴日前"入学许可制度	无
适用于"赴日前"制度的考试	—
本科总学生数	2,275 人
本科外国留学生数	240 人
都道府县、地图编号	长崎县 27

0123

长崎综合科学大学 私

長崎県長崎市網場町５３６

招生部门	入試広報課
招生部门电子邮箱	adm@nias.ac.jp
招生部门电话号码	095-838-5121
"赴日前"入学许可制度	无
适用于"赴日前"制度的考试	—
本科总学生数	800 人
本科外国留学生数	29 人
都道府县、地图编号	长崎县 30

0144

崇城大学 〔私〕
熊本県熊本市西区池田4丁目22番1号

文 心 语 教 艺 法 经 社 国 生 理 工 农 综 医 护

招生部门	入試課
招生部门电子邮箱	nyushi@ofc.sojo-u.ac.jp
招生部门电话号码	096-326-6810
"赴日前"入学许可制度	无
适用于"赴日前"制度的考试	—
本科总学生数	3,622人
本科外国留学生数	51人
都道府县、地图编号	熊本県 31

0093 ↑CHECK

熊本大学 〔国〕
熊本県熊本市中央区黒髪2丁目39番1号

文 心 语 教 艺 法 经 社 国 生 理 工 农 综 医 护

招生部门	学生支援部入試課
招生部门电子邮箱	nyushi@jimu.kumamoto-u.ac.jp
招生部门电话号码	096-342-2148
"赴日前"入学许可制度	无
适用于"赴日前"制度的考试	—
本科总学生数	7,844人
本科外国留学生数	58人
都道府县、地图编号	熊本県 34

0015 ↑CHECK

九州ルーテル学院大学 〔私〕
熊本県熊本市中央区黒髪3-12-16

文 心 语 教 艺 法 经 社 国 生 理 工 农 综 医 护

招生部门	学務・入試センター
招生部门电子邮箱	koho@klc.ac.jp
招生部门电话号码	096-343-1600
"赴日前"入学许可制度	无
适用于"赴日前"制度的考试	—
本科总学生数	742人
本科外国留学生数	1人
都道府县、地图编号	熊本県 32

0005 ↑CHECK

熊本県立大学 〔公〕
熊本県熊本市東区月出3丁目1番100号

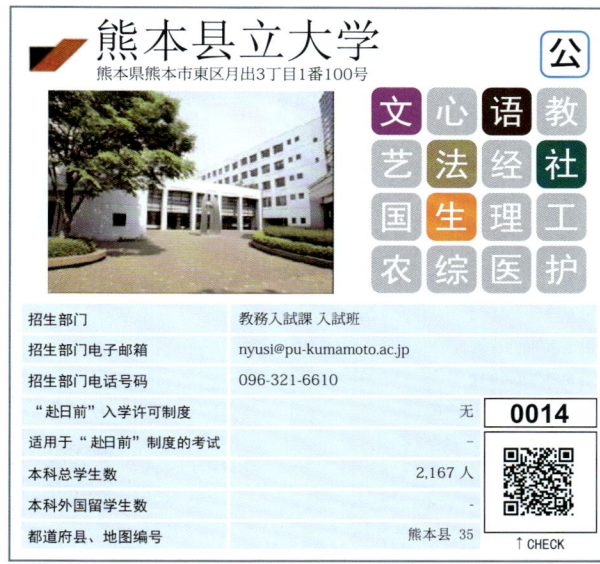

文 心 语 教 艺 法 经 社 国 生 理 工 农 综 医 护

招生部门	教務入試課 入試班
招生部门电子邮箱	nyusi@pu-kumamoto.ac.jp
招生部门电话号码	096-321-6610
"赴日前"入学许可制度	无
适用于"赴日前"制度的考试	—
本科总学生数	2,167人
本科外国留学生数	—
都道府县、地图编号	熊本県 35

0014 ↑CHECK

尚絅大学 〔私〕
熊本県熊本市榎木6丁目5-1

文 心 语 教 艺 法 经 社 国 生 理 工 农 综 医 护

招生部门	入試センター
招生部门电子邮箱	nyushi@shokei-gakuen.ac.jp
招生部门电话号码	096-273-6300
"赴日前"入学许可制度	无
适用于"赴日前"制度的考试	—
本科总学生数	527人
本科外国留学生数	—
都道府县、地图编号	熊本県 33

0074 ↑CHECK

熊本学園大学 〔私〕
熊本県熊本市中央区大江2丁目5番1号

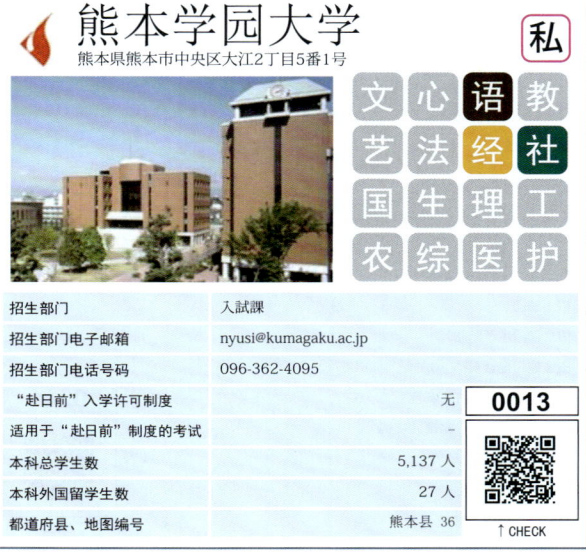

文 心 语 教 艺 法 经 社 国 生 理 工 农 综 医 护

招生部门	入試課
招生部门电子邮箱	nyusi@kumagaku.ac.jp
招生部门电话号码	096-362-4095
"赴日前"入学许可制度	无
适用于"赴日前"制度的考试	—
本科总学生数	5,137人
本科外国留学生数	27人
都道府县、地图编号	熊本県 36

0013 ↑CHECK

别府大学
大分县别府市北石垣82

招生部门	入試広報課
招生部门电子邮箱	bu-adm@beppu-u.ac.jp
招生部门电话号码	0977-66-9666
"赴日前"入学许可制度	有
适用于"赴日前"制度的考试	EJU 日语成绩
本科总学生数	1,696人
本科外国留学生数	184人
都道府县、地图编号	大分县 37

0311

立命馆亚洲太平洋大学
大分县别府市十文字原1-1

招生部门	アドミッションズ・オフィス（国際）
招生部门电子邮箱	welcome@apu.ac.jp
招生部门电话号码	0977-78-1119
"赴日前"入学许可制度	有
适用于"赴日前"制度的考试	EJU 日语成绩 英语成绩
本科总学生数	5,617人
本科外国留学生数	2,661人
都道府县、地图编号	大分县 40

0258

大分大学
大分县大分市大字旦野原700番地

招生部门	入試課入試企画グループ
招生部门电子邮箱	nyukikak@oita-u.ac.jp
招生部门电话号码	097-554-7471
"赴日前"入学许可制度	无
适用于"赴日前"制度的考试	—
本科总学生数	4,957人
本科外国留学生数	30人
都道府县、地图编号	大分县 38

0113

日本文理大学
大分县大分市一木1727

招生部门	入試担当
招生部门电子邮箱	nyuusi@nbu.ac.jp
招生部门电话号码	097-524-2708
"赴日前"入学许可制度	有
适用于"赴日前"制度的考试	—
本科总学生数	2,281人
本科外国留学生数	235人
都道府县、地图编号	大分县 41

0204

大分县立看护科学大学
大分县大分市廻栖野2944-9

招生部门	教務学生グループ
招生部门电子邮箱	info@oita-nhs.ac.jp
招生部门电话号码	097-586-4303
"赴日前"入学许可制度	无
适用于"赴日前"制度的考试	—
本科总学生数	338人
本科外国留学生数	—
都道府县、地图编号	大分县 39

0241

宫崎大学
宫崎县宫崎市学园木花台西1-1

招生部门	入試課
招生部门电子邮箱	nyushi@of.miyazaki-u.ac.jp
招生部门电话号码	0985-58-7138
"赴日前"入学许可制度	无
适用于"赴日前"制度的考试	—
本科总学生数	4,660人
本科外国留学生数	46人
都道府县、地图编号	宫崎县 42

0450

第八章／千帆竞渡——五彩缤纷的特色专业　649

宫崎公立大学 [公]
宫崎県宫崎市船塚一丁目1-2

文　心　语　教
艺　法　经　社
国　生　理　工
农　综　医　护

招生部门	学務課入試広報係
招生部门电子邮箱	nyushi@miyazaki-mu.ac.jp
招生部门电话号码	0985-20-2212
"赴日前"入学许可制度	无
适用于"赴日前"制度的考试	—
本科总学生数	901人
本科外国留学生数	11人
都道府県、地图编号	宫崎県 43

0453 ↑CHECK

第一工业大学 [私]
鹿児島県霧島市国分中央1-10-2

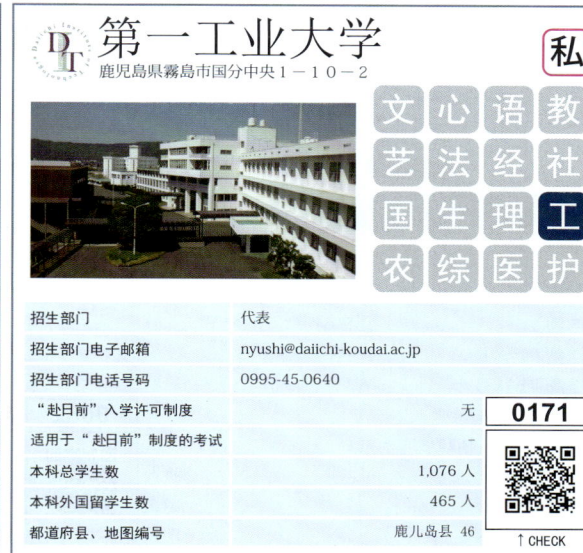

文　心　语　教
艺　法　经　社
国　生　理　工
农　综　医　护

招生部门	代表
招生部门电子邮箱	nyushi@daiichi-koudai.ac.jp
招生部门电话号码	0995-45-0640
"赴日前"入学许可制度	无
适用于"赴日前"制度的考试	—
本科总学生数	1,076人
本科外国留学生数	465人
都道府県、地图编号	鹿儿岛県 46

0171 ↑CHECK

宫崎国际大学 [私]
宫崎県宫崎市清武町加納丙1405番地

文　心　语　教
艺　法　经　社
国　生　理　工
农　综　医　护

招生部门	入試広報部
招生部门电子邮箱	admissions@sky.miyazaki-mic.ac.jp
招生部门电话号码	0985-85-5931
"赴日前"入学许可制度	有
适用于"赴日前"制度的考试	JPUE
本科总学生数	428人
本科外国留学生数	9人
都道府県、地图编号	宫崎県 44

0452 ↑CHECK

鹿儿岛大学 [国]
鹿児島県鹿児島市郡元一丁目21番24号

文　心　语　教
艺　法　经　社
国　生　理　工
农　综　医　护

招生部门	学生部入試課
招生部门电子邮箱	jnyusi@kuas.kagoshima-u.ac.jp
招生部门电话号码	0992857355
"赴日前"入学许可制度	无
适用于"赴日前"制度的考试	—
本科总学生数	9,025人
本科外国留学生数	50人
都道府県、地图编号	鹿儿岛県 47

0073 ↑CHECK

南九州大学 [私]
宫崎県宫崎市霧島5丁目1-2

文　心　语　教
艺　法　经　社
国　生　理　工
农　综　医　护

招生部门	学生支援課
招生部门电子邮箱	koho@nankyudai.ac.jp
招生部门电话号码	0985-83-3585
"赴日前"入学许可制度	无
适用于"赴日前"制度的考试	—
本科总学生数	1,127人
本科外国留学生数	5人
都道府県、地图编号	宫崎県 45

0561 ↑CHECK

鹿儿岛国际大学 [私]
鹿児島県鹿児島市坂之上8-34-1

文　心　语　教
艺　法　经　社
国　生　理　工
农　综　医　护

招生部门	入試・広報課
招生部门电子邮箱	nyushi@ofc.iuk.ac.jp
招生部门电话号码	099-261-3211
"赴日前"入学许可制度	无
适用于"赴日前"制度的考试	—
本科总学生数	2,700人
本科外国留学生数	89人
都道府県、地图编号	鹿儿岛県 48

0066 ↑CHECK

鹿屋体育大学 【国】
鹿児島県鹿屋市白水町1番町

招生部门	教務課入試係
招生部门电子邮箱	nyushi@nifs-k.ac.jp
招生部门电话号码	0994-46-4869
"赴日前"入学许可制度	无
适用于"赴日前"制度的考试	—
本科总学生数	768人
本科外国留学生数	3人
都道府县、地图编号	鹿儿岛县 49

0062

冲绳大学 【私】
沖縄県那覇市字国場555番地

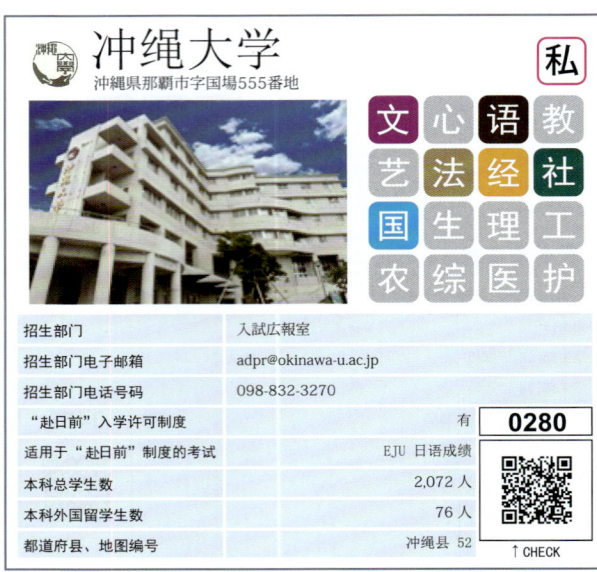

招生部门	入試広報室
招生部门电子邮箱	adpr@okinawa-u.ac.jp
招生部门电话号码	098-832-3270
"赴日前"入学许可制度	有
适用于"赴日前"制度的考试	EJU 日语成绩
本科总学生数	2,072人
本科外国留学生数	76人
都道府县、地图编号	冲绳县 52

0280

志学馆大学 【私】
鹿児島県鹿児島市紫原1丁目59−1

招生部门	入試広報課
招生部门电子邮箱	entrance@shigakukan.ac.jp
招生部门电话号码	099-812-8508
"赴日前"入学许可制度	无
适用于"赴日前"制度的考试	—
本科总学生数	1,202人
本科外国留学生数	5人
都道府县、地图编号	鹿儿岛县 50

0058

冲绳国际大学 【私】
沖縄県宜野湾市宜野湾二丁目6番1号

招生部门	入試センター
招生部门电子邮箱	entchr@okiu.ac.jp
招生部门电话号码	098-893-8945
"赴日前"入学许可制度	有
适用于"赴日前"制度的考试	EJU 日语成绩
本科总学生数	5,652人
本科外国留学生数	33人
都道府县、地图编号	冲绳县 53

0475

冲绳キリスト教学院大学 【私】
沖縄県中頭郡西原町字翁長777番地

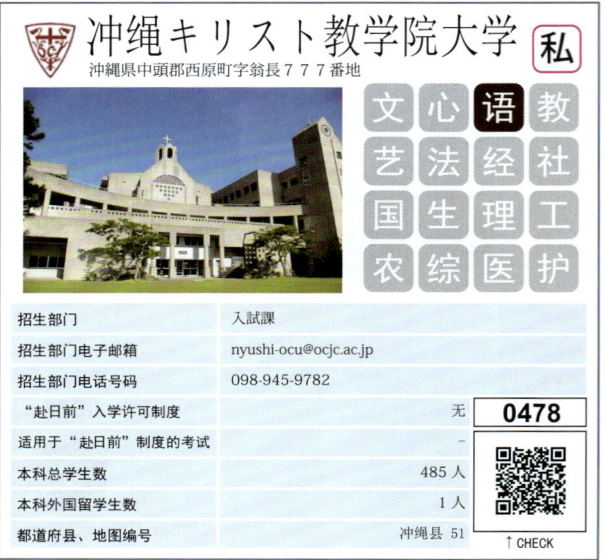

招生部门	入試課
招生部门电子邮箱	nyushi-ocu@ocjc.ac.jp
招生部门电话号码	098-945-9782
"赴日前"入学许可制度	无
适用于"赴日前"制度的考试	—
本科总学生数	485人
本科外国留学生数	1人
都道府县、地图编号	冲绳县 51

0478

冲绳县立艺术大学 【公】
沖縄県那覇市首里当蔵町1丁目4番地

招生部门	教務学生課
招生部门电子邮箱	—
招生部门电话号码	098-882-5058
"赴日前"入学许可制度	无
适用于"赴日前"制度的考试	—
本科总学生数	466人
本科外国留学生数	6人
都道府县、地图编号	冲绳县 54

0476

第八章／千帆竞渡——五彩缤纷的特色专业　651

在本书联动网站上进行详细的信息阅览

方法1　用QR（快速反应）码进行链接时
① 读取QR（快速反应）码。
② 即可显示相关学校的网站首页。

输入！ 或 读取！

*image

方法2　用搜索号码进行查询时
① 请访问官方网站。
② 输入所查询学校的搜索号码。

 （输入号码） 搜索

③ 即可显示所查询学校的网站首页。

短期大学介绍

北海道・东北

北海道科学大学短期大学部 私 0465
北海道札幌市手稲区前田7条15丁目4-1
文 心 语 教 艺 法 经 社 国 生 理 工 农 综 医 护
入試課　nyushi@hus.ac.jp
0120-248-059　无　162人　-　北海道 55

北星学园大学短期大学部 私 0462
北海道札幌市厚別区大谷地西2-3-1
文 心 语 教 艺 法 经 社 国 生 理 工 农 综 医 护
入試課　—
011-891-2731　无　464人　-　北海道 56

钏路短期大学 私 0461
北海道钏路市绿ヶ岡1丁目10番42号
文 心 语 教 艺 法 经 社 国 生 理 工 农 综 医 护
入試事務局　kushirojc@midorigaoka.ac.jp
0154-41-0131　无　186人　-　北海道 57

带广大谷短期大学 私 0501
北海道河東郡音更町希望が丘3番地3
文 心 语 教 艺 法 经 社 国 生 理 工 农 综 医 护
アドミッション・センター事務局　adcenter@oojc.ac.jp
0155-42-4424(内線61)　无　180人　-　北海道 58

拓殖大学北海道短期大学 私 0457
北海道深川市深川町メム４５５８
文 心 语 教 艺 法 经 社 国 生 理 工 农 综 医 护
学生支援課　kouhou@takushoku-hc.ac.jp
0164-23-4111　有　183人　4人　北海道 59

旭川大学短期大学部 私 0448
北海道旭川市永山3条23丁目1番9号
文 心 语 教 艺 法 经 社 国 生 理 工 农 综 医 护
入試広報課　nyushi@live.asahikawa-u.ac.jp
0120-48-3124　无　253人　1人　北海道 60

札幌大谷大学短期大学部 私 0559
北海道札幌市東区北16条東9丁目1番1号
文 心 语 教 艺 法 经 社 国 生 理 工 农 综 医 护
入試広報課　nyushi@sapporo-otani.ac.jp
011-742-1643　无　236人　-　北海道 61

札幌大学女子短期大学部 私 0543
北海道札幌市豊平区西岡3条7丁目3番1号
文 心 语 教 艺 法 经 社 国 生 理 工 农 综 医 护
インターコミュニケーションセンター(SUICC)　suicc@ofc.sapporo-u.ac.jp
011-852-9138　无　79人　-　北海道 62

札幌国际大学短期大学部 私 0009
北海道札幌市清田区清田４条1-4-1
文 心 语 教 艺 法 经 社 国 生 理 工 农 综 医 护
入学センター　nkoho@ad.siu.ac.jp
011-881-8861　无　366人　-　北海道 63

岩手县立大学宫古短期大学部 公 0029
岩手県宮古市河南1丁目5番1号
文 心 语 教 艺 法 经 社 国 生 理 工 农 综 医 护
本学部事務局　—
0193-64-2230　无　205人　-　岩手県 64

岩手县立大学盛冈短期大学部 公 0044
岩手県滝沢市巣子152-52
文 心 语 教 艺 法 经 社 国 生 理 工 农 综 医 护
教育支援室入試グループ　ipu-nyushi@ml.iwate-pu.ac.jp
019-694-2014　无　220人　-　岩手県 65

东北生活文化大学短期大学部 私 0243
宮城県仙台市泉区虹の丘1-18-2
文 心 语 教 艺 法 经 社 国 生 理 工 农 综 医 护
本校　hojim@mishima.ac.jp
022-272-7511　无　176人　-　宮城県 66

圣和学园短期大学 私 0500
宮城県仙台市泉区南中山5丁目5番2号
文 心 语 教 艺 法 经 社 国 生 理 工 农 综 医 护
入試センター　info-c@seiwa.ac.jp
022-376-3151　无　569人　-　宮城県 67

东北文教大学短期大学部 私 0313
山形県山形市片谷地515
文 心 语 教 艺 法 经 社 国 生 理 工 农 综 医 护
本校　go@t-bunkyo.jp
023-688-2298　有　382人　2人　山形県 68

山形县立米泽女子短期大学 公 0184
山形県米沢市通町6-15-1
文 心 语 教 艺 法 经 社 国 生 理 工 农 综 医 护
教務学生課　jimu@yone.ac.jp
0238-22-7330　无　641人　-　山形県 69

会津大学短期大学部 公 0256
福島県会津若松市一箕町大字八幡字門田1番地の1
文 心 语 教 艺 法 经 社 国 生 理 工 农 综 医 护
短期大学事務室　info@jc.u-aizu.ac.jp
0242-37-2301　无　314人　-　福島県 70

いわき短期大学 私 0325
福島県いわき市平鎌田字寿金沢37
文 心 语 教 艺 法 经 社 国 生 理 工 农 综 医 护
本校　—
0246-25-9185　无　161人　-　福島県 71

樱之圣母短期大学 私 0332
福島県福島市花園町3-6
文 心 语 教 艺 法 经 社 国 生 理 工 农 综 医 护
入試・広報部　mseibo@ssjc.ac.jp
024-534-7137　无　297人　-　福島県 72

关东

つくば国际短期大学 私 0540
茨城県土浦市真鍋6-7-10
文 心 语 教 艺 法 经 社 国 生 理 工 农 综 医 护
総務課　入試係　tijc@maple.ocn.ne.jp
029-821-6125　无　219人　-　茨城県 179

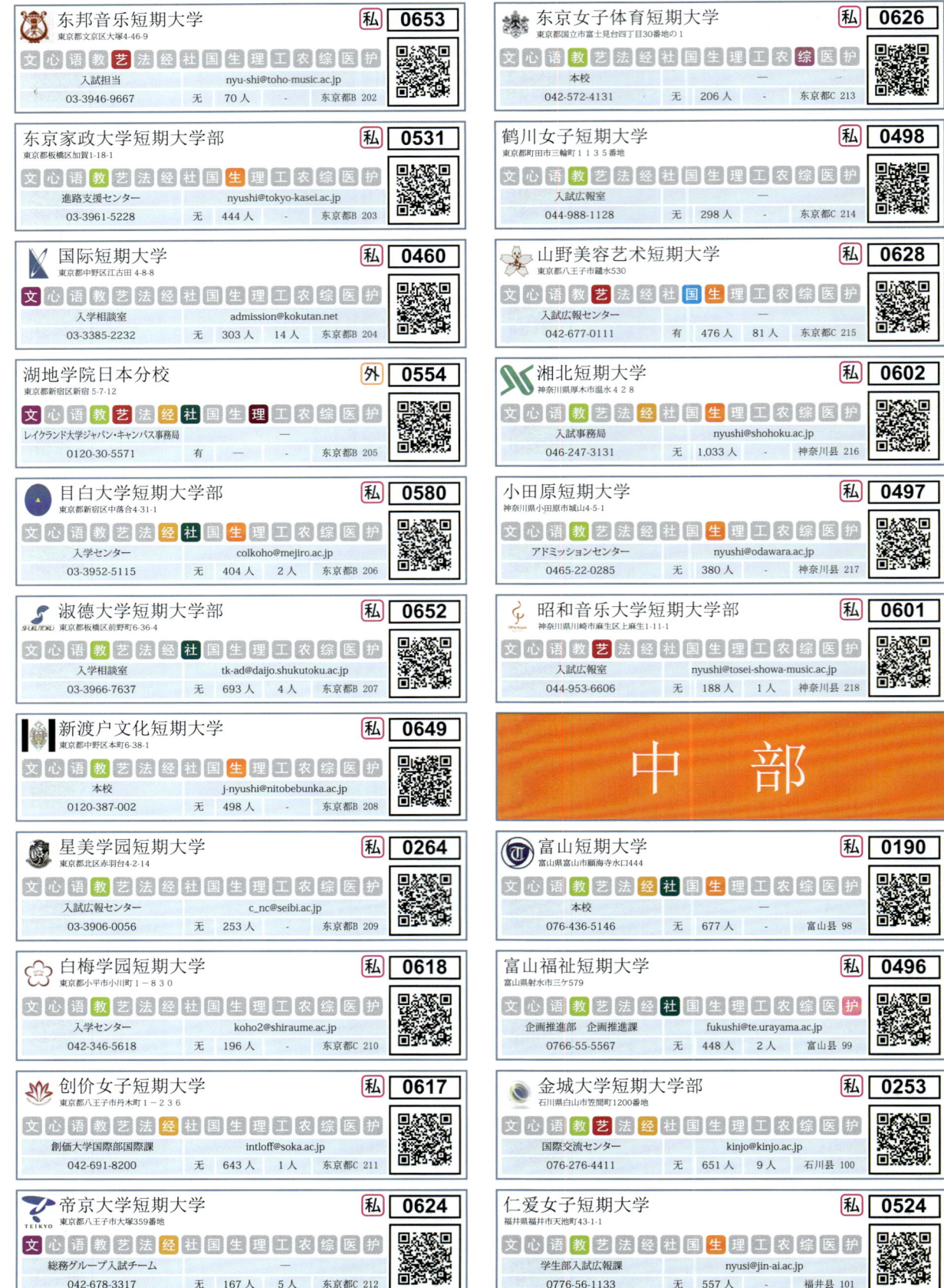

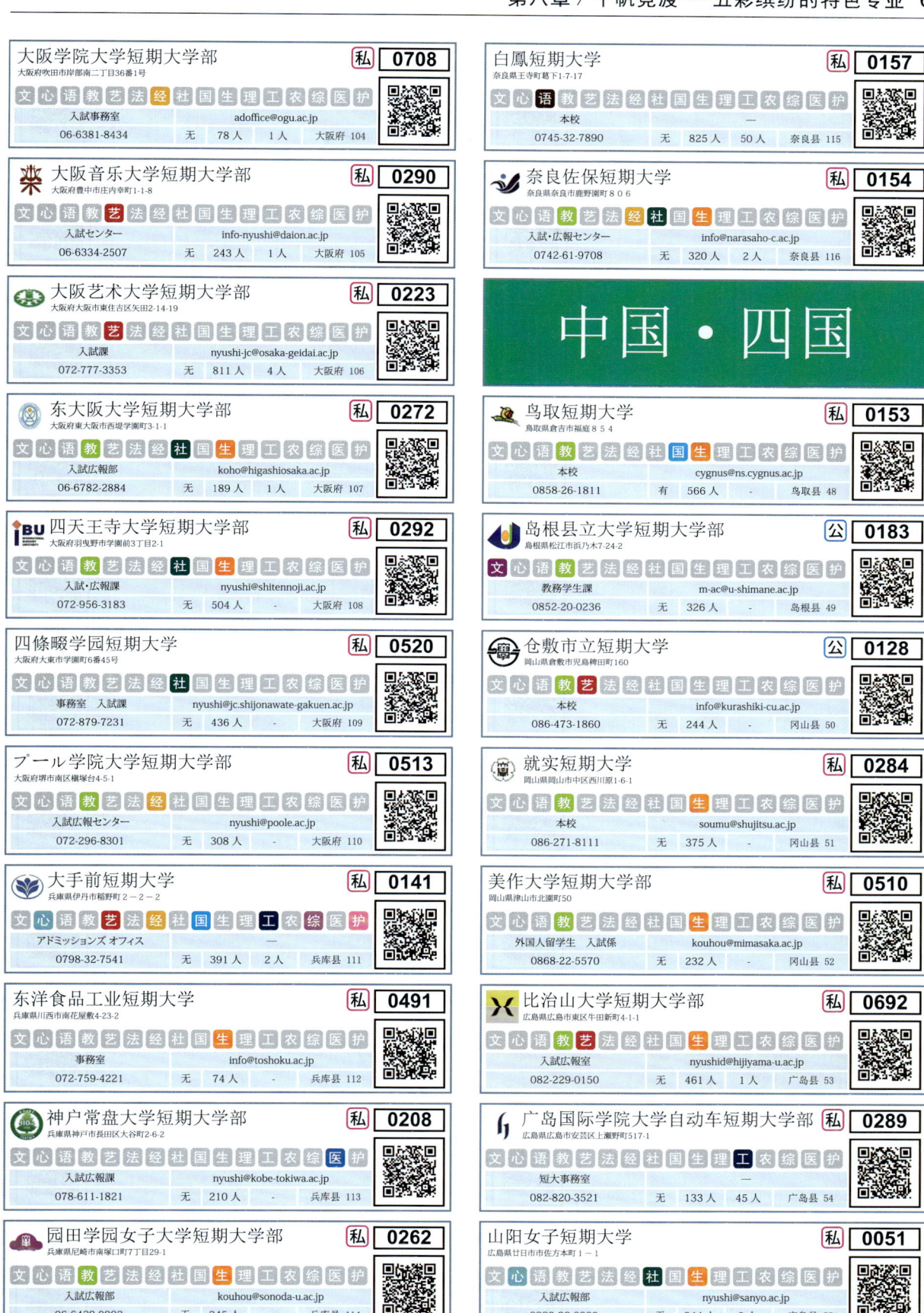

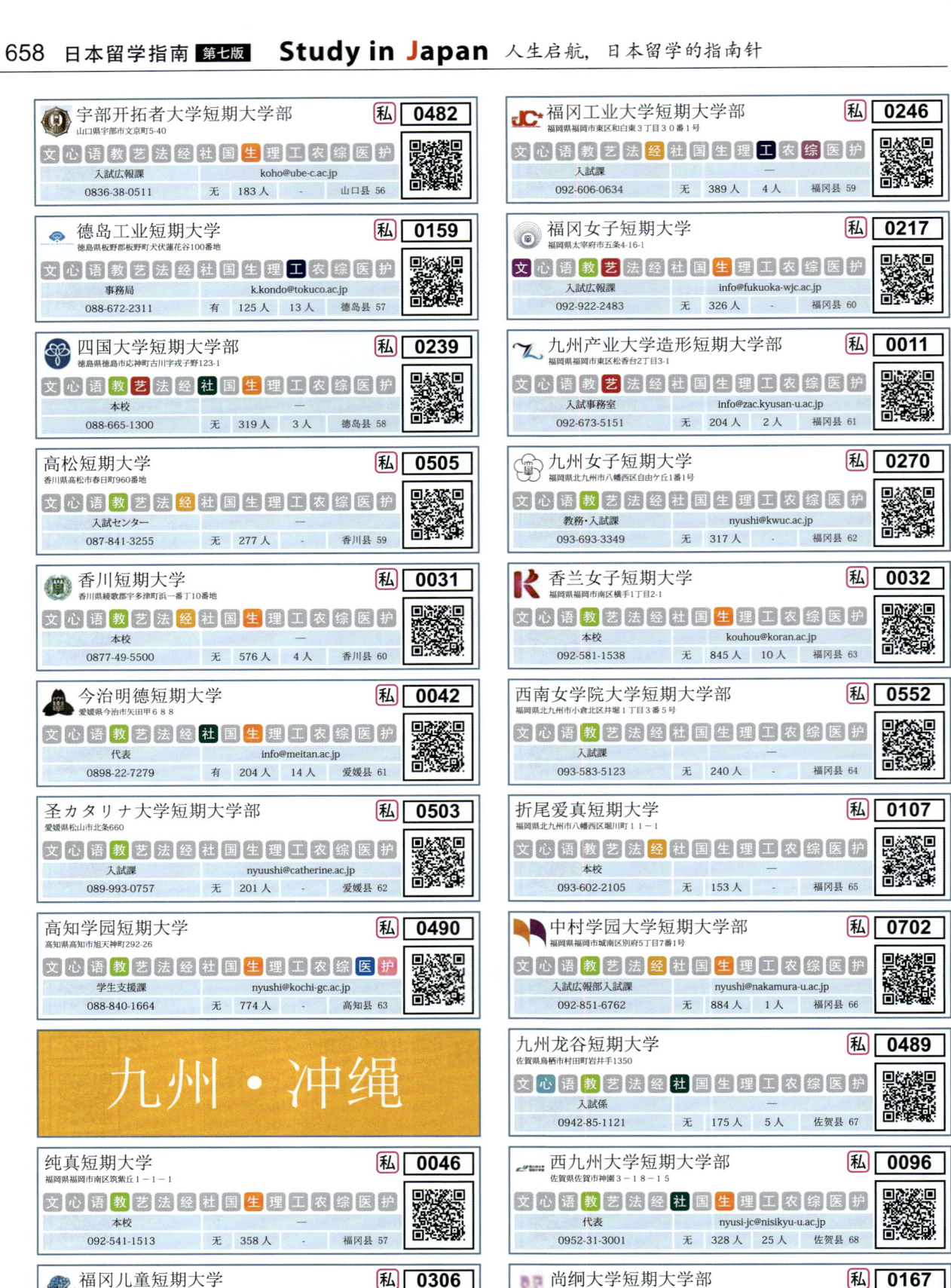

第八章／千帆竞渡——五彩缤纷的特色专业

在本书联动网站上进行详细的信息阅览

方法1 用QR（快速反应）码进行链接时

① 读取QR（快速反应）码。

② 即可显示相关学校的网站首页。

输入！ 或 读取！

*image

方法2 用搜索号码进行查询时

① 请访问官方网站。

② 输入所查询学校的搜索号码。

（输入号码） 搜索

③ 即可显示所查询学校的网站首页。

8.2 大学院一览

根据截至 2018 年 9 月底的最新调查数据，本书编者整理出日本全国大学院（研究生院）一览。

以下信息按专业系统，日本全国 6 个区域、都道府县，国立、公立与私立分类，按字母顺序排列。

以下信息除了包括设有大学院（研究生院）的大学名称与研究科名称外，同时附上各研究科的 URL（网页链接）。

大学院一览的阅读方法

刊载的信息是根据编者对日本全国的大学院（研究生院）进行的调查搜集而成，更新至 2018 年 9 月底。

刊载的信息未对各所大学院（研究生院）是否接收留学生进行确认，请在报考学校时直接向校方确认。

刊载的信息基本列出了各个研究科的网页链接与介绍页面，但部分研究科的具体网址不明，因而只刊载了该大学院（研究生院）网站上的研究科一览页面。对于此类情况，已在备考栏加注"※"符号用以区分。

有部分大学院未设立大学（即没有本科），已在备考栏加注"★"符号用以区分。

有部分学校校名中含有片假名或平假名，在刊登时一律按罗马字发音的字母顺序排列。

在国立、公立、私立分类中，有部分学校标注为"外"，表示其为国外大学在日本设立的分校。

第八章／千帆竞渡——五彩缤纷的特色专业

文 心 语 教

地域	都道府县	国公私	大学名	研究科名	URL	备注
北海道・东北	北海道	国立	北海道大学	文学研究科	http://www.let.hokudai.ac.jp/	
				教育学院	http://www.edu.hokudai.ac.jp/graduate/index.html	
			北海道教育大学	教育学研究科	http://www.hokkyodai.ac.jp/faculty/post/master	
		私立	北海道文教大学	グローバルコミュニケーション研究科	http://www.do-bunkyodai.ac.jp/department/graduate/foreign/boshu.html	※
			北海道医疗大学	心理科学研究科	http://www.hoku-iryo-u.ac.jp/~shinri/	
			北海学园大学	文学研究科	http://human.hgu.jp/department03.html	
			北翔大学	人间福祉学研究科	http://www.hokusho-u.ac.jp/school/graduateschool/human/	
				生涯学习研究科	http://www.hokusho-u.ac.jp/school/graduateschool/lifelong/index.html	
				生涯スポーツ学研究科	http://www.hokusho-u.ac.jp/school/graduateschool/lifelongsport/	
			北星学园大学	社会福祉学研究科	http://www.hokusei.ac.jp/graduate_college/graduate_social_welfare/	
				文学研究科	http://www.hokusei.ac.jp/graduate_college/graduate_literature/	
				文化学研究科	http://www.master.sapporo-u.ac.jp/course/culture.html	
			札幌国际大学	心理学研究科	http://www.siu.ac.jp/daigakuin-shinri	
			札幌学院大学	临床心理学研究科	http://www.sgu.ac.jp/gra/psy/	
	青森县	国立	弘前大学	人文社会科学研究科	http://human.cc.hirosaki-u.ac.jp/daigakuin/index.html	
				教育学研究科	http://siva.cc.hirosaki-u.ac.jp/web/gs/index.html	
		私立	弘前学院大学	文学研究科	http://www.hirogaku-u.ac.jp/faculty/graduate/bungaku/	
	岩手县	国立	岩手大学	综合科学研究科	http://www.iwate-u.ac.jp/college/sogo.shtml	
				教育学研究科	http://www.edu.iwate-u.ac.jp/master/	
	宫城县	国立	东北大学	文学研究科	http://www.sal.tohoku.ac.jp/index-j.html	
				教育学研究科	http://www.sed.tohoku.ac.jp/	
				国际文化研究科	http://www.intcul.tohoku.ac.jp/	
			宫城教育大学	教育学研究科	http://www.miyakyo-u.ac.jp/academic/graduate_school/index.html	※
		私立	东北福祉大学	教育学研究科	http://www.tfu.ac.jp/education/graduate/ge.html	
			东北学院大学	文学研究科	http://www.tohoku-gakuin.ac.jp/faculty/graduate/letters/	
			宫城学院女子大学	人文科学研究科	http://www.mgu.ac.jp/main/departments/graduate/index.html	
	秋田县	国立	秋田大学	教育学研究科	http://www.akita-u.ac.jp/eduhuman/graduate/index.html	
		公立	国际教养大学	グローバル・コミュニケーション実践研究科	http://web.aiu.ac.jp/graduate/outline/	※
	山形县	国立	山形大学	社会文化系统研究科	http://www-h.yamagata-u.ac.jp/	
				地域教育文化研究科	http://www.e.yamagata-u.ac.jp/gsrec/index.html	
				教育实践研究科	http://www.e.yamagata-u.ac.jp/gstt/index.html	
	福岛县	国立	福岛大学	人间发达文化研究科	http://hdc.educ.fukushima-u.ac.jp/graduate-school	
		私立	福岛学院大学	心理学研究科	http://www.fukushima-college.ac.jp/gs_clinical_learning	※
			いわき明星大学	人文学研究科	http://www.iwakimu.ac.jp/department/graduate	
关东・甲信越	茨城县	国立	茨城大学	人文社会科学研究科	http://www.ibaraki.ac.jp/depart/gshum/index.html	
				教育学研究科	http://www.edu.ibaraki.ac.jp/master/	
			筑波大学	教育研究科	http://www.kyouiku.tsukuba.ac.jp/	
		私立	茨城基督教大学	文学研究科	http://www.icc.ac.jp/nyushi/master/master_lit.html	
	栃木县	国立	宇都宫大学	国际学研究科	http://www.kokusai.utsunomiya-u.ac.jp/fis/	
				教育学研究科	http://www.utsunomiya-u.ac.jp/academic/fedu_uugraduate.php	
		私立	作新学院大学	心理学研究科	http://www.sakushin-u.ac.jp/psychology/	
	群马县	国立	群马大学	教育学研究科	http://www.edu.gunma-u.ac.jp/jp/postgraduate-school.html	
		公立	群马县立女子大学	文学研究科	http://www.gpwu.ac.jp/pos/	※
		私立	东京福祉大学	教育学研究科	http://www.tokyo-fukushi.ac.jp/graduateschool/education.html	
				心理学研究科	http://www.tokyo-fukushi.ac.jp/graduateschool/psychology.html	
	埼玉县	国立	埼玉大学	人文社会科学研究	http://hss.saitama-u.ac.jp/	
		私立	东京国际大学	国际关系学研究科	https://www.tiu.ac.jp/department/international_g/	
				临床心理学研究科	https://www.tiu.ac.jp/department/psychology_g/	
			独协大学	外国语学研究科	http://www.dokkyo.ac.jp/daigakuin/gs02_j.html	
			迹见学园女子大学	人文科学研究科	http://www.atomi.ac.jp/univ/faculty/graduate_school/psychology.html	
			骏河台大学	综合政策研究科	http://www.surugadai.ac.jp/gakubu_in/in_sogoseisaku/	※
				心理学研究科	http://www.surugadai.ac.jp/gakubu_in/in_shinri/	
			埼玉工业大学	人间社会研究科	http://www.sit.ac.jp/gakubu_in/daigakuin/ningenshakai/index.html	
			圣学院大学	アメリカ・ヨーロッパ文化学研究科	https://www.seigakuin-grad.jp/culture	
	千叶县	国立	千叶大学	教育学研究科	http://www.education.chiba-u.jp/	
		私立	城西国际大学	人文科学研究科	http://www.jiu.ac.jp/graduate/human/	
			川村学园女子大学	人文科学研究科	https://www.kgwu.ac.jp/faculty/master/jinbunkenkyu/	※
			和洋女子大学	人文科学研究科	http://www.wayo.ac.jp/academics/graduate/humanities/tabid/493/Default.aspx	
			丽泽大学	言语教育研究科	http://gs.reitaku-u.ac.jp/gengo_index/gengo.html	
			明海大学	应用言语学研究科	http://www.meikai.ac.jp/02dept/daigakuin/grad_applied_linguistics.html	
			神田外语大学	言语科学研究科	http://www.kandagaigo.ac.jp/kuis/grad/	
			圣德大学	临床心理学研究科	https://www.seitoku.jp/univ/department/grad_clinical_psychology.shtml	
				言语文化研究科	https://www.seitoku.jp/univ/department/grad_language_culture.shtml	
				教职研究科	https://www.seitoku.jp/univ/department/grad_professional_teachers.shtml	
			淑德大学	综合福祉研究科	http://www.shukutoku.ac.jp/din/soc/	
	东京都	国立	お茶の水女子大学	人间文化创成科学研究科	http://www.dc.ocha.ac.jp/	
			东京大学	人文社会系研究科	http://www.l.u-tokyo.ac.jp/	
				教育学研究科	http://www.p.u-tokyo.ac.jp/	
				综合文化研究科	http://www.c.u-tokyo.ac.jp/	
			东京外国语大学	综合国际学研究科	http://www.tufs.ac.jp/education/pg/	
			东京学艺大学	教育学研究科	http://www.u-gakugei.ac.jp/~graduate/syushi/	
				连合学校教育学研究科	http://www.u-gakugei.ac.jp/~graduate/rengou/	
			一桥大学	言语社会研究科	http://gensha.hit-u.ac.jp/	
		公立	首都大学东京	人文科学研究科	http://www.hum.tmu.ac.jp/	
		私立	白百合女子大学	文学研究科	http://www.shirayuri.ac.jp/course/graduate/	
			白梅学园大学	子ども学研究科	http://daigaku.shiraume.ac.jp/graduate/subject-childstudies-mp/	
			成城大学	文学研究科	http://www.seijo.ac.jp/education/falit-grad-school/	
			成蹊大学	文学研究科	http://www.seikei.ac.jp/university/bungaku/graduate/index.html	

（续表）

地域	都道府县	国公私	大学名	研究科名	URL	备注
関東・甲信越	東京都	私立	創価大学	文学研究科	https://www.soka.ac.jp/grad-let/major/letters/	
				教職研究科	http://kyoshoku.soka.ac.jp/	
			大東文化大学	文学研究科	http://www.daito.ac.jp/education/graduate_school/department/literature/index.html	
				外国語学研究科	http://www.daito.ac.jp/education/graduate_school/department/foreign_languages/index.html	
			大正大学	仏教学研究科	https://www.tais.ac.jp/graduate_school/course/major_in_buddhist_studies/	
				文学研究科	https://www.tais.ac.jp/graduate_school/course/	※
			帝京大学	文学研究科	https://www.teikyo-u.ac.jp/faculties/graduate/literature/	
				教職研究科	http://www.teikyo-u.ac.jp/graduate_school/edu/index.html	
			東京成徳大学	心理学研究科	http://www.tsu.ac.jp/gra/index.html	
			東京家政大学	人間生活学総合研究科	http://www.tokyo-kasei.ac.jp/graduate/tabid/1250/index.php	
			東京経済大学	コミュニケーション学研究科	http://www.tku.ac.jp/graduate_school/communication/	
			東京理科大学	科学教育研究科	http://www.sut.ac.jp/fac_grad/grad/kk/	
			東京神学大学	神学研究科	http://www.tuts.ac.jp/02/daigakuin.htm	
			東洋大学	文学研究科	http://www.toyo.ac.jp/glit/index_j.html	
			二松学舎大学	文学研究科	http://www.nishogakusha-u.ac.jp/e2.htm	
			法政大学	人文科学研究科	http://www.hosei.ac.jp/gs/kenkyuka/jinbun/index.html	
			共立女子大学	文芸学研究科	https://www.kyoritsu-wu.ac.jp/academics/graduate/bungei/	
				国際学研究科	https://www.kyoritsu-wu.ac.jp/academics/graduate/kokusai/	
			国際仏教大学院大学	仏教学研究科	http://www.icabs.ac.jp/kenkyu/tokushoku.htm	★
			国士舘大学	人文科学研究科	http://www.kokushikan.ac.jp/faculty/GS/HS/outline/	
			國學院大學	文学研究科	https://www.kokugakuin.ac.jp/education/fd/graduate/gsol	
			和光大学	社会文化総合研究科	https://www.wako.ac.jp/faculty-postgraduate/postgraduate/index.html	
			恵泉女学園大学	人文学研究科	http://www.keisen.ac.jp/faculty/graduate/human/	
				平和学研究科	http://www.keisen.ac.jp/faculty/graduate/peace/	
			津田塾大学	文学研究科	http://kouhou.tsuda.ac.jp/gs/ecs/index.html	
			駒澤大学	人文科学研究科	https://www.komazawa-u.ac.jp/academics/graduate/humanities/	
			駒沢女子大学	人文科学研究科	http://www.komajo.ac.jp/uni/faculty/in_buddhism/graduate.html	※
			立教大学	文学研究科	http://www.rikkyo.ac.jp/bun/	
				異文化コミュニケーション研究科	http://icc.rikkyo.ac.jp/grad/	
				現代心理学研究科	http://cp.rikkyo.ac.jp/graduate_school/	
				キリスト教学研究科	http://www.rikkyo.ac.jp/kiriken/index.html	
			立正大学	文学研究科	http://www.ris.ac.jp/faculty_graduate_school/literary_researches/index.html	
				心理学研究科	http://www.ris-shinri.jp/graduate/index.html	
			明星大学	人文学研究科	http://www.meisei-u.ac.jp/academics/gs/hum/index.html	
			明治大学	文学研究科	http://www.meiji.ac.jp/dai_in/arts-letters/index.html	
				教養デザイン研究科	http://www.meiji.ac.jp/humanity/index.html	
			明治学院大学	文学研究科	http://www.meijigakuin.ac.jp/graduate/arts_and_letters.html	
				心理学研究科	http://psy.meijigakuin.ac.jp/grad/	
			目白大学	国際交流研究科	https://www.mejiro.ac.jp/graduate/course/int/	
				心理学研究科	https://www.mejiro.ac.jp/graduate/course/psy/	
				言語文化研究科	https://www.mejiro.ac.jp/graduate/course/lng/	
			清泉女子大学	人文科学研究科	http://www.seisen-u.ac.jp/department/graduate/	
			青山学院大学	文学研究科	http://www.aoyama.ac.jp/graduate/literature/index.html	
				教育人間科学研究科	http://www.ephs.aoyama.ac.jp/graduateschool/index.html	
			慶應義塾大学	文学研究科	http://grad.admissions.keio.ac.jp/bun.html	
			日本大学	文学研究科	http://www.chs.nihon-u.ac.jp/gs_lss/index.html	
			日本女子大学	文学研究科	http://www.jwu.ac.jp/unv/faculty_department/grd_humanities/about/	
				人間社会研究科	http://www.jwu.ac.jp/unv/faculty_department/grd_integrated_arts_and_social_sciences/about/	
			上智大学	神学研究科	http://www.sophia.ac.jp/jpn/program/G/G_Theo	
				哲学研究科	http://www.sophia.ac.jp/jpn/program/GR_policy/admission_policy_GR/admission_policy_GR_Philosophy	
				文学研究科	http://www.sophia.ac.jp/jpn/program/G/G_Human	
				グローバル・スタディーズ研究科	http://www.sophia.ac.jp/jpn/program/G/G_GS	
			聖心女子大学	文学研究科	http://www.u-sacred-heart.ac.jp/graduate/index.html	※
			実践女子大学	文学研究科	http://www.jissen.ac.jp/learning/literature/index.html	※
			拓殖大学	言語教育研究科	http://www.takushoku-u.ac.jp/graduate/linguistics/	
			文京学院大学	外国語学研究科	http://www.u-bunkyo.ac.jp/faculty/graduate-college/foreign-policy.html	
			武蔵大学	人文科学研究科	https://www.musashi.ac.jp/manabi/daigakuin/humanities/index.html	
			武蔵野大学	言語文化研究科	http://www.musashino-u.ac.jp/graduate_school/language_and_culture/index.html	
				人間社会研究科	http://www.musashino-u.ac.jp/graduate_school/human_and_social_sciences/index.html	
			学習院大学	人文科学研究科	http://www.gakushuin.ac.jp/univ/g-hum/top/graduate/index.html	
			桜美林大学	言語教育研究科	http://www.obirin.ac.jp/postgraduate/graduate_course/language_education/index.html	
				心理学研究科	http://www.obirin.ac.jp/postgraduate/graduate_course/psychology/index.html	
			玉川大学	文学研究科	http://www.tamagawa.jp/graduate/humanities/index.html	
				教育学研究科	http://www.tamagawa.jp/graduate/education/index.html	
			早稲田大学	文学研究科	https://www.waseda.jp/flas/glas/	
				教育学研究科	https://www.waseda.jp/fedu/gedu/	
				アジア太平洋研究科	https://www.waseda.jp/fedu/gedu/	
				日本語教育研究科	http://www.waseda.jp/gsjal/index.html	
				教職研究科	https://www.waseda.jp/fedu/gted/	
			昭和女子大学	文学研究科	http://swu.ac.jp/graduate_school/	※
			中央大学	文学研究科	http://www.chuo-u.ac.jp/chuo-u/gsletters/index_j.html	
			専修大学	文学研究科	https://www.senshu-u.ac.jp/education/graduate/gs_letters/	
		外	テンプル大学ジャパンキャンパス	TESOL（教育学英語教授法）	http://www.tuj.ac.jp/jp/tesol/index.html	
	神奈川県	国立	横浜国立大学	教育学研究科	http://www.ynu.ac.jp/academics/graduate/human/index.html	
			総合研究大学院大学	文化科学研究科	https://www.soken.ac.jp/rcourse/bunka/	★
		私立	東海大学	文学研究科	http://www.u-tokai.ac.jp/academics/graduate/letters/	
			フェリス女学院大学	人文科学研究科	http://www.ferris.ac.jp/departments/graduate-school/humanities/	
				国際交流研究科	http://www.ferris.ac.jp/departments/graduate-school/international-course/	

(续表)

地域	都道府县	国公私	大学名	研究科名	URL	备注
关东·甲信越	神奈川県	私立	関東学院大学	文学研究科	http://univ.kanto-gakuin.ac.jp/index.php/ja/home/education/graduate-school/graduate01.html	
			神奈川大学	外国語学研究科	http://www.kanagawa-u.ac.jp/disclosure/education/policy/graduateschool/foreign_languages.html	
				歴史民俗資料学研究科	http://rekimin.kanagawa-u.ac.jp/	
			文教大学	教育学研究科	http://www.bunkyo.ac.jp/faculty/kyoiku/gs-edu/	
				言語文化研究科	http://www.bunkyo.ac.jp/faculty/gs-cult/index.html	
中部·北陸	新潟県	国立	上越教育大学	学校教育研究科	http://www.juen.ac.jp/070graduate/index.html	
			新潟大学	教育学研究科	http://www.ed.niigata-u.ac.jp/modules/graduate/index.php?content_id=1	
		私立	新潟青陵大学	臨床心理学研究科	http://www.n-seiryo.ac.jp/faculty/nsugs/psychology/	
	富山県	国立	富山大学	人文科学研究科	https://www.u-toyama.ac.jp/academics/graduate-humanities/index.html	
				芸術文化学研究科	https://www.u-toyama.ac.jp/academics/graduate-art-design/index.html	
				人間発達科学研究科	https://www.u-toyama.ac.jp/academics/graduate-human-dev/index.html	
	石川県	国立	金沢大学	教育学研究科	http://www.ed.kanazawa-u.ac.jp/di/	
				教育実践研究科	http://pdte.ed.kanazawa-u.ac.jp/	
		私立	金沢工業大学	心理学研究科	http://www.kanazawa-it.ac.jp/in_shinri/index.html	
			金沢学院大学	人文学研究科	http://www.kanazawa-gu.ac.jp/graduate/	
	福井県	国立	福井大学	教育学研究科	http://www.u-fukui.ac.jp/cont_facilities/education/	
	山梨県	国立	山梨大学	教育学研究科	http://www.edu.yamanashi.ac.jp/modules/kenkyu/index.php?content_id=1	
		公立	都留文科大学	文学研究科	http://www.tsuru.ac.jp/department/daigakuin/index.html	
	長野県	国立	信州大学	人文科学研究科	http://www.shinshu-u.ac.jp/faculty/arts/graduate/	
				教育学研究科	http://www.shinshu-u.ac.jp/faculty/education/g-school/	
	岐阜県	国立	岐阜大学	教育学研究科	http://www.ed.gifu-u.ac.jp/~kyoiku/index.html	
		私立	岐阜女子大学	文化創造学研究科	http://www.gijodai.jp/graduate/	※
	静岡県	国立	静岡大学	人文社会科学研究科	http://www.hss.shizuoka.ac.jp/ghss/	
				教育学研究科	http://www.ed.shizuoka.ac.jp/category/college/	
		公立	静岡県立大学	国際関係学研究科	http://ir.u-shizuoka-ken.ac.jp/grad/index.html	
		私立	常葉大学	国際言語文化研究科	http://www.tokoha-u.ac.jp/department/graduate/intl-language/index.html	
				初等教育高度実践研究科	http://www.tokoha-u.ac.jp/department/graduate/elementary/index.html	
			静岡文化芸術大学	文化政策研究科	http://www.suac.ac.jp/education/gradschool/culture/	
	愛知県	国立	愛知教育大学	教育学研究科	http://www.aichi-edu.ac.jp/edu/grad/ichiran.html	※
				教育実践研究科	http://www.aichi-edu.ac.jp/kyoshoku/	
			名古屋大学	人文学研究科	http://www.hum.nagoya-u.ac.jp/	
				教育発達科学研究科	http://www.educa.nagoya-u.ac.jp/	
		公立	愛知県立大学	国際文化研究科	http://www.ics.aichi-pu.ac.jp/	
		私立	愛知大学	中国研究科	http://www.aichi-u.ac.jp/college/g-chi.html	
				文学研究科	http://www.aichi-u.ac.jp/college/g-lett.html	
			愛知淑徳大学	文学創造研究科	https://www.aasa.ac.jp/faculty/graduate/cultural_creation/index.html	
				教育学研究科	https://www.aasa.ac.jp/faculty/graduate/education/index.html	
				グローバルカルチャー・コミュニケーション研究科	https://www.aasa.ac.jp/faculty/graduate/global_culture/index.html	
				心理医療科学研究科	https://www.aasa.ac.jp/faculty/graduate/medical_psychology/index.html	
			愛知文教大学	国際文化研究科	http://www.abu.ac.jp/intro/international/	
			愛知学院大学	文学研究科	http://www.agu.ac.jp/graduate/letters/index.html	
				心身科学研究科	http://www.agu.ac.jp/graduate/psychology/	
			金城学院大学	文学研究科	http://www.kinjo-u.ac.jp/bunken/	
			名城大学	大学·学校づくり研究科	http://emspd.meijo-u.ac.jp/	
			名古屋学院大学	外国語学研究科	http://www.ngu.jp/faculty/graduate/foreign/index.html	
			日本福祉大学	社会福祉学研究科	http://www.n-fukushi.ac.jp/gs/sw/	
			同朋大学	文学研究科	http://www.doho.ac.jp/departmental/grad/literature-labo	※
			中京大学	文学研究科	http://www.chukyo-u.ac.jp/educate/letter/d_lit.html	
				心理学研究科	http://www.chukyo-u.ac.jp/educate/psychol/daigakuin/index.html	
				国際英語学研究科	http://www.chukyo-u.ac.jp/educate/inteng/daigakuin/index.html	
	三重県	国立	三重大学	人文社会科学研究科	http://www.human.mie-u.ac.jp/	
				教育学研究科	http://www.edu.mie-u.ac.jp/	
		私立	皇學館大学	文学研究科	http://www.kogakkan-u.ac.jp/html/graduate-school/p01.php	
近畿	滋賀県	国立	滋賀大学	教育学研究科	http://www.edu.shiga-u.ac.jp/postgrad/postgrad.html	
	京都府	国立	京都大学	文学研究科	http://www.bun.kyoto-u.ac.jp/	
			京都大学	教育学研究科	http://www.educ.kyoto-u.ac.jp/	
			京都教育大学	教育学研究科	http://www.kyokyo-u.ac.jp/sk_ss/daigakuin/	
			京都教育大学	連合教職実践研究科	http://www.kyokyo-u.ac.jp/sk_ss/rengoudaigakuin/	
		公立	京都府立大学	文学研究科	http://www.kpu.ac.jp/category_list.php?frmCd=21-1-0-0-0	
		私立	大谷大学	文学研究科	http://www.otani.ac.jp/daigakuin/index.html	
			佛教大学	文学研究科	http://www.bukkyo-u.ac.jp/faculty/g-literature/	
				教育学研究科	http://www.bukkyo-u.ac.jp/faculty/g-pedagogy/	
			花園大学	文学研究科	http://www.hanazono.ac.jp/education	※
			京都精華大学	人文学研究科	http://www.kyoto-seika.ac.jp/edu/graduate/humanities/	
			京都橘大学	文学研究科	http://www.tachibana-u.ac.jp/faculty/graduate_school/let/	
				文化政策学研究科	http://www.tachibana-u.ac.jp/faculty/graduate_school/culture/	
			京都ノートルダム女子大学	心理学研究科	http://www.notredame.ac.jp/shinri/graduate/index.htm	
			尾道市立大学	文学研究科	http://www.kyoto-wu.ac.jp/gakubu/graduateschool/bungaku/index.html	
				発達教育学研究科	http://www.kyoto-wu.ac.jp/gakubu/graduateschool/kyoiku/index.html	
			京都外国語大学	外国語学研究科	http://www.kufs.ac.jp/faculties/index.html#anchor-04	
			京都文教大学	臨床心理学研究科	https://www.kbu.ac.jp/kbu/faculty/psychology_g/outline.html	
			立命館大学	文学研究科	http://www.ritsumei.jp/gslt/index_j.html	
				国際関係研究科	http://www.ritsumei.ac.jp/gsir/	
				言語教育情報研究科	http://www.ritsumei.ac.jp/acd/gr/gsli/index.html	
			龍谷大学	文学研究科	http://www.let.ryukoku.ac.jp/graduate/	
			同志社大学	神学研究科	https://www.doshisha.ac.jp/academics/graduate/theology.html	
				文学研究科	http://letters.doshisha.ac.jp/	

语 教

（续表）

地域	都道府县	国公私	大学名	研究科名	URL	备注
近畿	京都府	私立	同志社大学	心理学研究科	http://psych.doshisha.ac.jp/index.html	
			同志社女子大学	文学研究科	http://www.dwc.doshisha.ac.jp/faculty_dep_info/literary_research/	
	大阪府	国立	大阪大学	文学研究科	http://www.let.osaka-u.ac.jp/	
				言語文化研究科	http://www.lang.osaka-u.ac.jp/	
			大阪教育大学	教育学研究科	http://osaka-kyoiku.ac.jp/university2/index.html	※
				連合教職実践研究科	https://osaka-kyoiku.ac.jp/rengokyoshoku/index.html	
		公立	大阪府立大学	人間社会システム科学研究科	http://www.human.osakafu-u.ac.jp/	
			大阪市立大学	文学研究科	http://www.lit.osaka-cu.ac.jp/	
		私立	大阪大谷大学	文学研究科	http://www.osaka-ohtani.ac.jp/department/graduate/	
			関西大学	文学研究科	http://www.kansai-u.ac.jp/Gr_sch/let/index.html	
				外国語教育学研究科	http://www.kansai-u.ac.jp/fl/graduate/index.html	
				心理学研究科	http://www.kansai-u.ac.jp/Gr_sch/psy/index.html	
			関西福祉科学大学	社会福祉学研究科	http://www.fuksi-kagk-u.ac.jp/faculty/g-policy/index.html	
			関西外国語大学	外国語学研究科	http://www.kansaigaidai.ac.jp/contents/academics/graduate/feature.html	
			近畿大学	総合文化研究科	http://www.kindai.ac.jp/graduate/literature/	
			梅花女子大学	文学研究科	http://www.baika.ac.jp/education/	
			プール学院大学	国際文化学研究科	http://www.poole.ac.jp/faculty/liberal/index.html	
			摂南大学	国際言語文化研究科	http://www.setsunan.ac.jp/gakubu-in/daigakuin/kokusai.html	
			桃山学院大学	文学研究科	http://www.andrew.ac.jp/GLetter/index.htm	
			追手門学院大学	心理学研究科	https://www.otemon.ac.jp/education/graduate/psychology.html	
				現代社会文化研究科	https://www.otemon.ac.jp/education/graduate/literature.html	
	兵庫県	国立	兵庫教育大学	学校教育研究科	http://www.hyogo-u.ac.jp/admission/master/about.php	
				連合学校教育学研究科	http://www.office.hyogo-u.ac.jp/jgs/	
			神戸大学	人文学研究科	http://www.lit.kobe-u.ac.jp/	
				国際文化学研究科	http://web.cla.kobe-u.ac.jp/	
		公立	神戸市外国語大学	外国語学研究科	http://www.kobe-cufs.ac.jp/graduate/foreign.html	
		私立	大手前大学	比較文化研究科	http://www.otemae.ac.jp/faculty/grad	
			関西学院大学	神学研究科	http://www.kwansei.ac.jp/s_theology/index.html	
				文学研究科	http://www.kwansei.ac.jp/s_humanities/index.html	
				言語コミュニケーション文化研究科	https://www.kwansei.ac.jp/g_language/index.html	
				教育学研究科	http://www.kwansei.ac.jp/s_education/index.html	
			甲南大学	人文科学研究科	http://www.konan-u.ac.jp/graduate/humanities/	
			姫路獨協大学	言語教育研究科	http://www.himeji-du.ac.jp/faculty/grand/lang	
			芦屋大学	教育学研究科	http://www.ashiya-u.ac.jp/section/graduate/research.html#res01	
			神戸女学院大学	文学研究科	http://www.kobe-c.ac.jp/master-l/index.html	
			神戸女子大学	文学研究科	http://www.yg.kobe-wu.ac.jp/wu/course/grad_bungaku/index.html	
			神戸親和女子大学	文学研究科	http://www.kobe-shinwa.ac.jp/faculty/graduate/	
			神戸松蔭女子学院大学	文学研究科	http://www.shoin.ac.jp/academics/index.html	
			武庫川女子大学	文学研究科	http://www.mukogawa-u.ac.jp/in/in_list.htm	※
				臨床教育学研究科	http://www.mukogawa-u.ac.jp/in/in_list.htm	※
	奈良県	国立	奈良教育大学	教育学研究科	http://www.nara-edu.ac.jp/NUE/faculty.html	※
		私立	帝塚山大学	人文科学研究科	http://www.tezukayama-u.ac.jp/faculty/graduate/japanese/	※
			奈良大学	文学研究科	http://www.nara-u.ac.jp/faculty/gs/literature/	
			畿央大学	教育学研究科	http://www.kio.ac.jp/faculty/grad-school-education/	
			天理大学	臨床人間学研究科	http://www.tenri-u.ac.jp/gr/chs/index.html	※
				宗教文化研究科	http://www.tenri-u.ac.jp/gr/rhc/index.html	※
	和歌山県	国立	和歌山大学	教育学研究科	http://www.edu.wakayama-u.ac.jp/graduateschool.html	
				観光学研究科	http://www.wakayama-u.ac.jp/tourism/graduate_college/	
		私立	高野山大学	文学研究科	https://www.koyasan-u.ac.jp/faculty/graduate/	※
中国・四国	鳥取県	国立	鳥取大学	地域学研究科	http://www.rs.tottori-u.ac.jp/	
	島根県	国立	島根大学	人文社会科学研究科	http://www.hobun.shimane-u.ac.jp/	
				教育学研究科	http://www.edu.shimane-u.ac.jp/daigakuin/index.html	
	岡山県	国立	岡山大学	教育学研究科	http://www.okayama-u.ac.jp/user/ed/ged/index.html	
				社会文化科学研究科	http://www.okayama-u.ac.jp/user/hss/	
		私立	吉備国際大学	心理学研究科	https://kiui.jp/pc/daigakuin/shinri/rinsho/index.html	※
			就実大学	人文科学研究科	http://www.shujitsu.ac.jp/category/department/daigakuin_jinbun_top	
			美作大学	人間発達学研究科	http://www.mimasaka.ac.jp/modules/gakubu23/index.php?id=1	
			中国学園大学	子ども学研究科	http://www.cjc.ac.jp/university/child	
			ノートルダム清心女子大学	文学研究科	http://www.ndsu.ac.jp/department/grad_literature/japanese.php	※
	広島県	国立	広島大学	文学研究科	https://www.hiroshima-u.ac.jp/bungaku	
				教育学研究科	https://www.hiroshima-u.ac.jp/ed/	
		公立	尾道市立大学	日本文学研究科	http://www.onomichi-u.ac.jp/arts/graduate/jl/index.html	
		私立	安田女子大学	文学研究科	http://www.yasuda.ac.jp/course/graduateschool/	
			比治山大学	現代文化研究科	http://www.hijiyama-u.ac.jp/department/daigakuin/index.html	
			広島国際大学	心理学研究科	http://www.hirokoku-u.ac.jp/graduate_school/psychology/index.html	
			広島女学院大学	言語文化研究科	https://www.hju.ac.jp/faculty/graduate/gengobunka.php	
			広島修道大学	人文科学研究科	http://www.shudo-u.ac.jp/graduate/human.html	
	山口県	国立	山口大学	人文科学研究科	http://www.hmt.yamaguchi-u.ac.jp/	
				教育学研究科	http://edu.yamaguchi-u.ac.jp/	
		公立	山口県立大学	国際文化学研究科	http://www.yamaguchi-pu.ac.jp/gakubu/gs/kokusai/kokusaibunkagakukenkyuka.html	
		私立	梅光学院大学	文学研究科	http://www.baiko.ac.jp/university/department/graduate	
	徳島県	国立	徳島大学	総合科学教育部	http://www.tokushima-u.ac.jp/department/graduate_school/	※
			鳴門教育大学	学校教育研究科	http://www.naruto-u.ac.jp/schools/02/001.html	
		私立	徳島文理大学	文学研究科	http://www.bunri-u.ac.jp/faculty/graduate/literature/	
			四国大学	文学研究科	http://www.shikoku-u.ac.jp/academics/graduate/lt/	
	香川県	国立	香川大学	教育学研究科	http://www.ed.kagawa-u.ac.jp/	
		私立	四国学院大学	文学研究科	http://www.sg-u.ac.jp/academics/graduate_school/	
	愛媛県	国立	愛媛大学	教育学研究科	http://www.ed.ehime-u.ac.jp/~edhp/	

（续表）

地域	都道府县	国公私	大学名	研究科名	URL	备注
中国·四国	愛媛県	私立	松山大学	言語コミュニケーション研究科	http://language.matsuyama-u.ac.jp/	
九州·沖縄	福岡県	国立	福岡教育大学	教育学研究科	https://ww1.fukuoka-edu.ac.jp/info.rbz?ik=1&nd=124	
			九州大学	人文科学府	http://www2.lit.kyushu-u.ac.jp/	
		公立	福岡女子大学	文学研究科	http://www.fwu.ac.jp/faculty/graduate/literature/	※
			福岡県立大学	人間社会学研究科	http://www.fukuoka-pu.ac.jp/graduateSchool/human/index.html	
		私立	福岡大学	人文科学研究科	http://www.adm.fukuoka-u.ac.jp/education/graduate/humanities.html	
			福岡女学院大学	人文科学研究科	http://www2.fukujo.ac.jp/university/graduate/index.html	
			久留米大学	比較文化研究科	http://www.mii.kurume-u.ac.jp/hikaku/	
				心理学研究科	http://www.mii.kurume-u.ac.jp/shinri/	
			九州産業大学	国際文化研究科	http://www.kyusan-u.ac.jp/gakubu/kokusai/kokusai_top.html	
			西南学院大学	文学研究科	http://www.seinan-gu.ac.jp/gra/index.html	※
				神学研究科	http://www.seinan-gu.ac.jp/gra/log/subject/06/index.html	
				国際文化研究科	http://www.seinan-gu.ac.jp/gra/log/subject/08/index.html	
	佐賀県	国立	佐賀大学	教育学研究科	http://it3.pd.saga-u.ac.jp/guraduate	
	長崎県	国立	長崎大学	教育学研究科	http://www.edu.nagasaki-u.ac.jp/ja/edu/graduate/	
		私立	活水女子大学	文学研究科	http://www.kwassui.ac.jp/university/gakubu/daigakuin/daigakuin_top.html	
	熊本県	国立	熊本大学	教育学研究科	http://www.educ.kumamoto-u.ac.jp/web/	
		公立	熊本県立大学	文学研究科	http://www.pu-kumamoto.ac.jp/nyusi/graduate/bun/bun_index.htm	
		私立	九州ルーテル学院大学	人文学研究科	http://www.klc.ac.jp/graduate/index.html	
			熊本学園大学	国際文化研究科	https://www.kumagaku.ac.jp/daigakuin/graduate/kokusai/index	
	大分県	国立	大分大学	教育学研究科	http://www.ed.oita-u.ac.jp/inn/	
		私立	別府大学	文学研究科	http://www.beppu-u.ac.jp/course/graduate/	
	宮崎県	国立	宮崎大学	教育学研究科	http://www.miyazaki-u.ac.jp/educul/educul.html/daigakuin/index.html	
	鹿児島県	国立	鹿児島大学	教育学研究科	http://www2-edu.edu.kagoshima-u.ac.jp/graduate/	
				臨床心理学研究科	http://cp.leh.kagoshima-u.ac.jp/	
		私立	鹿児島純心女子大学	人間発達学研究科	http://www.k-junshin.ac.jp/graduate/index.html	
			鹿児島国際大学	国際文化研究科	http://www.iuk.ac.jp/gakubu/graduate/subject/intercultura/intercultura.html	
			志學館大学	心理臨床学研究科	http://www.shigakukan.ac.jp/about/faculty/gs/	
	沖縄県	国立	琉球大学	人文社会科学研究科	http://www.ll.u-ryukyu.ac.jp/graduates/	
				教育学研究科	http://www1.edu.u-ryukyu.ac.jp/master/master_top.html	
		私立	沖縄キリスト教学院大学	異文化コミュニケーション学研究科	http://www.ocjc.ac.jp/grad/curri/curri_com.htm	
			沖縄国際大学	地域文化研究科	http://www.okiu.ac.jp/graduate/regional_culture/index.html	

【我的日本体验记】

鸡蛋厂的工作

来北九州市的半年后，经同学介绍有了第一份工作，在一个生产鸡蛋制品的工厂上班。他们生产做寿司用的鸡蛋条、五目饭用的鸡蛋丝，还有居酒屋用的鸡蛋卷等有关鸡蛋的一系列产品。那是一个四层小楼，一层是包装车间，二层是制造车间，三、四层是研修生的宿舍。

由于工厂离家很近，每天下课后，吃完晚饭，大约5点45分出门，骑上自行车，大约10分钟就到工厂了。换上衣服，打上工作卡，然后全身消毒，进入一层车间进行鸡蛋产品包装。在家里从来没干过活，第一次打工还真有点紧张，正不知道从什么地方下手的时候，得到了一位前辈的帮助。他很细心地教我如何操作。后来我才知道，在日本无论是正式员工还是临时打工员工，工作场所的前辈们都会很细心地教新人如何工作，这也可以说是作为前辈的义务和责任。

我的工作很简单，就是称鸡蛋丝，装鸡蛋丝，每天我自己要装500袋。第一天上班，笨手笨脚的我战战兢兢地干着不熟悉的工作。第一次打工，虽然身体很辛苦，但心里却很高兴，因为终于有了第一份工作。同时时薪也很令人满意，为850日元，平均每天干5个小时，根据工作量的多少，工作时间也有变动。工资有的是直接给现金，有的是打到银行卡里。总之，只要你工作就会有回报。

——王小胖

経

地域	都道府県	国公私	大学名	研究科名	URL	备注
北海道・東北	北海道	国立	北海道大学	経済学研究科	http://www.econ.hokudai.ac.jp/	
			小樽商科大学	商学研究科	http://www.otaru-uc.ac.jp/faculties/master/	
		私立	北海道情報大学	経営情報学研究科	http://www.do-johodai.ac.jp/gschool	
			北海学園大学	経済学研究科	http://hgu.jp/faculty02/graduate_keizai/	
				経営学研究科	http://hgu.jp/faculty02/graduate_keiei/	
			北星学園大学	経済学研究科	http://www.hokusei.ac.jp/graduate_college/graduate_economics/	
			旭川大学	経済学研究科	https://www.asahikawa-u.ac.jp/keizai/economics/	※
	青森県	公立	青森公立大学	経営経済学研究科	http://www.nebuta.ac.jp/grad/index.html	
	岩手県	私立	富士大学	経済・経営システム研究科	http://www.fuji-u.ac.jp/course/daigakuin	
	宮城県	国立	東北大学	経済学研究科	http://www.econ.tohoku.ac.jp/econ/	
		公立	宮城大学	事業構想学研究科	http://www.myu.ac.jp/~jigyo-hp/postgraduate	
		私立	東北学院大学	経済学研究科	http://www.tohoku-gakuin.ac.jp/faculty/graduate/economics/	
				経営学研究科	http://www.tohoku-gakuin.ac.jp/faculty/graduate/business/	
			石巻専修大学	経営学研究科	https://www.senshu-u.ac.jp/ishinomaki/education/graduate/business/	※
	福島県	国立	福島大学	経済学研究科	http://www.fukushima-u.ac.jp/new/7-gakurui/keizai-in.html	
関東・甲信越	茨城県	私立	流通経済大学	経済学研究科	http://www.rku.ac.jp/faculty/graduate/economics_labo/	
	栃木県	私立	白鷗大学	経営学研究科	http://hakuoh.jp/keiei/keiei_01.html	
			作新学院大学	経営学研究科	http://www.sakushin-u.ac.jp/graduate_school/?id=3	
	群馬県	公立	高崎経済大学	経済・経営研究科	http://www.tcue.ac.jp/graduate/economics/index.html	
		私立	高崎商科大学	商学研究科	http://www.tuc.ac.jp/graduate/	
			上武大学	経営管理研究科	http://www.jobu.ac.jp/daigakuin/index.html	
	埼玉県	国立	埼玉大学	人文社会科学研究科	http://www.eco.saitama-u.ac.jp/graduate/sasem/information/index.html	
		私立	城西大学	経済学研究科	http://www.josai.ac.jp/~gs-econ/	
				経営学研究科	http://www.josai.ac.jp/~gsb/jbs/index.html	
			東京国際大学	商学研究科	http://www.tiu.ac.jp/department/commercial_g/	
				経済学研究科	http://www.tiu.ac.jp/department/economy_g/	
			獨協大学	経済学研究科	http://www.dokkyo.ac.jp/daigakuin/gs03_j.html	
			跡見学園女子大学	マネジメント研究科	http://www.atomi.ac.jp/univ/faculty/graduate_school/management.html	
			駿河台大学	経済学研究科	http://www.surugadai.ac.jp/gakubu_in/in_keizai/	
			埼玉学園大学	経済学研究科	http://www.saigaku.ac.jp/academics/gs_economics/	
	千葉県	私立	城西国際大学	経営情報学研究科	http://www.jiu.ac.jp/graduate/management/index.html	
			麗澤大学	経済研究科	http://gs.reitaku-u.ac.jp/keizai_index/keizai.html	
			明海大学	経済学研究科	http://www.meikai.ac.jp/02dept/daigakuin/grad_economics.html	
			千葉経済大学	経済学研究科	http://www.cku.ac.jp/department/graduate.html	
			千葉商科大学	商学研究科	http://www.cuc.ac.jp/dpt_grad_sch/commerce/index.html	
				経済学研究科	http://www.cuc.ac.jp/dpt_grad_sch/economics/index.html	
				会計ファイナンス研究科	http://www.cuc.ac.jp/dpt_grad_sch/accounting/index.html	
			中央学院大学	商学研究科	http://www.cgu.ac.jp/graduate/tabid/62/Default.aspx	
	東京都	国立	東京大学	経済学研究科	http://www.e.u-tokyo.ac.jp/	
			一橋大学	経済学研究科	http://www.econ.hit-u.ac.jp/~koho/jpn/	
				商学研究科	http://www.cm.hit-u.ac.jp/	
		私立	ビジネス・ブレークスルー大学大学院	経営学研究科	http://www.ohmae.ac.jp/	
			成城大学	経済学研究科	http://www.seijo.ac.jp/graduate/gseco/orig/index.html	
			成蹊大学	経済経営研究科	http://www.seikei.ac.jp/university/keizai/graduate/index.html	
			創価大学	経済学研究科	https://www.soka.ac.jp/grad-let/major/economics/	※
			大東文化大学	経済学研究科	http://www.daito.ac.jp/education/graduate_school/department/economics/index.html	
				経営学研究科	http://www.daito.ac.jp/education/graduate_school/department/business_administration/index.html	
			大原大学院大学	会計研究科	http://www.o-hara.ac.jp/grad/	★
			帝京大学	経済学研究科	https://www.teikyo-u.ac.jp/faculties/graduate/economy/	
			東京富士大学	経営学研究科	http://www.fuji.ac.jp/academics/gradschool/	
			東京経済大学	経営学研究科	http://www.tku.ac.jp/graduate_school/economics/	
				経営学研究科	http://www.tku.ac.jp/graduate_school/administration/	
			東京理科大学	経営学研究科	http://www.sut.ac.jp/fac_grad/grad/keiei/	
			東洋大学	経営学研究科	http://www.toyo.ac.jp/gba/index_j.html	
				経済学研究科	http://www.toyo.ac.jp/geco/index_j.html	
			東洋学園大学	現代経営研究科	http://www.tyg.jp/faculty/grad/grad.html	
			法政大学	経済学研究科	http://www.hosei.ac.jp/gs/kenkyuka/keizai/index.html	
				経営学研究科	http://www.hosei.ac.jp/gs/kenkyuka/keiei/index.html	
			高千穂大学	経営学研究科	http://www.takachiho.jp/faculty_graduate.html	
			グロービス経営大学院大学	経営研究科	http://mba.globis.ac.jp/	★
			国士舘大学	経済学研究科	http://www.kokushikan.ac.jp/faculty/GS/ES/index.html	
				経営学研究科	http://www.kokushikan.ac.jp/faculty/GS/BA/index.html	
			國學院大學	経済学研究科	https://www.kokugakuin.ac.jp/education/fd/graduate/gsoe	
			ハリウッド大学院大学	ビューティビジネス研究科	http://www.hollywood.ac.jp/mba/curriculum/index.html	★
			駒澤大学	経済学研究科	https://www.komazawa-u.ac.jp/academics/graduate/economics	
				商学研究科	https://www.komazawa-u.ac.jp/academics/graduate/commerce	
				経営学研究科	https://www.komazawa-u.ac.jp/academics/graduate/business-administration/	
			立教大学	経済学研究科	http://www.rikkyo.ac.jp/graduate/	
				経営学研究科	http://www.rikkyo.ac.jp/graduate/	
			立正大学	経済学研究科	http://keizai.ris.ac.jp/master/index.html	
				経営学研究科	http://ris-keiei.com/graduate/	
			明星大学	経済学研究科	http://keizai.meisei-u.ac.jp/econ	
			明治大学	商学研究科	http://www.meiji.ac.jp/dai_in/commerce/index.html	
				経営学研究科	http://www.meiji.ac.jp/dai_in/business_administration/index.html	
				会計専門職研究科	http://www.meiji.ac.jp/macs/index.html	
			明治学院大学	経済学研究科	http://www.meijigakuin.ac.jp/graduate/economics.html	
			目白大学	経営学研究科	http://www.mejiro.ac.jp/graduate/course/gba	
			青山学院大学	経済学研究科	http://www.aoyama.ac.jp/faculty/graduate_economics	

第八章／千帆竞渡——五彩缤纷的特色专业

経

（续表）

地域	都道府県	国公私	大学名	研究科名	URL	备注
関東・甲信越	東京都	私立	青山学院大学	経営学研究科	http://www.aoyama.ac.jp/faculty/graduate_business/	
				会計プロフェッション研究科	http://www.gspa.aoyama.ac.jp/	
			慶應義塾大学	経済学研究科	http://www.econ.keio.ac.jp/grd-school/index.shtml	
				商学研究科	http://www.fbc.keio.ac.jp/index.html	
				経営管理研究科	http://www.kbs.keio.ac.jp/	
			日本大学	経済学研究科	http://www.eco.nihon-u.ac.jp/academics/graduate_school/	
				商学研究科	http://www.bus.nihon-u.ac.jp/graduate_school/	
			上智大学	経済学研究科	http://www.sophia.ac.jp/jpn/program/G/G_Econ	
			拓殖大学	経済学研究科	http://www.takushoku-u.ac.jp/graduate/economics	
				商学研究科	http://www.takushoku-u.ac.jp/graduate/commerce	
			文京学院大学	経営学研究科	http://www.u-bunkyo.ac.jp/faculty/graduate-college/business-policy.html	
			武蔵大学	経済学研究科	http://www.musashi.ac.jp/manabi/daigakuin/economics/index.html	
			学習院大学	経済学研究科	http://www.gakushuin.ac.jp/univ/g-eco	
				経営学研究科	http://www.gakushuin.ac.jp/univ/g-man	
			亜細亜大学	アジア・国際経営戦略研究科	http://www.asia-u.ac.jp/gs/aibs/index.html	
				経済学研究科	http://www.asia-u.ac.jp/gs/economics/index.html	
			桜美林大学	経営学研究科	http://www.obirin.ac.jp/postgraduate/graduate_course/business_administration/index.html	
			玉川大学	マネジメント研究科	http://www.tamagawa.jp/graduate/management/index.html	
			早稲田大学	経済学研究科	http://www.waseda.jp/fpse/gse/	
				商学研究科	http://www.waseda.jp/gradcom/	
				公共経営研究科	https://www.waseda.jp/fpse/gspm	
				会計研究科	http://www.waseda.jp/fcom/gsa/	
			中央大学	経済学研究科	http://www.chuo-u.ac.jp/chuo-u/gseconomics/index_j.html	
				商学研究科	http://www.chuo-u.ac.jp/chuo-u/gscommerce/index_j.html	
				国際会計研究科	http://www.chuo-u.ac.jp/chuo-u/cgsa/index_j.html	
				戦略経営研究科	http://www.chuo-u.ac.jp/chuo-u/cbs/index_j.html	
			専修大学	経済学研究科	https://www.senshu-u.ac.jp/education/graduate/gs_economics/	
				経営学研究科	https://www.senshu-u.ac.jp/education/graduate/gs_business/	
				商学研究科	https://www.senshu-u.ac.jp/education/graduate/gs_commerce/	
		外	テンプル大学ジャパンキャンパス	MBAプログラム	http://www.tuj.ac.jp/mba/indexj.html	
	神奈川県	私立	東海大学	経済学研究科	http://www.u-tokai.ac.jp/academics/graduate/economics/	
			多摩大学	経営情報学研究科	http://tgs.tama.ac.jp/	
			関東学院大学	経済学研究科	http://grad.kanto-gakuin.ac.jp/keizai/	
			SBI大学院大学	経営管理研究科	http://www.sbi-u.ac.jp/index.html	★
			神奈川大学	経済学研究科	http://www.econ.kanagawa-u.ac.jp/graduate_school/index.html	
				経営学研究科	http://www.kanagawa-u.ac.jp/education/graduateschool/business_administration/aim/	
			松蔭大学	経営管理研究科	http://www.shoin-u.ac.jp/graduate/information/dept.html	
中部・北陸	新潟県	私立	国際大学	国際経営学研究科	http://gsim.iuj.ac.jp/index_ja.php	★
			新潟産業大学	経済学研究科	http://www.nsu.ac.jp/nc/htdocs/department/graduate-school/	
	富山県	国立	富山大学	経済学研究科	https://www.u-toyama.ac.jp/academics/graduate-economics/index.html	
	石川県	私立	金沢星稜大学	経営戦略研究科	http://www.seiryo-u.ac.jp/u/faculty/graduate/index.html	
	福井県	公立	福井県立大学	経済・経営学研究科	http://www.s.fpu.ac.jp/gs-ecn/	
	岐阜県	私立	朝日大学	経営学研究科	http://www.asahi-u.ac.jp/dpt/in_index.html#keiei_in	
			岐阜経済大学	経営学研究科	http://www.gifu-keizai.ac.jp/academics/graduate_school/index.html	
	静岡県	公立	静岡県立大学	経営情報イノベーション研究科	https://mi.u-shizuoka-ken.ac.jp/cont/grad-mii/	
	愛知県	国立	名古屋大学	経済学研究科	http://www.soec.nagoya-u.ac.jp/	
		公立	名古屋市立大学	経済学研究科	http://www.econ.nagoya-cu.ac.jp/	
		私立	愛知大学	経済学研究科	http://www.aichi-u.ac.jp/college/g-eco.html	
				経営学研究科	http://www.aichi-u.ac.jp/college/g-busi.html	
			愛知工業大学	経営情報科学研究科	http://www.ait.ac.jp/faculty/lab-info-science/	
			愛知学院大学	商学研究科	http://www.agu.ac.jp/~shoken/index-j.html	
				経営学研究科	http://www.agu.ac.jp/graduate/management/	
			東海学園大学	経営学研究科	https://www.tokaigakuen-u.ac.jp/graduate/business_administration/index.html	
			豊橋創造大学	経営情報研究科	http://www.sozo.ac.jp/department/management/	
			名城大学	経営学研究科	http://www.meijo-u.ac.jp/classes/daigakuin/keiei/index.html	
				経済学研究科	http://www.meijo-u.ac.jp/classes/daigakuin/keizai/index.html	
			名古屋経済大学	会計学研究科	http://www.nagoya-ku.ac.jp/graduate/accounting/	
			名古屋商科大学	マネジメント研究科	http://mba.nucba.ac.jp/mba/	※
				会計ファイナンス研究科	http://mba.nucba.ac.jp/tap/	※
			名古屋学院大学	経済経営学研究科	http://www.ngu.jp/faculty/graduate/economics/index.html	
			南山大学	社会科学研究科	http://www.nanzan-u.ac.jp/grad/ss/index.html	
				ビジネス研究科	http://www.nanzan-u.ac.jp/grad/index.html	※
			中部大学	経営情報学研究科	http://www3.chubu.ac.jp/graduate/business/	
			中京大学	経済学研究科	http://nc.chukyo-u.ac.jp/sogou/keizai	
				経営学研究科	http://www.chukyo-u.ac.jp/educate/manage/graduate_school/index.html	
近畿	滋賀県	国立	滋賀大学	経済学研究科	https://www.econ.shiga-u.ac.jp/research_cooperation.html	
	京都府	国立	京都大学	経済学研究科	http://www.econ.kyoto-u.ac.jp/	
		私立	京都産業大学	経済学研究科	http://www.kyoto-su.ac.jp/graduate/g_ec/	
			京都学園大学	経済学研究科	http://www.kyotogakuen.ac.jp/~o_econ/master/	
				経営学研究科	https://www.kyotogakuen.ac.jp/faculty/graduate-school/business/	
			立命館大学	経済学研究科	http://www.ritsumei.jp/gsec/index_j.html	
				経営学研究科	http://www.ritsumei.ac.jp/acd/gr/gsba/	
				経営管理研究科	http://www.ritsumei.ac.jp/mba	
			龍谷大学	経済学研究科	http://www.econ.ryukoku.ac.jp/daigakuin/	
				経営学研究科	http://www.biz.ryukoku.ac.jp/graduate/	
			同志社大学	経済学研究科	http://www.econ.doshisha.ac.jp/	
				商学研究科	http://com.doshisha.ac.jp/index.html	
				ビジネス研究科	http://bs.doshisha.ac.jp/	

経

（续表）

地域	都道府県	国公私	大学名	研究科名	URL	备注
近畿	大阪府	国立	大阪大学	経済学研究科	http://www.econ.osaka-u.ac.jp/	
		公立	大阪府立大学	経済学研究科	http://www.eco.osakafu-u.ac.jp/	
			大阪市立大学	経営学研究科	http://www.bus.osaka-cu.ac.jp/ja/	
				経済学研究科	http://www.econ.osaka-cu.ac.jp/	
		私立	大阪産業大学	経営・流通学研究科	http://www.osaka-sandai.ac.jp/gs/dis/	
				経済学研究科	http://www.osaka-sandai.ac.jp/gs/eco/	
			大阪国際大学	経営情報学研究科	http://www.oiu.ac.jp/gakubu/daigakuin/	※
			大阪経済大学	経済学研究科	http://www.osaka-ue.ac.jp/education/graduate/keizai/	
				経営学研究科	http://www.osaka-ue.ac.jp/education/graduate/business/	
				経営情報研究科	http://www.osaka-ue.ac.jp/education/graduate/jyoho/	
			大阪学院大学	商学研究科	http://www.osaka-gu.ac.jp/graduateschool/faculty/index_faculty.html	※
				経済学研究科	http://www.osaka-gu.ac.jp/graduateschool/faculty/index_faculty.html	※
			関西大学	経済学研究科	http://www.kansai-u.ac.jp/Gr_sch/eco/index.html	
				商学研究科	http://www.kansai-u.ac.jp/Gr_sch/admission/graduate/com.html	
				会計学研究科	http://www.kansai-u.ac.jp/as/index.html	
			近畿大学	商学研究科	http://www.kindai.ac.jp/graduate/courses/commerce.html	
				経済学研究科	http://www.kindai.ac.jp/graduate/economic/	
			桃山学院大学	経営学研究科	http://www.andrew.ac.jp/Academic/	
				経済学研究科	http://rio.andrew.ac.jp/wp/	
			追手門学院大学	経済学研究科	http://www.otemon.ac.jp/education/faculty/graduate/economics/	
				経営学研究科	http://www.otemon.ac.jp/education/faculty/graduate/management/	
	兵庫県	国立	神戸大学	経済学研究科	http://www.econ.kobe-u.ac.jp/	
				経営学研究科	http://www.b.kobe-u.ac.jp/	
		公立	兵庫県立大学	経済学研究科	http://www.econ.u-hyogo.ac.jp/	
				経営学研究科	http://www.biz.u-hyogo.ac.jp/graduate/gs_biz_feature.html	
				会計研究科	http://www.acs.u-hyogo.ac.jp/	
				経営研究科	http://www.mba.u-hyogo.ac.jp/	
		私立	兵庫大学	経済情報研究科	http://www.hyogo-dai.ac.jp/department/graduate/economic/	
			関西学院大学	経済学研究科	http://www.kwansei.ac.jp/s_economics/index.html	
				商学研究科	http://www.kwansei.ac.jp/s_ba/index.html	
				経営戦略研究科	http://www.kwansei-ac.jp/iba/	
			甲南大学	社会科学研究科	http://www.konan-u.ac.jp/graduate/science	
			姫路獨協大学	経済学研究科	http://www.himeji-du.ac.jp/faculty/grand/eco/	
			流通科学大学	流通科学研究科	http://www.umds.ac.jp/faculty/gschool/index.html	
			神戸学院大学	経済学研究科	http://www.eb.kobegakuin.ac.jp/%7Egs-econ	
	奈良県	私立	帝塚山大学	経済学研究科	http://www.tezukayama-u.ac.jp/faculty/graduate/economics/	
	和歌山県	国立	和歌山大学	経済学研究科	http://www.wakayama-u.ac.jp/eco/graduate/index.html	
中国・四国	岡山県	私立	岡山商科大学	商学研究科	http://www.osu.ac.jp/daigakuin/index.html	※
				経済学研究科	http://www.osu.ac.jp/daigakuin/index.html	※
	広島県	公立	尾道市立大学	経済情報研究科	http://www.onomichi-u.ac.jp/arts/graduate/graduate_eco/index.html?node_id=109	
		私立	福山大学	経済学研究科	http://www.fukuyama-u.ac.jp/grd-ec/	
			福山平成大学	経営学研究科	http://www.heisei-u.ac.jp/grad/index.html	
			広島経済大学	経済学研究科	http://www.hue.ac.jp/faculty/graduate/index.html	
			広島修道大学	商学研究科	http://www.shudo-u.ac.jp/graduate/commerce.html	
				経済科学研究科	http://www.shudo-u.ac.jp/graduate/economic.html	
	山口県	国立	山口大学	経済学研究科	http://www.econo.yamaguchi-u.ac.jp/	
		公立	下関市立大学	経済学研究科	http://www.shimonoseki-cu.ac.jp/grad/index.html	
	徳島県	私立	四国大学	経営情報学研究科	http://www.shikoku-u.ac.jp/academics/graduate/keiei/	
	香川県	国立	香川大学	経済学研究科	http://www.ec.kagawa-u.ac.jp/graduate/	
		私立	高松大学	経営学研究科	http://www.takamatsu-u.ac.jp/univ-jrcol/kenkyu/index.html	
	愛媛県	国立	松山大学	経済学研究科	http://ecmaster.matsuyama-u.ac.jp/	
				経営学研究科	http://bumaster.matsuyama-u.ac.jp/	
九州・沖縄	福岡県	国立	九州大学	経済学府	http://www.econ.kyushu-u.ac.jp/	
		公立	北九州市立大学	マネジメント研究科	http://www.kitakyu-u.ac.jp/k2bs/	
		私立	福岡大学	経済学研究科	http://www.fukuoka-u.ac.jp/education/graduate/economics.html	
				商学研究科	http://www.fukuoka-u.ac.jp/education/graduate/commerce.html	
			久留米大学	ビジネス研究科	http://www.mii.kurume-u.ac.jp/business/	
			九州産業大学	経済・ビジネス研究科	http://www.kyusan-u.ac.jp/faculty/daigakuin/keizai/	
			九州情報大学	経営情報学研究科	http://www.kiis.ac.jp/general/daigakuin/index.html	
			西南学院大学	経済学研究科	http://www.seinan-gu.ac.jp/gra/log/subject/02/index.html	
				経営学研究科	http://www.seinan-gu.ac.jp/gra/log/subject/05/index.html	
			中村学園大学	流通科学研究科	http://www.nakamura-u.ac.jp/faculty/gra_distribution/	
	佐賀県	国立	佐賀大学	経済学研究科	http://www.eco.saga-u.ac.jp/	
	長崎県	国立	長崎大学	経済学研究科	http://www.econ.nagasaki-u.ac.jp/g_school/g_message.html	
		公立	長崎県立大学	経済学研究科	http://sun.ac.jp/department/graduate/economics/	
	熊本県	私立	熊本学園大学	商学研究科	http://www.kumagaku.ac.jp/daigakuin/graduate/syogaku/index	
				経済学研究科	http://www.kumagaku.ac.jp/daigakuin/graduate/keizaigaku/index	
				会計専門職研究科	http://www.kumagaku.ac.jp/daigakuin/graduate/as/index	
	大分県	国立	大分大学	経済学研究科	http://www.ec.oita-u.ac.jp/	※
		私立	立命館アジア太平洋大学	経営管理研究科	http://www.apu.ac.jp/home/study/content30/	
	鹿児島県	私立	鹿児島国際大学	経済学研究科	http://www.iuk.ac.jp/gakubu/graduate/subject/economics/economics.html	

社 国 法

地域	都道府県	国公私	大学名	研究科名	URL	备注
北海道・東北	北海道	国立	北海道大学	法学研究科	http://www.juris.hokudai.ac.jp/gs/	
				公共政策学教育部	http://www.hops.hokudai.ac.jp/	
		私立	北海学園大学	法学研究科	http://hgu.jp/faculty02/graduate_law/	
				法務研究科	http://hgu.jp/faculty02/lawschool/	
			札幌学院大学	法学研究科	http://www.sgu.ac.jp/gra/law	
				地域社会マネジメント研究科	http://www.sgu.ac.jp/gra/mgt/	
			札幌国際大学	観光学研究科	http://www.siu.ac.jp/02gakubugakka/daigakuin/14638.html	
	青森県	国立	弘前大学	地域社会研究科	http://www.hirosaki-u.ac.jp/Tlag/index.html	
		私立	弘前学院大学	社会福祉学研究科	http://www.hirogaku-u.ac.jp/faculty/graduate/social_worker/	
			青森中央学院大学	地域マネジメント研究科	http://www.aomoricgu.ac.jp/guide/	※
	岩手県	公立	岩手県立大学	社会福祉学研究科	http://www-welf.iwate-pu.ac.jp/pg/	
				総合政策研究科	http://www-poly.iwate-pu.ac.jp/daigakuin/index_daigakuin.html	
	宮城県	国立	東北大学	法学研究科	http://www.law.tohoku.ac.jp/	
		私立	東北福祉大学	総合福祉学研究科	https://www.tfu.ac.jp/education/gsw/index.html	
			東北学院大学	法学研究科	http://www.tohoku-gakuin.ac.jp/faculty/graduate/law/	
				法務研究科	http://www.tscc.tohoku-gakuin.ac.jp/~lawschool/	
	山形県	私立	東北公益文科大学	公益学研究科	http://gs.koeki-u.ac.jp/	
	福島県	国立	福島大学	地域政策科学研究科	http://www.fukushima-u.ac.jp/new/7-gakurui/tiiki-in.html	
				共生システム理工学研究科	http://www.fukushima-u.ac.jp/new/7-gakurui/kyosei-in.html	
関東・甲信越	茨城県	国立	筑波大学	人文社会科学研究科	http://www.hass.tsukuba.ac.jp/	
				ビジネス科学研究科	http://www.gsbs.tsukuba.ac.jp/	
		私立	流通経済大学	社会学研究科	http://www.rku.ac.jp/faculty/graduate/sociology_labo	
				物流情報学研究科	http://www.rku.ac.jp/faculty/graduate/distribution_labo/	
				法学研究科	http://www.rku.ac.jp/faculty/graduate/law_labo/	
	栃木県	私立	白鴎大学	法学研究科	http://hakuoh.jp/hogaku/hogaku_01.html	
	群馬県	国立	群馬大学	社会情報学研究科	http://www.si.gunma-u.ac.jp/daigakuin/index-j.html	
		公立	高崎経済大学	地域政策研究科	http://www.tcue.ac.jp/graduate/reg_policy/index.html	
			群馬県立女子大学	国際コミュニケーション研究科	http://www.gpwu.ac.jp/pos/int/	
		私立	東京福祉大学	社会福祉学研究科	http://www.tokyo-fukushi.ac.jp/graduateschool/socialwelfare.html	
			群馬医療福祉大学	社会福祉学研究科	http://www.shoken-gakuen.ac.jp/faculty/top/top.html	
	埼玉県	私立	獨協大学	法学研究科	http://www.dokkyo.ac.jp/daigakuin/gs01_j.html	
				法務研究科	http://www.dokkyo.ac.jp/lawschool/index_j.html	
			駿河台大学	総合政策研究科	http://www.surugadai.ac.jp/gakubu_in/in_sogoseisaku/	
			平成国際大学	法学研究科	http://www.hiu.ac.jp/details/law_research.html	
			日本工業大学	技術経営研究科	http://mot.nit.ac.jp/	
			尚美学園大学	総合政策研究科	http://www.shobi-u.ac.jp/faculty/gr_seisaku/	
			聖学院大学	政治政策学研究科	http://www.seigakuin.jp/grad/politics/index.html	
				人間福祉学研究科	http://www.seigakuin.jp/grad/human/index.html	
			武蔵野学院大学	国際コミュニケーション研究科	http://www.musa.ac.jp/mggs/about/index.html	
	千葉県	国立	千葉大学	人文社会科学研究科	http://www.shd.chiba-u.jp/	
				専門法務研究科	http://lawschool.chiba-u.jp/	
		私立	城西国際大学	ビジネスデザイン研究科	http://www.jiu.ac.jp/bizdesign/	
				福祉総合学研究科	http://www.jiu.ac.jp/grad-welfare/	
			明海大学	不動産学研究科	http://www.meikai.ac.jp/02dept/daigakuin/grad_real_estate_sciences.html	
			千葉工業大学	社会システム科学研究科	http://www.it-chiba.ac.jp/faculty/social_graduate/index.html	
			千葉商科大学	政策研究科	http://www.cuc.ac.jp/dpt_grad_sch/policyinformatics/index.html	
				政策情報学研究科	http://www.cuc.ac.jp/dpt_grad_sch/master/index.html	
	東京都	国立	東京大学	法学政治学研究科	http://www.j.u-tokyo.ac.jp/	
				公共政策学教育部	http://www.pp.u-tokyo.ac.jp/	
			一橋大学	法学研究科	http://www.law.hit-u.ac.jp/home/	
				社会学研究科	http://www.soc.hit-u.ac.jp/	
				国際企業戦略研究科	http://www.ics.hit-u.ac.jp/	
				国際・公共政策教育部	http://www.ipp.hit-u.ac.jp/	
			政策研究大学院大学	政策研究科	http://www.grips.ac.jp/	★
		公立	首都大学東京	社会科学研究科	http://www.tmu.ac.jp/academics/graduate/social_science.html	
		私立	産業能率大学	総合マネジメント研究科	http://www.mi.sanno.ac.jp/in/	
			成城大学	法学研究科	http://www.seijo-law.jp/graduate	
				社会イノベーション研究科	http://www.seijo.ac.jp/graduate/gssiv/orig/index.html	
			成蹊大学	法学政治学研究科	http://www.seikei.ac.jp/university/hougaku/graduate/index.html	
				法務研究科	http://www.seikei.ac.jp/university/law_faculty/law_pstg/index.html	
			創価大学	法学研究科	https://www.soka.ac.jp/grad-let/major/law	
				法務研究科	http://hoka.soka.ac.jp/	
			大東文化大学	法学研究科	http://www.daito.ac.jp/gakuin/HOUGAKU/jp_index2010.html	
				アジア地域研究科	http://www.daito.ac.jp/education/graduate_school/department/asian_area_studies/	
				法務研究科	http://www.daito.ac.jp/lawschool/index.html	
			帝京大学	法学研究科	https://www.teikyo-u.ac.jp/faculties/graduate/law	
			東京経済大学	現代法学研究科	http://www.tku.ac.jp/graduate_school/law/	
			東京理科大学	イノベーション研究科	http://most.tus.ac.jp/ins/idea/index.php	
			東洋大学	社会学研究科	http://www.toyo.ac.jp/site/gsoc/	
				法学研究科	http://www.toyo.ac.jp/glaw/index_j.html	
				国際地域学研究科	http://www.toyo.ac.jp/grds/index_j.html	
				福祉社会デザイン研究科	http://www.toyo.ac.jp/gwsd/index_j.html	
				法務研究科	http://www.toyo.ac.jp/glws/outline/index_j.html	
			二松学舎大学	国際政治経済学研究科	http://www.nishogakusha-u.ac.jp/e3.htm	
			法政大学	国際文化研究科	http://www.hosei.ac.jp/gs/kenkyuka/kokusaibunka/index.html	
				法学研究科	http://www.hosei.ac.jp/gs/kenkyuka/hou/index.html	
				政治学研究科	http://www.hosei.ac.jp/gs/kenkyuka/seiji/index.html	
				社会学研究科	http://www.hosei.ac.jp/gs/kenkyuka/shakai/index.html	

（续表）

地域	都道府县	国公私	大学名	研究科名	URL	备注
関東・甲信越	東京都	私立	法政大学	人間社会研究科	http://www.hosei.ac.jp/gs/kenkyuka/ningenshakai/index.html	
				公共政策研究科	http://www.hosei.ac.jp/gs/kenkyuka/kokyoseisaku/index.html	
				法務研究科	http://hosei-law.cc-town.net/	
				イノベーション・マネジメント研究科	http://www.im.i.hosei.ac.jp/	
			国士舘大学	政治学研究科	http://www.kokushikan.ac.jp/faculty/GS/PS/index.html	
				法学研究科	http://www.kokushikan.ac.jp/faculty/GS/Law/index.html	
				総合知的財産法学研究科	http://www.kokushikan.ac.jp/faculty/GS/IPL/index.html	
				グローバルアジア研究科	http://www.kokushikan.ac.jp/faculty/GS/GA/index.html	
			國學院大學	法学研究科	https://www.kokugakuin.ac.jp/education/fd/graduate/gsolo	
			嘉悦大学	ビジネス創造研究科	http://www.kaetsu.ac.jp/faculty/graduate/info.html	
			津田塾大学	国際関係学研究科	http://www.tsuda.ac.jp/contents02.php?contents_id=1nbhuwUFnIL2	
			駒澤大学	法学研究科	https://www.komazawa-u.ac.jp/academics/graduate/law	
				法曹養成研究科	https://www.komazawa-u.ac.jp/lawschool	
			LEC会計大学院	高度専門職研究科	http://www.lec.ac.jp/	
			立教大学	社会学研究科	http://www.rikkyo.ac.jp/graduate/sociology/major_01.html	
				法学研究科	http://www.rikkyo.ac.jp/graduate/lp/major_01.html	
				観光学研究科	http://www.rikkyo.ac.jp/graduate/tourism/major-01.html	
				コミュニティ福祉学研究科	http://www.rikkyo.ac.jp/graduate/chs/major_01.html	
				ビジネスデザイン研究科	http://www.rikkyo.ac.jp/graduate/bd/major_01.html	
				21世紀社会デザイン研究科	http://www.rikkyo.ac.jp/graduate/sd/major_1.html	
				法務研究科	http://www.rikkyo.ac.jp/graduate/ls/major_01.html	
			立正大学	法学研究科	http://www.ris.ac.jp/faculty_graduate_school/law_graduate_course/index.html	
				社会福祉学研究科	http://www.ris-fuku.com/graduate/index.html	
			明治大学	法学研究科	http://www.meiji.ac.jp/dai_in/law/index.html	
				政治経済学研究科	http://www.meiji.ac.jp/dai_in/political_science-economics/index.html	
				法務研究科	http://www.meiji.ac.jp/laws/index.html	※
				ガバナンス研究科	http://www.meiji.ac.jp/mugs2/index.html	
				グローバル・ビジネス研究科	http://www.meiji.ac.jp/mbs/index.html	
			明治学院大学	社会学研究科	http://www.meijigakuin.ac.jp/graduate/sociology.html	
				法学研究科	http://lawschool.jp/gsl/	
				国際学研究科	http://fis.meijigakuin.ac.jp/graduate-j/	
				法務職研究科	http://www.meijigakuin.ac.jp/~lawyers/	
			目白大学	生涯福祉研究科	http://www.mejiro.ac.jp/graduate/course/sws/m_sws/	
			青山学院大学	法学研究科	http://www.als.aoyama.ac.jp/	
				国際政治経済学研究科	http://www.gsipec.aoyama.ac.jp/	
				総合文化政策学研究科	http://www.aoyama.ac.jp/faculty/graduate_sccs/	
				社会情報学研究科	http://www.si.aoyama.ac.jp/career/graduate	※
				国際マネジメント研究科	http://www.aoyamabs.jp/index.html	
				法務研究科	http://www.law.aoyama.ac.jp/	
			慶應義塾大学	法学研究科	http://www.law.keio.ac.jp/index.html	
				社会学研究科	http://www.hr.keio.ac.jp/	
				政策・メディア研究科	http://www.sfc.keio.ac.jp/academics/graduate	
				法務研究科	http://www.ls.keio.ac.jp/	
			日本大学	法学研究科	http://www.law.nihon-u.ac.jp/gs/law/	
				新聞学研究科	http://www.nihon-u.ac.jp/academics/graduate/journalism_research/	
				国際関係学研究科	http://www.ir.nihon-u.ac.jp/faculty/gs/	
				法務研究科	http://www.nihon-u.ac.jp/lawschool/	
				知的財産研究科	http://nihon-u-gs.jp/property/	
			日本社会事業大学	社会福祉学研究科	http://www.jcsw.ac.jp/faculty/daigakuin/index.html	
				福祉マネジメント研究科	http://www.jcsw.ac.jp/faculty/s-daigakuin/outline/	
			上智大学	法学研究科	http://www.sophialaw.jp/	
				グローバル・スタディーズ研究科	http://www.sophia.ac.jp/jpn/program/G/G_GS	
			実践女子大学	人間社会研究科	http://www.jissen.ac.jp/learning/social/index.html	
			拓殖大学	国際協力学研究科	http://www.takushoku-u.ac.jp/graduate/ics/	
				地方政治行政研究科	http://www.takushoku-u.ac.jp/academics/local_government/	
			文化学園大学	国際文化研究科	http://bwu.bunka.ac.jp/study/in/kb.php	
			武蔵野大学	政治経済学研究科	http://www.musashino-u.ac.jp/graduate_school/political_science_and_economics/index.html	
			杏林大学	国際協力研究科	http://www.kyorin-u.ac.jp/univ/graduate/international/	
			学習院大学	法学研究科	http://www.gakushuin.ac.jp/univ/law/postgraduate/law.html	
				政治学研究科	http://www.gakushuin.ac.jp/univ/gsps/	
				法務研究科	http://www.gakushuin.ac.jp/univ/g-law/lawschool/index.html	
			学習院女子大学	国際文化交流研究科	http://www.gwc.gakushuin.ac.jp/faculty/	
			亜細亜大学	法学研究科	http://www.asia-u.ac.jp/gs/law/index.html	
			桜美林大学	国際学研究科	http://www.obirin.ac.jp/postgraduate/graduate_course/international_studies/index.html	
				大学アドミニストレーション研究科	http://www.obirin.ac.jp/postgraduate/graduate_course/administration_department/index.html	
			早稲田大学	政治学研究科	http://www.waseda.jp/fpse/gsps/	
				法学研究科	http://www.waseda.jp/gradlaw/index.html	
				社会科学研究科	http://www.socs.waseda.ac.jp/g/	
				法務研究科	http://www.waseda.jp/law-school/index.html	
			中央大学	法学研究科	http://www.chuo-u.ac.jp/chuo-u/gslaw/index_j.html	
				総合政策研究科	http://www.chuo-u.ac.jp/chuo-u/gspolicystudies/index_j.html	
				公共政策研究科	http://www.chuo-u.ac.jp/chuo-u/gspublicpolicy/index_j.html	
				法務研究科	http://www.chuo-u.ac.jp/chuo-u/lawschool/index_j.html	
			専修大学	法学研究科	https://www.senshu-u.ac.jp/education/graduate/gs_law/	
				法務研究科	http://www.senshu-u.ac.jp/sc_grsc/houka/houka_index.html	
		外	テンプル大学ジャパンキャンパス	ロースクール	http://www.tuj.ac.jp/newsite/main/law/indexj.html	
	神奈川県	国立	横浜国立大学	国際社会科学府	http://www.ynu.ac.jp/academics/graduate/social/index.html	
		公立	横浜市立大学	都市社会文化研究科	http://www.yokohama-cu.ac.jp/urban/index.html	

第八章／千帆竞渡——五彩缤纷的特色专业

（续表）

地域	都道府县	国公私	大学名	研究科名	URL	备注
关东·甲信越	神奈川县	公立	横浜市立大学	国際マネジメント研究科	http://www.yokohama-cu.ac.jp/int_manage/index.html	
		私立	東海大学	政治学研究科	http://www.u-tokai.ac.jp/academics/graduate/political_science/	
				法学研究科	http://www.u-tokai.ac.jp/academics/graduate/law/	
				実務法学研究科	http://lawschool.jjp.u-tokai.ac.jp/index.html	
			東洋英和女学院大学	国際協力研究科	http://www.toyoeiwa.ac.jp/daigakuin/kenkyuuka/s_master.html	
			関東学院大学	法学研究科	http://grad.kanto-gakuin.ac.jp/hougaku/	
			神奈川大学	法学研究科	http://www.law.kanagawa-u.ac.jp/graduate_school/	
				法務研究科	http://lawschool.kanagawa-u.ac.jp/index2.html	
			桐蔭横浜大学	法学研究科	http://www.cc.toin.ac.jp/univ/japanese/01_law-grad/	
				法務研究科	http://toin.ac.jp/lawschool/	
			文教大学	国際学研究科	http://www.bunkyo.ac.jp/faculty/gs-inter/	
中部·北陸	新潟县	国立	新潟大学	実務法学研究科	http://www.jura.niigata-u.ac.jp/~ls-web/index.html	
				現代社会文化研究科	http://www.gens.niigata-u.ac.jp/	
				技術経営研究科	http://www.mot.niigata-u.ac.jp	
		私立	国際大学	国際関係学研究科	http://gsir.iuj.ac.jp/j/	★
			事業創造大学院大学	事業創造研究科	http://www.jigyo.ac.jp/index.html	★
	富山县	私立	高岡法科大学	法学研究科	http://www.takaoka.ac.jp/graduate/index.html	
	石川县	国立	金沢大学	人間社会環境研究科	http://human-socio.w3.kanazawa-u.ac.jp/	
				法務研究科	http://knzwls.w3.kanazawa-u.ac.jp/	
		私立	金沢学院大学	経営情報学研究科	http://www.kanazawa-gu.ac.jp/graduate/	
	山梨县	私立	山梨学院大学	社会科学研究科	http://www.ygu.ac.jp/yggs/pub/	
				法務研究科	http://www.ygu.ac.jp/yggs/houka	
	長野县	国立	信州大学	経済・社会政策科学研究科	http://www.shinshu-u.ac.jp/graduate/research/industrial/initi	
				法曹法務研究科	http://www.shinshu-u.ac.jp/graduate/law/	
	岐阜县	国立	岐阜大学	地域科学研究科	http://www1.gifu-u.ac.jp/~forest/	
		私立	朝日大学	法学研究科	http://www.asahi-u.ac.jp/dpt/f_gr_lw.html	
			岐阜聖徳学園大学	国際文化研究科	http://www.shotoku.ac.jp/postgraduate/course01/index.php	
				経済情報研究科	http://www.shotoku.ac.jp/postgraduate/course02/index.php	
	静岡县	国立	静岡大学	法学研究科	http://www.shizuoka.ac.jp/subject/graduate/law/index.html	
		私立	聖隷クリストファー大学	社会福祉学研究科	https://www.seirei.ac.jp/graduate/category02/welfare/index.php	
	愛知县	国立	名古屋大学	法学研究科	http://www.law.nagoya-u.ac.jp/	
				国際開発研究科	http://www.gsid.nagoya-u.ac.jp/	
		私立	愛知大学	法学研究科	http://www.aichi-u.ac.jp/college/g-law.html	
				国際コミュニケーション研究科	http://www.aichi-u.ac.jp/college/g-comm.html	
				法務研究科	http://www.aichi-u.ac.jp/lawschool/	
			愛知淑徳大学	ビジネス研究科	http://www.aasa.ac.jp/faculty/graduate/business/index.html	
			愛知学院大学	法学研究科	http://www.agu.ac.jp/graduate/law/index.html	
				総合政策研究科	http://gps.agu.ac.jp/	
				法務研究科	http://www.agu.ac.jp/graduate/lawschool/index.html	
			名城大学	法学研究科	http://www.meijo-u.ac.jp/classes/daigakuin/hougaku/index.html	
				法務研究科	http://www.meijo-u.ac.jp/law_school/index.html	
			名古屋経済大学	法学研究科	http://www.nagoya-ku.ac.jp/graduate/law/	
			名古屋外国語大学	国際コミュニケーション研究科	http://www.nufs.ac.jp/faculties/graduate-school/index.html	
			南山大学	国際地域文化研究科	http://www.nanzan-u.ac.jp/grad/index.html	
				総合政策研究科	http://www.nanzan-u.ac.jp/grad/m_pp/index.html	
				法務研究科	http://www.nanzan-u.ac.jp/grad/p_nl/index.html	
			日本福祉大学	福祉社会開発研究科	http://www.n-fukushi.ac.jp/gs/dc/index.html	
			中京大学	法学研究科	http://www.chukyo-u.ac.jp/educate/law/graduate/index.html	
				社会学研究科	http://nc.chukyo-u.ac.jp/gendaisyakai/graduate/index.html	
				法務研究科	http://www.chukyo-u.ac.jp/educate/law-school/index.html	
	三重县	国立	三重大学	地域イノベーション学研究科	http://www.mie-u.ac.jp/innovation/	
		私立	鈴鹿大学	国際学研究科	https://www.suzuka-iu.ac.jp/academics/graduate/index.html	
近畿	京都府	国立	京都大学	法学研究科	http://law.kyoto-u.ac.jp/	
				アジア・アフリカ地域研究科	http://www.asafas.kyoto-u.ac.jp/	
				公共政策教育部	http://www.sg.kyoto-u.ac.jp/	
				経営管理教育部	http://www.gsm.kyoto-u.ac.jp/jp/	
		公立	京都府立大学	公共政策研究科	http://www.kpu.ac.jp/category_list.php?frmCd=21-2-0-0-0	
		私立	佛教大学	社会学研究科	http://www.bukkyo-u.ac.jp/faculty/g-sociology/	
				社会福祉学研究科	http://www.bukkyo-u.ac.jp/faculty/g-welfare/	
			花園大学	社会福祉学研究科	http://www.hanazono.ac.jp/education/graduate/welfare	
			京都女子大学	現代社会研究科	http://www.kyoto-wu.ac.jp/gakubu/graduateschool/shakai/index.html	
			京都文教大学	文化人類学研究科	https://www.kbu.ac.jp/kbu/faculty/anthropology_g/outline.html	
			京都学園大学	法学研究科	http://www.kyotogakuen.ac.jp/~o_law/master/	
			立命館大学	法学研究科	http://www.ritsumei.ac.jp/gsla/	
				社会学研究科	http://www.ritsumei.ac.jp/gsss/	
				政策科学研究科	http://www.ritsumei.ac.jp/gsps/	
				法務研究科	http://www.ritsumei.jp/acd/gr/hoka/index.htm	
				公務研究科	http://www.ritsumei.jp/komu/index_j.html	
			龍谷大学	法学研究科	http://www.law.ryukoku.ac.jp/graduates/	
				社会学研究科	http://www.soc.ryukoku.ac.jp/daigakuin/	
			同志社大学	社会学研究科	http://ss.doshisha.ac.jp/	
				法学研究科	http://law.doshisha.ac.jp/index.html	
				総合政策科学研究科	http://sosei.doshisha.ac.jp/	
				グローバル・スタディーズ研究科	http://global-studies.doshisha.ac.jp/	
				司法研究科	http://law-school.doshisha.ac.jp/index.html	
			同志社女子大学	国際社会システム研究科	http://www.dwc.doshisha.ac.jp/faculty_dep_info/system_research/	
	大阪府	国立	大阪大学	法学研究科	http://www.law.osaka-u.ac.jp/graduate/index.html	
				国際公共政策研究科	http://www.osipp.osaka-u.ac.jp/department/	

（续表）

地域	都道府県	国公私	大学名	研究科名	URL	备注
近畿	大阪府	国立	大阪大学	高等司法研究科	http://www.lawschool.osaka-u.ac.jp/	
		公立	大阪市立大学	法学研究科	http://www.law.osaka-cu.ac.jp/	
				創造都市研究科	http://www.gscc.osaka-cu.ac.jp/	
		私立	阪南大学	企業情報研究科	http://www.hannan-u.ac.jp/faculties/guraduate/index.html	
			大阪工業大学	知的財産研究科	http://www.oit.ac.jp/japanese/academic/graduate_intellectual.html	
			大阪女学院大学	21世紀国際共生研究科	http://www.wilmina.ac.jp/ojc/grad	
			大阪商業大学	地域政策学研究科	http://ouc.daishodai.ac.jp/graduate/	
			大阪学院大学	法学研究科	http://www.osaka-gu.ac.jp/graduateschool/faculty/index_faculty.html	※
				国際学研究科	http://www.osaka-gu.ac.jp/graduateschool/faculty/index_faculty.html	※
				法務研究科	http://www.osaka-gu.ac.jp/l_school/index.html	
			関西大学	法学研究科	http://www.kansai-u.ac.jp/Gr_sch/admission/graduate/law.html	
				社会学研究科	http://www.kansai-u.ac.jp/Gr_sch/soc/index.html	
				社会安全研究科	http://www.kansai-u.ac.jp/Gr_sch/saf/index.html	
				法務研究科	http://www.kansai-u.ac.jp/ls/index.html	
			近畿大学	法学研究科	http://www.kindai.ac.jp/graduate/courses/law.html	
				法務研究科	http://www.kindai.ac.jp/lawschool/	
			摂南大学	法学研究科	http://www.setsunan.ac.jp/gakuin-in/daigakuin/hogaku.html	
			四天王寺大学	人文社会学研究科	http://www.shitennoji.ac.jp/ibu/guide/department/daigakuin.html	
			桃山学院大学	社会学研究科	http://www.andrew.ac.jp/faculty/sociology/index.html	
	兵庫県	国立	神戸大学	法学研究科	http://www.law.kobe-u.ac.jp/	
				国際協力研究科	http://www.gsics.kobe-u.ac.jp/indexj.html	
		私立	関西福祉大学	社会福祉学研究科	http://www.kusw.ac.jp/graduate/g_welfare	
			関西学院大学	社会学研究科	http://www.kwansei.ac.jp/s_sociology/index.html	
				法学研究科	http://www.kwansei.ac.jp/s_law/index.html	
				総合政策研究科	http://www.kg-sps.jp/	
				司法研究科	http://ls.kwansei.ac.jp/	
			甲南大学	社会科学研究科	http://www.konan-u.ac.jp/graduate/science/index.html	
				法学研究科	http://www.konan-u.ac.jp/lawschool/	
			姫路獨協大学	法学研究科	http://www.himeji-du.ac.jp/faculty/grand/law	
			神戸学院大学	法学研究科	http://www.kobegakuin.ac.jp/faculty/graduate_school/law/	
				実務法学研究科	http://www.ls.kobegakuin.ac.jp/~1stopweb/v04/index.html	
	奈良県	私立	帝塚山大学	法政策研究科	http://www.tezukayama-u.ac.jp/faculty/graduate/law/	
			奈良大学	社会学研究科	http://www.nara-u.ac.jp/faculty/gs/sociology/	
中国・四国	岡山県	公立	島根県立大学	北東アジア開発研究科	http://hamada.u-shimane.ac.jp/department/graduate	
		国立	岡山大学	法務研究科	http://lawschool.ckayama-u.ac.jp/	
		私立	岡山商科大学	法学研究科	http://www.osu.ac.jp/	※
			吉備国際大学	社会学研究科	http://kiui.jp/pc/daigakuin/shakai/index.html	
				社会福祉学研究科	http://kiui.jp/pc/daigakuin/sfukushi/index.html	
	広島県	国立	広島大学	社会科学研究科	http://www.hiroshima-u.ac.jp/social/	
				国際協力研究科	http://www.hiroshima-u.ac.jp/idec/	
				法務研究科	http://www.hiroshima-u.ac.jp/lawschool/	
		公立	広島市立大学	国際学研究科	https://www.hiroshima-cu.ac.jp/department/c00002162/zenki/c00002195/	
		私立	広島国際学院大学	現代社会学研究科	http://www.hkg.ac.jp/html/academics/inSociety.html	
			広島文化学園大学	社会情報研究科	http://www.hbg.ac.jp/univ/daigakuin_social.html	
			広島修道大学	法学研究科	http://www.shudo-u.ac.jp/graduate/law.html	
				法務研究科	http://www.shudo-u.ac.jp/lawschool/index.html	
	山口県	国立	山口大学	東アジア研究科	http://www.eas.yamaguchi-u.ac.jp/index_J.html	
				技術経営研究科	http://mot.yamaguchi-u.ac.jp/	
	香川県	国立	香川大学	法学研究科	http://www.kagawa-u.ac.jp/kagawa-u_jl/	
				地域マネジメント研究科	http://www.gsm.kagawa-u.ac.jp/index.html	
				香川大学・愛媛大学連合法務研究科	http://www.ls.kagawa-u.ac.jp/	
		私立	四国学院大学	社会福祉学研究科	http://www.sg-u.ac.jp/academics/graduate_school/	
				社会学研究科	http://www.sg-u.ac.jp/academics/graduate_school/	
	愛媛県	国立	愛媛大学	法文学研究科	http://www.ll.ehime-u.ac.jp/graduate/main.htm	
		私立	松山大学	社会学研究科	http://sociolog.matsuyama-u.ac.jp/	
九州・沖縄	福岡県	国立	九州大学	比較社会文化学府	http://scs.kyushu-u.ac.jp/	
				法学府	http://www.law.kyushu-u.ac.jp/prospective/grad-entrance.html	
				法務学府	http://www.law.kyushu-u.ac.jp/lawschool/	
		公立	北九州市立大学	法学研究科	https://www.kitakyu-u.ac.jp/subject/graduate/law	
				社会システム研究科	https://www.kitakyu-u.ac.jp/subject/graduate/edu	
		私立	福岡大学	法学研究科	http://www.fukuoka-u.ac.jp/education/graduate/law.html	
				法曹実務研究科	http://www.ilp.fukuoka-u.ac.jp/	
			福岡工業大学	社会環境学研究科	http://www.grd.fit.ac.jp/senkou/	
			久留米大学	法務研究科	http://www.mii.kurume-u.ac.jp/houka	
			九州国際大学	法学研究科	http://www.kiu.ac.jp/faculty/graduate/law	
				企業政策研究科	http://www.kiu.ac.jp/faculty/graduate/co/	
			西南学院大学	法学研究科	http://www.seinan-gu.ac.jp/gra/log/subject/01/index.html	
				法学研究科	http://www.seinan-gu.ac.jp/gra/log/subject/01/index.html	
	長崎県	私立	長崎国際大学	人間社会学研究科	http://www1.niu.ac.jp/graduate/human-and-social-studies/	
	熊本県	国立	熊本大学	社会文化科学研究科	http://www.gsscs.kumamoto-u.ac.jp/	
				法曹養成研究科	http://www.ls.kumamoto-u.ac.jp/	
		公立	熊本県立大学	アドミニストレーション研究科	http://www.pu-kumamoto.ac.jp/education/graduate/administration/administration.php	
		私立	熊本学園大学	社会福祉学研究科	http://www.kumagaku.ac.jp/daigakuin/graduate/fukusi/index	
	大分県	国立	大分大学	福祉社会科学研究科	http://www.oita-u.ac.jp/	
		私立	立命館アジア太平洋大学	アジア太平洋研究科	https://admissions.apu.ac.jp/graduate/academics/gsa_master/	
	鹿児島県	国立	鹿児島大学	人文社会科学研究科	http://www.leh.kagoshima-u.ac.jp/wp_leh/?page_id=63	
				司法政策研究科	http://www.ls.kagoshima.ac.jp/	
		私立	鹿児島国際大学	福祉社会学研究科	http://www.iuk.ac.jp/gakubu/graduate/subject/welfare/welfare.html	

(续表)

地域	都道府县	国公私	大学名	研究科名	URL	备注
九州·冲绳	冲绳县	国立	琉球大学	観光科学研究科	http://www.tourism.u-ryukyu.ac.jp/	
				法務研究科	http://www.law.u-ryukyu.ac.jp/	
		公立	名桜大学	国際文化研究科	http://www.meio-u.ac.jp/graduate-school/internationa-cultural-studies.html	
		私立	沖縄大学	現代沖縄研究科	http://www.okinawa-u.ac.jp/faculty/graduate	
			沖縄国際大学	地域産業研究科	http://www.okiu.ac.jp/graduate/business_economics/index.html	
				法学研究科	http://www.okiu.ac.jp/graduate/law/index.html	

【我的日本体验记】 勤工俭学，何乐不为？

　　来日本的留学生大部分要依靠打工收入来负担一部分生活和学费支出，而且打工可以使你更好地融入日本社会，熟悉日本人的生活方式，所以找到一个让自己称心如意的工作是很重要的。

　　工作一般是别人介绍或者自己去打电话联系。在日本的 24 小时便利店和超市的门口会有很多种类的介绍零工的杂志，每周都会更新工作信息。上面都是按市区划分，可以去寻找自己中意的地区和工作。按照上面的联系方式打电话询问是否需要人，如果需要会安排面试的。去面试的话，一定要注意千万千万别迟到！在日本，守时是非常重要的！有很多同学就是不太注意时间，结果被拒绝了。提前 3 分钟左右进入就很好，衣着干净整洁，给人留下个好印象，这样成功率比较高。寻找工作不要难为情，自给自足是很好的事情。被拒绝了也不要灰心，在日本找工作一般都要面试五六家才会成功。我就为了找到一份满意的工作面试过 15 家店铺，所以保持良好的心态很重要。

　　最后说一下收入，日本都是时薪制，一小时 700~1500 日元不等，分工作种类和地区，东京最高，偏远一点的地方就会低一点。笔者所在的大阪地区普遍是 800~1000 日元，所以一个月收入能达到 8 万到 10 万日元左右，起码生活费是足够的。既能得到收入补贴支出，又能学习日本人的生活习惯和工作方式，何乐而不为呢？

——郭思博

生 艺 综

地域	都道府県	国公私	大学名	研究科名	URL	备注
北海道・東北	北海道	国立	北海道大学	情報科学研究科	http://www.ist.hokudai.ac.jp/	
				環境科学院	http://www.ees.hokudai.ac.jp/	
				国際広報メディア・観光学院	http://www.imc.hokudai.ac.jp/	
		公立	公立はこだて未来大学	システム情報科学研究科	http://www.fun.ac.jp/graduate_sc/	
			藤女子大学	人間生活学研究科	http://www.fujijoshi.ac.jp/postgraduate/about_postgraduate/	
			札幌市立大学	デザイン研究科	http://www.scu.ac.jp/department/design/graduate_school/	
	宮城県	国立	東北大学	情報科学研究科	http://www.is.tohoku.ac.jp/index.html	
				環境科学研究科	http://www.kankyo.tohoku.ac.jp/	
		私立	東北学院大学	人間情報学研究科	http://www.izcc.tohoku-gakuin.ac.jp/ghi/daigakuin/index.html	
			宮城学院女子大学	健康栄養学研究科	http://www.mgu.ac.jp/main/departments/graduate/gsf/index.html	
			尚絅学院大学	総合人間科学研究科	http://www.shokei.ac.jp/faculty/graduate/	
			仙台大学	スポーツ科学研究科	http://www.sendaidaigaku.jp/shushi/index.html	
	山形県	私立	東北芸術工科大学	芸術工学研究科	http://www.tuad.ac.jp/adm/master/	
	福島県	私立	郡山女子大学	人間生活学研究科	http://www.koriyama-kgc.ac.jp/education/department/gs-humanlife	
関東・甲信越	茨城県	国立	筑波大学	人間総合科学研究科	http://www.chs.tsukuba.ac.jp/	
				図書館情報メディア研究科	http://www.slis.tsukuba.ac.jp/grad	
		私立	常磐大学	人間科学研究科	http://www.tokiwa.ac.jp/department/graduate/human_d/index.html	
		私立	流通経済大学	スポーツ健康科学研究科	http://www.rku.ac.jp/faculty/graduate/sports_labo/	
	栃木県	私立	文星芸術大学	芸術研究科	http://www.bunsei.ac.jp/sys/graduate	
	群馬県	私立	高崎健康福祉大学	健康福祉研究科	http://www.takasaki-u.ac.jp/graduate/	※
	埼玉県	私立	女子栄養大学	栄養学研究科	http://www.eiyo.ac.jp/daigakuin	
			人間総合科学大学	人間総合科学研究科	http://www.human.ac.jp/cm/gakubugakka-aisatsu3.html	※
			尚美学園大学	芸術情報研究科	http://www.shobi-u.ac.jp/faculty/	※
			十文字学園女子大学	人間生活学研究科	http://www.jumonji-u.ac.jp/graduate-school/	
	千葉県	私立	東京情報大学	総合情報学研究科	http://www.tuis.ac.jp/department/graduate/index.html	
			国際武道大学	武道・スポーツ研究科	http://www.budo.ac.jp/department/graduate/	
			和洋女子大学	総合生活研究科	http://www.wayo.ac.jp/academics/graduate/human_eco/tabid/499/Default.aspx	
			千葉工業大学	情報科学研究科	http://www.it-chiba.ac.jp/faculty/info_graduate/index.html	
			千葉科学大学	危機管理学研究科	http://www.cis.ac.jp/information/introduction/grad/crisis/index.html	
			聖徳大学	児童学研究科	http://www.seitoku.jp/univ/department/grad_child_studies.shtml	
				人間栄養学研究科	http://www.seitoku.jp/univ/department/grad_human_nutrition.shtml	
				音楽文化研究科	http://www.seitoku.jp/univ/department/grad_music_culture.shtml	
	東京都	国立	東京大学	新領域創成科学研究科	http://www.k.u-tokyo.ac.jp/	
				情報学環・学際情報学府	http://www.iii.u-tokyo.ac.jp/	
			東京工業大学	生命理工学研究科	http://www.bio.titech.ac.jp/	
			東京医科歯科大学	生命情報科学教育部	http://sbsn.tmd.ac.jp/	
			東京芸術大学	美術研究科	http://www.geidai.ac.jp/department/gs_fine_art/outline	
				音楽研究科	http://www.geidai.ac.jp/department/gs_music/outline	
				映像研究科	http://www.geidai.ac.jp/department/gs_fnm/outline	
		公立	首都大学東京	都市環境科学研究科	http://www.ues.tmu.ac.jp/index.html	
				人間健康科学研究科	http://www.hs.tmu.ac.jp/graduate.html	
		私立	大東文化大学	スポーツ・健康科学研究科	http://www.daito.ac.jp/gakuin/shs/index.html	
			大妻女子大学	人間文化研究科	http://www.gakuin.otsuma.ac.jp/graduate/	
			大正大学	人間学研究科	https://tais.ac.jp/graduate_school/course/	
			帝京平成大学	環境情報学研究科	http://www.thu.ac.jp/univ/grads/index.html#a02	
				健康科学研究科	http://www.thu.ac.jp/univ/grads/index.html	
			デジタルハリウッド大学	デジタルコンテンツ研究科	http://gs.dhw.ac.jp/	
			東邦音楽大学	音楽研究科	https://www.toho-music.ac.jp/graduateschool/	
			東京都市大学	環境情報学研究科	http://www.tcu.ac.jp/academics/graduate/environmentalfeature/index.html	
			東京家政大学	家政学研究科	http://www.tokyo-kasei.ac.jp/graduate/tabid/1250/index.php	
			東京家政学院大学	人間生活学研究科	http://www.kasei-gakuin.ac.jp/faculty/graduate_school/index.html	
			東京理科大学	国際火災科学研究科	http://www.sut.ac.jp/fac_grad/grad/kasai/	
			東京女子大学	人間科学研究科	http://office.twcu.ac.jp/univ/academics/grad-hs/	
			東京音楽大学	音楽研究科	http://www.tokyo-ondai.ac.jp/graduate/master.html	
			東京造形大学	造形研究科	https://www.zokei.ac.jp/in/	
			東洋大学	学際・融合科学研究科	http://www.toyo.ac.jp/glns/index_j.html	
			多摩美術大学	美術研究科	http://www.tamabi.ac.jp/dept/gp.htm	
			共立女子大学	家政学研究科	http://www.kyoritsu-wu.ac.jp/academics/graduate/kasei/	
			国際基督教大学	アーツ・サイエンス研究科	https://www.icu.ac.jp/gs/ma/index.html	
			国立音楽大学	音楽研究科	http://www.kunitachi.ac.jp/graduate/index.html	
			国士舘大学	スポーツ・システム研究科	http://www.kokushikan.ac.jp/faculty/GS/SS/index.html	
			立正大学	地球環境学研究科	http://www.ris.ac.jp/faculty_graduate_school/geoenvironmental_course/index.html	
			ルーテル学院大学	総合人間学研究科	http://www.luther.ac.jp/education/graduate/	
			明星大学	情報学研究科	http://www.meisei-u.ac.jp/academics/gs/is/information/index.html	
			明治大学	情報コミュニケーション研究科	http://www.meiji.ac.jp/dai_in/infocom/index.html	
			慶應義塾大学	メディアデザイン研究科	http://www.kmd.keio.ac.jp/	
			日本大学	総合基礎科学研究科	http://www.chs.nihon-u.ac.jp/gs_ibs/index.html	
				芸術学研究科	http://www.art.nihon-u.ac.jp/graduate/index.html	
			日本女子大学	家政学研究科	http://www.jwu.ac.jp/unv/faculty_department/grd_human_sciences_and_design/about/	
				人間生活学研究科	http://www.jwu.ac.jp/unv/faculty_department/grd_human_life_science/about/	
			日本女子体育大学	スポーツ科学研究科	http://www.jwcpe.ac.jp/education/grad/	
			上智大学	総合人間科学研究科	http://www.sophia.ac.jp/jpn/program/G/G_HS	
				地球環境学研究科	http://www.genv.sophia.ac.jp/	
			実践女子大学	生活科学研究科	http://www.jissen.ac.jp/top/03/index.php	
			文化ファッション大学院大学	ファッションビジネス研究科	https://bfgu-bunka.ac.jp/	★
			文化学園大学	生活環境学研究科	http://bwu.bunka.ac.jp/study/in/skk.php	
			文京学院大学	人間学研究科	http://www.u-bunkyo.ac.jp/faculty/graduate-college/human-policy.html	
			法政大学	情報科学研究科	http://www.hosei.ac.jp/gs/kenkyuka/joho/index.html	

第八章 / 千帆竞渡——五彩缤纷的特色专业　675

生 艺 综

（续表）

地域	都道府县	国公私	大学名	研究科名	URL	备注
关东·甲信越	东京都	私立	武藏野大学	环境学研究科	http://www.musashino-u.ac.jp/graduate_school/environmental_science/index.html	
			武藏野美术大学	造形研究科	http://www.musabi.ac.jp/course/graduate/	
			武藏野音乐大学	音乐研究科	http://www.musashino-music.ac.jp/graduate/graduate/	
			樱美林大学	老年学研究科	http://www.obirin.ac.jp/postgraduate/graduate_course/gerontology/index.html	
			早稻田大学	人间科学研究科	http://www.waseda.jp/human/graduate/	
				スポーツ科学研究科	http://www.waseda.jp/sports/supoken/index.html	
				国际情报通信研究科	http://www.gits.waseda.ac.jp/index.php?lang=ja	
				环境·エネルギー研究科	http://www.waseda.jp/weee/	
			昭和女子大学	生活机构研究科	http://swu.ac.jp/graduate_school/	※
	神奈川县	国立	横滨国立大学	环境情报学府	http://www.eis.ynu.ac.jp/index.html	
		私立	东海大学	艺术学研究科	http://www.u-tokai.ac.jp/academics/graduate/arts/	
				体育学研究科	http://www.u-tokai.ac.jp/academics/graduate/physical_education/	
				人间环境学研究科	http://www.u-tokai.ac.jp/academics/graduate/human_environmental_studi/	
				地球环境科学研究科	http://www.u-tokai.ac.jp/academics/graduate/earth_and_environmental_s/	
			东京工艺大学	艺术学研究科	http://www.t-kougei.ac.jp/graduate/arts/	
			东洋英和女学院大学	人间科学研究科	http://www.toyoeiwa.ac.jp/daigakuin/kenkyuuka/h_master.html	
			フェリス女学院大学	音乐研究科	http://www.ferris.ac.jp/departments/graduate-school/music/	
			镰仓女子大学	儿童学研究科	http://www.kamakura-u.ac.jp/faculty/child_studies_g/index.html	
			女子美术大学	美术研究科	http://www.joshibi.ac.jp/department	※
			情报セキュリティ大学院大学	情报セキュリティ研究科	http://www.iisec.ac.jp/education/	★
			日本体育大学	体育科学研究科	http://www.nittai.ac.jp/gakubu/graduate/index.html	
			神奈川大学	人间科学研究科	http://www.hs.kanagawa-u.ac.jp/graduate_school/	
			文教大学	人间科学研究科	http://www.bunkyo.ac.jp/faculty/human-in/	
				情报学研究科	http://www.bunkyo.ac.jp/faculty/gs-info/	
			洗足学园音乐大学	音乐研究科	http://www.senzoku.ac.jp/music/school/graduate/newinfo.php	
			相模女子大学	营养科学研究科	http://www.sagami-wu.ac.jp/faculty/graduate_school/nutritional_sciences/index.html	
			昭和音乐大学	音乐研究科	http://www.tosei-showa-music.ac.jp/graduate/	
中部·北陆	新潟县	私立	长冈造形大学	造形研究科	http://www.nagaoka-id.ac.jp/course/postgraduate	
	富山县	私立	桐朋学园大学院大学	音乐研究科	http://www.tohomusic.ac.jp/diploma/	★
	石川县	公立	金泽美术工艺大学	美术工艺研究科	http://www.kanazawa-bidai.ac.jp/www/contents/gakubu/index.html	
	福井县	私立	仁爱大学	人间学研究科	http://www.jindai.ac.jp/graduateschool/	
	山梨县	私立	山梨英和大学	人间文化研究科	http://www.yamanashi-eiwa.ac.jp/postgraduate	
	岐阜县	公立	情报科学艺术大学院大学	メディア表现研究科	http://www.iamas.ac.jp/J/gr-studio.html	★
		私立	东海学院大学	人间关系研究科	http://www.tokaigakuin-u.ac.jp/faculties/graduate/	
			岐阜女子大学	生活科学研究科	http://gijodai.jp/graduate/	
			中部学院大学	人间福祉研究科	http://www.chubu-gu.ac.jp/university/graduate/index.html	
	静冈县	公立	静冈县立大学	药食生命科学总合学府	http://dfns.u-shizuoka-ken.ac.jp/	
		私立	常叶大学	健康科学研究科	http://www.tokoha-u.ac.jp/department/graduate/health/index.html	
				环境防灾研究科	http://www.tokoha-u.ac.jp/department/graduate/env-disaster/index.html	
			静冈文化艺术大学	デザイン研究科	http://www.suac.ac.jp/education/gradschool/design/	
			顺天堂大学	スポーツ健康科学研究科	http://www.juntendo.ac.jp/hss/postgrad/	
	爱知县	国立	名古屋大学	环境学研究科	http://www.env.nagoya-u.ac.jp/	
				情报学研究科	http://www.i.nagoya-u.ac.jp/	
		公立	爱知县立大学	人间发达学研究科	http://www.ews.aichi-pu.ac.jp/ningen/	
				情报科学研究科	http://www.ist.aichi-pu.ac.jp/	
			爱知县立艺术大学	美术研究科	https://www.aichi-fam-u.ac.jp/academics/graduate-art/	
				音乐研究科	https://www.aichi-fam-u.ac.jp/academics/graduate-music/	
			名古屋市立大学	人间文化研究科	http://www.nagoya-cu.ac.jp/human/	
		私立	爱知みずほ大学	人间科学研究科	http://www.mizuho-c.ac.jp/daigakuin/index.html	
			椙山女学园大学	生活科学研究科	http://www.ls.sugiyama-u.ac.jp/graduate_school/index.html	
				人间关系研究科	http://www.sugiyama-u.ac.jp/univ/academics/g-hs/	
			大同大学	情报学研究科	http://www.daido-it.ac.jp/in/jyouhou/index.html	
			丰桥创造大学	健康科学研究科	http://www.sozo.ac.jp/department/health-science/	
			金城学院大学	人间生活学研究科	http://www.kinjo-u.ac.jp/humeco/	
			名城大学	都市情报学研究科	http://www.meijo-u.ac.jp/classes/daigakuin/toshijyoho/index.html	
				综合学术研究科	http://wwwgk.meijo-u.ac.jp/	
			名古屋产业大学	环境マネジメント研究科	http://www.nagoya-su.ac.jp/graduate-school	
			名古屋经济大学	人间生活科学研究科	http://www.nagoya-ku.ac.jp/graduate/human/	
			名古屋女子大学	生活学研究科	http://www.nagoya-wu.ac.jp/gakka.html	※
			名古屋学芸大学	营养科学研究科	http://www.nuas.ac.jp/profile/faculty/grad/nutritional/index.html	
				メディア造形研究科	http://www.nuas.ac.jp/profile/faculty/grad/media/index.html	
			名古屋芸术大学	美术研究科	http://www.nua.ac.jp/faculty/postgraduate/art/index.html	
				音乐研究科	http://www.nua.ac.jp/faculty/postgraduate/music/index.html	
				デザイン研究科	http://www.nua.ac.jp/faculty/postgraduate/design/index.html	
				人间发达学研究科	http://www.nua.ac.jp/faculty/postgraduate/child/index.html	
			名古屋音乐大学	音乐研究科	http://www.meion.ac.jp/guidance/department/graduate-school.html	
			名古屋造形大学	造形研究科	http://www.nzu.ac.jp/graduate_school/	
			南山大学	人间文化研究科	http://depts.nanzan-u.ac.jp/grad/humanities/	
			人间环境大学	人间环境学研究科	http://www.uhe.ac.jp/dept/grad-he.html	
			同朋大学	人间福祉研究科	http://www.doho.ac.jp/departmental/grad/humanwelfare-labo	
			星城大学	健康支援学研究科	http://www.seijoh-u.ac.jp/graduate/	
			樱花学园大学	人间文化研究科	http://www.ohkagakuen-u.ac.jp/daigakuin/index.html	
			至学馆大学	健康科学研究科	http://www.sgk.ac.jp/faculty/graduate/sport/	
			中部大学	国际人间学研究科	http://www3.chubu.ac.jp/graduate/global_humanics/	
			中京大学	体育学研究科	http://sps.chukyo-u.ac.jp/daigakuin/	
				情报科学研究科	http://www.sist.chukyo-u.ac.jp/grad/index.html	
近畿	滋贺县	公立	滋贺县立大学	环境科学研究科	http://www.usp.ac.jp/gakubu/kankyo/in/	
				人间文化学研究科	http://www.usp.ac.jp/gakubu/jinbun/in/	

（续表）

地域	都道府県	国公私	大学名	研究科名	URL	备注
近畿	京都府	国立	京都大学	人間・環境学研究科	http://www.h.kyoto-u.ac.jp/	
				情報学研究科	http://www.i.kyoto-u.ac.jp/	
		公立	京都府立大学	生命環境科学研究科	http://www.kpu.ac.jp/category_list.php?frmCd=21-3-0-0-0	
			京都市立芸術大学	美術研究科	http://www.kcua.ac.jp/arts/arts-graduate/	
				音楽研究科	http://www.kcua.ac.jp/music/music-graduate/	
		私立	京都嵯峨芸術大学	芸術研究科	http://www.kyoto-saga.ac.jp/dept/postgraduate/	
			京都光華女子大学	心理学研究科	http://www.koka.ac.jp/faculty/graduate/gs_psychology/course_psychology.html	
			京都精華大学	芸術研究科	http://www.kyoto-seika.ac.jp/edu/graduate/art/	
				デザイン研究科	http://www.kyoto-seika.ac.jp/edu/graduate/design/	
				マンガ研究科	http://www.kyoto-seika.ac.jp/edu/graduate/manga/	
			京都ノートルダム女子大学	人間文化研究科	http://www.notredame.ac.jp/faculty/	※
			京都女子大学	家政学研究科	http://www.kyoto-wu.ac.jp/gakubu/graduateschool/kasei/index.html	
			京都情報大学院大学	応用情報技術研究科	http://www.kcg.edu/curriculum/research_course/	★
			京都学園大学	人間文化研究科	http://www.kyotogakuen.ac.jp/~o_human/Master/	
			京都造形芸術大学	芸術研究科	http://www.kyoto-art.ac.jp/graduate/	
			立命館大学	応用人間科学研究科	http://www.ritsumei.ac.jp/acd/gr/gsshs/index.html	
				先端総合学術研究科	http://www.r-gscefs.jp/	
				スポーツ健康科学研究科	http://www.ritsumei.ac.jp/gs_shs/	
			同志社大学	文化情報学研究科	http://www.cis.doshisha.ac.jp/gs/	
				スポーツ健康科学研究科	http://sports.doshisha.ac.jp/	
			同志社女子大学	生活科学研究科	http://www.dwc.doshisha.ac.jp/faculty_dep_info/life_research/	
	大阪府	国立	大阪大学	人間科学研究科	http://www.hus.osaka-u.ac.jp/	
				情報科学研究科	http://www.ist.osaka-u.ac.jp/	
		公立	大阪市立大学	生活科学研究科	http://www.life.osaka-cu.ac.jp/index.html	
		私立	大阪産業大学	人間環境学研究科	http://www.osaka-sandai.ac.jp/gs/he/	
			大阪電気通信大学	総合情報学研究科	http://www.osakac.ac.jp/faculty/info/info_science_arts_gr.html	
			大阪工業大学	情報科学研究科	http://www.is.oit.ac.jp/gakubu/kyotsu/gradschool.html	
			大阪経済大学	人間科学研究科	http://www.osaka-ue.ac.jp/education/graduate/	
			大阪人間科学大学	人間科学研究科	http://www.ohs.ac.jp/graduate/introduction.php	
			大阪体育大学	スポーツ科学研究科	http://www.ouhs.jp/introduction/postgraduate/	
			大阪芸術大学	芸術研究科	http://www.grad.osaka-geidai.ac.jp/	
			大阪音楽大学	音楽研究科	http://daion.ac.jp/course/a5a6tu0000000p9a.html	
			大阪樟蔭女子大学	人間科学研究科	http://www.osaka-shoin.ac.jp/gs/	
			大阪総合保育大学	児童保育研究科	http://jonan.jp/soho/news/guraduate.html	
			帝塚山学院大学	人間科学研究科	http://www.tezuka-gu.ac.jp/faculty/graduate	
			関西大学	総合情報学研究科	http://www.kansai-u.ac.jp/Gr_sch/inf/index.html	
			梅花女子大学	現代人間学研究科	http://www.baika.ac.jp/education/graduate_school/modern_people/	
	兵庫県	国立	神戸大学	人間発達環境学研究科	http://www.h.kobe-u.ac.jp/	
		公立	兵庫県立大学	環境人間学研究科	http://www.u-hyogo.ac.jp/shse/koho/index.html	
				応用情報科学研究科	http://www.ai.u-hyogo.ac.jp/	
				緑環境景観マネジメント研究科	http://www.awaji.ac.jp/gs-ldh/	
		私立	関西国際大学	人間行動学研究科	http://www.kuins.ac.jp/kuinsHP/graduate/humans.html	
			関西学院大学	人間福祉研究科	http://www.kwansei.ac.jp/s_hws/index.html	
			甲南女子大学	人文科学総合研究科	http://www.konan-wu.ac.jp/dept_grad/grad_human/	
			甲子園大学	栄養学研究科	http://www.koshien.ac.jp/daigakuin/eiyo.html	
			神戸女学院大学	人間科学研究科	http://www.kobe-c.ac.jp/courses/co_gra_hum.html	
				音楽研究科	http://www.kobe-c.ac.jp/music/index.html	
			神戸女子大学	家政学研究科	http://www.yg.kobe-wu.ac.jp/wu/course/grad_kasei/index.html	
			神戸情報大学院大学	情報技術研究科	http://www.kic.ac.jp/	★
			神戸学院大学	人間文化学研究科	http://www.human.kobegakuin.ac.jp/~has/index.html	
				栄養学研究科	http://www.kobegakuin.ac.jp/faculty/graduate_school/nutrition/	
				食品薬品総合科学研究科	http://www.kobegakuin.ac.jp/faculty/graduate_school/food_medicine/	
			神戸芸術工科大学	芸術工学研究科	http://www.kobe-du.ac.jp/about/organization/gs/gsd/	
			武庫川女子大学	生活環境学研究科	http://www.mukogawa-u.ac.jp/in/in_list.htm	※
	奈良県	国立	奈良女子大学	人間文化研究科	http://www.nara-wu.ac.jp/daigakuin/	
		私立	畿央大学	健康科学研究科	http://www.kio.ac.jp/faculty/grad-school-health/	
中国・四国	岡山県	国立	岡山大学	環境学研究科	http://www.gels.okayana-u.ac.jp/profile/3_policy.html	
		公立	岡山県立大学	デザイン学研究科	http://www.dgn.oka-pu.ac.jp/	
		私立	倉敷芸術科学大学	芸術研究科	http://www.kusa.ac.jp/graduate/graduate-arts/	
				人間文化研究科	http://www.kusa.ac.jp/human/index.html	
			岡山理科大学	総合情報研究科	http://www.ous.ac.jp/page.php?sec=ctg_3&jpml=in_soujyou	
			くらしき作陽大学	音楽研究科	http://www.ksu.ac.jp/graduate_school/	
			美作大学	生活科学研究科	https://mimasaka.jp/undergraduate/graduate/life-science/	
				人間発達学研究科	https://mimasaka.jp/undergraduate/graduate/human-development/	
			ノートルダム清心女子大学	人間生活学研究科	http://www.ndsu.ac.jp/department/graduate_schools.php	※
			中国学園大学	現代生活学研究科	http://www.cjc.ac.jp/university/modern_life	
	広島県	国立	広島大学	総合科学研究科	http://www.hiroshima-u.ac.jp/souka/	
		公立	広島市立大学	情報科学研究科	http://info.hiroshima-cu.ac.jp/Topic.html	
				芸術学研究科	https://www.hiroshima-cu.ac.jp/department/c00002162/zenki/c00002199/	
			尾道市立大学	美術研究科	http://www.onomichi-u.ac.jp/arts/graduate/art/index.html	
		私立	エリザベト音楽大学	音楽研究科	http://www.eum.ac.jp/graduate_school/	
			福山大学	人間科学研究科	http://www.fukuyama.ac.jp/grd-human/	
			福山平成大学	スポーツ健康科学研究科	http://www.heisei-u.ac.jp/grad/kss.pdf	
			広島女学院大学	人間生活学研究科	https://www.hju.ac.jp/faculty/graduate/ningenseikatsu.php	
			広島文教女子大学	人間科学研究科	http://www.h-bunkyo.ac.jp/university/subject/musters/index.html	
	山口県	私立	宇部フロンティア大学	人間科学研究科	http://www.frontier-u.jp/index.php/graduate	
	徳島県	国立	徳島大学	栄養生命科学教育部	http://www.tokushima-u.ac.jp/department/graduate_school/nutrition.html	
		私立	徳島文理大学	人間生活学研究科	https://www.bunri-u.ac.jp/faculty/graduate/human-life/	

(续表)

地域	都道府県	国公私	大学名	研究科名	URL	备注
中国·四国	徳島県	私立	四国大学	人間生活科学研究科	http://www.shikoku-u.ac.jp/academics/graduate/human/	
	高知県	公立	高知県立大学	人間生活学研究科	http://www.u-kochi.ac.jp/site/grad/list13.html	
九州·沖縄	福岡県	国立	九州大学	人間環境学府	http://www.hues.kyushu-u.ac.jp/	
				芸術工学府	http://www.design.kyushu-u.ac.jp/	
				システム情報科学府	http://portal.isee.kyushu-u.ac.jp/	
				統合新領域学府	http://www.ifs.kyushu-u.ac.jp/	
		公立	福岡女子大学	人間環境学研究科	http://www.fwu.ac.jp/faculty/graduate/human_es/index.html	
		私立	福岡大学	スポーツ健康科学研究科	http://www.fukuoka-u.ac.jp/education/graduate/sports_health.html	
			九州産業大学	芸術研究科	http://www.kyusan-u.ac.jp/gfa/index.html	
				情報科学研究科	http://www.kyusan-u.ac.jp/daigakuin/jyoho_kagaku/index.html	
			九州栄養福祉大学	健康科学研究科	http://www.knwu.ac.jp/about/graduate_school/index.html	
			西南学院大学	人間科学研究科	http://www.seinan-gu.ac.jp/gra/log/subject/07/index.html	
			中村学園大学	栄養科学研究科	http://www.nakamura-u.ac.jp/faculty/gra_nutrition/	
				教育学研究科	http://www.nakamura-u.ac.jp/faculty/gra_human/	
			筑紫女学園大学	人間科学研究科	http://www.chikushi-u.ac.jp/education/graduate_school/	
	佐賀県	私立	西九州大学	生活支援科学研究科	http://www.nisikyu-u.ac.jp/graduate/	
	長崎県	公立	長崎県立大学	国際情報学研究科	http://sun.ac.jp/department/graduate/global/	
				人間健康科学研究科	http://sun.ac.jp/department/graduate/health/	
		私立	長崎純心大学	人間文化研究科	http://www.n-junshin.ac.jp/univ/admission/admission_post	
			長崎国際大学	健康管理学研究科	http://www1.niu.ac.jp/graduate/health-management/	
	熊本県	私立	崇城大学	芸術研究科	http://www.sojo-u.ac.jp/faculty/	※
	大分県	私立	別府大学	食物栄養科学研究科	http://www.beppu-u.ac.jp/course/graduate/foodsnutrition/	
	鹿児島県	国立	鹿屋体育大学	体育学研究科	http://www.nifs-k.ac.jp/faculties/masters/	
	沖縄県	公立	沖縄県立芸術大学	造形芸術研究科	http://www.okigei.ac.jp/gakubu/in-zougei.html	
				音楽芸術研究科	http://www.okigei.ac.jp/gakubu/in-ongei.html	
				芸術文化学研究科	http://www.okigei.ac.jp/details/phd/index.html	

【我的日本体验记】

擅长冰饮的日本人

提到日本人的饮食特点,自然会想到他们爱吃生的食物,比如生鱼片、生牛肉、生鸡蛋等。不过到了日本之后我还发现了另外一个特点,就是他们对于冰冻饮料的"依赖"性很强。

在日本,几乎所有店铺都会提供饮用水,而且大多都是加冰块的水。即使在大冬天,日本人也能泰然地喝着加冰块的饮料。在我打工的店里,杯子都是放在冰箱里的,当客人点饮料或要水的时候,在冰的杯子里加入冰的饮料,之后还要加冰块。有一次客人要水,我个人觉冬天没必要放冰块,而且水本身就是冰的,结果被店长批评了,说要放冰块的。还有一次客人明明戴着口罩进门,脱下口罩鼻子都冻得通红了,结果开口点的却是冰冻饮料。店里的热饮和冷饮使用的是不同的杯子,在冬天冷饮杯子的使用率也是不亚于热饮的。打工休息的时候,店长看到我喝温水表示很惊讶,说只有年纪大的老人家才会这样喝。就这个问题我还特别询问过日本朋友,他说他们从小就喝冰水,水都是放冰箱的。喝茶时会喝热水,但他们绝对不接受温水,因为习惯了冰水,会觉得温水不新鲜,感觉被放置了很久。

——顾申璇

工

地域	都道府県	国公私	大学名	研究科名	URL	備考
北海道・東北	北海道	国立	北海道大学	工学院	http://www.eng.hokudai.ac.jp/graduate/	
			北見工業大学	工学研究科	http://www.kitami-it.ac.jp/engineering-graduate/in-course-info/	
			室蘭工業大学	工学研究科	http://www.muroran-it.ac.jp/academic/	
		私立	北海道工業大学	工学研究科	http://www.hit.ac.jp/academics/grd/index.html	
			北海学園大学	工学研究科	http://hgu.jp/faculty02/graduate_kougaku/	
	青森県	私立	八戸工業大学	工学研究科	http://www.hi-tech.ac.jp/0701course	※
	岩手県	国立	岩手大学	工学研究科	http://www.eng.iwate-u.ac.jp/	
		公立	岩手県立大学	ソフトウェア情報学研究科	http://www.soft.iwate-pu.ac.jp/grad_school/index.html	
	宮城県	国立	東北大学	工学研究科	http://www.tohoku.ac.jp/	
				医工学研究科	http://www.bme.tohoku.ac.jp/	
				教育情報学教育部	http://www.ei.tohoku.ac.jp/	
		私立	東北工業大学	工学研究科	http://www.tohtech.ac.jp/dept/graduate/index.html	
			東北学院大学	工学研究科	http://grad.eng.tohoku-gakuin.ac.jp/	
		公立	秋田県立大学	システム科学技術研究科	http://www.akita-pu.ac.jp/daigakuin/daigakuin0100.htm	
関東・甲信越	茨城県	国立	筑波大学	システム情報工学研究科	http://www.sie.tsukuba.ac.jp/	
	栃木県	国立	宇都宮大学	工学研究科	http://www.eng.utsunomiya-u.ac.jp/	
		私立	足利工業大学	工学研究科	http://www.ashitech.ac.jp/program/index.html	※
	群馬県	国立	群馬大学	理工学府	http://www.st.gunma-u.ac.jp/graduate_st/	
		公立	前橋工科大学	工学研究科	http://www.maebashi-it.ac.jp/graduate/	
	埼玉県	私立	ものつくり大学	ものつくり学研究科	http://www.iot.ac.jp/faculty/graduate/	
			埼玉工業大学	工学研究科	http://www.sit.ac.jp/gakubu_in/daigakuin/kougaku/index.html	
			日本工業大学	工学研究科	http://www.nit.ac.jp/gakka/daigakuin.html	
	千葉県	国立	千葉大学	工学研究科	http://www.eng.chiba-u.ac.jp/	
		私立	千葉工業大学	工学研究科	http://www.it-chiba.ac.jp/faculty/eng_graduate/index.html	
	東京都	国立	電気通信大学	情報理工学研究科	http://www.uec.ac.jp/department/ie_graduate/index.html	
				情報システム学研究科	http://www.uec.ac.jp/department/is/	
			東京大学	工学系研究科	http://www.t.u-tokyo.ac.jp/soe/index.html	
				情報理工学系研究科	http://www.i.u-tokyo.ac.jp/	
			東京工業大学	総合理工学研究科	http://www.igs.titech.ac.jp/	
				情報理工学研究科	http://www.ise.titech.ac.jp/	
				イノベーションマネジメント研究科	http://educ.titech.ac.jp/isc/	
			東京農工大学	工学府	http://www.tuat.ac.jp/department/graduate_school/kougakuhu/index.html	
				工学府	http://www.tuat.ac.jp/~rmmot/	
		公立	産業技術大学院大学	産業技術研究科	http://aiit.ac.jp/	★
			首都大学東京	システムデザイン研究科	http://www.sd.tmu.ac.jp/	
		私立	創価大学	工学研究科	http://t-grad.soka.ac.jp/menu/grad/about_grad/about_research.html	
			東京電機大学	先端科学技術研究科	http://web.dendai.ac.jp/department/ud/	
				工学研究科	http://web.dendai.ac.jp/department/km/	
				情報環境学研究科	http://web.dendai.ac.jp/department/jm/	
			東京都市大学	工学研究科	http://www.tcu.ac.jp/academics/graduate/engineeringfeature/index.html	
			東京工科大学	バイオ・情報メディア研究科	http://www.teu.ac.jp/grad/	
			東京理科大学	工学研究科	http://www.sut.ac.jp/fac_grad/grad/ko/	
				基礎工学研究科	http://www.sut.ac.jp/fac_grad/grad/kiso/	
			東洋大学	理工学研究科	http://www.toyo.ac.jp/geng/index_j.html	
			法政大学	デザイン工学研究科	http://www.design.hosei.ac.jp/gs/	
			工学院大学	工学研究科	http://www.kogakuin.ac.jp/faculty/daigakuin/index.html	※
			国士舘大学	工学研究科	http://www.kokushikan.ac.jp/faculty/GS/Engineering/index.html	
			慶應義塾大学	システムデザイン・マネジメント研究科	http://www.sdm.keio.ac.jp/	
			日本大学	生産工学研究科	http://www.cit.nihon-u.ac.jp/graduate-school/	
				工学研究科	http://www.nihon-u.ac.jp/academics/graduate/engineering	
			拓殖大学	工学研究科	http://www.takushoku-u.ac.jp/graduate/engineering/	
			玉川大学	工学研究科	http://www.tamagawa.jp/graduate/engineering/index.html	
				脳科学研究科	http://www.tamagawa.jp/graduate/brain/index.html	
			早稲田大学	情報生産システム研究科	http://www.waseda.jp/ips/	
			芝浦工業大学	理工学研究科	http://office.shibaura-it.ac.jp/faculty/graduate-school/index.html	
	神奈川県	国立	横浜国立大学	工学府	http://gakufu.eng.ynu.ac.jp/	
		私立	東海大学	工学研究科	http://www.gtec.u-tokai.ac.jp/	
			関東学院大学	工学研究科	http://grad.kanto-gakuin.ac.jp/kougaku/	
			神奈川大学	工学研究科	http://www.gen.kanagawa-u.ac.jp/	
			神奈川工科大学	工学研究科	http://www.kait.jp/ug_gr/postgraduate	
			桐蔭横浜大学	工学研究科	http://www.cc.toin.ac.jp/univ/japanese/02_engin-grad/	
			湘南工科大学	工学研究科	http://www.shonan-it.ac.jp/contents/faculties/graduate-school/index.html	
中部・北陸	新潟県	国立	長岡技術科学大学	工学研究科	http://www.nagaokaut.ac.jp/j/soshiki/list.html	※
				技術経営研究科	http://mcweb.nagaokaut.ac.jp/system-safety/	
			新潟大学	自然科学研究科	http://www.gs.niigata-u.ac.jp/~gsweb/index.html	
		私立	新潟工科大学	工学研究科	http://www.niit.ac.jp/course/gra	
	富山県	公立	富山県立大学	工学研究科	http://www.pu-toyama.ac.jp/faculties_and_graduates/	
	石川県	国立	北陸先端科学技術大学院大学	マテリアルサイエンス研究科	http://www.jaist.ac.jp/ms/index.php	★
			金沢大学	自然科学研究科	https://www.nst.kanazawa-u.ac.jp/	
		私立	金沢工業大学	工学研究科	http://www.kanazawa-it.ac.jp/in_engineer/index.html	
	福井県	国立	福井大学	工学研究科	http://www.u-fukui.ac.jp/	
		私立	福井工業大学	工学研究科	http://www.fukui-ut.ac.jp/ut/subject/application/	
	山梨県	国立	山梨大学	医工農学総合教育部	http://www.eng.yamanashi.ac.jp/	
	長野県	国立	信州大学	総合理工学系研究科	http://www.shinshu-u.ac.jp/graduate/research/technology/index.html	※
				総合工学系研究科	http://www.shinshu-u.ac.jp/graduate/research/interdisciplinary/index.html	
		私立	諏訪東京理科大学	工学・マネジメント研究科	https://www.suwa.tus.ac.jp/academics/graduate	
	岐阜県	国立	岐阜大学	工学研究科	http://www.eng.gifu-u.ac.jp/	
	静岡県	国立	静岡大学	総合科学技術研究科	http://www.eng.shizuoka.ac.jp/	

第八章／千帆竞渡——五彩缤纷的特色专业

工

（续表）

地域	都道府县	国公私	大学名	研究科名	URL	备注
中部·北陆	静冈县	私立	光产业创成大学院大学	光产业创成研究科	https://www.gpi.ac.jp/guidance/information/	※★
	爱知县	国立	丰桥技术科学大学	工学研究科	http://www.tut.ac.jp/university/postgraduate.html	
			名古屋大学	工学研究科	http://www.engg.nagoya-u.ac.jp/	
			名古屋工业大学		http://shakai.web.nitech.ac.jp/	
		公立	名古屋市立大学	艺术工学研究科	http://www.nagoya-cu.ac.jp/sda	
		私立	爱知产业大学	造形学研究科	http://www.asu.ac.jp/graduate_school/zoukei/	
			爱知工科大学	工学研究科	http://www.aut.ac.jp/univ/graduate	
			爱知工业大学	工学研究科	http://www.ait.ac.jp/faculty/lab-enginnering	
			大同大学	工学研究科	http://www.daido-it.ac.jp/in/index.html	※
			丰田工业大学	工学研究科	http://www.toyota-ti.ac.jp/academics/index.html	
			南山大学	数理信息研究科	http://www.nanzan-u.ac.jp/grad/d_mm/index.html	
			中部大学	工学研究科	http://www3.chubu.ac.jp/graduate/engineering/	
	三重县	国立	三重大学	工学研究科	http://www.mie-u.ac.jp/department/gs-engineering/	
近畿	滋贺县	公立	滋贺县立大学	工学研究科	http://www.usp.ac.jp/gakubu/kogaku/in/	
	京都府	国立	京都大学	工学研究科	http://isw.t.kyoto-u.ac.jp/ja	
				能源科学研究科	http://www.energy.kyoto-u.ac.jp/	
			京都工艺纤维大学	工艺科学研究科	http://www.kit.ac.jp/edu_index/sg-science-and-technology-color/	
		私立	立命馆大学	テクノロジー·マネジメント研究科	http://www.ritsumei.ac.jp/mot/	
			同志社大学	理工学研究科	http://se.doshisha.ac.jp/	
	大阪府	国立	大阪大学	工学研究科	http://www.eng.osaka-u.ac.jp/ja/index.html	
				基础工学研究科	http://www.es.osaka-u.ac.jp/	
		公立	大阪府立大学	工学研究科	http://www.eng.osakafu-u.ac.jp/	
				工学研究科	http://www.eng.osaka-cu.ac.jp/	
		私立	大阪产业大学	工学研究科	http://www.osaka-sandai.ac.jp/gs/en/	
			大阪电气通信大学	工学研究科	http://www.osakac.ac.jp/faculty/engineering_gr.html	
				医疗福祉工学研究科	http://www.osakac.ac.jp/faculty/medical_gr.html	
			大阪工业大学	工学研究科	http://www.oit.ac.jp/japanese/academic/eng/graduate/index.html	
			近畿大学	生物理工学研究科	http://www.waka.kindai.ac.jp/daigaku_in/index.html	
				システム工学研究科	http://www.kindai.ac.jp/graduate/courses/systems_engineering.html	
				产业理工学研究科	http://www.kindai.ac.jp/graduate/courses/humanity_oriented_science_and_engineering.html	
			摄南大学	理工学研究科	http://www.setsunan.ac.jp/gakubu-in/daigakuin/kogaku.html	
	兵库县	国立	神户大学	工学研究科	http://www.eng.kobe-u.ac.jp/	
				システム情报学研究科	http://www.csi.kobe-u.ac.jp/index.html	
				海事科学研究科	http://www.maritime.kobe-u.ac.jp/	
		公立	兵库县立大学	工学研究科	http://www.eng.u-hyogo.ac.jp/	
	奈良县	国立	奈良先端科学技术大学院大学	信息科学研究科	http://isw3.naist.jp/home-ja.html	★
				物质创成科学研究科	http://mswebs.naist.jp/	★
	和歌山县	国立	和歌山大学	システム工学研究科	http://www.wakayama-u.ac.jp/sys/grad_sys/index.html	
中国·四国	鸟取县	国立	鸟取大学	工学研究科	http://www.eng.tottori-u.ac.jp/	
	冈山县	国立	冈山大学	自然科学研究科	http://www.gnst.okayama-u.ac.jp/	
		公立	冈山县立大学	信息系工学研究科	http://cse.oka-pu.ac.jp/	
		私立	仓敷艺术科学大学	产业科学研究科	http://www.kusa.ac.jp/graduate/graduate-industry/	
			冈山理科大学	工学研究科	http://www.ous.ac.jp/page.php?sec=ctg_3&jpml=in_kougakuken	
	广岛县	国立	广岛大学	先端物质科学研究科	http://www.hiroshima-u.ac.jp/adsm	
				工学研究科	http://www.hiroshima-u.ac.jp/eng/	
		私立	福山大学	工学研究科	http://www.fukuyama-u.ac.jp/grd-eng/	※
			广岛工业大学	工学系研究科	http://www.it-hiroshima.ac.jp/faculty/graduate/	
			广岛国际学院大学	工学研究科	http://www.hkg.ac.jp/html/academics/inEngineer.html	
	山口县	国立	山口大学	创成科学研究科	http://www.agr.yamaguchi-u.ac.jp/grad/	
		私立	东亚大学	综合学术研究科	http://www.toua-u.ac.jp/graduateschool/index.html	
			山口东京理科大学	工学研究科	http://www.tusy.ac.jp/departments/graduate-school.html	
	德岛县	国立	德岛大学	先端技术科学教育部	http://www.tokushima-u.ac.jp/department/graduate_school/technology.html	
		私立	德岛文理大学	工学研究科	https://www.bunri-u.ac.jp/faculty/graduate/engineering/	
	香川县	国立	香川大学	工学研究科	http://www.kagawa-u.ac.jp/kagawa-u_eng/	
	爱媛县	国立	爱媛大学	连合农学研究科	http://rendai.agr.ehime-u.ac.jp/	
	高知县	私立	高知工科大学	工学研究科	http://www.kochi-tech.ac.jp/kut/graudate_school/graudate_top.html	
九州·冲绳	福冈县	国立	九州大学	工学府	http://www.eng.kyushu-u.ac.jp/	
		国立	九州工业大学	工学府	http://www.tobata.kyutech.ac.jp/	
				信息工学府	http://www.iizuka.kyutech.ac.jp/	
				生命体工学研究科	http://www.lsse.kyutech.ac.jp/	
		公立	北九州市立大学	国际环境工学研究科	http://www.kitakyu-u.ac.jp/env/index.html	
		私立	福冈大学	工学研究科	http://www.fukuoka-u.ac.jp/education/graduate/engineering.html	
			福冈工业大学	工学研究科	http://www.grd.fit.ac.jp/senkou/	
			久留米工业大学	工学研究科	http://www.kurume-it.ac.jp/gakubu/index.html	
			九州产业大学	工学研究科	http://www.kyusan-u.ac.jp/faculty/daigakuin/kogaku/index.html	
			九州共立大学	工学研究科	http://www.kyukyo-u.ac.jp/gs/	
			西日本工业大学	工学研究科	http://www3.nishitech.ac.jp/daigakuin	※
	佐贺县	国立	佐贺大学	工学系研究科	http://www.se.saga-u.ac.jp/grad/index.html	
	长崎县	国立	长崎大学	生产科学研究科	http://www.seisan.nagasaki-u.ac.jp/	
		私立	长崎总合科学大学	工学研究科	http://www.nias.ac.jp/graduate/	
	熊本县	国立	熊本大学	自然科学研究科	http://www.gsst.kumamoto-u.ac.jp/	
		私立	崇城大学	工学研究科	http://www.sojo-u.ac.jp/faculty/	※
	大分县	国立	大分大学	工学研究科	http://www2.cc.oita-u.ac.jp/eng/index.html	
		私立	日本文理大学	工学研究科	http://www.nbu.ac.jp/fac_sub/postgraduate/index.php	
	宫崎县	国立	宫崎大学	工学研究科	http://www.miyazaki-u.ac.jp/tech/	
			宫崎大学	农学工学综合研究科	http://www.miyazaki-u.ac.jp/tech/agr_eng/index.html	
	冲绳县	国立	琉球大学	农学研究科	http://www.agr.u-ryukyu.ac.jp/gschool	

【我的日本体验记】　　　　　　　　　　　　　　　　　　温馨的便利店打工体验

　　这是一段我在7-11便利店的打工经历。

　　应聘时，大家着实为难了一把：店里没有雇用留学生的先例。于是，老板亲自进行了面试。交谈之后，老板认为我的日语完全没问题，笑容很卡哇伊，富有亲和力，决定留下简历，第二天来电话说欢迎我成为店里的一员。

　　一进店，老板、老板娘和几个兼职的家庭主妇都期待着我这个非日本人的新员工呢。老板说，特意打电话给你们学校的留学生科了，说你是个非常优秀的留学生，让我们一定录用你。（所以说，学校的表现也很重要哦。）

　　试用期间，老板娘亲自教我7-11的从业规则，带着我大声读"欢迎光临，谢谢，请慢走"等常用礼貌用语，期间，她还多次纠正我的日语发音和音量，态度十分严谨。通过培训，我学会了物品摆放、收银、找零、打扫以及交接班时需要的确认事项等，收获良多。

　　关于关东煮，有个不得不提的细节。7-11对关东煮有严格的操作规范。店里的老太太贴心地把规范做成制服口袋大小的漫画小册子，方便我这个特殊员工随时学习。我呢，借着小册子也很快学会了各个关东煮的做法。店长特意品尝后，竖起大拇指说：味道非常好！

　　现在回忆起来，这次打工经历仍十分温馨呢。

——张美琴

第八章／千帆竞渡——五彩缤纷的特色专业　681

🟩 理　🟩 农

地域	都道府県	国公私	大学名	研究科名	URL	备注
北海道・東北	北海道	国立	北海道大学	獣医学研究院	http://www.vetmed.hokudai.ac.jp/	
				水産科学院	http://www2.fish.hokudai.ac.jp/	
				理学院	http://www.sci.hokudai.ac.jp/graduate/index.html	
				農学院	http://www.agr.hokudai.ac.jp/	
				生命科学院	http://www.lfsci.hokudai.ac.jp/gakuin/	
				総合化学院	http://www.cse.hokudai.ac.jp/	
			帯広畜産大学	畜産学研究科	http://www.obihiro.ac.jp/graduate/index.html	
		私立	酪農学園大学	酪農学研究科	http://gra.rakuno.ac.jp/dairy.html	
				獣医学研究科	http://gra.rakuno.ac.jp/veterinary.html	
			千歳科学技術大学	光科学研究科	http://www.chitose.ac.jp/course/graduate_index.html	
	青森県	国立	弘前大学	理工学研究科	http://www.st.hirosaki-u.ac.jp/gs/	
				農学生命科学研究科	http://nature.cc.hirosaki-u.ac.jp/graduateschool	
	岩手県	国立	岩手大学	農学研究科	http://news7al.atm.iwate.ac.jp/master/index.html	
				連合農学研究科	http://ugas.agr.iwate-u.ac.jp/	
	宮城県	国立	東北大学	理学研究科	http://www.sci.tohoku.ac.jp/	
				農学研究科	http://www.agri.tohoku.ac.jp/index-j.html	
				生命科学研究科	http://www.lifesci.tohoku.ac.jp/	
		公立	宮城大学	食産業学研究科	http://www.myu.ac.jp/site/syoku-gs/	
		私立	石巻専修大学	理工学研究科	https://www.senshu-u.ac.jp/ishinomaki/education/graduate/science/	※
	秋田県	公立	秋田県立大学	生物資源科学研究科	http://www.akita-pu.ac.jp/daigakuin/daigakuin0200.htm	
		国立	秋田大学	国際資源学研究科	http://www.akita-u.ac.jp/shigen/graduate/	
				理工学研究科	http://www.riko.akita-u.ac.jp/	
	山形県	国立	山形大学	理工学研究科	http://www-sci.yamagata-u.ac.jp/graduateschool/index.html	
				農学研究科	http://www.tr.yamagata-u.ac.jp/in.html	
	福島県	公立	会津大学	コンピュータ理工学研究科	http://www.u-aizu.ac.jp/graduate/	
		私立	いわき明星大学	理工学研究科	http://www.iwakimu.ac.jp/department/graduate/	
関東・甲信越	茨城県	国立	茨城大学	理工学研究科	http://www.gse.ibaraki.ac.jp/	
				農学研究科	http://www.ibaraki.ac.jp/depart/gsagr/index.html	
			筑波大学	数理物質科学研究科	http://www.pas.tsukuba.ac.jp/	
				生命環境科学研究科	http://www.life.tsukuba.ac.jp/	
			筑波技術大学	技術科学研究科	http://www.tsukuba-tech.ac.jp/department/grad_school.html	
	栃木県	国立	宇都宮大学	農学研究科	http://agri.mine.utsunomiya-u.ac.jp/about/gshp/	
	埼玉県	国立	埼玉大学	理工学研究科	http://www.saitama-u.ac.jp/rikogaku/	
		私立	城西大学	理学研究科	http://www.josai.ac.jp/admission_info/graduate/index.html	
	千葉県	国立	千葉大学	理学研究院	http://www.s.chiba-u.ac.jp/index.html	
				園芸学研究科	http://www.h.chiba-u.jp/	
				融合科学研究科	http://www.adv.chiba-u.jp/	
	東京都	国立	東京大学	理学系研究科	http://www.s.u-tokyo.ac.jp/ja/	
				農学生命科学研究科	http://www.a.u-tokyo.ac.jp/	
				数理科学研究科	http://www.ms.u-tokyo.ac.jp/index-j.html	
			東京工業大学	理工学研究科	http://www.titech.ac.jp/graduate_school/	
			東京海洋大学	海洋科学技術研究科	http://www.g.kaiyodai.ac.jp/grad-school.html	
			東京農工大学	農学府	http://www.tuat.ac.jp/department/graduate_school/nougakuhu/index.html	
				生物システム応用科学府	http://www.tuat.ac.jp/department/graduate_school/seibutushisutemu/index.html	
				連合農学研究科	http://www.tuat.ac.jp/~uni-grad/	
		公立	首都大学東京	理工学研究科	http://www.se.tmu.ac.jp/	
		私立	成蹊大学	理工学研究科	http://www.seikei.ac.jp/university/rikou/graduate/index.html	
			帝京大学	理工学研究科	https://www.teikyo-u.ac.jp/faculties/graduate/science_tech/	
			帝京科学大学	理工学研究科	http://www.ntu.ac.jp/gakubu/grad/	
			東邦大学	理学研究科	http://www.toho-u.ac.jp/grad/sci_grad/index.html	
			東京電機大学	理工学研究科	https://www.dendai.ac.jp/about/graduate/rikougaku/	
				工学研究科	https://www.dendai.ac.jp/about/graduate/kougaku/	
				未来科学研究科	https://www.dendai.ac.jp/about/graduate/mirai_kagaku/	
			東京理科大学	理学研究科	http://www.sut.ac.jp/fac_grad/grad/ri/	
				総合化学研究科	http://www.sut.ac.jp/fac_grad/grad/sk/	
				理工学研究科	http://www.sut.ac.jp/fac_grad/grad/riko/	
				生命科学研究科	http://www.sut.ac.jp/fac_grad/grad/seimei/	
			東京農業大学	農学研究科	http://www.nodai.ac.jp/nodaigs/major/agri/	
				生物産業学研究科	http://www.nodai.ac.jp/nodaigs/major/bio/	
			東京女子大学	理学研究科	http://office.twcu.ac.jp/univ/academics/grad-s/	
			東京薬科大学	生命科学研究科	http://www.ls.toyaku.ac.jp/graduate_school	
			東洋大学	生命科学研究科	http://www.toyo.ac.jp/glsc/index_j.html	
			津田塾大学	理学研究科	http://www.tsuda.ac.jp/contents02.php?contents_id=D1bQphcm2nkF	
			立教大学	理学研究科	http://www.rikkyo.ac.jp/science/ja/daigakuin/	
			明星大学	理工学研究科	http://www.meisei-u.ac.jp/academics/gs/sae/index.html	
			明治大学	理工学研究科	http://www.meiji.ac.jp/sst/grad/index.html	
				農学研究科	http://www.meiji.ac.jp/agri/daigakuin/nouken-top.html	
			青山学院大学	理工学研究科	http://www.aoyama.ac.jp/graduate/science/index.html	※
			慶應義塾大学	理工学研究科	http://www.st.keio.ac.jp/	
			日本大学	理工学研究科	http://www.cst.nihon-u.ac.jp/graduate_school/index.html	
				生物資源科学研究科	http://www.brs.nihon-u.ac.jp/education/graduate_schools/bioresource_sciences/	
				獣医学研究科	http://www.brs.nihon-u.ac.jp/education/graduate_schools/veterinary_medicine/	
			日本女子大学	理学研究科	http://www.jwu.ac.jp/unv/faculty_department/grd_science/about/	
			日本獣医生命科学大学	獣医生命科学研究科	http://www.nvlu.ac.jp/faculty/009.html/	
			上智大学	理工学研究科	http://www.st.sophia.ac.jp/	
			学習院大学	自然科学研究科	http://www.gakushuin.ac.jp/univ/sci/bio/life_science.htm	
			玉川大学	農学研究科	http://www.tamagawa.jp/graduate/agriculture/index.html	
			早稲田大学	基幹理工学研究科	http://www.waseda.jp/fse/	

理 农

（续表）

地域	都道府县	国公私	大学名	研究科名	URL	备注
关东·甲信越	东京都	私立	早稻田大学	创造理工学研究科	http://www.cse.sci.waseda.ac.jp/	
				先进理工学研究科	https://www.waseda.jp/fsci/about/depatments/advanced/	
			芝浦工业大学	工学マネジメント研究科	http://mot-innovation.shibaura-it.ac.jp/	
			中央大学	理工学研究科	http://www.chuo-u.ac.jp/chuo-u/gsscience/index_j.html	
		国立	综合研究大学院大学	物理科学研究科	https://www.soken.ac.jp/rcourse/butsuri/	★
				高エネルギー加速器科学研究科	http://www.soken.ac.jp/rcourse/koh_ene/	★
				复合科学研究科	http://www.soken.ac.jp/rcourse/hukugoh/	★
				生命科学研究科	http://www.soken.ac.jp/rcourse/seimei/	★
				先导科学研究科	http://www.soken.ac.jp/rcourse/sendoh/	★
		公立	横滨市立大学	生命ナノシステム科学研究科	http://www.yokohama-cu.ac.jp/academics/graduate/nanobio/index.html	※
	神奈川县	私立	北里大学	兽医学系研究科	http://www.kitasato-u.ac.jp/daigaku/daigakuin/jui/index.html	
				海洋生命科学研究科	http://www.kitasato-u.ac.jp/mb/graduate/index.html	
				理学研究科	http://www.kitasato-u.ac.jp/daigaku/daigakuin/rigaku/index.html	
			东海大学	海洋学研究科	http://www.u-tokai.ac.jp/academics/graduate/marine_science_and_techno/	
				理学研究科	http://www.u-tokai.ac.jp/academics/graduate/science/	
				农学研究科	http://www.u-tokai.ac.jp/academics/graduate/agriculture/	
				综合理工学研究科	http://www.u-tokai.ac.jp/academics/graduate/science_and_technology/	
				生物科学研究科	http://www.u-tokai.ac.jp/academics/graduate/biosciences/	
			东京工艺大学	工学研究科	http://www.t-kougei.ac.jp/graduate/engineering/	
			麻布大学	兽医学研究科	https://www.azabu-u.ac.jp/graduate/vet/	
			神奈川大学	理学研究科	http://www.sci.kanagawa-u.ac.jp/graduateschool/	
中部·北陆	新潟县	私立	新潟药科大学	应用生命科学研究科	http://www.nupals.ac.jp/faculty/	
	富山县	国立	富山大学	理工学教育部	https://www.u-toyama.ac.jp/academics/graduate-se/index.html	
	石川县	国立	北陆先端科学技术大学院大学	知识科学研究科	http://www.jaist.ac.jp/ks/index.html	★
				情报科学研究科	http://www.jaist.ac.jp/is/2008ja/index.html	★
		公立	石川县立大学	生物资源环境学研究科	http://www.ishikawa-pu.ac.jp/graduate/	
	福井县	公立	福井县立大学	生物资源学研究科	http://www.fpu.ac.jp/faculty/graduate/biotechnology.html	
	长野县	国立	信州大学	农学研究科	http://www.shinshu-u.ac.jp/faculty/agriculture/graduate/	
	岐阜县	国立	岐阜大学	应用生物科学研究科	http://www.abios.gifu-u.ac.jp/philosophy/educationalobjective.html	
				联合农学研究科	http://www1.gifu-u.ac.jp/~rendai/	
				联合兽医学研究科	http://www1.gifu-u.ac.jp/~ugvphdhp/	
	静冈县	国立	静冈大学	综合科学技术研究科	https://www.shizuoka.ac.jp/subject/graduate/stg/index.html	
		私立	静冈理工科大学	理工学研究科	http://www.sist.ac.jp/gra/index.html	
	爱知县	国立	名古屋大学	理学研究科	http://www.sci.nagoya-u.ac.jp/	※
				多元数理科学研究科	http://www.math.nagoya-u.ac.jp/	※
				生命农学研究科	http://www.agr.nagoya-u.ac.jp/	
		公立	名古屋市立大学	システム自然科学研究科	http://www.nsc.nagoya-cu.ac.jp/	
		私立	名城大学	理工学研究科	http://www.meijo-u.ac.jp/classes/daigakuin/rikougaku/index.html	
				农学研究科	http://www.meijo-u.ac.jp/classes/daigakuin/nougaku/index.html	
			南山大学	理工学研究科	http://www.nanzan-u.ac.jp/grad/se/index.html	
			日本福祉大学	医疗·福祉マネジメント研究科	http://www.n-fukushi.ac.jp/gs/wfm/	
			中部大学	应用生物学研究科	http://www3.chubu.ac.jp/graduate/biology/	
	三重县	国立	三重大学	生物资源学研究科	http://www.bio.mie-u.ac.jp/	
近畿	滋贺县	私立	长浜バイオ大学	バイオサイエンス研究科	http://www.nagahama-i-bio.ac.jp/graduate_school/	
	京都府	国立	京都大学	理学研究科	http://www.sci.kyoto-u.ac.jp/modules/tinycontent/	
				农学研究科	http://www.kais.kyoto-u.ac.jp/japanese/	
				生命科学研究科	http://www.lif.kyoto-u.ac.jp/j/	
				地球环境学舍	http://www.ges.kyoto-u.ac.jp/cyp/index.php?ml_lang=ja	
		私立	京都产业大学	理学研究科	http://www.kyoto-su.ac.jp/graduate/g_sc/	
			京都学园大学	バイオ环境研究科	http://www.kyotogakuen.ac.jp/~o_bio/NEW/subject/index.html	
			立命馆大学	理工学研究科	http://www.ritsumei.ac.jp/gsse/	
			龙谷大学	理工学研究科	http://www.rikou.ryukoku.ac.jp/graduate/index.php	
	大阪府	国立	大阪大学	理学研究科	http://www.sci.osaka-u.ac.jp/index-jp.html	
				生命机能研究科	http://www.fbs.osaka-u.ac.jp/	
		公立	大阪府立大学	生命环境科学研究科	http://www.bioenv.osakafu-u.ac.jp/	
				理学系研究科	http://www.s.osakafu-u.ac.jp/	
			大阪市立大学	理学研究科	http://www.sci.osaka-cu.ac.jp/	
		私立	大阪学院大学	コンピュータサイエンス研究科	http://www.osaka-gu.ac.jp/graduateschool/faculty/index_faculty.html	※
			关西大学	理工学研究科	http://www.kansai-u.ac.jp/Gr_sch/eng/index.html	
			近畿大学	综合理工学研究科	http://www.kindai.ac.jp/graduate/courses/science_and_engineering_research.html	
				农学研究科	http://www.kindai.ac.jp/graduate/courses/agriculture.html	
	兵库县	国立	神户大学	理学研究科	http://www.sci.kobe-u.ac.jp/	
				农学研究科	http://www.ans.kobe-u.ac.jp/	
		公立	兵库县立大学	物质理学研究科	http://www.sci.u-hyogo.ac.jp/index-j.html	※
				生命理学研究科	http://www.sci.u-hyogo.ac.jp/index-j.html	※
		私立	关西学院大学	理工学研究科	http://sci-tech.ksc.kwansei.ac.jp/ja/	
			甲南大学	自然科学研究科	http://www.konan-u.ac.jp/graduate/natural/index.html	
				フロンティアサイエンス研究科	http://www.konan-first.jp/graduate/	
	奈良县	国立	奈良先端科学技术大学院大学	バイオサイエンス研究科	http://bsw3.naist.jp/index.html	★
中国·四国	鸟取县	国立	鸟取大学	农学研究科	http://muses.muses.tottori-u.ac.jp/index.html	※
				联合农学研究科	http://rendai.muses.tottori-u.ac.jp/index.html	
	岛根县	国立	岛根大学	综合理工学研究科	http://shimane-riko.jp/graduate/	
				生物资源科学研究科	http://www.life.shimane-u.ac.jp/index.html	
	冈山县	私立	冈山理科大学	理学研究科	http://www.ous.ac.jp/page.php?sec=ctg_3&jpml=in_rigaku	
	广岛县	国立	广岛大学	理学研究科	http://www.hiroshima-u.ac.jp/sci/	
				生物圈科学研究科	http://www.hiroshima-u.ac.jp/gsbs/	
		公立	县立广岛大学	综合学术研究科	http://www.pu-hiroshima.ac.jp/site/graduate/	
	山口县	国立	山口大学	理工学研究科	http://www.gse.yamaguchi-u.ac.jp/	

理 农

(续表)

地域	都道府县	国公私	大学名	研究科名	URL	备注
中国·四国	山口県	国立	山口大学	連合獣医学研究科	http://ds22.cc.yamaguchi-u.ac.jp/~renju/	
	香川県	国立	香川大学	農学研究科	http://www.ag.kagawa-u.ac.jp	
	愛媛県	国立	愛媛大学	理工学研究科	http://www.eng.ehime-u.ac.jp/rikougaku/	
				連合農学研究科	http://rendai.agr.ehime-u.ac.jp/	
	高知県	国立	高知大学	総合人間自然科学研究科	http://www.kochi-u.ac.jp/JA/m/graduate/graduate.html	
九州·沖縄	福岡県	国立	九州大学	理学府	http://www.sci.kyushu-u.ac.jp/	
				システム生命科学府	http://www.sls.kyushu-u.ac.jp/index.html	
				数理学府	http://www.math.kyushu-u.ac.jp/	
				総合理工学府	http://www.tj.kyushu-u.ac.jp/	
				生物資源環境科学府	http://www.agr.kyushu-u.ac.jp/	
		私立	福岡大学	理学研究科	http://www.fukuoka-u.ac.jp/education/graduate/science.html	
	佐賀県	国立	佐賀大学	農学研究科	http://www.ag.saga-u.ac.jp/japanese/graduateschool_m/graduateschool_m.html	
	熊本県	公立	熊本県立大学	環境共生学研究科	http://www.pu-kumamoto.ac.jp/education/graduate/kankyoukyousei-kenkyuu/kankyoukyousei-kenkyuu.php	
	宮崎県	国立	宮崎大学	農学研究科	http://www.agr.miyazaki-u.ac.jp/introduction/grad.html	
		私立	南九州大学	園芸学·食品科学研究科	http://www.nankyudai.ac.jp/gakubu/daigakuin/	
	鹿児島県	国立	鹿児島大学	農学研究科	https://www.kagoshima-u.ac.jp/faculty/kenkyuka-nougaku.html	
				水産学研究科	http://www.fish.kagoshima-u.ac.jp/	
				理工学研究科	http://grad.eng.kagoshima-u.ac.jp/	
				連合農学研究科	http://homeugs.agri.kagoshima-u.ac.jp/	
	沖縄県	国立	琉球大学	理工学研究科	http://www.sci.u-ryukyu.ac.jp/index.php?id=76	

【我的日本体验记】   我的打工体验谈

日本有个便利的找工作网站，即 FromA，我基本上都是通过这个网站寻找工作的。在这个网站你可以按照居住的地域、铁路沿线以及工种等标准寻找适合自己的工作。你还可以通过网页或者打电话约定面试的时间和地点，面试成功后就可以开始上班了。

打工的日子虽然忙碌辛苦，但是在打工的过程中我也渐渐对日本社会、人情文化等增加了不少认识。如果你愿意跟日本学生交谈，他们将会告诉你很多学校中学不到的东西，如日本的流行歌曲，文艺界的新鲜事，日本人的文化传统、生活习惯等。记得有一次周末，我打工的地方名古屋 dorm 举办日本人气组合岚（Arashi）的演唱会，很是热闹。我无意间提起这个话题。一同打工的一个日本女生可兴奋了，滔滔不绝地谈开了。告诉我她喜欢的男歌手，除了岚之外还有 SMAP，以及日本杰尼斯事务所等许多事情，真是让我大大增长了见识。看着她眉飞色舞的样子，我感受到了新生代日本人追逐潮流的强烈气息。

此外，生活中也会发生一些麻烦事，如身体不适，临时要准备论文的发表，或是回国等原因，你可能有几天时间无法按时工作，或是离开日本一小段时间。只要你平时认真工作，处理好人际关系，很多地方还是欢迎你继续回去工作的。因为熟悉一份工作需要一段时间，他们不喜欢一个地方经常换新面孔。

——徐冬梅

地域	都道府県	国公私	大学名	研究科名	URL	备注
北海道・東北	北海道	国立	北海道大学	医学研究院	http://www.med.hokudai.ac.jp/faculty/	
				歯学研究院	https://www.den.hokudai.ac.jp	
				保健科学院	http://www.hs.hokudai.ac.jp/	
			旭川医科大学	医学系研究科	http://www.asahikawa-med.ac.jp/dept/gsm/	
		公立	札幌市立大学	看護学研究科	http://www.scu.ac.jp/department/nursing/graduate_school/	
			札幌医科大学	医学研究科	http://web.sapmed.ac.jp/jp/school/graduate/medicine/index.html	
				保健医療学研究科	http://web.sapmed.ac.jp/hokegaku/graduate	
		私立	北海道薬科大学	薬学研究科	http://www.hokuyakudai.ac.jp/promotion/	
			北海道医療大学	薬学研究科	http://www.hoku-iryo-u.ac.jp/~pharm/in/message.html	
				歯学研究科	http://www.hoku-iryo-u.ac.jp/~dental/in/message.html	
				看護福祉学研究科	http://www.hoku-iryo-u.ac.jp/~nss/in/message.html	
			日本赤十字北海道看護大学	看護学研究科	http://www.rchokkaido-cn.ac.jp/graduate/index.html	
			天使大学	助産研究科	http://www.tenshi.ac.jp/daigakuin/index_jyosan.html	
				看護栄養学研究科	http://www.tenshi.ac.jp/daigakuin/kango	
	青森県	国立	弘前大学	医学研究科	http://www.med.hirosaki-u.ac.jp/	
				保健学研究科	http://www.hs.hirosaki-u.ac.jp/kouhou/hg/web/daigakuin/	
		公立	青森県立保健大学	健康科学研究科	http://www.auhw.ac.jp/daigakuin/	
	岩手県	公立	岩手県立大学	看護学研究科	http://www-nurs.iwate-pu.ac.jp/	
		私立	岩手医科大学	医学研究科	http://www.iwate-med.ac.jp/research/daigakuin/med/	
				歯学研究科	http://www.iwate-med.ac.jp/research/daigakuin/dent/	
	宮城県	国立	東北大学	医学系研究科	http://www.med.tohoku.ac.jp/	
				歯学研究科	http://www.dent.tohoku.ac.jp/graduate/	
				薬学研究科	http://www.pharm.tohoku.ac.jp/index.html	
		公立	宮城大学	看護学研究科	http://www.myu.ac.jp/~kang-hp/index-in.html	
		私立	東北文化学園大学	健康社会システム研究科	http://www.tbgu.ac.jp/faculty/graduate	
			東北薬科大学	薬学研究科	http://www.tohoku-mpu.ac.jp/pharmacy/graduate/curriculum/	
	秋田県	国立	秋田大学	医学系研究科	http://www.med.akita-u.ac.jp/department/gs/	
	山形県	国立	山形大学	医学系研究科	http://www.id.yamagata-u.ac.jp/daigakuin/index.html	
		公立	山形県立保健医療大学	保健医療学研究科	http://www.yachts.ac.jp/graduate/	
	福島県	公立	福島県立医科大学	医学研究科	http://www.fmu.ac.jp/univ/daigakuin/igaku/gaiyou.html	
				看護学研究科	http://www.fmu.ac.jp/univ/daigakuin/kango/rinen.html	
		私立	奥羽大学	歯科研究科	http://www.ohu-u.ac.jp/faculty/graduate/graduate.html	
関東・甲信越	茨城県	公立	茨城県立医療大学	保健医療科学研究科	http://www.ipu.ac.jp/article/14150828.html	
	栃木県	私立	獨協医科大学	医学研究科	http://www.dokkyomed.ac.jp/dusm-g.html	
			自治医科大学	医学研究科	https://grad.jichi.ac.jp/	
				看護学研究科	http://www.jichi.ac.jp/graduate_n/index.html	
	群馬県	国立	群馬大学	医学系研究科	http://www.med.gunma-u.ac.jp/index.php	
		公立	群馬県立県民健康科学大学	看護学研究科	http://www.gchs.ac.jp/graduateschool/of_nursing/deanmessage-nurs	
				診療放射線学研究科	http://www.gchs.ac.jp/graduateschool/of_medicalradiation	
		私立	群馬パース大学	保健科学研究科	http://www.paz.ac.jp/univ/gs/	
	埼玉県	公立	埼玉県立大学	保健医療福祉学研究科	http://www.spu.ac.jp/info.rbz?ik=1&nd=198	
		私立	城西大学	薬学研究科	http://www.josai.ac.jp/education/gra_pharmacy/introduction.html	
			埼玉医科大学	医学研究科	http://www.saitama-med.ac.jp/graduate/index.html	
				看護学研究科	http://www.saitama-med.ac.jp/graduate/index.html	
	千葉県	国立	千葉大学	看護学研究科	http://www.chiba-u.ac.jp/section/graduate_school/nursing.html	
				医学薬学府	http://www.chiba-u.ac.jp/section/graduate_school/medical.html	
		私立	東京歯科大学	歯学研究科	http://www.tdc.ac.jp/graduate/index.html	
			明海大学	歯学研究科	http://www.meikai.ac.jp/02dept/daigakuin/grad_dentistry.html	
			千葉科学大学	薬学研究科	http://www.cis.ac.jp/information/introduction/index.html	※
	東京都	国立	東京大学	医学系研究科	http://www.m.u-tokyo.ac.jp/	
				薬学系研究科	http://www.f.u-tokyo.ac.jp/	
			東京医科歯科大学	医歯学総合研究科	http://www.tmd.ac.jp/faculties/graduate_school/index.html	
				保健衛生学研究科	http://www.tmd.ac.jp/faculties/health-care/index.html	
		私立	帝京大学	医学研究科	http://www.teikyo-u.ac.jp/faculties/graduate/medicine/	
				薬学研究科	http://www.teikyo-u.ac.jp/faculties/graduate/pharmacy/	
				医療技術学研究科	http://www.teikyo-u.ac.jp/faculties/graduate/medicine_tech/	
			東邦大学	医学研究科	http://www.toho-u.ac.jp/grad/med_grad/index.html	
				薬学研究科	http://www.phar.toho-u.ac.jp/graduated/index.html	
			東京慈恵会医科大学	医学研究科	http://www.jikei.ac.jp/univ/gradu/index.html	
			東京理科大学	薬学研究科	http://www.sut.ac.jp/fac_grad/grad/yaku/	
			東京女子医科大学	医学研究科	http://www.twmu.ac.jp/univ/graduate/#sec_medical	
				看護学研究科	http://www.twmu.ac.jp/univ/graduate/#sec_nursing	
			東京薬科大学	薬学研究科	https://www.toyaku.ac.jp/faculties/pharmacy/grad-school_p	
			東京医科大学	医学研究科	http://www.tokyo-med.ac.jp/faculty/graduate/	
			東京医療保健大学	医療保健学研究科	http://www.thcu.ac.jp/graduate/healthcare/	
				看護学研究科	http://www.thcu.ac.jp/graduate/nursing/	
			国士舘大学	救急システム研究科	http://www.kokushikan.ac.jp/faculty/GS/EDS/index.html	
			駒澤大学	医療科学研究科	http://www.komazawa-u.ac.jp/gakubu/hoshasen/index.html	
			明治薬科大学	薬学研究科	http://www.my-pharm.ac.jp/grad/pharmacy/index.html	
			目白大学	看護学研究科	http://www.mejiro.ac.jp/graduate/course/nrs/	
			慶應義塾大学	医学研究科	http://www.med.keio.ac.jp/graduate/index.html	
				健康マネジメント研究科	https://gshm.sfc.keio.ac.jp/	
				薬学研究科	http://www.pha.keio.ac.jp/g_school/index.html	
			日本歯科大学	生命歯学研究科	http://www.tky.ndu.ac.jp/graduate/index.html	
				新潟生命歯学研究科	http://www2.ndu.ac.jp/gs/index.html	
			日本赤十字看護大学	看護学研究科	http://www.redcross.ac.jp/grdschool/curriculum.html	
			日本大学	医学研究科	http://www.med.nihon-u.ac.jp/kyouiku/index.html	
				歯学研究科	http://www.nihon-u.ac.jp/academics/graduate/dentistry/	

第八章 / 千帆竞渡——五彩缤纷的特色专业

医 护

（续表）

地域	都道府县	国公私	大学名	研究科名	URL	备注
关东·甲信越	东京都	私立	日本大学	松户齿学研究科	http://www.nihon-u.ac.jp/academics/graduate/dentistry_at_matsudo/	
				药学研究科	http://www.nihon-u.ac.jp/academics/graduate/pharmacy/	
			日本医科大学	医学研究科	https://www.nms.ac.jp/college/gradschool.html	
			圣路加护理大学	护理学研究科	http://university.luke.ac.jp/	
			文京学院大学	保健医疗科学研究科	http://www.u-bunkyo.ac.jp/faculty/graduate-college/health-policy.html	
			武藏野大学	药科学研究科	http://www.musashino-u.ac.jp/graduate_school/pharmaceutical_sciences/index.html	
				护理学研究科	http://www.musashino-u.ac.jp/graduate_school/nursing/index.html	
			杏林大学	医学研究科	http://www.kyorin-u.ac.jp/univ/graduate/medicine/	
				保健学研究科	http://www.kyorin-u.ac.jp/univ/graduate/health/	
			星药科大学	药学研究科	http://polaris.hoshi.ac.jp/kyougaku/daigakuin/index.html	
			昭和大学	医学研究科	http://www.showa-u.ac.jp/grad/med	
				齿学研究科	http://www.showa-u.ac.jp/grad/dent/	
				药学研究科	http://www.showa-u.ac.jp/grad/pharm/	
				保健医疗学研究科	http://www.showa-u.ac.jp/grad/nr/	
			昭和药科大学	药学研究科	http://www.shoyaku.ac.jp/education/graduate/	
	神奈川县	公立	横滨市立大学	医学研究科	http://www.yokohama-cu.ac.jp/academics/index.html	※
			神奈川县立保健福祉大学	保健福祉学研究科	http://www.kuhs.ac.jp/daigakuin/	
		私立	北里大学	药学研究科	http://www.kitasato-u.ac.jp/pharm/graduate/	
				护理学研究科	http://www.kitasato-u.ac.jp/nrs/kenkyuka/	
				医疗系研究科	http://www.kitasato-u.ac.jp/daigakuin/iryoukei/	
				感染制御科学府	http://www.kitasato-u.ac.jp/lisci/	
			东海大学	医学研究科	http://www.u-tokai.ac.jp/academics/graduate/medicine/	
				健康科学研究科	http://www.u-tokai.ac.jp/academics/graduate/health_science/	
			鹤见大学	齿学研究科	http://www.tsurumi-u.ac.jp/departments/graduate/dental.html	
			麻布大学	环境保健学研究科	https://www.azabu-u.ac.jp/graduate/env/	
			神奈川齿科大学	齿学研究科	http://www.graduate.kdu.ac.jp/	
			圣玛丽安娜医科大学	医学研究科	http://www.marianna-u.ac.jp/gs/	
中部·北陆	新潟县	国立	新潟大学	保健学研究科	http://www1.clg.niigata-u.ac.jp/kenkyuka/	
				医齿学综合研究科	http://www.mds.niigata-u.ac.jp/index_j.html	
		公立	新潟县立看护大学	护理学研究科	http://www.niigata-cn.ac.jp/gakubu_in/graduate/index.html	
		私立	新潟康复大学	康复学研究科	http://nur.ac.jp/gs/	
	新潟县	私立	新潟药科大学	药学研究科	http://www.nupals.ac.jp/faculty/	
			新潟医疗福祉大学	医疗福祉学研究科	http://www.nuhw.ac.jp/grad/index.html	
	富山县	国立	富山大学	生命融合科学教育部	https://www.u-toyama.ac.jp/academics/graduate-life-science/index.html	
				医学药学教育部	https://www.u-toyama.ac.jp/academics/graduate-medicine/index.html	
	石川县	国立	金泽大学	先进预防医学研究科	http://s-yobou.w3.kanazawa-u.ac.jp/	※
		公立	石川县立看护大学	护理学研究科	http://www.ishikawa-nu.ac.jp/graduate/index.html	※
		私立	金泽医科大学	医学研究科	http://www.kanazawa-med.ac.jp/graduate/top.html	
	福井县	国立	福井大学	医学系研究科	http://www.med.u-fukui.ac.jp/home/ufms/	※
			福井县立大学	看护福祉学研究科	http://www.fpu.ac.jp/faculty/graduate/nursing_solical_welfare.html	
	山梨县	公立	山梨县立大学	护理学研究科	http://www.yamanashi-ken.ac.jp/department/gsnursing	
	长野县	国立	信州大学	医学系研究科	http://www.shinshu-u.ac.jp/graduate/research/medicine/index.html	
		公立	长野县看护大学	护理学研究科	http://www.nagano-nurs.ac.jp/gaiyou/daigakuin.html	
		私立	松本齿科大学	齿学独立研究科	https://www.mdu.ac.jp/graduate/index.html	
	岐阜县	国立	岐阜大学	医学系研究科	http://www.med.gifu-u.ac.jp/nur/	
				连合创药医疗情报研究科	http://www1.gifu-u.ac.jp/~rensou/	
		公立	岐阜县立看护大学	护理学研究科	http://www.gifu-cn.ac.jp/graduate/	
			岐阜药科大学	药学研究科	http://www.gifu-pu.ac.jp/educate/graduate/	
		私立	朝日大学	齿学研究科	http://www.asahi-u.ac.jp/dpt/f_gr_dn.html	
	静冈县	国立	滨松医科大学	医学系研究科	https://www.hama-med.ac.jp/uni_education_daigakuin-hakase.html	
		公立	静冈县立大学	药食生命科学综合学府	http://w3pharm.u-shizuoka-ken.ac.jp/	
				护理学研究科	http://nursing.u-shizuoka-ken.ac.jp/graduate.html	
		私立	圣隶克里斯托弗大学	护理学研究科	https://www.seirei.ac.jp/graduate/category02/nursing/index.php	
				康复科学研究科	https://www.seirei.ac.jp/graduate/category02/rehabilitation/index.php	
			顺天堂大学	医学研究科	http://www.juntendo.ac.jp/graduate/index.html	
				医疗看护学研究科	http://www.juntendo.ac.jp/graduate/nurs/index.html	
	爱知县	国立	名古屋大学	医学系研究科	http://www.med.nagoya-u.ac.jp/	
				创药科学研究科	http://www.ps.nagoya-u.ac.jp/	
		公立	爱知县立大学	护理学研究科	http://www.nrs.aichi-pu.ac.jp/	
			名古屋市立大学	医学研究科	http://www.med.nagoya-cu.ac.jp/	
				药学研究科	http://www.nagoya-cu.ac.jp/phar/	
				护理学研究科	http://www.nagoya-cu.ac.jp/nurse/	
		私立	爱知学院大学	药学研究科	http://www.phar.agu.ac.jp/graduate_school/	
				齿学研究科	http://www.dent.aichi-gakuin.ac.jp/agu_gsod_web/index.php	
			爱知医科大学	医学研究科	http://www.aichi-med-u.ac.jp/su07/index.html	
				护理学研究科	http://www.aichi-med-u.ac.jp/su09/index.html	
			名城大学	药学研究科	http://www.meijo-u.ac.jp/classes/daigakuin/yakugaku/index.html	
			日本红十字丰田看护大学	护理学研究科	http://www.rctoyota.ac.jp/#	
			藤田保健卫生大学	医学研究科	http://www.fujita-hu.ac.jp/department/graduate/medical-studies/index.html	
				保健学研究科	http://www.fujita-hu.ac.jp/department/graduate/health-study/index.html	
	三重县	国立	三重大学	医学系研究科	http://www.medic.mie-u.ac.jp/	
		公立	三重县立看护大学	护理学研究科	http://www.mcn.ac.jp/hpdata/graduate/	
		私立	铃鹿医疗科学大学	医疗科学研究科	http://www.suzuka-u.ac.jp/education/graduate/index.html	
				药学研究科	http://www.suzuka-u.ac.jp/education/dp/index.html	
近畿	滋贺县	国立	滋贺医科大学	医学系研究科	https://www.shiga-med.ac.jp/admission/graduate	
		公立	滋贺县立大学	人间看护学研究科	http://www.usp.ac.jp/gakubu/nursing/in/	
	京都府	国立	京都大学	医学研究科	http://www.med.kyoto-u.ac.jp/	
				药学研究科	http://www.pharm.kyoto-u.ac.jp/	

（续表）

地域	都道府县	国公私	大学名	研究科名	URL	备注
近畿	京都府	公立	京都府立医科大学	医学研究科	http://www.kpu-m.ac.jp/doc/department/igaku/index.html	
				保健看護研究科	http://www.f.kpu-m.ac.jp/c/doc/kenkyuka/	
		私立	京都橘大学	看護学研究科	http://www.tachibana-u.ac.jp/faculty/graduate_school/nursing/	
			京都薬科大学	薬学研究科	http://www.kyoto-phu.ac.jp/education_research/graduate/index.html	
			明治国際医療大学	鍼灸学研究科	http://www.meiji-u.ac.jp/gakubu_in/in/tokushoku	
			同志社大学	生命医科学研究科	http://biomedical.doshisha.ac.jp/graduate/index.html	
	大阪府	国立	大阪大学	医学系研究科	http://www.med.osaka-u.ac.jp/	
				歯学研究科	http://www.dent.osaka-u.ac.jp/	
				薬学研究科	http://www.phs.osaka-u.ac.jp/index.cgi	
				保健学・看護学・総合統合保健医療学研究科	http://www.ugscd.osaka-u.ac.jp/	
		公立	大阪府立大学	看護学研究科	http://www.nursing.osakafu-u.ac.jp/	
				総合リハビリテーション学研究科	http://www.rehab.osakafu-u.ac.jp/	
			大阪市立大学	医学研究科	http://www.med.osaka-cu.ac.jp/med/index.shtml	
				看護学研究科	http://www.nurs.osaka-cu.ac.jp/nurs/index.shtml	
		私立	大阪歯科大学	歯学研究科	http://www.osaka-dent.ac.jp/grad	
			大阪薬科大学	薬学研究科	http://www.oups.ac.jp/kenkyu/daigakuin/index.html	
			大阪医科大学	医学研究科	http://www.osaka-med.ac.jp/deps/gakumu/kenkyuuka/index.html#123	
			関西医科大学	医学研究科	http://www.kmu.ac.jp/graduate_school/index.html	
			関西医療大学	保健医療学研究科	http://www.kansai.ac.jp/course/a_graduate/	
			近畿大学	薬学研究科	http://www.kindai.ac.jp/graduate/courses/pharmacy.html	
				医学研究科	http://www.med.kindai.ac.jp/daigakuin/	
			摂南大学	薬学研究科	http://www.setsunan.ac.jp/gakubu-in/daigakuin/yakugaku.html	
	兵庫県	国立	神戸大学	医学研究科	http://www.med.kobe-u.ac.jp/index.html	
				保健学研究科	http://www.ams.kobe-u.ac.jp/	
		公立	兵庫県立大学	看護学研究科	http://www.u-hyogo.ac.jp/cnas/graduate/	
			神戸市看護大学	看護学研究科	http://www.kobe-ccn.ac.jp/graduate_college	
		私立	兵庫医科大学	医学研究科	http://www.hyo-med.ac.jp/faculty/graduate_college.html	
			神戸学院大学	総合リハビリテーション学研究科	http://www.reha.kobegakuin.ac.jp/~hp-reha/index/index.html	
			神戸薬科大学	薬学研究科	http://www.kobepharma-u.ac.jp/rsch/rsch_05.html	
			武庫川女子大学	薬学研究科	http://www.mukogawa-u.ac.jp/in/in_list.htm	※
	奈良県	公立	奈良県立医科大学	医学研究科	http://www.naramed-u.ac.jp/university/gakubu-daigakuin/igakukenkyuka/index.html	
	和歌山県	公立	和歌山県立医科大学	医学研究科	http://www.wakayama-med.ac.jp/dept/daigakuin/igaku/index.html	
				保健看護学研究科	http://www.wakayama-med.ac.jp/dept/daigakuin/hokenkango/index.html	
中国・四国	鳥取県	国立	鳥取大学	医学系研究科	http://www.med.tottori-u.ac.jp/1/195/	
	島根県	国立	島根大学	医学系研究科	http://www.med.shimane-u.ac.jp/graduate/index.html	
	岡山県	国立	岡山大学	保健学研究科	http://www.fhs.okayama-u.ac.jp/	
				医歯薬学総合研究科	http://www.hsc.okayama-u.ac.jp/mdps/	
		公立	岡山県立大学	保健福祉学研究科	http://www.fhw.oka-pu.ac.jp/graduate/top/index.html	
		私立	川崎医科大学	医学研究科	http://www.kawasaki-m.ac.jp/med/graduate/01.html	
			川崎医療福祉大学	医療福祉学研究科	https://w.kawasaki-m.ac.jp/dept/graduate_welfare/	
				医療技術学研究科	https://w.kawasaki-m.ac.jp/dept/graduate_technology/	
				医療福祉マネジメント学研究科	https://w.kawasaki-m.ac.jp/dept/graduate_management/	
			吉備国際大学	保健科学研究科	http://kiui.jp/pc/daigakuin/hoken/index.html	
	広島県	国立	広島大学	医歯薬保健学研究科	http://www.hiroshima-u.ac.jp/hsc/	
		私立	福山大学	薬学研究科	http://www.fukuyama-u.ac.jp/grd-pharm/	
			福山平成大学	看護学研究科	http://www.heisei-u.ac.jp/grad/nursing.html	※
			広島国際大学	看護学研究科	http://www.hirokoku-u.ac.jp/graduate_school/nursing/index.html	
				医療・福祉科学研究科	http://www.hirokoku-u.ac.jp/graduate_school/medical_welfare/index.html	※
			広島文化学園大学	看護学研究科	http://www.hbg.ac.jp/univ/daigakuin_nurse.html	
			日本赤十字広島看護大学	看護学研究科	http://www.jrchcn.ac.jp/site/graduateschool/	
	山口県	国立	山口大学	医学系研究科	http://ds22.cc.yamaguchi-u.ac.jp/~igakubu/medic/index.cgi	
		公立	山口県立大学	健康福祉学研究科	http://www.yamaguchi-pu.ac.jp/gakubu/gs/fukushi/kenfukukenkyuka.html	
	徳島県	国立	徳島大学	医科学教育部	http://www.tokushima-u.ac.jp/department/graduate_school/medical_science.html	
				口腔科学教育部	http://www.tokushima-u.ac.jp/department/graduate_school/stomatology.html	
				薬科学教育部	http://www.tokushima-u.ac.jp/department/graduate_school/pharmaceutical.html	
				保健科学教育部	http://www.tokushima-u.ac.jp/department/graduate_school/health.html	
		私立	徳島文理大学	看護学研究科	http://www.bunri-u.ac.jp/faculty/graduate/nursing/	
				薬学研究科	https://www.bunri-u.ac.jp/faculty/graduate/pharmacy/	
	香川県	国立	香川大学	医学系研究科	http://www.med.kagawa-u.ac.jp/	
		公立	香川県立保健医療大学	保健医療学研究科	http://www.kagawa-puhs.ac.jp/postgraduate/	
	愛媛県	国立	松山大学	医療薬学研究科	http://yakugaku.matsuyama-u.ac.jp/	
			愛媛大学	医学系研究科	http://m.ehime-u.ac.jp/	
	高知県	公立	高知県立大学	看護学研究科	http://www.u-kochi.ac.jp/site/grad/list12.html	
九州・沖縄	福岡県	国立	九州大学	医学系学府	http://www.med.kyushu-u.ac.jp/	
				歯学府	http://www.dent.kyushu-u.ac.jp/	
				薬学府	http://www.phar.kyushu-u.ac.jp/	
		公立	福岡県立大学	看護学研究科	http://www.fukuoka-pu.ac.jp/graduateSchool/nurse/index.html	
			九州歯科大学	歯学研究科	http://www.kyu-dent.ac.jp/departments/gs	
		私立	産業医科大学	医学研究科	http://www.uoeh-u.ac.jp/graduateschoolofmedicalscience.html	
			福岡歯科大学	歯学研究科	http://www.fdcnet.ac.jp/col/graduate/index.html	
			福岡大学	医学研究科	http://www.fukuoka-u.ac.jp/education/graduate/medicine.html	
				薬学研究科	http://www.fukuoka-u.ac.jp/education/graduate/pharmaceutical.html	
			国際医療福祉大学	医療福祉学研究科	http://www.iuhw.ac.jp/daigakuin/specialty/index.html	
				薬科学研究科	http://www.iuhw.ac.jp/daigakuin/yakka/	
			久留米大学	医学研究科	http://gmed.kurume-u.ac.jp/	
			日本赤十字九州国際看護大学	看護学研究科	https://www.jrckicn.ac.jp/graduate/	
			聖マリア学院大学	看護学研究科	http://www.st-mary.ac.jp/graduate-school/	
	佐賀県	国立	佐賀大学	医学系研究科	http://www.gsmed.saga-u.ac.jp/index.html	

(续表)

地域	都道府县	国公私	大学名	研究科名	URL	备注
九州·冲绳	长崎县	国立	长崎国际大学	药学研究科	http://www1.niu.ac.jp/graduate/pharmacy/	
			长崎大学	医齿药学综合研究科	http://www.mdp.nagasaki-u.ac.jp/	
				国际健康开发研究科	http://www.tm.nagasaki-u.ac.jp/mph/	
	熊本县	国立	熊本大学	医学教育部	http://www.medphas.kumamoto-u.ac.jp/medgrad/	
				保健学教育部	http://www.hs.kumamoto-u.ac.jp/	
				药学教育部	http://www.pharm.kumamoto-u.ac.jp/phagrad/	
		私立	九州看护福祉大学	看护福祉学研究科	http://www.kyushu-ns.ac.jp/news/view/64	
			熊本保健科学大学	保健科学研究科	http://www.kumamoto-hsu.ac.jp/graduate.html	
	大分县	国立	大分大学	医学系研究科	http://www.med.oita-u.ac.jp/index.html	
		公立	大分县立看护科学大学	看护学研究科	http://www.oita-nhs.ac.jp/graduate	
	宫崎县	国立	宫崎大学	看护学研究科	http://www.med.miyazaki-u.ac.jp/about/f_outline.html	
				医学兽医学综合研究科	http://www.miyazaki-u.ac.jp/ijudaigakuin/	
		公立	宫崎县立看护大学	看护学研究科	http://www.mpu.ac.jp/mpnu/graduate-school/purpose/	
	鹿儿岛县	国立	鹿儿岛大学	保健学研究科	http://www.kufm.kagoshima-u.ac.jp/~g-health/	
				医齿学综合研究科	http://www2.kufm.kagoshima-u.ac.jp/~mdio/index.html	
	冲绳县	国立	琉球大学	医学研究科	http://www.med.u-ryukyu.ac.jp/grad-med	
				保健学研究科	http://www.med.u-ryukyu.ac.jp/health-sciences	
		公立	冲绳县立看护大学	保健看护学研究科	http://www.okinawa-nurs.ac.jp/c5/admission.html	

【我的日本体验记】

对日本的医疗感想

　　日本的医疗设施应该是比较先进以及人性化的。如果生病了，最好还是去医院检查一下比较好。留学生也是有国民保险的，只需要自己承担30%的费用，所以应该说是很划算的。

　　这里，我就举出一个简单的数据好了，这样就容易理解费用问题。本人身体不算健壮，大病没有，小毛病也多少会经常光顾。就拿感冒发烧来讲吧，看医生的费用基本只需要1000日元，然后再去药房拿药，也没有多少钱。止咳药、消炎药、退烧药之类的才980日元。如果按照打工的小时工资来换算的话，应该完全在自己的接受范围吧。所以，完全不用担心，会不会因为自己去了医院而导致财政危机到来。

　　还有一点，日本的医生开药不会给很多，基本只会开四五天的药量。如果5天之后还没有好的，会要求再去一趟医院进行详细的检查，加重药的成分。但是，目前据我去医院的经验来说，大多像医生说的5天之后基本都好转了。对此我十分信任这里的医生，他们的推断就跟预言一般准确。

　　当然，还有一点比较新鲜的事情了。那就是所有的药都会分门别类包装好，并且印有简单、可爱的说明，十分体贴。最后说一句，照顾好自己，尽量不要生病。

——宫文娟

8.3 日语教育机构一览

私立大学留学生别科一览

根据截至 2018 年 9 月底的最新调查数据，本书编者整理出日本全国私立大学留学生别科一览。

以下信息按日本全国 6 个区域、都道府县分类，按拼音顺序排列。

私立大学留学生别科一览的使用方法

刊载的信息根据编者对日本全国的私立大学留学生别科进行的调查搜集而成，数据更新至 2018 年 9 月底。

由于刊载的信息和数据截至 2018 年 9 月底，关于目前校方是否招收留学生等细节问题，请直接向学校方面咨询。

没有登载 2018 年 9 月不招收留学生的别科。

还有部分学校只招中国国内合作学校派遣来的交换留学生，对这一情况已做注解。

在 E-mail 栏中，有一部分为大学网站内的咨询页面，直接填入信息确认即可，并非邮箱地址。

表格标题后标有"※"的表示该表格后附有相关学校的具体说明。

私立大学留学生別科一覧

地域	学校名	別科項目名	地址	TEL/FAX
北海道・東北	東北文教大学短期大学部	留学生別科	〒990-2316 山形県山形市片谷地515	023-688-2299（直） 023-688-7889（直）
		URL	http://www.t-bunkyo.jp/academics/betsu/index.html	
		E-mail	http://www.t-bunkyo.jp/contact.html	
	東日本国際大学	留学生別科	〒970-8567 福島県いわき市平鎌田字寿金沢37番地	0246-35-0410（直） 0246-35-0417（直）
		URL	http://www.shk-ac.jp/department/foreign/head_msg.html	
		E-mail	kokucen@tonichi-kokusai-u.ac.jp	
	ノースアジア大学	留学生別科	〒010-8515 秋田県秋田市下北手桜字守沢46-1	018-836-1981（直） 018-836-2485（直）
		URL	http://www.nau.ac.jp/bekka	
		E-mail	kokusaic@nau.ac.jp	
関東	城西大学	別科	〒350-0295 埼玉県坂戸市けやき台1-1	049-271-7791（直） 049-271-7547（直）
		URL	http://www.josai.ac.jp/bekka/www/index.html	
		E-mail	bekkajimu@stf.josai.ac.jp	
	城西国際大学	留学生別科	〒283-8555 千葉県東金市求名1番地	0475-55-8859（直） 0475-53-2207（直）
		URL	http://www.jiu.ac.jp/bekka/	
		E-mail	bekka@jiu.ac.jp	
	創価大学（创价大学）※	別科特別履修課程（別科・専修課程）	〒192-8577 東京都八王子市丹木町1-236	010-58876783（直） 010-58876784（直）
		URL	http://jsc.soka.ac.jp/china_index.html	
		E-mail	sokabj@soka.ac.jp（创价大学北京办事处）	
	東海大学	別科日本語研修課程	〒259-1292 神奈川県平塚市北金目4-1-1	0463-58-1211（代） 0463-50-2479（直）
		URL	http://www.u-tokai.ac.jp/undergraduate/japanese_language_course/index.html	
		E-mail	info@tsc.u-tokai.ac.jp	
	帝京大学 ※	日本語予備教育課程	〒192-0395 東京都八王子市大塚359番地	042-678-3237（直） 042-678-3544（直）
		URL	http://www.teikyo-u.ac.jp/applicants/guidance/tsac/index.html#contents_19713	
		E-mail	t-sac@main.teikyo-u.ac.jp	
	東京福祉大学	留学生日本語別科	〒170-8426 東京都豊島区東池袋4-23-1 〒460-0002 愛知県名古屋市中区丸の内2-13-32	03-3987-6602（入） 03-3987-8403（入）
		URL	http://www.tokyo-fukushi.ac.jp/ryuugaku/nihongo.html	
		E-mail	international@ad.tokyo-fukushi.ac.jp	
	国際武道大学	別科武道専修課程	〒299-5295 千葉県勝浦市新官841番地	0470-73-4212（直） 0470-73-4213（直）
		URL	http://www.budo-u.ac.jp/outline/p16_physical_sc/index.html	
		E-mail	kokusai@budo-u.ac.jp	
	環太平洋大学短期大学部	留学生別科（グローバルスタディセンター）	〒111-0052 東京都台東区柳橋2-5-9 〒543-0045 大阪府大阪市天王寺区寺田町2-1-21	03-5809-1824（直） 03-5809-1839（直） 078-704-4359（直） 078-706-7745（直）
		URL	http://www.chuangzhi-cn.com/ipu_jp/	
		E-mail	gscinfo@ipu-japan.ac.jp	
	横浜商科大学 ※	別科日本語研修課程	〒230-8577 神奈川県横浜市鶴見区東寺尾4-11-1	045-571-3901（入） 045-571-4125（入）
		URL	http://www.shodai.ac.jp	
		E-mail	https://www.shodai.ac.jp/inquiry/start/	
	麗澤大学	別科日本語研修課程	〒277-8686 千葉県柏市光ヶ丘2-1-1	04-7173-3690（直） 04-7173-3953（直）
		URL	http://www.reitaku-u.ac.jp/gakubu/bekka	
		E-mail	RIEC@reitaku-u.ac.jp	
	明海大学	別科日本語研修課程	〒279-8550 千葉県浦安市明海1	047-355-6918（直） 047-355-5183（直）
		URL	http://kite.meikai.ac.jp/jc/	
		E-mail	koho999@meikai.ac.jp	
	目白大学	留学生別科日本語専修課程（JALP）	〒161-8539 東京都新宿区中落合4-31-1	03-5996-3201（直） 03-5996-3202（直）
		URL	http://www.mejiro.ac.jp/international/japanese/jalp.html	
		E-mail	int.center@mejiro.ac.jp	
	千葉科学大学	留学生別科	〒288-0025 千葉県銚子市潮見町3番地	0479-30-4545（入） 0479-30-4546（入）
		URL	http://www.cis.ac.jp/information/bekka/index.html	
		E-mail	koho@cis.ac.jp	
	慶應義塾大学（庆应义塾大学）※	別科・日本語研修課程（別科・日语研修课程）	〒108-8345 東京都港区三田2-15-45	03-5427-1614（直） 03-5427-1559（直）
		URL	http://www.ic.keio.ac.jp/nncenter/j_index.html	
		E-mail	jlp-inquiry@adst.keio.ac.jp	
	日本工業大学	留学生別科	〒345-8501 埼玉県南埼玉郡宮代町学園台4-1	0480-33-7547（直） 0480-33-7563（直）
		URL	http://www.nit.ac.jp/gakka/ryugaku.html	
		E-mail	bekka@nit.ac.jp	
	神奈川工科大学	留学生別科日本語研修課程	〒243-0292 神奈川県厚木市下荻野1030	046-291-3313（直） 046-291-3314（直）
		URL	http://www.kait.jp	
		E-mail	ic@kait.jp	
	神田外語大学※1	留学生別科	〒261-0014 千葉県千葉市美浜区若葉1-4-1	043-273-1320（直） 043-273-1197（直）
		URL	http://www.kandagaigo.ac.jp/kuis/subject/bekka.html	
		E-mail	takeda-m@kanda.kuis.ac.jp	

（续表）

地域	学校名	别科项目名		地址	TEL / FAX
関東	十文字学園女子大学	留学生別科		〒352-8510 埼玉県新座市菅沢2-1-28	048-477-0603（直） 048-477-9123（直）
		URL	http://www.jumonji-u.ac.jp/bekka/index.html		
		E-mail	fsc@jumonji-u.ac.jp		
	拓殖大学 ※	留学生別科		〒112-0012 東京都文京区大塚1-7-1 国際教育会館	03-3947-8079（直） 03-3947-8017（直）
		URL	http://www.takushoku-u.ac.jp/ijlp/		
		E-mail	bekka@ofc.takushoku-u.ac.jp		
	文教大学	外国人留学生別科		〒343-8511 埼玉県越谷市南荻島3337	048-974-8811（直） 048-974-2280（直）
		URL	http://www.bunkyo.ac.jp/faculty/bekkahp/		
		E-mail	bekkab@koshigaya.bunkyo.ac.jp		
	文化学園大学	留学生別科		〒187-0021 東京都小平市上水南町3-2-1	042-327-8888（入）
		URL	http://bwu.bunka.ac.jp/study/international/index.php		
		E-mail			
	日本ウェルネススポーツ大学	留学生別科		〒175-0094 東京都板橋区成増1-12-19	+81-3-3938-5578（直） +81-3-3938-9435（直）
		URL	http://www.nihonwellness.jp/information/bekka2.html		
		E-mail	taikeninternational@gmail.com		
	亜細亜大学 ※	留学生別科		〒180-8629 東京都武蔵野市境5-24-10	0422-36-3255（直） 0422-36-4869（直）
		URL	http://www.asia-u.ac.jp/inter_ex/ijc/index.html		
		E-mail	kkcinfo@asia-u.ac.jp		
	桜美林大学 ※	日本言語文化学院（留学生別科）		〒252-0206 神奈川県相模原市中央区淵野辺4-16-1	042-704-7041（直） 042-704-7033（直）
		URL	http://www.obirin.ac.jp/japanese_extension/index.html		
		E-mail	rywx@obirin.ac.jp		
	早稲田大学 ※	日本語教育課程		〒169-8050 東京都新宿区西早稲田1-7-14 3F	03-5273-3142（直） 03-3203-6405（直）
		URL	http://www.waseda.jp/cjl/		
		E-mail	cjl@list.waseda.jp		
	武蔵野大学	外国人留学生日本語別科		〒135-8181 東京都江東区有明3-3-3	中国 021-62189365 china@jcaemce.org / 中国香港 3153-1433 hongkong@jcaemce.org / 中国台湾 02-23310110 taiwan@jcaemce.org / 马来西亚 16-643-1077 malaysia@jcaemce.org / 菲律宾 247-3023 philippines@jcaemce.org
		URL	https://bekka.musashino-u.ac.jp/hans/ (E-mail:info@bekka.musashino-u.ac.jp)		
中部	愛知淑徳大学	留学生別科		〒480-1197 愛知県長久手市片平二丁目9	0561-63-7737（直） 0561-63-7735（直）
		URL	http://www.aasa.ac.jp/institution/international/cjlc/index.html		
		E-mail	cjlc@asu.aasa.ac.jp		
	愛知学院大学	留学生別科		〒470-0195 愛知県日進市岩崎町阿良池12	0561-73-1111（直） 0561-72-8422（直）
		URL	http://www.agu.ac.jp/faculty/foreign/index.html		
		E-mail	nyushi@dpc.agu.ac.jp		
	北陸大学	留学生別科		〒920-1180 石川県金沢市太陽が丘1-1	076-229-2626（直） 076-229-0021（直）
		URL	http://www.hokuriku-u.ac.jp/jlc/index.html		
		E-mail	iec@hokuriku-u.ac.jp		
	常葉大学	留学生別科		〒431-2102 静岡県浜松市北区都田町1230番地	053-428-3511（代） 053-428-2900（代）
		URL	-		
		E-mail	kouryu@hm.tokoha-u.ac.jp		
	金城大学短期大学部	留学生別科		〒924-8511 石川県白山市笠間町1200	076-276-4411（代） 076-275-4183（代）
		URL	http://www.kinjo.ac.jp/kjc/ryugaku/index.html		
		E-mail	https://www.kinjo.ac.jp/webadmin/index.html		
	名古屋学院大学	留学生別科（日本研究プログラム）		〒456-8612 愛知県名古屋市熱田区熱田西町1-25	052-678-4093（直） 052-682-6824（直）
		URL	http://www.ngu.jp/faculty/university/ryugakusei/index.html		
		E-mail	ciepijs@ngu.ac.jp		
	名古屋外国語大学※1	日本語教育センター（留学生別科）		〒470-0197 愛知県日進市岩崎町竹ノ山57	0561-75-1756（直） 0561-75-1757（直）
		URL	http://www.nufs.ac.jp/faculties/japanese_institute/index.html		
		E-mail	na-info@ml.nufs.ac.jp		
	南山大学	外国人留学生別科		〒466-8673 愛知県名古屋市昭和区山里町18	052-832-3123（直） 052-832-5490（直）
		URL	http://www.ic.nanzan-u.ac.jp/cie/index.html		
		E-mail	cjs@ic.nanzan-u.ac.jp		
	岐阜経済大学	留学生別科		〒503-8550 岐阜県大垣市北方町5-50	0584-77-3510（入） 0584-77-3512（入）
		URL	http://www.gifu-keizai.ac.jp/academics/foreign_student/index.html		
		E-mail	nyuushi@gifu-keizai.ac.jp		
	中日本自動車短期大学	留学生別科		〒505-0077 岐阜県加茂郡坂祝町深萱1301	0574-26-7121（代） 0574-26-0840（代）
		URL	http://www.nakanihon.ac.jp/info/foreign/recruitment04.html		
		E-mail	info@nakanihon.ac.jp		
	中部学院大学	留学生別科		〒501-3993 岐阜県関市桐ヶ丘二丁目1番地	0575-24-2766（直） 0575-24-2367（入）
		URL	http://www.chubu-gu.ac.jp/organization/center/ryugaku/index.html		
		E-mail	ryugaku@chubu-gu.ac.jp		

第八章／千帆竞渡——五彩缤纷的特色专业　691

(续表)

地域	学校名	别科项目名	地址	TEL / FAX
中部	朝日大学	留学生别科日本语研修课程 URL http://www.asahi-u.ac.jp/ryugaku/beka.html E-mail w-admin@alice.asahi-u.ac.jp	〒501-0296 岐阜県瑞穂市穂積1851	058-329-1046（直） 058-329-1089（入）
近畿	京都外国語大学	留学生别科日本语研修课程 URL http://www.kufs.ac.jp/faculties/bekka/index.html E-mail oips@kufs.ac.jp	〒615-8558 京都府京都市右京区西院笠目町6	075-322-6043（直） 075-322-6243（直）
近畿	大阪国際大学	留学生别科 URL http://www.oiu.ac.jp/gakubu/bekka/about.html E-mail nyushi@oiu.ac.jp	〒570-8555 大阪府守口市藤田町6-21-57 〒573-0192 大阪府枚方市杉3-50-1	06-6907-4306（直） 06-6907-4324（直） 072-858-9848（直） 072-858-8500（直）
近畿	佛教大学	留学生别科 URL http://www.bukkyo-u.ac.jp/nyushi/examination/outline/15.html E-mail https://mmc01.bukkyo-u.ac.jp/nyushi/inquiry/	〒603-8301 京都府京都市北区紫野北花ノ坊町96	075-491-2141（代） 075-493-9046（代）
近畿	関西外国語大学※1	留学生别科 URL http://www.kansaigaidai.ac.jp/asp E-mail inquiry@kansaigaidai.ac.jp	〒573-1001 大阪府枚方市中宮東之町16-1	072-805-2831（直） 072-805-2830（直）
近畿	関西大学※	留学生别科 URL http://www.kansai-u.ac.jp/ku-jpn/gb/ E-mail ku-jpn@ml.kandai.jp	〒565-0855 大阪府吹田市山手町1-2-20	+81-(0)6-6831-9180（直） +81-(0)6-6831-9194（直）
近畿	京都西山短期大学	别科（日本語専修） URL http://www.seizan.ac.jp/bekka/ E-mail seizan@seizan.ac.jp	〒617-0811 京都府長岡京市粟生西条26	075-951-0023（代） 075-954-1637（代）
近畿	近畿大学	留学生别科 URL http://www.kindai.ac.jp/kokusai/inter_s/japanese.html E-mail isc@itp.kindai.ac.jp	〒577-8502 大阪府東大阪市小若江3-4-1	06-6721-2332（直） 06-6721-2353（直）
近畿	龍谷大学	留学生别科 URL http://intl.ryukoku.ac.jp/jclp/index.php E-mail ric@ad.ryukoku.ac.jp	〒612-8577 京都府京都市伏見区深草塚本町67	075-645-7898（直） 075-645-2020（直）
近畿	奈良佐保短期大学	日本語教育别科 URL http://www.narasaho-c.ac.jp/bekka/ E-mail info@narasaho-c.ac.jp	〒630-8566 奈良県奈良市鹿野園町806	0742-61-3858（直） 0742-61-8054（直）
近畿	神戸国際大学	国際别科 （日本語・日本文化教育プログラム進学コース） URL http://www.kobe-kiu.ac.jp/program/bekka_index.html E-mail http://www.kobe-kiu.ac.jp/request/index.html	〒658-0032 兵庫県神戸市東灘区向洋町中9-1-6	078-845-3456（直） 078-845-3200（直）
近畿	白鳳女子短期大学	留学生别科 URL http://www.hakuho.ac.jp/index.html E-mail international@hakuho.ac.jp	〒636-0011 奈良県北葛城郡王寺町葛下1-7-17	0745-32-7890（入） 0745-32-7870（入）
中国・四国	倉敷芸術科学大学	留学生别科 神戸留学生别科 URL http://www.kusa.ac.jp/faculty/bekka E-mail koho@kusa.ac.jp／internationalcenter@kusa.ac.jp	〒712-8505 岡山県倉敷市連島町西之浦2640番地 〒650-0047 兵庫県神戸市東灘区御影2-15-27	086-440-1112（入） 086-440-1118（入）
中国・四国	岡山理科大学	留学生别科 URL http://www.ous.ac.jp/page.php?sec=ctg_4 E-mail kouhou@ous.ac.jp	〒700-0005 岡山県岡山市北区理大町1-1	086-256-9679（直） 086-256-4298（直）
中国・四国	広島文化学園大学	留学生别科 URL http://www.hbg.ac.jp/univ/whatsnew/pdf/bekka-annai-japan.pdf E-mail exam-vietnam@hbg.ac.jp	〒731-4312 広島県安芸郡坂町平成ヶ浜3-3-20	082-884-1001（代） 082-884-0600（直）
中国・四国	吉備国際大学	留学生别科 URL http://kiui.jp/pc/ryugakusei/index.html E-mail intleaff@kiui.ac.jp	〒716-8508 岡山県高梁市伊賀町8	0866-22-9189（直） 0866-22-0988（代）
九州・沖縄	別府大学	别科日本語課程 URL http://www.beppu-u.ac.jp/course/japanese/ E-mail webmaster@nm.beppu-u.ac.jp	〒874-8501 大分県別府市北石垣82	0977-67-0101（代） 0977-66-9696（代）
九州・沖縄	沖縄大学	留学生别科 URL http://www.okinawa-u.ac.jp/kokukoRyugaku.php E-mail inter-ex@okinawa-u.ac.jp	〒902-8521 沖縄県那覇市字国場555	098-832-3269（直） 098-831-8650（直）
九州・沖縄	長崎総合科学大学	别科日本語研修課程 URL http://www.bekka.nias.ac.jp/ E-mail webmaster@bekka.nias.ac.jp	〒851-0193 長崎県長崎市網場町536	095-838-5591（直） 095-838-3465（代）
九州・沖縄	福岡大学	留学生别科 URL http://www.adm.fukuoka-u.ac.jp/fu867/index.html E-mail bekka@adm.fukuoka-u.ac.jp	〒814-0180 福岡県福岡市城南区七隈八丁目19-1	092-871-6631（直） 092-863-6787（直）

(续表)

地域	学校名	别科项目名		地址	TEL FAX
九州·冲縄	久留米大学	留学生别科		〒839-8502 福岡県久留米市御井町1635	0942-44-2160（入） 0942-43-4539（入）
		URL	http://www.std.mii.kurume-u.ac.jp/kokusai/intensive_program/		
		E-mail	nyushi@kurume-u.ac.jp		
	日本文理大学	别科日本語課程		〒870-0397 大分県大分市一木1727	097-524-2716（直） 097-592-3482（直）
		URL	http://www.nbu.ac.jp/IS/		
		E-mail	kokusai@nbu.ac.jp		
	西日本短期大学	别科日本語研修課程		〒810-0066 福岡県福岡市中央区福浜1-3-1	092-721-1152（入） 092-721-1536（入）
		URL	http://www.nishitan.ac.jp/kokusai/gansyo.html		
		E-mail	nyushi@nishitan.ac.jp		
	西南学院大学※1	留学生别科		〒814-8511 福岡県福岡市早良区西新6丁目2-92	092-823-3346（直） 092-823-3334（直）
		URL	http://www.seinan-gu.ac.jp/international/incoming/intl_dvision.html		
		E-mail	intleduc@seinan-gu.ac.jp		
	折尾愛真短期大学	日本語别科		〒807-0861 福岡県北九州市八幡西区堀川町11番1号	093-602-2105（代） 093-603-4741（代）
		URL	http://www.orioaishin.ac.jp/tandai/bekka/index.html		
		E-mail	tandai@orioaishin.ac.jp		
	佐賀女子短期大学	日本語别科		〒840-8550 佐賀県佐賀市本庄町本庄1313	0952-23-5145（代） 0952-23-2724（代）
		URL	http://www.asahigakuen.ac.jp/sajotan/international_exchange/index.html		
		E-mail	sajotan.info@asahigakuen.ac.jp		

※1）仅接收交换留学生

【武藏野大学外国留学生日语别科】

"外国留学生日语别科"是指，以武藏野大学以及其他日本的大学学部（本科生院）和大学院（研究生院）为升学目标，设置的一年（春季入学）和一年半（秋季入学）的教育课程。课程包含"日本语"以及其他大学及研究生院升学所需的各式各样的知识、教养等。本课程的主旨是为了在各类针对外国留学生的升学考试中取得合格而设立的。

■ 课程内容

① 根据学习基础分开指导

根据学生的日语基础和学习能力来进行相应的授课。

② 授课

留学生日语别科课程包含语法、汉字、词汇的学习，掌握大学生活中必需的4个技能（教材读解能力、听力、报告书写能力），以及练习大学考试中必要能力的课程和会话练习的课程。另外，也有其他在日本生活必需的相关知识的课程。

③ 毕业时间

春季入学：4月起为期1年；秋季入学：10月起为期1年半。但当判定为教学上有需要时，可能会出现以半年为一个单位延长至最多2年的课程。

④ 关于毕业

本校留学生别科在籍期间，凡修完所有科目且参加了所有的考试后，获得合格的同学将取得别科毕业资格。如若出勤率低下，将无法毕业。

⑤ 升学方法

想要升入武藏野大学的学部（本科生院）或者大学院（研究生院）的话，必须经过外国留学生入学考试并且获得合格。想要升入大学院仅限已持有学士学位的学生。想升入其他大学时条件也相同。

武藏野大学
外国留学生日语别科
地址：东京都江东区有明3-3-3
https://bekka.musashino-u.ac.jp/hans/

MJI

Musashino University
Japanese Language Program for International Students

为外国留学生打造，专攻顶尖大学的升学别科！

bekka.musashino-u.ac.jp

武藏野大学外国留学生日语别科

【武藏野大学外国留学生日语别科】（MJI）

【武藏野大学外国留学生日语别科（MJI）】提供留学生升入大学前所必须的所有技能指导，包括升学不可缺少的"日语"和"TOEFL英语"，绝大多数大学都要求的笔试"日本留学考试"的考试科目"数学""物理""化学""生物""综合科目"以及大学个别二次考试时的"小论文""面试"等。

由熟知留学生升学体系的专家老师，对您的志愿和将来的梦想进行分析，并提出最适合您的升学计划，这就是我们的留学生升学辅导中心。

〈 武藏野大学别科的特征 〉

■ 严格的升学辅导

精通日本各所大学升学途径的教员对学生进行升学指导、学习管理。《日本留学指南》编辑部团队也会给出升学指导意见。

每个大学学院学科的特色、二次考试的申请条件、出题科目以及今后的就业方向等，熟知日本留学及日本社会的社员会让留学变得更加得心应手。

■ 细致入微的教学大纲

"日本留学考试"的考试范围与中国大陆的"高考"、中国香港的"HKDSE"、中国台湾的"指考"、马来西亚的"SMTP"都各不相同。在本国的高中有着优良成绩，且在升学考试中获得较高分数的学生却不能在EJU考试中拿到高分的情况不在少数。

我们在过去10年中对EJU的出题倾向做了彻底的分析。并且，对亚洲各国的教育指导方式进行对照，特别对于那些"外国留学生不擅长，却常常出现在EJU考试中的范围"进行彻底的、从基础到应用的教育。

■ 由日本人讲师组成的团队

与某些邀请本地留学生以兼职形式作为讲师的学校不同，武藏野大学别科对教师严格筛选，做到所有科目均采用日本讲师。以及作为来日本留学的学生无法体会的日本人特有的"思考方式"，武藏野大学别科的教学团队也会就其进行训练，不仅是提高考试能力，更注重提高"基础学习能力"。

中国上海代表处
地址　上海市漕溪北路88号圣爱大厦1912A
电话　(86)21-6218-9365

中国香港代表处
地址　香港九龍塘鴻圖道57號南洋廣場605室
电话　(852)3153-1433

中国台湾代表处
地址　臺北市中正區開封街一段2號6樓之2
电话　(886)2-2331-0110

马来西亚代表处
地址　Level 1, Block D'Aman Ria, No 3, Ara Jaya, Jalan PJU 1a/41, Ara Damansara, 47301 Petaling Jaya, Selangor
电话　(60)16-643-1077

鸣 谢

- 千葉県
- 長野県
- 静岡県袋井市
- 兵庫県伊丹市
- 和歌山県紀美野町
- 鳥取県
- 福岡県糸島市
- 国立研究開発法人科学技術振興機構（JST）
- 中国総合研究交流センター（CRCC）
- 独立行政法人国際交流基金
- 独立行政法人労働政策研究・研修機構（JILPT）
- 公益財団法人埼玉県国際交流協会
- 公益財団法人大学コンソーシアム京都
- 公益財団法人高山国際教育財団
- 一般財団法人共立国際交流奨学財団
- 一般財団法人自治体国際化協会（CLAIR）
- 一般社団法人留学生支援ネットワーク
- 学校法人河合塾
- 医療法人鉄蕉会・学校法人鉄蕉会
- 石黒共生ヒューマンロボットインタラクションプロジェクト
- 岩手大学インダストリアルデザイン研究室
- 京都大学iPS細胞研究所
- 京都大学医学部附属病院
- 千葉工業大学未来ロボット技術研究センター fuRo
- 岡山大学
- 筑波大学
- 東京大学
- 一橋大学
- 北海道大学
- 長野県立大学
- 桜美林大学
- 関西大学
- 京都外国語大学
- 慶應義塾大学
- 芝浦工業大学
- 上智大学
- 女子美術大学
- 多摩美術大学
- 帝京大学
- 東京電機大学
- 同志社大学
- 武蔵野大学
- 早稲田大学
- 安達学園グループ
- 亀田医療技術専門学校
- 東京福祉大学 名古屋キャンパス併修校
- 専門学校 YIC グループ
- 国際化拠点整備事業（グローバル30）推進事務局
- 株式会社オリジネーター
- 株式会社玉川堂
- コニカミノルタ株式会社
- 新日鉄住金エンジニアリング株式会社
- 株式会社ZMP
- ソニー株式会社
- 株式会社ソニー・ミュージックレーベルズ
- 株式会社ディスコ
- 株式会社日本経済新聞社
- バルミューダ株式会社
- 株式会社ヒト・コミュニケーションズ
- 株式会社マイナビ
- マツダ株式会社
- 株式会社リクルートキャリア
- shin（刘昊宸）

图书在版编目（CIP）数据

日本留学指南：第七版 / 王智新主编. —青岛：青岛出版社, 2019.3
ISBN 978-7-5552-8053-8

Ⅰ.①日… Ⅱ.①王… Ⅲ.①留学教育－日本－指南Ⅳ.①G649.313-62

中国版本图书馆CIP数据核字（2019）第042911号

书　　名	日本留学指南（第七版）
主　　编	王智新
出版发行	青岛出版社
社　　址	青岛市海尔路182号（266061）
本社网址	http://www.qdpub.com
邮购电话	13335059110　（0532）68068026
责任编辑	杨成舜
特约编辑	曹红星　王　伟
照　　排	青岛双星华信印刷有限公司
印　　刷	青岛浩鑫彩印有限公司
出版日期	2019年3月第1版　2019年3月第1次印刷
开　　本	16开（787mm×1092mm）
印　　张	43.5
字　　数	800千
书　　号	ISBN 978-7-5552-8053-8
定　　价	288.00元

编校印装质量、盗版监督服务电话　4006532017　0532-68068638
本书建议陈列类别：日本　教育　留学